CRIPTOGRAFIA
e segurança de redes
PRINCÍPIOS E PRÁTICAS

CB082848

Pearson Education
EMPRESA CIDADÃ

William Stallings

CRIPTOGRAFIA E segurança de redes
PRINCÍPIOS E PRÁTICAS
6ª EDIÇÃO

Tradução
Daniel Vieira

Revisão técnica
Paulo Sérgio Licciardi Messeder Barreto
Professor doutor na Poli-USP

Rafael Misoczki
Doutor pela Universidade de Paris

Pearson

abdr
Respeite o direito autoral

© 2015 by Pearson Education do Brasil

Todos os direitos reservados. Nenhuma parte desta publicação poderá ser reproduzida ou transmitida de qualquer modo ou por qualquer outro meio, eletrônico ou mecânico, incluindo fotocópia, gravação ou qualquer outro tipo de sistema de armazenamento e transmissão de informação, sem prévia autorização, por escrito, da Pearson Education do Brasil.

Supervisora de produção editorial	Silvana Afonso
Coordenador de produção editorial	Sérgio Nascimento
Editor de aquisições	Vinícius Souza
Editora de texto	Ana Mendes e Daniela Braz
Editor assistente	Marcos Guimarães
Preparação	Renata Truyts
Revisão	Sabrina Feldman
Capa	Rita Ralha
Diagramação	Casa de Ideias

Dados Internacionais de Catalogação na Publicação (CIP)
(Câmara Brasileira do Livro, SP, Brasil)

Stallings, William
  Criptografia e segurança de redes: princípios e práticas / William Stallings; tradução Daniel Vieira; revisão técnica Paulo Sérgio Licciardi Messeder Barreto, Rafael Misoczki. – 6. ed. – São Paulo: Pearson Education do Brasil, 2015.

  Título original: Cryptography and network security
  ISBN 978-85-430-0589-8

  1. Computadores - Segurança 2. Criptografia 3. Dados - Proteção I. Barreto, Paulo Sérgio Licciardi Messeder. II. Misoczki, Rafael. III. Título.

14-05439   CDD-005.82

Índice para catálogo sistemático:
1. Criptografia: Dados : Segurança:
Computadores : Processamento de dados
005.82

Printed in Brazil by Reproset RPPA 224012

Direitos exclusivos cedidos à
Pearson Education do Brasil Ltda.,
uma empresa do grupo Pearson Education
Av. Francisco Matarazzo, 1400,
7º andar, Edifício Milano
CEP 05033-070 - São Paulo - SP - Brasil
Fone: 19 3743-2155
pearsonuniversidades@pearson.com

Distribuição
Grupo A Educação
www.grupoa.com.br
Fone: 0800 703 3444

Sumário

Notação — xi

Apresentação — xiii

00 Guia para leitores e instrutores — 1

- 0.1 ESBOÇO DO LIVRO — 1
- 0.2 ROTEIRO PARA LEITORES E INSTRUTORES — 2
- 0.3 INTERNET E RECURSOS DA WEB — 3
- 0.3 PADRÕES — 4

01 Introdução — 5

- 1.1 CONCEITOS DE SEGURANÇA DE COMPUTADORES — 6
- 1.2 A ARQUITETURA DE SEGURANÇA OSI — 10
- 1.3 ATAQUES À SEGURANÇA — 11
- 1.4 SERVIÇOS DE SEGURANÇA — 12
- 1.5 MECANISMOS DE SEGURANÇA — 15
- 1.6 UM MODELO PARA SEGURANÇA DE REDE — 16
- 1.7 LEITURA RECOMENDADA — 18
- 1.8 PRINCIPAIS TERMOS, PERGUNTAS PARA REVISÃO E PROBLEMAS — 19

PARTE 1: CIFRAS SIMÉTRICAS — 20

02 Técnicas clássicas de encriptação — 20

- 2.1 MODELO DE CIFRA SIMÉTRICA — 21
- 2.2 TÉCNICAS DE SUBSTITUIÇÃO — 25
- 2.3 TÉCNICAS DE TRANSPOSIÇÃO — 37
- 2.4 MÁQUINAS DE ROTOR — 38
- 2.5 ESTEGANOGRAFIA — 39
- 2.6 LEITURA RECOMENDADA — 40
- 2.7 PRINCIPAIS TERMOS, PERGUNTAS PARA REVISÃO E PROBLEMAS — 41

03 Cifras de bloco e o data encryption standard — 45

3.1	ESTRUTURA TRADICIONAL DE CIFRA DE BLOCO	46
3.2	DATA ENCRYPTION STANDARD	54
3.3	UM EXEMPLO DO DES	55
3.4	A FORÇA DO DES	58
3.5	PRINCÍPIOS DE PROJETO DE CIFRA DE BLOCO	59
3.6	LEITURA RECOMENDADA	60
3.7	PRINCIPAIS TERMOS, PERGUNTAS PARA REVISÃO E PROBLEMAS	61

04 Conceitos básicos de teoria dos números e corpos finitos — 64

4.1	DIVISIBILIDADE E O ALGORITMO DE DIVISÃO	65
4.2	ALGORITMO DE EUCLIDES	67
4.3	ARITMÉTICA MODULAR	69
4.4	GRUPOS, ANÉIS E CORPOS	76
4.5	CORPOS FINITOS NA FORMA GF(P)	79
4.6	ARITMÉTICA DE POLINÔMIOS	81
4.7	CORPOS FINITOS NA FORMA GF(2N)	86
4.9	PRINCIPAIS TERMOS, PERGUNTAS PARA REVISÃO E PROBLEMAS	96
4.8	LEITURA RECOMENDADA	96
APÊNDICE 4A	SIGNIFICADO DE MOD	99

05 Advanced Encryption Standard — 101

5.1	ARITMÉTICA DE CORPO FINITO	102
5.2	ESTRUTURA DO AES	103
5.3	FUNÇÕES DE TRANSFORMAÇÃO DO AES	107
5.4	EXPANSÃO DE CHAVE DO AES	116
5.5	EXEMPLO DE AES	118
5.6	IMPLEMENTAÇÃO DO AES	122
5.7	LEITURA RECOMENDADA	125
5.8	PRINCIPAIS TERMOS, PERGUNTAS PARA REVISÃO E PROBLEMAS	125
APÊNDICE 5A	POLINÔMIOS COM COEFICIENTES EM GF(28)	127
APÊNDICE 5B	AES SIMPLIFICADO	129

06 Operação de cifra de bloco — 136

6.1	ENCRIPTAÇÃO MÚLTIPLA E TRIPLE DES	137
6.2	MODO ELECTRONIC CODEBOOK	141
6.3	MODO CIPHER BLOCK CHAINING	143
6.4	MODO CIPHER FEEDBACK	145
6.5	MODO OUTPUT FEEDBACK	146
6.6	MODO COUNTER	148

6.7	MODO XTS-AES PARA DISPOSITIVOS DE ARMAZENAMENTO ORIENTADOS A BLOCO	151
6.8	LEITURA RECOMENDADA	155
6.9	PRINCIPAIS TERMOS, PERGUNTAS PARA REVISÃO E PROBLEMAS	155

07 Geração de número pseudoaleatório e cifras de fluxo — 159

7.1	PRINCÍPIOS DE GERAÇÃO DE NÚMEROS PSEUDOALEATÓRIOS	160
7.2	GERADORES DE NÚMEROS PSEUDOALEATÓRIOS	165
7.3	GERADORES DE NÚMEROS PSEUDOALEATÓRIOS COM UMA CIFRA DE BLOCO	167
7.4	CIFRAS DE FLUXO	172
7.5	RC4	173
7.6	GERADORES DE NÚMEROS ALEATÓRIOS VERDADEIROS	175
7.7	LEITURA RECOMENDADA	179
7.8	PRINCIPAIS TERMOS, PERGUNTAS PARA REVISÃO E PROBLEMAS	180

PARTE 2: CIFRAS ASSIMÉTRICAS — 182

08 Mais teoria dos números — 182

8.1	NÚMEROS PRIMOS	183
8.2	TEOREMAS DE FERMAT E EULER	185
8.3	TESTE DE PRIMALIDADE	188
8.4	O TEOREMA CHINÊS DO RESTO	190
8.5	LOGARITMOS DISCRETOS	191
8.6	LEITURA RECOMENDADA	195
8.7	PRINCIPAIS TERMOS, PERGUNTAS PARA REVISÃO E PROBLEMAS	196

09 Criptografia de chave pública e RSA — 199

9.1	PRINCÍPIOS DE CRIPTOSSISTEMAS DE CHAVE PÚBLICA	201
9.2	ALGORITMO RSA	207
9.3	LEITURA RECOMENDADA	218
9.4	PRINCIPAIS TERMOS, PERGUNTAS PARA REVISÃO E PROBLEMAS	219
APÊNDICE 20A	A COMPLEXIDADE DOS ALGORITMOS	223

10 Outros criptossistemas de chave pública — 225

10.1	TROCA DE CHAVES DIFFIE-HELLMAN	226
10.2	SISTEMA CRIPTOGRÁFICO ELGAMAL	229
10.3	ARITMÉTICA DE CURVA ELÍPTICA	232
10.4	CRIPTOGRAFIA DE CURVA ELÍPTICA	239
10.5	GERAÇÃO DE NÚMERO PSEUDOALEATÓRIO BASEADA EM UMA CIFRA ASSIMÉTRICA	241
10.6	LEITURA RECOMENDADA	243
10.7	PRINCIPAIS TERMOS, PERGUNTAS PARA REVISÃO E PROBLEMAS	243

PARTE 3: ALGORITMOS CRIPTOGRÁFICOS PARA INTEGRIDADE DE DADOS   246

11 Funções de hash criptográficas   246

11.1	APLICAÇÕES DE FUNÇÕES DE HASH CRIPTOGRÁFICAS	247
11.2	DUAS FUNÇÕES DE HASH SIMPLES	251
11.3	REQUISITOS E SEGURANÇA	253
11.4	FUNÇÕES DE HASH BASEADAS EM CIPHER BLOCK CHAINING	258
11.5	SECURE HASH ALGORITHM (SHA)	258
11.6	SHA-3	266
11.7	LEITURA RECOMENDADA	276
11.8	PRINCIPAIS TERMOS, PERGUNTAS PARA REVISÃO E PROBLEMAS	276

12 Códigos de autenticação de mensagem   280

12.1	REQUISITOS DE AUTENTICAÇÃO DE MENSAGEM	281
12.2	FUNÇÕES DE AUTENTICAÇÃO DE MENSAGEM	282
12.3	REQUISITOS PARA CÓDIGOS DE AUTENTICAÇÃO DE MENSAGEM	287
12.4	SEGURANÇA DE MACs	289
12.5	MACS BASEADOS EM FUNÇÕES DE HASH: HMAC	290
12.6	MACS BASEADOS EM CIFRAS DE BLOCO: DAA E CMAC	293
12.7	ENCRIPTAÇÃO AUTENTICADA: CCM E GCM	295
12.8	KEY WRAPPING	300
12.9	GERAÇÃO DE NÚMERO PSEUDOALEATÓRIO USANDO FUNÇÕES DE HASH E MACS	304
12.10	LEITURA RECOMENDADA	306
12.11	PRINCIPAIS TERMOS, PERGUNTAS PARA REVISÃO E PROBLEMAS	307

13 Assinaturas digitais   309

13.1	ASSINATURAS DIGITAIS	310
13.2	ESQUEMA DE ASSINATURA DIGITAL ELGAMAL	313
13.3	ESQUEMA DE ASSINATURA DIGITAL SCHNORR	314
13.4	ALGORITMO DE ASSINATURA DIGITAL DO NIST	315
13.5	ALGORITMO DE ASSINATURA DIGITAL DE CURVA ELÍPTICA	317
13.6	ALGORITMO DE ASSINATURA DIGITAL RSA-PSS	320
13.7	LEITURA RECOMENDADA	323
13.8	PRINCIPAIS TERMOS, PERGUNTAS PARA REVISÃO E PROBLEMAS	324

14 Gerenciamento e distribuição de chaves   327

14.1	DISTRIBUIÇÃO DE CHAVE SIMÉTRICA USANDO ENCRIPTAÇÃO SIMÉTRICA	328
14.2	DISTRIBUIÇÃO DE CHAVE SIMÉTRICA USANDO ENCRIPTAÇÃO ASSIMÉTRICA	335
14.3	DISTRIBUIÇÃO DE CHAVES PÚBLICAS	337
14.4	CERTIFICADOS X.509	341

14.5	INFRAESTRUTURA DE CHAVE PÚBLICA	347
14.6	LEITURA RECOMENDADA	349
14.7	PRINCIPAIS TERMOS, PERGUNTAS PARA REVISÃO E PROBLEMAS	350

15 Autenticação do usuário — 353

15.1	PRINCÍPIOS DE AUTENTICAÇÃO DE USUÁRIO REMOTO	354
15.2	AUTENTICAÇÃO DE USUÁRIO REMOTO USANDO ENCRIPTAÇÃO SIMÉTRICA	356
15.3	KERBEROS	359
15.4	AUTENTICAÇÃO DE USUÁRIO REMOTO USANDO ENCRIPTAÇÃO ASSIMÉTRICA	373
15.5	GERENCIAMENTO DE IDENTIDADES FEDERADAS	375
15.6	VERIFICAÇÃO DE IDENTIDADE PESSOAL	380
15.7	LEITURA RECOMENDADA	385
15.8	PRINCIPAIS TERMOS, PERGUNTAS PARA REVISÃO E PROBLEMAS	385

16 Controle de acesso à rede e segurança na nuvem — 388

16.1	CONTROLE DE ACESSO À REDE	389
16.2	EXTENSIBLE AUTHENTICATION PROTOCOL (EAP)	391
16.3	CONTROLE DE ACESSO À REDE BASEADO EM PORTA IEEE 802.1X	394
16.4	COMPUTAÇÃO EM NUVEM	396
16.5	RISCOS E CONTRAMEDIDAS DE SEGURANÇA NA NUVEM	401
16.6	PROTEÇÃO DE DADOS NA NUVEM	402
16.7	SEGURANÇA NA NUVEM COMO UM SERVIÇO	405
16.8	LEITURA RECOMENDADA	408
16.9	PRINCIPAIS TERMOS, PERGUNTAS PARA REVISÃO E PROBLEMAS	408

17 Segurança na camada de transporte — 410

17.1	CONSIDERAÇÕES SOBRE SEGURANÇA NA WEB	411
17.2	SECURE SOCKETS LAYER	413
17.3	TRANSPORT LAYER SECURITY	423
17.4	HTTPS	427
17.5	SECURE SHELL (SSH)	428
17.6	LEITURA RECOMENDADA	437
17.7	PRINCIPAIS TERMOS, PERGUNTAS PARA REVISÃO E PROBLEMAS	437

18 Segurança em rede wireless — 439

18.1	SEGURANÇA EM REDE WIRELESS	440
18.2	SEGURANÇA DE DISPOSITIVO MÓVEL	442
18.3	VISÃO GERAL DA LAN WIRELESS IEEE 802.11	446
18.4	SEGURANÇA DA LAN WIRELESS IEEE 802.11I	451
18.5	LEITURA RECOMENDADA	462
18.6	PRINCIPAIS TERMOS, PERGUNTAS PARA REVISÃO E PROBLEMAS	462

19 Segurança do correio eletrônico — 465

19.1	PRETTY GOOD PRIVACY	466
19.2	S/MIME	470
19.3	DOMAINKEYS IDENTIFIED MAIL	484
19.4	LEITURA RECOMENDADA	490
19.5	PRINCIPAIS TERMOS, PERGUNTAS PARA REVISÃO E PROBLEMAS	490
APÊNDICE 19A	CONVERSÃO RADIX-64	491

20 Segurança IP — 493

20.1	VISÃO GERAL DA SEGURANÇA IP	494
20.2	POLÍTICA DE SEGURANÇA IP	497
20.3	ENCAPSULANDO O PAYLOAD DE SEGURANÇA	502
20.4	COMBINANDO ASSOCIAÇÕES DE SEGURANÇA	508
20.5	TROCA DE CHAVES NA INTERNET	511
20.6	PACOTES CRIPTOGRÁFICOS	518
20.7	LEITURA RECOMENDADA	519
20.8	PRINCIPAIS TERMOS, PERGUNTAS PARA REVISÃO E PROBLEMAS	519

Apêndice A — 521

PROJETOS PARA O ENSINO DE CRIPTOGRAFIA E SEGURANÇA DE REDE		521
A.1	PROJETOS EM SAGE COMPUTER ALGEBRA	522
A.2	PROJETOS DE HACKING	522
A.3	PROJETOS DE CIFRA DE BLOCO	523
A.4	EXERCÍCIOS DE LABORATÓRIO	523
A.5	PROJETOS DE PESQUISA	523
A.6	PROJETOS DE PROGRAMAÇÃO	524
A.7	AVALIAÇÕES PRÁTICAS DE SEGURANÇA	524
A.8	PROJETOS DE FIREWALL	524
A.9	ESTUDOS DE CASO	525
A.10	TRABALHOS ESCRITOS	525
A.11	TRABALHOS DE LEITURA/RELATÓRIO	525
A.12	TÓPICOS PARA DISCUSSÃO	525

Referências — 526

ABREVIAÇÕES 526

Créditos — 536

Índice remissivo — 541

Notação

Até mesmo os nativos têm dificuldade para dominar este vocabulário peculiar.

– *O Ramo Dourado*, Sir James George Frazer

Símbolo	Expressão	Significado
D, K	D(K, Y)	Decriptografia simétrica do texto cifrado Y usando a chave secreta K
D, PR_a	D(PR_a, Y)	Decriptografia assimétrica do texto cifrado Y usando a chave privada de A PR_a
D, PU_a	D(PU_a, Y)	Decriptografia assimétrica do texto cifrado Y usando a chave pública de A PU_a
E, K	E(K, X)	Criptografia simétrica do texto claro X usando a chave secreta K
E, PR_a	E(PR_a, X)	Criptografia assimétrica do texto claro X usando a chave privada de A PR_a
E, PU_a	E(PU_a, X)	Criptografia assimétrica do texto claro X usando a chave pública de A PU_a
K		Chave secreta
PR_a		Chave privada do usuário A
PU_a		Chave pública do usuário A
MAC, K	MAC(K, X)	Código de autenticação de mensagem da mensagem X usando a chave secreta K
GF(p)		O campo finito de ordem p, onde p é primo. O campo é definido como o conjunto Z_p junto com as operações aritméticas módulo p.
GF(2^n)		O campo finito de ordem 2^n
Z_n		Conjunto de inteiros não negativos menores que n
gcd	gcd(i, j)	Máximo divisor comum; o maior inteiro positivo que divide i e j sem resto na divisão.
mod	a mod m	Resto após divisão de a por m
mod, ≡	$a \equiv b \pmod{m}$	a mod m = b mod m
mod, ≢	$a \not\equiv b \pmod{m}$	a mod m ≠ b mod m
dlog	$dlog_{a,p}(b)$	Logaritmo discreto do número b para a base a (mod p)
φ	φ(n)	O número de inteiros positivos menores que n e relativamente primos de n. Esta é a função totiente de Euler.
Σ	$\sum_{i=1}^{n} a_i$	$a_1 + a_2 + ... + a_n$
Π	$\prod_{i=1}^{n}$	$a_1 \times a_2 \times ... \times a_n$

Símbolo	Expressão	Significado
|	$i\|j$	i divide j, o que significa que não existe resto quando j é dividido por i
|.|	$\|a\|$	Valor absoluto de a
||	$x \| y$	x concatenado com y
≈	$x \approx y$	x é aproximadamente igual a y
⊕	$x \oplus y$	OU exclusivo de x e y para variáveis de único bit; OU exclusivo bit a bit de x e y para variáveis de múltiplos bits
⌊.⌋	$\lfloor x \rfloor$	O maior inteiro menor ou igual a x
∈	$x \in S$	O elemento x está contido no conjunto S.
↔	$A \leftrightarrow (a_1, a_2, ..., a_k)$	O inteiro A corresponde à sequência de inteiros $(a_1, a_2, ..., a_k)$

Apresentação

> *"Há o livro, inspetor. Deixo-o com você, e não duvide que ele contém uma explicação completa."*
> — *A Aventura da Juba do Leão*, Sir Arthur Conan Doyle

O que há de novo na sexta edição

Nos quatro anos desde que a quinta edição deste livro foi publicada, o campo tem visto inovações e melhorias contínuas. Nesta nova edição, tento capturar essas mudanças mantendo uma cobertura ampla e abrangente do campo inteiro. Para iniciar esse processo de revisão, a quinta edição deste livro foi extensivamente revisada por diversos professores que lecionam no assunto e por profissionais que trabalham no setor. O resultado é que, em muitos lugares, a narrativa foi esclarecida e encurtada, e ilustrações foram aperfeiçoadas.

Além desses refinamentos para melhorar a facilidade de utilização e pedagogia, houve mudanças substanciais ao longo do livro. Mantivemos praticamente a mesma organização do capítulo, mas grande parte do material foi revisado e novo material foi adicionado. As mudanças mais notáveis são as seguintes:

- **Controle de acesso de rede:** um novo capítulo oferece cobertura de controle de acesso de rede, incluindo uma visão geral mais discussões do protocolo de autenticação extensível (Extensible Authentication Protocol) e IEEE 802.1X.
- **Segurança em nuvem:** uma nova seção aborda os problemas de segurança relacionados à nova e interessante área de computação em nuvem.
- **SHA-3:** uma nova seção aborda o novo padrão de hash criptográfico, SHA-3, que foi adotado em 2012.
- *Key wrapping:* o uso de *key wrapping* para proteger chaves simétricas foi adotado em diversas aplicações. Uma nova seção aborda esse assunto.
- **Algoritmo de assinatura digital de curva elíptica (ECDSA):** como o ECDSA (Elliptic Curve Digital Signature Algorithm) é mais eficiente do que outros esquemas de assinatura digital, ele está sendo cada vez mais adotado para aplicações de assinatura digital. Uma nova seção aborda ECDSA.
- **RSA Probabilistic Signature Scheme (RSA-PSS):** esquemas de assinatura digital baseados em RSA talvez sejam os mais utilizados. Uma nova seção aborda o RSA-PSS padronizado recentemente, que está no processo de substituição dos esquemas mais antigos, baseados em RSA.
- **Gerador de números aleatórios verdadeiros:** os geradores de números aleatórios tradicionalmente tiveram um papel limitado, devido à sua baixa taxa de bits, mas uma nova geração de geradores de números aleatórios verdadeiros por hardware agora está disponível e se compara em desempenho aos geradores de números pseudoaleatórios por software. Uma nova seção aborda esse assunto e discute o Digital Random Number Generator (DRNG) da Intel.
- **Verificação de identidade pessoal (PIV):** o NIST emitiu um conjunto abrangente de padrões para autenticação de usuário baseada em *smartcard*, que está sendo bastante adotado. Uma nova seção aborda PIV.

- **Segurança de dispositivo móvel:** a segurança de dispositivo móvel tornou-se um aspecto essencial da segurança de rede corporativa. Uma nova seção aborda esse importante assunto.
- **Software malicioso:** este capítulo oferece um foco diferente do capítulo sobre software malicioso na edição anterior. Cada vez mais vemos o malware do tipo backdoor/rootkit instalado por ataques de engenharia social, em vez de uma infecção direta, mais clássica, dos vírus/vermes. E o *phishing* está mais proeminente do que nunca. Essas tendências são refletidas no tratamento do assunto.
- **Exemplo de plano de estudos:** o texto contém mais material do que pode ser abordado de modo conveniente em um semestre. Por conseguinte, os instrutores recebem diversos planos de estudo de exemplo, que orientam o uso do texto dentro de um tempo limitado (por exemplo, 16 semanas ou 12 semanas). Esses exemplos são baseados na experiência do mundo real pelos professores na quinta edição.
- **VideoNotes sobre exemplos do Sage:** a nova edição acompanha uma série de palestras de VideoNotes que aumentam e esclarecem os exemplos criptográficos apresentados no Apêndice B, que introduz o Sage.
- **Objetivos de aprendizagem:** cada capítulo agora começa com uma lista de objetivos de aprendizagem.

Objetivos

Este livro tem por finalidade oferecer um estudo prático dos princípios e processos da criptografia e da segurança de redes. Na primeira parte, as questões básicas a serem focalizadas por uma capacidade de segurança de redes são exploradas oferecendo-se um tutorial e um estudo da tecnologia de criptografia e segurança de redes. A última parte trata dos processos de segurança de redes: aplicações práticas que têm sido implementadas e estão sendo usadas para proporcionar segurança de redes.

O assunto (e, portanto, este livro) se baseia em diversas disciplinas. Em particular, é impossível apreciar o significado de algumas das técnicas discutidas nesta obra sem um conhecimento básico da teoria dos números e alguns resultados da teoria da probabilidade. Apesar disso, tentamos tornar o livro autocontido. Ele apresenta não apenas os resultados matemáticos básicos que são necessários, mas também oferece ao leitor um conhecimento intuitivo desses resultados. Esse material de base é apresentado conforme a necessidade. Essa abordagem ajuda a motivar o material que é introduzido, e o autor considera isso preferível a simplesmente apresentar todo o material matemático de uma só vez no início da obra.

Suporte dos currículos de ciência da computação da ACM/IEEE 2013

A obra é voltada para audiências acadêmicas e profissionais. Como um livro-texto, ele serve como um curso de graduação de um semestre em criptografia e segurança de redes para as carreiras de ciência da computação, engenharia da computação e engenharia elétrica. As mudanças nesta edição têm por finalidade fornecer um suporte da versão atual de rascunho do ACM/ IEEE Computer Science Curricula 2013 (CS2013). O CS2013 acrescenta Garantia e Segurança da Informação (IAS) à recomendação curricular como uma das Áreas de Conhecimento no Corpo de Conhecimento da Ciência da Computação. O documento afirma que a IAS agora faz parte da recomendação curricular devido ao seu papel crítico no estudo da ciência da computação. O CS2013 divide o trabalho do curso inteiro em três categorias: Camada Núcleo 1 (todos os tópicos deverão ser incluídos no currículo), Camada Núcleo 2 (todos ou quase todos os tópicos deverão ser incluídos), e eletivo (desejável para oferecer amplitude e profundidade). Na área de IAS, o CS2013 recomenda tópicos nos Conceitos Fundamentais e Segurança de Rede na Camada 1 e na Camada 2, e tópicos de Criptografia como eletivos. Este texto aborda praticamente todos os tópicos listados pelo CS2013 nessas três categorias.

O livro também serve como um volume básico de referência e é adequado para o autoestudo.

Plano do texto

O livro está dividido em sete partes, que são descritas no Capítulo 0.

- Cifras simétricas
- Cifras assimétricas
- Algoritmos de integridade criptográfica de dados
- Confiança mútua
- Rede e segurança na Internet

- Segurança de sistemas (Disponível na Sala Virtual)
- Questões legais e éticas (Disponível na Sala Virtual)

O livro contém uma série de recursos pedagógicos, incluindo a utilização do sistema de álgebra de computador Sage e diversas figuras e tabelas para esclarecer as discussões. Cada capítulo conta com uma lista de palavras-chave, perguntas de revisão, problemas de lição de casa e sugestões de leitura complementar. A obra também inclui um extenso glossário, uma lista de acrônimos usados com frequência e uma bibliografia.

A Sala Virtual (sv.pearson.com.br) oferece recursos adicionais que auxiliarão professores e alunos na exposição das aulas e no processo de aprendizagem.

Para o professor:

- Apresentações em PowerPoint.
- Galeria de imagens.
- Manual de soluções (em inglês).

Para o estudante:

- Exercícios de múltipla escolha.
- Capítulos adicionais (em inglês).
- Apêndices (em inglês).
- Manual de projetos (em inglês).
- Links úteis.

Projetos e outros exercícios para estudantes

Para muitos instrutores, um componente importante de um curso de criptografia ou segurança de redes é um projeto ou conjunto de projetos pelo qual o aluno obtém experiência prática para reforçar os conceitos do texto. Este livro oferece um grau de suporte sem paralelo, incluindo um componente de projetos no curso. O IRC não apenas inclui orientação sobre como atribuir e estruturar os projetos, mas também contém um conjunto de tarefas de projeto que aborda uma grande gama de tópicos do texto:

- **Projetos do Sage:** descritos na próxima seção.
- **Projeto de hacking:** exercício criado para esclarecer as principais questões sobre detecção e prevenção de intrusão.
- **Projetos de cifra em bloco:** um laboratório que explora a operação do algoritmo de criptografia AES, rastreando sua execução, calculando uma rodada à mão e depois explorando os diversos modos de uso da cifra em bloco. A largura de banda também aborda o DES. Nos dois casos, um applet Java on-line é utilizado (ou pode ser baixado) para executar o AES ou DES.
- **Exercícios de laboratório:** uma série de projetos que envolvem programação e experiência com os conceitos do livro.
- **Projetos de pesquisa:** uma série de trabalhos de pesquisa que instrui o aluno a pesquisar um assunto em particular na Internet e escrever um relatório.
- **Projetos de programação:** uma série de projetos de programação que aborda uma grande variedade de tópicos e que podem ser implementados em uma linguagem adequada em qualquer plataforma.
- **Avaliações práticas de segurança:** um conjunto de exercícios para examinar a infraestrutura e as práticas atuais de uma organização existente.
- **Projetos de firewall:** um simulador de visualização de firewall de rede portátil, juntamente com exercícios para ensino dos fundamentos dos firewalls.
- **Estudos de caso:** um conjunto de estudos de caso do mundo real, incluindo objetivos de aprendizagem, descrição de caso e uma série de perguntas de discussão do caso.
- **Trabalhos escritos:** um conjunto de trabalhos escritos sugeridos, organizados por capítulo.

- **Trabalhos de leitura/relalório:** uma lista de artigos na literatura, um para cada capítulo, que podem ser designados para o aluno ler e depois escrever um pequeno relatório.

Este conjunto diversificado de projetos e outros exercícios do aluno permite que o instrutor use o livro como um componente em uma rica e variada experiência de aprendizagem e personalize um plano de curso para atender as necessidades específicas do instrutor e dos alunos. Consulte o Apêndice A deste livro para obter os detalhes.

Sistema de álgebra de computador Sage

Um dos recursos mais importantes desta obra é o uso do Sage para exemplos criptográficos e trabalhos para casa. Sage é um pacote de fonte aberto, multiplataforma e freeware, que implementa um sistema matemático e de álgebra de computador muito poderoso, flexível e facilmente compreendido. Diferente dos sistemas concorrentes (como Mathematica, Maple e MATLAB), não há envolvimento de acordos de licença ou taxas. Assim, o Sage pode ser utilizado em computadores e redes na escola, e os estudantes podem baixar o software individualmente para seus próprios computadores pessoais, para uso em casa. Outra vantagem do uso do Sage é que os estudantes aprendem uma ferramenta poderosa e flexível, que pode ser usada para praticamente qualquer aplicação matemática, não apenas criptografia.

O uso do Sage pode fazer uma diferença significativa para o aprendizado da matemática de algoritmos criptográficos. Este livro oferece um grande número de exemplos do uso do Sage, abordando muitos conceitos criptográficos no Apêndice B, que está incluído neste livro.

O Apêndice C (na Sala Virtual, em inglês) lista exercícios em cada uma das áreas, para permitir que o estudante obtenha experiência prática com algoritmos criptográficos. Esse apêndice está disponível para instrutores no IRC para este livro. O Apêndice C inclui uma seção sobre como baixar e começar a usar o Sage, uma seção sobre programação com Sage e exercícios que podem ser atribuídos a estudantes nas seguintes categorias:

- **Capítulo 2 – Criptografia clássica:** Cifras afins e a cifra de Hill.
- **Capítulo 3 – Cifras de bloco e o Data Encryption Standard:** Exercícios baseados no SDES.
- **Capítulo 4 – Conceitos básicos em teoria dos números e campos finitos:** Algoritmo de Euclides e Euclides estendido, aritmética de polinômios e GF(2^4).
- **Capítulo 5 – Advanced Encryption Standard:** Exercícios baseados no SAES.
- **Capítulo 7 – Geração de números pseudoaleatórios e cifras de bloco:** Gerador Blum Blum Shub e de congruência linear, e ANSI X9.17 PRNG.
- **Capítulo 8 – Teoria dos números:** Função totiente de Euler, Miller Rabin, fatoração, exponenciação modular, logaritmo discreto e teorema chinês do resto.
- **Capítulo 9 – Criptografia de chave pública e RSA:** criptografia/decriptografia e assinatura RSA.
- **Capítulo 10 – Outros criptossistemas de chave pública:** Diffie-Hellman, curva elíptica.
- **Capítulo 11 – Funções de hash criptográficas:** Função de hash da teoria dos números.
- **Capítulo 13 – Assinaturas digitais:** DSA.

Agradecimentos

Esta nova edição foi beneficiada com a crítica de diversas pessoas que generosamente dedicaram seu tempo e habilidades. As pessoas citadas a seguir revisaram todo ou grande parte do manuscrito: Steven Tate (University of North Carolina em Greensboro), Kemal Akkaya (Southern Illinois University), Bulent Yener (Rensselaer Polytechnic Institute), Ellen Gethner (University of Colorado, Denver), Stefan A. Robila (Montclair State University) e Albert Levi (Sabanci University, Istambul, Turquia).

Também sou grato às pessoas que ofereceram revisões técnicas detalhadas de um ou mais capítulos: Kashif Aftab, Jon Baumgardner, Alan Cantrell, Rajiv Dasmohapatra, Edip Demirbilek, Dhananjoy Dey, Dan Dieterle, Gerardo Iglesias Galvan, Michel Garcia, David Gueguen, Anasuya Threse Innocent, Dennis Kavanagh, Duncan Keir, Robert Knox, Bob Kupperstein, Bo Lin, Kousik Nandy, Nickolay Olshevsky, Massimiliano Sembiante, Oscar So e Varun Tewari.

Além disso, tive a sorte de conseguir revisões de tópicos individuais pelos "gurus no assunto", incluindo Jesse Walker, da Intel (gerador de números aleatórios digitais da Intel), Russ Housley, da Vigil Security (*key wrapping*), Joan Daemen (AES), Edward F. Schaefer, da Santa Clara University (Simplified AES), Tim

Mathews, anteriormente na RSA Laboratories (S/MIME), Alfred Menezes, da University of Waterloo (criptografia de curva elíptica), William Sutton, editor da *The Cryptogram* (criptografia clássica), Avi Rubin, da Johns Hopkins University (teoria dos números), Michael Markowitz, da Information Security Corporation (SHA e DSS), Don Davis, da IBM Internet Security Systems (Kerberos), Steve Kent, da BBN Technologies (X.509) e Phil Zimmerman (PGP).

Nikhil Bhargava (IIT Delhi) desenvolveu o conjunto de problemas para casa e soluções on-line. Dan Shumow, da Microsoft e University of Washington, desenvolveu todos os exemplos e trabalhos do Sage nos Apêndices B e C. Professor Sreekanth Malladi, da Dakota State University, desenvolveu os exercícios sobre hacking. Lawrie Brown, da Australian Defence Force Academy, ofereceu os projetos de cifra em bloco AES/DES e os trabalhos sobre avaliação de segurança.

Sanjay Rao e Ruben Torres, da Purdue University, desenvolveram os exercícios de laboratório que aparecem no IRC. As pessoas mencionadas a seguir contribuíram com projetos que aparecem no suplemento do instrutor: Henning Schulzrinne (Columbia University), Cetin Kaya Koc (Oregon State University) e David Balenson (Trusted Information Systems e George Washington University). Kim McLaughlin desenvolveu o banco de testes.

Por fim, gostaria de agradecer às muitas pessoas responsáveis pela publicação deste livro, todas realizando um excelente trabalho, como sempre. Isso inclui o pessoal da Pearson, particularmente minha editora, Tracy Johnson, editora associada Carole Snyder, supervisor de produção Robert Engelhardt e gerente de projeto de produção Pat Brown. Sou agradeço a Shiny Rajesh e ao pessoal de produção na Integra por outro trabalho rápido e excelente. Também sou grato ao pessoal de marketing e vendas da Pearson, cujos esforços foram essenciais para que este livro estivesse sendo lido por você.

Com todo esse auxílio, pouco resta para eu poder dar o crédito completo. Porém, tenho o orgulho de dizer que, sem qualquer ajuda, selecionei todas as citações.

Sobre o autor

Dr. William Stallings é autor de 17 títulos e, contando as edições revisadas, mais de 40 livros sobre segurança de computador, redes de computadores e arquitetura de computadores. Seus escritos apareceram em diversas publicações, incluindo *Proceedings of the IEEE, ACM Computing Reviews* e *Cryptologia*.

Ele recebeu por 11 vezes o prêmio de melhor livro-texto de Ciência da Computação do ano, pela Text and Academic Authors Association.

Por mais de 30 anos no campo, ele tem sido colaborador técnico, gerente técnico e executivo com diversas empresas de alta tecnologia. Ele projetou e implementou conjuntos de protocolos baseados em TCP/IP e OSI em diversos computadores e sistemas operacionais, variando desde microcomputadores até computadores de grande porte. Como consultor, ele aconselhou agências do governo, fornecedores de computador e software e principais usuários a respeito de projeto, seleção e uso de software e produtos de rede.

Ele criou e mantém o *Computer Science Student Resource Site*, em (computerScienceStudent.com). Esse site oferece documentos e links sobre diversos assuntos de interesse geral para estudantes (e profissionais) de ciência da computação. É membro do quadro editorial da *Cryptologia*, uma publicação acadêmica dedicada a todos os aspectos da criptologia.

Dr. Stallings possui PhD em ciência da computação pelo MIT e bacharelado em engenharia elétrica pela Universidade de Notre Dame.

Guia para leitores e instrutores

TÓPICOS ABORDADOS

- **0.1 ESBOÇO DO LIVRO**
- **0.2 ROTEIRO PARA LEITORES E INSTRUTORES**
  - Assunto
  - Ordem dos tópicos
- **0.3 INTERNET E RECURSOS DA WEB**
  - Websites deste livro
  - Site de recursos para alunos de ciência da computação
  - Outros Websites

"arte da guerra nos ensina a contar não com a probabilidade de o inimigo não chegar, mas com nossa própria prontidão para recebê-lo; não com a chance de não ser atacado, mas, sim, com o fato de tornar nossa posição inatacável."

— *A arte da guerra*, Sun Tzu

Este livro, com o Website que o acompanha, abrange um material extenso. Aqui, o leitor poderá ter uma visão geral.

0.1 Esboço do livro

Após um capítulo introdutório, o Capítulo 1, o livro é organizado em sete partes:

Parte Um: **Cifras simétricas:** oferece um estudo da encriptação simétrica, incluindo algoritmos clássicos e modernos. A ênfase está no algoritmo mais importante, o Advanced Encryption Standard (AES). O Data Encryption Standard (DES) também é abordado. Essa parte também enfatiza o algoritmo de encriptação de fluxo, RC4, e o tópico de geração de números pseudoaleatórios e aleatórios.

Parte Dois: **Cifras assimétricas:** oferece um estudo sobre algoritmos de chave pública, incluindo RSA (Rivest-Shamir-Adelman) e curva elíptica.

Parte Três: **Algoritmos criptográficos de integridade de dados:** começa com um estudo das funções de hash criptográficas. Esta parte, então, abrange duas abordagens para a integridade de dados, que contam com funções de hash criptográficas: códigos de autenticação de mensagem e assinaturas digitais.

Parte Quatro: **Confiança mútua:** abrange os tópicos de gerenciamento e distribuição de chaves, além de técnicas de autenticação do usuário.

Parte Cinco: **Segurança na rede e segurança na Internet:** examina o uso de algoritmos criptográficos e protocolos de segurança para oferecer segurança nas redes e na Internet. Os tópicos abordados incluem controle de acesso à rede, segurança na nuvem, segurança no nível de transporte, segurança na rede sem fio, segurança de e-mail e segurança IP.

Parte Seis: **Segurança do sistema:** trata das instalações de segurança criadas para proteger um sistema de computador contra ameaças à segurança, incluindo intrusos, vírus e *worms*. Essa parte também examina a tecnologia de firewall.

Parte Sete: **Questões legais e éticas:** trata das questões legais e éticas relacionadas à segurança de computador e de rede.

Diversos apêndices on-line na Sala Virtual deste livro contêm tópicos adicionais relevantes ao tema.

Obs: As partes seis e sete integram o conteúdo on-line, não fazendo parte do livro impresso. Para mais informações acesse a Sala Virtual (sv.pearson.com.br).

0.2 Roteiro para leitores e instrutores

Assunto

O material neste livro é organizado em quatro categorias gerais:

- **Algoritmos criptográficos:** esse é o estudo das técnicas para garantir o sigilo e/ou a autenticidade da informação. Os dois ramos principais da criptologia são a criptografia, que é o estudo do projeto dessas técnicas; e a criptoanálise, que trata de frustrar essas técnicas, recuperar informações ou forjar informações que serão aceitas como autênticas.
- **Confiança mútua:** é o estudo de técnicas e algoritmos para oferecer confiança mútua em duas áreas principais. Primeiro, o gerenciamento e distribuição de chaves lida com o estabelecimento de confiança nas chaves criptográficas usadas entre duas entidades que se comunicam. Segundo, a autenticação do usuário lida com o estabelecimento de confiança na identidade de um parceiro que se comunica.
- **Segurança da rede:** essa área explica o uso dos algoritmos de criptografia nos protocolos de rede e aplicações de rede.
- **Segurança de computador:** neste livro, usamos esse termo para nos referir à segurança dos computadores contra intrusos (por exemplo, hackers) e software malicioso (por exemplo, vírus). Normalmente, o computador a ser protegido está conectado a uma rede e as maiores ameaças surgem desta.

As duas primeiras partes do livro tratam de duas técnicas criptográficas distintas: algoritmos criptográficos simétricos e algoritmos criptográficos de chave pública, ou assimétricos. Os algoritmos simétricos utilizam uma única chave, compartilhada por duas partes. Os algoritmos de chave pública utilizam duas chaves: uma chave privada, conhecida apenas por uma das partes, e uma chave pública, disponível a outras partes.

Ordem dos tópicos

Este livro contém um material muito extenso. Para o instrutor ou leitor que deseja um tratamento mais curto, existem diversas oportunidades.

Para abordar completamente o material das duas primeiras partes, os capítulos deverão ser lidos em sequência. Com exceção do Advanced Encryption Standard (AES), nenhum material na **Parte Um** exige qualquer base matemática especial. Para entender o AES, é preciso ter algum conhecimento sobre corpos finitos. Por sua vez, um conhecimento sobre corpos finitos requer uma base sobre números primos e aritmética modular. Em consequência disso, o Capítulo 4 abrange todas as preliminares matemáticas imediatamente antes do seu uso no Capítulo 5, sobre AES. Assim, se o Capítulo 5 for pulado, é seguro pular o Capítulo 4 também.

O Capítulo 2 apresenta alguns conceitos que serão úteis em outros capítulos da Parte Um. Porém, para o leitor cujo único interesse é a criptografia contemporânea, este capítulo pode ser apenas examinado superficialmente. Os dois algoritmos criptográficos simétricos mais importantes são DES e AES, que são explicados nos capítulos 3 e 5, respectivamente.

O Capítulo 6 abrange técnicas específicas para o uso das cifras simétricas de bloco. O Capítulo 7 traz cifras de fluxo e geração de número aleatório. Esses dois capítulos podem ser pulados em uma leitura inicial, mas o material é referenciado em outras partes do livro, mais adiante.

Para a **Parte Dois**, a única base matemática adicional necessária está na área da teoria dos números, que é explicada no Capítulo 8. O leitor que tiver pulado os capítulos 4 e 5 deverá primeiro rever o material nas seções de 4.1 a 4.3.

Os dois algoritmos de chave pública para uso geral mais utilizados são RSA e curva elíptica, sendo que RSA obteve maior aceitação. O leitor poderá pular o material sobre criptografia com curva elíptica no Capítulo 10, pelo menos em uma primeira leitura.

Na **Parte Três**, os tópicos das seções 12.6 e 12.7 têm menor importância.

As **partes Quatro, Cinco** e **Seis** são relativamente independentes uma da outra, e podem ser lidas em qualquer ordem. As três partes assumem um conhecimento básico do material contido nas partes Um, Dois e Três. Os cinco capítulos da **Parte Cinco**, sobre segurança na rede e na Internet, são relativamente independentes um do outro, e podem ser lidos em qualquer ordem.

0.3 Internet e recursos da Web

Existem inúmeros recursos disponíveis na Internet e na web para dar suporte a este livro e ajudá-lo a manter-se atualizado com os desenvolvimentos nessa área.

Websites deste livro

Para ter acesso aos recursos adicionais, acesse a Sala Virtual do livro (sv.pearson.com.br), que contém material disponível para alunos e professores. Neste site, o leitor encontrará também parte do conteúdo disponibilizado em (williamstallings.com/crypto.graphy), página indicada pelo autor.

Site de recursos para alunos de ciência da computação

Também há um site de recursos para alunos de ciência da computação, ComputerScienceStudent.com. A finalidade desse site é oferecer documentos, informações e links para alunos e profissionais de ciência da computação. Links e documentos são organizados em sete categorias:

- **Matemática:** inclui uma revisão da matemática básica, um manual de análise de fila, um manual de sistema numérico e links para vários sites de matemática.
- **Como fazer:** conselho e orientação para solucionar trabalhos de casa, escrever relatórios técnicos e preparar apresentações técnicas.
- **Fontes de pesquisa:** links para coleções importantes de artigos, relatórios técnicos e bibliografias.
- **Diversos:** uma série de outros documentos e links úteis.
- **Carreiras em ciência da computação:** links e documentos úteis para aqueles que estão considerando uma carreira em ciência da computação.
- **Ajuda para escrita:** ajuda para se tornar um escritor mais claro e eficaz.
- **Tópicos diversos e humor:** você precisa se desviar do seu trabalho de vez em quando.

0.3 Padrões

Muitas das técnicas de segurança e aplicações descritas neste livro foram especificadas como padrões. Além disso, foram desenvolvidos padrões para cobrir práticas de gerenciamento e a arquitetura geral dos mecanismos e serviços de segurança. No decorrer das páginas, descreveremos os padrões mais importantes em uso ou sendo desenvolvidos para diferentes aspectos da criptografia e segurança da rede. Diversas organizações têm sido envolvidas no desenvolvimento ou promoção desses padrões. As organizações mais importantes (no contexto atual) são as seguintes:

- **National Institute of Standards and Technology (NIST):** federal dos EUA que lida com a ciência da medição, padrões e tecnologia relacionados ao uso do governo e à promoção de inovação no setor privado norte-americano. Apesar de seu escopo nacional, a Federal Information Processing Standards (FIPS) e a Special Publications (SP) do NIST têm um impacto mundial.

- **Internet Society (ISOC):** sociedade de membros profissionais com participação organizacional e individual no mundo inteiro. Ela oferece liderança no tratamento de questões que se referem ao futuro da Internet e é a organização pai para os grupos responsáveis por padrões de infraestrutura da Internet, incluindo a Internet Engineering Task Force (IETF) e o Internet Architecture Board (IAB). Essas organizações desenvolvem padrões da Internet e especificações relacionadas, todos publicados como Requests for Comments (RFCs).

- **ITU-T The International Telecommunication Union (ITU):** organização internacional dentro do Sistema das Nações Unidas em que os governos e o setor privado coordenam redes e serviços de telecomunicação global. O ITU Telecommunication Standardization Sector (ITU-T) é um dos três setores da ITU. A missão da ITU-T é a produção de padrões que abrangem todos os campos das telecomunicações. Os padrões ITU-T são chamados de Recomendações.

- **International Organization for Standardization (ISO)[1]:** federação mundial de agências de padrões nacionais para mais de 140 países, uma de cada país. ISO é uma organização não governamental, que promove o desenvolvimento da padronização e atividades relacionadas, com uma visão para facilitar a troca internacional de bens e serviços e desenvolver a cooperação nas esferas da atividade intelectual, científica, tecnológica e econômica. O trabalho da ISO resulta em acordos internacionais que são publicados como Padrões Internacionais.

Uma discussão mais detalhada dessas organizações está contida no Apêndice D (na Sala Virtual, em inglês).

---

[1] ISO não é um acrônimo (se fosse, seria IOS), mas é uma palavra, derivada do grego, que significa *igual*.

Introdução

01

TÓPICOS ABORDADOS

1.1 CONCEITOS DE SEGURANÇA DE COMPUTADORES
Uma definição de segurança de computadores
Exemplos
Os desafios da segurança de computadores

1.2 A ARQUITETURA DE SEGURANÇA OSI

1.3 ATAQUES À SEGURANÇA
Ataques passivos
Ataques ativos

1.4 SERVIÇOS DE SEGURANÇA
Autenticação
Controle de acesso
Confidencialidade de dados
Integridade de dados
Irretratabilidade
Serviço de disponibilidade

1.5 MECANISMOS DE SEGURANÇA

1.6 UM MODELO PARA SEGURANÇA DE REDE

1.7 LEITURA RECOMENDADA

1.8 PRINCIPAIS TERMOS, PERGUNTAS PARA REVISÃO E PROBLEMAS

OBJETIVOS DE APRENDIZAGEM

APÓS ESTUDAR ESTE CAPÍTULO, VOCÊ SERÁ CAPAZ DE:

☑ Descrever os principais requisitos de segurança de confidencialidade, integridade e disponibilidade.
☑ Discutir os tipos de ameaças e ataques à segurança que devem ser tratados, com exemplos dos que se aplicam a diferentes categorias de computadores e redes.
☑ Resumir os requisitos funcionais para segurança de computadores.
☑ Descrever a arquitetura de segurança X.800 para OSI.

"A combinação de espaço, tempo e resistência que precisam ser considerados como os elementos básicos dessa teoria de defesa torna essa questão bastante complicada. Consequentemente, não é fácil encontrar um ponto de partida fixo."

— *On War,* Carl Von Clausewitz

Este livro tem foco em duas áreas principais: protocolos e algoritmos de criptografia, que possuem uma ampla gama de aplicações, e segurança de rede e de Internet, que se baseia de forma expressiva em técnicas de criptografia.

Os **algoritmos e protocolos de criptografia** podem ser agrupados em quatro áreas principais:

- **Encriptação simétrica:** utilizada para ocultar o conteúdo dos blocos ou fluxos contínuos de dados de qualquer tamanho, incluindo mensagens, arquivos, chaves de encriptação e senhas.
- **Encriptação assimétrica:** usada para ocultar pequenos blocos de dados, como valores de função de *hash* e chaves de encriptação, que são usados em assinaturas digitais.
- **Algoritmos de integridade de dados:** usados para proteger blocos de dados, como mensagens, de possíveis alterações.
- **Protocolos de autenticação:** esses são esquemas baseados no uso de algoritmos criptográficos projetados para autenticar a identidade de entidades.

A área de **segurança de rede e de Internet** consiste de medidas para desviar, prevenir, detectar e corrigir violações de segurança que envolvam a transmissão de informações. Essa é uma definição abrangente que envolve várias possibilidades. A fim de lhe oferecer uma ideia das áreas cobertas por este livro, considere os seguintes exemplos de violações de segurança:

1. O usuário A transmite um arquivo ao usuário B. O arquivo contém informações confidenciais (por exemplo, registros de folha de pagamento) que devem ser protegidas contra divulgação. O usuário C, que não está autorizado a ler o arquivo, é capaz de monitorar a transmissão e capturar uma cópia dele nesse momento.
2. Um gerente de rede, D, transmite uma mensagem a um computador, E, sob seu gerenciamento. A mensagem instrui o computador E a atualizar um arquivo de autorização para incluir as identidades de diversos usuários novos, que deverão receber acesso a esse computador. O usuário F intercepta a mensagem, altera seu conteúdo para incluir ou excluir entradas, e depois encaminha-a para E, que a aceita como se estivesse vindo do gerente D e atualiza seu arquivo de autorização conforme solicitado.
3. Em vez de interceptar uma mensagem, o usuário F constrói a sua própria com as entradas desejadas e a transmite para E como se tivesse vindo do gerente D. O computador E a aceita como proveniente do gerente D e atualiza seu arquivo de autorização conforme solicitado.
4. Um empregado é demitido sem aviso. O gerente de pessoal envia uma mensagem a um sistema servidor para invalidar a conta do empregado. Quando a invalidação é realizada, o servidor deve postar uma nota no arquivo do empregado como confirmação da ação. O empregado é capaz de interceptar a mensagem e adiá-la por um tempo necessário para fazer um acesso final ao servidor e apanhar informações confidenciais. A mensagem é então encaminhada, a ação, tomada e a confirmação, postada. A ação do empregado pode passar despercebida por um tempo considerável.
5. Uma mensagem é enviada por um cliente a uma corretora de ações com instruções para diversas transações. Depois disso, os investimentos perdem valor, e o cliente nega ter enviado a mensagem.

Embora essa lista de forma alguma esgote os tipos possíveis de violações de segurança, ela ilustra a gama de problemas de segurança de rede.

1.1 CONCEITOS DE SEGURANÇA DE COMPUTADORES

Uma definição de segurança de computadores

O *Manual de Segurança de Computadores* da NIST [NIST95] define o termo *segurança de computadores* da seguinte forma:

> **Segurança de computadores:** a proteção oferecida para um sistema de informação automatizado a fim de alcançar os objetivos de preservar a integridade, a disponibilidade e a confidencialidade dos recursos do sistema de informação (incluindo hardware, software, firmware, informações/dados e telecomunicações).

Essa definição introduz três objetivos principais que são o coração da segurança de computadores:

- **Confidencialidade:** esse termo cobre dois conceitos relacionados:
  Confidencialidade de dados:[1] assegura que informações privadas e confidenciais não estejam disponíveis nem sejam reveladas para indivíduos não autorizados.
  Privacidade: assegura que os indivíduos controlem ou influenciem quais informações relacionadas a eles podem ser obtidas e armazenadas, da mesma forma que como, por quem e para quem essas informações são passíveis de ser reveladas.
- **Integridade:** esse termo abrange dois conceitos relacionados:
  Integridade de dados: assegura que as informações e os programas sejam modificados somente de uma maneira especificada e autorizada.
  Integridade do sistema: assegura que um sistema execute as suas funcionalidades de forma ilesa, livre de manipulações deliberadas ou inadvertidas do sistema.
- **Disponibilidade:** assegura que os sistemas operem prontamente e seus serviços não fiquem indisponíveis para usuários autorizados.

Esses três conceitos formam o que é normalmente chamado de **tríade CIA** (do acrônimo em inglês para *confidentiality, integrity and availability*). Os três conceitos envolvem os objetivos fundamentais da segurança tanto para dados quanto para serviços de informação e computação. Por exemplo, os padrões FIPS 199 (*padrões para categorização de segurança para as informações e sistemas de informação federais*) da NIST listam a confidencialidade, integridade e disponibilidade como os três objetivos de segurança para informação e sistemas de informação. O FIPS 199 fornece uma caracterização muito útil para esses três objetivos em termos de requisitos e da definição de uma perda de segurança em cada categoria:

- **Confidencialidade:** preservar restrições autorizadas sobre acesso e divulgação de informação, incluindo meios para proteger a privacidade de indivíduos e informações privadas. Uma perda de confidencialidade seria a divulgação não autorizada de informação.
- **Integridade:** prevenir-se contra a modificação ou destruição imprópria de informação, incluindo a irretratabilidade e autenticidade dela. Uma perda de integridade seria a modificação ou destruição não autorizada de informação.
- **Disponibilidade:** assegurar acesso e uso rápido e confiável da informação. Uma perda de disponibilidade é a perda de acesso ou de uso da informação ou sistema de informação.

Embora o emprego da tríade CIA para definir os objetivos da segurança esteja bem estabelecido, alguns no campo da segurança percebem que conceitos adicionais são necessários para apresentar um quadro completo. Seguem abaixo dois desses conceitos que são mais comumente mencionados:

- **Autenticidade:** a propriedade de ser genuíno e capaz de ser verificado e confiável; confiança na validação de uma transmissão, em uma mensagem ou na origem de uma mensagem. Isso significa verificar que os usuários são quem dizem ser e, além disso, que cada entrada no sistema vem de uma fonte confiável.
- **Responsabilização:** a meta de segurança que gera o requisito para que ações de uma entidade sejam atribuídas exclusivamente a ela. Isso provê irretratabilidade, dissuasão, isolamento de falhas, detecção e prevenção de intrusão, além de recuperação pós-ação e ações legais. Como sistemas totalmente seguros não são ainda uma meta alcançável, temos que ser capazes de associar uma violação de segurança a uma parte responsável. Os sistemas precisam manter registros de suas atividades a fim de permitir posterior análise forense, de modo a rastrear as violações de segurança ou auxiliar em disputas de uma transação.

---

[1] RFC 4949 define *informação* como "fatos e ideias que podem ser representados (codificadas) em vários formatos de dados", e *dados* como "informações em uma representação física específica, usualmente uma sequência de símbolos que possuem significado; sobretudo, uma representação da informação que pode ser processada ou produzida por um computador". A literatura referente à segurança em geral não faz muita distinção entre esses dois termos, tampouco o faz este livro.

Exemplos

Seguem alguns exemplos de aplicações que ilustram os requisitos que acabamos de definir.[2] Para esses exemplos, usamos três níveis de impacto sobre organizações ou indivíduos que podem representar uma quebra de segurança (por exemplo, a perda de confidencialidade, integridade ou disponibilidade). Esses níveis são definidos no FIPS PUB 199:

- **Baixo:** é esperado que a perda represente um efeito adverso limitado nas operações da organização, em seus recursos ou nos indivíduos. Um efeito adverso limitado implica que, por exemplo, a perda de confidencialidade, integridade ou disponibilidade (i) cause uma degradação na capacidade de cumprir sua missão em uma extensão e por um tempo nos quais a organização consiga realizar suas funções primárias, mas com a eficiência delas notadamente reduzida; (ii) resulte em um dano limitado nos recursos da organização; (iii) apresente uma perda financeira limitada; ou (iv) origine um menor prejuízo aos indivíduos.

- **Moderado:** é esperado que a perda represente graves efeitos adversos nas operações da organização, em seus recursos ou nos indivíduos. Um efeito adverso grave implica que, por exemplo, a perda (i) cause uma degradação significativa na capacidade de cumprir sua missão em uma extensão e por um tempo nos quais a organização consiga realizar suas funções primárias, mas com a eficiência delas reduzida de forma significativa; (ii) resulte em danos expressivos nos recursos da organização; (iii) mostre significativas perdas financeiras; ou (iv) aponte prejuízos relevantes para indivíduos que não signifiquem perda da vida ou lesões graves, com risco de morte.

- **Alto:** a perda esperada possui efeitos adversos muito graves ou catastróficos nas operações da organização, em seus recursos ou nos indivíduos. Um efeito adverso muito grave ou catastrófico implica que, por exemplo, a perda (i) cause uma grave degradação ou perda da capacidade de cumprir sua missão por uma extensão e um período nos quais a organização não consiga desempenhar uma ou mais de suas funções primárias; (ii) resulte em grande dano aos recursos da organização; (iii) origine grandes perdas financeiras; ou (iv) desencadeie danos grandes ou catastróficos aos indivíduos envolvendo perda da vida ou lesões graves, com risco de morte.

CONFIDENCIALIDADE Informações referentes às notas de estudantes são um conteúdo cuja confidencialidade é considerada de altíssima importância por eles. Nos Estados Unidos, a disponibilização de tais informações é regulamentada pelo Ato sobre a Privacidade e os Direitos Educacionais da Família (Ferpa – do acrônimo em inglês para Family Educational Rights and Privacy Act). Informações relacionadas às notas devem ser somente disponibilizadas para os estudantes, seus pais e funcionários que precisem delas para realizar o seu trabalho. Dados de matrícula dos estudantes podem se amparar em uma confidencialidade moderada. Ainda que estejam cobertas pela Ferpa, uma vez que são visualizadas por mais pessoas diariamente, é menos provável que esses dados sejam alvo de ataques do que informações de notas, e isso implica em menor dano se forem revelados. Informações da diretoria, como listas de estudantes, de corpo docente ou de departamentos, podem envolver um nível de confidencialidade baixo, ou talvez nem tenham uma classificação. Essa informação normalmente fica disponível ao público e é publicada no website da escola.

INTEGRIDADE Muitos aspectos da integridade são ilustrados pelo exemplo das informações das alergias dos pacientes de um hospital armazenadas em um banco de dados. O médico precisa confiar que elas estão corretas e atualizadas. Suponha que um funcionário (uma enfermeira, por exemplo) que está autorizado a consultar e atualizar essa informação deliberadamente falsifique os dados para causar prejuízo ao hospital. Então o banco de dados precisará rapidamente ser restaurado para um ponto anterior que seja confiável, assim como ser rastreada a pessoa responsável pelo erro. As informações de alergia dos pacientes são um exemplo de conteúdo com um requisito de integridade de nível alto. Informações erradas podem gerar danos graves ou mesmo a morte, e assim expor o hospital a uma responsabilização generalizada.

Um exemplo de um conteúdo ao qual pode ser associado um requisito de integridade de nível moderado é um website que oferece um fórum para usuários registrados discutirem algum tópico específico. Tanto um usuário registrado quanto um *hacker* podem falsificar algumas entradas ou desfigurar a página. Se o fórum existe

---

[2] Esses exemplos foram retirados de um documento de política de segurança publicado pelo Escritório de Segurança e Privacidade de Tecnologia da Informação da Universidade de Purdue.

somente para o entretenimento dos usuários, introduz pouco ou nenhum rendimento com propaganda e não é usado para alguma coisa importante como pesquisa, então os danos que podem ocorrer não serão graves. O webmaster é que talvez tenha uma pequena perda de dados, tempo ou dinheiro.

Um exemplo de um requisito de integridade de nível baixo é uma enquete on-line anônima. Muitos websites, como por outro lado organizações de notícias, oferecem essas enquetes para seus usuários com muito poucos meios de segurança. Por outro lado, a imprecisão e a natureza não científica dessas enquetes é bem conhecida.

DISPONIBILIDADE Quanto mais crítico for um componente ou serviço, maior será o nível de disponibilidade requerido. Considere um sistema que oferece serviços de autenticação para sistemas, aplicações e dispositivos críticos. Uma interrupção do serviço resulta na incapacidade dos clientes de acessar os recursos computacionais e de pessoal a fim de chegar ao que necessitam para realizar tarefas críticas. A perda do serviço se traduz em grande perda financeira, de produtividade dos empregados e de potencial de clientes.

Um recurso que poderia apresentar um nível moderado de disponibilidade é um website público para uma universidade. Esse website forneceria informações para estudantes e doadores atuais e potenciais. Um website como esse não é um componente decisivo para o sistema de informação da universidade, mas sua indisponibilidade pode causar alguns percalços.

Um aplicativo de consulta on-line à lista telefônica seria classificado com um nível baixo de disponibilidade. Embora a perda temporária do aplicativo seja um incômodo, existem outros meios de acessar a informação, como uma cópia impressa ou um operador.

Os desafios da segurança de computadores

A segurança de computadores e redes é tão fascinante quanto complexa. Seguem algumas das razões para isso:

1. Segurança não é tão simples quanto parece à primeira vista para o iniciante. Os requisitos aparentam ser claros e diretos; de fato, a maioria dos mais importantes requisitos para serviços de segurança pode ser autoexplicativa e identificada com rótulos de: confidencialidade, autenticação, irretratabilidade ou integridade. No entanto, os mecanismos usados para satisfazê-los talvez sejam bastante complexos e seu entendimento envolva razões bastante sutis.

2. No desenvolvimento de um mecanismo ou algoritmo específico de segurança, deve-se sempre considerar potenciais ataques a essas funcionalidades. Em muitos casos, os ataques bem-sucedidos são projetados a fim de olhar para o problema de uma forma completamente diferente, portanto, explorando uma fraqueza inesperada no mecanismo.

3. Por conta do ponto 2, os procedimentos usados para fornecer os serviços de segurança são muitas vezes nem um pouco intuitivos. Normalmente, um mecanismo de segurança é complexo, e não fica óbvio na definição de seus requisitos que essas medidas são necessárias. Só faz sentido elaborar mecanismos de segurança quando os vários aspectos de ameaças são considerados.

4. Tendo projetado vários mecanismos de segurança, é necessário decidir onde eles devem ser usados. Essa é uma verdade tanto em termos da localização física (por exemplo, em que pontos na rede são exigidos certos mecanismos de segurança) quanto do sentido lógico (por exemplo, em que camada ou camadas de uma arquitetura como TCP/IP [*Transmission Control Protocol/Internet Protocol*] devem ser postos tais mecanismos).

5. Mecanismos de segurança normalmente envolvem mais do que um algoritmo ou protocolo em particular. Eles também requerem que os participantes possuam algumas informações secretas (como chave de encriptação), o que levanta outras questões relacionadas à criação, distribuição e proteção delas. Pode haver igualmente uma dependência de protocolos de comunicação, cujo comportamento talvez complique a tarefa de desenvolver o mecanismo de segurança. Por exemplo, se o funcionamento adequado do mecanismo de segurança requer determinar limites de tempo de trânsito de uma mensagem do emitente ao destinatário, então qualquer protocolo ou rede que introduza atrasos variáveis ou imprevisíveis pode implicar na perda de sentido de utilizar esses limites de tempo.

6. Segurança de computadores e redes é, essencialmente, uma batalha de inteligência entre um criminoso que tenta encontrar buracos e o projetista ou administrador que tenta fechá-los. A grande vantagem que o atacante possui é que ele ou ela precisa encontrar uma simples brecha, enquanto o projetista tem que encontrar e eliminar todas as possíveis brechas para garantir uma segurança perfeita.

7. Existe uma tendência natural de uma parte dos usuários e gerentes de sistemas a perceber poucos benefícios com os investimentos em segurança, até que uma falha nela ocorra.
8. A segurança requer um monitoramento regular, ou até mesmo constante, e isso é algo difícil com os curtos prazos e nos ambientes sobrecarregados dos dias de hoje.
9. Segurança ainda é muito frequentemente um adendo a ser incorporado no sistema após o projeto estar completo, em vez de ser parte do processo de sua criação.
10. Muitos usuários, e até mesmo administradores de segurança, veem uma segurança forte como um impedimento à eficiência e à operação amigável de um sistema de informação ou do uso da informação.

As dificuldades apresentadas serão encontradas de muitas maneiras na medida em que forem examinadas as várias ameaças de segurança e mecanismos ao longo deste livro.

1.2 A ARQUITETURA DE SEGURANÇA OSI

Para avaliar efetivamente as necessidades de segurança de uma organização e escolher diversos produtos e políticas de segurança, o gerente responsável precisa de algum meio sistemático de definir os requisitos para a segurança e caracterizar as técnicas para satisfazê-los. Isso já é difícil em um ambiente de processamento de dados centralizado; com o uso de redes locais e remotas, os problemas são ainda maiores.

A recomendação X.800 da ITU-T,[3] *Security Architecture for OSI*, define tal técnica sistemática.[4] A arquitetura de segurança OSI é útil para os gerentes como um meio de organizar a tarefa de fornecer segurança. Além do mais, como essa arquitetura foi desenvolvida como um padrão internacional, fornecedores de computador e de comunicação estabeleceram recursos de segurança para seus produtos e serviços, que se relacionam com essa definição estruturada de serviços e mecanismos.

Para os nossos propósitos, a arquitetura de segurança OSI oferece uma visão geral útil, abstrata, de muitos dos conceitos de que este livro trata. Ela focaliza ataques, mecanismos e serviços de segurança. Eles podem ser definidos resumidamente da seguinte forma:

- **Ataque à segurança:** qualquer ação que comprometa a segurança da informação pertencida a uma organização.
- **Mecanismo de segurança:** um processo (ou um dispositivo incorporando tal processo) que é projetado para detectar, impedir ou recuperar-se de um ataque à segurança.
- **Serviço de segurança:** um serviço de processamento ou comunicação que aumenta a segurança dos sistemas de processamento de dados e das transferências de informação de uma organização. Os serviços servem para frustrar ataques à segurança, e utilizam um ou mais mecanismos para isso.

Na literatura, os termos *ameaça* e *ataque* normalmente são usados mais ou menos para a mesma coisa. O Quadro 1.1 oferece definições retiradas da RFC 4949, *Internet Security Glossary*.

Quadro 1.1 Ameaças e ataques (RFC 4949).

Ameaça
Uma chance de violação da segurança que existe quando há uma circunstância, capacidade, ação ou evento que poderia quebrar a segurança e causar danos. Ou seja, uma ameaça é um possível perigo a explorar uma vulnerabilidade.

Ataque
Um ataque à segurança do sistema, derivado de uma ameaça inteligente; ou seja, um ato inteligente que é uma tentativa deliberada (especialmente no sentido de um método ou técnica) de fugir dos serviços de segurança e violar a política de segurança de um sistema.

---

[3] A International Telecommunication Union (ITU), Telecommunication Standardization Sector (ITU-T), é uma agência patrocinada pelas Nações Unidas que desenvolve padrões, chamados de Recomendações, relacionados a telecomunicações e a Open Systems Interconnection (OSI).

[4] A arquitetura de segurança OSI foi desenvolvida no contexto da arquitetura de protocolo OSI, que é descrita no Apêndice L (<sv.pearson.com.br>, em inglês). Porém, para nossos propósitos neste capítulo, um conhecimento da arquitetura de protocolos OSI não é obrigatório.

1.3 ATAQUES À SEGURANÇA

Uma maneira útil de classificar os ataques à segurança, usada tanto na X.800 quanto na RFC 4949, é em termos de *ataques passivos* e *ataques ativos* (Figura 1.1). Um ataque passivo tenta descobrir ou utilizar informações do sistema, mas não afeta os seus recursos. Um ataque ativo tenta alterar recursos do sistema ou afetar sua operação.

Figura 1.1 Ataques à segurança.

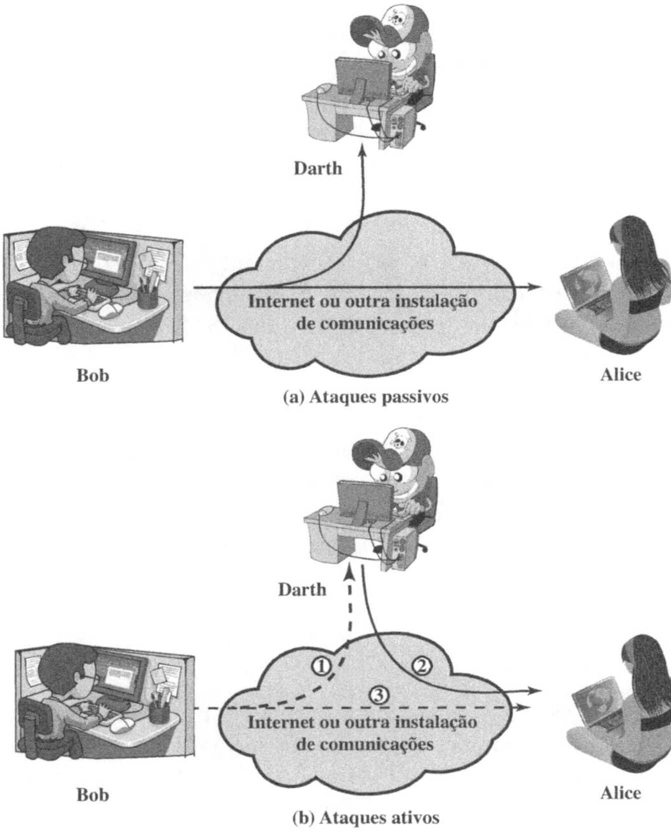

Ataques passivos

Os ataques passivos (Figura 1.1a) estão na natureza de bisbilhotar ou monitorar transmissões. O objetivo do oponente é obter informações que estão sendo transmitidas. Dois tipos de ataques passivos são vazamento de conteúdo de mensagem e análise de tráfego.

O **vazamento de conteúdo de mensagem** é facilmente compreendido. Uma conversa telefônica, uma mensagem de correio eletrônico e um arquivo transferido podem conter informações, sensíveis ou confidenciais. Desejamos impedir que um oponente descubra o conteúdo dessas transmissões.

Um segundo tipo de ataque passivo, a **análise de tráfego**, é mais sutil. Suponha que tivéssemos uma maneira de disfarçar o conteúdo das mensagens ou outro tráfego de informações, de modo que os oponentes, mesmo que capturassem a mensagem, não pudessem extrair as informações dela. A técnica comum para mascarar o conteúdo é a encriptação. Se tivéssemos proteção por encriptação, um oponente ainda poderia conseguir observar o padrão dessas mensagens. Ele teria meios para determinar o local e a identidade dos interlocutores em comunicação e poderia observar a frequência e o tamanho das mensagens trocadas. Essa informação seria útil para descobrir a natureza da comunicação que estivesse ocorrendo.

Ataques passivos são muito difíceis de se detectar, pois não envolvem qualquer alteração dos dados. Em geral, o tráfego de mensagens é enviado e recebido em um padrão aparentemente normal, e nem o emissor nem o receptor estão cientes de que um terceiro leu as mensagens ou observou o padrão de tráfego. Porém, é viável impedir o sucesso desses ataques, normalmente por meio da encriptação. Assim, a ênfase em lidar com ataques passivos está na prevenção, em vez de na detecção.

Ataques ativos

Ataques ativos (Figura 1.1b) envolvem alguma modificação do fluxo de dados ou a criação de um fluxo falso, e podem ser subdivididos em quatro categorias: disfarce, repasse, modificação de mensagens e negação de serviço.

Um **disfarce** ocorre quando uma entidade finge ser outra diferente (o caminho 2 da Figura 1.1b é ativo). Um ataque de disfarce normalmente inclui uma das outras formas de ataque ativo. Por exemplo, sequências de autenticação podem ser capturadas e reproduzidas depois que houver uma delas, válida, permitindo assim que uma entidade autorizada com poucos privilégios obtenha alguns extras, personificando uma que os tenha.

Repasse envolve a captura passiva de uma unidade de dados e sua subsequente retransmissão para produzir um efeito não autorizado (caminhos 1, 2 e 3 ativos).

Modificação de mensagens simplesmente significa que alguma parte de uma mensagem legítima é alterada, ou que as mensagens são adiadas ou reordenadas, para produzir um efeito não autorizado (caminhos 1 e 2 ativos). Por exemplo, uma mensagem significando "Permitir que John Smith leia o arquivo confidencial *contas*" é modificada para "Permitir que Fred Brown leia o arquivo confidencial *contas*".

A **negação de serviço** impede ou inibe o uso ou gerenciamento normal das instalações de comunicação (caminho 3 ativo). Esse ataque pode ter um alvo específico; por exemplo, uma entidade a suprimir todas as mensagens dirigidas para determinado destino (por exemplo, o serviço de auditoria de segurança). Outra forma de negação de serviço é a perturbação de uma rede inteira, seja desativando-a ou sobrecarregando-a com mensagens, a fim de prejudicar seu desempenho.

Os ataques ativos apresentam as características opostas dos ataques passivos. Embora os ataques passivos sejam difíceis de detectar, existem medidas para impedir seu sucesso. Por outro lado, é muito difícil impedir de forma absoluta os ataques ativos, em virtude da grande variedade de potenciais vulnerabilidades físicas, de software e de rede. Em vez disso, o objetivo é detectar ataques ativos e recuperar-se de qualquer rompimento ou atrasos causados por eles. Se a detecção tiver um efeito intimidador, ela também pode contribuir para a prevenção.

1.4 SERVIÇOS DE SEGURANÇA

X.800 define um serviço de segurança como aquele fornecido por uma camada de protocolo de comunicação de sistemas abertos, que garante a segurança adequada dos sistemas ou das transferências de dados. Talvez uma definição mais clara seja encontrada na RFC 4949, que diz: um serviço de processamento ou comunicação que é fornecido por um sistema para dar um tipo específico de proteção aos recursos do sistema; os serviços de segurança implementam políticas (ou diretrizes) de segurança e são implementados por mecanismos de segurança.

X.800 divide esses serviços em cinco categorias e quatorze serviços específicos (Quadro 1.2). Vamos examinar cada categoria, uma por vez.[5]

Autenticação

O serviço de autenticação refere-se à garantia de que uma comunicação é autêntica. No caso de uma única mensagem, como uma advertência ou um sinal de alarme, a função do serviço de autenticação é garantir ao destinatário que a mensagem tem a origem de que ela afirma ter vindo. No caso de uma interação em curso, como a conexão de um terminal a um *host*, dois aspectos estão envolvidos. Primeiro, no momento do início da conexão, o serviço garante que as duas entidades são autênticas, ou seja, que cada uma é a entidade que ela afirma ser. Segundo, o serviço precisa garantir que a conexão não sofra interferência de modo que um terceiro possa fingir ser uma das duas partes legítimas, para fins de transmissão ou recepção não autorizada.

---

[5] Não existe um consenso universal sobre muitos dos termos empregados na literatura de segurança. Por exemplo, o termo *integridade* às vezes é usado para se referir a todos os aspectos da segurança da informação. O termo *autenticação* de vez em quando é utilizado para se referir tanto à verificação da identidade quanto às diversas funções listadas sob integridade neste capítulo. Nosso uso aqui adere à recomendação X.800, e também à RFC 4949.

Quadro 1.2 Serviços de segurança (X.800).

AUTENTICAÇÃO
A certeza de que a entidade se comunicando é aquela que ela afirma ser.

Autenticação de entidade pareada
Usada em associação com uma conexão lógica para fornecer confiança na identidade das entidades conectadas.

Autenticação da origem de dados
Em uma transferência sem conexão, oferece certeza de que a origem dos dados recebidos é conforme alegada.

CONTROLE DE ACESSO
A prevenção de uso não autorizado de um recurso (ou seja, esse serviço controla quem pode ter acesso a um recurso, sob que condições o acesso pode ocorrer e o que é permitido àqueles que acessam o recurso).

CONFIDENCIALIDADE DOS DADOS
A proteção dos dados contra divulgação não autorizada.

Confidencialidade da conexão
A proteção de todos os dados do usuário em uma conexão.

Confidencialidade sem conexão
A proteção de todos os dados do usuário em um único bloco de dados.

Confidencialidade com campo seletivo
A confidencialidade de campos selecionados dentro dos dados do usuário em uma conexão ou em um único bloco de dados.

Confidencialidade do fluxo de tráfego
A proteção das informações que poderiam ser derivadas dos fluxos de tráfego.

INTEGRIDADE DE DADOS
A certeza de que os dados recebidos são exatamente conforme enviados por uma entidade autorizada (ou seja, não contêm modificação, inserção, exclusão ou repasse).

Integridade da conexão com recuperação
Providencia a integridade de todos os dados do usuário em uma conexão e detecta qualquer modificação, inserção, exclusão ou repasse de quaisquer dados dentro de uma sequência inteira, com tentativa de recuperação.

Integridade da conexão sem recuperação
Como acima, mas oferece apenas detecção sem tentativa de recuperação.

Integridade da conexão com campo seletivo
Providencia a integridade de campos selecionados nos dados do usuário de um bloco de dados transferido por uma conexão e determina se os campos selecionados foram modificados, inseridos, excluídos ou repassados.

Integridade sem conexão
Providencia a integridade de um único bloco de dados sem conexão e pode tomar a forma de detecção da modificação de dados. Além disso, pode haver uma forma limitada de detecção de repasse.

Integridade sem conexão com campo seletivo
Providencia a integridade de campos selecionados dentro de um único bloco de dados sem conexão; determina se os campos selecionados foram modificados.

IRRETRATABILIDADE
Oferece proteção contra negação, por parte de uma das entidades envolvidas em uma comunicação, de ter participado de toda ou parte dela.

Irretratabilidade, Origem
Prova de que a mensagem foi enviada pela parte especificada.

Irretratabilidade, Destino
Prova de que a mensagem foi recebida pela parte especificada.

Dois serviços de autenticação específicos são definidos na X.800:

- **Autenticação da entidade pareada:** fornece autenticação para a identidade de uma entidade pareada em uma associação. Duas entidades são consideradas pareadas se elas implementam o mesmo protocolo em sistemas diferentes; por exemplo, dois módulos TCP em dois sistemas de comunicação. É fornecida para uso no estabelecimento de uma conexão ou, às vezes, durante a fase de transferência de dados. Tenta oferecer confiança de que uma entidade não está realizando um disfarce ou um repasse não autorizado de uma conexão anterior.

- **Autenticação da origem de dados:** fornece autenticação para a origem de uma unidade de dados. Não oferece proteção contra a duplicação ou a modificação das unidades de dados. Esse tipo de serviço dá suporte a aplicações como correio eletrônico, nas quais não existem interações anteriores entre as entidades que se comunicam.

Controle de acesso

No contexto da segurança de redes, o controle de acesso é a capacidade de limitar e dominar o acesso aos sistemas e aplicações por meio de links de comunicação. Para conseguir isso, cada entidade que tenta obter acesso precisa primeiro ser identificada, ou autenticada, de modo que os direitos de acessos possam ser ajustados ao indivíduo.

Confidencialidade de dados

Confidencialidade é a proteção dos dados transmitidos contra ataques passivos. Com relação ao conteúdo de uma transmissão de dados, vários níveis de proteção podem ser elencados. O serviço mais amplo protege todos os dados do usuário transmitidos entre dois indivíduos por um período de tempo. Por exemplo, quando uma conexão TCP é estabelecida entre dois sistemas, essa proteção ampla impede a divulgação de quaisquer dados do usuário transmitidos pela conexão TCP. Formas mais restritas desse serviço também podem ser definidas, incluindo a proteção de uma única mensagem, ou até mesmo de campos específicos dentro de uma mensagem. Esses refinamentos são menos úteis do que a técnica ampla, e podem ainda ser mais complexos e mais dispendiosos de serem implementados.

O outro aspecto da confidencialidade é a proteção do fluxo de tráfego contra análise. Isso exige que um atacante não consiga observar a origem e o destino, a frequência, o tamanho ou outras características do tráfego em uma comunicação.

Integridade de dados

Assim como a confidencialidade, a integridade pode se aplicar a um fluxo de mensagens, a uma única mensagem ou a campos selecionados dentro de uma mensagem. Novamente, a técnica mais útil e direta é a proteção total do fluxo.

Um serviço de integridade orientado à conexão, que lida com um fluxo de mensagens, garante que elas sejam recebidas conforme enviadas, sem duplicação, inserção, modificação, reordenação ou repasses. A destruição dos dados também está coberta sob esse serviço. Assim, o serviço de integridade orientada à conexão relaciona-se tanto à modificação do fluxo de mensagem quanto à negação de serviço. Por outro lado, um serviço de integridade sem conexão, que lida com mensagens individuais sem considerar qualquer contexto maior, geralmente oferece proteção apenas contra modificação da mensagem.

Podemos fazer uma distinção entre o serviço com e o sem recuperação. Como o serviço de integridade se relaciona com ataques ativos, tratamos da detecção em vez da prevenção. Se uma violação de integridade for detectada, então o serviço pode simplesmente informar essa violação, e alguma outra parte do software ou intervenção humana será necessária para se recuperar da violação. Como alternativa, existem mecanismos disponíveis para recuperar-se da perda de integridade de dados, conforme veremos mais adiante. A incorporação de mecanismos de recuperação automatizados, em geral, é a opção mais atraente.

Irretratabilidade

A irretratabilidade impede que o emissor ou o receptor neguem uma mensagem transmitida. Assim, quando uma mensagem é enviada, o receptor pode provar que o emissor alegado de fato a transmitiu. De modo semelhante, quando uma mensagem é recebida, o emissor pode provar que o receptor alegado de fato a obteve.

Serviço de disponibilidade

Tanto X.800 quanto RFC 4949 definem a disponibilidade como a propriedade de um sistema ou de um recurso do sistema de ser acessível e utilizável sob demanda por uma entidade autorizada, de acordo com especificações de desempenho (ou seja, um sistema está disponível se oferecer serviços de acordo com a sua arquitetura sempre que for solicitado pelos usuários). Diversos ataques podem resultar na perda ou na redução da disponibilidade. Alguns deles são favoráveis a contramedidas automatizadas, como autenticação e encriptação, enquanto outros exigem algum tipo de ação física para impedir ou recuperar-se da perda de disponibilidade dos elementos de um sistema distribuído.

X.800 trata a disponibilidade como uma propriedade a ser associada a vários serviços de segurança. Porém, faz sentido convocar especificamente um serviço de disponibilidade, que é aquele que protege um sistema para garantir sua disponibilidade. Esse serviço lida com as questões de segurança levantadas pelos ataques de negação de serviço. Ele depende do gerenciamento e do controle apropriado dos recursos do sistema, e, sendo assim, depende do serviço de controle de acesso e outros serviços de segurança.

1.5 MECANISMOS DE SEGURANÇA

O Quadro 1.3 lista os mecanismos de segurança definidos na recomendação X.800. Como podemos ver, os mecanismos são divididos entre aqueles implementados em uma camada de protocolo específica, como TCP ou protocolo da camada de aplicação, e aqueles que não são específicos a camadas de protocolo ou serviços de segurança em particular. Esses mecanismos serão abordados nos lugares apropriados no livro, e, portanto, não trataremos deles agora, exceto para comentar sobre a definição da codificação. X.800 distingue entre mecanismos de codificação reversíveis e irreversíveis. Um mecanismo de codificação reversível é simplesmente um algoritmo de encriptação que permite que os dados sejam encriptados e, então, decriptados. Mecanismos de codificação irreversíveis incluem algoritmos de *hash* e códigos de autenticação de mensagem, que são usados em aplicações de assinatura digital e autenticação de mensagem.

Quadro 1.3 Mecanismos de segurança (X.800).

MECANISMOS DE SEGURANÇA ESPECÍFICOS	MECANISMOS DE SEGURANÇA DIFUSOS
Podem ser incorporados à camada de protocolo apropriada a fim de oferecer alguns dos serviços de segurança OSI.	Mecanismos que não são específicos a qualquer serviço de servidor OSI ou camada de protocolo específica.
Codificação O uso de algoritmos matemáticos para transformar os dados para um formato que não seja prontamente inteligível. A transformação e subsequente recuperação dos dados depende de um algoritmo e zero ou mais chaves de encriptação.	**Funcionalidade confiada** Aquilo que é percebido como sendo correto com relação a alguns critérios (por exemplo, conforme estabelecido por uma política de segurança).
Assinatura digital Dados anexados a (ou uma transformação criptográfica de) uma unidade de dados que permite que um destinatário dela prove sua origem e integridade e a proteja contra falsificação (por exemplo, pelo destinatário).	**Rótulo de segurança** A marcação vinculada a um recurso (que pode ser uma unidade de dados) que nomeia ou designa os atributos de segurança desse recurso.
Controle de acesso Uma série de mecanismos que impõem direitos de acesso aos recursos.	**Detecção de evento** Detecção de eventos relevantes à segurança.
Integridade de dados Uma série de mecanismos utilizados para garantir a integridade de uma unidade de dados ou fluxo de unidades de dados.	**Trilha de auditoria de segurança** Dados coletados e potencialmente utilizados para facilitar uma auditoria de segurança, que é uma revisão e exame independentes dos registros e das atividades do sistema.
Troca de autenticação Um mecanismo intencionado a garantir a identidade de uma entidade por meio da troca de informações.	**Recuperação de segurança** Lida com solicitações de mecanismos, como funções de tratamento e gerenciamento de eventos, e toma medidas de recuperação.
Preenchimento de tráfego A inserção de bits nas lacunas de um fluxo de dados para frustrar as tentativas de análise de tráfego.	
Controle de roteamento Permite a seleção de determinadas rotas fisicamente seguras para certos dados e mudanças de roteamento, sobretudo quando uma brecha de segurança é suspeitada.	
Notarização O uso de um terceiro confiável para garantir certas propriedades de uma troca de dados.	

O Quadro 1.4, baseado na recomendação X.800, indica o relacionamento entre serviços e mecanismos de segurança.

Quadro 1.4 Relacionamento entre serviços e mecanismos de segurança.

SERVIÇO	Codificação	Assinatura digital	Controle de acesso	Integridade de dados	Troca de autenticação	Preenchimento de tráfego	Controle de roteamento	Notarização
Autenticação de entidade pareada	S	S			S			
Autenticação da origem de dados	S	S						
Controle de acesso			S					
Confidencialidade	S						S	
Confidencialidade do fluxo de tráfego	S					S	S	
Integridade de dados	S	S		S				
Responsabilização		S		S				S
Disponibilidade				S	S			

1.6 UM MODELO PARA SEGURANÇA DE REDE

Um modelo para grande parte do que estaremos discutindo é capturado, em termos muito gerais, na Figura 1.2. Uma mensagem deve ser transferida de uma parte para outra por meio de algum tipo de inter-rede. As duas partes, que são os *principais* nessa transação, precisam cooperar para que a troca ocorra. Um canal de informação lógico é estabelecido definindo-se uma rota pela inter-rede da origem ao destino, e pelo uso cooperativo de protocolos de comunicação (por exemplo, TCP/IP) pelos dois principais.

Os aspectos de segurança entram em cena quando é necessário ou desejável proteger a transmissão de informações de um oponente que pode apresentar uma ameaça à confidencialidade, autenticidade, e assim por diante. As técnicas para oferecer segurança possuem dois componentes:

- Uma transformação relacionada à segurança sobre a informação a ser enviada. Alguns exemplos incluem a encriptação da mensagem, que a "embaralha" de modo que fique ilegível pelo oponente, e o acréscimo de um código com base no conteúdo da mensagem, que pode ser usado para verificar a identidade do emissor.
- Alguma informação secreta compartilhada pelos dois principais e, espera-se, ser desconhecida do oponente. Um exemplo é uma chave de encriptação usada com a transformação para embaralhar a mensagem antes da transmissão e desembaralhá-la no recebimento.[6]

Um terceiro confiável pode ser necessário para se conseguir uma transmissão segura. Por exemplo, um terceiro pode ser responsável por distribuir a informação secreta aos dois principais, enquanto a protege contra qualquer oponente. Ou, então, um terceiro talvez seja necessário para arbitrar disputas entre os dois principais com relação à autenticidade de uma transmissão de mensagem.

Esse modelo geral mostra que existem quatro tarefas básicas no projeto de um serviço de segurança em particular:

---

[6] A Parte 2 discute uma forma de encriptação, conhecida como encriptação assimétrica, em que somente um dos dois principais precisa ter a informação secreta.

Figura 1.2 Modelo para segurança de rede.

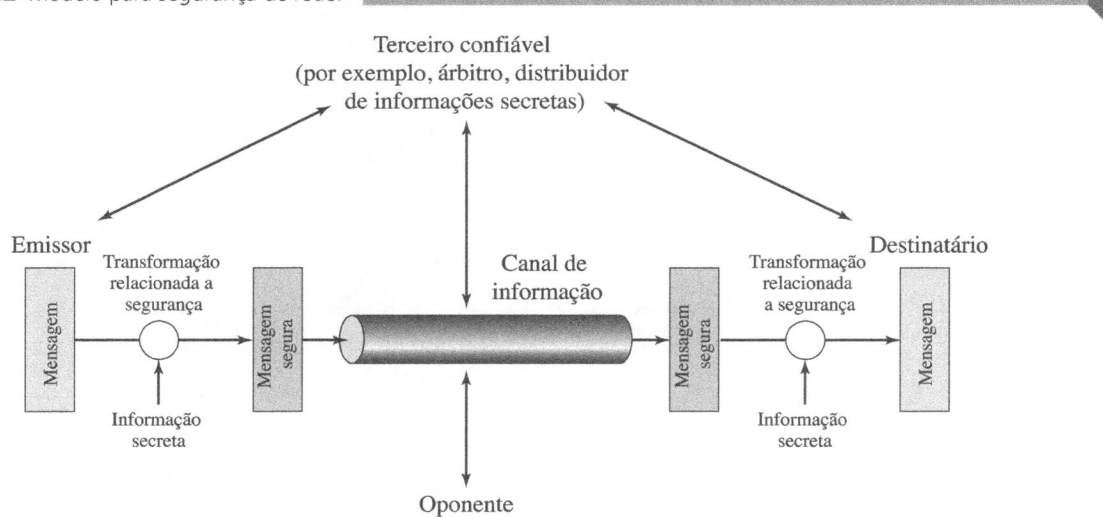

```
                    Terceiro confiável
              (por exemplo, árbitro, distribuidor
                  de informações secretas)

   Emissor                                                              Destinatário
          Transformação                           Transformação
          relacionada a        Canal de           relacionada
          segurança           informação          a segurança

          Informação                              Informação
            secreta                                 secreta

                              Oponente
```

1. Crie um algoritmo para realizar a transformação relacionada à segurança. O algoritmo deverá ser tal que um oponente não possa reverter sua finalidade.
2. Gere a informação secreta a ser usada com o algoritmo.
3. Desenvolva métodos para a distribuição e compartilhamento da informação secreta.
4. Especifique um protocolo a ser usado pelos dois principais, que utilize o algoritmo de segurança e a informação secreta para estabelecer determinado serviço de segurança.

As Partes de 1 a 5 deste livro se concentram nos tipos de mecanismos e serviços de segurança que se encaixam no modelo mostrado na Figura 1.2. Porém, existem outras situações de interesse, relacionadas à segurança, que não se adequam bem a esse modelo, mas que são consideradas. Um modelo geral dessas outras situações é ilustrado pela Figura 1.3, que reflete uma preocupação por proteger um sistema de informação contra acesso indesejado. A maioria dos leitores está familiarizada com os problemas causados pela existência de hackers, que tentam penetrar em sistemas que são passíveis de ser acessados por uma rede. Um hacker pode ser alguém que, sem intenção maliciosa, simplesmente se satisfaz em romper e entrar em um sistema de computador. Ou, então, o intruso pode ser um funcionário aborrecido, que deseja causar danos, ou um criminoso que busca explorar recursos do computador para obter lucro financeiro (por exemplo, obter números de cartão de crédito ou realizar transferências ilegais de dinheiro).

Outro tipo de acesso indesejado é a colocação, em um sistema computadorizado, de uma lógica que explore as vulnerabilidades no sistema e que possa afetar programas de aplicação e utilitários, como editores e compiladores. Os programas podem apresentar dois tipos de ameaças:

- **De acesso à informação:** interceptam ou modificam dados em favor de usuários que não deveriam ter acesso a eles.
- **De serviço:** exploram falhas de serviço nos computadores, para inibir seu acesso por usuários autorizados.

Vírus e *worms* são dois exemplos de ataques de software, que podem ser introduzidos em um sistema por meio de um disco que contém a lógica indesejada encoberta em um software útil de outras maneiras. Eles também podem ser inseridos em um sistema por meio de uma rede; esse último mecanismo é mais preocupante em segurança de rede.

Os mecanismos de segurança necessários para se lidar com o acesso indesejado estão em duas categorias amplas (ver Figura 1.3). A primeira categoria poderia ser chamada de função de porteiro. Ela inclui procedimentos de login baseados em senha, que são criados para negar acesso a usuários não autorizados, e lógica de filtragem, que é elaborada para detectar e rejeitar *worms*, vírus e outros ataques semelhantes. Quando um usuário ou software indesejado obtém acesso, a segunda linha de defesa consiste em uma série de controles internos que monitoram a atividade e analisam a informação armazenada, em uma tentativa de detectar a presença de intrusos. Essas questões são exploradas na Parte 6.

Figura 1.3 Modelo de segurança de acesso à rede.

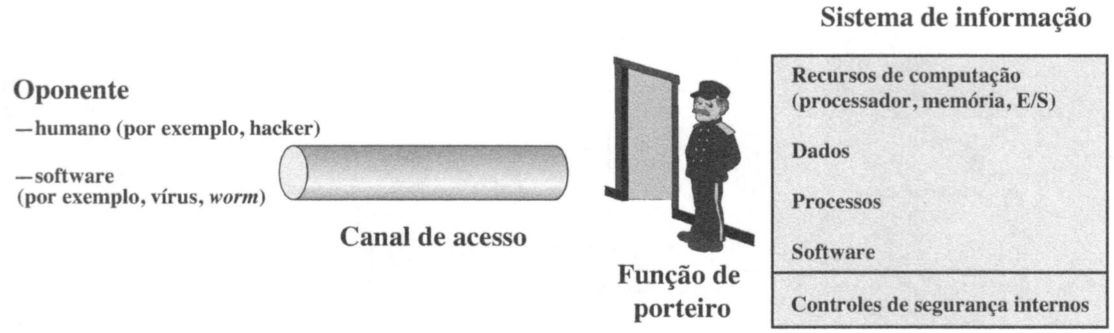

Oponente
— humano (por exemplo, hacker)
— software
(por exemplo, vírus, *worm*)

Canal de acesso

Função de porteiro

Sistema de informação

Recursos de computação (processador, memória, E/S)

Dados

Processos

Software

Controles de segurança internos

1.7 LEITURA RECOMENDADA

[STAL12] oferece uma ampla introdução à segurança de computador e rede. [SCHN00] é uma leitura valiosa para qualquer profissional no campo de segurança de computadores ou rede: ela discute as limitações da tecnologia, e da criptografia, em particular, proporcionando segurança, além da necessidade de considerar o hardware, a implementação do software, as redes e as pessoas envolvidas no fornecimento e ataque à segurança.

É útil ler alguns dos artigos tutoriais clássicos sobre segurança de computadores; eles oferecem uma perspectiva histórica a partir da qual podem ser apreciados os trabalhos e pensamentos atuais. Os artigos que devem ser lidos são [WARE79], [BROW72], [SALT75], [SHAN77] e [SUMM84]. Duas referências mais recentes e curtas sobre segurança de computadores são [ANDR04] e [LAMP04]. [NIST95] é um tratamento profundo (290 páginas) do assunto. Outra boa referência é [NRC91]. [FRAS97] também é relevante.

ANDR04 ANDREWS, M.; WHITTAKER, J. "Computer Security". *IEEE Security and Privacy*, set./out. 2004.

BROW72 BROWNE, P. "Computer Security — A Survey". *ACM SIGMIS Database*, outono 1972.

FRAS97 FRASER, B. *Site Security Handbook.* RFC 2196, set. 1997.

LAMP04 LAMPSON, B. "Computer Security in the Real World", *Computer*, jun. 2004.

NIST95 NATIONAL INSTITUTE OF STANDARDS AND TECHNOLOGY. *An Introduction to Computer Security: The NIST Handbook.* Special Publication 800-12, out. 1995.

NRC91 NATIONAL RESEARCH COUNCIL. *Computers at Risk: Safe Computing in the Information Age.* Washington, D.C.: National Academy Press, 1991.

SALT75 SALTZER, J.; SCHROEDER, M. "The Protection of Information in Computer Systems". *Proceedings of the IEEE*, set. 1975.

SCHN00 SCHNEIER, B. *Secrets and Lies: Digital Security in a Networked World.* Nova York: Wiley, 2000.

SHAN77 SHANKER, K. "The Total Computer Security Problem: An Overview". *Computer*, jun. 1977.

STAL12 STALLINGS, W.; BROWN, L. *Computer Security.* Upper Saddle River, NJ: Prentice Hall, 2012.

SUMM84 SUMMERS, R. "An Overview of Computer Security". *IBM Systems Journal*, Vol. 23, n. 4, 1984.

WARE79 WARE, W. (ed.). *Security Controls for Computer Systems.* RAND Report 609–1, out. 1979.

1.8 PRINCIPAIS TERMOS, PERGUNTAS PARA REVISÃO E PROBLEMAS

Principais termos

- ameaça ativa
- ameaça passiva
- análise de tráfego
- arquitetura de segurança OSI
- ataques à segurança
- autenticação
- autenticidade
- confidencialidade de dados
- controle de acesso
- disfarce
- disponibilidade
- encriptação
- integridade
- integridade de dados
- intruso
- irretratabilidade
- mecanismos de segurança
- negação de serviço
- repasse
- responsabilização
- serviços de segurança

Perguntas para revisão

1.1 O que é a arquitetura de segurança OSI?
1.2 Qual é a diferença entre ameaças à segurança passivas e ativas?
1.3 Liste e defina resumidamente as categorias de ataques passivos e ativos à segurança.
1.4 Liste e defina resumidamente as categorias dos serviços de segurança.
1.5 Liste e defina resumidamente as categorias dos mecanismos de segurança.

Problemas

1.1 Considere um caixa eletrônico, ATM no qual os usuários fornecem um cartão e um número de identificação pessoal (senha). Dê exemplos de requisitos de confidencialidade, integridade e disponibilidade associados com esse sistema e, em cada caso, indique o grau de importância desses requisitos.

1.2 Aplique o Problema 1.1 para um sistema de comutação de telefonia que faz o direcionamento de chamadas baseado no número do telefone requisitado por quem iniciou a ligação.

1.3 Considere um sistema de editoração eletrônica usado para produzir documentos para várias organizações.

   a. Dê um exemplo de um tipo de publicação em que a confidencialidade dos dados armazenados é o requisito mais importante.

   b. Dê um exemplo de um tipo de publicação no qual a integridade dos dados é o requisito mais importante.

   c. Dê um exemplo no qual a disponibilidade é o requisito mais importante.

1.4 Para cada um dos seguintes recursos, determine um nível de impacto baixo, moderado ou alto à perda de confidencialidade, disponibilidade e integridade, respectivamente. Justifique suas respostas.

   a. Uma organização gerenciando informações públicas em seu servidor web.

   b. Uma organização de aplicação da lei gerindo informações de investigação extremamente sensíveis.

   c. Uma organização financeira gerindo informações administrativas rotineiras (sem informações relacionadas à privacidade).

   d. Um sistema de informação utilizado para grandes aquisições em uma organização voltada a contratações que contém dados sensíveis da fase de pré-solicitação e dados administrativos rotineiros. Avalie o impacto de haver dois conjuntos de dados separadamente e o sistema de informação único.

   e. Uma indústria de energia contém um sistema SCADA (controle supervisório e aquisição de dados, do acrônimo em inglês para *supervisory control and data acquisition*) controlando a distribuição da energia elétrica para uma grande instalação militar. O sistema SCADA contém tanto sensores de dados em tempo real quanto informações das rotinas administrativas. Avalie o impacto de haver dois conjuntos de dados separadamente e o sistema de informação único.

1.5 Desenhe uma matriz similar ao Quadro 1.4 que mostre o relacionamento entre serviços de segurança e ataques.

1.6 Desenhe uma matriz similar ao Quadro 1.4 que mostre o relacionamento entre mecanismos de segurança e ataques.

1.7 Leia todos os artigos clássicos citados na Seção 1.7. Escreva uma composição com 500 a 1.000 palavras (apresentação no PowerPoint com 8 a 12 slides) que seja um resumo dos principais conceitos nesses artigos, enfatizando os comuns à maioria ou todos eles.

PARTE 1: Cifras simétricas

Técnicas clássicas de encriptação

02

TÓPICOS ABORDADOS

2.1 MODELO DE CIFRA SIMÉTRICA
Criptografia
Criptoanálise e ataque por força bruta

2.2 TÉCNICAS DE SUBSTITUIÇÃO
Cifra de César
Cifras monoalfabéticas
Cifra Playfair
Cifra de Hill
Cifras polialfabéticas
One-time pad

2.3 TÉCNICAS DE TRANSPOSIÇÃO

2.4 MÁQUINAS DE ROTOR

2.5 ESTEGANOGRAFIA

2.6 LEITURA RECOMENDADA

2.7 PRINCIPAIS TERMOS, PERGUNTAS PARA REVISÃO E PROBLEMAS

OBJETIVOS DE APRENDIZAGEM

APÓS ESTUDAR ESTE CAPÍTULO, VOCÊ SERÁ CAPAZ DE:

☑ Apresentar uma visão geral dos principais conceitos de criptografia simétrica.
☑ Explicar a diferença entre criptoanálise e ataque por força bruta.
☑ Entender a operação de uma cifra de substituição monoalfabética.
☑ Entender a operação de uma cifra polialfabética.
☑ Apresentar uma visão geral da cifra de Hill.
☑ Descrever a operação de uma máquina de rotor.

"Estou bastante familiarizado com todas as formas de escritas secretas, e eu mesmo sou autor de um monógrafo divertido sobre o assunto, no qual analiso cento e sessenta cifras separadas", disse Holmes.
— *The Adventure of the Dancing Men*, Sir Arthur Conan Doyle

A encriptação simétrica, também chamada de encriptação convencional ou encriptação de chave única, era o único tipo em uso antes do desenvolvimento da encriptação por chave pública na década de 1970. Esse continua sendo de longe o mais usado dos dois tipos de encriptação. A Parte 1 avalia diversas cifras simétricas. Neste capítulo, começaremos olhando um modelo geral para o processo de encriptação simétrica; isso nos permitirá entender o contexto dentro do qual os algoritmos são usados. Em seguida, examinaremos diversos algoritmos em uso antes da era do computador. Finalmente, estudaremos rapidamente uma técnica diferente, conhecida como esteganografia. Os capítulos 3 e 5 introduzem as duas cifras simétricas mais utilizadas: DES e AES.

Antes de começar, definiremos alguns termos. Uma mensagem original é conhecida como **texto claro** (ou *plaintext*), enquanto a mensagem codificada é chamada de **texto cifrado** (ou *ciphertext*). O processo de converter um texto claro em um texto cifrado é conhecido como **cifração** ou **encriptação**; restaurar o texto claro a partir do texto cifrado é **decifração** ou **decriptação**. Os muitos esquemas utilizados para a encriptação constituem a área de estudo conhecida como **criptografia**. Esse esquema é designado **sistema criptográfico** ou **cifra**. As técnicas empregadas para decifrar uma mensagem sem qualquer conhecimento dos detalhes de encriptação estão na área da **criptoanálise**, que é o que os leigos chamam de "quebrar o código". As áreas da criptografia e criptoanálise, juntas, são chamadas de **criptologia**.

2.1 MODELO DE CIFRA SIMÉTRICA

Um esquema de encriptação simétrica possui cinco itens (Figura 2.1):

- **Texto claro:** essa é a mensagem ou dados originais, inteligíveis, que servem como entrada do algoritmo de encriptação.
- **Algoritmo de encriptação:** realiza diversas substituições e transformações no texto claro.
- **Chave secreta:** também é uma entrada para o algoritmo de encriptação. A chave é um valor independente do texto claro e do algoritmo. O algoritmo produzirá uma saída diferente, dependendo da chave usada no momento. As substituições e transformações exatas realizadas pelo algoritmo dependem da chave.
- **Texto cifrado:** essa é a mensagem embaralhada, produzida como saída do algoritmo de encriptação. Ela depende do texto claro e da chave secreta. Para determinada mensagem, duas chaves diferentes produzirão dois textos cifrados distintos. O texto cifrado é um conjunto de dados aparentemente aleatório e, nesse formato, ininteligível.
- **Algoritmo de decriptação:** esse é basicamente o algoritmo de encriptação executado de modo inverso. Ele apanha o texto cifrado e a chave secreta e produz o texto claro original.

Existem dois requisitos para o uso seguro da encriptação simétrica:

1. Precisamos de um algoritmo de encriptação forte. No mínimo, gostaríamos que o algoritmo fosse tal que um oponente que conheça o algoritmo e tenha acesso a um ou mais textos cifrados seja incapaz de decifrar o texto cifrado ou descobrir a chave. Esse requisito normalmente é indicado de maneira mais forte: o oponente deverá ser incapaz de decriptar o texto cifrado ou descobrir a chave, mesmo que possua diversos textos cifrados com seus respectivos textos claros.
2. Emissor e receptor precisam ter obtido cópias da chave secreta de uma forma segura e mantê-la protegida. Se alguém conseguir descobrir a chave e o algoritmo, toda a comunicação usando essa chave poderá ser lida.

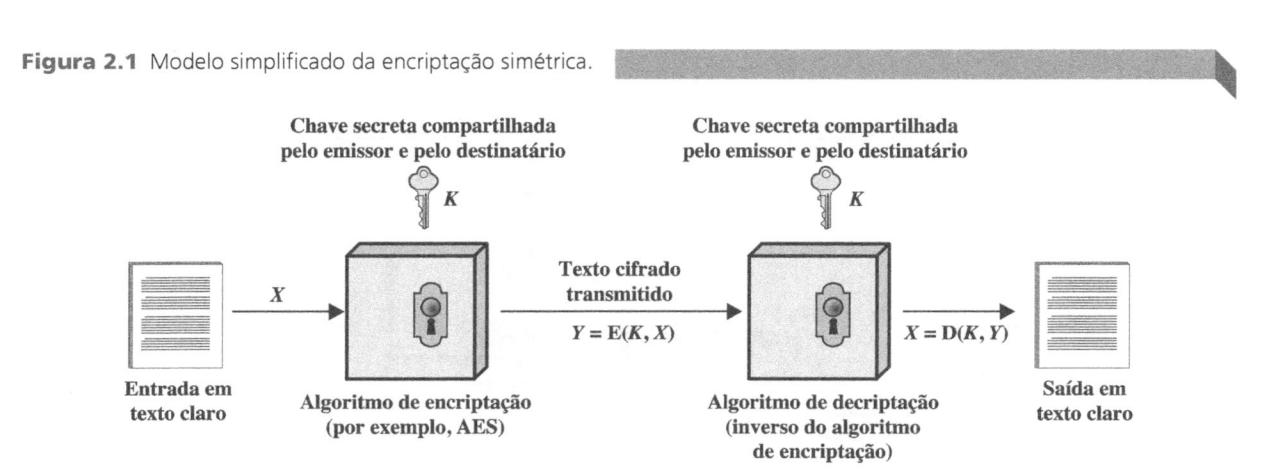

Figura 2.1 Modelo simplificado da encriptação simétrica.

Consideramos que é impraticável decriptar uma mensagem com base no texto cifrado, *mais* o conhecimento do algoritmo de encriptação/decriptação. Em outras palavras, não precisamos manter o algoritmo secreto, mas apenas a chave secreta. Essa característica da encriptação simétrica é o que a torna viável para uso generalizado. O fato de que o algoritmo não precisa ser mantido secreto significa que os fabricantes podem desenvolver, e realmente têm desenvolvido, implementações de chip de baixo custo com algoritmos de encriptação de dados. Esses chips são encontrados com facilidade e estão incorporados em diversos produtos. Com o uso da encriptação simétrica, o principal problema de segurança consiste de manter o sigilo da chave.

Vejamos mais de perto os elementos essenciais de um esquema de encriptação simétrica, usando a Figura 2.2. Uma origem produz uma mensagem em texto claro, $X = [X_1, X_2, ..., X_M]$. Os M elementos de X são letras em algum alfabeto finito. Tradicionalmente, o alfabeto consiste de 26 letras maiúsculas. Hoje, o alfabeto binário $\{0, 1\}$ em geral é utilizado. Para a encriptação, uma chave na forma $K = [K_1, K_2, ..., K_J]$ é gerada. Se isso acontecer na origem da mensagem, então ela também precisa ser fornecida ao destino por meio de algum canal seguro. Como alternativa, um terceiro poderia gerar a chave e oferecê-la com segurança à origem e ao destino.

Com a mensagem X e a chave de encriptação K como entradas, o algoritmo de encriptação produz o texto cifrado $Y = [Y_1, Y_2, ..., Y_N]$. Podemos escrever isso como:

$$Y = E(K, X)$$

Essa notação indica que Y é produzido usando-se o algoritmo de encriptação E como função do texto claro X, com a função específica determinada pelo valor da chave K.

O receptor legítimo, de posse da chave, é capaz de inverter a transformação:

$$X = D(K, Y)$$

Um oponente, observando Y, mas não tendo acesso a K ou X, pode tentar recuperar X ou K, ou ambos. Considera-se que o oponente conhece os algoritmos de encriptação (E) e decriptação (D). Se o oponente estiver interessado apenas nessa mensagem em particular, então o foco do ataque é recuperar X, gerando uma estimativa de texto claro $\hat{X}$. Normalmente, porém, o oponente está interessado em ser capaz de ler também mensagens futuras, quando se faz uma tentativa de recuperar K, gerando uma estimativa $\hat{K}$.

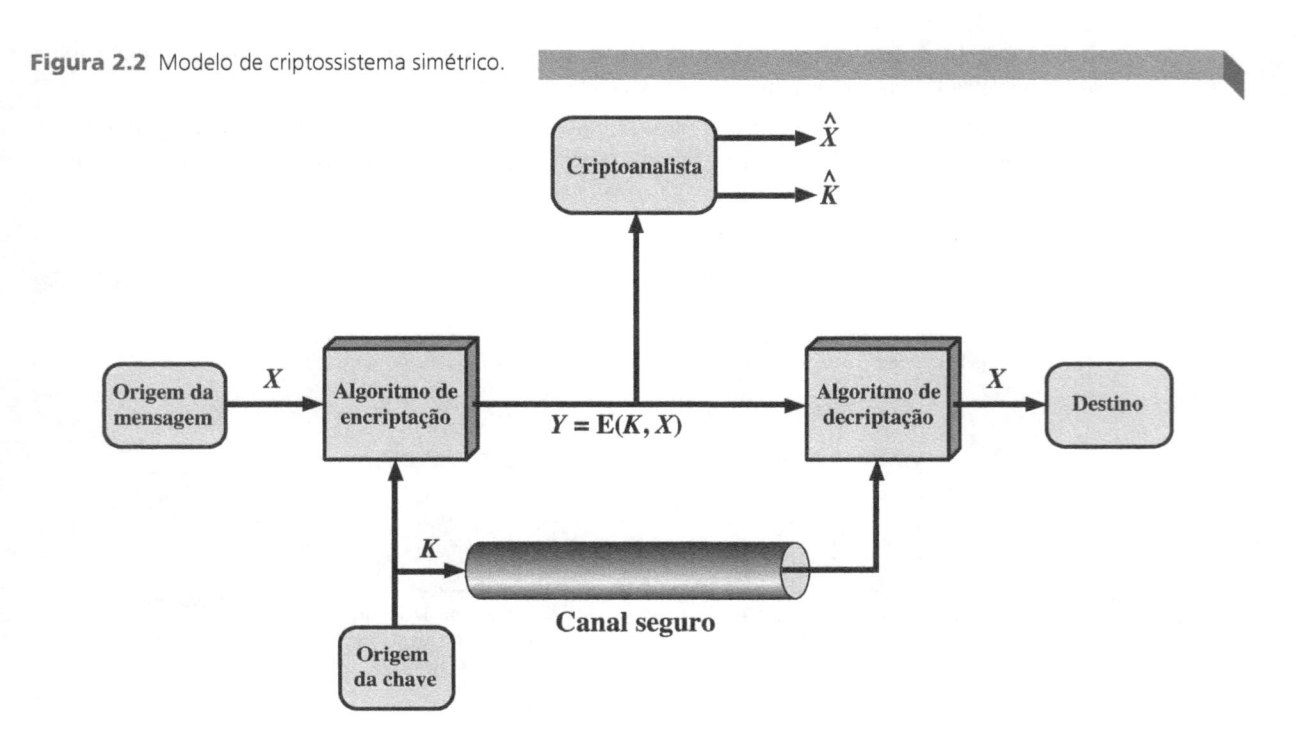

Figura 2.2 Modelo de criptossistema simétrico.

Criptografia

Os sistemas criptográficos são caracterizados ao longo de três dimensões independentes:

1. **O tipo das operações usadas para transformar texto claro em texto cifrado.** Todos os algoritmos de encriptação são baseados em dois princípios gerais: substituição, em que cada elemento no texto claro (bit, letra, grupo de bits ou letras) é mapeado em outro elemento, e transposição, em que os elementos no texto claro são rearranjados. O requisito fundamental é que nenhuma informação seja perdida (ou seja, que todas as operações sejam reversíveis). A maioria dos sistemas envolve vários estágios de substituições e transposições (sendo chamados de *sistemas de produto*).

2. **O número de chaves usadas.** Se tanto o emissor quanto o receptor utilizarem a mesma chave, o sistema é considerado de encriptação simétrica, de chave única, de chave secreta ou convencional. Se emissor e receptor usarem chaves diferentes, o sistema é considerado de encriptação assimétrica, de duas chaves ou de chave pública.

3. **O modo em que o texto claro é processado.** Uma *cifra de bloco* processa a entrada de um bloco de elementos de cada vez, produzindo um de saída para cada de entrada. Uma *cifra em fluxo* processa os elementos da entrada continuamente, proporcionando a saída de um elemento de cada vez.

Criptoanálise e ataque por força bruta

Em geral, o objetivo de atacar um sistema de encriptação é recuperar a chave em uso, em vez de simplesmente recuperar o texto claro a partir de um único texto cifrado. Existem duas técnicas gerais para o ataque a um esquema de encriptação convencional:

- **Criptoanálise:** os ataques criptoanalíticos utilizam-se da natureza do algoritmo, e talvez de mais algum conhecimento das características comuns ao texto claro, ou ainda de algumas amostras de pares de texto claro-texto cifrado. Esse tipo de ataque explora as características do algoritmo para tentar deduzir um texto claro específico ou a chave utilizada.

- **Ataque por força bruta:** o atacante testa todas as chaves possíveis em um trecho do texto cifrado, até obter uma tradução inteligível para o texto claro. Na média, metade de todas as chaves possíveis precisam ser experimentadas para então se obter sucesso.

Se algum dos tipos de ataque tiver sucesso na dedução da chave, o efeito é catastrófico: todas as mensagens futuras e passadas, encriptadas com essa chave, ficam comprometidas.

Primeiro, consideramos a criptoanálise, e depois os ataques por força bruta.

O Quadro 2.1 resume os diversos tipos de **ataques de criptoanálise**, baseados na quantidade de informação conhecida pelo criptoanalista. O cenário mais difícil surge quando a única informação disponível é *apenas o texto cifrado*. Em alguns casos, nem sequer o algoritmo de encriptação é conhecido, mas em geral podemos considerar que o oponente sabe qual é o algoritmo usado para a encriptação. Um ataque sob essas circunstâncias é a técnica de força bruta de testar todas as chaves possíveis. Se o espaço de chaves for muito grande, isso se torna impraticável. Assim, o oponente precisa contar com uma análise baseada apenas no texto cifrado, geralmente aplicando diversos testes estatísticos a ele. Para usar essa técnica, o oponente necessita ter alguma ideia geral do tipo de texto claro que está encoberto, como um texto em inglês ou francês, um arquivo EXE, um código fonte em Java, um arquivo de contabilidade, e assim por diante.

O ataque apenas com texto cifrado é o mais fácil de ser defendido, pois o oponente tem a quantidade mínima de informação para trabalhar. Em muitos casos, porém, o analista tem mais informações. Ele pode ser capaz de capturar uma ou mais mensagens de texto claro, além de suas encriptações. Ou então pode saber que certos padrões de texto claro aparecerão em uma mensagem. Por exemplo, um arquivo codificado no formato Postscript sempre começa com o mesmo padrão, ou pode ter um cabeçalho ou *banner* padronizado para uma mensagem de transferência eletrônica financeira, e assim por diante. Todos esses exemplos são de *texto claro conhecido*. Ciente disso, o analista pode ser capaz de deduzir a chave com base no modo como o texto claro conhecido é transformado.

Bastante relacionado ao ataque de texto claro conhecido é o que poderia ser chamado de ataque de palavra provável. Se o oponente estiver trabalhando com a encriptação de alguma mensagem de texto geral, ele talvez tenha pouco conhecimento do que está nela. Porém, se o oponente estiver atrás de alguma informação muito

Quadro 2.1 Tipos de ataque sobre mensagens encriptadas.

TIPO DE ATAQUE	CONHECIDO AO CRIPTOANALISTA
Apenas texto cifrado	■ Algoritmo de encriptação ■ Texto cifrado
Texto claro conhecido	■ Algoritmo de encriptação ■ Texto cifrado ■ Um ou mais pares de texto claro-texto cifrado produzidos pela chave secreta
Texto claro escolhido	■ Algoritmo de encriptação ■ Texto cifrado ■ Mensagem de texto claro escolhida pelo criptoanalista, com seu respectivo texto cifrado gerado com a chave secreta
Texto cifrado escolhido	■ Algoritmo de encriptação ■ Texto cifrado ■ Texto cifrado escolhido pelo criptoanalista, com seu respectivo texto claro decriptado produzido pela chave secreta
Texto escolhido	■ Algoritmo de encriptação ■ Texto cifrado ■ Mensagem de texto claro escolhida pelo criptoanalista, com seu respectivo texto cifrado produzido pela chave secreta ■ Texto cifrado escolhido pelo criptoanalista, com seu respectivo texto claro decriptado produzido pela chave secreta

específica, então partes da mensagem podem ser conhecidas. Por exemplo, se um arquivo de contabilidade estiver sendo transmitido, o oponente pode conhecer o posicionamento de certas palavras-chave no cabeçalho do arquivo. Em outro caso, o código fonte para um programa desenvolvido pela Empresa X poderia incluir uma nota de direito autoral em alguma posição padronizada.

Se o analista de alguma forma for capaz de fazer a origem inserir no sistema uma mensagem escolhida por ele, então o ataque de *texto claro escolhido* é possível. Um exemplo dessa estratégia é a criptoanálise diferencial, explicada no Capítulo 3. Em geral, se o analista for capaz de escolher as mensagens a encriptar, ele poderá escolher de forma deliberada padrões que talvez revelarão a estrutura da chave.

O Quadro 2.1 lista dois outros tipos de ataque: texto cifrado escolhido e texto escolhido. Estes são menos empregados como técnicas criptoanalíticas, mas são possíveis meios de ataque.

Somente algoritmos relativamente fracos não conseguem resistir a um ataque de texto cifrado. Em geral, um algoritmo de encriptação é projetado para aguentar a um ataque de texto claro conhecido.

Duas outras definições merecem ser comentadas. Um esquema de encriptação é **incondicionalmente seguro** se o texto cifrado gerado por ele não tiver informação suficiente para determinar exclusivamente o texto claro correspondente, não importa quanto texto cifrado esteja à disposição. Ou seja, é indiferente quanto tempo um oponente tem, ele não tem como decriptar o texto cifrado, simplesmente porque a informação exigida não está lá. Com a exceção de um esquema conhecido como *one-time pad* (descrito mais adiante neste capítulo), não existe algoritmo de encriptação que seja incondicionalmente seguro. Portanto, tudo o que os usuários de um algoritmo de encriptação podem se esforçar para obter é um algoritmo que atenda a um ou a ambos os critérios a seguir:

■ O custo para quebrar a cifra ultrapassa o valor da informação encriptada.

■ O tempo exigido para quebrar a cifra supera o tempo de vida útil da informação.

Um esquema de encriptação é considerado **computacionalmente seguro** se um desses dois critérios for atendido. O problema é que é muito difícil estimar a quantidade de esforço exigido para criptoanalisar textos cifrados com sucesso.

Todas as formas de criptoanálise para esquemas de encriptação simétricos são projetadas para explorar o fato de que rastros da estrutura ou do padrão do texto claro podem sobreviver à encriptação e ser discerníveis no texto cifrado. Isso se tornará mais claro à medida que examinarmos diversos esquemas de encriptação simétrica neste capítulo. Na Parte 2, veremos que a criptoanálise para esquemas de chave pública partem de uma premissa fundamentalmente diferente, a saber, de que as propriedades matemáticas do par de chaves possibilitam que uma das duas chaves seja deduzida a partir da outra.

Um **ataque por força bruta** envolve a tentativa de cada chave possível até que seja obtida uma tradução inteligível de texto cifrado para texto claro. Em média, metade de todas as chaves possíveis precisa ser experimentada para se obter sucesso. Ou seja, se houver X chaves diferentes, um intruso descobriria a verdadeira após $X/2$ tentativas, em média. É importante observar que há mais coisas em um ataque por força bruta do que simplesmente testar todas as chaves possíveis. A menos que seja fornecido um texto claro conhecido, o analista deverá ser capaz de reconhecê-lo como tal. Se a mensagem for simplesmente texto claro em inglês, então o resultado aparece facilmente, embora a tarefa de reconhecer o inglês tenha que ser automatizada. Se a mensagem de texto foi compactada antes da encriptação, então o reconhecimento é mais difícil. E, se a mensagem for de algum tipo mais geral de dado, como um arquivo numérico, e este tiver sido compactado, o problema se torna ainda mais difícil de automatizar. Assim, para suplementar o método por força bruta, é preciso haver algum grau de conhecimento sobre o texto claro esperado, além de algum meio de distinguir automaticamente o texto claro de dados aleatórios.

2.2 TÉCNICAS DE SUBSTITUIÇÃO

Nesta seção e na próxima, examinaremos algumas técnicas de encriptação clássicas. Um estudo dessas técnicas nos permite ilustrar aquelas básicas da encriptação simétrica usadas hoje e os tipos de ataque criptoanalítico que precisam ser antecipados.

Os dois blocos de montagem básicos de todas as técnicas de encriptação são substituição e transposição. Vamos examiná-los nas duas seções seguintes. Por fim, discutiremos um sistema que combina substituição e transposição.

Uma técnica de substituição é aquela em que as letras do texto claro são substituídas por outras letras, números ou símbolos.[1] Se o texto claro for visto como uma sequência de bits, então a substituição envolve trocar padrões de bits de texto claro por padrões de bits de texto cifrado.

Cifra de César

O uso mais antigo que conhecemos de uma cifra de substituição, e o mais simples, foi feito por Júlio César. A cifra de César envolve substituir cada letra do alfabeto por aquela que fica três posições adiante. Por exemplo,

```
claro: meet me after the toga party
cifra: PHHW PH DIWHU WKH WRJD SDUWB
```

Observe que o alfabeto recomeça no final, de modo que a letra após Z é A. Podemos definir a transformação listando todas as alternativas, da seguinte forma:

```
claro: a b c d e f g h i j k l m n o p q r s t u v w x y z
cifra: D E F G H I J K L M N O P Q R S T U V W X Y Z A B C
```

Vamos atribuir um equivalente numérico a cada letra:

a	b	c	d	e	f	g	h	i	j	k	l	m
0	1	2	3	4	5	6	7	8	9	10	11	12

n	o	p	q	r	s	t	u	v	w	x	y	z
13	14	15	16	17	18	19	20	21	22	23	24	25

---

[1] Quando envolvem letras, as convenções a seguir são usadas neste livro. Texto claro está sempre em minúsculas; texto cifrado está em maiúsculas; os valores de chave estão em minúsculas e itálico.

Então, o algoritmo pode ser expresso da forma a seguir. Para cada letra em texto claro p, substitua-a pela letra do texto cifrado C:[2]

$$C = E(3,p) = (p + 3) \bmod 26$$

Um deslocamento pode ser de qualquer magnitude, de modo que o algoritmo de César geral é

$$C = E(k,p) = (p + k) \bmod 26 \qquad (2.1)$$

onde k assume um valor no intervalo de 1 a 25. O algoritmo de decriptação é simplesmente

$$p = D(k,C) = (C - k) \bmod 26 \qquad (2.2)$$

Se for conhecido que determinado texto cifrado é uma cifra de César, então uma criptoanálise pela força bruta será facilmente realizada. Basta experimentar todas as 25 chaves possíveis. A Figura 2.3 mostra os resultados da aplicação dessa estratégia ao texto cifrado do exemplo. Nesse caso, o texto claro aparece na terceira fileira.

Três características importantes desse problema nos permitiram usar a criptoanálise pela força bruta:

1. Os algoritmos de encriptação e decriptação são conhecidos.
2. Existem apenas 25 chaves para experimentar.
3. A linguagem do texto claro é conhecida e facilmente reconhecível.

Figura 2.3 Criptoanálise por força bruta da cifra de César.

CHAVE	PHHW	PH	DIWHU	WKH	WRJD	SDUWB
1	oggv	og	chvgt	vjg	vqic	rctva
2	nffu	nf	bgufs	uif	uphb	qbsuz
3	meet	me	after	the	toga	party
4	ldds	ld	zesdq	sgd	snfz	ozqsx
5	kccr	kc	ydrcp	rfc	rmey	nyprw
6	jbbq	jb	xcqbo	qeb	qldx	mxoqv
7	iaap	ia	wbpan	pda	pkcw	lwnpu
8	hzzo	hz	vaozm	ocz	ojbv	kvmot
9	gyyn	gy	uznyl	nby	niau	julns
10	fxxm	fx	tymxk	max	mhzt	itkmr
11	ewwl	ew	sxlwj	lzw	lgys	hsjlq
12	dvvk	dv	rwkvi	kyv	kfxr	grikp
13	cuuj	cu	qvjuh	jxu	jewq	fqhjo
14	btti	bt	puitg	iwt	idvp	epgin
15	assh	as	othsf	hvs	hcuo	dofhm
16	zrrg	zr	nsgre	gur	gbtn	cnegl
17	yqqf	yq	mrfqd	ftq	fasm	bmdfk
18	xppe	xp	lqepc	esp	ezrl	alcej
19	wood	wo	kpdob	dro	dyqk	zkbdi
20	vnnc	vn	jocna	cqn	cxpj	yjach
21	ummb	um	inbmz	bpm	bwoi	xizbg
22	tlla	tl	hmaly	aol	avnh	whyaf
23	skkz	sk	glzkx	znk	zumg	vgxze
24	rjjy	rj	fkyjw	ymj	ytlf	ufwyd
25	qiix	qi	ejxiv	xli	xske	tevxc

---

[2] Definimos $a \bmod n$ como sendo o resto quando a é dividido por n. Por exemplo, 11 mod 7 = 4. Veja, no Capítulo 4, uma discussão mais detalhada sobre aritmética modular.

Na maioria das situações de rede, podemos considerar que os algoritmos são conhecidos. O que geralmente torna a criptoanálise pela força bruta impraticável é o uso de um algoritmo que emprega um grande número de chaves. Por exemplo, o algoritmo *Triple DES*, examinado no Capítulo 6, utiliza uma chave de 168 bits, gerando um espaço de chave de 2^{168}, ou mais de $3,7 \times 10^{50}$ chaves possíveis.

A terceira característica também é significativa. Se a linguagem do texto claro for desconhecida, então a saída de texto claro pode não ser reconhecível. Além do mais, a entrada pode ser abreviada ou compactada de alguma maneira, novamente dificultando o reconhecimento. Por exemplo, a Figura 2.4 mostra uma parte de um arquivo de texto compactada usando um algoritmo chamado ZIP. Se esse arquivo for então encriptado com uma cifra de substituição simples (expandida para incluir mais do que apenas 26 caracteres alfabéticos), então o texto claro não poderá ser reconhecido quando for revelado na criptoanálise por força bruta.

Figura 2.4 Exemplo de texto compactado.

```
~+Wµ"— Ω-O)≤4{∞‡¸ ë~Ω%ràu·¯Í ◊¯Z-
Ú≠2Ò#Åæð œ«q7¸Ωn·®3NÙÚ Œz'Y-ƒ∞Í[±Û_ èΩ,<NO¬±«˘xã   Åäƒèü3Å
x}ö§kº Â
_yÍ  ^ΔÉ]  ¸¤ J/˚iTê&ı 'c<uΩ-
   ÄD(G WÄC~y_ïõÄW PÔı«ÎÜ†ç]¸¤¡˘Ì^üÑπ˘≈˘L˘9OgflO˘&Œ≤ ¬≤ ØÔ§˝:
   ˘Œ!SGqèvo^ ú\¸S>h<-*6ø‡%x´˝|fiÓ#≈~my‰˘≥ñP<¸ƒi Áj  Å◊¿˝Zù-
Ω¨Õ¯6Œÿ{% „ΩÊó ¸ï π±Áî˚úO2çSÿ˝O-
2ÄflßI /@^"∏Kº ª PŒπ¸úé´´3∑˘ö˘ÔZÌ"Y¬ŸΩœY>  Ω+eô/·`<K£¿*÷~"≤û˜
B  ZøK~QßÿüƒÒ!ÒflÎzsS/]>ÈQ ü
```

Cifras monoalfabéticas

Com apenas 25 chaves possíveis, a cifra de César está longe de ser segura. Um aumento dramático no espaço de chave pode ser conseguido permitindo-se uma substituição arbitrária. Antes de prosseguir, definimos o termo *permutação*. Uma **permutação** é um conjunto finito de elementos *S* em uma sequência ordenada de todos os elementos de *S*, com cada um aparecendo exatamente uma vez. Por exemplo, se *S* = {a, b, c}, existem seis permutações de *S*:

abc, acb, bac, bca, cab, cba

Em geral, existem *n*! permutações de um conjunto de *n* elementos, pois o primeiro deles pode ser escolhido de *n* maneiras, o segundo, de *n* – 1 maneiras, o terceiro, de *n* – 2 maneiras, e assim por diante.

Lembre-se da atribuição para a cifra de César:

```
claro: a b c d e f g h i j k l m n o p q r s t u v w x y z
cifra: D E F G H I J K L M N O P Q R S T U V W X Y Z A B C
```

Se, em vez disso, a linha "cifra" puder ser qualquer permutação dos 26 caracteres alfabéticos, então haverá 26! ou mais do que 4×10^{26} chaves possíveis. Isso significa 10 ordens de grandeza a mais do que o espaço de chave para DES, e evitaria qualquer técnica de força bruta para criptoanálise. Essa técnica é conhecida como **cifra por substituição monoalfabética**, pois um único alfabeto de cifra (mapeando do alfabeto claro para um cifrado) é utilizado por mensagem.

Porém, existe outra linha de ataque. Se o criptoanalista souber a natureza do texto claro (por exemplo, texto em inglês não compactado), então o analista poderá explorar as regularidades da linguagem. Para ver como essa criptoanálise poderia prosseguir, damos um exemplo parcial aqui, que é adaptado de outro em [SINK09]. O texto cifrado a ser resolvido é

```
UZQSOVUOHXMOPVGPOZPEVSGZWSZOPFPESXUDBMETSXAIZ
VUEPHZHMDZSHZOWSFPAPPDTSVPQUZWYMXUZUHSX
EPYEPOPDZSZUFPOMBZWPFUPZHMDJUDTMOHMQ
```

Como um passo inicial, a frequência relativa das letras poderá ser determinada e comparada com uma distribuição de frequência padrão para o inglês, como vemos na Figura 2.5 (com base em [LEWA00]). Se a mensagem fosse longa o suficiente, essa técnica talvez tivesse sucesso, mas, como essa é relativamente curta, não podemos esperar uma combinação exata. De qualquer forma, as frequências relativas das letras no texto cifrado (em porcentagens) são as seguintes:

P	13,33	H	5,83	F	3,33	B	1,67	C	0,00
Z	11,67	D	5,00	W	3,33	G	1,67	K	0,00
S	8,33	E	5,00	Q	2,50	Y	1,67	L	0,00
U	8,33	V	4,17	T	2,50	I	0,83	N	0,00
O	7,50	X	4,17	A	1,67	J	0,83	R	0,00
M	6,67								

Comparando esses dados com a Figura 2.5, parece provável que as letras cifradas P e Z sejam equivalentes às letras do texto claro e e t, mas não se sabe ao certo quem é quem. As letras S, U, O, M e H são todas de frequência relativamente alta e é provável que correspondem às que estão no conjunto {a, h, i, n, o, r, s}. As letras com frequências mais baixas (a saber, A, B, G, Y, I, J) provavelmente estão incluídas no conjunto {b, j, k, q, v, x, z}.

Neste ponto, existem diversas maneiras de prosseguir. Poderíamos fazer algumas tentativas de atribuição e começar a preencher o texto claro para ver se ele tem um "esqueleto" pertinente a uma mensagem. Uma técnica mais sistemática é procurar outras regularidades. Por exemplo, talvez saber que certas palavras estão no texto. Ou então poderíamos procurar sequências repetidas de letras cifradas e tentar deduzir seus equivalentes no texto claro.

Uma ferramenta poderosa é examinar a frequência de combinações de duas letras, conhecidas como **digramas**. Uma tabela semelhante à Figura 2.5 poderia ser montada para mostrar a frequência relativa dos digramas. O mais comum deles é th. Em nosso texto cifrado, o digrama mais comum é ZW, que aparece três vezes. Assim, fazemos a correspondência de Z com t e de W com h. Depois, pela nossa hipótese anterior, podemos igualar P com e. Agora, observe que a sequência ZWP aparece no texto cifrado, e podemos traduzir essa sequência como "the". Esse é o trigrama (combinação de três letras) mais frequente em inglês, o que parece indicar que estamos no caminho certo.

Figura 2.5 Frequência relativa de letras no texto em inglês.

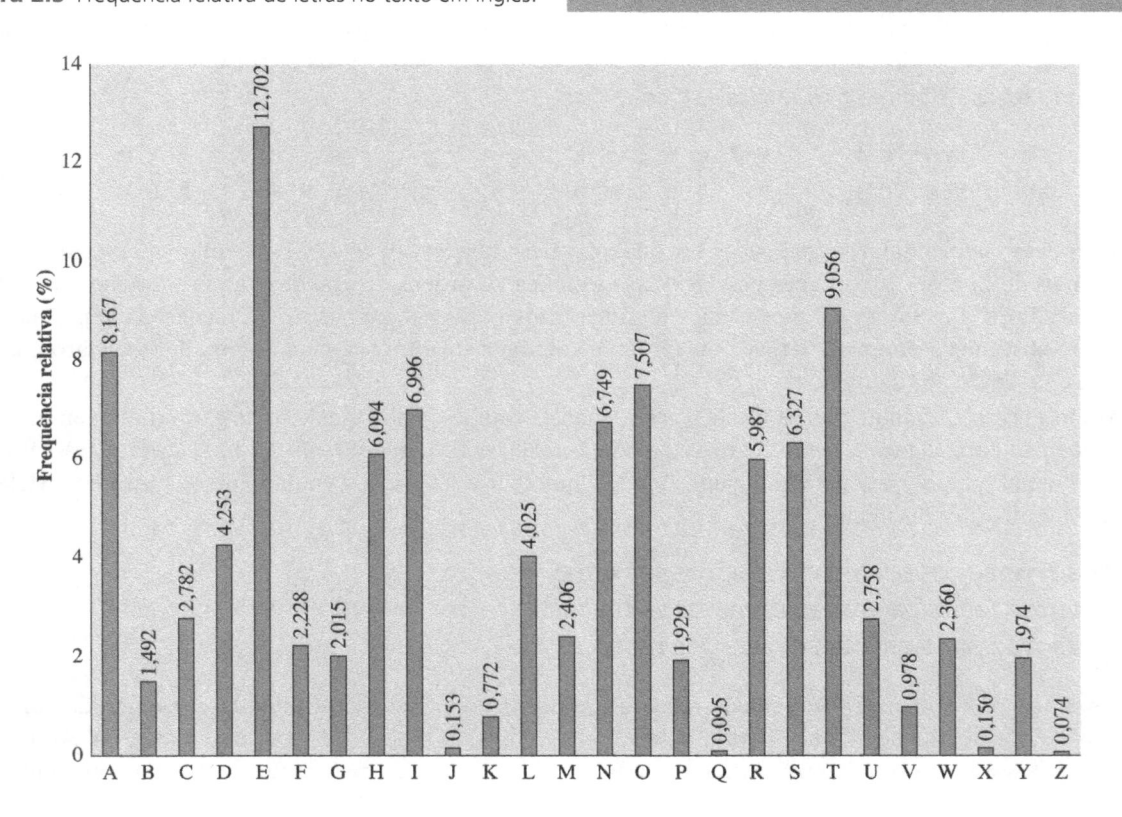

Letra	Frequência (%)
A	8,167
B	1,492
C	2,782
D	4,253
E	12,702
F	2,228
G	2,015
H	6,094
I	6,996
J	0,153
K	0,772
L	4,025
M	2,406
N	6,749
O	7,507
P	1,929
Q	0,095
R	5,987
S	6,327
T	9,056
U	2,758
V	0,978
W	2,360
X	0,150
Y	1,974
Z	0,074

Em seguida, observe a sequência ZWSZ na primeira linha. Não sabemos que essas quatro letras compõem uma palavra completa, mas, se sim, ela tem a forma th_t. Nesse caso, S é igual a a.

Até aqui, então, temos

```
UZQSOVUOHXMOPVGPOZPEVSGZWSZOPFPESXUDBMETSXAIZ
 t a      e  ete athatee a        a
VUEPHZHMDZSHZOWSFPAPPDTSVPQUZWYMXUZUHSX
   e t   ta t ha ee   ae  th   t  a
EPYEPOPDZSZUFPOMBZWPFUPZHMDJUDTMOHMQ
   e  e e tat  e    the    t
```

Somente quatro letras foram identificadas, mas já temos um bom pedaço da mensagem. A análise continuada das frequências, mais tentativa e erro, deverão facilmente gerar uma solução a partir desse ponto. O texto claro completo, com espaços incluídos entre as palavras, é o seguinte:*

```
it was disclosed yesterday that several informal but
direct contacts have been made with political
representatives of the viet cong in moscow
```

As cifras monoalfabéticas são fáceis de se quebrar porque refletem os dados de frequência do alfabeto original. Uma contramedida é oferecer vários substitutos, conhecidos como homófonos, para uma única letra. Por exemplo, a letra e poderia ser atribuída a diversos símbolos de cifra diferentes, como 16, 74, 35 e 21, com cada homófono usado em rodízio, ou aleatoriamente. Se o número de símbolos atribuídos a cada letra for proporcional à frequência relativa dela, então a informação de frequência de única letra é completamente extinta. O grande matemático Carl Friedrich Gauss acreditava ter criado uma cifra indecifrável usando homófonos. Porém, até mesmo com homófonos, cada elemento do texto claro afeta somente um elemento do texto cifrado, e padrões de múltiplas letras (por exemplo, frequências de digrama) ainda sobrevivem no texto cifrado, tornando a criptoanálise relativamente simples.

Dois métodos principais são usados nas cifras de substituição para reduzir a extensão da estrutura sobrevivente do texto claro no cifrado. Uma técnica é encriptar várias letras do texto claro, e a outra é usar vários alfabetos de cifra. Examinamos rapidamente cada uma delas.

Cifra Playfair

A cifra de encriptação de múltiplas letras mais conhecida é a Playfair, que trata os digramas no texto claro como unidades isoladas e as traduz para digramas de texto cifrado.[3]

O algoritmo Playfair é baseado no uso de uma matriz 5 × 5 de letras construídas usando uma palavra-chave. Aqui está um exemplo, solucionado por Lord Peter Wimsey em *Have His Carcase*, de Dorothy Sayers:[4]

M	O	N	A	R
C	H	Y	B	D
E	F	G	I/J	K
L	P	Q	S	T
U	V	W	X	Z

Nesse caso, a palavra-chave é *monarchy*. A matriz é construída com o preenchimento das letras da palavra-chave (menos duplicatas) da esquerda para a direita e de cima para baixo, e depois do restante da matriz com as outras letras na ordem alfabética. As letras I e J contam como uma só. O texto claro é encriptado com duas letras de cada vez, de acordo com as seguintes regras:

---

[3] Essa cifra, na realidade, foi inventada pelo cientista britânico Sir Charles Wheatstone em 1854, mas recebeu o nome de seu amigo Barão Playfair de St. Andrews, que a defendeu na agência estrangeira da Grã Bretanha.

[4] O livro fornece um relato fascinante de um ataque de palavra provável.

* N. do Ed.: "Foi revelado ontem que diversos contatos informais, mas diretos, tem sido feitos com representantes políticos dos vietcongues em Moscou."

1. Letras de texto claro repetidas que estão no mesmo par são separadas por uma de preenchimento, como x, de modo que *balloon* seria tratado como ba lx lo on.
2. Duas letras de texto claro que estejam na mesma linha da matriz são substituídas pela letra à direita, com o primeiro elemento da linha vindo após o último, de forma rotativa. Por exemplo, ar é encriptado como RM.
3. Duas letras de texto claro que estejam na mesma coluna são substituídas pela letra abaixo, com o elemento de cima da coluna vindo após o último, de forma rotativa. Por exemplo, mu é encriptado como CM.
4. Caso contrário, cada letra de texto claro em um par é substituída por aquela que esteja em sua própria linha e na coluna ocupada pela outra letra de texto claro. Assim, hs torna-se BP, e ea torna-se IM (ou JM, a critério do cifrador).

A cifra Playfair é um grande avanço em relação às cifras monoalfabéticas simples. Primeiramente, enquanto existem apenas 26 letras, existem 26 × 26 = 676 digramas, de modo que a identificação de digramas individuais é mais difícil. Além do mais, as frequências relativas das letras individuais exibem um intervalo muito maior do que o dos digramas, tornando a análise de frequência muito mais difícil. Por esses motivos, a cifra Playfair foi, por muito tempo, considerada indecifrável. Ela foi usada como sistema de campo padrão pelo Exército britânico na Primeira Guerra Mundial, e ainda gozava de um uso considerável pelo Exército dos Estados Unidos e outras forças aliadas durante a Segunda Guerra Mundial.

Apesar desse nível de confiança em sua segurança, a cifra Playfair é relativamente fácil de ser quebrada, pois ainda deixa intacta grande parte da estrutura da linguagem de texto claro. Algumas centenas de letras de texto cifrado geralmente são suficientes para quebrá-la.

Um modo de revelar a eficácia da Playfair e outras cifras aparece na Figura 2.6. A linha rotulada com *texto claro* apresenta a distribuição de frequência dos mais de 70.000 caracteres alfabéticos presentes no artigo sobre criptologia da Enciclopédia Britânica. Essa também é a distribuição de frequência de qualquer cifra por substituição monoalfabética, pois os valores de frequência para letras individuais são os mesmos, apenas com diferentes letras substituídas pelas originais. O gráfico foi desenvolvido da seguinte maneira: o número de ocorrência de cada letra no texto foi contado e dividido pelo da letra mais utilizada. Usando os resultados da Figura 2.5, vemos que e é a letra empregada com mais frequência. Desse modo, e tem uma frequência relativa de 1, t, de 9,056/12,702 ≈ 0,72, e assim por diante. Os pontos no eixo horizontal correspondem às letras na ordem de frequência decrescente.

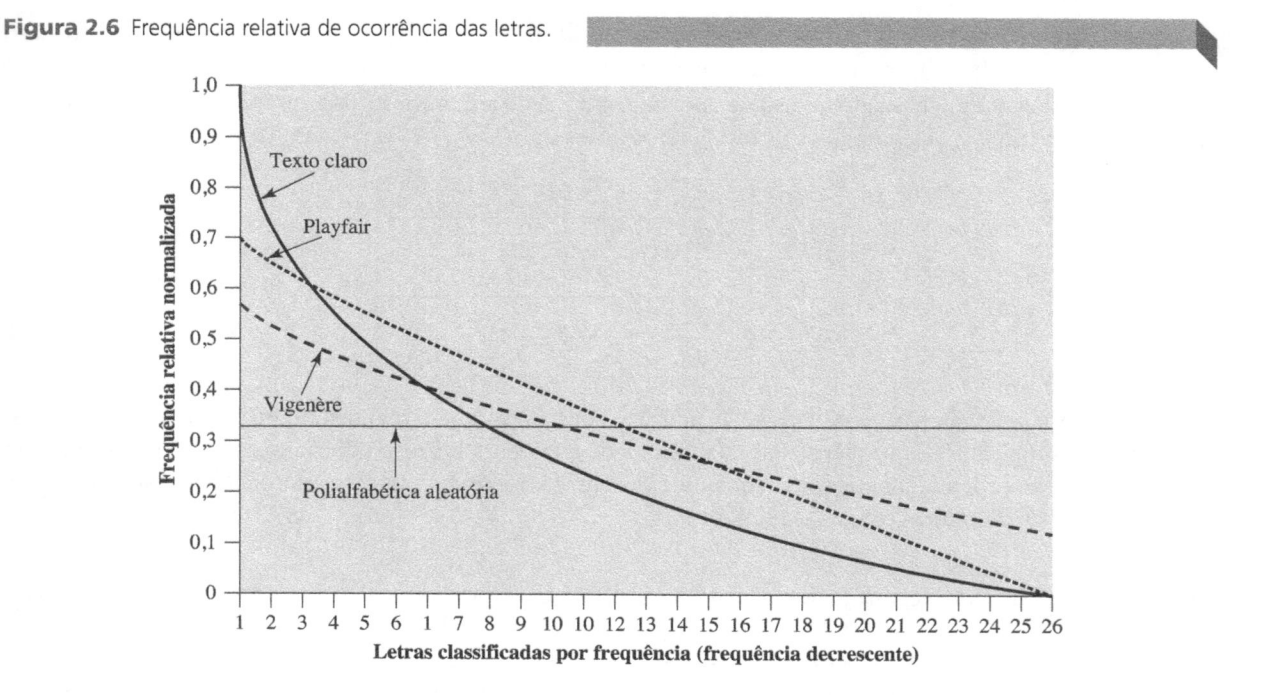

Figura 2.6 Frequência relativa de ocorrência das letras.

A Figura 2.6 também mostra a distribuição de frequência que resulta quando o texto é encriptado usando a cifra Playfair. Para normalizar o gráfico, o número de ocorrências de cada letra no texto cifrado novamente foi dividido pelo número de ocorrências de e no texto claro. O gráfico resultante, portanto, mostra a extensão à qual a distribuição de frequência das letras, que torna trivial solucionar as cifras de substituição, é mascarada pela encriptação. Se a informação de distribuição de frequência fosse totalmente escondida no processo de encriptação, o desenho de frequências do texto cifrado seria achatado, e a criptoanálise usando o texto cifrado se tornaria efetivamente impossível. Como mostra a figura, a cifra Playfair tem uma distribuição mais achatada do que o texto claro, mas, apesar disso, ela revela muita estrutura para um criptoanalista trabalhar.

O gráfico também mostra a cifra Vigenère, discutida mais adiante. As curvas Hill e Vigenère no gráfico são baseadas em resultados relatados em [SIMM93].

Cifra de Hill[5]

Outra cifra multiletras interessante é a de Hill, desenvolvida pelo matemático Lester Hill em 1929.

CONCEITOS DA ÁLGEBRA LINEAR Antes de descrevermos a cifra de Hill, vamos revisar rapidamente alguma terminologia da álgebra linear. Nesta discussão, estamos preocupados com a aritmética de matriz módulo 26. O leitor que precisa relembrar a multiplicação e inversão de matrizes deverá consultar o Apêndice E.

Definimos o inverso $\mathbf{M}^{-1}$ de uma matriz quadrada $\mathbf{M}$ pela equação $\mathbf{M}(\mathbf{M}^{-1}) = \mathbf{M}^{-1}\mathbf{M} = \mathbf{I}$, onde $\mathbf{I}$ é a matriz identidade. $\mathbf{I}$ é uma matriz quadrada que contém todos os elementos iguais a zero, exceto por 1's ao longo da diagonal principal do canto superior esquerdo ao inferior direito. O inverso de uma matriz nem sempre existe, mas, quando sim, satisfaz a equação anterior. Por exemplo,

$$\mathbf{A} = \begin{pmatrix} 5 & 8 \\ 17 & 3 \end{pmatrix} \qquad \mathbf{A}^{-1} \bmod 26 = \begin{pmatrix} 9 & 2 \\ 1 & 15 \end{pmatrix}$$

$$\mathbf{A}\mathbf{A}^{-1} = \begin{pmatrix} (5 \times 9) + (8 \times 1) & (5 \times 2) + (8 \times 15) \\ (17 \times 9) + (3 \times 1) & (17 \times 2) + (3 \times 15) \end{pmatrix}$$

$$= \begin{pmatrix} 53 & 130 \\ 156 & 79 \end{pmatrix} \bmod 26 = \begin{pmatrix} 1 & 0 \\ 0 & 1 \end{pmatrix}$$

Para explicar como é determinado o inverso de uma matriz, começamos com o conceito de determinante. Para qualquer matriz quadrada ($m \times m$), o **determinante** é igual à soma de todos os produtos que podem ser formados apanhando-se exatamente um elemento de cada linha e um de cada coluna, com certos termos do produto precedidos por um sinal de menos. Para uma matriz 2×2,

$$\begin{pmatrix} k_{11} & k_{12} \\ k_{21} & k_{22} \end{pmatrix}$$

o determinante é $k_{11}k_{22} - k_{12}k_{21}$. Para uma matriz 3×3, o valor do determinante é $k_{11}k_{22}k_{33} + k_{21}k_{32}k_{13} + k_{31}k_{12}k_{23} - k_{31}k_{22}k_{13} - k_{21}k_{12}k_{33} - k_{11}k_{32}k_{23}$. Se uma matriz quadrada $\mathbf{A}$ tiver um determinante diferente de zero, então o inverso da matriz é calculado como $[\mathbf{A}^{-1}]_{ij} = (\det \mathbf{A})^{-1}(-1)^{i+j}(\mathbf{D}_{ji})$, onde $(\mathbf{D}_{ji})$ é o subdeterminante formado pela exclusão da linha j e coluna i de $\mathbf{A}$, $\det(\mathbf{A})$ é o determinante de $\mathbf{A}$ e $(\det \mathbf{A})^{-1}$ é o inverso multiplicativo de $(\det \mathbf{A}) \bmod 26$.

Continuando nosso exemplo,

$$\det \begin{pmatrix} 5 & 8 \\ 17 & 3 \end{pmatrix} = (5 \times 3) - (8 \times 17) = -121 \bmod 26 = 9$$

Podemos mostrar que $9^{-1} \bmod 26 = 3$, pois $9 \times 3 = 27 \bmod 26 = 1$ (veja no Capítulo 4 ou no Apêndice E – este último em <sv.pearson.com.br>, em inglês). Portanto, calculamos o inverso de $\mathbf{A}$ como

---

[5] Essa cifra é um pouco mais difícil de entender do que as outras neste capítulo, mas ilustra um ponto importante sobre a criptoanálise, que será útil mais adiante. Esta subseção pode ser pulada em uma primeira leitura.

$$\mathbf{A} = \begin{pmatrix} 5 & 8 \\ 17 & 3 \end{pmatrix}$$

$$\mathbf{A}^{-1} \bmod 26 = 3\begin{pmatrix} 3 & -8 \\ -17 & 5 \end{pmatrix} = 3\begin{pmatrix} 3 & 18 \\ 9 & 5 \end{pmatrix} = \begin{pmatrix} 9 & 54 \\ 27 & 15 \end{pmatrix} = \begin{pmatrix} 9 & 2 \\ 1 & 15 \end{pmatrix}$$

O ALGORITMO DE HILL Esse algoritmo de encriptação utiliza m letras de texto claro sucessivas e as substitui por m letras de texto cifrado. A substituição é determinada por m equações lineares, em que cada caractere recebe um valor numérico (a = 0, b = 1, ..., z = 25). Para m = 3, o sistema pode ser descrito da seguinte forma:

$$c_1 = (k_{11}p_1 + k_{21}p_2 + k_{31}p_3) \bmod 26$$
$$c_2 = (k_{12}p_1 + k_{22}p_2 + k_{32}p_3) \bmod 26$$
$$c_3 = (k_{13}p_1 + k_{23}p_2 + k_{33}p_3) \bmod 26$$

Isso pode ser expresso em termos de vetores de linhas e matrizes:[6]

$$(c_1\ c_2\ c_3) = (p_1\ p_2\ p_3)\begin{pmatrix} k_{11} & k_{12} & k_{13} \\ k_{21} & k_{22} & k_{23} \\ k_{31} & k_{32} & k_{33} \end{pmatrix} \bmod 26$$

ou

$$\mathbf{C} = \mathbf{PK} \bmod 26$$

onde **C** e **P** são vetores de coluna de tamanho 3, representando o texto claro e o texto cifrado, e **K** é uma matriz 3 × 3, indicando a chave de encriptação. As operações são realizadas com mod 26.

Por exemplo, considere o texto claro "*paymoremoney*" e use a chave de encriptação

$$\mathbf{K} = \begin{pmatrix} 17 & 17 & 5 \\ 21 & 18 & 21 \\ 2 & 2 & 19 \end{pmatrix}$$

As três primeiras letras do texto claro são representadas pelo vetor (15 0 24). Então, (15 0 24)**K** = (303 303 531) mod 26 = (17 17 11) = RRL. Continuando dessa forma, o texto cifrado para o texto claro inteiro é **RRLMWBKASPDH**.

A decriptação exige o uso do inverso da matriz **K**. Podemos calcular det **K** = 23 e, portanto, (det **K**)$^{-1}$ mod 26 = 17. Nesse caso, o inverso é[7]

$$\mathbf{K}^{-1} = \begin{pmatrix} 4 & 9 & 15 \\ 15 & 17 & 6 \\ 24 & 0 & 17 \end{pmatrix}$$

Isso é demonstrado da seguinte maneira:

$$\begin{pmatrix} 17 & 17 & 5 \\ 21 & 18 & 21 \\ 2 & 2 & 19 \end{pmatrix}\begin{pmatrix} 4 & 9 & 15 \\ 15 & 17 & 6 \\ 24 & 0 & 17 \end{pmatrix} = \begin{pmatrix} 443 & 442 & 442 \\ 858 & 495 & 780 \\ 494 & 52 & 365 \end{pmatrix} \bmod 26 = \begin{pmatrix} 1 & 0 & 0 \\ 0 & 1 & 0 \\ 0 & 0 & 1 \end{pmatrix}$$

É fácil ver que, se a matriz **K**$^{-1}$ for aplicada ao texto cifrado, então o texto claro é recuperado.

Em termos gerais, o sistema de Hill pode ser expresso da seguinte forma:

---

[6] Alguns livros de criptografia expressam o texto claro e o texto cifrado como vetores de colunas, de modo que o vetor de colunas é colocado após a matriz, em vez de o vetor de linhas ser posto antes da matriz. *Sage* usa vetores de linhas, de modo que adotamos essa convenção.

[7] Os cálculos neste exemplo podem ser vistos com detalhes no Apêndice E (em <sv.pearson.com.br>, em inglês).

$$\mathbf{C} = \mathrm{E}(\mathbf{K}, \mathbf{P}) = \mathbf{PK} \bmod 26$$
$$\mathbf{P} = \mathrm{D}(\mathbf{K}, \mathbf{C}) = \mathbf{CK}^{-1} \bmod 26 = \mathbf{PKK}^{-1} = \mathbf{P}$$

Assim como na cifra Playfair, o ponto forte da cifra de Hill é que ela oculta completamente as frequências de única letra. De fato, com Hill, o uso de uma matriz maior esconde mais informações de frequência. Assim, uma cifra de Hill de 3×3 encobre não apenas informações de frequência de única letra, mas também de duas letras.

Embora a cifra de Hill seja forte contra um ataque apenas de texto cifrado, ela é facilmente quebrada com um ataque de texto claro conhecido. Para uma cifra de Hill de $m \times m$, suponha que tenhamos m pares de texto claro/texto cifrado, cada um com tamanho m. Rotulamos os pares com $\mathbf{P}_j = (p_{1j}p_{1j} \ldots p_{mj})$ e $\mathbf{C}_j = (c_{1j}c_{1j} \ldots c_{mj})$, de modo que $\mathbf{C}_j = \mathbf{P}_j\mathbf{K}$ para $1 \leq j \leq m$ e para alguma matriz de chave desconhecida $\mathbf{K}$. Então, definimos duas matrizes $m \times m$, $\mathbf{X} = (p_{ij})$ e $\mathbf{Y} = (c_{ij})$. Depois, podemos formar a equação matricial $\mathbf{Y} = \mathbf{XK}$. Se $\mathbf{X}$ tiver um inverso, podemos determinar $\mathbf{K} = \mathbf{X}^{-1}\mathbf{Y}$. Se $\mathbf{X}$ não puder ser invertida, uma nova versão de $\mathbf{X}$ terá chances de ser formada com pares adicionais de texto claro/texto cifrado, até que se obtenha uma matriz $\mathbf{X}$ a ser invertida.

Considere este exemplo. Suponha que o texto claro "*hillcipher*" seja encriptado usando uma cifra de Hill 2×2 para gerar o texto cifrado HCRZSSXNSP. Assim, sabemos que $(7\ 8)\mathbf{K} \bmod 26 = (7\ 2)$; $(11\ 11)\mathbf{K} \bmod 26 = (17\ 25)$; e assim por diante. Usando os dois primeiros pares de texto claro/texto cifrado, temos

$$\begin{pmatrix} 7 & 2 \\ 17 & 25 \end{pmatrix} = \begin{pmatrix} 7 & 8 \\ 11 & 11 \end{pmatrix} \mathbf{K} \bmod 26$$

O inverso de $\mathbf{X}$ pode ser calculado:

$$\begin{pmatrix} 7 & 8 \\ 11 & 11 \end{pmatrix}^{-1} = \begin{pmatrix} 25 & 22 \\ 1 & 23 \end{pmatrix}$$

de modo que

$$\mathbf{K} = \begin{pmatrix} 25 & 22 \\ 1 & 23 \end{pmatrix}\begin{pmatrix} 7 & 2 \\ 17 & 25 \end{pmatrix} = \begin{pmatrix} 549 & 600 \\ 398 & 577 \end{pmatrix} \bmod 26 = \begin{pmatrix} 3 & 2 \\ 8 & 5 \end{pmatrix}$$

Esse resultado é verificado testando-se o par restante de texto claro-texto cifrado.

Cifras polialfabéticas

Outra forma de melhorar a técnica monoalfabética simples é usar diferentes substituições monoalfabéticas enquanto se prossegue pela mensagem de texto claro. O nome geral para essa técnica é **cifra por substituição polialfabética**. Essas técnicas têm as seguintes características em comum:

1. Um conjunto de regras de substituição monoalfabéticas é utilizado.
2. Uma chave define qual regra em particular é escolhida para determinada transformação.

CIFRA DE VIGENÈRE A mais conhecida – e uma das mais simples – cifras polialfabéticas é a de Vigenère. Nesse esquema, o conjunto de regras de substituição monoalfabéticas consiste nas 26 cifras de César, com deslocamentos de 0 a 25. Cada cifra é indicada por uma letra da chave, que é a letra do texto cifrado que substitui a letra do texto claro a. Assim, uma cifra de César com um deslocamento de 3 é indicada pelo valor de chave 3.[8]

Podemos expressar a cifra de Vigenère da seguinte maneira. Considere uma sequência de letras em texto claro $P = p_0, p_1, p_2, \ldots, p_{n-1}$ e uma chave consistindo na sequência de letras $K = k_0, k_1, k_2, \ldots, k_{m-1}$, onde normalmente $m < n$. A sequência de letras em texto cifrado $C = C_0, C_1, C_2, \ldots, C_{n-1}$ é calculada da seguinte forma:

$$C = C_0, C_1, C_2, \ldots, C_{n-1} = \mathrm{E}(K, P) = \mathrm{E}[(k_0, k_1, k_2, \ldots, k_{m-1}), (p_0, p_1, p_2, \ldots, p_{n-1})]$$
$$= (p_0 + k_0) \bmod 26, (p_1 + k_1) \bmod 26, \ldots, (p_{m-1} + k_{m-1}) \bmod 26,$$
$$(p_m + k_0) \bmod 26, (p_{m+1} + k_1) \bmod 26, \ldots, (p_{2m-1} + k_{m-1}) \bmod 26, \ldots$$

---

[8] Para ajudar na compreensão do esquema e auxiliar em seu uso, é possível construir uma matriz conhecida como tabela de Vigenère.

Assim, a primeira letra da chave é somada à primeira letra do texto claro, mod 26, a segunda letra da chave é somada à segunda letra do texto claro, e assim por diante, pelas primeiras *m* letras do texto claro. Para as próximas *m* letras do texto claro, as da chave são repetidas. Esse processo continua até que toda a sequência de texto claro esteja encriptada. Uma equação geral do processo de encriptação é

$$C_i = (p_i + k_{i \bmod m}) \bmod 26 \tag{2.3}$$

Compare isso com a Equação 2.1 para a cifra de César. Basicamente, cada caractere de texto claro é encriptado com uma cifra de César diferente, dependendo do caractere de chave correspondente. De modo semelhante, a decriptação é uma generalização da Equação 2.2:

$$p_i = (C_i - k_{i \bmod m}) \bmod 26 \tag{2.4}$$

Para encriptar uma mensagem, é preciso que haja uma chave tão longa quanto ela. Normalmente, a chave é uma palavra-chave repetida. Por exemplo, se a palavra-chave for "*deceptive*" ["ilusório"], a mensagem "*we are discovered save yourself*" ["fomos descobertos, salve-se"] é encriptada desta forma:

```
chave:          deceptivedeceptivedeceptive
texto claro:    wearediscoveredsaveyourself
texto cifrado:  ZICVTWQNGRZGVTWAVZHCQYGLMGJ
```

Expresso numericamente, temos o seguinte resultado:

chave	3	4	2	4	15	19	8	21	4	3	4	2	4	15
texto claro	22	4	0	17	4	3	8	18	2	14	21	4	17	4
texto cifrado	25	8	2	21	19	22	16	13	6	17	25	6	21	19

chave	19	8	21	4	3	4	2	4	15	19	8	21	4
texto claro	3	18	0	21	4	24	14	20	17	18	4	11	5
texto cifrado	22	0	21	25	7	2	16	24	6	11	12	6	9

A força dessa cifra é que existem múltiplas letras de texto cifrado para cada uma do texto claro, uma para cada letra exclusiva da palavra-chave. Assim, informações referentes à frequência de letra são ocultadas. Porém, nem todo conhecimento da estrutura do texto claro é perdido. Por exemplo, a Figura 2.6 mostra a distribuição de frequência para uma cifra de Vigenère com uma palavra-chave de tamanho 9. Uma melhoria é obtida em relação à cifra Playfair, mas informações de frequência consideráveis ainda permanecem.

É instrutivo esboçar um método para quebrar essa cifra, pois ele revela alguns dos princípios matemáticos que se aplicam na criptoanálise.

Primeiro, suponha que o oponente acredite que o texto cifrado foi encriptado ou usando a substituição monoalfabética, ou uma cifra de Vigenère. Um teste simples pode ser feito para se distinguir esses dois cenários. Se uma substituição monoalfabética for empregada, então as propriedades estatísticas do texto cifrado deverão ser iguais às da linguagem do texto claro. Assim, referenciando a Figura 2.5, deverá haver uma letra de cifra com uma frequência relativa de ocorrência de aproximadamente 12,7%, uma com cerca de 9,06%, e assim por diante. Se apenas uma única mensagem estiver disponível para análise, não esperaríamos encontrar uma combinação exata do perfil estatístico da linguagem de texto claro. Entretanto, se a correspondência for próxima, podemos considerar uma substituição monoalfabética.

Se, por outro lado, uma cifra de Vigenère for utilizada, então o progresso da criptoanálise depende da determinação do tamanho da palavra-chave. Agora, nos concentraremos em como determinar o tamanho da palavra-chave. A ideia principal que leva a determinar o tamanho da palavra-chave é a seguinte: se duas sequências idênticas de letras de texto claro ocorrem a uma distância que seja um múltiplo inteiro do tamanho da palavra-chave, elas gerarão sequências de texto cifrado idênticas. No exemplo anterior, duas ocorrências da sequência "*red*" são separadas por nove posições de caractere. Consequentemente, em ambos os casos, r é codificado com a letra-chave *e*, e é codificado com a letra-chave *p*, e d é codificado com a letra-chave *t*. Assim, nos dois casos, a sequência é VTW. Indicamos isso anteriormente sublinhando as letras relevantes e sombreando os números relevantes do texto cifrado.

Um analista examinando apenas o texto cifrado detectaria as sequências repetidas VTW a uma distância de 9 e consideraria que a palavra-chave tem três ou nove letras de extensão. O surgimento de VTW duas vezes poderia ser por acaso, e não refletir letras de texto claro idênticas codificadas com letras-chave idênticas. Porém, se a mensagem for longa o suficiente, haverá diversas dessas sequências de texto cifrado repetidas. Procurando fatores comuns nos deslocamentos das diversas sequências, o analista deverá ser capaz de fazer uma boa escolha do tamanho da palavra-chave.

A solução da cifra agora depende de uma percepção importante. Se o tamanho da palavra-chave é m, então a cifra, por conseguinte, consiste em m cifras de substituição monoalfabéticas. Por exemplo, com a palavra-chave DECEPTIVE, as letras nas posições 1, 10, 19, e assim por diante, são todas encriptadas com a mesma cifra monoalfabética. Assim, podemos usar as características de frequência conhecidas da linguagem do texto claro para atacar cada uma das cifras monoalfabéticas separadamente.

A natureza periódica da palavra-chave pode ser eliminada usando-se uma palavra-chave não repetida que seja tão grande quanto a própria mensagem. Vigenère propôs o que é conhecido como um **sistema de autochave**, em que uma palavra-chave é concatenada ao próprio texto claro para oferecer uma chave corrente. Para o nosso exemplo,

```
chave:              deceptivewearediscoveredsav
texto claro:        wearediscoveredsaveyourself
texto cifrado:      ZICVTWQNGKZEIIGASXSTSLVVWLA
```

Até mesmo esse esquema é vulnerável à criptoanálise. Como a chave e o texto claro compartilham a mesma distribuição de frequência das letras, uma técnica estatística poderá ser aplicada. Por exemplo, pode-se esperar que e codificado por *e*, pela Figura 2.5, ocorra com uma frequência de $(0{,}127)^2 \approx 0{,}016$, enquanto t codificado por *t* ocorreria apenas com a metade dessa frequência. Essas regularidades podem ser exploradas para se conseguir sucesso na criptoanálise.[9]

CIFRA DE VERNAM A principal defesa contra a técnica criptoanalítica descrita é escolher uma palavra-chave que seja tão longa quanto o texto claro e que não possua relacionamento estatístico com ele. Esse sistema foi introduzido por um engenheiro da AT&T, chamado Gilbert Vernam, em 1918. Seu sistema funciona sobre dados binários (bits), em vez de letras. O sistema pode ser expresso de forma sucinta da seguinte forma (Figura 2.7):

$$c_i = p_i \oplus k_i$$

onde

p_i = dígito binário na posição i do texto claro
k_i = dígito binário na posição i da chave
c_i = dígito binário na posição i do texto cifrado
$\oplus$ = operação ou – exclusivo (XOR)

Compare isso com a Equação 2.3, para a cifra de Vigenère.

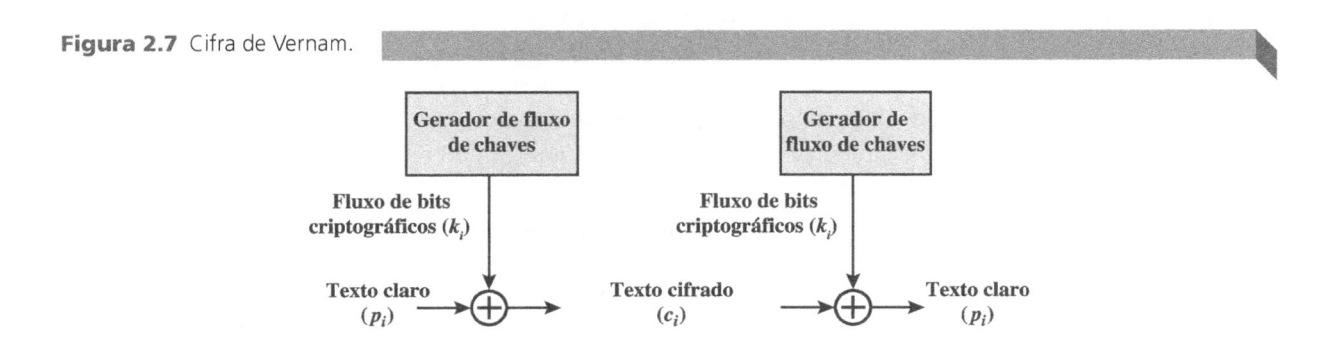

Figura 2.7 Cifra de Vernam.

---

[9] Embora as técnicas para quebrar uma cifra de Vigenère não sejam complexas, uma edição de 1917 da *Scientific American* caracterizava esse sistema como "impossível de tradução". Esse é um ponto que merece ser lembrado quando afirmações semelhantes são feitas para algoritmos modernos.

Assim, o texto cifrado é gerado realizando-se o XOR (operação lógica ou-exclusivo) bit a bit entre texto claro e a chave. Por conta das propriedades do XOR, a decriptação simplesmente envolve a mesma operação bit a bit:

$$p_i = c_i \oplus k_i$$

que é comparada à Equação 2.4.

A essência dessa técnica é a forma de construção da chave. Vernam propôs o uso de uma palavra-chave muito longa, porém que eventualmente era repetida. Embora esse esquema com uma chave longa apresente dificuldades de criptoanálise formidáveis, ele pode ser quebrado com um número suficiente de texto cifrado, com o uso de sequências de texto claro conhecidas ou prováveis, ou ambos.

One-time pad

Um oficial do Exército, Joseph Mauborgne, propôs uma melhoria na cifra de Vernam, que gera o máximo em segurança. Mauborgne sugeriu o uso de uma chave aleatória que fosse tão grande quanto a mensagem, de modo que a chave não precisasse ser repetida. Além disso, a chave deve ser empregada para encriptar e decriptar uma única mensagem, e depois descartada. Cada nova mensagem exige uma nova chave com o mesmo tamanho. Esse esquema, conhecido como *one-time pad*, é inquebrável. Ele produz saída aleatória que não possui qualquer relacionamento estatístico com o texto claro. Como o texto cifrado não contém qualquer informação sobre o texto claro, simplesmente não existe um meio de quebrar o código.

Um exemplo deverá ilustrar nosso argumento. Suponha que estejamos usando um esquema de Vigenère com 27 caracteres, no qual o vigésimo sétimo é o de espaço, mas com uma chave de uso único que é tão grande quanto a mensagem. Considere o texto cifrado

```
ANKYODKYUREPFJBYOJDSPLREYIUNOFDOIUERFPLUYTS
```

Agora mostramos duas decriptações diferentes usando duas chaves distintas:

```
texto cifrado:      ANKYODKYUREPFJBYOJDSPLREYIUNOFDOIUERFPLUYTS
chave:              pxlmvmsydofuyrvzwc tnlebnecvgdupahfzzlmnyih
texto claro:*       mr mustard with the candlestick in the hall

texto cifrado:      ANKYODKYUREPFJBYOJDSPLREYIUNOFDOIUERFPLUYTS
chave:              mfugpmiydgaxgoufhklllmhsqdqogtewbqfgyovuhwt
texto claro:**      miss scarlet with the knife in the library
```

Suponha que um criptoanalista conseguisse encontrar essas duas chaves. Dois textos claros plausíveis são produzidos. Como ele decide qual é a decriptação correta (ou seja, qual é a chave correta)? Se a chave real fosse produzida de uma forma verdadeiramente aleatória, então o criptoanalista não pode saber que uma dessas duas é mais provável que a outra. Assim, não existe um meio de decidir qual chave é a correta e, por consequência, qual texto claro é o correto.

De fato, dado qualquer texto claro de mesmo tamanho do texto cifrado, existe uma chave que o produz. Portanto, se você fizesse uma busca exaustiva em todas as chaves possíveis, acabaria com muitos textos claros legíveis, sem saber qual foi o intencionado. O código é inquebrável.

A segurança do *one-time pad* é inteiramente decorrente da aleatoriedade da chave. Se o fluxo de caracteres que constitui a chave for verdadeiramente aleatório, então o de caracteres que constitui o texto cifrado também o será. Assim, não existem padrões ou regularidades que um criptoanalista possa usar para atacar o texto cifrado.

Em teoria, não precisamos mais procurar uma cifra. O *one-time pad* oferece segurança completa, mas, na prática, tem dois empecilhos fundamentais:

1. Criar grandes quantidades de chaves aleatórias representa um problema prático. Qualquer sistema bastante utilizado poderia exigir milhões de caracteres aleatórios regularmente. O fornecimento de caracteres de fato aleatórios nesse volume é uma tarefa significativa.
2. Ainda mais assustador é o problema da distribuição e proteção da chave. A cada mensagem a ser enviada, uma chave de mesmo tamanho é necessária para uso do emissor e do receptor. Assim, existe um problema gigantesco de distribuição de chave.

---

* "Senhor Mustard com o candelabro no salão".
** "Senhorita Scarlet com a faca na biblioteca".

Por causa dessas dificuldades, o *one-time pad* tem utilidade limitada, e aplicação principalmente para canais de pouca largura de banda que exigem segurança muito alta.

O *one-time pad* é o único criptossistema que apresenta o que é conhecido como *segredo perfeito*. Esse conceito é explorado no Apêndice F (disponível na Sala Virtual, em <sv.pearson.com.br>, em inglês).

2.3 TÉCNICAS DE TRANSPOSIÇÃO

Todas as técnicas examinadas até aqui envolvem a substituição de um símbolo de texto cifrado por um de texto claro. Uma espécie bem diferente de mapeamento é obtida realizando-se algum tipo de permutação nas letras do texto claro. Essa técnica é referenciada como uma cifra de transposição.

A cifra mais simples desse tipo é a técnica de **cerca de trilho**, em que o texto claro é escrito como uma sequência de diagonais, e depois lido como uma sequência de linhas. Por exemplo, para cifrar a mensagem "*meet me after the toga party*" com uma cerca de trilho de profundidade 2, escrevemos o seguinte:

```
m e m a t r h t g p r y
 e t e f e t e o a a t
```

A mensagem encriptada é

MEMATRHTGPRYETEFETEOAAT

Esse tipo de coisa seria trivial de ser criptanalisada. Um esquema mais complexo é escrever a mensagem em um retângulo, linha por linha, e a ler coluna por coluna, mas permutar a ordem destas. A ordem das colunas, então, torna-se a chave para o algoritmo. Por exemplo,

```
Chave:          4 3 1 2 5 6 7
Texto claro:    a t t a c k p
                o s t p o n e
                d u n t i l t
                w o a m x y z
Texto cifrado:  TTNAAPTMTSUOAODWCOIXKNLYPETZ
```

Assim, neste exemplo, a chave é 4312567. Para encriptar, comece com a coluna rotulada com 1, neste caso, a coluna 3. Escreva todas as letras dessa coluna. Prossiga para a coluna 4, que é rotulada com 2, depois para a coluna 2, então para a coluna 1, por fim para as colunas 5, 6 e 7.

Uma cifra de pura transposição é facilmente reconhecida, pois tem as mesmas frequências de letra do texto claro original. Para o tipo de transposição de colunas mostrada, a criptoanálise é muito simples e envolve dispor o texto cifrado em uma matriz, além de mexer com as posições de coluna. As tabelas de frequência de digrama e trigrama podem ser úteis.

A cifra de transposição pode se tornar muito mais segura realizando-se mais de um estágio de transposição. O resultado é uma permutação mais complexa, que não é facilmente reconstruída. Assim, se a mensagem anterior for reencriptada usando o mesmo algoritmo,

```
Chave:      4 3 1 2 5 6 7
Entrada:    t t n a a p t
            m t s u o a o
            d w c o i x k
            n l y p e t z
Saída:      NSCYAUOPTTWLTMDNAOIEPAXTTOKZ
```

Para visualizar o resultado dessa dupla transposição, designe as letras na mensagem de texto claro original pelos números que indicam a sua posição. Assim, com 28 letras na mensagem, a sequência original das letras é

```
01 02 03 04 05 06 07 08 09 10 11 12 13 14
15 16 17 18 19 20 21 22 23 24 25 26 27 28
```

Depois da primeira transposição, temos

```
03 10 17 24 04 11 18 25 02 09 16 23 01 08
15 22 05 12 19 26 06 13 20 27 07 14 21 28
```

que tem uma estrutura um tanto regular. Mas, depois da segunda transposição, temos

```
17 09 05 27 24 16 12 07 10 02 22 20 03 25
15 13 04 23 19 14 11 01 26 21 18 08 06 28
```

Essa é uma permutação muito menos estruturada e muito mais difícil de se criptoanalisar.

2.4 MÁQUINAS DE ROTOR

O exemplo que acabamos de dar sugere que várias etapas de encriptação podem produzir um algoritmo que é significativamente mais difícil para criptoanalisar. Isso vale tanto para cifras de substituição quanto para de transposição. Antes da introdução do DES, a aplicação mais importante do princípio de múltiplas etapas de encriptação era uma classe de sistemas conhecida como máquinas de rotor.[10]

O princípio básico da máquina de rotor é ilustrado na Figura 2.8. A máquina consiste em um conjunto de cilindros rotativos independentes, através dos quais pulsos elétricos podem fluir. Cada cilindro tem 26 pinos de entrada e 26 pinos de saída, com fiação interna que conecta cada pino de entrada a um único pino de saída. Para simplificar, mostramos somente três das conexões internas em cada cilindro.

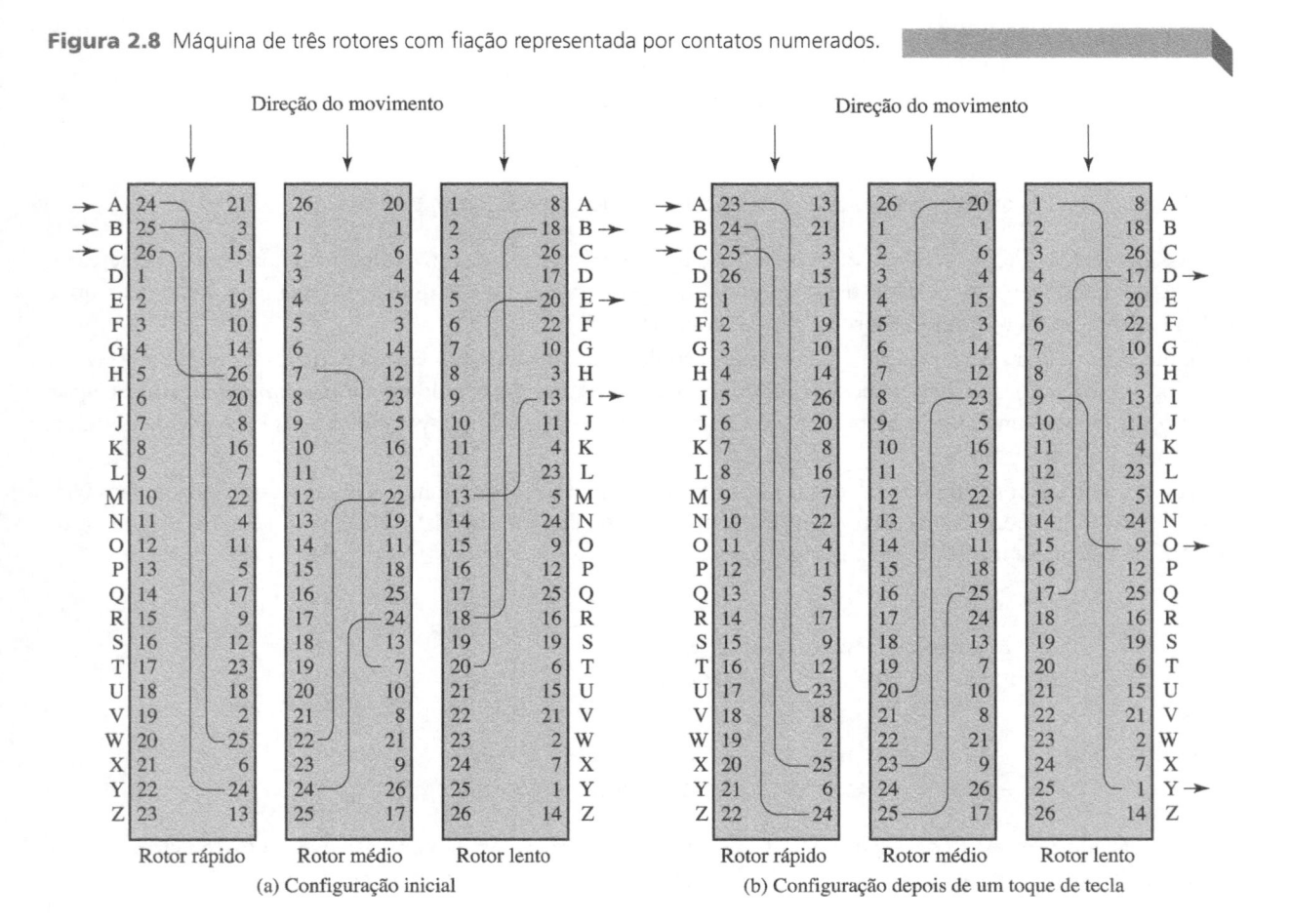

Figura 2.8 Máquina de três rotores com fiação representada por contatos numerados.

[10] Máquinas baseadas no princípio de rotor foram usadas pela Alemanha (Enigma) e pelo Japão (Purple) na Segunda Guerra Mundial. A quebra desses dois códigos pelos Aliados foi um fator significativo para o resultado da guerra.

Se associarmos cada pino de entrada e saída a uma letra do alfabeto, então um único cilindro define uma substituição monoalfabética. Por exemplo, na Figura 2.8, se um operador pressionar uma tecla para a letra A, um sinal elétrico é aplicado ao primeiro pino do primeiro cilindro e flui pela conexão interna para o vigésimo quinto pino de saída.

Considere uma máquina com um único cilindro. Depois que cada tecla de entrada é pressionada, o cilindro gira uma posição, de modo que as conexões internas são deslocadas de acordo. Assim, é definida uma cifra de substituição monoalfabética diferente. Depois de 26 letras de texto claro, o cilindro estaria de volta à posição inicial. Assim, temos um algoritmo de substituição polialfabética com um período de 26.

Um sistema de único cilindro é trivial e não apresenta uma tarefa criptoanalítica formidável. O poder da máquina de rotor está no uso de múltiplos cilindros, em que os pinos de saída de um cilindro são conectados aos de entrada do seguinte. A Figura 2.8 mostra um sistema de três cilindros. A metade esquerda da figura mostra uma posição em que a entrada do operador para o primeiro pino (letra a em texto claro) é direcionada pelos três cilindros para aparecer na saída do segundo pino (letra B em texto cifrado).

Com múltiplos cilindros, aquele mais próximo da entrada do operador gira uma posição de pino a cada toque de tecla. A metade direita da Figura 2.8 mostra a configuração do sistema depois de um único toque de tecla. Para cada rotação completa do cilindro interno, o do meio gira uma posição de pino. Finalmente, para cada rotação completa do cilindro do meio, o externo gira uma posição de pino. Esse é o mesmo tipo de operação vista com os antigos marcadores de quilometragem (odômetros) de automóvel. O resultado é que existem 26 × 26 × 26 = 17.576 alfabetos de substituição diferentes usados antes que o sistema repita. O acréscimo de quarto e quinto rotores resulta em períodos de 456.976 e 11.881.376 letras, respectivamente. Assim, determinada configuração de uma máquina de 5 rotores é equivalente a uma cifra de Vigenère com um tamanho de chave de 11.881.376.

Esse esquema apresenta um desafio criptoanalítico formidável. Por exemplo, se o criptoanalista tentar usar uma técnica de análise de frequência de letra, ele enfrentará o equivalente a mais de 11 milhões de cifras monoalfabéticas. Talvez fosse preciso cerca de 50 letras em cada cifra monoalfabética para uma solução, o que significa que o analista necessita estar em posse de um texto cifrado com um tamanho de mais de meio bilhão de letras.

O significado da máquina de rotor hoje é que ela aponta o caminho para a cifra mais utilizada de todos os tempos: Data Encryption Standard (DES), que será explicada no Capítulo 3.

2.5 ESTEGANOGRAFIA

Concluiremos com uma discussão sobre uma técnica que, estritamente falando, não é encriptação — a saber, a **esteganografia**.

Uma mensagem em texto claro pode estar oculta de duas maneiras. Os métodos de **esteganografia** escondem a existência da mensagem, enquanto os métodos de criptografia a tornam ininteligível a estranhos por meio de várias transformações do texto.[11]

Uma forma simples de esteganografia, mas demorada de se construir, é aquela em que um arranjo de palavras e letras dentro de um texto aparentemente inofensivo soletra a mensagem real. Por exemplo, a sequência de primeiras letras de cada palavra da mensagem geral soletra a mensagem escondida.

Diversas outras técnicas têm sido usadas historicamente, e alguns exemplos são [MYER91]:

- **Marcação de caractere:** letras selecionadas do texto impresso ou datilografado são escritas com lápis por cima. As marcas normalmente não são visíveis, a menos que o papel seja mantido contra uma fonte de luz clara.
- **Tinta invisível:** diversas substâncias podem ser usadas para a escrita sem deixar rastros visíveis, a menos que alguma química seja aplicada ao papel.
- **Perfurações:** pequenos furos em letras selecionadas normalmente não são visíveis, a menos que o papel tenha uma fonte de luz no fundo.
- **Fita corretiva de máquina de escrever:** usada entre as linhas digitadas com uma fita preta, os resultados de digitar com a fita corretiva são visíveis apenas sob uma luz forte.

---

[11] *Esteganografia* era uma palavra obsoleta que foi revivida por David Kahn e recebeu o significado que tem hoje [KAHN96].

Embora essas técnicas possam parecer arcaicas, elas possuem equivalentes contemporâneos. [WAYN09] propõe esconder uma mensagem usando os bits menos significativos dos frames em um CD. Por exemplo, a resolução máxima do formato Kodak Photo CD é de 3.096 por 6.144 pixels, com cada pixel contendo 24 bits de informações de cor RGB. O bit menos significativo de cada pixel de 24 bits pode ser alterado sem afetar muito a qualidade da imagem. O resultado é que você pode ocultar uma mensagem de 130 kB em uma única foto digital. Agora, existem diversos pacotes de software disponíveis que levam esse tipo de técnica à esteganografia.

A esteganografia tem diversas desvantagens quando comparada à encriptação. Ela exige muito *overhead* para esconder relativamente poucos bits de informação, embora algum esquema como o proposto no parágrafo anterior possa torná-la mais eficaz. Além disso, quando o sistema é descoberto, ele se torna praticamente inútil. Esse problema também pode ser contornado se o método de inserção depender de algum tipo de chave (por exemplo, veja o Problema 2.20). Como alternativa, uma mensagem pode ser primeiramente encriptada, e depois escondida, usando a esteganografia.

A vantagem da esteganografia é que ela pode ser empregada pelas partes que têm algo a perder se a sua comunicação secreta (não necessariamente o conteúdo) for descoberta. A encriptação sinaliza o tráfego como importante ou secreto, ou pode identificar o emissor ou o receptor como alguém com algo a esconder.

2.6 LEITURA RECOMENDADA

Para quem estiver interessado na história da criação e quebra de código, o livro a ser lido é [KAHN96]. Embora trate mais do impacto da criptologia do que de seu desenvolvimento técnico, essa é uma introdução excelente e compõe uma leitura interessante. Outro ótimo relato histórico é [SING99].

Uma abordagem curta incluindo as técnicas deste capítulo, além de outras, é [GARD72]. Existem muitos livros que abordam a criptografia clássica em um estilo mais técnico; um dos melhores é [SINK09]. [KORN96] é um livro agradável de se ler e contém uma extensa seção sobre técnicas clássicas. Dois livros de criptografia que contêm uma grande quantidade de material sobre técnicas clássicas são [GARR01] e [NICH99]. Para o leitor verdadeiramente interessado, os dois volumes de [NICH96] abrangem diversas cifras clássicas com detalhes, e oferecem muitos textos cifrados para serem criptoanalisados, com as soluções.

Um tratamento excelente das máquinas de rotor, incluindo uma discussão sobre sua criptoanálise, pode ser encontrado em [KUMA97].

[KATZ00] oferece um tratamento completo da esteganografia. Outra fonte interessante é [WAYN09].

GARD72 GARDNER, M. *Codes, Ciphers, and Secret Writing*. Nova York: Dover, 1972.

GARR01 GARRETT, P. *Making, Breaking Codes:* An Introduction to Cryptology. Upper Saddle River, NJ: Prentice Hall, 2001.

KAHN96 KAHN, D. *The Codebreakers:* The Story of Secret Writing. Nova York: Scribner, 1996.

KATZ00 KATZENBEISSER, S. (ed.). *Information Hiding Techniques for Steganography and Digital Watermarking*. Boston: Artech House, 2000.

KORN96 KORNER, T. *The Pleasures of Counting*. Cambridge, Inglaterra: Cambridge University Press, 1996.

KUMA97 KUMAR, I. *Cryptology*. Laguna Hills, CA: Aegean Park Press, 1997.

NICH96 NICHOLS, R. *Classical Cryptography Course*. Laguna Hills, CA: Aegean Park Press, 1996.

NICH99 NICHOLS, R. (ed.). *ICSA Guide to Cryptography*. Nova York: McGraw-Hill, 1999.

SING99 SINGH, S. *The Code Book:* The Science of Secrecy from Ancient Egypt to Quantum Cryptography. Nova York: Anchor Books, 1999.

SINK09 SINKOV, A. *Elementary Cryptanalysis:* A Mathematical Approach. Washington, DC: The Mathematical Association of America, 2009.

WAYN09 WAYNER, P. *Disappearing Cryptography*. Boston: AP Professional Books, 2009.

2.7 PRINCIPAIS TERMOS, PERGUNTAS PARA REVISÃO E PROBLEMAS

Principais termos

- ataque de força bruta
- cifra
- cifra cerca de trilho
- cifra de bloco
- cifra de César
- cifra de fluxo
- cifra de Hill
- cifra de transposição
- cifra de Vigenère
- cifra monoalfabética
- cifra Playfair
- cifra polialfabética
- cifragem
- computacionalmente seguro
- criptoanálise
- criptografia
- criptologia
- decifragem
- decriptação
- digrama
- encriptação
- encriptação convencional
- encriptação de chave única
- encriptação simétrica
- esteganografia
- incondicionalmente seguro
- *one-time pad*
- sistema criptográfico
- texto cifrado
- texto claro

Perguntas para revisão

2.1 Quais são os elementos essenciais de uma cifra simétrica?
2.2 Quais são as duas funções básicas usadas nos algoritmos de encriptação?
2.3 Quantas chaves são necessárias para duas pessoas se comunicarem por meio de uma cifra?
2.4 Qual é a diferença entre uma cifra de bloco e uma cifra de fluxo?
2.5 Quais são as duas técnicas gerais para atacar uma cifra?
2.6 Liste e defina rapidamente os tipos de ataque criptoanalítico com base naquilo que o atacante conhece.
2.7 Qual é a diferença entre uma cifra incondicionalmente segura e uma cifra computacionalmente segura?
2.8 Defina resumidamente a cifra de César.
2.9 Defina resumidamente a cifra monoalfabética.
2.10 Defina resumidamente a cifra Playfair.
2.11 Qual é a diferença entre uma cifra monoalfabética e uma polialfabética?
2.12 Quais são os dois problemas com o *one-time pad*?
2.13 O que é uma cifra de transposição?
2.14 O que é esteganografia?

Problemas

2.1 Uma generalização da cifra de César, conhecida como cifra de César afim, tem a seguinte forma: a cada letra de texto claro p, substitua-a pela letra de texto cifrado C:

$$C = E([a, b], p) = (ap + b) \bmod 26$$

Um requisito básico de qualquer algoritmo de encriptação é que ele seja um para um. Ou seja, se $p \neq q$, então $E(k, p) \neq E(k, q)$. Caso contrário, a decriptação é impossível, pois mais de um caractere de texto claro é mapeado no mesmo caractere de texto cifrado. A cifra de César afim não é um-para-um para todos os valores de a. Por exemplo, para $a = 2$ e $b = 3$, então $E([a, b], 0) = E([a, b], 13) = 3$.
  a. Existem limitações sobre o valor de b? Explique por que sim ou por que não.
  b. Determine quais valores de a não são permitidos.
  c. Ofereça uma afirmação geral sobre quais valores de a são e não são permitidos. Justifique-a.

2.2 Quantas cifras de César afins um para um existem?

2.3 Um texto cifrado foi gerado com uma cifra afim. A letra mais frequente do texto cifrado é B, e a segunda mais frequente é U. Quebre esse código.

2.4 O texto cifrado a seguir foi gerado usando um algoritmo de substituição simples:

```
53‡‡†305))6*;4826)4‡.)4‡);806*;48†8¶60))85;;]8*;:‡*8†83
(88)5*†;46(;88*96*?;8)*‡(;485);5*†2:*‡(;4956*2(5*-4)8¶8*
;4069285);)6†8)4‡‡;1(‡9;48081;8:8‡1;48†85;4)485†528806*81
(‡9;48;(88;4(‡?34;48)4‡;161;:188;‡?;
```

Decripte essa mensagem.

Dicas:

1. A letra que ocorre com mais frequência em inglês é e. Portanto, o primeiro ou segundo (ou talvez terceiro?) caractere mais comum na mensagem provavelmente signifique e. Além disso, e normalmente é visto em pares (por exemplo, *meet, fleet, speed, seen, been, agree* etc.). Tente encontrar um caractere no texto cifrado que seja decriptado para e.
2. A palavra mais comum em inglês é *the*. Use esse fato para adivinhar os caracteres que representam t e h.
3. Decifre o restante da mensagem deduzindo outras palavras.

Aviso: a mensagem resultante está em inglês, mas pode não fazer muito sentido em uma primeira leitura.

2.5 Um modo de solucionar o problema de distribuição de chave é usar uma linha de um livro que o emissor e o receptor possuem. Normalmente, pelo menos em romances de espionagem, a primeira sentença de um livro serve como chave. O esquema em particular discutido neste problema é de um dos melhores romances de suspense envolvendo códigos secretos, *Talking to Strange Men* (*Falando com Homens Estranhos*), de Ruth Rendell. Discuta este problema sem consultar esse livro!

Considere a mensagem a seguir:

SIDKHKDM AF HCRKIABIE SHIMC KD LFEAILA

Esse texto cifrado foi produzido usando-se a primeira sentença de *The Other Side of Silence* (*O Outro Lado do Silêncio* – um livro sobre o espião Kim Philby):

The snow lay thick on the steps and the snowflakes driven by the wind looked black in the headlights of the cars.

Uma cifra de substituição simples foi utilizada.

a. Qual é o algoritmo de encriptação?
b. Qual a sua segurança?
c. Para simplificar o problema de distribuição de chave, as duas partes podem combinar em usar a primeira ou última sentença de um livro como chave. Para mudá-la, eles simplesmente precisam escolher um novo livro. O uso da primeira sentença seria preferível ao da última. Por quê?

2.6 Em um de seus casos, Sherlock Holmes foi confrontado com a seguinte mensagem:

534 C2 13 127 36 31 4 17 21 41
DOUGLAS 109 293 5 37 BIRLSTONE
26 BIRLSTONE 9 127 171

Embora Watson estivesse confuso, Holmes foi imediatamente capaz de deduzir o tipo de cifra. Você consegue descobri-lo?

2.7 Este problema usa um exemplo do mundo real, de um antigo manual das Forças Especiais dos Estados Unidos (domínio público). O documento, com nome de arquivo *SpecialForces.pdf*, está disponível na Sala Virtual para este livro.

a. Usando as duas chaves (palavras de memória) *cryptographic* e *network security*, encripte a mensagem a seguir:

Be at the third pillar from the left outside the lyceum theatre tonight at seven. If you are distrustful bring two friends.

Faça suposições razoáveis sobre como tratar letras redundantes e letras em excesso nas palavras de memória e como tratar os espaços e a pontuação. Indique quais são as suas suposições. *Nota:* a mensagem é do romance de Sherlock Holmes *The Sign of Four* (*O Sinal dos Quatro*).
b. Decripte o texto cifrado. Mostre o seu trabalho.
c. Comente sobre quando seria apropriado usar esta técnica e quais são suas vantagens.

2.8 Uma desvantagem da cifra monoalfabética é que tanto o emissor quanto o receptor precisam confiar a sequência da cifra permutada à memória. Uma técnica comum para evitar isso é usar uma palavra-chave da qual a sequência da cifra possa ser gerada. Por exemplo, utilizando a palavra-chave *CIPHER*, escreva-a seguida por letras não usadas na ordem normal e combine com as do texto claro:

```
texto claro:     a b c d e f g h i j k l m n o p q r s t u v w x y z
texto cifrado:   C I P H E R A B D F G J K L M N O Q S T U V W X Y Z
```

Se esse processo não produzir uma mistura suficiente, escreva as letras restantes em linhas sucessivas e depois gere a sequência lendo as colunas, de cima para baixo:

```
C I P H E R
A B D F G J
K L M N O Q
S T U V W X
Y Z
```

Isso resulta na sequência

C A K S Y I B L T Z P D M U H F N V E G O W R J Q X

Esse sistema é usado no exemplo da Seção 2.2 (aquele que começa com "it was disclosed yesterday"). Determine a palavra-chave.

2.9 Quando o barco de patrulha norte-americano PT-109, sob o comando do tenente John F. Kennedy, foi afundado por um destróier japonês, uma mensagem foi recebida na estação sem fio australiana em código Playfair:

```
KXJEY UREBE ZWEHE WRYTU HEYFS
KREHE GOYFI WTTTU OLKSY CAJPO
BOTEI ZONTX BYBNT GONEY CUZWR
GDSON SXBOU YWRHE BAAHY USEDQ
```

A chave usada foi *royal new zealand navy*. Decripte a mensagem. Traduza TT para tt.

2.10 a. Construa uma matriz Playfair com a chave *largest*.
b. Construa uma matriz Playfair com a chave *occurrence*. Faça uma suposição razoável sobre como tratar letras redundantes na chave.

2.11 a. Usando esta matriz Playfair

M	F	H	I/J	K
U	N	O	P	Q
Z	V	W	X	Y
E	L	A	R	G
D	S	T	B	C

encripte esta mensagem:

Must see you over Cadogan West. Coming at once.

Nota: a mensagem é da história de Sherlock Holmes, *The Adventure of the Bruce-Partington Plans (A Aventura dos Planos de Bruce-Partington)*.

b. Repita a parte (a) usando a matriz Playfair do Problema 2.10a.
c. Como você justifica os resultados desse problema? Você poderia generalizar sua conclusão?

2.12 a. Quantas chaves possíveis a cifra Playfair possui? Ignore o fato de que algumas chaves poderiam produzir resultados de encriptação idênticos. Expresse sua resposta como uma potência aproximada de 2.
b. Agora leve em conta o fato de que algumas chaves Playfair produzem os mesmos resultados de encriptação. Quantas chaves efetivamente exclusivas a cifra Playfair possui?

2.13 Que sistema de substituição resulta quando usamos uma matriz Playfair de 25 × 1?

2.14 a. Encripte a mensagem "meet me at the usual place at ten rather than eight oclock" usando a cifra de Hill com a chave $\begin{pmatrix} 9 & 4 \\ 5 & 7 \end{pmatrix}$. Mostre seus cálculos e o resultado.
b. Mostre os cálculos para a decriptação correspondente do texto cifrado a fim de recuperar o texto claro original.

2.15 Mostramos que a cifra de Hill sucumbe perante um ataque de texto claro conhecido se forem fornecidos suficientes pares de texto claro/texto cifrado. É ainda mais fácil de solucionar a cifra de Hill se um ataque de texto claro escolhido puder ser montado. Descreva esse ataque.

2.16 Pode-se mostrar que a cifra de Hill com a matriz $\begin{pmatrix} a & b \\ c & d \end{pmatrix}$ exige que $(ad - bc)$ seja relativamente primo de 26; ou seja, o único fator positivo comum entre $(ad - bc)$ e 26 é 1. Assim, se $(ad - bc) = 13$ ou se for par, a matriz não é permitida. Determine o número de chaves diferentes (boas) que existem para uma cifra de Hill 2 × 2 sem contá-las uma a uma, usando as seguintes etapas:
a. Descubra o número de matrizes cujo determinante seja par porque uma ou ambas as linhas são pares. (Uma linha é "par" se as duas entradas na linha forem pares.)

b. Descubra o número de matrizes cujo determinante é par porque uma ou ambas as colunas são pares. (Uma coluna é "par" se as duas entradas na coluna forem pares.)
c. Descubra o número de matrizes cujo determinante é par porque todas as entradas são ímpares.
d. Levando em conta as sobreposições, descubra o número total de matrizes cujo determinante é par.
e. Descubra o número de matrizes cujo determinante é um múltiplo de 13 porque a primeira coluna é um múltiplo de 13.
f. Descubra o número de matrizes cujo determinante é um múltiplo de 13, em que a primeira coluna não é um múltiplo de 13, mas a segunda é um múltiplo do primeiro módulo 13.
g. Descubra o número total de matrizes cujo determinante é um múltiplo de 13.
h. Descubra o número de matrizes cujo determinante é um múltiplo de 26 porque elas se ajustam aos casos (a) e (e), (b) e (e), (c) e (e), (a) e (f), e assim por diante.
i. Descubra o número total de matrizes cujo determinante não é um múltiplo de 2 nem um múltiplo de 13.

2.17 Calcule o determinante mod 26 de

a. $\begin{pmatrix} 20 & 2 \\ 5 & 4 \end{pmatrix}$
b. $\begin{pmatrix} 1 & 7 & 22 \\ 4 & 9 & 2 \\ 1 & 2 & 5 \end{pmatrix}$

2.18 Determine o inverso mod 26 de

a. $\begin{pmatrix} 2 & 3 \\ 1 & 22 \end{pmatrix}$
b. $\begin{pmatrix} 6 & 24 & 1 \\ 13 & 16 & 10 \\ 20 & 17 & 15 \end{pmatrix}$

2.19 Usando a cifra de Vigenère, encripte a palavra "explanation" usando a chave *leg*.

2.20 Este problema explora o uso de uma versão do *one-time pad* da cifra de Vigenère. Nesse esquema, a chave é um fluxo de números aleatórios entre 0 e 26. Por exemplo, se a chave for 3 19 5..., então a primeira letra do texto claro é encriptada com um deslocamento de três letras, a segunda com um deslocamento de 19 letras, a terceira com um deslocamento de cinco letras, e assim por diante.

a. Encripte o texto claro *sendmoremoney* com o fluxo de chaves

9 0 1 7 23 15 21 14 11 11 2 8 9

b. Usando o texto cifrado produzido na parte a, encontre uma chave, de modo que o texto cifrado seja decriptado para o texto claro *cashnotneeded*.

Problemas de programação

2.22 Elabore um programa que possa encriptar e decriptar usando a cifra de César geral, também conhecida como cifra aditiva.

2.23 Elabore um programa que possa encriptar e decriptar usando a cifra afim, descrita no Problema 2.1.

2.24 Elabore um programa que possa realizar um ataque de frequência de letra em uma cifra aditiva sem intervenção humana. Seu software deverá produzir textos claros possíveis em ordem aproximada de probabilidade. Seria bom se a sua interface com o usuário permitisse que ele especificasse "mostre os 10 textos claros mais prováveis".

2.25 Escreva um programa que possa realizar um ataque de frequência de letra em qualquer cifra de substituição monoalfabética sem intervenção humana. Seu software deverá produzir textos claros possíveis em ordem aproximada de probabilidade. Seria bom se a sua interface com o usuário permitisse que ele especificasse "mostre os 10 textos claros mais prováveis".

2.26 Crie um software que possa encriptar e decriptar usando uma cifra de Hill 2 × 2.

2.27 Crie um software que possa realizar um ataque rápido de texto claro conhecido sobre uma cifra de Hill, dada a dimensão *m*. Qual a velocidade dos seus algoritmos, como uma função de *m*?

Cifras de bloco e o data encryption standard

03

TÓPICOS ABORDADOS

3.1 ESTRUTURA TRADICIONAL DE CIFRA DE BLOCO
Cifras de fluxo e cifras de bloco
Motivação para a estrutura de cifra de Feistel
Cifra de Feistel

3.2 DATA ENCRYPTION STANDARD
Encriptação DES
Decriptação DES

3.3 UM EXEMPLO DO DES
Resultados
Efeito avalanche

3.4 A FORÇA DO DES
Uso de chaves de 56 bits
Natureza do algoritmo DES
Ataques de temporização

3.5 PRINCÍPIOS DE PROJETO DE CIFRA DE BLOCO
Número de rodadas
Projeto da função F
Algoritmo de escalonamento de chave

3.6 LEITURA RECOMENDADA

3.7 PRINCIPAIS TERMOS, PERGUNTAS PARA REVISÃO E PROBLEMAS

OBJETIVOS DE APRENDIZAGEM

APÓS ESTUDAR ESTE CAPÍTULO, VOCÊ SERÁ CAPAZ DE:

☑ Entender a distinção entre cifras de fluxo e cifras de bloco.
☑ Apresentar uma visão geral da cifra de Feistel e explicar como a decriptação é o inverso da encriptação.
☑ Apresentar uma visão geral do data encryption standard (DES).
☑ Explicar o conceito do efeito avalanche.
☑ Discutir a força criptográfica do DES.
☑ Resumir os princípios mais importantes do projeto de uma cifra de bloco.

"Mas qual é a vantagem da mensagem cifrada sem a cifra?"

— *The Valley of Fear,* Sir Arthur Conan Doyle

O objetivo deste capítulo é ilustrar os princípios das cifras simétricas modernas. Para essa finalidade, focalizaremos a cifra simétrica mais utilizada: o data encryption standard (DES). Embora diversas cifras simétricas tenham sido desenvolvidas desde a introdução do DES e ele esteja destinado a ser substituído pelo *advanced encryption standard* (AES), DES continua sendo o algoritmo mais importante. Além disso, um estudo detalhado do DES oferece um conhecimento dos princípios usados em outras cifras simétricas.

Este capítulo começa com uma discussão sobre os princípios gerais das cifras de bloco simétricas, que são o tipo estudado neste livro (com exceção da cifra de fluxo RC4 no Capítulo 7). Em seguida, explicaremos o DES completo. Após essa abordagem focada em um algoritmo específico, retornaremos a uma discussão mais geral do projeto de cifras de bloco.

Em comparação com as cifras de chave pública, como RSA, a estrutura do DES, e da maioria das cifras simétricas, é muito complexa e não pode ser explicada tão facilmente quanto a citada e algoritmos semelhantes. Por conseguinte, o leitor pode querer começar com uma versão simplificada do DES, que é descrita no Apêndice G (<sv.pearson.com>, em inglês). Essa versão permite que o leitor simule a encriptação e decriptação à mão, e assim adquira um bom conhecimento de como funciona os detalhes do algoritmo. A experiência em sala de aula indica que um estudo dessa versão simplificada melhora a compreensão do DES.[1]

3.1 ESTRUTURA TRADICIONAL DE CIFRA DE BLOCO

Muitos algoritmos de encriptação de bloco simétricos em uso atual são baseados em uma estrutura conhecida como cifra de bloco de Feistel [FEIS73]. Por esse motivo, é importante examinar os princípios de projeto dela. Começaremos com uma comparação das cifras de fluxo e das cifras de bloco. Depois, discutiremos a motivação para a estrutura da cifra de bloco de Feistel. Finalmente, observaremos algumas de suas implicações.

Cifras de fluxo e cifras de bloco

Uma **cifra de fluxo** é aquela que encripta um fluxo de dados digital um bit ou um byte por vez. Alguns exemplos de cifras de fluxo clássicas são as autochaveadas Vigenère e Vernam. No caso ideal, uma versão *one-time pad* da cifra Vernam seria utilizada (Figura 2.7), na qual o fluxo de chaves (k_i) tem o tamanho do fluxo de bits do texto claro (p_i). Se o fluxo de chaves criptográfico for aleatório, então essa cifra é inquebrável por qualquer meio que não seja a aquisição dele. Porém, o fluxo de chaves precisa ser fornecido para os dois usuários com antecedência, por meio de algum canal independente e seguro. Isso gera problemas logísticos intransponíveis se o tráfego de dados intencionado for muito grande.

Por conseguinte, por motivos práticos, o gerador de fluxo de bits precisa ser implementado como um procedimento algorítmico, de modo que o fluxo de bits criptográfico seja produzido por ambos os usuários. Nessa técnica (Figura 3.1a), o gerador de fluxo de bits é um algoritmo controlado por chave e deverá produzir um fluxo de bits criptograficamente forte. Ou seja, deverá ser computacionalmente impraticável prever partes futuras do fluxo de bits com base em partes anteriores desse fluxo. Os dois usuários precisam apenas compartilhar a chave de geração, e cada um pode produzir o fluxo de chaves.

Uma **cifra de bloco** é aquela em que um bloco de texto claro é tratado como um todo e usado para produzir um de texto cifrado com o mesmo tamanho. Normalmente, um tamanho de bloco de 64 ou 128 bits é utilizado. Assim como a cifra de fluxo, os dois usuários compartilham uma chave de encriptação simétrica (Figura 3.1b). Usando alguns dos modos de operação explicados no Capítulo 6, uma cifra de bloco pode ser usada para conseguir o mesmo efeito de uma cifra de fluxo.

Tem sido destinado muito mais esforço para analisar as cifras de bloco, em geral, por elas serem adequadas a uma gama maior de aplicações do que as cifras de fluxo. A grande maioria das aplicações de criptografia simétrica baseadas em rede utiliza cifras de bloco. Assim, a preocupação neste capítulo, e nas nossas discussões no decorrer deste livro sobre encriptação simétrica, focalizará as cifras de bloco.

---

[1] Porém, você pode seguramente pular o Apêndice G, pelo menos em uma leitura inicial. Se você se perder ou ficar confuso com os detalhes do DES, então poderá voltar e começar com o DES simplificado.

Figura 3.1 Cifra de fluxo e cifra de bloco.

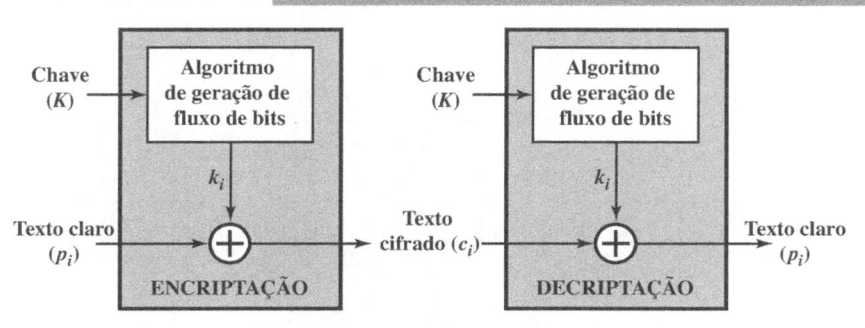

(a) Cifra de fluxo usando gerador algorítmico de fluxo de bits

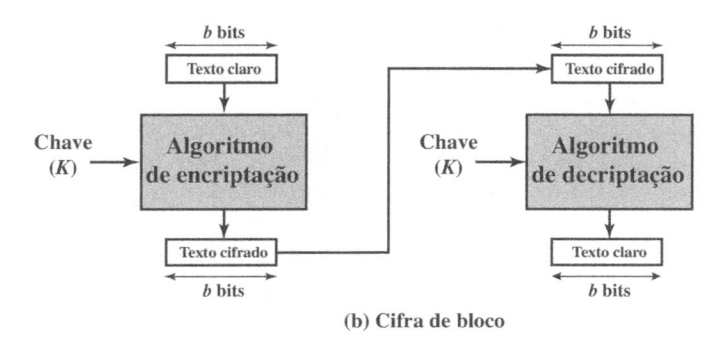

(b) Cifra de bloco

Motivação para a estrutura de cifra de Feistel

Uma cifra de bloco opera sobre um bloco de texto claro de n bits para produzir um bloco de texto cifrado de n bits. Existem 2^n diferentes blocos de texto claro possíveis e, para a encriptação ser reversível (ou seja, para a decriptação ser possível), cada um produz um bloco de texto cifrado exclusivo. Essa transformação é chamada de reversível, ou não singular. Os exemplos a seguir ilustram uma transformação não singular e uma singular para $n = 2$.

Mapeamento reversível	
Texto claro	Texto cifrado
00	11
01	10
10	00
11	01

Mapeamento irreversível	
Texto claro	Texto cifrado
00	11
01	10
10	01
11	01

No segundo caso, um texto cifrado de 01 poderia ter sido produzido por um de dois blocos de texto claro. Assim, se nos limitarmos aos mapeamentos reversíveis, o número de transformações diferentes é $2^n!$.[2]

A Figura 3.2 ilustra a lógica de uma cifra de substituição geral para $n = 4$. Uma entrada de 4 bits produz um dos 16 estados de entrada possíveis, que é mapeado pela cifra de substituição para um dos 16 estados de saída possíveis, cada um representado por 4 bits de texto cifrado. Os mapeamentos de encriptação e decriptação são passíveis de ser definidos por uma tabulação, como mostra a Tabela 3.1. Essa é a forma mais geral de cifra de bloco e pode ser usada para definir qualquer mapeamento reversível entre texto claro e texto cifrado. Feistel se refere a isso como a *cifra de bloco ideal*, pois permite o número máximo de mapeamentos de encriptação a partir do bloco de texto claro [FEIS75].

---

[2] O raciocínio é o seguinte: para o primeiro texto claro, podemos escolher qualquer um dos 2^n blocos de texto cifrado. Para o segundo texto claro, selecionamos entre $2^n - 1$ blocos de texto cifrado restantes, e assim por diante.

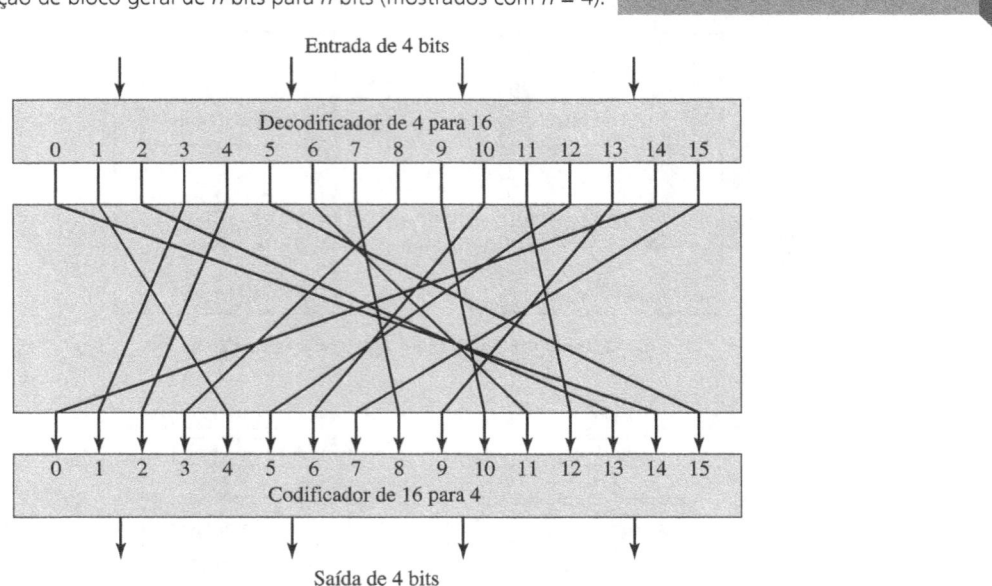

Figura 3.2 Substituição de bloco geral de *n* bits para *n* bits (mostrados com *n* = 4).

Tabela 3.1 Tabelas de encriptação e decriptação para a cifra de substituição da Figura 3.2.

Texto claro	Texto cifrado
0000	1110
0001	0100
0010	1101
0011	0001
0100	0010
0101	1111
0110	1011
0111	1000
1000	0011
1001	1010
1010	0110
1011	1100
1100	0101
1101	1001
1110	0000
1111	0111

Texto cifrado	Texto claro
0000	1110
0001	0011
0010	0100
0011	1000
0100	0001
0101	1100
0110	1010
0111	1111
1000	0111
1001	1101
1010	1001
1011	0110
1100	1011
1101	0010
1110	0000
1111	0101

Existe um problema prático com a cifra de bloco ideal. Se ela for usada em um tamanho de bloco pequeno, como *n* = 4, então o sistema é equivalente a uma cifra de substituição clássica. Esses sistemas, como já vimos, são vulneráveis a uma análise estatística do texto claro. Esse ponto fraco não é inerente ao uso de uma cifra de substituição, mas resulta do uso de um tamanho de bloco pequeno. Se *n* for suficientemente grande e uma substituição reversível qualquer entre texto claro e texto cifrado for permitida, então as características estatísticas do texto claro de origem são mascaradas a tal ponto que esse tipo de criptoanálise é inviável.

Entretanto, uma cifra de substituição reversível qualquer (a cifra de bloco ideal) para um grande tamanho de bloco não é prática, de um ponto de vista de implementação e de desempenho. Para tal transformação, o próprio mapeamento constitui a chave. Considere novamente a Tabela 3.1, que define um mapeamento reversível em particular do texto claro ao texto cifrado, para $n = 4$. O mapeamento pode ser definido pelas entradas na segunda coluna, que mostram o valor do texto cifrado para cada bloco de texto claro. Essa é basicamente a chave que determina o mapeamento específico entre todos os possíveis. Nesse caso, usando esse método simples de definição da chave, o tamanho de chave exigido é (4 bits) × (16 linhas) = 64 bits. Em geral, para uma cifra de bloco ideal de n bits, o tamanho da chave, definido nesses moldes, é $n \times 2^n$ bits. Para um bloco de 64 bits, que é uma dimensão desejável para afastar ataques estatísticos, o tamanho de chave exigido é $64 \times 2^{64} = 2^{70} \approx 10^{21}$ bits.

Considerando essas dificuldades, Feistel indica que é necessária uma aproximação do sistema de cifra de bloco ideal para um n grande, montado a partir de componentes que são facilmente observáveis [FEIS75]. No entanto, antes de passar para a técnica de Feistel, vamos fazer outra observação. Poderíamos usar a cifra de substituição de bloco geral mas, para tornar essa implementação tratável, confinamo-nos a um subconjunto dos $2^n!$ possíveis mapeamentos reversíveis. Por exemplo, suponha que definamos o mapeamento em termos de um conjunto de equações lineares. No caso de $n = 4$, temos

$$y_1 = k_{11}x_1 + k_{12}x_2 + k_{13}x_3 + k_{14}x_4$$
$$y_2 = k_{21}x_1 + k_{22}x_2 + k_{23}x_3 + k_{24}x_4$$
$$y_3 = k_{31}x_1 + k_{32}x_2 + k_{33}x_3 + k_{34}x_4$$
$$y_4 = k_{41}x_1 + k_{42}x_2 + k_{43}x_3 + k_{44}x_4$$

onde os x_i são os quatro dígitos binários do bloco de texto claro, os y_i são os quatro dígitos binários do bloco de texto cifrado, os k_{ij} são os coeficientes binários e a aritmética é mod 2. O tamanho de chave é apenas n^2, neste caso, 16 bits. O perigo com esse tipo de formulação é que pode ser vulnerável à criptoanálise por um atacante que saiba a estrutura do algoritmo. Neste exemplo, o que temos é basicamente a cifra de Hill discutida no Capítulo 2, aplicada a dados binários em vez de a caracteres. Como vimos no Capítulo 2, um sistema linear simples como esse é bastante vulnerável.

Cifra de Feistel

Feistel propôs [FEIS73] que podemos aproximar a cifra de bloco ideal utilizando o conceito de uma cifra de produto, que é a execução de duas ou mais cifras simples em sequência, de tal forma que o resultado ou produto final seja criptograficamente mais forte do que qualquer uma das cifras componentes. A essência da técnica é desenvolver uma cifra de bloco com um tamanho de chave de k bits e de bloco de n bits, permitindo um total de 2^k transformações possíveis, em vez de $2^n!$ transformações disponíveis com a cifra de bloco ideal.

Em particular, Feistel propôs o uso de uma cifra que alterna substituições e permutações, nas quais esses termos são definidos da seguinte forma:

- **Substituição:** cada elemento de texto claro ou grupo de elementos é substituído exclusivamente por um elemento ou grupo de elementos de texto cifrado correspondente.
- **Permutação:** uma sequência de elementos de texto claro é substituída por uma permutação dessa sequência. Ou seja, nenhum elemento é acrescentado, removido ou substituído na sequência, mas a ordem em que os elementos aparecem nela é mudada.

De fato, a cifra de Feistel é uma aplicação prática de uma proposta de Claude Shannon para desenvolver uma cifra de produto que alterne funções de *confusão* e *difusão* [SHAN49].[3] Examinaremos, em seguida, esses conceitos, e depois apresentaremos a cifra de Feistel. Mas, primeiro, vale a pena comentar sobre esse fato marcante: a estrutura da cifra de Feistel, que existe há mais de um quarto de século e que, por sua vez, é baseada na proposta de Shannon de 1945, é aquela utilizada por muitas cifras de bloco simétricas importantes atualmente.

---

[3] O artigo de 1949 apareceu originalmente como um relatório confidencial em 1945. Shannon goza de uma posição incrível e exclusiva na história dos computadores e da ciência da informação. Ele não apenas desenvolveu as primeiras ideias da criptografia moderna, mas também é responsável por inventar a disciplina da teoria da informação. Com base no seu trabalho sobre teoria da informação, ele elaborou uma fórmula para a capacidade de um canal de comunicações de dados, que ainda hoje é usado. Além disso, ele fundou outra disciplina, a aplicação da álgebra booleana ao estudo dos circuitos digitais; este último resultado ele conseguiu produzir rapidamente como uma dissertação de mestrado.

DIFUSÃO E CONFUSÃO Os termos *difusão* e *confusão* foram introduzidos por Claude Shannon para abranger os dois ingredientes básicos para a montagem de qualquer sistema criptográfico [SHAN49]. A preocupação de Shannon foi impedir a criptoanálise baseada em análise estatística. O raciocínio é o seguinte: considere que o atacante tem algum conhecimento das características estatísticas do texto claro. Por exemplo, em uma mensagem legível ao humano em alguma linguagem, a distribuição de frequência das várias letras pode ser conhecida. Ou, então, talvez haja palavras ou frases que provavelmente aparecem na mensagem (palavras prováveis). Se essas estatísticas estiverem de alguma forma refletidas no texto cifrado, o criptoanalista será capaz de deduzir a chave de codificação, parte dela ou pelo menos um conjunto de chaves que provavelmente contenha a correta. No que Shannon se refere como uma cifra fortemente ideal, todas as estatísticas do texto cifrado são independentes da chave utilizada em particular. A cifra de substituição arbitrária que discutimos anteriormente (Figura 3.2) é uma cifra assim, mas, como vimos, não é prática.[4]

Diferentemente de recorrer a sistemas ideais, Shannon sugere dois métodos para frustrar a criptoanálise estatística: difusão e confusão. Na **difusão**, a estrutura estatística do texto claro é dissipada em estatísticas de longa duração do texto cifrado. Isso é obtido fazendo-se que cada dígito do texto claro afete o valor de muitos do texto cifrado; em geral, isso é equivalente a fazer cada dígito do texto cifrado ser afetado por muitos do texto claro. Um exemplo da difusão é codificar uma mensagem $M = m_1, m_2, m_3, \ldots$ de caracteres com uma operação de média:

$$y_n = \left(\sum_{i=1}^{k} m_{n+i}\right) \bmod 26$$

acrescentando k letras sucessivas para obter uma de texto cifrado y_n. Pode-se mostrar que a estrutura estatística do texto claro foi dissipada. Assim, as frequências de letra no texto cifrado serão mais aproximadas do que no texto claro; as frequências de digrama também serão mais aproximadas, e assim por diante. Em uma cifra de bloco binária, a difusão pode ser alcançada realizando-se repetidamente alguma permutação dos dados, seguida pela aplicação de uma função a essa permutação; o efeito é que os bits de diferentes posições no texto claro original contribuem para um único bit de texto cifrado.[5]

Cada cifra de bloco envolve uma transformação de um bloco de texto claro para um de texto cifrado, no qual essa transformação depende da chave. O mecanismo de difusão busca tornar o relacionamento estatístico entre o texto claro e o texto cifrado o mais complexo possível, a fim de frustrar tentativas de deduzir a chave. Por outro lado, a **confusão** procura estabelecer o relacionamento entre as estatísticas do texto cifrado e o valor da chave de encriptação o mais complexo possível, novamente para frustrar tentativas de descobrir a chave. Assim, mesmo que o atacante possa ter alguma ideia das estatísticas do texto cifrado, o modo pelo qual a chave foi usada para produzir esse texto cifrado é tão complexo que torna difícil deduzir a chave. Isso é obtido com o uso de um algoritmo de substituição complexo. Contrastantemente, uma função de substituição linear simples resultaria em pouca confusão.

Conforme [ROBS95b] indica, tão bem-sucedidas são a difusão e a confusão na captura da essência dos atributos desejados de uma cifra de bloco que elas se tornaram a base do projeto moderno de cifras de bloco.

ESTRUTURA DA CIFRA DE FEISTEL O lado esquerdo da Figura 3.3 representa a estrutura proposta por Feistel. As entradas do algoritmo de encriptação são um bloco de texto claro de tamanho $2w$ bits e uma chave K. O bloco do texto claro é dividido em duas metades, L_0 e R_0. As duas metades dos dados passam por n rodadas de processamento, e depois se combinam para produzir o bloco do texto cifrado. Cada rodada i possui como entradas L_{i-1} e R_{i-1}, derivadas da rodada anterior, assim como uma subchave K_i derivada do K geral. Normalmente, as subchaves K_i são diferentes de K e umas das outras. Na Figura 3.3, 16 rodadas são utilizadas, embora qualquer número delas possa ser implementado.

---

[4] O Apêndice F (em <sv.pearson.com.br>, em inglês) expande os conceitos de Shannon referentes a medidas de sigilo e segurança dos algoritmos criptográficos.

[5] Alguns livros sobre criptografia igualam a permutação com a difusão. Isso é incorreto. A permutação, *por si só*, não muda as estatísticas do texto claro no nível de letras individuais ou blocos permutados. Por exemplo, no DES, a permutação inverte dois blocos de 32 bits, de modo que as estatísticas de *strings* de 32 bits ou menos são preservadas.

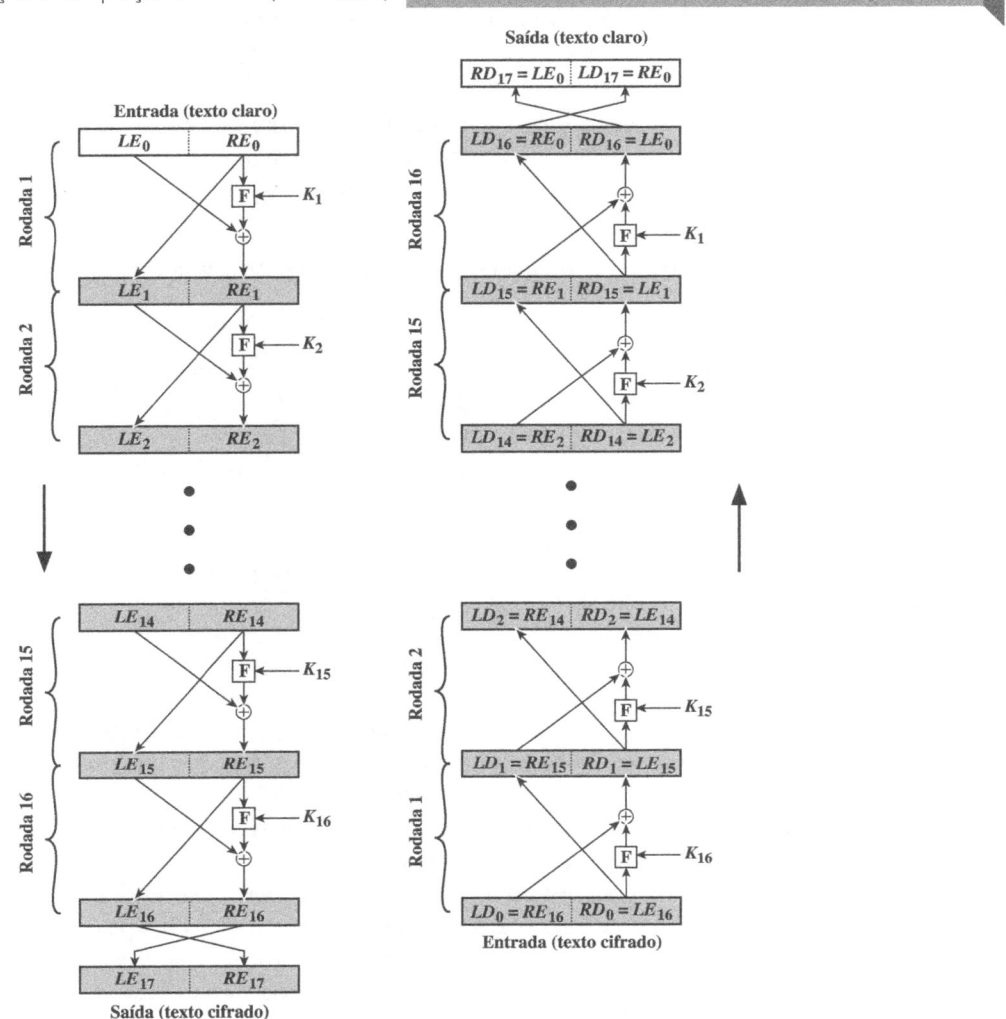

Figura 3.3 Encriptação e decriptação de Feistel (16 rodadas).

Todas as rodadas têm a mesma estrutura. Uma **substituição** é realizada na metade esquerda dos dados. Isso é feito aplicando-se uma *função* F à metade direita dos dados, e depois, a operação lógica de ou-exclusivo entre a saída dessa função e a metade esquerda dos dados. A função F tem a mesma estrutura geral para cada rodada, mas é parametrizada pela subchave da rodada K_i. Outra forma de expressar isso é dizer que F é uma função da metade direita de w bits do bloco e de uma subchave de y bits, que produz um valor de saída com comprimento de w bits: $F(RE_i, K_{i+1})$. Após essa substituição, é realizada uma **permutação** que consiste na troca das duas metades dos dados.[6] Essa estrutura é uma forma particular da rede de substituição-permutação (ou SPN, do acrônimo em inglês para *substitution-permutation network*) proposta por Shannon.

A execução exata de uma rede de Feistel depende da escolha dos seguintes parâmetros e recursos de projeto:

- **Tamanho de bloco:** tamanhos de bloco maiores significam maior segurança (mantendo as outras coisas iguais), mas velocidade de encriptação/decriptação reduzida para determinado algoritmo. Maior segurança é obtida por difusões maiores. Tradicionalmente, o tamanho de bloco de 64 bits foi considerado uma escolha razoável e quase universal no projeto de cifras de bloco. Porém, o novo AES usa um tamanho de bloco de 128 bits.

---

[6] A rodada final é seguida por uma troca que desfaz a troca que faz parte da rodada final. Alguém poderia simplesmente deixar as duas trocas fora do diagrama, sacrificando alguma consistência de apresentação. De qualquer forma, a falta efetiva de uma troca na rodada final é proporcionada para simplificar a implementação do processo de decriptação, conforme veremos.

- **Tamanho de chave:** tamanho de chave maior significa maior segurança, mas pode diminuir a velocidade de encriptação/decriptação. Maior segurança é obtida pela maior resistência a ataques de força bruta e maior confusão. Os tamanhos de chave de 64 bits ou menos agora são em grande parte considerados inadequados, e 128 bits tornou-se um padrão comum.
- **Número de rodadas:** a essência da cifra de Feistel é que uma única rodada oferece segurança inadequada, mas várias proporcionam maior segurança. Um tamanho típico é de 16 rodadas.
- **Algoritmo de geração de subchave:** maior complexidade nesse algoritmo deverá levar a maior dificuldade de criptoanálise.
- **Função F:** novamente, maior complexidade geralmente significa maior resistência à criptoanálise.

Existem duas outras considerações no projeto de uma cifra de Feistel:

- **Encriptação/decriptação rápidas em software:** em muitos casos, a encriptação é embutida nas aplicações ou funções utilitárias, de tal forma que impede uma implementação em hardware. Por conseguinte, a velocidade de execução do algoritmo torna-se uma preocupação.
- **Facilidade de análise:** embora quiséssemos tornar nosso algoritmo o mais difícil possível de criptoanalisar, existe um grande benefício em colocá-lo como fácil de ser analisado. Ou seja, se o algoritmo puder ser explicado de forma concisa e clara, é mais fácil analisá-lo em busca de vulnerabilidades criptoanalíticas e, portanto, desenvolver um nível mais alto de garantia quanto a sua força. DES, por exemplo, não tem uma funcionalidade facilmente analisável.

ALGORITMO DE DECRIPTAÇÃO DE FEISTEL O processo de decriptação com uma cifra de Feistel é basicamente o mesmo de encriptação. A regra é a seguinte: use o texto cifrado como entrada para o algoritmo, mas as subchaves K_i em ordem reversa. Ou seja, use K_n na primeira rodada, K_{n-1} na segunda, e assim por diante, até K_1 ser usada na última rodada. Essa é uma ótima característica, pois significa que não precisamos implementar dois algoritmos diferentes, um para encriptação e outro para decriptação.

Para ver se o mesmo algoritmo com uma ordem de chave invertida produz o resultado correto, considere a Figura 3.3, que mostra o processo de encriptação descendo pelo lado esquerdo, e o processo de decriptação subindo pelo lado direito, para um algoritmo de 16 rodadas. Por clareza, usamos a notação LE_i e RE_i para os dados que passam pelo algoritmo de encriptação, e LD_i e RD_i para os dados pelo algoritmo de decriptação. O diagrama indica que, a cada rodada, o valor intermediário do processo de decriptação é igual ao correspondente do processo de encriptação com as duas metades do valor trocadas. Colocando de outra forma, considere que a i-ésima rodada de encriptação seja $LE_i \| RE_i$ (LE_i concatenado com RE_i). Então, a saída correspondente à rodada de decriptação $(16 - i)$ é $RE_i \| LE_i$ ou, de modo equivalente, $LD_{16-i} \| RD_{16-i}$.

Vamos percorrer a Figura 3.3 para demonstrar a validade das afirmações anteriores. Depois da última iteração do processo de encriptação, as duas metades da saída são trocadas, de modo que o texto cifrado é $RE_{16} \| LE_{16}$. A saída dessa rodada é o texto cifrado. A seguir, apanhe esse texto cifrado e use-o como entrada para o mesmo algoritmo. A entrada para a primeira rodada é $RE_{16} \| LE_{16}$, que é igual à troca de 32 bits da saída da décima sexta rodada do processo de encriptação.

Agora, gostaríamos de mostrar que a saída da primeira rodada do processo de decriptação é igual a uma troca de 32 bits da entrada com a décima sexta rodada do processo de encriptação. Primeiro, considere o processo de encriptação. Vemos que

$$LE_{16} = RE_{15}$$
$$RE_{16} = LE_{15} \oplus F(RE_{15}, K_{16})$$

No lado da decriptação,

$$LD_1 = RD_0 = LE_{16} = RE_{15}$$
$$RD_1 = LD_0 \oplus F(RD_0, K_{16})$$
$$= RE_{16} \oplus F(RE_{15}, K_{16})$$
$$= [LE_{15} \oplus F(RE_{15}, K_{16})] \oplus F(RE_{15}, K_{16})$$

A operação lógica ou-exclusivo (ou, simplesmente, XOR, do acrônimo em inglês para *exclusive-or*) tem as seguintes propriedades:

$$[A \oplus B] \oplus C = A \oplus [B \oplus C]$$
$$D \oplus D = 0$$
$$E \oplus 0 = E$$

Assim, temos $LD_1 = RE_{15}$ e $RD_1 = LE_{15}$. A saída da primeira rodada do processo de decriptação é $RE_{15} \| LE_{15}$, que é a troca de 32 bits da entrada para a décima sexta rodada da encriptação. Essa correspondência se mantém por todas as 16 iterações, como é facilmente mostrado. Podemos converter esse processo em termos gerais. Para a *i*-ésima iteração do algoritmo de encriptação,

$$LE_i = RE_{i-1}$$
$$RE_i = LE_{i-1} \oplus F(RE_{i-1}, K_i)$$

Reorganizando os termos,

$$RE_{i-1} = LE_i$$
$$LE_{i-1} = RE_i \oplus F(RE_{i-1}, K_i) = RE_i \oplus F(LE_i, K_i)$$

Descrevemos as entradas para a *i*-ésima iteração como uma função das saídas, e essas equações confirmam as atribuições mostradas no lado direito da Figura 3.3.

Finalmente, vemos que a saída da última rodada do processo de decriptação é $RE_0 \| LE_0$. Uma troca de 32 bits recupera o texto claro original, demonstrando a validade do processo de decriptação de Feistel.

Observe que a derivação não exige que F seja uma função reversível. Para ver isso, use um caso limitador em que F produz uma saída constante (por exemplo, tudo 1), independente dos valores de seus dois argumentos. As equações ainda são válidas.

Para ajudar a esclarecer os conceitos apresentados, vamos examinar um exemplo específico (Figura 3.4) e focar na décima quinta rodada de encriptação, correspondente à segunda rodada de decriptação. Suponha que os blocos em cada estágio tenham 32 bits (duas metades de 16 bits) e que o tamanho da chave seja de 24 bits. Imagine que, no final da rodada quatorze de encriptação, o valor do bloco intermediário (em hexadecimal) seja DE7F03A6. Então, LE_{14} = DE7F e RE_{14} = 03A6. Além disso, admita que o valor de K_{15} seja 12DE52. Após a rodada 15, temos LE_{15} = 03A6 e RE_{15} = F(03A6, 12DE52) $\oplus$ DE7F.

Agora, vamos examinar a decriptação. Vamos supor que $LD_1 = RE_{15}$ e $RD_1 = LE_{15}$, como mostra a Figura 3.3, e que iremos demonstrar que $LD_2 = RE_{14}$ e $RD_2 = LE_{14}$. Assim, começamos com LD_1 = F(03A6, 12DE52) $\oplus$ DE7F e RD_1 = 03A6. Depois, pela Figura 3.3, LD_2 = 03A6 = RE_{14} e RD_2 = F(03A6, 12DE52) $\oplus$ [F(03A6, 12DE52) $\oplus$ DE7F] = DE7F = LE14.

Figura 3.4 Exemplo Feistel.

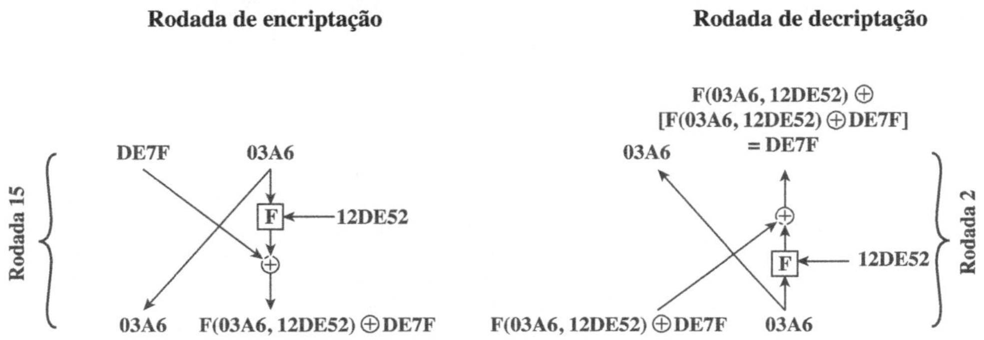

3.2 DATA ENCRYPTION STANDARD

Até a introdução do advanced encryption standard (AES), em 2001, o data encryption standard (DES) era o esquema de encriptação mais utilizado. DES foi adotado em 1977 pelo National Bureau of Standards, agora National Institute of Standards and Technology (NIST), como Federal Information Processing Standard 46 (FIPS PUB 46). O algoritmo é conhecido como data encryption algorithm (DEA).[7] Para DEA, os dados são encriptados em blocos de 64 bits usando uma chave de 56 bits. O algoritmo transforma a entrada de 64 bits em uma série de etapas para uma saída de 64 bits. As mesmas etapas, com a mesma chave, são empregadas para reverter a encriptação.

Com o passar dos anos, DES tornou-se o algoritmo de encriptação simétrica dominante, especialmente em aplicações financeiras. Em 1994, o NIST reafirmou o DES para uso federal por outros cinco anos; o NIST recomendou o uso do DES para aplicações que não tenham informações de proteção ou confidenciais. Em 1999, o NIST emitiu uma nova versão do seu padrão (FIPS PUB 46-3), que indicava que o DES deveria ser utilizado apenas para sistemas legados, e que o triple DES (que basicamente envolve repetir o algoritmo DES três vezes sobre o texto claro com duas ou três chaves diferentes para produzir o texto cifrado) fosse empregado. Estudaremos o triple DES no Capítulo 6. Como os algoritmos básicos de encriptação e decriptação são os mesmos para DES e triple DES, continua sendo importante entender a cifra do DES. Esta seção oferece uma visão geral. Para o leitor interessado, o Apêndice S, na Sala Virtual (<sv.pearson.com.br>, em inglês), contém mais detalhes.

Encriptação DES

O esquema geral para a encriptação DES é ilustrado na Figura 3.5. Assim como em qualquer esquema de encriptação, existem duas entradas na função: o texto claro a ser encriptado e a chave. Nesse caso, o texto claro precisa ter 64 bits de extensão, e a chave tem 56 bits de extensão.[8]

Examinando o lado esquerdo da figura, podemos ver que o processamento do texto claro prossegue em três fases. Primeiro, o texto claro de 64 bits passa por uma permutação inicial (IP, do acrônimo em inglês para *initial permutation*), que reorganiza os bits a fim de produzir a *entrada permutada*. Isso é seguido por uma fase consistindo em 16 rodadas da mesma função, que envolve funções de permutação e substituição. A saída da última (décima sexta) rodada baseia-se em 64 bits que são uma função do texto claro de entrada e da chave. As metades esquerda e direita da saída são trocadas para produzir a **pré-saída**. Finalmente, a pré-saída é passada por uma permutação [IP^{-1}], que é o inverso da função de permutação inicial, a fim de produzir o texto cifrado de 64 bits. Com exceção das permutações inicial e final, DES tem a estrutura exata de uma cifra de Feistel, como mostra a Figura 3.3.

A parte da direita da Figura 3.5 apresenta o modo como a chave de 56 bits é usada. Inicialmente, a chave passa por uma função de permutação. Depois, para cada uma das 16 rodadas, uma *subchave* (K_i) é produzida pela combinação de um deslocamento circular à esquerda e uma permutação. A função de permutação é a mesma para cada rodada, mas uma subchave diferente é produzida, por conta dos deslocamentos repetidos dos bits da chave.

Decriptação DES

Assim como qualquer cifra de Feistel, a decriptação usa o mesmo algoritmo da encriptação, exceto que a aplicação das subchaves é invertida. Além disso, as permutações inicial e final são invertidas.

---

[7] A terminologia é um pouco confusa. Até pouco tempo, os termos *DES* e *DEA* poderiam ser usados equivalentemente. Porém, a edição mais recente do documento DES inclui uma especificação do DEA descrita aqui, mais o triple DEA (TDEA) citado no Capítulo 6. Tanto DEA quanto TDEA fazem parte do data encryption standard. Além disso, até a adoção recente do termo oficial *TDEA*, o algoritmo triple DEA era normalmente conhecido como triple *DES*, e apresentado como 3DES. Por questão de conveniência, usamos o termo *3DES*.

[8] Na realidade, a função espera uma chave de 64 bits como entrada. Porém, somente 56 desses bits são usados; outros 8 bits podem ser empregados como bits de paridade ou simplesmente definidos arbitrariamente.

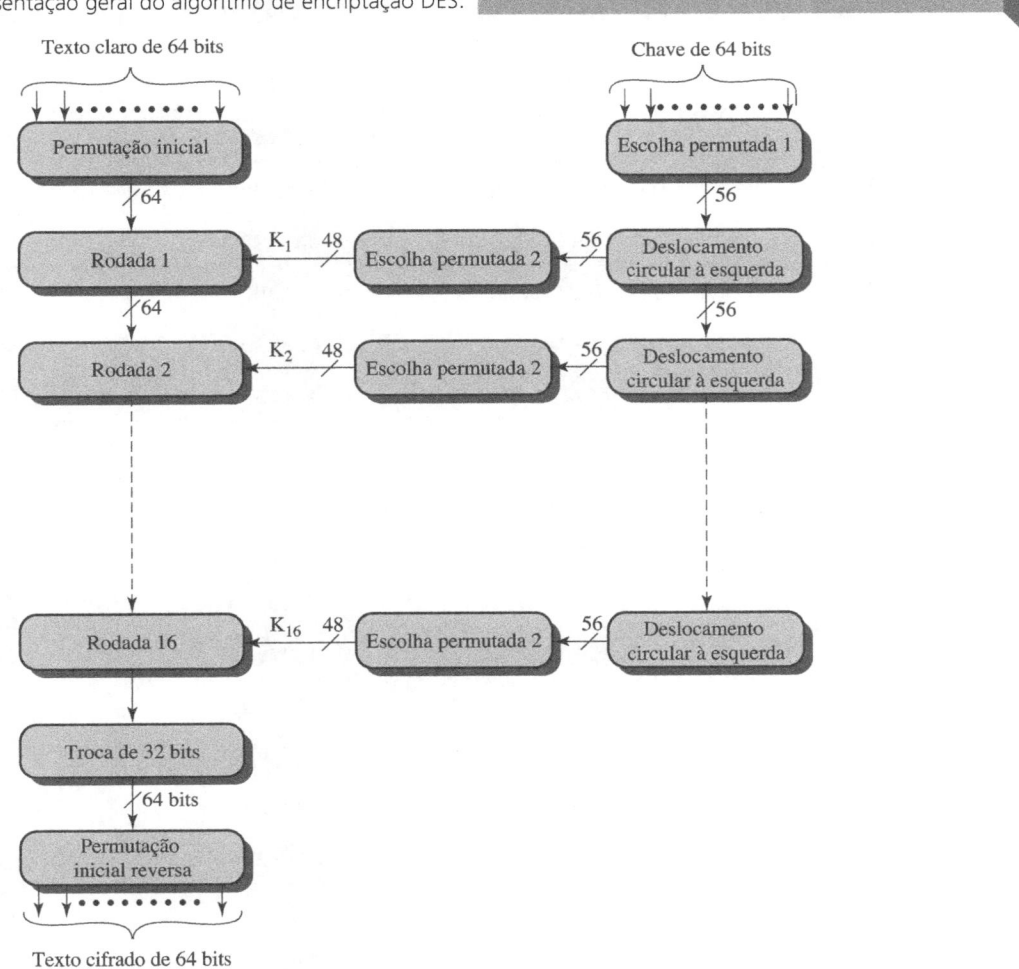

Figura 3.5 Representação geral do algoritmo de encriptação DES.

[Diagrama: Texto claro de 64 bits → Permutação inicial → Rodada 1, Rodada 2, ..., Rodada 16 → Troca de 32 bits → Permutação inicial reversa → Texto cifrado de 64 bits. À direita: Chave de 64 bits → Escolha permutada 1 → Deslocamento circular à esquerda → Escolha permutada 2 (K₁, K₂, ..., K₁₆, cada uma de 48 bits).]

3.3 UM EXEMPLO DO DES

Agora, trabalharemos um exemplo, considerando algumas de suas implicações. Embora você não tenha que replicar o exemplo manualmente, será esclarecedor estudar os padrões hexa que ocorrem de uma etapa para a seguinte.

Para este exemplo, o texto claro é um palíndromo hexadecimal. O texto claro, a chave e o texto cifrado resultante são os seguintes:

Texto claro:	02468aceeca86420
Chave:	0f1571c947d9e859
Texto cifrado:	da02ce3a89ecac3b

Resultados

A Tabela 3.2 mostra a progressão do algoritmo. A primeira linha apresenta os valores de 32 bits das metades esquerda e direita dos dados após a permutação inicial. As 16 linhas seguintes indicam os resultados após cada rodada. Também aparece o valor da subchave de 48 bits gerada para cada rodada. Observe que $L_i = R_{i-1}$. A última linha mostra os valores da esquerda e da direita após a permutação inicial inversa. Esses dois valores combinados formam o texto cifrado.

Tabela 3.2 Exemplo de DES.

Rodada	K_i	L_i	R_i
IP		5a005a00	3cf03c0f
1	1e030f03080d2930	3cf03c0f	bad22845
2	0a31293432242318	bad22845	99e9b723
3	23072318201d0c1d	99e9b723	0bae3b9e
4	05261d3824311a20	0bae3b9e	42415649
5	3325340136002c25	42415649	18b3fa41
6	123a2d0d04262a1c	18b3fa41	9616fe23
7	021f120b1c130611	9616fe23	67117cf2
8	1c10372a2832002b	67117cf2	c11bfc09
9	04292a380c341f03	c11bfc09	887fbc6c
10	2703212607280403	887fbc6c	600f7e8b
11	2826390c31261504	600f7e8b	f596506e
12	12071c241a0a0f08	f596506e	738538b8
13	300935393c0d100b	738538b8	c6a62c4e
14	311e09231321182a	c6a62c4e	56b0bd75
15	283d3e0227072528	56b0bd75	75e8fd8f
16	2921080b13143025	75e8fd8f	25896490
IP⁻¹		da02ce3a	89ecac3b

Nota: as subchaves DES são apresentadas como oito valores de 6 bits no padrão hexa.

Efeito avalanche

Uma propriedade desejável de qualquer algoritmo de encriptação é que uma pequena mudança no texto claro ou na chave produza uma alteração significativa no texto cifrado. Em particular, uma mudança em um bit do texto claro ou um bit da chave deverá produzir uma modificação em muitos bits do texto cifrado. Se a mudança fosse pequena, esta poderia oferecer um modo de reduzir o tamanho do espaço de texto claro ou de chave a ser pesquisado.

Usando o exemplo da Tabela 3.2, a Tabela 3.3 mostra o resultado quando o quarto bit do texto claro é mudado, de modo que o texto claro é **12468aceeca86420**. A segunda coluna da tabela apresenta os valores intermediários de 64 bits no final de cada rodada para os dois textos claros. A terceira coluna indica o número de bits que diferem entre os dois valores intermediários. A tabela demonstra que, após apenas três rodadas, os dois blocos já diferem em 18 bits. Ao terminar, os dois textos cifrados se diferenciam em 32 bits.

A Tabela 3.4 mostra um teste semelhante usando o texto claro original com duas chaves que diferem apenas na quarta posição de bit: a chave original, **0f1571c947d9e859**, e a chave alterada, **1f1571c947d9e859**. Novamente, os resultados apontam que cerca de metade dos bits no texto cifrado diferem e que o efeito avalanche já é notado após poucas rodadas.

Tabela 3.3 Efeito avalanche no DES: mudança no texto claro.

Rodada		δ
	02468aceeca86420 12468aceeca86420	1
1	3cf03c0fbad22845 3cf03c0fbad32845	1
2	bad2284599e9b723 bad3284539a9b7a3	5
3	99e9b7230bae3b9e 39a9b7a3171cb8b3	18
4	0bae3b9e42415649 171cb8b3ccaca55e	34
5	4241564918b3fa41 ccaca55ed16c3653	37
6	18b3fa419616fe23 d16c3653cf402c68	33
7	9616fe2367117cf2 cf402c682b2cefbc	32
8	67117cf2c11bfc09 2b2cefbc99f91153	33

Rodada		δ
9	c11bfc09887fbc6c 99f911532eed7d94	32
10	887fbc6c600f7e8b 2eed7d94d0f23094	34
11	600f7e8bf596506e d0f23094455da9c4	37
12	f596506e738538b8 455da9c47f6e3cf3	31
13	738538b8c6a62c4e 7f6e3cf34bc1a8d9	29
14	c6a62c4e56b0bd75 4bc1a8d91e07d409	33
15	56b0bd7575e8fd8f 1e07d4091ce2e6dc	31
16	75e8fd8f25896490 1ce2e6dc365e5f59	32
IP^{-1}	da02ce3a89ecac3b 057cde97d7683f2a	32

Tabela 3.4 Efeito avalanche no DES: mudança na chave.

Rodada		δ
	02468aceeca86420 02468aceeca86420	0
1	3cf03c0fbad22845 3cf03c0f9ad628c5	3
2	bad2284599e9b723 9ad628c59939136b	11
3	99e9b7230bae3b9e 9939136b768067b7	25
4	0bae3b9e42415649 768067b75a8807c5	29
5	4241564918b3fa41 5a8807c5488dbe94	26
6	18b3fa419616fe23 488dbe94aba7fe53	26
7	9616fe2367117cf2 aba7fe53177d21e4	27
8	67117cf2c11bfc09 177d21e4548f1de4	32

Rodada		δ
9	c11bfc09887fbc6c 548f1de471f64dfd	34
10	887fbc6c600f7e8b 71f64dfd4279876c	36
11	600f7e8bf596506e 4279876c399fdc0d	32
12	f596506e738538b8 399fdc0d6d208dbb	28
13	738538b8c6a62c4e 6d208dbbb9bdeeaa	33
14	c6a62c4e56b0bd75 b9bdeeaad2c3a56f	30
15	56b0bd7575e8fd8f d2c3a56f2765c1fb	33
16	75e8fd8f25896490 2765c1fb01263dc4	30
IP^{-1}	da02ce3a89ecac3b ee92b50606b62b0b	30

3.4 A FORÇA DO DES

Desde sua adoção como um padrão federal, tem havido preocupações prolongadas sobre o nível de segurança fornecido pelo DES. Essas preocupações, em grande parte, estão divididas em duas áreas: tamanho de chave e natureza do algoritmo.

Uso de chaves de 56 bits

Com um tamanho de chave de 56 bits, existem 2^{56} chaves possíveis, o que é aproximadamente $7{,}2 \times 10^{16}$ chaves. Assim, um ataque de força bruta parece ser impraticável. Supondo que, em média, metade do espaço de chave tenha que ser pesquisado, uma única máquina realizando uma encriptação DES por microssegundo levaria mais de mil anos para quebrar a cifra.

Porém, a suposição de uma encriptação por microssegundo é bastante conservadora. Desde 1977, Diffie e Hellman postularam que existia tecnologia para montar uma máquina paralela com 1 milhão de dispositivos de encriptação, cada um podendo realizar uma encriptação por microssegundo [DIFF77]. Isso traria o tempo médio de busca para cerca de 10 horas. Os autores estimaram que o custo seria de aproximadamente US$ 20 milhões em dólares de 1977.

Com a tecnologia atual, nem sequer é preciso usar hardware especial. Em vez disso, a velocidade dos processadores comerciais ameaça a segurança do DES. Um artigo recente da Seagate Technology [SEAG08] sugere que uma taxa de 1 bilhão (10^9) de combinações de chaves por segundo é razoável para os computadores multicore atuais. As ofertas recentes confirmam isso. Tanto a Intel quanto a AMD agora oferecem instruções baseadas em hardware para acelerar o uso do AES. Testes executados em uma máquina Intel multicore contemporânea resultaram em uma taxa de cerca de meio bilhão de encriptações por segundo [BASU12]. Outra análise recente sugere que, com a tecnologia de supercomputador contemporânea, uma taxa de 10^{13} encriptações por segundo é razoável [AROR12].

Com esses resultados em mente, a Tabela 3.5 mostra quanto tempo é necessário a um ataque de força bruta para diversos tamanhos de chave. Como podemos ver, um único PC pode quebrar o DES em cerca de um ano; se vários PCs trabalharem em paralelo, o tempo é reduzido drasticamente. E os supercomputadores de hoje devem ser capazes de descobrir uma chave em cerca de uma hora. Os tamanhos de chave de 128 bits ou mais são efetivamente inquebráveis usando apenas uma técnica de força bruta. Mesmo que conseguíssemos agilizar o sistema de ataque por um fator de 1 trilhão (10^{12}), ainda seriam necessários 100 mil anos para quebrar um código usando uma chave de 128 bits.

Felizmente, existem várias alternativas ao DES, e as mais importantes são AES e triple DES, discutidos nos capítulos 5 e 6, respectivamente.

Tabela 3.5 Tempo médio exigido para uma busca exaustiva no espaço de chaves.

Tamanho de chave (bits)	Cifra	Número de chaves alternativas	Tempo exigido a 10^9 decriptações/s	Tempo exigido a 10^{13} decriptações/s
56	DES	$2^{56} \approx 7{,}2 \times 10^{16}$	2^{55} ns = 1,125 ano	1 hora
128	AES	$2^{128} \approx 3{,}4 \times 10^{38}$	2^{127} ns = $5{,}3 \times 10^{21}$ anos	$5{,}3 \times 10^{17}$ anos
168	Triple DES	$2^{168} \approx 3{,}7 \times 10^{50}$	2^{167} ns = $5{,}8 \times 10^{33}$ anos	$5{,}8 \times 10^{29}$ anos
192	AES	$2^{192} \approx 6{,}3 \times 10^{57}$	2^{191} ns = $9{,}8 \times 10^{40}$ anos	$9{,}8 \times 10^{36}$ anos
256	AES	$2^{256} \approx 1{,}2 \times 10^{77}$	2^{255} ns = $1{,}8 \times 10^{60}$ anos	$1{,}8 \times 10^{56}$ ano
26 caracteres (permutação)	Monoalfabético	$2! = 4 \times 10^{26}$	2×10^{26} ns = $6{,}3 \times 10^9$ anos	$6{,}3 \times 10^6$ anos

Natureza do algoritmo DES

Outra preocupação é a possibilidade de que a criptoanálise seja possível explorando-se as características do algoritmo DES. O foco disso tem sido as oito tabelas de substituição, ou S-boxes, que são usadas em cada iteração (descritas no Apêndice S – <sv.pearson.com.br>, em inglês). Como os critérios de projeto para essas caixas, e, na realidade, para o algoritmo inteiro, não se tornaram públicos, existe uma suspeita de que elas foram construídas de modo que a criptoanálise seja possível para um oponente que conheça as fraquezas nelas. Essa afirmação é torturante, e, com o passar dos anos, diversas regularidades e comportamentos inesperados das S-boxes foram descobertos. Apesar disso, ninguém até aqui teve sucesso desvendando a suposta fraqueza fatal nas S-boxes.[9]

Ataques de temporização

Discutiremos os ataques de temporização com mais detalhes na Parte Dois, pois se relacionam aos algoritmos de criptografia de chave pública. Porém, a questão também pode ser relevante para cifras simétricas. Basicamente, um ataque de temporização é aquele em que a informação sobre a chave ou sobre o texto claro é obtida observando-se quanto tempo foi gasto para determinada implementação realizar decriptações em vários textos cifrados. Um ataque de temporização explora o fato de que um algoritmo de encriptação ou decriptação em geral exige quantidades ligeiramente diferentes de tempo para diversas entradas. [HEVI99] relata uma técnica que fornece o peso de Hamming (número de bits iguais a um) da chave secreta. Ela ainda está muito longe de obter a chave real, mas é um primeiro passo interessante. Os autores concluem que DES parece ser bastante resistente a um ataque de temporização bem-sucedido, mas sugerem alguns meios a serem explorados. Por mais que essa seja uma linha de ataque curiosa, até aqui parece improvável que essa técnica tenha sucesso contra DES, e menos ainda contra cifras simétricas mais poderosas, como triple DES e AES.

3.5 PRINCÍPIOS DE PROJETO DE CIFRA DE BLOCO

Embora tenha havido muito progresso no projeto de cifras de bloco criptograficamente fortes, os princípios básicos não mudaram tanto desde o trabalho de Feistel e da equipe de projeto do DES, no início da década de 1970. Nesta seção, examinaremos três aspectos críticos do projeto de cifras de bloco: o número de rodadas, o projeto da função F e o escalonamento de chave.

Número de rodadas

Quanto maior o número de rodadas, mais difícil é realizar a criptoanálise, mesmo para uma função F relativamente fraca. Em geral, o critério deverá ser de que o número de rodadas seja escolhido de modo que os esforços criptoanalíticos conhecidos exijam maior ação do que um ataque de busca de chave por força bruta. Esse critério certamente foi usado no projeto do DES. Schneier [SCHN96] observa que, para o DES com 16 rodadas, um ataque de criptoanálise diferencial é ligeiramente menos eficiente do que a força bruta: o ataque de criptoanálise diferencial exige $2^{55,1}$ operações,[10] enquanto o de força bruta, 2^{55}. Se o DES tivesse 15 ou menos rodadas, a criptoanálise diferencial exigiria menos esforço do que a busca de chave por força bruta.

Esse critério é atraente porque facilita julgar a força de um algoritmo e comparar diferentes algoritmos. Na ausência de uma descoberta revolucionária em criptoanálise, a força de qualquer algoritmo que satisfaça o critério acima pode ser julgada unicamente a partir do tamanho da chave.

Projeto da função F

O núcleo da cifra de bloco de Feistel é a função F, que oferece a propriedade de confusão em uma cifra de Feistel. Assim, é preciso que seja difícil "desembaralhar" a substituição realizada por F. Um critério óbvio é que F seja não linear. Quanto menos linear for F, mais difícil será qualquer tipo de criptoanálise. Existem várias medidas de não linearidade, que estão além do escopo deste livro. Em termos gerais, quanto mais difícil for aproximar F de um conjunto de equações lineares, mais não linear será F.

---

[9] Pelo menos, ninguém confirmou publicamente essa descoberta.

[10] A criptoanálise diferencial do DES exige 2^{47} textos claros *escolhidos*. Se tudo o que você tem para trabalhar é texto claro conhecido, então terá que percorrer uma grande quantidade de pares de texto claro/texto cifrado conhecido, procurando os úteis. Isso leva o nível de esforço para $2^{55,1}$.

Vários outros critérios deverão ser considerados no projeto de F. Gostaríamos que o algoritmo tivesse boas propriedades de avalanche. Lembre-se de que, em geral, isso significa que uma mudança em um bit da entrada deverá produzir uma alteração em muitos bits da saída. Uma versão mais rigorosa disso é o **critério de avalanche estrito** (SAC, do acrônimo em inglês para *strict avalanche criterion*) [WEBS86], que afirma que qualquer bit de saída *j* de uma S-boxes (veja, no Apêndice S – <sv.pearson.com.br>, em inglês –, uma discussão sobre S-boxes) deverá mudar com probabilidade 1/2 quando qualquer bit de entrada isolado *i* for invertido para todo *i, j*. Embora o SAC seja expresso em termos de S-boxes, um critério semelhante poderia ser aplicado a F como um todo. Isso é importante quando se considera projetos que não incluem S-boxes.

Outro critério proposto em [WEBS86] é o **critério de independência de bit** (BIC, do acrônimo em inglês para *bit independence criterion*), que afirma que os bits de saída *j* e *k* devem mudar independentemente quando qualquer bit de entrada isolado *i* for invertido, para todo *i, j* e *k*. Os critérios SAC e BIC parecem fortalecer a eficácia da função de confusão.

Algoritmo de escalonamento de chave

Com qualquer cifra de bloco de Feistel, a chave é usada a fim de gerar uma subchave para cada rodada. Em geral, gostaríamos de selecionar subchaves de forma a maximizar a dificuldade de deduzir subchaves individuais e de recuperar a chave principal. Nenhum princípio geral para isso foi promulgado até agora.

Adams sugere [ADAM94] que, no mínimo, o escalonamento de chave deve garantir o critério de avalanche estrita e o critério de independência de bit da chave/texto cifrado.

3.6 LEITURA RECOMENDADA

Há muitas informações sobre encriptação simétrica. Algumas das referências mais valiosas são listadas aqui. Um trabalho essencial é [SCHN96]. Esse material incrível contém descrições de praticamente todos os algoritmos criptográficos e protocolos publicados até a publicação deste livro. O autor reúne resultados de jornais, procedimentos de conferência, publicações do governo e documentos padrões, e os organiza em um estudo abrangente e compreensível. Outro estudo valioso e detalhado é [MENE97]. Ainda, um tratamento matemático rigoroso é [STIN06].

As referências anteriores cobrem encriptação de chave pública, e também simétrica.

Talvez a descrição mais detalhada do DES seja [SIMO95]; o livro também contém uma discussão extensa da criptoanálise diferencial e linear do DES. [BARK91] oferece uma análise legível e interessante da estrutura do DES e das potenciais técnicas criptoanalíticas contra este. [EFF98] esmiúça o ataque de força bruta mais eficiente sobre o DES. [COPP94] examina a força inerente do DES e sua capacidade de resistir à criptoanálise. O leitor também poderá achar utilidade no seguinte documento: "The DES Algorithm Illustrated", de J. Orlin Grabbe.

BARK91 Barker, W. *Introduction to the Analysis of the Data Encryption Standard (DES)*. Laguna Hills, CA: Aegean Park Press, 1991.

COPP94 Coppersmith, D. "The Data Encryption Standard (DES) and Its Strength Against Attacks". *IBM Journal of Research and Development*, maio 1994.

EFF98 Electronic Frontier Foundation. *Cracking DES: Secrets of Encryption Research, Wiretap Politics, and Chip Design*. Sebastopol, CA: O'Reilly, 1998.

MENE97 Menezes, A.; van Oorschot, P.; e Vanstone, S. *Handbook of Applied Cryptography*. Boca Raton, FL: CRC Press, 1997.

SCHN96 Schneier, B. *Applied Cryptography*. Nova York: Wiley, 1996.

SIMO95 Simovits, M. *The DES: An Extensive Documentation and Evaluation*. Laguna Hills, CA: Aegean Park Press, 1995.

STIN06 Stinson, D. *Cryptography: Theory and Practice*. Boca Raton, FL: Chapman & Hall, 2006.

3.7 PRINCIPAIS TERMOS, PERGUNTAS PARA REVISÃO E PROBLEMAS

Principais termos

chave
cifra de bloco
cifra de Feistel
cifra de produto
confusão
criptoanálise diferencial

Data encryption standard (DES)
difusão
efeito avalanche
função F
mapeamento irreversível

mapeamento reversível
permutação
rodada
subchave
substituição

Perguntas para revisão

3.1 Por que é importante estudar a cifra de Feistel?
3.2 Qual é a diferença entre uma cifra de bloco e uma cifra de fluxo?
3.3 Por que não é prático usar uma cifra de substituição reversível qualquer do tipo mostrado na Tabela 3.1?
3.4 O que é uma cifra de produto?
3.5 Qual é a diferença entre difusão e confusão?
3.6 Que parâmetros e escolhas de projeto determinam o algoritmo real de uma cifra de Feistel?
3.7 Explique o efeito avalanche.

Problemas

3.1 a. Na Seção 3.1, sob a subseção a respeito da motivação para a estrutura da cifra de Feistel, foi dito que, a um bloco de n bits, o número de mapeamentos reversíveis para a cifra de bloco ideal é $2^n!$. Justifique.
  b. Nessa mesma discussão, afirmou-se que, para a cifra de bloco ideal, que permite todos os possíveis mapeamentos reversíveis, o tamanho da chave é $n \times 2^n$ bits. Mas, se houver $2^n!$ mapeamentos possíveis, serão necessários $\log_2 2^n!$ bits para discriminar entre os diferentes mapeamentos, por isso o tamanho da chave deverá ser $\log_2 2^n!$. Porém, $\log_2 2^n! < n \times 2^n$. Explique a discrepância.

3.2 Considere uma cifra de Feistel composta de 16 rodadas com tamanho de bloco de 128 bits e tamanho de chave de 128 bits. Suponha que, para determinado k, o algoritmo de escalonamento de chave defina valores às oito primeiras chaves de rodada, $k_1, k_2, \ldots k_8$, e depois estabeleça

$$k_9 = k_8, k_{10} = k_7, k_{11} = k_6, \ldots, k_{16} = k_1$$

Admita que você tenha um texto cifrado c. Explique como, com acesso a um oráculo de encriptação, você pode decriptar c e determinar m usando apenas uma única consulta a ele. Isso mostra que tal cifra é vulnerável a um ataque de texto claro escolhido. (Um oráculo de encriptação pode ser imaginado como um dispositivo que, dado um texto claro, retorna o texto cifrado correspondente. Os detalhes internos do dispositivo não são conhecidos, e você não pode abri-lo. Você só consegue obter informações do oráculo fazendo consultas a ele e observando suas respostas.)

3.3 Considere que π seja uma permutação dos inteiros $0, 1, 2, \ldots, (2^n - 1)$, tais que $\pi(m)$ dê o valor permutado de m, $0 \leq m < 2^n$. Em outras palavras, π mapeia o conjunto de inteiros de n bits em si mesmo, e dois inteiros quaisquer não são mapeados no mesmo inteiro. DES faz essa permutação para inteiros de 64 bits. Dizemos que π tem um ponto fixo em m se $\pi(m) = m$. Ou seja, se π for um mapeamento de encriptação, então um ponto fixo corresponde a uma mensagem que se encripta para si mesma. Estamos interessados na probabilidade de que π não tenha pontos fixos. Mostre o resultado um tanto inesperado de que mais de 60% dos mapeamentos terão pelo menos um ponto fixo.

3.4 Tenha em conta um algoritmo que encripte blocos de tamanho n, e considere $N = 2^n$. Digamos que tenhamos t pares de texto claro/texto cifrado $P_i, C_i = E(K, P_i)$, onde consideramos que a chave K seleciona um dos $N!$ mapeamentos possíveis. Imagine que queremos encontrar K por busca exaustiva. Poderíamos gerar a chave K' e testar se $C_i = E(K', P_i)$ para $1 \leq i \leq t$. Se K' encriptar cada P_i ao seu C_i apropriado, então teremos evidência de que $K = K'$. Porém, pode ser que os mapeamentos $E(K, \cdot)$ e $E(K', \cdot)$ coincidam exatamente com os t pares de texto claro/texto cifrado P_i, C_i, e não com quaisquer outros pares.
  a. Qual é a probabilidade de que $E(K, \cdot)$ e $E(K', \cdot)$ sejam, de fato, mapeamentos distintos?
  b. Qual é a probabilidade de que $E(K, \cdot)$ e $E(K', \cdot)$ coincidam com outros pares de texto claro/texto cifrado t' onde $0 \leq t' \leq N - t$?

3.5 Para qualquer cifra de bloco, o fato de que ela é uma função não linear é fundamental à sua segurança. A fim de ver isso, suponha que tenhamos uma cifra de bloco linear EL que encripta blocos de 128 bits de texto claro em blocos de 128 bits de texto cifrado. Considere que EL(k, m) indique a encriptação de uma mensagem de 128 bits m sob uma chave k (o tamanho real em bits de k é irrelevante). Assim,

$$EL(k, [m_1 \oplus m_2]) = EL(k, m_1) \oplus EL(k, m_2)$$ para todos os padrões de 128 bits m_1, m_2

Descreva como, com 128 textos cifrados escolhidos, um adversário pode decriptar qualquer texto cifrado sem conhecimento da chave secreta k. (Um "texto cifrado escolhido" significa que um adversário tem a capacidade de selecionar um texto cifrado e depois obter sua decriptação. Aqui, você tem 128 pares de texto claro/texto cifrado para trabalhar e a capacidade de escolher o valor dos textos cifrados.)

3.6 Suponha que a função F do DES tenha mapeado cada entrada de 32 bits R, independente do valor da entrada K, para

   a. uma *string* de 32 bits de uns,

   b. complemento bit a bit de R.

Dica: use as seguintes propriedades da operação XOR:

   1. Que função o DES calcularia, então?

   2. Como ficaria a decriptação?

$$(A \oplus B) \oplus C = A \oplus (B \oplus C)$$
$$A \oplus A = \mathbf{0}$$
$$A \oplus 0 = A$$
$$A \oplus \mathbf{1} = \text{complemento bit a bit de } A$$

onde
   A, B, C são *strings* de bits com n bits
   0 é uma *string* de zeros com n bits
   1 é uma *string* de uns com n bits

3.7 Mostre que a decriptação DES é realmente o inverso da encriptação DES.

3.8 A troca de 32 bits após a décima sexta iteração do algoritmo DES é necessária para que o processo de encriptação possa ser invertido simplesmente executando-se o texto cifrado de volta pelo algoritmo com a ordem de chaves invertidas. Isso foi demonstrado no Problema 3.7. Porém, ainda pode não estar totalmente claro por que a troca de 32 bits é necessária. Para demonstrar a razão, solucione os exercícios a seguir. Primeiro, alguma notação:

$A\|B$ = a concatenação das *strings* de bits A e B
$T_i(R\|L)$ = a transformação definida pela i-ésima iteração do algoritmo de encriptação, para $1 \leq I \leq 16$
$TD_i(R\|L)$ = a transformação definida pela i-ésima iteração do algoritmo de decriptação, para $1 \leq I \leq 16$
$T_{17}(R_7\|L)$ = $L\|R$. Essa transformação ocorre após a décima sexta iteração do algoritmo de encriptação.

   a. Mostre que a composição $TD_1(IP(IP^{-1}(T_{17}(T_{16}(L_{15}\|R_{15})))))$ é equivalente à transformação que troca as metades de 32 bits, L_{15} e R_{15}. Ou seja, mostre que

$$TD_1(IP(IP^{-1}(T_{17}(T_{16}(L_{15}\|R_{15}))))) = R_{15}\|L_{15}$$

   b. Agora, suponha que abolimos a troca final de 32 bits no algoritmo de encriptação. Então, desejaríamos que a seguinte igualdade se mantivesse:

$$TD_1(IP(IP^{-1}(T_{16}(L_{15}\|R_{15})))) = L_{15}\|R_{15}$$

Isso acontece?

Nota: os problemas a seguir referem-se aos detalhes do DES que estão descritos no Apêndice S (em <sv.pearson.com.br>, em inglês).

3.9 Considere a substituição definida pela linha 1 da S-box S_1 na Tabela S.2. Mostre um diagrama de bloco semelhante à Figura 3.2, que corresponda a essa substituição.

3.10 Calcule os bits número 1, 16, 33 e 48 na saída da primeira rodada da decriptação DES, supondo que tanto o bloco de texto cifrado quanto a chave externa sejam compostos somente de uns.

3.11 Este problema oferece um exemplo de encriptação usando uma versão do DES com única rodada. Começamos com o mesmo padrão de bits para a chave K e o texto claro, a saber:

em notação hexadecimal: 0 1 2 3 4 5 6 7 8 9 A B C D E F
em notação binária: 0000 0001 0010 0011 0100 0101 0110 0111
                          1000 1001 1010 1011 1100 1101 1110 1111

a. Derive K_1, a subchave da primeira rodada.
b. Derive L_0, R_0.
c. Expanda R_0 para obter $E[R_0]$, onde $E[\cdot]$ é a função de expansão da Tabela S.1.
d. Calcule $A = E[R_0] \oplus K_1$.
e. Agrupe o resultado de 48 bits de (d) em conjuntos de 6 bits e avalie as substituições de S-box correspondentes.
f. Concatene os resultados de (e) para obter um resultado de 32 bits, B.
g. Aplique a permutação para obter $P(B)$.
h. Calcule $R_1 = P(B) \oplus L_0$.
i. Escreva o texto cifrado.

3.12 Compare a tabela de permutação inicial (Tabela S.1a) com a da escolha permutada um (Tabela S.3b). As estruturas são semelhantes? Se forem, descreva essas semelhanças. A que conclusões podemos chegar a partir dessa análise?

3.13 Ao usar o algoritmo DES para decriptação, as 16 chaves (K_1, K_2, ..., K_{16}) são usadas em ordem inversa. Portanto, o lado direito da Figura S.1 não é mais válido. Projete um esquema de geração de chave com o escalonamento de deslocamento apropriado (semelhante à Tabela S.3d) para o processo de decriptação.

3.14 a. Considere que X' seja o complemento bit a bit de X. Prove que, se o complemento do bloco de texto claro for apanhado e o de uma chave de encriptação for tomado, então o resultado da encriptação DES com esses valores é o complemento do texto cifrado original. Ou seja,

Se $Y = E(K,X)$
Então $Y' = E(K',X')$

Dica: comece mostrando que, para duas *strings* de bits quaisquer de mesmo tamanho, A e B, $(A \oplus B)' = A' \oplus B$.

b. Foi dito que um ataque de força bruta no DES exige a busca em um espaço de 2^{56} chaves. O resultado da parte (a) muda isso?

3.15 Mostre que, no DES, os 24 primeiros bits de cada subchave vêm do mesmo subconjunto de 28 bits da chave inicial, e que os próximos 24 bits de cada subchave vêm de um subconjunto disjunto de 28 bits da chave inicial.

Nota: **os problemas a seguir referem-se ao DES simplificado, descrito no Apêndice G (em <sv.pearson.com.br>, em inglês).**

3.16 Verifique a Figura G.2, que representa a geração de chave para S-DES.
a. Qual é a importância da função de permutação P10 inicial?
b. Qual é a importância das duas funções de deslocamento LS-1?

3.17 As equações para as variáveis q e r para S-DES são definidas na seção sobre análise S-DES. Ofereça as equações para s e t.

3.18 Usando S-DES, decripte a *string* (`10100010`) manualmente com a chave (`0111111101`). Mostre os resultados intermediários depois de cada função (IP, F_K, S_W, F_K, IP^{-1}). Depois, decodifique os primeiros 4 bits da *string* de texto claro para uma letra, e os próximos 4 bits para outra, onde codificamos de A até P na base 2 (ou seja, A = 0000, B = 0001, ..., P = 1111). *Dica*: como uma verificação intermediária, depois da aplicação de SW, uma *string* deverá ser (`00010011`).

Problemas de programação

3.19 Crie um software que possa encriptar e decriptar usando uma cifra de bloco de substituição geral.

3.20 Crie um software que possa encriptar e decriptar usando S-DES. Dados de teste: use texto claro, texto cifrado e chave do Problema 3.18.

Conceitos básicos de teoria dos números e corpos finitos

04

TÓPICOS ABORDADOS

4.1 DIVISIBILIDADE E O ALGORITMO DE DIVISÃO
Divisibilidade
Algoritmo da divisão

4.2 ALGORITMO DE EUCLIDES
Máximo divisor comum
Encontrando o máximo divisor comum

4.3 ARITMÉTICA MODULAR
Módulo
Propriedades de congruências
Operações de aritmética modular
Propriedades da aritmética modular
Algoritmo de Euclides revisitado
Algoritmo de Euclides estendido

4.4 GRUPOS, ANÉIS E CORPOS
Grupos
Anéis
Corpos

4.5 CORPOS FINITOS NA FORMA GF(p)
Corpos finitos de ordem p
Encontrando o inverso multiplicativo em GF(p)
Resumo

4.6 ARITMÉTICA DE POLINÔMIOS
Aritmética de polinômios comum
Aritmética de polinômios com coeficientes em Z_p
Encontrando o máximo divisor comum
Resumo

4.7 CORPOS FINITOS NA FORMA GF(2^n)
Motivação
Aritmética de polinômios modular
Encontrando o inverso multiplicativo
Considerações computacionais
Usando um gerador
Resumo

OBJETIVOS DE APRENDIZAGEM

APÓS ESTUDAR ESTE CAPÍTULO, VOCÊ SERÁ CAPAZ DE:

☑ Entender o conceito de divisibilidade e o algoritmo de divisão.
☑ Entender como usar o algoritmo de Euclides para achar o máximo divisor comum.
☑ Apresentar uma visão geral dos conceitos da aritmética modular.
☑ Explicar a operação do algoritmo de Euclides estendido.
☑ Distinguir entre grupos, anéis e corpos.
☑ Definir corpos finitos na forma GF(p).
☑ Explicar as diferenças entre aritmética polinomial comum, aritmética polinomial com coeficientes em Z_p e aritmética polinomial modular em GF(2^n).
☑ Definir corpos finitos na forma GF(2^n).
☑ Explicar os dois usos diferentes do operador mod.

4.8 LEITURA RECOMENDADA

4.9 PRINCIPAIS TERMOS, PERGUNTAS PARA REVISÃO E PROBLEMAS

APÊNDICE 4A SIGNIFICADO DE MOD

"A matemática há muito tem sido considerada no ramo da impressão como sendo de difícil, *ou penosa, reprodução, pois é mais lenta, mais difícil e mais cara para se compor do que qualquer outro tipo de texto."*
— Chicago Manual of Style, 14ª edição

Corpos finitos têm se tornado cada vez mais importantes na criptografia. Diversos algoritmos criptográficos dependem bastante das propriedades dos corpos finitos, principalmente o *advanced encryption standard* (AES) e a criptografia baseada em curvas elípticas. Outros exemplos incluem códigos de autenticação de mensagem CMAC e o esquema de encriptação autenticada GCM.

Este capítulo oferecerá ao leitor base suficiente sobre os conceitos de corpos finitos para ser possível entender o projeto do AES e outros algoritmos criptográficos que usam corpos finitos. As três primeiras seções apresentarão conceitos básicos da teoria dos números, necessários no restante do capítulo; entre eles, a divisibilidade, o algoritmo de Euclides e a aritmética modular. Em seguida, virá uma rápida visão geral dos conceitos de grupo, anel e corpo. Essa seção é um tanto abstrata; o leitor poderá preferir passar os olhos rapidamente por ela em uma primeira leitura. Então, estaremos prontos para discutir os corpos finitos na forma GF(p), na qual p é um número primo. Depois, precisaremos de alguma base adicional, dessa vez relacionada à aritmética polinomial. O capítulo concluirá com uma discussão sobre corpos finitos na forma GF(2^n), na qual n é um inteiro positivo.

Os conceitos e as técnicas da teoria dos números são muito abstratos, e em geral é difícil entendê-los intuitivamente sem exemplos. Por conseguinte, este capítulo e o Capítulo 8 incluirão diversos exemplos, cada um destacado em um quadro sombreado.

4.1 DIVISIBILIDADE E O ALGORITMO DE DIVISÃO

Divisibilidade

Dizemos que um b diferente de zero **divide** a se $a = mb$ para algum m, onde a, b e m são inteiros. Ou seja, b divide a se não houver resto na divisão. A notação $b \mid a$ normalmente é usada para indicar que b divide a. Além disso, se $b \mid a$, afirmamos que b é um **divisor** de a.

Os divisores positivos de 24 são 1, 2, 3, 4, 6, 8, 12 e 24.
13 | 182; –5 | 30; 17 | 289; –3 | 33; 17 | 0

Mais adiante, precisaremos de algumas propriedades simples de divisibilidade para inteiros, que são as seguintes:

- Se $a \mid 1$, então $a = \pm 1$.
- Se $a \mid b$ e $b \mid a$, então $a = \pm b$.
- Qualquer $b \neq 0$ divide 0.
- Se $a \mid b$ e $b \mid c$, então $a \mid c$:

---
11 | 66 e 66 | 198 = 11 | 198

- Se $b \mid g$ e $b \mid h$, então $b \mid (mg + nh)$ para inteiros quaisquer m e n.

Quanto a esse último ponto, observe que

- Se $b \mid g$, então g tem a forma $g = b \times g_1$ para algum inteiro g_1.
- Se $b \mid h$, então h tem a forma $h = b \times h_1$ para algum inteiro h_1.

Assim,

$$mg + nh = mbg_1 + nbh_1 = b \times (mg_1 + nh_1)$$

e, portanto, b divide $mg + nh$.

> $b = 7; g = 14; h = 63; m = 3; n = 2$
> $7 \mid 14$ e $7 \mid 63$.
> Para mostrar $7 \mid (3 \times 14 + 2 \times 63)$,
> temos $(3 \times 14 + 2 \times 63) = 7(3 \times 2 + 2 \times 9)$,
> e é óbvio que $7 \mid (7(3 \times 2 + 2 \times 9))$.

Algoritmo da divisão

Dado qualquer inteiro positivo n e qualquer inteiro não negativo a, se dividirmos a por n, obteremos um quociente inteiro q e um resto inteiro r que obedecem à seguinte relação:

$$a = qn + r \quad 0 \leq r < n; q = \lfloor a/n \rfloor \tag{4.1}$$

onde $\lfloor x \rfloor$ é o maior inteiro menor ou igual a x. A Equação 4.1 é chamada de algoritmo da divisão.[1]

A Figura 4.1a demonstra que, dados a e n positivos, sempre é possível achar q e r que satisfazem a relação anterior. Represente os inteiros na linha de números; a cairá em algum ponto nessa linha (mostramos a positivo; uma demonstração semelhante pode ser feita para a negativo). Começando em 0, prossiga para $n, 2n$, até qn, de modo que $qn \leq a$ e $(q+1)n > a$. A distância de qn a a é r, e encontramos os valores únicos de q e r. O resto r normalmente é chamado de **resíduo**.

> $a = 11; \quad n = 7; \quad 11 = 1 \times 7 + 4; \quad r = 4 \quad q = 1$
> $a = -11; \quad n = 7; \quad -11 = (-2) \times 7 + 3; \quad r = 3 \quad q = -2$
> A Figura 4.1b contém outro exemplo.

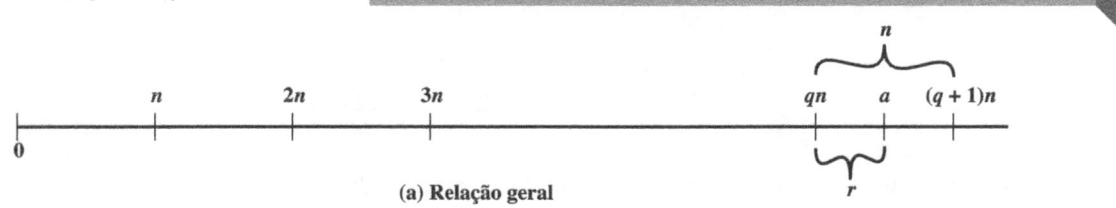

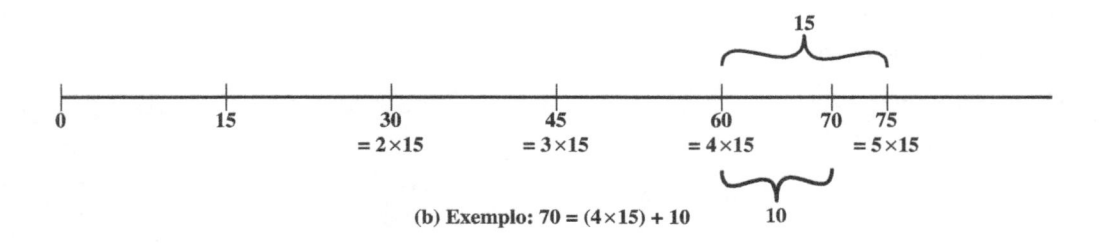

Figura 4.1 A relação $a = qn + r$, $0 \leq r < n$.

(a) Relação geral

(b) Exemplo: $70 = (4 \times 15) + 10$

---

[1] A Equação 4.1 expressa um teorema, em vez de um algoritmo; mas, por tradição, este é conhecido como algoritmo de divisão.

4.2 ALGORITMO DE EUCLIDES

Uma das técnicas básicas da teoria dos números é o algoritmo de Euclides, que é um procedimento simples para determinar o máximo divisor comum de dois inteiros positivos. Primeiro, precisamos de uma definição simples: dois inteiros são **relativamente primos** se seu único fator comum inteiro e positivo for 1.

Máximo divisor comum

Lembre-se de que b diferente de zero é definido como um divisor de a se $a = mb$ para algum m, onde a, b e m são inteiros. Usaremos a notação mdc(a,b) para significar o **máximo divisor comum** de a e b, que é o maior inteiro que divide tanto a quanto b. Também indicamos mdc(0,0) = 0.

Mais formalmente, o inteiro positivo c é considerado o máximo divisor comum de a e b se

1. c é um divisor de a e de b;
2. Qualquer divisor de a e b é um divisor de c.

Uma definição equivalente é a seguinte:

$$\text{mdc}(a, b) = \max[k, \text{ tal que } k \mid a \text{ e } k \mid b]$$

Como exigimos que o máximo divisor comum seja positivo, mdc(a,b) = mdc($a,-b$) = mdc($-a,b$) = mdc($-a,-b$). Em geral, mdc(a, b) = mdc($|a|, |b|$).

$$\text{mdc}(60, 24) = \text{mdc}(60, -24) = 12$$

Além disso, como todos os inteiros diferentes de zero dividem 0, temos que mdc($a, 0$) = $|a|$.

Dissemos que dois inteiros a e b são relativamente primos se seu único fator comum inteiro e positivo for 1. Isso é equivalente a dizer que a e b são relativamente primos se mdc(a, b) = 1.

> 8 e 15 são relativamente primos porque os divisores positivos de 8 são 1, 2, 4 e 8, e os divisores positivos de 15 são 1, 3, 5 e 15, de modo que 1 é o único inteiro nas duas listas.

Encontrando o máximo divisor comum

Agora, descreveremos um algoritmo creditado a Euclides para achar facilmente o máximo divisor comum de dois inteiros. Esse algoritmo é importante para a continuação deste capítulo. Suponha que temos dois inteiros a e b, de modo que $d = \text{mdc}(a, b)$. Como mdc($|a|, |b|$) = mdc(a, b), não há mal nenhum em assumir $a \geq b > 0$. Agora, dividindo a por b e aplicando o algoritmo de divisão, podemos afirmar:

$$a = q_1 b + r_1 \qquad 0 \leq r_1 < b \tag{4.2}$$

Acontece que, se $r_1 = 0$, então $b \mid a$ e $d = \text{mdc}(a, b) = b$. Mas, se $r_1 \neq 0$, podemos afirmar que $d \mid r_1$. Isto é, por conta das propriedades básicas de divisibilidade: as relações $d \mid a$ e $d \mid b$, juntas, implicam que $d \mid (a - q_1 b)$, o mesmo que $d \mid r_1$. Antes de proceder com o algoritmo de Euclides, precisamos responder à pergunta: Qual é o mdc(b, r_1)? Sabemos que $d \mid b$ e $d \mid r_1$. Agora, pegue qualquer inteiro arbitrário c que divide tanto b quanto r_1. Assim, $c \mid (q_1 b + r_1) = a$. Visto que c divide tanto a quanto b, devemos ter $c \leq d$, que é o máximo divisor comum de a e b. Portanto, $d = \text{mdc}(b, r_1)$.

Voltemos agora à Equação 4.2. Suponha que $r_1 \neq 0$. Visto que $b > r_1$, podemos dividir b por r_1 e aplicar o algoritmo de divisão para obter:

$$b = q_2 r_1 + r_2 \qquad 0 \leq r_2 < r_1$$

Como antes, se $r_2 = 0$, então $d = r_1$, e, se $r_2 \neq 0$, então $d = \text{mdc}(r_1, r_2)$. O processo de divisão continua até que apareça algum resto zero, digamos, no estágio $(n + 1)$, onde r_{n-1} é dividido por r_n. O resultado é o seguinte sistema de equações:

$$\left.\begin{array}{ll} a = q_1 b + r_1 & 0 < r_1 < b \\ b = q_2 r_1 + r_2 & 0 < r_2 < r_1 \\ r_1 = q_3 r_2 + r_3 & 0 < r_3 < r_2 \\ \quad \cdot & \quad \cdot \\ \quad \cdot & \quad \cdot \\ \quad \cdot & \quad \cdot \\ r_{n-2} = q_n r_{n-1} + r_n & 0 < r_n < r_{n-1} \\ r_{n-1} = q_{n+1} r_n + 0 & \\ d = \text{mdc}(a, b) = r_n & \end{array}\right\} \quad (4.3)$$

A cada iteração, temos $d = \text{mdc}(r_i, r_{i+1})$, até que finalmente $d = \text{mdc}(r_n, 0) = r_n$. Assim, podemos encontrar o máximo divisor comum de dois inteiros pela aplicação repetitiva do algoritmo da divisão. Esse esquema é conhecido como o algoritmo de Euclides.

Argumentamos progressivamente que o resultado final é o mdc(a, b). Podemos, também, fazer o caminho contrário. O primeiro passo é mostrar que r_n divide a e b. Pela última divisão na Equação 4.3, r_n divide r_{n-1}. A penúltima divisão indica que r_n divide r_{n-2} porque aplica essa operação em ambos os termos à direita. Sucessivamente, vê-se que r_n divide todos os r_i, e finalmente a e b. Resta mostrar que r_n é o maior divisor de a e b. Se tomarmos um inteiro qualquer de a e b, ele também deve dividir r_1, como explicamos anteriormente. Podemos seguir a sequência de cálculos na Equação 4.3 adiante e mostrar que c deve dividir todos os r_i. Portanto, c precisa dividir r_n, de modo que $r_n = \text{mdc}(a, b)$.

Vamos agora examinar um exemplo com um número relativamente grande para mostrar o poder desse algoritmo:

Para encontrar d = mdc(a,b) = mdc(1160718174, 316258250)				
$a = q_1 b + r_1$	1160718174	= 3 × 316258250 +	211943424	d = mdc(316258250, 211943424)
$b = q_2 r_1 + r_2$	316258250	= 1 × 211943424 +	104314826	d = mdc(211943424, 104314826)
$r_1 = q_3 r_2 + r_3$	211943424	= 2 × 104314826 +	3313772	d = mdc(104314826, 3313772)
$r_2 = q_4 r_3 + r_4$	104314826	= 31 × 3313772 +	1587894	d = mdc(3313772, 1587894)
$r_3 = q_5 r_4 + r_5$	3313772	= 2 × 1587894 +	137984	d = mdc(1587894, 137984)
$r_4 = q_6 r_5 + r_6$	1587894	= 11 × 137984 +	70070	d = mdc(137984, 70070)
$r_5 = q_7 r_6 + r_7$	137984	= 1 × 70070 +	67914	d = mdc(70070, 67914)
$r_6 = q_8 r_7 + r_8$	70070	= 1 × 67914 +	2156	d = mdc(67914, 2156)
$r_7 = q_9 r_8 + r_9$	67914	= 31 × 2516 +	1078	d = mdc(2156, 1078)
$r_8 = q_{10} r_9 + r_{10}$	2156	= 2 × 1078 +	0	d = mdc(1078, 0) = 1078
Portanto, d = mdc(1160718174, 316258250) = 1078				

Neste exemplo, começamos dividindo 1160718174 por 316258250, o que resulta em 3 com um resto de 211943424. Em seguida, tomamos 316258250 e o dividimos por 211943424. O processo continua até chegarmos a um resto 0, produzindo 1078 como resultado.

Será útil, a seguir, reformular o cálculo feito em forma de tabela. Para cada passo da iteração, temos $r_{i-2} = q_i r_{i-1} + r_i$, onde r_{i-2} é o dividendo, r_{i-1} é o divisor, q_i é o quociente e r_i é o resto. A Tabela 4.1 resume os resultados.

Tabela 4.1 Exemplo de algoritmo de Euclides.

Dividendo		Divisor		Quociente		Resto	
a =	1160718174	b =	316258250	q_1 =	3	r_1 =	211943424
b =	316258250	r_1 =	211943434	q_2 =	1	r_2 =	104314826
r_1 =	211943424	r_2 =	104314826	q_3 =	2	r_3 =	3313772
r_2 =	104314826	r_3 =	3313772	q_4 =	31	r_4 =	1587894
r_3 =	3313772	r_4 =	1587894	q_5 =	2	r_5 =	137984
r_4 =	1587894	r_5 =	137984	q_6 =	11	r_6 =	70070
r_5 =	137984	r_6 =	70070	q_7 =	1	r_7 =	67914
r_6 =	70070	r_7 =	67914	q_8 =	1	r_8 =	2156
r_7 =	67914	r_8 =	2156	q_9 =	31	r_9 =	1078
r_8 =	2156	r_9 =	1078	q_{10} =	2	r_{10} =	0

4.3 ARITMÉTICA MODULAR

Módulo

Se a for um inteiro, e n, um inteiro positivo, definimos $a \mod n$ para ser o resto quando a é dividido por n. O inteiro n é chamado de **módulo**. Assim, para qualquer inteiro a, sempre podemos reescrever a Equação 4.1 da seguinte forma:

$$a = qn + r \quad 0 \leq r < n; q = \lfloor a/n \rfloor$$
$$a = \lfloor a/n \rfloor \times n + (a \mod n)$$

$$11 \mod 7 = 4; \quad -11 \mod 7 = 3$$

Dois inteiros a e b são considerados **congruentes módulo n**, se $(a \mod n) = (b \mod n)$. Isso é escrito como $a \equiv b \pmod{n}$.[2]

$$73 \equiv 4 \pmod{23}; \quad 21 \equiv -9 \pmod{10}$$

Note que, se $a \equiv 0 \pmod{n}$, então $n|a$.

Propriedades de congruências

Congruências têm as seguintes propriedades:

1. $a \equiv b \pmod{n}$, se $n|(a-b)$.
2. $a \equiv b \pmod{n}$ implica $b \equiv a \pmod{n}$.
3. $a \equiv b \pmod{n}$ e $b \equiv c \pmod{n}$ implica $a \equiv c \pmod{n}$.

---

[2] Acabamos de usar o operador *mod* de duas maneiras diferentes: primeiro como um **operador binário** que produz um resto, como na expressão $a \mod b$; segundo como uma **relação de congruência** que mostra a equivalência de dois inteiros, como na expressão $a \equiv b \pmod{n}$. Veja uma discussão mais profunda no Apêndice 4A.

Para demonstrar o primeiro ponto, se $n \mid (a - b)$, então $(a - b) = kn$ para algum k. Logo, podemos escrever $a = b + kn$. Portanto, $(a \bmod n) =$ (resto quando $b + kn$ é dividido por n) = (resto quando b é dividido por n) = $(b \bmod n)$.

$$23 \equiv 8 \pmod 5 \quad \text{porque} \quad 23 - 8 = 15 = 5 \times 3$$
$$-11 \equiv 5 \pmod 8 \quad \text{porque} \quad -11 - 5 = -16 = 8 \times (-2)$$
$$81 \equiv 0 \pmod{27} \quad \text{porque} \quad 81 - 0 = 81 = 27 \times 3$$

Os pontos restantes podem ser facilmente provados.

Operações de aritmética modular

Observe que, por definição (Figura 4.1), o operador $(\bmod\ n)$ mapeia todos os inteiros para o conjunto $\{0, 1, ..., (n-1)\}$. Isso sugere a pergunta: podemos realizar operações aritméticas dentro dos limites desse conjunto? Acontece que podemos; essa técnica é conhecida como **aritmética modular**.

A aritmética modular exibe as seguintes propriedades:

1. $[(a \bmod n) + (b \bmod n)] \bmod n = (a + b) \bmod n$
2. $[(a \bmod n) - (b \bmod n)] \bmod n = (a - b) \bmod n$
3. $[(a \bmod n) \times (b \bmod n)] \bmod n = (a \times b) \bmod n$

Demonstramos a primeira propriedade. Defina $(a \bmod n) = r_a$ e $(b \bmod n) = r_b$. Então, podemos escrever $a = r_a + jn$ para algum inteiro j e $b = r_b + kn$ para algum inteiro k. Assim

$$(a + b) \bmod n = (r_a + jn + r_b + kn) \bmod n$$
$$= (r_a + r_b + (k + j)n) \bmod n$$
$$= (r_a + r_b) \bmod n$$
$$= [(a \bmod n) + (b \bmod n)] \bmod n$$

As propriedades restantes também são facilmente provadas. Aqui estão exemplos de três delas:

$$11 \bmod 8 = 3; 15 \bmod 8 = 7$$
$$[(11 \bmod 8) + (15 \bmod 8)] \bmod 8 = 10 \bmod 8 = 2$$
$$(11 + 15) \bmod 8 = 26 \bmod 8 = 2$$
$$[(11 \bmod 8) - (15 \bmod 8)] \bmod 8 = -4 \bmod 8 = 4$$
$$(11 - 15) \bmod 8 = -4 \bmod 8 = 4$$
$$[(11 \bmod 8) \times (15 \bmod 8)] \bmod 8 = 21 \bmod 8 = 5$$
$$(11 \times 15) \bmod 8 = 165 \bmod 8 = 5$$

A exponenciação é realizada pela multiplicação repetida, como na aritmética comum (teremos mais a dizer sobre a exponenciação no Capítulo 8).

Para encontrar $11^7 \bmod 13$, podemos proceder da seguinte forma:
$11^2 = 121 \equiv 4 \pmod{13}$
$11^4 = (11^2)^2 \equiv 4^2 \equiv 3 \pmod{13}$
$11^7 \equiv 11 \times 4 \times 3 \equiv 132 \equiv 2 \pmod{13}$

Assim, as regras para a aritmética comum usando adição, subtração e multiplicação são transportadas para a aritmética modular.

A Tabela 4.2 oferece um exemplo da adição e multiplicação modular módulo 8. Examinando a adição, os resultados são diretos, e existe um padrão regular na matriz. As duas matrizes são simétricas sobre a diagonal principal, em conformidade com a propriedade comutativa da adição e multiplicação. Como na adição normal,

Tabela 4.2 Aritmética módulo 8.

+	0	1	2	3	4	5	6	7
0	0	1	2	3	4	5	6	7
1	1	2	3	4	5	6	7	0
2	2	3	4	5	6	7	0	1
3	3	4	5	6	7	0	1	2
4	4	5	6	7	0	1	2	3
5	5	6	7	0	1	2	3	4
6	6	7	0	1	2	3	4	5
7	7	0	1	2	3	4	5	6

(a) Adição módulo 8

×	0	1	2	3	4	5	6	7
0	0	0	0	0	0	0	0	0
1	0	1	2	3	4	5	6	7
2	0	2	4	6	0	2	4	6
3	0	3	6	1	4	7	2	5
4	0	4	0	4	0	4	0	4
5	0	5	2	7	4	1	6	3
6	0	6	4	2	0	6	4	2
7	0	7	6	5	4	3	2	1

(b) Multiplicação módulo 8

w	$-w$	w^{-1}
0	0	—
1	7	1
2	6	—
3	5	3
4	4	—
5	3	5
6	2	—
7	1	7

(c) Inverso aditivo e multiplicativo módulo 8

existe um inverso aditivo, ou negativo, a cada inteiro na aritmética modular. Nesse caso, o negativo de um inteiro x é o inteiro y, tal que $(x + y) \bmod 8 = 0$. Para encontrar o inverso aditivo de um inteiro na coluna da esquerda, percorra a linha correspondente da matriz até o valor 0 — o inteiro no topo dessa coluna é o inverso aditivo. Assim, $(2 + 6) \bmod 8 = 0$. De modo semelhante, as entradas na tabela de multiplicação são diretas. Na aritmética comum, existe um inverso multiplicativo, ou recíproco, para cada inteiro. Na aritmética modular mod 8, o inverso multiplicativo de x é o inteiro y, tal que $(x \times y) \bmod 8 = 1 \bmod 8$. Agora, para encontrar o inverso multiplicativo de um inteiro a partir da tabela de multiplicação, percorra a matriz na linha para esse inteiro até o valor 1 — o inteiro no topo dessa coluna é o inverso multiplicativo. Assim, $(3 \times 3) \bmod 8 = 1$. Observe que nem todos os inteiros mod 8 têm um inverso multiplicativo — veja mais sobre isso adiante.

Propriedades da aritmética modular

Defina o conjunto Z_n como aquele de inteiros não negativos menores que n:

$$Z_n = \{0, 1, ..., (n-1)\}$$

Esse é conhecido como o **conjunto de resíduos**, ou **classes de resíduos** (mod n). Para ser mais preciso, cada inteiro em Z_n representa uma classe de resíduos. Podemos rotular as classes de resíduos (mod n) como [0], [1], [2], ..., [$n-1$], onde

$$[r] = \{a: a \text{ é um inteiro}, a \equiv r \pmod{n}\}$$

> As classes de resíduos módulo 4 são
> [0] = { ... , −16, −12, −8, −4, 0, 4, 8, 12, 16, ... }
> [1] = { ... , −15, −11, −7, −3, 1, 5, 9, 13, 17, ... }
> [2] = { ... , −14, −10, −6, −2, 2, 6, 10, 14, 18, ... }
> [3] = { ... , −13, −9, −5, −1, 3, 7, 11, 15, 19, ... }

De todos os inteiros em uma classe de resíduos, o menor não negativo é aquele normalmente usado para representá-la. Encontrar o menor inteiro não negativo ao qual k é o módulo congruente n é chamado de **reduzir k módulo n**.

Se realizarmos a aritmética modular dentro de Z_n, as propriedades mostradas na Tabela 4.3 se mantêm para inteiros em Z_n. Mostramos na próxima seção que isso implica que Z_n é um anel comutativo com um elemento de identidade multiplicativa.

Existe uma peculiaridade da aritmética modular que a distingue da comum. Primeiro, observe que, como na aritmética comum, podemos escrever o seguinte:

$$\textbf{se } (a + b) \equiv (a + c) \pmod{n}, \textbf{então } b \equiv c \pmod{n} \qquad (4.4)$$

$$(5 + 23) \equiv (5 + 7) \pmod 8; 23 \equiv 7 \pmod 8$$

A Equação 4.4 é coerente com a existência de um inverso aditivo. Acrescentando o inverso aditivo de a aos dois lados da Equação 4.4, temos:

$$((-a) + a + b) \equiv ((-a) + a + c) \pmod{n}$$
$$b \equiv c \pmod{n}$$

Porém, a seguinte declaração é verdadeira somente com a condição anexada:

$$\textbf{se } (a \times b) \equiv (a \times c) \pmod{n}, \textbf{então } b \equiv c \pmod{n} \textbf{ se } a \text{ for relativamente primo de } n \qquad (4.5)$$

Lembre-se de que dois inteiros são **relativamente primos** se seu único fator inteiro positivo comum for 1. Semelhante ao caso da Equação 4.4, podemos dizer que a Equação 4.5 é coerente com a existência de um inverso multiplicativo. Aplicando o inverso aditivo de a aos dois lados da Equação 4.5, temos:

$$((a^{-1})ab) \equiv ((a^{-1})ac) \pmod{n}$$
$$b \equiv c \pmod{n}$$

Para ver isso, considere um exemplo em que a condição da Equação 4.5 não é satisfeita. Os inteiros 6 e 8 não são relativamente primos, pois apresentam o fator comum 2. Temos o seguinte:

$$6 \times 3 = 18 \equiv 2 \pmod 8$$
$$6 \times 7 = 42 \equiv 2 \pmod 8$$

Porém, $3 \neq 7 \pmod 8$.

Tabela 4.3 Propriedades da aritmética modular para inteiros em Z_n.

Propriedade	Expressão
Leis comutativas	$(w + x) \bmod n = (x + w) \bmod n$ $(w \times x) \bmod n = (x \times w) \bmod n$
Leis associativas	$[(w + x) + y] \bmod n = [w + (x + y)] \bmod n$ $[(w \times x) \times y] \bmod n = [w \times (x \times y)] \bmod n$
Leis distributivas	$[w \times (x + y)] \bmod n = [(w \times x) + (w \times y)] \bmod n$
Identidades	$(0 + w) \bmod n = w \bmod n$ $(1 \times w) \bmod n = w \bmod n$
Inverso aditivo ($-w$)	Para cada $w \in Z_n$, existe um z, tal que $w + z \equiv 0 \bmod n$

O motivo para esse resultado peculiar é que, a qualquer módulo n genérico, um multiplicador a que é aplicado, por sua vez, aos inteiros de 0 até $(n - 1)$ deixará de produzir um conjunto completo de resíduos se a e n tiverem quaisquer fatores em comum.

Com $a = 6$ e $n = 8$,

Z_8	0	1	2	3	4	5	6	7
Multiplique por 6	0	6	12	18	24	30	36	42
Resíduos	0	6	4	2	0	6	4	2

Como não temos um conjunto completo de resíduos quando multiplicamos por 6, mais de um inteiro em Z_8 é mapeado para o mesmo resíduo. Especificamente, $6 \times 0 \bmod 8 = 6 \times 4 \bmod 8$; $6 \times 1 \bmod 8 = 6 \times 5 \bmod 8$; e assim por diante. Visto que esse é um mapeamento muitos-para-um, não existe um inverso exclusivo para a operação de multiplicação.

Contudo, se apanharmos $a = 5$ e $n = 8$, cujo único fator comum é 1,

Z_8	0	1	2	3	4	5	6	7
Multiplique por 5	0	5	10	15	20	25	30	35
Resíduos	0	5	2	7	4	1	6	3

A linha de resíduos contém todos os inteiros em Z_8 em uma ordem diferente.

Em geral, um inteiro tem um inverso multiplicativo em Z_n se esse inteiro for relativamente primo de n. A Tabela 4.2c mostra que os inteiros 1, 3, 5 e 7 têm um inverso multiplicativo em Z_8, mas 2, 4 e 6, não.

Algoritmo de Euclides revisitado

O algoritmo de Euclides pode ser baseado no seguinte teorema: para quaisquer inteiros a, b, com $a \geq b \geq 0$,

$$\text{mdc}(a, b) = \text{mdc}(b, a \bmod b) \tag{4.6}$$

$$\text{mdc}(55, 22) = \text{mdc}(22, 55 \bmod 22) = \text{mdc}(22, 11) = 11$$

A fim de ver que a Equação 4.6 é válida, calcule $d = \text{mdc}(a, b)$. Depois, pela definição de mdc, $d \mid a$ e $d \mid b$. Para algum inteiro positivo b, podemos expressar a como

$$a = kb + r \equiv r \pmod{b}$$
$$a \bmod b = r$$

com inteiros k, r. Logo, $(a \bmod b) = a - kb$ para algum inteiro k. Porém, como $d \mid b$, também divide kb. Igualmente temos $d \mid a$. Portanto, $d \mid (a \bmod b)$. Isso mostra que d é um divisor comum de b e $(a \bmod b)$. De maneira inversa, se d é um divisor comum de b e $(a \bmod b)$, então $d \mid kb$ e $d \mid [kb + (a \bmod b)]$, que é equivalente a $d \mid a$. Assim, o conjunto de divisores comuns de a e b é igual ao de divisores comuns de b e $(a \bmod b)$. O mdc de um par é o mesmo que o do outro par, provando o teorema.

A Equação 4.6 pode ser usada repetitivamente para determinar o máximo divisor comum.

$$\text{mdc}(18, 12) = \text{mdc}(12, 6) = \text{mdc}(6, 0) = 6$$
$$\text{mdc}(11, 10) = \text{mdc}(10, 1) = \text{mdc}(1, 0) = 1$$

Este é o mesmo esquema mostrado na Equação 4.3, que pode ser reescrito da seguinte maneira:

Algoritmo de Euclides	
Calcule	**Que satisfaz**
$r_1 = a \bmod b$	$a = q_1 b + r_1$
$r_2 = b \bmod r_1$	$b = q_2 r_1 + r_2$
$r_3 = r_1 \bmod r_2$	$r_1 = q_3 r_2 + r_3$
•	•
•	•
•	•
$r_n = r_{n-2} \bmod r_{n-1}$	$r_{n-2} = q_n r_{n-1} + r_n$
$r_{n+1} = r_{n-1} \bmod r_n = 0$	$r_{n-1} = q_{n+1} r_n + 0$ $d = \mathrm{mdc}(a, b) = r_n$

Podemos definir o algoritmo de Euclides concisamente como a função recursiva a seguir:

```
Euclid(a,b)
    if (b=0) then return a;
    else return Euclid(b, a mod b);
```

Algoritmo de Euclides estendido

Agora, prosseguimos examinando uma extensão do algoritmo de Euclides, que será importante para cálculos posteriores na área de corpos finitos e algoritmos de criptografia, como o RSA. Para os inteiros dados a e b, o algoritmo de Euclides estendido não só calcula o máximo divisor comum d, mas também dois inteiros adicionais x e y que satisfazem a equação:

$$ax + by = d = \mathrm{mdc}(a, b) \tag{4.7}$$

É preciso que fique claro que x e y terão sinais opostos. Antes de examinar o algoritmo, vamos avaliar alguns dos valores de x e y quando $a = 42$ e $b = 30$. Note que $\mathrm{mdc}(42, 30) = 6$. Aqui está uma tabela parcial de valores[3] para $42x + 30y$:

x / y	−3	−2	−1	0	1	2	3
−3	−216	−174	−132	−90	−48	−6	36
−2	−186	−144	−102	−60	−18	24	66
−1	−156	−114	−72	−30	12	54	96
0	−126	−84	−42	0	42	84	126
1	−96	−54	−12	30	72	114	156
2	−66	−24	18	60	102	144	186
3	−36	6	48	90	132	174	216

Observe que todas as entradas são divisíveis por 6. Isso não é surpreendente, porque tanto 42 quanto 30 são divisíveis por 6; por isso, cada número no formato $42x + 30y = 6(7x + 5y)$ é um múltiplo de 6. Note também que $\mathrm{mdc}(42, 30) = 6$ aparece na tabela. Em geral, pode ser mostrado que, para inteiros dados a e b, o menor valor positivo de $ax + by$ é igual a $\mathrm{mdc}(a, b)$.

Agora, vamos mostrar como estender o algoritmo de Euclides para determinar (x, y, d), dados a e b. Novamente, iremos percorrer a sequência de divisões indicada na Equação 4.3, supondo que a cada passo i podemos achar inteiros x_i e y_i que satisfaçam $r_i = ax_i + by_i$. Terminaremos com a sequência a seguir:

---

[3] Este exemplo foi retirado de [SILV06].

$$a = q_1 b + r_1 \quad\quad r_1 = ax_1 + by_1$$
$$b = q_2 r_1 + r_2 \quad\quad r_2 = ax_2 + by_2$$
$$r_1 = q_3 r_2 + r_3 \quad\quad r_3 = ax_3 + by_3$$
$$\vdots \quad\quad\quad\quad \vdots$$
$$r_{n-2} = q_n r_{n-1} + r_n \quad\quad r_n = ax_n + by_n$$
$$r_{n-1} = q_{n+1} r_n + 0$$

Agora, observe que podemos reorganizar os termos para escrever

$$r_i = r_{i-2} - r_{i-1} q_i \tag{4.8}$$

Além disso, nas linhas $i-1$ e $i-2$, achamos os valores

$$r_{i-2} = ax_{i-2} + by_{i-2} \quad \text{e} \quad r_{i-1} = ax_{i-1} + by_{i-1}$$

Substituindo na Equação 4.8, temos

$$r_i = (ax_{i-2} + by_{i-2}) - (ax_{i-1} + by_{i-1}) q_i$$
$$= a(x_{i-2} - q_i x_{i-1}) + b(y_{i-2} - q_i y_{i-1})$$

Mas já assumimos que $r_i = ax_i + by_i$. Portanto,

$$x_i = x_{i-2} - q_i x_{i-1} \quad \text{e} \quad y_i = y_{i-2} - q_i y_{i-1}$$

Neste ponto, resumimos os cálculos:

Algoritmo de Euclides estendido			
Calcule	**Que satisfaz**	**Calcule**	**Que satisfaz**
$r_{-1} = a$		$x_{-1} = 1; y_{-1} = 0$	$a = ax_{-1} + by_{-1}$
$r_0 = b$		$x_0 = 0; y_0 = 1$	$b = ax_0 + by_0$
$r_1 = a \bmod b$ $q_1 = \lfloor a/b \rfloor$	$a = q_1 b + r_1$	$x_1 = x_{-1} - q_1 x_0 = 1$ $y_1 = y_{-1} - q_1 y_0 = -q_1$	$r_1 = ax_1 + by_1$
$r_2 = b \bmod r_1$ $q_2 = \lfloor b/r_1 \rfloor$	$b = q_2 r_1 + r_2$	$x_2 = x_0 - q_2 x_1$ $y_2 = y_0 - q_2 y_1$	$r_2 = ax_2 + by_2$
$r_3 = r_1 \bmod r_2$ $q_3 = \lfloor r_1/r_2 \rfloor$	$r_1 = q_3 r_2 + r_3$	$x_3 = x_1 - q_3 x_2$ $y_3 = y_1 - q_3 y_2$	$r_3 = ax_3 + by_3$
$\vdots$	$\vdots$	$\vdots$	$\vdots$
$r_n = r_{n-2} \bmod r_{n-1}$ $q_n = \lfloor r_{n-2}/r_{n-1} \rfloor$	$r_{n-2} = q_n r_{n-1} + r_n$	$x_n = x_{n-2} - q_n x_{n-1}$ $y_n = y_{n-2} - q_n y_{n-1}$	$r_n = ax_n + by_n$
$r_{n+1} = r_{n-1} \bmod r_n = 0$ $q_{n+1} = \lfloor r_{n-1}/r_n \rfloor$	$r_{n-1} = q_{n+1} r_n + 0$		$d = \text{mdc}(a,b) = r_n$ $x = x_n; y = y_n$

Precisamos fazer diversos comentários adicionais aqui. Em cada linha, calculamos um novo resto r_i baseado nos das duas linhas anteriores, nomeadas r_{i-1} e r_{i-2}. Para iniciar o algoritmo, necessitamos de valores para r_0 e r_{-1}, que são simplesmente a e b. Então, fica fácil de determinar os valores exigidos para x_{-1}, y_{-1}, x_0 e y_0.

Sabemos, a partir do algoritmo de Euclides original, que o processo termina com um resto zero e que o máximo divisor comum de a e b é $d = \text{mdc}(a,b) = r_n$. Mas também determinamos que $d = r_n = ax_n + by_n$. Portanto, na Equação 4.7, $x = x_n$ e $y = y_n$.

Como um exemplo, vamos usar $a = 1759$ e $b = 550$, e resolver para $1759x + 550y = \text{mdc}(1759, 550)$. Os resultados são apresentados na Tabela 4.4. Assim, temos $1759 \times (-111) + 550 \times 355 = -195249 + 195250 = 1$.

Tabela 4.4 Exemplo de algoritmo de Euclides estendido.

i	r_i	q_i	x_i	y_i
−1	1759		1	0
0	550		0	1
1	109	3	1	−3
2	5	5	−5	16
3	4	21	106	−339
4	1	1	−111	355
5	0	4		

Resultado: $d = 1$; $x = -111$; $y = 355$

4.4 GRUPOS, ANÉIS E CORPOS

Grupos, anéis e corpos são os elementos fundamentais de um ramo da matemática conhecido como álgebra abstrata, ou álgebra moderna. Na álgebra abstrata, nos preocupamos com conjuntos cujos elementos podemos operar algebricamente; ou seja, é possível combinar dois elementos do conjunto, talvez de várias maneiras, para obter um terceiro elemento. Essas operações estão sujeitas a regras específicas, que definem a natureza do conjunto. Por convenção, a para as duas classes principais de operações sobre elementos do conjunto normalmente é a mesma para adição e multiplicação de números comuns. Porém, é importante observar que, na álgebra abstrata, não estamos limitados a operações aritméticas comuns. Tudo isso deverá ficar claro enquanto prosseguimos.

Grupos

Um **grupo** G, às vezes indicado por $\{G,\cdot\}$, é um conjunto de elementos com uma operação binária, sinalizada por $\cdot$, que associa a cada par ordenado (a, b) de elementos em G um elemento $(a \cdot b)$ em G, tal que os seguintes axiomas são obedecidos:[4]

(A1) Fechamento: Se a e b pertencem a G, então $a \cdot b$ também está em G.

(A2) Associativo: $a \cdot (b \cdot c) = (a \cdot b) \cdot c$ para todo a, b, c em G.

(A3) Elemento identidade: Existe um elemento e em G, tal que $a \cdot e = e \cdot a = a$ para todo a em G.

(A4) Elemento inverso: Para cada a em G existe um elemento a' em G, tal que $a \cdot a' = a' \cdot a = e$.

Considere que N_n indique um conjunto de n símbolos distintos que, por conveniência, representamos como $\{1, 2, ..., n\}$. Uma **permutação** de n símbolos distintos é um mapeamento de N_n a N_n.[5] Defina S_n para ser o conjunto de todas as permutações de n símbolos distintos. Cada elemento de S_n é representado por uma permutação dos inteiros π em $1, 2, ..., n$. É fácil demonstrar que S_n é um grupo:

A1: Se $(\pi, \rho \in S_n)$, então o mapeamento composto $\pi \cdot \rho$ é formado permutando-se os elementos de ρ de acordo com a permutação π. Por exemplo, $\{3, 2, 1\} \cdot \{1, 3, 2\} = \{2, 3, 1\}$. Claramente, $\pi \cdot \rho \in S_n$.

A2: Também podemos ver facilmente que a composição de mapeamentos é associativa.

A3: O mapeamento identidade é a permutação que não altera a ordem dos n elementos. Para S_n, o elemento identidade é $\{1, 2, ..., n\}$.

A4: Para qualquer $\pi \in S_n$, o mapeamento que desfaz a permutação definida por π é o elemento inverso para π. Sempre haverá tal inverso. Por exemplo, $\{2, 3, 1\} \cdot \{3, 1, 2\} = \{1, 2, 3\}$.

---

[4] O operador $\cdot$ é genérico e pode se referir a adição, multiplicação ou alguma outra operação matemática.

[5] Isso é equivalente à definição de permutação no Capítulo 2, que indicava que a de um conjunto finito de elementos S é uma sequência ordenada de todos eles, com cada um aparecendo exatamente uma vez.

Se um grupo tem um número finito de elementos, ele é referenciado como um **grupo finito**, e a **ordem** dele é igual ao número de elementos presentes. Caso contrário, o grupo é **infinito**.

Um grupo é considerado **abeliano** se satisfizer a seguinte condição adicional:

(A5) Comutativo: $\quad a \cdot b = b \cdot a$ para todo a, b em G.

> O conjunto de inteiros (positivos, negativos e 0) sob adição é um grupo abeliano. O conjunto de números reais diferentes de zero sob multiplicação, por sua vez, também é um grupo abeliano. O conjunto S_n do exemplo anterior é um grupo, mas não um abeliano para $n > 2$.

Quando a operação em grupo for a adição, o elemento de identidade é 0; o elemento inverso de a é $-a$; e a subtração é definida com a seguinte regra: $a - b = a + (-b)$.

GRUPO CÍCLICO Definimos a exponenciação dentro de um grupo como a aplicação repetida do operador de grupo, de modo que $a^3 = a \cdot a \cdot a$. Além disso, definimos $a^0 = e$ como o elemento identidade; e $a^{-n} = (a')^n$, onde a' é o elemento inverso de a dentro do grupo. Um grupo G é **cíclico** se cada elemento dele for uma potência a^k (k é um inteiro) de um elemento fixo $a \in G$. Dizemos que o elemento a **gera** o grupo G, ou que é o **gerador** de G. Um grupo cíclico é sempre abeliano, e pode ser finito ou infinito.

> O grupo aditivo de inteiros é cíclico infinito e gerado pelo elemento 1. Nesse caso, as potências são interpretadas aditivamente, de modo que n é a n-ésima potência de 1.

Anéis

Um **anel** R, às vezes indicado por $\{R, +, \times\}$, é um conjunto de elementos com duas operações binárias, chamadas *adição* e *multiplicação*,[6] de forma que, para todo a, b, c em R, os seguintes axiomas são obedecidos:

(A1-A5) $\quad R$ é um grupo abeliano com relação à adição; ou seja, R satisfaz os axiomas de A1 a A5. Para o caso de um grupo aditivo, indicamos o elemento de identidade como 0 e o inverso de a como $-a$.

(M1) Fechamento sob multiplicação: se a e b pertencem a R, então ab também está em R.

(M2) Associatividade da multiplicação: $\quad a(bc) = (ab)c$, para todo a, b, c em R.

(M3) Leis distributivas: $\quad a(b + c) = ab + ac$, para todo a, b, c em R.
$\quad\quad\quad\quad\quad\quad\quad\quad\quad\quad (a + b)c = ac + bc$, para todo a, b, c em R.

Basicamente, um anel é um conjunto em que podemos realizar adição, subtração $[a - b = a + (-b)]$ e multiplicação sem sair dele.

> Com relação à adição e à multiplicação, o conjunto de todas as matrizes quadradas em n sobre os números reais é um anel.

Um anel é considerado **comutativo** se satisfizer a seguinte condição adicional:

(M4) Comutatividade da multiplicação: $\quad ab = ba$, para todo a, b em R.

> Considere que S seja o conjunto de inteiros pares (positivos, negativos e 0) sob as operações normais de adição e multiplicação. S é um anel comutativo. Já o conjunto de todas as matrizes quadradas em n definidas no exemplo anterior não é um anel comutativo.
> O conjunto Z_n de inteiros $\{0, 1, ..., n - 1\}$, com as operações aritméticas módulo n, é um anel comutativo (Tabela 4.3).

---

[6] Geralmente, não usamos o símbolo de multiplicação, $\times$, e sim indicamos a operação pela concatenação de dois elementos.

Em seguida, definimos um **domínio integral**, que é um anel comutativo que obedece os seguintes axiomas:

(M5) Identidade multiplicativa: existe um elemento 1 em R, tal que $a1 = 1a = a$, para todo a em R.

(M6) Sem divisores de zero: se a, b em R e $ab = 0$, então $a = 0$ ou $b = 0$.

> Considere que S seja o conjunto de inteiros, positivos, negativos e 0, sob as operações normais de adição e multiplicação. S é um domínio integral.

Corpos

Um **corpo** F, às vezes indicado por {F, +, ×}, é um conjunto de elementos com duas operações binárias, chamadas de *adição* e *multiplicação*, de modo que, para todo a, b, c em F, os seguintes axiomas são obedecidos:

(A1-M6) F é um domínio integral; ou seja, F satisfaz os axiomas de A1 a A5 e de M1 a M6.

(M7) Inverso multiplicativo: para cada a em F, exceto 0, existe um elemento a^{-1} em F, tal que $aa^{-1} = (a^{-1})a = 1$.

Basicamente, um corpo é um conjunto em que podemos realizar adição, subtração, multiplicação e divisão sem sair dele. A divisão é definida com a seguinte regra: $a/b = a(b^{-1})$.

> Exemplos conhecidos de corpos são os números racionais, os reais e os complexos. Observe que o conjunto de todos os inteiros não é um corpo, pois nem todo elemento do conjunto tem um inverso multiplicativo; de fato, somente os elementos 1 e −1 possuem inversos multiplicativos nos inteiros.

A Figura 4.2 resume os axiomas que definem grupos, anéis e corpos.

Figura 4.2 Grupo, anel e corpo.

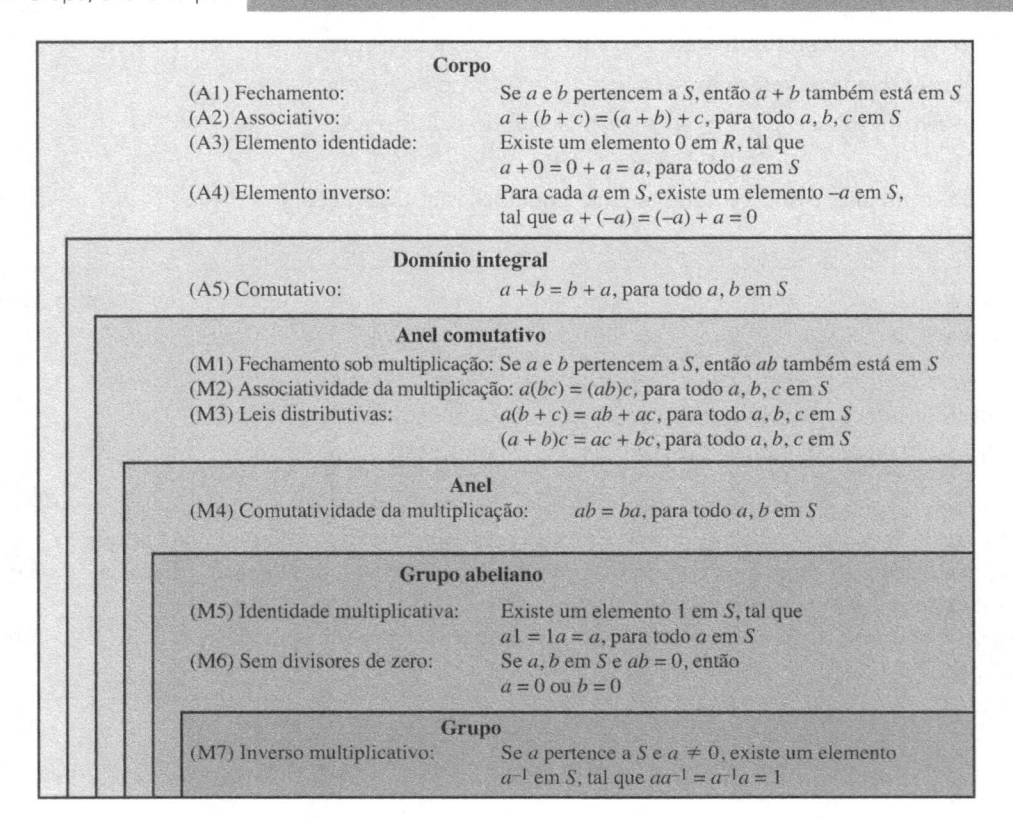

Corpo
- (A1) Fechamento: Se a e b pertencem a S, então $a + b$ também está em S
- (A2) Associativo: $a + (b + c) = (a + b) + c$, para todo a, b, c em S
- (A3) Elemento identidade: Existe um elemento 0 em R, tal que $a + 0 = 0 + a = a$, para todo a em S
- (A4) Elemento inverso: Para cada a em S, existe um elemento $-a$ em S, tal que $a + (-a) = (-a) + a = 0$

Domínio integral
- (A5) Comutativo: $a + b = b + a$, para todo a, b em S

Anel comutativo
- (M1) Fechamento sob multiplicação: Se a e b pertencem a S, então ab também está em S
- (M2) Associatividade da multiplicação: $a(bc) = (ab)c$, para todo a, b, c em S
- (M3) Leis distributivas: $a(b + c) = ab + ac$, para todo a, b, c em S
  $(a + b)c = ac + bc$, para todo a, b, c em S

Anel
- (M4) Comutatividade da multiplicação: $ab = ba$, para todo a, b em S

Grupo abeliano
- (M5) Identidade multiplicativa: Existe um elemento 1 em S, tal que $a1 = 1a = a$, para todo a em S
- (M6) Sem divisores de zero: Se a, b em S e $ab = 0$, então $a = 0$ ou $b = 0$

Grupo
- (M7) Inverso multiplicativo: Se a pertence a S e $a \neq 0$, existe um elemento a^{-1} em S, tal que $aa^{-1} = a^{-1}a = 1$

4.5 CORPOS FINITOS NA FORMA GF(p)

Na Seção 4.4, definimos um corpo como um conjunto que obedece a todos os axiomas da Figura 4.2 e demos alguns exemplos de corpos infinitos. Os corpos infinitos não são de interesse particular no contexto da criptografia. Porém, os corpos finitos desempenham um papel fundamental em muitos algoritmos criptográficos. Pode-se mostrar que a ordem de um corpo finito (número de elementos no corpo) precisa ser uma potência de um primo p^n, onde n é um inteiro positivo. Discutimos sobre números primos com detalhes no Capítulo 8. Aqui, só precisamos dizer que um número primo é um inteiro cujos únicos fatores inteiros positivos são ele próprio e 1. Ou seja, os únicos inteiros positivos que são divisores de p são p e 1.

O corpo finito de ordem p^n geralmente é escrito como $GF(p^n)$; GF significa Galois *field* (corpo de Galois), em homenagem ao primeiro matemático a estudar os corpos finitos. Dois casos especiais são de interesse para nossos propósitos. Para $n = 1$, temos o corpo finito $GF(p)$; ele tem uma estrutura diferente daquela dos corpos finitos com $n > 1$, e é estudado nesta seção. Na Seção 4.7, examinamos os corpos finitos na forma $GF(2^n)$.

Corpos finitos de ordem p

Para determinado primo, p, o corpo finito de ordem p, $GF(p)$, é definido como o conjunto Z_p de inteiros $\{0, 1, \ldots, p-1\}$, com as operações aritméticas de módulo p.

Lembre-se de que mostramos na Seção 4.3 que o conjunto Z_n de inteiros $\{0, 1, \ldots, n-1\}$, com as operações aritméticas de módulo n, é um anel comutativo (Tabela 4.3). Observamos, ainda, que qualquer inteiro em Z_n tem um inverso multiplicativo se, e somente se, esse inteiro for relativamente primo de n (veja a discussão da Equação 4.5).[7] Se n for primo, então todos os inteiros diferentes de zero em Z_n são relativamente primos de n; portanto, existe um inverso multiplicativo para todos os inteiros diferentes de zero em Z_n. Podemos acrescentar as seguintes propriedades às que estão listadas na Tabela 4.3:

Inverso multiplicativo (w^{-1})	Para cada $w \in Z_p, w \neq 0$, existe um $z \in Z_p$, tal que $w \times z \equiv 1 \pmod{p}$

Como w é relativamente primo de p, se multiplicarmos todos os elementos de Z_p por w, os resíduos resultantes são todos os elementos de Z_p permutados. Assim, exatamente um dos resíduos tem o valor 1, e existe algum inteiro em Z_p que, quando multiplicado por w, gera o resíduo 1. Esse inteiro é o inverso multiplicativo de w, designado como w^{-1}. Dessa forma, Z_p é, de fato, um corpo finito. Além disso, a Equação 4.5 é consistente com a existência de um inverso multiplicativo e pode ser reescrita sem a condição:

$$\text{se } (a \times b) \equiv (a \times c) \pmod{p}, \text{ então } b \equiv c \pmod{p} \tag{4.9}$$

Multiplicando os dois lados da Equação 4.9 pelo inverso multiplicativo de a, temos:

$$((a^{-1}) \times a \times b) \equiv ((a^{-1}) \times a \times c) \pmod{p}$$
$$b \equiv c \pmod{p}$$

O corpo finito mais simples é $GF(2)$. Suas operações aritméticas são facilmente resumidas:

+	0	1		×	0	1		w	$-w$	w^{-1}
0	0	1		0	0	0		0	0	–
1	1	0		1	0	1		1	1	1

Adição — Multiplicação — Inversos

Nesse caso, a adição é equivalente à operação ou-exclusivo (XOR), e a multiplicação é equivalente à operação lógica AND.

---

[7] Conforme indicado na discussão da Equação 4.5, dois inteiros são **relativamente primos** se seu único fator inteiro positivo comum for 1.

A Tabela 4.5 mostra as operações aritméticas em GF(7). Esse é um corpo de ordem 7 que usa aritmética modular módulo 7. Como podemos ver, ele satisfaz todas as propriedades exigidas para um corpo (Figura 4.2). Compare essa com a Tabela 4.2. No último caso, vemos que o conjunto Z_8, usando aritmética modular módulo 8, não é um corpo. Mais adiante neste capítulo, mostraremos como definir operações de adição e multiplicação sobre Z_8, de modo a formar um corpo finito.

Tabela 4.5 Aritmética em GF(7).

+	0	1	2	3	4	5	6
0	0	1	2	3	4	5	6
1	1	2	3	4	5	6	0
2	2	3	4	5	6	0	1
3	3	4	5	6	0	1	2
4	4	5	6	0	1	2	3
5	5	6	0	1	2	3	4
6	6	0	1	2	3	4	5

(a) Adição módulo 7

×	0	1	2	3	4	5	6
0	0	0	0	0	0	0	0
1	0	1	2	3	4	5	6
2	0	2	4	6	1	3	5
3	0	3	6	2	5	1	4
4	0	4	1	5	2	6	3
5	0	5	3	1	6	4	2
6	0	6	5	4	3	2	1

(b) Multiplicação módulo 7

w	$-w$	w^{-1}
0	0	—
1	6	1
2	5	4
3	4	5
4	3	2
5	2	3
6	1	6

(c) Inversos aditivo e multiplicativo módulo 7

Encontrando o inverso multiplicativo em GF(p)

É fácil encontrar o inverso multiplicativo de um elemento em GF(p) para valores pequenos de p. Você simplesmente constrói um esquema de multiplicação, como mostramos na Tabela 4.5b, e o resultado desejado pode ser lido diretamente. Porém, para valores grandes de p, essa técnica não é prática.

Se a e b são relativamente primos, então b tem um inverso multiplicativo módulo a. Ou seja, se mdc(a, b) = 1, então b tem um inverso multiplicativo módulo a. Para o inteiro positivo $b < a$, existe um $b^{-1} < a$, tal que $bb^{-1} = 1$ mod a. Se a é um número primo e $b < a$, então de modo claro a e b são relativamente primos e têm um máximo divisor comum igual a 1. Agora, mostraremos que é possível calcular com facilidade b^{-1} usando o algoritmo de Euclides estendido.

Repetimos aqui a Equação 4.7, que indicamos que pode ser resolvida com o algoritmo de Euclides estendido:

$$ax + by = d = \text{mdc}(a, b)$$

Agora, se mdc(a, b) = 1, então temos $ax + by = 1$. Usando as igualdades básicas da aritmética modular, definidas na Seção 4.3, podemos dizer

$$[(ax \bmod a) + (by \bmod a)] \bmod a = 1 \bmod a$$
$$0 + (by \bmod a) = 1$$

Mas, se $by \bmod a = 1$, então $y = b^{-1}$. A aplicação do algoritmo de Euclides estendido à Equação 4.7, assim, produz o valor do inverso multiplicativo de b se $\text{mdc}(a, b) = 1$. Considere o exemplo que foi apresentado na Tabela 4.4. Aqui, temos $a = 1759$, que é um número primo, e $b = 550$. A solução da equação $1759x + 550y = d$ resulta em um valor de $y = 355$. E $b^{-1} = 355$. Para verificação, calculamos $550 \times 355 \bmod 1759 = 195250 \bmod 1759 = 1$.

Geralmente, o algoritmo de Euclides estendido pode ser usado para achar um inverso multiplicativo em Z_n para qualquer n. Se o aplicarmos à equação $nx + by = d$, com $d = 1$, então $y = b^{-1}$ em Z_n.

Resumo

Nesta seção, mostramos como construir um corpo finito de ordem p, onde p é primo. Especificamente, definimos GF(p) com as seguintes propriedades:

1. GF(p) consiste de p elementos.
2. As operações binárias + e × são determinadas sobre o conjunto. As operações de adição, subtração, multiplicação e divisão podem ser realizadas sem sair dele. Cada elemento do conjunto diferente de 0 tem um inverso multiplicativo.

Mostramos que os elementos de GF(p) são os inteiros $\{0, 1, ..., p - 1\}$ e que as operações aritméticas são adição e multiplicação mod p.

4.6 ARITMÉTICA DE POLINÔMIOS

Antes de continuarmos nossa discussão sobre corpos finitos, precisamos apresentar o interessante assunto da aritmética de polinômios. Vamos nos concentrar nos polinômios de uma única variável x, distinguindo três classes de aritmética de polinômios:

- Aritmética de polinômios comum, usando as regras básicas da álgebra.
- Aritmética de polinômios em que a aritmética sobre os coeficientes é realizada módulo p; ou seja, os coeficientes estão em GF(p).
- Aritmética de polinômios em que os coeficientes estão em GF(p), e os polinômios são definidos módulo um polinômio $m(x)$, cuja potência mais alta é algum inteiro n.

Esta seção examina as duas primeiras classes, e a próxima aborda a última delas.

Aritmética de polinômios comum

Um **polinômio** de grau n (inteiro $n \geq 0$) é uma expressão na forma

$$f(x) = a_n x^n + a_{n-1} x^{n-1} + \cdots + a_1 x + a_0 = \sum_{i=0}^{n} a_i x^i$$

onde a_i são elementos de algum conjunto designado de números S, chamado **conjunto de coeficiente**, e $a_n \neq 0$. Dizemos que tais polinômios são definidos sobre o conjunto de coeficientes S.

Um polinômio de grau zero é chamado de **polinômio constante**, e é simplesmente um elemento do conjunto de coeficientes. Um polinômio de grau n é considerado um **polinômio mônico** se $a_n = 1$.

No contexto da álgebra abstrata, normalmente não nos interessamos em avaliar um polinômio para determinado valor de x [por exemplo, $f(7)$]. Para enfatizar esse ponto, a variável x às vezes é referenciada como **indeterminada**.

A aritmética de polinômios inclui as operações de adição, subtração e multiplicação. Elas são definidas de uma maneira natural, como se a variável x fosse um elemento de S. A divisão é determinada de modo semelhante, mas exige que S seja um corpo. Alguns exemplos de corpo incluem os números reais, os racionais e Z_p para o primo p. Observe que o conjunto de todos os inteiros não é um corpo e não admite divisão polinomial.

Adição e subtração são realizadas somando-se ou subtraindo-se coeficientes correspondentes. Assim, se

$$f(x) = \sum_{i=0}^{n} a_i x^i; \quad g(x) = \sum_{i=0}^{m} b_i x^i; \quad n \geq m$$

então a adição é definida como

$$f(x) + g(x) = \sum_{i=0}^{m} (a_i + b_i) x^i + \sum_{i=m+1}^{n} a_i x^i$$

e a multiplicação,

$$f(x) \times g(x) = \sum_{i=0}^{n+m} c_i x^i$$

onde

$$c_k = a_0 b_k + a_1 b_{k-1} + \ldots + a_{k-1} b_1 + a_k b_0$$

Na última fórmula, tratamos a_i como zero para $i > n$, e b_i como zero para $i > m$. Observe que o grau do produto é igual à soma dos graus dos dois polinômios.

Como um exemplo, considere $f(x) = x^3 + x^2 + 2$ e $g(x) = x^2 - x + 1$, onde S é o conjunto de inteiros. Então

$$f(x) + g(x) = x^3 + 2x^2 - x + 3$$
$$f(x) - g(x) = x^3 + x + 1$$
$$f(x) \times g(x) = x^5 + 3x^2 - 2x + 2$$

As figuras 4.3a a 4.3c mostram os cálculos manuais. Comentaremos sobre a divisão em seguida.

Figura 4.3 Exemplos de aritmética de polinômios.

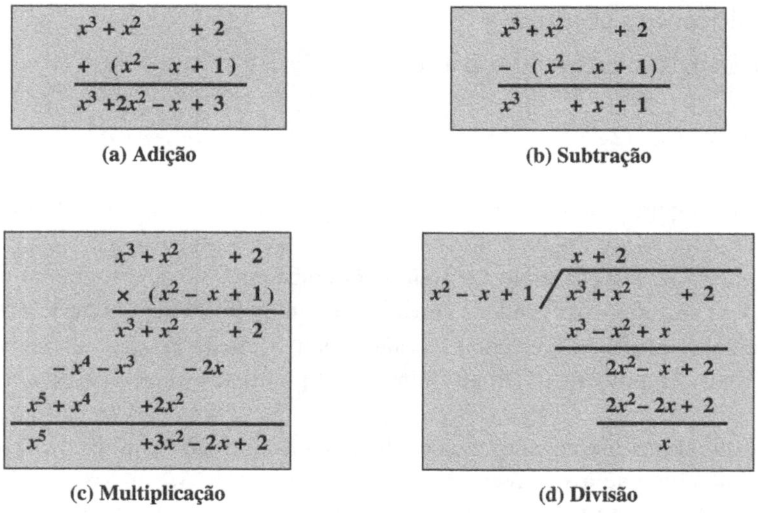

(a) Adição

(b) Subtração

(c) Multiplicação

(d) Divisão

Aritmética de polinômios com coeficientes em Z_p

Agora consideraremos os polinômios nos quais os coeficientes são elementos de algum corpo F. Vamos nos referir a isso como um polinômio sobre o corpo F. Nesse caso, é fácil mostrar que o conjunto desses polinômios é um anel, conhecido como **anel polinomial**. Ou seja, se levamos em conta que cada polinômio distinto é um elemento do conjunto, então esse conjunto é um anel.[8]

Quando a aritmética de polinômios é realizada em polinômios sobre um corpo, então a divisão pode ocorrer. Observe que isso não significa que a *divisão exata* é possível. Vamos esclarecer essa distinção. Dentro de um corpo, dados dois elementos a e b, o quociente a/b também é um elemento dele. Porém, dado um anel R que não é um corpo, em geral a divisão resultará em um quociente e em um resto; essa não é uma divisão exata.

Considere a divisão $5/3$ dentro de um conjunto S. Se S é o conjunto dos números racionais, que é um corpo, então o resultado é simplesmente expresso como $5/3$, e é um elemento de S. Agora, suponha que S seja o corpo Z_7. Nesse caso, calculamos (usando a Tabela 4.5c):

$$5/3 = (5 \times 3^{-1}) \bmod 7 = (5 \times 5) \bmod 7 = 4$$

que é uma solução exata. Finalmente, suponha que S seja o conjunto de inteiros, que é um anel, mas não um corpo. Então, $5/3$ produz um quociente de 1 e um resto de 2:

$$5/3 = 1 + 2/3$$
$$5 = 1 \times 3 + 2$$

Assim, a divisão não é exata sobre o conjunto de inteiros.

Agora, se tentarmos realizar a divisão polinomial sobre um conjunto de coeficientes que não seja um corpo, descobrimos que ela nem sempre é definida.

Se o conjunto de coeficientes for de inteiros, então $(5x^2)/(3x)$ não tem uma solução, pois exigiria um coeficiente com um valor de $5/3$, que não está no conjunto. Suponha que realizamos a mesma divisão polinomial sobre Z_7. Então, temos $(5x^2)/(3x) = 4x$, que é um polinômio válido sobre Z_7.

Porém, conforme demonstramos agora, mesmo que o conjunto de coeficientes seja um corpo, a divisão polinomial não é necessariamente exata. Em geral, a divisão produzirá um quociente e um resto. Podemos redeclarar o algoritmo de divisão da Equação 4.1 para polinômios sobre um corpo da seguinte forma: dados os polinômios $f(x)$ de grau n e $g(x)$ de grau (m), $(n \geq m)$, se dividirmos $f(x)$ por $g(x)$, obteremos um quociente $q(x)$ e um resto $r(x)$ que obedecem à relação

$$f(x) = q(x)g(x) + r(x) \tag{4.10}$$

com graus de polinômio:

Grau $f(x) = n$
Grau $g(x) = m$
Grau $q(x) = n - m$
Grau $r(x) \leq m - 1$

Sabendo que os restos são permitidos, há margem para dizer que a divisão de polinômios é possível se o conjunto de coeficientes for um corpo.

---

[8] De fato, o conjunto de polinômios cujos coeficientes são elementos de um anel comutativo forma um anel polinomial, mas isso não nos interessa no contexto atual.

Em uma analogia com a aritmética de inteiros, podemos escrever $f(x)$ mod $g(x)$ para o resto $r(x)$ na Equação 4.10. Ou seja, $r(x) = f(x)$ mod $g(x)$. Se não houver resto [ou seja, $r(x) = 0$], então dá para dizer que $g(x)$ **divide** $f(x)$, escrito como $g(x)|f(x)$; de modo equivalente, podemos dizer que $g(x)$ é um **fator** de $f(x)$ ou que $g(x)$ é um **divisor** de $f(x)$.

> Para o exemplo anterior, $[f(x) = x^3 + x^2 + 2$ e $g(x) = x^2 - x + 1]$, $f(x)/g(x)$ produz um quociente de $q(x) = x + 2$ e um resto $r(x) = x$, como mostra a Figura 4.3d. Isso é facilmente verificado observando-se que
>
> $$q(x)g(x) + r(x) = (x + 2)(x^2 - x + 1) + x = (x^3 + x^2 - x + 2) + x$$
> $$= x^3 + x^2 + 2 = f(x)$$

Para os nossos propósitos, os polinômios sobre GF(2) nos interessam mais. Lembre-se, da Seção 4.5, de que, em GF(2), a adição é equivalente à operação XOR, e a multiplicação, à operação AND lógico. Além disso, adição e subtração são equivalentes mod 2: $1 + 1 = 1 - 1 = 0$; $1 + 0 = 1 - 0 = 1$; $0 + 1 = 0 - 1 = 1$.

> A Figura 4.4 mostra um exemplo de aritmética de polinômios sobre GF(2). Para $f(x) = (x^7 + x^5 + x^4 + x^3 + x + 1)$ e $g(x) = (x^3 + x + 1)$, a figura indica $f(x) + g(x)$; $f(x) - g(x)$; $f(x) \times g(x)$; e $f(x)/g(x)$. Observe que $g(x) \mid f(x)$.

Figura 4.4 Exemplos de aritmética de polinômios sobre GF(2).

$$\begin{array}{r} x^7 + x^5 + x^4 + x^3 + x + 1 \\ + (x^3 + x + 1) \\ \hline x^7 + x^5 + x^4 \end{array}$$

(a) **Adição**

$$\begin{array}{r} x^7 + x^5 + x^4 + x^3 + x + 1 \\ - (x^3 + x + 1) \\ \hline x^7 + x^5 + x^4 \end{array}$$

(b) **Subtração**

$$\begin{array}{r} x^7 + x^5 + x^4 + x^3 + x + 1 \\ \times (x^3 + x + 1) \\ \hline x^7 + x^5 + x^4 + x^3 + x + 1 \\ x^8 + x^6 + x^5 + x^4 + x^2 + x \\ x^{10} + x^8 + x^7 + x^6 + x^4 + x^3 \\ \hline x^{10} + x^4 + x^2 + 1 \end{array}$$

(c) **Multiplicação**

$$\begin{array}{r} x^4 + 1 \\ x^3 + x + 1 \overline{\smash{\big)}\, x^7 + x^5 + x^4 + x^3 + x + 1} \\ \underline{x^7 + x^5 + x^4} \\ x^3 + x + 1 \\ \underline{x^3 + x + 1} \end{array}$$

(d) **Divisão**

Um polinômio $f(x)$ sobre um corpo F é chamado de **irredutível** se, e somente se, $f(x)$ não puder ser expresso como um produto de dois polinômios, ambos sobre F, e ambos de grau menor que o de $f(x)$. Por analogia com inteiros, um polinômio irredutível também é chamado de **polinômio primo**.

O polinômio[9] $f(x) = x^4 + 1$ sobre GF(2) é redutível, pois

$$x^4 + 1 = (x + 1)(x^3 + x^2 + x + 1).$$

Considere o polinômio $f(x) = x^3 + x + 1$. Por inspeção, fica claro que x não é um fator de $f(x)$. Facilmente mostramos que $x + 1$ não é um fator de $f(x)$:

$$\begin{array}{r} x^2 + x \\ x+1 \overline{\smash{\big)}\, x^3 + x + 1} \\ \underline{x^3 + x^2 } \\ x^2 + x \\ \underline{x^2 + x } \\ 1 \end{array}$$

Assim, $f(x)$ não tem fatores de grau 1. Mas fica claro que, se $f(x)$ for redutível, ele precisa ter um fator de grau 2 e um de grau 1. Portanto, $f(x)$ é irredutível.

Encontrando o máximo divisor comum

Podemos estender a analogia entre a aritmética de polinômios sobre um corpo e a de inteiros definindo o máximo divisor comum da forma a seguir. O polinômio $c(x)$ é considerado o máximo divisor comum de $a(x)$ e $b(x)$ se os itens seguintes forem verdadeiros:

1. $c(x)$ dividir tanto $a(x)$ quanto $b(x)$;
2. qualquer divisor de $a(x)$ e $b(x)$ for um de $c(x)$.

Uma definição equivalente é a seguinte: $\text{mdc}[a(x), b(x)]$ é o polinômio do grau máximo que divide tanto $a(x)$ quanto $b(x)$.

Há como adaptar o algoritmo de Euclides para calcular o máximo divisor comum de dois polinômios. A igualdade na Equação 4.6 pode ser reescrita como o seguinte teorema:

$$\text{mdc}[a(x), b(x)] = \text{mdc}[b(x), a(x) \bmod b(x)] \tag{4.11}$$

A Equação 4.11 é passível de ser usada repetidamente para determinar o máximo divisor comum. Compare o esquema a seguir com a definição do algoritmo de Euclides para inteiros.

Algoritmo de Euclides para polinômios	
Calcule	**Que satisfaz**
$r_1(x) = a(x) \bmod b(x)$	$a(x) = q_1(x)b(x) + r_1(x)$
$r_2(x) = b(x) \bmod r_1(x)$	$b(x) = q_2(x)r_1(x) + r_2(x)$
$r_3(x) = r_1(x) \bmod r_2(x)$	$r_1(x) = q_3(x)r_2(x) + r_3(x)$
$\bullet$	$\bullet$
$\bullet$	$\bullet$
$\bullet$	$\bullet$
$r_n(x) = r_{n-2}(x) \bmod r_{n-1}(x)$	$r_{n-2}(x) = q_n(x)r_{n-1}(x) + r_n(x)$
$r_{n+1}(x) = r_{n-1}(x) \bmod r_n(x) = 0$	$r_{n-1}(x) = q_{n+1}(x)r_n(x) + 0$ $d(x) = \text{mdc}(a(x), b(x)) = r_n(x)$

---

[9] No restante deste capítulo, a menos que indicado de outra forma, todos os exemplos são de polinômios sobre GF(2).

Em cada iteração, temos $d(x) = \text{mdc}(r_{i+1}(x), r_i(x))$ até que finalmente $d(x) = \text{mdc}(r_n(x), 0) = r_n(x)$. Assim, podemos encontrar o máximo divisor comum de dois inteiros pela aplicação repetitiva do algoritmo de divisão. Esse é o algoritmo de Euclides para polinômios. Ele considera que o grau de $a(x)$ é maior que o de $b(x)$.

Encontre $\text{mdc}[a(x), b(x)]$ para $a(x) = x^6 + x^5 + x^4 + x^3 + x^2 + x + 1$ e $b(x) = x^4 + x^2 + x + 1$. Primeiro, dividimos $a(x)$ por $b(x)$:

$$\begin{array}{r}
x^2 + x \\
x^4 + x^2 + x + 1 \overline{\smash{)}\, x^6 + x^5 + x^4 + x^3 + x^2 + x + 1} \\
\underline{x^6 + x^4 + x^3 + x^2 } \\
x^5 + x + 1 \\
\underline{x^5 x^3 + x^2 + x } \\
x^3 + x^2 + 1
\end{array}$$

Isso resulta em $r_1(x) = x^3 + x^2 + 1$ e $q_1(x) = x^2 + x$.
Depois, dividimos $b(x)$ por $r_1(x)$.

$$\begin{array}{r}
x + 1 \\
x^3 + x^2 + 1 \overline{\smash{)}\, x^4 + x^2 + x + 1} \\
\underline{x^4 + x^3 + x } \\
x^3 + x^2 + 1 \\
\underline{x^3 + x^2 + 1}
\end{array}$$

Isso resulta em $r_2(x) = 0$ e $q_2(x) = x + 1$.
Portanto, $\text{mdc}[a(x), b(x)] = r_1(x) = x^3 + x^2 + 1$.

Resumo

Iniciamos esta seção com uma discussão sobre aritmética com polinômios comum. Na aritmética de polinômios comum, a variável não é avaliada; ou seja, não definimos um valor para a variável dos polinômios. Em vez disso, as operações aritméticas são realizadas sobre polinômios (adição, subtração, multiplicação, divisão) com as regras comuns da álgebra. A divisão de polinômios não é permitida, a menos que os coeficientes sejam elementos de um corpo.

Em seguida, discutimos a aritmética de polinômios em que os coeficientes são elementos de $GF(p)$. Nesse caso, adição, subtração, multiplicação e divisão de polinômios são permitidas. Porém a divisão não é exata; ou seja, em geral, a divisão resulta em um quociente e em um resto.

Finalmente, mostramos que o algoritmo de Euclides pode ser estendido para encontrar o máximo divisor comum de dois polinômios cujos coeficientes são elementos de um corpo.

Todo o material nesta seção oferece um alicerce para a próxima, em que os polinômios serão usados para definir corpos finitos de ordem p^n.

4.7 CORPOS FINITOS NA FORMA $GF(2^n)$

Anteriormente neste capítulo, mencionamos que a ordem de um corpo finito precisa ser da forma p^n, onde p é um primo e n, um inteiro positivo. Na Seção 4.5, examinamos o caso especial de corpos finitos de ordem p. Descobrimos que, usando a aritmética modular em Z_p, todos os axiomas para um corpo (Figura 4.2) são satisfeitos. Para polinômios sobre p^n, com $n > 1$, as operações módulo p^n não produzem um corpo. Nesta seção, mostraremos qual estrutura satisfaz os axiomas para um corpo em um conjunto com p^n elementos, e nos concentraremos em $GF(2^n)$.

Motivação

Praticamente todos os algoritmos de encriptação, tanto de chave simétrica quanto pública, envolvem operações aritméticas sobre inteiros. Se uma das operações utilizadas no algoritmo for a divisão, então temos que trabalhar na aritmética definida sobre um corpo. Por conveniência e eficiência de implementação, também gostaríamos de trabalhar com inteiros que se encaixam exatamente em determinado número de bits, sem padrões de bit desperdiçados. Ou seja, queremos trabalhar com inteiros no intervalo de 0 até $2^n - 1$, que cabem em uma palavra de n bits.

> Suponha que queiramos definir um algoritmo de encriptação convencional que opere sobre os 8 bits de dados de cada vez, e também realizar a divisão. Com 8 bits, podemos representar os inteiros no intervalo de 0 a 255. Porém, 256 não é um número primo, de modo que, se a aritmética for realizada em Z_{256} (aritmética módulo 256), esse conjunto de inteiros não será um corpo. O número primo mais próximo menor que 256 é 251. Assim, o conjunto Z_{251}, usando a aritmética módulo 251, é um corpo. Porém, nesse caso, os padrões de 8 bits representando os inteiros de 251 a 255 não seriam usados, resultando em um emprego ineficaz do espaço de armazenamento.

Como o exemplo anterior indica, se todas as operações aritméticas tiverem que ser usadas, e se quisermos representar um intervalo completo de inteiros em n bits, então a aritmética módulo 2^n não funcionará. De modo equivalente, o conjunto de inteiros módulo 2^n, para $n > 1$, não é um corpo. Além do mais, mesmo que o algoritmo de encriptação use apenas adição e multiplicação, e não a divisão, o emprego do conjunto Z_{2^n} é questionável, como ilustra o exemplo a seguir.

> Suponha que queiramos usar blocos de 3 bits em nosso algoritmo de encriptação, e utilizemos apenas as operações de adição e multiplicação. Então, a aritmética módulo 8 é bem definida, como mostra a Tabela 4.2. Porém, observe que, na tabela de multiplicação, os inteiros diferentes de zero não aparecem um número igual de vezes. Por exemplo, existem apenas quatro ocorrências de 3, mas doze ocorrências de 4. Por outro lado, conforme mencionamos, existem corpos finitos na forma $GF(2^n)$, de modo que há em particular um corpo finito de ordem $2^3 = 8$. A aritmética para esse corpo aparece na Tabela 4.6. Nesse caso, o número de ocorrências de inteiros diferentes de zero é uniforme para a multiplicação. Para resumir,
>
> | Inteiro | 1 | 2 | 3 | 4 | 5 | 6 | 7 |
> |---|---|---|---|---|---|---|---|
> | Ocorrências em Z_8 | 4 | 8 | 4 | 12 | 4 | 8 | 4 |
> | Ocorrências em $GF(2^3)$ | 7 | 7 | 7 | 7 | 7 | 7 | 7 |
>
> Por enquanto, vamos deixar de lado a questão de como as matrizes da Tabela 4.6 foram construídas e, em vez disso, fazer algumas observações.
> 1. As tabelas de adição e multiplicação são simétricas sobre a diagonal principal, conforme a propriedade comutativa da adição e multiplicação. Essa propriedade também é exibida na Tabela 4.2, que usa a aritmética mod 8.
> 2. Todos os elementos diferentes de zero definidos pela Tabela 4.6 possuem um inverso multiplicativo, distintamente do caso com a Tabela 4.2.
> 3. O esquema determinado pela Tabela 4.6 satisfaz a todos os requisitos para um corpo finito. Assim, podemos nos referir a esse esquema como $GF(2^3)$.
> 4. Por conveniência, mostramos a atribuição de 3 bits usada para cada um dos elementos de $GF(2^3)$.

Tabela 4.6 Aritmética em GF(2^3).

		000	001	010	011	100	101	110	111
	+	0	1	2	3	4	5	6	7
000	0	0	1	2	3	4	5	6	7
001	1	1	0	3	2	5	4	7	6
010	2	2	3	0	1	6	7	4	5
011	3	3	2	1	0	7	6	5	4
100	4	4	5	6	7	0	1	2	3
101	5	5	4	7	6	1	0	3	2
110	6	6	7	4	5	2	3	0	1
111	7	7	6	5	4	3	2	1	0

(a) Adição

		000	001	010	011	100	101	110	111
	×	0	1	2	3	4	5	6	7
000	0	0	0	0	0	0	0	0	0
001	1	0	1	2	3	4	5	6	7
010	2	0	2	4	6	3	1	7	5
011	3	0	3	6	5	7	4	1	2
100	4	0	4	3	7	6	2	5	1
101	5	0	5	1	4	2	7	3	6
110	6	0	6	7	1	5	3	2	4
111	7	0	7	5	2	1	6	4	3

(b) Multiplicação

w	$-w$	w^{-1}
0	0	—
1	1	1
2	2	5
3	3	6
4	4	7
5	5	2
6	6	3
7	7	4

(c) Inversos aditivo e multiplicativo

Por intuição, um algoritmo que mapeia os inteiros de maneira não uniforme sobre si mesmos pode ser criptograficamente mais fraco do que um que ofereça um mapeamento uniforme. Assim, os corpos finitos na forma GF(2^n) são atraentes para algoritmos criptográficos.

Para resumir, estamos procurando um conjunto consistente de 2^n elementos, com uma definição de adição e multiplicação sobre o conjunto que define um corpo. Podemos atribuir um inteiro exclusivo no intervalo de 0 até $2^n - 1$ a cada elemento do conjunto. Lembre-se de que não usaremos a aritmética modular, pois vimos que isso não resulta em um corpo. Em vez disso, mostraremos como a aritmética de polinômios oferece um meio para construir o corpo desejado.

Aritmética de polinômios modular

Considere o conjunto S de todos os polinômios de grau $n - 1$ ou menos sobre o corpo Z_p. Assim, cada polinômio tem a forma

$$f(x) = a_{n-1}x^{n-1} + a_{n-2}x^{n-2} + \cdots + a_1 x + a_0 = \sum_{i=0}^{n-1} a_i x^i$$

onde cada a_i assume um valor no conjunto $\{0, 1, ..., p-1\}$. Existe um total de p^n polinômios diferentes em S.

Para $p = 3$ e $n = 2$, os $3^2 = 9$ polinômios no conjunto são

0	x	$2x$
1	$x+1$	$2x+1$
2	$x+2$	$2x+2$

Para $p = 2$ e $n = 3$, os $2^3 = 8$ polinômios no conjunto são

0	$x+1$	$x^2 + x$
1	x^2	x^2+x+1
x	x^2+1	

Com a definição apropriada das operações aritméticas, cada conjunto S é um corpo finito. Essa definição consiste dos seguintes elementos:

1. A aritmética segue as regras comuns da polinomial usando as regras básicas da álgebra, com as duas melhorias a seguir.
2. A aritmética sobre os coeficientes é realizada módulo p. Ou seja, usamos as regras da aritmética para o corpo finito Z_p.
3. Se a multiplicação resultar em um polinômio de grau maior que $n - 1$, então ele é reduzido módulo algum polinômio irredutível $m(x)$ de grau n. Ou seja, dividimos por $m(x)$ e mantemos o resto. Para um polinômio $f(x)$, o resto é expresso como $r(x) = f(x) \bmod m(x)$.

O *advanced encryption standard* (AES) utiliza aritmética no corpo finito $GF(2^8)$, com o polinômio irredutível $m(x) = x^8 + x^4 + x^3 + x + 1$. Considere os dois polinômios $f(x) = x^6 + x^4 + x^2 + x + 1$ e $g(x) = x^7 + x + 1$. Então

$$f(x) + g(x) = x^6 + x^4 + x^2 + x + 1 + x^7 + x + 1$$
$$= x^7 + x^6 + x^4 + x^2$$
$$f(x) \times g(x) = x^{13} + x^{11} + x^9 + x^8 + x^7$$
$$+ x^7 + x^5 + x^3 + x^2 + x$$
$$+ x^6 + x^4 + x^2 + x + 1$$
$$= x^{13} + x^{11} + x^9 + x^8 + x^6 + x^5 + x^4 + x^3 + 1$$

$$
\begin{array}{r}
x^5 + x^3 \\
x^8 + x^4 + x^3 + x + 1 \overline{)\, x^{13} + x^{11} + x^9 + x^8 + x^6 + x^5 + x^4 + x^3 + 1} \\
\underline{x^{13} + x^9 + x^8 + x^6 + x^5 } \\
x^{11} + x^4 + x^3 \\
\underline{x^{11} + x^7 + x^6 + x^4 + x^3 } \\
x^7 + x^6 + 1
\end{array}
$$

Portanto, $f(x) \times g(x) \bmod m(x) = x^7 + x^6 + 1$.

Assim como na aritmética modular comum, temos a noção de um conjunto de resíduos na aritmética polinomial modular. O conjunto de resíduos módulo $m(x)$, um polinômio de grau n, consiste em p^n elementos. Cada um desses elementos é representado por um dos p^n polinômios de grau $m < n$.

A classe de resíduo $[x + 1]$, $(\bmod \, m(x))$, consiste em todos os polinômios $a(x)$, tais que $a(x) \equiv (x + 1)$ $(\bmod \, m(x))$. De modo equivalente, a classe de resíduo $[x + 1]$ se compõe de todos os polinômios $a(x)$ que satisfazem a igualdade $a(x) \bmod m(x) = x + 1$.

Podemos mostrar que o conjunto de todos os polinômios módulo um polinômio de grau n irredutível $m(x)$ satisfaz os axiomas da Figura 4.2, e assim forma um corpo finito. Além disso, todos os corpos finitos de determinada ordem são isomórficos; ou seja, duas estruturas de corpo finito quaisquer de determinada ordem têm a mesma estrutura, mas a representação, ou rótulos dos elementos, pode ser diferente.

Para construir o corpo finito $GF(2^3)$, precisamos escolher um polinômio irredutível de grau 3. Existem apenas dois polinômios assim: $(x^3 + x^2 + 1)$ e $(x^3 + x + 1)$. Usando o segundo, a Tabela 4.7 mostra as listagens de adição e multiplicação para $GF(2^3)$. Observe que esse conjunto tem a estrutura idêntica às da Tabela 4.6. Assim, conseguimos encontrar um meio de definir um corpo de ordem 2^3.

Agora, podemos ler os resultados de adições e multiplicações a partir da tabela com facilidade. Por exemplo, considere o binário $100 + 010 = 110$. Isso é equivalente a $x^2 + x$. Leve em conta também $100 \times 010 = 011$, que é equivalente a $x^2 \times x = x^3$ e se reduz a $x + 1$. Ou seja, $x^3 \bmod (x^3 + x + 1) = x + 1$, que é equivalente a 011.

Tabela 4.7 Aritmética de polinômios módulo ($x^3 + x + 1$).

+	000	001	010	011	100	101	110	111
	0	1	x	$x+1$	x^2	x^2+1	x^2+x	x^2+x+1
000 0	0	1	x	$x+1$	x^2	x^2+1	x^2+x	x^2+x+1
001 1	1	0	$x+1$	x	x^2+1	x^2	x^2+x+1	x^2+x
010 x	x	$x+1$	0	1	x^2+x	x^2+x+1	x^2	x^2+1
011 $x+1$	$x+1$	x	1	0	x^2+x+1	x^2+x	x^2+1	x^2
100 x^2	x^2	x^2+1	x^2+x	x^2+x+1	0	1	x	$x+1$
101 x^2+1	x^2+1	x^2	x^2+x+1	x^2+x	1	0	$x+1$	x
110 x^2+x	x^2+x	x^2+x+1	x^2	x^2+1	x	$x+1$	0	1
111 x^2+x+1	x^2+x+1	x^2+x	x^2+1	x^2	$x+1$	x	1	0

(a) Adição

×	000	001	010	011	100	101	110	111
	0	1	x	$x+1$	x^2	x^2+1	x^2+x	x^2+x+1
000 0	0	0	0	0	0	0	0	0
001 1	0	1	x	$x+1$	x^2	x^2+1	x^2+x	x^2+x+1
010 x	0	x	x^2	x^2+x	$x+1$	1	x^2+x+1	x^2+1
011 $x+1$	0	$x+1$	x^2+x	x^2+1	x^2+x+1	x^2	1	x
100 x^2	0	x^2	$x+1$	x^2+x+1	x^2+x	x	x^2+1	1
101 x^2+1	0	x^2+1	1	x^2	x	x^2+x+1	$x+1$	x^2+x
110 x^2+x	0	x^2+x	x^2+x+1	1	x^2+1	$x+1$	x	x^2
111 x^2+x+1	0	x^2+x+1	x^2+1	x	1	x^2+x	x^2	$x+1$

(b) Multiplicação

Encontrando o inverso multiplicativo

Assim como o algoritmo de Euclides pode ser adaptado para encontrar o máximo divisor comum de dois polinômios, o algoritmo de Euclides estendido pode servir para encontrar o inverso multiplicativo de um polinômio. Especificamente, o algoritmo encontrará o inverso multiplicativo de $b(x)$ módulo $a(x)$ se o grau de $b(x)$ for menor que o de $a(x)$ e mdc$[a(x), b(x)] = 1$. Se $a(x)$ é um polinômio irredutível, então não há outro fator senão ele mesmo ou 1, assim, mdc $[a(x), b(x)] = 1$. O algoritmo pode ser caracterizado da mesma maneira como fizemos para o algoritmo de Euclides estendido para inteiros. Dados os polinômios $a(x)$ e $b(x)$ com o grau de $a(x)$ maior que o de $b(x)$, queremos resolver a seguinte equação para os valores $v(x)$, $w(x)$ e $d(x)$, onde $d(x) = $ mdc$[a(x), b(x)]$:

$$a(x)v(x) + b(x)w(x) = d(x)$$

Se $d(x) = 1$, então $w(x)$ é o inverso multiplicativo de $b(x)$ módulo $a(x)$. Os cálculos podem ser vistos a seguir.

Algoritmo de Euclides estendido para polinômios			
Calcule	**Que satisfaz**	**Calcule**	**Que satisfaz**
$r_{-1}(x) = a(x)$		$v_{-1}(x) = 1; w_{-1}(x) = 0$	$a(x) = a(x)v_{-1}(x) + bw_{-1}(x)$
$r_0(x) = b(x)$		$v_0(x) = 0; w_0(x) = 1$	$b(x) = a(x)v_0(x) + b(x)w_0(x)$
$r_1(x) = a(x)$ mod $b(x)$ $q_1(x) = $ quociente de $a(x)/b(x)$	$a(x) = q_1(x)b(x) + r_1(x)$	$v_1(x) = v_{-1}(x) - q_1(x)v_0(x) = 1$ $w_1(x) = w_{-1}(x) - q_1(x)w_0(x)$ $= -q_1(x)$	$r_1(x) = a(x)v_1(x) + b(x)w_1(x)$
$r_2(x) = b(x)$ mod $r_1(x)$ $q_2(x) = $ quociente de $b(x)/r_1(x)$	$b(x) = q_2(x)r_1(x) + r_2(x)$	$v_2(x) = v_0(x) - q_2(x)v_1(x)$ $w_2(x) = w_0(x) - q_2(x)w_1(x)$	$r_2(x) = a(x)v_2(x) + b(x)w_2(x)$
$r_3(x) = r_1(x)$ mod $r_2(x)$ $q_3(x) = $ quociente de $r_1(x)/r_2(x)$	$r_1(x) = q_3(x)r_2(x) + r_3(x)$	$v_3(x) = v_1(x) - q_3(x)v_2(x)$ $w_3(x) = w_1(x) - q_3(x)w_2(x)$	$r_3(x) = a(x)v_3(x) + b(x)w_3(x)$
• • •	• • •	• • •	• • •
$r_n(x) = r_{n-2}(x)$ mod $r_{n-1}(x)$ $q_n(x) = $ quociente de $r_{n-2}(x)/r_{n-3}(x)$	$r_{n-2}(x) = q_n(x)r_{n-1}(x) + r_n(x)$	$v_n(x) = v_{n-2}(x) - q_n(x)v_{n-1}(x)$ $w_n(x) = w_{n-2}(x) - q_n(x)w_{n-1}(x)$	$r_n(x) = a(x)v_n(x) + b(x)w_n(x)$
$r_{n+1}(x) = r_{n-1}(x)$ mod $r_n(x) = 0$ $q_{n+1}(x) = $ quociente de $r_{n-1}(x)/r_{n-2}(x)$	$r_{n-1}(x) = q_{n+1}(x)r_n(x) + 0$		$d(x) = $ mdc$(a(x), b(x)) = r_n(x)$ $v(x) = v_n(x); w(x) = w_n(x)$

A Tabela 4.8 mostra o cálculo do inverso multiplicativo de $(x^7 + x + 1)$ mod $(x^8 + x^4 + x^3 + x + 1)$. O resultado é que $(x^7 + x + 1)^{-1} = (x^7)$. Ou seja, $(x^7 + x + 1)(x^7) \equiv 1 \pmod{x^8 + x^4 + x^3 + x + 1}$.

Tabela 4.8 Euclides estendido [$(x^8 + x^4 + x^3 + x + 1)$, $(x^7 + x + 1)$].

Inicialização	$a(x) = x^8 + x^4 + x^3 + x + 1$; $v_{-1}(x) = 1$; $w_{-1}(x) = 0$
	$b(x) = x^7 + x + 1$; $v_0(x) = 0$; $w_0(x) = 1$
Iteração 1	$q_1(x) = x$; $r_1(x) = x^4 + x^3 + x^2 + 1$
	$v_1(x) = 1$; $w_1(x) = x$
Iteração 2	$q_2(x) = x^3 + x^2 + 1$; $r_2(x) = x$
	$v_2(x) = x^3 + x^2 + 1$; $w_2(x) = x^4 + x^3 + x + 1$
Iteração 3	$q_3(x) = x^3 + x^2 + x$; $r_3(x) = 1$
	$v_3(x) = x^6 + x^2 + x + 1$; $w_3(x) = x^7$
Iteração 4	$q_4(x) = x$; $r_4(x) = 0$
	$v_4(x) = x^7 + x + 1$; $w_4(x) = x^8 + x^4 + x^3 + x + 1$
Resultado	$d(x) = r_3(x) = \mathrm{mdc}(a(x), b(x)) = 1$
	$w(x) = w_3(x) = (x^7 + x + 1)^{-1} \bmod (x^8 + x^4 + x^3 + x + 1) = x^7$

Considerações computacionais

Um polinômio $f(x)$ em $\mathrm{GF}(2^n)$

$$f(x) = a_{n-1}x^{n-1} + a_{n-2}x^{n-2} + \cdots + a_1 x + a_0 = \sum_{i=0}^{n-1} a_i x^i$$

pode ser representado exclusivamente por seus n coeficientes binários $(a_{n-1}, a_{n-2}, ..., a_0)$. Assim, cada polinômio em $\mathrm{GF}(2^n)$ pode ser representado por um número de n bits.

> As tabelas 4.6 e 4.7 mostram as listagens de adição e multiplicação para $\mathrm{GF}(2^3)$ módulo $m(x) = (x^3 + x + 1)$. A Tabela 4.6 usa a representação binária, e a Tabela 4.7, a representação polinomial.

ADIÇÃO Vimos que a adição de polinômios é realizada somando-se coeficientes correspondentes, e, no caso de polinômios sobre Z_2, a adição é apenas a operação XOR. Assim, a adição de dois polinômios em $\mathrm{GF}(2^n)$ corresponde a uma operação XOR bit a bit.

> Considere os dois polinômios em $\mathrm{GF}(2^8)$ do nosso exemplo anterior:
>
> $$f(x) = x^6 + x^4 + x^2 + x + 1 \text{ e } g(x) = x^7 + x + 1.$$
>
> | | | |
> | --- | --- | --- |
> | $(x^6 + x^4 + x^2 + x + 1) + (x^7 + x + 1)$ | $= x^7 + x^6 + x^4 + x^2$ | (notação polinomial) |
> | $(01010111) \oplus (10000011)$ | $= (11010100)$ | (notação binária) |
> | $\{57\} \oplus \{83\}$ | $= \{D4\}$ | (notação hexadecimal)[10] |

MULTIPLICAÇÃO Não existe uma operação tão simples quanto XOR para realizar a multiplicação em $\mathrm{GF}(2^n)$. Porém, há uma técnica razoavelmente simples e fácil de ser implementada. Discutiremos a técnica com referência a $\mathrm{GF}(2^8)$ usando $m(x) = x^8 + x^4 + x^3 + x + 1$, que é o corpo finito empregado no AES. Essa técnica é prontamente generalizada para $\mathrm{GF}(2^n)$.

---

[10] Uma revisão básica sobre sistemas numéricos (decimal, binário, hexadecimal) pode ser achada no Computer Science Student Resource Site, em <williamstallings.com/cryptography/crypto6e-student/> (em inglês). Aqui, cada dois grupos de 4 bits em um byte é indicado por um único caractere hexadecimal, com dois caracteres delimitados por chaves.

A técnica é baseada na observação de que

$$x^8 \bmod m(x) = [m(x) - x^8] = (x^4 + x^3 + x + 1) \tag{4.12}$$

Reflita um pouco, e você se convencerá de que a Equação 4.12 é verdadeira; se não, desmembre-a. Geralmente, em GF(2^n) com um polinômio $p(x)$ de grau n, temos $x^n \bmod p(x) = [p(x) - x^n]$.

Agora, considere um polinômio em GF(2^8) que tem a forma $f(x) = b_7 x^7 + b_6 x^6 + b_5 x^5 + b_4 x^4 + b_3 x^3 + b_2 x^2 + b_1 x + b_0$. Se multiplicarmos por x, teremos

$$\begin{aligned} x \times f(x) = (&b_7 x^8 + b_6 x^7 + b_5 x^6 + b_4 x^5 + b_3 x^4 \\ &+ b_2 x^3 + b_1 x^2 + b_0 x) \bmod m(x) \end{aligned} \tag{4.13}$$

Se $b_7 = 0$, então o resultado é um polinômio de grau menor que 8, que já está na forma reduzida, e nenhum outro cálculo é necessário. Se $b_7 = 1$, então a redução módulo $m(x)$ é obtida usando-se a Equação 4.12:

$$\begin{aligned} x \times f(x) = (&b_6 x^7 + b_5 x^6 + b_4 x^5 + b_3 x^4 + b_2 x^3 + b_1 x^2 + b_0 x) \\ &+ (x^4 + x^3 + x + 1) \end{aligned}$$

Segue-se que a multiplicação por x (ou seja, 00000010) pode ser implementada como um deslocamento à esquerda por 1 bit, seguido por um XOR condicional bit a bit com (00011011), que representa $(x^4 + x^3 + x + 1)$. Para resumir,

$$x \times f(x) = \begin{cases} (b_6 b_5 b_4 b_3 b_2 b_1 b_0 0) & \text{se } b_7 = 0 \\ (b_6 b_5 b_4 b_3 b_2 b_1 b_0 0) \oplus (00011011) & \text{se } b_7 = 1 \end{cases} \tag{4.14}$$

A multiplicação por uma potência mais alta de x pode ser obtida pela aplicação repetida da Equação 4.14. Acrescentando resultados intermediários, podemos chegar à multiplicação por qualquer constante em GF(2^8).

Em um exemplo anterior, mostramos que, para $f(x) = x^6 + x^4 + x^2 + x + 1$, $g(x) = x^7 + x + 1$ e $m(x) = x^8 + x^4 + x^3 + x + 1$, temos $f(x) \times g(x) \bmod m(x) = x^7 + x^6 + 1$. Refazendo isso em aritmética binária, precisamos calcular (01010111) × (10000011). Primeiro, determinamos os resultados da multiplicação por potências de x:

(01010111) × (00000010) = (10101110)
(01010111) × (00000100) = (01011100) ⊕ (00011011) = (01000111)
(01010111) × (00001000) = (10001110)
(01010111) × (00010000) = (00011100) ⊕ (00011011) = (00000111)
(01010111) × (00100000) = (00001110)
(01010111) × (01000000) = (00011100)
(01010111) × (10000000) = (00111000)

Assim,

(01010111) × (10000011) = (01010111) × [(00000001) ⊕ (00000010) ⊕ (10000000)]
= (01010111) ⊕ (10101110) ⊕ (00111000) = (11000001)

que é equivalente a $x^7 + x^6 + 1$.

Usando um gerador

Às vezes, é mais acertado usar uma técnica equivalente para definir um corpo finito na forma GF(2^n), empregando o mesmo polinômio irredutível. Para começar, precisamos de duas definições: um **gerador** g de um corpo F de ordem q (contém q elementos) é um elemento cujas primeiras $q - 1$ potências produzem todos os elementos de F diferentes de zero. Ou seja, os elementos de F consistem em $0, g^0, g^1, ..., g^{q-2}$. Considere o corpo F definido por um polinômio $f(x)$. Um elemento b contido em F é chamado de **raiz** do polinômio se $f(b) = 0$. Finalmente, pode ser mostrado que uma raiz g de um polinômio irredutível é um gerador do corpo finito definido nesse polinômio.

Vamos considerar o corpo finito GF(2^3) definido sobre o polinômio irredutível $x^3 + x + 1$, abordado anteriormente. Assim, o gerador g precisa satisfazer $f(g) = g^3 + g + 1 = 0$. Lembre-se, conforme já discutimos, que não precisamos encontrar uma solução numérica para essa igualdade. Em vez disso, lidamos com a aritmética de polinômios, em que aquela sobre os coeficientes é realizada módulo 2. Portanto, a solução para a igualdade anterior é $g^3 = -g - 1 = g + 1$. Agora, mostramos que g realmente gera todos os polinômios de grau menor que 3. Temos o seguinte:

$$g^4 = g(g^3) = g(g+1) = g^2 + g$$
$$g^5 = g(g^4) = g(g^2 + g) = g^3 + g^2 = g^2 + g + 1$$
$$g^6 = g(g^5) = g(g^2 + g + 1) = g^3 + g^2 + g = g^2 + g + g + 1 = g^2 + 1$$
$$g^7 = g(g^6) = g(g^2 + 1) = g^3 + g = g + g + 1 = 1 = g^0$$

Vemos que as potências de g geram todos os polinômios diferentes de zero em GF(2^3). Além disso, deve ficar claro que $g^k = g^{k \bmod 7}$ para qualquer inteiro k. A Tabela 4.9 mostra a representação de potência, além das de polinômio e binária.

Essa representação de potência facilita a multiplicação. Para multiplicar na notação de potência, some os expoentes módulo 7. Por exemplo, $g^4 + g^6 = g^{(10 \bmod 7)} = g^3 = g + 1$. O mesmo resultado é obtido usando-se aritmética de polinômios da seguinte forma: temos $g^4 = g^2 + g$ e $g^6 = g^2 + 1$. Então, $(g^2 + g) \times (g^2 + 1) = g^4 + g^3 + g^2 + 1$. Em seguida, precisamos determinar $(g^4 + g^3 + g^2 + 1) \bmod (g^3 + g + 1)$ pela divisão:

$$
\begin{array}{r}
g + 1 \\
g^3 + g + 1 \overline{\smash{)} g^4 + g^3 + g^2 + g } \\
\underline{g^4 + g^2 + g} \\
g^3 \\
\underline{g^3 + g + 1} \\
g + 1
\end{array}
$$

Obtemos um resultado $g + 1$, que combina com aquele conseguido pela representação de potência.

A Tabela 4.10 mostra as listagens de adição e multiplicação para GF(2^3) usando essa representação. Observe que isso gera resultados idênticos à representação polinomial (Tabela 4.7) com algumas das linhas e colunas trocadas.

Em geral, para GF(2^n) com polinômio irredutível $f(x)$, determine $g^n = f(g) - g^n$. Depois, calcule todas as potências de g de g^{n+1} até $g^{2^n - 2}$. Os elementos do corpo correspondem às potências de g de g^0 até $g^{2^n - 2}$, mais o valor 0. Para a multiplicação de dois elementos no corpo, use a igualdade $g^k = g^{k \bmod (2^n - 1)}$ para qualquer inteiro k.

Resumo

Nesta seção, mostramos como construir um corpo finito de ordem 2^n. Especificamente, definimos GF(2^n) com as seguintes propriedades:

1. GF(2^n) consiste em 2^n elementos.

Tabela 4.9 Gerador para *GF*(2^3) usando $x^3 + x + 1$.

Representação de potência	Representação de polinômio	Representação binária	Representação decimal (hexa)
0	0	000	0
$g^0 (= g^7)$	1	001	1
g^1	G	010	2
g^2	g^2	100	4
g^3	$g + 1$	011	3
g^4	$g^2 + g$	110	6
g^5	$g^2 + g + 1$	111	7
g^6	$g^2 + 1$	101	5

Tabela 4.10 Aritmética GF(2^3) usando gerador para o polinômio ($x^3 + x + 1$).

(a) Adição

+	000	001	010	011	100	110	111	101
	0	1	G	g^3	g^2	g^4	g^5	g^6
0	0	1	g	$g+1$	g^2	g^2+g	g^2+g+1	g^2+1
1	1	0	$g+1$	g	g^2+1	g^2+g+1	g^2+g	g^2
g	g	$g+1$	0	1	g^2+g	g^2	g^2+1	g^2+g+1
g^2	g^2	g^2+1	g^2+g	g^2+g+1	0	g	$g+1$	1
g^3	$g+1$	g	1	0	g^2+g+1	g^2+1	g^2	g^2+g
g^4	g^2+g	g^2+g+1	g^2	g^2+1	g	0	1	$g+1$
g^5	g^2+g+1	g^2+g	g^2+1	g^2	$g+1$	1	0	g
g^6	g^2+1	g^2	g^2+g+1	g^2+g	1	$g+1$	g	0

(b) Multiplicação

×	000	001	010	011	100	110	111	101
	0	1	G	g^3	g^2	g^4	g^5	g^6
0	0	0	0	0	0	0	0	0
1	0	1	G	$g+1$	g^2	g^2+g	g^2+g+1	g^2+1
g	0	g	g^2	g^2+g	$g+1$	g^2+g+1	g^2+1	1
g^2	0	g^2	$g+1$	g^2+g+1	g^2+g	g^2+1	1	g
g^3	0	$g+1$	g^2+g	g^2+1	g^2+g+1	1	g	g^2
g^4	0	g^2+g	g^2+g+1	1	g^2+1	g	g^2	$g+1$
g^5	0	g^2+g+1	g^2+1	g	1	g^2	$g+1$	g^2+g
g^6	0	g^2+1	1	g^2	g	$g+1$	g^2+g	g^2+g+1

2. As operações binárias + e × são determinadas sobre o conjunto. As operações de adição, subtração, multiplicação e divisão podem ser realizadas sem sair do conjunto. Cada elemento do conjunto diferente de 0 tem um inverso multiplicativo.

Mostramos que os elementos de GF(2^n) podem ser definidos como o conjunto de todos os polinômios de grau $n - 1$ ou menor com coeficientes binários. Cada polinômio desses é passível de ser representado por um valor exclusivo de n bits. A aritmética é estabelecida como uma de polinômios módulo algum polinômio irredutível de grau n. Também vimos que uma definição equivalente de um corpo finito GF(2^n) utiliza um gerador, e essa aritmética é determinada por potências do gerador.

4.8 LEITURA RECOMENDADA

[HERS75], ainda no prelo, é o tratamento clássico da álgebra abstrata; ele é legível e rigoroso. [DESK92] é outro bom recurso. [KNUT98] oferece uma boa abordagem da aritmética polinomial.

Um dos melhores panoramas sobre os tópicos deste capítulo é [BERL84], ainda no prelo. [GARR01] também possui uma extensa cobertura. Uma aproximação completa e precisa dos corpos finitos é [LIDL94]. Outro documento sólido é [MURP00]. [HORO71] é uma boa visão geral dos assuntos aqui apresentados.

BERL84 Berlekamp, E. *Algebraic Coding Theory*. Laguna Hills, CA: Aegean Park Press, 1984.
DESK92 Deskins, W. *Abstract Algebra*. Nova York: Dover, 1992.
GARR01 Garrett, P. *Making, Breaking Codes: An Introduction to Cryptology*. Upper Saddle River, NJ: Prentice Hall, 2001.
HERS75 Herstein, I. *Topics in Algebra*. Nova York: Wiley, 1975.
HORO71 Horowitz, E. "Modular Arithmetic and Finite Field Theory: A Tutorial". *Proceedings of the Second ACM Symposium and Symbolic and Algebraic Manipulation*, março de 1971.
KNUT98 Knuth, D. *The Art of Computer Programming, Volume 2: Seminumerical Algorithms*. Reading, MA: Addison-Wesley, 1998.
LIDL94 Lidl, R. e Niederreiter, H. *Introduction to Finite Fields and Their Applications*. Cambridge: Cambridge University Press, 1994.
MURP00 Murphy, T. *Finite Fields*. University of Dublin, Trinity College, School of Mathematics. 2000. Documento disponível na Sala Virtual deste livro.

4.9 PRINCIPAIS TERMOS, PERGUNTAS PARA REVISÃO E PROBLEMAS

Principais termos

algoritmo de Euclides	corpo finito	máximo divisor comum
anel	corpo infinito	módulo
anel comutativo	divisor	número primo
anel polinomial	domínio integral	ordem
aritmética modular	elemento de identidade	polinômio
aritmética polinomial	elemento inverso	polinômio irredutível
aritmética polinomial modular	grupo	polinômio mônico
associativo	grupo abeliano	polinômio primo
comutativo	grupo cíclico	relativamente primo
conjunto de coeficientes	grupo finito	resíduo
corpo	grupo infinito	

Perguntas para revisão

4.1 Defina resumidamente um grupo.
4.2 Defina resumidamente um anel.
4.3 Defina resumidamente um corpo.
4.4 O que significa dizer que *b* é um divisor de *a*?
4.5 Qual é a diferença entre aritmética modular e aritmética comum?
4.6 Liste três classes de aritmética polinomial.

Problemas

4.1 Para o grupo S_n de permutações de n símbolos distintos,
   a. Qual é o número de elementos em S_n?
   b. Mostre que S_n não é abeliano para $n > 2$.

4.2 O conjunto de classes de resíduo (mod 3) forma um grupo
   a. com relação à adição modular?
   b. com relação à multiplicação modular?

4.3 Considere o conjunto $S = \{a, b\}$ com adição e multiplicação definidas pelas tabelas:

+	a	b		×	a	b
a	a	b		a	a	a
b	b	a		b	a	b

S é um anel? Justifique sua resposta.

4.4 Reformule a Equação 4.1, removendo a restrição de que a é um inteiro não negativo. Ou seja, considere que a seja qualquer inteiro.

4.5 Desenhe uma figura semelhante à Figura 4.1, para $a < 0$.

4.6 Para cada uma das seguintes equações, encontre um inteiro x que satisfaça:
   a. $5x \equiv 4 \pmod{3}$
   b. $7x \equiv 6 \pmod{5}$
   c. $9x \equiv 8 \pmod{7}$

4.7 Neste texto, consideramos que o módulo é um inteiro positivo. Mas a definição da expressão $a \bmod n$ também faz sentido perfeitamente se n for negativo. Determine o seguinte:
   a. 5 mod 3
   b. 5 mod –3
   c. –5 mod 3
   d. –5 mod –3

4.8 Um módulo de 0 não se encaixa na definição, mas é determinado por convenção da seguinte forma: $a \bmod 0 = a$. Com isso em mente, o que significa a seguinte expressão: $a \equiv b \pmod{0}$?

4.9 Na Seção 4.3, definimos o relacionamento de congruência da seguinte forma: dois inteiros a e b são considerados congruentes módulo n, se $(a \bmod n) = (b \bmod n)$. Então, provamos que $a \equiv b \pmod n$, se $n \mid (a - b)$. Alguns textos sobre teoria de números utilizam esse último relacionamento como definição de congruência: dois inteiros a e b são considerados congruentes módulo n, se $n \mid (a - b)$. Usando essa última definição como ponto de partida, prove que, se $(a \bmod n) = (b \bmod n)$, então n divide $(a - b)$.

4.10 Qual é o menor inteiro positivo que tem exatamente k divisores, para $1 \leq k \leq 6$?

4.11 Prove o seguinte:
   a. $a \equiv b \pmod n$ implica $b \equiv a \pmod n$
   b. $a \equiv b \pmod n$ e $b \equiv c \pmod n$ implica $a \equiv c \pmod n$

4.12 Prove o seguinte:
   a. $[(a \bmod n) - (b \bmod n)] \bmod n = (a - b) \bmod n$
   b. $[(a \bmod n) \times (b \bmod n)] \bmod n = (a \times b) \bmod n$

4.13 Encontre o inverso multiplicativo de cada elemento diferente de zero em Z_5.

4.14 Mostre que um inteiro N é congruente módulo 9 com a soma de seus dígitos decimais. Por exemplo, $475 \equiv 4 + 7 + 5 \equiv 16 \equiv 1 + 6 \equiv 7 \pmod 9$. Essa é a base para o procedimento familiar dos "noves fora" quando se verifica os cálculos na aritmética.

4.15 **a.** Determine mdc(24140, 16762).
   b. Determine mdc(4655, 12075).

4.16 A finalidade deste problema é definir um limite superior sobre o número de iterações do algoritmo de Euclides.
   a. Suponha que $m = qn + r$ com $q > 0$ e $0 \leq r < n$. Mostre que $m/2 > r$.
   b. Considere que A_i seja o valor de A no algoritmo de Euclides depois da i-ésima iteração. Mostre que

$$A_{i+2} < \frac{A_i}{2}$$

  c. Mostre que, se m, n e N são inteiros com ($1 \leq m, n, \leq 2^N$), então o algoritmo de Euclides usa no máximo 2N etapas para encontrar mdc(m,n).

4.17 O algoritmo de Euclides já é conhecido há mais de dois mil anos e sempre foi um favorito entre os teóricos. Depois de tanto tempo, existe agora um competidor em potencial, estabelecido por J. Stein em 1961. Mostramos o algoritmo de Stein a seguir. Determine mdc(A, B), com A, B ≥ 1.

  PASSO 1 Defina $A_1 = A$, $B_1 = B$, $C_1 = 1$

  PASSO 2 n (1) Se $A_n = B_n$, pare. mdc(A, B) = $A_n C_n$
  (2) Se A_n e B_n forem pares, defina $A_{n+1} = A_n/2$, $B_{n+1} = B_n/2$, $C_{n+1} = 2C_n$
  (3) Se A_n for par e B_n for ímpar, defina $A_{n+1} = A_n/2$, $B_{n+1} = B_n$, $C_{n+1} = C_n$
  (4) Se A_n for ímpar e B_n for par, defina $A_{n+1} = A_n$, $B_{n+1} = B_n/2$, $C_{n+1} = C_n$
  (5) Se A_n e B_n forem ímpares, defina $A_{n+1} = |A_n - B_n|$, $B_{n+1} = \min(B_n, A_n)$, $C_{n+1} = C_n$

  Continue na etapa n + 1.
  a. Para experimentar os dois algoritmos, calcule mdc(2152, 764) usando o algoritmo de Euclides e o de Stein.
  b. Qual é a vantagem aparente do algoritmo de Stein em relação ao de Euclides?

4.18 a. Mostre que, se o algoritmo de Stein não terminar antes da n-ésima etapa, então

$$C_{n+1} \times \text{mdc}(A_{n+1}, B_{n+1}) = C_n \times \text{mdc}(A_n, B_n)$$

  b. Mostre que, se o algoritmo não terminar antes da etapa (n – 1), então

$$A_{n+2} B_{n+2} \leq \frac{A_n B_n}{2}$$

  c. Mostre que, se $1 \leq A, B \leq 2^N$, então o algoritmo de Stein usa, no máximo, 4N etapas para encontrar mdc(m, n). Assim, esse algoritmo funciona aproximadamente com o mesmo número de etapas do de Euclides.
  d. Demonstre que o algoritmo de Stein retorna realmente mdc(A, B).

4.19 Usando o algoritmo de Euclides estendido, encontre o inverso multiplicativo de
  a. 1234 mod 4321
  b. 24140 mod 40902
  c. 550 mod 1769

4.20 Desenvolva um conjunto de listagens semelhantes às da Tabela 4.5 para GF(5).

4.21 Demonstre que o conjunto de polinômios cujos coeficientes formam um corpo é um anel.

4.22 Demonstre se cada uma destas afirmações é verdadeira ou falsa para polinômios sobre um corpo:
  a. O produto dos polinômios mônicos é mônico.
  b. O produto dos polinômios de graus m e n tem grau m + n.
  c. A soma dos polinômios de graus m e n tem grau máx[m,n].

4.23 Para a aritmética de polinômios com coeficientes em Z_{10}, realize os seguintes cálculos:
  a. $(7x + 2) - (x^2 + 5)$
  b. $(6x^2 + x + 3) \times (5x^2 + 2)$

4.24 Determine quais dos seguintes são redutíveis sobre GF(2):
  a. $x^3 + 1$
  b. $x^3 + x^2 + 1$
  c. $x^4 + 1$ (tenha cuidado)

4.25 Determine o mdc dos seguintes pares de polinômios:
  a. $x^3 + x + 1$ e $x^2 + x + 1$ sobre GF(2)
  b. $x^3 - x + 1$ e $x^2 + 1$ sobre GF(3)
  c. $x^5 + x^4 + x^3 - x^2 - x + 1$ e $x^3 + x^2 + x + 1$ sobre GF(3)
  d. $x^5 + 88x^4 + 73x^3 + 83x^2 + 51x + 67$ e $x^3 + 97x^2 + 40x + 38$ sobre GF(101)

4.26 Desenvolva um conjunto de listagens semelhantes às da Tabela 4.7 para GF(4), com $m(x) = x^2 + x + 1$.

4.27 Determine o inverso multiplicativo de $x^3 + x + 1$ em $GF(2^4)$, com $m(x) = x^4 + x + 1$.

4.28 Desenvolva uma listagem semelhante à da Tabela 4.9 para $GF(2^4)$, com $m(x) = x^4 + x + 1$.

Problemas de programação

4.29 Estruture uma calculadora simples de quatro funções em $GF(2^4)$. Você pode usar uma tabela com valores pré-calculados para os inversos multiplicativos.

4.30 Estruture uma calculadora de quatro funções simples em $GF(2^8)$. Você deverá calcular os inversos multiplicativos na hora.

APÊNDICE 4A SIGNIFICADO DE MOD

O operador mod é usado neste livro e na literatura de duas maneiras diferentes: como um operador binário e como uma relação de congruência. Este apêndice explica a distinção e define com precisão a notação usada neste livro com relação aos parênteses. Essa notação é comum, mas, infelizmente, não universal.

Operador binário mod

Se a é um inteiro, e n, um inteiro positivo, definimos $a \bmod n$ como o resto quando a é dividido por n. O inteiro n é chamado de **módulo**, e o resto, de **resíduo**. Assim, para qualquer inteiro a, sempre podemos escrever

$$a = \lfloor a/n \rfloor \times n + (a \bmod n)$$

Formalmente, definimos o operador mod como

$$a \bmod n = a - \lfloor a/n \rfloor \times n \quad \text{para } n \neq 0$$

Como uma operação binária, mod usa dois argumentos inteiros e retorna o resto. Por exemplo, $7 \bmod 3 = 1$. Os argumentos podem ser inteiros, variáveis inteiras ou expressões de variável inteira. Por exemplo, todos os seguintes são válidos, com os significados óbvios:

$7 \bmod 3$
$7 \bmod m$
$x \bmod 3$
$x \bmod m$
$(x^2 + y + 1) \bmod (2m + n)$

onde todas as variáveis são inteiros. Em cada caso, o termo da esquerda é dividido pelo da direita, e o valor resultante é o resto. Observe que, se o argumento da esquerda ou da direita for uma expressão, ela fica entre parênteses. O operador mod não fica entre parênteses.

De fato, a operação mod também funciona se os dois argumentos forem números reais quaisquer, não apenas inteiros. Neste livro, estamos preocupados apenas com a operação com inteiros.

Relação de congruência mod

Como uma relação de congruência, mod expressa que dois argumentos têm o mesmo resto quanto a determinado módulo. Por exemplo, $7 \equiv 4 \pmod{3}$ manifesta o fato de que tanto 7 quanto 4 têm um resto 1 quando divididos por 3. As duas expressões a seguir são equivalentes:

$$a \equiv b \pmod{m} \quad \Leftrightarrow \quad a \bmod m = b \bmod m$$

Outra forma de dizer isso é afirmar que a expressão $a \equiv b \pmod{m}$ é o mesmo que $a - b$ como um múltiplo inteiro de m. Novamente, todos os argumentos podem ser inteiros, variáveis inteiras ou expressões de variável inteira. Por exemplo, todos os seguintes são válidos, com os significados óbvios:

$7 \equiv 4 \pmod{3}$
$x \equiv y \pmod{m}$
$(x^2 + y + 1) \equiv (a + 1) \pmod{[m + n]}$

onde todas as variáveis são inteiros. Duas convenções são adotadas. O sinal de congruência é $\equiv$. O módulo para a relação é definido colocando-se o operador mod seguido pelo módulo entre parênteses.

A relação de congruência é usada para definir **classes de resíduos**. Aqueles números que têm o mesmo resto r quando divididos por m formam uma classe de resíduo (mod m). Existem m classes de resíduos (mod m). Para determinado resto r, a classe de resíduos à qual ele pertence consiste nos números

$$r, r \pm m, r \pm 2m, \ldots$$

De acordo com nossa definição, a congruência

$$a \equiv b \pmod{m}$$

significa que os números a e b diferem por um múltiplo de m. Consequentemente, a congruência também pode ser expressa em termos que a e b pertencem à mesma classe de resíduo (mod m).

Advanced Encryption Standard

5

TÓPICOS ABORDADOS

5.1 ARITMÉTICA DE CORPO FINITO

5.2 ESTRUTURA DO AES
Estrutura geral
Estrutura detalhada

5.3 FUNÇÕES DE TRANSFORMAÇÃO DO AES
Transformação subBytes
Transformação ShiftRows
Transformação MixColumns
Transformação AddRoundKey

5.4 EXPANSÃO DE CHAVE DO AES
Algoritmo de expansão de chave
Raciocínio

5.5 EXEMPLO DE AES
Resultados
Efeito avalanche

5.6 IMPLEMENTAÇÃO DO AES
Cifra inversa equivalente
Aspectos de implementação

5.7 LEITURA RECOMENDADA

5.8 PRINCIPAIS TERMOS, PERGUNTAS PARA REVISÃO E PROBLEMAS

APÊNDICE 5A POLINÔMIOS COM COEFICIENTES EM $GF(2^8)$

APÊNDICE 5B AES SIMPLIFICADO

OBJETIVOS DE APRENDIZAGEM

APÓS ESTUDAR ESTE CAPÍTULO, VOCÊ SERÁ CAPAZ DE:

☑ Apresentar de forma geral a estrutura do Advanced Encryption Standard, ou AES.
☑ Compreender as quatro transformações utilizadas no AES.
☑ Explicar o algoritmo de expansão de chave do AES.
☑ Compreender o uso de polinômios com coeficientes em $GF(2^8)$.

"Parece muito simples."
"Eu tenho resolvido outras cifras de uma obtusidade dez mil vezes maior. As circunstâncias, e uma certa preferência mental, levaram-me a ter interesse em tais enigmas, e é bem possível duvidar se a engenhosidade humana é capaz de construir um enigma do tipo que a ingenuidade não consiga, através de uma aplicação adequada, resolver."
— *O Escaravelho de Ouro*, Edgar Allan Poe

O Advanced Encryption Standard (Padrão de Encriptação Avançada), ou AES, foi publicado pelo National Institute of Standards and Technology (Instituto Nacional de Padrões e Tecnologia), ou NIST, em 2001. O AES é uma cifra simétrica de bloco que pretende substituir o DES como o padrão para uma grande variedade de aplicações. Comparada às cifras de chave pública como a RSA, a estrutura do AES e a maioria das cifras simétricas são bastante complexas e não explicadas tão facilmente quanto outras cifras criptográficas. Consequentemente, o leitor poderá começar com uma versão simplificada do AES, que é descrita no Apêndice 5B (em <sv.pearson.com.br>, em inglês). Essa versão permite que o leitor simule a encriptação e a decriptação manualmente e adquira uma boa compreensão do funcionamento dos detalhes do algoritmo. A experiência em sala de aula indica que um estudo dessa versão simplificada aumenta a compreensão do AES.[1] Um possível método de estudo é ler o capítulo inteiro, em seguida ver o Apêndice 5B com bastante atenção e, então, reler a parte principal do capítulo.

O Apêndice H (em <sv.pearson.com.br>, em inglês) aborda o critério de avaliação usado pelo NIST a fim de selecionar os candidatos para o AES, além do raciocínio para a escolha do Rijndael, que foi o candidato vencedor. Esse material é útil para compreender não apenas o projeto do AES, mas também os critérios para avaliar quaisquer algoritmos simétricos de encriptação.

5.1 ARITMÉTICA DE CORPO FINITO

No AES, todas as operações são realizadas em 8 bits. Em particular, as operações aritméticas de soma, multiplicação e divisão são feitas sobre o corpo finito $GF(2^8)$. A Seção 4.7 discute essas operações com mais detalhes. Para o leitor que não tenha estudado o Capítulo 4 e como uma revisão rápida para aqueles que o tenham feito, esta seção resume os conceitos importantes.

Basicamente, um corpo é um conjunto no qual nós podemos somar, subtrair, multiplicar e dividir sem sair dele. A divisão é definida com a seguinte regra: $a/b = a(b^{-1})$. Um exemplo de um corpo finito (aquele que possui um número finito de elementos) é o conjunto Z_p que contém todos os inteiros $\{0, 1, ..., p-1\}$, onde p é um número primo e cujo cálculo é feito módulo p.

Praticamente todos os algoritmos de encriptação, tantos simétricos quanto aqueles de chave pública, envolvem operações aritméticas com inteiros. Se uma das operações usadas no algoritmo for uma divisão, então precisaremos trabalhar em aritmética definida sobre um corpo; isso é decorrente de a divisão exigir que cada elemento diferente de zero tenha um inverso multiplicativo. Por conveniência e para melhorar a eficiência da implementação, poderíamos trabalhar com inteiros que caibam exatamente em um número de bits, sem desperdício de padrões. Ou seja, queremos trabalhar com números inteiros na faixa de 0 a $2^n - 1$ que se encaixam em uma *word* de n bits. Infelizmente, o conjunto Z_{2^n} composto por esses números inteiros, usando aritmética modular, não é um corpo. Por exemplo, o inteiro 2 não possui multiplicador inverso em Z_{2^n}, ou seja, não existe um inteiro b, de modo que $2b \bmod 2^n = 1$.

Existe uma maneira de definir um corpo finito contendo 2^n elementos, sendo esse corpo denominado $GF(2^n)$. Considere o conjunto S de todos os polinômios de grau $n - 1$ ou menor com coeficientes binários. Então, cada polinômio possui a forma

$$f(x) = a_{n-1}x^{n-1} + a_{n-2}x^{n-2} + \cdots + a_1 x + a_0 = \sum_{i=0}^{n-1} a_i x^i$$

onde cada a_i assume o valor 0 ou 1. Existe um total de 2^n polinômios diferentes em S. Se $n = 3$, os $2^3 = 8$ polinômios no conjunto são

0	x	x^2	$x^2 + x$
1	$x + 1$	$x^2 + 1$	$x^2 + x + 1$

Com a definição apropriada das operações aritméticas, cada conjunto S é um corpo finito. A determinação consiste dos seguintes elementos:

1. A aritmética segue as regras comuns da aritmética polinomial usando as diretrizes básicas da álgebra com os dois refinamentos a seguir.

---

[1] No entanto, o leitor poderá tranquilamente pular o Apêndice 5B, ou no máximo fazer uma leitura sem se deter muito nos detalhes. Caso se sinta perdido ou preso aos detalhes do AES, poderá voltar atrás e estudar o AES simplificado.

2. A aritmética nos coeficientes é calculada usando módulo 2. Isso é o mesmo que realizar a operação XOR.
3. Se a multiplicação resulta em um polinômio de grau maior que $n - 1$, então ele é reduzido ao módulo de algum polinômio irredutível $m(x)$ de grau n. Isso significa que dividimos por $m(x)$ e mantemos o resto. Para o polinômio $f(x)$, o resto é expresso como $r(x) = f(x) \bmod m(x)$. Um polinômio $m(x)$ é chamado de **irredutível** se, e somente se, $m(x)$ não puder ser expresso como um produto de dois polinômios, ambos de grau menor que o de $m(x)$.

Por exemplo, para construir o corpo finito $GF(2^3)$, precisamos escolher um polinômio irredutível de grau 3. Existem somente dois polinômios como esse: $(x^3 + x^2 + 1)$ e $(x^3 + x + 1)$. A adição é equivalente a usar o XOR dos termos de mesmo grau. Dessa forma, $(x + 1) + x = 1$.

Um polinômio em $GF(2^n)$ pode ser representado de forma única pelos seus n coeficientes binários $(a_{n-1}a_{n-2} \ldots a_0)$. Portanto, todo polinômio em $GF(2^n)$ consegue ser representado por um número de n bits. A adição é realizada através do XOR bit a bit, dos dois elementos de n bits. Não existe uma operação tão simples quanto o XOR que faça a multiplicação em $GF(2^n)$. No entanto, há uma técnica razoavelmente direta e de fácil implementação. Em linhas gerais, pode ser demonstrado que a multiplicação de um número em $GF(2^n)$ por 2 consiste de um deslocamento (*shift*) para a esquerda seguido de um XOR condicional com uma constante. A multiplicação por números maiores pode ser realizada pela aplicação dessa regra repetidamente.

Por exemplo, o AES usa aritmética de um corpo finito $GF(2^8)$ com o polinômio irredutível $m(x) = x^8 + x^4 + x^3 + x + 1$. Considere dois elementos $A = (a_7a_6 \ldots a_1a_0)$ e $B = (b_7b_6 \ldots b_1b_0)$. A soma é $A + B = (c_7c_6 \ldots c_1c_0)$, onde $c_i = a_i \oplus b_i$. A multiplicação {02}. A é igual a $(a_6 \ldots a_1a_00)$ se $a_7 = 0$ e é igual a $(a_6 \ldots a_1a_00) \oplus (00011011)$ se $a_7 = 1$.[2]

Resumindo, o AES opera sobre bytes de 8 bits. A adição de dois bytes é definida como uma operação XOR bit a bit. A multiplicação de dois bytes é definida como aquela no corpo finito $GF(2^8)$, com o polinômio irredutível[3] $m(x) = x^8 + x^4 + x^3 + x + 1$. Os desenvolvedores do Rijndael indicam, como sua motivação para selecionar esse dentre os 30 polinômios irredutíveis possíveis de grau 8, que ele é o primeiro na lista dada em [LIDL94].

5.2 ESTRUTURA DO AES

Estrutura geral

A Figura 5.1 mostra a estrutura geral do processo de encriptação do AES. A cifra recebe como entrada um bloco de texto sem formatação de tamanho 128 bits, ou 16 bytes. O comprimento da chave pode ser 16, 24 ou 32 bytes (128, 192 ou 256 bits). O algoritmo é denominado AES-128, AES-192 ou AES-256, dependendo do tamanho da chave.

A entrada para os algoritmos de encriptação e decriptação é um único bloco de 128 bits. No FIPS PUB 197, esse bloco é indicado como uma matriz quadrada de bytes 4 × 4. Esse bloco é copiado para um array **Estado**, que é modificado a cada etapa de encriptação ou decriptação. Após a etapa final, **Estado** é copiado para uma matriz de saída. Essas operações são descritas na Figura 5.2a. De modo semelhante, a chave é apresentada como uma matriz quadrada de bytes. Essa chave é, então, expandida para um conjunto de palavras de chave. A Figura 5.2b mostra a expansão para a chave de 128 bits. Cada palavra tem quatro bytes, e o conjunto total é de 44 palavras, para a chave de 128 bits. Observe que a ordenação de bytes dentro de uma matriz de chaves é por coluna. Assim, por exemplo, os primeiros quatro bytes de entrada de texto claro de 128 bits para a cifra de encriptação ocupam a primeira coluna da matriz **in**, os próximos quatro bytes ocupam a segunda coluna, e assim por diante. Da mesma forma, os primeiros quatro bytes da chave expandida, que forma uma palavra, ficam na primeira coluna da matriz **w**.

A cifra consiste em N rodadas, e o número delas depende do comprimento da chave: 10 rodadas para uma chave de 16 bytes, 12 para uma chave de 24 bytes e 14 para uma chave de 32 bytes (Tabela 5.1). As primeiras $N - 1$ rodadas consistem em quatro funções de transformação distintas: SubBytes, ShiftRows, MixColumns e AddRoundKey, que serão descritas mais adiante. A rodada final contém apenas três transformações, e há uma transformação inicial única (AddRoundKey) antes da primeira rodada, o que pode ser considerado Rodada 0.

---

[2] No FIPS PUB 197, um número hexadecimal é indicado com delimitação de chaves. Usamos essa convenção neste capítulo.

[3] No restante da discussão, as referências a $GF(2^8)$ são feitas ao corpo finito definido com esse polinômio.

Figura 5.1 Processo de encriptação do AES.

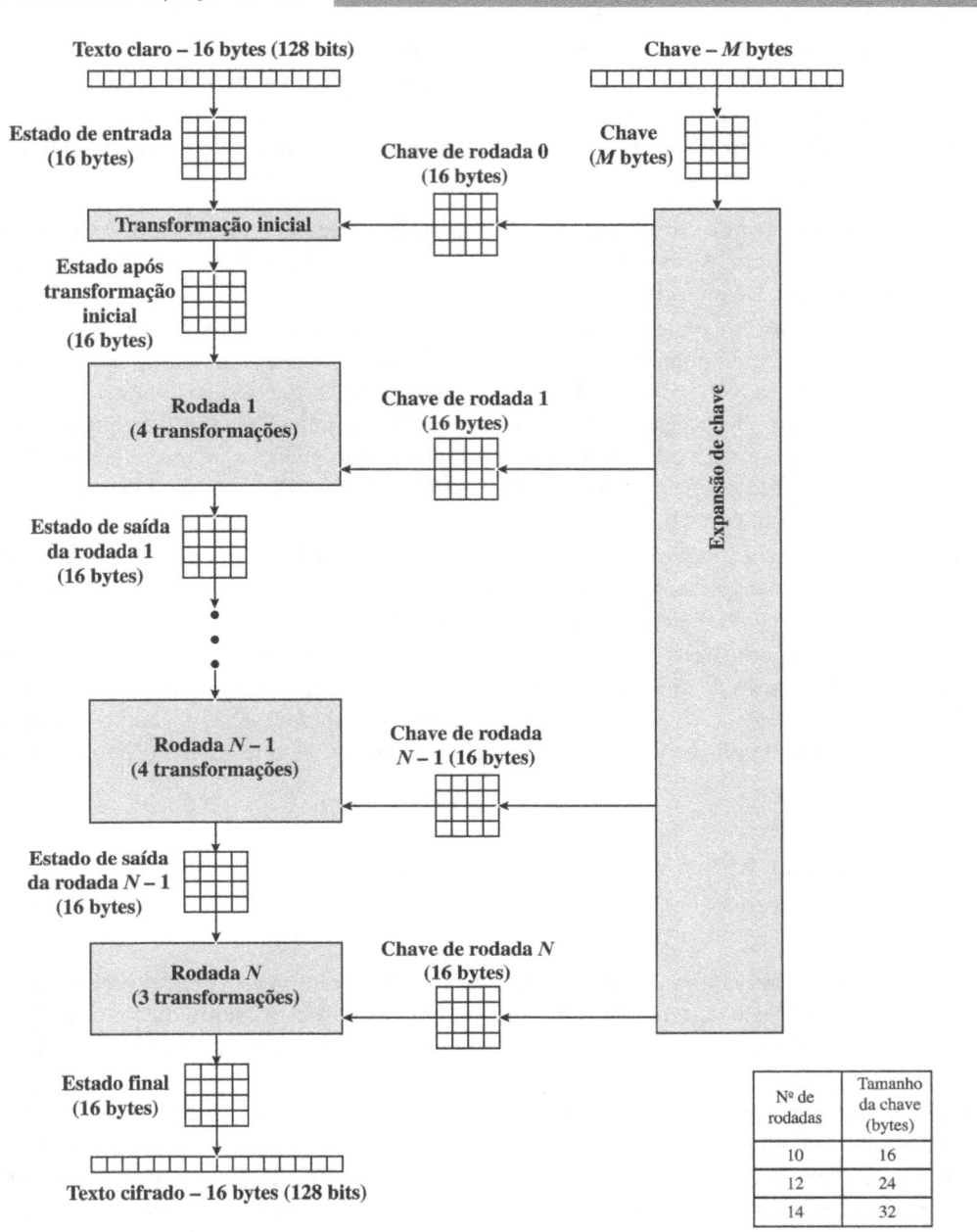

Nº de rodadas	Tamanho da chave (bytes)
10	16
12	24
14	32

Cada transformação usa uma ou mais matrizes de 4 × 4 como entrada e produz uma de 4 × 4 como saída. A Figura 5.1 mostra que a saída de cada rodada é uma matriz de 4 × 4, com a saída da rodada final sendo o texto cifrado. Além disso, a função de expansão de chave gera $N + 1$ chaves de rodada, cada uma das quais é uma matriz distinta de 4 × 4. Cada chave de rodada serve como uma das entradas para a transformação AddRoundKey em cada rodada.

Tabela 5.1 Parâmetros do AES.

Tamanho da chave (words/bytes/bits)	4/16/128	6/24/192	8/32/256
Tamanho do bloco de texto claro (words/bytes/bits)	4/16/128	4/16/128	4/16/128
Número de rodadas	10	12	14
Tamanho da chave de rodada (words/bytes/bits)	4/16/128	4/16/128	4/16/128
Tamanho da chave expandida (words/bytes)	44/176	52/208	60/240

Figura 5.2 Estruturas de dados do AES.

(a) Entrada, array de estado e saída

(b) Chave e chave expandida

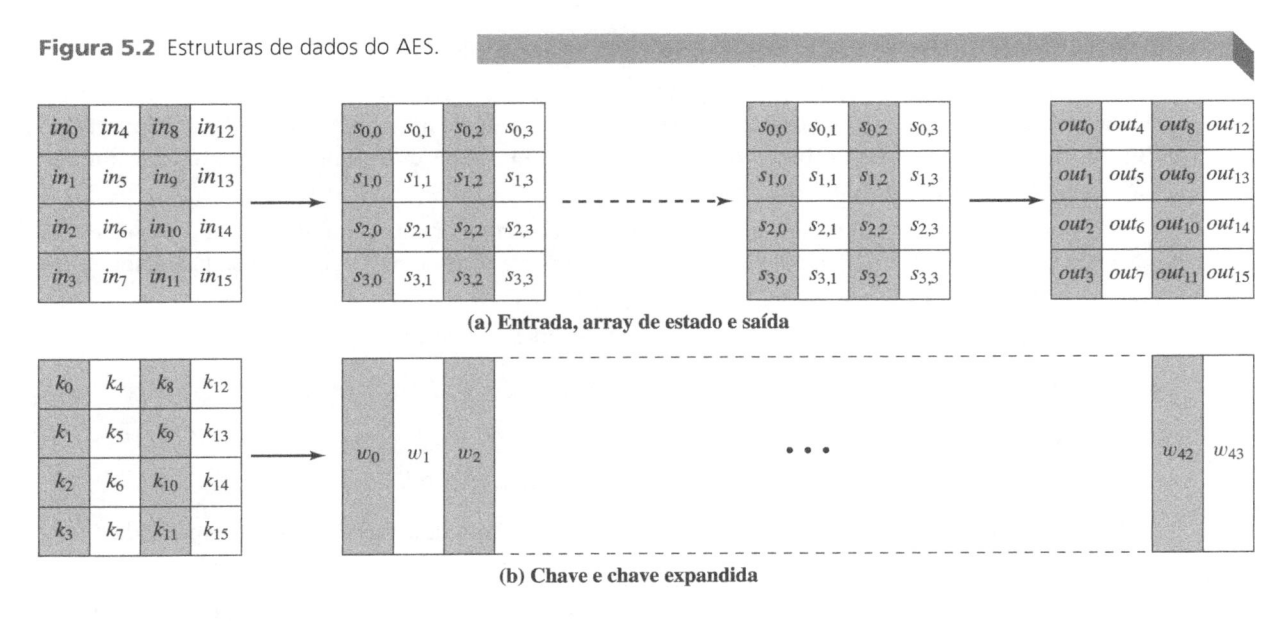

Estrutura detalhada

A Figura 5.3 mostra a cifra AES com mais detalhes, indicando a sequência de transformações em cada rodada e a função de decriptação correspondente. Como fizemos no Capítulo 3, apresentamos o procedimento de encriptação mais abaixo e o de decriptação no alto.

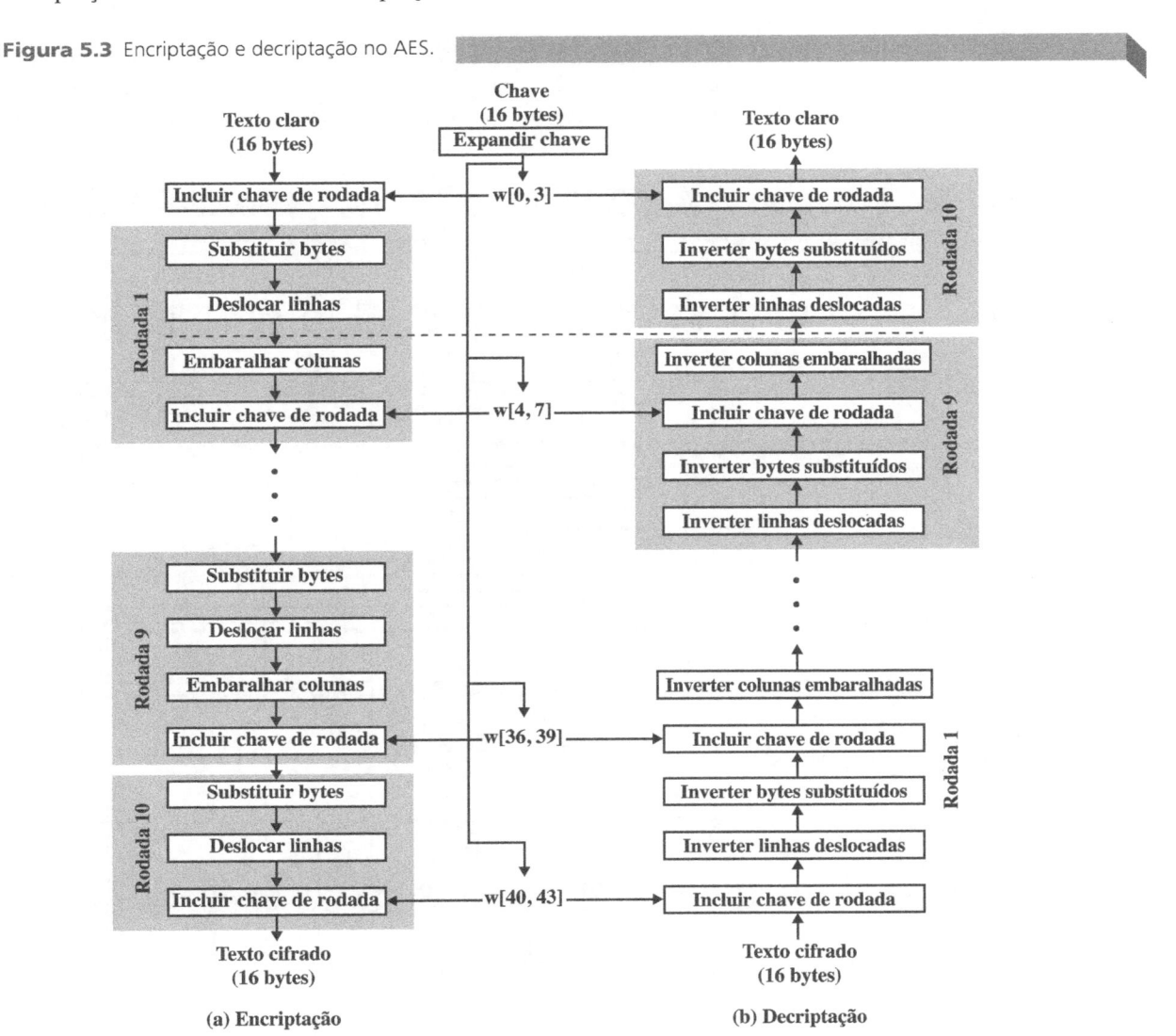

Figura 5.3 Encriptação e decriptação no AES.

(a) Encriptação

(b) Decriptação

Antes de mergulharmos nos detalhes, podemos fazer vários comentários sobre a estrutura geral do AES:

1. Um recurso digno de nota é que ela não é uma estrutura Feistel. Lembre-se de que, na estrutura Feistel clássica, metade do bloco de dados é usada para modificar a outra metade, e depois elas são invertidas. Em vez disso, AES processa o bloco de dados inteiro como uma única matriz durante cada rodada usando substituições e permutação.
2. A chave que é fornecida como entrada é expandida para um array de quarenta e quatro words de 32 bits cada um, **w**[i]. Quatro words distintas (128 bits) servem como uma chave para cada rodada; estas estão indicadas na Figura 5.3.
3. Quatro estágios diferentes são usados, um de permutação e três de substituição:

    - **SubBytes:** utiliza uma S-box para realizar uma substituição byte a byte do bloco
    - **ShiftRows:** uma permutação simples
    - **MixColumns:** uma substituição que utiliza aritmética sobre $GF(2^8)$
    - **AddRoundKey:** um XOR bit a bit simples do bloco atual com uma parte da chave expandida

4. A estrutura é muito simples. Para a encriptação e decriptação, a cifra começa com um estágio AddRoundKey, seguido por nove rodadas, e cada uma inclui todos os quatro estágios, seguidas por uma décima rodada de três estágios. A Figura 5.4 representa a estrutura de uma rodada de encriptação completa.
5. Somente o estágio AddRoundKey utiliza a chave. Por esse motivo, a cifra começa e termina com ele. Qualquer outro estágio, aplicado no início ou no fim, é reversível sem conhecimento da chave e, portanto, não impacta na segurança.
6. O estágio AddRoundKey, com efeito, é uma forma de cifra de Vernam, e por si só não seria formidável. Os outros três estágios oferecem confusão, difusão e não linearidade, mas isolados não ofereceriam segurança, pois não usam a chave. Podemos ver a cifra como operações alternadas de encriptação XOR

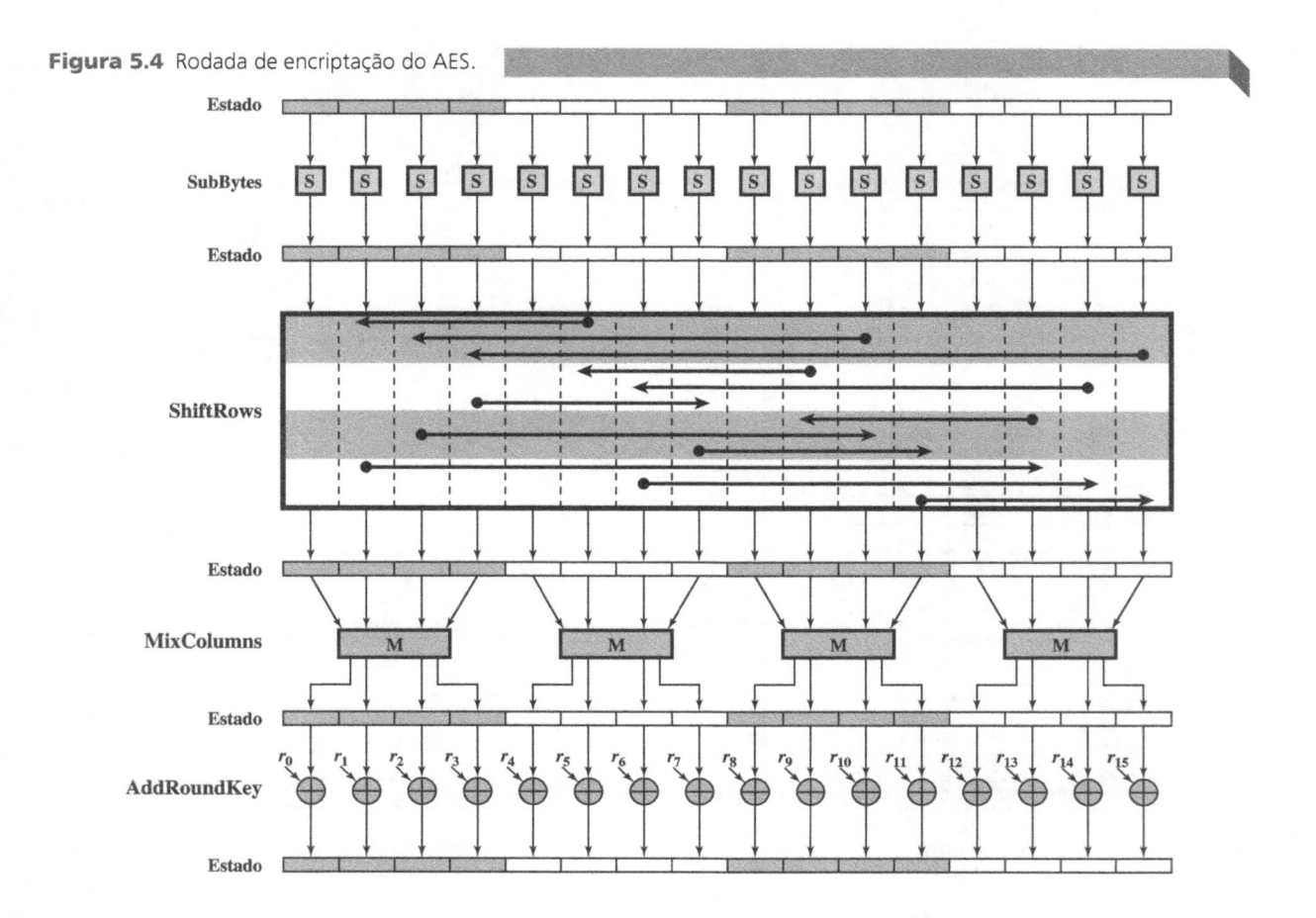

Figura 5.4 Rodada de encriptação do AES.

(AddRoundKey) de um bloco, seguidas por embaralhamento deste (os outros três estágios), acompanhado por encriptação XOR, e assim por diante. Esse esquema é tanto eficiente quanto altamente seguro.

7. Cada estágio é facilmente reversível. Para os estágios SubByte, ShiftRows e MixColumns, uma função inversa é usada no algoritmo de decriptação. Para o AddRoundKey, o inverso é obtido pelo XOR da mesma chave da rodada com o bloco, usando o resultado de que $A \oplus B \oplus B = A$.

8. Assim como na maioria das cifras em bloco, o algoritmo de decriptação utiliza a chave expandida em ordem reversa. Porém, o algoritmo de decriptação não é idêntico ao de encriptação. Isso é uma consequência da estrutura do AES em particular.

9. Uma vez estabelecido que todos os quatro estágios são reversíveis, é fácil verificar que a decriptação recupera o texto claro. A Figura 5.3 descreve a encriptação e a decriptação indo em direções verticais opostas. Em cada ponto horizontal (por exemplo, a linha tracejada na figura), o **Estado** é o mesmo para encriptação e decriptação.

10. A rodada final da encriptação e da decriptação consiste em apenas três estágios. Novamente, isso é uma consequência da estrutura do AES em particular, sendo necessário para tornar a cifra reversível.

5.3 FUNÇÕES DE TRANSFORMAÇÃO DO AES

Agora, vamos passar para uma discussão sobre cada uma das quatro transformações usadas no AES. Para cada estágio, descrevemos o algoritmo em sentido direto (encriptação), o algoritmo em sentido inverso (decriptação) e o raciocínio para tal estágio.

Transformação de SubBytes

TRANSFORMAÇÕES DIRETA E INVERSA A **transformação direta de substituição de byte**, chamada SubBytes, consiste de uma simples pesquisa em tabela (Figura 5.5a). AES define uma matriz de 16 × 16 de valores de byte, chamada de S-box (Tabela 5.2a), que contém uma permutação de todos os 256 valores possíveis de 8 bits. Cada byte individual de **Estado** é mapeado para um novo byte da seguinte maneira: os 4 bits mais à esquerda do byte são usados como um valor de linha e os 4 bits mais à direita, como um valor de coluna. Esses valores de linha e coluna servem como índices para a S-box a fim de selecionar um valor de saída de 8 bits. Por exemplo, o valor hexadecimal {95} referencia a linha 9, coluna 5 da S-box, que contém o valor {2A}. De acordo com isso, o valor {95} é mapeado para o {2A}.

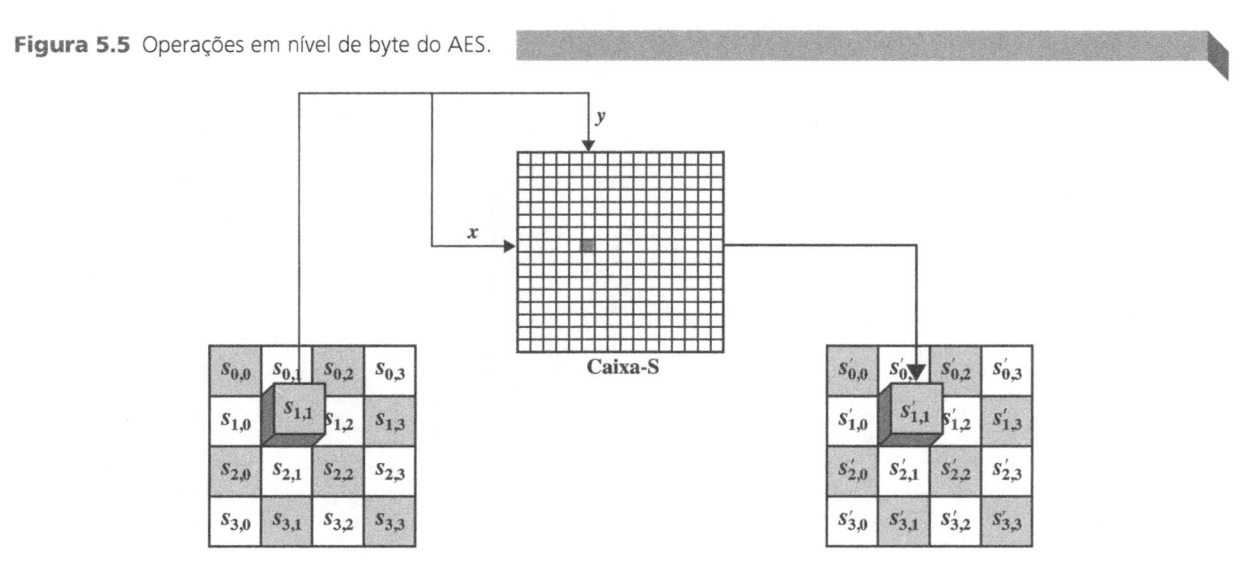

Figura 5.5 Operações em nível de byte do AES.

(a) Transformação de substituição de byte

(Continua)

Figura 5.5 Operações em nível de byte do AES. (continuação)

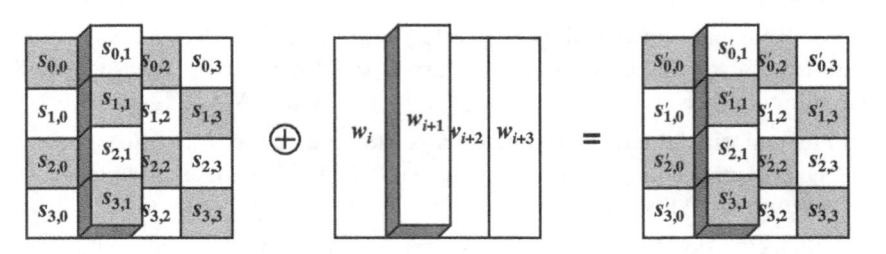

(b) Transformação de adição de chave de rodada

Tabela 5.2 S-box do AES.

		\multicolumn{16}{c}{y}
		0	1	2	3	4	5	6	7	8	9	A	B	C	D	E	F
x	0	63	7C	77	7B	F2	6B	6F	C5	30	01	67	2B	FE	D7	AB	76
	1	CA	82	C9	7D	FA	59	47	F0	AD	D4	A2	AF	9C	A4	72	C0
	2	B7	FD	93	26	36	3F	F7	CC	34	A5	E5	F1	71	D8	31	15
	3	04	C7	23	C3	18	96	05	9A	07	12	80	E2	EB	27	B2	75
	4	09	83	2C	1A	1B	6E	5A	A0	52	3B	D6	B3	29	E3	2F	84
	5	53	D1	00	ED	20	FC	B1	5B	6A	CB	BE	39	4A	4C	58	CF
	6	D0	EF	AA	FB	43	4D	33	85	45	F9	02	7F	50	3C	9F	A8
	7	51	A3	40	8F	92	9D	38	F5	BC	B6	DA	21	10	FF	F3	D2
	8	CD	0C	13	EC	5F	97	44	17	C4	A7	7E	3D	64	5D	19	73
	9	60	81	4F	DC	22	2A	90	88	46	EE	B8	14	DE	5E	0B	DB
	A	E0	32	3A	0A	49	06	24	5C	C2	D3	AC	62	91	95	E4	79
	B	E7	C8	37	6D	8D	D5	4E	A9	6C	56	F4	EA	65	7A	AE	08
	C	BA	78	25	2E	1C	A6	B4	C6	E8	DD	74	1F	4B	BD	8B	8A
	D	70	3E	B5	66	48	03	F6	0E	61	35	57	B9	86	C1	1D	9E
	E	E1	F8	98	11	69	D9	8E	94	9B	1E	87	E9	CE	55	28	DF
	F	8C	A1	89	0D	BF	E6	42	68	41	99	2D	0F	B0	54	BB	16

(a) S-box

		\multicolumn{16}{c}{y}
		0	1	2	3	4	5	6	7	8	9	A	B	C	D	E	F
x	0	52	09	6A	D5	30	36	A5	38	BF	40	A3	9E	81	F3	D7	FB
	1	7C	E3	39	82	9B	2F	FF	87	34	8E	43	44	C4	DE	E9	CB
	2	54	7B	94	32	A6	C2	23	3D	EE	4C	95	0B	42	FA	C3	4E
	3	08	2E	A1	66	28	D9	24	B2	76	5B	A2	49	6D	8B	D1	25
	4	72	F8	F6	64	86	68	98	16	D4	A4	5C	CC	5D	65	B6	92
	5	6C	70	48	50	FD	ED	B9	DA	5E	15	46	57	A7	8D	9D	84
	6	90	D8	AB	00	8C	BC	D3	0A	F7	E4	58	05	B8	B3	45	06
	7	D0	2C	1E	8F	CA	3F	0F	02	C1	AF	BD	03	01	13	8A	6B
	8	3A	91	11	41	4F	67	DC	EA	97	F2	CF	CE	F0	B4	E6	73
	9	96	AC	74	22	E7	AD	35	85	E2	F9	37	E8	1C	75	DF	6E
	A	47	F1	1A	71	1D	29	C5	89	6F	B7	62	0E	AA	18	BE	1B
	B	FC	56	3E	4B	C6	D2	79	20	9A	DB	C0	FE	78	CD	5A	F4
	C	1F	DD	A8	33	88	07	C7	31	B1	12	10	59	27	80	EC	5F
	D	60	51	7F	A9	19	B5	4A	0D	2D	E5	7A	9F	93	C9	9C	EF
	E	A0	E0	3B	4D	AE	2A	F5	B0	C8	EB	BB	3C	83	53	99	61
	F	17	2B	04	7E	BA	77	D6	26	E1	69	14	63	55	21	0C	7D

(b) S-box

Aqui está um exemplo da transformação SubBytes:

EA	04	65	85
83	45	5D	96
5C	33	98	B0
F0	2D	AD	C5

→

87	F2	4D	97
EC	6E	4C	90
4A	C3	46	E7
8C	D8	95	A6

A S-box é construída da seguinte forma (Figura 5.6a):

1. Inicialize a S-box com os valores em byte em sequência crescente linha por linha. A primeira linha contém {00}, {01}, {02}, ..., {0F}; a segunda linha contém {10}, {11} etc.; e assim por diante. Desse modo, o valor do byte na linha y, coluna x é $\{yx\}$.

2. Mapeie cada byte na S-box com seu inverso multiplicativo no corpo finito $GF(2^8)$; o valor {00} é mapeado consigo mesmo.

3. Considere que cada byte na S-box consiste em 8 bits rotulados $(b_7, b_6, b_5, b_4, b_3, b_2, b_1, b_0)$. Aplique a seguinte transformação a cada bit de cada byte na S-box:

$$b'_i = b_i \oplus b_{(i+4) \bmod 8} \oplus b_{(i+5) \bmod 8} \oplus b_{(i+6) \bmod 8} \oplus b_{(i+7) \bmod 8} \oplus c_i \tag{5.1}$$

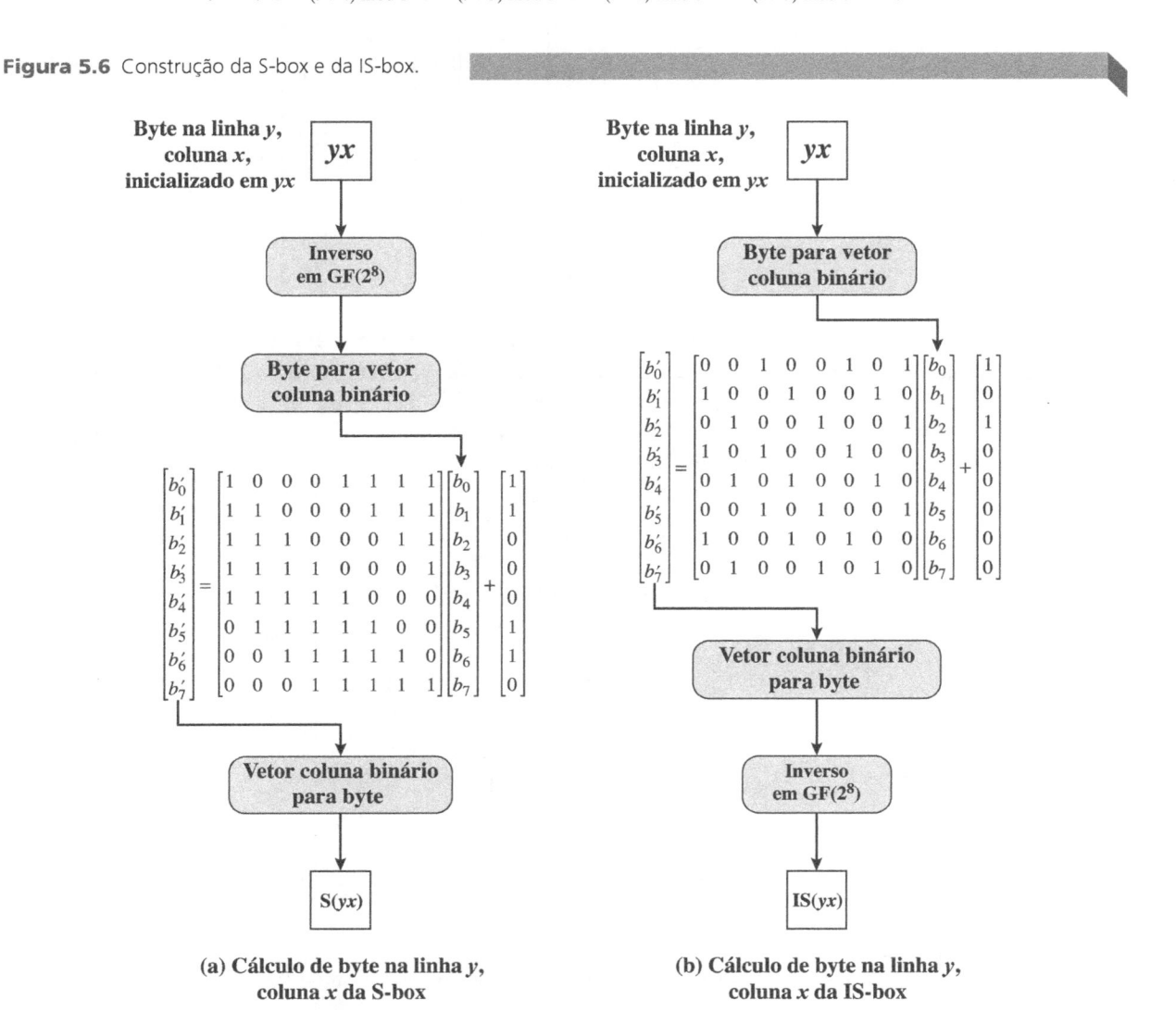

Figura 5.6 Construção da S-box e da IS-box.

(a) Cálculo de byte na linha y, coluna x da S-box

(b) Cálculo de byte na linha y, coluna x da IS-box

onde c_i é o i-ésimo bit do byte c com o valor {63}; ou seja, $(c_7c_6c_5c_4c_3c_2c_1c_0) = (01100011)$. Aspas simples (') indicam que a variável deve ser atualizada pelo valor à direita. O padrão AES representa essa transformação em forma matricial da seguinte maneira:

$$\begin{bmatrix} b'_0 \\ b'_1 \\ b'_2 \\ b'_3 \\ b'_4 \\ b'_5 \\ b'_6 \\ b'_7 \end{bmatrix} = \begin{bmatrix} 1 & 0 & 0 & 0 & 1 & 1 & 1 & 1 \\ 1 & 1 & 0 & 0 & 0 & 1 & 1 & 1 \\ 1 & 1 & 1 & 0 & 0 & 0 & 1 & 1 \\ 1 & 1 & 1 & 1 & 0 & 0 & 0 & 1 \\ 1 & 1 & 1 & 1 & 1 & 0 & 0 & 0 \\ 0 & 1 & 1 & 1 & 1 & 1 & 0 & 0 \\ 0 & 0 & 1 & 1 & 1 & 1 & 1 & 0 \\ 0 & 0 & 0 & 1 & 1 & 1 & 1 & 1 \end{bmatrix} \begin{bmatrix} b_0 \\ b_1 \\ b_2 \\ b_3 \\ b_4 \\ b_5 \\ b_6 \\ b_7 \end{bmatrix} + \begin{bmatrix} 1 \\ 1 \\ 0 \\ 0 \\ 0 \\ 1 \\ 1 \\ 0 \end{bmatrix} \quad (5.2)$$

A Equação 5.2 precisa ser interpretada cuidadosamente. Na multiplicação de matriz comum,[4] cada elemento na matriz produto é a soma dos produtos dos elementos de uma linha e uma coluna. Nesse caso, cada elemento na matriz produto é o XOR bit a bit de produtos de elementos de uma linha e uma coluna. Além disso, a adição final mostrada na Equação 5.2 é um XOR bit a bit. Relembre na Seção 4.7 que o XOR bit a bit é adicionado em $GF(2^8)$.

Como um exemplo, considere o valor de entrada {95}. O inverso multiplicativo em $GF(2^8)$ é $\{95\}^{-1} = \{8A\}$, que é 10001010 em binário. Usando a Equação 5.2,

$$\begin{bmatrix} 1 & 0 & 0 & 0 & 1 & 1 & 1 & 1 \\ 1 & 1 & 0 & 0 & 0 & 1 & 1 & 1 \\ 1 & 1 & 1 & 0 & 0 & 0 & 1 & 1 \\ 1 & 1 & 1 & 1 & 0 & 0 & 0 & 1 \\ 1 & 1 & 1 & 1 & 1 & 0 & 0 & 0 \\ 0 & 1 & 1 & 1 & 1 & 1 & 0 & 0 \\ 0 & 0 & 1 & 1 & 1 & 1 & 1 & 0 \\ 0 & 0 & 0 & 1 & 1 & 1 & 1 & 1 \end{bmatrix} \begin{bmatrix} 0 \\ 1 \\ 0 \\ 1 \\ 0 \\ 0 \\ 0 \\ 1 \end{bmatrix} \oplus \begin{bmatrix} 1 \\ 1 \\ 0 \\ 0 \\ 0 \\ 1 \\ 1 \\ 0 \end{bmatrix} = \begin{bmatrix} 1 \\ 0 \\ 0 \\ 1 \\ 0 \\ 0 \\ 1 \\ 0 \end{bmatrix} \oplus \begin{bmatrix} 1 \\ 1 \\ 0 \\ 0 \\ 0 \\ 1 \\ 1 \\ 0 \end{bmatrix} = \begin{bmatrix} 0 \\ 1 \\ 0 \\ 1 \\ 0 \\ 1 \\ 0 \\ 0 \end{bmatrix}$$

O resultado é {2A}, que deverá aparecer na linha {09}, coluna {05} da S-box. Isso é verificado na Tabela 5.2a.

A **transformação invertida de substituição de byte**, chamada InvSubBytes, utiliza a S-box inversa mostrada na Tabela 5.2b. Observe, por exemplo, que a entrada {2A} produz a saída {95}, e a entrada {95} para a S-box gera {2A}. A S-box invertida é construída (Figura 5.6b) aplicando-se o inverso da transformação na Equação 5.1, seguido pelo inverso multiplicativo em $GF(2^8)$. A transformação inversa é:

$$b_i' = b_{(i+2) \bmod 8} \oplus b_{(i+5) \bmod 8} \oplus b_{(i+7) \bmod 8} \oplus d_i$$

onde byte $d = \{05\}$, ou 00000101. Podemos representar essa transformação da seguinte forma:

$$\begin{bmatrix} b'_0 \\ b'_1 \\ b'_2 \\ b'_3 \\ b'_4 \\ b'_5 \\ b'_6 \\ b'_7 \end{bmatrix} = \begin{bmatrix} 0 & 0 & 1 & 0 & 0 & 1 & 0 & 1 \\ 1 & 0 & 0 & 1 & 0 & 0 & 1 & 0 \\ 0 & 1 & 0 & 0 & 1 & 0 & 0 & 1 \\ 1 & 0 & 1 & 0 & 0 & 1 & 0 & 0 \\ 0 & 1 & 0 & 1 & 0 & 0 & 1 & 0 \\ 0 & 0 & 1 & 0 & 1 & 0 & 0 & 1 \\ 1 & 0 & 0 & 1 & 0 & 1 & 0 & 0 \\ 0 & 1 & 0 & 0 & 1 & 0 & 1 & 0 \end{bmatrix} \begin{bmatrix} b_0 \\ b_1 \\ b_2 \\ b_3 \\ b_4 \\ b_5 \\ b_6 \\ b_7 \end{bmatrix} + \begin{bmatrix} 1 \\ 0 \\ 1 \\ 0 \\ 0 \\ 0 \\ 0 \\ 0 \end{bmatrix}$$

---

[4] Para ter uma rápida visão geral das regras de multiplicação de matriz e vetor, consulte o Apêndice E (em <sv.pearson.com.br>, em inglês).

Para ver se InvSubBytes é o inverso de SubBytes, rotule as matrizes em SubBytes e InvSubBytes como **X** e **Y**, respectivamente, e as versões vetoriais das constantes c e d como **C** e **D**, respectivamente. Para algum vetor de 8 bits **B**, a Equação 5.2 torna-se **B′** = **XB** ⊕ **C**. Precisamos mostrar que **Y**(**XB** ⊕ **C**) ⊕ **D** = **B**. Multiplicando, temos que mostrar que **YXB** ⊕ **YC** ⊕ **D** = **B**. Isso se torna:

$$\begin{bmatrix} 0 & 0 & 1 & 0 & 0 & 1 & 0 & 1 \\ 1 & 0 & 0 & 1 & 0 & 0 & 1 & 0 \\ 0 & 1 & 0 & 0 & 1 & 0 & 0 & 1 \\ 1 & 0 & 1 & 0 & 0 & 1 & 0 & 0 \\ 0 & 1 & 0 & 1 & 0 & 0 & 1 & 0 \\ 0 & 0 & 1 & 0 & 1 & 0 & 0 & 1 \\ 1 & 0 & 0 & 1 & 0 & 1 & 0 & 0 \\ 0 & 1 & 0 & 0 & 1 & 0 & 1 & 0 \end{bmatrix} \begin{bmatrix} 1 & 0 & 0 & 0 & 1 & 1 & 1 & 1 \\ 1 & 1 & 0 & 0 & 0 & 1 & 1 & 1 \\ 1 & 1 & 1 & 0 & 0 & 0 & 1 & 1 \\ 1 & 1 & 1 & 1 & 0 & 0 & 0 & 1 \\ 1 & 1 & 1 & 1 & 1 & 0 & 0 & 0 \\ 0 & 1 & 1 & 1 & 1 & 1 & 0 & 0 \\ 0 & 0 & 1 & 1 & 1 & 1 & 1 & 0 \\ 0 & 0 & 0 & 1 & 1 & 1 & 1 & 1 \end{bmatrix} \begin{bmatrix} b_0 \\ b_1 \\ b_2 \\ b_3 \\ b_4 \\ b_5 \\ b_6 \\ b_7 \end{bmatrix} \oplus$$

$$\begin{bmatrix} 0 & 0 & 1 & 0 & 0 & 1 & 0 & 1 \\ 1 & 0 & 0 & 1 & 0 & 0 & 1 & 0 \\ 0 & 1 & 0 & 0 & 1 & 0 & 0 & 1 \\ 1 & 0 & 1 & 0 & 0 & 1 & 0 & 0 \\ 0 & 1 & 0 & 1 & 0 & 0 & 1 & 0 \\ 0 & 0 & 1 & 0 & 1 & 0 & 0 & 1 \\ 1 & 0 & 0 & 1 & 0 & 1 & 0 & 0 \\ 0 & 1 & 0 & 0 & 1 & 0 & 1 & 0 \end{bmatrix} \begin{bmatrix} 1 \\ 1 \\ 0 \\ 0 \\ 0 \\ 1 \\ 1 \\ 0 \end{bmatrix} \oplus \begin{bmatrix} 1 \\ 0 \\ 1 \\ 0 \\ 0 \\ 0 \\ 0 \\ 0 \end{bmatrix} =$$

$$\begin{bmatrix} 1 & 0 & 0 & 0 & 0 & 0 & 0 & 0 \\ 0 & 1 & 0 & 0 & 0 & 0 & 0 & 0 \\ 0 & 0 & 1 & 0 & 0 & 0 & 0 & 0 \\ 0 & 0 & 0 & 1 & 0 & 0 & 0 & 0 \\ 0 & 0 & 0 & 0 & 1 & 0 & 0 & 0 \\ 0 & 0 & 0 & 0 & 0 & 1 & 0 & 0 \\ 0 & 0 & 0 & 0 & 0 & 0 & 1 & 0 \\ 0 & 0 & 0 & 0 & 0 & 0 & 0 & 1 \end{bmatrix} \begin{bmatrix} b_0 \\ b_1 \\ b_2 \\ b_3 \\ b_4 \\ b_5 \\ b_6 \\ b_7 \end{bmatrix} \oplus \begin{bmatrix} 1 \\ 0 \\ 1 \\ 0 \\ 0 \\ 0 \\ 0 \\ 0 \end{bmatrix} \oplus \begin{bmatrix} 1 \\ 0 \\ 1 \\ 0 \\ 0 \\ 0 \\ 0 \\ 0 \end{bmatrix} = \begin{bmatrix} b_0 \\ b_1 \\ b_2 \\ b_3 \\ b_4 \\ b_5 \\ b_6 \\ b_7 \end{bmatrix}$$

Demonstramos que **YX** é igual à matriz identidade, e **YC** = **D**, de modo que **YC** ⊕ **D** corresponde ao vetor nulo.

Raciocínio A caixa-S é projetada para ser resistente a ataques criptoanalíticos conhecidos. Especificamente, os desenvolvedores do Rijndael buscaram um modelo que tivesse uma baixa correlação entre bits de entrada e bits de saída, e a propriedade de que a saída não pode ser descrita como uma função matemática simples da entrada [DAEM01]. A não linearidade é devida ao uso do inverso multiplicativo. Além disso, a constante na Equação 5.1 foi escolhida de modo que a S-box não tenha pontos fixos [S-box(a) = a] nem "pontos fixos opostos" [S-box(a) = $\bar{a}$], onde $\bar{a}$ é o complemento bit a bit de a.

Naturalmente, a S-box precisa ser reversível, ou seja, IS-box[S-box(a)] = a. Porém a S-box não é autoinversa no sentido de que não é verdadeiro que S-box(a) = IS-box(a). Por exemplo, S-box({95}) = {2A}, mas IS-box({95}) = {AD}.

Transformação ShiftRows

Transformações direta e inversa A **transformação direta de deslocamento de linhas**, chamada ShiftRows, é representada na Figura 5.7a. A primeira linha de **Estado** não é alterada. Para a segunda linha, é realizado um deslocamento circular à esquerda por 1 byte. Para a terceira linha, é feito um deslocamento circular à esquerda por 2 bytes. Para a quarta linha, ocorre um deslocamento circular à esquerda por 3 bytes. A seguir vemos um exemplo de ShiftRows.

87	F2	4D	97
EC	6E	4C	90
4A	C3	46	E7
8C	D8	95	A6

→

87	F2	4D	97
6E	4C	90	EC
46	E7	4A	C3
A6	8C	D8	95

A **transformação inversa de deslocamento de linhas**, chamada InvShiftRows, realiza os deslocamentos circulares na direção oposta para cada uma das três últimas linhas, com um deslocamento circular à direita por um byte para a segunda linha, e assim por diante.

RACIOCÍNIO A transformação de deslocamento de linhas é mais substancial do que pode parecer a princípio. Isso porque o **Estado**, além da entrada e saída da cifra, é tratado como um array de quatro colunas de 4 bytes. Assim, na encriptação, os quatro primeiros bytes do texto claro são copiados para a primeira coluna de **Estado**, e assim por diante. Além disso, conforme veremos, a chave da rodada é aplicada ao **Estado** coluna por coluna. Assim, um deslocamento de linha move um único byte de uma coluna para outra, que está a uma distância linear de um múltiplo de 4 bytes. Observe também que a transformação garante que os 4 bytes de uma coluna são espalhados para quatro colunas diferentes. A Figura 5.4 ilustra esse efeito.

Figura 5.7 Operações de linha e coluna do AES.

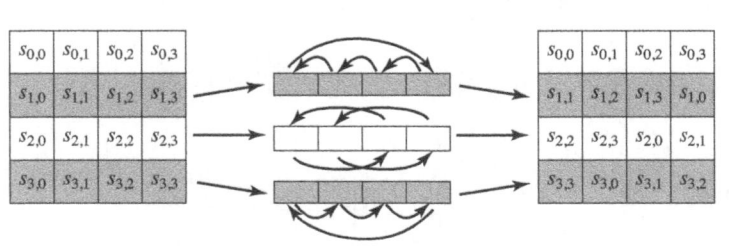

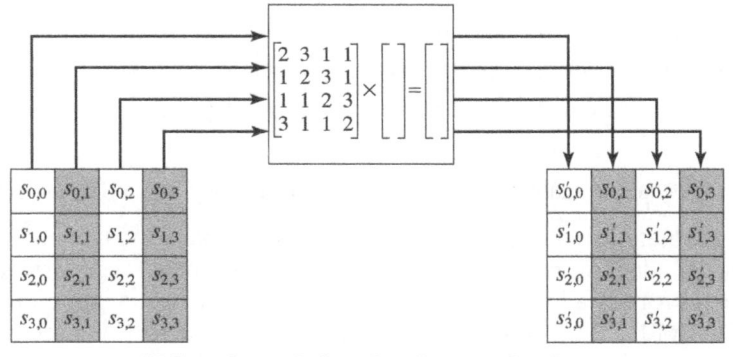

(a) Transformação de deslocamento de linhas

(b) Transformação de embaralhamento de colunas

Transformação MixColumns

TRANSFORMAÇÕES DIRETA E INVERSA A **transformação direta de embaralhamento de colunas**, chamada MixColumns, opera sobre cada coluna individualmente. Cada byte de uma coluna é mapeado para um novo valor que é determinado em função de todos os quatro bytes nessa coluna. A transformação pode ser definida pela seguinte multiplicação de matriz sobre **Estado** (Figura 5.7b).

$$\begin{bmatrix} 02 & 03 & 01 & 01 \\ 01 & 02 & 03 & 01 \\ 01 & 01 & 02 & 03 \\ 03 & 01 & 01 & 02 \end{bmatrix} \begin{bmatrix} s_{0,0} & s_{0,1} & s_{0,2} & s_{0,3} \\ s_{1,0} & s_{1,1} & s_{1,2} & s_{1,3} \\ s_{2,0} & s_{2,1} & s_{2,2} & s_{2,3} \\ s_{3,0} & s_{3,1} & s_{3,2} & s_{3,3} \end{bmatrix} = \begin{bmatrix} s'_{0,0} & s'_{0,1} & s'_{0,2} & s'_{0,3} \\ s'_{1,0} & s'_{1,1} & s'_{1,2} & s'_{1,3} \\ s'_{2,0} & s'_{2,1} & s'_{2,2} & s'_{2,3} \\ s'_{3,0} & s'_{3,1} & s'_{3,2} & s'_{3,3} \end{bmatrix}$$ (5.3)

Cada elemento na matriz de produtos é a soma dos produtos dos elementos de uma linha e uma coluna. Nesse caso, as adições e multiplicações[5] individuais são realizadas em GF(2^8). A transformação MixColumns sobre uma única coluna de **Estado** pode ser expressa como

$$\begin{aligned} s'_{0,j} &= (2 \cdot s_{0,j}) \oplus (3 \cdot s_{1,j}) \oplus s_{2,j} \oplus s_{3,j} \\ s'_{1,j} &= s_{0,j} \oplus (2 \cdot s_{1,j}) \oplus (3 \cdot s_{2,j}) \oplus s_{3,j} \\ s'_{2,j} &= s_{0,j} \oplus s_{1,j} \oplus (2 \cdot s_{2,j}) \oplus (3 \cdot s_{3,j}) \\ s'_{3,j} &= (3 \cdot s_{0,j}) \oplus s_{1,j} \oplus s_{2,j} \oplus (2 \cdot s_{3,j}) \end{aligned}$$

(5.4)

A seguir vemos um exemplo de MixColumns:

87	F2	4D	97
6E	4C	90	EC
46	E7	4A	C3
A6	8C	D8	95

$\longrightarrow$

47	40	A3	4C
37	D4	70	9F
94	E4	3A	42
ED	A5	A6	BC

Vamos verificar a primeira coluna deste exemplo. Lembre-se, pela Seção 4.7, de que, em GF(2^8), a adição é a operação XOR bit a bit, e que a multiplicação pode ser realizada de acordo com a regra estabelecida na Equação 4.14. Em particular, a multiplicação de um valor por x (ou seja, por {02}) pode ser implementada como um deslocamento à esquerda por 1 bit seguido de um XOR bit a bit com (0001 1011), caso o bit mais à esquerda do valor original (antes do deslocamento) seja 1. Assim, para verificar a transformação MixColumns na primeira coluna, precisamos mostrar que

$$\begin{aligned} (\{02\} \cdot \{87\}) \oplus (\{03\} \cdot \{6E\}) \oplus \{46\} \oplus \{A6\} &= \{47\} \\ \{87\} \oplus (\{02\} \cdot \{6E\}) \oplus (\{03\} \cdot \{46\}) \oplus \{A6\} &= \{37\} \\ \{87\} \oplus \{6E\} \oplus (\{02\} \cdot \{46\}) \oplus (\{03\} \cdot \{A6\}) &= \{94\} \\ (\{03\} \cdot \{87\}) \oplus \{6E\} \oplus \{46\} \oplus (\{02\} \cdot \{A6\}) &= \{ED\} \end{aligned}$$

Para a primeira equação, temos {02} · {87} = (0000 1110) $\oplus$ (0001 1011) = (0001 0101); e {03} · {6E} = {6E} $\oplus$ ({02} · {6E}) = (0110 1110) $\oplus$ (1101 1100) = (1011 0010). Então

$$\begin{aligned} \{02\} \cdot \{87\} &= 0001\ 0101 \\ \{03\} \cdot \{6E\} &= 1011\ 0010 \\ \{46\} &= 0100\ 0110 \\ \{A6\} &= \underline{1010\ 0110} \\ & \ 0100\ 0111 = \{47\} \end{aligned}$$

As outras equações podem ser verificadas de modo semelhante.

A **transformação inversa de embaralhamento de colunas**, chamada InvMixColumns, é definida pela seguinte multiplicação de matrizes:

$$\begin{bmatrix} 0E & 0B & 0D & 09 \\ 09 & 0E & 0B & 0D \\ 0D & 09 & 0E & 0B \\ 0B & 0D & 09 & 0E \end{bmatrix} \begin{bmatrix} s_{0,0} & s_{0,1} & s_{0,2} & s_{0,3} \\ s_{1,0} & s_{1,1} & s_{1,2} & s_{1,3} \\ s_{2,0} & s_{2,1} & s_{2,2} & s_{2,3} \\ s_{3,0} & s_{3,1} & s_{3,2} & s_{3,3} \end{bmatrix} = \begin{bmatrix} s'_{0,0} & s'_{0,1} & s'_{0,2} & s'_{0,3} \\ s'_{1,0} & s'_{1,1} & s'_{1,2} & s'_{1,3} \\ s'_{2,0} & s'_{2,1} & s'_{2,2} & s'_{2,3} \\ s'_{3,0} & s'_{3,1} & s'_{3,2} & s'_{3,3} \end{bmatrix}$$

(5.5)

---

[5] Seguimos a convenção do FIPS PUB 197 e usamos o símbolo · para indicar a multiplicação sobre o corpo finito GF(2^8), e $\oplus$ para o XOR bit a bit, que corresponde à adição em GF(2^8).

Fica imediatamente claro que a Equação 5.5 é o **inverso** da Equação 5.3. Precisamos mostrar que:

$$\begin{bmatrix} 0E & 0B & 0D & 09 \\ 09 & 0E & 0B & 0D \\ 0D & 09 & 0E & 0B \\ 0B & 0D & 09 & 0E \end{bmatrix} \begin{bmatrix} 02 & 03 & 01 & 01 \\ 01 & 02 & 03 & 01 \\ 01 & 01 & 02 & 03 \\ 03 & 01 & 01 & 02 \end{bmatrix} \begin{bmatrix} s_{0,0} & s_{0,1} & s_{0,2} & s_{0,3} \\ s_{1,0} & s_{1,1} & s_{1,2} & s_{1,3} \\ s_{2,0} & s_{2,1} & s_{2,2} & s_{2,3} \\ s_{3,0} & s_{3,1} & s_{3,2} & s_{3,3} \end{bmatrix} = \begin{bmatrix} s_{0,0} & s_{0,1} & s_{0,2} & s_{0,3} \\ s_{1,0} & s_{1,1} & s_{1,2} & s_{1,3} \\ s_{2,0} & s_{2,1} & s_{2,2} & s_{2,3} \\ s_{3,0} & s_{3,1} & s_{3,2} & s_{3,3} \end{bmatrix}$$

que é equivalente a mostrar que:

$$\begin{bmatrix} 0E & 0B & 0D & 09 \\ 09 & 0E & 0B & 0D \\ 0D & 09 & 0E & 0B \\ 0B & 0D & 09 & 0E \end{bmatrix} \begin{bmatrix} 02 & 03 & 01 & 01 \\ 01 & 02 & 03 & 01 \\ 01 & 01 & 02 & 03 \\ 03 & 01 & 01 & 02 \end{bmatrix} = \begin{bmatrix} 1 & 0 & 0 & 0 \\ 0 & 1 & 0 & 0 \\ 0 & 0 & 1 & 0 \\ 0 & 0 & 0 & 1 \end{bmatrix} \quad (5.6)$$

Ou seja, a matriz de transformação inversa vezes a de transformação direta é igual à matriz identidade. Para verificar a primeira coluna da Equação 5.6, precisamos mostrar que:

$$(\{0E\} \cdot \{02\}) \oplus \{0B\} \oplus \{0D\} \oplus (\{09\} \cdot \{03\}) = \{01\}$$
$$(\{09\} \cdot \{02\}) \oplus \{0E\} \oplus \{0B\} \oplus (\{0D\} \cdot \{03\}) = \{00\}$$
$$(\{0D\} \cdot \{02\}) \oplus \{09\} \oplus \{0E\} \oplus (\{0B\} \cdot \{03\}) = \{00\}$$
$$(\{0B\} \cdot \{02\}) \oplus \{0D\} \oplus \{09\} \oplus (\{0E\} \cdot \{03\}) = \{00\}$$

Para a primeira equação, temos $\{0E\} \cdot \{02\} = 00011100$ e $\{09\} \cdot \{03\} = \{09\} \oplus (\{09\} \cdot \{02\}) = 00001001 \oplus 00010010 = 00011011$. Então

$$\begin{aligned} \{0E\} \cdot \{02\} &= 00011100 \\ \{0B\} &= 00001011 \\ \{0D\} &= 00001101 \\ \{09\} \cdot \{03\} &= \underline{00011011} \\ & 00000001 \end{aligned}$$

As outras equações podem ser verificadas de modo semelhante.

O documento do AES descreve outra maneira de caracterizar a transformação MixColumns, que é em termos da aritmética de polinômios. No padrão, MixColumns é definido considerando-se cada coluna de **Estado** como sendo um polinômio de quarto grau com coeficientes em $GF(2^8)$. Cada coluna é multiplicada módulo $(x^4 + 1)$ pelo polinômio fixo $a(x)$, dado por

$$a(x) = \{03\}x^3 + \{01\}x^2 + \{01\}x + \{02\} \quad (5.7)$$

O Apêndice 5A (<sv.pearson.com.br>, em inglês) demonstra que a multiplicação de cada coluna de **Estado** por $a(x)$ pode ser escrita como a multiplicação de matrizes da Equação 5.3. De modo semelhante, podemos ver que a transformação na Equação 5.5 corresponde a tratar cada coluna como um polinômio de quarto grau e multiplicar por $b(x)$, dado por

$$b(x) = \{0B\}x^3 + \{0D\}x^2 + \{09\}x + \{0E\} \quad (5.8)$$

É possível mostrar rapidamente que $b(x) = a^{-1}(x) \mod(x^4 + 1)$.

RACIOCÍNIO Os coeficientes da matriz na Equação 5.3 são baseados em um código linear com máxima distância entre as palavras, o que garante um bom embaralhamento entre os bytes de cada coluna. A transformação de embaralhamento de colunas combinada com a de deslocamento de linhas garante que, após algumas rodadas, todos os bits da saída dependam de todos os bits da entrada. Veja uma discussão sobre isso em [DAEM99].

Além disso, a escolha dos coeficientes em MixColumns, que são todos {01}, {02} ou {03}, foi influenciada por aspectos de implementação. Conforme discutimos, a multiplicação por esses coeficientes envolve no máximo um deslocamento e um XOR. Os coeficientes em InvMixColumns são mais fáceis de serem implementados. Porém a encriptação foi considerada mais importante do que a decriptação por dois motivos:

1. Para os modos de cifra CFB e OFB (figuras 6.5 e 6.6, descritas no Capítulo 6), somente a encriptação é usada.

2. Assim como qualquer cifra em bloco, AES pode ser usado para construir um código de autenticação de mensagem (Capítulo 12), e para isso apenas a encriptação é utilizada.

Transformação AddRoundKey

TRANSFORMAÇÕES DIRETA E INVERSA Na **transformação direta de adição de chave da rodada**, chamada AddRoundKey, os 128 bits de **Estado** passam por um XOR bit a bit com os 128 bits da chave da rodada. Como vemos na Figura 5.5b, a operação é vista como uma do tipo coluna por coluna entre os 4 bytes da coluna **Estado** e uma word da chave da rodada; ela também pode ser vista como uma operação em nível de byte. A seguir está um exemplo de AddRoundKey:

47	40	A3	4C
37	D4	70	9F
94	E4	3A	42
ED	A5	A6	BC

⊕

AC	19	28	57
77	FA	D1	5C
66	DC	29	00
F3	21	41	6A

=

EB	59	8B	1B
40	2E	A1	C3
F2	38	13	42
1E	84	E7	D6

A primeira matriz é o **Estado**, e a segunda, a chave da rodada.

A **transformação inversa de adição de chave da rodada** é idêntica à direta de adição de chave da rodada, pois a operação XOR é o seu próprio inverso.

RACIOCÍNIO A transformação de adição de chave da rodada é a mais simples possível, e afeta cada bit de **Estado**. A complexidade da expansão de chave da rodada, mais a dos outros estágios do AES, garantem a sua segurança.

A Figura 5.8 apresenta outra visão de uma rodada única do AES, enfatizando os mecanismos e entradas de cada transformação.

Figura 5.8 Entradas para rodada única do AES.

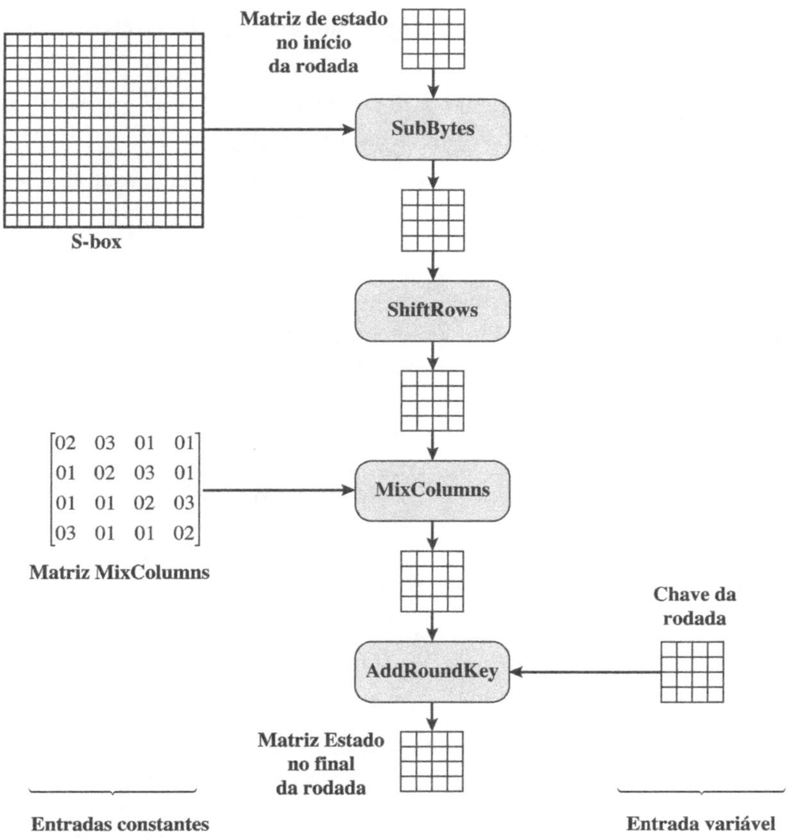

5.4 EXPANSÃO DE CHAVE DO AES

Algoritmo de expansão de chave

O algoritmo de expansão de chave do AES utiliza como entrada uma chave de 4 words (16 bytes) e produz um array linear de 44 words (176 bytes). Isso é suficiente para oferecer uma chave da rodada de 4 words para o estágio AddRoundKey inicial e para cada uma das 10 rodadas da cifra. O pseudocódigo a seguir descreve a expansão:

```
KeyExpansion (byte key[16], word w[44])
{
    word temp
    for (i = 0; i < 4; i++)   w[i] = (key[4*i], key[4*i+1],
                                      key[4*i+2],
                                      key[4*i+3]);
    for (i = 4; i < 44; i++)
    {
        temp = w[i - 1];
        if (i mod 4 = 0)   temp = SubWord (RotWord (temp))
                                  ⊕ Rcon[i/4];
        w[i] = w[i-4] ⊕ temp
    }
}
```

A chave é copiada para as quatro primeiras words da chave expandida. O restante da chave expandida é preenchido com quatro words de cada vez. Cada word incluída **w**[i] depende da imediatamente anterior, **w**[i − 1], e da word quatro posições atrás, **w**[i − 4]. Em três dentre quatro casos, um simples XOR é usado. Para uma word cuja posição no array **w** é um múltiplo de 4, uma função mais complexa é empregada. A Figura 5.9 ilustra a geração das oito primeiras words da chave expandida, com o símbolo g para representar essa função complexa. A função g consiste nas seguintes subfunções:

1. RotWord realiza um deslocamento circular de um byte à esquerda em uma word. Isso significa que uma word de entrada $[B_0, B_1, B_2, B_3]$ é transformada em $[B_1, B_2, B_3, B_0]$.
2. SubWord realiza uma substituição byte a byte de sua word de entrada, usando a S-box (Tabela 5.2a).
3. O resultado das etapas 1 e 2 passa por um XOR com a constante da rodada, Rcon[j].

A constante da rodada é uma word em que os três bytes mais à direita são sempre 0. Assim, o efeito de um XOR de uma word com Rcon se resume a realizar um XOR no byte mais à esquerda da word. A constante da rodada é diferente para cada uma delas, e é definida como Rcon[j] = (RC[j], 0, 0, 0), com RC[1] = 1, RC[j] = 2 · RC[j − 1] e com a multiplicação definida sobre o corpo $GF(2^8)$. Os valores de RC(j) em hexadecimal são

j	1	2	3	4	5	6	7	8	9	10
RC[j]	01	02	04	08	10	20	40	80	1B	36

Por exemplo, suponha que a chave da rodada 8 seja

EA D2 73 21 B5 8D BA D2 31 2B F5 60 7F 8D 29 2F

Então, os 4 primeiros bytes (primeira coluna) da chave da rodada 9 são calculados da seguinte forma:

i (decimal)	temp	Após RotWord	Após SubWord	Rcon (9)	Após XOR com Rcon	w[i−4]	w[i] = temp ⊕ w[i − 4]
36	7F8D292F	8D292F7F	5DA515D2	1B000000	46A515D2	EAD27321	AC7766F3

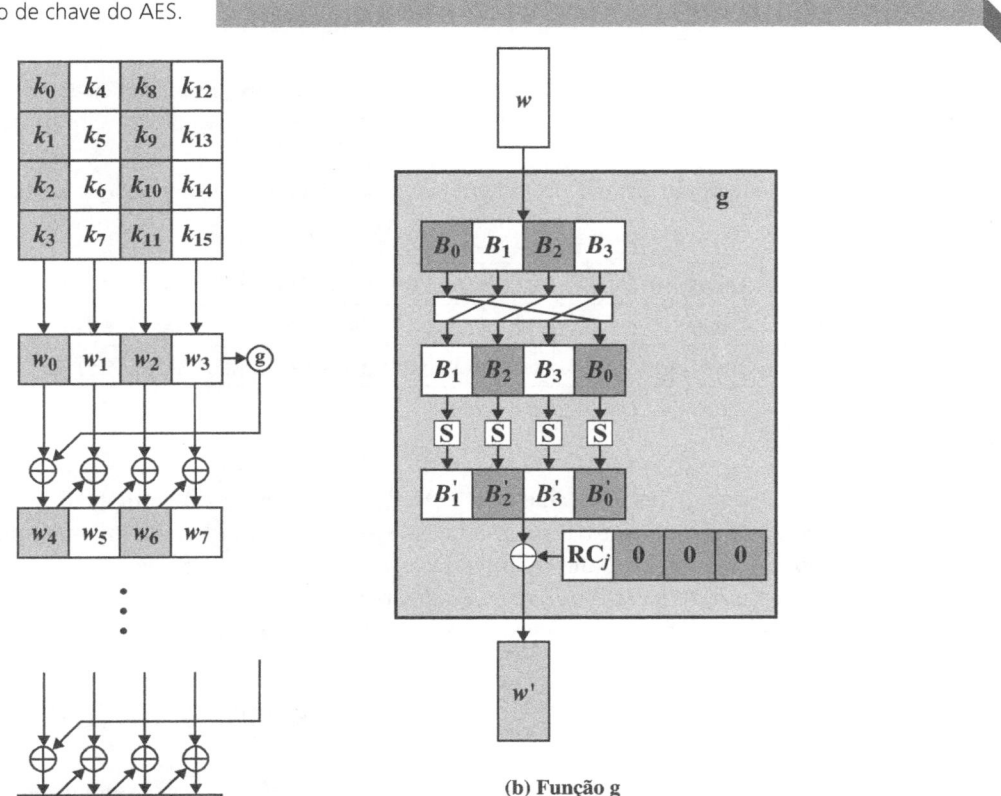

Figura 5.9 Expansão de chave do AES.

(a) Algoritmo geral

(b) Função g

Raciocínio

Os desenvolvedores do Rijndael criaram o algoritmo de expansão de chave para ser resistente a ataques criptoanalíticos conhecidos. A inclusão de uma constante dependente da rodada elimina a simetria, ou similaridade, entre as formas como as chaves da rodada são geradas em diferentes rodadas. Os critérios específicos que foram usados são os seguintes [DAEM99]:

- O conhecimento de uma parte da chave da cifra ou chave da rodada não permite o cálculo de muitos outros bits dela.
- Uma transformação reversível [ou seja, o conhecimento de quaisquer Nk words consecutivas da chave expandida permite a regeneração da chave expandida inteira (Nk = tamanho da chave em words)].
- Velocidade em uma grande gama de processadores.
- Uso de constantes de rodada para eliminar simetrias.
- Difusão de diferenças de chave de cifra nas chaves da rodada; ou seja, cada bit de chave afeta muitos bits de chave da rodada.
- Não linearidade suficiente para proibir a determinação total das diferenças de chave da rodada somente a partir das diferenças da chave de cifra.
- Simplicidade de descrição.

Os autores não quantificam o primeiro ponto da lista anterior, mas a ideia é que, se você souber menos do que Nk words consecutivas da chave de cifra ou de uma das chaves da rodada, então será difícil reconstruir os bits desconhecidos restantes. Quanto menos bits alguém souber, mais difícil é realizar a reconstrução ou determinar outros bits na expansão da chave.

5.5 EXEMPLO DE AES

Vamos agora trabalhar um exemplo e considerar algumas de suas implicações. Embora não se espere do leitor que simule o exemplo à mão, será informativo estudar os padrões hexadecimais que ocorrem de uma etapa para a outra.

Para este exemplo, o texto claro é um palíndromo hexadecimal. O texto claro, a chave e o texto cifrado resultante são

Texto claro:	0123456789abcdeffedcba9876543210
Chave:	0f1571c947d9e8590cb7add6af7f6798
Texto cifrado:	ff0b844a0853bf7c6934ab4364148fb9

Resultados

A Tabela 5.3 mostra a expansão da chave de 16 bytes para 10 chaves de rodada. Como explicado anteriormente, esse processo é realizado word a word, com cada uma de quatro bytes ocupando uma coluna da matriz de chave de rodada. A coluna da esquerda mostra as quatro words de chave de rodada geradas para cada rodada. Já a coluna da direita mostra os passos usados para gerar a word auxiliar empregada na expansão da chave. Começamos, é claro, com a chave em si servindo como uma de rodada para a rodada 0.

Tabela 5.3 Expansão de chave para o exemplo de AES.

Words de chave	Função auxiliar
w0 = 0f 15 71 c9 w1 = 47 d9 e8 59 w2 = 0c b7 ad d6 w3 = af 7f 67 98	RotWord (w3) = 7f 67 98 af = x1 SubWord (x1) = d2 85 46 79 = y1 Rcon (1) = 01 00 00 00 y1 ⊕ Rcon (1) = d3 85 46 79 = z1
w4 = w0 ⊕ z1 = dc 90 37 b0 w5 = w4 ⊕ w1 = 9b 49 df e9 w6 = w5 ⊕ w2 = 97 fe 72 3f w7 = w6 ⊕ w3 = 38 81 15 a7	RotWord (w7) = 81 15 a7 38 = x2 SubWord (x2) = 0c 59 5c 07 = y2 Rcon (2) = 02 00 00 00 y2 ⊕ Rcon (2) = 0e 59 5c 07 = z2
w8 = w4 ⊕ z2 = d2 c9 6b b7 w9 = w8 ⊕ w5 = 49 80 b4 5e w10 = w9 ⊕ w6 = de 7e c6 61 w11 = w10 ⊕ w7 = e6 ff d3 c6	RotWord (w11) = ff d3 c6 e6 = x3 SubWord (x3) = 16 66 b4 83 = y3 Rcon (3) = 04 00 00 00 y3 ⊕ Rcon (3) = 12 66 b4 83 = z3
w12 = w8 ⊕ z3 = c0 af df 39 w13 = w12 ⊕ w9 = 89 2f 6b 67 w14 = w13 ⊕ w10 = 57 51 ad 06 w15 = w14 ⊕ w11 = b1 ae 7e c0	RotWord (w15) = ae 7e c0 b1 = x4 SubWord (x4) = e4 f3 ba c8 = y4 Rcon (4) = 08 00 00 00 y4 ⊕ Rcon (4) = ec f3 ba c8 = 4
w16 = w12 ⊕ z4 = 2c 5c 65 f1 w17 = w16 ⊕ w13 = a5 73 0e 96 w18 = w17 ⊕ w14 = f2 22 a3 90 w19 = w18 ⊕ w15 = 43 8c dd 50	RotWord(w19) = 8c dd 50 43 = x5 SubWord(x5) = 64 c1 53 1a = y5 Rcon(5) = 10 00 00 00 y5 ⊕ Rcon(5) = 74 c1 53 1a = z5
w20 = w16 ⊕ z5 = 58 9d 36 eb w21 = w20 ⊕ w17 = fd ee 38 7d w22 = w21 ⊕ w18 = 0f cc 9b ed w23 = w22 ⊕ w19 = 4c 40 46 bd	RotWord (w23) = 40 46 bd 4c = x6 SubWord (x6) = 09 5a 7a 29 = y6 Rcon(6) = 20 00 00 00 y6 ⊕ Rcon(6) = 29 5a 7a 29 = z6
w24 = w20 ⊕ z6 = 71 c7 4c c2 w25 = w24 ⊕ w21 = 8c 29 74 bf w26 = w25 ⊕ w22 = 83 e5 ef 52 w27 = w26 ⊕ w23 = cf a5 a9 ef	RotWord (w27) = a5 a9 ef cf = x7 SubWord (x7) = 06 d3 bf 8a = y7 Rcon (7) = 40 00 00 00 y7 ⊕ Rcon(7) = 46 d3 df 8a = z7

(continua)

(continuação)

Words de chave	Função auxiliar
w28 = w24 ⊕ z7 = 37 14 93 48 w29 = w28 ⊕ w25 = bb 3d e7 f7 w30 = w29 ⊕ w26 = 38 d8 08 a5 w31 = w30 ⊕ w27 = f7 7d a1 4a	RotWord (w31) = 7d a1 4a f7 = x8 SubWord (x8) = ff 32 d6 68 = y8 Rcon (8) = 80 00 00 00 y8 ⊕ Rcon(8) = 7f 32 d6 68 = z8
w32 = w28 ⊕ z8 = 48 26 45 20 w33 = w32 ⊕ w29 = f3 1b a2 d7 w34 = w33 ⊕ w30 = cb c3 aa 72 w35 = w34 ⊕ w32 = 3c be 0b 3	RotWord (w35) = be 0b 38 3c = x9 SubWord (x9) = ae 2b 07 eb = y9 Rcon (9) = 1B 00 00 00 y9 ⊕ Rcon (9) = b5 2b 07 eb = z9
w36 = w32 ⊕ z9 = fd 0d 42 cb w37 = w36 ⊕ w33 = 0e 16 e0 1c w38 = w37 ⊕ w34 = c5 d5 4a 6e w39 = w38 ⊕ w35 = f9 6b 41 56	RotWord (w39) = 6b 41 56 f9 = x10 SubWord (x10) = 7f 83 b1 99 = y10 Rcon (10) = 36 00 00 00 y10 ⊕ Rcon (10) = 49 83 b1 99 = z10
w40 = w36 ⊕ z10 = b4 8e f3 52 w41 = w40 ⊕ w37 = ba 98 13 4e w42 = w41 ⊕ w38 = 7f 4d 59 20 w43 = w42 ⊕ w39 = 86 26 18 76	

Em seguida, a Tabela 5.4 mostra a progressão de **Estado** através do processo de encriptação do AES. A primeira coluna indica o valor de **Estado** no início de uma rodada. Para a primeira linha, **Estado** é apenas a disposição em forma matricial do texto claro. A segunda, a terceira e a quarta colunas apresentam o valor de **Estado** para esta rodada após as transformações SubBytes, ShiftRows e MixColumns, respectivamente. A quinta coluna mostra a chave de rodada. Você pode verificar que essas chaves de rodada se equiparam com aquelas na Tabela 5.3. A primeira coluna exibe o valor de **Estado** resultante do XOR bit a bit de **Estado** após os MixColumns posteriores com a chave de rodada para a anterior.

Tabela 5.4 Exemplo do AES.

Início da rodada	Após SubBytes	Após ShiftRows	Após MixColumns	Chave de rodada
01 89 fe 76 23 ab dc 54 45 cd ba 32 67 ef 98 10				0f 47 0c af 15 d9 b7 7f 71 e8 ad 67 c9 59 d6 98
0e ce f2 d9 36 72 6b 2b 34 25 17 55 ae b6 4e 88	ab 8b 89 35 05 40 7f f1 18 3f f0 fc e4 4e 2f c4	ab 8b 89 35 40 7f f1 05 f0 fc 18 3f c4 e4 4e 2f	b9 94 57 75 e4 8e 16 51 47 20 9a 3f c5 d6 f5 3b	dc 9b 97 38 90 49 fe 81 37 df 72 15 b0 e9 3f a7
65 0f c0 4d 74 c7 e8 d0 70 ff e8 2a 75 3f ca 9c	4d 76 ba e3 92 c6 9b 70 51 16 9b e5 9d 75 74 de	4d 76 ba e3 c6 9b 70 92 9b e5 51 16 de 9d 75 74	8e 22 db 12 b2 f2 dc 92 df 80 f7 c1 2d c5 1e 52	d2 49 de e6 c9 80 7e ff 6b b4 c6 d3 b7 5e 61 c6
5c 6b 05 f4 7b 72 a2 6d b4 34 31 12 9a 9b 7f 94	4a 7f 6b bf 21 40 3a 3c 8d 18 c7 c9 b8 14 d2 22	4a 7f 6b bf 40 3a 3c 21 c7 c9 8d 18 22 b8 14 d2	b1 c1 0b cc ba f3 8b 07 f9 1f 6a c3 1d 19 24 5c	c0 89 57 b1 af 2f 51 ae df 6b ad 7e 39 67 06 c0
71 48 5c 7d 15 dc da a9 26 74 c7 bd 24 7e 22 9c	a3 52 4a ff 59 86 57 d3 f7 92 c6 7a 36 f3 93 de	a3 52 4a ff 86 57 d3 59 c6 7a f7 92 de 36 f3 93	d4 11 fe 0f 3b 44 06 73 cb ab 62 37 19 b7 07 ec	2c a5 f2 43 5c 73 22 8c 65 0e a3 dd f1 96 90 50

(continua)

(continuação)

Início da rodada	Após SubBytes	Após ShiftRows	Após MixColumns	Chave de rodada
f8 b4 0c 4c 67 37 24 ff ae a5 c1 ea e8 21 97 bc	41 8d fe 29 85 9a 36 16 e4 06 78 87 9b fd 88 65	41 8d fe 29 9a 36 16 85 78 87 e4 06 65 9b fd 88	2a 47 c4 48 83 e8 18 ba 84 18 27 23 eb 10 0a f3	58 fd 0f 4c 9d ee cc 40 36 38 9b 46 eb 7d ed bd
72 ba cb 04 1e 06 d4 fa b2 20 bc 65 00 6d e7 4e	40 f4 1f f2 72 6f 48 2d 37 b7 65 4d 63 3c 94 2f	40 f4 1f f2 6f 48 2d 72 65 4d 37 b7 2f 63 3c 94	7b 05 42 4a 1e d0 20 40 94 83 18 52 94 c4 43 fb	71 8c 83 cf c7 29 e5 a5 4c 74 ef a9 c2 bf 52 ef
0a 89 c1 85 d9 f9 c5 e5 d8 f7 f7 fb 56 7b 11 14	67 a7 78 97 35 99 a6 d9 61 68 68 0f b1 21 82 fa	67 a7 78 97 99 a6 d9 35 68 0f 61 68 fa b1 21 82	ec 1a c0 80 0c 50 53 c7 3b d7 00 ef b7 22 72 e0	37 bb 38 f7 14 3d d8 7d 93 e7 08 a1 48 f7 a5 4a
db a1 f8 77 18 6d 8b ba a8 30 08 4e ff d5 d7 aa	b9 32 41 f5 ad 3c 3d f4 c2 04 30 2f 16 03 0e ac	b9 32 41 f5 3c 3d f4 ad 30 2f c2 04 ac 16 03 0e	b1 1a 44 17 3d 2f ec b6 0a 6b 2f 42 9f 68 f3 b1	48 f3 cb 3c 26 1b c3 be 45 a2 aa 0b 20 d7 72 38
f9 e9 8f 2b 1b 34 2f 08 4f c9 85 49 bf bf 81 89	99 1e 73 f1 af 18 15 30 84 dd 97 3b 08 08 0c a7	99 1e 73 f1 18 15 30 af 97 3b 84 dd a7 08 08 0c	31 30 3a c2 ac 71 8c c4 46 65 48 eb 6a 1c 31 62	fd 0e c5 f9 0d 16 d5 6b 42 e0 4a 41 cb 1c 6e 56
cc 3e ff 3b a1 67 59 af 04 85 02 aa a1 00 5f 34	4b b2 16 e2 32 85 cb 79 f2 97 77 ac 32 63 cf 18	4b b2 16 e2 85 cb 79 32 77 ac f2 97 18 32 63 cf	4b 86 8a 36 b1 cb 27 5a fb f2 f2 af cc 5a 5b cf	b4 ba 7f 86 8e 98 4d 26 f3 13 59 18 52 4e 20 76
ff 08 69 64 0b 53 34 14 84 bf ab 8f 4a 7c 43 b9				

Efeito avalanche

Caso uma pequena alteração na chave ou no texto claro produzisse uma pequena mudança no texto cifrado correspondente, isso poderia ser usado para reduzir de forma significativa o tamanho do espaço de textos claros (ou chaves) possíveis a ser pesquisado. O que é desejado é o efeito avalanche, em que uma pequena mudança no texto claro ou na chave produz uma grande alteração no texto cifrado.

Usando o exemplo da Tabela 5.4, a Tabela 5.5 mostra o resultado quando o oitavo bit do texto claro é modificado. A segunda coluna da tabela exibe o valor da matriz **Estado** no final de cada rodada para os dois textos claros. Observe que, depois de apenas uma rodada, 20 bits do vetor **Estado** diferem. Após duas rodadas, cerca de metade dos pedaços diferem. Essa magnitude de diferença se propaga através de rodadas restantes. Uma distinção de bit em cerca de metade das posições é o resultado mais desejável. De maneira clara, se quase todos os bits forem alterados, isso seria logicamente equivalente a quase nenhum dos bits sendo alterados. Em outras palavras, ao selecionar dois textos claros ao acaso, espera-se que eles difiram em cerca de metade das posições de bits e os dois textos cifrados também se diferenciem em mais ou menos metade das posições.

A Tabela 5.6 indica a mudança dos valores da matriz **Estado** quando o texto claro é usado e as duas chaves diferem no oitavo bit. Isto é, para o segundo caso, a chave é 0e1571c947d9e8590cb7add6af7f6798. Mais uma vez, uma rodada produz uma mudança significativa, e a magnitude de alteração após todas as rodadas subsequentes é cerca de metade dos bits. Assim, com base neste exemplo, o AES exibe um efeito avalanche muito forte.

Observe que esse efeito avalanche é mais forte do que aquele para o DES (Tabela 3.2), que requer três rodadas para chegar a um ponto em que cerca de metade dos bits é alterada, tanto para uma mudança de bit no texto claro quanto uma de bit na chave.

Tabela 5.5 Efeito avalanche no AES: mudança no texto claro.

Rodada		Número de bits que diferem
	0123456789abcdeffedcba9876543210 0023456789abcdeffedcba9876543210	1
0	0e3634aece7225b6f26b174ed92b5588 0f3634aece7225b6f26b174ed92b5588	1
1	657470750fc7ff3fc0e8e8ca4dd02a9c c4a9ad090fc7ff3fc0e8e8ca4dd02a9c	20
2	5c7bb49a6b72349b05a2317ff46d1294 fe2ae569f7ee8bb8c1f5a2bb37ef53d5	58
3	7115262448dc747e5cdac7227da9bd9c ec093dfb7c45343d689017507d485e62	59
4	f867aee8b437a5210c24c1974cffeabc 43efdb697244df808e8d9364ee0ae6f5	61
5	721eb200ba06206dcbd4bce704fa654e 7b28a5d5ed643287e006c099bb375302	68
6	0ad9d85689f9f77bc1c5f71185e5fb14 3bc2d8b6798d8ac4fe36a1d891ac181a	64
7	db18a8ffa16d30d5f88b08d777ba4eaa 9fb8b5452023c70280e5c4bb9e555a4b	67
8	f91b4fbfe934c9bf8f2f85812b084989 20264e1126b219aef7feb3f9b2d6de40	65
9	cca104a13e678500ff59025f3bafaa34 b56a0341b2290ba7dfdfbddcd8578205	61
10	ff0b844a0853bf7c6934ab4364148fb9 612b89398d0600cde116227ce72433f0	58

Tabela 5.6 Efeito avalanche no AES: mudança na chave.

Rodada		Número de bits que diferem
	0123456789abcdeffedcba9876543210 0123456789abcdeffedcba9876543210	0
0	0e3634aece7225b6f26b174ed92b5588 0f3634aece7225b6f26b174ed92b5588	1
1	657470750fc7ff3fc0e8e8ca4dd02a9c c5a9ad090ec7ff3fc1e8e8ca4cd02a9c	22
2	5c7bb49a6b72349b05a2317ff46d1294 90905fa9563356d15f3760f3b8259985	58
3	7115262448dc747e5cdac7227da9bd9c 18aeb7aa794b3b66629448d575c7cebf	67
4	f867aee8b437a5210c24c1974cffeabc f81015f993c978a876ae017cb49e7eec	63
5	721eb200ba06206dcbd4bce704fa654e 5955c91b4e769f3cb4a94768e98d5267	81
6	0ad9d85689f9f77bc1c5f71185e5fb14 dc60a24d137662181e45b8d3726b2920	70
7	db18a8ffa16d30d5f88b08d777ba4eaa fe8343b8f88bef66cab7e977d005a03c	74
8	f91b4fbfe934c9bf8f2f85812b084989 da7dad581d1725c5b72fa0f9d9d1366a	67
9	cca104a13e678500ff59025f3bafaa34 0ccb4c66bbfd912f4b511d72996345e0	59
10	ff0b844a0853bf7c6934ab4364148fb9 fc8923ee501a7d207ab670686839996b	53

5.6 IMPLEMENTAÇÃO DO AES

Cifra inversa equivalente

Conforme dissemos, a cifra de decriptação do AES não é idêntica à de encriptação (Figura 5.3). Ou seja, a sequência de transformações para a decriptação difere daquela para a encriptação, embora a forma dos escalonamentos de chave para encriptação e decriptação seja a mesma. Isso tem a desvantagem de que dois módulos de software e firmware separados são necessários para aplicações que exigem tanto encriptação quanto decriptação. Contudo, existe uma versão equivalente do algoritmo de decriptação que tem a mesma estrutura do algoritmo de encriptação. A versão equivalente tem a mesma sequência de transformações do algoritmo de encriptação (com transformações substituídas por seus inversos). Para conseguir essa equivalência, é preciso haver uma mudança no escalonamento de chave.

Duas mudanças separadas são necessárias para alinhar a estrutura de decriptação com a de encriptação. Como ilustrado na Figura 5.3, uma rodada de encriptação tem a estrutura SubBytes, ShiftRows, MixColumns, AddRoundKey. A rodada de decriptação padrão tem a estrutura InvShiftRows, InvSubBytes, AddRoundKey, InvMixColumns. Assim, os dois primeiros estágios da rodada de decriptação precisam ser trocados, e os dois seguintes também precisam ser trocados.

TROCANDO INVSHIFTROWS E INVSUBBYTES InvShiftRows afeta a sequência de bytes em **Estado**, mas não altera o conteúdo deles e não depende desse conteúdo para realizar sua transformação. InvSubBytes atinge o conteúdo dos bytes em **Estado**, mas não altera a sequência deles e não depende dela para realizar sua transformação. Assim, essas duas operações comutam e podem ser trocadas. Para determinado **Estado** S_i,

$$\text{InvShiftRows}\,[\text{InvSubBytes}\,(S_i)] = \text{InvSubBytes}\,[\text{InvShiftRows}\,(S_i)]$$

TROCANDO ADDROUNDKEY E INVMIXCOLUMNS As transformações AddRoundKey e InvMixColumns não alteram a sequência de bytes em **Estado**. Se examinarmos a chave como uma sequência de words, então AddRoundKey e InvMixColumns operam sobre **Estado** uma coluna de cada vez. Essas duas operações são lineares com relação à entrada da coluna. Ou seja, para determinado **Estado** S_i e determinada chave de rodada w_j,

$$\text{InvMixColumns}\,(S_i \oplus w_j) = [\text{InvMixColumns}\,(S_i)] \oplus [\text{InvMixColumns}\,(w_j)]$$

Para ver isso, suponha que a primeira coluna do **Estado** S_i seja a sequência (y_0, y_1, y_2, y_3) e que a primeira coluna de chave de rodada w_j seja (k_0, k_1, k_2, k_3). Então, precisamos mostrar que

$$\begin{bmatrix} 0E & 0B & 0D & 09 \\ 09 & 0E & 0B & 0D \\ 0D & 09 & 0E & 0B \\ 0B & 0D & 09 & 0E \end{bmatrix} \begin{bmatrix} y_0 \oplus k_0 \\ y_1 \oplus k_1 \\ y_2 \oplus k_2 \\ y_3 \oplus k_3 \end{bmatrix} = \begin{bmatrix} 0E & 0B & 0D & 09 \\ 09 & 0E & 0B & 0D \\ 0D & 09 & 0E & 0B \\ 0B & 0D & 09 & 0E \end{bmatrix} \begin{bmatrix} y_0 \\ y_1 \\ y_2 \\ y_3 \end{bmatrix} \oplus \begin{bmatrix} 0E & 0B & 0D & 09 \\ 09 & 0E & 0B & 0D \\ 0D & 09 & 0E & 0B \\ 0B & 0D & 09 & 0E \end{bmatrix} \begin{bmatrix} k_0 \\ k_1 \\ k_2 \\ k_3 \end{bmatrix}$$

Vamos demonstrar isso para a entrada da primeira coluna. É necessário indicar que:

$$[\{0E\} \cdot (y_0 \oplus k_0)] \oplus [\{0B\} \cdot (y_1 \oplus k_1)] \oplus [\{0D\} \cdot (y_2 \oplus k_2)] \oplus [\{09\} \cdot (y_3 \oplus k_3)]$$
$$= [\{0E\} \cdot y_0] \oplus [\{0B\} \cdot y_1] \oplus [\{0D\} \cdot y_2] \oplus [\{09\} \cdot y_3] \oplus$$
$$[\{0E\} \cdot k_0] \oplus [\{0B\} \cdot k_1] \oplus [\{0D\} \cdot k_2] \oplus [\{09\} \cdot k_3]$$

Essa equação é válida por inspeção. Assim, podemos trocar AddRoundKey e InvMixColumns, desde que primeiro apliquemos InvMixColumns à chave da rodada. Observe que não precisamos empregar InvMixColumns à chave da rodada para a entrada da primeira transformação AddRoundKey (precedendo a primeira rodada), nem da última transformação AddRoundKey (na rodada 10). Isso porque essas duas transformações AddRoundKey não são trocadas com InvMixColumns para produzir o algoritmo de decriptação equivalente.

A Figura 5.10 ilustra o algoritmo de decriptação equivalente.

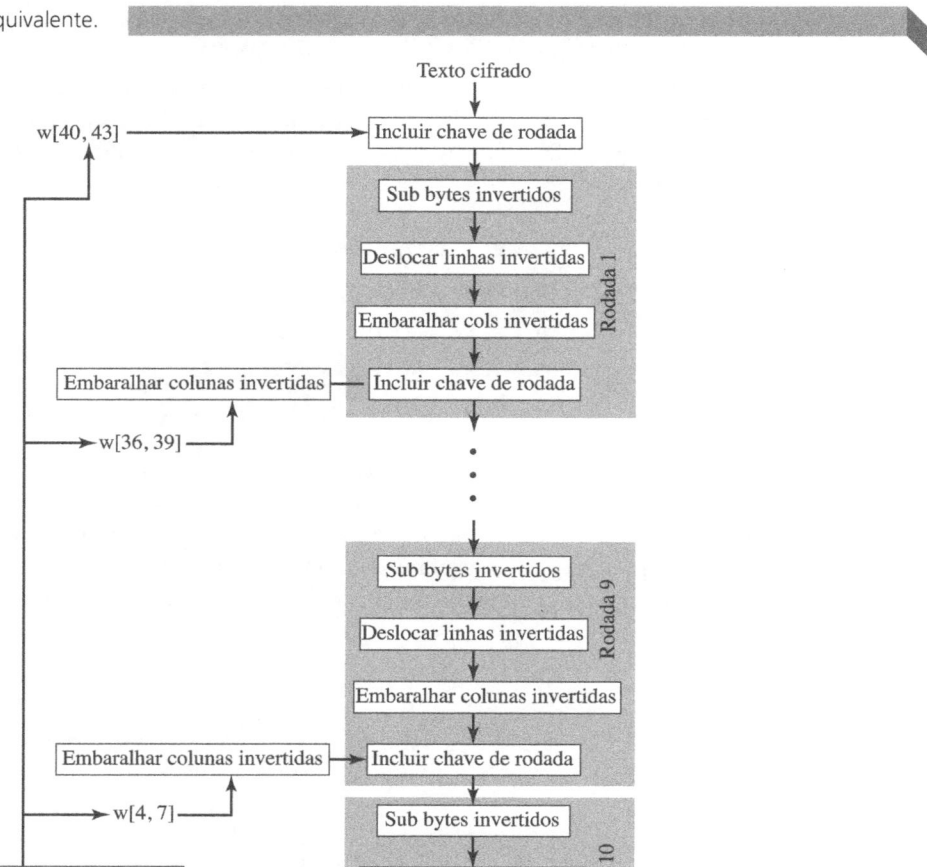

Figura 5.10 Cifra inversa equivalente.

Aspectos de implementação

A proposta Rijndael [DAEM99] oferece algumas sugestões para a implementação eficiente em processadores de 8 bits, típicos para os smart cards atuais, e em processadores de 32 bits, típica para PCs.

Processador de 8 bits AES pode ser implementado de modo muito eficiente em um processador de 8 bits. AddRoundKey é uma operação XOR byte a byte. Já ShiftRows é uma operação simples de deslocamento de bytes. SubBytes opera em nível de byte e só exige uma tabela de 256 bytes.

A transformação MixColumns exige multiplicação de matriz no corpo GF(2^8), o que significa que todas as operações são executadas sobre bytes. MixColumns só exige multiplicação por {02} e {03}, que, como vimos, envolveu deslocamentos simples, XORs condicionais e XORs. Isso pode ser implementado de uma maneira mais eficiente, que elimina os deslocamentos e XORs condicionais. O conjunto de equações 5.4 mostra as fórmulas para a transformação MixColumns em uma única coluna. Usando a identidade $\{03\} \cdot x = (\{02\} \cdot x) \oplus x$, podemos reescrever o conjunto de equações 5.4 da seguinte forma:

$$\begin{aligned}
Tmp &= s_{0,j} \oplus s_{1,j} \oplus s_{2,j} \oplus s_{3,j} \\
s'_{0,j} &= s_{0,j} \oplus Tmp \oplus [2 \cdot (s_{0,j} \oplus s_{1,j})] \\
s'_{1,j} &= s_{1,j} \oplus Tmp \oplus [2 \cdot (s_{1,j} \oplus s_{2,j})] \\
s'_{2,j} &= s_{2,j} \oplus Tmp \oplus [2 \cdot (s_{2,j} \oplus s_{3,j})] \\
s'_{3,j} &= s_{3,j} \oplus Tmp \oplus [2 \cdot (s_{3,j} \oplus s_{0,j})]
\end{aligned}$$

(5.9)

O conjunto de equações 5.9 é verificado pela expansão e eliminação de termos.

A multiplicação por {02} envolve um deslocamento e um XOR condicional. Essa implementação pode ser vulnerável a um ataque de temporização do tipo descrito na Seção 3.4. Para agir contra esse ataque e aumentar a eficiência de processamento, à custa de algum armazenamento, a multiplicação pode ser substituída por uma pesquisa em tabela. Defina a tabela de 256 bytes X2, de modo que $X2[i] = \{02\} \cdot i$. Então, o conjunto de equações 5.9 pode ser reescrito como

$$Tmp = s_{0,j} \oplus s_{1,j} \oplus s_{2,j} \oplus s_{3,j}$$
$$s'_{0,j} = s_{0,j} \oplus Tmp \oplus X2[s_{0,j} \oplus s_{1,j}]$$
$$s'_{1,c} = s_{1,j} \oplus Tmp \oplus X2[s_{1,j} \oplus s_{2,j}]$$
$$s'_{2,c} = s_{2,j} \oplus Tmp \oplus X2[s_{2,j} \oplus s_{3,j}]$$
$$s'_{3,j} = s_{3,j} \oplus Tmp \oplus X2[s_{3,j} \oplus s_{0,j}]$$

PROCESSADOR DE 32 BITS A implementação descrita na subseção anterior usa apenas operações de 8 bits. Para um processador de 32 bits, uma implementação mais eficiente pode ser conseguida se as operações forem definidas sobre words de 32 bits. Para mostrar isso, primeiro definimos as quatro transformações de uma rodada em formato algébrico. Suponha que comecemos com uma matriz **Estado** consistindo em elementos $a_{i,j}$ e uma matriz de chave de rodada constituída de elementos $k_{i,j}$. Então, as transformações podem ser expressas da seguinte forma:

SubBytes	$b_{i,j} = S[a_{i,j}]$
ShiftRows	$\begin{bmatrix} c_{0,j} \\ c_{1,j} \\ c_{2,j} \\ c_{3,j} \end{bmatrix} = \begin{bmatrix} b_{0,j} \\ b_{1,j-1} \\ b_{2,j-2} \\ b_{3,j-3} \end{bmatrix}$
MixColumns	$\begin{bmatrix} d_{0,j} \\ d_{1,j} \\ d_{2,j} \\ d_{3,j} \end{bmatrix} = \begin{bmatrix} 02 & 03 & 01 & 01 \\ 01 & 02 & 03 & 01 \\ 01 & 01 & 02 & 03 \\ 03 & 01 & 01 & 02 \end{bmatrix} \begin{bmatrix} c_{0,j} \\ c_{1,j} \\ c_{2,j} \\ c_{3,j} \end{bmatrix}$
AddRoundKey	$\begin{bmatrix} e_{0,j} \\ e_{1,j} \\ e_{2,j} \\ e_{3,j} \end{bmatrix} = \begin{bmatrix} d_{0,j} \\ d_{1,j} \\ d_{2,j} \\ d_{3,j} \end{bmatrix} \oplus \begin{bmatrix} k_{0,j} \\ k_{1,j} \\ k_{2,j} \\ k_{3,j} \end{bmatrix}$

Na equação de ShiftRows, os índices de coluna são considerados mod 4. Podemos combinar todas essas expressões em uma única equação:

$$\begin{bmatrix} e_{0,j} \\ e_{1,j} \\ e_{2,j} \\ e_{3,j} \end{bmatrix} = \begin{bmatrix} 02 & 03 & 01 & 01 \\ 01 & 02 & 03 & 01 \\ 01 & 01 & 02 & 03 \\ 03 & 01 & 01 & 02 \end{bmatrix} \begin{bmatrix} S[a_{0,j}] \\ S[a_{1,j-1}] \\ S[a_{2,j-2}] \\ S[a_{3,j-3}] \end{bmatrix} \oplus \begin{bmatrix} k_{0,j} \\ k_{1,j} \\ k_{2,j} \\ k_{3,j} \end{bmatrix}$$

$$= \left(\begin{bmatrix} 02 \\ 01 \\ 01 \\ 03 \end{bmatrix} \cdot S[a_{0,j}]\right) \oplus \left(\begin{bmatrix} 03 \\ 02 \\ 01 \\ 01 \end{bmatrix} \cdot S[a_{1,j-1}]\right) \oplus \left(\begin{bmatrix} 01 \\ 03 \\ 02 \\ 01 \end{bmatrix} \cdot S[a_{2,j-2}]\right)$$

$$\oplus \left(\begin{bmatrix} 01 \\ 01 \\ 03 \\ 02 \end{bmatrix} \cdot S[a_{3,j-3}]\right) \oplus \begin{bmatrix} k_{0,j} \\ k_{1,j} \\ k_{2,j} \\ k_{3,j} \end{bmatrix}$$

Na segunda equação, estamos expressando a multiplicação de matrizes como uma combinação linear de vetores. Definimos quatro tabelas de 256 words (1024 bytes) da seguinte forma:

$$T_0[x] = \left(\begin{bmatrix} 02 \\ 01 \\ 01 \\ 03 \end{bmatrix} \cdot S[x]\right) \quad T_1[x] = \left(\begin{bmatrix} 03 \\ 02 \\ 01 \\ 01 \end{bmatrix} \cdot S[x]\right) \quad T_2[x] = \left(\begin{bmatrix} 01 \\ 03 \\ 02 \\ 01 \end{bmatrix} \cdot S[x]\right) \quad T_3[x] = \left(\begin{bmatrix} 01 \\ 01 \\ 03 \\ 02 \end{bmatrix} \cdot S[x]\right)$$

Assim, cada tabela utiliza um valor de byte como entrada e produz um vetor de coluna (uma word de 32 bits) que é uma função da entrada da S-box para esse valor de byte. Essas tabelas podem ser calculadas antecipadamente.

Podemos definir uma função de rodada operando sobre uma coluna da seguinte forma:

$$\begin{bmatrix} s'_{0,j} \\ s'_{1,j} \\ s'_{2,j} \\ s'_{3,j} \end{bmatrix} = T_0[s_{0,j}] \oplus T_1[s_{1,j-1}] \oplus T_2[s_{2,j-2}] \oplus T_3[s_{3,j-3}] \oplus \begin{bmatrix} k_{0,j} \\ k_{1,j} \\ k_{2,j} \\ k_{3,j} \end{bmatrix}$$

Como resultado, uma implementação baseada na equação anterior requer apenas quatro pesquisas em tabela e quatro XORs por coluna por rodada, mais 4 Kbytes para armazenar a tabela. Os desenvolvedores do Rijndael acreditam que essa implementação compacta e eficiente provavelmente foi um dos fatores mais importantes na seleção desse método para o AES.

5.7 LEITURA RECOMENDADA

A descrição mais completa do AES disponível até agora está no livro elaborado pelos desenvolvedores do AES, [DAEM02]. Esses autores também oferecem uma rápida descrição e raciocínio de projeto em [DAEM01]. [LAND04] é um tratado matemático rigoroso do AES e de sua criptoanálise.

Outro exemplo explicado de operação do AES, de autoria dos instrutores na Massey U., Nova Zelândia, está disponível na nossa Sala Virtual, <sv.pearson.com.br>.

DAEM01 Daemen, J. e Rijmen, V. "Rijndael: The Advanced Encryption Standard". *Dr. Dobb's Journal*, março de 2001.

DAEM02 Daemen, J. e Rijmen, V. *The Design of Rijndael: The Wide Trail Strategy Explained.* Nova York, Springer-Verlag, 2002.

LAND04 Landau, S. "Polynomials in the Nation's Service: Using Algebra to Design the Advanced Encryption Standard". *American Mathematical Monthly*, fev 2004.

5.8 PRINCIPAIS TERMOS, PERGUNTAS PARA REVISÃO E PROBLEMAS

Principais termos

Advanced Encryption Standard (AES)	efeito avalanche	polinômio irredutível
S-box	expansão de chave	Rijndael
corpo	National Institute of Standards and Technology (NIST)	
corpo finito		

Perguntas para revisão

5.1 Qual foi o conjunto original de critérios usados pelo NIST para avaliar as cifras AES candidatas?

5.2 Qual foi o conjunto final de critérios usados pelo NIST para avaliar as cifras AES candidatas?

5.3 Qual é a diferença entre Rijndael e AES?
5.4 Qual é a finalidade do array **Estado**?
5.5 Como é construída a S-box?
5.6 Descreva rapidamente o estágio SubBytes.
5.7 Descreva rapidamente o estágio ShiftRows.
5.8 Quantos bytes em **Estado** são afetados por ShiftRows?
5.9 Descreva rapidamente o estágio MixColumns.
5.10 Descreva rapidamente o estágio AddRoundKey.
5.11 Descreva rapidamente o algoritmo de expansão de chave.
5.12 Qual é a diferença entre SubBytes e SubWord?
5.13 Qual é a diferença entre ShiftRows e RotWord?
5.14 Qual é a diferença entre o algoritmo de decriptação AES e a cifra inversa equivalente?

Problemas

5.1 Na discussão de MixColumns e InvMixColumns, foi dito que

$$b(x) = a^{-1}(x) \bmod (x^4 + 1)$$

onde $a(x) = \{03\}x^3 + \{01\}x^2 + \{01\}x + \{02\}$ e $b(x) = \{0B\}x^3 + \{0D\}x^2 + \{09\}x + \{0E\}$. Mostre que isso é verdadeiro.

5.2
    a. O que é $\{01\}^{-1}$ em $GF(2^8)$?
    b. Verifique a entrada para $\{01\}$ na S-box.

5.3 Mostre as primeiras oito words da expansão de chave para uma de 128 bits, todas com zero.

5.4 Dado o texto claro {000102030405060708090A0B0C0D0E0F} e a chave {01010101010101010101010101010101},
    a. Mostre o conteúdo original de **Estado**, exibido como uma matriz 4 × 4.
    b. Mostre o valor de **Estado** após o **AddRoundKey** inicial.
    c. Mostre o valor de **Estado** após **SubBytes**.
    d. Mostre o valor de **Estado** após **ShiftRows**.
    e. Mostre o valor de **Estado** após **MixColumns**.

5.5 Verifique a Equação 5.11. Ou seja, mostre que $x^i \bmod (x^4 + 1) = x^{i \bmod 4}$.

5.6 Compare AES com DES. Para cada um dos seguintes elementos do DES, indique o elemento comparável no AES ou explique por que ele não é necessário no AES.
    a. XOR do material da subchave com a entrada da função f.
    b. XOR da saída da função f com a metade esquerda do bloco.
    c. função f.
    d. permutação P.
    e. troca de metades do bloco.

5.7 Na subseção sobre aspectos de implementação, mencionamos que o uso de tabelas ajuda a impedir ataques de temporização. Sugira uma técnica alternativa.

5.8 Na subseção sobre aspectos de implementação, uma única equação algébrica é desenvolvida para descrever os quatro estágios de uma rodada típica do algoritmo de encriptação. Forneça a equação equivalente para a décima rodada.

5.9 Calcule a saída da transformação MixColumns para a seguinte sequência de bytes de entrada "67 89 AB CD". Aplique a transformação InvMixColumns ao resultado obtido para verificar seus cálculos. Altere o primeiro byte da entrada de "67" para "77", realize a transformação MixColumns novamente para a nova entrada e determine quantos bits mudaram na saída.
Nota: você pode realizar todos os cálculos à mão ou escrever um programa que dê suporte a eles. Se escolher escrever um programa, ele deverá ser feito inteiramente por você; nesta tarefa, não use bibliotecas ou código fonte de domínio público.

5.10 Use a chave 1010 0111 0011 1011 para encriptar o texto claro "ok" conforme expresso em ASCII, ou seja, 0110 1111 0110 1011. Os projetistas do S-AES obtiveram o texto cifrado 0000 0111 0011 1000. E você?

5.11 Mostre que a matriz a seguir, com entradas em $GF(2^4)$, é o inverso daquela usada na etapa MixColumns do S-AES.

$$\begin{pmatrix} x^3 + 1 & x \\ x & x^3 + 1 \end{pmatrix}$$

5.12 Escreva cuidadosamente uma decriptação completa do texto cifrado 0000 0111 0011 1000, usando a chave 1010 0111 0011 1011 e o algoritmo S-AES. Você deverá obter o texto claro com que começamos no Problema 5.10. Observe que o inverso das S-boxes pode ser feito com uma pesquisa em tabela reversa. O inverso da etapa MixColumns é dado pela matriz no problema anterior.

5.13 Demonstre que a Equação 5.9 é equivalente à Equação 5.4.

Problemas de programação

5.14 Crie um software que possa encriptar e decriptar usando S-AES. *Dados de teste:* um texto claro binário de 0110 1111 0110 1011 encriptado com uma chave binária de 1010 0111 0011 1011 deverá dar o texto cifrado binário 0000 0111 0011 1000. A decriptação deverá funcionar da mesma forma.

5.15 Implemente um ataque de criptoanálise diferencial no S-AES em uma rodada.

APÊNDICE 5A POLINÔMIOS COM COEFICIENTES EM GF(2^8)

Na Seção 4.5, discutimos sobre aritmética de polinômio, em que os coeficientes estão em Z_p e os polinômios são definidos módulo um polinômio $M(x)$, cuja potência mais alta é algum inteiro n. Nesse caso, adição e multiplicação de coeficientes ocorriam dentro do corpo Z_p; ou seja, adição e multiplicação eram realizadas módulo p.

O documento do AES define a aritmética de polinômio para aqueles de grau 3 ou menos com coeficientes em GF(2^8). As regras a seguir se aplicam:

1. A adição é realizada somando-se os coeficientes correspondentes em GF(2^8). Conforme indicado na Seção 4.5, se tratarmos os elementos de GF(2^8) como strings de 8 bits, então a adição é equivalente à operação XOR. Assim, se tivermos

$$a(x) = a_3x^3 + a_2x^2 + a_1x + a_0 \quad (5.10)$$

e

$$b(x) = b_3x^3 + b_2x^2 + b_1x + b_0 \quad (5.11)$$

então

$$a(x) + b(x) = (a_3 \oplus b_3)x^3 + (a_2 \oplus b_2)x^2 + (a_1 \oplus b_1)x + (a_0 \oplus b_0)$$

2. A multiplicação é realizada como a de polinômios normal, com dois refinamentos:
   a. Os coeficientes são multiplicados em GF(2^8).
   b. O polinômio resultante é reduzido mod ($x^4 + 1$).

Precisamos esclarecer de qual polinômio estamos falando. Lembre-se, da Seção 4.6, que cada elemento de GF(2^8) é um polinômio de grau 7 ou menos com coeficientes binários, e a multiplicação é executada módulo um polinômio de grau 8. De modo equivalente, cada elemento de GF(2^8) pode ser visto como um byte de 8 bits cujos valores de bits equiparam aos coeficientes binários do polinômio correspondente. Para os conjuntos definidos nesta seção, estamos determinando um anel polinomial em que cada elemento é um polinômio de grau 3 ou menos, com coeficientes em GF(2^8), e a multiplicação é executada módulo um polinômio de grau 4. De modo equivalente, cada elemento desse anel pode ser visto como uma word de 4 bytes cujos valores de byte são elementos de GF(2^8) que se relacionam aos coeficientes de 8 bits do polinômio correspondente.

Indicamos o produto modular de $a(x)$ e $b(x)$ com $a(x) \otimes b(x)$. Para calcular $d(x) = a(x) \otimes b(x)$, o primeiro passo é realizar uma multiplicação sem a operação de módulo e coletar coeficientes de potências semelhantes. Vamos expressar isso como $c(x) = a(x) \times b(x)$. Então,

$$c(x) = c_6x^6 + c_5x^5 + c_4x^4 + c_3x^3 + c_2x^2 + c_1x + c_0 \quad (5.12)$$

onde

$c_0 = a_0 \cdot b_0$
$c_1 = (a_1 \cdot b_0) \oplus (a_0 \cdot b_1)$
$c_2 = (a_2 \cdot b_0) \oplus (a_1 \cdot b_1) \oplus (a_0 \cdot b_2)$
$c_3 = (a_3 \cdot b_0) \oplus (a_2 \cdot b_1) \oplus (a_1 \cdot b_2) \oplus (a_0 \cdot b_3)$

$c_4 = (a_3 \cdot b_1) \oplus (a_2 \cdot b_2) \oplus (a_1 \cdot b_3)$
$c_5 = (a_3 \cdot b_2) \oplus (a_2 \cdot b_3)$
$c_6 = a_3 \cdot b_3$

A última etapa é realizar a operação de módulo:

$$d(x) = c(x) \bmod (x^4 + 1)$$

Ou seja, $d(x)$ precisa satisfazer a equação

$$c(x) = [(x^4 + 1) \times q(x)] \oplus d(x)$$

de modo que o grau de $d(x)$ seja 3 ou menos.

Uma técnica prática para realizar a multiplicação por esse anel polinomial é baseada na observação de que

$$x^i \bmod (x^4 + 1) = x^{i \bmod 4} \quad \textbf{(5.13)}$$

Se agora combinarmos as equações 5.12 e 5.13, acabaremos com

$$\begin{aligned} d(x) &= c(x) \bmod (x^4 + 1) \\ &= [c_6 x^6 + c_5 x^5 + c_4 x^4 + c_3 x^3 + c_2 x^2 + c_1 x + c_0] \bmod (x^4 + 1) \\ &= c_3 x^3 + (c_2 \oplus c_6) x^2 + (c_1 \oplus c_5) x + (c_0 \oplus c_4) \end{aligned}$$

Expandindo os coeficientes e_i, temos as seguintes equações para os de $d(x)$:

$$\begin{aligned} d_0 &= (a_0 \cdot b_0) \oplus (a_3 \cdot b_1) \oplus (a_2 \cdot b_2) \oplus (a_1 \cdot b_3) \\ d_1 &= (a_1 \cdot b_0) \oplus (a_0 \cdot b_1) \oplus (a_3 \cdot b_2) \oplus (a_2 \cdot b_3) \\ d_2 &= (a_2 \cdot b_0) \oplus (a_1 \cdot b_1) \oplus (a_0 \cdot b_2) \oplus (a_3 \cdot b_3) \\ d_3 &= (a_3 \cdot b_0) \oplus (a_2 \cdot b_1) \oplus (a_1 \cdot b_2) \oplus (a_0 \cdot b_3) \end{aligned}$$

Isso pode ser escrito em forma de matriz:

$$\begin{bmatrix} d_0 \\ d_1 \\ d_2 \\ d_3 \end{bmatrix} = \begin{bmatrix} a_0 & a_3 & a_2 & a_1 \\ a_1 & a_0 & a_3 & a_2 \\ a_2 & a_1 & a_0 & a_3 \\ a_3 & a_2 & a_1 & a_0 \end{bmatrix} \begin{bmatrix} b_0 \\ b_1 \\ b_2 \\ b_3 \end{bmatrix} \quad \textbf{(5.14)}$$

Transformação MixColumns

Na discussão sobre MixColumns, foi dito que existem duas maneiras equivalentes de definir a transformação. A primeira é a multiplicação matricial, mostrada na Equação 5.3 e repetida aqui:

$$\begin{bmatrix} 02 & 03 & 01 & 01 \\ 01 & 02 & 03 & 01 \\ 01 & 01 & 02 & 03 \\ 03 & 01 & 01 & 02 \end{bmatrix} \begin{bmatrix} s_{0,0} & s_{0,1} & s_{0,2} & s_{0,3} \\ s_{1,0} & s_{1,1} & s_{1,2} & s_{1,3} \\ s_{2,0} & s_{2,1} & s_{2,2} & s_{2,3} \\ s_{3,0} & s_{3,1} & s_{3,2} & s_{3,3} \end{bmatrix} = \begin{bmatrix} s'_{0,0} & s'_{0,1} & s'_{0,2} & s'_{0,3} \\ s'_{1,0} & s'_{1,1} & s'_{1,2} & s'_{1,3} \\ s'_{2,0} & s'_{2,1} & s'_{2,2} & s'_{2,3} \\ s'_{3,0} & s'_{3,1} & s'_{3,2} & s'_{3,3} \end{bmatrix}$$

O segundo método é tratar cada coluna de **Estado** como um polinômio de quatro termos com coeficientes em $GF(2^8)$. Cada coluna é multiplicada módulo $(x^4 + 1)$ pelo polinômio fixo $a(x)$, dado por

$$a(x) = \{03\}x^3 + \{01\}x^2 + \{01\}x + \{02\}$$

Pela Equação 5.10, temos $a_3 = \{03\}$; $a_2 = \{01\}$; $a_1 = \{01\}$; $a_0 = \{02\}$. Para a coluna j de **Estado**, temos o polinômio $\text{col}_j(x) = s_{3,j} x^3 + s_{2,j} x^2 + s_{1,j} x + s_{0,j}$. Substituindo na Equação 5.14, podemos expressar $d(x) = a(x) \times \text{col}_j(x)$ como

$$\begin{bmatrix} d_0 \\ d_1 \\ d_2 \\ d_3 \end{bmatrix} = \begin{bmatrix} a_0 & a_3 & a_2 & a_1 \\ a_1 & a_0 & a_3 & a_2 \\ a_2 & a_1 & a_0 & a_3 \\ a_3 & a_2 & a_1 & a_0 \end{bmatrix} \begin{bmatrix} s_{0,j} \\ s_{1,j} \\ s_{2,j} \\ s_{3,j} \end{bmatrix} = \begin{bmatrix} 02 & 03 & 01 & 01 \\ 01 & 02 & 03 & 01 \\ 01 & 01 & 02 & 03 \\ 03 & 01 & 01 & 02 \end{bmatrix} \begin{bmatrix} s_{0,j} \\ s_{1,j} \\ s_{2,j} \\ s_{3,j} \end{bmatrix}$$

que é equivalente à Equação 5.3.

Multiplicação por x

Considere a multiplicação de um polinômio no anel por x: $c(x) = x \oplus b(x)$. Temos

$$c(x) = x \otimes b(x) = [x \times (b_3x^3 + b_2x^2 + b_1x + b_0)] \bmod (x^4 + 1)$$
$$= (b_3x^4 + b_2x^3 + b_1x^2 + b_0x) \bmod (x^4 + 1)$$
$$= b_2x^3 + b_1x^2 + b_0x + b_3$$

Assim, a multiplicação por x corresponde a um deslocamento circular à esquerda por 1 byte dos 4 bytes na word que representa o polinômio. Se sinalizarmos o polinômio como um vetor de colunas de 4 bytes, então temos

$$\begin{bmatrix} c_0 \\ c_1 \\ c_2 \\ c_3 \end{bmatrix} = \begin{bmatrix} 00 & 00 & 00 & 01 \\ 01 & 00 & 00 & 00 \\ 00 & 01 & 00 & 00 \\ 00 & 00 & 01 & 00 \end{bmatrix} \begin{bmatrix} b_0 \\ b_1 \\ b_2 \\ b_3 \end{bmatrix}$$

APÊNDICE 5B AES SIMPLIFICADO

O AES simplificado (S-AES) foi desenvolvido pelo Professor Edward Schaefer da Santa Clara University e por vários de seus alunos [MUSA03]. Ele é um algoritmo de encriptação educacional, em vez de um seguro. Ele possui propriedades e estrutura semelhantes ao AES, com parâmetros muito menores. O leitor poderá achar útil trabalhar com um exemplo à mão enquanto acompanha a discussão neste apêndice. Um bom conhecimento do S-AES facilitará a compreensão da estrutura e do funcionamento do AES pelo aluno.

Visão geral

A Figura 5.11 ilustra a estrutura geral do S-AES. O algoritmo de encriptação utiliza um bloco de 16 bits de texto claro como entrada e uma chave de 16 bits, e produz um bloco de 16 bits de texto cifrado como saída. O algoritmo de decriptação do S-AES emprega um bloco de 16 bits de texto cifrado e a mesma chave de 16 bits usada para produzir esse texto cifrado como entrada, criando como saída o bloco de 16 bits de texto claro original.

O algoritmo de encriptação envolve o uso de quatro funções diferentes, ou transformações: incluir chave (A_K), substituir nibble (NS), deslocar linha (SR) e embaralhar coluna (MC), cuja operação é explicada mais adiante.

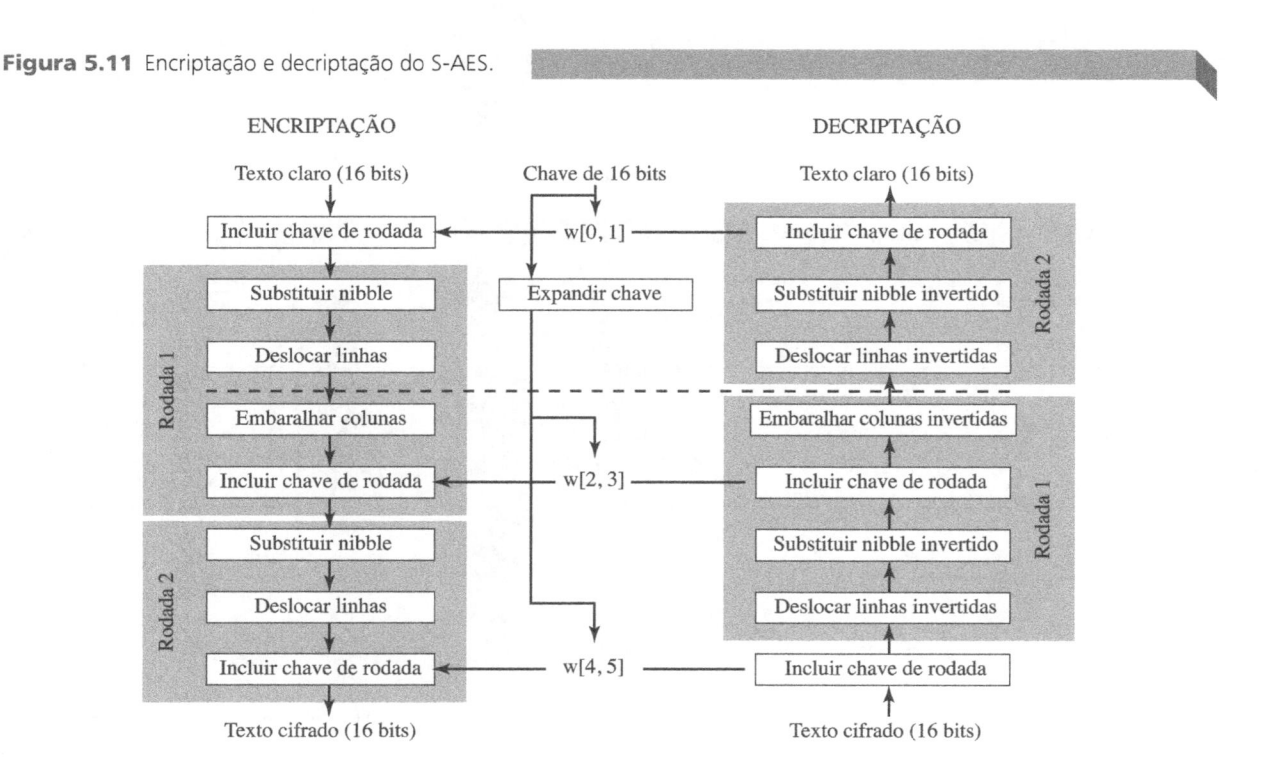

Figura 5.11 Encriptação e decriptação do S-AES.

Podemos expressar o algoritmo de encriptação de forma concisa como uma composição[6] de funções:

$$A_{K_2} \circ SR \circ NS \circ A_{K_1} \circ MC \circ SR \circ NS \circ A_{K_0}$$

de modo que A_{K_0} é aplicado primeiro.

O algoritmo de encriptação é organizado em três rodadas. A rodada 0 é simplesmente de inclusão de chave; a rodada 1 é completa de quatro funções; e a rodada 2 contém apenas três funções. Cada rodada conta com a função incluir chave, que utiliza os 16 bits dela. A chave inicial de 16 bits é expandida para 48 bits, de modo que cada rodada utiliza uma chave de rodada distinta de 16 bits.

Cada função opera sobre um estado de 16 bits, tratado como uma matriz 2 × 2 de nibbles, na qual um nibble é igual a 4 bits. O valor inicial da matriz **Estado** é o texto claro de 16 bits; ela é modificada por cada função subsequente no processo de encriptação, produzindo após a última o texto cifrado de 16 bits. Como mostra a Figura 5.12a, a ordenação dos nibbles dentro da matriz é por coluna. Assim, por exemplo, os primeiros oito bits de uma entrada de texto claro de 16 bits para a cifra de encriptação ocupam a primeira coluna da matriz, e os próximos oito bits, a segunda coluna. A chave de 16 bits é organizada de modo semelhante, mas é um pouco mais conveniente vê-la como dois bytes, em vez de quatro nibbles (Figura 5.12b). A chave expandida de 48 bits é tratada como três chaves de rodada, cujos bits são rotulados da seguinte forma: $K_0 = k_0 \ldots k_{15}$; $K_1 = k_{16} \ldots k_{31}$; $K_2 = k_{32} \ldots k_{47}$.

A Figura 5.13 mostra os elementos essenciais de uma rodada completa do S-AES.

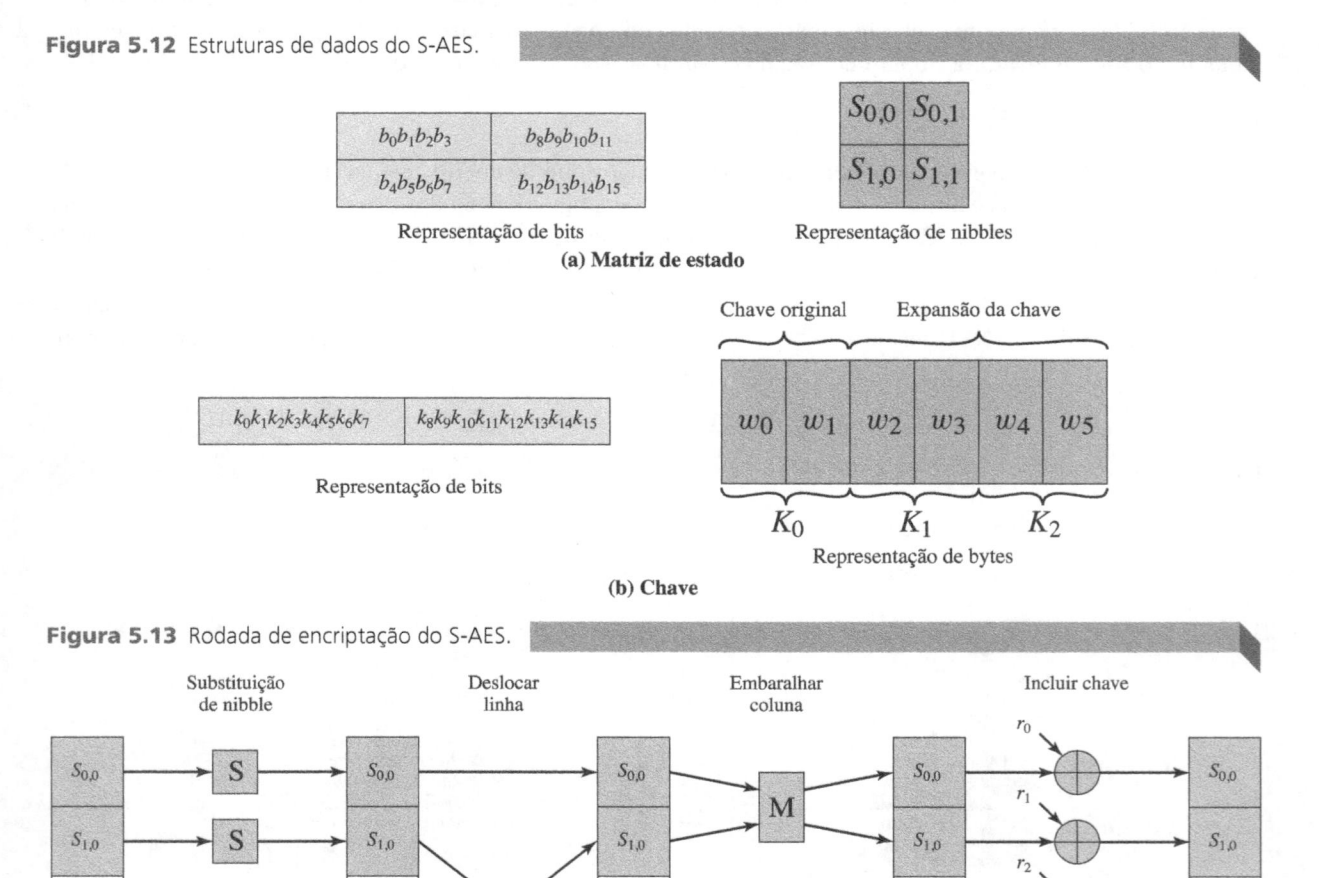

Figura 5.12 Estruturas de dados do S-AES.

(a) Matriz de estado

Figura 5.13 Rodada de encriptação do S-AES.

---

[6] **Definição:** se f e g são duas funções, então a F com a equação $y = F(x) = g[f(x)]$ é chamada de **composição** de f e g, sendo indicada como $F = g \circ f$.

A decriptação também aparece na Figura 5.11 e é basicamente o inverso da encriptação:

$$A_{K_0} \circ INS \circ ISR \circ IMC \circ A_{K_1} \circ INS \circ ISR \circ A_{K_2}$$

em que três das funções têm uma inversa correspondente: substituir nibbles invertidos (INS), substituir linhas invertidas (ISR) e embaralhar colunas invertidas (IMC).

Encriptação e decriptação S-AES

Agora, vejamos as funções individuais que fazem parte do algoritmo de encriptação.

INCLUSÃO DE CHAVE A função incluir chave consiste no XOR bit a bit entre a matriz **Estado** de 16 bits e a chave de rodada de 16 bits. A Figura 5.14 representa isso como uma operação coluna por coluna, mas também pode ser visto como uma operação nibble a nibble ou bit a bit. Veja um exemplo a seguir:

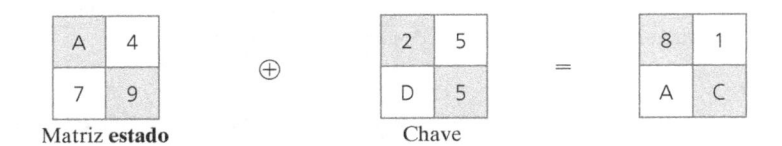

A	4		2	5		8	1
---	---		---	---		---	---
7	9	⊕	D	5	=	A	C

Matriz **estado**   Chave

O inverso da função incluir chave é idêntico à função adicionar chave, pois a operação XOR é o seu próprio inverso.

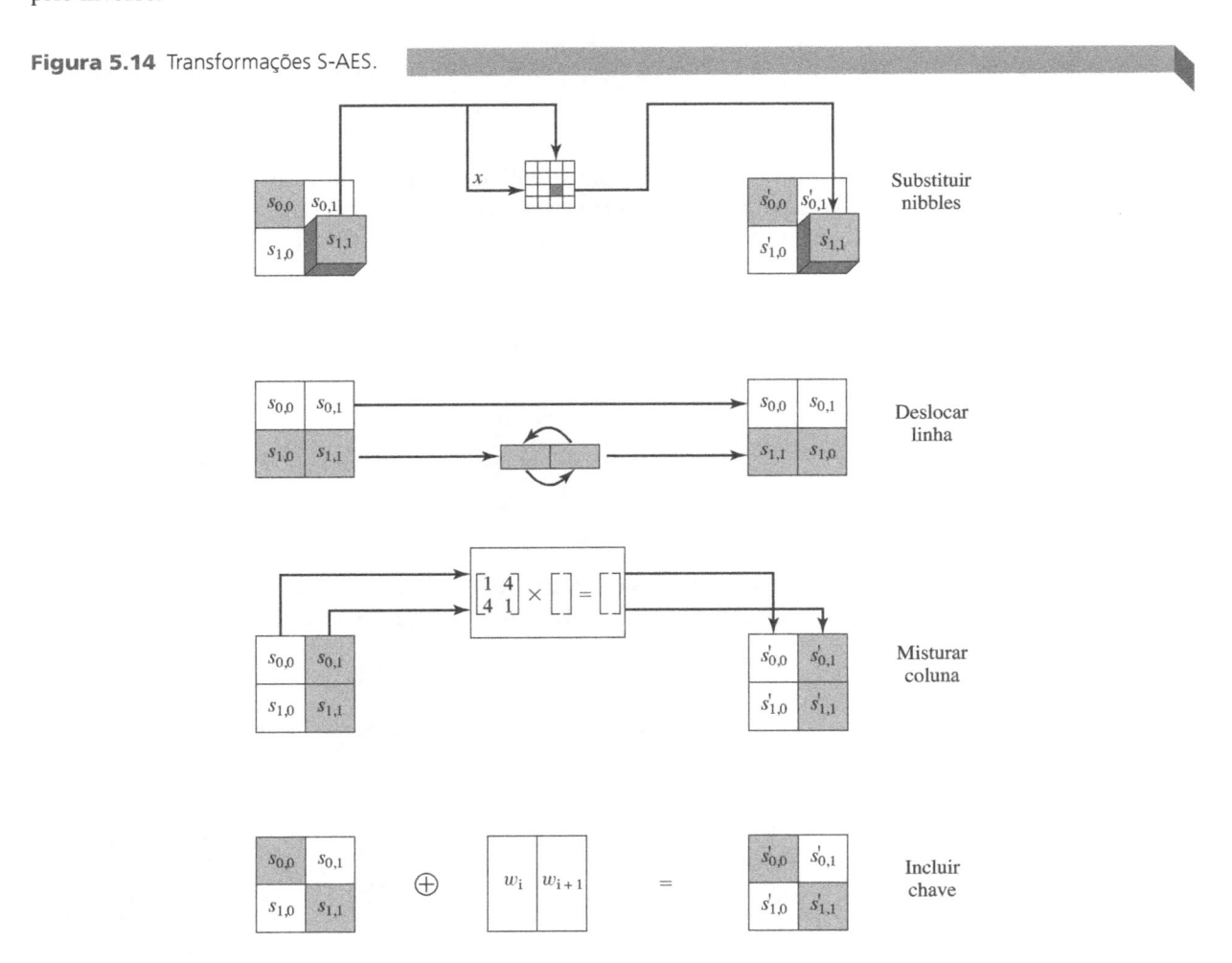

Figura 5.14 Transformações S-AES.

Substituição de nibble

A função de substituição de nibble é uma simples pesquisa em tabela (Figura 5.14). O AES define uma matriz 4 × 4 de valores de nibble, chamada S-box (Tabela 5.7a), que contém uma permutação de todos os valores de 4 bits possíveis. Cada nibble individual da matriz **Estado** é comparada com um novo nibble da seguinte maneira: os 2 bits mais à esquerda do nibble são usados como um valor de linha, e os 2 bits mais à direita, como um valor de coluna. Esses valores de linha e coluna servem como índices na S-box, para selecionar um valor único de saída de 4 bits. Por exemplo, o valor hexadecimal A referencia a linha 2, coluna 2 da S-box, que contém o valor 0. Por conseguinte, o valor A é comparado com o valor 0.

Aqui está um exemplo da transformação de substituição de nibble:

8	1
A	C

→

6	4
C	0

A função de substituição de nibble inversa utiliza a S-box invertida, mostrada na Tabela 5.7b. Observe, por exemplo, que a entrada 0 produz a saída A, e a saída A para a S-box produz 0.

Deslocamento de linha

A função deslocar linhas realiza um deslocamento circular de um nibble da segunda linha da matriz de **Estado**; a primeira linha não é alterada (Figura 5.14). A seguir vemos um exemplo:

6	4
0	C

→

6	4
C	0

A função deslocar linhas invertidas é idêntica à função deslocar linhas, pois desloca a segunda linha de volta à sua posição original.

Embaralhar colunas

A função embaralhar colunas opera sobre cada coluna individualmente. Cada nibble de uma coluna é mapeado para um novo valor que é uma função de ambos os nibbles nessa coluna. A transformação pode ser definida pela seguinte multiplicação sobre a matriz de **estado** (Figura 5.14).

$$\begin{bmatrix} 1 & 4 \\ 4 & 1 \end{bmatrix} \begin{bmatrix} s_{0,0} & s_{0,1} \\ s_{1,0} & s_{1,1} \end{bmatrix} = \begin{bmatrix} s'_{0,0} & s'_{0,1} \\ s'_{1,0} & s'_{1,1} \end{bmatrix}$$

Realizando a multiplicação de matriz, obtemos:

$$S'_{0,0} = S_{0,0} \oplus (4 \cdot S_{1,0})$$
$$S'_{1,0} = (4 \cdot S_{0,0}) \oplus S_{1,0}$$
$$S'_{0,1} = S_{0,1} \oplus (4 \cdot S_{1,1})$$
$$S'_{1,1} = (4 \cdot S_{0,1}) \oplus S_{1,1}$$

onde a aritmética é realizada em $GF(2^4)$, e o símbolo · refere-se à multiplicação em $GF(2^4)$. O Apêndice I (<sv.pearson.com.br>, em inglês) oferece as tabelas de adição e multiplicação. A seguir vemos um exemplo:

Tabela 5.7 S-boxes do S-AES.

		\multicolumn{4}{c}{j}
		00	01	10	11
i	00	9	4	A	B
	01	D	1	8	5
	10	6	2	0	3
	11	C	E	F	7

		\multicolumn{4}{c}{j}
		00	01	10	11
i	00	A	5	9	B
	01	1	7	8	F
	10	6	0	2	3
	11	C	4	D	E

(a) S-box

(b) S-box invertida

Nota: números hexadecimais em caixas sombreadas; números binários em caixas não sombreadas.

$$\begin{bmatrix} 1 & 4 \\ 4 & 1 \end{bmatrix} \begin{bmatrix} 6 & 4 \\ C & 0 \end{bmatrix} = \begin{bmatrix} 3 & 4 \\ 7 & 3 \end{bmatrix}$$

A função embaralhar coluna invertida é definida da seguinte forma:

$$\begin{bmatrix} 9 & 2 \\ 2 & 9 \end{bmatrix} \begin{bmatrix} s_{0,0} & s_{0,1} \\ s_{1,0} & s_{1,1} \end{bmatrix} = \begin{bmatrix} s'_{0,0} & s'_{0,1} \\ s'_{1,0} & s'_{1,1} \end{bmatrix}$$

Demonstramos que de fato definimos o inverso:

$$\begin{bmatrix} 9 & 2 \\ 2 & 9 \end{bmatrix} \begin{bmatrix} 1 & 4 \\ 4 & 1 \end{bmatrix} \begin{bmatrix} s_{0,0} & s_{0,1} \\ s_{1,0} & s_{1,1} \end{bmatrix} = \begin{bmatrix} 1 & 0 \\ 0 & 1 \end{bmatrix} \begin{bmatrix} s_{0,0} & s_{0,1} \\ s_{1,0} & s_{1,1} \end{bmatrix} = \begin{bmatrix} s_{0,0} & s_{0,1} \\ s_{1,0} & s_{1,1} \end{bmatrix}$$

A multiplicação matricial anterior utiliza os seguintes resultados em GF(2^4): 9 + (2 · 4) = 9 + 8 = 1 e (9 · 4) + 2 = 2 + 2 = 0. Essas operações podem ser verificadas por meio de tabelas aritméticas no Apêndice I ou pela aritmética de polinômios.

A função de embaralhamento de colunas é a mais difícil de se visualizar. Por conseguinte, oferecemos uma perspectiva adicional para ela no Apêndice I.

Expansão de chave

Para a expansão de chave, os 16 bits da chave inicial são agrupados em uma fileira de duas words de 8 bits. A Figura 5.15 mostra a expansão para 6 words, pelo cálculo de 4 novas words a partir das 2 words iniciais. O algoritmo é o seguinte:

$$w_2 = w_0 \oplus g(w_1) = w_0 \oplus \text{Rcon}(1) \oplus \text{SubNib}(\text{RotNib}(w_1))$$
$$w_3 = w_2 \oplus w_1$$
$$w_4 = w_2 \oplus g(w_3) = w_2 \oplus \text{Rcon}(2) \oplus \text{SubNib}(\text{RotNib}(w_3))$$
$$w_5 = w_4 \oplus w_3$$

Figura 5.15 Expansão de chave do S-AES.

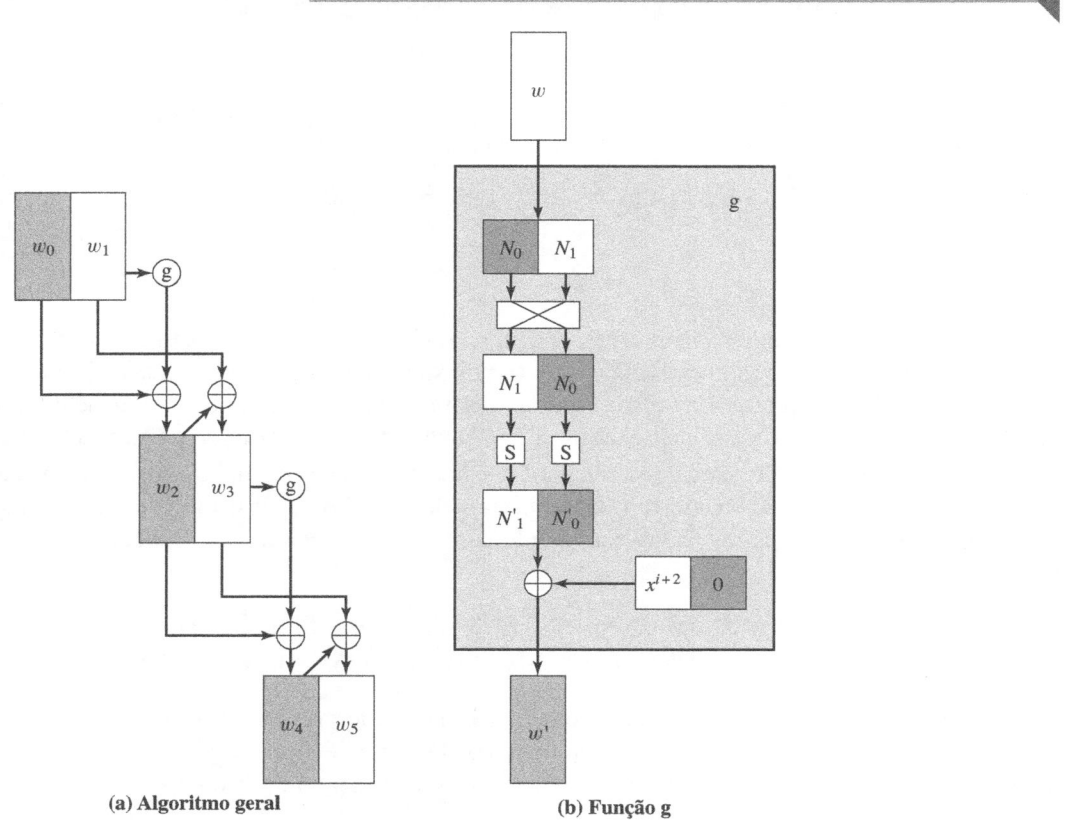

(a) Algoritmo geral

(b) Função g

Rcon é uma constante de rodada, definida da seguinte forma: RC[i] = x^{i+2}, de modo que RC[1] = x^3 = 1000, e RC[2] = x^4 mod ($x^4 + x + 1$) = $x + 1$ = 0011. RC[i] forma o nibble mais à esquerda de um byte, com o nibble mais à direita sendo composto apenas de zeros. Assim, Rcon(1) = 10000000 e Rcon(2) = 00110000.

Por exemplo, suponha que a chave seja 2D55 = 0010 1101 0101 0101 = $w_0 w_1$. Então

$$
\begin{aligned}
w_2 &= 00101101 \oplus 10000000 \oplus \text{SubNib}(01010101) \\
&= 00101101 \oplus 10000000 \oplus 00010001 = 10111100 \\
w_3 &= 10111100 \oplus 01010101 = 11101001 \\
w_4 &= 10111100 \oplus 00110000 \oplus \text{SubNib}(10011110) \\
&= 10111100 \oplus 00110000 \oplus 00101111 = 10100011 \\
w_5 &= 10100011 \oplus 11101001 = 01001010
\end{aligned}
$$

A S-box

A S-box é construída da seguinte forma:

1. Inicialize a caixa-S com os valores de nibble em sequência crescente linha por linha. A primeira linha contém os valores hexadecimais (0, 1, 2, 3); a segunda linha, (4, 5, 6, 7); e assim por diante. Dessa forma, o valor do nibble na linha i, coluna j é $4i + j$.
2. Trate cada nibble como um elemento do corpo finito GF(2^4) módulo $x^4 + x + 1$. Cada nibble $a_0 a_1 a_2 a_3$ representa um polinômio de grau 3.
3. Compare cada byte da S-box com seu inverso multiplicativo no corpo finito GF(2^4) módulo $x^4 + x + 1$; o valor 0 é comparado consigo mesmo.
4. Considere que cada byte na S-box consiste em 4 bits rotulados com (b_0, b_1, b_2, b_3). Aplique a transformação a seguir a cada bit de cada byte na S-box. O padrão do AES representa essa transformação no formato de matriz da seguinte maneira:

$$
\begin{bmatrix} b'_0 \\ b'_1 \\ b'_2 \\ b'_3 \end{bmatrix} = \begin{bmatrix} 1 & 0 & 1 & 1 \\ 1 & 1 & 0 & 1 \\ 1 & 1 & 1 & 0 \\ 0 & 1 & 1 & 1 \end{bmatrix} \begin{bmatrix} b_0 \\ b_1 \\ b_2 \\ b_3 \end{bmatrix} \oplus \begin{bmatrix} 1 \\ 0 \\ 0 \\ 1 \end{bmatrix}
$$

5. Aspas simples (') indicam que a variável deve ser atualizada pelo valor à direita. Lembre-se de que adição e multiplicação estão sendo calculadas com módulo 2.

A Tabela 5.7a mostra a S-box resultante. Esta é uma matriz não linear e reversível. A S-box inversa aparece na Tabela 5.7b.

Estrutura do S-AES

Agora, podemos examinar vários aspectos com relação à estrutura do AES. Primeiro, observe que os algoritmos de encriptação e decriptação começam e terminam com a função incluir chave. Qualquer outra função, no início ou no fim, é facilmente reversível sem conhecimento da chave, e por isso não incluiria segurança, mas apenas um overhead de processamento. Assim, existe uma rodada 0 consistindo apenas na função incluir chave.

O segundo ponto a observar é que a rodada 2 não inclui a função embaralhar coluna. A explicação para isso na verdade se relaciona com uma terceira observação, de que, embora o algoritmo de decriptação seja o reverso do de encriptação, como podemos ver claramente na Figura 5.11, ele não acompanha a mesma sequência de funções. Assim,

Encriptação: $A_{K_2} \circ SR \circ NS \circ A_{K_1} \circ MC \circ SR \circ NS \circ A_{K_0}$
Decriptação: $A_{K_0} \circ INS \circ ISR \circ IMC \circ A_{K_1} \circ INS \circ ISR \circ A_{K_2}$

Por um ponto de vista da implementação, seria desejável que a função de decriptação seguisse a mesma sequência de função da encriptação. Isso permite que o algoritmo de decriptação seja implementado da mesma maneira que o algoritmo de encriptação, criando oportunidades para um modelo mais eficiente.

Observe que, se pudéssemos trocar a segunda e a terceira funções, a quarta e a quinta funções, e a sexta e a sétima funções na sequência de decriptação, teríamos a mesma estrutura do algoritmo de encriptação. Vejamos se isso é possível. Primeiro, considere a troca de INS e ISR. Dado um estado N consistindo nos nibbles (N_0, N_1, N_2, N_3), a transformação INS(ISR(N)) prossegue da seguinte forma:

$$\begin{pmatrix} N_0 & N_2 \\ N_1 & N_3 \end{pmatrix} \to \begin{pmatrix} N_0 & N_2 \\ N_3 & N_1 \end{pmatrix} \to \begin{pmatrix} \text{IS}[N_0] & \text{IS}[N_2] \\ \text{IS}[N_3] & \text{IS}[N_1] \end{pmatrix}$$

onde IS refere-se à S-box inversa. Revertendo as operações, a transformação ISR(INS(N)) prossegue da seguinte forma:

$$\begin{pmatrix} N_0 & N_2 \\ N_1 & N_3 \end{pmatrix} \to \begin{pmatrix} \text{IS}[N_0] & \text{IS}[N_2] \\ \text{IS}[N_1] & \text{IS}[N_3] \end{pmatrix} \to \begin{pmatrix} \text{IS}[N_0] & \text{IS}[N_2] \\ \text{IS}[N_3] & \text{IS}[N_1] \end{pmatrix}$$

que é o mesmo resultado. Assim, INS(ISR(N)) = ISR(INS(N)).

Agora, considere a operação embaralhar colunas invertidas, seguida por incluir chave: IMC($A_{K1}(N)$), onde a chave da rodada K_1 consiste nos nibbles $(k_{0,0}, k_{1,0}, k_{0,1}, k_{1,1})$. Então:

$$\begin{pmatrix} 9 & 2 \\ 2 & 9 \end{pmatrix} \left(\begin{pmatrix} k_{0,0} & k_{0,1} \\ k_{1,0} & k_{1,1} \end{pmatrix} \oplus \begin{pmatrix} N_0 & N_2 \\ N_1 & N_3 \end{pmatrix} \right) = \begin{pmatrix} 9 & 2 \\ 2 & 9 \end{pmatrix} \begin{pmatrix} k_{0,0} \oplus N_0 & k_{0,1} \oplus N_2 \\ k_{1,0} \oplus N_1 & k_{1,1} \oplus N_3 \end{pmatrix}$$

$$= \begin{pmatrix} 9(k_{0,0} \oplus N_0) \oplus 2(K_{1,0} \oplus N_1) & 9(k_{0,1} \oplus N_2) \oplus 2(K_{1,1} \oplus N_3) \\ 2(k_{0,0} \oplus N_0) \oplus 9(K_{1,0} \oplus N_1) & 2(k_{0,1} \oplus N_2) \oplus 9(K_{1,1} \oplus N_3) \end{pmatrix}$$

$$= \begin{pmatrix} (9k_{0,0} \oplus 2k_{1,0}) \oplus (9N_0 \oplus 2N_1) & (9k_{0,1} \oplus 2k_{1,1}) \oplus (9N_2 \oplus 2N_3) \\ (2k_{0,0} \oplus 9k_{1,0}) \oplus (2N_0 \oplus 9N_1) & (2k_{0,1} \oplus 9k_{1,1}) \oplus (2N_2 \oplus 9N_3) \end{pmatrix}$$

$$= \begin{pmatrix} (9k_{0,0} \oplus 2k_{1,0}) & (9k_{0,1} \oplus 2k_{1,1}) \\ (2k_{0,0} \oplus 9k_{1,0}) & (2k_{0,1} \oplus 9k_{1,1}) \end{pmatrix} \oplus \begin{pmatrix} (9N_0 \oplus 2N_1) & (9N_2 \oplus 2N_3) \\ (2N_0 \oplus 9N_1) & (2N_2 \oplus 9N_3) \end{pmatrix}$$

$$= \begin{pmatrix} 9 & 2 \\ 2 & 9 \end{pmatrix} \begin{pmatrix} k_{0,0} & k_{0,1} \\ k_{1,0} & k_{1,1} \end{pmatrix} \oplus \begin{pmatrix} 9 & 2 \\ 2 & 9 \end{pmatrix} \begin{pmatrix} N_0 & N_2 \\ N_1 & N_3 \end{pmatrix}$$

Todas as etapas citadas utilizam as propriedades da aritmética de corpo finito. O resultado é que IMC($A_{K_1}(N)$) = IMC(K_1) $\oplus$ IMC(N). Agora, vamos definir a chave de rodada inversa para a rodada 1 como sendo IMC(K_1), e a operação incluir chave invertida IA$_{K_1}$ como o XOR bit a bit da chave de rodada inversa com o vetor de estado. Então, temos IMC($A_{K_1}(N)$) = IA$_{K_1}$(IMC(N)). Como resultado, podemos escrever o seguinte:

Encriptação: $A_{K_2} \circ \text{SR} \circ \text{NS} \circ A_{K_1} \circ \text{MC} \circ \text{SR} \circ \text{NS} \circ A_{K_0}$
Decriptação: $A_{K_0} \circ \text{INS} \circ \text{ISR} \circ \text{IMC} \circ A_{K_1} \circ \text{INS} \circ \text{ISR} \circ A_{K_2}$
Decriptação: $A_{K_0} \circ \text{ISR} \circ \text{INS} \circ A_{\text{IMC}(K_1)} \circ \text{IMC} \circ \text{ISR} \circ \text{INS} \circ A_{K_2}$

Encriptação e decriptação agora seguem a mesma sequência. Observe que essa derivação não funcionaria de modo tão eficaz se a rodada 2 do algoritmo de encriptação incluísse a função MC. Nesse caso, teríamos

Encriptação: $A_{K_2} \circ \text{MC} \circ \text{SR} \circ \text{NS} \circ A_{K_1} \circ \text{MC} \circ \text{SR} \circ \text{NS} \circ A_{K_0}$
Decriptação: $A_{K_0} \circ \text{INS} \circ \text{ISR} \circ \text{IMC} \circ A_{K_1} \circ \text{INS} \circ \text{ISR} \circ \text{IMC} \circ A_{K_2}$

Agora, não existe como trocar os pares de operações no algoritmo de decriptação de modo a alcançar a mesma estrutura do algoritmo de encriptação.

Operação de cifra de bloco

06

TÓPICOS ABORDADOS

6.1 ENCRIPTAÇÃO MÚLTIPLA E TRIPLE DES
   Double DES
   Triple DES com duas chaves
   Triple DES com três chaves

6.2 MODO ELECTRONIC CODEBOOK

6.3 MODO CIPHER BLOCK CHAINING

6.4 MODO CIPHER FEEDBACK

6.5 MODO OUTPUT FEEDBACK

6.6 MODO COUNTER

6.7 MODO XTS-AES PARA DISPOSITIVOS DE ARMAZENAMENTO ORIENTADOS A BLOCO
   Cifras de blocos ajustáveis
   Requisitos de encriptação para armazenamento
   Operação sobre um único bloco
   Operação sobre um setor

6.8 LEITURA RECOMENDADA

6.9 PRINCIPAIS TERMOS, PERGUNTAS PARA REVISÃO E PROBLEMAS

OBJETIVOS DE APRENDIZAGEM

APÓS ESTUDAR ESTE CAPÍTULO, VOCÊ SERÁ CAPAZ DE:

☑ Analisar a segurança de esquemas de encriptação múltipla.
☑ Explicar o ataque *meet-in-the-middle*.
☑ Comparar e diferenciar os modos de operação ECB, CBC, CFB, OFB e CTR.
☑ Apresentar uma visão geral do modo de operação XTS-AES.

"Muitos selvagens atualmente consideram seus nomes como partes vitais de si mesmos, e, portanto, lutam para ocultar seus nomes reais, para que pessoas mal-intencionadas não tenham oportunidade de ferir seus proprietários."

— *O Ramo de Ouro*, Sir James George Frazer

Este capítulo continua nossa discussão sobre cifras simétricas. Começaremos com o tópico da encriptação múltipla, examinando em particular o esquema mais utilizado: triple DES.

Em seguida, passaremos para o assunto de modos de operação de cifra de bloco. Descobriremos que existem diversas maneiras de aplicar uma cifra de bloco ao texto claro, cada uma com suas próprias vantagens e usos em particular.

6.1 ENCRIPTAÇÃO MÚLTIPLA E TRIPLE DES

Dada a potencial vulnerabilidade do DES a um ataque por força bruta, tem havido um grande interesse na descoberta de uma alternativa. Uma técnica é projetar um algoritmo completamente novo, e o AES é o exemplo principal. Outra alternativa, que preservaria o investimento existente em software e equipamento, é usar encriptação múltipla com DES e múltiplas chaves. Começaremos examinando o exemplo mais simples dessa segunda proposta. Depois, avaliaremos a técnica bastante aceita do triple DES (3DES).

Double DES

A forma mais simples de encriptação múltipla tem dois estágios de encriptação e duas chaves (Figura 6.1a). Dado o texto claro P e duas chaves de encriptação K_1 e K_2, o texto cifrado C é gerado como

$$C = E(K_2, E(K_1, P))$$

A decriptação exige que as chaves sejam aplicadas em ordem reversa:

$$P = D(K_1, D(K_2, C))$$

Para o DES, esse esquema aparentemente envolve um tamanho de chave de $56 \times 2 = 112$ bits, o que resultaria em um aumento incrível na força criptográfica. Mas precisamos avaliar o algoritmo mais de perto.

REDUÇÃO A UM ÚNICO ESTÁGIO Suponha que fosse verdade para o DES, para todos os valores de chave de 56 bits, que, dadas duas chaves quaisquer K_1 e K_2, fosse possível encontrar uma chave K_3, tal que

$$E(K_2, E(K_1, P)) = E(K_3, P) \tag{6.1}$$

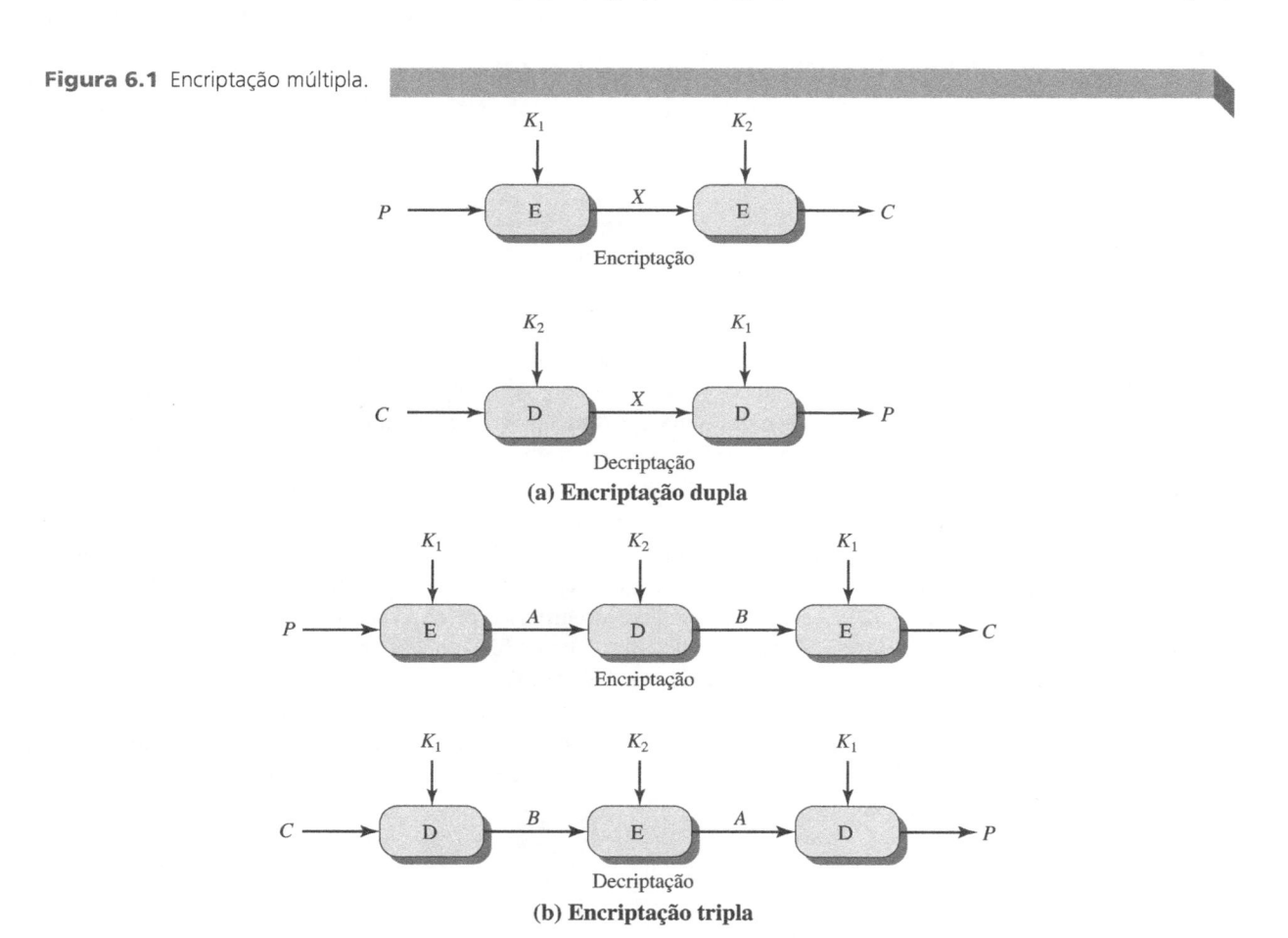

Figura 6.1 Encriptação múltipla.

(a) Encriptação dupla

(b) Encriptação tripla

Se fosse esse o caso, então a encriptação dupla, e na verdade qualquer número de estágios da encriptação múltipla com DES, seria inútil, pois o resultado equivaleria a uma encriptação única com uma única chave de 56 bits.

Diante disso, não parece que a Equação 6.1 seja válida. Considere que a encriptação com DES seja um mapeamento de blocos de 64 bits para blocos de 64 bits. De fato, esse mapeamento pode ser visto como uma permutação. Ou seja, se considerarmos todos os 2^{64} blocos de entrada possíveis, a encriptação DES com uma chave especial mapeará cada um para um único de 64 bits. Caso contrário, se, digamos, dois blocos de entrada forem mapeados para o mesmo de saída, então a decriptação a fim de recuperar o texto claro original seria impossível. Com 2^{64} entradas possíveis, quantos mapeamentos diferentes geram uma permutação dos blocos de entrada? O valor facilmente pode ser visto como

$$(2^{64})! = 10^{347380000000000000000} > (10^{10^{20}})$$

Por outro lado, o DES define um mapeamento para cada chave diferente, com um número total de mapeamentos:

$$2^{56} < 10^{17}$$

Portanto, é razoável considerar que, se o DES for usado duas vezes com chaves diferentes, ele produzirá um dos muitos mapeamentos que não estão definidos por uma única aplicação dele. Embora exista muita evidência que sustente essa suposição, não foi antes de 1992 que ela foi provada [CAMP92].

ATAQUE *MEET-IN-THE-MIDDLE* Assim, o uso do DES duplo resulta em um mapeamento que não é equivalente a uma encriptação DES única. Existe um modo de atacar esse esquema, que não depende de qualquer propriedade em particular do DES, mas que funcionará contra qualquer cifra de encriptação em bloco.

O algoritmo, conhecido como **ataque *meet-in-the-middle*** (encontro no meio), foi descrito inicialmente em [DIFF77]. Ele é baseado na observação de que, se temos

$$C = E(K_2, E(K_1, P))$$

então (ver Figura 6.1a)

$$X = E(K_1, P) = D(K_2, C)$$

Dado um par conhecido, (P, C), o ataque prossegue da forma a seguir. Primeiro, encripte P para todos os 2^{56} valores possíveis de K_1. Armazene esses resultados em uma tabela e depois ordene-a pelos valores de X. Em seguida, decripte C usando todos os 2^{56} valores possíveis de K_2. À medida que cada decriptação é produzida, compare o resultado com a tabela, em busca de uma ocorrência. Se houver uma correspondência, então confronte as duas chaves resultantes com um novo par de texto claro/texto cifrado conhecido. Se as duas chaves produzirem o texto cifrado esperado, aceite-as como as corretas.

Para qualquer texto claro P, existem 2^{64} valores de texto cifrado possíveis a ser produzidos pelo DES duplo. Por conseguinte, o DES duplo utiliza uma chave de 112 bits, de modo que existem 2^{112} chaves possíveis. Portanto, na média, para determinado texto claro P, o número de chaves diferentes de 112 bits que criarão certo texto cifrado C é $2^{112}/2^{64} = 2^{48}$. Assim, o procedimento anterior produzirá cerca de 2^{48} alarmes falsos no primeiro par (P, C). Um argumento semelhante indica que, com 64 bits adicionais de texto claro e texto cifrado conhecidos, a taxa de alarme falso é reduzida para $2^{48-64} = 2^{-16}$. Em outras palavras, se o ataque *meet-in-the-middle* for realizado sobre dois blocos de texto claro/texto cifrado conhecidos, a probabilidade de que as chaves corretas sejam estabelecidas é $1 - 2^{-16}$. O resultado é que um ataque de texto claro conhecido terá sucesso contra o DES duplo, que tem um tamanho de chave de 112 bits, com um esforço na ordem de 2^{56}, não muito mais do que os 2^{55} exigidos para o DES único.

Triple DES com duas chaves

Uma contramedida óbvia para o ataque *meet-in-the-middle* é usar três estágios de encriptação com três chaves diferentes. Isso aumenta o custo do ataque de texto claro conhecido para 2^{112}, que está além do que é prático agora e também para um futuro distante. Porém, isso tem a desvantagem de exigir um tamanho de chave de $56 \times 3 = 168$ bits, que pode ser muito pesado.

Como uma alternativa, Tuchman propôs um método de encriptação triplo que utiliza apenas duas chaves [TUCH79]. A função segue uma sequência encriptar-decriptar-encriptar (Figura 6.1b).

$$C = E(K_1, D(K_2, E(K_1, P)))$$
$$P = D(K_1, E(K_2, D(K_1, C)))$$

Não existe significado criptográfico no uso da decriptação para o segundo estágio. Sua única vantagem é que permite que os usuários do 3DES decriptografem dados criptografados pelos usuários do DES único mais antigo:

$$C = E(K_1, D(K_1, E(K_1, P))) = E(K_1, P)$$
$$P = D(K_1, E(K_1, D(K_1, C))) = D(K_1, C)$$

3DES com duas chaves é uma alternativa relativamente popular ao DES, e tem sido adotada para uso nos padrões de gerenciamento de chave ANSI X9.17 e ISO 8732.[1]

Atualmente, não existem ataques criptoanalíticos práticos sobre 3DES. Coppersmith [COPP94] observa que o custo de uma busca de chave por força bruta no 3DES está na ordem de $2^{112} \approx (5 \times 10^{33})$, e estima que o custo da criptoanálise diferencial sofre um crescimento exponencial, em comparação ao DES único, ultrapassando 10^{52}.

Vale a pena examinar diversos ataques propostos sobre o 3DES que, embora não sejam práticos, dão uma ideia dos tipos de ataque que foram considerados e que poderiam formar a base para ataques futuros mais bem-sucedidos.

A primeira proposta séria veio de Merkle e Hellman [MERK81]. Seu plano envolve encontrar os valores de texto claro que produzem um primeiro valor intermediário de $A = 0$ (Figura 6.1b) e depois usar o ataque *meet-in-the-middle* para determinar as duas chaves. O nível de esforço é 2^{56}, mas a técnica exige 2^{56} pares de texto claro/texto cifrado escolhidos, um número que provavelmente não será fornecido pelo mantenedor das chaves.

Um ataque de texto claro conhecido é esboçado em [VANO90]. Esse método é uma melhoria em relação à técnica de texto claro escolhido, mas exige mais esforço. O ataque é baseado na observação de que, se conhecemos A e C (Figura 6.1b), então o problema se reduz ao de um ataque sobre o DES duplo. Naturalmente, o atacante não conhece A, mesmo que P e C o sejam conhecidos desde que as duas chaves sejam desconhecidas. Porém, o atacante pode escolher um valor em potencial de A, e depois tentar encontrar um par (P, C) conhecido que produza A. O ataque prossegue da seguinte forma:

1. Obtenha n pares (P, C). Esse é o texto claro conhecido. Coloque-os em uma tabela ordenada sobre os valores de P (Figura 6.2b).
2. Escolha um valor qualquer a para A, e crie uma segunda tabela (Figura 6.2c) com entradas definidas no padrão a seguir. Para cada uma das 2^{56} chaves possíveis $K_1 = i$, calcule o valor de texto claro P_i que produz a:

$$P_i = D(i, a)$$

Para cada P_i que coincide com uma entrada na tabela da Figura 6.2b, crie uma entrada na tabela da Figura 6.2c, consistindo no valor K_1 e no de B que é produzido para o par (P, C) da Figura 6.2b, considerando esse valor de K_1:

---

[1] American National Standards Institute (ANSI): *Financial Institution Key Management (Wholesale)*. Por seu título, o X9.17 parece um padrão um tanto vago. Mesmo assim, diversas técnicas especificadas nele têm sido adotadas para uso em outros padrões e aplicações, conforme veremos no decorrer deste livro.

Figura 6.2 Ataque de texto claro conhecido sobre triple DES.

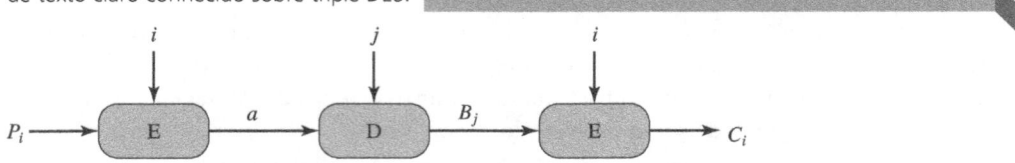

$P_i \longrightarrow \boxed{E} \xrightarrow{a} \boxed{D} \xrightarrow{B_j} \boxed{E} \longrightarrow C_i$

com entradas i, j, i respectivamente.

(a) Encriptação tripla com duas chaves com pares de chaves candidatas

(b) Tabela de n pares de texto claro/texto cifrado conhecido, classificados sobre P (colunas P_i, C_i)

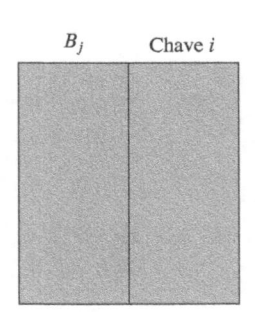

(c) Tabela de valores intermediários e chaves candidatas (colunas B_j, Chave i)

$$B = D(i, C)$$

Ao final desta etapa, classifique a segunda tabela sobre os valores de B.

3. Agora, temos uma série de valores candidatos de K_1 na segunda tabela e estamos em posição de procurar um valor de K_2. Para cada uma das 2^{56} chaves possíveis $K_2 = j$, calcule o segundo valor intermediário para nosso valor escolhido de a:

$$B_j = D(j, a)$$

A cada passo, pesquise B_j na segunda tabela. Se houver uma ocorrência, então a chave correspondente i da segunda tabela mais esse valor de j são os valores candidatos para as chaves desconhecidas (K_1, K_2). Por quê? Porque descobrimos um par de chaves (i, j) que produzem um conhecido (P, C) (Figura 6.2a).

4. Teste cada par de chaves candidatas (i, j) em alguns outros de texto claro/texto cifrado. Se um par de chaves produzir o texto cifrado desejado, a tarefa está terminada. Se nenhum par tiver sucesso, repita o processo a partir da etapa 1 com um novo valor de a.

Para determinado par (P, C) conhecido, a probabilidade de selecionar o valor exclusivo de a que leva ao sucesso é de $1/2^{64}$. Assim, dados n pares (P, C), a probabilidade de sucesso para um único valor selecionado de a é $n/2^{64}$. Um resultado básico da teoria da probabilidade é que o número esperado de tentativas exigidas para retirar uma bola vermelha de uma gaveta contendo n bolas vermelhas e $N - n$ bolas verdes é $(N + 1)/(n + 1)$ se elas não forem recolocadas. Assim, o número esperado de valores de a que precisam ser experimentados é, para um n grande,

$$\frac{2^{64} + 1}{n + 1} \approx \frac{2^{64}}{n}$$

O tempo de execução esperado do ataque está na ordem de

$$\left(2^{56}\right) \frac{2^{64}}{n} = 2^{120 - \log_2 n}$$

Triple DES com três chaves

Embora os ataques descritos pareçam ser impraticáveis, qualquer um usando o 3DES com duas chaves poderá sentir certa preocupação. Assim, muitos pesquisadores agora consideram o 3DES com três chaves a alternativa preferida (por exemplo, [KALI96a]). O 3DES com três chaves possui um tamanho de chave efetivo de 168 bits e é definido da seguinte maneira:

$$C = E(K_3, D(K_2, E(K_1, P)))$$

A compatibilidade com o DES é fornecida colocando-se $K_3 = K_2$ ou $K_1 = K_2$.

Diversas aplicações baseadas na Internet adotaram o 3DES com três chaves, incluindo PGP e S/MIME, ambos discutidos no Capítulo 19.

6.2 MODO ELECTRONIC CODEBOOK

Uma cifra de bloco usa um bloco de texto de tamanho fixo com comprimento de b bits e uma chave como entrada, e produz um bloco de b bits de texto cifrado. Se a quantidade de texto claro a ser encriptado tiver mais de b bits, então a cifra de bloco ainda pode ser usada quebrando o texto claro em blocos de b bits. Quando vários blocos de texto claro são encriptados com a mesma chave, surgem diversas preocupações com a segurança. Para empregar uma cifra de bloco em diversas aplicações, cinco *modos de operação* foram definidos pelo NIST (SP 800-38A). Basicamente, um modo de operação é uma técnica para melhorar o efeito de um algoritmo criptográfico ou adaptar o algoritmo para uma aplicação, como a de uma cifra de bloco a uma sequência de blocos de dados ou fluxo de dados. Os cinco modos abrangem praticamente todas as aplicações possíveis da encriptação para as quais uma cifra de bloco poderia ser usada. Esses modos são utilizados com qualquer cifra de bloco simétrica, incluindo triple DES e AES. Os modos são resumidos no Quadro 6.1 e descritos nesta e nas próximas seções.

O modo mais simples é o **electronic codebook (ECB)**, no qual o texto claro é tratado por um bloco de cada vez, e cada bloco de texto claro é encriptado usando a mesma chave (Figura 6.3). O termo *codebook* é referen-

Quadro 6.1 Modos de operação de cifra de bloco.

Modo	Descrição	Aplicação típica
Electronic codebook (ECB)	Cada bloco de bits de texto claro é codificado independentemente usando a mesma chave.	■ Transmissão segura de valores isolados (por exemplo, uma chave de encriptação)
Cipher block chaining (CBC)	A entrada do algoritmo de encriptação é o XOR dos próximos 64 bits de texto claro e os 64 bits anteriores de texto cifrado.	■ Transmissão de uso geral orientada a bloco ■ Autenticação
Cipher feedback (CFB)	A entrada é processada s bits de cada vez. O texto cifrado anterior é usado como entrada para o algoritmo de encriptação a fim de produzir saída pseudoaleatória, que é aplicada a um XOR com o texto claro para criar a próxima unidade de texto cifrado.	■ Transmissão de uso geral orientada a fluxo ■ Autenticação
Output feedback (OFB)	Semelhante ao CFB, exceto que a entrada do algoritmo de encriptação é a saída DES anterior, e são usados blocos completos.	■ Transmissão orientada a fluxo por canal com ruído (por exemplo, comunicação por satélite)
Counter (CTR)	Cada bloco de texto claro é aplicado a um XOR com um contador encriptado. O contador é incrementado para cada bloco subsequente.	■ Transmissão orientada a bloco de uso geral ■ Útil para requisitos de alta velocidade

Figura 6.3 Modo electronic codebook (ECB).

(a) Encriptação

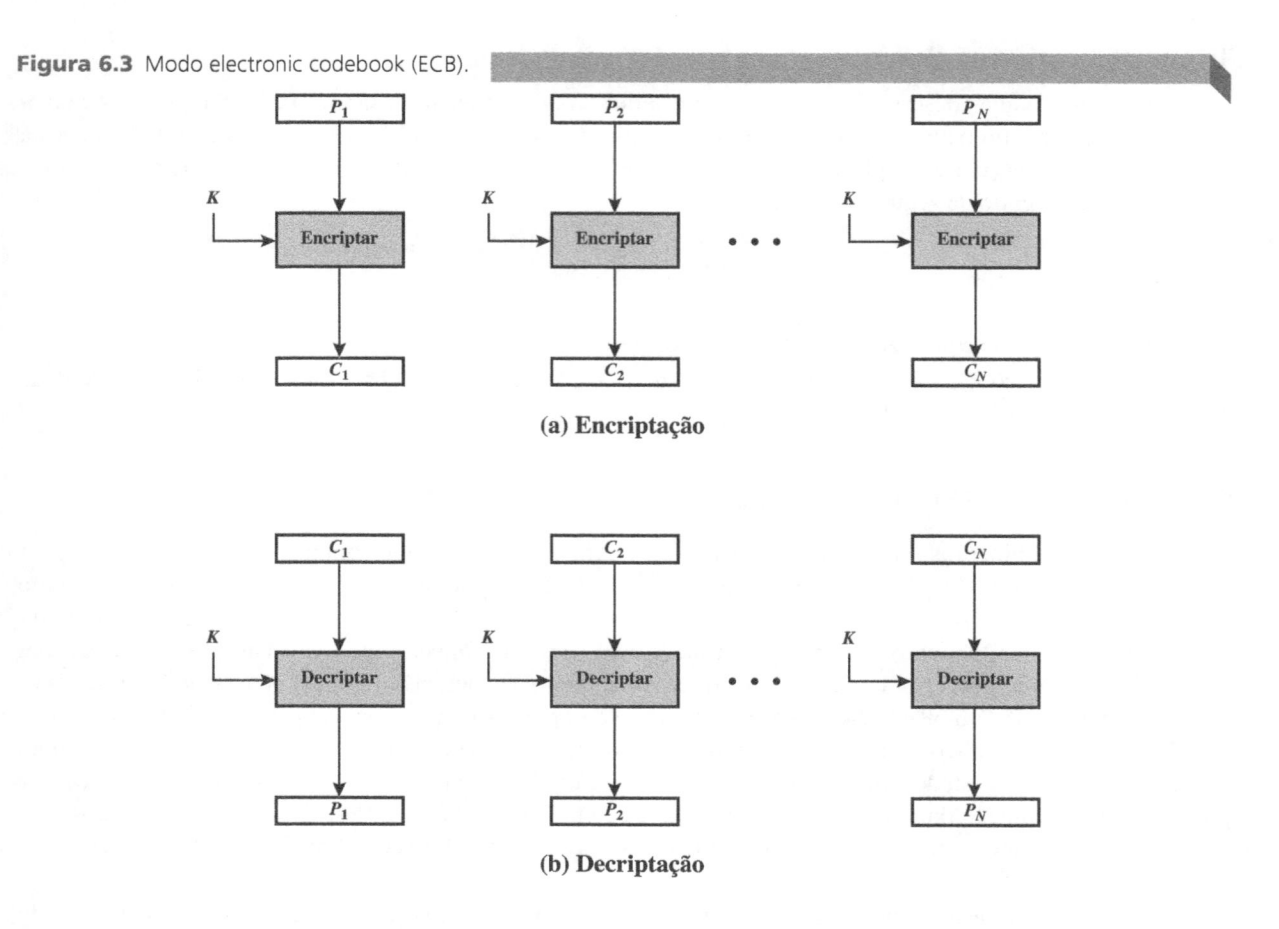

(b) Decriptação

ciado porque, para determinada chave, existe um texto cifrado exclusivo a cada bloco de b bits de texto claro. Portanto, conseguimos imaginar um codebook gigantesco em que existe uma entrada para cada padrão de texto claro de b bits possível, mostrando seu texto cifrado correspondente.

Para uma mensagem maior do que b bits, o procedimento é simplesmente desmembrá-la em blocos de b bits, completando o último deles, se necessário. A decriptação é realizada um bloco de cada vez, sempre usando a mesma chave. Na Figura 6.3, o texto claro (completado, caso exigido) consiste em uma sequência de blocos de b bits, $P_1, P_2, ..., P_N$; a sequência correspondente de blocos de texto cifrado é $C_1, C_2, ..., C_N$. Podemos definir o modo ECB da seguinte forma:

ECB	$C_j = E(K, P_j) \quad j = 1, ..., N$	$P_j = D(K, C_j) \quad j = 1, ..., N$

O método ECB é ideal para uma pequena quantidade de dados, como uma chave de encriptação. Assim, se você quiser transmitir uma chave DES ou AES com segurança, o ECB é o modo apropriado para o uso.

A característica mais significativa do ECB é que o mesmo bloco de b bits de texto claro, se aparecer mais de uma vez na mensagem, sempre produz o mesmo texto cifrado.

Para mensagens mais longas, o modo ECB pode não ser seguro. Se a mensagem for altamente estruturada, talvez seja possível que um criptoanalista explore essas regularidades. Por exemplo, se for sabido que a mensagem sempre começa com certos campos predefinidos, então o criptoanalista pode ter diversos pares de texto claro/texto cifrado conhecidos para trabalhar. Caso a mensagem tenha elementos repetitivos, com um período de repetição múltiplo de b bits, então esses elementos podem ser identificados pelo analista. Isso talvez ajude na análise ou ofereça uma oportunidade para substituir ou reorganizar os blocos.

Agora, vamos passar aos modos de operação mais complexos. [KNUD00] lista os seguintes critérios e propriedades para avaliar e construir modos de operação de cifra de bloco que são superiores ao ECB:

- **Overhead:** as operações adicionais para a de encriptação e decriptação, quando comparadas à encriptação e decriptação no modo ECB.

- **Recuperação de erro:** a propriedade de que um erro no bloco de texto cifrado i seja herdado somente por alguns de texto claro, após o qual o modo é ressincronizado.
- **Propagação de erro:** a propriedade de que um erro no bloco de texto cifrado i seja herdado pelos de texto claro de i em diante. Aqui, isso significa um erro de bit que ocorre na transmissão de um bloco de texto cifrado, e não um erro de cálculo na encriptação de um bloco de texto claro.
- **Difusão:** como as estatísticas de texto claro são refletidas no texto cifrado. Blocos de texto claro de baixa entropia não devem ser refletidos nos de texto cifrado. Aproximadamente, baixa entropia é igual à previsibilidade ou falta de aleatoriedade (ver Apêndice F em <sv.pearson.com.br>, em inglês).
- **Segurança:** se os blocos de texto cifrado vazam ou não informações sobre os de texto claro.

6.3 MODO CIPHER BLOCK CHAINING

Para contornar as deficiências de segurança do ECB, precisaríamos de uma técnica em que o mesmo bloco de texto claro, se repetido, produzisse diferentes blocos de texto cifrado. Um modo simples de satisfazer esse requisito é o de **encadeamento de bloco de cifra** (**CBC** — cipher block chaining) (Figura 6.4). Nesse esquema, a entrada do algoritmo de encriptação é o XOR do bloco de texto claro atual e do bloco de texto cifrado anterior; a mesma chave é usada para cada bloco. Com efeito, encadeamos o processamento da sequência de blocos de texto claro. A entrada da função de encriptação para cada bloco de texto claro não possui qualquer relacionamento fixo com o de texto claro. Portanto, padrões repetitivos de b bits não são expostos. Assim como o modo ECB, o CBC requer que o último bloco seja preenchido para um total de b bits se ele for parcial.

Para a decriptação, cada bloco de cifra é passado pelo algoritmo de decriptação. O resultado segue por um XOR com o bloco de texto cifrado anterior, a fim de produzir o bloco de texto claro. Para ver se isso funciona, podemos escrever

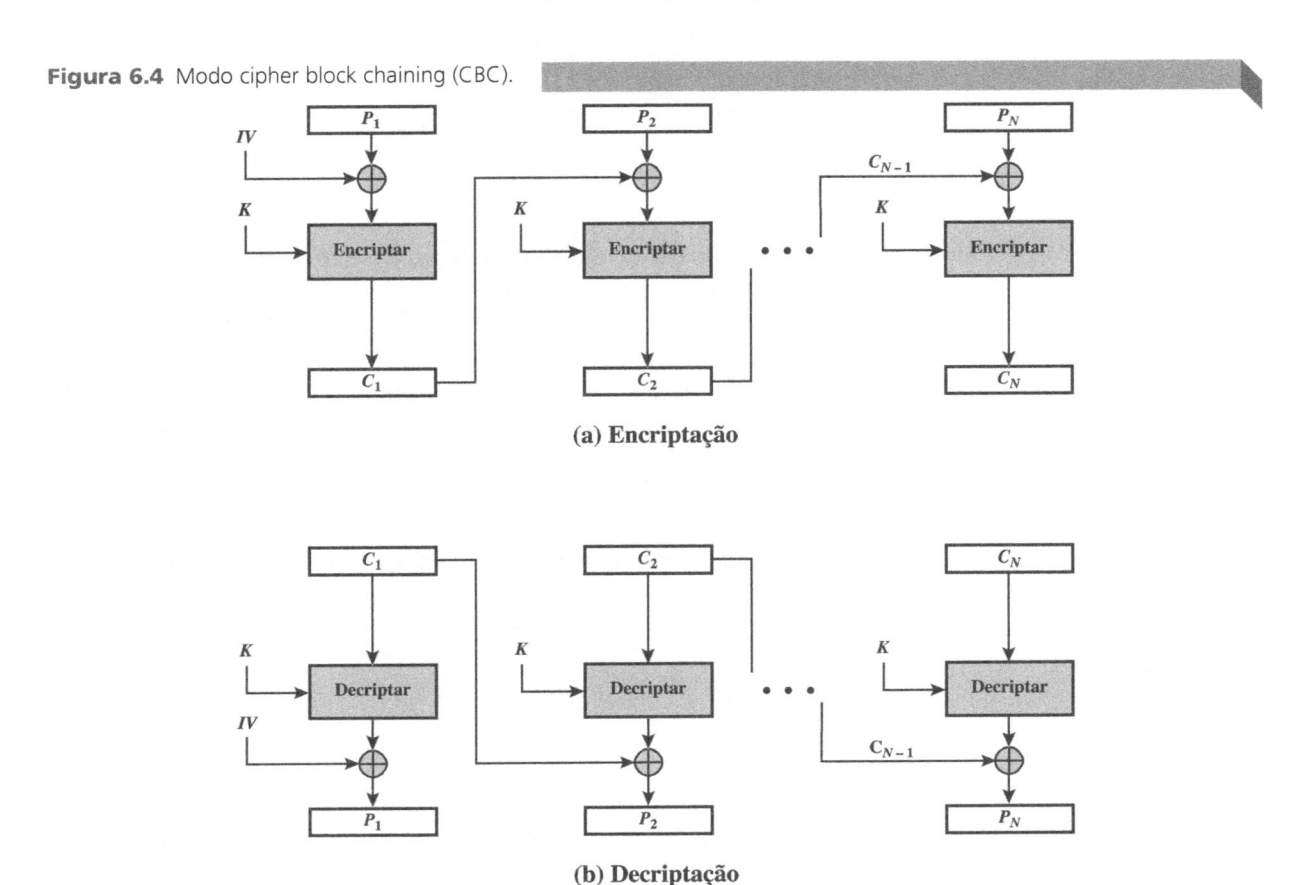

$$C_j = E(K, [C_{j-1} \oplus P_j])$$

Figura 6.4 Modo cipher block chaining (CBC).

(a) Encriptação

(b) Decriptação

Então,

$$D(K, C_j) = D(K, E(K, [C_{j-1} \oplus P_j]))$$
$$D(K, C_j) = C_{j-1} \oplus P_j$$
$$C_{j-1} \oplus D(K, C_j) = C_{j-1} \oplus C_{j-1} \oplus P_j = P_j$$

Para produzir o primeiro bloco de texto cifrado, um vetor de inicialização (IV, acrônimo em inglês para *initialization vector*) passa por um XOR com o primeiro bloco de texto claro. Na decriptação, o IV passa por um XOR com a saída do algoritmo de decriptação para recuperar o primeiro bloco de texto claro. O IV é um bloco de dados que tem o mesmo tamanho do da cifra. Podemos definir o modo CBC como

CBC	$C_1 = E(K, [P_1 \oplus IV])$ $C_j = E(K, [P_j \oplus C_{j-1}])\ j = 2, \ldots, N$	$P_1 = D(K, C_1) \oplus IV$ $P_j = D(K, C_j) \oplus C_{j-1}\ j = 2, \ldots, N$

O IV precisa ser conhecido do emissor e do receptor, mas imprevisível por um terceiro. Em particular, para qualquer texto claro dado, não deverá ser possível prever o IV que estará associado ao texto claro antes da geração dele. Para obter o máximo de segurança, o IV deve ser protegido contra mudanças não autorizadas. Isso poderia ser feito enviando o IV por meio da encriptação ECB. Um motivo para proteger o IV é o seguinte: se um oponente for capaz de enganar o receptor a usar um valor diferente para o IV, então ele consegue inverter os bits selecionados no primeiro bloco de texto claro. Para ver isso, considere o seguinte:

$$C_1 = E(K, [IV \oplus P_1])$$
$$P_1 = IV \oplus D(K, C_1)$$

Agora, use a notação de que $X[i]$ indica o i-ésimo bit da quantidade de b bits X. Então,

$$P_1[i] = IV[i] \oplus D(K, C_1)[i]$$

Depois, usando as propriedades de XOR, podemos dizer que

$$P_1[i]' = IV[i]' \oplus D(K, C_1)[i]$$

onde a notação de aspas simples indica complementação de bit. Isso significa que, se um oponente puder mudar previsivelmente os bits em IV, os bits correspondentes do valor recebido de P_1 têm como ser mudados.

Para saber sobre outros ataques possíveis com base no conhecimento do IV, consulte [VOYD83].

Desde que seja imprevisível, a escolha específica do IV não é importante. SP800-38A recomenda dois métodos possíveis. O primeiro deles é aplicar a função de encriptação, sob a mesma chave que é usada para a encriptação do texto claro, a um **nonce**.[2] O nonce precisa ser um bloco de dados exclusivo a cada execução da operação de encriptação. Por exemplo, pode ser um contador, uma estampa de tempo ou um número de mensagem. O segundo método é gerar um bloco de dados aleatório usando um gerador de números aleatórios.

Concluindo, por conta do mecanismo de encadeamento do CBC, esse é um modo apropriado para encriptar mensagens de tamanho maior que b bits.

Além do seu uso para conseguir a confidencialidade, o modo CBC pode ser usado para autenticação. Esse emprego é descrito no Capítulo 12.

---

[2] NIST SP-800-90 (*Recommendation for Random Number Generation Using Deterministic Random Bit Generators*) define nonce da seguinte forma: um valor variável no tempo que tem, no máximo, uma chance insignificante de repetição; por exemplo, um valor aleatório que é gerado novamente a cada uso, uma estampa de tempo, um número de sequência ou alguma combinação destes.

6.4 MODO CIPHER FEEDBACK

Para o AES, DES ou qualquer cifra de bloco, a encriptação é realizada sobre um bloco de b bits. No caso do DES, $b = 64$, e, no caso do AES, $b = 128$. Porém, é possível converter uma cifra de bloco para uma de fluxo, usando um dos três modos discutidos nesta e nas duas seções seguintes: modo **cipher feedback** (CFB), modo **output feedback** (OFB) e modo **counter** (CTR). Uma cifra de fluxo elimina a necessidade de preencher uma mensagem para que haja um número inteiro de blocos. Ela também pode operar em tempo real. Assim, se um fluxo de caracteres estiver sendo transmitido, cada um deles pode ser criptografado e transmitido imediatamente usando uma cifra de fluxo orientada a caractere.

Uma propriedade desejável de uma cifra de fluxo é que o texto cifrado tenha o mesmo tamanho do claro. Assim, se os caracteres de 8 bits estiverem sendo transmitidos, cada um deles deve ser encriptado para produzir uma saída de texto cifrado de 8 bits. Se mais de 8 bits forem produzidos, a capacidade de transmissão será desperdiçada.

A Figura 6.5 representa o esquema CFB. Na figura, considera-se que a unidade de transmissão é de s bits; um valor comum é $s = 8$. Assim como o CBC, as unidades de texto claro são encadeadas, de modo que o texto cifrado de qualquer unidade de texto claro é uma função de todo o claro anterior. Nesse caso, em vez de unidades de b bits, o texto claro é dividido em *segmentos* de s bits.

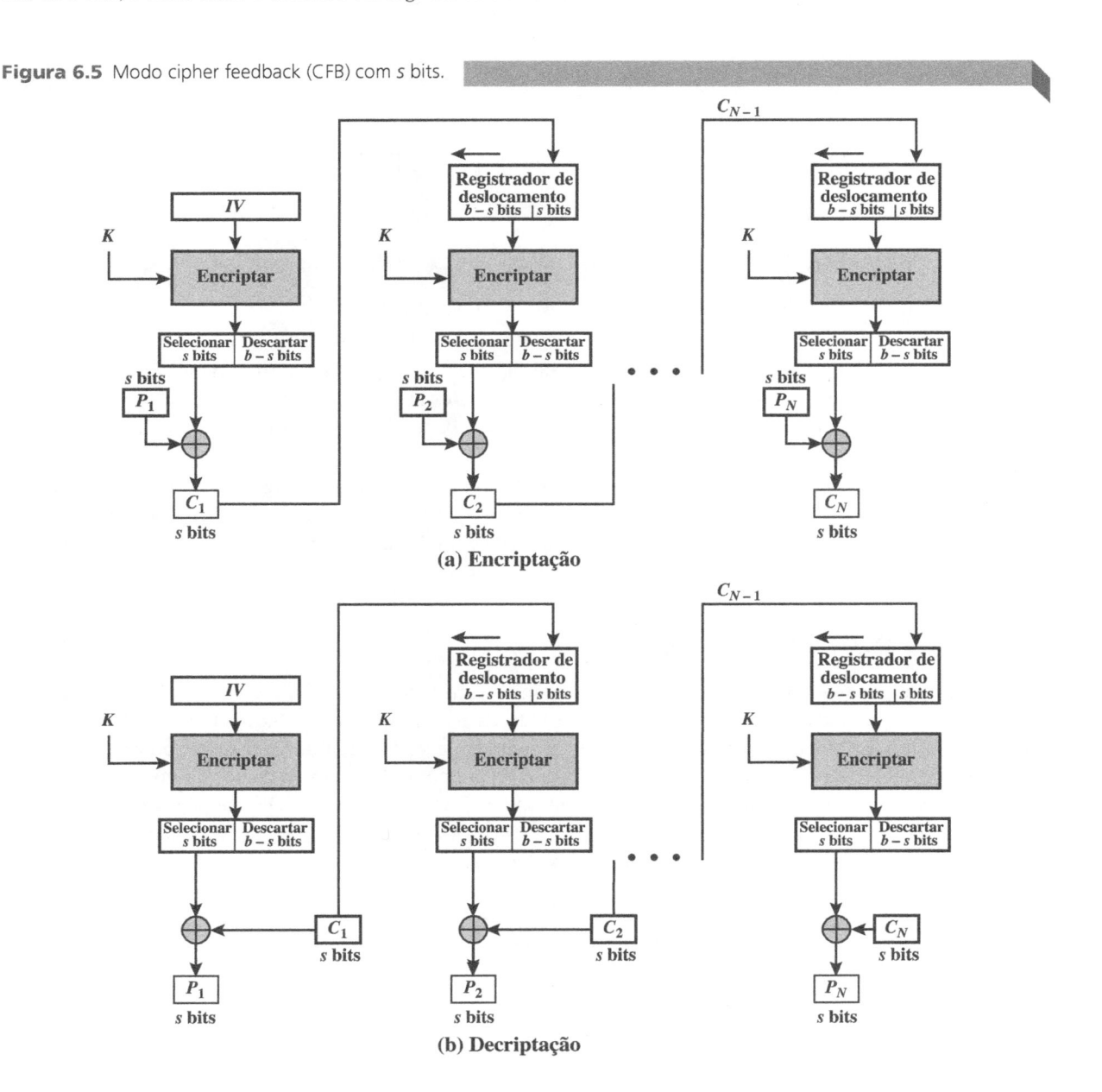

Figura 6.5 Modo cipher feedback (CFB) com s bits.

(a) Encriptação

(b) Decriptação

Primeiro, considere a encriptação. A entrada dessa função é um registrador de deslocamento de b bits, que é definido inicialmente com algum vetor de inicialização (IV). Os s bits mais à esquerda (mais significativos) da saída da função de encriptação passam por um XOR com o primeiro segmento de texto claro P_1 para produzir a primeira unidade de texto cifrado C_1, que é então transmitida. Além disso, o conteúdo do registrador de deslocamento é movido à esquerda por s bits e C_1 é colocado nos s bits mais à direita (menos significativos) do registrador de deslocamento. Esse processo continua até que todas as unidades de texto claro tenham sido encriptadas.

Para a decriptação, o mesmo esquema é usado, exceto que a unidade de texto cifrado recebida passa por um XOR com a saída da função de encriptação a fim de produzir a unidade de texto claro. Observe que é a função de *encriptação* que é utilizada, e não a de decriptação. Isso pode ser explicado com facilidade. Considere que $MSB_s(X)$ seja definido como os s bits mais significativos de X. Então

$$C_1 = P_1 \oplus MSB_s[E(K, IV)]$$

Portanto, reorganizando os termos:

$$P_1 = C_1 \oplus MSB_s[E(K, IV)]$$

O mesmo raciocínio se aplica para as etapas subsequentes no processo.

Podemos estabelecer o modo CFB da seguinte forma:

CFB					
	$I_1 = IV$		$I_1 = IV$		
	$I_j = LSB_{b-s}(I_{j-1}) \parallel C_{j-1}$	$j = 2, ..., N$	$I_j = LSB_{b-s}(I_{j-1}) \parallel C_{j-1}$	$j = 2, ..., N$	
	$O_j = E(K, I_j)$	$j = 1, ..., N$	$O_j = E(K, I_j)$	$j = 1, ..., N$	
	$C_j = P_j \oplus MSB_s(O_j)$	$j = 1, ..., N$	$P_j = C_j \oplus MSB_s(O_j)$	$j = 1, ..., N$	

Embora o CFB possa ser visto como uma cifra de fluxo, ele não está em conformidade com a construção típica dela. Em seu padrão, a cifra toma como entrada algum valor inicial e uma chave, gerando um fluxo de bits, que passa, então, por um XOR com os bits de texto claro (ver Figura 3.1). No caso do CFB, o fluxo de bits que sofre o XOR com o texto claro também depende deste.

Na encriptação CFB, assim como na encriptação CBC, o bloco de entrada para cada função de cifra direta (exceto o primeiro) depende do resultado da anterior; portanto, várias operações de cifra direta não podem ser realizadas em paralelo. Na decriptação CFB, as operações de cifra direta podem ser cumpridas em paralelo se os blocos de entrada forem primeiro construídos (em série) a partir do IV e do texto cifrado.

6.5 MODO OUTPUT FEEDBACK

O modo **output feedback** (OFB) é semelhante em estrutura ao CFB. Para o OFB, a saída da função de encriptação é alimentada de volta para se tornar a entrada da encriptação do bloco de texto claro seguinte (Figura 6.6). No CFB, a saída da unidade XOR é alimentada de volta a fim de virar entrada para a encriptação do próximo bloco. A outra diferença é que o modo OFB opera sobre blocos cheios de texto claro e texto cifrado, enquanto o CFB trabalha sobre um subconjunto de s bits. A encriptação OFB pode ser expressa como

$$C_j = P_j \oplus E(K, O_{j-1})$$

onde

$$O_{j-1} = E(K, O_{j-2})$$

Figura 6.6 Modo output feedback (OFB).

(a) Encriptação

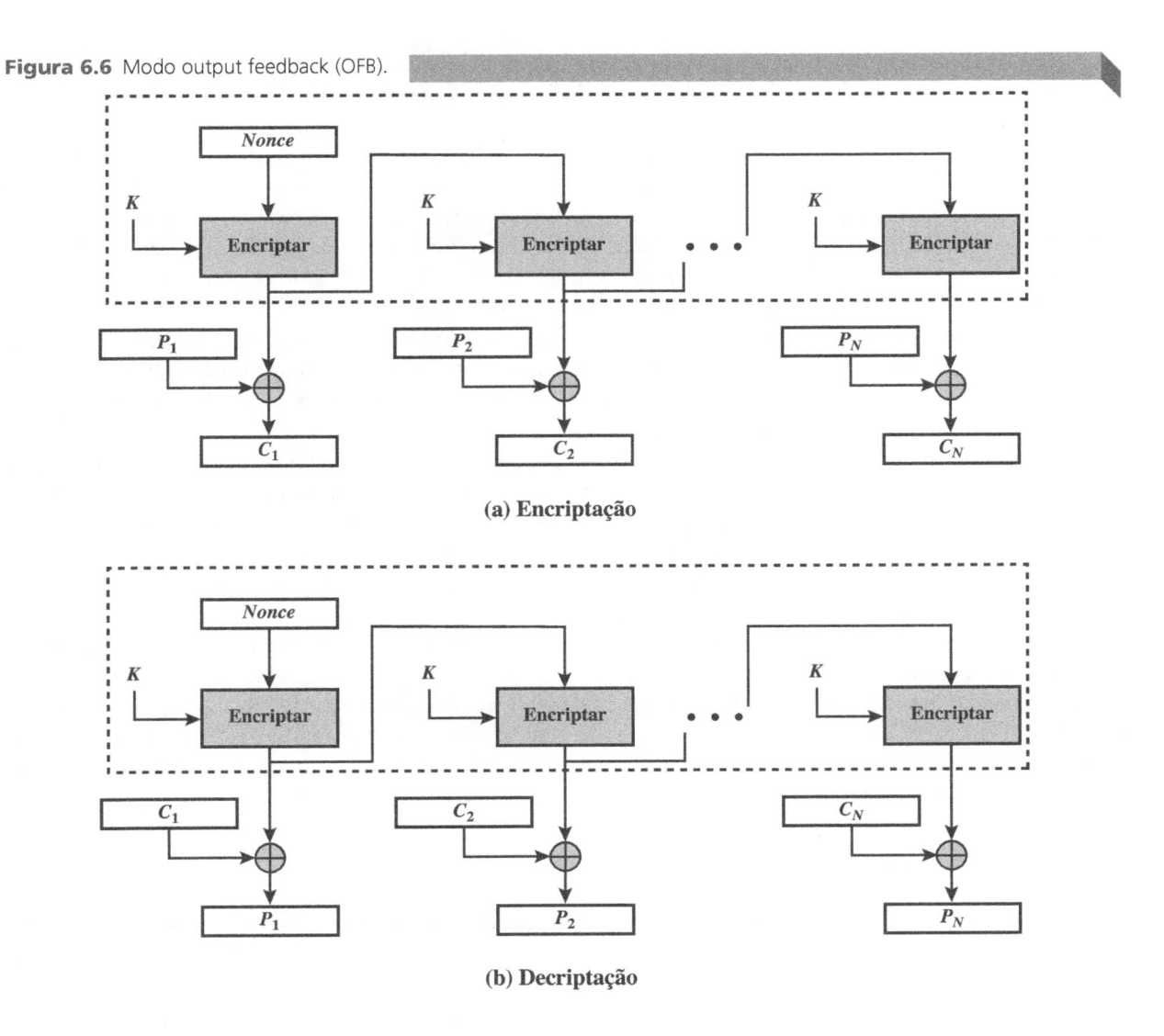

(b) Decriptação

Com algum esforço, você deverá se convencer de que pode reescrever a expressão de encriptação da seguinte forma:

$$C_j = P_j \oplus E(K, [C_{j-1} \oplus P_{j-1}])$$

Reorganizando os termos, podemos demonstrar que a decriptação funciona.

$$P_j = C_j \oplus E(K, [C_{j-1} \oplus P_{j-1}])$$

Temos como definir o modo OFB da seguinte forma:

OFB	$I_1 = Nonce$		$I_1 = Nonce$	
	$I_j = O_{j-1}$	$j = 2, ..., N$	$I_j = O_{j-1}$	$j = 2, ..., N$
	$O_j = E(K, I_j)$	$j = 1, ..., N$	$O_j = E(K, I_j)$	$j = 1, ..., N$
	$C_j = P_j \oplus O_j$	$j = 1, ..., N-1$	$P_j = C_j \oplus O_j$	$j = 1, ..., N-1$
	$C_N^* = P_N^* \oplus \text{MSB}_u(O_N)$		$P_N^* = C_N^* \oplus \text{MSB}_u(O_N)$	

Seja b o tamanho de um bloco. Se o último de texto claro tiver u bits (indicado por *), com $u < b$, os u bits mais significativos do último bloco de saída O_N são usados para a operação XOR; os $b - u$ bits restantes do último bloco de saída são descartados.

Assim como o CBC e o CFB, o modo OFB requer um vetor de inicialização (IV). No caso do OFB, o IV deverá ser um *nonce*; ou seja, o IV deverá ser exclusivo a cada execução da operação de encriptação. O motivo para isso é que a sequência de blocos de saída de encriptação, O_i, depende somente da chave, e o IV não se submete ao texto claro. Portanto, para determinada chave e IV, o fluxo de bits de saída usado para o XOR com o fluxo de bits de texto claro é fixo. Se duas mensagens diferentes tivessem um bloco idêntico de texto claro na mesma posição, então um atacante poderia determinar essa parte do fluxo O_i.

Uma vantagem do método OFB é que os erros de bit na transmissão não se propagam. Por exemplo, se acontecer um erro de bit em C_1, somente o valor recuperado de P_1 é afetado; as unidades de texto claro subsequentes não são modificadas. Com o CFB, C_1 serve como entrada para o registrador de deslocamento e, portanto, causa uma modificação adicional mais adiante.

A desvantagem do OFB é que ele é mais vulnerável a um ataque por modificação de fluxo de mensagem do que o CFB. Considere que o complemento de um bit no texto cifrado complementa o bit correspondente no texto claro recuperado. Assim, podem ser feitas mudanças controladas no texto claro. Isso possibilita que um oponente, fazendo as mudanças necessárias na parte de soma de verificação da mensagem, bem como na parte de dados, altere o texto cifrado de um modo que não seja detectado por um código de correção de erro. Para ver uma discussão mais profunda, consulte [VOYD83].

OFB tem a estrutura de uma cifra de fluxo típica, pois a cifra gera um fluxo de bits como uma função de um valor inicial e uma chave, e ele passa por um XOR com os bits de texto claro (ver Figura 3.1). O fluxo gerado que passa pelo XOR com o texto claro é, por si só, independente deste último; isso é realçado pelas linhas tracejadas na Figura 6.6. Uma distinção das cifras de fluxo que discutimos no Capítulo 7 é que o OFB codifica o texto claro um bloco completo de cada vez, e normalmente um bloco tem 64 ou 128 bits. Muitos cifradores de fluxo encriptam um byte de cada vez.

6.6 MODO COUNTER

Embora o interesse no modo **counter** (CTR) tenha aumentado recentemente, com aplicações na segurança de redes ATM (*asynchronous transfer mode*) e IPsec (*IP security*), ele foi proposto há mais tempo (por exemplo, [DIFF79]).

A Figura 6.7 representa o modo CTR. Usa-se um contador, igual ao tamanho do bloco de texto claro. O único requisito indicado no SP 800-38A é que o valor do contador deve ser diferente para cada bloco de texto claro que é encriptado. Normalmente, o contador é inicializado com algum valor, e depois incrementado em 1 para cada bloco subsequente (módulo 2^b, no qual b é o tamanho do bloco). Para a encriptação, o contador é encriptado, e então passa por um XOR com o bloco de texto claro, a fim de produzir o bloco de texto cifrado; não existe encadeamento. Por exemplo, a mesma sequência de valores de contador é utilizada com cada contador encriptado, passando por um XOR com um bloco de texto cifrado para recuperar o de texto claro correspondente. Assim, o valor inicial do contador deverá estar disponível para decriptação. Dada uma sequência de contadores $T_1, T_2, ..., T_N$, podemos definir o modo CTR da forma a seguir:

CTR	$C_j = P_j \oplus E(K, T_j)$ $\quad j = 1, ..., N-1$	$P_j = C_j \oplus E(K, T_j)$ $\quad j = 1, ..., N-1$
	$C_N^* = P_N^* \oplus \text{MSB}_u[E(K, T_N)]$	$P_N^* = C_N^* \oplus \text{MSB}_u[E(K, T_N)]$

Ao último bloco de texto claro, que pode ser um parcial de u bits, os u bits mais significativos do último bloco de saída são empregados para a operação XOR; os $b - u$ bits restantes são descartados. Diferente dos modos ECB, CBC e CFB, não precisamos usar o preenchimento, por causa da estrutura do modo CTR.

Assim como o modo OFB, o valor inicial do contador deve ser um *nonce*; ou seja, T_1 deve ser diferente para todas as mensagens encriptadas com a mesma chave. Além disso, todos os valores T_i de todas as mensagens deverão ser únicos. Se, ao contrário, um valor de contador for utilizado várias vezes, então a confidencialidade de todos os blocos de texto claro correspondentes a esse valor de contador pode ser comprometida. Em particular, se qualquer bloco de texto claro que for encriptado com determinado valor de contador for conhecido, então

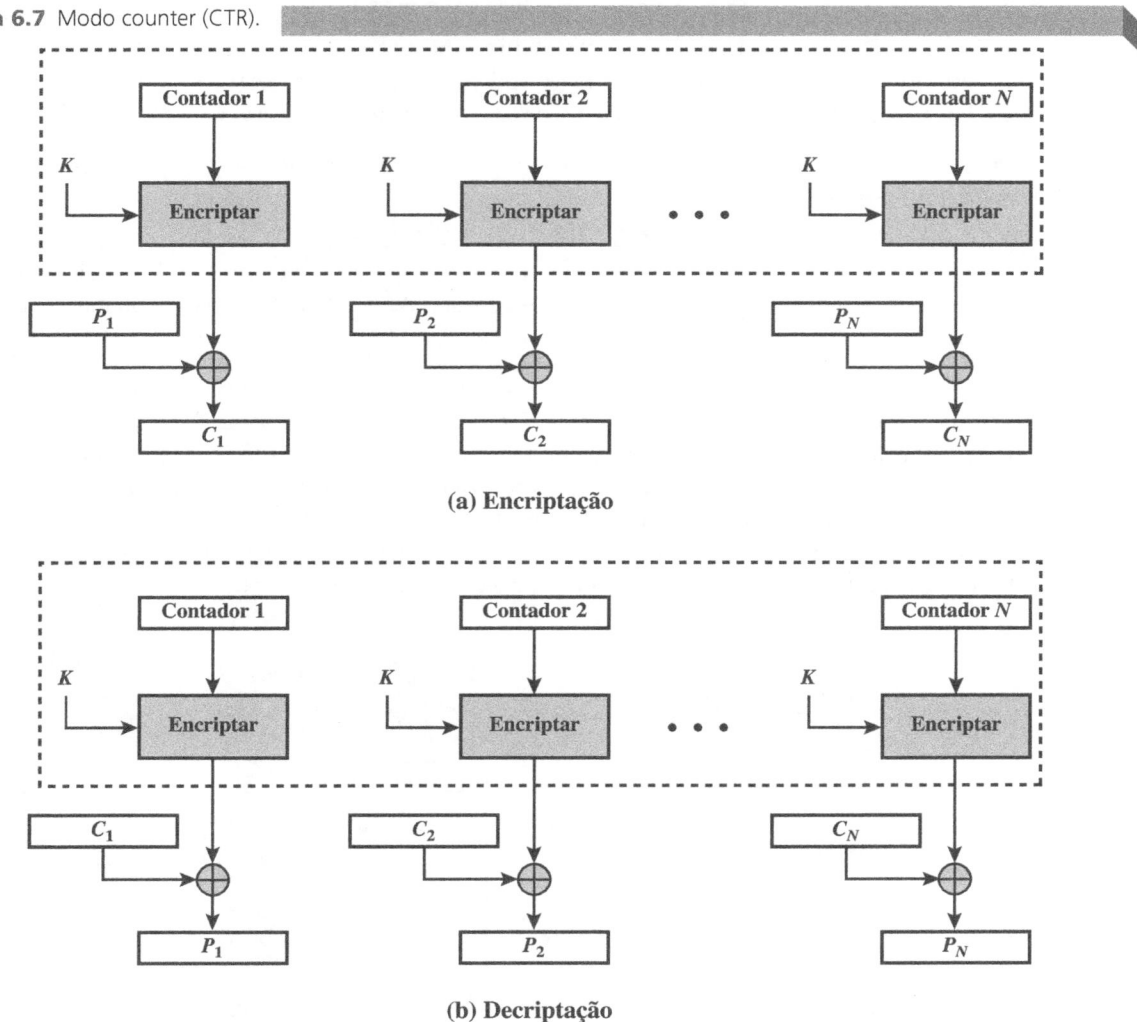

Figura 6.7 Modo counter (CTR).

(a) Encriptação

(b) Decriptação

a saída da função de encriptação pode ser estabelecida facilmente a partir do bloco de texto cifrado associado. Essa saída permite que quaisquer outros blocos de texto claro que são encriptados com o mesmo valor de contador sejam recuperados de maneira fácil a partir de seus blocos de texto cifrado.

Um modo de garantir a exclusividade dos valores de contador é continuar a incrementar o valor do contador em 1 entre as mensagens. Ou seja, o primeiro valor do contador de cada mensagem é um a mais que o último do contador da mensagem anterior.

[LIPM00] lista as seguintes vantagens do modo CTR:

- **Eficiência do hardware:** diferente dos três modos de encadeamento, a encriptação (ou decriptação) no modo CTR pode ser feita em paralelo sobre múltiplos blocos de texto claro ou cifrado. Para os modos de encadeamento, o algoritmo precisa completar o cálculo em um bloco antes de iniciar no seguinte. Isso limita a vazão máxima do algoritmo para o recíproco do tempo a uma execução da encriptação ou decriptação do bloco. No modo CTR, a vazão só é limitada pela quantidade de paralelismo que é alcançada.

- **Eficiência do software:** de forma semelhante, por conta das oportunidades para execução paralela no modo CTR, os processadores que dão suporte aos recursos paralelos, como pipelining agressivo, despacho de múltiplas instruções por ciclo de clock, um grande número de registradores e instruções SIMD pode ser utilizado de maneira eficaz.

- **Pré-processamento:** a execução do algoritmo de encriptação básico não depende da entrada do texto claro ou do cifrado. Portanto, se uma memória suficiente estiver disponível e a segurança for mantida, o pré-processamento pode ser utilizado para preparar a saída das caixas de encriptação que alimentam as funções XOR, como na Figura 6.7. Quando a entrada em texto claro ou texto cifrado é apresentada, então o único cálculo é uma série de XORs. Essa estratégia melhora bastante a vazão.

- **Acesso aleatório:** o *i*-ésimo bloco de texto claro ou texto cifrado pode ser processado no modo padrão de acesso aleatório. Com os modos de encadeamento, o bloco C_i não consegue ser determinado até que o bloco anterior $i-1$ seja calculado. Pode haver aplicações em que um texto cifrado é armazenado, e é desejável decriptar apenas um bloco; para elas, o recurso de acesso aleatório é atraente.

- **Segurança demonstrável:** pode-se demonstrar que o CTR é pelo menos tão seguro quanto os outros modos discutidos nesta seção.

- **Simplicidade:** diferente dos modos ECB e CBC, o CTR exige apenas a implementação do algoritmo de encriptação, e não do de decriptação. Isso importa mais quando o algoritmo de decriptação difere substancialmente do de encriptação, como acontece com o AES. Além disso, o escalonamento da chave de decriptação não precisa ser implementado.

Observe que, com a exceção do ECB, todos os modos de operação de cifra de bloco aprovados pelo NIST envolvem feedback. Isso é visto com clareza na Figura 6.8. Para destacar o mecanismo de feedback, é útil pensar na função de encriptação como tomando a entrada de um registrador de entrada cujo tamanho é igual ao do bloco de encriptação e com saída armazenada em um registrador de saída. O registrador de entrada é atualizado por um bloco de cada vez pelo mecanismo de feedback. Após cada atualização, o algoritmo de encriptação é executado, produzindo um resultado no registrador de saída. Nesse meio-tempo, um bloco de texto claro é acessado. Observe que tanto OFB quanto CTR produzem saída independente do texto claro e do texto cifrado.

Figura 6.8 Característica de feedback dos modos de operação.

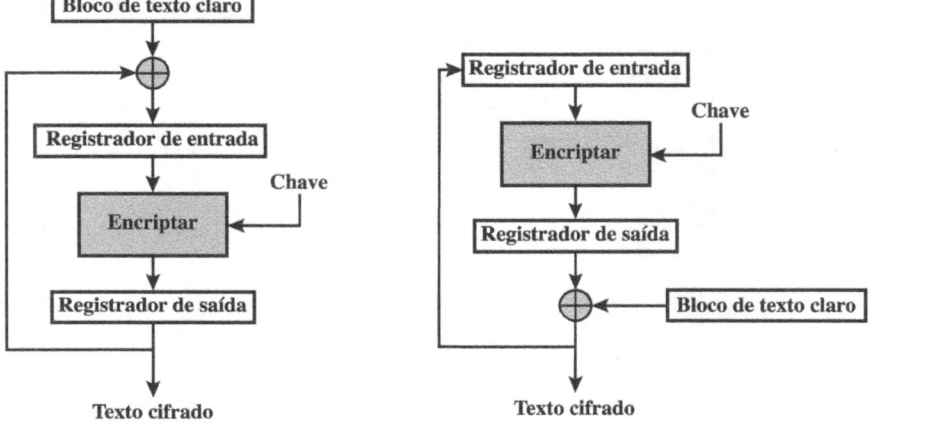

(a) Modo cipher block chaining (CBC)

(b) Modo cipher feedback (CFB)

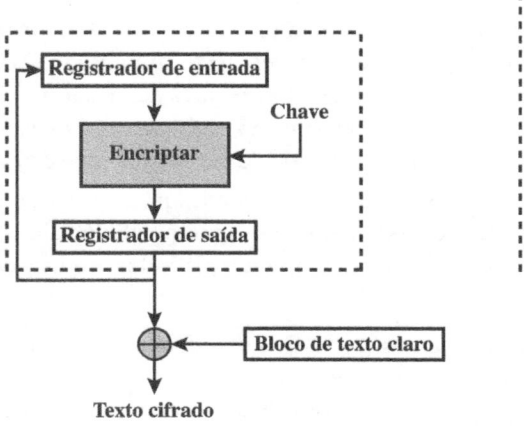

(c) Modo output feedback (OFB)

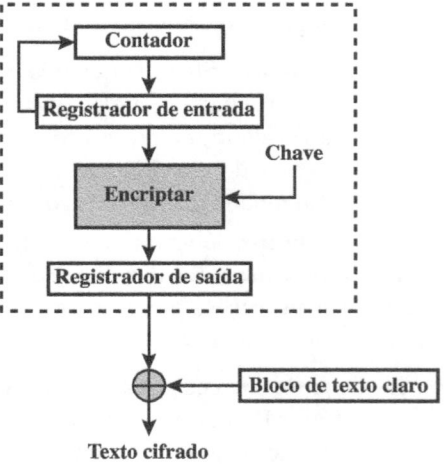

(d) Modo counter (CTR)

Assim, eles são candidatos naturais para cifradores de fluxo que encriptam o texto claro pelo XOR com um bloco completo de cada vez.

6.7 MODO XTS-AES PARA DISPOSITIVOS DE ARMAZENAMENTO ORIENTADOS A BLOCO

Em 2010, o NIST aprovou um modo de operação adicional de cifra de bloco, XTS-AES. Esse modo também é um padrão IEEE, o IEEE Std 1619-2007, que foi desenvolvido pelo IEEE Security in Storage Working Group (P1619). O padrão descreve um método de encriptação para dados armazenados em dispositivos com base em setor, no qual o modelo de ameaça inclui possível acesso por parte do adversário a dados armazenados. O padrão recebeu amplo suporte da indústria.

Cifras de bloco ajustáveis

O modo XTS-AES é baseado no conceito de uma **cifra de bloco ajustável**, introduzida em [LISK02]. A forma desse conceito usada no XTS-AES foi descrita pela primeira vez em [ROGA04].

Antes de examinar o XTS-AES, vamos considerar a estrutura geral de uma cifra de bloco ajustável. Trata-se daquela que tem três entradas: um texto claro P, uma chave simétrica K e um ajuste T; e produz uma saída de texto cifrado C. Podemos escrever isso como $C = E(K, T, P)$. O ajuste não precisa ser mantido secreto. Enquanto a finalidade da chave é oferecer segurança, a do ajuste é fornecer variabilidade. Ou seja, o uso de ajustes diferentes com o mesmo texto claro e a mesma chave produz saídas diferentes. A estrutura básica de várias cifras de bloco ajustáveis que já foram implementadas pode ser vista na Figura 6.9. A encriptação é passível de ser expressa como:

$$C = H(T) \oplus E(K, H(T) \oplus P)$$

onde H é uma função de hash. Para a decriptação, a mesma estrutura é empregada com o texto claro como entrada e a decriptação como função, em vez da encriptação. Para ver que isso funciona, podemos escrever:

$$H(T) \oplus C = E(K, H(T) \oplus P)$$
$$D[K, H(T) \oplus C] = H(T) \oplus P$$
$$H(T) \oplus D(K, H(T) \oplus C) = P$$

Agora, é fácil construir um modo de operação de cifra de bloco utilizando um valor de ajuste diferente em cada bloco. Basicamente, o modo ECB é usado, mas para cada bloco o ajuste é mudado. Isso contorna a principal deficiência de segurança do ECB, ou seja, que duas encriptações do mesmo bloco geram o mesmo texto cifrado.

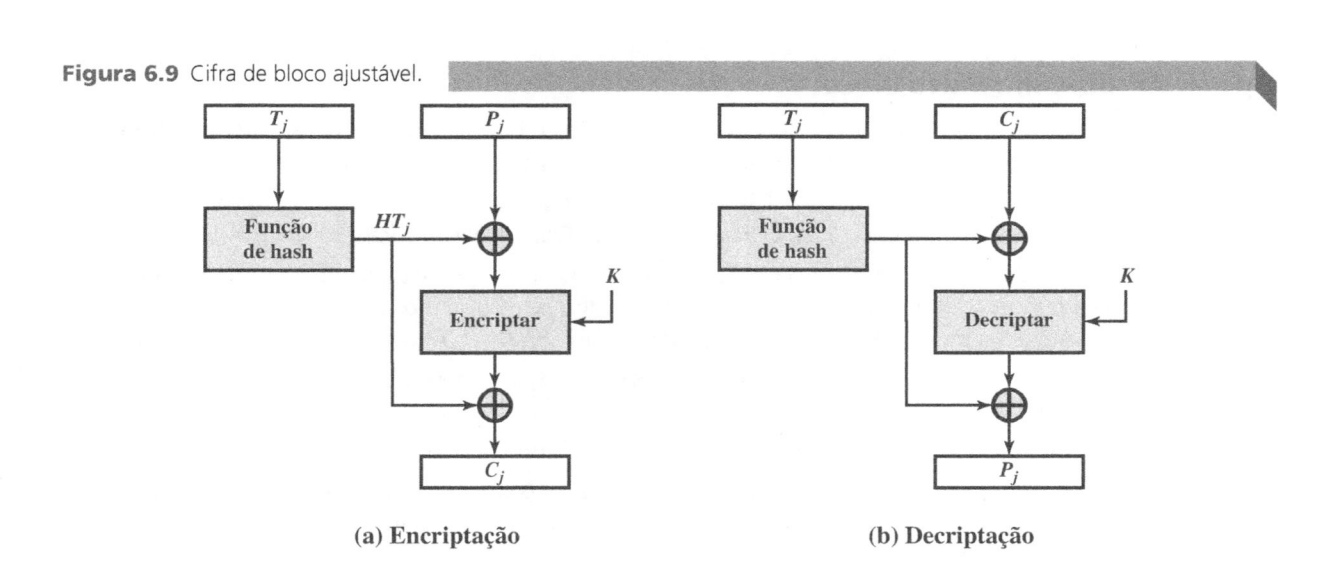

Figura 6.9 Cifra de bloco ajustável.

(a) Encriptação (b) Decriptação

Requisitos de encriptação para armazenamento

Os requisitos para encriptar dados armazenados, também chamados de "dados em repouso", diferem um pouco daqueles usados para dados transmitidos. O padrão P1619 foi criado a fim de ter as seguintes características:

1. O texto cifrado está livremente disponível para um atacante. Entre as circunstâncias que levam a essa situação:
   a. Um grupo de usuários tem acesso autorizado a um banco de dados. Alguns dos registros nesse banco de dados estão encriptados, de modo que apenas usuários específicos podem lê-los/gravá-los com sucesso. Outros usuários conseguem recuperar um registro encriptado, mas não lê-lo sem a chave.
   b. Um usuário não autorizado consegue obter acesso aos registros encriptados.
   c. Um disco de dados ou notebook é roubado, dando ao adversário acesso aos dados encriptados.
2. O layout dos dados não muda no meio de armazenamento e em trânsito. Os dados encriptados precisam ter o mesmo tamanho daqueles em texto claro.
3. Os dados são acessados em blocos de tamanho fixo, independentemente um do outro. Ou seja, um usuário autorizado pode acessar um ou mais blocos em qualquer ordem.
4. A encriptação é realizada em blocos de 16 bytes, independentemente dos outros blocos (exceto os dois últimos blocos de texto claro de um setor, se seu tamanho não for um múltiplo de 16 bytes).
5. Não existem outros metadados usados, exceto o local dos blocos de dados dentro do conjunto inteiro de dados.
6. O mesmo texto claro é encriptado para diferentes textos cifrados em locais distintos, mas sempre ao mesmo texto cifrado quando gravado no mesmo local novamente.
7. Um dispositivo em conformidade com o padrão pode ser construído para a decriptação de dados encriptados por outro dispositivo também em conformidade com o padrão.

O grupo P1619 considerou alguns dos modos de operação existentes para uso com dados armazenados. Para o modo CTR, um adversário com acesso de escrita à mídia encriptada pode inverter qualquer bit do texto claro simplesmente alterando o bit do texto cifrado correspondente.

Em seguida, considere o requisito 6 e o uso do CBC. Para impor o requisito de que o mesmo texto claro seja encriptado para um texto cifrado diferente em locais distintos, o IV poderia ser derivado do número do setor. Cada setor contém vários blocos. Um adversário com acesso de leitura/escrita ao disco encriptado pode copiar o setor com texto cifrado de uma posição para outra, e uma aplicação lendo o setor do novo local ainda obterá o mesmo setor de texto claro (exceto, talvez, os primeiros 128 bits). Por exemplo, isso significa que um adversário que tenha permissão para ler um setor da segunda posição, mas não da primeira, consegue descobrir o conteúdo do setor na primeira posição manipulando o texto cifrado. Outro ponto fraco é que um adversário pode inverter qualquer bit do texto claro alterando o texto cifrado correspondente do bloco anterior, com o efeito colateral de "aleatorizar" esse bloco.

Operação sobre um único bloco

A Figura 6.10 mostra a encriptação e a decriptação de um único bloco. A operação envolve duas instâncias do algoritmo AES com duas chaves. Os parâmetros a seguir estão associados ao algoritmo:

Chave   A chave de 256 ou 512 bits do XTS-AES; esta é montada como uma concatenação de dois campos de mesmo tamanho, chamados $Chave_1$ e $Chave_2$, tal que $Chave = Chave_1 \| Chave_2$.

P_j O bloco de ordem j do texto claro. Todos os blocos, exceto possivelmente o último, têm um comprimento de 128 bits. Uma unidade de dados de texto claro, normalmente um setor do disco, consiste em uma sequência de blocos de texto claro $P_1, P_2, ..., P_m$.

C_j O bloco de ordem j do texto cifrado. Todos os blocos, exceto possivelmente o último, têm um comprimento de 128 bits.

j O número sequencial do bloco de 128 bits dentro da unidade de dados.

i O valor do ajuste de 128 bits. Cada unidade de dados (setor) recebe um valor de ajuste que é um inteiro não negativo. Os valores de ajuste são atribuídos consecutivamente, começando de um inteiro não negativo qualquer.

Figura 6.10 Operação do XTS-AES sobre um único bloco.

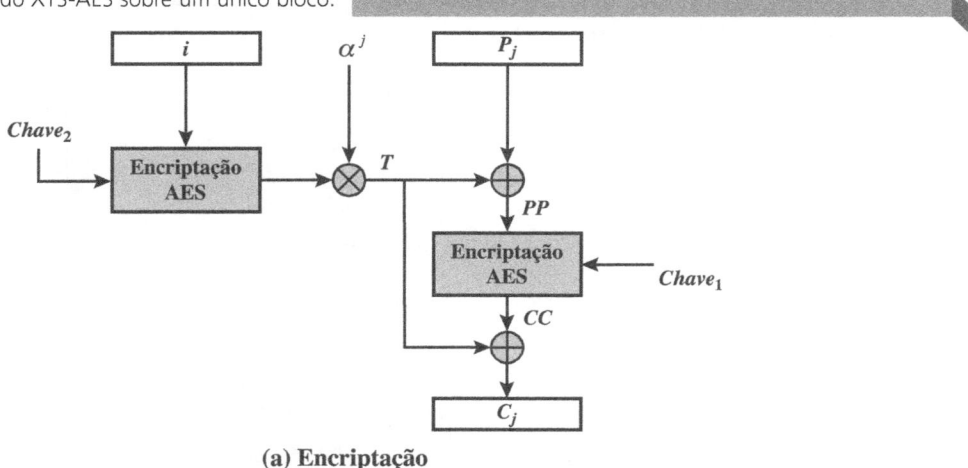

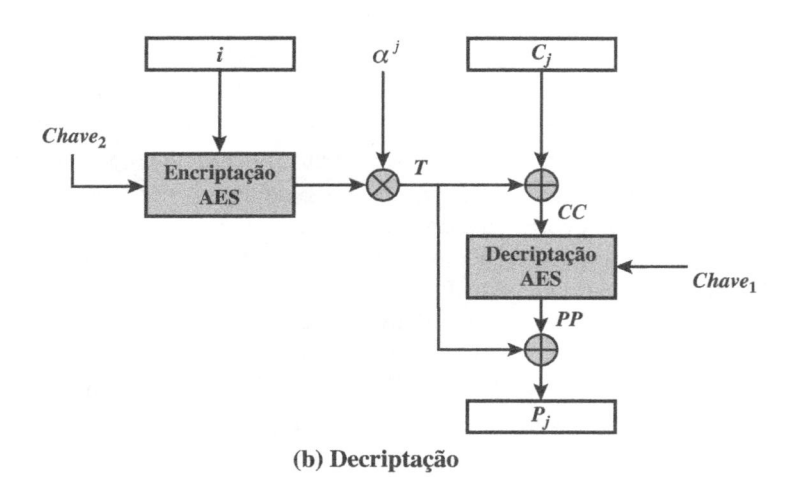

(a) Encriptação

(b) Decriptação

α   Um elemento primitivo de $GF(2^{128})$ que corresponde ao polinômio x (ou seja, $0000\ldots010_2$).

α^j α multiplicado por si mesmo j vezes, em $GF(2^{128})$.

⊕   XOR bit a bit.

⊗   Multiplicação modular de dois polinômios com coeficientes binários módulo $x^{128} + x^7 + x^2 + x + 1$. Assim, isso é multiplicação em $GF(2^{128})$.

Basicamente, o parâmetro j funciona de maneira muito parecida com o contador no modo CTR. Ele garante que, se o mesmo bloco de texto claro aparecer em duas posições diferentes dentro de uma unidade de dados, ele será encriptado para dois blocos de texto cifrado distintos. O parâmetro i funciona como um *nonce* no nível de unidade de dados. Ele assegura que, se o mesmo bloco de texto claro aparecer na mesma posição em duas unidades de dados diferentes, será encriptado para dois blocos de texto cifrado distintos. De um modo mais geral, isso garante que a mesma unidade de dados de texto claro será encriptada para duas de texto cifrado diferentes a duas posições diversas da unidade de dados.

A encriptação e decriptação de um único bloco podem ser descritas como

Operação em bloco XTS-AES	$T = E(K_2, i) \otimes \alpha_j$ $PP = P \oplus T$ $CC = E(K_1, PP)$ $C = CC \oplus T$	$T = E(K_2, i) \otimes \alpha_j$ $CC = C \oplus T$ $PP = D(K_1, CC)$ $P = PP \oplus T$

Para ver que a decriptação recupera o texto claro, vamos expandir a última linha da encriptação e da decriptação. Para a encriptação, temos

$$C = CC \oplus T = E(K_1, PP) \oplus T = E(K_1, P \oplus T) \oplus T \quad .$$

e, para a decriptação,

$$P = PP \oplus T = D(K_1, CC) \oplus T = D(K_1, C \oplus T) \oplus T$$

Agora, substituímos para C:

$$\begin{aligned}P &= D(K_1, C \oplus T) \oplus T \\ &= D(K_1, [E(K_1, P \oplus T) \oplus T] \oplus T) \oplus T \\ &= D(K_1, E(K_1, P \oplus T)) \oplus T \\ &= (P \oplus T) \oplus T = P\end{aligned}$$

Operação sobre um setor

O texto claro de um setor ou unidade de dados é organizado em blocos de 128 bits. Os blocos são rotulados com $P_0, P_1, ..., P_m$. O último bloco pode ser nulo ou conter de 1 a 127 bits. Em outras palavras, a entrada do algoritmo XTS-AES consiste em m blocos de 128 bits, e possivelmente em um bloco parcial no final.

Para encriptação e decriptação, cada bloco é tratado independentemente e encriptado/decriptado como mostra a Figura 6.10. A única exceção ocorre quando o último bloco tem menos de 128 bits. Nesse caso, os dois últimos blocos são encriptados/decriptados usando uma técnica de **roubo de texto cifrado**, em vez de preenchimento. A Figura 6.11 ilustra o esquema. P_{m-1} é o último bloco de texto claro cheio, e P_m é o bloco de texto claro final, que contém s bits, com $1 \leq s \leq 127$. C_{m-1} é o último bloco de texto cifrado cheio, e C_m é o último bloco de texto cifrado, que contém s bits. Essa técnica normalmente é chamada de roubo de texto cifrado, pois o processamento do último bloco "rouba" um texto cifrado temporário do penúltimo para completar o bloco cifrado.

Vamos rotular os algoritmos de encriptação e de decriptação de bloco da Figura 6.10 como:

Encriptação de bloco: XTS-AES-blockEnc(K, P_j, i, j)
Decriptação de bloco: XTS-AES-blockDec(K, C_j, i, j)

Então, o modo XTS-AES é definido da seguinte forma:

Modo XTS-AES com bloco final nulo	C_j = XTS-AES-blockEnc(K, P_j, i, j) $j = 0, ..., m-1$
	P_j = XTS-AES-blockEnc(K, C_j, i, j) $j = 0, ..., m-1$
Modo XTS-AES com bloco final contendo s bits	C_j = XTS-AES-blockEnc(K, P_j, i, j) $j = 0, ..., m-2$
	XX = XTS-AES-blockEnc($K, P_{m-1}, i, m-1$)
	$CP = \text{LSB}_{128-s}(XX)$
	$YY = P_m \parallel CP$
	C_{m-1} = XTS-AES-blockEnc(K, YY, i, m)
	$C_m = \text{MSB}_s(XX)$
	P_j = XTS-AES-blockDec(K, C_j, i, j) $j = 0, ..., m-2$
	YY = XTS-AES-blockDec($K, C_{m-1}, i, m-1$)
	$CP = \text{LSB}_{128-s}(YY)$
	$XX = C_m \parallel CP$
	P_{m-1} = XTS-AES-blockDec(K, XX, i, m)
	$P_m = \text{MSB}_s(YY)$

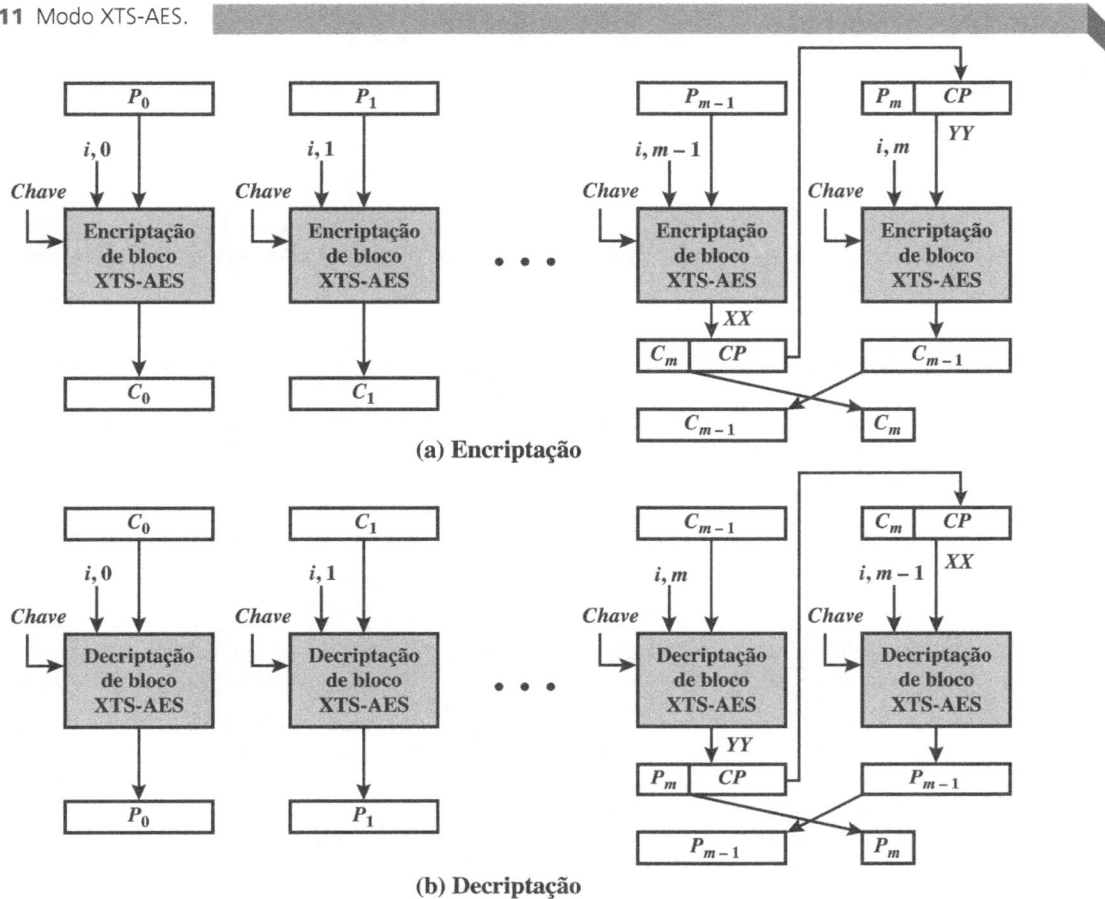

Figura 6.11 Modo XTS-AES.

(a) Encriptação

(b) Decriptação

Como podemos ver, o modo XTS-AES, assim como o CTR, é adequado para tratamento em paralelo. Como não existe encadeamento, vários blocos podem ser encriptados ou decriptados simultaneamente. Diferente do modo CTR, o XTS-AES inclui um *nonce* (o parâmetro i), bem como um contador (parâmetro j).

6.8 LEITURA RECOMENDADA

[BALL12] fornece uma descrição clara do XTS-AES e examina suas propriedades de segurança.

BALL12 BALL, M. et al. "The XTS-AES Disk Encryption Algorithm and the Security of Ciphertext Stealing". *Cryptologia*, jan. 2012.

6.9 PRINCIPAIS TERMOS, PERGUNTAS PARA REVISÃO E PROBLEMAS

Principais termos

ataque *meet-in-the-middle*	modo electronic codebook (ECB)	*nonce*
cifras de bloco ajustáveis	modo output feedback (OFB)	roubo de texto cifrado
modo cipher block chaining (CBC)	modos de operação de cifra de bloco	Triple DES (3DES)
modo cipher feedback (CFB)	modo XTS-AES	
modo counter (CTR)		

Perguntas para revisão

6.1 O que é encriptação tripla?

6.2 O que é ataque *meet-in-the-middle*?

6.3 Quantas chaves são usadas na encriptação tripla?

6.4 Por que a parte do meio do 3DES é decriptação, em vez de encriptação?

6.5 Por que alguns modos de operação de cifra de bloco só utilizam a encriptação, enquanto outros empregam encriptação e decriptação?

Problemas

6.1 Você deseja construir um dispositivo de hardware para realizar encriptação de bloco no modo cipher block chaining (CBC) usando um algoritmo mais forte do que DES. 3DES é um bom candidato. A Figura 6.12 mostra duas possibilidades, ambas acompanhando a definição do CBC. Qual das duas você escolheria:
   a. Por segurança?
   b. Por desempenho?

6.2 Você consegue sugerir uma melhoria de segurança para qualquer uma das opções da Figura 6.12, usando apenas três chips DES e alguma quantidade de funções XOR? Considere que ainda esteja limitado a duas chaves.

6.3 O ataque Merkle-Hellman sobre o 3DES começa assumindo um valor de $A = 0$ (Figura 6.1b). Depois, para cada um dos 2^{56} valores possíveis de K_1, o texto claro P que produz $A = 0$ é determinado. Descreva o restante do algoritmo.

6.4 Com o modo ECB, se houver um erro em um bloco do texto cifrado transmitido, somente o de texto claro correspondente é afetado; porém, no modo CBC, esse erro se propaga. Por exemplo, um erro no C_1 transmitido (Figura 6.4) obviamente adultera P_1 e P_2.
   a. Algum bloco além de P_2 é afetado?
   b. Suponha que haja um bit errado na versão fonte de P_1. Por quantos blocos de texto cifrado esse erro é propagado? Qual é o efeito no receptor?

Figura 6.12 Uso de triple DES no modo CBC.

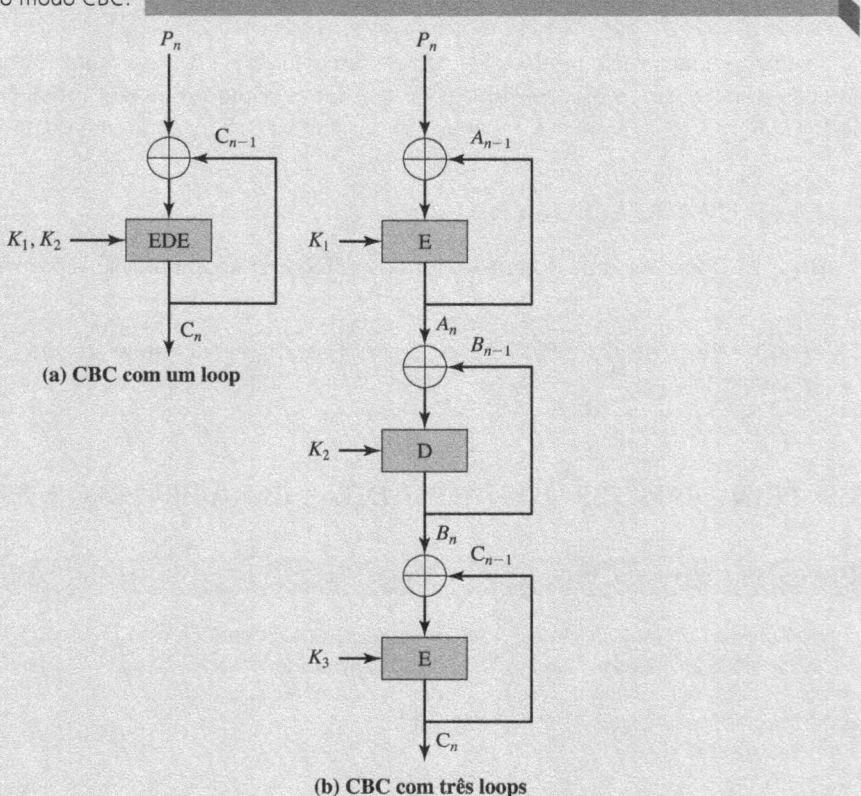

(a) CBC com um loop

(b) CBC com três loops

6.5 É possível realizar operações de encriptação em paralelo sobre múltiplos blocos de texto claro no modo CBC? E de decriptação?

6.6 CBC-Pad é um modo de cifra de bloco usado na RC5, mas que poderia ser empregado em qualquer outra. CBC-Pad trata do texto claro de qualquer tamanho. O texto cifrado é maior do que o claro por, no máximo, o tamanho de um único bloco. O preenchimento é usado para garantir que a entrada do texto claro seja um múltiplo do tamanho do bloco. Considera-se que o texto claro original tenha um número inteiro de bytes. Esse texto claro é preenchido no final de 1 a *bb* bytes, no qual *bb* é igual ao tamanho do bloco em bytes. Os bytes de preenchimento são todos iguais e definidos como um byte que representa o número dos de preenchimento. Por exemplo, se houver 8 bytes de preenchimento, cada um deles terá o padrão de um deles 00001000. Por que não permitir zero byte de preenchimento? Ou seja, se o texto claro original for um múltiplo inteiro do tamanho do bloco, por que não evitar o preenchimento?

6.7 Para os modos ECB, CBC e CFB, o texto claro deverá ser uma sequência de um ou mais blocos de dados completos (ou, para o modo CFB, segmentos de dados). Em outras palavras, para esses três modos, o número total de bits no texto claro deverá ser um múltiplo positivo do tamanho do bloco (ou segmento). Um método comum de preenchimento, se preciso, consiste em um bit 1 seguido por alguns bits zero, possivelmente nenhum, quando necessários para completar o bloco final. Considera-se uma boa prática para o emissor preencher cada mensagem, incluindo aquelas em que o bloco de mensagem final já está completo. Qual é a motivação para incluir um bloco de preenchimento quando ele não é fundamental?

6.8 Se ocorrer um erro de bit na transmissão de um caractere de texto cifrado no modo CFB de 8 bits, até que ponto ele se propagará?

6.9 Na discussão do OFB, mencionou-se que, se fosse sabido que duas mensagens diferentes tiveram um bloco idêntico de texto claro na mesma posição, é possível recuperar o bloco O_i correspondente. Mostre o cálculo.

6.10 Na discussão do modo CTR, foi mencionado que, se for conhecido qualquer bloco de texto claro encriptado usando determinado valor de contador, então a saída da função de encriptação poderá ser estabelecida facilmente a partir do bloco de texto cifrado associado. Mostre o cálculo.

6.11 O preenchimento talvez nem sempre seja apropriado. Por exemplo, pode-se querer armazenar os dados encriptados no mesmo buffer de memória que continha originalmente o texto claro. Nessa hipótese, o texto cifrado não deverá ter o mesmo tamanho do texto claro original. Vimos o uso do roubo de texto cifrado (CTS) no caso do XTS-AES para lidar com blocos parciais. A Figura 6.13a mostra o roubo de texto cifrado a fim de modificar o modo CBC, chamado CBC-CTS.

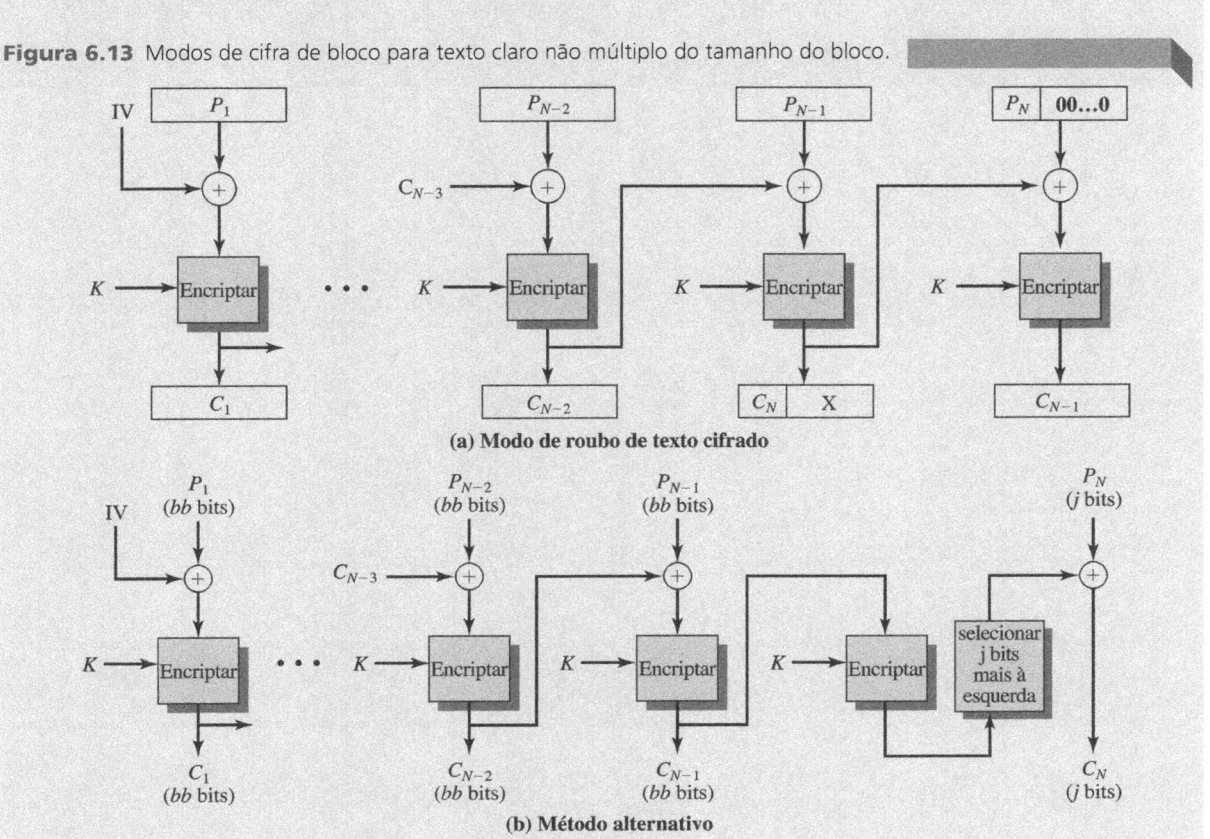

Figura 6.13 Modos de cifra de bloco para texto claro não múltiplo do tamanho do bloco.

(a) Modo de roubo de texto cifrado

(b) Método alternativo

a. Explique como ele funciona.
  b. Descreva como decriptar C_{n-1} e C_n.

6.12 A Figura 6.13b mostra uma alternativa ao CBC-CTS para produzir o texto cifrado de mesmo tamanho do texto claro quando este não é um múltiplo inteiro do tamanho do bloco.
  a. Explique o algoritmo.
  b. Explique por que o CBC-CTS é preferível a essa técnica ilustrada na Figura 6.13b.

6.13 Desenhe uma figura semelhante àquelas da Figura 6.8 para o modo XTS-AES.

Problemas de programação

6.14 Crie um software que possa encriptar e decriptar no modo cipher block chaining usando uma das seguintes cifras: módulo affine 256, módulo Hill 256, S-DES, DES.
Teste os dados para S-DES usando um vetor de inicialização binário de 1010 1010. Um texto claro binário de 0000 0001 0010 0011 encriptado com uma chave binária de 01111 11101 deverá dar um texto claro binário de 1111 0100 0000 1011. A decriptação deverá funcionar de modo correspondente.

6.15 Crie um software que possa encriptar e decriptar no modo cipher feedback de 4 bits usando uma das seguintes cifras: aditiva módulo 256, módulo affine 256, S-DES;

ou

no modo cipher feedback de 8 bits usando uma das seguintes cifras: 2 × 2 módulo Hill 256.
Teste os dados para S-DES empregando um vetor de inicialização binário de 1010 1011. Um texto claro binário de 0001 0010 0011 0100 encriptado com uma chave binária de 01111 11101 deverá gerar um texto claro binário de 1110 1100 1111 1010. A decriptação precisará funcionar de modo correspondente.

6.16 Crie um software que possa encriptar e decriptar no modo counter usando uma das seguintes cifras: módulo affine 256, módulo Hill 256, S-DES.
Teste os dados para S-DES com um contador começando em 0000 0000. Um texto claro binário de 0000 0001 0000 0010 0000 0100 encriptado com uma chave binária de 01111 11101 deverá gerar um texto claro binário de 0011 1000 0100 1111 0011 0010. A decriptação precisará funcionar de modo correspondente.

6.17 Implemente um ataque de criptoanálise diferencial sobre S-DES com 3 rodadas.

Geração de número pseudoaleatório e cifras de fluxo

07

TÓPICOS ABORDADOS

7.1 PRINCÍPIOS DE GERAÇÃO DE NÚMEROS PSEUDOALEATÓRIOS
- Uso de números aleatórios
- TRNGs, PRNGs e PRFs
- Requisitos do PRNG
- Projeto de algoritmo

7.2 GERADORES DE NÚMEROS PSEUDOALEATÓRIOS
- Geradores de congruência linear
- Gerador Blum Blum Shub

7.3 GERADORES DE NÚMEROS PSEUDOALEATÓRIOS COM UMA CIFRA DE BLOCO
- PRNG com modos de operação de cifra de bloco
- ANSI X9.17 PRNG
- NIST CTR_DRBG

7.4 CIFRAS DE FLUXO

7.5 RC4
- Inicialização de S
- Geração de fluxo
- Força do RC4

7.6 GERADORES DE NÚMEROS ALEATÓRIOS VERDADEIROS
- Fontes de entropia
- Comparação de PRNGs e TRNGs
- Propensão
- Gerador de números aleatórios digitais da Intel
- Arquitetura de hardware do DRNG
- Estrutura lógica do DRNG

7.7 LEITURA RECOMENDADA

7.8 PRINCIPAIS TERMOS, PERGUNTAS PARA REVISÃO E PROBLEMAS

OBJETIVOS DE APRENDIZAGEM

APÓS ESTUDAR ESTE CAPÍTULO, VOCÊ SERÁ CAPAZ DE:

☑ Explicar os conceitos de aleatoriedade e imprevisibilidade com relação a números aleatórios.
☑ Entender as diferenças entre geradores de números aleatórios verdadeiros, geradores de números pseudoaleatórios e funções pseudoaleatórias.
☑ Apresentar uma visão geral dos requisitos para geradores de número pseudoaleatório.
☑ Explicar como uma cifra de bloco pode ser usada para construir um gerador de número pseudoaleatório.
☑ Apresentar uma visão geral das cifras de fluxo e RC4.
☑ Explicar o significado de propensão.

> "O surgimento comparativamente atrasado da teoria da probabilidade mostra como ela é difícil de entender, e os muitos paradoxos indicam claramente que nós, como humanos, não temos uma intuição bem fundamentada nessa questão.
> Na teoria da probabilidade existe muita arte na montagem do modelo, na solução do problema e na aplicação dos resultados de volta às ações do mundo real que se seguirão."
> — *The Art of Probability*, Richard Hamming

Uma função importante é a geração de números pseudoaleatórios criptograficamente fortes. Os geradores de números pseudoaleatórios (PRNGs, do acrônimo em inglês para *pseudorandom number generators*) são usados em diversas aplicações criptográficas e de segurança. Começamos o capítulo com uma visão dos princípios básicos dos PRNGs e os comparamos com os geradores de números verdadeiramente aleatórios (TRNGs, do acrônimo em inglês para *true random number generators*).[1] Em seguida, examinamos alguns PRNGs comuns, incluindo aqueles baseados no emprego de uma cifra de bloco simétrica.

O capítulo então prossegue para o tópico das cifras de fluxo simétricas, que são fundamentadas na utilização de um PRNG. Em seguida, ele aborda a cifra de fluxo mais importante, RC4. Por fim, são avaliados os TRNGs.

7.1 PRINCÍPIOS DE GERAÇÃO DE NÚMEROS PSEUDOALEATÓRIOS

Os números aleatórios desempenham um papel importante no uso da criptografia para diversas aplicações de segurança da rede. Nesta seção, oferecemos uma rápida visão geral desse tópico, e depois examinamos os princípios da geração de números pseudoaleatórios.

Uso de números aleatórios

Diversos algoritmos de segurança da rede baseados em criptografia utilizam números binários aleatórios. Por exemplo:

- Esquemas de distribuição de chave e de autenticação recíproca (mútua), como aqueles discutidos nos capítulos 14 e 15. Neles, duas partes em comunicação cooperam trocando mensagens para distribuir chaves e/ou autenticar uma à outra. Em muitos casos, *nonces* são empregados para o *handshaking* (processo automatizado para a negociação dinâmica dos parâmetros de comunicação), a fim de impedir ataques de replicação. O uso de números aleatórios aos *nonces* frustra os esforços dos oponentes para determiná-los ou adivinhá-los, a fim de repetir uma transação obsoleta.
- Geração de chave de sessão. Veremos diversos protocolos neste livro nos quais uma chave secreta para encriptação simétrica é gerada ao uso para determinada transação (ou sessão), e é válida por um curto período de tempo. Essa chave normalmente é denominada chave de sessão.
- Geração de chaves para o algoritmo de encriptação de chave pública RSA (descrito no Capítulo 9).
- Geração de um fluxo de bits para a encriptação de fluxo simétrica (descrita neste capítulo).

Essas aplicações fazem surgir dois requisitos distintos e não necessariamente compatíveis para uma sequência de números aleatórios: aleatoriedade e imprevisibilidade.

ALEATORIEDADE

Tradicionalmente, a preocupação na geração de uma sequência de números supostamente aleatórios tem sido de que a sequência de números seja aleatória em algum sentido estatístico bem definido. Os dois critérios a seguir são usados para validar se uma sequência de números é aleatória:

- **Distribuição uniforme:** a distribuição dos bits na sequência deve ser uniforme; ou seja, a frequência de ocorrência de cada um dos uns e zeros deve ser aproximadamente a mesma.
- **Independência:** nenhum valor na sequência pode ser deduzido a partir dos outros.

---

[1] Uma nota sobre terminologia: alguns documentos de padrões, principalmente NIST e ANSI, referem-se a um TRNG como um gerador de bit aleatório não determinístico (NRBG, do acrônimo em inglês para *nondeterministic random bit generator*) e a um PRNG como um gerador de bit aleatório determinístico (DRBG, do acrônimo em inglês para *deterministic random bit generator*).

Embora existam testes bem definidos para determinar se uma sequência de bits combina com uma distribuição em particular, como a uniforme, não há um teste para "provar" a independência. Em vez disso, diversos testes podem ser aplicados para demonstrar se uma sequência não exibe independência. A estratégia geral é aplicar muitos deles até que haja confiança suficiente de que existe independência. Ou seja, se cada um de uma série de testes deixar de mostrar que uma sequência de bits não é independente, então podemos ter um alto nível de confiança de que a sequência é realmente independente.

No contexto da nossa discussão, o uso de uma sequência de números que parecem ser estatisticamente aleatórios em geral ocorre no projeto de algoritmos relacionados à criptografia. Por exemplo, um requisito fundamental do esquema de encriptação de chave pública RSA discutido no Capítulo 9 é a capacidade de gerar números primos. Muitas vezes, é difícil determinar se algum número grande N é primo. Uma técnica de força bruta seria dividir N por cada inteiro ímpar menor que $\sqrt{N}$. Se N estiver na ordem de, digamos, 10^{150}, o que não é incomum em criptografia de chave pública, essa técnica de força bruta está além do alcance dos analistas humanos e de seus computadores. Porém, de modo aleatório existem diversos algoritmos eficazes que testam se um número é primo usando uma sequência de inteiros escolhidos de modo aleatório como entrada para cálculos relativamente simples. Se a sequência for longa o suficiente (muito menos que $\sqrt{10^{150}}$), a verificação sobre se um número é primo pode ser determinada quase com certeza. Esse tipo de técnica, conhecida como sobre aleatoriedade, surge com frequência no projeto de algoritmos. Basicamente, se um problema for muito difícil ou demorado para ser solucionado exatamente, uma técnica mais simples e mais curta, baseada na aleatoriedade, é usada para fornecer uma resposta com qualquer nível de confiança desejado.

IMPREVISIBILIDADE

Em aplicações como autenticação recíproca, geração de chave de sessão e cifras de fluxo, o requisito não é tanto que a sequência de números seja estatisticamente aleatória, mas que os membros sucessivos dela sejam imprevisíveis. Com "verdadeiras" sequências aleatórias, cada número é estatisticamente independente dos outros na sequência e, portanto, imprevisíveis. Embora números verdadeiramente aleatórios sejam usados em algumas aplicações, eles têm suas limitações, como ineficiência, conforme discutiremos em breve. Assim, é mais comum implementar algoritmos que geram sequências de números que parecem ser aleatórios. Neste último caso, deve-se ter o cuidado de que um oponente não seja capaz de prever elementos futuros da sequência com base nos anteriores.

TRNGs, PRNGs e PRFs

Aplicações criptográficas normalmente utilizam técnicas algorítmicas para geração de número aleatório. Esses algoritmos são determinísticos e, portanto, produzem sequências de números que não são estatisticamente aleatórios. Porém, se o algoritmo for bom, as sequências resultantes passarão muitos testes de aleatoriedade. Esses números são chamados de **números pseudoaleatórios**.

Você pode estar um pouco preocupado com o conceito de uso de números gerados por um algoritmo determinístico como se todos fossem aleatórios. Apesar do que poderia ser chamado de objeções filosóficas para tal prática, isso geralmente funciona. Ou seja, sob a maioria das circunstâncias, os números pseudoaleatórios funcionarão tão bem quanto se fossem aleatórios para determinado uso. Infelizmente, "tão bem quanto" é muito subjetivo, mas o uso dos números pseudoaleatórios é bastante aceito. O mesmo princípio é empregado nas aplicações estatísticas, em que um estatístico apanha uma amostra de uma população e considera que os resultados serão aproximadamente os mesmos de quando a população inteira é medida.

A Figura 7.1 compara um **gerador de número aleatório verdadeiro** (TRNG) com duas formas de geradores de número pseudoaleatório. Um TRNG toma como entrada uma fonte que é efetivamente aleatória; esta em geral é chamada de **fonte de entropia**. Discutimos essas fontes na Seção 7.6. Basicamente, a fonte de entropia é retirada do ambiente físico do computador e poderia incluir aspectos como padrões de temporização dos toques de tecla, atividade elétrica no disco, movimentos do mouse e valores instantâneos do clock do sistema. A origem, ou combinação de origens, serve como entrada para um algoritmo que produz uma saída binária aleatória. O TRNG poderia envolver simplesmente a conversão de uma fonte analógica para uma saída binária, além de processamento adicional para contornar quaisquer tendências na origem; isso é discutido na Seção 7.6.

Por outro lado, um PRNG toma como entrada um valor fixo, denominado **semente**, e produz uma sequência de bits de saída usando um algoritmo determinístico. Com frequência, a semente é gerada por um TRNG. Normalmente, como mostramos, há algum caminho de retorno pelo qual alguns dos resultados do algoritmo são alimentados de volta como entrada, à medida que bits adicionais de saída são produzidos. O importante a

Figura 7.1 Geradores de números aleatórios e pseudoaleatórios.

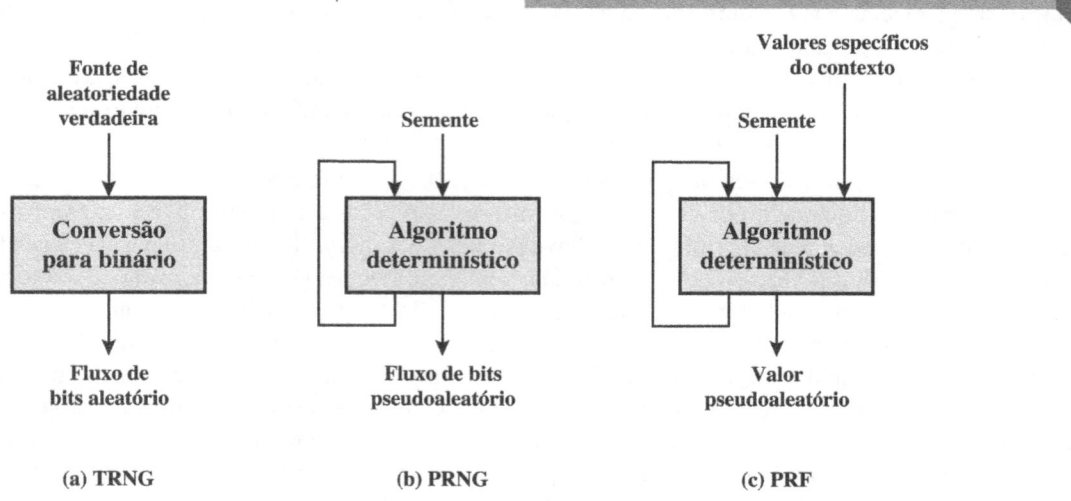

(a) TRNG — Fonte de aleatoriedade verdadeira → Conversão para binário → Fluxo de bits aleatório

(b) PRNG — Semente → Algoritmo determinístico → Fluxo de bits pseudoaleatório

(c) PRF — Semente + Valores específicos do contexto → Algoritmo determinístico → Valor pseudoaleatório

TRNG = gerador de número aleatório verdadeiro (true random number generator)
PRNG = gerador de número pseudoaleatório (pseudorandom number generator)
PRF = função pseudoaleatória (pseudorandom function)

observar é que o fluxo de bits de saída é estabelecido unicamente pelo valor ou valores da entrada, de modo que um adversário que conheça o algoritmo e a semente poderá reproduzir o fluxo de bits inteiro.

A Figura 7.1 mostra duas formas diferentes de PRNGs, com base na aplicação.

- **Gerador de número pseudoaleatório:** um algoritmo que é usado para produzir uma sequência de bits tão grande quanto necessária é conhecido como um PRNG. Uma aplicação comum para uma sequência de bits tão grande quanto necessária é como uma entrada para uma cifra de fluxo simétrica, conforme discutimos na Seção 7.4. Além disso, consulte a Figura 3.1a.

- **Função pseudoaleatória (PRF, do acrônimo em inglês para *pseudorandom function*):** uma PRF é usada para produzir uma cadeia de bits pseudoaleatória, com algum comprimento fixo. Alguns exemplos são chaves de encriptação simétrica e *nonces*. Normalmente, uma PRF toma como entrada uma semente, mais alguns valores específicos do contexto, como uma ID de usuário ou uma ID de aplicação. Diversos exemplos de PRFs serão vistos no decorrer do livro, principalmente nos capítulos 17 e 18.

A não ser pelo número de bits produzidos, não há diferença entre um PRNG e uma PRF. Os mesmos algoritmos podem ser usados nas duas aplicações. Ambos exigem uma semente e deverão exibir aleatoriedade e imprevisibilidade. Além disso, uma aplicação PRNG também pode empregar entrada específica do contexto. No que segue, não faremos distinção entre essas duas aplicações.

Requisitos do PRNG

Quando se usa um PRNG ou uma PRF para uma aplicação criptográfica, o requisito básico é que um adversário que não conhece a semente seja incapaz de determinar a sequência pseudoaleatória. Por exemplo, se o fluxo de bits pseudoaleatório é usado em uma cifra de fluxo, então o conhecimento do fluxo de bits pseudoaleatório permitiria que o adversário recuperasse o texto claro a partir do texto cifrado. De modo semelhante, queremos proteger o valor de saída de uma PRF. Neste último caso, considere o cenário a seguir. Uma semente de 128 bits, com alguns valores específicos do contexto, são usados para gerar uma chave secreta de 128 bits, que mais tarde é empregada para encriptação simétrica. Sob circunstâncias normais, uma chave de 128 bits é segura contra ataque por força bruta. Contudo, se a PRF não gerar valores de saída aleatórios de 128 bits de forma eficiente, pode ser que um adversário reduza as alternativas e use com sucesso um ataque por força bruta.

Esse requisito geral para sigilo da saída de um PRNG ou de uma PRF leva a requisitos específicos nas áreas de aleatoriedade, imprevisibilidade e a características da semente. Agora, vejamos cada um deles por sua vez.

ALEATORIEDADE

Em termos de aleatoriedade, o requisito para um PRNG é que o fluxo de bits gerado pareça ser aleatório, embora seja determinístico. Não há um teste isolado que possa determinar se um PRNG gera números que têm a característica da aleatoriedade. O melhor que pode ser feito é aplicar uma sequência de testes ao PRNG. Se o PRNG exibe aleatoriedade com base em múltiplos testes, então podemos considerar que ele satisfaz o requisito de aleatoriedade. O NIST SP 800-22 (*A Statistical Test Suite for Random and Pseudorandom Number Generators for Cryptographic Applications*) especifica que os testes devem buscar estabelecer as três características a seguir:

- **Uniformidade:** em qualquer ponto na geração de uma sequência de bits aleatórios ou pseudoaleatórios, a ocorrência de zero ou um é igualmente, ou seja, a probabilidade de cada um é exatamente 1/2. O número esperado de zeros (ou uns) é $n/2$, onde n = tamanho da sequência.
- **Escalabilidade:** qualquer teste que se aplique a uma sequência também pode ser aplicado a subsequências extraídas aleatoriamente. Se uma for aleatória, então qualquer subsequência extraída também deverá sê-lo. Logo, qualquer subsequência extraída precisará passar em qualquer teste de aleatoriedade.
- **Consistência:** o comportamento de um gerador precisa ser coerente entre os valores iniciais (sementes). É inadequado testar um PRNG com base na saída de uma única semente ou um TRNG com base em uma saída produzida por uma única saída física.

O SP 800-22 lista 15 testes de aleatoriedade separados. Para compreendê-los, é preciso haver um conhecimento básico de análise estatística, de modo que não tentaremos fazer uma descrição técnica aqui. Em vez disso, para que você tenha uma ideia dos testes, listamos três deles e o propósito de cada um, da seguinte forma:

- **Teste de frequência:** este é o mais básico e deve ser incluído em qualquer pacote de testes. A finalidade dele é determinar se o número de uns e zeros em uma sequência é mais ou menos o mesmo que seria esperado para uma sequência verdadeiramente aleatória.
- **Teste de rodadas:** o foco deste é o número total de rodadas na sequência, na qual uma rodada é uma sequência ininterrupta de bits idênticos limitados antes e depois com um bit do valor oposto. A finalidade desse teste é determinar se o número de rodadas de uns e zeros de diversos tamanhos é aquele que se espera para uma sequência aleatória.
- **Teste da estatística universal de Maurer:** o foco deste é o número de bits entre padrões correspondentes (uma medida que está relacionada ao tamanho de uma sequência compactada). A finalidade do teste é detectar se a sequência pode ou não ser comprimida significativamente sem perda de informação. Uma sequência significativamente comprimível é considerada não aleatória.

IMPREVISIBILIDADE

Um fluxo de números pseudoaleatórios deverá exibir duas formas de imprevisibilidade:

- **Imprevisibilidade direta:** se a semente é desconhecida, o próximo bit de saída na sequência deverá ser imprevisível, apesar de qualquer conhecimento dos bits anteriores nela.
- **Imprevisibilidade inversa:** também não deverá ser viável determinar a semente a partir do conhecimento de quaisquer valores gerados. Nenhuma correlação entre uma semente e qualquer valor gerado a partir dela deverá ser evidente; cada elemento da sequência deverá parecer ser o resultado de um evento aleatório independente, cuja probabilidade é 1/2.

O mesmo conjunto de testes de aleatoriedade também provê um teste de imprevisibilidade. Se o fluxo de bits gerado parece ser aleatório, então não deve ser possível prever algum bit ou alguma sequência de bits a partir do conhecimento dos bits anteriores. De modo semelhante, se a sequência de bits parece ser aleatória, então não existe um modo viável de deduzir a semente com base nessa sequência de bits. Ou seja, uma sequência aleatória não terá correlação com um valor fixo (a semente).

REQUISITOS DA SEMENTE

Para aplicações criptográficas, a semente que serve como entrada do PRNG deverá ser segura. Como o PRNG é um algoritmo determinístico, se o adversário puder deduzir a semente, então a saída também poderá ser estabelecida. Portanto, a semente deverá ser imprevisível. De fato, ela própria deverá ser um número aleatório ou pseudoaleatório.

Normalmente, a semente é gerada por um TRNG, como mostra a Figura 7.2. Esse é o esquema recomendado pelo SP800-90. O leitor poderá questionar, se existe um TRNG à disposição, por que é necessário usar um PRNG. Se a aplicação é uma cifra de fluxo, então um TRNG não é prático. O emissor deverá ter que gerar um fluxo de bits de chave com o tamanho do texto claro, e depois transmitir o fluxo de chave e o texto cifrado com segurança ao receptor. Se um PRNG for usado, o emissor só terá que encontrar um modo de entregar a chave da cifra de fluxo, que normalmente tem 54 ou 128 bits, ao receptor de uma forma segura.

Mesmo no caso de uma aplicação de PRF, na qual apenas um número limitado de bits é gerado, na maioria das vezes se deseja usar um TRNG a fim de fornecer a semente para a PRF e usar a saída da PRF, em vez do TRNG diretamente. Conforme explicamos na Seção 7.6, um TRNG pode produzir uma sequência binária com alguma propensão. A PRF teria o efeito de tornar aleatória a saída do TRNG, de modo a eliminar essa propensão.

Por fim, o mecanismo usado para gerar números aleatórios verdadeiros pode não ser capaz de estabelecer bits a uma taxa suficiente a fim de acompanhar a aplicação que exige os bits aleatórios.

Figura 7.2 Geração de entrada de semente ao PRNG.

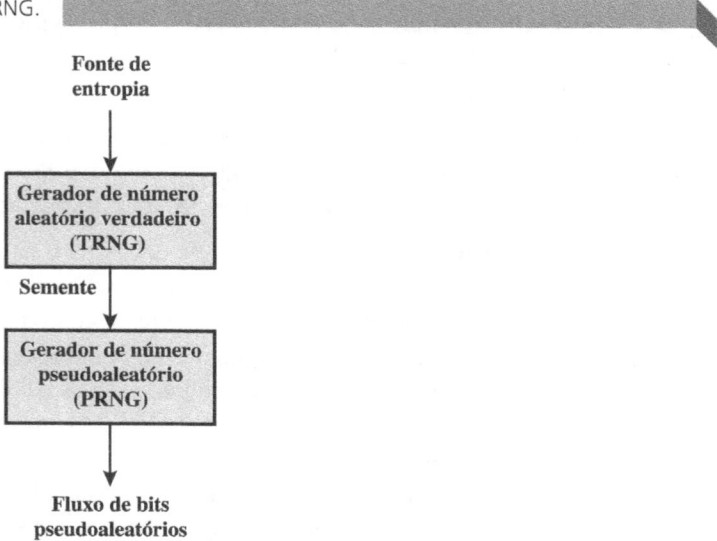

Fonte de entropia
↓
Gerador de número aleatório verdadeiro (TRNG)
↓ Semente
Gerador de número pseudoaleatório (PRNG)
↓
Fluxo de bits pseudoaleatórios

Projeto de algoritmo

PRNGs criptográficos têm sido assunto de muita pesquisa com o passar dos anos, e foi desenvolvida uma grande variedade de algoritmos. Estes podem ser de duas categorias:

- **Algoritmos de propósito especial:** são algoritmos projetados específica e unicamente para a finalidade de gerar fluxos de bits pseudoaleatórios. Alguns desses algoritmos são usados para uma série de aplicações de PRNG; várias destas são descritas na próxima seção. Outros são projetados especificamente para uso em uma cifra de fluxo. O exemplo mais importante do último é o RC4, descrito na Seção 7.5.
- **Algoritmos baseados em algoritmos criptográficos existentes:** algoritmos criptográficos têm o efeito de tornar dados aleatórios. Na verdade, esse é um requisito desses algoritmos. Por exemplo, se uma cifra de bloco simétrica produzisse texto cifrado com certos padrões regulares, isso ajudaria no processo de criptoanálise. Assim, algoritmos criptográficos podem servir como o núcleo de PRNGs.

Três categorias gerais de algoritmos criptográficos normalmente são usadas para criar PRNGs:

- **Cifras de bloco simétricas:** esta técnica é discutida na Seção 7.3.
- **Cifras assimétricas:** os conceitos teóricos de números usados para uma cifra assimétrica também podem ser adaptados para um PRNG; essa técnica é examinada no Capítulo 10.
- **Funções de hash e códigos de autenticação de mensagem:** esta técnica é examinada no Capítulo 12.

Qualquer uma dessas técnicas pode gerar um PRNG criptograficamente forte. Um algoritmo de propósito especial tem como ser fornecido por um sistema operacional para uso geral. A aplicações que já utilizam certos algoritmos criptográficos para encriptação ou autenticação, faz sentido reutilizar o mesmo código ao PRNG. Assim, todas as técnicas estão em conjunta utilização.

7.2 GERADORES DE NÚMEROS PSEUDOALEATÓRIOS

Nesta seção, examinaremos dois tipos de algoritmo para PRNGs.

Geradores de congruência linear

Uma técnica largamente utilizada para a geração de número pseudoaleatório é um algoritmo proposto inicialmente por Lehmer [LEHM51], que é conhecido como método de congruência linear. O algoritmo é parametrizado com quatro números, da seguinte forma:

m	módulo	$m > 0$
a	multiplicador	$0 < a < m$
c	incremento	$0 \leq c < m$
X_0	valor inicial, ou semente	$0 \leq X_0 < m$

A sequência de números aleatórios $\{X_n\}$ é obtida por meio da seguinte equação iterativa:

$$X_{n+1} = (aX_n + c) \bmod m$$

Se m, a, c e X_0 são inteiros, então essa técnica produzirá uma sequência de inteiros com cada um deles no intervalo $0 \leq X_n < m$.

A seleção de valores para a, c e m é crítica no desenvolvimento de um bom gerador de números aleatórios. Por exemplo, considere $a = c = 1$. A sequência produzida obviamente não é satisfatória. Agora, leve em conta os valores $a = 7, c = 0, m = 32$ e $X_0 = 1$. Isso gera a sequência {7, 17, 23, 1, 7 etc.}, que também é, de maneira clara, insatisfatória. Dos 32 valores possíveis, somente 4 são usados; assim, a sequência é dita, tendo período 4. Se, em vez disso, mudarmos o valor de a para 5, então a sequência é {5, 25, 29, 17, 21, 9, 13, 1, 5 etc.}, o que aumenta o período para 8.

Gostaríamos que m fosse muito grande, de modo que houvesse potencial para produzir uma longa série de números aleatórios distintos. Um critério comum é que m seja quase igual ao máximo inteiro não negativo representável para determinado computador. Assim, um valor m próximo ou igual a 2^{31} normalmente é escolhido.

[PARK88a] propõe três testes para serem usados na avaliação de um gerador de número aleatório:

T_1: A função deve ser uma de geração de período completo. Ou seja, deve gerar todos os números entre 0 e $m - 1$ antes de repetir.

T_2: A sequência gerada deve parecer aleatória.

T_3: A função deverá ser implementada eficientemente com aritmética de 32 bits.

Com valores apropriados de a, c e m, pode-se passar por esses três testes. Com relação a T_1, é possível mostrar que, se m é primo e $c = 0$, então, para certos valores de a, o período da função de geração é $m - 1$, apenas com o valor 0 faltando. Para a aritmética de 32 bits, um valor primo conveniente de m é $2^{31} - 1$. Assim, a função de geração torna-se

$$X_{n+1} = (aX_n) \bmod (2^{31} - 1)$$

Das mais de duas bilhões de escolhas possíveis para a, somente alguns dos multiplicadores passam por todos os três testes. Um valor desse tipo é $a = 7^5 = 16807$, que foi projetado originalmente para uso na família de computadores IBM 360 [LEWI69]. Esse gerador é bastante empregado e esteve sujeito a um teste mais completo do que qualquer outro PRNG. Ele é constantemente recomendado para o trabalho estatístico e de simulação (por exemplo, [JAIN91]).

A força do algoritmo de congruência linear é que, se o multiplicador e o módulo forem escolhidos de forma correta, a sequência de números resultante será estatisticamente indistinguível de uma retirada de modo aleatório (mas sem substituição) do conjunto 1, 2, ..., $m - 1$. Mas não existe nada de aleatório sobre o algoritmo, além da escolha do valor inicial X_0. Quando esse valor é escolhido, os números restantes na sequência seguem de forma determinística. Isso possui implicações para a criptoanálise.

Se um oponente souber que o algoritmo de congruência linear está sendo usado e se os parâmetros forem conhecidos (por exemplo, $a = 7^5$, $c = 0$, $m = 2^{31} - 1$), então, quando um único número for descoberto, todos os subsequentes serão conhecidos. Mesmo que o oponente saiba apenas que um algoritmo de congruência linear está sendo usado, o conhecimento de uma pequena parte da sequência é suficiente para determinar os parâmetros do algoritmo. Suponha que o oponente seja capaz de estabelecer os valores para X_0, X_1, X_2 e X_3. Então

$$X_1 = (aX_0 + c) \bmod m$$
$$X_2 = (aX_1 + c) \bmod m$$
$$X_3 = (aX_2 + c) \bmod m$$

Essas equações podem ser solucionadas para a, c e m.

Assim, embora seja bom conseguir usar um bom PRNG, é desejável fazer a sequência real utilizada ser não reproduzível, de modo que o conhecimento de parte da sequência por um oponente seja insuficiente para determinar os elementos futuros da sequência. Esse objetivo pode ser alcançado de várias maneiras. Por exemplo, [BRIG79] sugere o uso de um *clock* interno do sistema para modificar o fluxo de números aleatórios. Uma forma de usar o *clock* seria reiniciar a sequência depois de cada N números, com o valor de *clock* atual (mod m) como nova semente. Outra forma seria simplesmente adicionar o valor de *clock* atual a cada número aleatório (mod m).

Gerador Blum Blum Shub

Uma técnica popular para gerar números pseudoaleatórios seguros é conhecida como gerador Blum Blum Shub (BBS), que tem o nome de seus desenvolvedores [BLUM86] (ver Figura 7.3). Talvez ele tenha a prova pública mais forte em termos de força criptográfica de todos os algoritmos. O procedimento é o seguinte: primeiro, escolha dois números primos grandes, p e q, ambos tendo um resto 3 quando divididos por 4. Ou seja,

$$p \equiv q \equiv 3 \pmod 4$$

Essa notação, explicada com mais detalhes no Capítulo 4, simplesmente significa que (p mod 4) = (q mod 4) = 3. Por exemplo, os números primos 7 e 11 satisfazem $7 \equiv 11 \equiv 3 \pmod 4$. Considere que $n = p \times q$. Em seguida, escolha um número aleatório s, tal que s seja relativamente primo de n; isso é o equivalente a dizer que nem p nem q é um fator de s. Então, o gerador BBS produz uma sequência de bits B_i de acordo com o seguinte algoritmo:

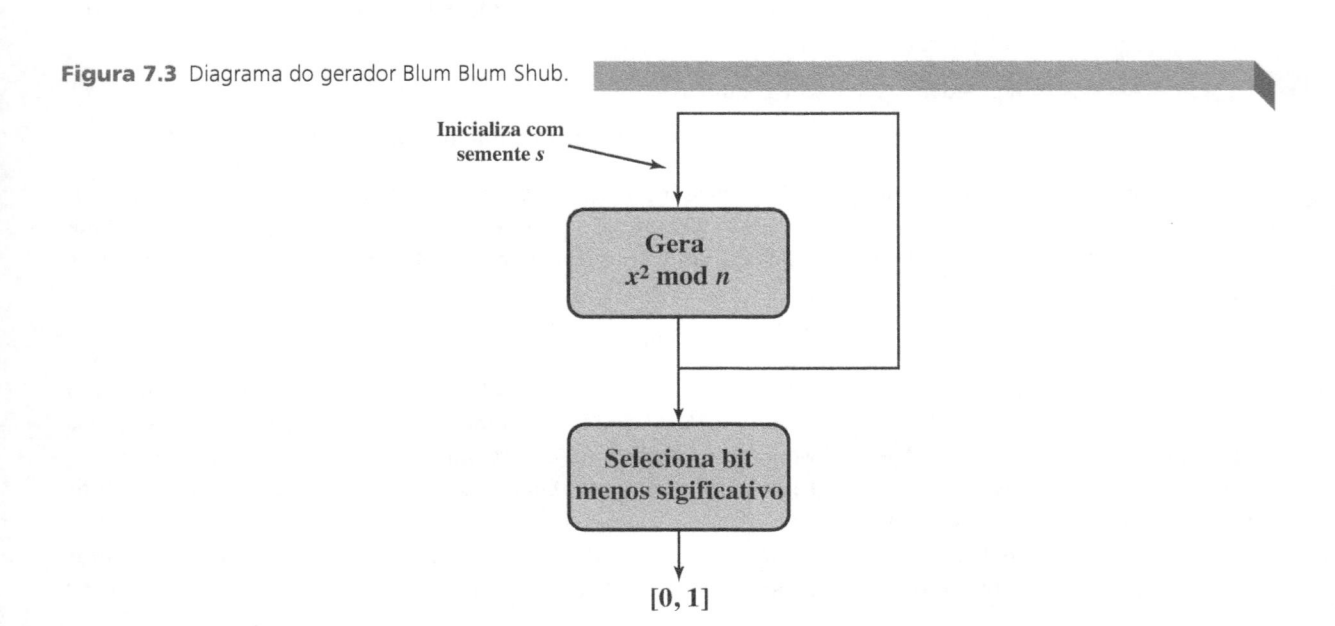

Figura 7.3 Diagrama do gerador Blum Blum Shub.

$$X_0 = s^2 \bmod n$$
$$\textbf{for } i = 1 \textbf{ to } \infty$$
$$X_i = (X_{i-1})^2 \bmod n$$
$$B_i = X_i \bmod 2$$

Assim, o bit menos significativo é tomado em cada iteração. A Tabela 7.1 mostra um exemplo da operação do BBS. Aqui, $n = 192649 = 383 \times 503$, e a semente $s = 101355$.

O BBS é conhecido como um **gerador de bits pseudoaleatórios criptograficamente seguro** (CSPRBG, do acrônimo em inglês para *cryptographically secure pseudorandom bit generator*). Um CSPRBG é definido como um que passa no *teste do próximo bit*, que, por sua vez, é definido da seguinte forma [MENE97]: diz-se que um gerador de bits pseudoaleatório passa no teste do próximo bit se não houver um algoritmo de tempo polinomial[2] que, na entrada dos primeiros k bits de uma sequência de saída, possa prever o $(k + 1)^{\underline{o}}$ bit com probabilidade significativamente maior do que 1/2. Em outras palavras, dados os primeiros k bits da sequência, não há um algoritmo prático que possa sequer permitir que você indique que o próximo bit será 1 (ou 0) com probabilidade maior que 1/2. Para todos os fins práticos, a sequência é imprevisível. A segurança do BBS é baseada na dificuldade de fatorar n. Ou seja, dado n, precisamos determinar seus dois fatores primos p e q.

Tabela 7.1 Operação de exemplo do gerador BBS.

i	X_i	B_i	i	X_i	B_i
0	20749		11	137922	0
1	143135	1	12	123175	1
2	177671	1	13	8630	0
3	97048	0	14	114386	0
4	89992	0	15	14863	1
5	174051	1	16	133015	1
6	80649	1	17	106065	1
7	45663	1	18	45870	0
8	69442	0	19	137171	1
9	186894	0	20	48060	0
10	177046	0			

7.3 GERADORES DE NÚMEROS PSEUDOALEATÓRIOS COM UMA CIFRA DE BLOCO

Um método popular para a construção do PRNG é usar uma cifra de bloco simétrica como núcleo do mecanismo PRNG. Para qualquer bloco de texto claro, uma cifra de bloco simétrica produz um bloco de saída aparentemente aleatório. Ou seja, não existem padrões ou regularidades no texto cifrado que prestem informações a ser usadas para deduzir o texto claro. Assim, uma cifra de bloco simétrica é uma boa candidata para a criação de um gerador de número pseudoaleatório.

Se for utilizada uma cifra de bloco estabelecida e padronizada, como DES ou AES, então as características de segurança do PRNG poderão ser estabelecidas. Além disso, muitas aplicações já utilizam DES ou AES, de modo que a inclusão da cifra de bloco como parte do algoritmo PRNG é direta.

PRNG com modos de operação de cifra de bloco

Duas técnicas que usam uma cifra de bloco para criar um PRNG tiveram ampla aceitação: o modo CTR e o modo OFB. O modo CTR é recomendado no NIST SP 800-90, no padrão ANSI X9.82 (*Random Number Generation*) e no RFC 4086. O modo OFB é recomendado no X9.82 e no RFC 4086.

---

[2] Um algoritmo de tempo polinomial de ordem k é aquele cujo tempo de execução está delimitado por um polinômio de ordem k.

A Figura 7.4 ilustra os dois métodos. Em cada caso, a semente consiste em duas partes: o valor da chave de encriptação e um valor V que será atualizado após a geração de cada bloco de números pseudoaleatórios. Assim, para o AES-128, a semente constitui uma chave de 128 bits e um valor V de 128 bits. No caso do CTR, o valor V é incrementado por 1 após cada encriptação. Já no caso do OFB, o valor V é atualizado para ser igual ao valor do bloco PRNG anterior. Nos dois casos, os bits pseudoaleatórios são produzidos um bloco por vez (por exemplo, para AES, 128 bits PRNG são gerados por vez).

O algoritmo CTR para PRNG, chamado CTR_DRBG, pode ser resumido da seguinte forma:

```
while (len (temp) < número_de_bits_solicitado) do
    V = (V + 1) mod 2^128.
    bloco_saída = E(Chave, V)
    temp = temp || bloco_saída
```

E o algoritmo OFB, como:

```
while (len (temp) < número_de_bits_solicitado) do
    V = E(Chave, V)
    temp = temp || V
```

Para ter uma ideia do desempenho desses dois PRNGs, considere o experimento simples a seguir. Uma sequência de bits aleatórios de 256 bits foi obtida a partir de random.org, que usa três rádios sintonizados entre estações para apanhar o ruído atmosférico. Esses 256 bits formam a semente, alocada como:

Chave:	cfb0ef3108d49cc4562d5810b0a9af60
V:	4c89af496176b728ed1e2ea8ba27f5a4

O número total de bits 1 na semente de 256 bits é 124, ou uma fração de 0,48, um valor que está confortavelmente muito próximo do ideal de 0,5.

Para o PRNG no modo OFB, a Tabela 7.2 mostra os oito primeiros blocos de saída (1024 bits) com duas medidas de segurança simples. A segunda coluna indica a fração de bits 1 em cada bloco de 128 bits. Isso corresponde a um dos testes do NIST. Os resultados apontam que a saída está dividida de forma aproximadamente igual entre bits 0 e 1. A terceira coluna apresenta a fração dos bits que coincidem entre blocos adjacentes. Se esse número for muito diferente de 0,5, isso sugere uma correlação entre os blocos, que poderia ser um ponto fraco na segurança. O resultado insinua que não há correlação.

A Tabela 7.3 ilustra os resultados usando a mesma chave e valores V para o modo CTR. Novamente, os resultados são favoráveis.

Figura 7.4 Mecanismos PRNG baseados nas cifras de bloco.

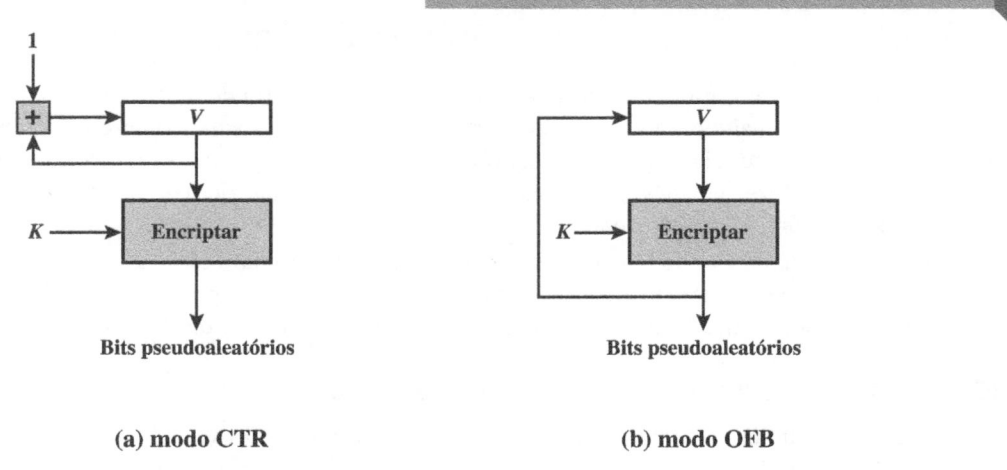

(a) modo CTR

(b) modo OFB

Tabela 7.2 Resultados de exemplo para o PRNG usando OFB.

Bloco de saída	Fração de bits 1	Fração de bits que coincidem com bloco anterior
1786f4c7ff6e291dbdfdd90ec3453176	0,57	—
5e17b22b14677a4d66890f87565eae64	0,51	0,52
fd18284ac82251dfb3aa62c326cd46cc	0,47	0,54
c8e545198a758ef5dd86b41946389bd5	0,50	0,44
fe7bae0e23019542962e2c52d215a2e3	0,47	0,48
14fdf5ec99469598ae0379472803accd	0,49	0,52
6aeca972e5a3ef17bd1a1b775fc8b929	0,57	0,48
f7e97badf359d128f00d9b4ae323db64	0,55	0,45

Tabela 7.3 Resultados de exemplo para o PRNG usando CTR.

Bloco de saída	Fração de bits 1	Fração de bits que coincidem com bloco anterior
1786f4c7ff6e291dbdfdd90ec3453176	0,57	—
60809669a3e092a01b463472fdcae420	0,41	0,41
d4e6e170b46b0573eedf88ee39bff33d	0,59	0,45
5f8fcfc5deca18ea246785d7fadc76f8	0,59	0,52
90e63ed27bb07868c753545bdd57ee28	0,53	0,52
0125856fdf4a17f747c7833695c52235	0,50	0,47
f4be2d179b0f2548fd748c8fc7c81990	0,51	0,48
1151fc48f90eebac658a3911515c3c66	0,47	0,45

ANSI X9.17 PRNG

Um dos PRNGs mais fortes (criptograficamente falando) é especificado no ANSI X9.17. Diversas aplicações empregam essa técnica, incluindo de segurança financeira e PGP (a última descrita no Capítulo 19).

A Figura 7.5 ilustra o algoritmo, que utiliza o 3DES (triple DES) para a encriptação. Os elementos são os seguintes:

- **Entrada:** duas entradas pseudoaleatórias controlam o gerador. Uma delas é uma representação de 64 bits da data e hora atual, que é atualizada a cada geração de número. A outra é um valor de semente de 64 bits; esta é inicializada para algum valor arbitrário e atualizada durante o processo de geração.
- **Chaves:** o gerador utiliza os três módulos de encriptação do 3DES. Todos os três empregam o mesmo par de chaves de 56 bits, que precisam ser mantidas secretas e são usadas apenas para geração de número pseudoaleatório.
- **Saída:** consiste em um número pseudoaleatório de 64 bits e um valor de semente de 64 bits.

Vamos definir as seguintes quantidades:

DT_i Valor de data/hora no início do i-ésimo estágio de geração

V_i Valor da semente no início do i-ésimo estágio de geração

Figura 7.5 Gerador de número pseudoaleatório ANSI X9.17.

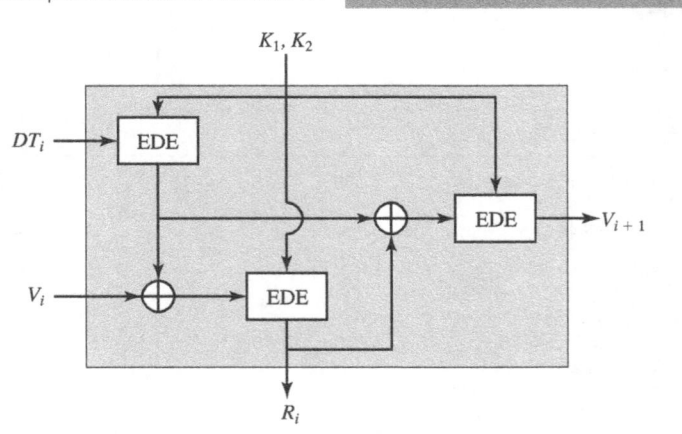

R_i Número pseudoaleatório produzido pelo i-ésimo estágio de geração
K_1, K_2 Chaves DES usadas para cada estágio

Então,

$$R_i = \text{EDE}([K_1, K_2], [V_i \oplus \text{EDE}([K_1, K_2], DT_i)])$$
$$V_{i+1} = \text{EDE}([K_1, K_2], [R_i \oplus \text{EDE}([K_1, K_2], DT_i)])$$

onde EDE($[K_1, K_2]$, X) refere-se à sequência encriptar-decriptar-encriptar usando o 3DES com duas chaves para encriptar X.

Vários fatores contribuem para a força criptográfica desse método. A técnica envolve uma chave de 112 bits e três encriptações EDE para um total de nove encriptações DES. O esquema é controlado por duas entradas independentes, o valor de data e hora, e uma semente produzida pelo gerador, que é distinta do número pseudoaleatório criado pelo gerador. Assim, a quantidade de material que precisa ser comprometida por um oponente é enorme. Mesmo que um número pseudoaleatório R_i fosse comprometido, seria impossível deduzir o V_{i+1} a partir do R_i, pois a operação EDE adicional é usada para produzir o V_{i+1}.

NIST CTR_DRBG

Agora, vejamos mais de perto os detalhes do PRNG definidos no NIST SP 800-90, baseado no modo de operação CTR. O PRNG é conhecido como o CTR_DRBG (gerador de bits aleatórios determinístico do modo contador). CTR_DRBG é bastante implementado e faz parte do gerador de número aleatório presente em todos os chips de processador Intel recentes (discutidos na Seção 7.6).

O DRBG considera que uma fonte de entropia está disponível para fornecer bits aleatórios. Normalmente, a fonte de entropia será um TRNG baseado em alguma fonte física. Outras fontes são possíveis se elas atenderem à medida de entropia exigida da aplicação. Entropia é um conceito teórico de informação que mede a imprevisibilidade, ou aleatoriedade; veja mais detalhes no Apêndice F (na Sala Virtual, <sv.pearson.com.br>, em inglês). O algoritmo de encriptação usado no DRBG pode ser 3DES com três chaves ou AES com um tamanho de chave de 128, 192 ou 256 bits.

Quatro parâmetros são associados ao algoritmo:

- **Tamanho do bloco de saída** (*outlen*): comprimento do bloco de saída do algoritmo de encriptação.
- **Tamanho da chave** (*keylen*): comprimento da chave de encriptação.
- **Tamanho da semente** (*seedlen*): a semente é uma sequência de bits usada como entrada para um mecanismo DRBG. A semente determinará uma parte do estado interno do DRBG, e sua entropia deverá ser suficiente para dar a segurança do DRBG. *seedlen = outlen + keylen*.
- **Intervalo de recriação de semente** (*reseed_interval*): comprimento da chave de encriptação. Esse é o número máximo de blocos de saída gerados antes da atualização do algoritmo com uma nova semente.

A Tabela 7.4 lista os valores especificados no SP 800-90 para esses parâmetros.

Tabela 7.4 Parâmetros do CTR_DRBG.

	3DES	AES-128	AES-192	AES-256
outlen	64	128	128	128
keylen	168	128	192	256
seedlen	232	256	320	384
reseed_interval	$\leq 2^{32}$	$\leq 2^{48}$	$\leq 2^{48}$	$\leq 2^{48}$

INICIALIZAR

A Figura 7.6 mostra as duas funções principais que compreendem o CTR_DRBG. Primeiro, consideramos como o CTR_DRBG é inicializado, usando as funções Inicializar e Atualizar (Figura 7.6a). Lembre-se de que o modo CTR da cifra de bloco requer uma chave de encriptação K e um valor de contador inicial, conhecido no SP 800-90 como contador V. A combinação de K e V é identificada como *semente*. Para iniciar a operação DRBG, são necessários valores iniciais para K e V, que podem ser escolhidos arbitrariamente. Como um exemplo, o *Digital Random Number Generator* (DRNG) da Intel, discutido na Seção 7.6, usa os valores $K = 0$ e $V = 0$. Esses valores são empregados como parâmetros para o modo de operação CTR a fim de produzir pelo menos *seedlen* bits. Além disso, exatamente *seedlen* bits precisam ser fornecidos a partir do que é chamado de *fonte de entropia*. Em geral, a fonte de entropia seria alguma forma de TRNG.

Com essas entradas, o modo de encriptação CTR é iterado para produzir uma sequência de blocos de saída, com V incrementado em 1 após cada encriptação. O processo continua até que pelo menos *seedlen* bits tenham sido gerados. Os *seedlen* bits mais à esquerda da saída passam, então, por um XOR com os *seedlen* bits de entropia para produzir uma nova semente. Por sua vez, os *keylen* bits mais à esquerda da semente formam a nova chave, e os *outlen* bits mais à direita da semente, o novo valor do contador V.

GERAR

Quando os valores de *Chave* e V são obtidos, o DRBG entra na fase de geração e é capaz de criar bits pseudoaleatórios, um bloco de saída por vez (Figura 7.6b). A função de encriptação é repetida até gerar o número de bits pseudoaleatórios desejado. Cada iteração usa a mesma chave de encriptação. O valor de contador V é incrementado em 1 para cada iteração.

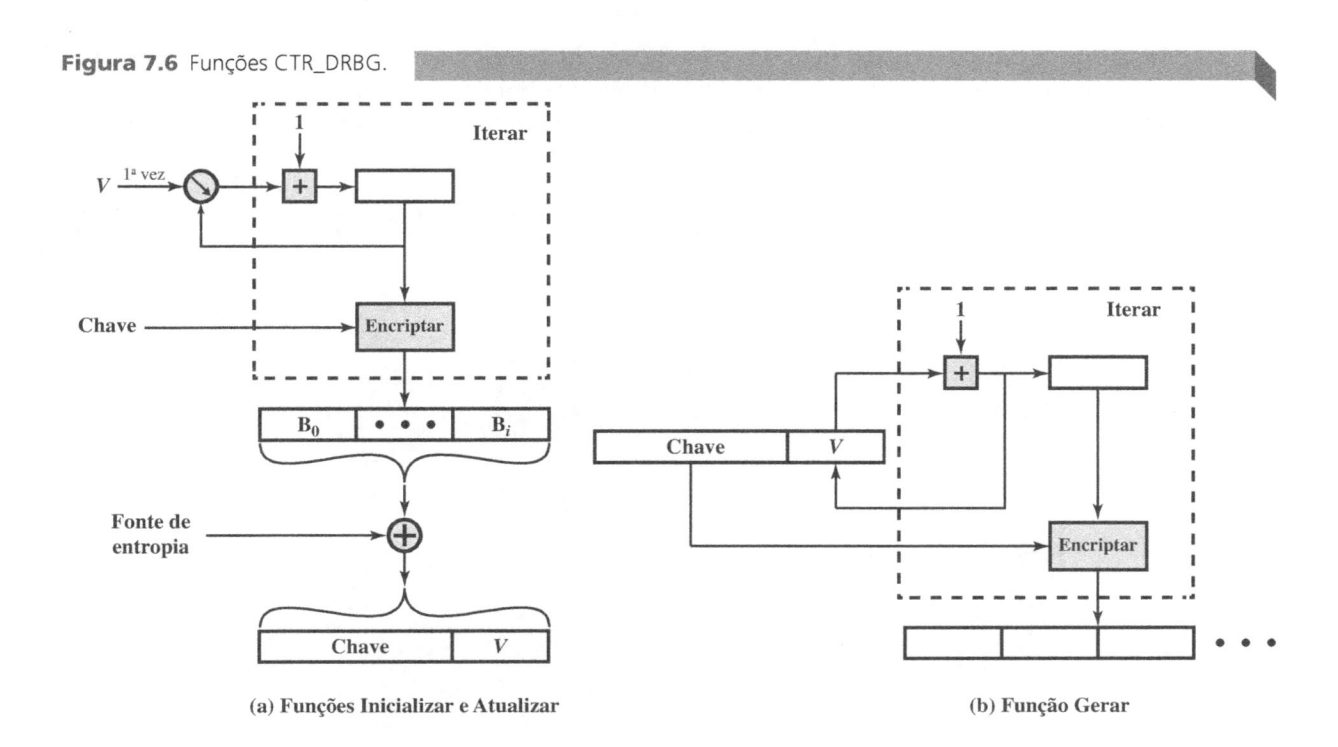

Figura 7.6 Funções CTR_DRBG.

(a) **Funções Inicializar e Atualizar**

(b) **Função Gerar**

ATUALIZAR

Para aumentar a segurança, o número de bits gerados por qualquer PRNG deverá ser limitado. CTR_DRGB usa o parâmetro *reseed_interval* para definir esse limite. Durante a fase de geração, o contador de recriação de semente é inicializado em 1, e depois incrementado a cada iteração (cada produção de um bloco de saída). Quando o contador de recriação de semente atinge *reseed_interval*, a função de atualização é chamada (Figura 7.6a). A função de atualização é a mesma que a de inicialização. No caso da atualização, os valores de Chave e V usados por último pela função de geração servem como parâmetros de entrada para a função de atualização. Esta recebe *seedlen* novos bits de uma fonte de entropia e produz uma nova semente (Chave, V). A função de geração pode, então, continuar a produção de bits pseudoaleatórios. Observe que o resultado da função de atualização é mudar os valores tanto de Chave quanto de V usados pela função de geração.

7.4 CIFRAS DE FLUXO

Uma cifra de fluxo típica encripta um byte de texto claro por vez, embora possa ser projetada para operar sobre um bit por vez ou sobre unidades maiores do que um byte por vez. A Figura 7.7 é um diagrama representativo da estrutura de cifra de fluxo. Nela, uma chave é inserida em um gerador de bits pseudoaleatórios que produz um fluxo de números de 8 bits aparentemente aleatórios. A saída do gerador, chamada **fluxo de chaves**, é combinada um byte por vez com o fluxo de texto claro usando a operação OU exclusivo (XOR) bit a bit. Por exemplo, se o próximo byte gerado pelo gerador for 01101100 e o próximo byte de texto claro, 11001100, então o byte de texto cifrado resultante será

$$\begin{array}{r} 11001100 \text{ texto claro} \\ \oplus \underline{01101100} \text{ fluxo de chaves} \\ 10100000 \text{ texto cifrado} \end{array}$$

A decriptação requer o uso da mesma sequência pseudoaleatória:

$$\begin{array}{r} 10100000 \text{ texto cifrado} \\ \oplus \underline{01101100} \text{ fluxo de chaves} \\ 11001100 \text{ texto claro} \end{array}$$

A cifra de fluxo é semelhante ao *one-time pad* discutido no Capítulo 2. A diferença é que um *one-time pad* usa um fluxo de número aleatório genuíno, enquanto uma cifra de fluxo usa um fluxo de número pseudoaleatório.

[KUMA97] lista as seguintes considerações de projeto importantes para uma cifra de fluxo:

1. A sequência de encriptação deverá ter um período grande. Um gerador de número pseudoaleatório usa uma função que produz um fluxo determinístico de bits que, por fim, se repete. Quanto maior o período de repetição, mais difícil será fazer a criptoanálise. Essa é basicamente a mesma consideração que foi

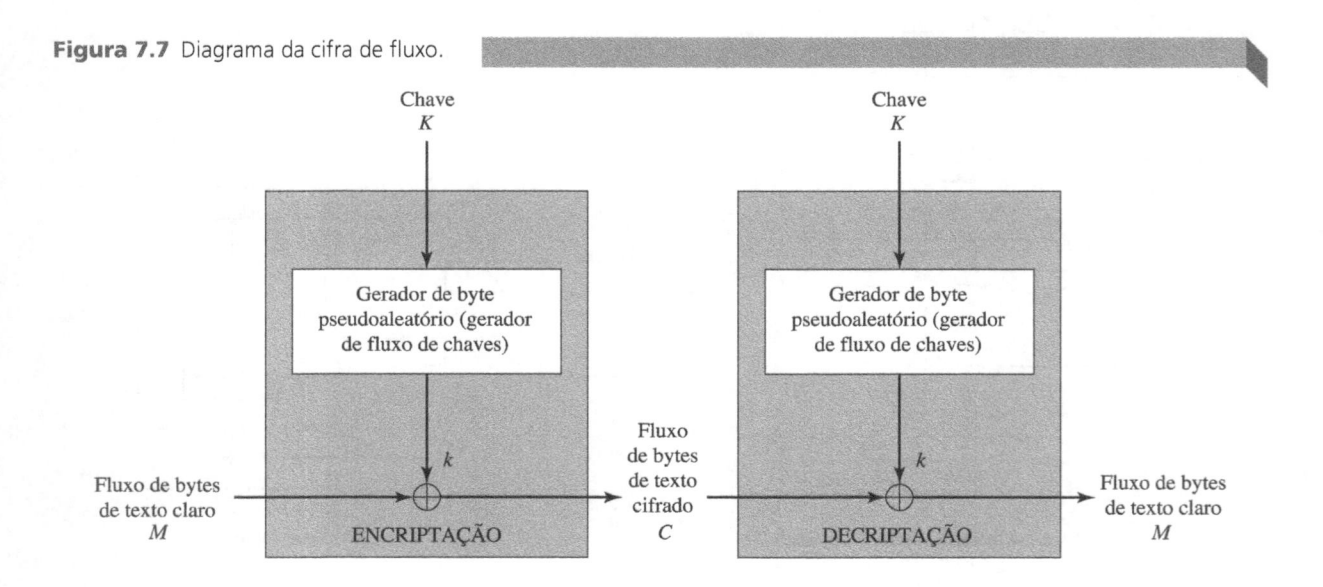

Figura 7.7 Diagrama da cifra de fluxo.

discutida com referência à cifra de Vigenère, a saber, que, quanto maior o tamanho da palavra-chave, mais difícil será a criptoanálise.

2. O fluxo de chaves deverá se aproximar o máximo possível das propriedades de um fluxo de número aleatório verdadeiro. Por exemplo, deve haver um número aproximadamente igual de 1s e 0s. Se o fluxo de chaves for tratado como um de bytes, então todos os 256 valores de bytes possíveis deverão aparentar ser aproximadamente iguais em frequência. Quanto maior a aparência aleatória do fluxo de chaves, mais aleatório será o texto cifrado, tornando a criptoanálise mais difícil.

3. Observe, pela Figura 7.7, que a saída do gerador de número pseudoaleatório é condicionada pelo valor da chave de entrada. Para a proteção contra ataques de força bruta, a chave precisa ser suficientemente longa. As mesmas considerações que se aplicam a cifras de bloco são válidas aqui. Assim, com a tecnologia atual, um tamanho de chave de pelo menos 128 bits é desejável.

Com um gerador de número pseudoaleatório projetado corretamente, uma cifra de fluxo pode ser tão segura quanto uma de bloco com tamanho de chave semelhante. Uma potencial vantagem de uma cifra de fluxo é que, se ela não usa cifras de bloco como bloco de montagem, normalmente é mais rápida e emprega muito menos código do que as cifras de bloco. O exemplo neste capítulo, RC4, pode ser implementado em poucas linhas de código. Nos últimos anos, essa vantagem diminuiu com a introdução do AES, que é bastante eficiente em software. Além do mais, agora existem técnicas de aceleração de hardware para o AES. Por exemplo, o *AES Instruction Set* da Intel possui instruções de máquina para uma rodada de encriptação e decriptação e geração de chave. O uso de instruções de hardware resulta em ganhos de velocidade de cerca de uma ordem de grandeza em comparação às implementações unicamente em software [XU10].

Uma vantagem de uma cifra de bloco é que você pode reutilizar chaves. Em contraste, se dois textos claros forem encriptados com a mesma chave usando uma cifra de fluxo, então a criptoanálise normalmente é muito simples [DAWS96]. Se os dois fluxos de texto cifrado passaram por uma operação XOR, o resultado é o XOR dos textos claros originais. Se os textos claros forem strings de texto, números de cartão de crédito ou outros fluxos de bytes com propriedades conhecidas, então a criptoanálise poderá ter sucesso.

Para aplicações que exigem a encriptação/decriptação de um fluxo de dados, como sobre um canal de comunicações de dados ou um link de navegador/Web, uma cifra de fluxo poderia ser a melhor alternativa. Já para aplicações que lidam com blocos de dados, como transferência de arquivos, e-mail e bancos de dados, as cifras de bloco podem ser mais apropriadas. Porém, ambos os tipos de cifra poderão ser usados em praticamente qualquer aplicação.

Uma cifra de fluxo pode ser construída com qualquer PRNG criptograficamente forte, como aqueles discutidos nas seções 7.2 e 7.3. Na próxima seção, examinaremos uma cifra de fluxo que usa um PRNG projetado especificamente para a cifra de fluxo.

7.5 RC4

RC4 é uma cifra de fluxo criada em 1987 por Ron Rivest para a RSA Security de tamanho de chave variável com operações orientadas a byte. O algoritmo é baseado no uso de uma permutação aleatória. A análise mostra que o período da cifra muito provavelmente é maior que 10^{100} [ROBS95a]. De oito a dezesseis operações de máquina são necessárias por byte de saída, e a cifra pode executar muito rapidamente em software. RC4 é usado nos padrões Secure Sockets Layer/Transport Layer Security (SSL/TLS), que foram definidos para a comunicação entre navegadores e servidores Web. Ele também é empregado no protocolo Wired Equivalent Privacy (WEP) e no mais novo protocolo WiFi Protected Access (WPA), que fazem parte do padrão de LAN sem fio IEEE 802.11. O RC4 foi mantido como segredo comercial pela RSA Security. Em setembro de 1994, o algoritmo RC4 foi postado na Internet na lista de remetentes anônimos Cypherpunks.

Ele é incrivelmente simples e muito fácil de explicar. Uma chave de tamanho variável de 1 a 256 bytes (8 a 2048 bits) é usada para inicializar um vetor de estado S de 256 bytes, com elementos S[0], S[1], ..., S[255]. Em todos os momentos, S contém uma permutação de todos os números de 8 bits de 0 a 255. Para a encriptação e a decriptação, um byte *k* (ver Figura 7.7) é gerado a partir de S selecionando uma das 255 entradas de uma forma sistemática. À medida que cada valor de *k* é gerado, as entradas em S são mais uma vez permutadas.

Inicialização de S

Para começar, as entradas de S são definidas iguais aos valores de 0 a 255 em ordem crescente; ou seja, S[0] = 0, S[1] = 1, ..., S[255] = 255. Um vetor temporário, T, também é criado. Se o tamanho da chave K é 256 bytes, então K é transferido para T. Caso contrário, para uma chave com tamanho de *keylen* bytes, os primeiros *keylen* elementos de T são copiados de K, e depois K é repetido tantas vezes quantas forem necessárias a fim de preencher T. Essas operações preliminares podem ser resumidas como

```
/* Inicialização */
for i = 0 to 255 do
S[i] = i;
T[i] = K[i mod keylen];
```

Em seguida, usamos T para produzir a permutação inicial de S. Isso envolve começar com S[0] e ir até S[255], e, para cada S[i], trocar S[i] por outro byte em S, de acordo com um esquema ditado por T[i]:

```
/* Permutação inicial de S */
j = 0;
for i = 0 to 255 do
    j = (j + S[i] + T[i]) mod 256;
Swap (S[i], S[j]);
```

Como a única operação sobre S é uma troca, o único efeito é uma permutação. S, ainda, contém todos os números de 0 a 255.

Geração de fluxo

Uma vez que o vetor S é inicializado, a chave de entrada não é mais usada. A geração de fluxo abrange percorrer todos os elementos de S[i] e, para cada S[i], trocar S[i] por outro byte em S de acordo com um esquema ditado pela configuração atual de S. Depois que S[255] é atingido, o processo continua, começando novamente em S[0]:

```
/* Geração de fluxo */
i, j = 0;
while (true)
  i = (i + 1) mod 256;
  j = (j + S[i]) mod 256;
Swap (S[i], S[j]);
t = (S[i] + S[j]) mod 256;
k = S[t];
```

Para encriptar, faça o XOR do valor *k* com o próximo byte do texto claro. Para decriptar, faça o XOR do valor *k* com o próximo byte do texto cifrado.

A Figura 7.8 ilustra a lógica RC4.

Força do RC4

Diversos artigos foram publicados, analisando os métodos de ataque ao RC4 (por exemplo, [KNUD98], [FLUH00], [MANT01]). Nenhuma dessas técnicas é prática contra o RC4 com um tamanho de chave razoável, como 128 bits. Um problema mais sério é relatado em [FLUH01]. Os autores demonstram que o protocolo WEP, intencionado para oferecer confidencialidade em redes de LAN sem fio 802.11, é vulnerável a uma técnica de ataque particular. Basicamente, o problema não é com o próprio RC4, mas com a forma como as chaves são geradas para uso como entrada do RC4. Esse problema em particular não parece ser relevante a outras aplicações usando RC4, e pode ser remediado no WEP com a alteração do modo como as chaves são geradas. Esse problema indica a dificuldade no projeto de um sistema seguro que envolva tanto funções criptográficas quanto os protocolos que as utilizam.

Figura 7.8 RC4.

(a) Estado inicial de S e T

(b) Permutação inicial de S

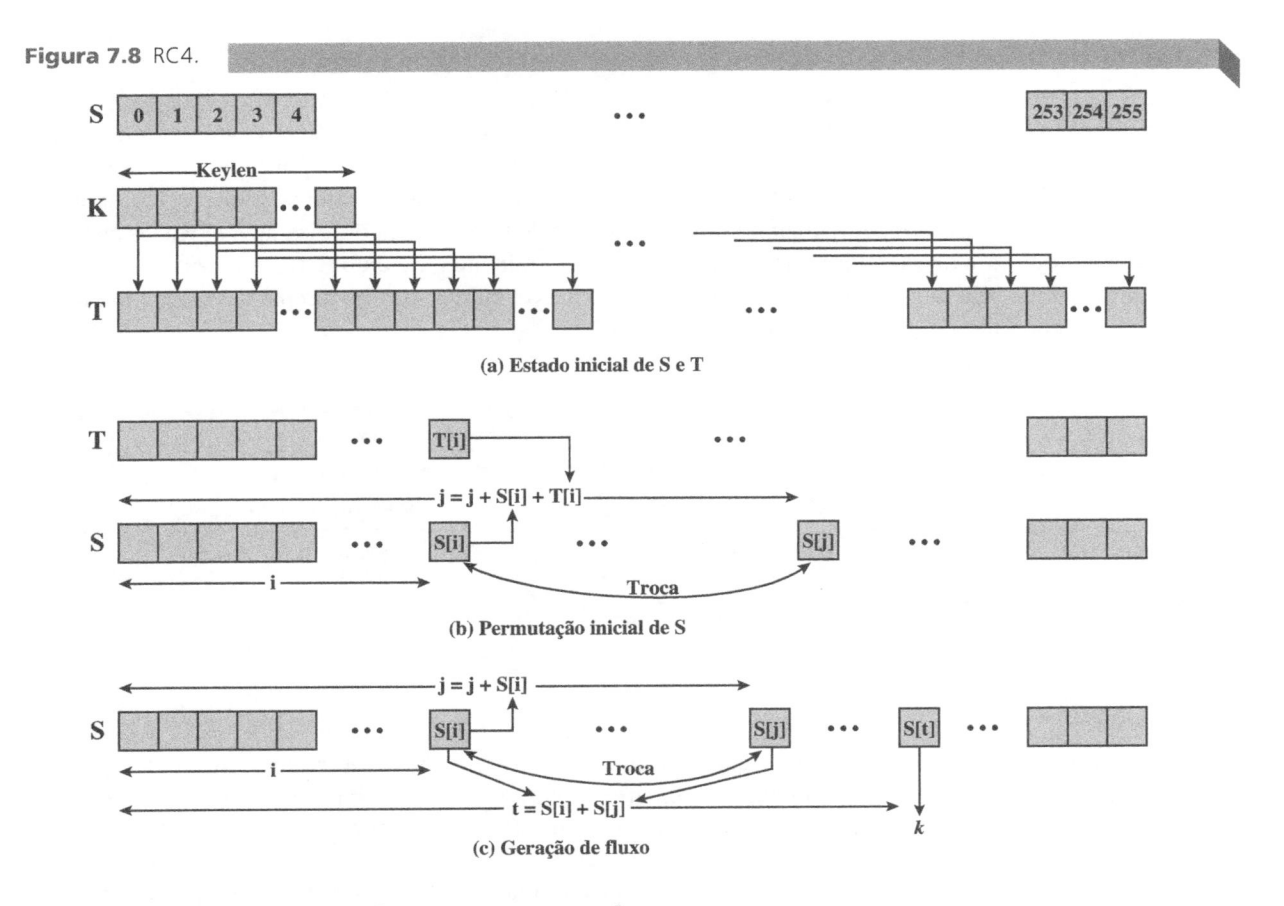

(c) Geração de fluxo

7.6 GERADORES DE NÚMEROS ALEATÓRIOS VERDADEIROS

Fontes de entropia

Um gerador de número aleatório verdadeiro (TRNG) utiliza uma fonte não determinística para produzir aleatoriedade. A maioria opera medindo processos naturais imprevisíveis, como detectores de pulso de eventos de radiação ionizante, tubos de descarga de gás e capacitores com escape. A Intel desenvolveu um chip disponível comercialmente que apanha amostras de ruído térmico, amplificando a voltagem medida por resistores não condutíveis [JUN99]. LavaRnd é um projeto de fonte aberto para criar números verdadeiramente aleatórios usando câmeras baratas, código de fonte aberto e hardware barato. O sistema utiliza um CCD saturado como uma fonte caótica para produzir a semente. O software processa o resultado e o transforma em números verdadeiramente aleatórios em diversos formatos.

O RFC 4086 lista as seguintes fontes possíveis de aleatoriedade que, com cuidado, têm como ser facilmente usadas em um computador para gerar verdadeiras sequências aleatórias.

- **Entrada de som/vídeo:** muitos computadores são montados com entradas que digitalizam alguma fonte analógica do mundo real, como o som de um microfone ou a entrada de vídeo de uma câmera. A "entrada" de um digitalizador de som sem uma fonte conectada ou de uma câmera com a lente tampada é basicamente ruído térmico. Se o sistema tiver ganho suficiente para detectar algo, essa entrada pode fornecer bits aleatórios de qualidade razoavelmente alta.

- **Unidades de disco:** as unidades de disco possuem pequenas flutuações aleatórias em sua velocidade de rotação, por conta da turbulência caótica do ar [JAKO98]. O acréscimo da instrumentação de tempo de busca do disco em baixo nível produz uma série de medições que contêm essa aleatoriedade. Esses dados em geral estão altamente correlacionados, de modo que é necessário um processamento significativo. Apesar disso, a experiência realizada há uma década mostrou que, com esse processamento, até mesmo unidades de disco lentas nos computadores mais lentos da época poderiam facilmente produzir 100 bits por minuto ou mais de excelentes dados aleatórios.

Há também um serviço on-line (<random.org>) que pode oferecer sequências aleatórias com segurança pela Internet.

Comparação entre PRNGs e TRNGs

A Tabela 7.5 resume as principais diferenças entre PRNGs e TRNGs. PRNGs são eficientes, significando que podem produzir muitos números em um curto período de tempo, e determinísticos, querendo dizer que determinada sequência de números pode ser reproduzida em outro momento se o ponto de partida nela for conhecido. A eficiência é uma boa característica se a sua aplicação precisar de muitos números, e o determinismo é prático se você precisar reproduzir a mesma sequência de números em outro estágio. PRNGs em geral também são periódicos, o que significa que a sequência em determinado momento se repetirá. Embora a periodicidade dificilmente seja uma característica desejável, os PRNGs modernos têm um período que é tão longo que poderá ser ignorado para quase todos os fins práticos.

Tabela 7.5 Comparação entre PRNGs e TRNGs.

	Geradores de números pseudoaleatórios (PRNGs)	Geradores de números aleatórios verdadeiros (TRNGs)
Eficiência	Muito eficientes	Geralmente ineficientes
Determinismo	Determinísticos	Não determinísticos
Periodicidade	Periódicos	Aperiódicos

TRNGs geralmente são um pouco ineficientes em comparação aos PRNGs, levando muito mais tempo para produzir números. Isso apresenta uma dificuldade em muitas aplicações. Por exemplo, o sistema de criptografia na segurança bancária ou nacional talvez tivesse que gerar milhões de bits aleatórios por segundo. TRNGs também são não determinísticos, significando que certa sequência de números não poderá ser reproduzida, embora a mesma sequência possa, naturalmente, ocorrer várias vezes por acaso. TRNGs não possuem um período.

Propensão

Um TRNG pode produzir uma saída que é tendenciosa de alguma forma, por exemplo, tendo mais uns do que zeros, ou vice-versa. Foram desenvolvidos diversos métodos de modificação de um fluxo de bits para reduzir ou eliminar a propensão. Estes são conhecidos como *algoritmos* **antipropensão**. Uma técnica para evitar a propensão é passar o fluxo de bits por uma função de hash, como MD5 ou SHA-1 (descritas no Capítulo 11). A função de hash produz uma saída de n bits a partir de uma entrada de um tamanho qualquer. Para a antipropensão, blocos de m bits de entrada, com $m \geq n$, podem ser passados pela função de hash. O RFC 4086 recomenda coletar a entrada das diversas fontes de hardware e depois misturá-las usando uma função de hash para produzir a saída aleatória.

Os sistemas operacionais normalmente oferecem um mecanismo embutido para gerar números aleatórios. Por exemplo, o Linux usa quatro fontes de entropia: atividade do mouse e teclado, operações de E/S de disco e interrupções específicas. Os bits são gerados a partir dessas quatro fontes e combinados em um buffer de junção. Quando os bits aleatórios são necessários, o número solicitado de bits é lido do buffer e passado pela função de hash SHA-1 [GUTT06].

Gerador de números aleatórios digitais da Intel

Como dissemos, TRNGs tradicionalmente têm sido usados apenas para a geração de chaves e outras aplicações em que somente um pequeno número de bits aleatórios é exigido. Isso porque os TRNGs em geral têm sido ineficientes, com uma baixa taxa de bits para a produção de bits aleatórios.

O primeiro TRNG disponível comercialmente que alcança taxas de produção de bits comparáveis às dos PRNGs é o gerador de número aleatório digital (DRNG) da Intel [TAYL11], oferecido nos novos chips multicore desde maio de 2012.

Dois aspectos notáveis do DRNG:

1. Ele é implementado totalmente no hardware. Isso oferece uma segurança maior do que uma solução que inclui um componente de software. Uma implementação baseada apenas em hardware também deverá ser capaz de alcançar velocidade de computação maior do que um módulo em software.
2. O DRNG inteiro está no mesmo chip multicore dos processadores. Isso elimina os atrasos de E/S encontrados em outros geradores de números aleatórios por hardware.

Arquitetura de hardware do DRNG

A Figura 7.9 mostra a estrutura geral do DRNG. O primeiro estágio dele gera números aleatórios a partir do ruído térmico. O núcleo do estágio consiste em dois inversores (portas NOT), com a saída de cada um conectada à entrada do outro. Esse arranjo tem dois estados estáveis, com um inversor, uma saída lógica 1 e o outro, uma saída lógica 0. O circuito é, então, configurado de modo que os dois inversores sejam forçados a ter o mesmo estado indeterminado (entradas e saídas com o valor lógico 1) por pulsos de clock. O ruído térmico aleatório dentro dos inversores logo os empurra para um estado mutuamente estável. Um circuito adicional tem por finalidade compensar quaisquer vieses ou correlações. Esse estágio é capaz, com o hardware atual, de gerar bits aleatórios a uma taxa de 4 Gbps.

A saída do primeiro estágio é gerada 512 bits por vez. Para garantir que o fluxo de bits não tenha propensão ou viés, um segundo estágio de processamento torna sua entrada aleatória usando uma função criptográfica. Nesse caso, a função é chamada de CBC-MAC ou CMAC, conforme especificado no NIST SP 800-38B. Basicamente, CMAC encripta sua entrada usando o modo *cipher block chaining* (CBC) (Figura 6.4) e gera o bloco final. Vamos examinar o CMAC com detalhes no Capítulo 12. A saída desse estágio é gerada 256 bits por vez, e tem como finalidade apresentar verdadeira aleatoriedade sem propensão ou viés.

Embora o circuito do hardware gere números aleatórios a partir do ruído térmico muito mais rapidamente do que seus antecessores, ele ainda não é rápido o bastante para alguns dos requisitos de computação de hoje. A fim de permitir que o DRNG gere números aleatórios tão rápido quanto o PRNG do software, e também manter a alta qualidade desses números, um terceiro estágio é acrescentado. Este usa os números aleatórios de 256 bits para gerar a semente de um PRNG criptograficamente seguro, que cria números de 128 bits. A partir de uma semente de 256 bits, o PRNG pode produzir muitos números pseudoaleatórios, ultrapassando a taxa de 3 Gbps da fonte de entropia. Um limite máximo de 511 amostras de 128 bits pode ser gerado por semente. O algoritmo usado para esse estágio é CTR_DRBG, descrito na Seção 7.3.

A saída do DRNG está disponível a cada um dos núcleos no chip por meio da instrução RDRAND que recupera um valor aleatório de 16, 32 ou 64 bits e o torna disponível em um registrador acessível ao software.

Figura 7.9 Chip processador da Intel com gerador de números aleatórios.

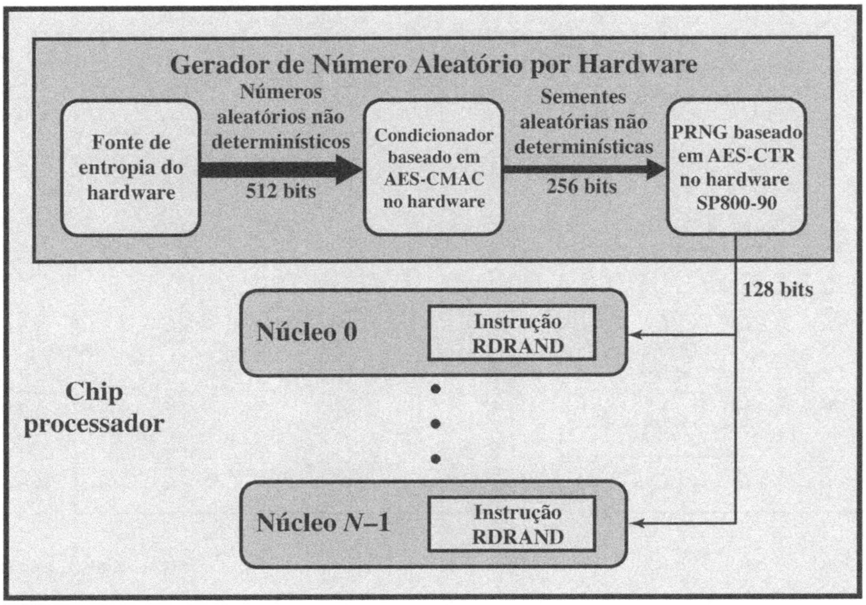

Os dados preliminares de uma amostra pré-produção em um sistema com um processador da família Intel® Core™ de terceira geração proporcionou o seguinte desempenho [INTE12]: até 70 milhões de chamadas RDRAND por segundo e uma taxa de produção de dados aleatórios de mais de 4 Gbps.

Estrutura lógica do DRNG

A Figura 7.10 contém uma visão simplificada do fluxo lógico do DRNG da Intel. Como já descrevemos, o núcleo da fonte de entropia do hardware é um par de inversores que alimentam um ao outro. Dois transistores, alimentados pelo mesmo *clock*, forçam as entradas e saídas dos dois inversores para o estado lógico 1. Como esse é um estado instável, o ruído térmico fará a configuração se acomodar aleatoriamente em um estado estável com o Nó A no valor lógico 1 e o Nó B no valor lógico 0, ou o inverso. Assim, o módulo gera bits aleatórios na velocidade do *clock*.

A saída da fonte de entropia é coletada 512 bits por vez e usada para alimentar duas implementações de hardware do CBC empregando encriptação AES. Cada implementação toma dois blocos de 128 bits de "texto claro" e encripta usando o modo CBC. A saída da segunda encriptação é retida. Para os dois módulos CBC, uma

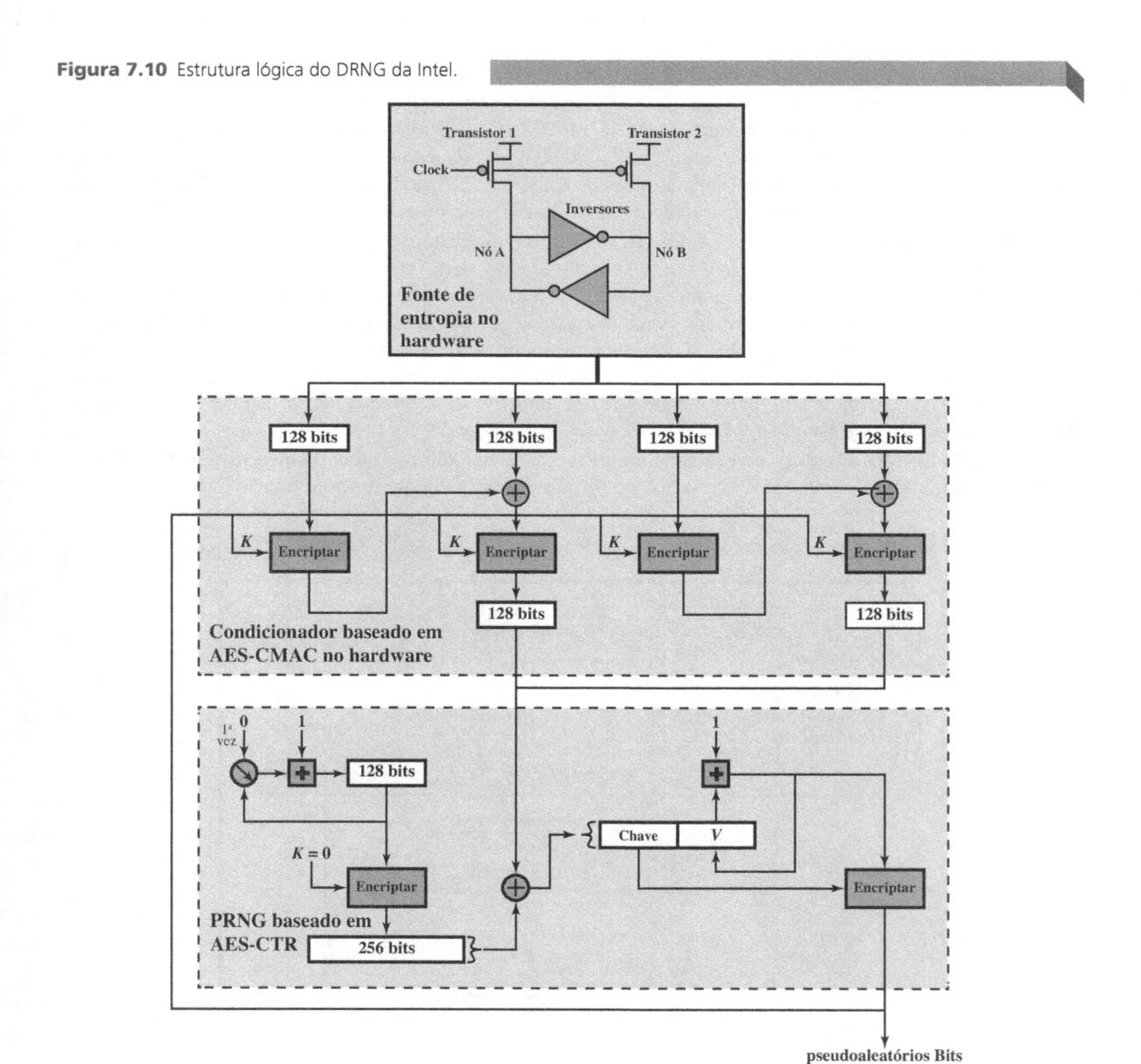

Figura 7.10 Estrutura lógica do DRNG da Intel.

chave com todos os bits zero é utilizada inicialmente. Depois, a saída do estágio PRNG é alimentada de volta para se tornar a chave ao estágio condicionador.

A saída do estágio condicionador consiste em 256 bits. Esse bloco é fornecido como entrada para a função de atualização do estágio PRNG. A função de atualização é inicializada com a chave contendo todos os bits zero e o valor de contador 0. A função é repetida duas vezes para produzir um bloco de 256 bits, que então passa por um XOR com a entrada do estágio condicionador. Os resultados são usados como chave de 128 bits e semente de 128 bits para a função de geração. A função de geração produz bits pseudoaleatórios em blocos de 128 bits.

7.7 LEITURA RECOMENDADA

Talvez o melhor tratamento sobre PRNGs seja encontrado em [KNUT98]. Uma alternativa ao algoritmo de congruência linear padrão, conhecido como algoritmo de recorrência linear, é explicada com detalhes em [BRIG79]. [ZENG91] avalia diversos algoritmos PRNG para uso na geração de chaves de tamanho variável para os tipos de cifras Vernam.

Um excelente estudo sobre PRNGs, com uma extensa bibliografia, é [RITT91]. [MENE97] também oferece uma boa discussão sobre PRNGs seguros. Outra boa abordagem, enfatizando os aspectos práticos da implementação, é o RFC 4086 [EAST05]. Esse RFC igualmente descreve diversas técnicas antipropensão. [KELS98] é um bom estudo sobre técnicas de PRNG seguras e ataques criptoanalíticos sobre elas. SP 800-90 [BARK12b] oferece um tratamento útil a uma série de PRNGs recomendados pelo NIST. SP 800-22 [RUKH10] define e discute os 15 testes estatísticos de aleatoriedade recomendados pelo NIST.

[KUMA97] contém uma discussão excelente e extensa sobre princípios de projeto de cifra de fluxo. Outra boa explicação, bastante matemática, é [RUEP92]. [ROBS95a] é um exame interessante e valioso de muitas questões de projeto relacionadas a cifras de fluxo.

BARK12b BARKER, E.; KELSEY, J. *Recommendation for Random Number Generation Using Deterministic Random Bit Generators*. NIST SP 800-90A, jan. 2012.
BRIG79 BRIGHT, H.; ENISON, R. "Quasi-Random Number Sequences from Long-Period TLP Generator with Remarks on Application to Cryptography". *Computing Surveys*, dez. 1979.
EAST05 EASTLAKE, D.; SCHILLER, J.; CROCKER, S. *Randomness Requirements for Security*. RFC 4086, jun 2005.
KELS98 KELSEY, J.; SCHNEIER, B.; HALL, C. "Cryptanalytic Attacks on Pseudorandom Number Generators". *Proceedings, Fast Software Encryption*, 1998. Disponível em: <http://www.schneier.com/paper-prngs.html>.
KNUT98 KNUTH, D. *The Art of Computer Programming, Volume 2*: Seminumerical Algorithms. Reading, MA: Addison-Wesley, 1998.
KUMA97 KUMAR, I. *Cryptology*. Laguna Hills, CA: Aegean Park Press, 1997.
MENE97 MENEZES, A.; OORSHCOT, P.; VANSTONE, S. *Handbook of Applied Cryptography*. Boca Raton, FL: CRC Press, 1997.
RITT91 RITTER, T. "The Efficient Generation of Cryptographic Confusion Sequences". *Cryptologia*, Vol. 15, N. 2, 1991. Disponível em: <www.ciphersbyritter.com/ARTS/CRNG2ART.HTM>.
ROBS95a ROBSHAW, M. *Stream Ciphers*. RSA Laboratories Technical Report TR-701, jul. 1995.
RUEP92 RUEPPEL, T. "Stream Ciphers". Em [SIMM92].
RUKH10 RUKHIN, A. et al. *A Statistical Test Suite for Random and Pseudorandom Number Generators for Cryptographic Applications*. NIST SP 800-22, abr. 2010.
SIMM92 SIMMONS, G. (ed.). *Contemporary Cryptology*: The Science of Information Integrity. Piscataway, NJ: IEEE Press, 1992.
ZENG91 ZENG, K. et al. "Pseudorandom Bit Generators in Stream-Cipher Cryptography". *Computer*, fev. 1991.

7.8 PRINCIPAIS TERMOS, PERGUNTAS PARA REVISÃO E PROBLEMAS

Principais termos

- aleatoriedade
- antipropensão
- cifra de fluxo
- fluxo de chaves
- fonte de entropia
- função pseudoaleatória (PRF)
- gerador Blum Blum Shub
- gerador de congruência linear
- gerador de número aleatório verdadeiro (TRNG)
- gerador de número pseudoaleatório (PRNG)
- imprevisibilidade
- imprevisibilidade direta
- imprevisibilidade inversa
- propensão
- RC4
- semente

Perguntas para revisão

7.1 Qual é a diferença entre aleatoriedades estatísticas e imprevisibilidade?
7.2 Liste considerações de projeto importantes para uma cifra de fluxo.
7.3 Por que não é desejável reutilizar uma chave de cifra de fluxo?
7.4 Que operações primitivas são usadas no RC4?

Problemas

7.1 Se apanharmos um algoritmo de congruência linear com um componente aditivo de 0:

$$X_{n+1} = (aX_n) \bmod m$$

então, podemos mostrar que, se m é primo, e se determinado valor de a produz o período máximo de $m - 1$, então a^k também produzirá o período máximo, desde que k seja menor que m e que $m - 1$ não seja divisível por k. Demonstre isso usando $X_0 = 1$ e $m = 31$, e produzindo as sequências para $a^k = 3$, 3^2, 3^3 e 3^4.

7.2
a. Qual é o período máximo que pode ser obtido do seguinte gerador?

$$X_{n+1} = (aX_n) \bmod 2^4$$

b. Qual deverá ser o valor de a?
c. Que restrições são exigidas na semente?

7.3 Você pode questionar a razão de o módulo $m = 2^{31} - 1$ ter sido escolhido para o método de congruência linear, em vez de simplesmente 2^{31}, pois este último número pode ser representado sem bits adicionais e a operação mod é mais fácil de realizar. Em geral, o módulo $2^k - 1$ é preferível a 2^k. Por que isso acontece?

7.4 Com o algoritmo de congruência linear, uma escolha de parâmetros que oferece um período completo não necessariamente proporciona uma boa aleatoriedade. Por exemplo, considere os dois geradores a seguir:

$$X_{n+1} = (6X_n) \bmod 13$$
$$X_{n+1} = (7X_n) \bmod 13$$

Escreva as duas sequências para mostrar que ambos são de período completo. Qual deles lhe parece ser mais aleatório?

7.5 Em qualquer uso de números pseudoaleatórios, seja para encriptação, simulação ou projeto estatístico, é perigoso confiar cegamente no gerador de números aleatórios que estiver disponível na biblioteca de sistema do seu computador. [PARK88] descobriu que muitos livros-texto contemporâneos e pacotes de programação utilizam algoritmos com falhas para a geração de números pseudoaleatórios. Este exercício lhe permitirá testar seu sistema.

O teste é baseado em um teorema atribuído a Ernesto Cesaro (veja uma prova em [KNUT98]), que afirma o seguinte: dados dois inteiros escolhidos aleatoriamente, x e y, a probabilidade de que $\mathrm{mdc}(x,y) = 1$ é $6/\pi^2$. Use esse teorema em um programa para determinar estatisticamente o valor de π. O programa principal deverá chamar três subprogramas: o gerador de número aleatório pela biblioteca do sistema para gerar os inteiros aleatórios; um subprograma para calcular o máximo divisor comum de dois inteiros usando o Algoritmo de Euclides; e um subprograma que calcula raízes quadradas. Se esses dois últimos programas não estiverem disponíveis, você terá que escrevê-los, também. O programa principal deverá percorrer uma grande quantidade de números aleatórios para dar uma estimativa da probabilidade supracitada. A partir disso, é muito simples achar sua estimativa de π.

Se o resultado for próximo de 3,14, parabéns! Se não, então provavelmente ele é baixo, em geral em torno de 2,7. Por que esse resultado inferior seria obtido?

7.6 Suponha que você tenha um verdadeiro gerador de bits aleatórios, em que cada bit no fluxo gerado tem a mesma probabilidade de ser um 0 ou um 1 quanto qualquer outro e que os bits não estejam correlacionados; ou seja, os bits são gerados a partir da distribuição independente idêntica. Porém, o fluxo de bits é tendencioso. A probabilidade de um 1 é $0,5 + \partial$, e a probabilidade de um 0 é ∂, onde $0 < \partial < 0,5$. Um algoritmo antipropensão simples é o seguinte: examine o fluxo de bits como uma sequência de pares não sobrepostos. Descarte todos os pares 00 e 11. Substitua cada par 01 por 0 e cada par 10 por 1.
   a. Qual é a probabilidade de ocorrência de cada par na sequência original?
   b. Qual é a probabilidade de ocorrência de 0 e 1 na sequência modificada?
   c. Qual é o número esperado de bits de entrada para produzir x bits de saída?
   d. Suponha que o algoritmo utilize pares de bits sucessivos sobrepostos em vez de pares de bits sucessivos não sobrepostos. Ou seja, o primeiro bit de saída é baseado nos de entrada 1 e 2, o segundo bit de saída é baseado nos de entrada 2 e 3, e assim por diante. O que você pode dizer sobre o fluxo de bits de saída?

7.7 Outra técnica para antipropensão é considerar o fluxo de bits como uma sequência de grupos não sobrepostos de n bits cada um e retornar a paridade de cada grupo. Ou seja, se um grupo contém um número ímpar de uns, a saída é 1; caso contrário, a saída é 0.
   a. Expresse essa operação em termos de uma função booleana básica.
   b. Considere, como no problema anterior, que a probabilidade de um 1 é de $0,5 + \partial$. Se cada grupo consiste de 2 bits, qual é a probabilidade de uma saída de 1?
   c. Se cada grupo consiste de 4 bits, qual é a probabilidade de uma saída de 1?
   d. Generalize o resultado para encontrar a probabilidade de uma saída de 1 a grupos de entrada de ∂ bits.

7.8 Que valor de chave RC4 deixará S inalterado durante a inicialização? Ou seja, após a permutação inicial de S, as entradas de S serão iguais aos valores de 0 a 255 na ordem crescente.

7.9 RC4 tem um estado interno secreto que é uma permutação de todos os valores possíveis do vetor S e os dois índices i e j.
   a. Usando um esquema simples para armazenar o estado interno, quantos bits são usados?
   b. Suponha que pensemos nisso do ponto de vista de quanta informação é representada pelo estado. Nesse caso, precisamos determinar quantos estados diferentes existem, depois tirar o logaritmo base 2 para descobrir quantos bits de informação isso representa. Usando esse método, quantos bits seriam necessários para indicar o estado?

7.10 Alice e Bob combinam para se comunicarem secretamente, por e-mail, usando um esquema baseado em RC4, mas desejam evitar o uso de uma nova chave secreta para cada transmissão. Alice e Bob combinam particularmente sobre uma chave k de 128 bits. Para encriptar uma mensagem m, consistindo em uma sequência de bits, o seguinte procedimento é usado:
   1. Escolha um valor aleatório de 80 bits v
   2. Gere o texto cifrado $c = RC4(v \parallel k) \oplus m$
   3. Envie a sequência de bits $(v \parallel c)$
   a. Suponha que Alice use esse procedimento para enviar uma mensagem m para Bob. Descreva como Bob pode recuperar a mensagem m de $(v \parallel c)$ usando k.
   b. Se um adversário observar diversos valores $(v_1 \parallel c_1), (v_2 \parallel c_2), \ldots$ transmitidos entre Alice e Bob, como ele determinará quando o mesmo fluxo de chaves foi usado para encriptar duas mensagens?
   c. Aproximadamente quantas mensagens Alice pode esperar enviar antes que o mesmo fluxo de chaves seja usado duas vezes? Utilize o resultado do paradoxo do dia do aniversário descrito no Apêndice 11A (Equação 11.7).
   d. O que isso implica a respeito do tempo de vida da chave k (ou seja, o número de mensagens que podem ser encriptadas usando k)?

PARTE 2: Cifras assimétricas

Mais teoria dos números

08

TÓPICOS ABORDADOS

8.1 NÚMEROS PRIMOS

8.2 TEOREMAS DE FERMAT E EULER

Teorema de Fermat
Função totiente de Euler
Teorema de Euler

8.3 TESTE DE PRIMALIDADE

Algoritmo de Miller-Rabin
Um algoritmo determinístico para números primos
Distribuição de números primos

8.4 O TEOREMA CHINÊS DO RESTO

8.5 LOGARITMOS DISCRETOS

As potências de um inteiro, módulo n
Logaritmos para aritmética modular
Cálculo de logaritmos discretos

8.6 LEITURA RECOMENDADA

8.7 PRINCIPAIS TERMOS, PERGUNTAS PARA REVISÃO E PROBLEMAS

OBJETIVOS DE APRENDIZAGEM

APÓS ESTUDAR ESTE CAPÍTULO, VOCÊ SERÁ CAPAZ DE:

☑ Discutir os principais conceitos relacionados a números primos.
☑ Entender o teorema de Fermat.
☑ Entender o teorema de Euler.
☑ Definir a função totiente de Euler.
☑ Fazer uma apresentação sobre o tópico de teste de primalidade.
☑ Explicar o teorema chinês do resto.
☑ Definir logaritmos discretos.

O diabo disse a Daniel Webster: "Me dê uma tarefa que eu não possa executar, e eu lhe darei qualquer coisa no mundo que você pedir."

Daniel Webster: "Muito justo. Prove que, para n maior que 2, a equação $a^n + b^n = c^n$ não possui solução não trivial no conjunto dos inteiros."

Eles concordaram com um período de três dias para o trabalho, e o diabo desapareceu.

Ao final dos três dias, o diabo se apresentou, desfigurado, mordendo seus lábios. Daniel Webster lhe disse: "Bem, como você se saiu na minha tarefa? Conseguiu provar o teorema?"

"Eh, não, não, eu não consegui provar".

"Então eu posso ter o que quiser? Dinheiro? A presidência?"

"O quê? Oh, é claro. Mas escute! Se pudéssemos simplesmente provar os dois lemas a seguir..."

— *The Mathematical Magpie*, Clifton Fadiman

Diversos conceitos da teoria dos números são essenciais no projeto dos algoritmos criptográficos de chave pública. Este capítulo oferece uma visão geral dos conceitos referenciados nos outros capítulos. O leitor familiarizado com esses tópicos pode seguramente pular este capítulo. É, ainda, recomendável rever as Seções 4.1 a 4.3 antes de prosseguir com este capítulo.

Assim como no Capítulo 4, este inclui diversos exemplos, cada um dos quais destacados em uma caixa sombreada.

8.1 NÚMEROS PRIMOS[1]

Uma questão fundamental da teoria dos números é o estudo dos números primos. Na realidade, livros inteiros foram escritos sobre o assunto (por exemplo, [CRAN01], [RIBE96]). Nesta seção, ofereceremos uma visão geral relevante às questões deste livro.

Um inteiro $p > 1$ é um número primo se, e somente se, seus únicos divisores[2] forem ± 1 e $\pm p$. Os **números primos** desempenham um papel importante na teoria dos números e nas técnicas discutidas neste capítulo. A Tabela 8.1 mostra os primos menores que 2000. Observe o modo como eles são distribuídos. Em particular, observe a quantidade de primos em cada intervalo de 100 números.

Qualquer inteiro $a > 1$ pode ser fatorado de uma forma exclusiva como

$$a = p_1^{a_1} \times p_2^{a_2} \times \ldots \times p_t^{a_t} \tag{8.1}$$

onde $p_1 < p_2 < \ldots < p_t$ são números primos e cada a_i é um inteiro positivo. Isso é conhecido como teorema fundamental da aritmética; uma prova poderá ser encontrada em qualquer texto sobre teoria dos números.

> $91 = 7 \times 13$
> $3600 = 2^4 \times 3^2 \times 5^2$
> $11011 = 7 \times 11^2 \times 13$

É útil, para o texto a seguir, expressar isso de outra maneira. Se P é o conjunto de todos os números primos, então qualquer inteiro positivo a pode ser escrito exclusivamente da seguinte forma:

$$a = \prod_{p \in P} p^{a_p}, \text{ onde cada } a_p \geq 0$$

O lado direito é o produto sobre todos os números primos possíveis p; para qualquer valor em particular de a, a maioria dos expoentes a_p será 0.

O valor de qualquer inteiro positivo dado pode ser especificado simplesmente listando-se todos os expoentes diferentes de zero na formulação a seguir.

> O inteiro 12 é representado por $\{a_2 = 2, a_3 = 1\}$.
> O inteiro 18 é representado por $\{a_2 = 1, a_3 = 2\}$.
> O inteiro 91 é representado por $\{a_7 = 1, a_{13} = 1\}$.

A multiplicação de dois números é equivalente à adição dos expoentes correspondentes. Dado $a = \prod_{p \in P} p^{a_p}$, $b = \prod_{p \in P} p^{b_p}$. Defina $k = ab$. Sabemos que o inteiro k pode ser expresso como o produto de potências de primos: $k = \prod_{p \in P} p^{k_p}$. Segue-se que $k_p = a_p + b_p$ para todo $p \in P$.

> $k = 12 \times 18 = (2^2 \times 3) \times (2 \times 3^2) = 216$
> $k_2 = 2 + 1 = 3; k_3 = 1 + 2 = 3$
> $216 = 2^3 \times 3^3 = 8 \times 27$

---

[1] Nesta seção, a menos que observado de outra forma, lidamos apenas com inteiros não negativos. O uso de inteiros negativos não introduziria diferenças essenciais.

[2] Lembre-se, do Capítulo 4, de que o inteiro a é considerado um divisor do inteiro b se não houver resto na divisão. De modo equivalente, dizemos que a divide b.

Tabela 8.1 Primos menores que 2000.

2	101	211	307	401	503	601	701	809	907	1009	1103	1201	1301	1409	1511	1601	1709	1801	1901
3	103	223	311	409	509	607	709	811	911	1013	1109	1213	1303	1423	1523	1607	1721	1811	1907
5	107	227	313	419	521	613	719	821	919	1019	1117	1217	1307	1427	1531	1609	1723	1823	1913
7	109	229	317	421	523	617	727	823	929	1021	1123	1223	1319	1429	1543	1613	1733	1831	1931
11	113	233	331	431	541	619	733	827	937	1031	1129	1229	1321	1433	1549	1619	1741	1847	1933
13	127	239	337	433	547	631	739	829	941	1033	1151	1231	1327	1439	1553	1621	1747	1861	1949
17	131	241	347	439	557	641	743	839	947	1039	1153	1237	1361	1447	1559	1627	1753	1867	1951
19	137	251	349	443	563	643	751	853	953	1049	1163	1249	1367	1451	1567	1637	1759	1871	1973
23	139	257	353	449	569	647	757	857	967	1051	1171	1259	1373	1453	1571	1657	1777	1873	1979
29	149	263	359	457	571	653	761	859	971	1061	1181	1277	1381	1459	1579	1663	1783	1877	1987
31	151	269	367	461	577	659	769	863	977	1063	1187	1279	1399	1471	1583	1667	1787	1879	1993
37	157	271	373	463	587	661	773	877	983	1069	1193	1283		1481	1597	1669	1789	1889	1997
41	163	277	379	467	593	673	787	881	991	1087		1289		1483		1693			1999
43	167	281	383	479	599	677	797	883	997	1091		1291		1487		1697			
47	173	283	389	487		683		887		1093		1297		1489		1699			
53	179	293	397	491		691				1097				1493					
59	181			499										1499					
61	191																		
67	193																		
71	197																		
73	199																		
79																			
83																			
89																			
97																			

O que significa, em termos dos fatores primos de a e b, dizer que a divide b? Qualquer inteiro na forma p^n pode ser dividido apenas por um inteiro que seja de potência menor ou igual ao mesmo número primo, p^j, com $j \leq n$. Assim, podemos dizer o seguinte:

Dado

$$a = \prod_{p \in P} p^{a_p}, \; b = \prod_{p \in P} p^{b_p}$$

Se $a|b$, então $a_p \leq b_p$ para todo p.

$a = 12; b = 36; 12|36$
$12 = 2^2 \times 3; 36 = 2^2 \times 3^2$
$a_2 = 2 = b_2$
$a_3 = 1 \leq 2 = b_3$
Assim, a desigualdade $a_p \leq b_p$ é satisfeita para todos os números primos.

É fácil determinar o máximo divisor comum[3] de dois inteiros positivos se expressarmos cada inteiro como o produto dos primos.

$$300 = 2^2 \times 3^1 \times 5^2$$
$$18 = 2^1 \times 3^2$$
$$\text{mdc}(18, 300) = 2^1 \times 3^1 \times 5^0 = 6$$

O seguinte relacionamento sempre é verdadeiro:

Se $k = \text{mdc}(a, b)$ então $k_p = \min(a_p, b_p)$, para todo p

Não é fácil determinar os fatores primos de um número grande, de modo que o relacionamento anterior não leva diretamente a um método prático de calcular o máximo divisor comum.

8.2 TEOREMAS DE FERMAT E EULER

Dois teoremas que desempenham papéis importantes na criptografia de chave pública são o de Fermat e o de Euler.

Teorema de Fermat[4]

O teorema de Fermat afirma o seguinte: se p é primo e a é um inteiro positivo não divisível por p, então

$$a^{p-1} \equiv 1 (\text{mod } p) \tag{8.2}$$

Prova: considere o conjunto de inteiros positivos menores que p: $\{1, 2, ..., p-1\}$ e multiplique cada elemento por a, módulo p, para obter o conjunto $X = \{a \bmod p, 2a \bmod p, ..., (p-1)a \bmod p\}$. Nenhum dos elementos de X é igual a zero porque p não divide a. Além do mais, dois inteiros em X não são iguais. Para ver isso, considere que $ja \equiv ka(\text{mod } p)$, onde $1 \leq j < k \leq p-1$. Como a é relativamente primo[5] de p, podemos eliminar a dos dois lados da equação (ver Equação 4.3), resultando em: $j \equiv k(\text{mod } p)$. Essa última igualdade é impossível, porque j e k são ambos inteiros positivos menores que p. Portanto, sabemos que os $(p-1)$ elementos de X são todos inteiros positivos, sem que dois deles sejam iguais. Podemos concluir que X consiste no conjunto de inteiros $\{1, 2, ..., p-1\}$ em alguma ordem. Multiplicar os números nos dois conjuntos (p e X) e apanhar o resultado mod p gera

$$a \times 2a \times ... \times (p-1)a \equiv [(1 \times 2 \times ... \times (p-1)](\text{mod } p)$$
$$a^{p-1}(p-1)! \equiv (p-1)!(\text{mod } p)$$

---

[3] Lembre-se, do Capítulo 4, de que o máximo divisor comum dos inteiros a e b, expresso como (mdc a, b), é um inteiro c que divide a e b sem resto, e que qualquer divisor de a e b é um de c.

[4] Este, às vezes, é conhecido como pequeno teorema de Fermat.

[5] Lembre-se, do Capítulo 4, de que dois números são relativamente primos se não tiverem fatores primos em comum; ou seja, seu único divisor comum é 1. Isso é equivalente a dizer que dois números são relativamente primos se seu máximo divisor comum for 1.

Podemos cancelar o termo $(p - 1)!$ porque ele é relativamente primo de p (ver Equação 4.5). Isso gera a Equação 8.2, que completa a prova.

$$a = 7, p = 19$$
$$7^2 = 49 \equiv 11 \pmod{19}$$
$$7^4 \equiv 121 \equiv 7 \pmod{19}$$
$$7^8 \equiv 49 \equiv 11 \pmod{19}$$
$$7^{16} \equiv 121 \equiv 7 \pmod{19}$$
$$a^{p-1} = 7^{18} = 7^{16} \times 7^2 \equiv 7 \times 11 \equiv 1 \pmod{19}$$

Uma forma alternativa do teorema de Fermat também é útil: se p é primo e a é um inteiro positivo, então

$$a^p \equiv a \pmod{p} \tag{8.3}$$

Observe que a primeira forma do teorema (Equação 8.2) requer que a seja relativamente primo de p, mas esta última, não.

$$p = 5, a = 3 \quad a^p = 3^5 = 243 \equiv 3 \pmod{5} = a \pmod{p}$$
$$p = 5, a = 10 \quad a^p = 10^5 = 100000 \equiv 10 \pmod{5} \equiv 0 \pmod{5} = a \pmod{p}$$

Função totiente de Euler

Antes de apresentar o teorema de Euler, precisamos mostrar uma quantidade importante na teoria dos números, chamada de **função totiente de Euler**, e escrita como $\phi(n)$, definida como o número de inteiros positivos menores que n e relativamente primos de n. Por convenção, $\phi(1) = 1$.

DETERMINE $\phi(37)$ E $\phi(35)$.
Como 37 é primo, todos os inteiros positivos de 1 até 36 são relativamente primos de 37. Assim, $\phi(37) = 36$.
Para determinar $\phi(35)$, listamos todos os inteiros positivos menores que 35 que são relativamente primos dele:
1, 2, 3, 4, 6, 8, 9, 11, 12, 13, 16, 17, 18,
19, 22, 23, 24, 26, 27, 29, 31, 32, 33, 34.
Existem 24 números na lista, de modo que $\phi(35) = 24$.

A Tabela 8.2 lista os 30 primeiros valores de $\phi(n)$. O valor $\phi(1)$ não tem significado, mas é definido para que tenha o valor 1.

Deverá ficar claro que, para um número primo p,

$$\phi(p) = p - 1$$

Agora, suponha que tenhamos dois números primos p e q, com $p \neq q$. Então, podemos mostrar que, para $n = pq$,

$$\phi(n) = \phi(pq) = \phi(p) \times \phi(q) = (p - 1) \times (q - 1)$$

Para ver que $\phi(n) = \phi(p) \times \phi(q)$, considere que o conjunto de inteiros positivos menores que n é o $\{1, ..., (pq - 1)\}$. Os inteiros nesse conjunto que não são relativamente primos de n são o conjunto $\{p, 2p, ..., (q - 1)p\}$ e o conjunto $\{q, 2q, ..., (p - 1)q\}$. Por conseguinte,

$$\phi(n) = (pq - 1) - [(q - 1) + (p - 1)]$$
$$= pq - (p + q) + 1$$
$$= (p - 1) \times (q - 1)$$
$$= \phi(p) \times \phi(q)$$

Tabela 8.2 Alguns valores da função totiente de Euler $\phi(n)$.

n	$\phi(n)$	n	$\phi(n)$	n	$\phi(n)$
1	1	11	10	21	12
2	1	12	4	22	10
3	2	13	12	23	22
4	2	14	6	24	8
5	4	15	8	25	20
6	2	16	8	26	12
7	6	17	16	27	18
8	4	18	6	28	12
9	6	19	18	29	28
10	4	20	8	30	8

$$\phi(21) = \phi(3) \times \phi(7) = (3-1) \times (7-1) = 2 \times 6 = 12$$
onde os 12 inteiros são $\{1, 2, 4, 5, 8, 10, 11, 13, 16, 17, 19, 20\}$

Teorema de Euler

O teorema de Euler afirma que, para cada a e n que sejam relativamente primos:

$$a^{\phi(n)} \equiv 1 \pmod{n} \tag{8.4}$$

Prova: a Equação 8.4 é verdadeira se n for primo, pois, nesse caso, $\phi(n) = (n-1)$ e o teorema de Fermat prevalece. Porém, ele também prevalece para qualquer inteiro n. Lembre-se de que $\phi(n)$ é o número de inteiros positivos menores e relativamente primos de n. Considere o conjunto desses inteiros, rotulados da seguinte forma:

$$R = \{x_1, x_2, \ldots, x_{\phi(n)}\}$$

Ou seja, cada elemento x_i de R é um inteiro positivo único, menor que n com $\mathrm{mdc}(x_i, n) = 1$. Agora, multiplique cada elemento por a, módulo n:

$$S = \{(ax_1 \bmod n), (ax_2 \bmod n), \ldots, (ax_{\phi(n)} \bmod n)\}$$

O conjunto S é uma permutação[6] de R, pela seguinte linha de raciocínio:

1. Como a e x_i são relativamente primos de n, ax_i também o deverá ser. Assim, todos os membros de S são inteiros menores e relativamente primos de n.
2. Não existem duplicatas em S. Consulte a Equação 4.5. Se $ax_i \bmod n = ax_j \bmod n$, então $x_i = x_j$.

Portanto,

$$\prod_{i=1}^{\phi(n)} (ax_i \bmod n) = \prod_{i=1}^{\phi(n)} x_i$$

$$\prod_{i=1}^{\phi(n)} ax_i \equiv \prod_{i=1}^{\phi(n)} x_i \pmod{n}$$

$$a^{\phi(n)} \times \left[\prod_{i=1}^{\phi(n)} x_i\right] \equiv \prod_{i=1}^{\phi(n)} x_i \pmod{n}$$

$$a^{\phi(n)} \equiv 1 \pmod{n}$$

que completa a prova. Essa é a mesma linha de raciocínio aplicada à prova do teorema de Fermat.

---

[6] Lembre-se, do Capítulo 2, de que uma permutação de um conjunto finito de elementos S é uma sequência ordenada de todos os elementos de S, com cada um deles aparecendo exatamente uma vez.

$$a = 3; n = 10; \phi(10) = 4 \; a^{\phi(n)} = 3^4 = 81 = 1(\bmod\; 10) = 1(\bmod\; n)$$
$$a = 2; n = 11; \phi(11) = 10 \; a^{\phi(n)} = 2^{10} = 1024 = 1(\bmod\; 11) = 1(\bmod\; n)$$

Como acontece para o teorema de Fermat, uma forma alternativa dele também é útil:

$$a^{\phi(n)+1} \equiv a(\bmod\; n) \tag{8.5}$$

Novamente, de modo semelhante ao caso do teorema de Fermat, a primeira forma do teorema de Euler (Equação 8.4) requer que a seja relativamente primo de n, mas esta forma, não.

8.3 TESTE DE PRIMALIDADE

Para muitos algoritmos criptográficos, é necessário selecionar aleatoriamente um ou mais números primos muito grandes. Assim, encararemos a tarefa de determinar se dado número grande é primo. Não existe um meio simples e eficiente de realizar essa tarefa.

Nesta seção, apresentamos um algoritmo atraente e popular. Você poderá ficar surpreso ao descobrir que ele gera um número que não é necessariamente primo. Porém, o algoritmo pode gerar um número que quase certamente é primo. Isso será explicado nesta seção. Também fazemos referência a um algoritmo determinístico para encontrar primos. A seção termina com uma discussão a respeito da distribuição dos primos.

Algoritmo de Miller-Rabin[7]

O algoritmo de Miller e Rabin [MILL75, RABI80] normalmente é usado para testar se um número grande é primo. Antes de explicar o algoritmo, é necessária alguma base. Primeiro, qualquer inteiro positivo ímpar $n \geq 3$ pode ser expresso da seguinte forma:

$$n - 1 = 2^k q \qquad \text{com } k > 0, q \text{ ímpar}$$

Para ver isso, observe que $n - 1$ é um inteiro par. Depois, divida $(n - 1)$ por 2 até que o resultado seja um número ímpar q, para gerar um total de k divisões. Se n for expresso como um número binário, então o resultado é alcançado deslocando-se o número para a direita até que o dígito mais à direita seja 1, gerando um total de k deslocamentos. Agora, desenvolveremos duas propriedades dos números primos, das quais precisaremos.

DUAS PROPRIEDADES DOS NÚMEROS PRIMOS

A **primeira propriedade** é expressa da seguinte forma: se p é primo e a é um inteiro positivo menor que p, então $a^2 \bmod p = 1$ se, e somente se, $a \bmod p = 1$ ou $a \bmod p = -1 \bmod p = p - 1$. Pelas regras da aritmética modular, $(a \bmod p)(a \bmod p) = a^2 \bmod p$. Assim, se $a \bmod p = 1$ ou $a \bmod p = -1$, então $a^2 \bmod p = 1$. Reciprocamente, se $a^2 \bmod p = 1$, então $(a \bmod p)^2 = 1$, que é verdadeiro somente para $a \bmod p = 1$ ou $a \bmod p = -1$.

A **segunda propriedade** é expressa da seguinte forma: considere que p seja um número primo maior que 2. Podemos, então, escrever $p - 1 = 2^k q$, com $k > 0$, q ímpar. Tenha em mente que a seja qualquer inteiro no intervalo $1 < a < p - 1$. Então, uma das duas condições a seguir é verdadeira:

1. a^q é congruente a 1 módulo p. Ou seja, $a^q \bmod p = 1$, ou, de forma equivalente, $a^q \equiv 1(\bmod\; p)$.
2. Um dos números $a^q, a^{2q}, a^{4q}, \ldots, a^{2^{k-1}q}$ é congruente a -1 módulo p. Ou seja, existe algum número j no intervalo $(1 \leq j \leq k)$, tal que $a^{2^{j-1}q} \bmod p = -1 \bmod p = p - 1$, ou, de forma equivalente, $a^{2^{j-1}q} \equiv -1(\bmod\; p)$.

Prova: o teorema de Fermat (Equação 8.2) afirma que $a^{n-1} \equiv 1(\bmod\; n)$, se n for primo. Temos que $p - 1 = 2^k q$. Assim, sabemos que $a^{p-1} \bmod p = a^{2^k q} \bmod p = 1$. Se examinarmos a sequência de números

$$a^q \bmod p, a^{2q} \bmod p, a^{4q} \bmod p, \ldots, a^{2^{k-1}q} \bmod p, a^{2^k q} \bmod p \tag{8.6}$$

sabemos que o último número na lista tem valor 1. Além disso, cada número na lista é o quadrado do anterior. Portanto, uma das seguintes possibilidades precisa ser verdadeira:

1. O primeiro número na lista e, portanto, todos os subsequentes são iguais a 1.
2. Algum número na lista não é igual a 1, mas seu quadrado mod p é igual a 1. Em virtude da primeira propriedade dos números primos, definida anteriormente, sabemos que o único número que satisfaz essa condição é $p - 1$. Assim, nesse caso, a lista contém um elemento igual a $p - 1$.

Isso completa a prova.

---

[7] Também conhecido na literatura como algoritmo de Rabin-Miller, ou teste de Rabin-Miller, ou teste de Miller-Rabin.

DETALHES DO ALGORITMO

Essas considerações levam à conclusão de que, se n é primo, então ou o primeiro elemento da lista de resíduos, ou restos, $(a^q, a^{2q}, ..., a^{2^{k-1}q}, a^{2^k q})$ módulo n é igual a 1; ou algum elemento na lista é igual a $(n-1)$. Caso contrário, n é composto (ou seja, não é primo). Por outro lado, se a condição for atendida, isso não necessariamente significa que n é primo. Por exemplo, se $n = 2047 = 23 \times 89$, então $n - 1 = 2 \times 1023$. Calculamos 2^{1023} mod $2047 = 1$, de modo que 2047 atende a condição, mas não é primo.

Podemos usar a propriedade anterior para criar um teste que verifica se o número é primo. O procedimento TEST usa um candidato inteiro n como entrada e retorna o resultado composite se n definitivamente não for primo, e o resultado inconclusive se n puder ou não ser primo.

TEST (n)
1. Encontre inteiros k, q, com $k > 0$, q ímpar, de modo que $(n - 1 = 2^k q)$;
2. Selecione um inteiro aleatório a, $1 < a < n - 1$;
3. **if** a^q mod $n = 1$ **then** return("inconclusive");
4. **for** j = 0 **to** $k - 1$ **do**
5. **if** $a^{2^j q}$ mod $n = n - 1$ **then** return("inconclusive");
6. return("composite");

> Vamos aplicar o teste ao número primo $n = 29$. Temos $(n - 1) = 28 = 2^2(7) = 2^k q$. Primeiro, testaremos $a = 10$. Calculamos 10^7 mod $29 = 17$, que não é 1 nem 28, de modo que continuamos o teste. O cálculo seguinte detecta que $(10^7)^2$ mod $29 = 28$, e o teste retorna inconclusive (ou seja, 29 pode ser primo). Vamos testar novamente com $a = 2$. Temos os seguintes cálculos: 2^7 mod $29 = 12$; 2^{14} mod $29 = 28$; e o teste mais uma vez retorna inconclusive. Se realizarmos o teste para todos os inteiros a no intervalo de 1 a 28, obtemos o mesmo resultado inconclusive, que é compatível com n sendo um número primo.
>
> Agora, vamos testar com o número composto $n = 13 \times 17 = 221$. Então, $(n - 1) = 220 = 2^2(55) = 2^k q$. Avaliaremos $a = 5$. Aí, temos 5^{55} mod $221 = 112$, que não é 1 nem 220 $(5^{55})^2$ mod $221 = 168$. Como usamos todos os valores de j (ou seja, $j = 0$ e $j = 1$) na linha 4 do algoritmo TEST, o teste retorna composite, indicando que 221 é definitivamente um número composto. Mas suponha que tivéssemos selecionado $a = 21$. Então, temos 21^{55} mod $221 = 200$; $(21^{55})^2$ mod $221 = 220$; e o teste retorna inconclusive, indicando que 221 pode ser primo. De fato, dos 218 inteiros de 2 até 219, quatro deles retornarão um resultado inconclusivo, a saber, 21, 47, 174 e 200.

USO REPETIDO DO ALGORITMO DE MILLER-RABIN

Como podemos usar o algoritmo de Miller-Rabin para determinar com um alto grau de confiança se um inteiro é ou não primo? Pode-se mostrar [KNUT98] que, dado um número ímpar n que não é primo e um inteiro escolhido aleatoriamente, a com $1 < a < n - 1$, a probabilidade de que TEST retorne inconclusive (ou seja, que deixe de detectar que n não é primo) é menor que 1/4. Assim, se t diferentes valores de a forem escolhidos, a probabilidade de que todos eles passem no TEST (retornem inconclusivos) para n é menor que $(1/4)^t$. Por exemplo, para $t = 10$, a probabilidade de que um número não primo passe em todos os dez testes é menor que 10^{-6}. Assim, para um valor suficientemente grande de t, podemos estar confiantes de que n é primo se o teste de Miller sempre retornar inconclusive.

Isso nos dá uma base para determinar se um inteiro ímpar n é primo com um razoável grau de confiança. O procedimento é o seguinte: chame repetidamente TEST(n) usando valores escolhidos de forma aleatória para a. Se, a qualquer ponto, TEST retorna composite, então n é definido como não primo. Se o TEST continua a retornar inconclusive por t testes, para um valor suficientemente grande de t, consideramos que n é primo.

Um algoritmo determinístico para números primos

Antes de 2002, não havia um método conhecido de provar com eficiência se números muito grandes são primos. Todos os algoritmos em uso, incluindo o mais popular (Miller-Rabin), produziam um resultado probabilístico. Em 2002 (anunciado em 2002, publicado em 2004), Agrawal, Kayal e Saxena [AGRA04] desenvolveram um algoritmo determinístico relativamente simples, que define com eficiência se dado número grande é primo. O algoritmo, conhecido como AKS, não parece ser tão eficiente quanto o de Miller-Rabin. Até aqui, ele não suplantou essa técnica mais antiga, probabilística.

Distribuição de números primos

Vale a pena observar quantos números provavelmente serão rejeitados antes que um primo seja encontrado usando o teste de Miller-Rabin, ou qualquer outro teste de números primos. Um resultado da teoria dos números, conhecido como teorema do número primo, afirma que os primos próximos de *n* são espaçados em média a cada ln(*n*) inteiros. Assim, na média, seria preciso testar algo na ordem de ln(*n*) inteiros antes que um número primo fosse encontrado. Como todos os inteiros pares podem ser imediatamente rejeitados, o valor correto é 0,5 ln(*n*). Por exemplo, se um primo na ordem de grandeza de 2^{200} fosse procurado, então seriam necessárias cerca de 0,5 ln(2^{200}) = 69 tentativas para encontrá-lo. Contudo, esse valor é apenas uma média. Em alguns lugares ao longo da linha de números, os primos são mais próximos, e, em outros, existem lacunas maiores.

> Os dois inteiros ímpares consecutivos 1.000.000.000.061 e 1.000.000.000.063 são ambos primos. Por outro lado, 1001! + 2, 1001! + 3, ..., 1001! + 1000, 1001! + 1001 é uma sequência de 1000 inteiros compostos consecutivos.

8.4 O TEOREMA CHINÊS DO RESTO

Um dos mais úteis resultados da teoria dos números é o **teorema chinês do resto** (CRT, do acrônimo em inglês para *chinese remainder theorem*).[8] Basicamente, o CRT diz que é possível reconstruir inteiros em certo intervalo a partir de seus resíduos módulo um conjunto de módulos relativamente primos par a par.

> Os 10 inteiros em Z_{10}, que são os de 0 a 9, podem ser reconstruídos a partir de seus dois resíduos módulo 2 e 5 (os fatores relativamente primos de 10). Digamos que os resíduos conhecidos de um dígito decimal x sejam $r_2 = 0$ e $r_5 = 3$; ou seja, x mod 2 = 0 e x mod 5 = 3. Portanto, x é um inteiro par em Z_{10} cujo resto, na divisão por 5, é 3. A única solução é $x = 8$.

O CRT pode ser declarado de várias maneiras. Apresentamos aqui uma formulação que é mais útil do ponto de vista deste texto. Uma formulação alternativa é explorada no Problema 8.17. Considere:

$$M = \prod_{i=1}^{k} m_i$$

onde m_i são números relativamente primos par a par; ou seja, mdc(m_i, m_j) = 1 para $1 \leq i, j \leq k$ e $i \neq j$. Podemos representar qualquer inteiro A em Z_M por uma tupla k cujos elementos estão em Z_{m_i}, usando a seguinte correspondência:

$$A \leftrightarrow (a_1, a_2, ..., a_k) \tag{8.7}$$

onde $A \in Z_M$, $a_i \in Z_{m_i}$ e $a_i = A$ mod m_i para $1 \leq i \leq k$. O CRT faz duas asserções.

1. O mapeamento da Equação 8.7 é uma correspondência biunívoca (chamada de **bijeção**) entre Z_M e o produto cartesiano $Z_{m_1} \times Z_{m_2} \times ... \times Z_{m_k}$. Ou seja, para cada inteiro A, tal que $0 \leq A \leq M$, existe uma tupla k exclusiva $(a_1, a_2, ..., a_k)$ com $0 \leq a_i < m_i$ que o representa, e para cada tupla de k elementos $(a_1, a_2, ..., a_k)$ há um inteiro exclusivo A em Z_M.

2. As operações sobre os elementos de Z_M podem ser com equivalência realizadas sobre as tuplas k correspondentes pela operação independentemente em cada posição de coordenada no sistema apropriado.

Vamos demonstrar a **primeira asserção**. A transformação de A para $(a_1, a_2, ..., a_k)$ obviamente é exclusiva; ou seja, cada a_i é calculado exclusivamente como $a_i = A$ mod m_i. O cálculo de A a partir de $(a_1, a_2, ..., a_k)$ pode ser feito da forma a seguir. Considere $M_i = M/m_i$ para $1 \leq i \leq k$. Observe que $M_i = m_1 \times m_2 \times ... \times m_{i-1} \times m_{i+1} \times ... \times m_k$, de modo que $M_i \equiv 0$ (mod m_j), para todo $j \neq i$. Então, leve em conta

$$c_i = M_i \times (M_i^{-1} \bmod m_i) \text{ para } 1 \leq i \leq k \tag{8.8}$$

---

[8] O CRT tem esse nome porque se acredita que foi descoberto pelo matemático chinês Sun-Tsu por volta do ano 100 d.C.

Pela definição de M_i, ele é relativamente primo de m_i, e, portanto, possui inverso multiplicativo único mod m_i. Assim, a Equação 8.8 é bem definida e produz um valor exclusivo c_i. Podemos agora calcular:

$$A \equiv \left(\sum_{i=1}^{k} a_i c_i \right) (\bmod\, M) \tag{8.9}$$

Para mostrar que o valor de A produzido pela Equação 8.9 está correto, temos que indicar que $a_i = A$ mod m_i, para $1 \leq i \leq k$. Observe que $c_j \equiv M_j \equiv 0 (\bmod\, m_i)$, se $j \neq i$, e que $c_i \equiv 1(\bmod\, m_i)$. Segue-se que $a_i = A$ mod m_i.

A **segunda asserção** do CRT, referente a operações aritméticas, vem das regras da aritmética modular. Ou seja, pode ser declarada da seguinte forma: se

$$A \leftrightarrow (a_1, a_2, ..., a_k)$$
$$B \leftrightarrow (b_1, b_2, ..., b_k)$$

então

$$(A + B) \bmod M \leftrightarrow ((a_1 + b_1) \bmod m_1, ..., (a_k + b_k) \bmod m_k)$$
$$(A - B) \bmod M \leftrightarrow ((a_1 - b_1) \bmod m_1, ..., (a_k - b_k) \bmod m_k)$$
$$(A \times B) \bmod M \leftrightarrow ((a_1 \times b_1) \bmod m_1, ..., (a_k \times b_k) \bmod m_k)$$

Um dos recursos úteis do teorema chinês do resto é que ele oferece um modo de manipular números (potencialmente muito grandes) mod M em termos de tuplas de números menores. Isso pode ser útil quando M tem 150 dígitos ou mais. Porém, observe que é preciso saber de antemão a fatoração de M.

Para representar 973 mod 1813 como um par de números mod 37 e 49, defina

$$m_1 = 37$$
$$m_2 = 49$$
$$M = 1813$$
$$A = 973$$

Também temos $M_1 = 49$ e $M_2 = 37$. Usando o algoritmo de Euclides estendido, calculamos $M_1^{-1} = 34$ mod m_1 e $M_2^{-1} = 4$ mod m_2. (Observe que só precisamos calcular cada M_i e cada M_i^{-1} uma vez.) Apanhando resíduos módulo 37 e 49, nossa representação de 973 é (11, 42), pois 973 mod 37 = 11 e 973 mod 49 = 42.

Agora, suponha que queiramos somar 678 a 973. O que fazemos com (11, 42)? Primeiro, calculamos (678) $\leftrightarrow$ (678 mod 37, 678 mod 49) = (12, 41). Depois, somamos as tuplas para cada elemento e reduzimos (11 + 12 mod 37, 42 + 41 mod 49) = (23, 34). Para verificar se isso tem o efeito correto, calculamos

$$(23, 34) \leftrightarrow a_1 M_1 M_1^{-1} + a_2 M_2 M_2^{-1} \bmod M$$
$$= [(23)(49)(34) + (34)(37)(4)] \bmod 1813$$
$$= 43350 \bmod 1813$$
$$= 1651$$

e verificamos se é igual a (973 + 678) mod 1813 = 1651. Lembre-se de que, na derivação mostrada, M_i^{-1} é o inverso multiplicativo de M_1 módulo m_1, e M_2^{-1} é o inverso multiplicativo de M_2 módulo m_2.

Suponha que queiramos multiplicar 1651 (mod 1813) por 73. Multiplicamos (23, 34) por 73 e reduzimos para obter (23 × 73 mod 37, 34 × 73 mod 49) = (14, 32). Pode ser facilmente verificado que

$$(14, 32) \leftrightarrow [(14)(49)(34) + (32)(37)(4)] \bmod 1813$$
$$= 865$$
$$= 1651 \times 73 \bmod 1813$$

8.5 LOGARITMOS DISCRETOS

Logaritmos discretos são fundamentais para diversos algoritmos de chave pública, incluindo a troca de chave Diffie-Hellman e o algoritmo de assinatura digital (DSA). Esta seção oferece uma rápida visão geral dos logaritmos discretos. Para o leitor interessado, desenvolvimentos mais detalhados desse assunto podem ser encontrados em [ORE67] e [LEVE90].

As potências de um inteiro, módulo n

Lembre-se, pelo teorema de Euler (Equação 8.4), de que, para cada a e n que são relativamente primos:

$$a^{\phi(n)} \equiv 1 (\bmod n)$$

onde $\phi(n)$, a função totiente de Euler, é o número de inteiros positivos menores e relativamente primos de n. Agora, considere a expressão mais geral:

$$a^m \equiv 1(\bmod n) \qquad (8.10)$$

Se a e n são relativamente primos, então existe pelo menos um inteiro m que satisfaz a Equação 8.10, a saber, $M = \phi(n)$. O menor expoente positivo m, para o qual a Equação 8.10 é verdadeira, pode ser expresso de várias maneiras:

- a ordem de a (mod n)
- o expoente ao qual a pertence (mod n)
- a extensão do período gerado por a

Para ver este último ponto, considere as potências de 7, módulo 19:

$$7^1 \equiv 7(\bmod 19)$$
$$7^2 = 49 = 2 \times 19 + 11 \equiv 11(\bmod 19)$$
$$7^3 = 343 = 18 \times 19 + 1 \equiv 1(\bmod 19)$$
$$7^4 = 2401 = 126 \times 19 + 7 \equiv 7(\bmod 19)$$
$$7^5 = 16807 = 884 \times 19 + 11 \equiv 11(\bmod 19)$$

Não há sentido em continuar, pois a sequência é repetitiva. Isso pode ser provado observando-se que $7^3 \equiv 1(\bmod 19)$ e, portanto, $7^{3+j} \equiv 7^3 7^j \equiv 7^j (\bmod 19)$, e por isso duas potências quaisquer de 7 cujos expoentes diferem em 3 (ou em um múltiplo de 3) são congruentes entre si (mod 19). Em outras palavras, a sequência é periódica, e a extensão do período é o menor expoente positivo m, tal que $7^m \equiv 1(\bmod 19)$.

A Tabela 8.3 mostra todas as potências de a, módulo 19, para todo positivo $a < 19$. A extensão da sequência para cada valor de base é indicada pelo sombreado. Observe o seguinte:

1. Todas as sequências terminam em 1. Isso é coerente com o raciocínio dos parágrafos anteriores.
2. A extensão de uma sequência divide $\phi(19) = 18$. Ou seja, um número inteiro de sequências ocorre em cada linha da tabela.
3. Algumas das sequências têm extensão 18. Nesse caso, diz-se que o inteiro de base a gera (por potências) o conjunto de inteiros diferentes de zero módulo 19. Cada um desses inteiros é chamado de raiz primitiva do módulo 19.

Mais genericamente, podemos dizer que o expoente mais alto possível ao qual um número pode pertencer (mod n) é $\phi(n)$. Se um número for dessa ordem, ele é considerado uma **raiz primitiva** de n. A importância dessa noção é que, se a for uma raiz primitiva de n, então suas potências

$$a, a^2, ..., a^{\phi(n)}$$

são distintas (mod n) e todas relativamente primas de n. Em particular, para um número primo p, se a é uma raiz primitiva de p, então

$$a, a^2, ..., a^{p-1}$$

são distintos (mod p). Para o número primo 19, suas raízes primitivas são 2, 3, 10, 13, 14 e 15.

Nem todos os inteiros possuem raízes primitivas. De fato, os únicos inteiros com raízes primitivas são aqueles no formato 2, 4, p^α e $2p^\alpha$, onde p é qualquer primo ímpar e α, um inteiro positivo. A prova não é simples, mas pode ser encontrada em muitos livros sobre teoria dos números, incluindo [ORE76].

Tabela 8.3 Potências de inteiros, módulo 19.

a	a^2	a^3	a^4	a^5	a^6	a^7	a^8	a^9	a^{10}	a^{11}	a^{12}	a^{13}	a^{14}	a^{15}	a^{16}	a^{17}	a^{18}
1	1	1	1	1	1	1	1	1	1	1	1	1	1	1	1	1	1
2	4	8	16	13	7	14	9	18	17	15	11	3	6	12	5	10	1
3	9	8	5	15	7	2	6	18	16	10	11	14	4	12	17	13	1
4	16	7	9	17	11	6	5	1	4	16	7	9	17	11	6	5	1
5	6	11	17	9	7	16	4	1	5	6	11	17	9	7	16	4	1
6	17	7	4	5	11	9	16	1	6	17	7	4	5	11	9	16	1
7	11	1	7	11	1	7	11	1	7	11	1	7	11	1	7	11	1
8	7	18	11	12	1	8	7	18	11	12	1	8	7	18	11	12	1
9	5	7	6	16	11	4	17	1	9	5	7	6	16	11	4	17	1
10	5	12	6	3	11	15	17	18	9	14	7	13	16	8	4	2	1
11	7	1	11	7	1	11	7	1	11	7	1	11	7	1	11	7	1
12	11	18	7	8	1	12	11	18	7	8	1	12	11	18	7	8	1
13	17	12	4	14	11	10	16	18	6	2	7	15	5	8	9	3	1
14	6	8	17	10	7	3	4	18	5	13	11	2	9	12	16	15	1
15	16	12	9	2	11	13	5	18	4	3	7	10	17	8	6	14	1
16	9	11	5	4	7	17	6	1	16	9	11	5	4	7	17	6	1
17	4	11	16	6	7	5	9	1	17	4	11	16	6	7	5	9	1
18	1	18	1	18	1	18	1	18	1	18	1	18	1	18	1	18	1

Logaritmos para aritmética modular

Com números reais positivos comuns, a função de logaritmo é o inverso da exponenciação. Existe uma função semelhante para a aritmética modular.

Vamos rever rapidamente as propriedades dos logaritmos comuns. O logaritmo de um número é definido como a potência à qual alguma base positiva (exceto 1) precisa ser elevada para igualar o número. Ou seja, para a base x e para um valor y:

$$y = x^{\log_x(y)}$$

As propriedades dos logaritmos incluem as seguintes:

$$\log_x(1) = 0$$
$$\log_x(x) = 1$$

$$\log_x(yz) = \log_x(y) + \log_x(z) \tag{8.11}$$
$$\log_x(y^r) = r \times \log_x(y) \tag{8.12}$$

Considere uma raiz primitiva a para algum número primo p (o argumento pode ser desenvolvido para não primos também). Então, sabemos que as potências de a de 1 até $(p-1)$ produzem cada inteiro de 1 até $(p-1)$ exatamente uma vez. Também temos ciência de que qualquer inteiro b satisfaz

$$b \equiv r \pmod{p} \quad \text{para algum } r, \text{ onde } 0 \le r \le (p-1)$$

pela definição da aritmética modular. Segue-se que, para qualquer inteiro b e uma raiz primitiva a de número primo p, podemos encontrar um expoente exclusivo i, tal que

$$b \equiv a^i \pmod{p} \quad \text{onde } 0 \le i \le (p-1)$$

Esse expoente *i* é conhecido como o **logaritmo discreto** do número *b* para a base $a \pmod{p}$. Indicamos esse valor como $\text{dlog}_{a,p}(b)$.[9]

Observe o seguinte:

$$\text{dlog}_{a,p}(1) = 0, \text{ pois } a^0 \bmod p = 1 \bmod p = 1 \qquad (8.13)$$

$$\text{dlog}_{a,p}(a) = 1, \text{ pois } a^1 \bmod p = a \qquad (8.14)$$

Eis um exemplo usando um módulo não primo, $n = 9$. Aqui, $\phi(n) = 6$, e $a = 2$ é uma raiz primitiva. Calculamos as diversas potências de *a* e encontramos

$$2^0 = 1 \qquad 2^4 \equiv 7 \pmod 9$$
$$2^1 = 2 \qquad 2^5 \equiv 5 \pmod 9$$
$$2^2 = 4 \qquad 2^6 \equiv 1 \pmod 9$$
$$2^3 = 8$$

Isso nos dá a seguinte tabela de números com determinados logaritmos discretos (mod 9) para a raiz $a = 2$:

Logaritmo	0	1	2	3	4	5
Número	1	2	4	8	7	5

Para facilitar a obtenção dos logaritmos discretos de determinado número, rearrumamos a tabela:

Número	1	2	4	5	7	8
Logaritmo	0	1	2	5	4	3

Agora, considere

$$x = a^{\text{dlog}_{a,p}(x)} \bmod p \qquad y = a^{\text{dlog}_{a,p}(y)} \bmod p$$
$$xy = a^{\text{dlog}_{a,p}(xy)} \bmod p$$

Usando as regras da multiplicação modular,

$$xy \bmod p = [(x \bmod p)(y \bmod p)] \bmod p$$
$$a^{\text{dlog}_{a,p}(xy)} \bmod p = [(a^{\text{dlog}_{a,p}(x)} \bmod p)(a^{\text{dlog}_{a,p}(y)} \bmod p)] \bmod p$$
$$= (a^{\text{dlog}_{a,p}(x) + \text{dlog}_{a,p}(y)}) \bmod p$$

Mas considere o teorema de Euler, que afirma que, para cada *a* e *n* que são relativamente primos:

$$a^{\phi(n)} \equiv 1 \pmod n$$

Qualquer inteiro positivo *z* pode ser expresso na forma $z = q + k\phi(n)$, com $0 \leq q < \phi(n)$. Portanto, pelo teorema de Euler,

$$a^z \equiv a^q \pmod n \qquad \text{se } z \equiv q \bmod \phi(n)$$

Aplicando isso à igualdade anterior, temos

$$\text{dlog}_{a,p}(xy) \equiv [\text{dlog}_{a,p}(x) + \text{dlog}_{a,p}(y)] \pmod{\phi(p)}$$

e, generalizando,

$$\text{dlog}_{a,p}(y^r) \equiv [r \times \text{dlog}_{a,p}(y)] \pmod{\phi(p)}$$

Isso demonstra a analogia entre logaritmos verdadeiros e discretos.

Lembre-se de que os logaritmos discretos únicos mod *m* em alguma base *a* só existem se *a* for uma raiz primitiva de *m*.

A Tabela 8.4, que é derivada diretamente da Tabela 8.3, mostra os conjuntos de logaritmos discretos que podem ser definidos para o módulo 19.

---

[9] Muitos textos se referem ao logaritmo discreto como o **índice**. Geralmente, não existe uma notação convencionada para esse conceito, muito menos um nome convencionado.

Tabela 8.4 Logaritmos discretos, módulo 19.

(a) Logaritmos discretos com a base 2, módulo 19

a	1	2	3	4	5	6	7	8	9	10	11	12	13	14	15	16	17	18
$\log_{2,19}(a)$	18	1	13	2	16	14	6	3	8	17	12	15	5	7	11	4	10	9

(b) Logaritmos discretos com a base 3, módulo 19

a	1	2	3	4	5	6	7	8	9	10	11	12	13	14	15	16	17	18
$\log_{3,19}(a)$	18	7	1	14	4	8	6	3	2	11	12	15	17	13	5	10	16	9

(c) Logaritmos discretos com a base 10, módulo 19

a	1	2	3	4	5	6	7	8	9	10	11	12	13	14	15	16	17	18
$\log_{10,19}(a)$	18	17	5	16	2	4	12	15	10	1	6	3	13	11	7	14	8	9

(d) Logaritmos discretos com a base 13, módulo 19

a	1	2	3	4	5	6	7	8	9	10	11	12	13	14	15	16	17	18
$\log_{13,19}(a)$	18	11	17	4	14	10	12	15	16	7	6	3	1	5	13	8	2	9

(e) Logaritmos discretos com a base 14, módulo 19

a	1	2	3	4	5	6	7	8	9	10	11	12	13	14	15	16	17	18
$\log_{14,19}(a)$	18	13	7	8	10	2	6	3	14	5	12	15	11	1	17	16	4	9

(f) Logaritmos discretos com a base 15, módulo 19

a	1	2	3	4	5	6	7	8	9	10	11	12	13	14	15	16	17	18
$\log_{15,19}(a)$	18	5	11	10	8	16	12	15	4	13	6	3	7	17	1	2	14	9

Cálculo de logaritmos discretos

Considere a equação

$$y = g^x \bmod p$$

Dados g, x e p, é muito simples calcular y. No pior dos casos, temos que realizar x multiplicações repetidas, e existem algoritmos para se conseguir maior eficiência (ver Capítulo 9).

Porém, dados y, g e p, em geral, é muito difícil calcular x (considere o logaritmo discreto). A dificuldade parece estar na mesma ordem de grandeza daquela da fatoração de números primos, exigida para o RSA. No momento em que este livro foi escrito, o algoritmo mais rápido conhecido para realizar logaritmos discretos módulo um número primo estava na ordem de [BETH91]:

$$e^{((\ln p)^{1/3}(\ln(\ln p))^{2/3})}$$

que não é viável para grandes números primos.

8.6 LEITURA RECOMENDADA

Existem muitos textos básicos sobre o assunto de teoria de números, que oferecem muito mais detalhes do que a maioria dos leitores deste livro talvez esperem. Uma rápida introdução elementar, embora útil, é [ORE67]. Para o leitor interessado em uma abordagem mais profunda, dois livros-texto excelentes sobre o assunto são [KUMA98] e [ROSE10]. [LEVE90] também é um relato legível e detalhado. Todos esses livros incluem problemas com soluções, aumentando seu valor como estudo.

Talvez a melhor maneira de obter um conhecimento sólido dos fundamentos da teoria dos números seja trabalhar com [BURN97], que consiste unicamente em uma série de exercícios com soluções que acompanham o aluno passo a passo pelos conceitos da teoria dos números; fazer todos os exercícios é equivalente a completar um curso de formação sobre teoria dos números.

> **BURN97** BURN, R. *A Pathway to Number Theory*. Cambridge, Inglaterra: Cambridge University Press, 1997.
> **KUMA98** KUMANDURI, R; ROMERO, C. *Number Theory with Computer Applications*. Upper Saddle River, NJ: Prentice Hall, 1998.
> **LEVE90** LEVEQUE, W. *Elementary Theory of Numbers*. Nova York: Dover, 1990.
> **ORE67** ORE, O. *Invitation to Number Theory*. Washington, DC: The Mathematical Association of America, 1967.
> **ROSE10** ROSEN, K. *Elementary Number Theory and its Applications*. Reading, MA: Addison-Wesley, 2010.

8.7 PRINCIPAIS TERMOS, PERGUNTAS PARA REVISÃO E PROBLEMAS

Principais termos

bijeção	número composto	teorema chinês do resto
função totiente de Euler	número primo	teorema de Euler
índice	ordem	teorema de Fermat
logaritmo discreto	raiz primitiva	

Perguntas para revisão

8.1 O que é um número primo?
8.2 Qual é o significado da expressão *a divide b*?
8.3 O que é a função totiente de Euler?
8.4 O teste de Miller-Rabin pode determinar se um número não é primo, mas não pode definir o contrário. Como esse algoritmo pode ser usado para testar se o número é primo?
8.5 O que é uma raiz primitiva de um número?
8.6 Qual é a diferença entre um índice e um logaritmo discreto?

Problemas

8.1 A finalidade deste problema é determinar quantos números primos existem. Suponha que haja um total de n números primos, e os listemos em ordem: $p_1 = 2 < p_2 = 3 < p_3 = 5 < ... < p_n$.
 a. Defina $X = 1 + p_1 p_2 ... p_n$. Ou seja, X é igual a um, mais o produto de todos os primos. Podemos encontrar um número primo P_m que divide X?
 b. O que você pode dizer sobre m?
 c. Deduza que o número total de primos não pode ser finito.
 d. Mostre que $P_{n+1} \leq 1 + p_1 p_2 ... p_n$.

8.2 A finalidade deste problema é demonstrar que a probabilidade de que dois números aleatórios sejam relativamente primos é de cerca de 0,6.
 a. Considere $P = \Pr[\mathrm{mdc}(a, b) = 1]$. Mostre que $P = \Pr[\mathrm{mdc}(a, b) = d] = P/d^2$. *Dica*: considere a quantidade $\mathrm{mdc}\left(\dfrac{a}{d}, \dfrac{b}{d}\right)$.
 b. A soma do resultado da parte (a) sobre todos os valores possíveis de d é 1. Ou seja: $\sum^{d \geq 1} \Pr[\mathrm{mdc}(a,b) = d] = 1$. Utilize essa igualdade para determinar o valor de P. *Dica*: use a identidade $\sum_{i=1}^{\infty} \dfrac{1}{i^2} = \dfrac{\pi^2}{6}$.

8.3 Por que $\mathrm{mdc}(n, n+1) = 1$ é para dois inteiros consecutivos n e $n+1$?

8.4 Usando o teorema de Fermat, encontre 3^{201} mod 11.

8.5 Use o teorema de Fermat para encontrar um número a entre 0 e 72, com a congruente a 9794 módulo 73.

8.6 Use o teorema de Fermat para encontrar um número x entre 0 e 28, com x^{85} congruente a 6 módulo 29. (Você não precisará usar qualquer pesquisa por força bruta.)

8.7 Use o teorema de Euler para encontrar um número a entre 0 e 9, tal que a seja congruente a 7^{1000} módulo 10. (Observe que isso é o mesmo que o último dígito da expansão decimal de 7^{1000}.)

8.8 Use o teorema de Euler para encontrar um número x entre 0 e 28, com x^{85} congruente a 6 módulo 35 (Você não precisará usar qualquer pesquisa por força bruta).

8.9 Observe, na Tabela 8.2, que $\phi(n)$ é par para $n > 2$. Isso é verdadeiro para todo $n > 2$. Dê um argumento conciso para explicar por que isso acontece.

8.10 Prove o seguinte: se p é primo, então $\phi(p^i) = p^i - p^{i-1}$. *Dica*: que números têm um fator em comum com p^i?

8.11 Podemos mostrar (ver qualquer livro sobre teoria dos números) que, se mdc$(m, n) = 1$, então $\phi(mn) = \phi(m)\phi(n)$. Usando essa propriedade e a desenvolvida no problema anterior, além da propriedade de que $\phi(p) = p - 1$ para p primo, é simples determinar o valor de $\phi(n)$ para qualquer n. Determine o seguinte:
   a. $\phi(41)$
   b. $\phi(27)$
   c. $\phi(231)$
   d. $\phi(440)$

8.12 Também pode ser mostrado que, para qualquer inteiro positivo a, $\phi(a)$ é dado por:

$$\phi(a) = \prod_{i=1}^{t}[p_i^{a_i - 1}(p_i - 1)]$$

onde a é dado pela Equação 8.1, a saber: $a = P_1^{a_1} P_2^{a_2} \ldots P_t^{a_t}$. Demonstre esse resultado.

8.13 Considere a função: $f(n) =$ número de elementos no conjunto $\{a: 0 \leq a < n$ e mdc$(a, n) = 1\}$. O que é essa função?

8.14 Embora os antigos matemáticos chineses tenham feito um bom trabalho, aparecendo com seu teorema do resto, eles nem sempre acertavam. Eles tinham um teste de números primos, que dizia que n é primo se, e somente se, n dividir $(2^n - 2)$.
   a. Dê um exemplo que satisfaça a condição usando um primo ímpar.
   b. A condição é obviamente verdadeira para $n = 2$. Prove que a condição é verdadeira se n for um primo ímpar (provando a condição **se**).
   c. Dê um exemplo de um n ímpar que não seja primo e que não satisfaça a condição. Você pode fazer isso com números não primos até um valor muito grande. Isso confundiu os matemáticos chineses, que pensaram que, se a condição fosse verdadeira, então n seria primo.
   d. Infelizmente, os antigos chineses nunca experimentaram $n = 341$, que não é primo ($341 = 11 \times 31$), ainda que 341 divida $2^{341} - 2$ sem resto. Demonstre que $2341 \equiv 2 \pmod{341}$ (invalidando a condição **somente se**). *Dica*: não é necessário calcular 2^{341}; em vez disso, use as congruências.

8.15 Mostre que, se n é um inteiro composto ímpar, então o teste de Miller-Rabin retornará `inconclusive` para $a = 1$ e $a = (n - 1)$.

8.16 Se n é composto e passa no teste de Miller-Rabin para a base a, então n é chamado de *pseudoprimo forte à base* a. Mostre que 2047 é um pseudoprimo à base 2.

8.17 Uma formulação comum do teorema chinês do resto (CRT) é a seguinte: considere que $m_1, \ldots, m_k$ sejam inteiros relativamente primos par a par, para $1 \leq i, j \leq k$ e $i \neq j$. Defina M como o produto de todos os m_i. Leve em conta que $a_1, \ldots, a_k$ sejam inteiros. Então, o conjunto de congruências:

$$x \equiv a_1 \pmod{m_1}$$
$$x \equiv a_2 \pmod{m_2}$$
$$\vdots$$
$$x \equiv a_k \pmod{m_k}$$

tem uma solução exclusiva módulo M. Mostre que o teorema declarado dessa forma é verdadeiro.

8.18 O exemplo usado por Sun-Tsu para ilustrar o CRT foi

$$x \equiv 2 \pmod{3}; \ x \equiv 3 \pmod{5}; \ x \equiv 2 \pmod{7}$$

Solucione para x.

8.19 Seis professores iniciam cursos na segunda, terça, quarta, quinta, sexta e sábado, respectivamente, e anunciam suas intenções de palestrar em intervalos de 2, 3, 4, 1, 6 e 5 dias, respectivamente. As diretrizes da universidade proíbem palestras aos domingos (de modo que uma palestra no domingo deverá ser omitida). Quando todos os seis professores se acharão pela primeira vez obrigados a omitir uma palestra? *Dica*: use o CRT.

8.20 Encontre todas as raízes primitivas de 25.

8.21 Dado 2 como uma raiz primitiva de 29, construa uma tabela de logaritmos discretos, e use-a para solucionar as seguintes congruências:
  a. $17x^2 \equiv 10 \pmod{29}$
  b. $x^2 - 4x - 16 \equiv 0 \pmod{29}$
  c. $x^7 \equiv 17 \pmod{29}$

Problemas de programação

8.22 Elabore um programa de computador que implemente a exponenciação rápida (quadrados sucessivos) módulo n.

8.23 Elabore um programa de computador que implemente o algoritmo de Miller-Rabin para um n especificado pelo usuário. O programa deverá permitir que ele faça duas escolhas: (1) especifique uma possível testemunha a para testar o uso do procedimento de testemunha ou (2) especifique um número s de testemunhas aleatórias para o teste de Miller-Rabin verificar.

Criptografia de chave pública e RSA

09

TÓPICOS ABORDADOS

9.1 PRINCÍPIOS DE CRIPTOSSISTEMAS DE CHAVE PÚBLICA
Criptossistemas de chave pública
Aplicações para criptossistemas de chave pública
Requisitos para criptografia de chave pública
Criptoanálise de chave pública

9.2 ALGORITMO RSA
Descrição do algoritmo
Aspectos computacionais
Segurança do RSA

9.3 LEITURA RECOMENDADA

9.4 PRINCIPAIS TERMOS, PERGUNTAS PARA REVISÃO E PROBLEMAS

APÊNDICE 9A A COMPLEXIDADE DOS ALGORITMOS

OBJETIVOS DE APRENDIZAGEM

APÓS ESTUDAR ESTE CAPÍTULO, VOCÊ SERÁ CAPAZ DE:

☑ Apresentar uma visão geral dos princípios básicos dos criptossistemas de chave pública.
☑ Explicar os dois usos distintos dos criptossistemas de chave pública.
☑ Listar e explicar os requisitos para um criptossistema de chave pública.
☑ Apresentar uma visão geral do algoritmo RSA.
☑ Entender o ataque de temporização.
☑ Resumir os aspectos relevantes relacionados à complexidade dos algoritmos.

"Cada egípcio recebia dois nomes, que eram conhecidos respectivamente como o verdadeiro e o bom, ou o grande e o pequeno; e, enquanto o bom ou pequeno se tornava público, o verdadeiro ou grande parece ter sido cuidadosamente ocultado."

— *The Golden Bough*, Sir James George Frazer

O desenvolvimento da criptografia de chave pública é a maior e talvez a única verdadeira revolução na história inteira da criptografia. Desde o seu início até os tempos modernos, praticamente todos os sistemas criptográficos têm sido baseados nas ferramentas elementares da substituição e permutação. Depois de milênios de trabalho com algoritmos que, em essência, poderiam ser calculados à mão, um grande avanço na criptografia simétrica ocorreu com o desenvolvimento da máquina de encriptação/decriptação de rotor. O rotor eletromecânico permitiu a elaboração de sistemas de cifra incrivelmente complexos. Com a disponibilidade dos computadores, sistemas ainda mais complexos foram criados, e o mais importante foi o esforço Lucifer na IBM, que culminou com o Data Encryption Standard (DES). Mas tanto as máquinas de rotor quanto o DES, embora representando avanços significativos, ainda contavam com ferramentas básicas de substituição e permutação.

A criptografia de chave pública oferece uma mudança radical de tudo o que foi feito antes. Por um lado, os algoritmos de chave pública são baseados em funções matemáticas, em vez de substituição e permutação. Mais importante, a criptografia de chave pública é assimétrica, envolvendo o uso de duas chaves separadas, ao contrário da criptografia simétrica, que utiliza apenas uma chave. O uso de duas chaves tem profundas consequências nas áreas de confidencialidade, distribuição de chave e autenticação, conforme veremos.

Antes de prosseguirmos, temos que mencionar várias concepções erradas comuns com relação à criptografia de chave pública. Uma delas é que ela é mais segura contra criptoanálise do que a criptografia simétrica. Na verdade, a segurança de qualquer esquema de criptografia depende do tamanho da chave e do trabalho computacional envolvido para quebrar uma cifra. Não há nada em princípio sobre a criptografia simétrica ou de chave pública que torne uma superior à outra, do ponto de vista de resistência à criptoanálise.

Um segundo erro de conceito é o de que a criptografia de chave pública é uma técnica de uso geral que tornou a criptografia simétrica obsoleta. Ao contrário, por conta do *overhead* computacional dos esquemas de criptografia de chave pública atuais, parece não haver probabilidade previsível de que a criptografia simétrica será abandonada. Conforme um dos inventores da criptografia de chave pública disse em [DIFF88], "a restrição da criptografia de chave pública às aplicações de gerenciamento de chave e assinatura é aceita quase universalmente".

Por fim, há uma sensação de que a distribuição de chave é trivial quando se usa a criptografia de chave pública, em comparação com o tratamento um tanto desajeitado que é envolvido com os centros de distribuição de chave para a criptografia simétrica. Na verdade, é preciso haver alguma forma de protocolo, geralmente abrangendo um agente central, e os procedimentos envolvidos não são mais simples nem mais eficientes do que aqueles exigidos para a criptografia simétrica (por exemplo, ver a análise em [NEED78]).

Este capítulo e o seguinte oferecerão uma visão geral da criptografia de chave pública. Primeiro, examinaremos sua estrutura conceitual. É interessante que o conceito dessa técnica tenha sido desenvolvido e publicado antes que fosse mostrado ser prático adotá-la. Em seguida, veremos o algoritmo RSA, que é o mais importante de encriptação/decriptação viável para a criptografia de chave pública. Outros algoritmos importantes desse tipo são explorados no Capítulo 10.

Grande parte da teoria dos criptossistemas de chave pública é baseada na teoria dos números. Se alguém estiver preparado para aceitar os resultados dados neste capítulo, uma noção da teoria dos números não é estritamente necessária. Porém, para apreciar por completo os algoritmos de chave pública, algum conhecimento desse assunto é exigido. O Capítulo 8 oferece a base necessária sobre teoria dos números.

O Quadro 9.1 define alguns dos principais termos.

Quadro 9.1 Terminologia relacionada à criptografia assimétrica.

Chaves assimétricas

Duas chaves relacionadas, uma pública e uma privada, que são usadas para realizar operações complementares, como encriptação e decriptação ou geração e verificação de assinatura.

Certificado de chave pública

Um documento emitido e assinado digitalmente pela chave privada de uma Autoridade de Certificação, que vincula o nome de um assinante a uma chave pública. O certificado indica que o assinante identificado tem o único controle e acesso à chave privada correspondente.

Algoritmo criptográfico de chave pública (assimétrica)

Um algoritmo criptográfico que usa duas chaves relacionadas, uma pública e uma privada. As duas têm a propriedade de ser computacionalmente inviável derivar a chave privada a partir da pública.

Infraestrutura de chave pública (PKI)

Um conjunto de políticas, processos, plataformas de servidor, software e estações de trabalho usadas para fins de administrar certificados e pares de chave pública-privada, incluindo a capacidade de emitir, manter e revogar certificados de chave pública.

Fonte: *Glossary of Key Information Security Terms*, NIST IR 7298 [KISS06].

9.1 PRINCÍPIOS DE CRIPTOSSISTEMAS DE CHAVE PÚBLICA

O conceito de criptografia de chave pública evoluiu de uma tentativa de atacar dois dos problemas mais difíceis associados à encriptação simétrica. O primeiro é o da distribuição de chaves, que é examinada com detalhes no Capítulo 14.

Como esse capítulo discute, a distribuição de chaves sob a encriptação simétrica requer (1) que dois comunicantes já compartilhem uma chave, que de alguma forma foi distribuída a eles; ou (2) o uso de um centro de distribuição de chaves. Whitfield Diffie, um dos descobridores da encriptação de chave pública (com Martin Hellman, ambos da Stanford University, na época), raciocinou que esse segundo requisito anulava a essência da criptografia: a capacidade de manter sigilo total sobre a sua própria comunicação. Conforme foi dito por Diffie [DIFF88]: "afinal, qual seria a vantagem de desenvolver criptossistemas impenetráveis, se seus usuários fossem forçados a compartilhar suas chaves com um CDC que poderia ser comprometido por roubo ou suborno?"

O segundo problema sobre o qual Diffie ponderou, e que estava aparentemente não relacionado com o primeiro, foi o de *assinaturas digitais*. Se o uso da criptografia tivesse que se tornar comum, não apenas nas situações militares, mas para fins comerciais e particulares, então as mensagens e documentos eletrônicos precisariam do equivalente das assinaturas usadas nos documentos em papel. Ou seja, poderia ser criado um método para estipular, para a satisfação de todas as partes, que uma mensagem digital foi enviada por determinada pessoa? Esse é um requisito um pouco mais amplo do que o da autenticação, e suas características e ramificações serão exploradas no Capítulo 13.

Diffie e Hellman fizeram uma descoberta incrível em 1976 [DIFF76 a, b], surgindo com um método que resolvia os dois problemas e que era radicalmente diferente de todas as técnicas anteriores de criptografia, quatro milênios atrás.[1]

Na próxima subseção, examinaremos a estrutura geral para a criptografia de chave pública. Depois, veremos os requisitos para o algoritmo de encriptação/decriptação que estão no âmago do esquema.

Criptossistemas de chave pública

Os algoritmos assimétricos contam com uma chave para encriptação e uma chave diferente, porém relacionada, para a decriptação. Eles têm a seguinte característica importante:

- É computacionalmente inviável determinar a chave de decriptação dado apenas o conhecimento do algoritmo de criptografia e da chave de encriptação.

Além disso, alguns algoritmos, como RSA, também exibem esta característica:

- Qualquer uma das duas chaves relacionadas pode ser usada para encriptação, com a outra para a decriptação.

Um esquema de **encriptação de chave pública** possui cinco elementos (Figura 9.1a; compare com a Figura 2.1):

- **Texto claro:** essa é a mensagem ou dados legíveis que são alimentados no algoritmo como entrada.
- **Algoritmo de encriptação:** realiza várias transformações no texto claro.
- **Chaves pública e privada:** esse é um par de chaves que foi selecionado de modo que, se uma for usada para encriptação, a outra é usada para decriptação. As transformações exatas realizadas pelo algoritmo dependem da chave pública ou privada que é fornecida como entrada.
- **Texto cifrado:** essa é a mensagem embaralhada produzida como saída. Ela depende do texto claro e da chave. Para determinada mensagem, duas chaves diferentes produzirão dois textos cifrados diferentes.
- **Algoritmo de decriptação:** aceita o texto cifrado e a chave correspondente e produz o texto claro original.

---

[1] Diffie e Hellman apresentaram *publicamente* os conceitos da criptografia de chave pública em 1976. Hellman dá crédito a Merkle com a descoberta independente e simultânea do conceito, embora Merkle não o tenha publicado antes de 1978 [MERK78]. De fato, o primeiro documento não confidencial descrevendo a distribuição de chave pública e a criptografia foi uma proposta de projeto de 1974 por Merkle (<http://merkle.com/1974>). Porém, esse não foi o verdadeiro início. O almirante Bobby Inman, como diretor da National Security Agency (NSA), reivindicou que a criptografia de chave pública tinha sido descoberta na NSA em meados da década de 1960 [SIMM93]. A primeira apresentação *documentada* desses conceitos veio em 1970, do Communications-Electronics Security Group, o equivalente britânico da NSA, em um relatório confidencial de James Ellis [ELLI70]. Ellis referia-se à técnica como *criptografia não secreta*, e descrever a descoberta em [ELLI99].

Figura 9.1 Criptografia de chave pública.

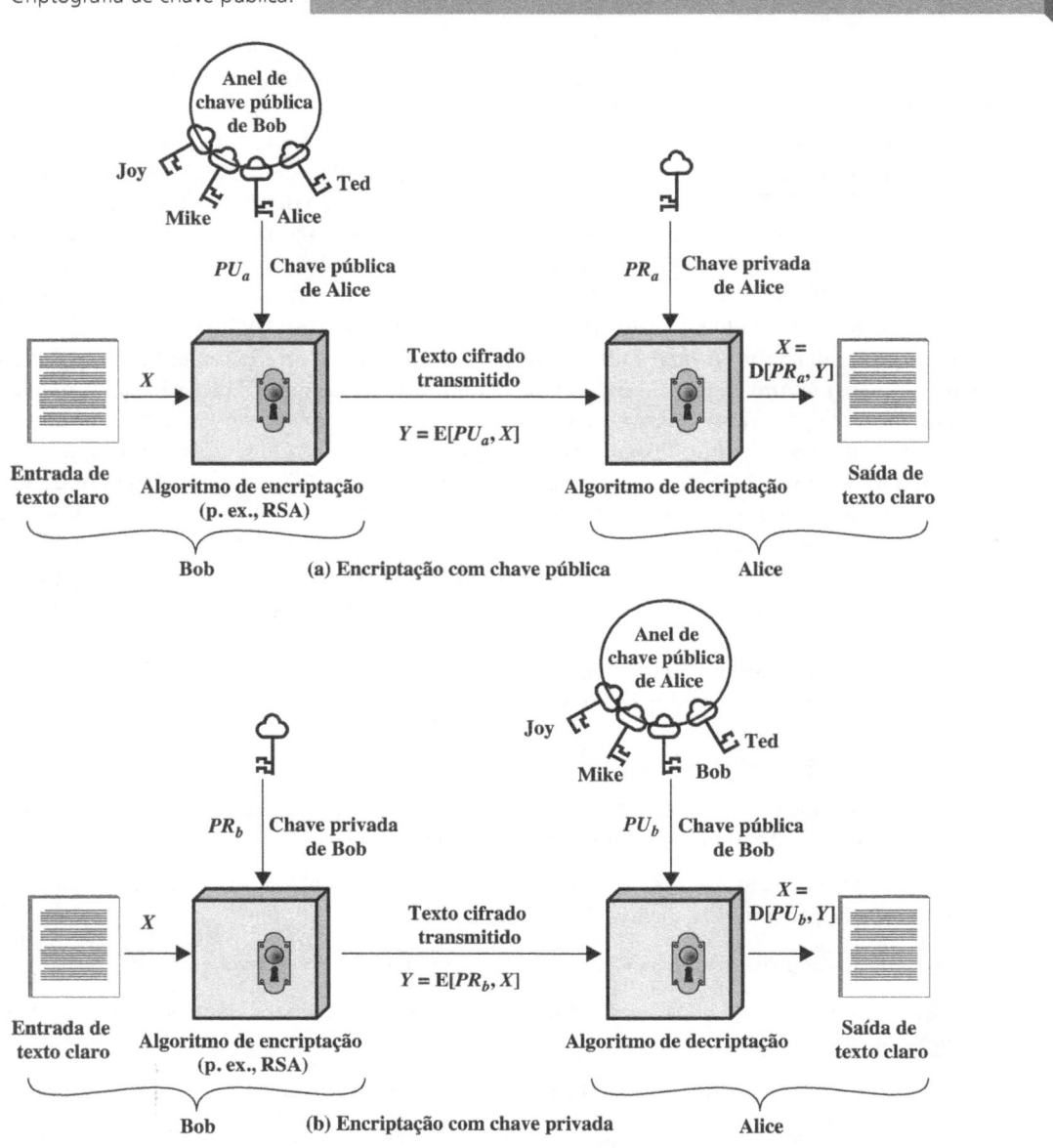

(a) Encriptação com chave pública

Entrada de texto claro → X → Algoritmo de encriptação (p. ex., RSA) [Bob] usando PU_a (Chave pública de Alice, do Anel de chave pública de Bob: Joy, Mike, Alice, Ted) → Texto cifrado transmitido $Y = E[PU_a, X]$ → Algoritmo de decriptação [Alice] usando PR_a (Chave privada de Alice) → $X = D[PR_a, Y]$ → Saída de texto claro

(b) Encriptação com chave privada

Entrada de texto claro → X → Algoritmo de encriptação (p. ex., RSA) [Bob] usando PR_b (Chave privada de Bob) → Texto cifrado transmitido $Y = E[PR_b, X]$ → Algoritmo de decriptação [Alice] usando PU_b (Chave pública de Bob, do Anel de chave pública de Alice: Joy, Mike, Bob, Ted) → $X = D[PU_b, Y]$ → Saída de texto claro

As etapas essenciais são as seguintes:

1. Cada usuário gera um par de chaves a ser usado para a encriptação e a decriptação das mensagens.
2. Cada usuário coloca uma das duas chaves em um registrador público ou em outro arquivo acessível. Essa é a chave pública. A chave acompanhante permanece privada. Como a Figura 9.1a sugere, cada usuário mantém uma coleção de chaves públicas obtidas de outros.
3. Se Bob deseja enviar uma mensagem confidencial para Alice, ele a encripta usando a chave pública de Alice.
4. Quando Alice recebe a mensagem, ela a decripta usando sua chave privada. Nenhum outro destinatário pode decriptar a mensagem, pois somente Alice conhece a chave privada de Alice.

Com essa técnica, todos os participantes têm acesso às chaves públicas; as chaves privadas são geradas localmente por cada participante e, portanto, nunca precisam ser distribuídas. Desde que a chave privada de um usuário permaneça protegida e secreta, a comunicação que chega está protegida. A qualquer momento, um sistema pode alterar sua chave privada e publicar uma chave pública correspondente para substituir sua antiga.

O Quadro 9.2 resume alguns dos aspectos importantes da encriptação simétrica e de chave pública. Para discriminar entre as duas, vamos nos referir à chave usada na encriptação simétrica como uma **chave secreta**. As duas chaves utilizadas para a encriptação assimétrica são denominadas **chave pública** e **chave privada**.[2] Invariavelmente, a chave privada é mantida secreta, mas ela é conhecida como chave privada, em vez de secreta, para evitar confusão com a encriptação simétrica.

Vamos examinar mais de perto os elementos essenciais de um esquema de encriptação de chave pública usando a Figura 9.2 (compare com a Figura 2.2). Existe alguma origem A que produz uma mensagem em texto claro, $X = [X_1, X_2, \ldots, X_M]$. Os M elementos de X são letras em algum alfabeto finito. A mensagem é intencionada para o destino B. Este gera um par de chaves relacionado: uma chave pública, PU_b, e uma chave privada, PR_b. Esta última é conhecida apenas por B, enquanto PU_b está disponível publicamente e, portanto, acessível a A.

Quadro 9.2 Encriptação convencional e de chave pública.

ENCRIPTAÇÃO CONVENCIONAL	ENCRIPTAÇÃO DE CHAVE PÚBLICA
Necessário para funcionar:	*Necessário para funcionar:*
1. O mesmo algoritmo com a mesma chave é usado para encriptação e decriptação.	1. Um algoritmo é usado para encriptação, e um relacionado, para decriptação com um par de chaves, uma para encriptação e outra para decriptação.
2. O emissor e o receptor precisam compartilhar o algoritmo e a chave.	2. O emissor e o receptor precisam ter, cada um, uma chave do par (não a mesma).
Necessário para a segurança:	*Necessário para a segurança:*
1. A chave precisa permanecer secreta.	1. Uma das duas chaves precisa permanecer secreta.
2. Deverá ser impossível, ou pelo menos impraticável, decifrar uma mensagem se a chave for mantida secreta.	2. Deverá ser impossível, ou pelo menos impraticável, decifrar uma mensagem se uma das chaves for mantida secreta.
3. O conhecimento do algoritmo mais amostras do texto cifrado precisam ser insuficientes para determinar a chave.	3. O conhecimento do algoritmo mais uma das chaves mais amostras do texto cifrado precisam ser insuficientes para determinar a outra chave.

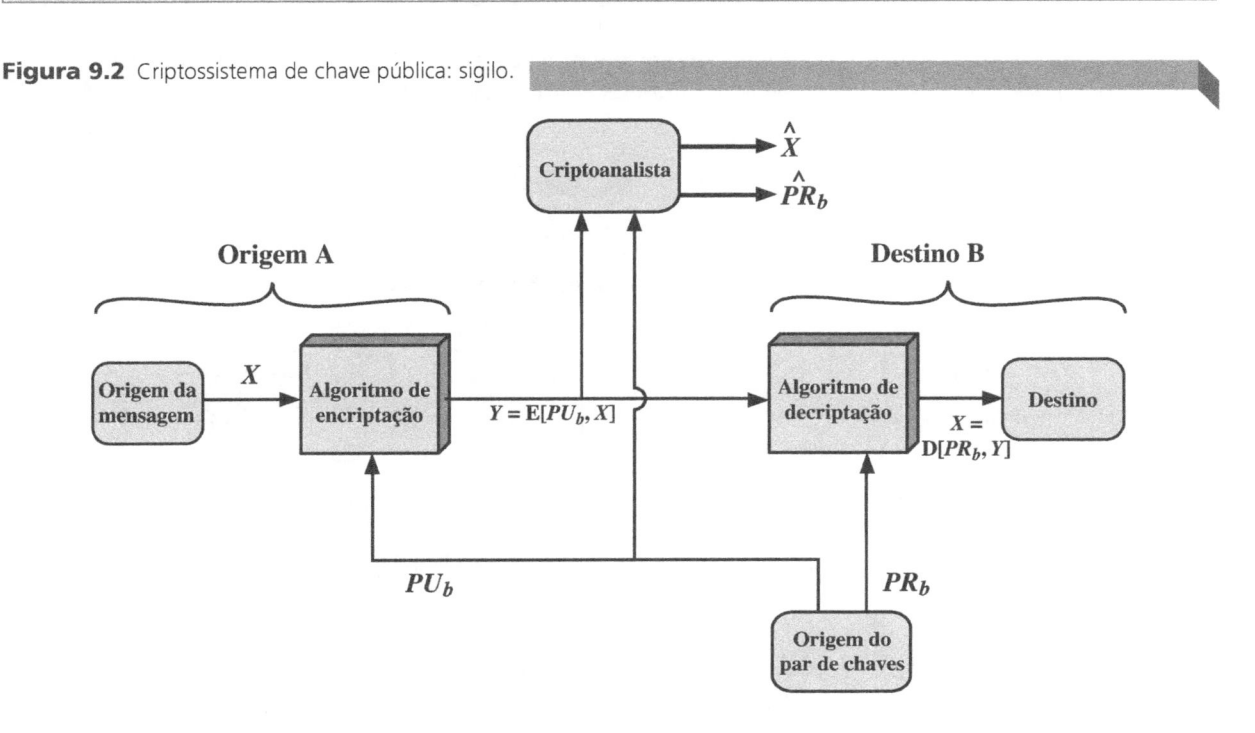

Figura 9.2 Criptossistema de chave pública: sigilo.

---

[2] A notação a seguir é usada consistentemente em todo o livro. Uma chave secreta é representada por K_m, e m é algum modificador; por exemplo, K_a é uma chave secreta possuída pelo usuário A. Uma chave pública é representada por PU_a, para o usuário A, e a chave privada correspondente é PR_a. A encriptação do texto claro X pode ser realizada com uma chave secreta, uma chave pública ou uma chave privada, indicada por $E(K_a, X)$, $E(PU_a, X)$ e $E(PR_a, X)$, respectivamente. De modo semelhante, a decriptação do texto cifrado C pode ser realizada com uma chave secreta, uma chave pública ou uma chave privada, indicada por $D(K_a, X)$, $D(PU_a, X)$ e $D(PR_a, X)$, respectivamente.

Com a mensagem X e a chave de encriptação PU_b como entrada, A forma o texto cifrado $Y = [Y_1, Y_2, ..., Y_N]$:

$$Y = E(PU_b, X)$$

O receptor intencionado, de posse da chave privada correspondente, é capaz de inverter a transformação:

$$X = D(PR_b, Y)$$

Um invasor, observando Y e tendo acesso à PU_b, mas não à PR_b ou X, precisa tentar recuperar X e/ou PR_b. Considera-se que ele tem conhecimento dos algoritmos de encriptação (E) e decriptação (D). Se o invasor estiver interessado apenas nessa mensagem em particular, então o foco do esforço é recuperar X, gerando um texto claro estimado $\hat{X}$. Normalmente, porém, o invasor também está interessado em poder ler mensagens futuras, quando tentará recuperar PR_b gerando um $\hat{PR_b}$ estimado.

Já mencionamos que qualquer uma das duas chaves relacionadas pode ser usada para encriptação, com a outra sendo voltada para decriptação. Isso permite a implementação de um esquema criptográfico diferente. Enquanto o esquema ilustrado na Figura 9.2 oferece confidencialidade, as figuras 9.1b e 9.3 mostram o uso da encriptação de chave pública para oferecer autenticação:

$$Y = E(PR_a, X)$$
$$X = D(PU_a, Y)$$

Nesse caso, A prepara uma mensagem para B e a encripta usando a própria chave privada antes de transmiti-la. B pode decriptar a mensagem empregando a chave pública de A. Como a mensagem foi encriptada com a chave privada de A, somente A poderia ter preparado a mensagem. Portanto a mensagem encriptada inteira serve como uma **assinatura digital**. Além disso, é impossível alterar a mensagem sem acesso à chave privada de A, de modo que ela é autenticada em termos da origem e da integridade dos dados.

No esquema anterior, a mensagem inteira é encriptada, o que, embora validando autor e conteúdo, requer bastante armazenamento. Cada documento tem que ser mantido em texto claro para ser usado a fins práticos. Uma cópia também necessita ser armazenada em texto cifrado, para que a origem e o conteúdo possam ser verificados em caso de uma disputa. Uma forma mais eficiente de conseguir os mesmos resultados é encriptar um pequeno bloco de bits que é uma função do documento. Esse bloco, chamado autenticador, precisa ter a propriedade de ser inviável alterar o documento sem alterar o autenticador. Se este for encriptado com a chave privada do emissor, ele serve como uma assinatura que verifica origem, conteúdo e sequência. O Capítulo 13 examinará essa técnica com detalhes.

Figura 9.3 Criptossistema de chave pública: autenticação.

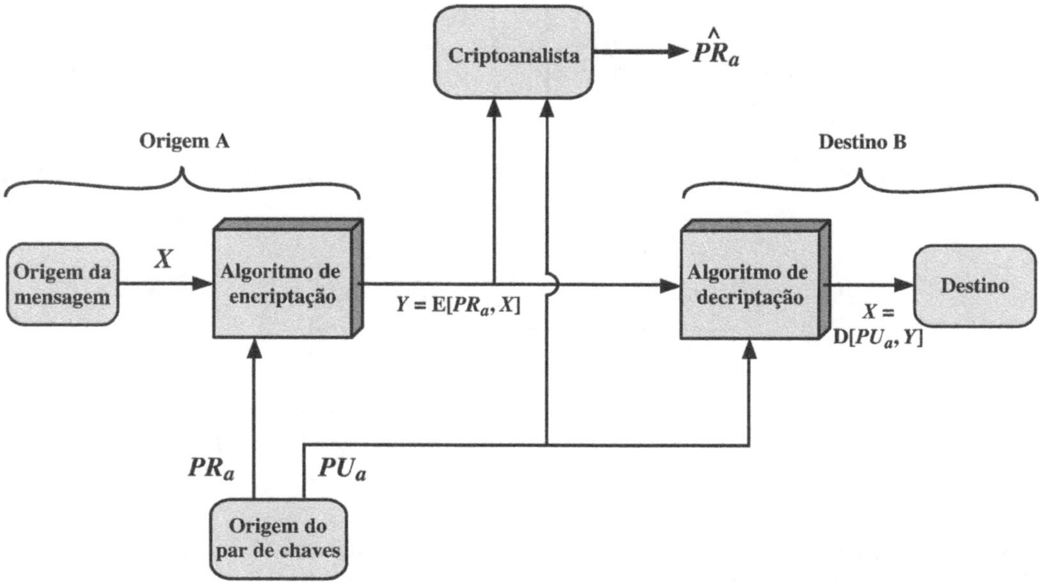

É importante enfatizar que o processo de encriptação representado nas figuras 9.1b e 9.3 não oferece confidencialidade. Ou seja, a mensagem sendo enviada é segura contra alteração, mas não contra à observação não autorizada. Isso é óbvio no caso de uma assinatura baseada em uma parte da mensagem, pois o restante dela é transmitido às claras. Mesmo no caso de encriptação completa, como mostra a Figura 9.3, não existe proteção de confidencialidade, pois qualquer observador pode decriptar a mensagem usando a chave pública do emissor.

Contudo, é possível oferecer a função de autenticação e confidencialidade com um uso duplo do esquema de chave pública (Figura 9.4):

$$Z = E(PU_b, E(PR_a, X))$$
$$X = D(PU_a, D(PR_b, Z))$$

Nesse caso, começamos como antes, encriptando uma mensagem e usando a chave privada do emissor. Isso oferece a assinatura digital. Em seguida, encriptamos novamente, com a chave pública do receptor. O texto cifrado final só pode ser decriptado pelo receptor intencionado, que tem a chave privada equivalente. Assim, a confidencialidade é fornecida. A desvantagem dessa técnica é que o algoritmo de chave pública, que é complexo, precisa ser exercido quatro vezes, em vez de duas, em cada comunicação.

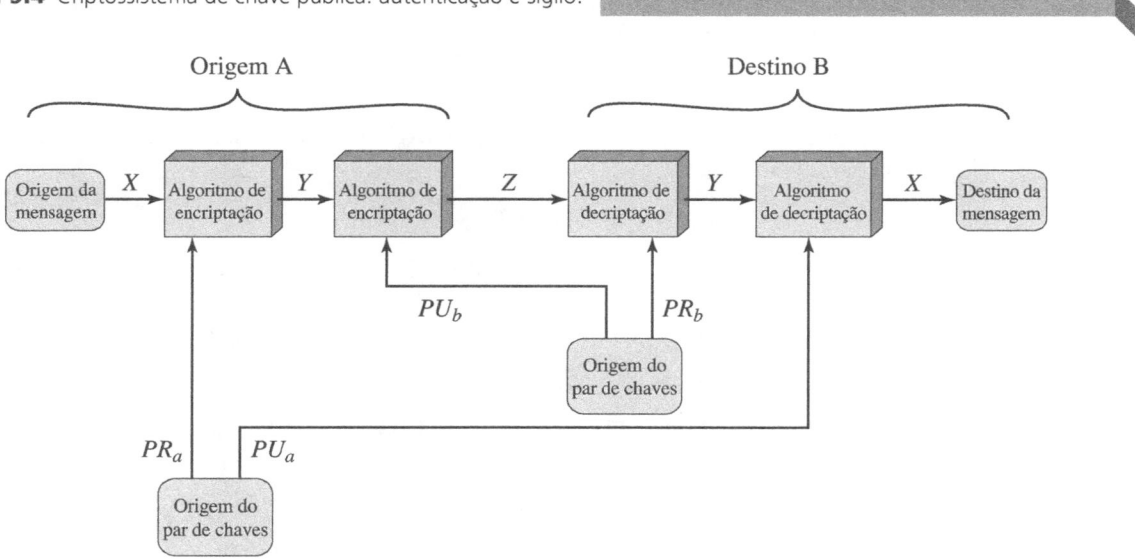

Figura 9.4 Criptossistema de chave pública: autenticação e sigilo.

Aplicações para criptossistemas de chave pública

Antes de prosseguir, precisamos esclarecer um aspecto dos criptossistemas de chave pública que, de outra forma, poderia causar confusão. Os sistemas de chave pública são caracterizados pelo uso de um algoritmo criptográfico com duas chaves, uma mantida privada e uma disponível publicamente. Dependendo da aplicação, o emissor utiliza a chave privada do emissor ou a chave pública do receptor, ou ambas, para realizar algum tipo de função criptográfica. Em termos gerais, podemos classificar o uso dos **criptossistemas de chave pública** em três categorias:

- **Encriptação/decriptação:** o emissor encripta uma mensagem com a chave pública do destinatário.
- **Assinatura digital:** o emissor "assina" uma mensagem com sua chave privada. A assinatura é feita por um algoritmo criptográfico aplicado à mensagem ou a um pequeno bloco de dados que é uma função da mensagem.
- **Troca de chave:** dois lados cooperam para trocar uma chave de sessão. Várias técnicas diferentes são possíveis, envolvendo a(s) chave(s) privada(s) de uma ou de ambas as partes.

Alguns algoritmos são adequados para todas as três aplicações, enquanto outros só podem ser usados para uma ou duas delas. O Quadro 9.3 indica as aplicações admitidas pelos algoritmos discutidos neste livro.

Quadro 9.3 Aplicações para criptossistemas de chave pública.

ALGORITMO	ENCRIPTAÇÃO/DECRIPTAÇÃO	ASSINATURA DIGITAL	TROCA DE CHAVE
RSA	Sim	Sim	Sim
Curva elíptica	Sim	Sim	Sim
Diffie-Hellman	Não	Não	Sim
DSS	Não	Sim	Não

Requisitos para criptografia de chave pública

O criptossistema ilustrado nas figuras de 9.2 a 9.4 depende de um algoritmo criptográfico baseado em duas chaves relacionadas. Diffie e Hellman postularam esse sistema sem demonstrar que esses algoritmos existem. Porém, eles estabeleceram as condições a que esses algoritmos precisam atender [DIFF76b]:

1. É computacionalmente fácil para uma parte B gerar um par (chave pública PU_b, chave privada PR_b).
2. É computacionalmente fácil que um emissor A, conhecendo a chave pública e a mensagem a ser encriptada, M, gere o texto cifrado correspondente:

$$C = E(PU_b, M)$$

3. É computacionalmente fácil que o receptor B decripte o texto cifrado resultante usando a chave privada para recuperar a mensagem original:

$$M = D(PR_b, C) = D[PR_b, E(PU_b, M)]$$

4. É computacionalmente inviável que um invasor, conhecendo a chave pública, PU_b, determine a chave privada, PR_b.
5. É computacionalmente inviável que um invasor, conhecendo a chave pública, PU_b, e um texto cifrado, C, recupere a mensagem original, M.

Podemos incluir um sexto requisito que, embora útil, não é necessário para todas as aplicações de chave pública:

6. As duas chaves podem ser aplicadas em qualquer ordem:

$$M = D[PU_b, E(PR_b, M)] = D[PR_b, E(PU_b, M)]$$

Esses são requisitos formidáveis, conforme evidenciado pelo fato de que somente alguns algoritmos (RSA, criptografia de chave elíptica, Diffie-Hellman, DSS) receberam ampla aceitação nas várias décadas desde que o conceito de criptografia de chave pública foi proposto.

Antes de ponderarmos sobre por que os requisitos são tão formidáveis, vamos primeiro reformulá-los. Os requisitos se resumem à necessidade de uma função de mão única com alçapão. Uma **função de mão única**[3] é aquela que mapeia um domínio em um intervalo, de modo que o valor de cada função tem um único inverso, com a condição de que o cálculo da função seja fácil, enquanto o cálculo do inverso seja inviável.

$$Y = f(X) \quad \text{fácil}$$
$$X = f^{-1}(Y) \quad \text{inviável}$$

Geralmente, *fácil* significa um problema que pode ser resolvido em tempo polinomial como função do tamanho da entrada. Assim, se o tamanho da entrada for n bits, então o tempo para calcular a função é proporcional a n^a, onde a é uma constante fixa. Diz-se que esses algoritmos pertencem à classe **P**. O termo *inviável* é um conceito muito mais vago. Em geral, podemos dizer que um problema é inviável se o esforço para solucioná-lo aumentar mais rapidamente do que o tempo polinomial em função do tamanho da entrada. Por exemplo, se o tamanho da entrada for n bits e o tempo para calcular a função for proporcional a 2^n, o problema é considerado

---

[3] Não confunda com uma função de *hash* de mão única, que apanha um campo de dados arbitrariamente grande como seu argumento e o mapeia em uma saída fixa. Essas funções são usadas para autenticação (ver Capítulo 11).

inviável. Infelizmente, é difícil determinar se um algoritmo em particular exibe essa complexidade. Além do mais, noções tradicionais de complexidade computacional focam na do pior caso e do caso médio de um algoritmo. Essas medidas são inadequadas para a criptografia, que exige que seja inviável reverter uma função para praticamente todas as entradas, e não para o pior caso ou o caso médio. Uma breve introdução a alguns desses conceitos é fornecida no Apêndice 9A, na Sala Virtual deste livro.

Agora, passamos para a definição de uma **função de mão única com alçapão**, que é fácil de se calcular em uma direção e inviável na outra, a menos que certa informação adicional seja conhecida. Com a informação adicional, o inverso pode ser calculado em tempo polinomial. Tem como resumir da seguinte forma: uma função de mão única com alçapão é uma família de funções reversíveis f_k, tal que

$$Y = f_k(X) \quad \text{fácil, se } k \text{ e } X \text{ forem conhecidos}$$
$$X = f_k^{-1}(Y) \quad \text{fácil, se } k \text{ e } Y \text{ forem conhecidos}$$
$$X = f_k^{-1}(Y) \quad \text{inviável, se } Y \text{ for conhecido, mas } k \text{ não}$$

Assim, o desenvolvimento de um esquema de chave pública prático depende da descoberta de uma função de mão única com alçapão adequada.

Criptoanálise de chave pública

Assim como a encriptação simétrica, um esquema de encriptação de chave pública é vulnerável a um ataque de força bruta. A contramedida é a mesma: use chaves grandes. Contudo, existe um dilema a ser considerado. Os sistemas de chave pública dependem do uso de algum tipo de função matemática reversível. A complexidade do cálculo dessas funções pode não crescer linearmente com o número de bits na chave, mas sim mais rapidamente do que isso. Assim, o tamanho da chave precisa ser grande o suficiente para tornar o ataque de força bruta impraticável, mas pequeno para que a encriptação e a decriptação sejam viáveis. Na prática, os tamanhos de chave que foram propostos tornam o ataque por força bruta impraticável, mas resultam em velocidades de encriptação/decriptação muito lentas para o uso geral. Em vez disso, conforme já dissemos, a encriptação de chave pública atualmente é confinada a aplicações de gerenciamento de chave e assinatura.

Outra forma de ataque é encontrar alguma maneira de calcular a chave privada, dada a chave pública. Até o momento, não foi provado matematicamente que essa forma de ataque é inviável para determinado algoritmo de chave pública. Assim, qualquer algoritmo, incluindo o RSA bastante utilizado, é suspeito. A história da criptoanálise mostra que um problema que parece insolúvel de um ponto de vista pode ter uma solução se for visto de uma maneira inteiramente diferente.

Finalmente, existe uma forma de ataque que é peculiar aos sistemas de chave pública. Esse, basicamente, é um ataque de mensagem provável. Suponha, por exemplo, que uma mensagem tivesse que ser enviada contendo exclusivamente uma chave DES de 56 bits. Um invasor conseguiria encriptar todas as chaves DES possíveis de 56 bits usando a chave pública e descobrir a chave encriptada testando com o texto cifrado transmitido. Assim, não importa o tamanho de chave do esquema de chave pública, o ataque é reduzido a um por força bruta em uma chave de 56 bits. Esse ataque pode ser impedido acrescentando-se alguns bits aleatórios a essas mensagens simples.

9.2 ALGORITMO RSA

O artigo pioneiro de Diffie e Hellman [DIFF76b] introduziu uma nova técnica para criptografia e, com efeito, desafiou os criptologistas a encontrarem um algoritmo criptográfico que atendesse os requisitos para os sistemas de chave pública. Diversos algoritmos foram propostos. Alguns deles, embora inicialmente promissores, provaram ser falhos.[4]

Uma das primeiras respostas ao desafio foi desenvolvida em 1977 por Ron Rivest, Adi Shamir e Len Adleman, no MIT, e publicada em 1978 [RIVE78].[5] O esquema Rivest-Shamir-Adleman (RSA), desde essa época, tem reinado soberano como a técnica de uso geral mais aceita e implementada para a encriptação de chave pública.

---

[4] O mais famoso dos desafiadores que falharam é o alçapão da mochila, proposto por Ralph Merkle. Isso pode ser visto no Apêndice J, na Sala Virtual (<sv.pearson.com.br>, em inglês).

[5] Aparentemente, o primeiro sistema de chave pública funcional para encriptação/decriptação foi levado adiante por Clifford Cocks, da CESG britânica em 1973 [COCK73]; o método de Cocks é praticamente idêntico ao RSA.

O esquema **RSA** é uma cifra de bloco em que o texto claro e o cifrado são inteiros entre 0 e $n - 1$, para algum n. Um tamanho típico para n é 1024 bits, ou 309 dígitos decimais. Ou seja, n é menor que 2^{1024}. Examinaremos o RSA nesta seção em alguns detalhes, começando com uma explicação do algoritmo. Depois, veremos algumas das implicações computacionais e criptoanalíticas do RSA.

Descrição do algoritmo

RSA utiliza uma expressão com exponenciais. O texto claro é encriptado em blocos, com cada um tendo um valor binário menor que algum número n. Ou seja, o tamanho do bloco precisa ser menor ou igual a $\log_2(n) + 1$; na prática, o tamanho do bloco é de i bits, onde $2^i < n \leq 2^{i+1}$. A encriptação e a decriptação têm a seguinte forma, para algum bloco de texto claro M e bloco de texto cifrado C:

$$C = M^e \bmod n$$
$$M = C^d \bmod n = (M^e)^d \bmod n = M^{ed} \bmod n$$

Tanto o emissor quanto o receptor precisam conhecer o valor de n. O emissor conhece o valor de e, e somente o receptor sabe do valor de d. Assim, esse é um algoritmo de encriptação de chave pública com uma chave pública $PU = \{e, n\}$ e uma chave privada $PR = \{d, n\}$. Para que esse algoritmo seja satisfatório à encriptação de chave pública, os seguintes requisitos precisam ser atendidos:

1. É possível encontrar valores de e, d e n, tais que $M^{ed} \bmod n = M$ para todo $M < n$.
2. É relativamente fácil calcular $M^e \bmod n$ e $C^d \bmod n$ para todos os valores de $M < n$.
3. Conhecendo e e n, é inviável determinar d.

Por enquanto, focalizaremos o primeiro requisito e consideraremos as outras questões mais adiante. Precisamos encontrar um relacionamento na forma

$$M^{ed} \bmod n = M$$

O relacionamento mostrado se mantém se e e d forem inversos multiplicativos módulo $\phi(n)$, onde $\phi(n)$ é a função totiente de Euler. O Capítulo 8 mostrou que, para p, q primos, $\phi(pq) = (p-1)(q-1)$. O relacionamento entre e e d pode ser expresso como

$$ed \bmod \phi(n) = 1 \tag{9.1}$$

Isso é equivalente a dizer

$$ed \equiv 1 \bmod \phi(n)$$
$$d \equiv e^{-1} \bmod \phi(n)$$

Ou seja, e e d são inversos multiplicativos mod $\phi(n)$. Observe que, de acordo com as regras da aritmética modular, isso é verdadeiro somente se d (e, portanto, e) for relativamente primo de $\phi(n)$. De modo equivalente, mdc($\phi(n), d$) = 1. Veja no Apêndice R, na Sala Virtual, uma prova de que a Equação 9.1 satisfaz o requisito para o RSA.

Agora, estamos prontos para formular o esquema RSA. Os ingredientes são os seguintes:

p, q, dois números primos (privados, escolhidos)
$n = pq$ (público, calculado)
e, com mdc($\phi(n), e$) = 1; $1 < e < \phi(n)$ (público, escolhido)
$d \equiv e^{-1}(\bmod \phi(n))$ (privado, calculado)

A chave privada consiste em $\{d, n\}$, e a chave pública, em $\{e, n\}$. Suponha que o usuário A tenha publicado sua chave pública e que o usuário B queira enviar a mensagem M para A. Então, B calcula $C = M^e \bmod n$ e transmite C. Ao receber esse texto cifrado, o usuário A decripta calculando $M = C^d \bmod n$.

A Figura 9.5 resume o algoritmo RSA. Ela corresponde à Figura 9.1a: Alice gera um par de chaves pública/privada; Bob encripta usando a chave pública de Alice; e Alice decripta usando sua chave privada. Um exemplo, de [SING99], aparece na Figura 9.6. Para ele, as chaves foram geradas da seguinte forma:

1. Selecione dois números primos, $p = 17$ e $q = 11$.
2. Calcule $n = pq = 17 \times 11 = 187$.
3. Calcule $\phi(n) = (p-1)(q-1) = 16 \times 10 = 160$.

Figura 9.5 O algoritmo RSA.

Geração de chave por Alice	
Selecione p, q	p e q são primos, $p \neq q$
Calcule $n = p \times q$	
Calcule $\phi(n) = (p-1)(q-1)$	
Selecione o inteiro e	$\mathrm{mdc}(\phi(n), e) = 1; 1 < e < \phi(n)$
Calcule d	$d \equiv e^{-1} \pmod{\phi(n)}$
Chave pública	$PU = \{e, n\}$
Chave privada	$PR = \{d, n\}$

Encriptação por Bob com chave pública de Alice	
Texto claro:	$M < n$
Texto cifrado:	$C = M^e \bmod n$

Decriptação por Alice com a chave privada de Alice	
Texto cifrado:	C
Texto claro:	$M = C^d \bmod n$

Figura 9.6 Exemplo de algoritmo RSA.

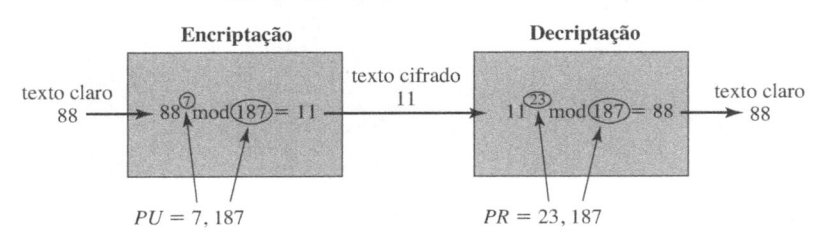

Encriptação: texto claro 88 → $88^7 \bmod 187 = 11$ → texto cifrado 11
$PU = 7, 187$

Decriptação: $11^{23} \bmod 187 = 88$ → texto claro 88
$PR = 23, 187$

4. Selecione e, tal que e seja relativamente primo de $\phi(n) = 160$ e menor que $\phi(n)$; escolhemos $e = 7$.

5. Determine d, tal que $de \equiv 1 \pmod{160}$ e $d < 160$. O valor correto é $d = 23$, pois $23 \times 7 = 161 = (1 \times 160) + 1$; d pode ser calculado usando o algoritmo de Euclides estendido (Capítulo 4).

As chaves resultantes são a pública $PU = \{7, 187\}$ e a privada $PR = \{23, 187\}$. O exemplo mostra o uso dessas chaves para uma entrada de texto claro $M = 88$. Para a encriptação, temos que calcular $C = 88^7 \bmod 187$. Explorando as propriedades da aritmética modular, podemos fazer isso da seguinte forma:

$88^7 \bmod 187 = [(88^4 \bmod 187) \times (88^2 \bmod 187) \times (88^1 \bmod 187)] \bmod 187$
$88^1 \bmod 187 = 88$
$88^2 \bmod 187 = 7744 \bmod 187 = 77$
$88^4 \bmod 187 = 59.969.536 \bmod 187 = 132$
$88^7 \bmod 187 = (88 \times 77 \times 132) \bmod 187 = 894.432 \bmod 187 = 11$

Para a decriptação, calculamos $M = 11^{23} \bmod 187$:

$11^{23} \bmod 187 = [(11^1 \bmod 187) \times (11^2 \bmod 187) \times (11^4 \bmod 187) \times$
$\times (11^8 \bmod 187) \times (11^8 \bmod 187)] \bmod 187$
$11^1 \bmod 187 = 11$
$11^2 \bmod 187 = 121$
$11^4 \bmod 187 = 14.641 \bmod 187 = 55$
$11^8 \bmod 187 = 214.358.881 \bmod 187 = 33$
$11^{23} \bmod 187 = (11 \times 121 \times 55 \times 33 \times 33) \bmod 187$
$= 79.720.245 \bmod 187 = 88$

Agora, vejamos um exemplo de [HELL79], que mostra o uso do RSA para processar vários blocos de dados. Neste exemplo simples, o texto claro é uma sequência alfanumérica. Cada símbolo do texto claro recebe um código exclusivo de dois dígitos decimais (por exemplo, a = 00, A = 26).[6] Um bloco de texto claro consiste em quatro dígitos decimais, ou dois caracteres alfanuméricos. A Figura 9.7a ilustra a sequência de eventos para a encriptação de vários blocos, e a Figura 9.7b é um exemplo específico. Os números circulados indicam a ordem em que as operações são realizadas.

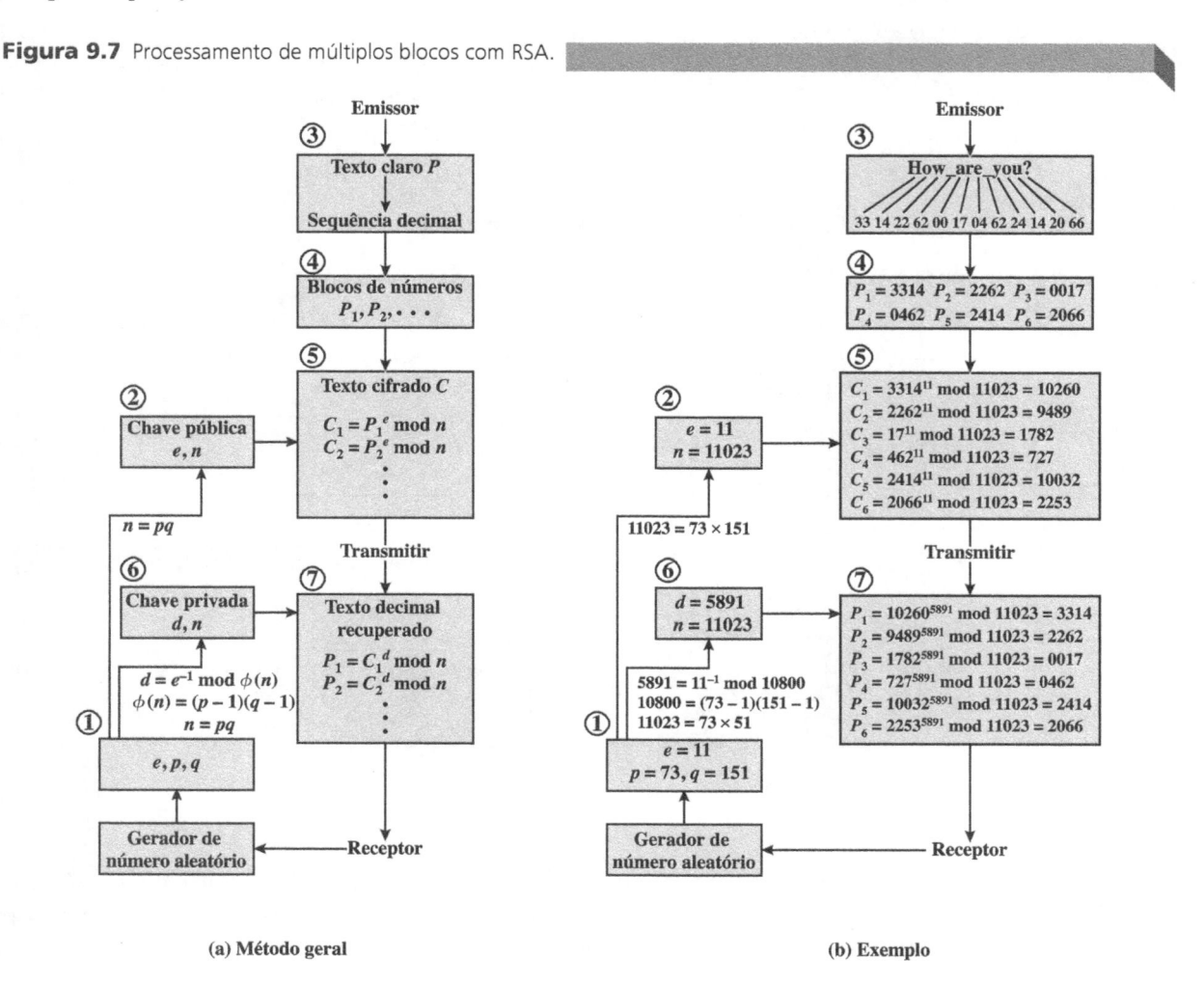

Figura 9.7 Processamento de múltiplos blocos com RSA.

(a) Método geral (b) Exemplo

Aspectos computacionais

Agora, passaremos à questão da complexidade computacional exigida para usar o RSA. Existem, na realidade, dois pontos a considerar: encriptação/decriptação e geração de chave. Vamos examinar primeiro o processo de encriptação e decriptação, para depois considerarmos a geração de chave.

EXPONENCIAÇÃO NA ARITMÉTICA MODULAR Tanto encriptação quanto decriptação no RSA envolvem elevar um inteiro a uma potência inteira, mod n. Se a exponenciação fosse feita sobre os inteiros e depois reduzida módulo n, os valores intermediários seriam gigantescos. Felizmente, como mostra o exemplo anterior, podemos utilizar uma propriedade da aritmética modular:

$$[(a \bmod n) \times (b \bmod n)] \bmod n = (a \times b) \bmod n$$

Assim, é possível reduzir resultados intermediários módulo n. Isso torna o cálculo praticável.

---

[6] O mapeamento completo de caracteres alfanuméricos para dígitos decimais está na Sala Virtual deste livro, no documento RSAexample.pdf.

Outra consideração é a eficiência da exponenciação, pois com RSA estamos lidando com expoentes potencialmente grandes. Para ver como a eficiência poderia ser aumentada, considere que queremos calcular x^{16}. Uma técnica direta requer 15 multiplicações:

$$x^{16} = x \times x \times x \times x \times x \times x \times x \times x \times x \times x \times x \times x \times x \times x \times x \times x$$

Contudo, podemos conseguir o mesmo resultado final com apenas quatro multiplicações se apanharmos de forma repetida o quadrado de cada resultado parcial, formando sucessivamente (x^2, x^4, x^8, x^{16}). Como outro exemplo, suponha que queiramos calcular x^{11} mod n para alguns inteiros x e n. Observe que $x^{11} = x^{1+2+8} = (x)(x^2)(x^8)$. Nesse caso, calculamos x mod n, x^2 mod n, x^4 mod n e x^8 mod n, e depois calculamos $[(x \bmod n) \times (x^2 \bmod n) \times (x^8 \bmod n)]$ mod n.

Generalizando, suponha que queiramos encontrar o valor a^b, com a e b inteiros positivos. Se expressarmos b como um número binário $b_k b_{k-1} \dots b_0$, então temos

$$b = \sum_{b_i \neq 0} 2^i$$

Portanto,

$$a^b = a^{\left(\sum_{b_i \neq 0} 2^i\right)} = \prod_{b_i \neq 0} a^{(2^i)}$$

$$a^b \bmod n = \left[\prod_{b_i \neq 0} a^{(2^i)}\right] \bmod n = \left(\prod_{b_i \neq 0} \left[a^{(2^i)} \bmod n\right]\right) \bmod n$$

Assim, podemos desenvolver o algoritmo[7] para calcular a^b mod n mostrado na Figura 9.8. A Tabela 9.1 indica um exemplo da execução desse algoritmo. Observe que a variável c não é necessária; ela é incluída para fins explicativos. O valor final de c é o do expoente.

Figura 9.8 Algoritmo para calcular a^b mod n.

```
c ← 0; f ← 1
for i ← k downto 0
    do c ← 2 × c
       f ← (f × f) mod n
       if b_i = 1
          then c ← c + 1
               f ← (f × a) mod n
return f
```

Nota: o inteiro b é expresso como um número binário $b_k b_{k-1} \dots b_0$.

Tabela 9.1 Resultado do algoritmo da exponenciação modular rápida para a^b mod n, onde $a = 7$, $b = 560 = 1000110000$ e $n = 561$.

i	9	8	7	6	5	4	3	2	1	0
b_i	1	0	0	0	1	1	0	0	0	0
c	1	2	4	8	17	35	70	140	280	560
f	7	49	157	526	160	241	298	166	67	1

---

[7] O algoritmo tem uma longa história; esta expressão de pseudocódigo em particular é de [CORM09].

OPERAÇÃO EFICIENTE USANDO A CHAVE PÚBLICA Para agilizar a operação do algoritmo RSA usando a chave pública, normalmente é feita uma escolha específica de e. A mais comum é 65537 ($2^{16} + 1$); duas outras escolhas populares são 3 e 17. Cada uma delas tem apenas dois bits 1, e, por isso, o número de multiplicações exigidas para realizar a exponenciação é minimizado.

Porém, com uma chave pública muito pequena, como $e = 3$, o RSA torna-se vulnerável a um ataque simples. Suponha que tenhamos três usuários RSA diferentes, que usem todos o valor $e = 3$, mas com valores exclusivos de n, a saber, (n_1, n_2, n_3). Se o usuário A enviar a mesma mensagem encriptada M a todos os três usuários, então os três textos cifrados são $C_1 = M^3 \bmod n_1$; $C_2 = M^3 \bmod n_2$; e $C_3 = M^3 \bmod n_3$. É provável que n_1, n_2 e n_3 sejam relativamente primos par a par. Portanto, pode-se usar o teorema chinês do resto (CRT) para calcular $M^3 \bmod (n_1 n_2 n_3)$. Pelas regras do algoritmo RSA, M é menor que cada um dos n_i; assim, $M^3 < n_1 n_2 n_3$. Por conseguinte, o atacante só precisa calcular a raiz cúbica de M^3. Esse ataque pode ser impedido somando-se uma sequência de bits pseudoaleatórios exclusivos como preenchimento a cada instância de M a ser encriptada. Essa técnica é discutida mais adiante.

O leitor pode ter notado que a definição do algoritmo RSA (Figura 9.5) requer que, durante a geração da chave, o usuário selecione um valor de e relativamente primo de $\phi(n)$. Assim, se um valor de e for selecionado primeiro, e depois gerados os primos p e q, pode acontecer que $\mathrm{mdc}(\phi(n), e) \neq 1$. Assim, o usuário terá que rejeitar os valores de p, q e gerar um novo par p, q.

OPERAÇÃO EFICIENTE USANDO A CHAVE PRIVADA Não podemos, semelhantemente, escolher um valor constante de d para a operação eficiente. Um valor pequeno de d é vulnerável a um ataque por força bruta e a outras formas de criptoanálise [WIEN90] Porém, existe uma forma de agilizar a computação usando o CRT. Queremos calcular o valor $M = C^d \bmod n$. Vamos definir os seguintes resultados intermediários:

$$V_p = C^d \bmod p \qquad V_q = C^d \bmod q$$

Seguindo o CRT, Equação 8.8, defina as quantidades

$$X_p = q \times (q^{-1} \bmod p) \qquad X_q = p \times (p^{-1} \bmod q)$$

O CRT então mostra, usando a Equação 8.9, que

$$M = (V_p X_p + V_q X_q) \bmod n$$

Além disso, podemos simplificar o cálculo de V_p e V_q usando o teorema de Fermat, que declara que $a^{p-1} \equiv 1 (\bmod p)$ se p e a forem relativamente primos. Alguma reflexão deverá convencê-lo de que o seguinte é válido:

$$V_p = C^d \bmod p = C^{d \bmod (p-1)} \bmod p \qquad V_q = C^d \bmod q = C^{d \bmod (q-1)} \bmod q$$

As quantidades $d \bmod (p - 1)$ e $d \bmod (q - 1)$ podem ser pré-calculadas. O resultado final é que o cálculo é aproximadamente quatro vezes mais rápido que a avaliação direta de $M = C^d \bmod n$ [BONE02].

GERAÇÃO DE CHAVE Antes da aplicação do criptossistema de chave pública, cada participante precisa gerar um par de chaves. Isso envolve as seguintes tarefas:

- Determinar dois números primos, p e q.
- Selecionar e ou d e calcular o outro.

Primeiro, considere a seleção de p e q. Como o valor de $n = pq$ será conhecido a qualquer invasor em potencial, para impedir a descoberta de p e q por métodos exaustivos, esses primos precisam ser escolhidos a partir de um conjunto suficientemente grande (ou seja, p e q necessitam ser números grandes). Por outro lado, o método usado para encontrar números primos grandes tem que ser razoavelmente eficiente.

No momento, não existem técnicas úteis que geram números primos de qualquer tamanho, de modo que é preciso que haja algum outro meio de resolver o problema. O procedimento geralmente usado é escolher um número ímpar aleatório da ordem de grandeza desejada e testar se ele é primo. Se não, escolha números aleatórios sucessivos até que seja encontrado um primo.

Diversos testes de números primos têm sido desenvolvidos (por exemplo, veja uma descrição em [KNUT98]). Quase invariavelmente, os testes são probabilísticos. Ou seja, o teste simplesmente determinará se certo inteiro *provavelmente* é primo. Apesar dessa falta de certeza, esses testes podem ser executados de modo a tornar a probabilidade tão próxima de 1,0 quanto se desejar. Como um exemplo, um dos algoritmos mais eficientes e populares, o Miller-Rabin, é descrito no Capítulo 8. Com esse algoritmo e com a maioria deles, o procedimento para testar se determinado inteiro n é primo é realizar algum cálculo que envolva n e um inteiro escolhido aleatoriamente, a. Se n "falhar" no teste, então não é primo. Se "passar" no teste, então n pode ser primo ou não. Se passar em muitos desses testes com muitos valores escolhidos aleatoriamente para a, então podemos ter uma alta segurança de que n, realmente, é primo.

Resumindo, o procedimento para escolher um número primo é o seguinte:

1. Escolha um inteiro ímpar n aleatoriamente (por exemplo, usando um gerador de número pseudoaleatório).
2. Escolha um inteiro $a < n$ aleatoriamente.
3. Realize o teste probabilístico de números primos, como Miller-Rabin, usando a como parâmetro. Se n falhar no teste, rejeite o valor dele e vá para a etapa 1.
4. Se n tiver passado por um número de testes suficiente, aceite-o; caso contrário, vá para a etapa 2.

Esse é um procedimento um tanto tedioso. Porém lembre-se de que esse processo é realizado com relativamente pouca frequência: somente quando um novo par (PU, PR) é necessário.

Vale a pena observar quantos números provavelmente serão rejeitados antes que um primo seja encontrado. Um resultado da teoria dos números, conhecido como teorema do número primo, afirma que os primos próximos de N são espaçados, em média, a cada $\ln(N)$ inteiros. Assim, na média, teria que se testar algo na ordem de $\ln(N)$ inteiros antes que um primo fosse encontrado. Na realidade, como todos os inteiros pares podem ser imediatamente rejeitados, o valor correto é $\ln(N)/2$. Por exemplo, se um primo com a ordem de grandeza de 2^{200} fosse procurado, então cerca de $\ln(2^{200})/2 = 70$ tentativas seriam necessárias para encontrá-lo.

Tendo determinado os números primos p e q, o processo de geração de chave é completado selecionando-se um valor de e e calculando-se d ou, como alternativa, selecionando-se um valor de d e calculando-se e. Considerando o primeiro caso, então precisamos selecionar um e, tal que $\text{mdc}(\phi(n), e) = 1$, e depois calcular $d \equiv e^{-1}(\text{mod } \phi(n))$. Felizmente, existe um algoritmo simples que, ao mesmo tempo, calculará o máximo divisor comum de dois inteiros e, se o mdc for 1, determinará o inverso de um dos inteiros módulo o outro. O algoritmo, conhecido como algoritmo de Euclides estendido, é explicado no Capítulo 4. Assim, o procedimento é gerar uma série de números aleatórios, testando cada um contra $\phi(n)$, até que seja achado um número relativamente primo de $\phi(n)$. De novo, podemos fazer a pergunta: quantos números aleatórios precisamos testar para encontrar um utilizável, ou seja, um número relativamente primo de $\phi(n)$? Pode ser mostrado com facilidade que a probabilidade de que dois números aleatórios sejam relativamente primos é cerca de 0,6; assim, muito poucos testes seriam necessários para encontrar um inteiro adequado (ver Problema 8.2).

Segurança do RSA

Cinco técnicas possíveis para atacar o algoritmo RSA são as seguintes:

- **Força bruta:** isso envolve tentar todas as chaves privadas possíveis.
- **Ataques matemáticos:** existem várias técnicas, todas equivalentes em esforço a fatorar o produto de dois primos.
- **Ataques de temporização:** estes dependem do tempo de execução do algoritmo de decriptação.
- **Ataques baseados em falha de hardware:** estes envolvem a indução de falhas de hardware no processador que está gerando as assinaturas digitais.
- **Ataques de texto cifrado escolhido:** esse tipo de ataque explora as propriedades do algoritmo RSA.

A defesa contra a técnica de força bruta é a mesma para o RSA e para outros criptossistemas, ou seja, usar um espaço de chave grande. Assim, quanto maior o número de bits em d, melhor. Porém, por conta da complexidade dos cálculos envolvidos, tanto na geração da chave como na encriptação/decriptação, quanto maior o tamanho da chave, mais lento o sistema será.

Nesta subseção, ofereceremos uma visão geral dos ataques matemáticos e de temporização.

O PROBLEMA DA FATORAÇÃO Podemos identificar três técnicas para atacar o RSA matematicamente:

1. Fatorar n em seus dois fatores primos. Isso permite o cálculo de $\phi(n) = (p - 1) \times (q - 1)$, que, por sua vez, admite determinar $d \equiv e^{-1} \pmod{\phi(n)}$.
2. Definir $\phi(n)$ diretamente, sem estabelecer p e q primeiro. De novo, isso permite a determinação de $d \equiv e^{-1} \pmod{\phi(n)}$.
3. Determinar d diretamente, sem delimitar $\phi(n)$ primeiro.

A maioria das discussões da criptoanálise do RSA tem focalizado a tarefa de fatorar n em seus dois fatores primos. Determinar $\phi(n)$, dado n, é equivalente a fatorar n [RIBE96]. Com os algoritmos atualmente conhecidos, definir d, dados e e n, parece ser pelo menos tão demorado quanto o problema de fatoração [KALI95]. Logo, podemos usar o desempenho da fatoração como um *benchmark* contra o qual avaliaremos a segurança do RSA.

Para um n grande, com fatores primos grandes, fatorar é um problema difícil, mas não tanto difícil quanto antes. Um exemplo marcante disso é o descrito a seguir. Em 1977, os três inventores do RSA desafiaram os leitores da *Scientific American* a decodificarem uma cifra que eles divulgaram na coluna "Mathematical Games" (jogos matemáticos), de Martin Gardner [GARD77]. Eles ofereceram uma recompensa de US$ 100 para o retorno de uma sentença em texto claro, um evento que eles previam que não poderia acontecer por cerca de 40 quadrilhões de anos. Em abril de 1994, um grupo trabalhando pela Internet reivindicou o prêmio depois de oito meses de esforço [LEUT94]. Esse desafio usava uma chave pública com tamanho (de n) de 129 dígitos decimais, ou cerca de 428 bits. Nesse meio-tempo, assim como haviam feito para o DES, a RSA Laboratories lançou desafios para a cifra RSA com tamanhos de chave de 100, 110, 120 dígitos, e assim por diante. O desafio mais recente a ser atendido é o RSA-768, com um tamanho de chave de 232 dígitos decimais, ou cerca de 768 bits. A Tabela 9.2 mostra os resultados até agora. O nível de esforço é medido em MIPS-anos: um processador de um milhão de instruções por segundo rodando por um ano, que corresponde a cerca de 3×10^{13} instruções executadas. Um Pentium de 1 GHz é uma máquina com cerca de 250 MIPS.

Um fato marcante sobre o progresso refletido na Tabela 9.5 refere-se ao método utilizado. Até meados da década de 1990, os ataques de fatoração eram feitos usando-se uma técnica conhecida como crivo quadrático. O ataque no RSA-130 empregou um algoritmo mais novo, o crivo do corpo numérico generalizado (GNFS, do acrônimo em inglês para *generalized number field sieve*), e foi capaz de fatorar um número maior do que o RSA-129 com apenas 20% do esforço de computação.

Tabela 9.2 Progresso na fatoração RSA.

NÚMERO DE DÍGITOS DECIMAIS	NÚMERO DE BITS	DATA EM QUE FOI ALCANÇADO
100	332	abril de 1991
110	365	abril de 1992
120	398	junho de 1993
129	428	abril de 1994
130	431	abril de 1996
140	465	fevereiro de 1999
155	512	agosto de 1999
160	530	abril de 2003
174	576	dezembro de 2003
200	663	maio de 2005
193	640	novembro de 2005
232	768	dezembro de 2009

A ameaça a tamanhos de chave maiores é dupla: os contínuos aumentos no poder de computação e refinamento dos algoritmos de fatoração. Temos visto que a passagem para um algoritmo diferente resultou em um tremendo ganho de velocidade. Podemos esperar outras melhorias no GNFS, e o uso de um algoritmo ainda melhor também é uma possibilidade. De fato, um algoritmo relacionado, o crivo do corpo numérico especial (SNFS, do acrônimo em inglês para *special number field sieve*), pode fatorar números com uma forma especializada, consideravelmente mais rápida do que o crivo do corpo numérico generalizado. A Figura 9.9 compara o desempenho dos dois algoritmos. É razoável esperar um progresso que permita um desempenho de fatoração geral aproximadamente com o mesmo tempo do SNFS, ou ainda melhor [ODLY95]. Assim, precisamos ter cuidado na escolha de um tamanho de chave para o RSA. A equipe que produziu a fatoração com 768 bits fez a seguinte observação [KLEI10]:

> Fatorar um módulo RSA de 1024 bits seria cerca de mil vezes mais difícil do que fatorar um módulo de 768 bits, e um módulo RSA de 768 bits é várias milhares de vezes mais difícil de fatorar do que um de 512 bits. Como a primeira fatoração de um módulo RSA de 512 bits foi relatada apenas há uma década, é razoável esperar que módulos RSA de 1024 bits possam ser fatorados antes da próxima década por um esforço acadêmico como o nosso. Assim, seria prudente evitar o uso do RSA de 1024 bits dentro dos próximos três a quatro anos.

Além de especificar o tamanho de n, várias outras restrições foram sugeridas pelos pesquisadores. Para evitar valores de n que possam ser fatorados mais facilmente, os inventores do algoritmo sugerem as seguintes restrições sobre p e q:

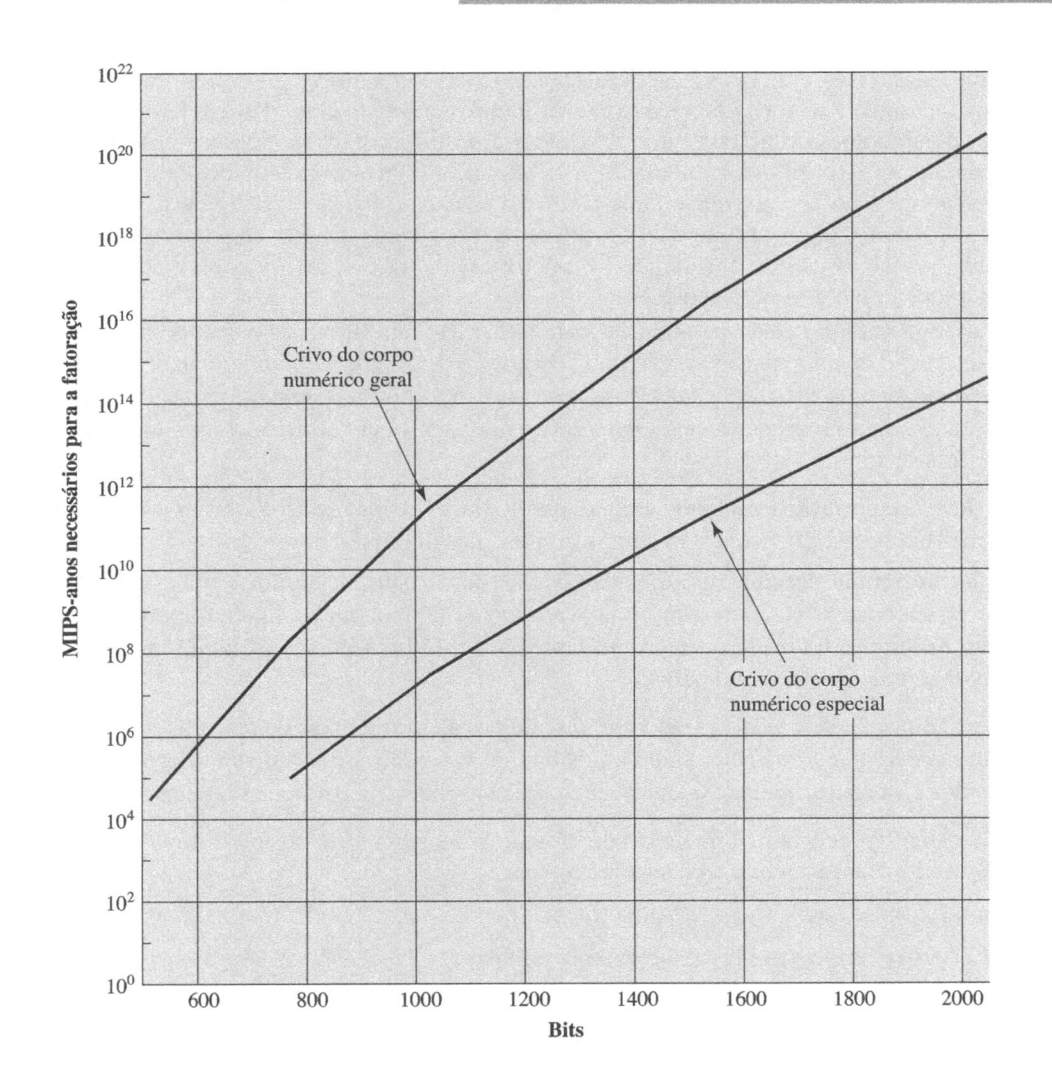

Figura 9.9 MIPS-anos necessários para a fatoração.

1. p e q deverão diferir em tamanho por apenas alguns dígitos. Assim, para uma chave de 1024 bits (309 dígitos decimais), tanto p quanto q deverão estar na ordem de grandeza de 10^{75} a 10^{100}.
2. Tanto $(p-1)$ quanto $(q-1)$ deverão conter um fator primo grande.
3. mdc$(p-1, q-1)$ deverão ser pequenos.

Além disso, tem sido demonstrado que, se $e < n$ e $d < n^{1/4}$, então d pode ser determinado com facilidade [WIEN90].

ATAQUES DE TEMPORIZAÇÃO Como se alguém precisasse de outra lição sobre o quão difícil é avaliar a segurança de um algoritmo criptográfico, o surgimento dos ataques de temporização oferece uma lição atordoante. Paul Kocher, um consultor criptográfico, demonstrou que um observador pode determinar uma chave privada acompanhando o tempo que um computador leva para decifrar as mensagens [KOCH96, KALI96b]. Os ataques de temporização se aplicam não apenas ao RSA, mas a outros sistemas de criptografia de chave pública. Esse ataque é alarmante por dois motivos: ele vem de uma direção completamente inesperada, e é baseado apenas no texto cifrado.

Um **ataque de temporização** é semelhante a um assaltante adivinhando a combinação de um cofre por observar quanto tempo é gasto para alguém girar o mostrador de um número para outro. Podemos explicar o ataque usando o algoritmo de exponenciação modular da Figura 9.8, mas esse ataque pode ser adaptado para que funcione com qualquer implementação não executada em um tempo fixo. Nesse algoritmo, a exponenciação modular é realizada bit a bit, com uma multiplicação modular a cada iteração e uma multiplicação modular adicional para cada bit 1.

Conforme Kocher indica em seu artigo, o ataque é mais simples de entender em um caso extremo. Suponha que o sistema de destino use uma função de multiplicação modular que é muito rápida em quase todos os casos, mas em alguns poucos leva muito mais tempo do que a exponenciação modular média inteira. O ataque prossegue bit a bit, começando com o bit mais à esquerda, b_k. Leve em conta que os primeiros j bits sejam conhecidos (comece com $j = 0$ e repita o ataque até que o expoente inteiro seja conhecido). Para determinado texto cifrado, o atacante pode completar as primeiras j iterações do laço **for**. A operação da etapa seguinte depende do bit de expoente desconhecido. Se o bit estiver marcado, $d \leftarrow (d \times a) \bmod n$ será executado. Para alguns valores de a e d, a multiplicação modular será extremamente lenta, e o atacante saberá quais são eles. Portanto, se o tempo observado para executar o algoritmo de decriptação sempre for lento quando essa iteração em particular for lenta com um bit 1, então esse bit é considerado 1. Se diversos tempos de execução observados para o algoritmo inteiro forem rápidos, então esse bit é considerado 0.

Na prática, as implementações da exponenciação modular não têm variações de tempo tão extremas, em que o intervalo de execução de uma única iteração pode exceder o de execução médio do algoritmo inteiro. Apesar disso, existe variação suficiente para tornar esse ataque prático. Para obter detalhes, consulte [KOCH96].

Embora o ataque de temporização seja uma ameaça séria, existem contramedidas simples que podem ser usadas, incluindo as seguintes:

- **Tempo de exponenciação constante:** garante que todas as exponenciações levem o mesmo tempo antes de retornar um resultado. Esse é um reparo simples, mas diminui o desempenho.
- **Atraso aleatório:** um desempenho melhor pode ser alcançado incluindo-se um atraso aleatório ao algoritmo de exponenciação, para confundir o ataque de temporização. Kocher aponta que, se os defensores não incluírem ruído suficiente, os atacantes poderão ter sucesso coletando medições adicionais a fim de compensar os retardos aleatórios.
- **Ofuscação:** multiplique o texto cifrado por um número aleatório antes de realizar a exponenciação. Esse processo impede que o atacante saiba quais bits do texto cifrado estão sendo processados dentro do computador e, portanto, impede a análise bit a bit, essencial para o ataque de temporização.

A RSA Data Security incorpora um recurso de ofuscação em alguns de seus produtos. A operação da chave privada $M = C_d \bmod n$ é implementada da seguinte forma:

1. Gere um número aleatório secreto r entre 0 e $n-1$.
2. Calcule $C' = C(r^e) \bmod n$, onde e é o expoente público.
3. Calcule $M' = (C')^d \bmod n$, com a implementação RSA normal.

4. Calcule $M = M'r^{-1}$ mod n. Nessa equação, r^{-1} é o inverso multiplicativo de r mod n; veja, no Capítulo 4, uma discussão sobre esse conceito. Pode-se demonstrar que esse é o resultado correto observando-se que r^{ed} mod $n = r$ mod n.

A RSA Data Security relata uma penalidade de desempenho de 2% a 10% para a ofuscação.

ATAQUE BASEADO EM FALHA Outro método não ortodoxo para atacar o RSA é relatado em [PELL10]. Trata-se de um ataque sobre um processador que está gerando assinaturas digitais RSA. O ataque induz a falhas no cálculo da assinatura, reduzindo a alimentação do processador. Essas falhas fazem o software produzir assinaturas inválidas, que podem, então, ser analisadas pelo invasor para recuperar a chave privada. Os autores mostram como uma análise desse tipo pode ser feita e depois a demonstram extraindo uma chave RSA privada de 1024 bits em aproximadamente 100 horas, usando um microprocessador comercialmente disponível.

O algoritmo de ataque envolve a indução de erros de único bit e a observação dos resultados. Os detalhes são fornecidos em [PELL10], que também referencia outros ataques propostos, baseados em falha do hardware, contra o RSA.

Esse ataque, embora mereça ser considerado, não parece ser uma ameaça séria ao RSA. Ele requer que o invasor tenha acesso físico à máquina-alvo e que possa controlar diretamente a alimentação do processador. O domínio da alimentação, para a maior parte do hardware, exigiria mais do que simplesmente controlar a fonte de alimentação da corrente alternada – também envolveria o hardware de controle da fonte de alimentação no chip.

ATAQUE DE TEXTO CIFRADO ESCOLHIDO E OPTIMAL ASYMMETRIC ENCRYPTION PADDING (OAEP) O algoritmo RSA básico é vulnerável a um ataque de **texto cifrado escolhido** (CCA, do acrônimo em inglês para *chosen ciphertext attack*). CCA é definido como um ataque em que o invasor escolhe diversos textos cifrados e, então, recebe os textos claros correspondentes, decriptados com a chave privada do destinatário. Assim, o invasor poderia selecionar um texto claro, encriptá-lo com a chave pública do destinatário e depois obter o texto claro de volta, decriptado com a chave privada. Claramente, isso não oferece ao invasor qualquer informação nova. Em vez disso, o invasor explora as propriedades do RSA e seleciona blocos de dados que, quando processados usando a chave privada do destinatário, geram informações necessárias para a criptoanálise.

Um exemplo simples de um CCA contra RSA tira proveito da seguinte propriedade do RSA:

$$E(PU, M_1) \times E(PU, M_2) = E(PU, [M_1 \times M_2]) \tag{9.2}$$

Podemos decriptar $C = M^e$ mod n usando um CCA da seguinte forma:

1. Calcule $X = (C \times 2^e)$ mod n.
2. Submeta X como um texto cifrado escolhido e receba de volta $Y = X^d$ mod n.

Mas agora observe o seguinte:

$$\begin{aligned} X &= (C \bmod n) \times (2^e \bmod n) \\ &= (M^e \bmod n) \times (2^e \bmod n) \\ &= (2M)^e \bmod n \end{aligned}$$

Portanto, $Y = (2M)$ mod n. A partir disso, podemos deduzir M. Para contornar esse ataque simples, criptossistemas práticos baseados no RSA completam o texto claro antes da encriptação. Isso torna o texto cifrado aleatório, de modo que a Equação 9.2 não é mais verdadeira. Porém, CCAs mais sofisticados são possíveis, e um preenchimento simples com um valor aleatório tem se mostrado insuficiente para fornecer a segurança desejada. Para evitar esses ataques, a RSA Security Inc., um vendedor líder e antigo mantenedor da patente do RSA, recomenda modificar o texto claro usando um procedimento conhecido como **optimal asymmetric encryption padding (OAEP)**. Uma discussão completa das ameaças e do OAEP está fora do nosso escopo; veja uma introdução em [POIN02] e uma análise completa em [BELL94]. Aqui, simplesmente resumimos o procedimento OAEP.

A Figura 9.10 representa a encriptação OAEP. Como um primeiro passo, a mensagem M a ser encriptada é preenchida. Um conjunto de parâmetros ideais P é passado por uma função de *hash* H.[8] A saída é, então, preenchida com zeros, para se obter o tamanho desejado no bloco de dados (DB, do acrônimo em inglês para *data block*) geral. Em seguida, uma semente aleatória é gerada e passada por outra função de *hash*, chamada

---

[8] Uma função de *hash* mapeia um bloco de dados ou mensagem de tamanho variável a um valor de tamanho fixo, chamado código de *hash*. As funções de *hash* são discutidas com detalhes no Capítulo 11.

Figura 9.10 Encriptação usando optimal asymmetric encryption padding (OAEP).

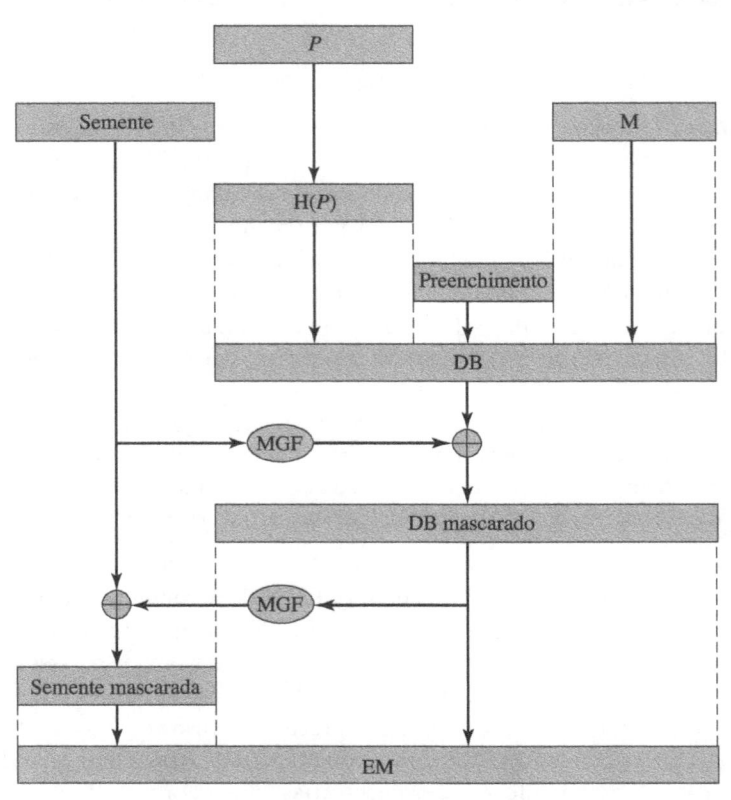

P = parâmetros de codificação
M = mensagem a ser codificada
H = função de *hash*
DB = bloco de dados
MGF = função de geração de máscara
EM = mensagem codificada

função de geração de máscara (MGF, do acrônimo em inglês para *mask generating function*). O valor de *hash* resultante passa por um XOR bit a bit com o DB para produzir um DB mascarado. Este por sua vez, é passado pela MGF para formar um *hash* que atravessa um XOR com a semente, para produzir a semente mascarada. A concatenação da semente mascarada e o DB mascarado formam a mensagem codificada (EM, do acrônimo em inglês para *encoded message*). Observe que a EM inclui a mensagem completada, mascarada pela semente, e a semente, mascarada pelo DB mascarado. A EM é, então, encriptada usando RSA.

9.3 LEITURA RECOMENDADA

Os tratamentos recomendados da encriptação, listados no Capítulo 3, abrangem encriptação de chave pública, e também simétrica.

[DIFF88] descreve com detalhes as diversas tentativas de criar criptoalgoritmos de duas chaves seguros e a evolução gradual de uma série de protocolos baseados neles. [CORM09] oferece um resumo conciso, porém completo, e um legível de todos os algoritmos relevantes à verificação, ao cálculo e à criptoanálise do RSA. [BONE99] e [SHAM03] discutem diversos ataques de criptoanálise sobre o RSA.

BONE99 BONEH, D. "Twenty Years of Attacks on the RSA Cryptosystem". *Notices of the American Mathematical Society*, fev. 1999.
CORM09 CORMEN, T. et al. *Introduction to Algorithms*. Cambridge, MA: MIT Press, 2009.
DIFF88 DIFFIE, W. "The First Ten Years of Public-Key Cryptography". *Proceedings of the IEEE*, maio 1988.
SHAM03 SHAMIR, A.; TROMER, E. "On the Cost of Factoring RSA-1024". *CryptoBytes*, Verão 2003. Disponível em: <http://www.rsasecurity.com/rsalabs>.

9.4 PRINCIPAIS TERMOS, PERGUNTAS PARA REVISÃO E PROBLEMAS

Principais termos

- assinatura digital
- ataque de temporização
- ataque de texto cifrado escolhido (CCA)
- chave privada
- chave pública
- complexidade de tempo
- criptografia de chave pública
- criptossistemas de chave pública
- encriptação de chave pública
- função de mão única
- função de mão única com alçapão
- Optimal asymmetric encryption padding (OAEP)
- RSA
- troca de chave

Perguntas para revisão

9.1 Quais são os principais elementos de um criptossistema de chave pública?
9.2 Quais são os papéis da chave pública e da privada?
9.3 Quais são as três categorias gerais de aplicações dos criptossistemas de chave pública?
9.4 Que requisitos os criptossistemas de chave pública precisam cumprir para serem um algoritmo seguro?
9.5 O que é uma função de mão única?
9.6 O que é uma função de mão única com alçapão?
9.7 Descreva, em termos gerais, um procedimento eficiente para se escolher um número primo.

Problemas

9.1 Antes da descoberta de quaisquer esquemas de chave pública específicas, como RSA, uma prova de existência foi desenvolvida, cuja finalidade era demonstrar que a encriptação de chave pública é possível em teoria. Considere as funções $f_1(x_1) = z_1$; $f_2(x_2, y_2) = z_2$; $f_3(x_3, y_3) = z_3$, onde todos os valores são inteiros com $1 \leq x_i, y_i, z_i \leq N$. A função f_1 pode ser representada por um vetor M1 de tamanho N, em que a k-ésima entrada é o valor de $f_1(k)$. De modo semelhante, f_2 e f_3 podem ser representados pelas matrizes M2 e M3 de tamanho $N \times N$. A intenção é indicar o processo de encriptação/decriptação por pesquisas de tabela para aquelas com valores muito grandes de N. Essas tabelas seriam impraticavelmente grandes, mas, a princípio, poderiam ser construídas. O esquema funciona da seguinte forma: construa M1 com uma permutação aleatória de todos os inteiros entre 1 e N; ou seja, cada inteiro aparece exatamente uma vez em M1. Construa M2, de modo que cada linha contenha uma permutação aleatória dos primeiros N inteiros. Finalmente, preencha M3 para satisfazer a seguinte condição:

$$f_3(f_2(f_1(k), p), k) = p \quad \text{para todo } k, p \text{ com } 1 \leq k, p \leq N$$

Resumindo,
1. M1 toma uma entrada k e produz uma saída x.
2. M2 toma as entradas x e p, dando a saída z.
3. M3 toma as entradas z e k e produz p.

As três tabelas, uma vez construídas, se tornam públicas.

a) Deverá ficar claro que é possível construir M3 para satisfazer a condição anterior. Como um exemplo, preencha M3 para o caso simples a seguir:

$$M1 = \begin{array}{|c|} \hline 5 \\ \hline 4 \\ \hline 2 \\ \hline 3 \\ \hline 1 \\ \hline \end{array} \quad M2 = \begin{array}{|c|c|c|c|c|} \hline 5 & 2 & 3 & 4 & 1 \\ \hline 4 & 2 & 5 & 1 & 3 \\ \hline 1 & 3 & 2 & 4 & 5 \\ \hline 3 & 1 & 4 & 2 & 5 \\ \hline 2 & 5 & 3 & 4 & 1 \\ \hline \end{array} \quad M3 = \begin{array}{|c|c|c|c|c|} \hline & & & & \\ \hline & & & & \\ \hline & & & & \\ \hline & & & & \\ \hline & & & & \\ \hline \end{array}$$

Convenção: o i-ésimo elemento de M1 corresponde a $k = i$. A i-ésima linha de M2 diz respeito a $x = i$; a j-ésima coluna de M2 equivale a $p = j$. A i-ésima linha de M3 indica $z = i$; a j-ésima coluna de M3 relaciona-se a $k = j$.

  a. Descreva o uso desse conjunto de tabelas para realizar a encriptação e decriptação entre dois usuários.
  b. Demonstre que esse é um esquema seguro.

9.2 Realize a encriptação e decriptação usando o algoritmo RSA, como na Figura 9.5, para o seguinte:
  a. $p = 3; q = 11, e = 7; M = 5$
  b. $p = 5; q = 11, e = 3; M = 9$
  c. $p = 7; q = 11, e = 17; M = 8$
  d. $p = 11; q = 13, e = 11; M = 7$
  e. $p = 17; q = 31, e = 7; M = 2$

  Dica: a decriptação não é tão difícil quanto você pensa; use alguma sutileza.

9.3 Em um sistema de chave pública usando RSA, você intercepta o texto cifrado $C = 10$ enviado a um usuário cuja chave pública é $e = 5, n = 35$. Qual é o texto claro M?

9.4 Em um sistema RSA, a chave pública de determinado usuário é $e = 31, n = 3599$. Qual é a chave privada desse usuário? **Dica:** primeiro, use a tentativa e erro para definir p e q; depois, empregue o algoritmo de Euclides estendido para encontrar o inverso multiplicativo de 31 módulo $\phi(n)$.

9.5 No uso do algoritmo RSA, se um pequeno número de codificações repetidas retorna o texto claro, qual é a causa provável?

9.6 Suponha que temos um conjunto de blocos codificados com o algoritmo RSA e não possuímos a chave privada. Considere que $n = pq$, e que e é a chave pública. Imagine, também, que alguém nos diz que sabe que um dos blocos de texto claro tem um fator comum com n. Isso nos ajuda de alguma maneira?

9.7 No esquema de encriptação de chave pública RSA, cada usuário tem uma chave pública, e, e uma chave privada, d. Suponha que Bob deixa vazar sua chave privada. Em vez de um novo módulo, ele decide gerar uma nova chave pública e uma nova chave privada. Isso é seguro?

9.8 Suponha que Bob usa o criptossistema RSA com um módulo muito grande n para o qual a fatoração não pode ser encontrada em uma quantidade de tempo razoável. Leve em conta que Alice envia uma mensagem a Bob representando cada caractere alfabético como um inteiro entre 0 e 25 ($A \to 0, ..., Z \to 25$), e depois encriptando cada número separadamente, usando RSA com e grande e n grande. Esse método é seguro? Se não, descreva o ataque mais eficiente contra esse método de encriptação.

9.9 Usando uma planilha (como o Excel), ou uma calculadora, realize as operações descritas a seguir. Documente os resultados de todas as multiplicações modulares intermediárias. Determine um número de multiplicações modulares por cada transformação importante (como encriptação, decriptação, teste de primalidade etc.).
  a. Teste a primalidade de todos os números ímpares no intervalo de 233 a 241, usando o teste de Miller-Rabin com base 2.
  b. Encripte o bloco de mensagem $M = 2$ usando RSA com os seguintes parâmetros: $e = 23$ e $n = 233 \times 241$.
  c. Calcule uma chave privada (d, p, q) correspondente à chave pública indicada acima (e, n).
  d. Realize a decriptação do texto cifrado obtido por dois métodos diferentes:
    1. sem usar o teorema chinês do resto
    2. usando o teorema chinês do resto

9.10 Suponha que você gera uma mensagem autenticada e encriptada aplicando primeiro a transformação RSA determinada pela sua chave privada, e depois cifrando essa mensagem por meio da chave pública do destinatário (observe que você NÃO usa função de *hash* antes da primeira transformação). Esse esquema funcionará corretamente [ou seja, dará a possibilidade para reconstruir a mensagem original no lado do destinatário, para todas as relações possíveis entre o módulo n_S do emissor e o módulo n_R do destinatário ($n_S > n_R, n_S < n_R, n_S = n_R$)]? Explique sua resposta. Caso sua resposta seja "não", como você corrigiria esse esquema?

9.11 "Quero lhe dizer, Holmes", dr. Watson estava com voz de entusiasmo, "que suas atividades recentes em segurança de rede aumentaram meu interesse por criptografia. E foi somente ontem que descobri um modo de tornar prática a encriptação *one-time pad*."

"Verdade?", o rosto de Holmes perdeu sua aparência sonolenta.

"Sim, Holmes. A ideia é muito simples. Para determinada função de mão única F, eu gero uma sequência longa de elementos pseudoaleatórios aplicando F a alguma sequência padrão de argumentos. Considera-se que o criptoanalista conhece F e a natureza geral da sequência, que pode ser tão simples quanto S, S + 1, S + 2, ..., mas S não é secreto. E, por conta da natureza de mão única de F, ninguém é capaz de extrair S, dada F(S + i) para algum i, de modo que, mesmo obtendo de alguma forma certo segmento da sequência, ele não poderá estabelecer o restante."

"Receio, caro Watson, que sua proposta não seja infalível, e pelo menos precise que algumas condições adicionais sejam satisfeitas por F. Vamos considerar, por exemplo, a função de encriptação RSA, que é $F(M) = M^K \bmod N$, K secreto. Acredita-se que essa função seja de mão única, mas eu não recomendaria seu uso, por exemplo, na sequência $M = 2, 3, 4, 5, 6,...$"

"Mas por que, Holmes?", dr. Watson aparentemente não entendeu. "Por que você acha que a sequência resultante 2^K mod N, 3^K mod N, 4^K mod N, ... não é apropriada para a encriptação *one-time pad* se K for mantido secreto?"

"Porque ela é – pelo menos parcialmente – previsível, meu caro Watson, mesmo que K seja mantido secreto. Você disse que o criptoanalista conhece F e a natureza geral da sequência. Agora, vamos supor que ele obtenha de alguma forma um segmento curto da sequência de saída. Nos criptocírculos, essa suposição geralmente é considerada viável. E, para essa sequência de saída, o conhecimento apenas dos dois primeiros elementos permitirá que ele preveja muitos dos próximos elementos da sequência, mesmo que não todos eles, e por isso essa sequência não pode ser considerada criptograficamente forte. E, com o conhecimento de um segmento maior, ele poderia prever ainda mais dos próximos elementos da sequência. Veja, conhecendo a natureza geral da sequência e seus dois primeiros elementos 2^K mod N e 3^K mod N, você pode facilmente calcular seus elementos seguintes."

Indique como isso pode ser feito.

9.12 Mostre que o RSA pode ser representado pelas matrizes M1, M2 e M3 do Problema 9.1.

9.13 Considere o seguinte esquema:
1. Escolha um número ímpar, E.
2. Escolha dois números primos, P e Q, onde $(P-1)(Q-1) - 1$ é divisível igualmente por E.
3. Multiplique P e Q para obter N.
4. Calcule $D = \dfrac{(P-1)(Q-1)(E-1) + 1}{E}$

Esse esquema é equivalente ao RSA? Mostre por que sim ou por que não.

9.14 Considere o seguinte esquema pelo qual B encripta uma mensagem para A.
1. A escolhe dois primos grandes P e Q que também são relativamente primos de $(P-1)$ e $(Q-1)$.
2. A publica $N = PQ$ como sua chave pública.
3. A calcula P' e Q', tal que $PP' \equiv 1 \pmod{Q-1}$ e $QQ' \equiv 1 \pmod{P-1}$.
4. B encripta a mensagem M como $C = M^N$ mod N.
5. A encontra M solucionando $M \equiv C^{P'} \pmod{Q}$ e $M \equiv C^{Q'} \pmod{P}$.
   a. Explique como funciona esse esquema.
   b. Como ele difere do RSA?
   c. Existe alguma vantagem em particular no RSA em comparação a esse esquema?
   d. Mostre como esse esquema pode ser representado pelas matrizes M1, M2 e M3 do Problema 9.1.

9.15 "Esse é um caso muito interessante, Watson", disse Holmes. "O jovem ama uma garota, e ela o ama também. Porém, o pai dela é um sujeito estranho, que insiste que seu futuro genro tem que projetar um protocolo simples e seguro para um criptossistema de chave pública apropriado, a ser usado na rede de computadores de sua empresa. O jovem apareceu com o seguinte protocolo para comunicação entre duas partes, por exemplo, o usuário A querendo enviar a mensagem M ao usuário B: as mensagens trocadas estão no formato (nome do emissor, texto, nome do receptor)."
1. A envia a B o seguinte bloco: $(A, E(PU_b, [M, A]), B)$.
2. B confirma o recebimento enviando a A o seguinte bloco: $(B, E(PU_a, [M, B]), A)$.

"Você pode ver que o protocolo é realmente simples. Mas o pai da garota afirma que o jovem não satisfez a sua exigência de um protocolo simples, pois a proposta contém certa redundância e pode ser simplificada ainda mais da seguinte forma:"
1. A envia a B o bloco: $(A, E(PU_b, M), B)$.
2. B confirma o recebimento enviando a A o bloco: $(B, E(PU_a, M), A)$.

"Com base nisso, o pai da garota recusa-se a permitir que sua filha se case com o jovem, tornando ambos infelizes. O jovem acabou de vir aqui para me pedir ajuda."

"Humm, não sei como posso ajudá-lo." Watson estava visivelmente infeliz com a ideia de que o jovem simpático tenha que perder o seu amor.

"Bem, acho que eu poderia ajudar. Você sabe, Watson, que a redundância às vezes é boa para garantir a segurança do protocolo. Assim, a simplificação que o pai da garota propôs poderia tornar o novo protocolo vulnerável a um ataque ao qual o protocolo original seria capaz de resistir", refletiu Holmes. "Sim, é isso, Watson. Veja, tudo o que um invasor precisa é ser um dos usuários da rede e ser capaz de interceptar mensagens trocadas entre A e B. Sendo um usuário da rede, ele tem sua própria chave de encriptação pública e consegue enviar suas próprias mensagens para A ou B, e receber as deles. Com a ajuda do protocolo simplificado, ele poderia, então, obter a mensagem M que o usuário A enviou anteriormente para B usando o seguinte procedimento:"

Complete a descrição.

9.16 Use o algoritmo de exponenciação rápido da Figura 9.8 para determinar 5^{596} mod 1234. Mostre as etapas envolvidas no cálculo.

9.17 Aqui está outra realização do algoritmo de exponenciação rápido. Demonstre que ele é equivalente ao da Figura 9.8.
```
1. f ← 1; T ← a; E ← b
2. if odd(e) then f ← f × T
3. E ← [ E/2 ]
4. T ← T × T
5. if E > 0 then goto 2
6. output f
```

9.18 O problema ilustra uma aplicação simples do ataque de texto cifrado escolhido. Bob intercepta um texto cifrado C intencionado para Alice e encriptado com a chave pública dela e. Ele deseja obter a mensagem original $M = C^d$ mod n e escolhe um valor aleatório r menor que n. O rapaz calcula:

$$Z = r^e \bmod n$$
$$X = ZC \bmod n$$
$$t = r^{-1} \bmod n$$

Em seguida, Bob pede que Alice autentique (assine) X com a chave privada dela (como na Figura 9.3), desse modo, decriptando X. Alice retorna $Y = X^d$ mod n. Mostre como Bob pode usar a informação agora disponível a ele para determinar M.

9.19 Mostre a operação de decodificação OAEP, usada para a decriptação, que corresponde à operação de codificação da Figura 9.10.

9.20 Melhore o algoritmo P1 do Apêndice 9A, a seguir.
  a. Desenvolva um algoritmo que exija 2n multiplicações e n + 1 adições. **Dica:** $x^{i+1} = x^i \times x$.
  b. Desenvolva um algoritmo que exija apenas n + 1 multiplicações e n + 1 adições. **Dica:** $P(x) = a_0 + x \times q(x)$, onde q(x) é um polinômio de grau (n − 1).

Nota: os problemas restantes referem-se ao algoritmo de chave pública da mochila, descrito no Apêndice J, na Sala Virtual (em inglês).

9.21 Que itens estão na mochila da Figura F.1?

9.22 Realize a encriptação e decriptação usando o algoritmo de mochila para os seguintes valores:
  a. **a'** = (1, 3, 5, 10); w = 7; m = 20; **x** = 1101
  b. **a'** = (1, 3, 5, 11, 23, 46, 136, 263); w = 203; m = 491; **x** = 11101000
  c. **a'** = (2, 3, 6, 12, 25); w = 46; m = 53; **x** = 11101
  d. **a'** = (15, 92, 108, 279, 563, 1172, 2243, 4468); w = 2393; m = 9291; **x** = 10110001

9.23 Por que é um requisito que $m > \sum_{i=1}^{n} a_i$?

APÊNDICE 9A A COMPLEXIDADE DOS ALGORITMOS

A questão central na avaliação da resistência de um algoritmo de encriptação contra criptoanálise é a quantidade de tempo que determinado tipo de ataque levará. Normalmente, não se pode ter certeza de que alguém encontrou o algoritmo de ataque mais eficiente. O máximo que alguém pode dizer é que, para específico algoritmo, o nível de esforço para um ataque é de uma ordem de grandeza em particular. Pode-se, então, comparar essa ordem de grandeza com a velocidade dos processadores atuais ou previstos, para estabelecer o nível de segurança de certo algoritmo.

Uma medida comum da eficiência de um algoritmo é a sua complexidade de tempo. Definimos a **complexidade de tempo** de um algoritmo como f(n) se, para todo n e todas as entradas de tamanho n, a execução do algoritmo levar no máximo f(n) etapas. Assim, para determinados tamanhos de entrada e velocidade de processador, a complexidade de tempo fornece um limite máximo no período de execução.

Existem várias ambiguidades aqui. Primeiro, a definição de uma etapa não é precisa. Uma etapa poderia ser uma única operação de uma máquina de Turing, uma instrução de máquina de único processador, uma única instrução de máquina em linguagem de alto nível, e assim por diante. Porém, essas várias definições de etapa deverão estar todas relacionadas por constantes multiplicativas simples. Para valores muito grandes de n, essas constantes não são importantes. O fundamental é a velocidade com a qual o tempo de execução relativo cresce. Por exemplo, se estivermos preocupados em usar chaves de 50 dígitos ($n = 10^{50}$) ou 100 dígitos ($n = 10^{100}$) para RSA, não é necessário (ou, na realidade, possível) saber exatamente quanto tempo levaria para quebrar cada tamanho de chave. Em vez disso, estamos interessados em valores para o nível de esforço e em saber quanto esforço relativo extra é exigido para o maior tamanho de chave.

Uma segunda questão é que, de modo geral, não podemos apontar uma fórmula exata para f(n). Só conseguimos aproximá-la. Novamente, porém, estamos interessados em especial na taxa de mudança de f(n) quando n se torna muito grande.

Existe uma notação matemática padrão, conhecida como notação "big-O", para caracterizar a complexidade de tempo dos algoritmos, que é útil neste contexto. A definição é a seguinte: f(n) = O(g(n)) se, e somente se, houver dois números a e M tais que

$$|f(n)| \leq a \times |g(n)|, \quad n \geq M \tag{9.3}$$

Um exemplo ajuda a esclarecer o uso dessa notação. Suponha que queremos avaliar um polinômio geral na forma

$$P(x) = a_n x^n + a_{n-1} x^{n-1} + \ldots + a_1 x + a_0$$

O algoritmo simples a seguir vem de [POHL81]:

```
algorithm P1;
    n, i, j: integer; x, polyval: real;
    a, S: array [0..100] of real;
begin
    read(x, n);
    for i := 0 upto n do
    begin
        S[i] := 1; read(a[i]);
        for j := 1 upto i do S[i] := x × S[i];
        S[i] := a[i] × S[i]
    end;
    polyval := 0;
    for i := 0 upto n do polyval := polyval + S[i];
    write ('value at', x, 'is', polyval)
end.
```

Nesse algoritmo, cada subexpressão é avaliada separadamente. Cada S[i] requer ($i + 1$) multiplicações: i multiplicações para calcular S[i] e uma para gerar um produto com a[i]. Calcular todos os n termos exige

$$\sum_{i=0}^{n}(i+1) = \frac{(n+2)(n+1)}{2}$$

multiplicações. Existem também ($n + 1$) adições, que podemos ignorar, dado o número muito maior de multiplicações. Assim, a complexidade de tempo desse algoritmo é f(n) = ($n + 2$)($n + 1$)/2. Agora, mostramos que f(n) = O(n^2). A partir da definição da Equação 9.3, queremos mostrar que, para $a = 1$ e $M = 4$, o relacionamento se mantém para g(n) = n^2. Fazemos isso por indução em n. O relacionamento se mantém para $n = 4$ porque $(4 + 2)(4 + 1)/2 = 15 < 4^2 = 16$. Agora, considere que ele se mantém para todos os valores de n até k [ou seja, $(k + 2)(k + 1)/2 < k^2$]. Então, com $n = k + 1$,

$$\frac{(n+2)(n+1)}{2} = \frac{(k+3)(k+2)}{2}$$
$$= \frac{(k+2)(k+1)}{2} + k + 2$$
$$\leq k^2 + k + 2$$
$$\leq k^2 + 2k + 1 = (k+1)^2 = n^2$$

Portanto, o resultado é verdadeiro para $n = k + 1$.

Em geral, a notação big-O utiliza o termo que cresce mais rápido. Por exemplo,

1. O[$ax^7 + 3x^3 + \text{sen}(x)$] = O($ax^7$) = O($x^7$)
2. O($e^n + an^{10}$) = O(e^n)
3. O($n! + n^{50}$) = O($n!$)

Existe muito mais na notação big-O, com ramificações fascinantes. Para o leitor interessado, dois dos melhores relatos estão em [GRAH94] e [KNUT97].

Um algoritmo com uma entrada de tamanho n é considerado

- **Linear:** se o tempo de execução for O(n)
- **Polinomial:** se o tempo de execução for O(n^t) para alguma constante t
- **Exponencial:** se o tempo de execução for O($t^{h(n)}$) para alguma constante t e polinômio h(n)

Em geral, um problema que pode ser solucionado em tempo polinomial é considerado viável, enquanto qualquer coisa pior que o tempo polinomial, especialmente o tempo exponencial, é tida como inviável. Mas você precisa ter cuidado com esses termos. Primeiro, se o tamanho da entrada for muito pequeno, até mesmo algoritmos muito complexos se tornam viáveis. Suponha, por exemplo, que você tem um sistema que pode executar 10^{12} operações por tempo unitário. A Tabela 9.3 mostra o tamanho da entrada que pode ser tratada em uma unidade de tempo para algoritmos de várias complexidades. Para algoritmos de tempo exponencial ou fatorial, somente entradas muito pequenas podem ser tratadas.

A segunda coisa com a qual se deve ter cuidado é o modo como a entrada é caracterizada. Por exemplo, a complexidade da criptoanálise de um algoritmo de encriptação pode ser retratada igualmente bem em termos do número de chaves possíveis ou do tamanho de chave. Para o Advanced Encryption Standard (AES), por exemplo, o número de chaves possíveis é 2^{128}, e o tamanho da chave é de 128 bits. Se considerarmos que uma única encriptação é uma "etapa" e o número de chaves possíveis é $N = 2^n$, então a complexidade de tempo do algoritmo é linear em termos do número de chaves [O(N)], mas exponencial em termos do tamanho de chave [O(2^n)].

Tabela 9.3 Nível de esforço para vários níveis de complexidade.

Complexidade	Tamanho	Operações
$\log_2 n$	$2^{10^{12}} = 10^{3 \times 10^{11}}$	10^{12}
N	10^{12}	10^{12}
n^2	10^6	10^{12}
n^6	10^2	10^{12}
2^n	39	10^{12}
$n!$	15	10^{12}

Outros criptossistemas de chave pública

10

TÓPICOS ABORDADOS

10.1 TROCA DE CHAVES DIFFIE-HELLMAN
Algoritmo
Protocolos de troca de chave
Ataque *man-in-the-middle*

10.2 SISTEMA CRIPTOGRÁFICO ELGAMAL

10.3 ARITMÉTICA DE CURVA ELÍPTICA
Grupos abelianos
Curvas elípticas sobre números reais
Curvas elípticas sobre Z_p
Curvas elípticas sobre $GF(2^m)$

10.4 CRIPTOGRAFIA DE CURVA ELÍPTICA
Analogia da troca de chaves Diffie-Hellman
Encriptação/decriptação de curva elíptica
Segurança da criptografia de curva elíptica

10.5 GERAÇÃO DE NÚMERO PSEUDOALEATÓRIO BASEADA EM UMA CIFRA ASSIMÉTRICA
PRNG baseado em RSA
PRNG baseado em criptografia de curva elíptica

10.6 LEITURA RECOMENDADA

10.7 PRINCIPAIS TERMOS, PERGUNTAS PARA REVISÃO E PROBLEMAS

OBJETIVOS DE APRENDIZAGEM

APÓS ESTUDAR ESTE CAPÍTULO, VOCÊ SERÁ CAPAZ DE:

☑ Definir a troca de chaves Diffie-Hellman.
☑ Entender o ataque *man-in-the-middle*.
☑ Apresentar uma visão geral do sistema criptográfico Elgamal.
☑ Compreender a aritmética da curva elíptica.
☑ Apresentar uma visão geral da criptografia de curva elíptica.
☑ Apresentar duas técnicas para gerar números pseudoaleatórios usando uma cifra assimétrica.

"Entre as tribos da Austrália Central, todo homem, mulher e criança tem um nome secreto e sagrado, que é concedido pelos idosos a ele ou ela após o nascimento, e que é conhecido somente dos membros totalmente iniciados do grupo. Esse nome secreto nunca é mencionado, exceto nas ocasiões mais solenes; proferi-lo aos homens de outro grupo seria uma quebra muito séria dos costumes tribais. Quando declarado a todos, é falado apenas em sussurro, e somente quando todas as precauções forem tomadas é que ele será ouvido por alguém que não seja membro do grupo. O nativo acha que um estranho conhecendo seu nome secreto teria poder especial para lhe fazer mal por meio de mágica."

— *The Golden Bough*, Sir James George Frazer

Este capítulo começa com uma descrição de um dos PKCS (do acrônimo em inglês para *Public-Key Cryptography Standards*) mais antigos e mais simples: a troca de chaves Diffie-Hellman. Em seguida, examinará outro esquema importante, o PKCS Elgamal. Após isso veremos o PKCS cada vez mais importante, conhecido como criptografia de curva elíptica. Por fim, abordaremos o uso dos algoritmos de chave pública para a geração de número pseudoaleatório.

10.1 TROCA DE CHAVES DIFFIE-HELLMAN

O primeiro algoritmo de chave pública apareceu no artigo inicial de Diffie e Hellman que definia a criptografia de chave pública [DIFF76b], e geralmente é chamado de troca de chaves Diffie-Hellman.[1] Diversos produtos comerciais empregam essa técnica de troca de chaves.

A finalidade do algoritmo é permitir que dois usuários troquem uma chave com segurança, que pode, então, ser usada para a criptografia subsequente das mensagens. O próprio algoritmo é limitado à troca de valores secretos.

O algoritmo Diffie-Hellman depende, para a sua eficácia, da dificuldade de se calcular logaritmos discretos. Resumindo, podemos definir o logaritmo discreto da maneira descrita a seguir. Lembre-se, do Capítulo 8, que uma raiz primitiva de um número primo p é aquela cujas potências módulo p geram todos os inteiros de 1 até $p - 1$. Ou seja, se a é uma raiz primitiva do número primo p, então os números

$$a \bmod p, a^2 \bmod p, ..., a^{p-1} \bmod p$$

são distintos e consistem nos inteiros de 1 até $p - 1$ em alguma permutação.

Para qualquer inteiro b e uma raiz primitiva a do número primo p, podemos encontrar um expoente exclusivo i, tal que

$$b \equiv a^i (\bmod p) \qquad \text{onde } 0 \leq i \leq (p - 1)$$

O expoente i é chamado de **logaritmo discreto** de b para a base a, mod p. Expressamos esse valor como $dlog_{a,p}(b)$. Veja, no Capítulo 8, uma discussão estendida sobre logaritmos discretos.

Algoritmo

A Figura 10.1 resume o algoritmo de troca de chaves Diffie-Hellman. Para esse esquema, existem dois números conhecidos publicamente: um número primo q e um inteiro α que é uma raiz primitiva de q. Suponha que os usuários A e B queiram criar uma chave compartilhada. O usuário A seleciona um inteiro aleatório $X_A < q$ e calcula $Y_A = \alpha^{X_A} \bmod q$. Da mesma forma, o usuário B seleciona independentemente um inteiro aleatório $X_B < q$ e calcula $Y_B = \alpha^{X_B} \bmod q$. Cada lado mantém o valor X privado e torna o valor Y disponível publicamente ao outro lado. Assim, X_A é a chave privada de A e Y_A é a chave pública correspondente de A — da mesma forma para B. O usuário A calcula a chave como $K = (Y_B)^{X_A} \bmod q$, e o usuário B, como $K = (Y_A)^{X_B} \bmod q$. Esses dois cálculos produzem resultados idênticos:

$K = (Y_B)^{X_A} \bmod q$
$\quad = (\alpha^{X_B} \bmod q)^{X_A} \bmod q$
$\quad = (\alpha^{X_B})^{X_A} \bmod q \qquad$ pelas regras da aritmética modular
$\quad = \alpha^{X_B X_A} \bmod q$
$\quad = (\alpha^{X_A})^{X_B} \bmod q$
$\quad = (\alpha^{X_A} \bmod q)^{X_B} \bmod q$
$\quad = (Y_A)^{X_B} \bmod q$

O resultado é que os dois lados trocaram um valor secreto. Normalmente, esse valor secreto é usado como chave secreta simétrica compartilhada. Agora, considere um intruso que pode observar a troca de chaves e queira determinar a chave secreta K. Como X_A e X_B são privados, um intruso só tem os seguintes elementos para trabalhar: q, α, Y_A e Y_B. Assim, o intruso é forçado a calcular um logaritmo discreto para estabelecer a chave. Por exemplo, para definir a chave privada do usuário B, um intruso precisa calcular

---

[1] Williamson, da CESG britânica, publicou esquema idêntico alguns meses antes em um documento confidencial [WILL76] e reivindica tê-lo descoberto muitos anos antes disso; veja uma discussão em [ELLI99].

Figura 10.1 O algoritmo de troca de chaves Diffie-Hellman.

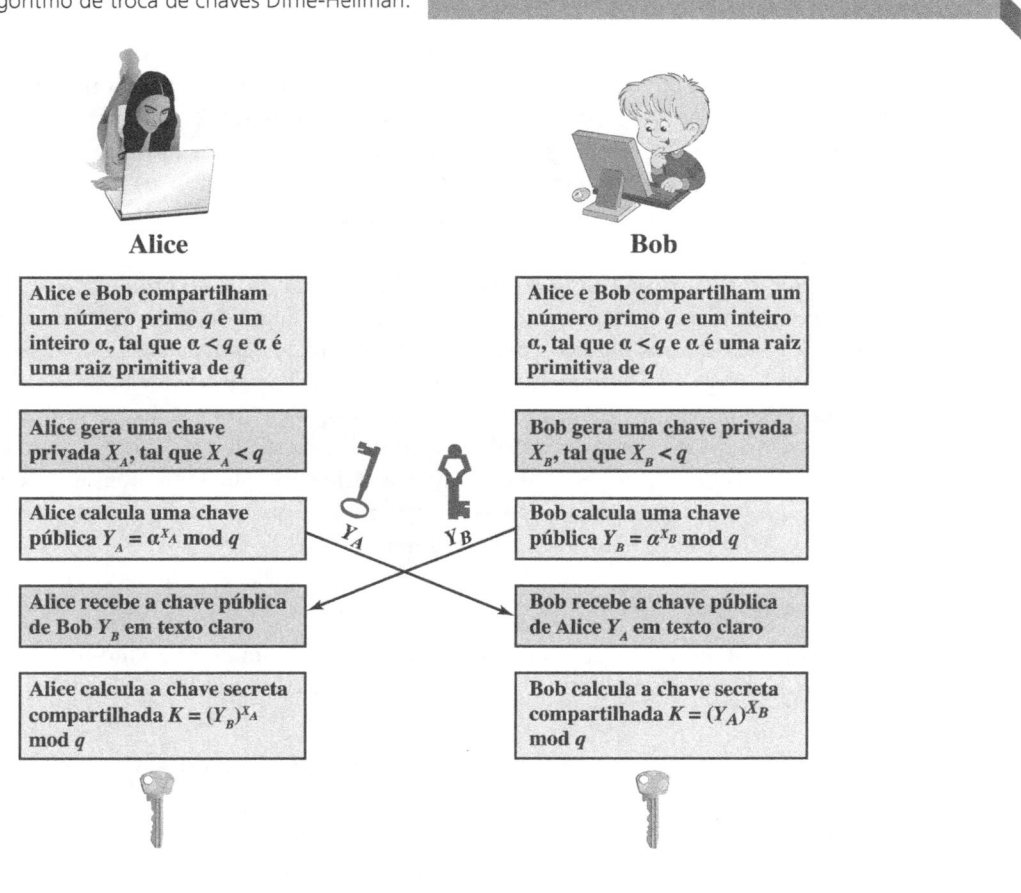

Alice

- Alice e Bob compartilham um número primo q e um inteiro α, tal que $\alpha < q$ e α é uma raiz primitiva de q
- Alice gera uma chave privada X_A, tal que $X_A < q$
- Alice calcula uma chave pública $Y_A = \alpha^{X_A} \bmod q$
- Alice recebe a chave pública de Bob Y_B em texto claro
- Alice calcula a chave secreta compartilhada $K = (Y_B)^{X_A} \bmod q$

Bob

- Alice e Bob compartilham um número primo q e um inteiro α, tal que $\alpha < q$ e α é uma raiz primitiva de q
- Bob gera uma chave privada X_B, tal que $X_B < q$
- Bob calcula uma chave pública $Y_B = \alpha^{X_B} \bmod q$
- Bob recebe a chave pública de Alice Y_A em texto claro
- Bob calcula a chave secreta compartilhada $K = (Y_A)^{X_B} \bmod q$

$$X_B = \text{dlog}_{\alpha,q}(Y_B)$$

O intruso pode, então, calcular a chave K da mesma maneira que o usuário B. Ou seja, o intruso pode calcular K como

$$K = (Y_A)^{X_B} \bmod q$$

A segurança da troca de chaves Diffie-Hellman está no fato de que, embora seja relativamente fácil de calcular exponenciais módulo um primo, é muito difícil calcular logaritmos discretos. Para números primos grandes, esta última tarefa é considerada inviável.

Aqui está um exemplo. A troca de chaves é baseada no uso do número primo $q = 353$ e de uma raiz primitiva de 353, neste caso, $\alpha = 3$. A e B selecionam chaves secretas $X_A = 97$ e $X_B = 233$, respectivamente. Cada um calcula sua chave pública:

A calcula $Y_A = 3^{97} \bmod 353 = 40$.

B calcula $Y_B = 3^{233} \bmod 353 = 248$.

Depois de eles trocarem chaves públicas, cada um poderá calcular a chave secreta comum:

A calcula $K = (Y_B)^{X_A} \bmod 353 = 248^{97} \bmod 353 = 160$.

B calcula $K = (Y_A)^{X_B} \bmod 353 = 40^{233} \bmod 353 = 160$.

Consideramos que um intruso teria à sua disposição as seguintes informações:

$$q = 353; \alpha = 3; Y_A = 40; Y_B = 248$$

Nesse exemplo simples, seria possível, pela força bruta, determinar a chave secreta 160. Em particular, um intruso E pode determinar a chave comum descobrindo uma solução para a equação $3^a \bmod 353 = 40$ ou para a equação $3^b \bmod 353 = 248$. O método da força bruta é calcular potências de 3 módulo 353, parando quando o resultado for igual a 40 ou 248. A resposta desejada é alcançada com o valor de expoente 97, que oferece $3^{97} \bmod 353 = 40$.

Com números maiores, o problema se torna impraticável.

Protocolos de troca de chave

A Figura 10.1 mostra um protocolo simples que utiliza o cálculo de Diffie-Hellman. Suponha que o usuário A queira estabelecer uma conexão com o usuário B e use uma chave secreta para encriptar mensagens nessa conexão. O usuário A pode gerar uma chave secreta de única vez X_A, calcular Y_A e enviar o resultado para o usuário B. O usuário B responde gerando um valor privado X_B, calculando Y_B e encaminhado Y_B ao usuário A. Os dois usuários, agora, podem calcular a chave. Os valores públicos necessários q e α teriam que ser conhecidos antes da hora. Como alternativa, o usuário A poderia escolher valores para q e α e incluí-los na primeira mensagem.

Como um exemplo de outro uso do algoritmo Diffie-Hellman, suponha que um grupo de usuários (por exemplo, todos aqueles em uma LAN) gere um valor privado de longa duração X_i (para o usuário i) e calcule um valor público Y_i. Esses valores públicos, com os valores públicos globais para q e α, são armazenados em algum diretório central. A qualquer momento, o usuário j pode acessar o valor público do usuário i, calcular uma chave secreta e usá-la para enviar uma mensagem encriptada ao usuário A. Se o diretório central for confiável, então essa forma de comunicação oferece confidencialidade e certo grau de autenticação. Como somente i e j podem determinar a chave, nenhum outro usuário consegue ler a mensagem (confidencialidade). O destinatário i sabe que somente o usuário j poderia ter criado uma mensagem usando essa chave (autenticação). Porém, a técnica não protege contra ataques de replicação.

Ataque *man-in-the-middle*

O protocolo representado na Figura 10.1 não é seguro contra um ataque *man-in-the-middle* (homem no meio). Suponha que Alice e Bob queiram trocar chaves, e Darth seja o intruso. O ataque acontece da seguinte forma (Figura 10.2):

1. Darth se prepara para o ataque gerando duas chaves privadas aleatórias X_{D1} e X_{D2}, e depois calculando as chaves públicas correspondentes Y_{D1} e Y_{D2}.
2. Alice transmite Y_A para Bob.
3. Darth intercepta Y_A e transmite Y_{D1} para Bob. Darth também calcula $K2 = (Y_A)^{X_{D2}} \bmod q$.
4. Bob recebe Y_{D1} e calcula $K1 = (Y_{D1})^{X_B} \bmod q$.
5. Bob transmite Y_B para Alice.
6. Darth intercepta Y_B e transmite Y_{D2} para Alice. Darth calcula $K1 = (Y_B)^{X_{D1}} \bmod q$.
7. Alice recebe Y_{D2} e calcula $K2 = (Y_{D2})^{X_A} \bmod q$.

Nesse ponto, Bob e Alice acham que compartilham uma chave secreta, mas Bob e Darth compartilham a chave secreta $K1$ e Alice e Darth compartilham a chave secreta $K2$. Toda a comunicação futura entre Bob e Alice está comprometida da seguinte maneira:

1. Alice envia uma mensagem encriptada M: $E(K2, M)$.
2. Darth intercepta a mensagem encriptada e a decripta, para recuperar M.
3. Darth envia a Bob $E(K1, M)$ ou $E(K1, M')$, onde M' é qualquer mensagem. No primeiro caso, Darth simplesmente quer espreitar a comunicação sem alterá-la. No segundo caso, Darth quer modificar a mensagem que está indo para Bob.

O protocolo de troca de chaves é vulnerável a tal ataque porque não autentica os participantes. Essa vulnerabilidade pode ser contornada com o uso de assinaturas digitais e certificados de chave pública; esses assuntos serão explorados nos capítulos 13 e 14.

Figura 10.2 Ataque *man-in-the-middle*.

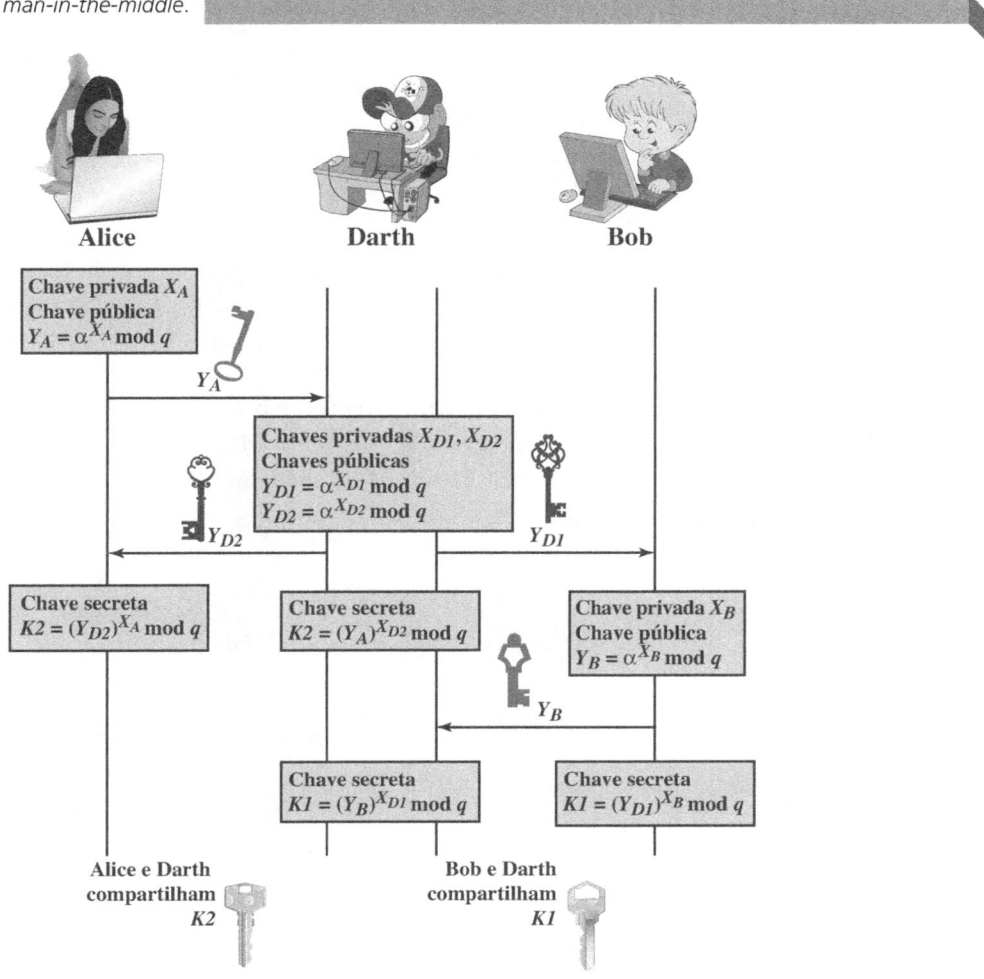

10.2 SISTEMA CRIPTOGRÁFICO ELGAMAL

Em 1984, T. Elgamal anunciou um esquema de chave pública baseado em logaritmos discretos, bastante relacionado com a técnica Diffie-Hellman [ELGA84, ELGA85]. O sistema de criptografia Elgamal[2] é usado de alguma forma em uma série de padrões, incluindo o padrão de assinatura digital (DSS), que é abordado no Capítulo 13, e o padrão de e-mail S/MIME (Capítulo 19).

Tal como Diffie-Hellman, os elementos globais de Elgamal são um número primo q e α, que é uma raiz primitiva de q. O usuário A gera um par de chaves privada/pública como a seguir:

1. Gera um inteiro aleatório X_A, tal que $1 < X_A < q - 1$.
2. Calcula $Y^A = \alpha^{X_A} \bmod q$.
3. A chave privada de A é X_A e a chave pública de A é $\{q, \alpha, Y_A\}$.

Qualquer usuário B que tenha acesso à chave pública de A pode encriptar uma mensagem da seguinte forma:

1. Representar a mensagem como um inteiro M no intervalo de $0 \leq M \leq q - 1$. Mensagens maiores são enviadas como uma sequência de blocos, com cada um sendo um inteiro menor que q.
2. Escolher um inteiro aleatório k, tal que $1 \leq k \leq q - 1$.
3. Computar uma chave única $K = (Y_A)^k \bmod q$.

---

[2] Por nenhuma razão aparente, a maioria da literatura usa o termo *ElGamal*, embora o sobrenome do sr. Elgamal não tenha uma letra maiúscula *G*.

4. Encriptar M como o par de números inteiros (C_1, C_2), onde

$$C_1 = \alpha^k \bmod q; C_2 = KM \bmod q$$

O usuário A recupera o texto claro como a seguir:

1. Recuperar a chave ao computar $K = (C_1)^{X_A} \bmod q$.
2. Calcular $M = (C_2 K^{-1}) \bmod q$.

Esses passos são resumidos na Figura 10.3. Ela corresponde à Figura 9.1a: Alice gera um par de chaves privada/pública; Bob encripta usando a chave pública de Alice; e Alice decripta usando sua chave privada.

Vamos demonstrar por que o esquema Elgamal funciona. Em primeiro lugar, mostraremos como K é recuperado pelo processo de decriptação:

$K = (Y_A)^k \bmod q$ K é definido durante o processo de encriptação
$K = (\alpha^{X_A} \bmod q)^k \bmod q$ substitui usando $Y_A = \alpha^{X_A} \bmod q$
$K = \alpha^{k X_A} \bmod q$ pelas regras de aritmética modular
$K = (C_1)^{X_A} \bmod q$ substitui usando $C_1 = \alpha^k \bmod q$

Em seguida, usando K, recuperamos o texto claro como

$$C_2 = KM \bmod q$$
$$(C_2 K^{-1}) \bmod q = K M K^{-1} \bmod q = M \bmod q = M$$

Figura 10.3 O criptossistema Elgamal.

Elementos públicos globais	
q	número primo
α	$\alpha < q$ e α uma raiz primitiva de q

Geração de chave por Alice	
Selecionar X_A privado	$X_A < q - 1$
Calcular Y_A	$Y_A = \alpha^{X_A} \bmod q$
Chave pública	$\{q, \alpha, Y_A\}$
Chave privada	X_A

Encriptação por Bob com chave pública de Alice	
Texto claro:	$M < q$
Selecionar inteiro aleatório k	$k < q$
Calcular K	$K = (Y_A)^k \bmod q$
Calcular C_1	$C_1 = \alpha^k \bmod q$
Calcular C_2	$C_2 = KM \bmod q$
Texto cifrado:	(C_1, C_2)

Decriptação por Alice com chave privada de Alice	
Texto cifrado:	(C_1, C_2)
Calcular K	$K = (C_1)^{X_A} \bmod q$
Texto claro:	$M = (C_2 K^{-1}) \bmod q$

Podemos reformular o processo de Elgamal da seguinte forma, usando a Figura 10.3.

1. Bob gera um inteiro aleatório k.
2. Bob gera uma chave única K usando componentes de chave pública de Alice Y_A, q e k.
3. Bob encripta k usando o componente de chave pública α, produzindo C_1. Este fornece informações suficientes para Alice recuperar K.
4. Bob encripta a mensagem de texto claro M usando K.
5. Alice recupera K de C_1 usando sua chave privada.
6. Alice usa K^{-1} para recuperar a mensagem de texto claro a partir de C_2.

Assim, K funciona como uma chave única, usada para encriptar e decriptar a mensagem.

Por exemplo, vamos começar com o corpo primo GF(19); isto é, $q = 19$. Tem raízes primitivas $\{2, 3, 10, 13, 14, 15\}$, como mostra a Tabela 8.3. Escolhemos $\alpha = 10$.

Alice gera um par de chaves da seguinte forma:

1. Alice escolhe $X_A = 5$.
2. Então $Y_A = \alpha^{X_A} \bmod q = \alpha^5 \bmod 19 = 3$ (veja a Tabela 8.3).
3. A chave privada de Alice é 5 e a pública, $\{q, \alpha, Y_A\} = \{19, 10, 3\}$.

Suponha que Bob queira enviar a mensagem com o valor $M = 17$. Então:

1. Bob escolhe $k = 6$.
2. Então, $K = (Y_A)^k \bmod q = 3^6 \bmod 19 = 729 \bmod 19 = 7$.
3. Assim
$C_1 = \alpha^k \bmod q = \alpha^6 \bmod 19 = 11$
$C_2 = KM \bmod q = 7 \times 17 \bmod 19 = 119 \bmod 19 = 5$
4. Bob envia o texto cifrado (11, 5).

Para decriptação:

1. Alice calcula $K = (C_1)^{X_A} \bmod q = 11^5 \bmod 19 = 161051 \bmod 19 = 7$.
2. Então, K^{-1} em GF(19) é $7^{-1} \bmod 19 = 11$.
3. Por fim, $M = (C_2 K^{-1}) \bmod q = 5 \times 11 \bmod 19 = 55 \bmod 19 = 17$.

Se uma mensagem tem de ser dividida em blocos e enviada como sequência de blocos encriptados, um único valor de k deveria ser utilizado para cada um deles. Se k é usado por mais de um bloco, o conhecimento de um bloco M_1 da mensagem permite que o usuário calcule outros blocos como segue. Seja

$$C_{1,1} = \alpha^k \bmod q; C_{2,1} = KM_1 \bmod q$$
$$C_{1,2} = \alpha^k \bmod q; C_{2,2} = KM_2 \bmod q$$

Então,

$$\frac{C_{2,1}}{C_{2,2}} = \frac{KM_1 \bmod q}{KM_2 \bmod q} = \frac{M_1 \bmod q}{M_2 \bmod q}$$

Se M_1 é conhecido, então M_2 é facilmente calculado como

$$M_2 = (C_{2,1})^{-1} C_{2,2} M_1 \bmod q$$

A segurança do sistema Elgamal é baseada na dificuldade de calcular logaritmos discretos. Para recuperar a chave privada de A, um adversário teria de calcular $X_A = \text{dlog}_{\alpha,q}(Y_A)$. Como alternativa, a fim de reaver a chave única K, um adversário teria de determinar o número aleatório k, e isso exigiria calcular o logaritmo discreto $k = \text{dlog}_{\alpha,q}(C_1)$. [STIN06] indica que esses cálculos são considerados inviáveis se p contém pelo menos 300 dígitos decimais e $q - 1$ conta com pelo menos um fator primo "grande".

10.3 ARITMÉTICA DE CURVA ELÍPTICA

A maior parte dos produtos que utilizam a criptografia de chave pública para encriptação e assinaturas digitais utiliza RSA. Conforme já vimos, o tamanho da chave para o uso seguro do RSA tem aumentado nos últimos anos, e isso gerou uma carga de processamento mais pesada sobre as aplicações com RSA. Esse peso tem ramificações, especialmente para sites de comércio eletrônico, que realizam grandes quantidades de transações seguras. Um sistema concorrente desafia o RSA: criptografia de curva elíptica (ECC — *elliptic curve cryptography*). A ECC está aparecendo em esforços de padronização, como o IEEE P1363 Standard for Public-Key Cryptography.

O atrativo principal da ECC, em comparação com o RSA, é que ela parece oferecer igual segurança por um tamanho de chave muito menor, reduzindo, assim, o *overhead* do processamento. Por outro lado, embora a teoria da ECC já exista há algum tempo, só recentemente esses produtos começaram a aparecer, e tem havido interesse criptoanalítico sustentado para provar algum ponto fraco. Por conseguinte, o nível de confiança na ECC ainda não é tão alto quanto aquele no RSA.

O ECC é fundamentalmente mais difícil de explicar do que o RSA ou o Diffie-Hellman, e uma descrição matemática completa está fora do escopo deste livro. Esta seção e a próxima oferecem alguma base sobre curvas elípticas e ECC. Começaremos com uma rápida revisão do conceito de grupo abeliano. Em seguida, examinaremos o conceito de curvas elípticas, definido em cima de números reais. Isso é acompanhado por uma visão das curvas elípticas determinadas sobre corpos finitos. Finalmente, poderemos examinar as cifras de curva elíptica.

Antes de prosseguir, o leitor poderá rever o material sobre corpos finitos no Capítulo 4.

Grupos abelianos

Lembre-se, do Capítulo 4, de que um **grupo abeliano** G, às vezes indicado por $\{G, \cdot\}$, é um conjunto de elementos com uma operação binária, indicada por $\cdot$, que associa a cada par ordenado (a, b) de elementos em G um elemento $(a \cdot b)$ em G, tal que os seguintes axiomas sejam obedecidos:[3]

- **(A1) Fechamento:** Se a e b pertencem a G, então $a \cdot b$ também está em G.
- **(A2) Associativo:** $a \cdot (b \cdot c) = (a \cdot b) \cdot c$ para todo a, b, c em G.
- **(A3) Elemento identidade:** Existe um elemento e em G, tal que $a \cdot e = e \cdot a = a$ para todo a em G.
- **(A4) Elemento inverso:** Para cada a em G, existe um elemento a' em G, tal que $a \cdot a' = a' \cdot a =$ e.
- **(A5) Comutativo:** $a \cdot b = b \cdot a$ para todo a, b em G.

Diversas cifras de chave pública são baseadas no uso de um grupo abeliano. Por exemplo, a troca de chaves Diffie-Hellman envolve multiplicar pares de inteiros diferentes de zero módulo um número primo q. As chaves são geradas pela exponenciação sobre o grupo, com esta definida como multiplicação repetida. Por exemplo, $a^k \bmod q = \underbrace{(a \times a \times \ldots \times a)}_{k \text{ vezes}} \bmod q$. Para atacar o Diffie-Hellman, o intruso precisa determinar k, dados a e a^k; esse é o problema do logaritmo discreto.

Para a criptografia de curva elíptica, uma operação sobre curvas elípticas chamada adição é usada. A multiplicação é definida pela adição repetida. Por exemplo,

$$a \times k = \underbrace{(a + a + \ldots + a)}_{k \text{ vezes}}$$

onde a adição é realizada em cima de uma curva elíptica. A criptoanálise envolve determinar k dados a e $(a \times k)$.

Uma **curva elíptica** é definida por uma equação em duas variáveis, com coeficientes. Para a criptografia, as variáveis e os coeficientes são restritos a elementos em um corpo finito, o que resulta na definição de um grupo abeliano finito. Antes de examinarmos isso, primeiro veremos as curvas elípticas em que as variáveis e coeficientes são números reais. Esse caso talvez seja mais fácil de visualizar.

---

[3] O operador $\cdot$ é genérico e pode se referir a adição, multiplicação ou alguma outra operação matemática.

Curvas elípticas sobre números reais

As curvas elípticas não são elipses. Elas têm esse nome porque são descritas por equações cúbicas, semelhantes às que são usadas para calcular a circunferência de uma elipse. Em geral, as equações cúbicas para curvas elípticas têm a seguinte forma, conhecida como **equação de Weierstrass**:

$$y^2 + axy + by = x^3 + cx^2 + dx + e$$

onde a, b, c, d e e são números reais, e x e y assumem valores nos números reais.[4] Para a nossa finalidade, é suficiente limitarmos as equações na forma

$$y^2 = x^3 + ax + b \qquad (10.1)$$

Essas equações são consideradas cúbicas, ou de grau 3, pois o expoente mais alto que elas contêm é um 3. Também incluído na definição de uma curva elíptica está um único elemento indicado por O e chamado de *ponto no infinito* ou *ponto zero*, que discutiremos mais tarde. Para plotar essa curva, precisamos calcular

$$y = \sqrt{x^3 + ax + b}$$

Para determinados valores de a e b, a plotagem consiste em valores positivos e negativos de y para cada valor de x. Assim, cada curva é simétrica sobre $y = 0$. A Figura 10.4 mostra dois exemplos de curvas elípticas. Como você pode ver, a fórmula às vezes produz curvas de aparência estranha.

Figura 10.4 Exemplos de curvas elípticas.

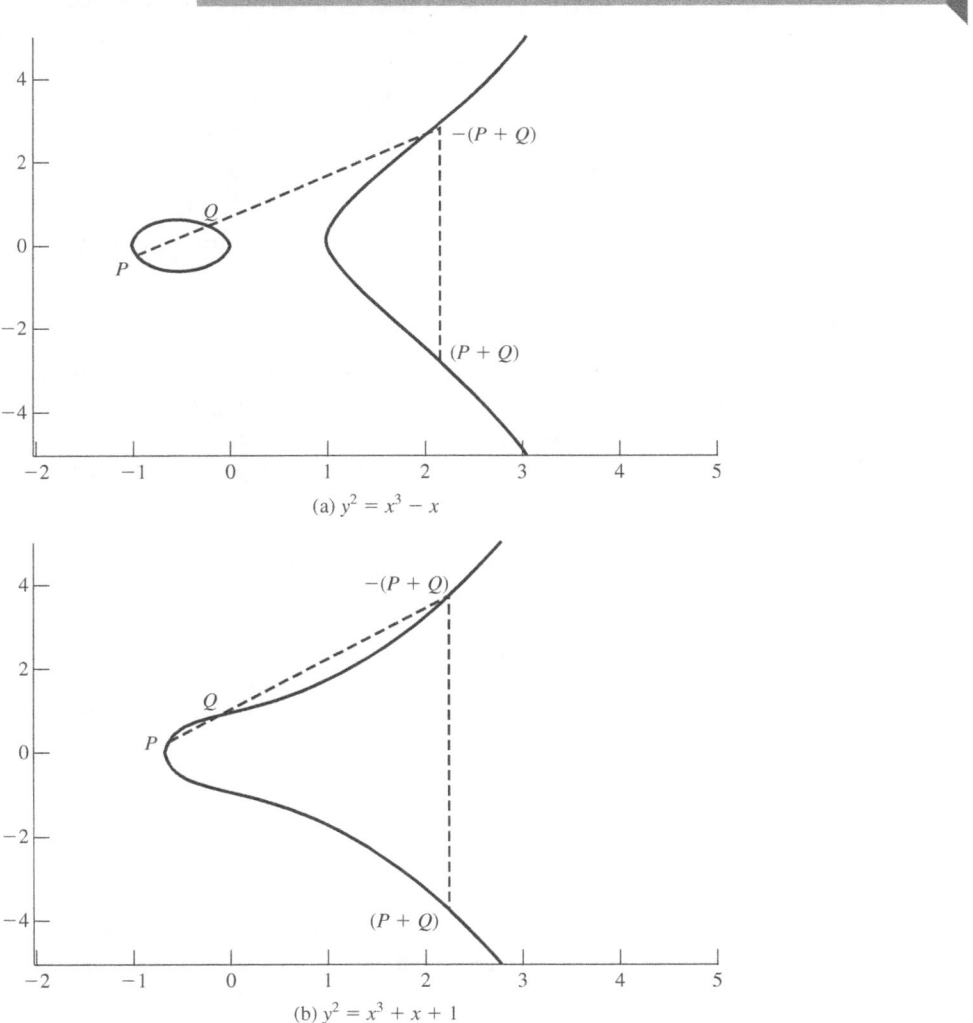

(a) $y^2 = x^3 - x$

(b) $y^2 = x^3 + x + 1$

---

[4] Observe que x e y são variáveis verdadeiras, que assumem valores. Isso é contrário à nossa discussão dos anéis e corpos polinomiais, do Capítulo 4, na qual x era tratada como um indeterminado.

Agora, considere o conjunto E(a, b) consistindo de todos os pontos (x, y) que satisfazem a Equação 10.1 com o elemento O. Usar um valor diferente do par (a, b) resulta em um conjunto diferente E(a, b). Empregando essa terminologia, as duas curvas da Figura 10.4 representam os conjuntos E(–1, 0) e E(1, 1), respectivamente.

Descrição geométrica da adição Podemos mostrar que um grupo pode ser definido com base no conjunto E(a, b) para valores específicos de a e b na Equação 10.1, desde que a condição a seguir seja atendida:

$$4a^3 + 27b^2 \neq 0 \tag{10.2}$$

Para estabelecer o grupo, temos que determinar uma operação, chamada adição e indicada por +, para o conjunto E(a, b), onde a e b satisfazem a Equação 10.2. Em termos geométricos, as regras para adição podem ser indicadas da seguinte forma: se três pontos em uma curva elíptica estão em uma linha reta, sua soma é O. Por esse conceito, podemos definir as regras da adição sobre uma curva elíptica.

1. O serve como a identidade aditiva. Assim, $O = -O$; para qualquer ponto P na curva elíptica, $P + O = P$. A seguir, consideramos $P \neq O$ e $Q \neq O$.

2. O negativo de um ponto P é aquele com a mesma coordenada x, mas o negativo da coordenada y; ou seja, se $P = (x, y)$, então $-P = (x, -y)$. Observe que esses dois pontos podem ser unidos por uma linha vertical. Observe que $P + (-P) = P - P = O$.

3. Para incluir dois pontos P e Q com coordenadas x diferentes, desenhe uma linha reta entre eles e encontre o terceiro ponto de interseção R. Pode-se ver facilmente que existe um único ponto R que é o de interseção (a menos que a linha seja tangente à curva em P ou Q, quando consideramos $R = P$ ou $R = Q$, respectivamente). Para formar uma estrutura de grupo, precisamos definir a adição sobre três pontos da seguinte forma: $P + Q = -R$. Ou seja, determinamos $P + Q$ como a imagem espelho (com relação ao eixo x) do terceiro ponto da interseção. A Figura 10.4 ilustra essa construção.

4. A interpretação geométrica do item anterior também se aplica a dois pontos, P e $-P$, com a mesma coordenada x. Os pontos são reunidos por uma linha vertical, que igualmente pode ser vista como a interseção da curva no ponto infinito. Portanto, temos $P + (-P) = O$, coerente com o item 2.

5. Para dobrar um ponto Q, desenhe a linha tangente e encontre o outro ponto da interseção S. Então, $Q + Q = 2Q = -S$.

Com a lista de regras apresentada, pode-se mostrar que o conjunto E(a, b) é um grupo abeliano.

Descrição algébrica da adição Nesta subseção, apresentaremos alguns resultados que permitem o cálculo de adições sobre curvas elípticas.[5] Para dois pontos distintos $P = (x_P, y_P)$ e $Q = (x_Q, y_Q)$ que não são negativos um do outro, a inclinação da linha l que os une é $\Delta = (y_Q - y_P)/(x_Q - x_P)$. Existe exatamente um outro ponto onde l cruza a curva elíptica, e esse é o negativo da soma de P e Q. Após alguma manipulação algébrica, podemos expressar a soma $R = P + Q$ da seguinte forma:

$$\begin{aligned} x_R &= \Delta^2 - x_P - x_Q \\ y_R &= -y_P + \Delta(x_P - x_R) \end{aligned} \tag{10.3}$$

Também precisamos ser capazes de incluir um ponto em si mesmo: $P + P = 2P = R$. Quando $y_P \neq 0$, as expressões são

$$\begin{aligned} x_R &= \left(\frac{3x_P^2 + a}{2y_P}\right)^2 - 2x_P \\ y_R &= \left(\frac{3x_P^2 + a}{2y_P}\right)(x_P - x_R) - y_P \end{aligned} \tag{10.4}$$

Curvas elípticas sobre Z_p

A **criptografia de curva elíptica** utiliza curvas elípticas em que as variáveis e os coeficientes são todos restringidos a elementos de um corpo finito. Duas famílias de curvas elípticas são usadas nas aplicações criptográficas: curvas primas sobre Z_p e curvas binárias sobre $GF(2^m)$. Para uma **curva prima** sobre Z_p, usamos uma equação cúbica em que todas as variáveis e coeficientes assumem valores no conjunto de inteiros de 0 até $p - 1$,

---

[5] Para ver derivações desses resultados, consulte [KOBL94] ou outros tratamentos matemáticos de curvas elípticas.

e em que os cálculos são realizados módulo p. Para uma **curva binária** definida sobre $GF(2^m)$, todas as variáveis e coeficientes assumem valores em $GF(2^m)$, e os cálculos são realizados sobre $GF(2^m)$. [FERN99] indica que as curvas primas são melhores para aplicações de software, pois as operações com manipulação estendida de bits, necessárias pelas curvas binárias, não são exigidas; e que as curvas binárias são melhores para aplicações de hardware, em que são precisas muito menos portas lógicas para criar um criptossistema poderoso e rápido. Examinaremos essas duas famílias nesta seção e na seguinte.

Não existe uma interpretação geométrica óbvia da aritmética de curva elíptica sobre corpos finitos. A interpretação algébrica usada para a aritmética de curva elíptica sobre números reais é prontamente transportada, e essa é a técnica que consideramos.

Para curvas elípticas sobre Z_p, assim como em números reais, limitamo-nos a equações na forma da Equação 10.1, mas nesse caso com coeficientes e variáveis limitados a Z_p:

$$y^2 \bmod p = (x^3 + ax + b) \bmod p \tag{10.5}$$

Por exemplo, a Equação 10.5 é satisfeita para $a = 1, b = 1, x = 9, y = 7, p = 23$:

$$7^2 \bmod 23 = (9^3 + 9 + 1) \bmod 23$$
$$49 \bmod 23 = 739 \bmod 23$$
$$3 = 3$$

Agora, considere o conjunto $E_p(a, b)$, consistindo em todos os pares de inteiros (x, y) que satisfazem a Equação 10.5, com um ponto no infinito O. Os coeficientes a e b e as variáveis x e y são todos elementos de Z_p.

Por exemplo, leve em conta $p = 23$ e a curva elíptica $y^2 = x^3 + x + 1$. Nesse caso, $a = b = 1$. Observe que essa equação é a mesma da Figura 10.4b. A figura mostra uma curva contínua com todos os pontos reais que satisfazem a equação. Para o conjunto $E_{23}(1, 1)$, só estamos interessados nos inteiros não negativos no quadrante de $(0, 0)$ até $(p-1, p-1)$ que satisfaçam a equação mod p. A Tabela 10.1 lista os pontos (diferentes de O) que fazem parte de $E_{23}(1, 1)$. A Figura 10.5 desenha os pontos de $E_{23}(1, 1)$; observe que eles, com uma exceção, são simétricos em torno de $y = 11,5$.

Pode-se mostrar que um grupo abeliano finito tem como ser definido com base no conjunto $E_p(a, b)$, desde que $(x^3 + ax + b) \bmod p$ não tenha fatores repetidos. Isso é equivalente à condição

$$(4a^3 + 27b^2) \bmod p \neq 0 \bmod p \tag{10.6}$$

Observe que a Equação 10.6 tem a mesma forma da Equação 10.2.

Tabela 10.1 Pontos (diferentes de O) na curva elíptica $E_{23}(1,1)$.

(0, 1)	(6, 4)	(12, 19)
(0, 22)	(6, 19)	(13, 7)
(1, 7)	(7, 11)	(13, 16)
(1, 16)	(7, 12)	(17, 3)
(3, 10)	(9, 7)	(17, 20)
(3, 13)	(9, 16)	(18, 3)
(4, 0)	(11, 3)	(18, 20)
(5, 4)	(11, 20)	(19, 5)
(5, 19)	(12, 4)	(19, 18)

Figura 10.5 A curva elíptica $E_{23}(1,1)$.

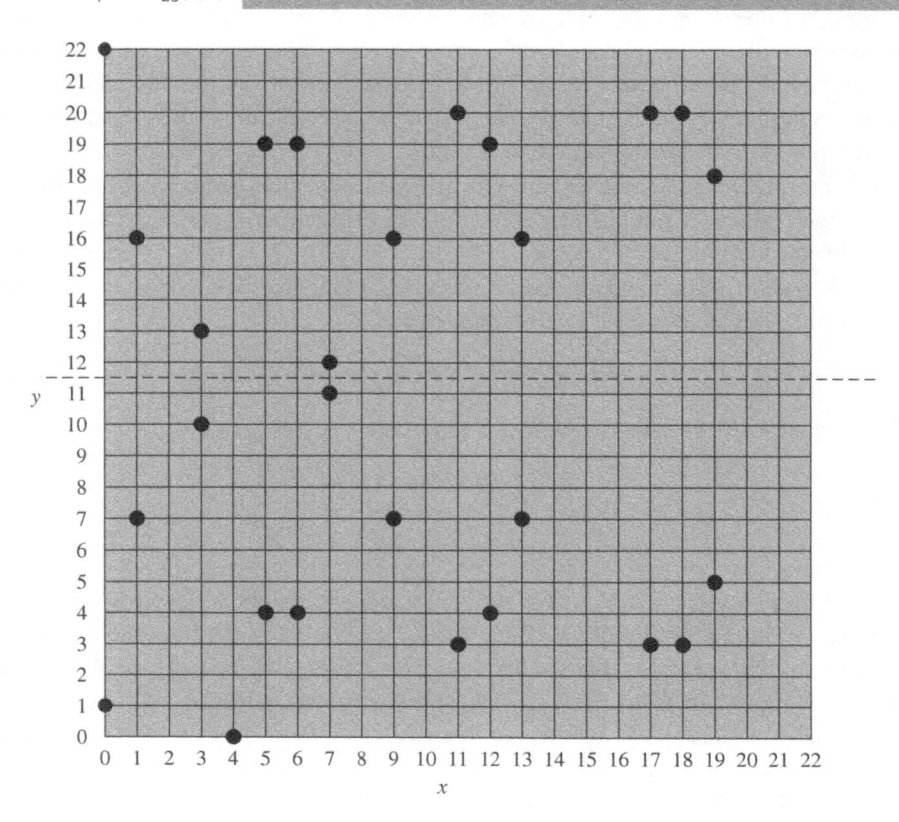

As regras para a adição sobre $E_p(a, b)$ correspondem à técnica algébrica descrita para as curvas elípticas definidas sobre números reais. Para todos os pontos $P, Q \in E_p(a, b)$:

1. $P + O = P$.
2. Se $P = (x_P, y_P)$, então $P + (x_P, -y_P) = O$. O ponto $(x_P, -y_P)$ é o negativo de P, indicado como $-P$. Por exemplo, em $E_{23}(1, 1)$, para $P = (13, 7)$, temos $-P = (13, -7)$. Mas $-7 \bmod 23 = 16$. Portanto, $-P = (13, 16)$, que também está em $E_{23}(1, 1)$.
3. Se $P = (x_P, y_P)$ e $Q = (x_Q, y_Q)$, com $P \neq -Q$, então $R = P + Q = (x_R, y_R)$ é determinado pelas seguintes regras:

$$x_R = (\lambda^2 - x_P - x_Q) \bmod p$$
$$y_R = (\lambda(x_P - x_R) - y_P) \bmod p$$

onde

$$\lambda = \begin{cases} \left(\dfrac{y_Q - y_P}{x_Q - x_P}\right) \bmod p & \text{se } P \neq Q \\ \left(\dfrac{3x_P^2 + a}{2y_P}\right) \bmod p & \text{se } P = Q \end{cases}$$

4. A multiplicação é definida como adição repetida; por exemplo, $4P = P + P + P + P$.

Por exemplo, considere $P = (3, 10)$ e $Q = (9, 7)$ em $E_{23}(1, 1)$. Então

$$\lambda = \left(\frac{7 - 10}{9 - 3}\right) \bmod 23 = \left(\frac{-3}{6}\right) \bmod 23 = \left(\frac{-1}{2}\right) \bmod 23 = 11$$

$$x_R = (11^2 - 3 - 9) \bmod 23 = 109 \bmod 23 = 17$$

$$y_R = (11(3 - 17) - 10) \bmod 23 = -164 \bmod 23 = 20$$

Assim, $P + Q = (17, 20)$. Para encontrar $2P$,

$$\lambda = \left(\frac{3(3^2) + 1}{2 \times 10}\right) \bmod 23 = \left(\frac{5}{20}\right) \bmod 23 = \left(\frac{1}{4}\right) \bmod 23 = 6$$

A última etapa na equação anterior envolve apanhar o inverso multiplicativo de 4 em Z_{23}. Isso pode ser feito usando-se o algoritmo de Euclides estendido, definido na Seção 4.4. Para confirmar, observe que $(6 \times 4) \bmod 23 = 24 \bmod 23 = 1$.

$$x_R = (6^2 - 3 - 3) \bmod 23 = 30 \bmod 23 = 7$$
$$y_R = (6(3 - 7) - 10) \bmod 23 = (-34) \bmod 23 = 12$$

e $2P = (7, 12)$.

Para determinar a segurança de várias cifras de curva elíptica, é interessante saber o número de pontos em um grupo abeliano finito estabelecido sobre uma curva elíptica. No caso do grupo finito $E_p(a, b)$, o número de pontos N é limitado por

$$p + 1 - 2\sqrt{p} \leq N \leq p + 1 + 2\sqrt{p}$$

Observe que o número de pontos em $E_p(a, b)$ é aproximadamente igual ao de elementos em Z_p, a saber, p elementos.

Curvas elípticas sobre GF(2^m)

Lembre-se, do Capítulo 4, que um **corpo finito** GF(2^m) consiste em 2^m elementos, com operações de adição e multiplicação que podem ser definidas sobre polinômios. Para curvas elípticas sobre GF(2^m), usamos uma equação cúbica em que as variáveis e coeficientes assumem valores em GF(2^m) para algum número m, e em que os cálculos são realizados com as regras da aritmética em GF(2^m).

Acontece que a forma da equação cúbica apropriada a aplicações criptográficas para curvas elípticas é um pouco diferente para GF(2^m) e para Z_p. A forma é

$$y^2 + xy = x^3 + ax^2 + b \tag{10.7}$$

onde é entendido que as variáveis x e y e os coeficientes a e b são elementos de GF(2^m) e que os cálculos são realizados em GF(2^m).

Agora, considere o conjunto $E_{2^m}(a, b)$, consistindo em todos os pares de inteiros (x, y) que satisfazem a Equação 10.7, com um ponto no infinito O.

Por exemplo, vamos usar o corpo finito GF(2^4) com o polinômio irredutível $f(x) = x^4 + x + 1$. Isso produz um gerador g que satisfaz $f(g) = 0$, com um valor de $g^4 = g + 1$, ou, em binário, 0010. Podemos desenvolver as potências de g da seguinte forma:

$g^0 = 0001$	$g^4 = 0011$	$g^8 = 0101$	$g^{12} = 1111$
$g^1 = 0010$	$g^5 = 0110$	$g^9 = 1010$	$g^{13} = 1101$
$g^2 = 0100$	$g^6 = 1100$	$g^{10} = 0111$	$g^{14} = 1001$
$g^3 = 1000$	$g^7 = 1011$	$g^{11} = 1110$	$g^{15} = 0001$

Por exemplo, $g^5 = (g^4)(g) = (g + 1)(g) = g^2 + g = 0110$.

Agora considere a curva elíptica $y^2 + xy = x^3 + g^4 x^2 + 1$. Nesse caso, $a = g^4$ e $b = g^0 = 1$. Um ponto que satisfaz essa equação é (g^5, g^3):

$$(g^3)^2 + (g^5)(g^3) = (g^5)^3 + (g^4)(g^5)^2 + 1$$
$$g^6 + g^8 = g^{15} + g^{14} + 1$$
$$1100 + 0101 = 0001 + 1001 + 0001$$
$$1001 = 1001$$

A Tabela 10.2 lista os pontos (diferentes de O) que fazem parte de $E_{2^4}(g^4, 1)$. A Figura 10.6 desenha os pontos de $E_{2^4}(g^4, 1)$.

Tabela 10.2 Pontos (diferentes de O) na curva elíptica $E_{2^4}(g^4, 1)$.

(0, 1)	(g^5, g^3)	(g^9, g^{13})
$(1, g^6)$	(g^5, g^{11})	(g^{10}, g)
$(1, g^{13})$	(g^6, g^8)	(g^{10}, g^8)
(g^3, g^8)	(g^6, g^{14})	$(g^{12}, 0)$
(g^3, g^{13})	(g^9, g^{10})	(g^{12}, g^{12})

Figura 10.6 A curva elíptica $E_{2^4}(g^4, 1)$.

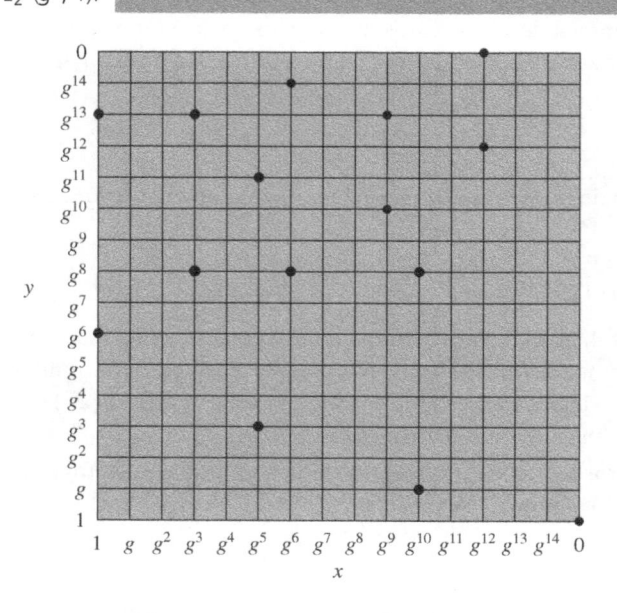

Pode-se mostrar que um grupo abeliano finito tem como ser definido com base no conjunto $E_{2^m}(a, b)$, desde que $b \neq 0$. As regras para a adição podem ser declaradas da forma a seguir. Para todos os pontos $P, Q \in E_{2^m}(a, b)$:

1. $P + O = P$.
2. Se $P = (x_P, y_P)$, então $P + (x_P, x_P + y_P) = O$. O ponto $(x_P, x_P + y_P)$ é o negativo de P, indicado como $-P$.
3. Se $P = (x_P, y_P)$ e $Q = (x_Q, y_Q)$, com $P \neq -Q$ e $P \neq Q$, então $R = P + Q = (x_R, y_R)$ é determinado pelas seguintes regras

$$x_R = \lambda^2 + \lambda + x_P + x_Q + a$$
$$y_R = \lambda(x_P + x_R) + x_R + y_P$$

onde

$$\lambda = \frac{y_Q + y_P}{x_Q + x_P}$$

4. Se $P = (x_P, y_P)$, então $R = 2P = (x_R, y_R)$ é estabelecido por:

$$x_R = \lambda^2 + \lambda + a$$
$$y_R = x_P^2 + (\lambda + 1)x_R$$

onde

$$\lambda = x_P + \frac{y_P}{x_P}$$

10.4 CRIPTOGRAFIA DE CURVA ELÍPTICA

A operação de adição em ECC é equivalente à multiplicação modular no RSA, e a adição múltipla, à exponenciação modular. Para formar um sistema criptográfico usando curvas elípticas, precisamos encontrar um "problema difícil" correspondente a fatorar o produto de dois primos ou calcular o logaritmo discreto.

Considere a equação $Q = kP$, onde $Q, P \in E_p(a, b)$ e $k < p$. É relativamente fácil calcular Q, dados k e P, mas é relativamente difícil determinar k, dados Q e P. Isso é chamado de problema de logaritmo discreto para curvas elípticas.

Damos um exemplo tirado do website da Certicom (<www.certicom.com>). Considere o grupo $E_{23}(9, 17)$. Esse é o grupo definido pela equação $y^2 \bmod 23 = (x^3 + 9x + 17) \bmod 23$. Qual é o logaritmo discreto k de $Q = (4, 5)$ à base $P = (16, 5)$? O método da força bruta é calcular múltiplos de P até que Q seja encontrado. Assim,

$$P = (16, 5); 2P = (20, 20); 3P = (14, 14); 4P = (19, 20); 5P = (13, 10);$$

$$6P = (7, 3); 7P = (8, 7); 8P = (12, 17); 9P = (4, 5).$$

Como $9P = (4, 5) = Q$, o logaritmo discreto $Q = (4, 5)$ à base $P = (16, 5)$ é $k = 9$. Em uma aplicação real, k seria muito grande de forma que uma técnica de força bruta seria inviável.

No restante desta seção, mostraremos duas abordagens para ECC que lhe darão uma ideia dessa técnica.

Analogia da troca de chaves Diffie-Hellman

A troca de chaves usando curvas elípticas pode ser feita da maneira a seguir. Primeiro, escolha um inteiro grande q, que é um número primo p ou um inteiro na forma 2^m, e parâmetros de curva elíptica a e b para a Equação 10.5 ou a Equação 10.7. Isso define o grupo elíptico de pontos $E_q(a, b)$. Em seguida, selecione um *ponto de base* $G = (x_1, y_1)$ em $E_p(a, b)$ cuja ordem é um valor muito grande n. A **ordem** n de um ponto G em uma curva elíptica é o menor inteiro positivo n, tal que $nG = 0$ e G são parâmetros do criptossistema conhecido de todos os participantes.

Uma troca de chaves entre os usuários A e B pode ser realizada da seguinte forma (Figura 10.7):

1. A seleciona um inteiro n_A menor que n. Essa é a chave privada de A. A, então, gera uma chave pública $P_A = n_A \times G$; a chave pública é um ponto em $E_q(a, b)$.
2. B, de modo semelhante, seleciona uma chave privada n_B e calcula uma chave pública P_B.
3. A gera a chave secreta $k = n_A \times P_B$. Já B desencadeia a chave secreta $k = n_B \times P_A$.

Os dois cálculos na etapa 3 produzem o mesmo resultado, porque

$$n_A \times P_B = n_A \times (n_B \times G) = n_B \times (n_A \times G) = n_B \times P_A$$

Para quebrar esse esquema, um intruso teria que ser capaz de calcular k, dados G e kG, o que é considerado difícil.

Como um exemplo,[6] use $p = 211$; $E_p(0, -4)$, que é equivalente à curva $y^2 = x^3 - 4$; e $G = (2, 2)$. Pode-se calcular que $240G = O$. A chave privada de A é $n_A = 121$, de modo que a chave pública de A é $P_A = 121(2, 2) = (115, 48)$. A chave privada de B é $n_B = 203$, de modo que a chave pública de B é $203(2, 3) = (130, 203)$. A chave secreta compartilhada é $121(130, 203) = 203(115, 48) = (161, 69)$.

Observe que a chave secreta é um par de números. Se essa chave tiver que ser usada como uma de sessão para a encriptação convencional, então um único número precisa ser gerado. Poderíamos, simplesmente, empregar as coordenadas x ou alguma função simples da coordenada x.

Encriptação/decriptação de curva elíptica

Várias técnicas de encriptação/decriptação usando curvas elípticas foram analisadas pela literatura. Nesta subseção, examinaremos talvez a mais simples delas. A primeira tarefa nesse sistema é codificar a mensagem de texto claro m a ser enviada como (x, y) de um ponto P_m. Esse é o ponto P_m que será encriptado como um texto

---

[6] Fornecido por Ed Schaefer, da Santa Clara University.

Figura 10.7 Troca de chaves ECC Diffie-Hellman.

Elementos públicos globais	
$E_q(a, b)$	curva elíptica com parâmetros a, b e q, onde q é um primo ou um inteiro na forma 2^m
G	ponto na curva elíptica cuja ordem é o valor grande n

Geração de chave do usuário A	
Selecione privada n_A	$n_A < n$
Calcule pública P_A	$P_A = n_A \times G$

Geração de chave do usuário B	
Selecione privada n_B	$n_B < n$
Calcule pública P_B	$P_B = n_B \times G$

Cálculo da chave secreta pelo usuário A
$K = n_A \times P_B$

Cálculo da chave secreta pelo usuário B
$K = n_B \times P_A$

cifrado, e mais tarde decriptado. Observe que não podemos apenas codificar a mensagem como a coordenada x ou y de um ponto, pois nem todas essas coordenadas estão em $E_q(a, b)$; por exemplo, consulte a Tabela 10.1. Novamente, existem várias técnicas para essa codificação, que não explicaremos aqui, mas basta dizer que há técnicas relativamente simples que podem ser usadas.

Assim como no caso de sistema de troca de chaves, um de encriptação/decriptação requer um ponto G e um grupo elíptico $E_q(a, b)$ como parâmetros. Cada usuário A seleciona uma chave privada n_A e gera uma chave pública $P_A = n_A \times G$.

Para encriptar e enviar uma mensagem P_m a B, A escolhe um inteiro positivo aleatório k e produz o texto cifrado C_m consistindo no par de pontos:

$$C_m = \{kG, P_m + kP_B\}$$

Observe que A usou a chave pública de B, P_B. Para decriptar o texto cifrado, B multiplica o primeiro ponto no par pela chave privada de B e subtrai o resultado do segundo ponto:

$$P_m + kP_B - n_B(kG) = P_m + k(n_B G) - n_B(kG) = P_m$$

A mascarou a mensagem P_m somando kP_B a ela. Ninguém além de A conhece o valor de k, de modo que, embora P_B seja uma chave pública, ninguém pode remover a máscara kP_B. Porém, A também inclui uma "dica", que é suficiente para remover a máscara se alguém souber a chave privada n_B. Para que um intruso recupere a mensagem, ele teria que calcular k, dados G e kG, o que é considerado difícil.

Vamos considerar um exemplo simples. Os elementos públicos globais são $q = 257$; $E_q(a, b) = E_{257}(0, -4)$, que é equivalente à curva $y^2 = x^3 - 4$; e $G = (2, 2)$. A chave privada de Bob é $n_B = 101$, e sua chave pública é $P_B = n_B G = 101(2,2) = (197, 167)$. Alice deseja enviar uma mensagem a Bob, que está codificada no ponto elíptico $P_m = (112, 26)$. Alice escolhe o inteiro aleatório $k = 41$ e calcula $kG = 41(2,2) = (136, 128)$, $kP_B = 41(197, 167) = (68, 84)$

e $P_m + kP_B = (112, 26) + (68, 84) = (246, 174)$. Alice envia o texto cifrado $C_m = (C_1, C_2) = \{(136, 128), (246, 174)\}$ a Bob. Bob recebe o texto cifrado e calcula $C_2 - n_B C_1 = (246, 174) - 101(136, 128) = (246, 174) - (68, 84) = (112, 26)$.

Segurança da criptografia de curva elíptica

A segurança da ECC depende da dificuldade de se determinar k, dados kP e P. Isso é conhecido como problema do logaritmo da curva elíptica. A técnica mais rápida conhecida para calcular o logaritmo da curva elíptica é o método Pollard rho. A Tabela 10.3, do NIST SP800-57 (*Recomendação para Gerenciamento de Chaves* – Parte I: Geral, jul. 2012), confronta diversos algoritmos mostrando tamanhos de chave comparáveis em termos do esforço computacional para a criptoanálise. Como dá para ver, um tamanho de chave consideravelmente menor pode ser usado para ECC em contraposição ao RSA. Além disso, para tamanhos de chave iguais, o esforço computacional exigido a ECC e RSA é comparável [JURI97]. Assim, existe uma vantagem em termos de cálculo para o uso do ECC com um tamanho de chave mais curto do que o de um RSA comparavelmente seguro.

Tabela 10.3 Comparação de tamanhos de chave em termos do esforço computacional para a criptoanálise (NIST SP-800-57).

Algoritmos de chave simétrica	Algoritmo Diffie-Hellman, assinatura digital	RSA (tamanho de n em bits)	ECC (tamanho do módulo em bits)
80	$L = 1024$ $N = 160$	1024	160–223
112	$L = 2048$ $N = 224$	2048	224–255
128	$L = 3072$ $N = 256$	3072	256–383
192	$L = 7680$ $N = 384$	7680	384–511
256	$L = 15.360$ $N = 512$	15.360	512+

Nota: L = tamanho da chave pública, N = tamanho da chave privada

10.5 GERAÇÃO DE NÚMERO PSEUDOALEATÓRIO BASEADA EM UMA CIFRA ASSIMÉTRICA

Observamos no Capítulo 7 que, como a cifra de bloco simétrico produz uma saída aparentemente aleatória, ela pode servir como base de um gerador de número pseudoaleatório (PRNG). De modo semelhante, um algoritmo de encriptação assimétrico gera saída aparentemente aleatória e pode ser usado para criar um PRNG. Visto que os algoritmos assimétricos normalmente são muito mais lentos do que os simétricos, não são usados para gerar fluxos de bits PRNG sem tamanho definido. Em vez disso, o método assimétrico é útil para criar uma função pseudoaleatória (PRF) a fim de gerar uma curta sequência de bits pseudoaleatórios.

Nesta seção, examinaremos dois projetos de PRNG baseados em funções pseudoaleatórias.

PRNG baseado em RSA

Para um tamanho de chave longo o suficiente, o algoritmo RSA é considerado seguro e um bom candidato para formar a base de um PRNG. Esse PRNG, conhecido como PRNG Micali-Schnorr [MICA91], é recomendado no padrão ANSI X9.82 (*random number generation*) e é o padrão ISO 18031 (*random bit generation*).

O PRNG é ilustrado na Figura 10.8. Como podemos ver, esse PRNG tem a mesma estrutura do modo *output feedback* (OFB) usado como um PRNG (veja a Figura 7.4b e a parte da Figura 6.6a delimitada por um boxe tracejado). Nesse caso, o algoritmo de encriptação é RSA, em vez de uma cifra de bloco simétrica. Além disso, uma parte da saída é alimentada na próxima iteração do algoritmo de encriptação, e o restante dela é

Figura 10.8 Gerador de bit pseudoaleatório de Micali-Schnorr.

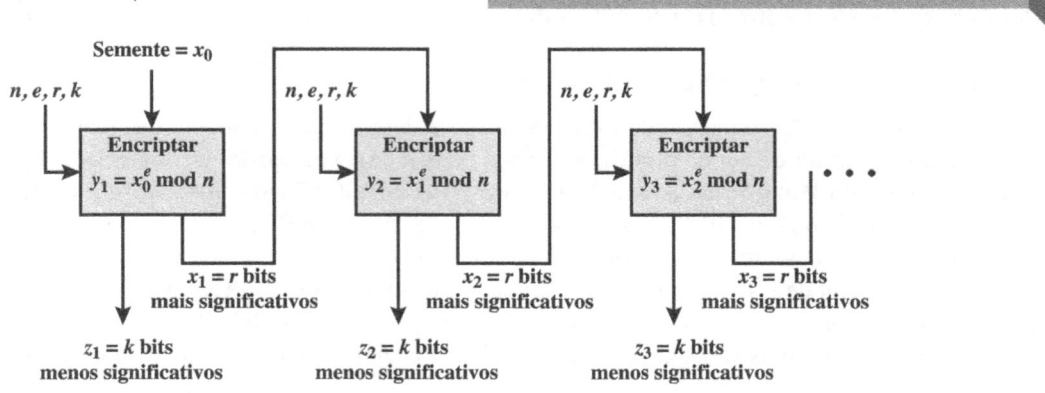

```
              Semente = x₀
n,e,r,k            ↓         n,e,r,k              n,e,r,k
    →  ┌──────────────┐  →  ┌──────────────┐  →  ┌──────────────┐
       │  Encriptar   │     │  Encriptar   │     │  Encriptar   │   · · ·
       │ y₁ = x₀ᵉ mod n│    │ y₂ = x₁ᵉ mod n│    │ y₃ = x₂ᵉ mod n│
       └──────────────┘     └──────────────┘     └──────────────┘
         ↓         ↓          ↓         ↓          ↓         ↓
              x₁ = r bits           x₂ = r bits          x₃ = r bits
              mais significativos   mais significativos  mais significativos
         ↓                    ↓                    ↓
      z₁ = k bits          z₂ = k bits          z₃ = k bits
      menos significativos menos significativos menos significativos
```

usado como bits pseudoaleatórios. A motivação para essa separação da saída em duas partes distintas é tal que os bits pseudoaleatórios de um estágio não fornecem entrada para o seguinte. Essa separação deverá contribuir para a imprevisibilidade direta.

Podemos definir o PRNG da seguinte forma:

Preparação Selecione primos p, q; $n = pq$; $\phi(n) = (p-1)(q-1)$ e também e, de modo que $\mathrm{mdc}(e, \phi(n)) = 1$. Essas são as seleções de preparação do RSA (veja a Figura 9.5). Além disso, considere $N = \lceil \log_2 n \rceil + 1$ (o comprimento de bit de n). Selecione r, k tal que $r + k = N$.

Semente Escolha uma semente aleatória x_0 com comprimento de bits r.

Geração Gere uma sequência pseudoaleatória de tamanho $k \times m$ usando o laço
for i from 1 to m do
$\qquad y_i = x_{i-1}^e \bmod n$
$\qquad x_i = r$ bits mais significativos de y_i
$\qquad z_i = k$ bits menos significativos de y_i

Saída A sequência de saída é $z_1 \| z_2 \| \ldots \| z_m$.

Os parâmetros n, r, e e k são selecionados para satisfazer os seis requisitos a seguir:

1. $n = pq$ — n é escolhido como o produto de dois primos para ter a força criptográfica exigida de RSA.
2. $1 < e < \phi(n)$; $\mathrm{mdc}(e, \phi(n)) = 1$ — Garante que o mapeamento $s \to s^e \bmod n$ é de 1 para 1.
3. $re \geq 2N$ — Garante que a exponenciação requer uma redução modular completa.
4. $r \geq 2$ força — Protege contra um ataque criptográfico.
5. k, r são múltiplos de 8 — Uma conveniência de implementação.
6. $k \geq 8$; $r + k = N$ — Todos os bits são usados.

A variável *força* no requisito 4 é definida no NIST SP 800-90 da seguinte forma: um número associado à quantidade de trabalho (ou seja, o número de operações) exigida para quebrar um algoritmo ou sistema criptográfico; uma força de segurança é especificada em bits e é um valor específico do conjunto (112, 128, 192, 256) para esta Recomendação. A quantidade de trabalho necessária é $2^{\text{força}}$.

De modo claro, existe uma compensação entre r e k. Como o RSA é computacionalmente intenso em comparação a uma cifra de bloco, gostaríamos de gerar o máximo de bits pseudoaleatórios por iteração possível e, portanto, gostaríamos de um valor grande para k. Porém, para a força criptográfica, queríamos que r fosse o maior possível.

Por exemplo, se $e = 3$ e $N = 1024$, então temos a desigualdade $3r > 1024$, resultando em um tamanho exigido mínimo para r de 683 bits. Para r definido com esse tamanho, $k = 341$ bits são gerados para cada exponenciação (cada encriptação RSA). Nesse caso, cada exponenciação requer somente um quadrado modular de um número de 683 bits e uma multiplicação modular. Ou seja, só precisamos calcular $(x_i \times (x_i^2 \bmod n)) \bmod n$.

PRNG baseado em criptografia de curva elíptica

Nesta subseção, resumimos rapidamente uma técnica desenvolvida pela National Security Agency (NSA) dos Estados Unidos como curva elíptica dual PRNG (DEC PRNG). Essa técnica é recomendada no NIST SP 800-90, no padrão ANSI X9.82 e no padrão ISO 18031. Tem havido alguma controvérsia com relação à segurança e à eficiência desse algoritmo em comparação a outras alternativas (por exemplo, veja [SCHO06], [BROW07]).

[SCHO06] resume o algoritmo da seguinte forma. Considere que P e Q sejam dois pontos conhecidos em determinada curva elíptica. A semente do DEC PRNG é um inteiro aleatório $s_0 \in \{0, 1, ..., \#E(GF(p)) - 1\}$, onde $\#E(GF(p))$ indica o número de pontos na curva. Leve em conta que x mostra uma função que dá a coordenada x de um ponto da curva. Tenha em mente que $lsb_i(s)$ aponta os i bits menos significativos de um inteiro s. O DEC PRNG transforma a semente em uma sequência pseudoaleatória de tamanho $240k$, $k > 0$, da seguinte forma:

```
for i = 1 to k do
    Set s_i ← x(S_{i-1} P)
    Set r_i ← lsb_240 (x(s_i Q))
end for
    Return r_1,...,r_k
```

Dadas as questões de segurança expressas para esse PRNG, a única motivação ao seu uso seria que ele é voltado para um sistema que já implementa ECC, mas não qualquer outro algoritmo criptográfico simétrico, assimétrico ou de *hash* que pudesse ser empregado a fim de criar um PRNG.

10.6 LEITURA RECOMENDADA

Um texto que merece bastante ser lido sobre criptografia de curva elíptica é [ROSI99]; a ênfase está na implementação em software. Outro livro que vale a pena, porém mais rigoroso, é [HANK04]. Também existem descrições boas, mas concisas, em [KUMA98], [STIN06] e [KOBL94]. Ainda, dois textos de estudo interessantes são [FERN99] e [JURI97].

FERN99 FERNANDES, A. "Elliptic Curve Cryptography". *Dr. Dobb's Journal*, dez. 1999.

HANK04 HANKERSON, D.; MENEZES, A.; VANSTONE, S. *Guide to Elliptic Curve Cryptography*. Nova York: Springer, 2004.

JURI97 JURISIC, A.; MENEZES, A. "Elliptic Curves and Cryptography". *Dr. Dobb's Journal*, abr. 1997.

KOBL94 KOBLITZ, N. *A Course in Number Theory and Cryptography*. Nova York: Springer-Verlag, 1994.

KUMA98 KUMANDURI, R.; ROMERO, C. *Number Theory with Computer Applications*. Upper Saddle River, NJ: Prentice Hall, 1998.

ROSI99 ROSING, M. *Implementing Elliptic Curve Cryptography*. Greeenwich, CT: Manning Publications, 1999.

STIN06 STINSON, D. *Cryptography: Theory and Practice*. Boca Raton, FL: CRC Press, 2006.

10.7 PRINCIPAIS TERMOS, PERGUNTAS PARA REVISÃO E PROBLEMAS

Principais termos

aritmética de curva elíptica	curva elíptica	Micali-Schnorr
ataque *man-in-the-middle*	curva prima	ponto zero
corpo finito	equação cúbica	raiz primitiva
criptografia de curva elíptica	grupo abeliano	troca de chave Diffie-Hellman
curva binária	logaritmo discreto	

Perguntas para revisão

10.1 Explique rapidamente a troca de chaves Diffie-Hellman.
10.2 O que é uma curva elíptica?
10.3 O que é o ponto zero de uma curva elíptica?
10.4 Qual é a soma de três pontos em uma curva elíptica que está em uma linha reta?

Problemas

10.1 Os usuários A e B utilizam a técnica de troca de chaves Diffie-Hellman com um primo comum $q = 71$ e uma raiz primitiva $\alpha = 7$.
   a. Se o usuário A tem chave privada $X_A = 5$, qual é a chave pública de A, Y_A?
   b. Se o usuário B tem chave privada $X_B = 12$, qual é a chave pública de B, Y_B?
   c. Qual é a chave secreta compartilhada?

10.2 Considere um esquema Diffie-Hellman com um primo comum $q = 11$ e uma raiz primitiva $\alpha = 2$.
   a. Mostre que 2 é uma raiz primitiva de 11.
   b. Se o usuário A possui chave pública $Y_A = 9$, qual é a chave privada de A, X_A?
   c. Se o usuário B tem chave pública $Y_B = 3$, qual é a chave secreta K, compartilhada com A?

10.3 No protocolo Diffie-Hellman, cada participante seleciona um número secreto x e envia ao outro participante α^x mod q, para algum número público α. O que aconteceria se os participantes enviassem uns aos outros x^α para algum número público α, em vez disso? Dê pelo menos um método que Alice e Bob poderiam usar para combinar sobre uma chave. Eve pode quebrar seu sistema sem descobrir os números secretos? Eve tem como desvendar os números secretos?

10.4 Este problema ilustra o ponto de que o protocolo Diffie-Hellman não é seguro sem a etapa em que você apanha o módulo; ou seja, o "problema do logaritmo indiscreto" não é difícil! Você é Eve, e capturou Alice e Bob, aprisionando-os. Você ouve às escondidas o seguinte diálogo:

   Bob: Oh, não vamos nos preocupar com o primo no protocolo Diffie-Hellman, pois isso tornará as coisas mais fáceis.
   Alice: Tudo bem, mas ainda precisamos de uma base α para elevar os números. Que tal $\alpha = 3$?
   Bob: Está certo, então meu resultado é 27.
   Alice: E o meu é 243.

   Qual é o X_B privado de Bob e o X_A privado de Alice? Qual é a chave combinada secreta deles? (Não se esqueça de mostrar seu trabalho.)

10.5 A Seção 10.1 descreve um ataque *man-in-the-middle* sobre o protocolo de troca de chaves Diffie-Hellman, em que o intruso gera dois pares de chave pública-privada para isso. O mesmo ataque poderia ser realizado com um par? Explique.

10.6 Considere um esquema Elgamal com um primo comum $q = 71$ e uma raiz primitiva $\alpha = 7$.
   a. Se B tem chave pública $Y_B = 3$ e A escolheu um inteiro aleatório $k = 2$, qual é o texto cifrado de $M = 30$?
   b. Se A, então, selecionar um valor diferente de k, de modo que a codificação de $M = 30$ seja $C = (59, C_2)$, qual é o inteiro C_2?

10.7 A regra (5) para realizar a aritmética em curvas elípticas sobre números reais pede que, a fim de dobrar um ponto Q_2, seja desenhada a linha tangente e encontrado o outro ponto de interseção S. Então, $Q + Q = 2Q = -S$. Se a linha tangente não for vertical, haverá exatamente um ponto de interseção. Porém, suponha que ela seja vertical. Nesse caso, qual é o valor $2Q$? Qual é o valor $3Q$?

10.8 Demonstre que as duas curvas elípticas da Figura 10.4 satisfazem, cada uma, às condições para um grupo sobre os números reais.

10.9 $(4, 7)$ é um ponto na curva elíptica $y^2 = x^3 - 5x + 5$ sobre números reais?

10.10 Na curva elíptica sobre os números reais $y^2 = x^3 - 36x$, considere $P = (-3{,}5, 9{,}5)$ e $Q = (-2{,}5, 8{,}5)$. Encontre $P + Q$ e $2P$.

10.11 A equação de curva elíptica $y^2 = x^3 + 10x + 5$ define um grupo sobre Z_{17}?

10.12 Considere a curva elíptica $E_{11}(1, 6)$; ou seja, ela é definida por $y^2 = x^3 + x + 6$ com um módulo de $p = 11$. Determine todos os pontos em $E_{11}(1, 6)$. **Dica**: comece calculando o lado direito da equação para todos os valores de x.

10.13 Quais são os negativos dos seguintes pontos de curva elíptica sobre Z_{17}: $P = (5, 8)$; $Q = (3, 0)$; $R = (0, 6)$?

10.14 Para $E_{11}(1, 6)$, considere o ponto $G = (2, 7)$. Calcule os múltiplos de G, de $2G$ até $13G$.

10.15 Este problema realiza encriptação/decriptação de curva elíptica usando o esquema esboçado na Seção 10.4. Os parâmetros do criptossistema são $E_{11}(1, 6)$ e $G = (2, 7)$. A chave privada de B é $n_B = 7$.
   a. Encontre a chave pública P_B de B.
   b. A deseja encriptar a mensagem $P_m = (10, 9)$ e escolhe o valor aleatório $k = 3$. Determine o texto cifrado C_m.
   c. Mostre o cálculo pelo qual B recupera P_m de C_m.

10.16 A seguir, vemos uma primeira tentativa de um esquema de assinatura de curva elíptica. Temos uma curva elíptica global, o primo p e o "gerador" G. Alice escolhe uma chave de assinatura privada X_A e forma a chave de verificação pública $Y_A = X_A G$. Para assinar uma mensagem M:
   ▪ Alice apanha um valor k.
   ▪ Alice envia para Bob M, k e a assinatura $S = M - kX_A G$.
   ▪ Bob verifica se $M = S + kY_A$.
   a. Mostre que esse esquema funciona. Ou seja, indique que o processo de verificação produz uma igualdade se a assinatura for válida.
   b. Mostre que o esquema é inaceitável descrevendo uma técnica simples para falsificar a assinatura de um usuário em uma mensagem qualquer.

10.17 Aqui há uma versão melhorada do esquema dado no problema anterior. Como antes, temos uma curva elíptica global, o primo p e o "gerador" G. Alice gera uma chave de assinatura privada X_A e forma a chave de verificação pública $Y_A = X_A G$. Para assinar uma mensagem M:
   ▪ Bob apanha um valor k.
   ▪ Bob envia a Alice $C_1 = kG$.
   ▪ Alice envia para Bob M e a assinatura $S = M - X_A C_1$.
   ▪ Bob verifica se $M = S + kY_A$.
   a. Mostre que esse esquema funciona. Ou seja, indique que o processo de verificação produz uma igualdade se a assinatura for válida.
   b. Mostre que falsificar uma mensagem nesse esquema é tão difícil quanto quebrar a criptografia de curva elíptica (Elgamal). (Ou encontre um modo mais fácil de falsificar uma mensagem.)
   c. Esse esquema tem uma "etapa" extra em comparação a outros criptossistemas e esquemas de assinatura que vimos. Quais são algumas desvantagens disso?

PARTE 3: ALGORITMOS CRIPTOGRÁFICOS PARA INTEGRIDADE DE DADOS

Funções de hash criptográficas

11

TÓPICOS ABORDADOS

11.1 APLICAÇÕES DE FUNÇÕES DE HASH CRIPTOGRÁFICAS
Autenticação de mensagem
Assinaturas digitais
Outras aplicações

11.2 DUAS FUNÇÕES DE HASH SIMPLES

11.3 REQUISITOS E SEGURANÇA
Requisitos de segurança para funções de hash criptográficas
Ataques de força bruta
Criptoanálise

11.4 FUNÇÕES DE HASH BASEADAS EM CIPHER BLOCK CHAINING

11.5 SECURE HASH ALGORITHM (SHA)
Lógica do SHA-512
Função round do SHA-512
Exemplo

11.6 SHA-3
Construção em esponja
Função de iteração f do SHA-3

11.7 LEITURA RECOMENDADA

11.8 PRINCIPAIS TERMOS, PERGUNTAS PARA REVISÃO E PROBLEMAS

OBJETIVOS DE APRENDIZAGEM

APÓS ESTUDAR ESTE CAPÍTULO, VOCÊ SERÁ CAPAZ DE:

☑ Resumir as aplicações das funções de hash criptográficas.
☑ Explicar por que uma função de hash usada para autenticação de mensagem precisa ser protegida.
☑ Entender as diferenças entre as propriedades de resistência à pré-imagem, segunda resistência à pré-imagem e resistência à colisão.
☑ Apresentar uma visão geral da estrutura básica das funções de hash criptográficas.
☑ Descrever como o cipher block chaining pode ser usado para construir uma função de hash.
☑ Entender a operação do SHA-512.
☑ Entender o paradoxo do dia do aniversário e apresentar uma visão geral do ataque de dia do aniversário.

"O peixe que você tatuou logo acima do seu punho direito só poderia ter sido feito na China. Eu fiz um pequeno estudo de marcas de tatuagem e até mesmo contribuí para a literatura sobre o assunto."
— The Red-Headed League, Sir Arthur Conan Doyle

"O Esquilo Douglas tem um hábito de alimentação distinto. Ele normalmente come pinhões de baixo para cima. Os pinhões parcialmente consumidos podem indicar a presença desses esquilos se tiverem sido comidos primeiro na base. Se, em vez disso, o pinhão tiver sido comido de cima para baixo, é mais provável que outro animal tenha feito a refeição."
— Squirrels: A Wildlife Handbook, Kim Long

Uma **função de hash** aceita uma mensagem de tamanho variável M como entrada e produz um valor de hash de tamanho fixo $h = H(M)$. Uma "boa" função de hash tem a propriedade de que os resultados da aplicação da função a um grande conjunto de entradas produzirá saídas que são distribuídas por igual e aparentemente de modo aleatório. Em termos gerais, o objeto principal de uma função de hash é a integridade de dados. Uma mudança em qualquer bit ou bits em M resulta, com alta probabilidade, em uma mudança no código de hash.

O tipo de função de hash necessária para aplicações de segurança é conhecido como **função de hash criptográfica**. Ela é um algoritmo para o qual é computacionalmente inviável (pois nenhum ataque é de maneira significativa mais eficiente do que a força bruta) descobrir ou (a) um objeto de dados que seja mapeado para um resultado de hash pré-especificado (a propriedade de mão única) ou (b) dois objetos de dados que sejam mapeados para o mesmo resultado de hash (a propriedade livre de colisão). Por conta dessas características, as funções de hash são usadas com frequência para determinar se os dados mudaram ou não.

A Figura 11.1 representa a operação geral de uma função de hash criptográfica. Normalmente, a entrada é preenchida até um múltiplo inteiro de algum tamanho fixo (por exemplo, 1024 bits), e esse o preenchimento inclui o valor do tamanho da mensagem original em bits. O campo de tamanho é uma medida de segurança a fim de aumentar a dificuldade para um invasor produzir uma mensagem alternativa com o mesmo valor de hash.

Este capítulo começa com uma discussão da grande variedade de aplicações para funções de hash criptográficas. Em seguida, examinaremos os requisitos de segurança a tais funções. Depois, verificaremos o uso do cipher block chaining para implementar uma função de hash criptográfica. O restante do capítulo é dedicado à família mais importante e mais usada de funções de hash criptográficas, a Secure Hash Algorithm (SHA).

O apêndice descreve o MD5, uma função de hash criptográfica bem conhecida e que possui semelhanças com o SHA-1.

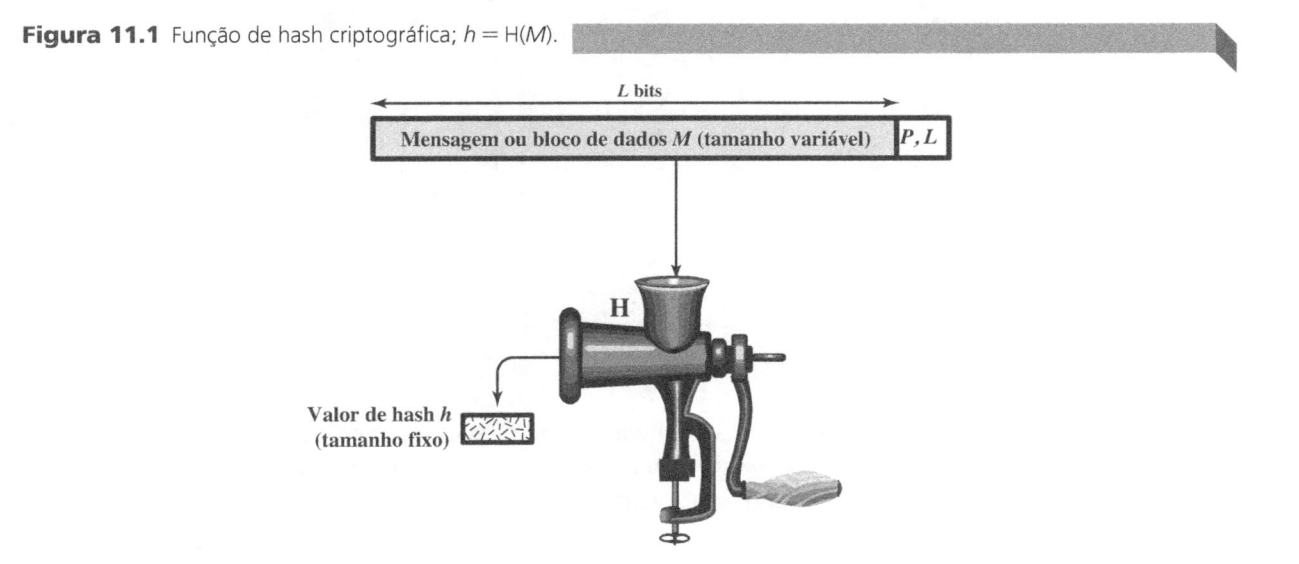

Figura 11.1 Função de hash criptográfica; $h = H(M)$.

P, L = preenchimento mais campo de tamanho

11.1 APLICAÇÕES DE FUNÇÕES DE HASH CRIPTOGRÁFICAS

Talvez o algoritmo criptográfico mais versátil seja a função de hash criptográfica. Ela é usada em diversas aplicações de segurança e protocolos da Internet. Para entender melhor alguns dos requisitos e implicações de segurança para as funções de hash criptográficas, é útil examinar a faixa de aplicações em que elas são empregadas.

Autenticação de mensagem

Autenticação de mensagem é um mecanismo ou serviço usado para verificar a integridade de uma mensagem. Ela garante que os dados recebidos estão exatamente como foram enviados (ou seja, não contêm modificação, inserção, exclusão ou repetição). Em muitos casos, há um requisito de que o mecanismo de autenticação

Figura 11.2 Ataque contra função de hash.

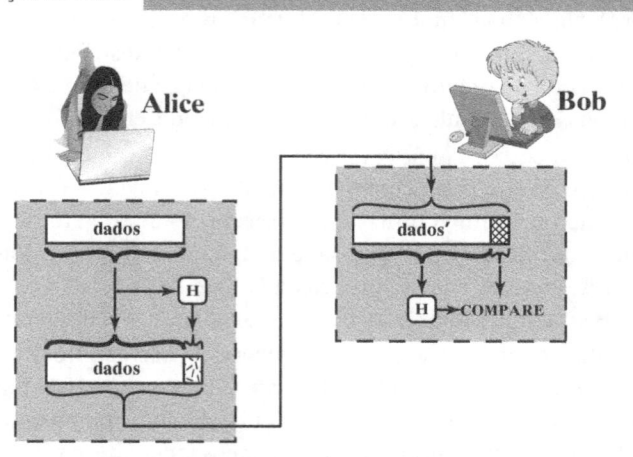

(a) Uso da função de hash para verificar integridade de dados

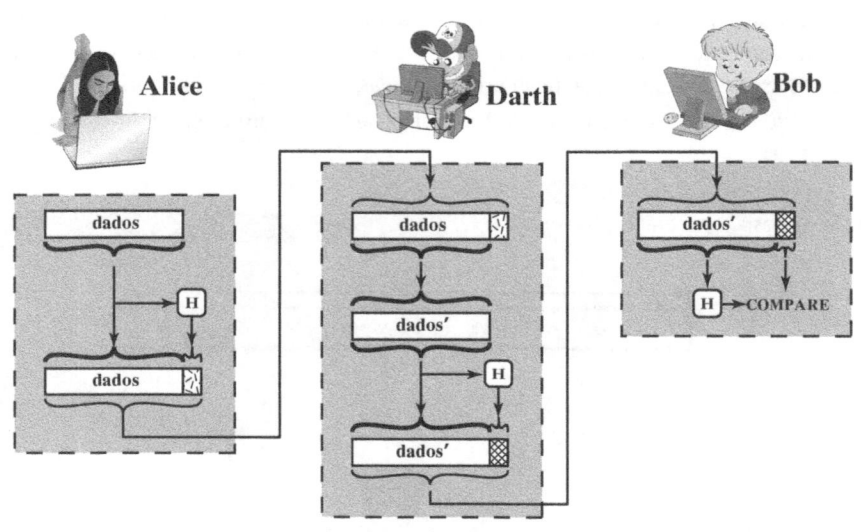

(b) Ataque *man-in-the-middle*

garante que a identidade declarada do emissor é válida. Quando uma função de hash é usada para fornecer autenticação de mensagem, o valor dela é frequentemente chamado de **resumo de mensagem**.[1]

A essência do uso de uma função de hash para autenticação de mensagem é o seguinte. O emissor calcula um valor de hash como uma função dos bits na mensagem e transmite o valor do hash e a mensagem. O receptor realiza o mesmo cálculo de hash sobre os bits da mensagem e compara esse valor com o valor de hash recebido. Se houver uma divergência, o receptor saberá que a mensagem (ou possivelmente o valor de hash) foi alterada (Figura 11.2a).

A função de hash precisa ser transmitida de forma segura. Ou seja, precisa ser protegida de modo que, se um adversário alterar ou substituir a mensagem, não será viável para ele alterar também o valor de hash para enganar o receptor. Esse tipo de ataque é mostrado na Figura 11.2b. Neste exemplo, Alice transmite um bloco de dados e anexa um valor de hash. Darth intercepta a mensagem, altera ou substitui o bloco de dados e calcula e anexa um novo valor de hash. Bob recebe os dados alterados com o novo valor de hash e não detecta a mudança. Para impedir esse ataque, o valor de hash gerado por Alice precisa ser protegido.

A Figura 11.3 ilustra diversas maneiras como um código de hash pode ser usado para fornecer autenticação de mensagem, como a seguir.

---

[1] O tópico desta seção é invariavelmente chamado de autenticação de mensagem. Porém, os conceitos e técnicas se aplicam da mesma forma a dados em repouso. Por exemplo, técnicas de autenticação podem ser aplicadas a um arquivo em um local de armazenamento, para assegurar que ele não foi alterado.

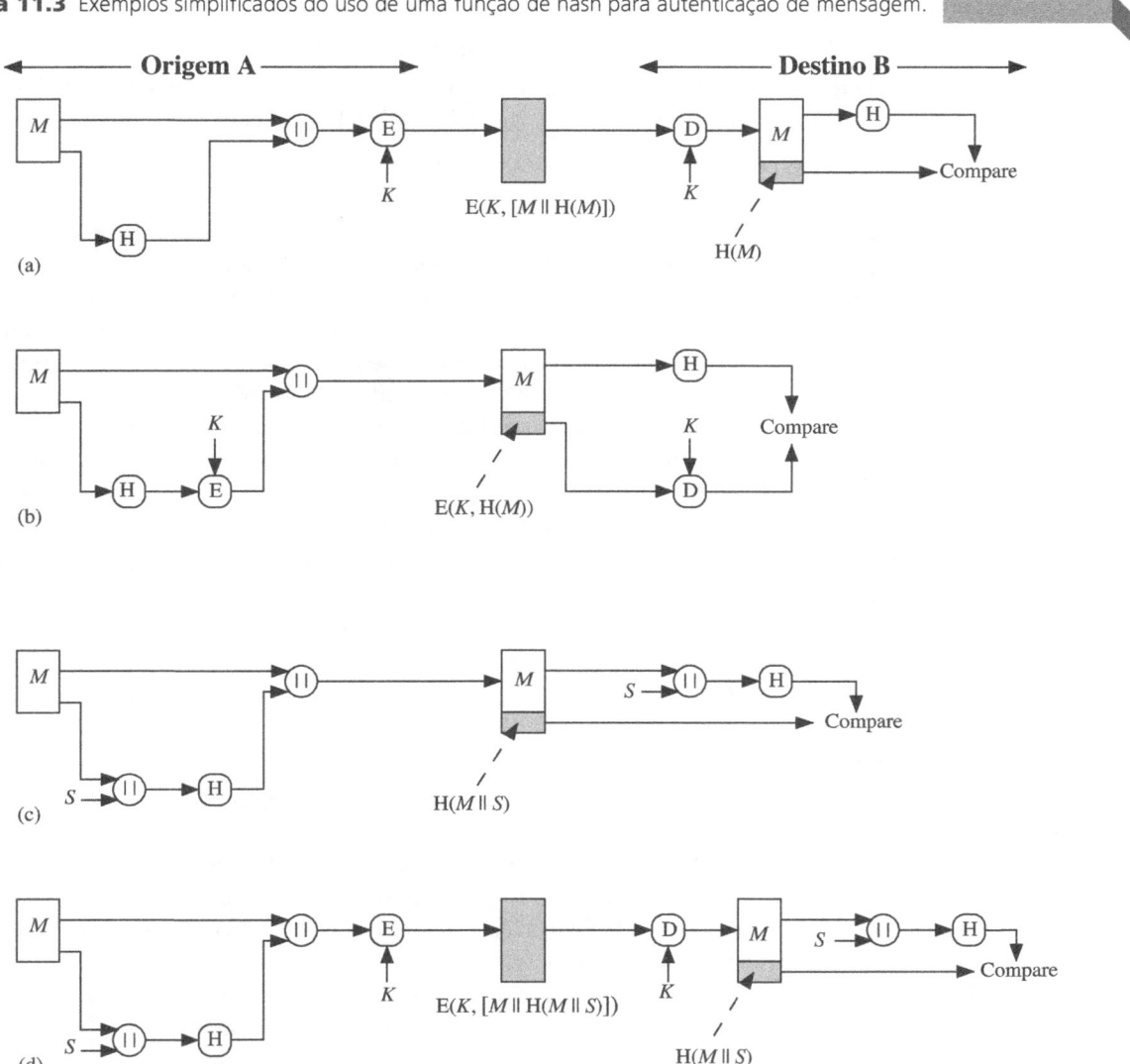

Figura 11.3 Exemplos simplificados do uso de uma função de hash para autenticação de mensagem.

a. A mensagem mais o código de hash concatenado são encriptados usando a encriptação simétrica. Como somente A e B compartilham a chave secreta, a mensagem deverá ter vindo de A e sem alteração. O código de hash oferece a estrutura ou redundância exigida para conseguir a autenticação. Como a encriptação é aplicada à mensagem inteira mais o código de hash, a confidencialidade também é fornecida.

b. Somente o código de hash é encriptado, usando a encriptação simétrica. Isso reduz o peso do processamento para as aplicações que não exigem confidencialidade.

c. É possível usar uma função de hash, mas não a encriptação para autenticação de mensagem. A técnica considera que as duas partes se comunicando compartilham um valor secreto comum, S. A calcula o valor de hash sobre a concatenação de M e S, e anexa o valor de hash resultante a M. Como B possui S, ele pode recalcular o valor de hash para verificar. Como o valor secreto em si não é enviado, um oponente não pode modificar uma mensagem interceptada e não pode gerar uma mensagem falsa.

d. A confidencialidade pode ser acrescentada à abordagem do método (c) encriptando a mensagem inteira mais o código de hash.

Quando a confidencialidade não é exigida, o método (b) tem uma vantagem sobre os métodos (a) e (d), que encripta a mensagem inteira, pois menos cálculos são envolvidos. Apesar disso, tem havido um interesse cada vez maior nas técnicas que evitam a encriptação (Figura 11.3c). Vários motivos para esse interesse são indicados em [TSUD92].

- O software de encriptação é relativamente lento. Embora a quantidade de dados a serem encriptados por mensagem seja pequena, pode haver um fluxo constante de mensagens entrando e saindo de um sistema.

- Os custos com hardware de encriptação não são poucos. Existem implementações do DES em chips de baixo custo, mas os custos aumentam se todos os nós em uma rede precisarem ter essa capacidade.
- O hardware de encriptação é otimizado para grandes tamanhos de dados. Para blocos de dados pequenos, uma alta proporção do tempo é gasta no overhead com inicialização/chamada.
- Os algoritmos de encriptação podem ser cobertos por patentes, e há um custo associado ao licenciamento do seu uso.

Normalmente, a autenticação de mensagem é alcançada usando um **código de autenticação de mensagem (MAC, do acrônimo em inglês para *message authentication code*)**, também conhecido como **função de hash chaveada**. Normalmente, MACs são usados entre duas partes que compartilham uma chave secreta para autenticar informações trocadas entre elas. Uma função MAC toma como entrada uma chave secreta e um bloco de dados e produz um valor de hash, conhecido como MAC, que é associado à mensagem protegida. Se a integridade da mensagem tiver que ser verificada, a função MAC pode ser aplicada à mensagem e o resultado comparado com o valor MAC associado. Um invasor que altera a mensagem não poderá alterar o valor MAC associado sem conhecer a chave secreta. Observe que a parte que está verificando também sabe quem é a parte emissora, pois ninguém mais conhece a chave secreta.

Observe que a combinação de hashing e encriptação resulta em uma função geral que, na verdade, é um MAC (Figura 11.3b). Ou seja, $E(K, H(M))$ é uma função de uma mensagem de tamanho variável M e uma chave secreta K, e produz uma saída de tamanho fixo que é protegida contra um oponente que não conhece a chave secreta. Na prática, são criados algoritmos MAC específicos, que geralmente são mais eficientes do que um algoritmo de encriptação.

Discutiremos MACs no Capítulo 12.

Assinaturas digitais

Outra aplicação importante, similar à aplicação de autenticação de mensagem, é a **assinatura digital**. A operação da assinatura digital é similar à do MAC. No caso da assinatura digital, o valor de *hash* da mensagem é encriptado com a chave privada do usuário. Qualquer um que conhecer a chave pública do usuário pode verificar a integridade da mensagem que está associada à assinatura digital. Nesse caso, um invasor que quisesse alterar a mensagem precisaria conhecer a chave privada do usuário. Como veremos no Capítulo 14, as implicações das assinaturas digitais vão além de somente autenticação de mensagens.

A Figura 11.4 ilustra, de forma simplificada, como o código de hash é usado para oferecer uma assinatura digital.
  a. O código de hash é encriptado usando encriptação de chave pública com a chave privada do emissor. Como mostra a Figura 11.3b, isso permite a autenticação. Também oferece uma assinatura digital, porque somente o emissor poderia ter produzido o código de hash encriptado. De fato, essa é a essência da técnica de assinatura digital.

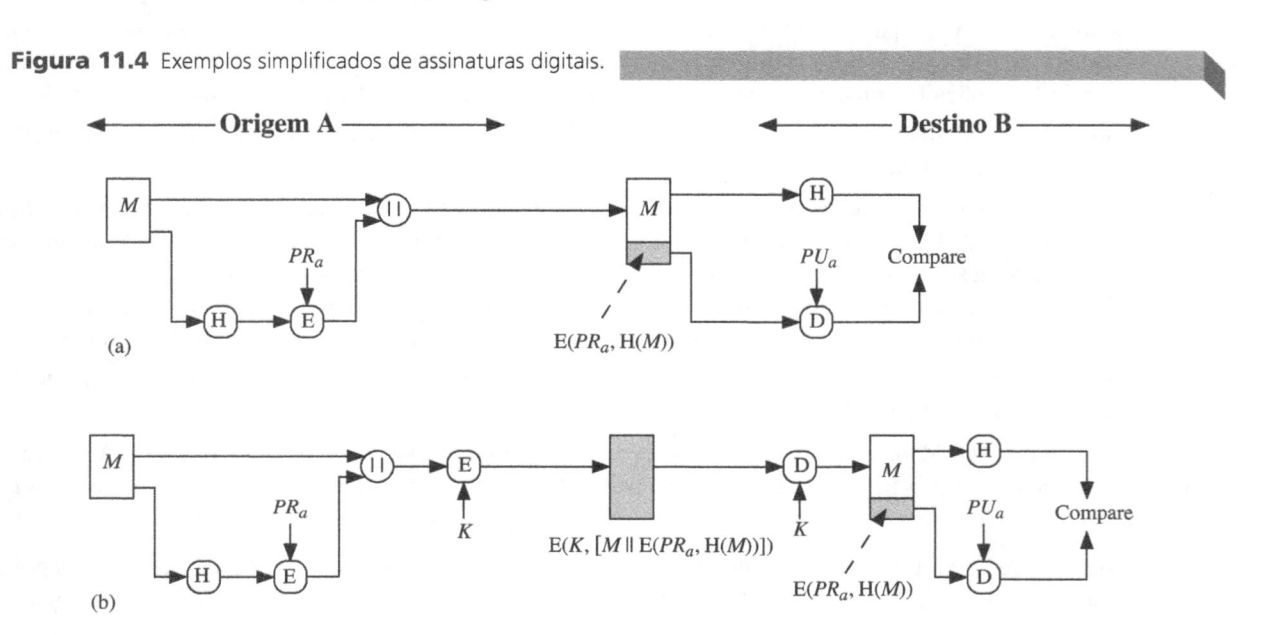

Figura 11.4 Exemplos simplificados de assinaturas digitais.

b. Se, além da assinatura digital, o que se procura é confidencialidade, então a mensagem mais o código hash encriptado com a chave privada pode ser encriptado usando uma chave secreta simétrica. Essa é uma técnica comum.

Outras aplicações

Funções de hash normalmente são usadas para criar um **arquivo de senha de mão única**. O Capítulo 21 detalha um esquema no qual um hash de uma senha é armazenado por um sistema operacional em vez da senha em si. Desse modo, a senha real não pode ser recuperada pelo hacker que conseguir acesso ao arquivo de senhas. De uma forma simples, quando o usuário informa uma senha, por verificação, o hash dela é comparado com o valor do hash armazenado. Esse método de proteção de senha é usado na maioria dos sistemas operacionais.

Funções de hash podem ser usadas para **detecção de intrusão** e **detecção de vírus**. Armazene H(F) para cada arquivo em um sistema e guarde de forma segura os valores de hash (por exemplo, em um CD-R mantido em segurança). Posteriormente, será possível determinar se um arquivo foi modificado, recalculando H(F). Um intruso precisaria alterar F sem alterar H(F).

Uma função de hash criptográfica pode ser usada para construir uma **função pseudoaleatória (PRF)** ou **gerador de número pseudoaleatório (PRNG)**. Uma aplicação comum para um PRF baseado em hash é a geração de chaves simétricas. Discutiremos essa aplicação no Capítulo 12.

11.2 DUAS FUNÇÕES DE HASH SIMPLES

Para ter uma ideia das considerações de segurança envolvidas nas funções de hash criptográficas, nesta seção apresentamos duas funções de hash simples, não seguras. Todas as funções de hash operam usando os seguintes princípios gerais. A entrada (mensagem, arquivo etc.) é vista como uma sequência de blocos de n bits. A entrada é processada um bloco de cada vez, em um padrão iterativo para produzir uma função de hash de n bits.

Uma das funções de hash mais simples é o OR exclusivo (XOR) bit a bit de cada bloco. Isso pode ser expresso da seguinte forma:

$$C_i = b_{i1} \oplus b_{i2} \oplus \ldots \oplus b_{im}$$

onde

C_i = i-ésimo bit do código de hash, $1 \leq i \leq n$

m = número de blocos de n bits na entrada

b_{ij} = i-ésimo bit no j-ésimo bloco

$\oplus$ = operação XOR

Essa operação produz uma paridade simples para cada posição de bit e é conhecida como uma verificação de redundância longitudinal. Ela é razoavelmente eficaz para dados aleatórios como uma verificação de integridade de dados. Cada valor de hash de n bits é igualmente provável. Assim, a probabilidade de que um erro de dados resulte em um valor de hash inalterado é 2^{-n}. Com dados formatados mais previsivelmente, a função é menos eficaz. Por exemplo, na maioria dos arquivos de texto normais, o bit de alta ordem de cada octeto é sempre zero. Assim, se um valor de hash de 128 bits for usado, em vez de uma eficácia de 2^{-128}, a função de hash desse tipo de dado possui uma eficácia de 2^{-112}.

Um modo simples de melhorar as coisas é realizar um deslocamento circular de um bit, ou rotação, sobre o valor de hash após cada bloco ser processado. O procedimento pode ser resumido da seguinte forma:

1. Inicialmente, defina o valor de hash de n bits como zero.
2. Processe cada bloco sucessivo de n bits de dados da seguinte forma:
    a. Gire o valor de hash atual para a esquerda por um bit.
    b. Realize o XOR do bloco com o valor do hash.

Isso tem o efeito de tornar aleatória a entrada de forma mais completa e contornar quaisquer regularidades que apareçam nela. A Figura 11.5 ilustra esses dois tipos de funções de hash para valores de hash de 16 bits.

Figura 11.5 Duas funções de hash simples.

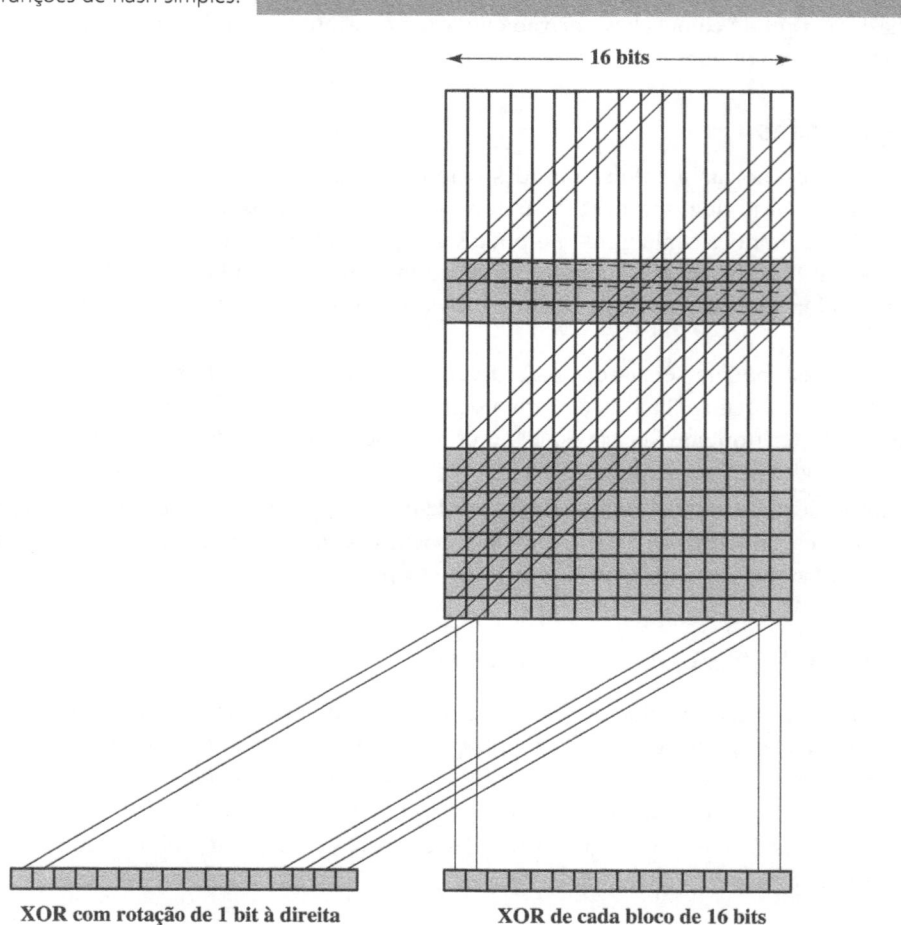

XOR com rotação de 1 bit à direita   XOR de cada bloco de 16 bits

Embora o segundo procedimento ofereça uma boa medida de integridade de dados, ele é praticamente inútil para segurança de dados quando um código de hash encriptado é usado com uma mensagem de texto claro, como nas Figuras 11.3b e 11.4a. Dada uma mensagem, é uma questão fácil produzir uma nova mensagem que gere esse código de hash: simplesmente, prepare a mensagem alternativa desejada e depois anexe um bloco de n bits que force a nova mensagem mais o bloco a produzirem o código de hash desejado.

Embora um simples XOR ou XOR relacionado (RXOR) seja insuficiente se somente o código de hash for encriptado, você ainda pode sentir que essa função simples poderia ser útil quando a mensagem e o código de hash estiverem encriptados (Figura 11.3a). Mas é preciso ter cuidado. Uma técnica proposta originalmente pelo National Bureau of Standards usava o simples XOR aplicado a blocos de 64 bits da mensagem e depois uma encriptação da mensagem inteira, que usava o modo *cipher block chaining* (CBC). Podemos definir o esquema da seguinte forma: dada uma mensagem M consistindo em uma sequência de blocos de 64 bits $X_1, X_2, ..., X_N$, defina o código de hash $h = H(M)$ como o XOR bloco a bloco de todos os blocos e anexe o código de hash como o bloco final:

$$h = X_{N+1} = X_1 \oplus X_2 \oplus ... \oplus X_N$$

Em seguida, encripte a mensagem inteira mais o código de hash, usando o modo CBC para produzir a mensagem encriptada $Y_1, Y_2, ..., Y_{N+1}$. [JUEN85] aponta várias maneiras de o texto cifrado dessa mensagem ser manipulado de modo que não seja detectável pelo código de hash. Por exemplo, pela definição do CBC (Figura 6.4), temos

$$X_1 = IV \oplus D(K, Y_1)$$
$$X_i = Y_{i-1} - D(K, Y_i)$$
$$X_{N+1} = Y_N \oplus D(K, Y_{N+1})$$

Mas X_{N+1} é o código de hash:

$$X_{N+1} = X_1 \oplus X_2 \oplus \ldots \oplus X_N$$
$$= [IV \oplus D(K, Y_1)] \oplus [Y_1 \oplus D(K, Y_2)] \oplus \ldots \oplus [Y_{N-1} \oplus D(K, Y_N)]$$

Como os termos na equação anterior podem ser XORados em qualquer ordem, segue-se que o código de hash não mudaria se os blocos de texto crifado fossem permutados.

11.3 REQUISITOS E SEGURANÇA

Antes de continuarmos, precisamos definir dois termos. Para um valor de hash $h = H(x)$, dizemos que x é a **pré-imagem** de h. Isso significa que x é um bloco de dados cuja função hash, usando a função H, é h. Como H é um mapa de muitos-para-um, para qualquer valor de hash h informado, de forma geral existirão várias pré-imagens. Uma **colisão** ocorre se tivermos $x \neq y$ e $H(x) = H(y)$. Como estamos usando funções de hash para integridade dos dados, as colisões claramente são indesejáveis.

Vamos considerar quantas pré-imagens existem para um dado valor de hash, o que nos indica a quantidade de potenciais colisões para um dado valor de hash. Suponha que o tamanho do código de hash é de n bits e a função H recebe como entrada mensagens ou blocos de dados com b bits de tamanho e $b > n$. O total de mensagens possíveis, então, é 2^b e o total de possíveis valores de hash é 2^n. Em média, cada valor de hash corresponde a 2^{b-n} pré-imagens. Se H tende a distribuir de modo uniforme os valores de hash, então, de fato cada valor de hash possuirá um valor próximo de 2^{b-n} pré-imagens. Se permitirmos entradas de qualquer tamanho, e não apenas um comprimento fixo de um certo número de bits, então a variação no número de pré-imagens por valor de hash será grande. No entanto, os riscos de segurança no uso de funções de hash não são tão graves quanto aparentam ser a partir dessa análise. Para compreender melhor as implicações em termos de segurança das funções de hash criptográficas, precisamos definir precisamente seus requisitos de segurança.

Requisitos de segurança para funções de hash criptográficas

A Tabela 11.1 lista os requisitos geralmente aceitos para uma função de hash criptográfica. As primeiras três propriedades são requisitos para a aplicação prática de uma função de hash.

A quarta propriedade, **resistência à pré-imagem**, é a propriedade de mão única: é fácil gerar um código a partir da mensagem, mas é praticamente impossível gerar uma mensagem dado o seu código. Essa propriedade é importante se a técnica de autenticação envolve o uso de um valor secreto (Figura 11.3c). O valor secreto em si não é enviado. No entanto, se uma função de hash não possui essa propriedade de mão única, um invasor pode facilmente descobrir o valor secreto: se o invasor pode observar ou interceptar uma transmissão, o invasor obtém a mensagem M e o código de hash $h = H(S \| M)$. O invasor então inverte a função de hash para obter $S \| M = H^{-1}(MD_M)$. Como o invasor possui tanto M quanto $S_{AB} \| M$, torna-se fácil recuperar S_{AB}.

A quinta propriedade, **resistência à segunda pré-imagem**, garante que é impossível encontrar uma mensagem alternativa com o mesmo valor de hash de uma determinada mensagem. Funciona como prevenção contra a falsificação quando for usado um hash encriptado (Figura 11.3b e Figura 11.4a). Se essa propriedade não fosse verdadeira, um invasor seria capaz da seguinte sequência: inicialmente observar ou interceptar uma mensagem com seu código de hash encriptado. Em seguida, gerar um código de hash decriptado de uma mensagem e, finalmente, gerar outra mensagem diferente com o mesmo código de hash.

Uma função de hash que satisfaz as primeiras cinco propriedades da Tabela 11.1 é conhecida como uma função hash fraca. Se possuir também a sexta propriedade, **resistência à colisão**, então ela será chamada de uma função de hash forte, que protege contra um ataque onde uma terceira parte gera uma mensagem para outra parte assinar. Por exemplo, suponha que Bob escreve uma mensagem IOU, envia-a para Alice e ela a assina. Bob encontra duas mensagens com o mesmo hash, uma solicitando que Alice pague uma pequena quantia, e outra que ela pague uma quantia grande. Alice assina a primeira mensagem e Bob, então, pode alegar que a segunda mensagem é a autêntica.

A Figura 11.6 mostra o relacionamento entre as três propriedades de resistência. Uma função que é resistente à colisão também é resistente à segunda pré-imagem, mas o inverso não é necessariamente verdadeiro. Uma função pode ser resistente à colisão, mas não ser resistente à pré-imagem, e vice-versa. Uma função pode ser resistente à pré-imagem, mas não ser resistente à segunda pré-imagem e vice-versa. Veja uma discussão mais aprofundada a respeito em [MENE97].

Tabela 11.1 Requisitos para função de hash criptográfica H.

Requisito	Descrição
Tamanho de entrada variável	H pode ser aplicado em um bloco de dados de qualquer tamanho.
Tamanho da saída fixo	H produz uma saída de tamanho fixo.
Eficiência	H(x) é relativamente fácil de calcular para qualquer valor de x informado, através de implementações tanto em hardware quanto em software.
Resistência à pré-imagem (propriedade de mão única)	Para qualquer valor de hash h informado, é computacionalmente impossível encontrar y, de modo que H(y) = h.
Resistência à segunda pré-imagem (resistência à colisão fraca)	Para qualquer bloco x informado, é computacionalmente impossível encontrar y ≠ x com H(y) = H(x).
Resistência à colisão forte	É computacionalmente impossível encontrar qualquer par (x, y), de modo que H(x) = H(y).
Pseudoaleatoriedade	A saída de H atende os testes padrão de pseudoaleatoriedade.

A Tabela 11.2 mostra as propriedades de resistência necessárias para várias aplicações de funções de hash.

O requisito final na Tabela 11.1, a **pseudoaleatoriedade**, não tem sido tradicionalmente citado como um requisito de funções de hash criptográficas, porém ela fica mais ou menos implícita. [JOHN05] aponta que funções de hash criptográficas normalmente são usadas para derivação de chave e geração de número pseudoaleatório e, além disso, aponta também que, nas aplicações de integridade de mensagens, as três propriedades de resistência dependem da saída da função de hash aparentar ser aleatória. Sendo assim, faz sentido dizer que uma função de hash produz uma saída pseudoaleatória.

Figura 11.6 Relação entre as propriedades das funções de hash.

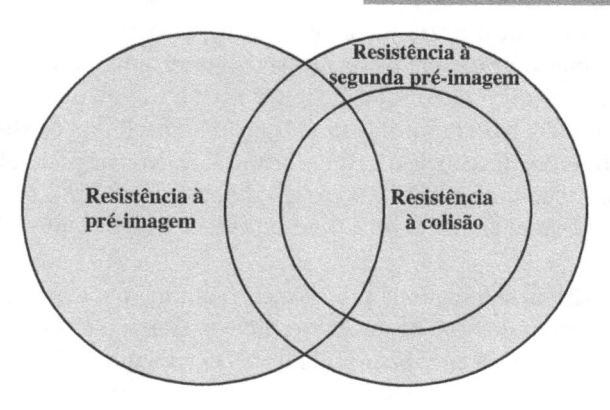

Tabela 11.2 Propriedades de resistência necessárias para várias aplicações de integridade de dados.

	Resistência à pré-imagem	Resistência à segunda pré-imagem	Resistência à colisão
Hash + assinatura digital	sim	sim	sim*
Detecção de intrusão e detecção de vírus		sim	
Hash + encriptação simétrica			
Arquivo de senha de mão única	sim		
MAC	sim	sim	sim*

*Resistência necessária se o invasor é capaz de elaborar um determinado ataque de mensagem

Ataques de força bruta

Como nos algoritmos de encriptação, existem duas categorias de ataques em funções de hash: ataques de força bruta e criptoanálises. Um ataque de força bruta não depende do algoritmo específico, mas somente do tamanho em bits. No caso de uma função de hash, um ataque de força bruta depende somente do tamanho do valor de hash em bits. Uma criptoanálise, ao contrário, é um ataque baseado nos pontos fracos de um algoritmo criptográfico em particular. Primeiro, vejamos os ataques de força bruta.

Ataques de pré-imagem e segunda pré-imagem

Para um ataque de pré-imagem ou segunda pré-imagem, um adversário deseja achar um valor y tal que $H(y)$ seja igual a um dado valor de hash h. O método da força bruta é apanhar valores de y aleatoriamente e experimentar cada um deles até que haja uma colisão. Para um valor de hash de m bits, o nível de esforço é proporcional a 2^m. Especificamente, o adversário teria que experimentar, na média, 2^{m-1} valores de y para achar um que gere determinado valor de hash h. Esse resultado é derivado no Apêndice 11A (Equação 11.1).

Ataques resistentes à colisão

Para um ataque resistente à colisão, um adversário deseja encontrar duas mensagens ou blocos de dados, x e y, que geram a mesma função de hash: $H(x) = H(y)$. Acontece que isso gera muito menos esforço do que um ataque de pré-imagem ou segunda pré-imagem. O esforço exigido é explicado por um resultado matemático conhecido como **paradoxo do dia do aniversário**. Basicamente, se escolhermos variáveis aleatórias a partir de uma distribuição uniforme no intervalo de 0 a $N-1$, então a probabilidade de que um elemento repetido seja encontrado é superior a 0,5 após $\sqrt{N}$ escolhas terem sido feitas. Assim, para um valor de hash de m bits, se escolhermos blocos de dados aleatoriamente, poderemos descobrir dois blocos de dados com o mesmo valor de hash dentro de $\sqrt{2^m} = 2^{m/2}$ tentativas. A derivação matemática desse resultado pode ser encontrada no Apêndice 11A.

Yuval propôs a seguinte estratégia para explorar o paradoxo do dia do aniversário em um ataque resistente à colisão [YUVA79].

1. A origem, A, é preparada para assinar uma mensagem legítima x anexando o código de hash apropriado de m bits e encriptando esse código de hash com a chave privada de A (Figura 11.4a).
2. O oponente gera $2^{m/2}$ variações x' de x, todas transmitindo basicamente o mesmo significado, e armazena as mensagens e seus valores de hash.
3. O oponente prepara uma mensagem fraudulenta y para a qual a assinatura de A é desejada.
4. O oponente gera pequenas variações y' de y, todas transmitindo basicamente o mesmo significado. Para cada y', o oponente calcula $H(y')$, verifica as combinações com qualquer um dos valores de $H(x')$ e continua até que seja encontrada uma correspondência. Ou seja, o processo continua até que um y' seja gerado com um valor de hash igual ao valor de hash de um dos valores x'.
5. O oponente oferece a variação válida de A para assinatura. Essa assinatura pode então ser anexada à variação fraudulenta para transmissão ao destinatário intencionado. Como as duas variações têm o mesmo código de hash, elas produzirão a mesma assinatura; o oponente tem garantia de sucesso, embora a chave de encriptação não seja conhecida.

Assim, se for usado um código de hash de 64 bits, o nível de esforço exigido é apenas algo na ordem de 2^{32} (ver Apêndice 11A, Equação 11.7).

A criação de muitas variações que transmitem o mesmo significado não é difícil. Por exemplo, o oponente poderia inserir uma série de pares de caracteres "espaço-espaço-retrocesso" entre as palavras por todo o documento. As variações poderiam então ser geradas substituindo "espaço-retrocesso-espaço" em ocorrências selecionadas. Como alternativa, o oponente poderia simplesmente reescrever a mensagem, mas retendo o mesmo significado. A Figura 11.7 contém um exemplo.

Resumindo, para um código de hash de tamanho m, o nível de esforço exigido, conforme vimos, é proporcional ao seguinte:

Resistência à pré-imagem	2^m
Resistência à segunda pré-imagem	2^m
Resistência à colisão	$2^{m/2}$

Figura 11.7 Uma carta em 2^{38} variações.

As {the / —} Dean of Blakewell College, I have {had the pleasure of knowing / known} Cherise Rosetti for the {last / past} four years. She {has been / was} {a tremendous / an outstanding} {asset to / role model in} {our / the} school. I {would like to take this opportunity to / wholeheartedly} recommend Cherise for your {school's / —} graduate program. I {am / feel} {confident / certain} {that / —} {she / Cherise} will {continue to / —} succeed in her studies. {She / Cherise} is a dedicated student and {thus far her grades / her grades thus far} {have been / are} {exemplary / excellent}. In class, {she / Cherise} {has proven to be / has been} a take-charge {person / individual} {who is / —} able to successfully develop plans and implement them. {She / Cherise} has also assisted {us / —} in our admissions office. {She / Cherise} has {successfully / —} demonstrated leadership ability by counseling new and prospective students. {Her / Cherise's} advice has been {a great / of considerable} help to these students, many of whom have {taken time to share / shared} their comments with me regarding her pleasant and {encouraging / reassuring} attitude. {For these reasons / It is for these reasons that} I {highly recommend / offer high recommendations for} Cherise {without reservation / unreservedly}. Her {ambition / drive} and {abilities / potential} will {truly / surely} be an {asset to / plus for} your {establishment / school}.

Se a resistência à colisão for exigida (e isso é desejável para um código de hash seguro de uso geral), então o valor $2^{m/2}$ determina a força do código de hash contra os ataques por força bruta. Van Oorschot e Wiener [VANO94] apresentaram um projeto para uma máquina de busca de colisão de US$ 10 milhões para MD5, que tem um tamanho de hash de 128 bits, que poderia encontrar uma colisão em 24 dias. Assim, um código de 128 bits pode ser visto como inadequado. O próximo passo à frente, se um código de hash for tratado como uma sequência de 32 bits, é um tamanho de hash de 160 bits. Com um tamanho de hash de 160 bits, a mesma máquina de busca exigiria mais de quatro mil anos para encontrar uma colisão. Com a tecnologia atual, o tempo seria muito mais curto, de modo que 160 bits agora parece ser suspeito.

Criptoanálise

Assim como nos algoritmos de encriptação, os ataques criptoanalíticos sobre funções de hash e algoritmos MAC buscam explorar alguma propriedade do algoritmo para realizar algum ataque diferente de uma busca por exaustão. A maneira de medir a resistência de um hash ou algoritmo MAC à criptoanálise é comparar sua força com o esforço exigido para um ataque por força bruta. Ou seja, um algoritmo de hash ou MAC ideal exigirá um esforço criptoanalítico maior ou igual ao esforço por força bruta.

Nos últimos anos, tem havido um esforço considerável, e alguns sucessos, no desenvolvimento de ataques criptoanalíticos sobre funções de hash. Para entendê-los, precisamos examinar a estrutura geral de uma típica

Figura 11.8 Estrutura geral do código de hash seguro.

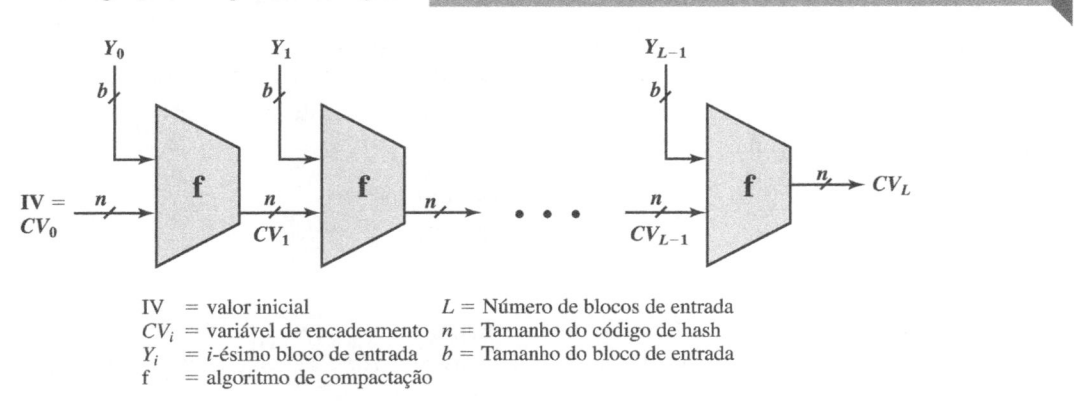

IV = valor inicial
CV_i = variável de encadeamento
Y_i = i-ésimo bloco de entrada
f = algoritmo de compactação
L = Número de blocos de entrada
n = Tamanho do código de hash
b = Tamanho do bloco de entrada

função de hash segura, indicada na Figura 11.8. Essa estrutura, conhecida como função de hash iterativa, foi proposta por Merkle [MERK79, MERK89] e é a estrutura da maioria das funções de hash em uso atualmente, incluindo SHA, que é discutida mais adiante neste capítulo. A função de hash recebe uma mensagem de entrada e a divide em L blocos de tamanho fixo com b bits cada. Se for preciso, o bloco final é preenchido para ter b bits. O bloco final também inclui o valor do tamanho total da entrada para a função de hash. A inclusão do tamanho torna o trabalho do oponente mais difícil. Ou o oponente precisa encontrar duas mensagens de mesmo tamanho que gerem um hash com o mesmo valor ou duas mensagens de tamanhos diferentes que, junto com seus valores de tamanho, gerem um hash com o mesmo valor.

O algoritmo de hash envolve o uso repetido de uma **função de compactação**, f, que utiliza duas entradas (uma entrada de n bits da etapa anterior, chamada *variável de encadeamento*, e um bloco de b bits), e produz uma saída de n bits. No início do hashing, a variável de encadeamento tem um valor inicial que é especificado como parte do algoritmo. O valor final da variável de encadeamento é o valor de hash. Normalmente, $b > n$; daí o termo *compactação*. A função de hash pode ser resumida da seguinte forma:

$$CV_0 = IV = \text{valor inicial de } n \text{ bits}$$
$$CV_i = f(CV_{i-1}, Y_{i-1}) \quad 1 \leq i \leq L$$
$$H(M) = CV_L$$

onde a entrada da função de hash é uma mensagem M consistindo nos blocos $Y_0, Y_1, ..., Y_{L-1}$.

A motivação para essa estrutura iterativa vem da observação por Merkle [MERK89] e Damgard [DAMG89] de que, se a função de compactação for à prova de colisão, então o mesmo acontece com a função de hash iterativa resultante.[2] Portanto, a estrutura pode ser usada para produzir uma função de hash segura para operar sobre uma mensagem de qualquer tamanho. O problema de projetar uma função de hash segura se reduz a projetar uma função de compactação à prova de colisão que opere sobre entradas de algum tamanho fixo.

A criptoanálise de funções de hash focaliza a estrutura interna de f e é baseada nas tentativas de encontrar técnicas eficientes para produzir colisões para uma única execução de f. Quando isso for feito, o ataque deverá levar em consideração o valor fixo do IV. O ataque sobre f depende da exploração de sua estrutura interna. Normalmente, assim como para cifras de bloco simétricas, f consiste em uma série de rodadas de processamento, de modo que o ataque envolve a análise do padrão de mudanças de bit de uma rodada para outra.

Lembre-se de que, para qualquer função de hash, é preciso haver colisões, pois estamos relacionando uma mensagem de tamanho pelo menos igual ao dobro do tamanho de bloco b (porque precisamos anexar um campo contendo o tamanho) a um código de hash de tamanho n, onde $b \geq n$. O que é preciso é que seja computacionalmente inviável encontrar colisões.

Os ataques que foram montados sobre funções de hash são um tanto complexos e além do nosso escopo aqui. Para o leitor interessado, [DOBB96] e [BELL97] são recomendados.

---

[2] A recíproca não é necessariamente verdadeira.

11.4 FUNÇÕES DE HASH BASEADAS EM CIPHER BLOCK CHAINING

Diversas propostas foram feitas para as funções de hash com base no uso de uma técnica de *cipher block chaining*, mas sem a chave secreta. Uma dessas primeiras propostas foi a de Rabin [RABI78]. Divida uma mensagem M em blocos de tamanho fixo $M_1, M_2, ..., M_N$ e use um sistema de encriptação simétrica, como DES, para calcular o código de hash G da seguinte forma:

$$H_0 = \text{valor inicial}$$
$$H_i = E(M_i, H_{i-1})$$
$$G = H_N$$

Isso é semelhante à técnica CBC, mas neste caso não existe chave secreta. Assim como em qualquer código de hash, esse esquema está sujeito ao ataque de dia do aniversário, e se o algoritmo de encriptação for o DES e apenas um código de hash de 64 bits for produzido, então o sistema é vulnerável.

Além disso, outra versão do ataque de dia do aniversário pode ser usada mesmo que o oponente tenha acesso a apenas uma mensagem e sua assinatura válida, e não possa obter várias assinaturas. Aqui está o cenário; consideramos que o oponente intercepte uma mensagem com uma assinatura na forma de um código de hash encriptado e que o código de hash não encriptado tenha m bits de extensão:

1. Use o algoritmo definido no início desta subseção para calcular o código de hash não encriptado G.
2. Construa qualquer mensagem desejada na forma $Q_1, Q_2, ..., Q_{N-2}$.
3. Calcule $H_i = E(Q_i, H_{i-1})$ para $1 \leq i \leq (N-2)$.
4. Gere $2^{m/2}$ blocos aleatórios; para cada bloco X, calcule $E(X, H_{N-2})$. Gere $2^{m/2}$ blocos aleatórios adicionais; para cada bloco Y, calcule $D(Y, G)$, onde D é a função de decriptação correspondente a E.
5. Com base no paradoxo do dia do aniversário, com alta probabilidade, haverá um X e Y tais que $E(X, H_{N-2}) = D(Y, G)$.
6. Forme a mensagem $Q_1, Q_2, ..., Q_{N-2}, X, Y$. Essa mensagem tem o código de hash G e, portanto, pode ser usada com a assinatura encriptada interceptada.

Essa forma de ataque é conhecida como **ataque meet-in-the-middle**. Diversos pesquisadores propuseram melhorias com a finalidade de fortalecer a técnica básica de *cipher block chaining*. Por exemplo, Davies e Price [DAVI89] descrevem a seguinte variação:

$$H_i = E(M_i, H_{i-1}) \oplus H_{i-1}$$

Outra variação, proposta em [MEYE88], é

$$H_i = E(H_{i-1}, M_i) \oplus M_i$$

Porém esses dois esquemas têm se mostrado vulneráveis a uma série de ataques [MIYA90]. Em geral, pode-se mostrar que alguma forma de ataque de dia do aniversário terá sucesso contra qualquer esquema de hash envolvendo o uso de *cipher block chaining* sem uma chave secreta, desde que o código de hash resultante seja pequeno o suficiente (por exemplo, 64 bits ou menos) ou que um código de hash maior possa ser decomposto em subcódigos independentes [JUEN87].

Assim, é preciso dar atenção à descoberta de outras técnicas para o hashing. Muitas delas também possuem pontos fracos [MITC92].

11.5 SECURE HASH ALGORITHM (SHA)

Em anos recentes, a função de hash mais utilizada tem sido o Secure Hash Algorithm (SHA). Na realidade, como praticamente todas as outras funções de hash mais usadas tiveram vulnerabilidades criptoanalíticas substanciais, SHA era mais ou menos o último algoritmo de hash padronizado restante em 2005. O SHA foi desenvolvido pelo National Institute of Standards and Technology (NIST) e publicado como um padrão de processamento de informações federais (FIPS 180) em 1993. Quando foram descobertos pontos fracos no SHA, agora conhecido como **SHA-0**, uma versão revisada foi lançada como FIPS 180-1 em 1995 e geralmente é chamada de **SHA-1**. O documento de padrões real é intitulado Secure Hash Standard. SHA é baseado na função de hash MD4 e seu projeto modela de perto a MD4.

SHA-1 produz um valor de hash de 160 bits. Em 2002, o NIST produziu uma versão revisada do padrão, FIPS 180-2, que definiu três novas versões do SHA, com tamanhos de valor de hash de 256, 384 e 512 bits, conhecidas como SHA-256, SHA-384 e SHA-512, respectivamente. Coletivamente, esses algoritmos de hash são conhecidos como **SHA-2**. Essas novas versões têm a mesma estrutura básica e usam os mesmos tipos de aritmética modular e operações binárias lógicas do SHA-1. Um documento revisado foi emitido como FIP PUB 180-3 em 2008, acrescentando uma versão de 224 bits (Tabela 11.3). SHA-1 e SHA-2 também são especificados no RFC 6234, que basicamente duplica o material no FIPS 180-3, mas acrescenta uma implementação em código C.

Em 2005, o NIST anunciou a intenção de retirar a aprovação do SHA-1 e passar a contar com o SHA-2 por volta de 2010. Pouco tempo depois, uma equipe de pesquisa descreveu um ataque em que duas mensagens separadas poderiam oferecer o mesmo hash SHA-1 usando 2^{69} operações, muito menos do que as 2^{80} operações que anteriormente se achou necessárias para encontrar uma colisão com um hash SHA-1 [WANG05]. Esse resultado deverá apressar a transição para o SHA-2.

Nesta seção, oferecemos uma descrição do SHA-512. As outras versões são muito semelhantes.

Tabela 11.3 Comparação de parâmetros do SHA.

	SHA-1	SHA-224	SHA-256	SHA-384	SHA-512
Tamanho do resumo da mensagem	160	224	256	384	512
Tamanho da mensagem	$< 2^{64}$	$< 2^{64}$	$< 2^{64}$	$< 2^{128}$	$< 2^{128}$
Tamanho do bloco	512	512	512	1024	1024
Tamanho da word	32	32	32	64	64
Número de etapas	80	64	64	80	80

Nota: todos os tamanhos são medidos em bits.

Lógica do SHA-512

O algoritmo recebe como entrada uma mensagem com um tamanho máximo de menos de 2^{128} bits e produz como saída um resumo da mensagem de 512 bits. A entrada é processada em blocos de 1024 bits. A Figura 11.9 representa o processamento geral de uma mensagem para produzir um resumo. Este segue a estrutura geral representada na Figura 11.8. O processamento consiste nas seguintes etapas:

Etapa 1 **Anexar bits de preenchimento.** A mensagem é preenchida de modo que seu tamanho seja congruente a 896 módulo 1024 [tamanho ≡ 896 (mod 1024)]. O preenchimento sempre é acrescentado, mesmo que a mensagem já tenha o tamanho desejado. Assim, o número de bits de preenchimento está no intervalo de 1 a 1024. O preenchimento consiste em um único bit 1 seguido pelo número necessário de bits 0.

Etapa 2 **Anexar tamanho.** Um bloco de 128 bits é anexado à mensagem. Esse bloco é tratado como um inteiro de 128 bits não sinalizado (byte mais significativo primeiro) e contém o tamanho da mensagem original (antes do preenchimento).

O resultado das duas primeiras etapas produz uma mensagem que é um múltiplo inteiro de 1024 bits de extensão. Na Figura 11.9, a mensagem expandida é representada como uma sequência de blocos de 1024 bits $M_1, M_2, ..., M_N$, de modo que o tamanho total da mensagem expandida é $N \times 1024$ bits.

Etapa 3 Inicializar buffer de hash. Um buffer de 512 bits é usado para manter resultados intermediários e finais da função de hash. O buffer pode ser representado como oito registradores de 64 bits (a, b, c, d, e, f, g, h). Esses registradores são inicializados com os seguintes inteiros de 64 bits (valores hexadecimais):

```
a = 6A09E667F3BCC908    e = 510E527FADE682D1
b = BB67AE8584CAA73B    f = 9B05688C2B3E6C1F
c = 3C6EF372FE94F82B    g = 1F83D9ABFB41BD6B
d = A54FF53A5F1D36F1    h = 5BE0CD19137E2179
```

Esses valores são armazenados no formato **big-endian**, que é o byte mais significativo de uma word na posição de byte de endereço baixo (mais à esquerda). Essas words foram obtidas apanhando-se os primeiros sessenta e quatro bits das partes fracionárias das raízes quadradas dos oito primeiros números primos.

Etapa 4 Processar mensagem em blocos de 1024 bits (128 word). O núcleo do algoritmo é um módulo que consiste em 80 rodadas; esse módulo é rotulado com F na Figura 11.9. A lógica é ilustrada na Figura 11.10.

Cada rodada recebe como entrada o buffer de 512 bits abcdefgh, e atualiza o conteúdo do buffer. Na entrada da primeira rodada, o buffer contém o valor do hash intermediário, H_{i-1}. Cada rodada t utiliza um valor de 64 bits W_t, derivado do bloco atual de 1024 bits sendo processado (M_i). Esses valores são derivados usando-se um schedule de mensagem descrito mais adiante. Cada rodada também utiliza uma constante aditiva K_t, onde $0 \leq t \leq 79$ indica uma das 80 rodadas. Essas words representam os primeiros 64 bits das partes fracionárias das raízes cúbicas dos 80 primeiros números primos. As constantes oferecem um conjunto de padrões de 64 bits aleatórios, o que deverá eliminar quaisquer regularidades nos dados da entrada. A Tabela 11.4 mostra essas constantes em formato hexadecimal (da esquerda para a direita).

A saída da octogésima rodada é somada à entrada da primeira rodada (H_{i-1}) para produzir H_i. A adição é feita independentemente para cada uma das oito words no buffer com cada uma das words correspondentes em H_{i-1}, usando a adição módulo 2^{64}.

Etapa 5 Saída. Depois que todos os N blocos de 1024 bits tiverem sido processados, a saída do estágio N é o resumo de mensagem de 512 bits.

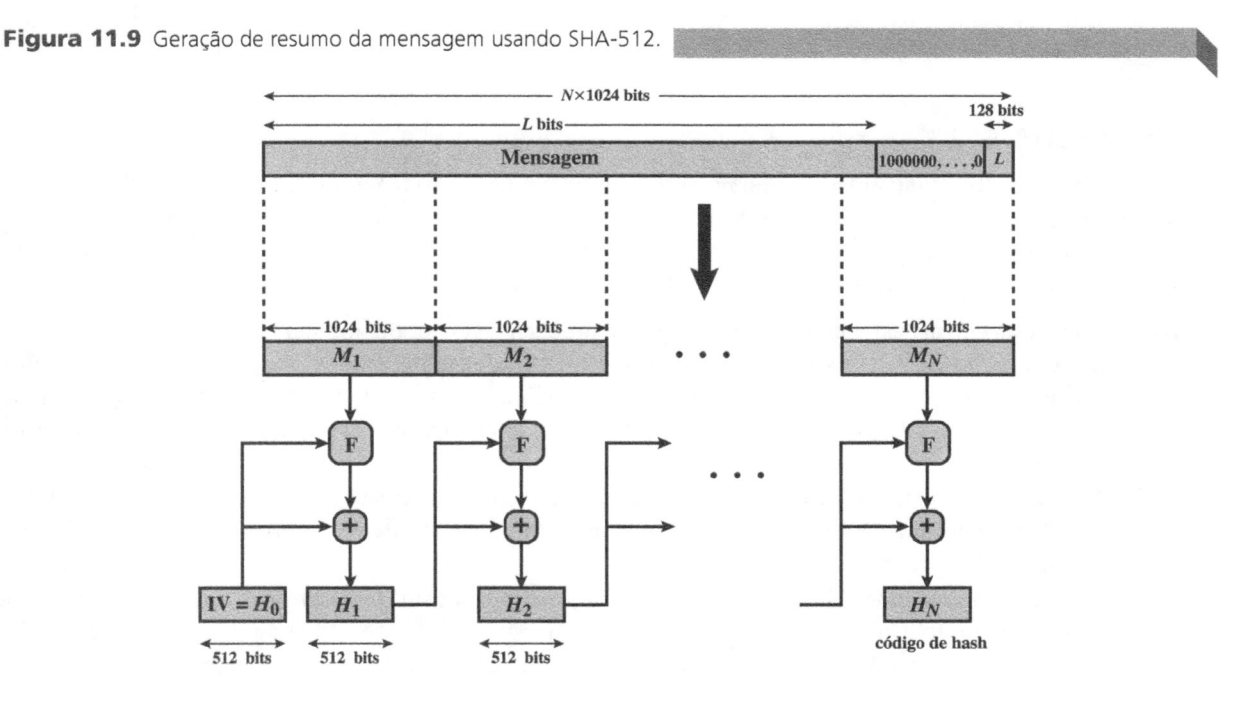

Figura 11.9 Geração de resumo da mensagem usando SHA-512.

Figura 11.10 Processamento SHA-512 de um único bloco de 1024 bits.

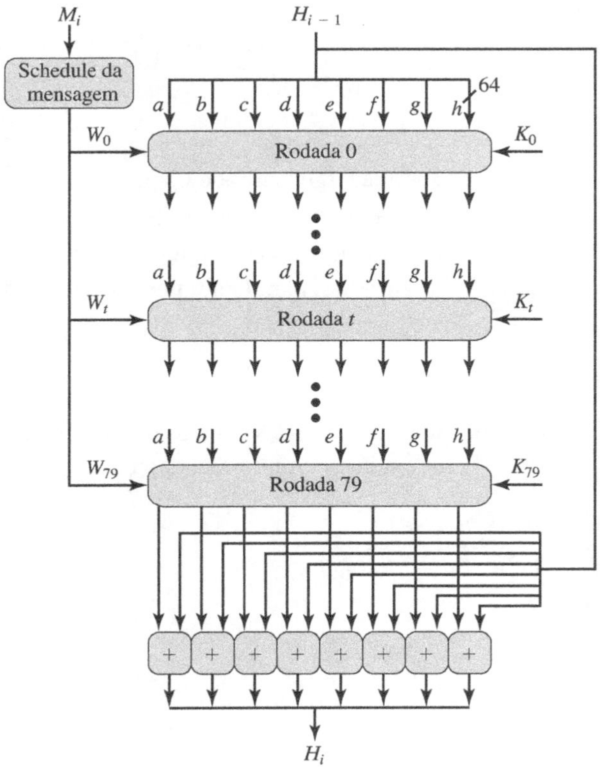

Tabela 11.4 Constantes do SHA-512.

428a2f98d728ae22	7137449123ef65cd	b5c0fbcfec4d3b2f	e9b5dba58189dbbc
3956c25bf348b538	59f111f1b605d019	923f82a4af194f9b	ab1c5ed5da6d8118
d807aa98a3030242	12835b0145706fbe	243185be4ee4b28c	550c7dc3d5ffb4e2
72be5d74f27b896f	80deb1fe3b1696b1	9bdc06a725c71235	c19bf174cf692694
e49b69c19ef14ad2	efbe4786384f25e3	0fc19dc68b8cd5b5	240ca1cc77ac9c65
2de92c6f592b0275	4a7484aa6ea6e483	5cb0a9dcbd41fbd4	76f988da831153b5
983e5152ee66dfab	a831c66d2db43210	b00327c898fb213f	bf597fc7beef0ee4
c6e00bf33da88fc2	d5a79147930aa725	06ca6351e003826f	142929670a0e6e70
27b70a8546d22ffc	2e1b21385c26c926	4d2c6dfc5ac42aed	53380d139d95b3df
650a73548baf63de	766a0abb3c77b2a8	81c2c92e47edaee6	92722c851482353b
a2bfe8a14cf10364	a81a664bbc423001	c24b8b70d0f89791	c76c51a30654be30
d192e819d6ef5218	d69906245565a910	f40e35855771202a	106aa07032bbd1b8
19a4c116b8d2d0c8	1e376c085141ab53	2748774cdf8eeb99	34b0bcb5e19b48a8
391c0cb3c5c95a63	4ed8aa4ae3418acb	5b9cca4f7763e373	682e6ff3d6b2b8a3
748f82ee5defb2fc	78a5636f43172f60	84c87814a1f0ab72	8cc702081a6439ec
90befffa23631e28	a4506cebde82bde9	bef9a3f7b2c67915	c67178f2e372532b
ca273eceea26619c	d186b8c721c0c207	eada7dd6cde0eb1e	f57d4f7fee6ed178
06f067aa72176fba	0a637dc5a2c898a6	113f9804bef90dae	1b710b35131c471b
28db77f523047d84	32caab7b40c72493	3c9ebe0a15c9bebc	431d67c49c100d4c
4cc5d4becb3e42b6	597f299cfc657e2a	5fcb6fab3ad6faec	6c44198c4a475817

Podemos resumir o comportamento do SHA-512 da seguinte forma:

$$H_0 = IV$$
$$H_i = SUM_{64}(H_{i-1}, abcdefgh_i)$$
$$MD = H_N$$

onde

IV	= valor inicial do buffer abcdefgh, definido na etapa 3
$abcdefgh_i$	= a saída da última rodada de processamento do i-ésimo bloco de mensagem
N	= o número de blocos na mensagem (incluindo campos de preenchimento e tamanho)
SUM_{64}	= adição módulo 2^{64} realizada separadamente em cada word do par de entradas
MD	= valor final do resumo da mensagem

Função round do SHA-512

Vejamos com mais detalhes a lógica em cada uma das 80 etapas do processamento de um bloco de 512 bits (Figura 11.11). Cada rodada é definida pelo seguinte conjunto de equações:

$$T_1 = h + Ch(e, f, g) + \left(\sum_{1}^{512} e\right) + W_t + K_t$$
$$T_2 = \left(\sum_{0}^{512} a\right) + Maj(a, b, c)$$
$$h = g$$
$$g = f$$
$$f = e$$
$$e = d + T_1$$
$$d = c$$
$$c = b$$
$$b = a$$
$$a = T_1 + T_2$$

onde

t	= número da etapa; $0 \leq t \leq 79$
$Ch(e, f, g)$	= $(e \text{ AND } f) \oplus (\text{NOT } e \text{ AND } g)$
	a função condicional: If e then f else g
$Maj(a, b, c)$	= $(a \text{ AND } b) \oplus (a \text{ AND } c) \oplus (b \text{ AND } c)$
	a função é verdadeira somente se a maioria (dois ou três) dos argumentos for verdadeira
$\left(\sum_{0}^{512} a\right)$	= $ROTR^{28}(a) \oplus ROTR^{34}(a) \oplus ROTR^{39}(a)$
$\left(\sum_{1}^{512} e\right)$	= $ROTR^{14}(e) \oplus ROTR^{18}(e) \oplus ROTR^{41}(e)$
$ROTR^n(x)$	= deslocamento circular (rotação) à direita do argumento de 64 bits x por n bits
W_t	= uma word de 64 bits derivada do bloco de entrada atual de 1024 bits
K_t	= uma constante aditiva de 64 bits
+	= adição módulo 2^{64}

Duas observações podem ser feitas sobre a função round.

1. Seis das oito words da saída da função round envolvem simplesmente permutação (b, c, d, f, g, h) por meio da rotação. Isso é indicado pelo sombreamento na Figura 11.11.
2. Somente duas das words de saída (a, e) são geradas por substituição. A word e é uma função das variáveis de entrada (d, e, f, g, h), bem como a word de round W_t e a constante K_t. A word a é uma função de todas as variáveis de entrada exceto d, bem como a word de round W_t e a constante K_t.

Resta indicar como os valores de word de 64 bits W_t são derivados da mensagem de 1024 bits. A Figura 11.12 ilustra o mapeamento. Os primeiros 16 valores de W_t são tomados diretamente das 16 words do bloco atual. Os valores restantes são definidos da seguinte forma:

$$W_t = \sigma_1^{512}(W_{t-2}) + W_{t-7} + \sigma_0^{512}(W_{t-15}) + W_{t-16}$$

Figura 11.11 Operação elementar do SHA-512 (única rodada).

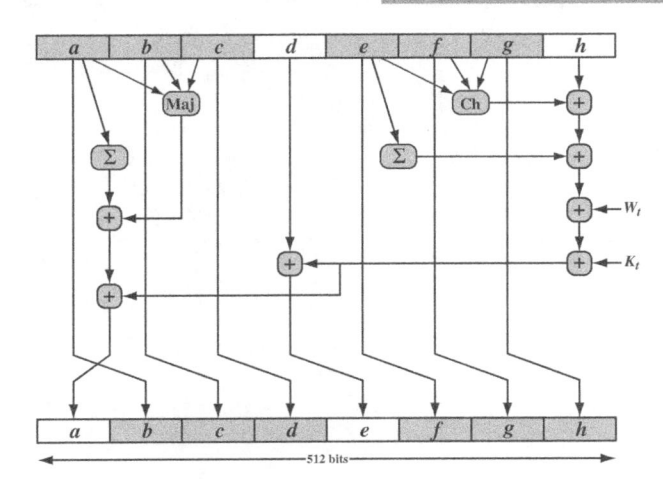

onde

$$\sigma_0^{512}(x) = \text{ROTR}^1(x) \oplus \text{ROTR}^8(x) \oplus \text{SHR}^7(x)$$
$$\sigma_1^{512}(x) = \text{ROTR}^{19}(x) \oplus \text{ROTR}^{61}(x) \oplus \text{SHR}^6(x)$$

$\text{ROTR}^n(x)$ = deslocamento circular à direita (rotação) do argumento de 64 bits x por n bits

$\text{SHR}^n(x)$ = deslocamento à esquerda do argumento de 64 bits x por n bits com preenchimento por zeros à direita

$+$ = adição módulo 2^{64}

Assim, nas primeiras 16 etapas de processamento, o valor de W_t é igual à word correspondente no bloco da mensagem. Para as 64 etapas restantes, o valor de W_t consiste no deslocamento circular à esquerda por um bit do XOR de quatro dos valores anteriores de W_t com dois desses valores sujeitos a operações de deslocamento e rotação. Isso introduz muita redundância e interdependência nos blocos da mensagem que são compactados, o que complica a tarefa de encontrar um bloco de mensagem diferente, que se relaciona à mesma saída de função de compactação.

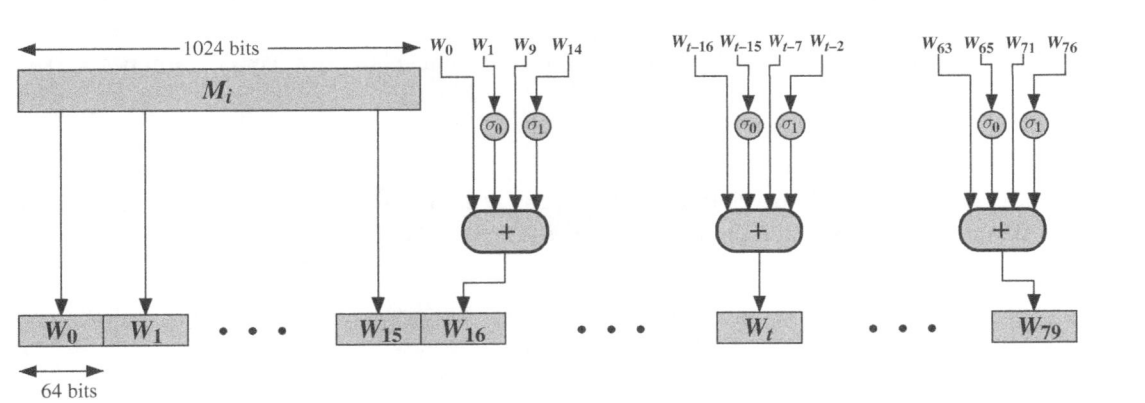

A Figura 11.13 resume a lógica do SHA-512.

O algoritmo SHA-512 tem a propriedade de que cada bit do código de hash é uma função de cada bit da entrada. A repetição complexa da função básica F produz resultados que são bem misturados; ou seja, é pouco provável que duas mensagens escolhidas aleatoriamente, mesmo que apresentem regularidades semelhantes, tenham o mesmo código de hash. A menos que haja alguma deficiência oculta no SHA-512 que ainda não tenha sido publicada, a dificuldade de chegar a duas mensagens tendo o mesmo resumo de mensagem está na

Figura 11.12 Criação da sequência de entrada de 80 words para processamento de único bloco do SHA-512.

Figura 11.13 Lógica do SHA-512.

A mensagem preenchida consiste em blocos $M_1, M_2, \ldots, M_N$. Cada bloco de mensagem M_i consiste em 16 words de 64 bits $M_{i,0}, M_{i,1}, \ldots, M_{i,15}$. Toda a adição é realizada módulo 2^{64}.

$H_{0,0}$ = 6A09E667F3BCC908 $H_{0,4}$ = 510E527FADE682D1
$H_{0,1}$ = BB67AE8584CAA73B $H_{0,5}$ = 9B05688C2B3E6C1F
$H_{0,2}$ = 3C6EF372FE94F82B $H_{0,6}$ = 1F83D9ABFB41BD6B
$H_{0,3}$ = A54FF53A5F1D36F1 $H_{0,7}$ = 5BE0CDI9137E2179

for $i = 1$ **to** N

1. Prepare o schedule de mensagem W
    for $t = 0$ **to** 15
        $W_t = M_{i,t}$
    for $t = 16$ **to** 79
        $W_t = \sigma_1^{512}(W_{t-2}) + W_{t-7} + \sigma_0^{512}(W_{t-15}) + W_{t-16}$

2. Inicialize as variáveis de trabalho
    $a = H_{i-1,0}$ $e = H_{i-1,4}$
    $b = H_{i-1,1}$ $f = H_{i-1,5}$
    $c = H_{i-1,2}$ $g = H_{i-1,6}$
    $d = H_{i-1,3}$ $h = H_{i-1,7}$

3. Realize o cálculo de hash principal
    for $t = 0$ **to** 79
        $T_1 = h + \text{Ch}(e, f, g) + \left(\sum_{1}^{512} e\right) + W_t + K_t$
        $T_2 = \left(\sum_{1}^{512} a\right) + \text{Maj}(a, b, c)$
        $h = g$
        $g = f$
        $f = e$
        $e = d + T_1$
        $d = c$
        $c = b$
        $b = a$
        $a = T_1 + T_2$

4. Calcule o valor de hash intermediário
    $H_{i,0} = a + H_{i-1,0}$ $H_{i,4} = e + H_{i-1,4}$
    $H_{i,1} = b + H_{i-1,1}$ $H_{i,5} = f + H_{i-1,5}$
    $H_{i,2} = c + H_{i-1,2}$ $H_{i,6} = g + H_{i-1,6}$
    $H_{i,3} = d + H_{i-1,3}$ $H_{i,7} = h + H_{i-1,7}$

return $\{H_{N,0} \| H_{N,1} \| H_{N,2} \| H_{N,3} \| H_{N,4} \| H_{N,5} \| H_{N,6} \| H_{N,7}\}$

ordem de 2^{256} operações, enquanto a dificuldade de encontrar uma mensagem com determinado resumo está na ordem de 2^{512} operações.

Exemplo

Incluímos aqui um exemplo baseado em outro encontrado no FIPS 180. Queremos criar o hash de uma mensagem de um bloco consistindo em três caracteres ASCII: "abc", que é equivalente à seguinte sequência binária de 24 bits:

```
01100001 01100010 01100011
```

Lembre-se, da etapa 1 do algoritmo SHA, que a mensagem é preenchida até um tamanho congruente a 896 módulo 1024. Nesse caso de um único bloco, o preenchimento consiste em 896 − 24 = 872 bits, consistindo em um bit "1" seguido por 871 bits "0". Depois, um valor de tamanho com 128 bits é anexado à mensagem, que contém o tamanho da mensagem original (antes do preenchimento). O tamanho original é 24 bits, ou um valor hexadecimal 18. Juntando tudo isso, o bloco de mensagem em 1024 bits, em hexadecimal, é

```
6162638000000000 0000000000000000 0000000000000000 0000000000000000
0000000000000000 0000000000000000 0000000000000000 0000000000000000
0000000000000000 0000000000000000 0000000000000000 0000000000000000
0000000000000000 0000000000000000 0000000000000000 0000000000000018
```

Esse bloco é atribuído às words W0, ..., W15 do schedule de mensagem, que aparece a seguir.

W_0 = 6162638000000000 W_8 = 0000000000000000
W_1 = 0000000000000000 W_9 = 0000000000000000
W_2 = 0000000000000000 W_{10} = 0000000000000000
W_3 = 0000000000000000 W_{11} = 0000000000000000
W_4 = 0000000000000000 W_{12} = 0000000000000000
W_5 = 0000000000000000 W_{13} = 0000000000000000
W_6 = 0000000000000000 W_{14} = 0000000000000000
W_7 = 0000000000000000 W_{15} = 0000000000000018

Conforme indicamos na Figura 11.13, as oito variáveis de 64 bits, de a até h, são inicializadas com os valores de $H_{0,0}$ a $H_{0,7}$. A tabela a seguir mostra os valores iniciais dessas variáveis e seus valores após cada uma das duas primeiras rodadas.

a	6a09e667f3bcc908	f6afceb8bcfcddf5	1320f8c9fb872cc0
b	bb67ae8584caa73b	6a09e667f3bcc908	f6afceb8bcfcddf5
c	3c6ef372fe94f82b	bb67ae8584caa73b	6a09e667f3bcc908
d	a54ff53a5f1d36f1	3c6ef372fe94f82b	bb67ae8584caa73b
e	510e527fade682d1	58cb02347ab51f91	c3d4ebfd48650ffa
f	9b05688c2b3e6c1f	510e527fade682d1	58cb02347ab51f91
g	1f83d9abfb41bd6b	9b05688c2b3e6c1f	510e527fade682d1
h	5be0cd19137e2179	1f83d9abfb41bd6b	9b05688c2b3e6c1f

Observe que, em cada uma das rodadas, seis das variáveis são copiadas diretamente das variáveis da rodada anterior.

O processo continua por 80 rodadas. A saída da rodada final é

```
73a54f399fa4b1b2 10d9c4c4295599f6 d67806db8b148677 654ef9abec389ca9
d08446aa79693ed7 9bb4d39778c07f9e 25c96a7768fb2aa3 ceb9fc3691ce8326
```

O valor de hash é então calculado como

$H_{1,0}$ = 6a09e667f3bcc908 + 73a54f399fa4b1b2 = ddaf35a193617aba
$H_{1,1}$ = bb67ae8584caa73b + 10d9c4c4295599f6 = cc417349ae204131
$H_{1,2}$ = 3c6ef372fe94f82b + d67806db8b148677 = 12e6fa4e89a97ea2
$H_{1,3}$ = a54ff53a5f1d36f1 + 654ef9abec389ca9 = 0a9eeee64b55d39a
$H_{1,4}$ = 510e527fade682d1 + d08446aa79693ed7 = 2192992a274fc1a8
$H_{1,5}$ = 9b05688c2b3e6c1f + 9bb4d39778c07f9e = 36ba3c23a3feebbd
$H_{1,6}$ = 1f83d9abfb41bd6b + 25c96a7768fb2aa3 = 454d4423643ce80e
$H_{1,7}$ = 5be0cd19137e2179 + ceb9fc3691ce8326 = 2a9ac94fa54ca49f

O resumo de mensagem de 512 bits resultante é

```
ddaf35a193617aba cc417349ae204131 12e6fa4e89a97ea2 0a9eeee64b55d39a
2192992a274fc1a8 36ba3c23a3feebbd 454d4423643ce80e 2a9ac94fa54ca49f
```

Suponha agora que mudemos a mensagem de entrada em um bit, de "abc" para "cbc". Então, o bloco de mensagem de 1024 bits é

```
6362638000000000 0000000000000000 0000000000000000 0000000000000000
0000000000000000 0000000000000000 0000000000000000 0000000000000000
0000000000000000 0000000000000000 0000000000000000 0000000000000000
0000000000000000 0000000000000000 0000000000000000 0000000000000018
```

E o resumo de mensagem de 512 bits resultante é

```
531668966ee79b70 0b8e593261101354 4273f7ef7b31f279 2a7ef68d53f93264
319c165ad96d9187 55e6a204c2607e27 6e05cdf993a64c85 ef9e1e125c0f925f
```

O número de posições de bit que diferem entre os dois valores de hash é 253, quase exatamente metade das posições de bit, indicando que o SHA-512 tem um bom efeito de avalanche.

11.6 SHA-3

No momento em que este livro era escrito, o Secure Hash Algorithm (SHA-1) ainda não tinha sido "quebrado". Ou seja, ninguém demonstrou uma técnica para produzir colisões em um período de tempo prático. Porém, como o SHA-1 é muito semelhante ao MD5 e ao SHA-0 em estrutura e nas operações matemáticas básicas utilizadas, e ambos foram quebrados, o SHA-1 é considerado inseguro e foi substituído pelo SHA-2.

O SHA-2, particularmente a versão de 512 bits, pareceria oferecer uma segurança incontestável. Porém, o SHA-2 compartilha a mesma estrutura e operações matemáticas de seus predecessores, e isso tem sido causa de preocupação. Como serão necessários muitos anos para encontrar um substituto adequado para o SHA-2, caso ele se torne vulnerável, o NIST decidiu iniciar o processo de desenvolvimento de um novo padrão de hash.

Por conseguinte, o NIST anunciou em 2007 uma competição para produzir a função de hash do NIST para a próxima geração, que se chamaria SHA-3. O projeto vencedor para o SHA-3 foi anunciado pelo NIST em outubro de 2012. O SHA-3 é uma função de hash criptográfica que deve complementar o SHA-2 como padrão aprovado para uma grande gama de aplicações.

O Apêndice V examina os critérios de avaliação usados pelo NIST para selecionar dentre os candidatos para o AES, além do raciocínio para escolher o Keccak, que foi o candidato vencedor. Esse material é útil para se conhecer não apenas o projeto do SHA-3, mas também os critérios pelos quais será julgado qualquer algoritmo de hash criptográfico.

Construção em esponja

A estrutura básica do SHA-3 é um esquema denominado por seus projetistas de **construção em esponja** [BERT07, BERT11]. A construção em esponja tem a mesma estrutura geral de outras funções de hash iterativas (Figura 11.8). A função de esponja recebe uma mensagem de entrada e a divide em blocos de tamanho fixo. Cada bloco é processado por sua vez com a saída de cada iteração alimentada na próxima, produzindo finalmente um bloco de saída.

A função de esponja é definida por três parâmetros:

f = a função interna usada para processar cada bloco de entrada[3]

r = o tamanho em bits dos blocos de entrada, chamado **taxa de bits**

pad = o algoritmo de preenchimento

---

[3] A documentação do Keccak refere-se a f como uma permutação. Como veremos, isso envolve permutações e substituições. Vamos nos referir a f como a **função de iteração**, pois é a função executada uma vez para cada iteração, ou seja, uma vez para cada bloco da mensagem que é processada.

Uma função esponja permite entrada e saída de tamanho variável, fazendo dela uma estrutura flexível, que pode ser usada para uma função de hash (saída de tamanho fixo), um gerador de número pseudoaleatório (entrada de tamanho fixo) e outras funções criptográficas. A Figura 11.14 ilustra esse ponto. Uma mensagem de entrada de n bits é particionada em k blocos de tamanho fixo de r bits cada. Se necessário, a mensagem é preenchida para conseguir um tamanho que é um múltiplo inteiro de r bits. A partição resultante é a sequência de blocos $P_0, P_1, \ldots, P_{k-1}$, com $n = k \times r$. Por uniformidade, o preenchimento sempre é acrescentado, de modo que, se $n \bmod r = 0$, um bloco de preenchimento de r bits é acrescentado. O algoritmo de preenchimento real é um parâmetro da função. A especificação de esponja [BERT11] propõe dois esquemas de preenchimento:

- **Preenchimento simples:** indicado por pad10*, acrescenta um único bit 1 seguido pelo número mínimo de bits 0 tais que o tamanho do resultado seja um múltiplo do tamanho do bloco.
- **Preenchimento em múltiplas taxas:** indicado por pad10*1, acrescenta um único bit 1 seguido pelo número mínimo de bits 0 seguidos por um único bit 1, tal que o tamanho do resultado é um múltiplo do tamanho do bloco. Esse é o esquema de preenchimento mais simples que permite o uso seguro do mesmo f com diferentes taxas r.

Depois de processar todos os blocos, a função de esponja gera uma sequência de blocos de saída $Z_0, Z_1, \ldots, Z_{j-1}$. O número de blocos de saída gerados é determinado pelo número de bits de saída desejados. Se a saída desejada for ℓ bits, então j blocos são produzidos, de modo que $(j - 1) \times r < \ell \leq j \times r$.

A Figura 11.15 mostra a estrutura repetitiva da função de esponja. A construção da esponja opera sobre uma variável de estado s de $b = r + c$ bits, que é inicializada com todos os bits iguais a zero e modificada a cada iteração. O valor r é denominado taxa de bits. Esse valor é o tamanho do bloco usado para particionar a mensagem de entrada. O termo *taxa de bits* reflete o fato de que r é o número de bits processados a cada iteração: quanto maior o valor de r, maior a taxa em que os bits da mensagem são processados pela construção da esponja. O valor c é chamado de **capacidade**. Uma discussão das implicações de segurança da capacidade está além do nosso escopo. Basicamente, a capacidade é uma medida da complexidade alcançável da construção da esponja e, portanto, do nível de segurança alcançável. Uma determinada implementação pode compensar a segurança alegada pela velocidade, aumentando a capacidade c e diminuindo a taxa de bits r consequentemente, ou vice-versa. Os valores default para o Keccak são $c = 1024$ bits, $r = 576$ e, portanto, $b = 1600$ bits.

A construção de esponja consiste em duas fases. A **fase de absorção** prossegue da seguinte forma: para cada iteração, o bloco de entrada a ser processado é preenchido com zeros para estender seu tamanho de r bits para b bits.

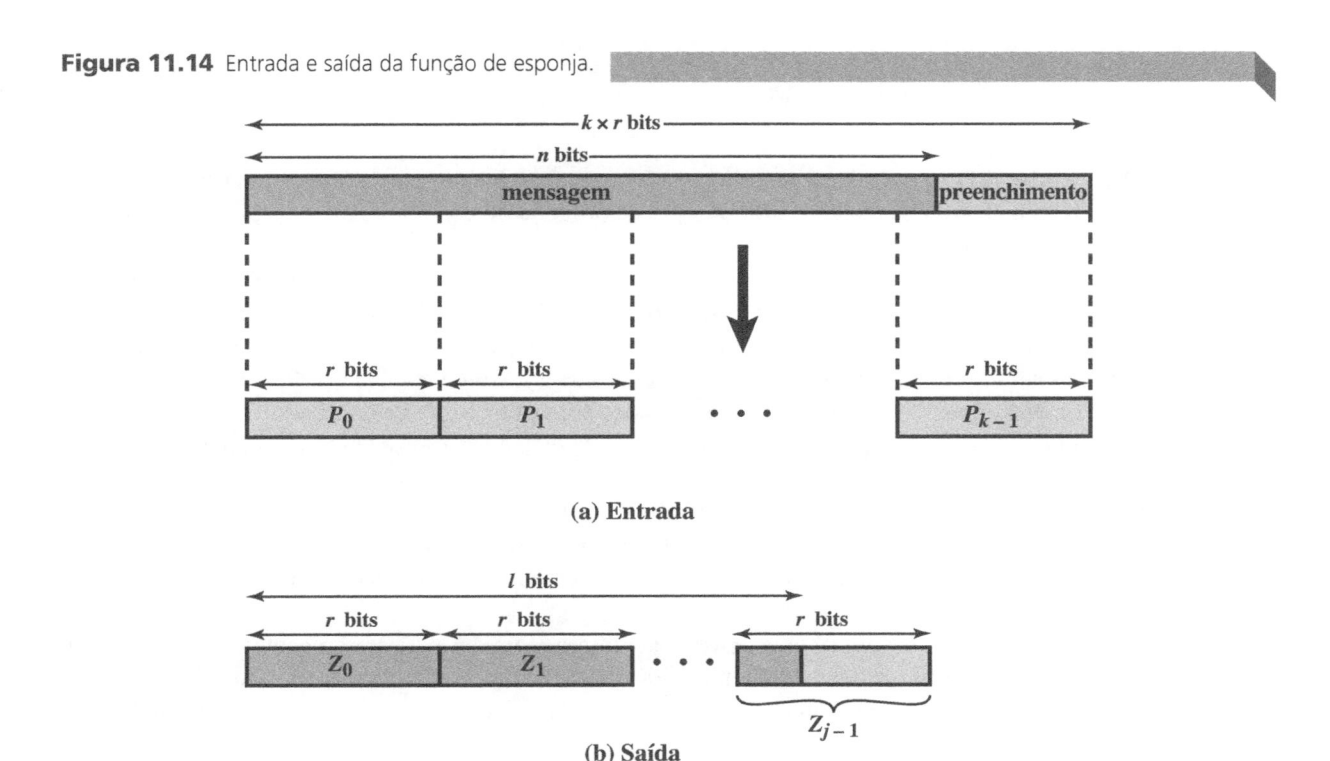

Figura 11.14 Entrada e saída da função de esponja.

Figura 11.15 Construção da esponja.

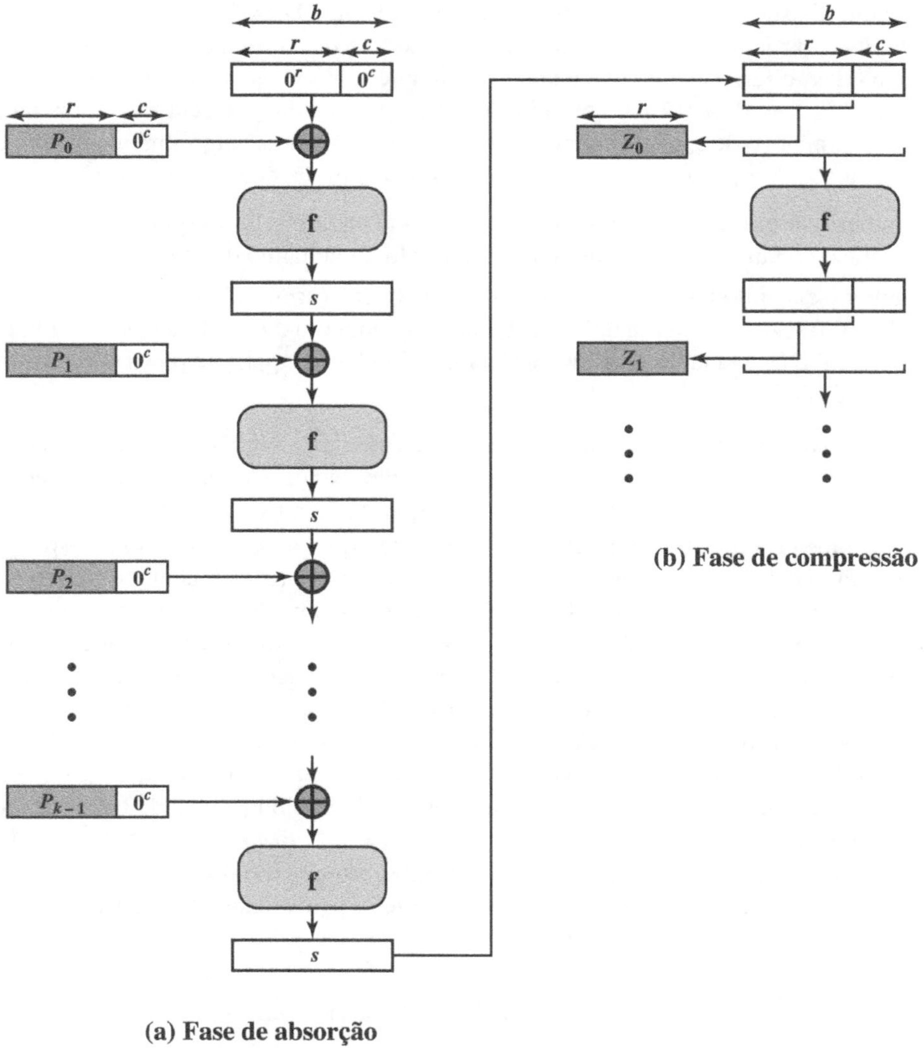

(a) Fase de absorção

(b) Fase de compressão

Depois, o XOR bit a bit do bloco de mensagem estendido com s é formado para criar uma entrada de b bits para a função de iteração f. A saída de f é o valor de s para a próxima iteração.

Se o tamanho de saída desejado ℓ satisfizer $\ell \leq b$, então, no término da fase de absorção, os primeiros ℓ bits de s são retornados e a construção da esponja termina. Caso contrário, a construção da esponja entra na **fase de compressão**. Para começar, os primeiros ℓ bits de s são retidos como bloco Z_0. Depois, o valor de s é atualizado com execuções repetidas de f, e em cada iteração, os primeiros ℓ bits de s são retidos como bloco Z_i e concatenados com os blocos gerados anteriormente. O processo continua através de $(j-1)$ iterações até que tenhamos $(j-1) \times r < \ell \leq j \times r$. Nesse ponto, os primeiros ℓ bits do bloco concatenado Y são retornados.

Observe que a fase de absorção tem a estrutura de uma função de hash típica. Um caso comum será aquele em que o tamanho do hash desejado é menor ou igual ao tamanho do bloco de entrada; ou seja, $\ell \leq r$. Nesse caso, a construção da esponja termina após a fase de absorção. Se uma saída maior que b bits for necessária, então a fase de compressão é empregada. Assim, a construção da esponja é bastante flexível. Por exemplo, uma mensagem curta com um tamanho r poderia ser usada como semente e a construção da esponja funcionaria como um gerador de números pseudoaleatórios.

Resumindo, a construção de esponja é uma construção iterativa simples para a montagem de uma função F com entrada de tamanho variável e saída de tamanho arbitrário baseada em uma transformação ou permutação f de tamanho fixo, operando sobre um número fixo b de bits. A construção da esponja é definida formalmente em [BERT11] da seguinte forma:

```
Algoritmo A construção em esponja SPONGE[f, pad, r]
Requer: r < b
  Interface: Z = esponja(M, ℓ) com M ∈ Z₂*, inteiro ℓ > 0 e  Y ∈ Z₂ℓ
  P = M || pad[r](|M|)
  s = 0ᵇ
  for i = 0 to |P|ᵣ - 1 do
      s = s  (Pi || 0ᵇ⁻ʳ)
      s = f(s)
  end for
  Z = ⌊s⌋ r
  while |Zᵣ| r < ℓ do
    s = f(s)
    Z = Z || ⌊s⌋ᵣ
  end while
  return ⌊Z⌋ℓ
```

Na definição do algoritmo, a notação a seguir é usada: $|M|$ é o tamanho em bits de uma sequência de bits M. Uma sequência de bits M pode ser considerada como uma sequência de blocos de algum tamanho fixo x, onde o último bloco pode ser mais curto. O número de blocos de M é indicado por $|M|_x$. Os blocos de M são indicados por M_i e os intervalos de índice de 0 a $|M|_x - 1$. A expressão $\lfloor M \rfloor_\ell$ indica o truncamento de M aos seus primeiros ℓ bits.

O SHA-3 utiliza a função de iteração f, rotulada como Keccak-f, que é descrita na próxima seção. A função SHA-3 geral é uma função de esponja expressa como Keccak[r, c] para refletir que o SHA-3 tem dois parâmetros operacionais, r, o tamanho do bloco de mensagem, e c, a capacidade, com o padrão de $r + c = 1600$ bits. A Tabela 11.5 mostra os valores suportados de r e c. Como mostra a Tabela 11.5, a segurança da função de hash associada à construção da esponja é uma função da capacidade c.

Em termos do algoritmo de esponja indicado anteriormente, Keccak[r, c] é definido como

$$\text{Keccak}[r, c] \triangleq \text{SPONGE}[\text{Keccak-}f[r + c], \text{pad}10*1, r]$$

Agora, passemos a uma discussão sobre a função de iteração Keccak-f.

Função de iteração *f* do SHA-3

Agora, vamos examinar a função de iteração Keccak-f usada para processar cada bloco sucessivo da mensagem de entrada. Lembre-se de que f toma como entrada uma variável de 1600 bits s contendo r bits, correspondente ao tamanho do bloco de mensagem seguido por c bits, conhecidos como a capacidade. Para o proces-

Tabela 11.5 Parâmetros do SHA-3.

Tamanho do resumo da mensagem	224	256	384	512
Tamanho da mensagem	nenhum máximo	nenhum máximo	nenhum máximo	nenhum máximo
Tamanho do bloco (taxa de bits *r*)	1152	1088	832	576
Tamanho da word	64	64	64	64
Número de rodadas	24	24	24	24
Capacidade *c*	448	512	768	1024
Resistência à colisão	2^{112}	2^{128}	2^{192}	2^{256}
Resistência à segunda pré-imagem	2^{224}	2^{256}	2^{384}	2^{512}

Nota: todos os tamanhos e níveis de segurança são medidos em bits.

Figura 11.16 Matriz de estado do SHA-3.

	x = 0	x = 1	x = 2	x = 3	x = 4
y = 4	L[0, 4]	L[1, 4]	L[2, 4]	L[3, 4]	L[4, 4]
y = 3	L[0, 3]	L[1, 3]	L[2, 3]	L[3, 3]	L[4, 3]
y = 2	L[0, 2]	L[1, 2]	L[2, 2]	L[3, 2]	L[4, 2]
y = 1	L[0, 1]	L[1, 1]	L[2, 1]	L[4, 1]	L[4, 1]
y = 0	L[0, 0]	L[1, 0]	L[2, 0]	L[3, 0]	L[4, 0]

(a) Variável de estado como matriz 5 × 5 A de words de 64 bits

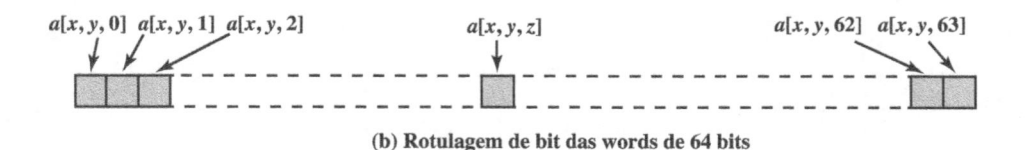

$a[x, y, 0]$ $a[x, y, 1]$ $a[x, y, 2]$ ... $a[x, y, z]$ ... $a[x, y, 62]$ $a[x, y, 63]$

(b) Rotulagem de bit das words de 64 bits

samento interno dentro de f, a variável de estado de entrada s é organizada como um array a de tamanho 5 × 5 × 64. As unidades de 64 bits são chamadas de **pistas**. Para nossos propósitos, geralmente usamos a notação $a[x, y, z]$ para nos referir a um bit individual do array de estado. Quando estivermos mais preocupados com as operações que afetam pistas inteiras, designamos a matriz 5 × 5 como $L[x, y]$, onde cada entrada em L é uma pista de 64 bits. O uso de índices dentro dessa matriz aparece na Figura 11.16.[4] Assim, as colunas são rotuladas com $x = 0$ até $x = 4$, as linhas, com $y = 0$ até $y = 4$, e os bits individuais dentro de uma pista, com $z = 0$ até $z = 63$. O mapeamento entre os bits de s e os de a é

$$s[64(5y + x) + z] = a[x, y, z]$$

Podemos visualizar isso com relação à matriz na Figura 11.16. Ao tratar o estado como uma matriz de pistas, a primeira pista no canto inferior esquerdo, $L[0, 0]$, corresponde aos primeiros 64 bits de s. A pista na segunda coluna, linha mais baixa, $L[1, 0]$, corresponde aos próximos 64 bits de s. Assim, o array a é preenchido com os bits de s começando com a linha $y = 0$ e prosseguindo linha por linha.

Estrutura de F

A função f é executada uma vez para cada bloco de entrada da mensagem que terá um hash calculado. A função toma como entrada a variável de estado de 1600 bits e a converte para uma matriz 5 × 5 de pistas de 64 bits. Essa matriz, então, passa por 24 rodadas de processamento. Cada rodada consiste em cinco etapas, e cada etapa atualiza a matriz de estado com operações de permutação ou substituição. Como vemos na Figura 11.17, as rodadas são idênticas, com a exceção da etapa final em cada rodada, que é modificada por uma constante de rodada que difere para cada uma.

A aplicação das cinco etapas pode ser expressa como a composição[5] de funções:

$$R = \iota \circ \chi \circ \pi \circ \rho \circ \theta$$

A Tabela 11.6 resume a operação das cinco etapas. As etapas têm uma descrição simples levando a uma especificação que é compacta e na qual nenhuma porta dos fundos pode estar escondida. As operações nas pistas da especificação são limitadas a operações Booleanas bit a bit (XOR, AND, NOT) e rotações. Não há

---

[4] Note que o primeiro índice (x) designa uma coluna e o segundo índice (y) designa uma linha. Isso está em conflito com a convenção usada na maioria das fontes matemáticas, onde o primeiro índice designa uma linha e o segundo, uma coluna (por exemplo, Knuth, D. *The Art of Computing Programming, Volume 1, Fundamental Algorithms*; e Korn, G. e Korn, T. *Mathematical Handbook for Scientists and Engineers*).

[5] Repetindo uma definição do Capítulo 5: se f e g são duas funções, então a função F com a equação $y = F(x) = g[f(x)]$ é chamada de **composição** de f e g e é indicada como F = g o f.

Figura 11.17 Função de iteração *f* do SHA-3.

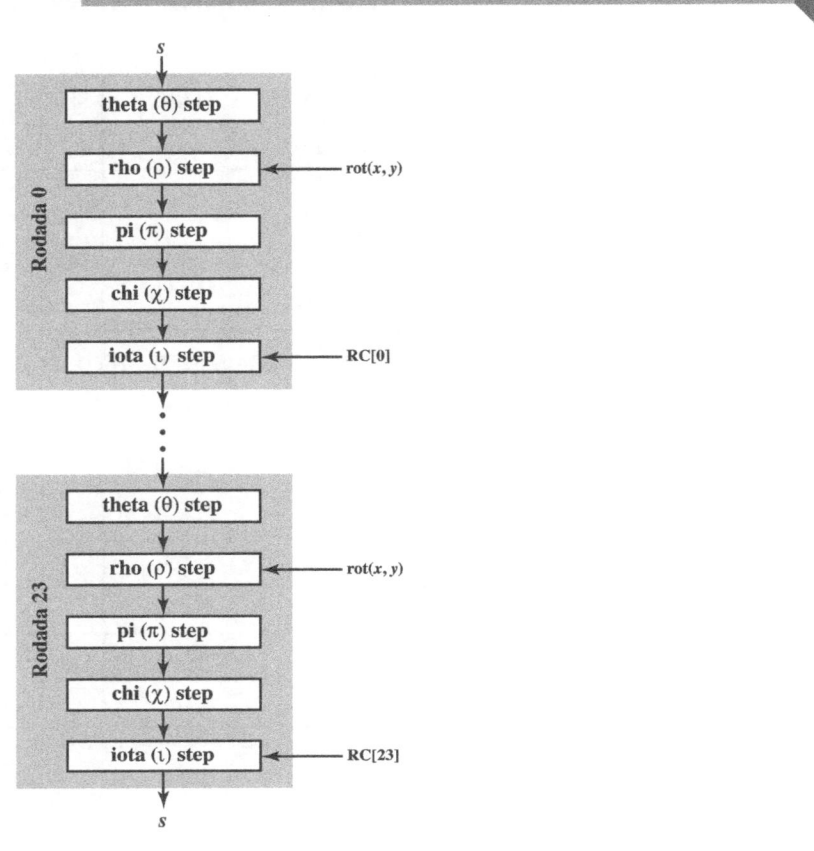

Tabela 11.6 Funções de etapa do SHA-3

Função	Tipo	Descrição
θ	Substituição	Novo valor de cada bit em cada word depende do seu valor atual e de um bit em cada word da coluna anterior e um bit de cada word na coluna seguinte.
ρ	Permutação	Os bits de cada word são permutados usando um deslocamento de bit circular. W[0, 0] não é afetado.
π	Permutação	Words são permutadas na matriz 5 × 5. W[0, 0] não é afetado.
χ	Substituição	Novo valor de cada bit em cada word depende do seu valor atual e de um bit na próxima word na mesma linha e de um bit na segunda word seguinte na mesma linha.
ι	Substituição	W[0, 0] é atualizado pelo XOR com uma constante de rodada.

necessidade de pesquisas de tabela, operações aritméticas ou rotações dependentes de dados. Assim, SHA-3 é implementado de modo fácil e eficiente em hardware ou em software.

Vamos examinar cada uma das funções de etapa, uma por vez.

Função da etapa θ

A referência do Keccak define a função θ da seguinte forma. Para o bit z na coluna x, linha y,

$$\theta: a[x, y, z] \leftarrow a[x, y, z] \oplus \sum_{y'=0}^{4} a[(x-1), y, z] \oplus \sum_{y'=0}^{4} a[(x+1), y, (z-1)] \quad (11.1)$$

onde as somatórias são operações XOR. Podemos ver mais claramente o que essa operação realiza com referência à Figura 11.18a. Primeiro, defina o XOR bit a bit das pistas na coluna x como

$$C[x] = L[x, 0] \oplus L[x, 1] \oplus L[x, 2] \oplus L[x, 3] \oplus L[x, 4]$$

Figura 11.18 Funções das etapas θ e χ.

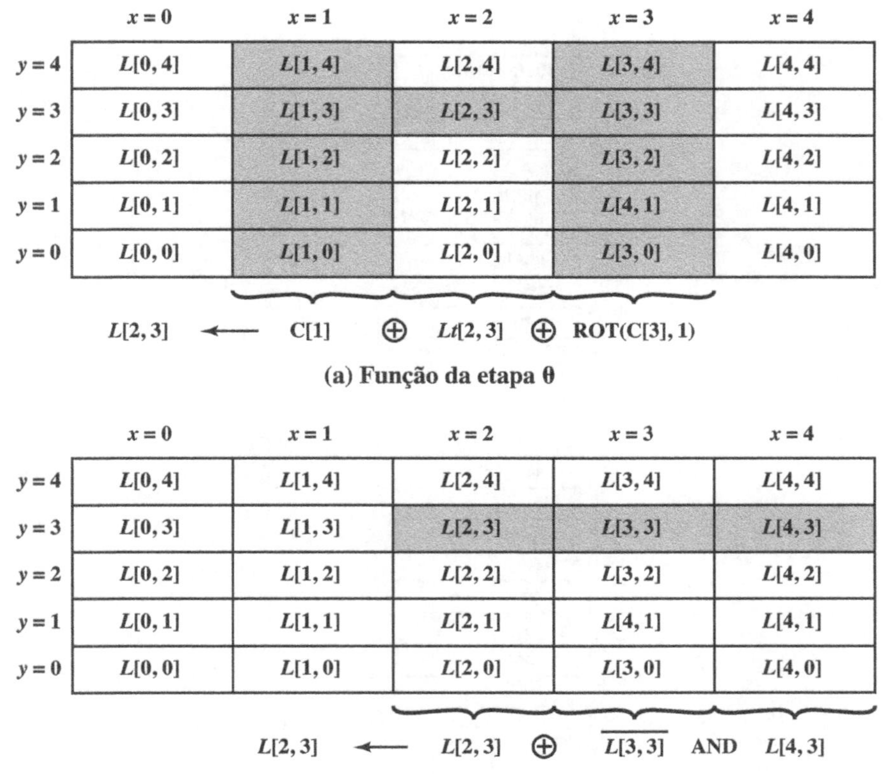

	x = 0	x = 1	x = 2	x = 3	x = 4
y = 4	L[0, 4]	L[1, 4]	L[2, 4]	L[3, 4]	L[4, 4]
y = 3	L[0, 3]	L[1, 3]	L[2, 3]	L[3, 3]	L[4, 3]
y = 2	L[0, 2]	L[1, 2]	L[2, 2]	L[3, 2]	L[4, 2]
y = 1	L[0, 1]	L[1, 1]	L[2, 1]	L[4, 1]	L[4, 1]
y = 0	L[0, 0]	L[1, 0]	L[2, 0]	L[3, 0]	L[4, 0]

$L[2, 3] \leftarrow$ C[1] $\oplus$ $Lt[2, 3]$ $\oplus$ ROT(C[3], 1)

(a) Função da etapa θ

	x = 0	x = 1	x = 2	x = 3	x = 4
y = 4	L[0, 4]	L[1, 4]	L[2, 4]	L[3, 4]	L[4, 4]
y = 3	L[0, 3]	L[1, 3]	L[2, 3]	L[3, 3]	L[4, 3]
y = 2	L[0, 2]	L[1, 2]	L[2, 2]	L[3, 2]	L[4, 2]
y = 1	L[0, 1]	L[1, 1]	L[2, 1]	L[4, 1]	L[4, 1]
y = 0	L[0, 0]	L[1, 0]	L[2, 0]	L[3, 0]	L[4, 0]

$L[2, 3] \leftarrow$ $L[2, 3]$ $\oplus$ $\overline{L[3, 3]}$ AND $L[4, 3]$

(b) Função da etapa χ

Considere a pista $L[x, y]$ na coluna x, linha y. A primeira somatória na Equação 11.1 realiza um XOR bit a bit das pistas na coluna $(x - 1)$ mod 4 para formar a pista de 64 bits $C[x - 1]$. A segunda somatória realiza um XOR bit a bit das pistas na coluna $(x + 1)$ mod 4, e depois gira os bits dentro da pista de 64 bits de modo que o bit na posição z é mapeado para a posição $z + 1$ mod 64. Isso forma a pista ROT $(C[x + 1], 1)$. Essas duas pistas e $L[x, y]$ são combinados pelo XOR bit a bit para formar o valor atualizado de $L[x, y]$. Isso pode ser expresso como

$$L[x, y] \leftarrow L[x, y] \oplus C[x - 1] \oplus \text{ROT}(C[x + 1], 1)$$

A Figura 11.18 a ilustra a operação sobre $L[3, 2]$. A mesma operação é realizada sobre todas as outras pistas na matriz.

Várias observações são adequadas. Cada bit em uma pista é atualizado usando o próprio bit e um bit na mesma posição de bit de cada pista na coluna anterior e um bit na posição de bit adjacente de cada pista na coluna seguinte. Assim, o valor atualizado de cada bit depende de 11 bits. Isso oferece uma boa mistura. Além disso, a etapa θ oferece boa difusão; esse termo foi definido no Capítulo 3. Os projetistas do Keccak indicam que a etapa θ oferece um alto nível de difusão na média e que, sem θ, a função da rodada não ofereceria difusão significativa.

Função da etapa ρ

A função ρ é definida da seguinte forma:

$$\rho: a[x, y, z] \leftarrow a[x, y, z] \text{ se } x = y = 0$$

caso contrário,

$$\rho: a[x, y, z] \leftarrow a\left[x, y, \left(z - \frac{(t + 1)(t + 2)}{2}\right)\right] \quad \text{(11.2)}$$

com t satisfazendo $0 \leq t < 24$ e $\begin{pmatrix} 0 & 1 \\ 2 & 3 \end{pmatrix}^t \begin{pmatrix} 1 \\ 0 \end{pmatrix} = \begin{pmatrix} x \\ y \end{pmatrix}$ em GF(5)$^{2 \times 2}$

Não é imediatamente óbvio o que esta etapa realiza, e portanto vamos examinar o processo em detalhes.

1. A pista na posição $(x, y) = (0, 0)$, que é $L[0, 0]$, não é afetada. Para todas as outras words, é feito um deslocamento de bit circular dentro da pista.
2. A variável t, com $0 \leq t < 24$, é usada para determinar a quantidade de deslocamento de bit circular e qual pista recebe qual valor de deslocamento.
3. Os 24 deslocamentos de bit individual que são realizados têm os respectivos valores $\dfrac{(t+1)(t+2)}{2} \bmod 64$.
4. O deslocamento determinado pelo valor de t é realizado sobre a pista na posição (x, y) na matriz de pistas 5×5. Especificamente, para cada valor de t, a posição de matriz correspondente é definida por $\begin{pmatrix} x \\ y \end{pmatrix} = \begin{pmatrix} 0 & 1 \\ 2 & 3 \end{pmatrix}^t \begin{pmatrix} 1 \\ 0 \end{pmatrix}$. Por exemplo, para $t = 3$, temos

$$\begin{pmatrix} x \\ y \end{pmatrix} = \begin{pmatrix} 0 & 1 \\ 2 & 3 \end{pmatrix}^3 \begin{pmatrix} 1 \\ 0 \end{pmatrix} \bmod 5$$

$$= \begin{pmatrix} 0 & 1 \\ 2 & 3 \end{pmatrix}\begin{pmatrix} 0 & 1 \\ 2 & 3 \end{pmatrix}\begin{pmatrix} 0 & 1 \\ 2 & 3 \end{pmatrix}\begin{pmatrix} 1 \\ 0 \end{pmatrix} \bmod 5$$

$$= \begin{pmatrix} 0 & 1 \\ 2 & 3 \end{pmatrix}\begin{pmatrix} 0 & 1 \\ 2 & 3 \end{pmatrix}\begin{pmatrix} 0 \\ 2 \end{pmatrix} \bmod 5$$

$$= \begin{pmatrix} 0 & 1 \\ 2 & 3 \end{pmatrix}\begin{pmatrix} 2 \\ 6 \end{pmatrix} \bmod 5 = \begin{pmatrix} 0 & 1 \\ 2 & 3 \end{pmatrix}\begin{pmatrix} 2 \\ 1 \end{pmatrix} \bmod 5$$

$$= \begin{pmatrix} 1 \\ 7 \end{pmatrix} \bmod 5 = \begin{pmatrix} 1 \\ 2 \end{pmatrix}$$

Tabela 11.7 Valores de rotação usados no SHA-3.

(a) Cálculo de valores e posições

t	g(t)	g(t) mod 64	x, y	t	g(t)	g(t) mod 64	x, y
0	1	1	1, 0	12	91	27	4, 0
1	3	3	0, 2	13	105	41	0, 3
2	6	6	2, 1	14	120	56	3, 4
3	10	10	1, 2	15	136	8	4, 3
4	15	15	2, 3	16	153	25	3, 2
5	21	21	3, 3	17	171	43	2, 2
6	28	28	3, 0	18	190	62	2, 0
7	36	36	0, 1	19	210	18	0, 4
8	45	45	1, 3	20	231	39	4, 2
9	55	55	3, 1	21	253	61	2, 4
10	66	2	1, 4	22	276	20	4, 1
11	78	14	4, 4	23	300	44	1, 1

Nota: $g(t) = (t+1)(t+2)/2$

$\begin{pmatrix} x \\ y \end{pmatrix} = \begin{pmatrix} 0 & 1 \\ 2 & 3 \end{pmatrix}^t \begin{pmatrix} 1 \\ 0 \end{pmatrix} \bmod 5$

(b) Valores de rotação por posição de word na matriz

	x = 0	x = 1	x = 2	x = 3	x = 4
y = 4	18	2	61	56	14
y = 3	41	45	15	21	8
y = 2	3	10	43	25	39
y = 1	36	44	6	55	20
y = 0	0	1	62	28	27

A Tabela 11.7 mostra os cálculos que são realizados para determinar a quantidade do deslocamento de bit e o local de cada valor de deslocamento de bit. Observe que todas as quantidades de rotação são diferentes.

A função ρ, portanto, consiste em uma permutação simples (deslocamento circular) dentro de cada pista. A intenção é oferecer difusão dentro de cada pista. Sem essa função, a difusão entre as pistas seria muito lenta.

FUNÇÃO DA ETAPA π

A função π é definida da seguinte forma:

$$\pi: a[x, y] \leftarrow a[x', y'], \text{com} \begin{pmatrix} x \\ y \end{pmatrix} = \begin{pmatrix} 0 & 1 \\ 2 & 3 \end{pmatrix} \begin{pmatrix} x' \\ y' \end{pmatrix} \quad (11.3)$$

Isso pode ser reescrito como $(x, y) \times (y, (2x + 3y))$. Assim, as pistas dentro da matriz 5 × 5 são movidas de modo que a nova posição x é igual à antiga posição y e a nova posição y é determinada por $(2x + 3y)$ mod 5. A Figura 11.19 ajuda na visualização dessa permutação. As pistas que estão ao longo da mesma diagonal (aumentando no valor y, seguindo da esquerda para a direita) antes de π são arrumadas na mesma linha na matriz após π ser executado. Observe que a posição de $L[0, 0]$ é inalterada.

Assim, a etapa π é uma permutação de pistas: elas se movem de posição dentro da matriz 5 × 5. A etapa ρ é uma permutação de bits: os bits dentro de uma pista são girados. Observe que as posições de matriz da etapa são calculadas da mesma forma como, para a etapa ρ, a sequência unidimensional de constantes de rotação é mapeada para as pistas da matriz.

Função da etapa χ

A função χ é definida da seguinte forma:

$$\chi : a[x] \leftarrow a[x] \oplus ((a[x + 1] \oplus 1) \text{AND } a[x + 2]) \quad (11.4)$$

Figura 11.19 Função da etapa π.

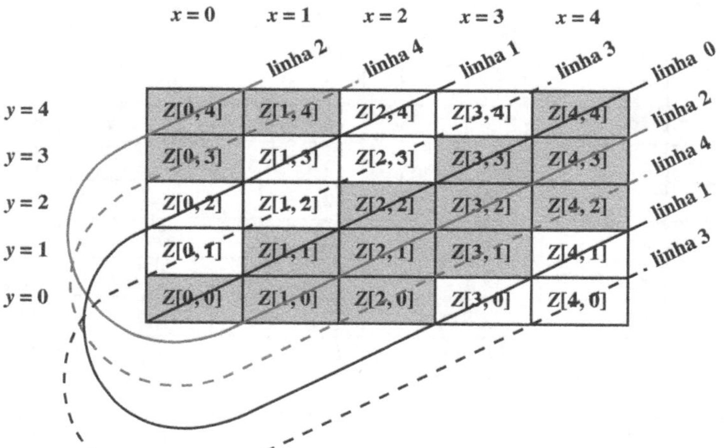

	$x = 0$	$x = 1$	$x = 2$	$x = 3$	$x = 4$
$y = 4$	Z[0, 4]	Z[1, 4]	Z[2, 4]	Z[3, 4]	Z[4, 4]
$y = 3$	Z[0, 3]	Z[1, 3]	Z[2, 3]	Z[3, 3]	Z[4, 3]
$y = 2$	Z[0, 2]	Z[1, 2]	Z[2, 2]	Z[3, 2]	Z[4, 2]
$y = 1$	Z[0, 1]	Z[1, 1]	Z[2, 1]	Z[3, 1]	Z[4, 1]
$y = 0$	Z[0, 0]	Z[1, 0]	Z[2, 0]	Z[3, 0]	Z[4, 0]

(a) Posição da pista no início da etapa

	$x = 0$	$x = 1$	$x = 2$	$x = 3$	$x = 4$
$y = 4$	Z[2, 0]	Z[3, 1]	Z[4, 2]	Z[0, 3]	Z[1, 4]
$y = 3$	Z[4, 0]	Z[0, 1]	Z[1, 2]	Z[2, 3]	Z[3, 4]
$y = 2$	Z[1, 0]	Z[2, 1]	Z[3, 2]	Z[4, 3]	Z[0, 4]
$y = 1$	Z[3, 0]	Z[4, 1]	Z[0, 2]	Z[1, 3]	Z[2, 4]
$y = 0$	Z[0, 0]	Z[1, 1]	Z[2, 2]	Z[3, 3]	Z[4, 4]

(b) Posição da pista após a permutação

Esta função atualiza cada bit com base no seu valor atual e no valor da posição de bit correspondente nas duas pistas seguintes na mesma linha. A operação é vista mais claramente se considerarmos um único bit $a[x, y, z]$ e escrevermos a expressão Booleana:

$$a[x, y, z] \leftarrow a[x, y, z] \oplus (\text{NOT}(a[x + 1, y, z]))\text{AND}(a[x + 2, y, z])$$

A Figura 11.18b ilustra a operação da função χ sobre os bits da pista $L[3, 2]$. Esta é a única das funções de etapa que é um mapeamento não linear. Sem ela, a função da rodada do SHA-3 seria linear.

Função da etapa ι

A função ι é definida da seguinte forma:

$$\iota: a \leftarrow a \oplus RC[i_r] \tag{11.5}$$

Essa função combina um elemento do array com uma constante de rodada que difere para cada uma. Ela quebra qualquer simetria induzida pelas outras quatro funções de etapa. Na verdade, a Equação 11.5 é um tanto enganosa. A constante de rodada é aplicada somente à primeira pista do array de estado interno. Expressamos isso da seguinte forma:

$$L[0, 0] \leftarrow L[0, 0] \oplus RC[i_r] \quad 0 \leq i_r \leq 24$$

A Tabela 11.8 lista as 24 constantes de rodada de 64 bits. Observe que o peso de Hamming, ou o número de bits 1, nas constantes de rodada varia de 1 a 6. A maioria das posições de bit é zero e, portanto, não muda os bits correspondentes em $L[0, 0]$. Se tomarmos o OR cumulativo de todas as 24 constantes de rodada, obtemos

$$RC[0] \text{ OR } RC[1] \text{ OR } \ldots \text{ OR } RC[23] = 800000008000808B$$

Assim, somente 7 posições de bit estão ativas e podem afetar o valor de $L[0, 0]$. Naturalmente, de uma rodada para outra, as permutações e substituições propagam os efeitos da função ι a todas as pistas e todas as posições de bit na matriz. Pode-se facilmente ver que o distúrbio se difunde por θ e χ para todas as pistas do estado após uma única rodada.

Tabela 11.8 Constantes de rodada no SHA-3.

Rodada	Constante (hexadecimal)	Número de bits 1	Rodada	Constante (hexadecimal)	Número de bits 1
0	0000000000000001	1	12	000000008000808B	6
1	0000000000008082	3	13	800000000000008B	5
2	800000000000808A	5	14	8000000000008089	5
3	8000000080008000	3	15	8000000000008003	4
4	000000000000808B	5	16	8000000000008002	3
5	0000000080000001	2	17	8000000000000080	2
6	8000000080008081	5	18	000000000000800A	3
7	8000000000008009	4	19	800000008000000A	4
8	000000000000008A	3	20	8000000080008081	5
9	0000000000000088	2	21	8000000000008080	3
10	0000000080008009	4	22	0000000080000001	2
11	000000008000000A	3	23	8000000080008008	4

11.7 LEITURA RECOMENDADA

[PREN99] é um bom estudo das funções de hash criptográficas. [GILB03] examina a segurança do SHA-256 ao SHA-512. [CRUZ11] oferece base sobre o desenvolvimento do SHA-3 e uma visão geral dos cinco finalistas. [PREN10] oferece uma boa base sobre os desenvolvimentos criptográficos que levaram à necessidade de um novo algoritmo de hash. [BURR08] discute o raciocínio para o novo padrão de hash e a estratégia do NIST para o seu desenvolvimento.

> **BURR08** Burr, W. "A New Hash Competition". *IEEE Security & Privacy*, mai-jun 2008.
> **CRUZ11** Cruz, J. "Finding the New Encryption Standard, SHA-3". *Dr. Dobb's*, 3 out 2011. http://www.drdobbs.com/security/finding-the-new-encryption-standard-sha-/231700137
> **GILB03** Gilbert, H. e Handschuh, H. "Security Analysis of SHA-256 and Sisters". *Proceedings, CRYPTO '03*, 2003; publicado por Springer-Verlag.
> **PREN99** Preneel, B. "The State of Cryptographic Hash Functions". *Proceedings, EUROCRYPT '96*, 1996; publicado por Springer-Verlag.
> **PREN10** Preneel, B. "The First 30 Years of Cryptographic Hash Functions and the NIST SHA-3 Competition". *CT-RSA'10 Proceedings of the 2010 International Conference on Topics in Cryptology*, 2010.

11.8 PRINCIPAIS TERMOS, PERGUNTAS PARA REVISÃO E PROBLEMAS

Principais termos

ataque de dia do aniversário	função de hash chaveada	resistência à pré-imagem
big-endian	função de hash criptográfica	resistência à segunda pré-imagem
capacidade	função de hash de mão única	resumo de mensagem
construção de esponja	Keccak	SHA-1
código de hash	little-endian	SHA-224
fase de absorção	MD4	SHA-256
fase de compactação	MD5	SHA-3
função da etapa ι	Message Authentication Code (MAC)	SHA-384
função da etapa χ	paradoxo do dia do aniversário	SHA-512
função da etapa π	pista	taxa de bits
função da etapa ρ	resistência à colisão	valor de hash
função da etapa θ	resistência à colisão forte	
função de hash	resistência à colisão fraca	

Perguntas para revisão

11.1 Que características são necessárias em uma função de hash segura?
11.2 Qual é a diferença entre resistência à colisão fraca e forte?
11.3 Qual é o papel de uma função de compactação em uma função de hash?
11.4 Qual é a diferença entre os formatos little-endian e big-endian?
11.5 Quais funções aritméticas e lógicas básicas são usadas no SHA?
11.6 Descreva o conjunto de critérios usados pelo NIST para avaliar os candidatos a SHA-3.
11.7 Defina o termo *construção em esponja*.
11.8 Descreva rapidamente a estrutura interna da função de iteração *f*.
11.9 Liste e descreva rapidamente as funções de etapa que compreendem a função de iteração *f*.

Problemas

11.1 O protocolo de transporte de alta velocidade XTP (Xpress Transfer Protocol) utiliza uma função de soma de verificação de 32 bits definida como a concatenação de duas funções de 16 bits: XOR e RXOR, definidas na Seção 11.4 como "duas funções de hash simples" e ilustradas na Figura 11.5.
    a. Essa soma de verificação detectará todos os erros causados por um número ímpar de bits de erro? Explique.

b. Essa soma de verificação detectará todos os erros causados por um número par de bits de erro? Se não, caracterize os padrões de erro que levarão a soma de verificação a falhar.

c. Comente sobre a eficácia dessa função para uso como uma função de hash para autenticação.

11.2 a. Considere o esquema do código de hash de Davies e Price descrito na Seção 11.4 e considere que o DES seja usado como algoritmo de encriptação:

$$H_i = H_{i-1} \oplus \mathrm{E}(M_i, H_{i-1})$$

Lembre-se da propriedade complementar do DES (Problema 3.14): se $Y = \mathrm{E}(K, X)$, então $Y' = \mathrm{E}(K', X')$. Use essa propriedade para mostrar como uma mensagem consistindo em blocos $M_1, M_2, \ldots, M_N$ pode ser alterada sem modificar seu código de hash.

b. Mostre que um ataque semelhante terá sucesso contra o esquema proposto em [MEYE88]:

$$H_i = M_i \oplus \mathrm{E}(H_{i-1}, M_i)$$

11.3 a. Considere a seguinte função de hash. As mensagens estão na forma de uma sequência de números decimais Z_n, $M = (a_1, a_2, a_t)$. O valor de hash h é calculado como $\left(\sum_{i=1}^{t} a_i\right)$ para algum valor predefinido n. Essa função de hash satisfaz qualquer um dos requisitos para uma função de hash listados na Tabela 11.1? Explique sua resposta.

b. Repita a parte (a) para uma função de hash $h = \left(\sum_{i=1}^{t} (a_i)^2\right) \bmod n$.

c. Calcule a função de hash da parte (b) para $M = (189, 632, 900, 722, 349)$ e $n = 989$.

11.4 É possível usar uma função de hash para construir uma cifra em bloco com uma estrutura semelhante à DES. Se uma função de hash é de mão única e um bloco cifrado precisa ser reversível (para decriptação), como isso é possível?

11.5 Agora, considere o problema oposto: usar um algoritmo de encriptação para construir uma função de hash de mão única. Considere o uso do RSA com uma chave conhecida. Então, processe uma mensagem consistindo em uma sequência de blocos da seguinte forma: encripte o primeiro bloco, faça o XOR do resultado com o segundo bloco e encripte novamente etc. Mostre que esse esquema não é seguro, solucionando o problema a seguir. Dada uma mensagem de dois blocos B1, B2 e seu hash

$$\mathrm{RSAH}(B_1, B_2) = \mathrm{RSA}(\mathrm{RSA}(B1) \oplus B2)$$

Dado um bloco qualquer C1, escolha C2 de modo que $\mathrm{RSAH}(C1,C2) = \mathrm{RSAH}(B1,B2)$. Assim, a função de hash não satisfaz a resistência fraca à colisão.

11.6 Suponha que $H(m)$ seja uma função de hash resistente à colisão que relaciona uma mensagem de qualquer tamanho de bit a um valor de hash de n bits. É verdade que, para todas as mensagens x, x' com $x \neq x'$, temos $H(x) \neq H(x')$? Explique sua resposta.

11.7 Na Figura 11.12, consideramos que um array de 80 words de 64 bits está disponível para armazenar os valores de W_t, de modo que possam ser pré-calculados no início do processamento de um bloco. Agora, considere que o espaço é reduzido. Como uma alternativa, considere o uso de um buffer circular de 16 words que é carregado inicialmente com W_0 até W_{15}. Crie um algoritmo que, para cada etapa t, calcule o valor de entrada exigido W_t.

11.8 Para o SHA-512, mostre as equações para os valores de W_{16}, W_{17}, W_{18} e W_{19}.

11.9 Indique o valor do campo de preenchimento no SHA-512 se o tamanho da mensagem for
   a. 1919 bits
   b. 1920 bits
   c. 1921 bits

11.10 Indique o valor do campo de tamanho no SHA-512 se o tamanho da mensagem for
   a. 1919 bits
   b. 1920 bits
   c. 1921 bits

11.11 Suponha que $a_1 a_2 a_3 a_4$ sejam os 4 bytes em uma word de 32 bits. Cada a_i pode ser visto como um inteiro no intervalo de 0 a 255, representado em binário. Em uma arquitetura big-endian, essa word representa o inteiro

$$a_1 2^{24} + a_2 2^{16} + a_3 2^8 + a_4$$

Em uma arquitetura little-endian, essa word representa o inteiro

$$a_4 2^{24} + a_3 2^{16} + a_2 2^8 + a_1$$

a. Algumas funções de hash, como MD5, assumem uma arquitetura little-endian. É importante que o resumo da mensagem seja independente da arquitetura subjacente. Portanto, para realizar a operação de adição módulo 2 do MD5 ou RIPEMD-160 em uma arquitetura big-endian, é preciso fazer um ajuste. Suponha que $X = x_1\ x_2\ x_3\ x_4$ e $Y = y_1\ y_2\ y_3\ y_4$. Mostre como a operação de adição do MD5 $(X + Y)$ seria executada em uma máquina big-endian.

b. O SHA assume uma arquitetura big-endian. Mostre como a operação $(X + Y)$ para o SHA seria executada em uma máquina little-endian.

11.12 Este problema introduz uma função de hash semelhante em espírito ao SHA que opera sobre letras em vez de dados binários. Ele é chamado de *toy tetragraph hash* (tth).[6] Dada uma mensagem consistindo em uma sequência de letras, o tth produz um valor de hash consistindo em quatro letras. Primeiro, o tth divide a mensagem em blocos de 16 letras, ignorando espaços, pontuação e maiúsculas iniciais. Se o tamanho da mensagem não for divisível por 16, ela é preenchida com nulos. Um total acumulado de quatro números é mantido, começando com o valor (0, 0, 0, 0); isso é entrado na função de compactação para o processamento do primeiro bloco. A função de compactação consiste em duas rodadas.

Rodada 1 Apanhe o próximo bloco de texto e arrume-o como um bloco de texto de 4 × 4 linha por linha, e converta-o para números (A = 0, B = 1 etc.). Por exemplo, para o bloco ABCDEFGHIJKLMNOP, temos:

A	B	C	D
E	F	G	H
I	J	K	L
M	N	O	P

0	1	2	3
4	5	6	7
8	9	10	11
12	13	14	15

Depois, some cada coluna mod 26 e some o resultado ao total acumulado, mod 26. Neste exemplo, o total acumulado é (24, 2, 6, 10).

Rodada 2 Usando a matriz da rodada 1, gire a primeira linha à esquerda por 1, a segunda linha à esquerda por 2, a terceira linha à esquerda por 3, e inverta a ordem da quarta linha. Em nosso exemplo:

B	C	D	A
G	H	E	F
L	I	J	K
P	O	N	M

1	2	3	0
6	7	4	5
11	8	9	10
15	14	13	12

Agora, some cada coluna mod 26 e some o resultado ao total acumulado. O novo total acumulado é (5, 7, 9, 11). Esse total acumulado agora é a entrada para a primeira rodada da função de compactação para o próximo bloco de texto. Depois que o bloco final é processado, converta o total acumulado final em letras. Por exemplo, se a mensagem for ABCDEFGHIJKLMNOP, então o hash é FHJL.

a. Desenhe figuras semelhantes às Figuras 11.9 e 11.10 para representar a lógica tth geral e a lógica da função de compactação.

b. Calcule a função de hash para a mensagem de 48 letras "I leave twenty million dollars to my friendly cousin Bill".

c. Para demonstrar os pontos fracos do tth, encontre um bloco de 48 letras que produza o mesmo hash que acabamos de derivar. *Dica*: use muitos A's.

11.13 Para cada um dos valores de capacidade possíveis do SHA-3 (Tabela 11.5), quais pistas na matriz interna do estado 5×5 começam como pistas contendo apenas zeros?

---

[6] Agradeço a William K. Mason, da equipe da revista The Cryptogram, por fornecer este exemplo.

11.14 Considere a opção do SHA-3 com um tamanho de bloco de 1024 bits e suponha que cada uma das pistas no primeiro bloco de mensagem (P_0) tenha pelo menos um bit diferente de zero. Para começar, todas as pistas na matriz de estado interna que correspondem à parte de capacidade do estado inicial contêm apenas zero. Mostre quanto tempo levará até que todas essas pistas tenham pelo menos um bit diferente de zero. *Nota:* ignore a permutação. Ou seja, registre as pistas zero originais mesmo depois que elas tiverem mudado de posição na matriz.

11.15 Considere a matriz de estado conforme ilustrada na Figura 11.16a. Agora, rearrume as linhas e colunas da matriz de modo que $L[0, 0]$ esteja no centro. Especificamente, arrume as colunas na ordem da esquerda para a direita ($x = 3, x = 4, x = 0, x = 1, x = 2$) e arrume as linhas na ordem de cima para baixo ($y = 2, y = 1, y = 0, y = 4, y = 6$). Isso deverá lhe dar uma ideia sobre o algoritmo de permutação usado para a função e para a permutação das constantes de rotação na função. Usando essa matriz rearrumada, descreva o algoritmo de permutação.

11.16 A função só afeta $L[0, 0]$. A Seção 11.6 informa que as mudanças em $L[0, 0]$ se espalham por θ e para todas as pistas do estado após uma única rodada.
   a. Demonstre que isso está correto.
   b. Quanto tempo levará até que todas as posições de bit na matriz sejam afetadas pelas mudanças em $L[0, 0]$?

Códigos de autenticação de mensagem

12

TÓPICOS ABORDADOS

12.1 REQUISITOS DE AUTENTICAÇÃO DE MENSAGEM

12.2 FUNÇÕES DE AUTENTICAÇÃO DE MENSAGEM
Encriptação de mensagem
Código de autenticação de mensagem

12.3 REQUISITOS PARA CÓDIGOS DE AUTENTICAÇÃO DE MENSAGEM

12.4 SEGURANÇA DE MACs
Ataques por força bruta
Criptoanálise

12.5 MACs BASEADOS EM FUNÇÕES DE HASH: HMAC
Objetivos de projeto do HMAC
Algoritmo HMAC
Segurança do HMAC

12.6 MACS BASEADOS EM CIFRAS DE BLOCO: DAA E CMAC
Data Authentication Algorithm
Cipher-Based Message Authentication Code (CMAC)

12.7 ENCRIPTAÇÃO AUTENTICADA: CCM E GCM
Contador com Cipher Block Chaining-Message Authentication Code
Galois/Counter Mode

12.8 KEY WRAPPING
Fundamentos
O algoritmo Key Wrapping
Key Unwrapping

12.9 GERAÇÃO DE NÚMERO PSEUDOALEATÓRIO USANDO FUNÇÕES DE HASH E MACs
PRNG baseado em função de hash
PRNG baseado em função MAC

12.10 LEITURA RECOMENDADA

12.11 PRINCIPAIS TERMOS, PERGUNTAS PARA REVISÃO E PROBLEMAS

OBJETIVOS DE APRENDIZAGEM

APÓS ESTUDAR ESTE CAPÍTULO, VOCÊ SERÁ CAPAZ DE:

- ☑ Listar e explicar os possíveis ataques que são relevantes à autenticação de mensagem.
- ☑ Definir o termo *código de autenticação de mensagem*.
- ☑ Listar e explicar os requisitos para um código de autenticação de mensagem.
- ☑ Apresentar uma visão geral do HMAC.
- ☑ Apresentar uma visão geral do CMAC.
- ☑ Explicar o conceito de encriptação autenticada.
- ☑ Apresentar uma visão geral do CCM.
- ☑ Apresentar uma visão geral do GCM.
- ☑ Discutir o conceito de key wrapping e explicar seu uso.
- ☑ Entender como uma função de hash ou um código de autenticação de mensagem podem ser usados para a geração de número pseudoaleatório.

"Deve ter sido um daqueles engenhosos códigos secretos".

— The Gloria Scott, Sir Arthur Conan Doyle

Uma das áreas mais fascinantes e complexas da criptografia é a da autenticação de mensagem e o tópico relacionado de assinaturas digitais. Seria impossível, em algo menor que o tamanho de um livro, esgotar todas as funções e protocolos criptográficos que foram propostos ou implementados para autenticação de mensagem e assinaturas digitais. Em vez disso, a finalidade deste capítulo e do seguinte é oferecer uma visão geral ampla do assunto, e desenvolver um meio sistemático de descrever as diversas técnicas.

Este capítulo começa com uma introdução aos requisitos para autenticação e assinatura digital, e os tipos de ataques a serem defendidos. Depois, as técnicas básicas são estudadas. O restante do capítulo trata da técnica fundamental para autenticação de mensagem, conhecida como código de autenticação de mensagem (MAC, do acrônimo em inglês para *message authentication code*). Após uma visão geral desse tópico, o capítulo examina as considerações de segurança para os MACs. Em seguida, há uma discussão sobre MACs específicos em duas categorias: aqueles criados a partir de funções de hash criptográficas e aqueles criados usando um modo de operação de cifra de bloco. Depois, analisamos uma técnica relativamente recente, conhecida como encriptação autenticada. Por fim, examinamos o uso de funções de hash criptográficas e MACs para a geração de número pseudoaleatório.

12.1 REQUISITOS DE AUTENTICAÇÃO DE MENSAGEM

No contexto das comunicações por uma rede, os seguintes ataques podem ser identificados:

1. **Divulgação:** liberação do conteúdo da mensagem a qualquer pessoa ou processo que não possui a chave criptográfica apropriada.
2. **Análise de tráfego:** descoberta do padrão de tráfego entre as partes. Em uma aplicação orientada a conexão, a frequência e a duração das conexões poderiam ser determinadas. Em um ambiente orientado a conexão ou sem conexão, o número e a extensão das mensagens entre as partes poderiam ser determinados.
3. **Máscara:** inserção de mensagens na rede a partir de uma origem fraudulenta. Isso inclui a criação de mensagens por um oponente, que fingem ter vindo de uma entidade autorizada. Também se incluem as confirmações fraudulentas de recebimento ou não de mensagem por alguém que não seja o destinatário dela.
4. **Modificação de conteúdo:** mudanças no conteúdo de uma mensagem, incluindo inserção, exclusão, transposição e modificação.
5. **Modificação de sequência:** qualquer modificação em uma sequência de mensagens entre as partes, incluindo inserção, exclusão e reordenação.
6. **Modificação de tempo:** atraso ou repetição de mensagens. Em uma aplicação orientada a conexão, uma sessão inteira ou uma sequência de mensagens poderia ser uma repetição de alguma sessão anterior válida, ou mensagens individuais na sequência poderiam ser adiadas ou repetidas. Em uma aplicação sem conexão, uma mensagem individual (por exemplo, datagrama) poderia ser adiada ou replicada.
7. **Não reconhecimento na origem:** negação de transmissão de mensagem pela origem.
8. **Não reconhecimento no destino:** negação do recebimento da mensagem pelo destino.

Medidas para lidar com os dois primeiros ataques estão no âmbito da confidencialidade da mensagem, e são tratadas na Parte Um. As medidas para lidar com os itens de 3 a 6 na lista anterior geralmente são consideradas como autenticação de mensagem. Os mecanismos para tratar especificamente do item 7 vêm sob o título de assinaturas digitais. Em geral, uma técnica de assinatura digital também agirá contra alguns ou todos os ataques listados sob os itens de 3 a 6. O tratamento do item 8 pode exigir uma combinação do uso de assinaturas digitais e um protocolo projetado para impedir esse ataque.

Resumindo, a autenticação de mensagem é um procedimento para verificar se as mensagens recebidas vêm da origem afirmada e se não foram alteradas. A autenticação da mensagem também pode verificar sequência e tempo. Uma assinatura digital é uma técnica de autenticação que também inclui medidas para impedir o não reconhecimento por parte da origem.

12.2 FUNÇÕES DE AUTENTICAÇÃO DE MENSAGEM

Qualquer mecanismo de autenticação de mensagem ou assinatura digital possui dois níveis de funcionalidade. No nível mais baixo, é preciso haver algum tipo de função que produza um autenticador: um valor a ser usado para autenticar uma mensagem. Essa função de baixo nível é então usada como uma primitiva em um protocolo de autenticação de nível mais alto, que permite que um receptor verifique a autenticidade de uma mensagem.

Esta seção trata dos tipos de funções que podem ser usadas para produzir um autenticador. Estas podem ser agrupadas em três classes, da seguinte forma:

- **Função de hash:** uma função que relaciona uma mensagem de qualquer tamanho a um valor de hash de tamanho fixo, que serve como autenticador.
- **Encriptação de mensagem:** o texto cifrado da mensagem inteira serve como seu autenticador.
- **Código de autenticação de mensagem (MAC):** uma função da mensagem e uma chave secreta que produz um valor de tamanho fixo, que serve como autenticador.

Funções de hash, e o modo como elas podem servir para autenticação de mensagem, são discutidas no Capítulo 11. O restante desta seção examina rapidamente os dois tópicos seguintes. A outra parte do capítulo elabora o tópico sobre MACs.

Encriptação de mensagem

A encriptação de mensagem por si só pode oferecer uma medida de autenticação. A análise difere para esquemas de encriptação de chave simétrica e pública.

Criptografia simétrica

Considere o uso direto da encriptação simétrica (Figura 12.1a). Uma mensagem M transmitida da origem A para o destino B é encriptada usando uma chave secreta K compartilhada por A e B. Se nenhuma outra parte souber a chave, então a confidencialidade é fornecida: nenhuma outra parte pode recuperar o texto claro da mensagem.

Figura 12.1 Usos básicos da encriptação de mensagem.

(a) Encriptação simétrica: confidencialidade e autenticação

(b) Encriptação de chave pública: confidencialidade

(c) Encriptação de chave pública: autenticação e assinatura

(d) Encriptação de chave pública: confidencialidade, autenticação e assinatura

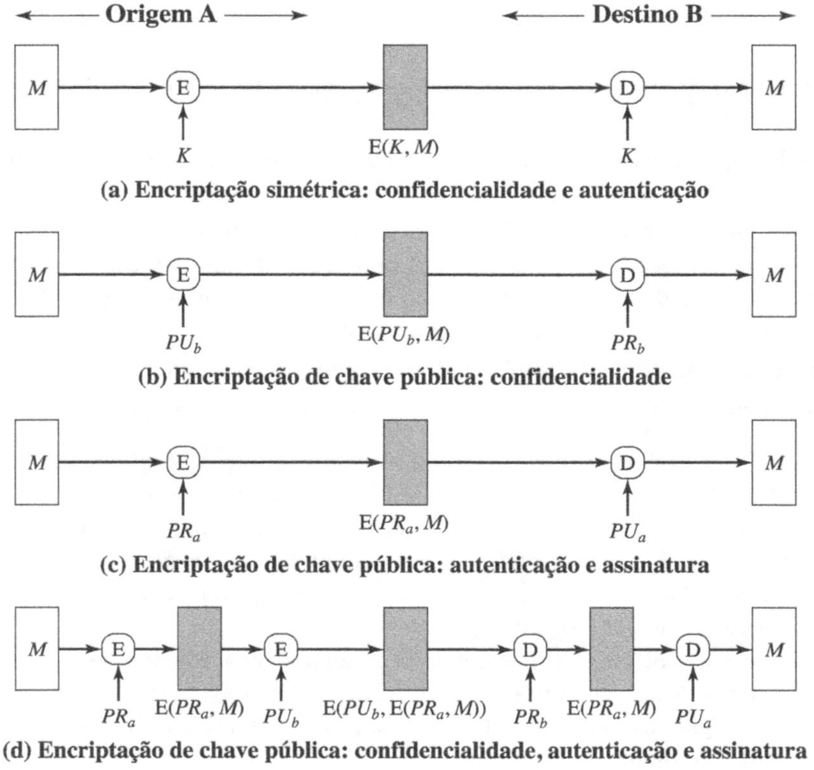

Além disso, podemos dizer que B tem garantias de que a mensagem foi gerada por A. Por quê? A mensagem deverá ter vindo de A porque esta é a única outra parte que tem K e, portanto, a única outra parte com a informação necessária para construir o texto cifrado que pode ser decriptado com K. Além disso, se M for recuperado, B saberá que nenhum dos bits dele foi alterado, pois um oponente que não conhece K não saberia como alterar os bits no texto cifrado para produzir as mudanças desejadas no texto claro.

Assim, podemos dizer que a encriptação simétrica oferece autenticação, além de confidencialidade. Porém, essa declaração simples precisa ser qualificada. Considere exatamente o que está acontecendo em B. Dada uma função de decriptação D e uma chave secreta K, o destino aceitará *qualquer* entrada X e produzirá saída $Y = D(K, X)$. Se X for o texto cifrado de uma mensagem legítima M produzida pela função de encriptação correspondente, então Y é alguma mensagem de texto claro M. Caso contrário, Y provavelmente será uma sequência de bits sem significado. Podem ser necessários meios automatizados de determinar em B se Y é o texto claro legítimo e, portanto, se deve ter vindo de A.

As implicações da linha de raciocínio do parágrafo anterior são profundas, do ponto de vista da autenticação. Suponha que a mensagem M possa ser qualquer padrão de bits arbitrário. Nesse caso, não há um meio de determinar automaticamente, no destino, se uma mensagem recebida é o texto cifrado de uma legítima. Essa conclusão é indiscutível: se M pode ser qualquer padrão de bits, então, independente do valor de X, o valor $Y = D(K, X)$ é *algum* padrão de bits e, portanto, precisa ser aceito como texto claro autêntico.

Assim, em geral, exigimos que somente um pequeno subconjunto de todos os padrões de bits possíveis seja considerado texto claro legítimo. Nesse caso, qualquer texto cifrado falso provavelmente não produzirá texto claro legítimo. Por exemplo, suponha que somente um padrão de bits em 10^6 seja texto claro legítimo. Então, a probabilidade de que qualquer padrão de bits escolhido aleatoriamente, tratado como texto cifrado, produza uma mensagem de texto claro legítimo é de apenas 10^{-6}.

Para diversas aplicações e esquemas de encriptação, as condições desejadas prevalecem como era de se esperar. Por exemplo, suponha que estejamos transmitindo mensagens em idioma inglês usando uma cifra de César com um deslocamento de um ($K = 1$). A envia o seguinte texto cifrado legítimo:

nbsftfbupbutboeepftfbupbutboemjuumfmbnctfbujwz

B decripta para produzir o seguinte texto claro:

mareseatoatsanddoeseatoatsa5ndlittlelambseativy

Uma análise de frequência simples confirma que essa mensagem tem o perfil do inglês comum. Por outro lado, se um oponente gera a seguinte sequência aleatória de letras:

zuvrsoevgqxlzwigamdvnmhpmccxiuureosfbcebtqxsxq

isso é decriptado para:

ytuqrndufpwkyvhfzlcumlgolbbwhttqdnreabdaspwrwp

que não se encaixa no perfil do inglês comum.

Pode ser difícil determinar *automaticamente* se o texto cifrado que chega é decriptado para um texto claro inteligível. Se o texto claro for, digamos, um arquivo objeto binário ou raios X digitalizados, pode ser difícil determinar um texto claro corretamente formado e, portanto, autêntico. Assim, um oponente poderia conseguir um certo nível de rompimento simplesmente emitindo mensagens com conteúdo aleatório alegando vir de um usuário legítimo.

Uma solução para esse problema é forçar o texto claro a ter alguma estrutura que seja facilmente reconhecida, mas que não possa ser replicada sem lançar mão da função de encriptação. Poderíamos, por exemplo, anexar um código de detecção de erro, também conhecido como sequência de verificação de frame (FCS, do acrônimo em inglês para *frame check sequence*) ou soma de verificação, a cada mensagem antes da encriptação, conforme ilustramos na Figura 12.2a. A prepara uma mensagem de texto claro M e depois a fornece como entrada para uma função F que produz uma FCS. Esta é anexada a M e o bloco inteiro é então encriptado. No destino, B decripta o bloco recebido e trata os resultados como uma mensagem com uma FCS anexada. B aplica a mesma função F para tentar reproduzir a FCS. Se a FCS calculada for igual à FCS recebida, então a mensagem é considerada autêntica. É improvável que alguma sequência aleatória de bits apresente o relacionamento desejado.

Figura 12.2 Controle de erro interno e externo.

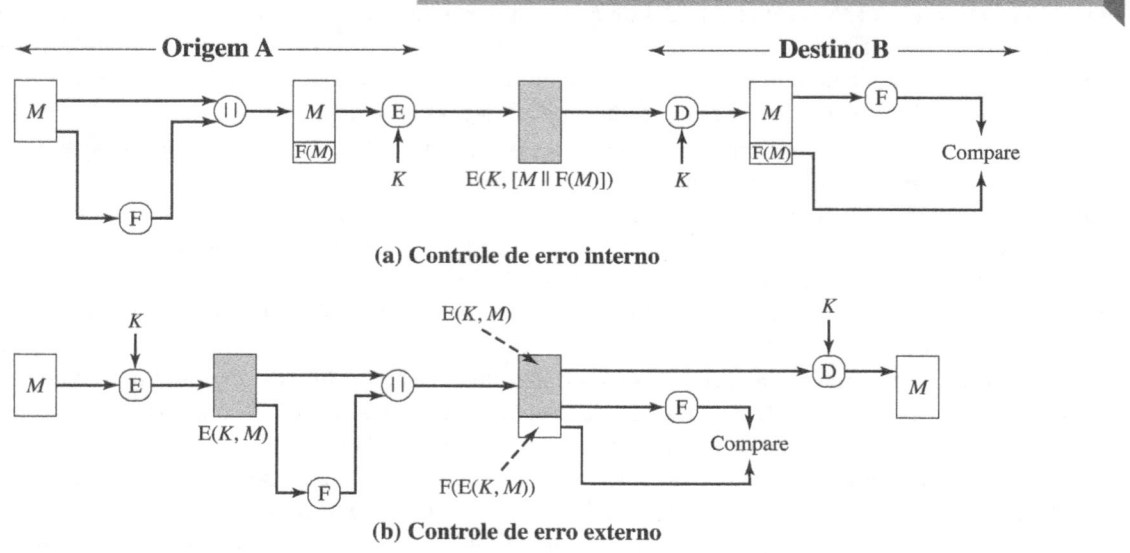

(a) Controle de erro interno

(b) Controle de erro externo

Observe que a ordem em que as funções de FCS e encriptação são realizadas é crítica. A sequência ilustrada na Figura 12.2a é referenciada em [DIFF79] como **controle de erro interno**, que os autores contrastam com o **controle de erro externo** (Figura 12.2b). Com o controle de erro interno, a autenticação é fornecida porque um oponente teria dificuldade em gerar texto cifrado que, quando decriptado, teria bits de controle de erro válidos. Se, em vez disso, a FCS for o código externo, um oponente poderá construir mensagens com códigos de controle de erro válidos. Embora o oponente não possa saber como será o texto claro decriptado, ele ainda pode criar confusão e atrapalhar as operações.

Um código de controle de erro é apenas um exemplo; na verdade, qualquer tipo de estruturação acrescentada à mensagem transmitida serve para fortalecer a capacidade de autenticação. Essa estrutura é fornecida pelo uso de uma arquitetura de comunicações consistindo em protocolos em camadas. Como um exemplo, considere a estrutura das mensagens transmitidas usando a arquitetura de protocolo TCP/IP. A Figura 12.3 mostra o formato de um segmento TCP, ilustrando o cabeçalho TCP. Agora, suponha que cada par de hosts compartilhasse uma única chave secreta, de modo que todas as trocas entre um par de hosts usasse a mesma chave, independente da aplicação. Então, poderíamos simplesmente encriptar todo o datagrama, exceto o cabeçalho IP. Novamente, se um oponente substituísse o segmento TCP encriptado por algum padrão de bits qualquer, o texto claro resultante não incluiria um cabeçalho significativo. Nesse caso, o cabeçalho inclui não apenas uma soma de verificação (que inclui o cabeçalho), mas também outras informações úteis, como o número de sequência. Como segmentos TCP sucessivos em determinada conexão são numerados sequencialmente, a encriptação garante que um oponente não atrase, tire da ordem ou exclua quaisquer segmentos.

Figura 12.3 Segmento TCP.

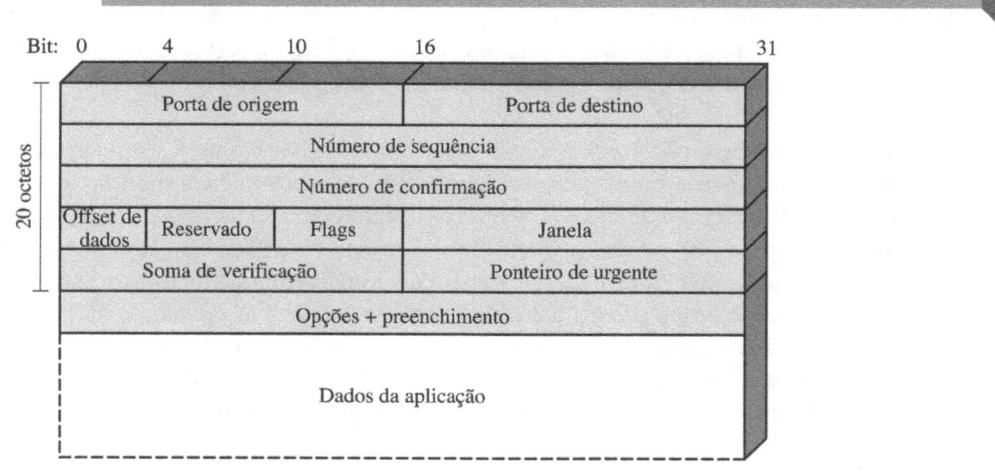

ENCRIPTAÇÃO DE CHAVE PÚBLICA

O uso direto da encriptação de chave pública (Figura 12.1b) oferece confidencialidade, mas não autenticação. A origem (A) utiliza a chave pública PU_b do destino (B) para encriptar M. Como somente B tem a chave privada correspondente PR_b, somente B pode decriptar a mensagem. Esse esquema não oferece autenticação, pois qualquer oponente também poderia usar a chave pública de B para encriptar uma mensagem, afirmando ser A.

Para oferecer autenticação, A utiliza sua chave privada para encriptar a mensagem, e B usa a chave pública de A para decriptar (Figura 12.1c). Isso oferece autenticação usando o mesmo tipo de raciocínio do caso da encriptação simétrica: a mensagem precisa ter vindo de A, pois A é a única parte que detém PR_a e, portanto, a única com a informação necessária para construir texto cifrado que pode ser decriptado com PU_a. Novamente, o mesmo raciocínio de antes se aplica: é preciso haver alguma estrutura interna no texto claro para que o receptor possa distinguir entre o texto claro bem formado e bits aleatórios.

Supondo que exista tal estrutura, então o esquema da Figura 12.1c oferece autenticação. Ele também oferece o que é conhecido como assinatura digital.[1] Somente A poderia ter construído o texto cifrado, pois somente A possui PR_a. Nem sequer B, o destinatário, poderia ter construído o texto cifrado. Portanto, se B estiver em posse do texto cifrado, B tem meios de provar que a mensagem deve ter vindo de A. Com efeito, A "assinou" a mensagem usando sua chave privada para encriptar. Observe que esse esquema não oferece confidencialidade. Qualquer um em posse da chave pública de A pode decriptar o texto cifrado.

Para oferecer confidencialidade e autenticação, A pode encriptar M primeiro usando sua chave privada, que oferece a assinatura digital, e depois usando a chave pública de B, que oferece confidencialidade (Figura 12.1d). A desvantagem dessa técnica é que o algoritmo de chave pública, que é complexo, precisa ser exercido quatro vezes, em vez de duas em cada comunicação.

Código de autenticação de mensagem

Uma técnica de autenticação alternativa envolve o uso de uma chave secreta para gerar um pequeno bloco de dados de tamanho fixo, conhecido como **soma de verificação criptográfica** ou MAC, que é anexada à mensagem. Essa técnica assume que duas partes se comunicando, digamos, A e B, compartilham a chave secreta K. Quando A tem uma mensagem para enviar a B, ele calcula o MAC como uma função da mensagem e da chave:

$$\text{MAC} = C(K, M)$$

onde

M = mensagem de entrada
C = função MAC
K = chave secreta compartilhada
MAC = código de autenticação de mensagem

A mensagem mais o MAC são transmitidos ao destinatário intencionado. Este realiza o mesmo cálculo sobre a mensagem recebida, usando a mesma chave secreta, para gerar um novo MAC. O MAC recebido é comparado com o MAC calculado (Figura 12.4a). Se considerarmos que somente o receptor e o emissor sabem a identidade da chave secreta, e se o MAC recebido coincidir com o MAC calculado, então

1. O receptor tem garantias de que a mensagem não foi alterada. Se um invasor alterar a mensagem, mas não o MAC, então o cálculo dele pelo receptor será diferente do MAC recebido. Como se considera que o invasor não conhece a chave secreta, ele não poderá alterar o MAC para corresponder às alterações na mensagem.

2. O receptor tem garantias de que a mensagem é do emissor alegado. Como ninguém mais sabe a chave secreta, ninguém mais poderia preparar uma mensagem com um MAC apropriado.

3. Se a mensagem inclui um número de sequência (como o que é usado com HDLC, X.25 e TCP), então o receptor pode ter certeza da sequência apropriada, pois um atacante não poderá alterar o número de sequência.

Uma função MAC é semelhante à encriptação. Uma diferença é que o algoritmo MAC não precisa ser reversível, como para a decriptação. Em geral, a função MAC é uma função muitos-para-um. O domínio da

---

[1] Esse não é o modo como as assinaturas digitais são construídas, conforme veremos, mas o princípio é o mesmo.

Figura 12.4 Usos básicos do código de autenticação de mensagem (MAC).

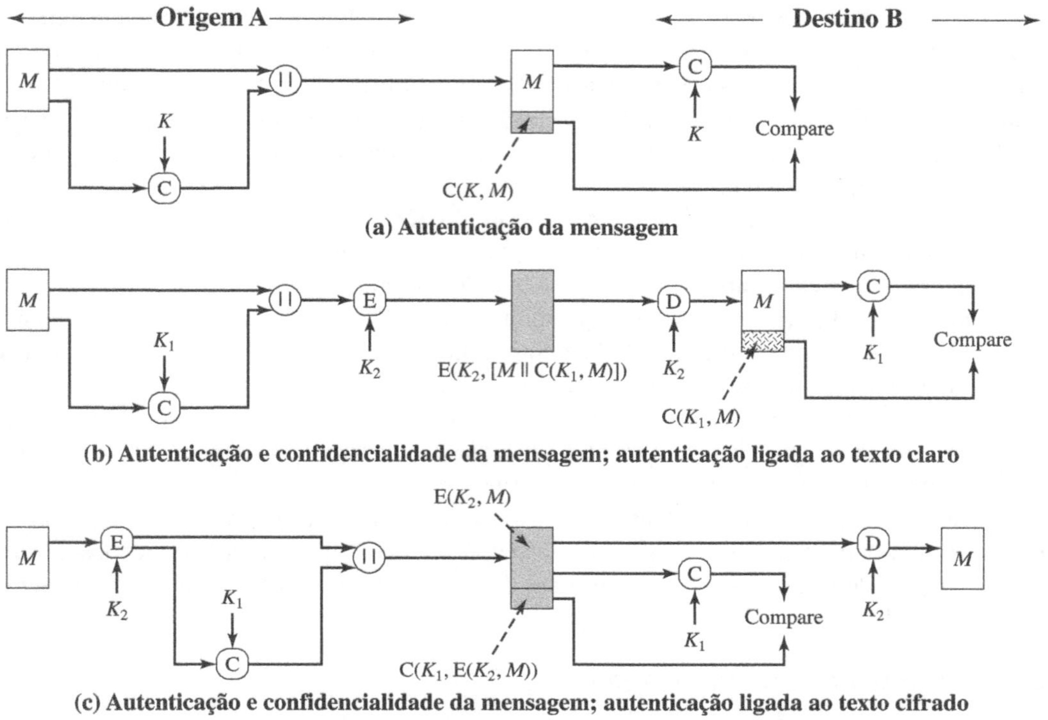

(a) Autenticação da mensagem

(b) Autenticação e confidencialidade da mensagem; autenticação ligada ao texto claro

(c) Autenticação e confidencialidade da mensagem; autenticação ligada ao texto cifrado

função consiste em mensagens de um tamanho qualquer, enquanto o intervalo consiste em todos os MACs as chaves possíveis. Se um MAC de *n* bits for usado, então existem 2^n MACs possíveis, enquanto há *N* mensagens possíveis com $N >> 2^n$. Além disso, com uma chave de *k* bits, existem 2^k chaves possíveis.

Por exemplo, suponha que estejamos usando mensagens de 100 bits e um MAC de 10 bits. Então, existe um total de 2^{100} mensagens diferentes, mas somente 2^{10} MACs diferentes. Assim, em média, cada valor MAC é gerado por um total de $2^{100}/2^{10} = 2^{90}$ mensagens diferentes. Se uma chave de 5 bits for usada, então existem $2^5 = 32$ mapeamentos diferentes entre o conjunto de mensagens e o de valores MAC.

Acontece que, devido às propriedades matemáticas da função de autenticação, ela é menos vulnerável a ser quebrada do que a encriptação.

O processo representado na Figura 12.4a oferece autenticação, mas não confidencialidade, pois a mensagem como um todo é transmitida às claras. A confidencialidade pode ser fornecida realizando-se a encriptação da mensagem depois (Figura 12.4b) ou antes (Figura 12.4c) do algoritmo MAC. Nos dois casos, duas chaves separadas são necessárias, cada qual compartilhada pelo emissor e o receptor. No primeiro caso, o MAC é calculado com a mensagem como entrada, e depois é concatenado com a mensagem. O bloco inteiro é então encriptado. No segundo caso, a mensagem é encriptada primeiro. Então o MAC é calculado o texto cifrado resultante e concatenado com o texto cifrado para formar o bloco transmitido. Normalmente, é preferível ligar a autenticação diretamente ao texto claro, de modo que o método da Figura 12.4b é utilizado.

Como a encriptação simétrica oferecerá autenticação e como ela é bastante usada com produtos disponíveis, por que não simplesmente usar isso em vez de um código de autenticação de mensagem separado? [DAVI89] sugere três situações em que um código de autenticação de mensagem é usado:

1. Existem várias aplicações em que a mesma mensagem é transmitida por broadcast a diversos destinos. Alguns exemplos são notificação aos usuários de que a rede agora está indisponível ou um sinal de alarme em um centro de controle militar. É mais barato e mais confiável ter apenas um destino responsável por monitorar a autenticação. Assim, a mensagem precisa ser enviada em texto claro com um código de autenticação de mensagem associado. O sistema responsável tem uma chave secreta e realiza autenticação. Se houver uma violação, os outros sistemas de destino são alertados por um alarme geral.

2. Outro cenário possível é uma troca em que um lado tem uma carga pesada e não suporta o tempo para decriptar todas as mensagens que chegam. A autenticação é executada em uma base seletiva, com as mensagens sendo escolhidas aleatoriamente para verificação.

3. A autenticação de um programa de computador em texto claro é um serviço atraente. O programa de computador pode ser executado sem ter que decriptá-lo todas as vezes, o que poderia ser um desperdício de recursos do processador. Porém, se um código de autenticação de mensagem estivesse conectado ao programa, poderia ser verificado sempre que exigida uma garantia de integridade do programa.

Três outros raciocínios podem ser acrescentados.

4. Para algumas aplicações, pode não ser preciso manter as mensagens secretas, mas é importante autenticar mensagens. Um exemplo é o Simple Network Management Protocol Version 3 (SNMPv3), que separa as funções de confidencialidade e autenticação. Para essa aplicação, normalmente é importante que um sistema gerenciado autentique as mensagens SNMP que chegam, particularmente se a mensagem tiver um comando para trocar parâmetros no sistema gerenciado. Por outro lado, pode não ser necessário ocultar o tráfego SNMP.

5. A separação das funções de autenticação e confidencialidade proporciona flexibilidade arquitetônica. Por exemplo, pode-se querer realizar autenticação no nível de aplicação, mas oferecer confidencialidade em um nível mais baixo, como a camada de transporte.

6. Um usuário pode querer prolongar o período de proteção além do tempo de recebimento e ainda permitir o processamento do conteúdo da mensagem. Com a encriptação da mensagem, a proteção é perdida sempre que a mensagem é decriptada, de modo que ela é protegida contra modificações fraudulentas apenas em trânsito, mas não dentro do sistema de destino.

Por fim, observe que o MAC não oferece uma assinatura digital, pois emissor e receptor compartilham a mesma chave.

12.3 REQUISITOS PARA CÓDIGOS DE AUTENTICAÇÃO DE MENSAGEM

Um MAC, também conhecido como soma de verificação criptográfica, é gerado por uma função C na forma

$$T = \text{MAC}(K, M)$$

onde M é uma mensagem de tamanho variável, K é uma chave secreta compartilhada apenas pelo emissor e receptor, e $\text{MAC}(K, M)$ é um autenticador de tamanho fixo, às vezes chamado de **tag**. O tag é anexado à mensagem na origem em um momento em que a mensagem é assumida ou conhecida como sendo correta. O receptor autentica essa mensagem recalculando o tag.

Quando uma mensagem inteira é encriptada para confidencialidade, usando encriptação simétrica ou assimétrica, a segurança do esquema geralmente depende do tamanho da chave em bits. Aproveitando-se de algum ponto fraco no algoritmo, o oponente precisa lançar mão de um ataque por força bruta usando todas as chaves possíveis. Na média, esse ataque exigirá $2^{(k-1)}$ tentativas para uma chave de k bits. Em particular, para um ataque apenas de texto cifrado, o oponente, dado o texto cifrado C, realizaria $P_i = D(K_i, C)$ para todos os valores de chave possíveis K_i até que um P_i fosse produzido, coincidindo com a forma do texto claro aceitável.

No caso de um MAC, as considerações são inteiramente diferentes. Em geral, a função MAC é uma função muitos-para-um, por conta da natureza muitos-para-um da função. Usando os métodos de força bruta, como um oponente tentaria descobrir uma chave? Se a confidencialidade não for empregada, o oponente terá acesso a mensagens de texto claro e seus MACs associados. Suponha que $k > n$; ou seja, suponha que o tamanho da chave seja maior que o tamanho do MAC. Então, dado um M_1 e T_1 conhecidos, com $T_1 = \text{MAC}(K, M_1)$, o criptoanalista pode realizar $T_i = \text{MAC}(K_i, M_1)$ para todos os valores de chave possíveis k_i. Pelo menos uma chave tem garantias de produzir uma combinação de $T_i = T_1$. Observe que um total de 2^k tags serão produzidos, mas existem apenas $2^n < 2^k$ diferentes valores de tag. Assim, diversas chaves produzirão o tag correto e o oponente não tem como saber qual é a chave correta. Na média, um total de $2^k/2^n = 2^{(k-n)}$ chaves terão sucesso. Assim, o oponente precisa repetir o ataque:

- **Rodada 1**

    Dados: $M_1, T_1 = \text{MAC}(K, M_1)$

    Calcule $T_1 = \text{MAC}(K_i, M_1)$ para todas as 2^k chaves

    Número de sucessos $\approx 2^{(k-n)}$

- **Rodada 2**

    Dados: M_2, $T_2 = \text{MAC}(K, M_2)$

    Calcule $T_i = \text{MAC}(K_i, M_2)$ para as $2^{(k-n)}$ chaves resultantes da Rodada 1

    Número de sucessos $\approx 2^{(k-2 \times n)}$

e assim por diante. Na média, α rodadas serão necessárias se $k = \alpha \times n$. Por exemplo, se uma chave de 80 bits for usada e o tag tiver 32 bits de extensão, então a primeira rodada produzirá cerca de 2^{48} chaves possíveis. A segunda rodada estreitará as chaves possíveis a cerca de 2^{16} possibilidades. A terceira deverá produzir apenas uma única chave, que precisa ser aquela usada pelo emissor.

Se o tamanho da chave for menor ou igual ao tamanho do tag, então é provável que uma primeira rodada resulte em um único sucesso. É possível que mais de uma chave tenha sucesso, quando o oponente precisaria realizar o mesmo teste sobre o novo par (mensagem, tag).

Assim, uma tentativa pela força bruta de descobrir a chave de autenticação não é menos forçosa e pode ser mais forçosa do que a exigida para descobrir uma chave de decriptação com o mesmo tamanho. Porém, outros ataques que não exigem a descoberta da chave são possíveis.

Considere o seguinte algoritmo MAC. Seja $M = (X_1 \| X_2 \| ... \| X_m)$ uma mensagem que é tratada como uma concatenação dos blocos de 64 bits X_i. Então defina

$$\Delta(M) = X_1 \oplus X_2 \oplus ... \oplus X_m$$
$$\text{MAC}(K, M) = \text{E}(K, \Delta(M))$$

onde $\oplus$ é a operação OR exclusivo (XOR) e o algoritmo de encriptação é o DES no modo ECB. Assim, o tamanho da chave é de 56 bits e o tamanho do tag é de 64 bits. Se um oponente observar $\{M \| \text{MAC}(K, M)\}$, uma tentativa de força bruta para determinar K exigirá pelo menos 2^{56} encriptações. Mas o oponente pode atacar o sistema substituindo X_1 a X_{m-1} por quaisquer valores desejados Y_1 a Y_{m-1} e substituindo X_m por Y_m, onde Y_m é calculado da seguinte forma:

$$Y_m = Y_1 \oplus Y_2 \oplus ... \oplus Y_{m-1} \oplus \Delta(M)$$

O oponente agora pode concatenar a nova mensagem, que consiste em Y_1 até Y_m, com o tag original para formar uma mensagem que será aceita como autêntica pelo receptor. Com essa tática, qualquer mensagem de tamanho $64 \times (m-1)$ bits poderá ser inserida fraudulentamente.

Assim, na avaliação da segurança de uma função MAC, precisamos considerar os tipos de ataques que podem ser montados contra ela. Com isso em mente, vamos declarar os requisitos para a função. Suponha que um oponente saiba a função MAC, mas não saiba K. Então, a função MAC deverá satisfazer os seguintes requisitos:

1. Se um oponente observar M e $\text{MAC}(K, M)$, deverá ser computacionalmente inviável para ele construir uma mensagem M' tal que

    $$\text{MAC}(K, M') = \text{MAC}(K, M).$$

2. $\text{MAC}(K, M)$ deve ser distribuído uniformemente no sentido de que, para mensagens escolhidas de forma aleatória, M e M', a probabilidade de que $\text{MAC}(K, M) = \text{MAC}(K, M')$ será 2^{-n}, onde n é o número de bits no tag.

3. Considere que M seja igual a alguma transformação conhecida sobre M. Ou seja, $M' = f(M)$. Por exemplo, f pode envolver a inversão de um ou mais bits específicos. Nesse caso,

    $$\Pr[\text{MAC}(K, M) = \text{MAC}(K, M')] = 2^{-n}$$

O primeiro requisito se relaciona com o exemplo anterior, em que um oponente é capaz de construir uma nova mensagem para coincidir com determinado tag, embora ele não saiba e não descubra a chave. O segundo requisito lida com a necessidade de impedir um ataque por força bruta com base em um texto claro escolhido. Ou seja, se assumirmos que o oponente não conhece K mas tem acesso à função MAC e pode apresentar mensagens para geração de MAC, então ele poderia testar várias mensagens até encontrar uma que coincida com determinado tag. Se a função MAC exibisse distribuição uniforme, então o método de força bruta exigiria, na média, $2^{(n-1)}$ tentativas antes de encontrar uma mensagem que se ajuste a determinado tag.

O requisito final dita que o algoritmo de autenticação não deve ser mais fraco com relação a certas partes ou bits da mensagem do que outros. Se isso não fosse assim, então um oponente que tivesse M e $\text{MAC}(K, M)$ poderia tentar variações sobre M nos "pontos fracos" conhecidos com uma probabilidade de sucesso antecipado na produção de uma nova mensagem que combinasse com os tags antigos.

12.4 SEGURANÇA DE MACs

Assim como os algoritmos de encriptação e as funções de hash, podemos agrupar os ataques sobre MACs em duas categorias: ataques por força bruta e criptoanálise.

Ataques por força bruta

Um ataque por força bruta sobre um MAC é uma tarefa mais difícil do que sobre uma função de hash, pois requer pares mensagem-tag conhecidos. Vejamos por que isso acontece. Para atacar um código de hash, podemos proceder da seguinte maneira. Dada uma mensagem fixa x com código de hash com n bits $h = \text{H}(x)$, um método por força bruta para encontrar uma colisão é escolher uma string de bits aleatória y e verificar se $\text{H}(y) = \text{H}(x)$. O atacante pode fazer isso repetidamente off-line. Se um ataque off-line pode ou não ser usado sobre um algoritmo MAC, isso depende do tamanho relativo da chave e do tag.

Para prosseguir, precisamos declarar a propriedade de segurança desejada de um algoritmo MAC, que pode ser expressa da seguinte forma:

- **Resistência da computação:** dado um ou mais pares de texto-MAC $[x_i, \text{MAC}(K, x_i)]$, é computacionalmente inviável calcular qualquer par texto-MAC $[x, \text{MAC}(K, x)]$ para qualquer nova entrada $x \neq x_i$.

Em outras palavras, o atacante gostaria de determinar o código MAC válido para determinada mensagem x. Existem duas linhas possíveis: atacar o espaço da chave e atacar o valor MAC. Examinamos cada uma delas por sua vez.

Se um atacante puder determinar a chave MAC, então será possível gerar um valor MAC válido para qualquer entrada x. Suponha que o tamanho da chave seja de k bits e que o atacante tenha um par conhecido de texto-tag. Então, o atacante pode calcular o tag de n bits sobre o texto conhecido para todas as chaves possíveis. Pelo menos uma chave tem garantias de produzir o tag correto, a saber, a chave válida que foi usada inicialmente para produzir o par texto-tag conhecido. Essa fase do ataque exige um nível de esforço proporcional a 2^k (ou seja, uma operação para cada um dos 2^k valores de chave possíveis). Porém, conforme descrevemos anteriormente, como o MAC é um mapeamento muitos-para-um, pode haver outras chaves que produzam o valor correto. Assim, se for descoberto que mais de uma chave produzirá o valor correto, pares texto-tag adicionais precisam ser testados. Pode-se mostrar que o nível de esforço cai rapidamente a cada par texto-tag adicional e que o nível geral de esforço é de aproximadamente 2^k [MENE97].

Um atacante também pode trabalhar sobre o tag sem tentar recuperar a chave. Aqui, o objetivo é gerar um tag válido para determinada mensagem ou encontrar uma que produza determinado tag. De qualquer forma, o nível de esforço é comparável ao do ataque à propriedade de mão única ou de resistência fraca à colisão de um código de hash, ou 2^n. No caso do MAC, o ataque não pode ser realizado off-line sem outra entrada; o atacante exigirá pares texto-tag escolhidos ou o conhecimento da chave.

Resumindo, o nível de esforço para o ataque por força bruta sobre um algoritmo MAC pode ser expresso como $\min(2^k, 2^n)$. A avaliação da força é semelhante à dos algoritmos de encriptação simétrica. Pareceria razoável exigir que o tamanho da chave e o tamanho MAC satisfaçam um relacionamento como $\min(k, n) \geq N$, onde N talvez esteja no intervalo de 128 bits.

Criptoanálise

Assim como nos algoritmos de encriptação e funções de hash, os ataques criptoanalíticos sobre algoritmos MAC buscam explorar alguma propriedade do algoritmo para realizar algum ataque diferente de uma busca completa. A maneira de medir a resistência de um algoritmo MAC à criptoanálise é comparar sua força com o esforço exigido para um ataque por força bruta. Ou seja, um algoritmo MAC ideal exigirá um esforço criptoanalítico maior ou igual ao esforço por força bruta.

Há muito mais variedade na estrutura dos MACs do que nas funções de hash, de modo que é difícil generalizar a respeito da criptoanálise de MACs. Além disso, muito menos trabalho foi realizado sobre o desenvolvimento de tais ataques. Um estudo útil de alguns métodos para MACs específicos é [PREN96].

12.5 MACs BASEADOS EM FUNÇÕES DE HASH: HMAC

Mais adiante neste capítulo, veremos exemplos de um MAC baseado no uso da cifra de bloco simétrica. Essa tradicionalmente tem sido a técnica mais comum para se construir um MAC. Nos últimos anos, tem havido um interesse cada vez maior no desenvolvimento de um MAC derivado de uma função de hash criptográfica. As motivações para esse interesse são

1. Funções de hash criptográficas, como MD5 e SHA, geralmente são executadas mais rapidamente em software do que as cifras de bloco simétricas, como DES.
2. Existe muito código de biblioteca para funções de hash criptográficas à disposição.

Com o desenvolvimento do AES e a disponibilidade maior do código para algoritmos de encriptação, essas considerações são menos significativas, mas os MACs baseados em hash continuam sendo bastante utilizados.

Uma função de hash como SHA não foi projetada para uso como um MAC e não pode ser usada diretamente para essa finalidade, pois não trabalha com uma chave secreta. Têm havido diversas propostas para a incorporação de uma chave secreta em um algoritmo de hash existente. A técnica que obteve o maior suporte é HMAC [BELL96a, BELL96b]. HMAC foi emitido como RFC 2104, escolhido como MAC de implementação obrigatório para segurança IP, e é usado em outros protocolos da Internet, como SSL. HMAC também foi emitido como um padrão do NIST (FIPS 198).

Objetivos de projeto de HMAC

RFC 2104 lista os seguintes objetivos de projeto para o HMAC:

- Usar, sem modificações, as funções de hash disponíveis. Em particular, as funções de hash que funcionam bem em software, e para as quais o código é bastante disponível e de forma gratuita.
- Permitir a substituição fácil da função de hash embutida caso sejam encontradas ou exigidas funções de hash mais rápidas ou mais seguras.
- Preservar o desempenho original da função de hash sem incorrer em uma degradação significativa.
- Usar e tratar das chaves de uma forma simples.
- Ter uma análise criptográfica bem compreendida da força do mecanismo de autenticação com base em suposições razoáveis sobre a função de hash embutida.

Os dois primeiros objetivos são importantes para a aceitabilidade do HMAC. Este trata a função de hash como uma "caixa preta". Isso tem dois benefícios. Primeiro, uma implementação existente de uma função de hash pode ser usada como um módulo na implementação do HMAC. Desse modo, o núcleo do código HMAC é pré-empacotado e pronto para uso sem modificação. Segundo, se for desejado substituir determinada função de hash em uma implementação HMAC, tudo o que é necessário é remover o módulo da função de hash existente e incluir o novo módulo. Isso poderia ser feito se uma função de hash mais rápida fosse desejada. Mais importante, se a segurança da função de hash embutida fosse comprometida, a segurança do HMAC poderia ser retida simplesmente substituindo-se a função de hash embutida por uma mais segura (por exemplo, substituindo o SHA-2 pelo SHA-3).

O último objetivo de projeto na lista anterior é, na verdade, a principal vantagem do HMAC em relação a outros esquemas baseados em hash. Pode-se comprovar que o HMAC é seguro desde que a função de hash embutida tenha algumas forças criptográficas razoáveis. Retornaremos a esse ponto mais adiante nesta seção, mas primeiro examinaremos a estrutura do HMAC.

Algoritmo HMAC

A Figura 12.5 ilustra a operação geral do HMAC. Vamos definir os seguintes termos:

H = função de hash embutida (por exemplo, MD5, SHA-1, RIPEMD-160)

IV = entrada de valor inicial para função de hash
M = mensagem entrada no HMAC (incluindo o preenchimento especificado na função de hash embutida)
Y_i = i-*ésimo* bloco de M, $0 \leq i \leq (L-1)$
L = número de blocos em M
b = número de bits em um bloco
n = tamanho do código de hash produzido pela função de hash embutida
K = chave secreta; o tamanho recomendado é $\geq n$; se o tamanho da chave for maior que b, a chave é entrada para a função de hash para produzir uma chave de n bits
K^+ = K preenchido com zeros à esquerda de modo que o resultado tenha b bits de extensão
ipad = 00110110 (36 em hexadecimal) repetido $b/8$ vezes
opad = 01011100 (5C em hexadecimal) repetido $b/8$ vezes

Então, o HMAC pode ser expresso da seguinte forma:

$$\text{HMAC}(K, M) = \text{H}[(K^+ \oplus \text{opad}) \| \text{H}[(K^+ \oplus \text{ipad}) \| M]]$$

Podemos descrever o algoritmo da seguinte forma:

1. Acrescente zeros à extremidade esquerda de K para criar uma sequência de b bits K^+ (por exemplo, se K tiver o tamanho de 160 bits e $b = 512$, então K será anexado com 44 bytes zeros).
2. Faça o XOR (OU exclusivo bit a bit) de K^+ com ipad para produzir o bloco S_i de b bits.
3. Anexe M a S_i.
4. Aplique H ao fluxo gerado na etapa 3.
5. Faça o XOR de K^+ com opad para produzir o bloco S_o de b bits.
6. Anexe o resultado do hash da etapa 4 a S_o.
7. Aplique H ao fluxo gerado na etapa 6 e retorne o resultado.

Figura 12.5 Estrutura do HMAC.

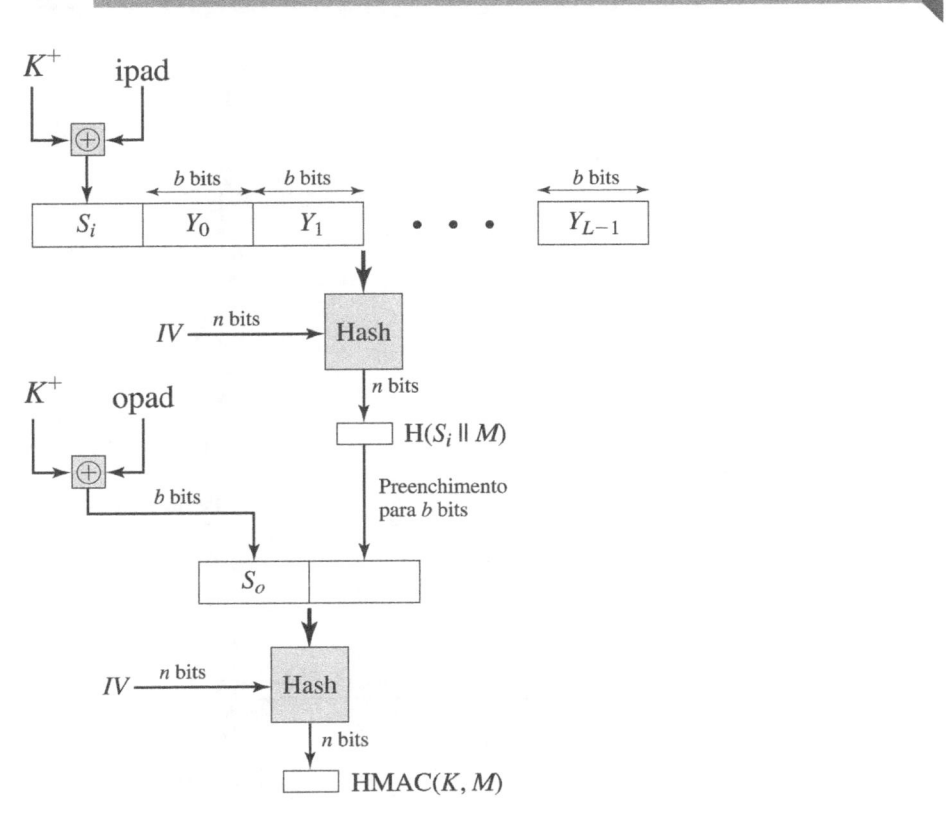

Observe que o XOR com ipad resulta na inversão de metade dos bits de K. De modo semelhante, o XOR com opad resulta na inversão de metade dos bits de K, mas um conjunto diferente de bits. Com efeito, passando S_i e S_o pela função de compactação do algoritmo de hash, temos duas chaves geradas pseudoaleatoriamente a partir de K.

HMAC deverá ser executado aproximadamente em tempo equivalente que a função de hash embutida para mensagens longas. HMAC acrescenta três execuções da função de compactação de hash (para S_i, S_o e o bloco produzido pelo hash interno).

Uma implementação mais eficiente é possível, como mostra a Figura 12.6. Duas quantidades são pré-calculadas:

$$f(IV, (K^+ \oplus \text{ipad}))$$
$$f(IV, (K^+ \oplus \text{opad}))$$

onde f(cv, bloco) é a função de compactação para a função de hash, que usa como argumentos uma variável de encadeamento de n bits e um bloco de b bits e produz uma variável de encadeamento de n bits. Essas quantidades só precisam ser calculadas inicialmente e toda vez que a chave mudar. Com efeito, as quantidades pré-calculadas substituem o valor inicial (IV) na função de hash. Com essa implementação, somente uma instância adicional da função de compactação é acrescentada ao processamento normalmente produzido pela função de hash. Essa implementação mais eficiente é especialmente valiosa se a maioria das mensagens para as quais um MAC é calculado forem curtas.

Segurança do HMAC

A segurança de qualquer função MAC baseada em uma função de hash embutida depende de alguma maneira da força criptográfica da função de hash subjacente. O atrativo do HMAC é que seus projetistas foram capazes de provar um relacionamento exato entre a força da função de hash embutida e a força do HMAC.

A segurança de uma função MAC geralmente é expressa em termos da probabilidade de falsificação bem-sucedida com determinado tempo gasto pelo falsificador e determinado número de pares de mensagem-tag cria-

Figura 12.6 Implementação eficiente do HMAC.

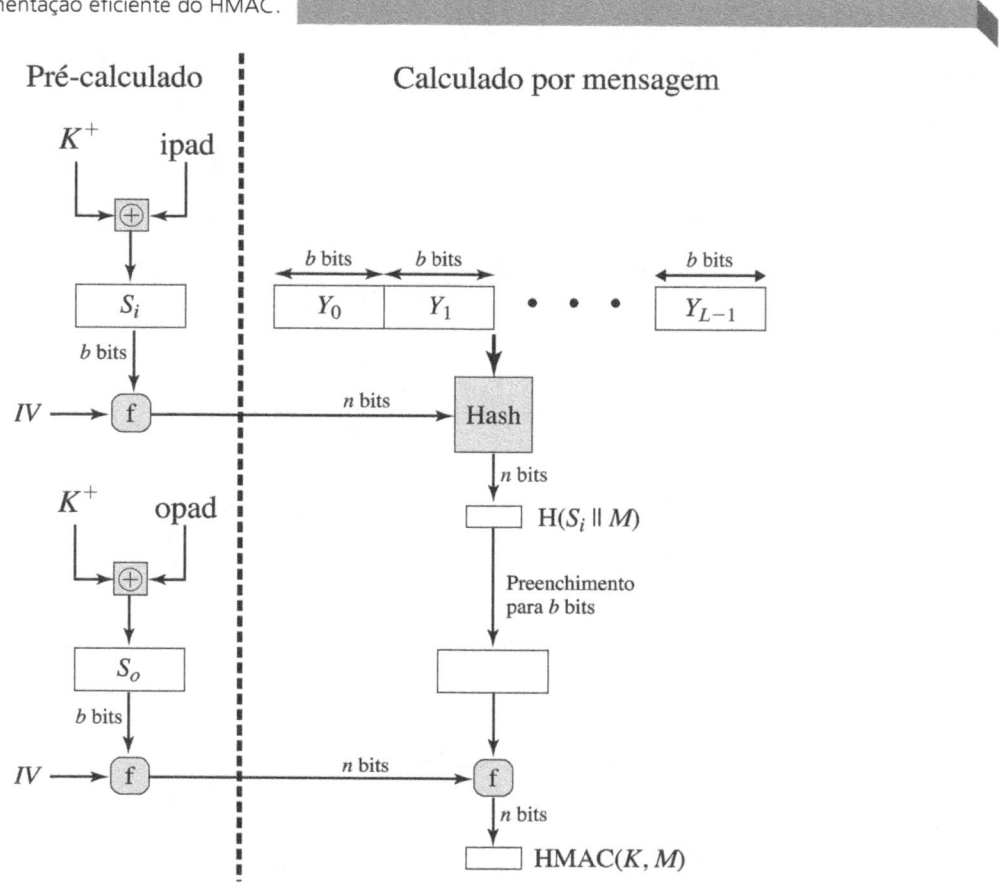

dos com a mesma chave. Basicamente, [BELL96a] prova que, para determinado nível de esforço (tempo, pares mensagem-tag) nas mensagens geradas por um usuário legítimo e vistas pelo atacante, a probabilidade de um ataque bem-sucedido sobre HMAC é equivalente a um dos seguintes ataques sobre a função de hash embutida:

1. O atacante é capaz de calcular uma saída da função de compactação mesmo com um *IV* aleatório, secreto e desconhecido ao atacante.
2. O atacante encontra colisões na função de hash mesmo quando o *IV* é aleatório e secreto.

No primeiro ataque, podemos ver a função de compactação como equivalente à função de hash aplicada a uma mensagem consistindo em um único bloco de b bits. Para esse ataque, o *IV* da função de hash é substituído por um valor secreto, aleatório, de n bits. Um ataque sobre essa função de hash requer um ataque por força bruta na chave, que é um nível de esforço na ordem de 2^n, ou um ataque de dia do aniversário, que é um caso especial do segundo ataque, discutido em seguida.

No segundo ataque, o atacante está procurando duas mensagens M e M', que produzem o mesmo hash: $H(M) = H(M')$ Esse é o ataque de dia do aniversário, discutido no Capítulo 11. Mostramos que isso exige um nível de esforço de $2^{n/2}$ para um tamanho de hash de n. Com base nisso, a segurança do MD5 é colocada em dúvida, pois um nível de esforço de 2^{64} parece ser viável com a tecnologia de hoje. Isso significa que uma função de hash de 128 bits, como MD5, é inadequada para HMAC? A resposta é não, por causa do seguinte argumento: para atacar o MD5, o atacante pode escolher qualquer conjunto de mensagens e trabalhar nelas off-line, em uma instalação de computação dedicada a encontrar uma colisão. Como o atacante conhece o algoritmo de hash e o *IV* default, ele pode gerar o código de hash para cada uma das mensagens que gera. Porém, ao atacar o HMAC, o atacante não pode gerar pares de mensagem/código off-line, pois não conhece K. Portanto, o atacante precisa observar uma sequência de mensagens geradas pelo HMAC sob a mesma chave e realizar o ataque sobre essas mensagens conhecidas. Para um tamanho de código de hash de 128 bits, isso exige 2^{64} blocos observados (2^{72} bits) gerados usando a mesma chave. Em um link de 1 Gbps, seria preciso observar um fluxo contínuo de mensagens sem mudança na chave por cerca de 150.000 anos para ter sucesso. Assim, se a velocidade for um problema, é totalmente aceitável usar MD5 em vez de SHA-1 como função de hash embutida para HMAC.

12.6 MACs BASEADOS EM CIFRAS DE BLOCO: DAA E CMAC

Nesta seção, examinamos dois MACs que são baseados no uso do modo de operação em cifra de bloco. Começamos com um algoritmo mais antigo, o Data Authentication Algorithm (DAA), que agora é obsoleto. Depois, examinamos o CMAC, que foi projetado para contornar as deficiências do DAA.

Data Authentication Algorithm

O **Data Authentication Algorithm** (DAA), baseado no DES, foi um dos MACs mais utilizados por muitos anos. O algoritmo é uma publicação do FIPS (FIPS PUB 113) e um padrão ANSI (X9.17). Porém, conforme veremos mais adiante, foram descobertas deficiências na segurança deste algoritmo, e ele está sendo substituído por algoritmos mais novos e mais fortes.

O algoritmo pode ser definido como usando o modo de operação cipher block chaining (CBC) do DES (Figura 6.4) com um vetor de inicialização de zeros. Os dados (por exemplo, mensagem, registro, arquivo ou programa) a serem autenticados são agrupados em blocos contíguos de 64 bits: $D_1, D_2, ..., D_N$. Se necessário, o bloco final é preenchido à direita com zeros, para formar um bloco de 64 bits completo. Usando o algoritmo de encriptação do DES, E, e uma chave secreta, K, um código de autenticação de dados (DAC, do acrônimo em inglês para *data authentication code*) é calculado da seguinte forma (Figura 12.7):

$$O_1 = E(K, D)$$
$$O_2 = E(K, [D_2 \oplus O_1])$$
$$O_3 = E(K, [D_3 \oplus O_2])$$
$$\vdots$$
$$O_N = E(K, [D_N \oplus O_{N-1}])$$

O DAC consiste no bloco inteiro O_N ou nos M bits mais à esquerda do bloco, com $16 \leq M \leq 64$.

Figura 12.7 Algoritmo de autenticação de dados (FIPS PUB 113).

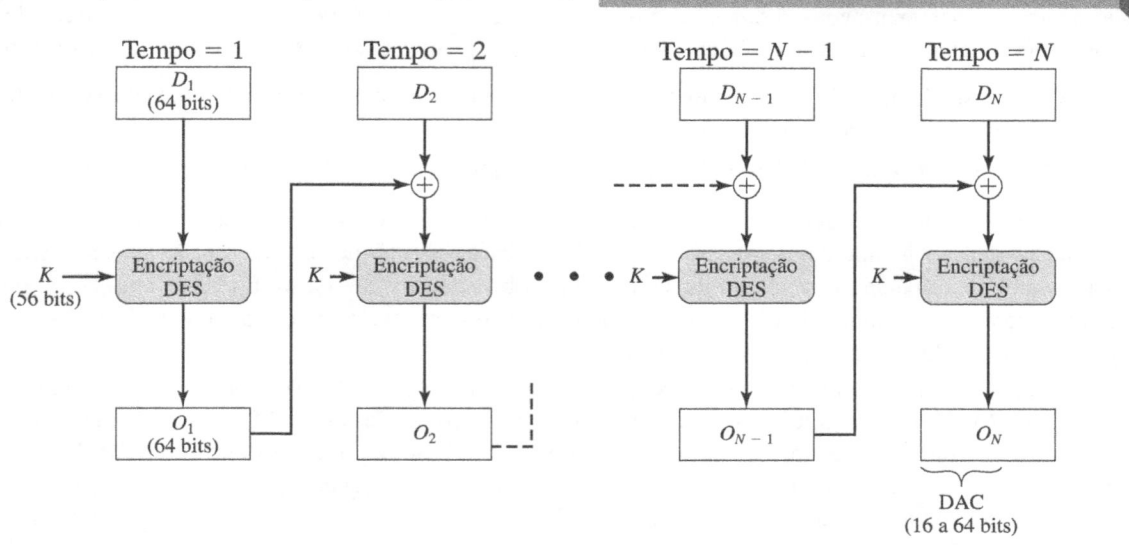

[Diagrama: Tempo = 1: D_1 (64 bits) → Encriptação DES (com K, 56 bits) → O_1 (64 bits); Tempo = 2: D_2 ⊕ O_1 → Encriptação DES (K) → O_2; ... ; Tempo = N−1: D_{N-1} ⊕ → Encriptação DES (K) → O_{N-1}; Tempo = N: D_N ⊕ O_{N-1} → Encriptação DES (K) → O_N = DAC (16 a 64 bits)]

Cipher-Based Message Authentication Code (CMAC)

Como dissemos, o DAA foi bastante adotado no governo e na indústria. [BELL00] demonstrou que esse MAC é seguro sob um conjunto razoável de critérios de segurança, com a seguinte restrição. Somente mensagens de um tamanho fixo de *mn* bits são processadas, onde *n* é o tamanho do bloco cifrado e *m* é um inteiro positivo fixo. Como um exemplo simples, observe que, dado o CBC MAC de uma mensagem de um bloco X, digamos $T = \text{MAC}(K, X)$, o adversário sabe imediatamente o CBC MAC para a mensagem de dois blocos $X \parallel (X \oplus T)$, pois este é novamente T.

Black e Rogaway [BLAC00] demonstraram que essa limitação poderia ser contornada usando-se três chaves: uma chave K de tamanho k para ser usada em cada etapa do cipher block chaining e duas chaves de tamanho *b*, onde *b* é o tamanho do bloco cifrado. Essa construção proposta foi refinada por Iwata e Kurosawa, de modo que as duas chaves de *n* bits poderiam ser derivadas da chave de encriptação, em vez de serem fornecidas separadamente [IWAT03]. Essa melhoria foi adotada pelo modo de operação **Cipher-based Message Authentication Code** (CMAC) do NIST, para uso com o AES e o triple DES. Ela é especificada na NIST Special Publication 800-38B.

Primeiro, vamos considerar a operação do CMAC quando a mensagem é um múltiplo inteiro *n* do tamanho do bloco cifrado *b*. Para o AES, $b = 128$, e para o triple DES, $b = 64$. A mensagem é dividida em *n* blocos (M_1, M_2, ..., M_n). O algoritmo utiliza uma chave de encriptação de *k* bits, K, e uma constante de *b* bits, K_1. Para o AES, o tamanho da chave *k* é 128, 192 ou 256 bits; para o triple DES, o tamanho da chave é 112 ou 168 bits. CMAC é calculado da seguinte forma (Figura 12.8):

$$C_1 = \text{E}(K, M_1)$$
$$C_2 = \text{E}(K, [M_2 \oplus C_1])$$
$$C_3 = \text{E}(K, [M_3 \oplus C_2])$$
$$\vdots$$
$$C_n = \text{E}(K, [M_n \oplus C_{n-1} \oplus K_1])$$
$$T = \text{MSB}_{Tlen}(C_n)$$

onde

T = código de autenticação de mensagem, também conhecido como tag
$Tlen$ = tamanho de T em bits
$\text{MSB}_s(X)$ = os *s* bits mais à esquerda da string de bits X

Se a mensagem não for um múltiplo inteiro do tamanho do bloco cifrado, então o bloco final é preenchido à direita (bits menos significativos) com 1 e tantos 0s quantos forem necessários para que o bloco final também

Figura 12.8 Cipher-Based Message Authentication Code (CMAC).

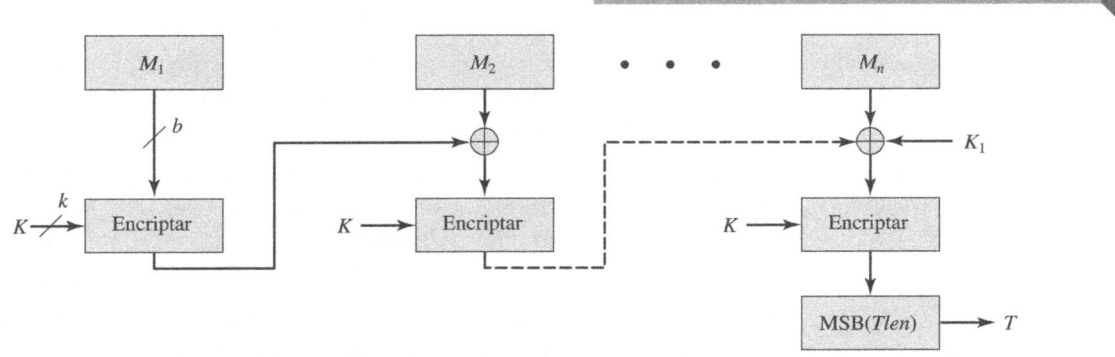

(a) Tamanho da mensagem é múltiplo inteiro do tamanho do bloco

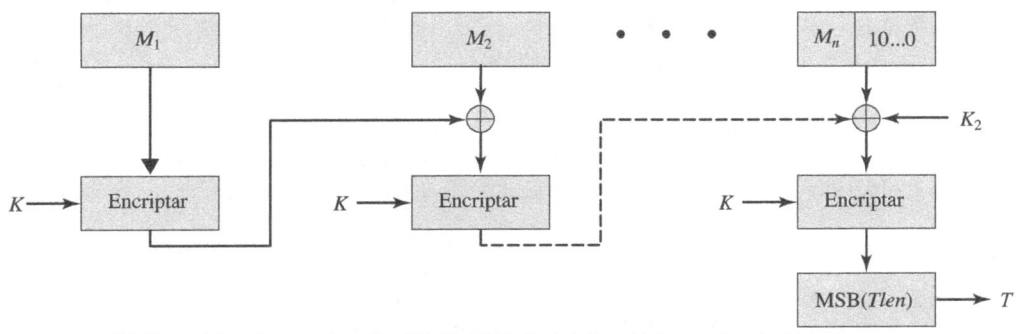

(b) Tamanho da mensagem não é múltiplo inteiro do tamanho do bloco

tenha um tamanho b. A operação CMAC, então, prossegue como antes, exceto que uma chave de b bits diferente, K_2, é usada no lugar de K_1.

As duas chaves de b bits são derivadas da chave de encriptação de k bits da seguinte forma:

$$L = E(K, 0^b)$$
$$K_1 = L \cdot x$$
$$K_2 = L \cdot x^2 = (L \cdot x) \cdot x$$

onde a multiplicação ($\cdot$) é feita no corpo finito GF(2^b) e x e x^2 são polinômios de primeiro e segundo graus, que são elementos de GF(2^b). Assim, a representação binária de x consiste em $b - 2$ zeros seguidos por 10; a representação binária de x^2 consiste em $b - 3$ zeros seguidos por 100. O corpo finito é definido com relação a um polinômio irredutível que vem lexicograficamente primeiro entre todos os polinômios com o número mínimo possível de termos diferentes de zero. Para os dois tamanhos de bloco aprovados, os polinômios são $x^{64} + x^4 + x^3 + x + 1$ e $x^{128} + x^7 + x^2 + x + 1$.

Para gerar K_1 e K_2, a cifra em bloco é aplicada ao bloco que consiste inteiramente de bits 0. A primeira subchave é derivada do texto cifrado resultante pelo deslocamento esquerdo de um bit e, condicionalmente, pelo XOR de uma constante que depende do tamanho do bloco. A segunda subchave é derivada da mesma maneira da primeira. Essa propriedade dos corpos finitos da forma GF(2^b) foi explicada na discussão de MixColumns, no Capítulo 5.

12.7 ENCRIPTAÇÃO AUTENTICADA: CCM E GCM

A encriptação autenticada (AE, do acrônimo em inglês para *Authenticated Encryption*) é um termo usado para descrever sistemas de encriptação que simultaneamente protegem a confidencialidade e a autenticação (integridade) das comunicações. Muitas aplicações e protocolos exigem as duas formas de segurança, mas até pouco tempo os dois serviços eram criados separadamente.

Existem quatro técnicas comuns para fornecer confidencialidade e encriptação para uma mensagem M.

- **Hashing seguido por encriptação (H → E):** primeiro calcule a função de hash criptográfica sobre M como $h = H(M)$. Depois encripte a mensagem mais a função de hash: $E(K, (M \parallel h))$.
- **Autenticação seguida por encriptação (A → E):** use duas chaves. Primeiro, autentique o texto claro calculando o valor MAC como $T = MAC(K_1, M)$. Depois, encripte a mensagem mais tag: $E(K_2, [M \parallel T])$. Essa técnica é usada pelos protocolos SSL/TLS (Capítulo 17).
- **Encriptação seguida por autenticação (E → A):** use duas chaves. Primeiro encripte a mensagem para gerar o texto cifrado $C = E(K_2, M)$. Depois autentique o texto cifrado com $T = MAC(K_1, C)$ para gerar o par (C, T). Essa técnica é usada no protocolo IPSec (Capítulo 20).
- **Encriptação e autenticação independentes (E + A):** use duas chaves. Encripte a mensagem para gerar o texto cifrado $C = E(K_2, M)$. Autentique o texto claro com $T = MAC(K_1, M)$ para gerar o par (C, T). Essas operações podem ser realizadas em qualquer ordem. Esta técnica é usada pelo protocolo SSH (Capítulo 17).

A decriptação e a verificação são simples para cada técnica. Para H → E, A → E e E + A, decripte primeiro, depois verifique. Para E → A, verifique primeiro, depois decripte. Existem vulnerabilidades de segurança com todas essas técnicas. A técnica H → E é usada no protocolo Wired Equivalent Privacy (WEP) para proteger redes WiFi. Essa técnica teve deficiências fundamentais e levou à substituição do protocolo WEP. [BLAC05] e [BELL00] indicam que existem preocupações de segurança em cada uma das três técnicas de encriptação/MAC listadas. Apesar disso, com um projeto adequado, qualquer uma dessas técnicas pode oferecer um alto nível de segurança. Esse é o objetivo das duas técnicas discutidas nesta seção, ambas padronizadas pelo NIST.

Contador com Cipher Block Chaining-Message Authentication Code

O modo de operação CCM foi padronizado pelo NIST especificamente para dar suporte aos requisitos de segurança das redes locais sem fio (WiFi) IEEE 802.11 (Capítulo 18), mas pode ser usado em qualquer aplicação de rede exigindo encriptação autenticada. CCM é uma variação da técnica de encriptação-e-MAC para a encriptação autenticada. Ela é definida no NIST SP 800-38C.

Os principais ingredientes algorítmicos do CCM são o algoritmo de encriptação AES (Capítulo 5), o modo de operação CTR (Capítulo 6) e o algoritmo de autenticação CMAC (Seção 12.6). Uma única chave K é usada para ambos os algoritmos de encriptação e MAC. A entrada para o processo de encriptação CCM consiste em três elementos.

1. Os dados que serão autenticados e encriptados. Esta é a mensagem de texto claro P do bloco de dados.
2. Os dados associados A que serão autenticados, mas não encriptados. Um exemplo é um cabeçalho de protocolo que precisa ser transmitido às claras para a operação apropriada do protocolo, mas que precisa ser autenticado.
3. Um nonce N que é atribuído ao payload e aos dados associados. Esse é um valor exclusivo que é diferente para cada instância durante o tempo de vida de uma associação de protocolo e serve para impedir ataques de repetição e outros tipos de ataques.

A Figura 12.9 ilustra a operação do CCM. Para autenticação, a entrada inclui o nonce, os dados associados e o texto claro. Essa entrada é formatada como uma sequência de blocos B_0 a B_r. O primeiro contém o nonce mais alguns bits de formatação que indicam os tamanhos dos elementos N, A e P. Isso é seguido por zero ou mais blocos que contêm A, seguido por zero ou mais blocos que contêm P. A sequência de blocos resultante serve como entrada para o algoritmo CMAC, que produz um valor MAC com tamanho $Tlen$, que é menor ou igual ao tamanho do bloco (Figura 12.9a).

Para a encriptação, uma sequência de contadores é gerada e precisa ser independente do nonce. O tag de autenticação é encriptado no modo CTR usando um único contador Ctr_0. Os $Tlen$ bits mais significativos da saída passam por um XOR com o tag para produzir um tag encriptado. Os contadores restantes são usados para a encriptação do texto claro no modo CTR (Figura 6.7). O texto claro encriptado é concatenado com o tag encriptado para formar a saída do texto cifrado (Figura 12.9b).

SP 800-38C define o processo de autenticação/encriptação da seguinte forma:

1. Aplique a função de formatação a (N, A, P) para produzir os blocos $B_0, B_1, ..., B_r$.
2. Defina $Y_0 = E(K, B_0)$.
3. Para $i = 1$ a r, faça $Y_i = E(K, (B_i \oplus Y_{i-1}))$.

Figura 12.9 Contador com Cipher Block Chaining-Message Authentication Code (CCM).

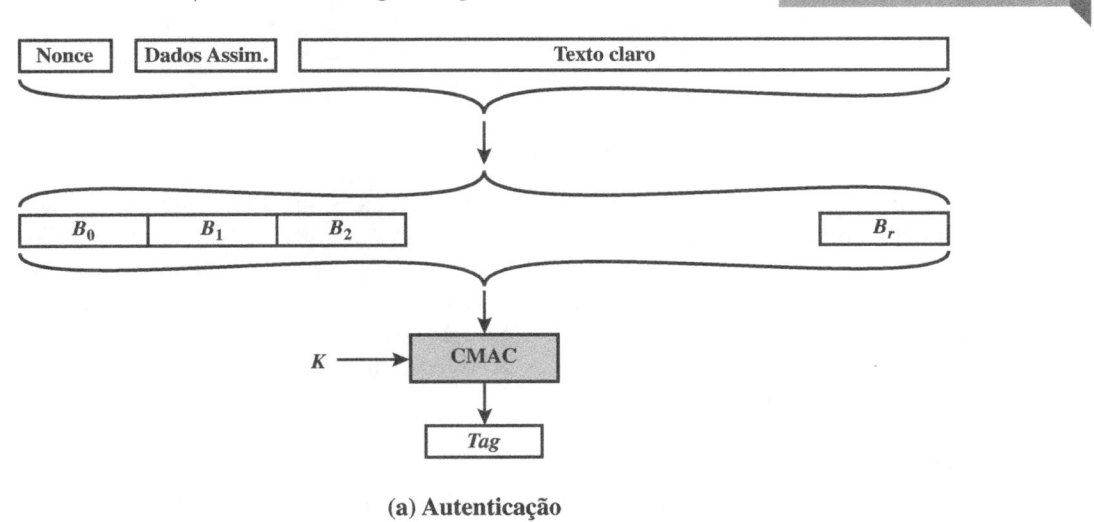

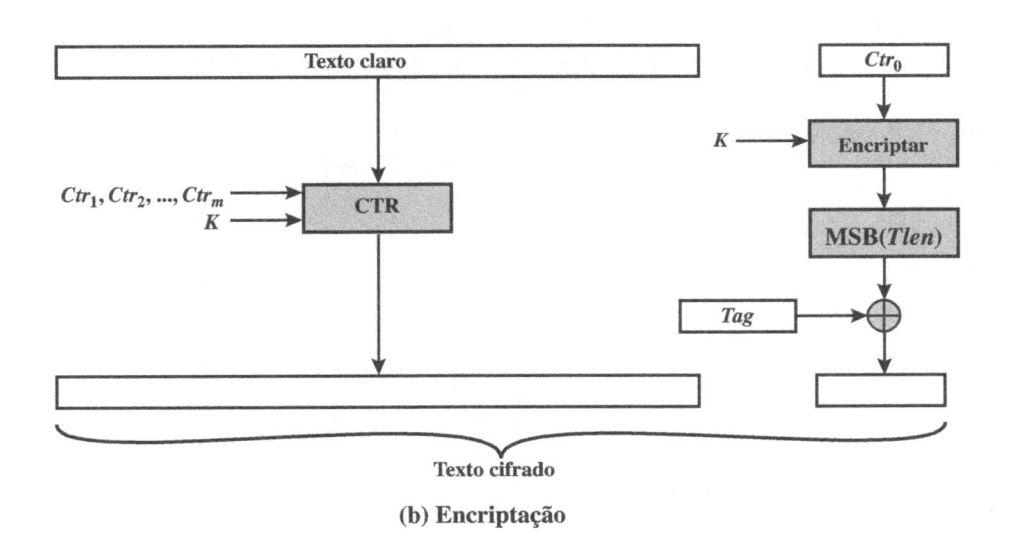

(a) Autenticação

(b) Encriptação

4. Defina $T = \text{MSB}_{Tlen}(Y_r)$.
5. Aplique a função de geração de contador para gerar os blocos de contador $Ctr_0, Ctr_1, ..., Ctr_m$, onde $m = \lceil Plen/128 \rceil$.
6. Para $j = 0$ a m, faça $S_j = E(K, Ctr_j)$.
7. Defina $S = S_1 \| S_2 \| ... \| S_m$.
8. Retorne $C = (P \oplus \text{MSB}_{Plen}(S)) \| (T \oplus \text{MSB}_{Tlen}(S_0))$.

Para a decriptação e verificação, o destinatário requer a seguinte entrada: o texto cifrado C, o nonce N, os dados associados A, a chave K e o contador inicial Ctr_0. As etapas são as seguintes:

1. Se $Clen \leq Tlen$, então retorne INVALID.
2. Aplique a função de geração de contador para gerar os blocos de contador $Ctr_0, Ctr_1, ..., Ctr_m$, onde $m = \lceil Clen/128 \rceil$.
3. Para $j = 0$ a m, faça $S_j = E(K, Ctr_j)$.
4. Defina $S = S_1 \| S_2 \| ... \| S_m$.
5. Defina $P = \text{MSB}_{Clen-Tlen}(C) \oplus \text{MSB}_{Clen-Tlen}(S)$.

6. Defina $T = \text{LSB}_{Tlen}(C) \oplus \text{MSB}_{Tlen}(S_0)$.
7. Aplique a função de formação a (N, A, P) para produzir os blocos $B_0, B_1, ..., B_r$.
8. Defina $Y_0 = E(K, B_0)$.
9. Para $i = 1$ a r, faça $Y_i = E(K, (B_i \oplus Y_{i-1}))$.
10. Se $T \neq \text{MSB}_{Tlen}(Y_r)$, então retorne INVALID, senão retorne P.

CCM é um algoritmo relativamente complexo. Observe que ele requer duas passadas completas pelo texto claro, uma para gerar o valor MAC e uma para a encriptação. Além disso, os detalhes da especificação exigem um balanceamento entre tamanho do nonce e tamanho do tag, que é uma restrição desnecessária. Observe também que a chave de encriptação é usada duas vezes com o modo de encriptação CTR: uma vez para gerar o tag e outra para codificar o texto claro mais tag. Ainda não se tem certeza se essas complexidades aumentam a segurança do algoritmo. De qualquer forma, duas análises do algoritmo ([JONS02] e [ROGA03]) concluem que o CCM oferece um alto nível de segurança.

Galois/Counter Mode

O modo de operação GCM, padronizado pelo NIST no NIST SP 800-38D, foi projetado para ser paralelizável, de modo que possa oferecer alta vazão com baixo custo e baixa latência. Basicamente, a mensagem é encriptada em uma variante do modo CTR. O texto cifrado resultante é multiplicado com o material da chave e a informação de tamanho da chave sobre $GF(2^{128})$ para gerar o tag autenticador. O padrão também especifica um modo de operação que fornece apenas o MAC, conhecido como GMAC.

O modo GCM utiliza duas funções: GHASH, que é uma função de hash chaveada, e GCTR, que é basicamente o modo CTR com os contadores determinados por um incremento simples por uma operação.

$\text{GHASH}_H(X)$ toma como entrada a chave de hash H e uma string de bits X de modo que $\text{len}(X) = 128m$ bits para algum inteiro positivo m e produz um valor MAC de 128 bits. A função pode ser especificada da seguinte forma (Figura 12.10a).

Figura 12.10 Funções de autenticação e encriptação GCM.

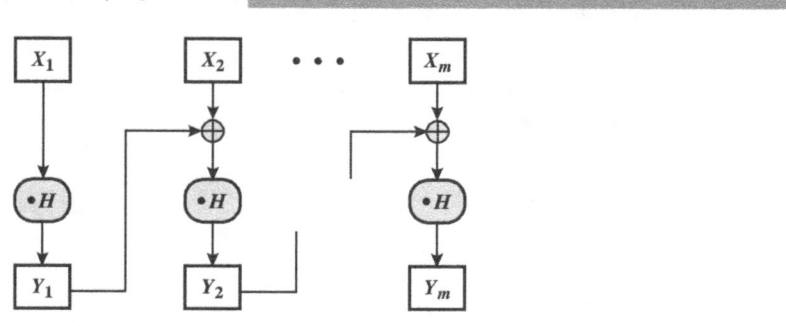

(a) $\text{GHASH}_H(X_1 \parallel X_2 \parallel ... \parallel X_m) = Y_m$

(b) $\text{GCTR}_K(ICB, X_1 \parallel X_2 \parallel ... \parallel X_n^*) = Y_1 \parallel Y_2 \parallel ... \parallel Y_n^*$

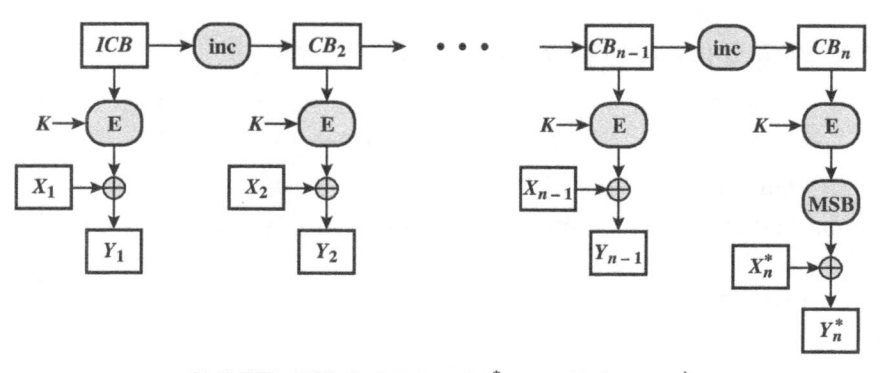

1. Considere que $X_1, X_2, ..., X_{m-1}, X_m$ indiquem a sequência exclusiva de blocos tais que $X = X_1 \| X_2 \| ... \| X_{m-1} \| X_m$.
2. Considere que Y_0 seja um bloco de 128 zeros, designados como 0^{128}.
3. Para $i = 1, ..., m$, considere que $Y_i = (Y_{i-1} \oplus X_i) \cdot H$, onde $\cdot$ designa multiplicação em $GF(2^{128})$.
4. Retorne Y_m.

A função $GHASH_H(X)$ pode ser expressa como

$$(X_1 \cdot H^m) \oplus (X_2 \cdot H^{m-1}) \oplus ... \oplus (X_{m-1} \cdot H^2) \oplus (X_m \cdot H)$$

Esta formulação tem implicações de desempenho desejáveis. Se a mesma chave de hash tiver que ser usada para autenticar múltiplas mensagens, então os valores $H^2, H^3, ...$ podem ser pré-calculados uma vez para uso com cada mensagem a ser autenticada. Então, os blocos dos dados a serem autenticados ($X_1, X_2, ..., X_m$) podem ser processados em paralelo, pois os cálculos são independentes um do outro.

$GCTR_K(ICB, X)$ toma como entrada uma chave secreta K e uma sequência de bits X de qualquer tamanho e retorna um texto cifrado Y com tamanho de $len(X)$ bits. A função pode ser especificada da seguinte forma (Figura 12.10b):

1. Se X é a string vazia, então retorne a string vazia como Y.
2. Considere $n = \lceil (len(X)/128) \rceil$. Ou seja, n é o menor inteiro maior ou igual a $len(X)/128$.
3. Considere que $X_1, X_2, ... X_{n-1}, X_n^*$ indique a sequência exclusiva de strings de bits de modo que

$$X = X_1 \| X_2 \| ... \| X_{n-1} \| X_n^*;$$
$$X_1, X_2, ..., X_{n-1} \text{ sejam blocos de 128 bits completos.}$$

4. Considere que $CB_1 = ICB$.
5. Para $i = 2$ a n, considere $CB_i = inc_{32}(CB_{i-1})$, onde a função $inc_{32}(S)$ incrementa os 32 bits mais à direita de S em 1 mod 2^{32}, e os bits restantes são inalterados.
6. Para $i = 1$ a $n - 1$, faça $Y_i = X_i \oplus E(K, CB_i)$.
7. Seja $Y_n^* = X_n^* \oplus MSB_{len(X_n^*)}(E(K, CB_n))$.
8. Seja $Y = Y_1 \| Y_2 \| ... \| Y_{n-1} \| Y_n^*$
9. Retorne Y.

Observe que os valores de contador podem ser rapidamente gerados e que as operações de encriptação podem ser realizadas em paralelo.

Agora, podemos definir a função geral de encriptação autenticada (Figura 12.11). A entrada consiste em uma chave secreta K, um vetor de inicialização IV, um texto claro P e dados autenticados adicionais A. A notação $[x]_s$ indica a representação binária de s bits do inteiro não negativo x. As etapas são as seguintes:

1. Seja $H = E(K, 0^{128})$.
2. Defina um bloco, J_0, como

   Se $len(IV) = 96$, então seja $J_0 = IV \| 0^{31} \| 1$.

   Se $len(IV) \neq 96$, então seja $s = 128 \lceil len(IV)/128 \rceil - len(IV)$, e seja

   $J_0 = GHASH_H(IV \| 0^{s+64} \| [len(IV)]_{64})$.

3. Seja $C = GCTR_K(inc_{32}(J_0), P)$.
4. Seja $u = 128 \lceil len(C)/128 \rceil - len(C)$ e seja $v = 128 \lceil len(A)/128 \rceil - len(A)$.
5. Defina um bloco, S, como

$$S = GHASH_H(A \| 0^v \| C \| 0^u \| [len(A)]_{64} \| [len(C)]_{64})$$

6. Seja $T = MSB_t(GCTR_K(J_0, S))$, onde t é o tamanho do tag suportado.
7. Retorne (C, T).

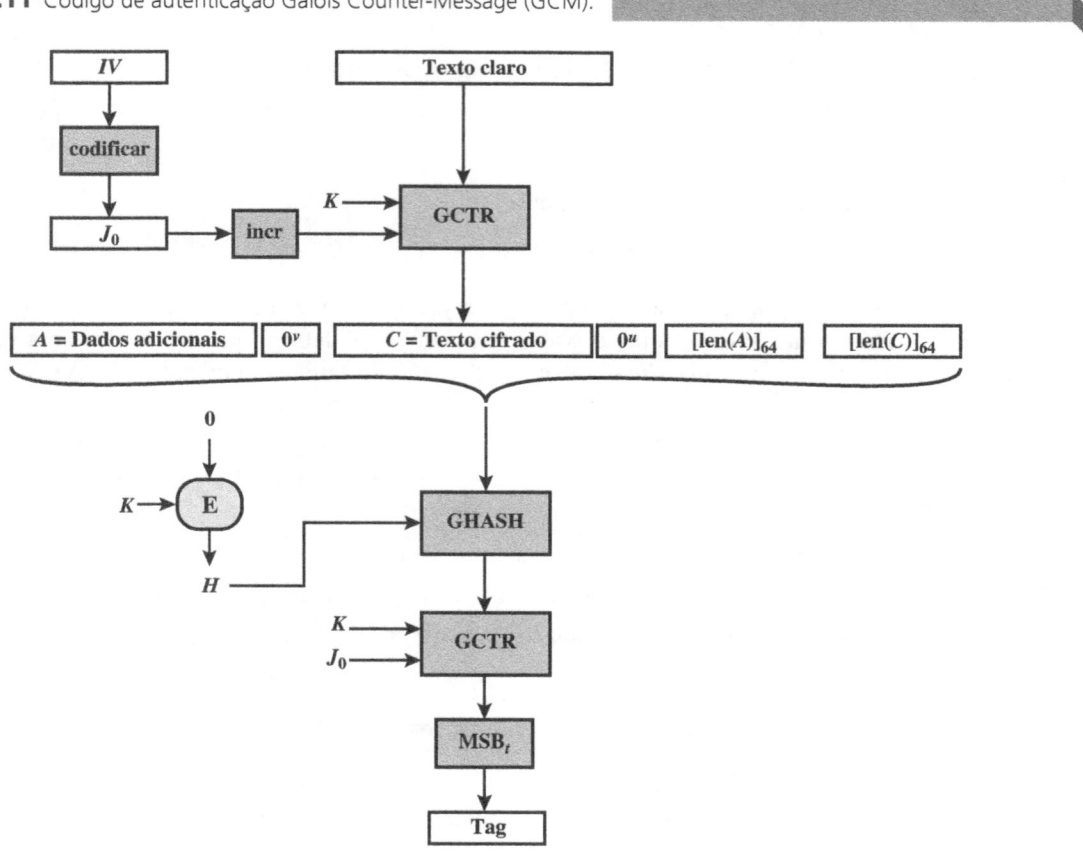

Figura 12.11 Código de autenticação Galois Counter-Message (GCM).

Na etapa 1, a chave de hash é gerada encriptando um bloco somente com zeros com a chave secreta K. Na etapa 2, o bloco pré-contador (J_0) é gerado a partir do IV. Em particular, quando o tamanho do IV é 96 bits, então a sequência de preenchimento $0^{31} \| 1$ é anexada ao IV para formar o bloco pré-contador. Caso contrário, o IV é preenchido com o número mínimo de bits 0, possivelmente nenhum, de modo que o tamanho da sequência resultante seja um múltiplo de 128 bits (o tamanho do bloco); essa sequência, por sua vez, é anexada com 64 bits 0 adicionais, seguidos pela representação de 64 bits do tamanho do IV, e a função GHASH é aplicada à sequência resultante para formar o bloco de pré-contadores.

Assim, o GCM é baseado no modo de operação CTR e acrescenta um MAC que autentica tanto a mensagem quanto os dados adicionais que requerem somente autenticação. A função que calcula o hash usa somente a multiplicação em um corpo de Galois. Essa escolha foi feita porque a operação de multiplicação é fácil de realizar dentro de um corpo de Galois e é facilmente implementada em hardware [MCGR05].

[MCGR04] examina os modos de operação de cifra de bloco disponíveis e mostra que uma técnica de encriptação autenticada baseada em CTR é o modo de operação mais eficiente para redes de pacote de alta velocidade. O artigo demonstra ainda que o GCM reúne um alto nível de requisitos de segurança.

12.8 KEY WRAPPING

Fundamentos

O modo de operação de cifra de bloco mais recentemente definido pelo NIST é o modo de operação Key Wrap (KW) (SP 800-38F), que usa AES ou triple DEA como algoritmo de encriptação básico. A versão AES também é documentada no RFC 3394.

A finalidade do key wrapping é trocar com segurança uma chave simétrica a ser compartilhada por duas partes, usando uma chave simétrica já compartilhada por elas. A segunda chave é denominada **chave de encriptação de chave** (**KEK**, do acrônimo em inglês para *key encryption key*).

Duas perguntas precisam ser tratadas neste ponto. Primeiro, por que precisamos usar uma chave simétrica já conhecida de duas partes para encriptar uma nova chave simétrica? Esse requisito é encontrado em diversos protocolos descritos neste livro, como a parte de gerenciamento de chave do IEEE 802.11 e IPsec. Frequentemente, um protocolo exige uma hierarquia de chaves, com chaves mais baixas na hierarquia sendo usadas com mais frequência, e alteradas com mais frequência para impedir ataques. Uma chave de nível mais alto, que é usada com pouca frequência e, portanto, mais resistente a criptoanálise, é usada para encriptar uma chave de nível mais baixo recém-criada, de modo que possa ser trocada entre as partes que compartilham a chave de nível mais alto.

A segunda pergunta é: por que precisamos de um novo modo? A intenção do novo modo é operar sobre chaves cujo tamanho é maior que o tamanho de bloco do algoritmo de encriptação. Por exemplo, AES usa um tamanho de bloco de 128 bits, mas pode usar um tamanho de chave de 128, 192 ou 256 bits. Nos dois últimos casos, a encriptação da chave envolve vários blocos. Consideramos o valor dos dados de chave como sendo maiores do que o dos outros dados, pois a chave será usada várias vezes, e o comprometimento da chave mexe com todos os dados encriptados com ela. Portanto, o NIST desejava um modo de encriptação robusto. KW é robusto no sentido de que pode-se esperar que cada bit de saída dependa de uma forma não trivial de cada bit da entrada. Esse não é o caso dos outros modos de operação que descrevemos. Por exemplo, em todos os modos descritos até agora, o último bloco de texto claro só influencia o último bloco de texto cifrado. De modo semelhante, o primeiro bloco de texto cifrado é derivado apenas do primeiro bloco de texto claro.

Para conseguir essa operação robusta, KW proporciona uma vazão consideravelmente mais baixa do que os outros modos, mas pode ser apropriado para algumas aplicações de gerenciamento de chave. Além disso, KW só é usado para pequenas quantidades de texto claro em comparação, digamos, com a encriptação de uma mensagem ou de um arquivo.

O algoritmo key wrapping

O algoritmo key wrapping opera sobre blocos de 64 bits. A entrada do algoritmo consiste em uma constante de 64 bits, discutida mais adiante, e uma chave de texto claro que é dividida em blocos de 64 bits. Usamos a seguinte notação:

$MSB_{64}(W)$	64 bits mais significativos de W
$LSB_{64}(W)$	64 bits menos significativos de W
W	valor temporário; saída da função de encriptação
$\oplus$	OU exclusivo bit a bit
$\|$	concatenação
K	chave de encriptação de chave
n	número de blocos de dados de chave de 64 bits
s	número de estágios no processo de wrapping; $s = 6n$
P_i	i-ésimo bloco de dados de chave em texto claro; $1 \leq i \leq n$
C_i	i-ésimo bloco de dados de texto cifrado; $0 \leq i \leq n$
$A(t)$	registrador de verificação de integridade de 64 bits após estágio de encriptação t; $1 \leq t \leq s$
$A(0)$	valor de verificação de integridade (ICV) inicial; em hexadecimal: A6A6A6A6A6A6A6A6
$R(t, i)$	registrador de 64 bits i após estágio de encriptação t; $1 \leq t \leq s$; $1 \leq i \leq n$

Agora, descrevemos o algoritmo key wrapping:

Entradas: Texto claro, n valores de 64 bits ($P_1, P_2, \ldots, P_n$)
Chave de encriptação de chave, K

Saídas: Texto cifrado, ($n + 1$) valores de 64 bits ($C_0, C_1, \ldots, C_n$)

1. **Inicializar variáveis.**

   $A(0) =$ A6A6A6A6A6A6A6A6
   ```
   for i = 1 to n
       R(0, i) = Pi
   ```

2. **Calcular valores intermediários.**

   for $t = 1$ to s

$W = E(K, [A(t-1) \| R(t-1, 1)])$
$A(t) = t \oplus \text{MSB}_{64}(W)$
$R(t, n) = \text{LSB}_{64}(W)$
for $i = 1$ to $n-1$
   $R(t, i) = R(t-1, i+1)$

3. **Gerar resultados.**

$C_0 = A(s)$
for $i = 1$ to n
   $C_i = R(s, i)$

Observe que o texto cifrado tem um bloco a mais do que a chave em texto claro, para acomodar o ICV. No unwrapping (decriptação), tanto o ICV de 64 bits quanto a chave de texto claro são recuperados. Se o ICV recuperado diferir do valor de entrada do hexadecimal A6A6A6A6A6A6A6A6, então um erro ou alteração foi detectado e a chave de texto claro é rejeitada. Assim, o algoritmo key wrap oferece não apenas confidencialidade, mas também integridade de dados.

A Figura 12.12 ilustra o algoritmo key wrapping para encriptar uma chave de 256 bits. Cada caixa representa um estágio de encriptação (um valor de *t*). Observe que a saída *A* é alimentada como entrada para o

Figura 12.12 Operação key wrapping para chave de 256 bits.

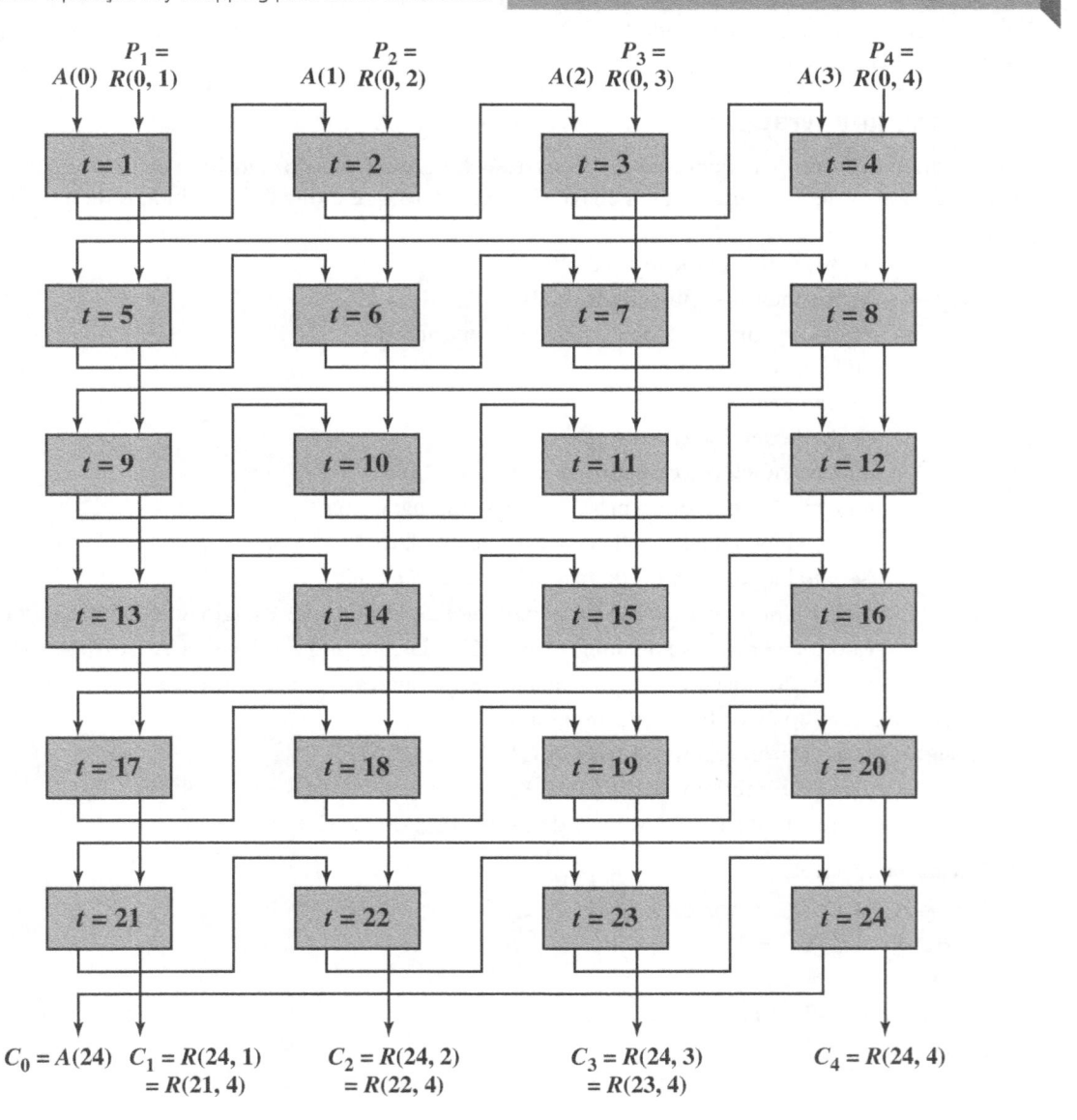

próximo estágio ($t + 1$), enquanto a saída R salta para a frente n estágios ($t + n$), que neste exemplo é $n = 4$. Esse arranjo aumenta ainda mais o efeito de avalanche e a mistura de bits. Para conseguir esse salto de estágios, um buffer deslizante é utilizado, de modo que a saída R do estágio t é deslocada no buffer uma posição para cada estágio, até que se torne a entrada para o estágio $t + n$. Isso poderia ficar mais claro se expandíssemos o laço **for** interno para uma chave de 256 bits ($n = 4$). Então, as atribuições são as seguintes:

$$R(t, 1) = R(t - 1, 2)$$
$$R(t, 2) = R(t - 1, 3)$$
$$R(t, 3) = R(t - 1, 4)$$

Por exemplo, considere que, no estágio 5, a saída R tem um valor de $R(5, 4) = x$. No estágio 6, executamos $R(6, 3) = R(5, 4) = x$. No estágio 7, executamos $R(7, 2) = R(6, 3) = x$. No estágio 8, executamos $R(8, 1) = R(7, 2) = x$. Assim, no estágio 9, o valor de entrada de $R(t - 1, 1)$ é $R(8, 1) = x$.

A Figura 12.13 representa a operação do estágio t para uma chave de 256 bits. As linhas de feedback tracejadas indicam a atribuição de novos valores às variáveis de estágio.

Key unwrapping

O algoritmo key unwrapping pode ser definido da seguinte forma:

Entradas: Texto cifrado, ($n + 1$) valores de 64 bits ($C_0, C_1, \ldots, C_n$)
Chave de encriptação de chave, K
Saídas: Texto claro, n valores de 64 bits ($P_1, P_2, \ldots, P_n$), ICV

1. **Inicializar variáveis.**

    $A(s) = C_0$
    for $i = 1$ **to** n
    $R(s, i) = C_i$

2. **Calcular valores intermediários.**

    ```
    for t = s to 1
    W = D(K, [(A(t)⊕ t)|| R(t, n)])
      A(t-1) = MSB₆₄(W)
      R(t-1, 1) = LSB₆₄(W)
      for i = 2 to n
        R(t-1, i) = R(t, i-1)
    ```

3. **Gerar resultados.**

    ```
    if A(0) = A6A6A6A6A6A6A6A6
    then
      for i = 1 to n
      P(i) = R(0, i)
    else
      return error
    ```

Figura 12.13 Operação key wrapping para chave de 256 bits: estágio t.

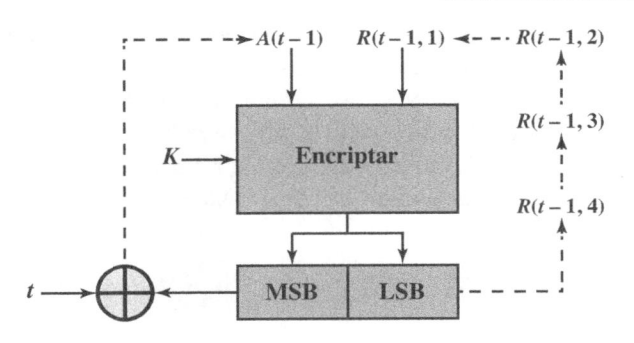

Observe que a função de decriptação é usada no algoritmo unwrapping.

Agora, demonstramos que a função de unwrap é o inverso da função de wrap, ou seja, a primeira recupera a chave de texto claro e o ICV. Primeiro, note que, como a variável de índice t é contada para baixo de s a 1 para o unwrapping, o estágio t do algoritmo de unwrap corresponde ao estágio t do algoritmo de wrap. As variáveis de entrada para o estágio t do algoritmo de wrap são indexadas em $t-1$, e as variáveis de saída do estágio t do algoritmo de unwrap são indexadas em $t-1$. Assim, para demonstrar que os dois algoritmos são inversos um do outro, só precisamos demonstrar que as variáveis de saída do estágio t do algoritmo unwrap são iguais às variáveis de entrada do estágio t do algoritmo wrap.

Essa demonstração tem duas partes. Primeiro, demonstramos que o cálculo das variáveis A e R antes do laço **for** são inversos. Para fazer isso, vamos simplificar um pouco a notação. Defina o valor de 128 bits T como sendo o valor de 64 bits t seguido por 64 zeros. Então, as três primeiras linhas da etapa 2 do algoritmo wrap podem ser escritas como a seguinte linha isolada:

$$A(t) \| R(t, n) = T \oplus \mathrm{E}(K, [A(t-1) \| R(t-1, 1)]) \tag{12.1}$$

As três primeiras linhas da etapa 2 do algoritmo unwrap podem ser escritas como:

$$A(t-1) \| R(t-1, 1) = \mathrm{D}(K, ([A(t) \| R(t, n)] \oplus T)) \tag{12.2}$$

Expandindo o lado direito pela substituição da Equação 12.1,

$$\mathrm{D}(K, ([A(t) \| R(t, n)] \oplus T)) = \mathrm{D}(K, ([T \oplus \mathrm{E}(K, [A(t-1) \| R(t-1, 1)])] \oplus T))$$

Agora, reconhecemos que $T \oplus T = 0$ e que, para qualquer $x, x \oplus 0 = x$. Assim,

$$\mathrm{D}(K, ([A(t) \| R(t, n)] \oplus T)) = \mathrm{D}(K, ([E(K, [A(t-1) \| R(t-1, 1)]))$$
$$= A(t-1) \| R(t-1, 1)$$

A segunda parte da demonstração é mostrar que os laços **for** na etapa 2 dos algoritmos wrap e unwrap são inversos. Para o estágio k do algoritmo wrap, as variáveis de $R(t-1, 1)$ a $R(t-1, n)$ são inseridas. $R(t-1, 1)$ é usado no cálculo de encriptação. $R(t-1, 2)$ a $R(t-1, n)$ são mapeados, respectivamente, para $R(t, 1)$ a $R(t, n-1)$, e $R(t, n)$ é gerado a partir da função de encriptação. Para o estágio k do algoritmo unwrap, as variáveis $R(t, 1)$ a $R(t, n)$ são inseridas. $R(t, n)$ é inserido na função de decriptação para produzir $R(t-1, 1)$. As variáveis restantes $R(t-1, 2)$ a $R(t-1, n)$ são geradas pelo laço **for**, tal que sejam mapeadas, respectivamente, de $R(t, 1)$ a $R(t, n-1)$.

Assim, mostramos que as variáveis de saída do estágio k do algoritmo unwrap são iguais às variáveis de entrada do estágio k do algoritmo wrap.

12.9 GERAÇÃO DE NÚMERO PSEUDOALEATÓRIO USANDO FUNÇÕES DE HASH E MACs

Os elementos essenciais de qualquer gerador de número pseudoaleatório (PRNG) são um valor de semente e um algoritmo determinístico para gerar um fluxo de bits pseudoaleatórios. Se o algoritmo for usado como uma função pseudoaleatória (PRF) para produzir um valor exigido, como uma chave de sessão, então a semente deverá ser conhecida apenas pelo usuário da PRF. Se o algoritmo for usado para produzir uma função de encriptação de fluxo, então a semente tem o papel de uma chave secreta que precisa ser conhecida pelo emissor e pelo receptor.

Observamos, nos Capítulos 7 e 10, que, como um algoritmo de encriptação produz uma saída aparentemente aleatória, ele pode servir como base de um PRNG. De modo semelhante, uma função de hash ou MAC produz saída aparentemente aleatória e pode ser usada para criar um PRNG. Tanto o padrão ISO 18031 (*Random Bit Generation*) quanto o NIST SP 800-90 (*Recommendation for Random Number Generation Using Deterministic Random Bit Generators*) definem um método para geração de número aleatório usando uma função de hash criptográfica. SP 800-90 também define um gerador de número aleatório baseado em HMAC. Vamos examinar essas duas técnicas, uma por vez.

PRNG baseado em função de hash

A Figura 12.14a mostra a estratégia básica para um PRNG baseado em hash, especificado no SP 800-90 e no ISO 18031. O algoritmo aceita, como entrada:

V = semente

seedlen = tamanho em bits de $V \geq k + 64$, onde k é um nível de segurança desejado, expresso em bits

n = número desejado de bits de saída

O algoritmo usa a função de hash criptográfica H com uma saída de valor de hash de *outlen* bits. A operação básica do algoritmo é

```
m = ⌈n/outlen⌉
dados = V
W = a string nula
For i = 1 to m
    w_i = H(dados)
    W = W || w_i
    dados = (dados + 1) mod 2^seedlen
Retorna n bits mais à esquerda de W
```

Assim, o fluxo de bits pseudoaleatório é $w_1 \| w_2 \| \ldots \| w_m$ com o bloco final truncado, se necessário.

A especificação SP 800-90 também provê a atualização periódica de V, para aumentar a segurança. A especificação também indica que não existem pontos fracos conhecidos ou suspeitos no método baseado em hash para um algoritmo de hash criptográfico forte, como SHA-2.

PRNG baseado em função MAC

Embora não existam pontos fracos conhecidos ou suspeitos no uso de uma função de hash criptográfica para um PRNG da forma da Figura 12.14a, um grau de confiança mais alto pode ser alcançado pelo uso de um MAC. Quase invariavelmente, HMAC é usado para construir um PRNG baseado em MAC. Isso porque

Figura 12.14 Estrutura básica de PRNGs baseados em hash (SP 800-90).

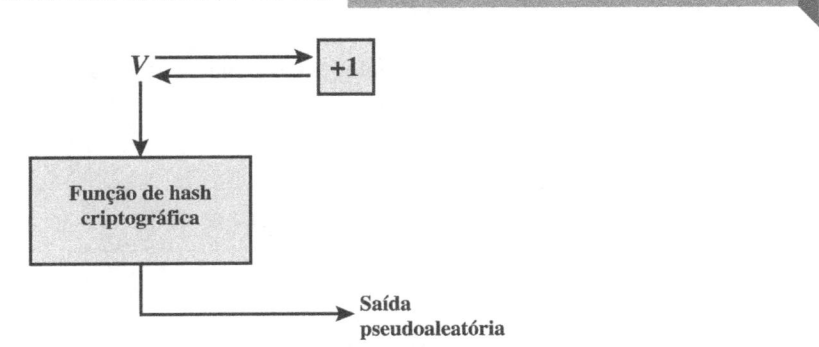

(a) PRNG usando função de hash criptográfica

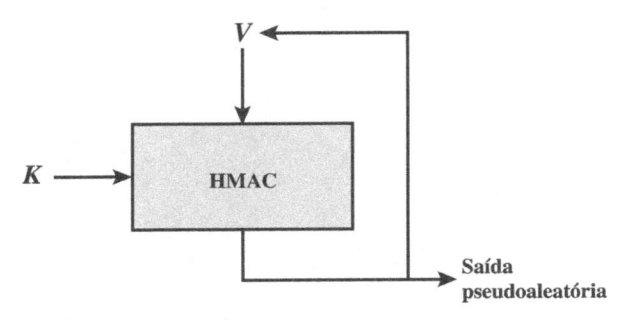

(b) PRNG usando HMAC

HMAC é uma função MAC padronizada bastante utilizada, sendo implementada em muitos protocolos e aplicações. Conforme o SP 800-90 indica, a desvantagem dessa técnica em comparação com a técnica baseada em hash é que o tempo de execução é o dobro, pois o HMAC envolve duas execuções da função de hash básica para cada bloco de saída. A vantagem da técnica do HMAC é que ela oferece um maior grau de confiança em sua segurança, em comparação com uma técnica puramente baseada em hash.

Para a técnica baseada em MAC, existem duas entradas: uma chave K e uma semente V. Com efeito, a combinação de K e V forma a semente geral para o PRNG especificado no SP 800-90. A Figura 12.14b mostra a estrutura básica do mecanismo PRNG, e a coluna mais à esquerda da Figura 12.15 mostra a lógica. Observe que a chave permanece a mesma para cada bloco de saída, e a entrada de dados para cada bloco é igual à saída do tag do bloco anterior. A especificação SP 800-90 também providencia a atualização periódica de K e V, para aumentar a segurança.

É instrutivo comparar a recomendação SP 800-90 com o uso do HMAC para um PRNG em algumas aplicações, e isso pode ser visto na Figura 12.15. Para o padrão de segurança de LAN sem fios IEEE 802.11i (Capítulo 18), a entrada de dados consiste na semente concatenada com um contador. O contador é incrementado para cada bloco w_i da saída. Essa técnica parece oferecer mais segurança em comparação com a técnica do SP 800-90. Considere que, para o SP 800-90, os dados inseridos para o bloco de saída w_i são simplesmente a saída w_{i-1} da execução anterior do HMAC. Assim, um oponente que consiga observar a saída pseudoaleatória conhece tanto a entrada quanto a saída do HMAC. Mesmo assim, supondo que o HMAC seja seguro, o conhecimento da entrada e da saída não deverá ser suficiente para recuperar K e, portanto, não será suficiente para prever bits pseudoaleatórios no futuro.

A técnica tomada pelo protocolo Transport Layer Security (Capítulo 17) e pelo Wireless Transport Layer Security Protocol (Capítulo 18) envolve chamar o HMAC duas vezes para cada bloco de saída w_i. Assim como o IEEE 802.11, isso é feito de modo que a saída não gere informações diretas sobre a entrada. O duplo uso do HMAC dobra o peso da execução e parece ser uma segurança demasiada.

Figura 12.15 Três PRNGs baseados em HMAC.

$m = \lceil n/outlen \rceil$
$w_0 = V$
W = a string nula
For $i = 1$ to m
    $w_i = MAC(K, w_{i-1})$
    $W = W \| w_i$
Retorna n bits mais à esquerda de W
	$m = \lceil n/outlen \rceil$
	W = a nula string
	For $i = 1$ to m
	    $w_i = MAC(K, (V \| i))$
	    $W = W \| w_i$
	Retorna n bits mais à esquerda de W
		$m = \lceil n/outlen \rceil$
		$A(0) = V$
		W = a string nula
		For $i = 1$ to m
		    $A(i) = MAC(K, A(i-1))$
		    $w_i = MAC(K, (A(i) \| V))$
		    $W = W \| w_i$
		Retorna n bits mais à esquerda de W

NIST SP 800-90	**IEEE 802.11i**	**TLS/WTLS**

12.10 LEITURA RECOMENDADA

[JUEN85] e [JUEN87] oferecem uma boa base sobre autenticação de mensagem com um foco em MACs criptográficos e funções de hash. Visões gerais sobre HMAC podem ser encontradas em [BELL96a] e [BELL96b].

> **BELL96a** Bellare, M.; Canetti, R.; e Krawczyk, H. "Keying Hash Functions for Message Authentication". *Proceedings, CRYPTO '96*, ago 1996; publicado por Springer-Verlag. Uma versão expandida está disponível em <http://www-cse.ucsd.edu/users/mihir>
> **BELL96b** Bellare, M.; Canetti, R.; e Krawczyk, H. "The HMAC Construction". *CryptoBytes*, 1996.
> **JUEN85** Jueneman, R.; Matyas, S.; e Meyer, C. "Message Authentication". *IEEE Communications Magazine*, set 1988.
> **JUEN87** Jueneman, R. "Electronic Document Authentication". *IEEE Network Magazine*, abr 1987.

12.11 PRINCIPAIS TERMOS, PERGUNTAS PARA REVISÃO E PROBLEMAS

Principais termos

autenticador
autenticação de mensagem
chave de encriptação de chave
CMAC
Contador com Cipher Block Chaining-Message Authentication Code (CCM)
código de autenticação de mensagem (MAC)
Cipher-based authentication Code (CMAC)
Data Authentication Algorithm (DAA)
função de hash criptográfica
Galois/Counter Mode (GCM)
HMAC
key wrapping
soma de verificação criptográfica

Perguntas para revisão

12.1 Que tipos de ataques são resolvidos pela autenticação da mensagem?
12.2 Quais são os dois níveis de funcionalidade que compreendem um mecanismo autenticação de mensagem ou assinatura digital?
12.3 Quais são algumas técnicas para produzir autenticação de mensagem?
12.4 Quando uma combinação de encriptação simétrica e um código de controle de erro são usados para autenticação de mensagem, em que ordem as duas funções precisam ser realizadas?
12.5 O que é um código de autenticação de mensagem?
12.6 Qual é a diferença entre um código de autenticação de mensagem e uma função de hash de mão única?
12.7 De que maneiras um valor de hash pode ser protegido de modo a oferecer autenticação de mensagem?
12.8 É necessário recuperar a chave secreta a fim de atacar um algoritmo MAC?
12.9 Que mudanças no HMAC são exigidas para substituir uma função de hash subjacente por outra?

Problemas

12.1 Se F é uma função de detecção de erro, o uso interno ou externo (Figura 12.2) fornecerá capacidade de detecção de erro. Se qualquer bit da mensagem transmitida for alterado, isso será refletido em uma divergência do FCS recebido e do FCS calculado, seja a função FCS realizada dentro ou fora da função de encriptação. Alguns códigos também oferecem uma capacidade de correção de erro. Dependendo da natureza da função, se um ou um número pequeno de bits for alterado em trânsito, o código de correção de erro terá informações redundantes suficientes para determinar o bit ou bits errados e corrigi-los. Claramente, um código de correção de erro oferecerá capacidade de correção de erro quando usado externo à função de encriptação. Ele também oferecerá essa capacidade se for usado internamente a essa função?

12.2 O algoritmo de autenticação de dados, descrito na Seção 12.6, pode ser definido como usando o modo de operação *cipher block chaining* (CBC) do DES com um vetor de inicialização de zero (Figura 12.7). Mostre que o mesmo resultado pode ser produzido usando o modo *cipher feeback*.

12.3 No começo da Seção 12.6, foi observado que, dado o CBC MAC de uma mensagem de um bloco X, digamos T = MAC(K, X), o adversário imediatamente conhece o CBC MAC para a mensagem de dois blocos $X \parallel (X \oplus T)$, pois esta é mais uma vez T. Justifique essa afirmação.

12.4 Neste problema, demonstramos que, para o CMAC, uma variante que realiza o XOR da segunda chave após aplicar a encriptação final não funciona. Vamos considerar isso para o caso da mensagem ser um múltiplo inteiro do tamanho do bloco. Então, a variante pode ser expressa como VMAC(K, M) = CBC(K, M) $\oplus K_1$. Agora, suponha que um adversário seja capaz de solicitar os MACs das três mensagens: a mensagem **0** $= 0^n$, onde n é o tamanho do bloco cifrado; a mensagem **1** $= 1^n$; e a mensagem **1** $\parallel$ **0**. Como resultado dessas três consultas, o adversário obtém T_0 = CBC($K, \mathbf{0}$) $\oplus K_1$; T_1 = CBC($K, \mathbf{1}$) $\oplus K_1$; e T_2 = CBC($K,$ [CBC($K, \mathbf{1}$)]) $\oplus K_1$. Mostre que o adversário pode calcular o MAC correto para a mensagem (não pesquisada) **0** $\parallel (T_0 \oplus T_1)$.

12.5 Na discussão sobre geração de subchave no CMAC, é afirmado que a cifra de bloco é aplicada ao bloco que consiste inteiramente em bits 0. A primeira subchave é derivada da string resultante por um deslocamento à esquerda de um bit e, condicionalmente, pelo XOR de uma constante que depende do tamanho do bloco. A segunda subchave é derivada da mesma maneira da primeira.
    a. Que constantes são necessárias para os tamanhos de bloco de 64 e 128 bits?
    b. Explique como o deslocamento à esquerda e o XOR chegam ao resultado desejado.

12.6 A Seção 12.6 listou três métodos gerais para a encriptação autenticada: A → E, E → A, E + A.
   a. Qual método é usado pelo CCM?
   b. Qual método é usado pelo GCM?

12.7 Mostre que a função GHASH calcula

$$(X_1 \cdot H^m) \oplus (X_2 \cdot H^{m-1}) \oplus \ldots \oplus (X_{m-1} \cdot H^2) \oplus (X_m \cdot H)$$

12.8 Desenhe uma figura semelhante à Figura 12.11 que mostra a decriptação autenticada.

12.9 Alice quer enviar um único bit de informação (um sim ou um não) para Bob por meio de uma word de tamanho 2. Alice e Bob têm quatro chaves possíveis à disposição para realizar a autenticação de mensagem. A matriz a seguir mostra a word de 2 bits enviada para cada mensagem sob cada chave:

	Mensagem	
Chave	0	1
1	00	01
2	10	00
3	01	11
4	11	10

   a. A matriz anterior está em uma forma útil para Alice. Construa uma matriz com a mesma informação, que seria mais útil para Bob.
   b. Qual é a probabilidade de que alguém mais possa personificar Alice com sucesso?
   c. Qual é a probabilidade de que alguém possa substituir uma mensagem interceptada por outra com sucesso?

12.10 Desenhe figuras semelhantes às Figuras 12.12 e 12.13 para o algoritmo unwrap.

12.11 Considere o seguinte algoritmo key wrapping:
   1. Inicializar variáveis.
```
A = A6A6A6A6A6A6A6A6
for i = 1 to n
   R(i) = P_i
```
   2. Calcular valores intermediários.
```
for j = 0 to 5
   for i = 1 to n
      B = E(K, [A || R(i)])
      t = (n × j)+i
      A = t ⊕ MSB_64(B)
      R(i) = LSB_64(B)
```
   3. Gerar resultados.
```
C_0 = A
for i = 1 to n
   C_i = R(i)
```
   a. Compare este algoritmo, funcionalmente, com o algoritmo especificado no SP 800-38F e descrito na Seção 12.8.
   b. Escreva o algoritmo unwrap correspondente.

Assinaturas digitais

13

TÓPICOS ABORDADOS

13.1 ASSINATURAS DIGITAIS
Propriedades
Ataques e falsificações
Requisitos de assinatura digital
Assinatura digital direta

13.2 ESQUEMA DE ASSINATURA DIGITAL ELGAMAL

13.3 ESQUEMA DE ASSINATURA DIGITAL SCHNORR

13.4 ESQUEMA DE ASSINATURA DIGITAL DO NIST
A técnica do DSA
Digital Signature Algorithm

13.5 ALGORITMO DE ASSINATURA DIGITAL DE CURVA ELÍPTICA
Parâmetros de domínio global
Geração de chave
Geração e autenticação de assinatura digital

13.6 ALGORITMO DE ASSINATURA DIGITAL RSA-PSS
Função de geração de máscara
A operação de assinatura
Verificação de assinatura

13.7 LEITURA RECOMENDADA

13.8 PRINCIPAIS TERMOS, PERGUNTAS PARA REVISÃO E PROBLEMAS

OBJETIVOS DE APRENDIZAGEM

APÓS ESTUDAR ESTE CAPÍTULO, VOCÊ SERÁ CAPAZ DE:

☑ Apresentar uma visão geral do processo de assinatura digital.
☑ Entender o esquema de assinatura digital Elgamal.
☑ Entender o esquema de assinatura digital Schnorr.
☑ Entender o esquema de assinatura digital do NIST.
☑ Comparar o esquema de assinatura digital do NIST com os esquemas de assinatura digital Elgamal e Schnorr.
☑ Entender o esquema de assinatura digital de curva elíptica.
☑ Entender o esquema de assinatura digital RSA-PSS.

"Proteger-se contra a influência maligna exercida pelos estranhos é, portanto, um preceito elementar de prudência selvagem. Logo, antes que estranhos tenham permissão para entrar em um distrito, ou pelo menos antes que tenham permissão para se misturar livremente com seus habitantes, certas cerimônias normalmente são realizadas pelos nativos do país, com a finalidade de tirar dos estranhos seus poderes mágicos, ou desinfectar, por assim dizer, a atmosfera contaminada na qual eles supostamente estão cercados."
— *The Golden Bough*, Sir James George Frazer

O desenvolvimento mais importante a partir do trabalho sobre criptografia de chave pública é a assinatura digital. Esta oferece um conjunto de capacidades de segurança que seria difícil de implementar de qualquer outra maneira.

A Figura 13.1 é um modelo genérico do processo de criação e uso de assinaturas digitais. Bob pode assinar uma mensagem usando um algoritmo de geração de assinatura digital. As entradas do algoritmo são a mensagem e a chave privada de Bob. Qualquer outro usuário, digamos, Alice, pode verificar a assinatura usando um algoritmo de verificação, cujas entradas são a mensagem, a assinatura e a chave pública de Bob. Em termos simplificados, a essência do mecanismo de assinatura digital aparece na Figura 13.2. Esta repete a lógica mostrada na Figura 11.4. Um exemplo desenvolvido, usando RSA, está disponível no Website Premium Content deste livro, em inglês.

Iniciamos este capítulo com uma visão geral das assinaturas digitais. Depois, examinamos os esquemas de assinatura digital Elgamal e Schnorr, cujo conhecimento torna mais fácil entender o Algoritmo de Assinatura Digital (DSA – Digital Signature Algorithm). Em seguida, o capítulo aborda os dois outros importantes esquemas de assinatura digital padronizados: o algoritmo de assinatura digital de curva elíptica (ECDSA — Elliptic Curve Digital Signature Algorithm) e o esquema de assinatura probabilística RSA (RSA-PSS — RSA Probabilistic Signature Scheme).

Figura 13.1 Modelo genérico do processo de assinatura digital.

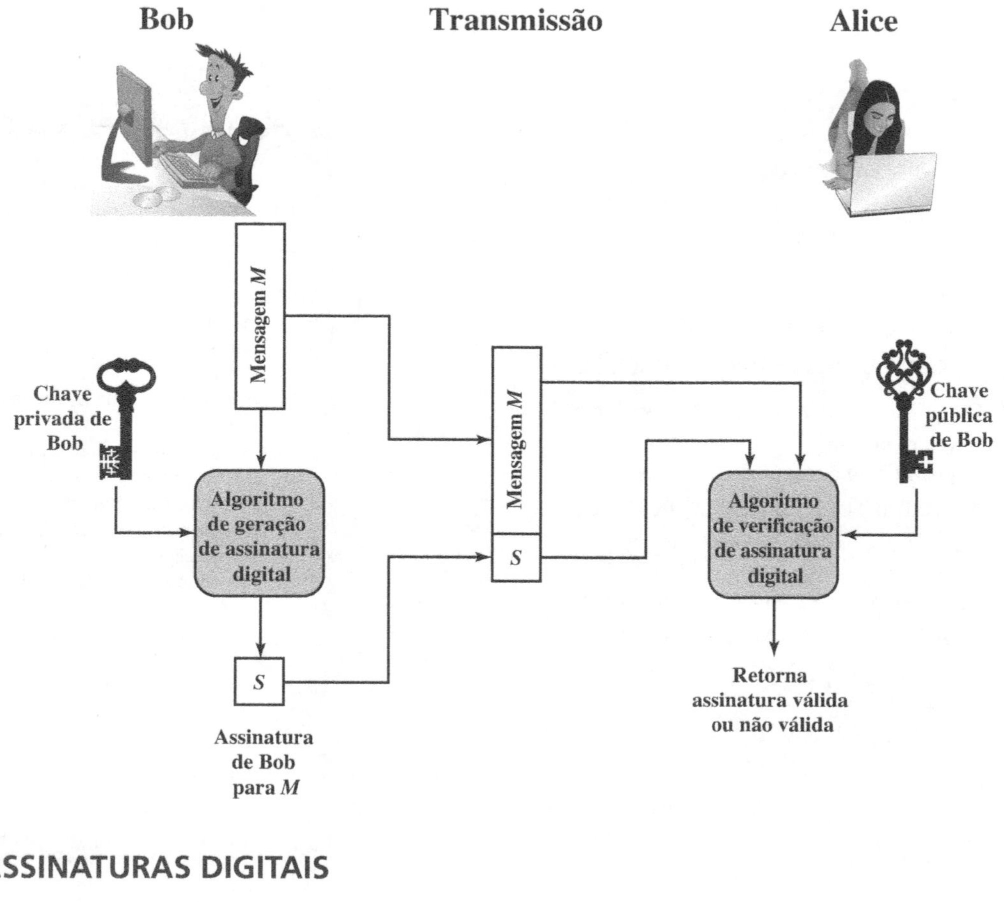

13.1 ASSINATURAS DIGITAIS

Propriedades

A autenticação da mensagem protege duas partes que trocam mensagens contra um terceiro qualquer. Porém, ela não protege as duas partes uma da outra. Várias formas de disputa entre as duas são possíveis.

Por exemplo, suponha que John envie uma mensagem autenticada a Mary, usando um dos esquemas da Figura 12.1. Considere as seguintes disputas que poderiam surgir:

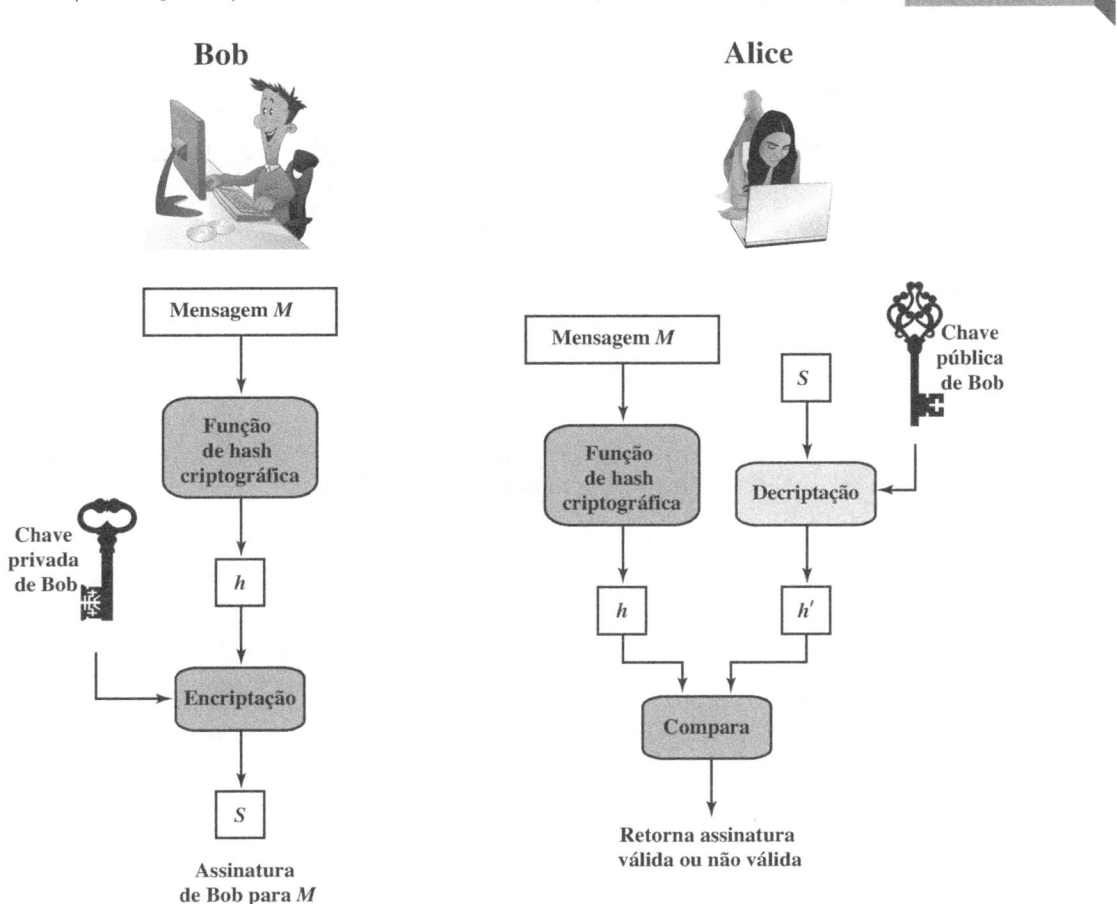

Figura 13.2 Representação simplificada dos elementos essenciais do processo de assinatura digital.

1. Mary pode forjar uma mensagem diferente e reivindicar que ela veio de John. Ela simplesmente teria que criar uma mensagem e anexar um código de autenticação usando a chave que eles compartilham.
2. John pode negar o envio da mensagem. Como é possível que Mary falsifique uma mensagem, não há como provar que ele realmente a enviou.

Esses dois cenários são preocupações legítimas. Aqui está um exemplo do primeiro cenário: ocorre uma transferência eletrônica de fundos, e o receptor aumenta a quantidade de fundos transferidos e afirma que o valor maior chegou do emissor. Um exemplo do segundo cenário é que uma mensagem de correio eletrônico contém instruções para um agente de valores para uma transação que mais tarde não gera lucros. O emissor finge que a mensagem nunca foi enviada.

Em situações nas quais não existe confiança completa entre emissor e receptor, é necessário algo mais do que a autenticação. A solução mais atraente para esse problema é a assinatura digital. A assinatura digital precisa ter as seguintes características:

- verificar o autor e a data e hora da assinatura.
- autenticar o conteúdo no momento da assinatura.
- ser verificável por terceiros, para resolver disputas.

Assim, a função de assinatura digital inclui a função de autenticação.

Ataques e falsificações

[GOLD88] lista os seguintes tipos de ataques, em ordem crescente de severidade. Aqui, A indica o usuário cujo método de assinatura está sendo atacado, e C indica o atacante.

- **Ataque somente de chave:** C só conhece a chave pública de A.
- **Ataque de mensagem conhecida:** C recebe acesso a um conjunto de mensagens e suas assinaturas.
- **Ataque de mensagem escolhida genérica:** C escolhe uma lista de mensagens antes de tentar quebrar o esquema de assinatura de A, independente da chave pública de A. C, então, obtém de A assinaturas válidas para as mensagens escolhidas. O ataque é genérico, pois não depende da chave pública de A; o mesmo ataque é usado contra todos.
- **Ataque de mensagem escolhida direcionada:** semelhante ao ataque genérico, exceto que a lista de mensagens a serem assinadas é escolhida depois que C conhece a chave pública de A, mas antes que quaisquer assinaturas sejam vistas.
- **Ataque de mensagem escolhida adaptativa:** C tem permissão para usar A como um "oráculo". Isso significa que C pode solicitar de A assinaturas de mensagens que dependam de pares mensagem-assinatura previamente obtidos.

[GOLD88] define então o sucesso na quebra de um esquema de assinatura como resultado em que C pode fazer qualquer um dos seguintes com uma probabilidade não insignificativa:

- **Quebra total:** C determina a chave privada de A.
- **Falsificação universal:** C encontra um algoritmo de assinatura eficiente que oferece um modo equivalente de construção de assinaturas sobre mensagens arbitrárias.
- **Falsificação seletiva:** C forja uma assinatura para determinada mensagem escolhida por C.
- **Falsificação existencial:** C forja uma assinatura para pelo menos uma mensagem. C não tem controle sobre a mensagem. Consequentemente, essa falsificação pode ser somente um pequeno incômodo para A.

Requisitos de assinatura digital

Com base nessas propriedades e ataques discutidos, podemos formular os seguintes requisitos para uma assinatura digital:

- A assinatura precisa ser um padrão de bits que depende da mensagem sendo assinada.
- A assinatura precisa usar alguma informação exclusiva do emissor, para impedir falsificação e negação.
- É preciso ser relativamente fácil produzir a assinatura digital.
- É preciso ser relativamente fácil reconhecer e verificar a assinatura digital.
- É preciso ser computacionalmente inviável falsificar uma assinatura digital, seja construindo uma nova mensagem para uma assinatura digital existente ou uma assinatura digital fraudulenta para determinada mensagem.
- É preciso ser prático reter uma cópia da assinatura digital em termos de armazenamento.

Uma função de hash segura, embutida em um esquema como o da Figura 13.2, oferece uma base para satisfazer esses requisitos. Porém, deve-se ter cuidado no projeto dos detalhes do esquema.

Assinatura digital direta

O termo **assinatura digital direta** refere-se a um esquema de assinatura digital que envolve apenas as partes em comunicação (origem, destino). Considera-se que o destino conhece a chave pública da origem.

A confidencialidade pode ser fornecida pela encriptação da mensagem inteira mais a assinatura com uma chave secreta (encriptação simétrica). Observe que é importante realizar a função de assinatura primeiro, e depois uma função de confidencialidade externa. No caso de disputa, algum terceiro deverá ver a mensagem e sua assinatura. Se a assinatura for calculada sobre uma mensagem encriptada, então o terceiro também precisa acessar a chave de decriptação para ler a mensagem original. Contudo, se a assinatura for a operação interna, então o destinatário poderá armazenar a mensagem em texto claro e sua assinatura para uso posterior na solução da disputa.

A validade do esquema descrito depende da segurança da chave privada do emissor. Se um emissor mais tarde quiser negar o envio de uma mensagem em particular, ele poderá reivindicar que a chave privada foi perdida ou roubada, e que alguém mais falsificou sua assinatura. Controles administrativos relacionados à segurança das chaves privadas podem ser empregados para afastar ou, pelo menos, enfraquecer essa tática, mas a ameaça ainda existe, pelo menos até certo ponto. Um exemplo é exigir que cada mensagem assinada inclua uma **estampa de tempo** (data e hora) e um relato imediato das chaves comprometidas a uma autoridade central.

Outra ameaça é de que alguma chave privada possa realmente ser roubada a partir de X no momento T. O oponente pode, então, enviar uma mensagem assinada com a assinatura de X e estampada com uma hora antes ou igual a T.

A técnica aceita universalmente para lidar com essas ameaças é o uso de um certificado digital e autoridades de certificação. Deixaremos a discussão desse tópico para o Capítulo 14, e focalizamos neste capítulo os algoritmos de assinatura digital.

13.2 ESQUEMA DE ASSINATURA DIGITAL ELGAMAL

Antes de examinarmos o algoritmo de assinatura digital do NIST, será útil entender os **esquemas de assinatura Elgamal e Schnorr**. Lembre-se, do Capítulo 10, que o esquema de encriptação Elgamal foi criado para permitir a encriptação utilizando a chave pública de um usuário e a decriptação utilizando a chave privada desse usuário. O esquema de assinatura Elgamal envolve o uso da chave privada para encriptação e a chave pública para decriptação [ELGA84, ELGA85].

Antes de prosseguir, precisamos de um resultado da teoria dos números. Lembre-se, do Capítulo 8, que para um número primo q, se α é uma raiz primitiva de q, então

$$\alpha, \alpha^2, ..., \alpha^{q-1}$$

são distintos (mod q). Pode-se mostrar que, se α é uma raiz primitiva de q, então

1. Para qualquer inteiro m, $\alpha^m \equiv 1 \pmod{q}$ se e somente se $m \equiv 0 \pmod{q-1}$.
2. Para quaisquer inteiros, i, j, $\alpha^i \equiv \alpha^j \pmod{q}$ se e somente se $i \equiv j \pmod{q-1}$.

Assim como a encriptação Elgamal, os elementos globais da **assinatura digital Elgamal** são um número primo q e α, que é uma raiz primitiva de q. O usuário A gera um par de chaves pública/privada da seguinte forma.

1. Gere um inteiro aleatório X_A, tal que $1 < X_A < q - 1$.
2. Calcule $Y_A = \alpha^{X_A} \mod q$.
3. A chave privada de A é X_A; a chave pública de A é $\{q, \alpha, Y_A\}$.

Para assinar uma mensagem M, o usuário A primeiro calcula o hash $m = H(M)$, tal que m seja um inteiro na faixa $0 \leq m \leq q - 1$. A, então, forma uma assinatura digital da seguinte forma:

1. Escolha um inteiro aleatório K tal que $1 \leq K \leq q - 1$ e $\mathrm{mdc}(K, q-1) = 1$. Ou seja, K é relativamente primo de $q - 1$.
2. Calcule $S_1 = \alpha^K \mod q$. Observe que isso é o mesmo que o cálculo de C_1 para a encriptação Elgamal.
3. Calcule $K^{-1} \mod (q-1)$. Ou seja, calcule o inverso de K módulo $q - 1$.
4. Calcule $S_2 = K^{-1}(m - X_A S_1) \mod (q-1)$.
5. A assinatura consiste no par (S_1, S_2).

Qualquer usuário B pode verificar a assinatura da seguinte forma:

1. Calcule $V_1 = \alpha^m \mod q$.
2. Calcule $V_2 = (Y_A)^{S_1}(S_1)^{S_2} \mod q$.

A assinatura é válida se $V_1 = V_2$. Vamos demonstrar que isso acontece dessa forma. Suponha que a igualdade seja verdadeira. Então, temos

$\alpha^m \mod q = (Y_A)^{S_1}(S_1)^{S_2} \mod q$ suponha que $V_1 = V_2$
$\alpha^m \mod q = \alpha^{X_A S_1} \alpha^{K S_2} \mod q$ substituindo para Y_A e S_1
$\alpha^{m - X_A S_1} \mod q = \alpha^{K S_2} \mod q$ rearrumando os termos
$m - X_A S_1 \equiv K S_2 \mod (q-1)$ propriedade das raízes primitivas
$m - X_A S_1 \equiv K K^{-1} (m - X_A S_1) \mod (q-1)$ substituindo para S_2

Por exemplo, vamos começar com o corpo primo GF(19); ou seja, $q = 19$. Ele tem raízes primitivas {2, 3, 10, 13, 14, 15}, como mostra a Tabela 8.3. Escolhemos $\alpha = 10$.

Alice gera um par de chaves da seguinte forma:

1. Alice escolhe $X_A = 16$.
2. Então $Y_A = \alpha^{X_A} \bmod q = \alpha^{16} \bmod 19 = 4$.
3. A chave privada de Alice é 16; a chave pública de Alice é $\{q, \alpha, Y_A\} = \{19, 10, 4\}$.

Suponha que Alice queira assinar uma mensagem com valor de hash $m = 14$.

1. Alice escolhe $K = 5$, que é relativamente primo de $q - 1 = 18$.
2. $S_1 = \alpha^K \bmod q = 10^5 \bmod 19 = 3$ (ver Tabela 8.3).
3. $K^{-1} \bmod (q-1) = 5^{-1} \bmod 18 = 11$.
4. $S_2 = K^{-1}(m - X_A S_1) \bmod (q-1) = 11(14 - (16)(3)) \bmod 18 = -374 \bmod 18 = 4$.

Bob pode verificar a assinatura da seguinte forma:

1. $V_1 = \alpha^m \bmod q = 10^{14} \bmod 19 = 16$.
2. $V_2 = (Y_A)^{S_1}(S_1)^{S_2} \bmod q = (4^3)(3^4) \bmod 19 = 5184 \bmod 19 = 16$.

Assim, a assinatura é válida.

13.3 ESQUEMA DE ASSINATURA DIGITAL SCHNORR

Assim como o esquema de assinatura digital Elgamal, o esquema de assinatura Schnorr é baseado em logaritmos discretos [SCHN89, SCHN91]. O esquema Schnorr minimiza a quantidade de cálculos dependentes da mensagem exigidos para gerar uma assinatura. O trabalho principal para a geração de assinatura não depende da mensagem, e pode ser feito durante o tempo ocioso do processador. A parte da geração da assinatura dependente da mensagem exige multiplicar um inteiro de $2n$ bits por um inteiro de n bits.

O esquema é baseado no uso de um módulo primo p, com $p - 1$ tendo um fator primo q do tamanho apropriado; ou seja, $p - 1 \equiv (\bmod\ q)$. Normalmente, usamos $p \approx 2^{1024}$ e $q \approx 2^{160}$. Assim, p é um número de 1024 bits, e q é um número de 160 bits, que também é o tamanho do valor de hash do SHA-1.

A primeira parte desse esquema é a geração de um par de chaves privada/pública, que consiste nas seguintes etapas:

1. Escolha primos p e q, de modo que q é um fator primo de $p - 1$.
2. Escolha um inteiro a, tal que $\alpha^q = 1 \bmod p$. Os valores a, p e q compreendem uma chave pública global que pode ser comum a um grupo de usuários.
3. Escolha um inteiro aleatório s com $0 < s < q$. Esta é a chave privada do usuário.
4. Calcule $v = a^{-s} \bmod p$. Esta é a chave pública do usuário.

Um usuário com chave privada s e chave pública v gera uma assinatura da seguinte forma:

1. Escolha um inteiro aleatório r com $0 < r < q$ e calcule $x = a^r \bmod p$. Esse cálculo é um estágio de pré-processamento independente da mensagem M a ser assinada.
2. Concatene a mensagem com x e calcule o hash do resultado para obter o valor e:

$$e = H(M \parallel x)$$

3. Calcule $y = (r + se) \bmod q$. A assinatura consiste no par (e, y).

Qualquer outro usuário pode verificar a assinatura da seguinte forma:

1. Calcule $x' = a^y v^e \bmod p$.
2. Verifique se $e = H(M \parallel x')$.

Para ver se a verificação funciona, observe que

$$x' \equiv a^y v^e \equiv a^y a^{-se} \equiv a^{y-se} \equiv a^r \equiv x \pmod{p}$$

Logo, H($M \parallel x'$) = H($M \parallel x$).

13.4 ALGORITMO DE ASSINATURA DIGITAL DO NIST

O National Institute of Standards and Technology (NIST) publicou o Federal Information Processing Standard FIPS 186, conhecido como algoritmo de assinatura digital (Digital Signature Algorithm — DSA). O DSA utiliza o Secure Hash Algorithm (SHA), descrito no Capítulo 12. O DSA foi proposto originalmente em 1991 e revisado em 1993 em resposta ao feedback público com relação à segurança do esquema. Houve outra revisão secundária em 1996. Em 2000, uma versão expandida do padrão foi emitida como FIPS 186-2. Essa versão mais recente também incorpora os algoritmos de assinatura digital baseados no RSA e na criptografia de curva elíptica. Nesta seção, discutimos o DSA.

A técnica do DSA

O DSA utiliza um algoritmo que é projetado para oferecer apenas a função de assinatura digital. Diferente do RSA, ele não pode ser usado para encriptação ou troca de chave. Apesar disso, essa é uma técnica de chave pública.

A Figura 13.3 compara a técnica do DSA para gerar assinaturas digitais com aquela que é usada no RSA. Na técnica do RSA, a mensagem a ser assinada é inserida em uma função de hash que produz um código de hash seguro, de tamanho fixo. Esse código de hash é, então, encriptado usando a chave privada do emissor para formar a assinatura. Tanto a mensagem quanto a assinatura são então transmitidas. O destinatário apanha a mensagem e produz um código de hash. O destinatário também decripta ela usando a chave pública do emissor. Se o código de hash calculado coincidir com a assinatura decriptada, ela é aceita como válida. Como somente o emissor conhece a chave privada, somente ele poderia ter produzido uma assinatura válida.

A técnica do DSA também usa uma função de hash. O código de hash é fornecido como entrada de uma função de assinatura, junto com um número aleatório k, gerado para essa assinatura em particular. A função de assinatura também depende da chave privada do emissor (PR_a) e um conjunto de parâmetros conhecidos de um grupo de membros em comunicação. Podemos considerar esse conjunto como constituindo de uma chave pública global (PU_G).[1] O resultado é uma assinatura que consiste em dois componentes, rotulados com s e r.

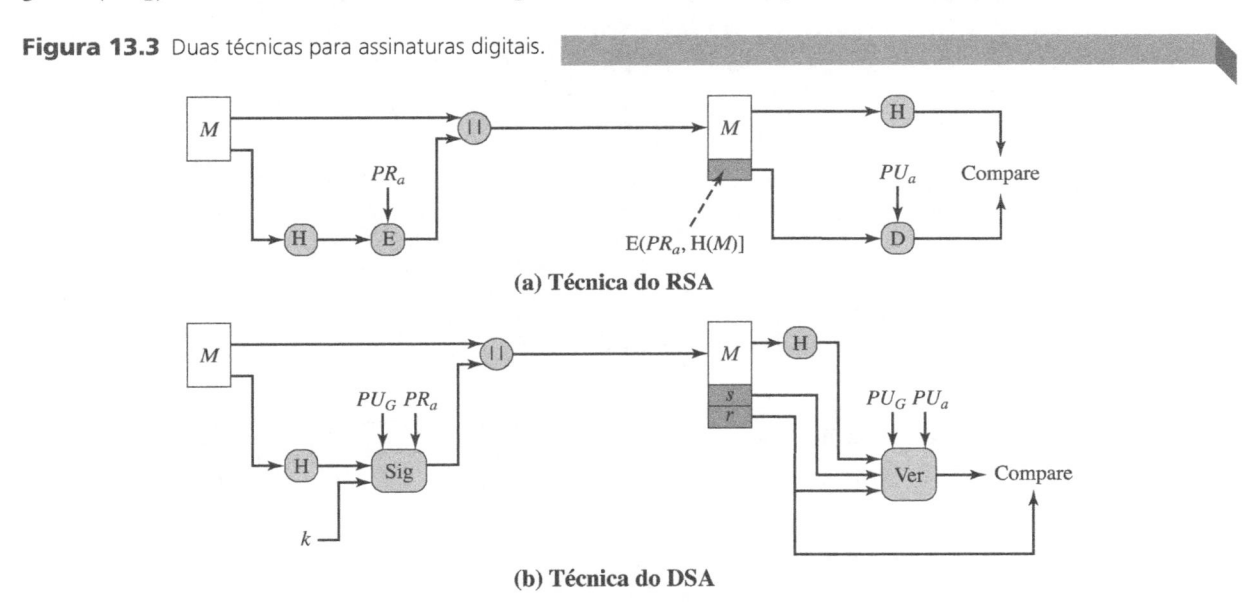

Figura 13.3 Duas técnicas para assinaturas digitais.

(a) Técnica do RSA

(b) Técnica do DSA

---

[1] Também é possível permitir que esses parâmetros adicionais variem com cada usuário, para que sejam uma parte da chave pública de um usuário. Na prática, é mais provável que seja usada uma chave pública global, separada da chave pública de cada usuário.

Na ponta receptora, o código de hash da mensagem que chega é gerado. Isso mais a assinatura são utilizados como entrada de uma função de verificação. A função de verificação também depende da chave pública global, além da chave pública do emissor (PU_a), que é emparelhada com a chave privada dele. A saída da função de verificação é um valor igual ao componente de assinatura r se a assinatura for válida. A função de assinatura é tal que somente o emissor, com conhecimento da chave privada, poderia ter produzido a assinatura válida.

Agora, vejamos os detalhes do algoritmo.

Digital Signature Algorithm

O DSA é baseado na dificuldade de se calcular logaritmos discretos (ver Capítulo 8) e é baseado em esquemas apresentados originalmente por Elgamal [ELGA85] e Schnorr [SCHN91].

A Figura 13.4 resume o algoritmo. Existem três parâmetros que são públicos e podem ser comuns a um grupo de usuários. Um número primo de N bits q é escolhido. Em seguida, um número primo p é selecionado, com um tamanho entre 512 e 1024 bits, de modo que q divide $(p-1)$. Finalmente, g é escolhido para ser da forma $h^{(p-1)/q} \mod p$, onde h é um inteiro entre 1 e $(p-1)$, com a restrição de que g deverá ser maior que 1.[2] Assim, os componentes de chave pública globais do DSA são os mesmos que no esquema de assinatura Schnorr.

Com esses dois números em mãos, cada usuário seleciona uma chave privada e gera uma chave pública. A chave privada x precisa ser um número de 1 a $(q-1)$ e deve ser escolhida aleatória ou pseudoaleatoriamente. A chave pública é calculada a partir da chave privada como $y = g^x \mod p$. O cálculo de y dado x é relativamente simples. Porém, dada a chave pública y, acredita-se ser computacionalmente inviável determinar x, que é o logaritmo discreto de y à base g, mod p (ver Capítulo 8).

Para criar uma assinatura, um usuário calcula duas quantidades, r e s, que são funções dos componentes de chave pública (p, q, g), a chave privada do usuário (x), o código de hash da mensagem $H(M)$ e o inteiro adicional k, que deve ser gerado aleatória ou pseudoaleatoriamente e ser exclusivo para cada assinatura.

Considere que M, r' e s' sejam as versões recebidas de M, r e s, respectivamente. A verificação é realizada usando-se as fórmulas mostradas na Figura 13.4. O receptor gera uma quantidade v que é uma função dos componentes da chave pública, a chave pública do emissor e o código de hash da mensagem que chega. Se essa quantidade coincidir com o componente r da assinatura, então ela é validada.

Figura 13.4 O algoritmo de assinatura digital (DSA).

Componentes globais da chave pública

p número primo entre $2^{L-1} < p < 2^L$ para $512 \leq L \leq 1024$ e L um múltiplo de 64; ou seja, o tamanho entre 512 e 1024 bits em incrementos de 64 bits

q divisor primo de $(p-1)$, onde $2^{N-1} < q < 2^N$; ou seja, tamanho de N bits

g $= h^{(p-1)/q} \mod p$, onde h é qualquer inteiro em $1 < h < (p-1)$, tal que $h^{(p-1)/q} \mod p > 1$

Chave privada do usuário

x inteiro aleatório ou pseudoaleatório com $0 < x < q$

Chave pública do usuário

$y = g^x \mod p$

Número secreto por mensagem do usuário

k inteiro aleatório ou pseudoaleatório com $0 < k < q$

Assinatura

$r = (g^k \mod p) \mod q$
$s = [k^{-1}(H(M) + xr)] \mod q$
Assinatura $= (r, s)$

Verificação

$w = (s')^{-1} \mod q$
$u_1 = [H(M')w] \mod q$
$u_2 = (r')w \mod q$
$v = [(g^{u1} y^{u2}) \mod p] \mod q$
TESTE: $v = r'$

M = mensagem a ser assinada
$H(M)$ = hash de M usando SHA-1
M', r', s' = versões recebidas de M, r, s

---

[2] Em termos da teoria dos números, g é da ordem de $q \mod p$; ver Capítulo 8.

A Figura 13.5 representa as funções de assinatura e verificação.

A estrutura do algoritmo, revelada na Figura 13.5, é muito interessante. Observe que o teste no final é sobre o valor r, que não depende de forma alguma da mensagem. Em vez disso, r é uma função de k e dos três componentes globais de chave pública. O inverso multiplicativo de k (mod q) é passado a uma função que também tem como entradas o código hash da mensagem e a chave privada do usuário. A estrutura dessa função é tal que o receptor pode recuperar r usando a mensagem que chega e a assinatura, a chave pública do usuário e a chave pública global. Certamente, não é óbvio pela Figura 13.4 ou pela Figura 13.5 que esse esquema funcionaria. Uma prova é fornecida no Apêndice K.

Dada a dificuldade de calcular logaritmos discretos, é inviável para um oponente recuperar k a partir de r ou recuperar x a partir de s.

Outro ponto que merece ser mencionado é que a única tarefa computacionalmente exigente na geração da assinatura é o cálculo exponencial g^k mod p. Como esse valor não depende da mensagem a ser assinada, ele pode ser calculado previamente. Na realidade, um usuário poderia calcular previamente diversos valores de r para serem usados para assinar documentos, conforme a necessidade. A única outra tarefa um pouco exigente é determinar um inverso multiplicativo, k^{-1}. Mais uma vez, diversos desses valores podem ser previamente calculados.

Figura 13.5 Assinatura e verificação do DSA.

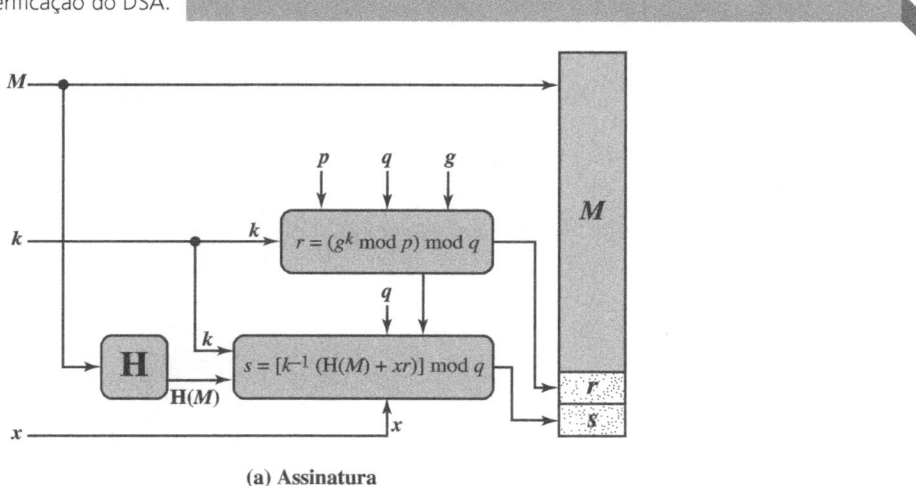

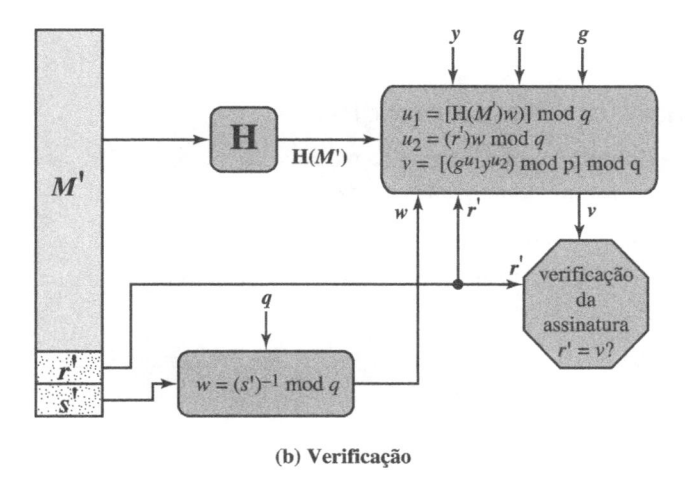

(a) Assinatura

(b) Verificação

13.5 ALGORITMO DE ASSINATURA DIGITAL DE CURVA ELÍPTICA

Como já dissemos, a versão 2009 do FIPS 186 inclui uma nova técnica de assinatura digital baseada em criptografia de curva elíptica, conhecida como **Elliptic Curve Digital Signature Algorithm (ECDSA)**.

ECDSA está obtendo cada vez mais aceitação por causa da vantagem de eficiência da criptografia de curva elíptica, que gera segurança comparável à de outros esquemas com um tamanho de chave menor em quantidade de bits.

Primeiro, damos uma breve visão geral do processo envolvido no ECDSA. Basicamente, quatro elementos estão envolvidos.

1. Todos aqueles que participam do esquema de assinatura digital usam os mesmos parâmetros de domínio global, que definem uma curva elíptica e um ponto de origem na curva.
2. Um assinante precisa primeiro gerar um par de chaves: pública e privada. Para a chave privada, o assinante seleciona um número aleatório ou pseudoaleatório. Usando esse número aleatório e o ponto de origem, o assinante calcula outro ponto na curva elíptica. Essa é a chave pública do assinante.
3. Um valor de hash é gerado para a mensagem ser assinada. Usando a chave privada, os parâmetros de domínio e o valor de hash, a assinatura é gerada. A assinatura consiste em dois inteiros, r e s.
4. Para verificar a assinatura, o verificador usa como entrada a chave pública do assinante, os parâmetros do domínio e o inteiro s. A saída é um valor v que é comparado com r. A assinatura é válida se $v = r$.

Vamos examinar cada um desses quatro elementos por sua vez.

Parâmetros de domínio global

Lembre-se, do Capítulo 10, que as aplicações criptográficas usam duas famílias de curvas elípticas: curvas primas sobre Z_p e curvas binárias sobre $GF(2^m)$. Para o ECDSA, são usadas as curvas primas. Os parâmetros de domínio global para ECDSA são os seguintes:

q um número primo

a, b inteiros que especificam a equação de curva elíptica definida sobre Z_q com a equação $y^2 = x^3 + ax + b$

G um ponto de base representado por $G = (x_g, y_g)$ sobre a equação da curva elíptica

n ordem do ponto G; ou seja, n é o menor inteiro positivo tal que $nG = O$. Este também é o número de pontos na curva.

Geração de chave

Cada assinante precisa gerar um par de chaves, uma privada e uma pública. O assinante, que vamos chamar de Bob, gera as duas chaves usando as seguintes etapas:

1. Selecione um inteiro aleatório d, $d \in [1, n-1]$
2. Calcule $Q = dG$. Este é um ponto em $E_q(a, b)$.
3. A chave pública de Bob é Q e a chave privada é d.

Geração e autenticação de assinatura digital

Com os parâmetros de domínio público e uma chave privada em mãos, Bob gera uma assinatura digital de 320 bytes para a mensagem m usando as seguintes etapas:

1. Selecione um inteiro aleatório ou pseudoaleatório k, $k \in [1, n-1]$
2. Calcule o ponto $P = (x, y) = kG$ e $r = x \bmod n$. Se $r = 0$, então vá para a etapa 1
3. Calcule $t = k^{-1} \bmod n$
4. Calcule $e = H(m)$, onde H é a função de hash SHA-1, que produz um valor de hash de 160 bits
5. Calcule $s = k^{-1}(e + dr) \bmod n$. Se $s = O$, então vá para a etapa 1
6. A assinatura da mensagem m é o par (r, s).

Alice conhece os parâmetros de domínio público e a chave pública de Bob. Alice recebe a mensagem e a assinatura digital de Bob e a verifica usando as seguintes etapas:

1. Verifique se r e s são inteiros no intervalo de 1 a $n - 1$
2. Usando SHA-1, calcule o valor de hash de 160 bits $e = H(m)$

3. Calcule $w = s^{-1} \mod n$
4. Calcule $u_1 = ew$ e $u_2 = rw$
5. Calcule o ponto $X = (x_1, y_1) = u_1G + u_2Q$
6. Se $X = O$, rejeite a assinatura; se não, calcule $v = x_1 \mod n$
7. Aceite a assinatura de Bob se e somente se $v = r$

A Figura 13.6 ilustra o processo de autenticação de assinatura. Podemos verificar que esse processo é válido da seguinte forma. Se a mensagem recebida por Alice realmente for assinada por Bob, então

$$s = k^{-1}(e + dr) \mod n$$

Então

$$k = s^{-1}(e + dr) \mod n$$
$$k = (s^{-1}e + s^{-1}dr) \mod n$$
$$k = (we + wdr) \mod n$$
$$k = (u_1 + u_2d) \mod n$$

Agora considere que

$$u_1G + u_2Q = u_1G + u_2dG = (u_1 + u_2d)G = kG$$

Na etapa 5 do processo de verificação, temos $v = x_1 \mod n$, onde o ponto $X = (x_1, y_1) = u_1G + u_2Q$. Assim, vemos que $v = r$, pois $r = x \mod n$ e x é a coordenada x do ponto kG e já vimos que $u_1G + u_2Q = kG$.

Figura 13.6 Assinatura e verificação ECDSA.

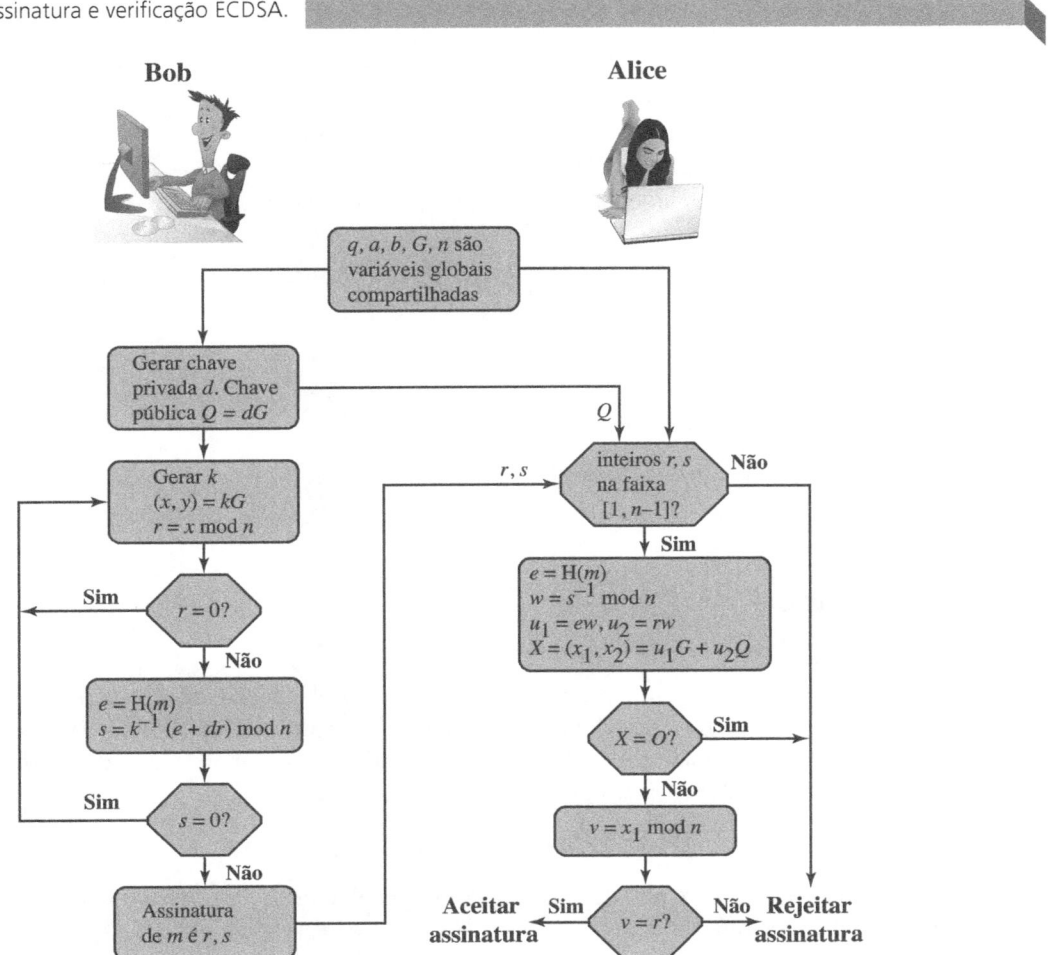

13.6 ALGORITMO DE ASSINATURA DIGITAL RSA-PSS

Além do Digital Signature Algorithm do NIST e do ECDSA, a versão de 2009 do FIPS 186 também inclui várias técnicas baseadas no RSA, todas desenvolvidas pela RSA Laboratories e bastante utilizadas atualmente. Nesta seção, discutimos o RSA Probabilistic Signature Scheme (RSA-PSS), que é o mais recente dos esquemas da RSA e aquele que a RSA Laboratories recomenda como o mais seguro dos esquemas RSA.

Como os esquemas baseados em RSA são bastante empregados em muitas aplicações, incluindo as financeiras, tem havido um grande interesse em demonstrar que esses esquemas são seguros. Os três principais esquemas de assinatura RSA diferem principalmente no formato de preenchimento que a operação de geração de assinatura emprega para embutir o valor de hash em um representante da mensagem, e em como a operação de verificação de assinatura determina que o valor de hash e o representante da mensagem são consistentes. Para todos os esquemas desenvolvidos antes do PSS, não foi possível desenvolver uma prova matemática de que o esquema de assinatura é tão preciso quanto a primitiva básica do RSA para encriptação/decriptação [KALI01]. A técnica PSS foi proposta inicialmente por Bellare e Rogaway [BELL96c, BELL98]. Essa técnica, diferente dos outros esquemas baseados em RSA, introduz um processo de aleatoriedade que permite que se mostre que a segurança do método está intimamente relacionada com a segurança do próprio algoritmo RSA. Isso torna o RSA-PSS mais desejável como escolha para as aplicações de assinatura digital baseadas no RSA.

Função de geração de máscara

Antes de explicar a operação do RSA-PSS, precisamos descrever a função de geração de máscara (MGF) usada como bloco de montagem. MGF(X, $maskLen$) é uma função pseudoaleatória que tem como parâmetros de entrada uma sequência de bits X de qualquer tamanho e saída de tamanho desejado L em octetos. MGFs normalmente são baseadas em uma função de hash criptográfica segura, como SHA-1. Um MGF baseado em uma função de hash serve como um modo criptograficamente seguro de gerar um resumo de mensagem, ou hash, de tamanho variável, com base em uma função de hash criptográfica básica que produz uma saída de tamanho fixo.

A função MGF usada na especificação atual para o RSA-PSS é MGF1, com os seguintes parâmetros:

Opções	Hash	função de hash com $hLen$ octetos de saída
Entrada	X	sequência de octetos a ser mascarada
	$maskLen$	tamanho da máscara em octetos
Saída	$mask$	uma sequência de octetos de tamanho $maskLen$

MGF1 é definida da seguinte forma:

1. **Inicializar variáveis.**

    ```
    T = string vazia
    k = ⌈maskLen/hLen⌉ - 1
    ```

2. **Calcular valores intermediários.**

    for $contador = 0$ **to** k

    Represente $contador$ como uma string C de 32 bits

    ```
    T = T ∥ Hash(X ∥ C)
    ```

3. **Retornar resultados.**

    ```
    máscara = os primeiros maskLen octetos de T
    ```

Basicamente, MGF1 faz o seguinte. Se o tamanho da saída desejada for igual ao tamanho do valor de hash ($maskLen = hLen$), então a saída é o hash do valor de entrada X concatenado com um valor de contador de 32 bits igual a 0. Se $maskLen$ for maior que $hLen$, a MGF1 continua calculando o hash de X concatenado com o contador e anexando isso à sequência atual T. Desse modo, a saída é

$$\text{Hash}(X \parallel 0) \parallel \text{Hash}(X \parallel 1) \parallel \ldots \parallel \text{Hash}(X \parallel k)$$

Isso é repetido até que o tamanho de T seja maior ou igual a $maskLen$, em cujo ponto a saída é composta dos primeiros $maskLen$ octetos de T.

A operação de assinatura

CODIFICAÇÃO DE MENSAGEM

O primeiro estágio na geração de uma assinatura RSA-PSS de uma mensagem M é gerar a partir de M um resumo da mensagem de tamanho fixo, chamado de mensagem codificada (*EM – Encoded Message*). A Figura 13.7 ilustra esse processo. Definimos os seguintes parâmetros e funções:

Opções	Hash	função de hash com saída de $hLen$ octetos. A alternativa preferida atual é SHA-1, que produz um valor de hash de 20 octetos.
	MGF	Mask Generation Function. A especificação atual requer MGF1.
	$sLen$	tamanho do sal em octetos. Normalmente, $sLen = hLen$, que para a versão atual é 20 octetos.
Entrada	M	mensagem a ser codificada para assinatura.
	$emBits$	Esse valor é um a menos que o tamanho em bits do RSA módulo n.
Saída	EM	Encoded Message. Este é o resumo de mensagem que será encriptado para formar a assinatura digital.
Parâmetros	$emLen$	tamanho de EM em octetos = $\lceil emBits/8 \rceil$.
	preenchimento$_1$	string hexadecimal 00 00 00 00 00 00 00 00; ou seja, uma sequência de 64 bits zero.
	preenchimento$_2$	sequência hexadecimal de octetos 00 com tamanho ($emLen - sLen - hLen - 2$) octetos, seguida pelo octeto hexadecimal com valor 01.
	sal	um número pseudoaleatório.
	bc	o valor hexadecimal BC.

O processo de codificação consiste nas seguintes etapas:

1. Gere o valor de hash de M: $mHash = \text{Hash}(M)$
2. Gere uma string de octeto pseudoaleatório *sal* e forme o bloco $M' = \text{preenchimento}_1 \,\|\, mHash \,\|\, sal$
3. Gere o valor de hash de M': $H = \text{Hash}(M')$
4. Forme o bloco de dados $DB = \text{preenchimento}_2 \,\|\, sal$
5. Calcule o valor de MGF de H: $dbMask = \text{MGF}(H, emLen - hLen - 1)$
6. Calcule $maskedDB = DB \oplus dbMsk$

Figura 13.7 Codificação RSA-PSS.

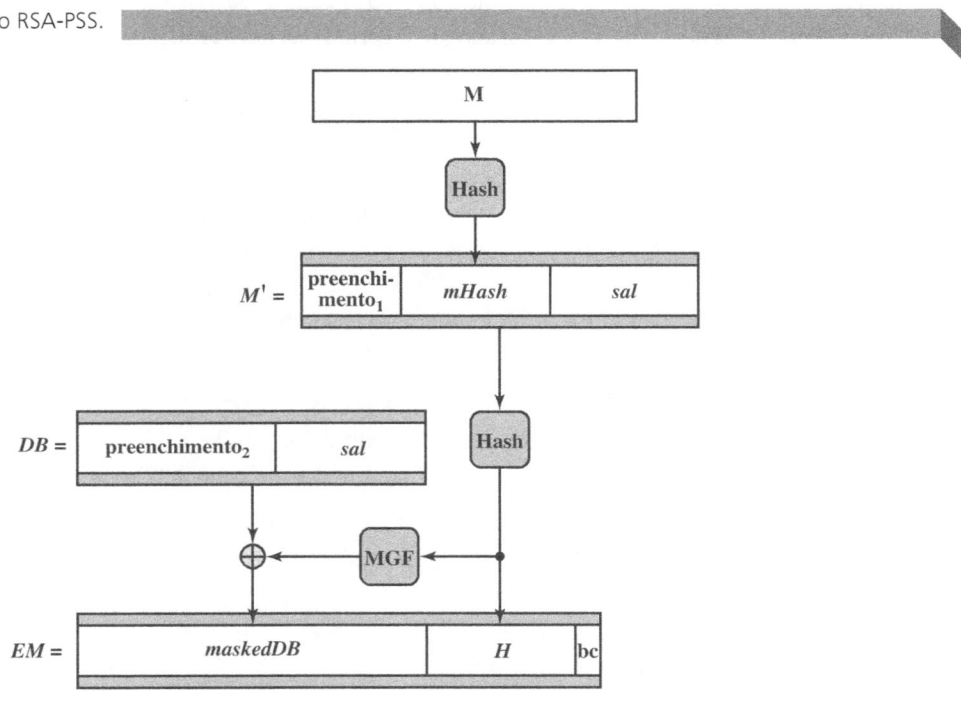

7. Defina os 8 bits *emLen – emBits* do octeto mais à esquerda em *maskedDB* como 0
8. *EM = maskedDB* || *H* || bc

Fazemos vários comentários sobre a natureza complexa desse algoritmo de resumo de mensagem. Todos os esquemas de assinatura digital padronizados baseados em RSA envolvem anexar uma ou mais constantes (por exemplo, preenchimento$_1$ e preenchimento$_2$) no processo de formação do resumo da mensagem. O objetivo é tornar mais difícil para um adversário encontrar outra mensagem que seja mapeada para o mesmo resumo de determinada mensagem ou encontrar duas que sejam mapeadas para o mesmo resumo. RSA-PSS também incorpora um número pseudoaleatório, a saber, o sal. Como o sal muda a cada uso, a assinatura da mesma mensagem duas vezes usando a mesma chave privada gerará duas assinaturas diferentes. Esta é uma medida de segurança adicional.

Formando a assinatura

Agora, mostramos como a assinatura é formada por um assinante com chave privada {*d, n*} e chave pública {*e, n*} (ver Figura 9.5). Trate a sequência de octetos *EM* como um inteiro binário não sinalizado, não negativo, *m*. A assinatura *s* é formada encriptando *m* da seguinte forma:

$$s = m^d \bmod n$$

Seja *k* o tamanho em octetos do RSA módulo *n*. Por exemplo, se o tamanho da chave para RSA for 2048 bits, então *k* = 2048/8 = 256. Depois converta o valor da assinatura *s* em uma sequência de octetos *S* com tamanho de *k* octetos.

Verificação de assinatura

Decriptação

Para a verificação da assinatura, trate a assinatura *S* como um inteiro binário *s* sem sinal, não negativo. O resumo de mensagem *m* é recuperado decriptando *s* da seguinte forma:

$$m = s^e \bmod n$$

Depois, converta a mensagem representada por *m* em uma mensagem codificada *EM* de tamanho *emLen* = ⌈(*modBits* – 1)/8⌉ octetos, onde *modBits* é o tamanho em bits do RSA módulo *n*.

Verificação EM

A verificação *EM* pode ser descrita da seguinte forma:

Opções	Hash	função de hash com saída de *hLen* octetos.
	MGF	função de geração de máscara.
	sLen	tamanho do sal em octetos.
Entrada	*M*	mensagem a ser verificada.
	EM	a sequência de octetos representando a assinatura decriptada, com tamanho *emLen* = ⌈*emBits*/8⌉.
	emBits	este valor é um a menos que o tamanho em bits do RSA módulo *n*.
Parâmetros	preenchimento$_1$	sequência hexadecimal 00 00 00 00 00 00 00 00; ou seja, uma sequência de 64 bits zero.
	preenchimento$_2$	sequência hexadecimal de octetos 00 com um tamanho (*emLen – sLen – hLen –* 2) octetos, seguida pelo octeto hexadecimal com valor 01.

1. Gere o valor de hash de *M*: *mHash* = Hash(*M*)
2. Se *emLen* < *hLen* + *sLen* + 2, informe "inconsistente" e termine
3. Se o octeto mais à direita de *EM* não tiver o valor hexadecimal BC, informe "inconsistente" e termine
4. Considere que *maskedDB* seja os *emLen – hLen –* 1 octetos de *EM*, e seja *H* os próximos *hLen* octetos
5. Se os 8 bits *emLen – emBits* do octeto mais à esquerda em *maskedDB* não forem todos iguais a zero, informe "inconsistente" e termine
6. Calcule *dbMask* = MGF (*H, emLen – hLen –* 1)
7. Calcule *DB* = *maskedDB* ⊕ *dbMsk*

8. Defina os 8 bits *emLen – emBits* do octeto mais à esquerda de *DB* como zero
9. Se os (*emLen – hLen – sLen –* 1) octetos mais à esquerda de *DB* não forem iguais a preenchimento$_2$, informe "inconsistente" e termine
10. Seja *sal* os últimos *sLen* octetos de *DB*
11. Forme o bloco *M'* = preenchimento$_1$ || *mHash* || *sal*
12. Gere o valor de hash de *M'*: H' = Hash(*M'*)
13. Se H = H', informe "consistente". Caso contrário, informe "inconsistente"

A Figura 13.8 ilustra o processo. As caixas sombreadas rotuladas com H e H' correspondem, respectivamente, ao valor contido na assinatura decriptada e ao valor gerado a partir da mensagem *M* associada à assinatura. As três áreas sombreadas restantes contêm valores gerados a partir da assinatura decriptada e comparados com constantes conhecidas. Agora podemos ver mais claramente os diferentes papéis desempenhados pelas constantes e pelo valor pseudoaleatório *sal*, todos embutidos à *EM* gerada pelo assinante. As constantes são conhecidas do verificador, de modo que as constantes calculadas podem ser comparadas com as conhecidas como uma verificação adicional de que a assinatura é válida (além de comparar H e H'). O sal resulta em uma assinatura diferente toda vez que determinada mensagem é assinada com a mesma chave privada. O verificador não conhece o valor do sal e não tenta fazer uma comparação. Assim, o sal desempenha um papel semelhante à variável pseudoaleatória *k* no NIST DSA e no ECDSA. Nesses dois esquemas, *k* é um número pseudoaleatório gerado pelo assinante, resultando em diferentes assinaturas a partir de múltiplas assinaturas da mesma mensagem com a mesma chave privada. Um verificador não sabe e não precisa saber o valor de *k*.

13.7 LEITURA RECOMENDADA

[AKL83] é o artigo clássico sobre assinaturas digitais e ainda é altamente relevante. Um estudo mais recente, e excelente, é [MITC92].

> **AKL83** Akl, S. "Digital Signatures: A Tutorial Survey". *Computer*, fev 1983.
>
> **MITC92** Mitchell, C.; Piper, F. ; e Wild, P. "Digital Signatures". Em [SIMM92a].

Figura 13.8 Verificação de EM no RSA-PSS.

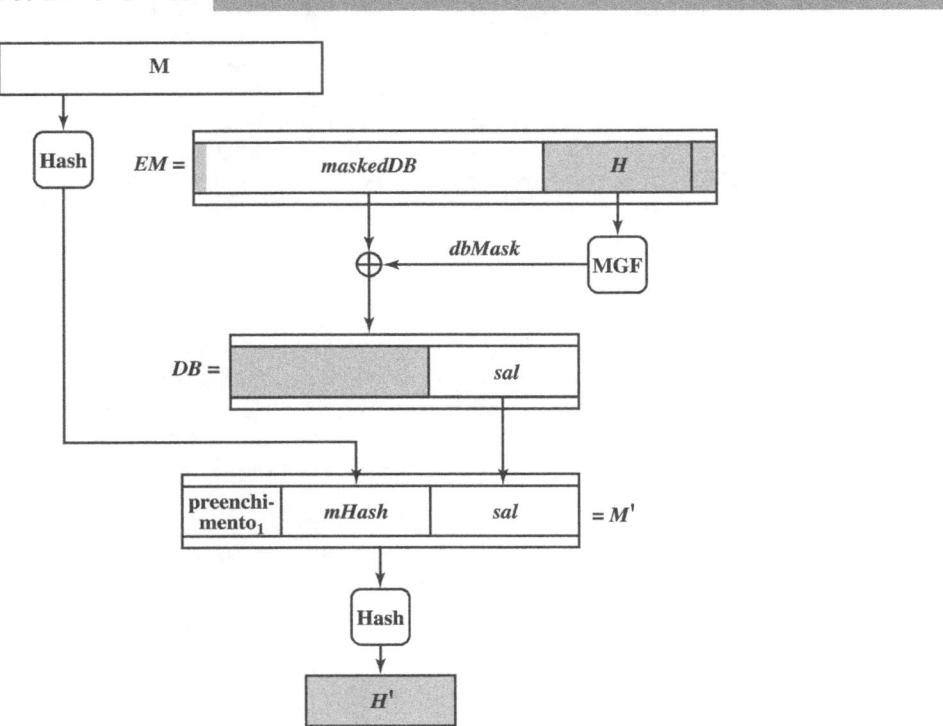

13.8 PRINCIPAIS TERMOS, PERGUNTAS PARA REVISÃO E PROBLEMAS

Principais termos

assinatura digital
assinatura digital direta
assinatura digital Elgamal

assinatura digital Schnorr
Digital Signature Algorithm (DSA)

Elliptic Curve Digital Signature
Algorithm (ECDSA)
estampa de tempo

Perguntas para revisão

13.1 Liste duas disputas que podem surgir no contexto da autenticação de mensagem.
13.2 Quais são as propriedades que uma assinatura digital deve ter?
13.3 Que requisitos um esquema de assinatura digital deve satisfazer?
13.4 Qual é a diferença entre assinatura digital direta e arbitrada?
13.5 Em que ordem a função de assinatura e a de confidencialidade devem ser aplicadas a uma mensagem, e por quê?
13.6 Quais são algumas ameaças associadas a um esquema de assinatura digital direta?

Problemas

13.1 Dr. Watson pacientemente esperou até que Sherlock Holmes terminasse. "Algum problema interessante para resolver, Holmes?", perguntou ele quando Holmes finalmente fez o logout.

"Ah, não exatamente. Simplesmente verifiquei meu e-mail e depois fiz alguns experimentos de rede em vez dos meus usuais de química. Só tenho um cliente agora e já resolvi seu problema. Se eu ainda me lembro bem, certa vez você mencionou a criptologia entre os seus outros hobbies, e talvez isso possa interessar-lhe".

"Bem, sou apenas um criptólogo amador, Holmes. Mas certamente estou interessado no problema. De que se trata?"

"Meu cliente é Mr. Hosgrave, diretor de um banco pequeno mas promissor. O banco é totalmente computadorizado e, naturalmente, usa muitas comunicações em rede. Ele já usa RSA para proteger seus dados e assinar digitalmente os documentos que são comunicados. Agora, o banco deseja introduzir algumas mudanças em seus procedimentos; em particular, ele precisa assinar digitalmente alguns documentos por *dois* signatários.

1. O primeiro signatário prepara o documento, forma sua assinatura e o passa ao segundo signatário.
2. O segundo, como um primeiro passo, deve verificar se o documento foi realmente assinado pelo primeiro. Depois, ele incorpora sua assinatura na do documento, para que o destinatário, além de qualquer membro do público, possa verificar se o documento foi realmente assinado por dois signatários. Além disso, apenas o segundo signatário deverá ser capaz de verificar a assinatura do documento depois da etapa (1); ou seja, o destinatário (ou qualquer membro do público) deverá ser capaz de verificar apenas o documento completo, com as assinaturas de ambos os signatários, mas não o documento em sua forma intermediária, onde apenas uma parte o assinou. Também, o banco gostaria de utilizar seus módulos existentes que admitem assinaturas digitais em estilo RSA".

"Hm, entendo como o RSA pode ser usado para assinar documentos digitalmente por *um* signatário, Holmes. Acho que você resolveu o problema de Mr. Hosgrave pela generalização apropriada das assinaturas digitais do RSA".

"Exatamente, Watson", sinalizou Sherlock Holmes. "Originalmente, a assinatura digital do RSA era formada pela encriptação do documento pela chave de decriptação privada do signatário, 'd', e a assinatura podia ser verificada por qualquer um através de sua decriptação usando a chave de encriptação conhecida publicamente, 'e'. Pode-se verificar se a assinatura S era formada pela pessoa que conhece d, que supostamente é o único signatário. Agora, o problema de Mr. Hosgrave pode ser resolvido da mesma forma pela ligeira generalização do processo, ou seja..".

Termine a explicação.

13.2 O DSA especifica que, se o processo de geração de assinatura resultar em um valor de $s = 0$, um novo valor de k deverá ser gerado e a assinatura deverá ser recalculada. Por quê?

13.3 O que acontece se um valor k usado na criação de uma assinatura DSA for comprometido?

13.4 O documento DSA inclui um algoritmo recomendado para testar se um número é primo, da seguinte forma:
   1. **[Escolha w]** Seja w um inteiro ímpar aleatório. Então $(w - 1)$ é par e pode ser expresso na forma $2^a m$, com m ímpar. Ou seja, 2^a é a maior potência de 2 que divide $(w - 1)$.
   2. **[Gere b]** Seja b um inteiro aleatório no intervalo $1 < b < w$.
   3. **[Faça a exponenciação]** Defina $j = 0$ e $z = b^m \bmod w$.
   4. **[Achou?]** Se $j = 0$ e $z = 1$, ou se $z = w - 1$, então w passa no teste e pode ser primo; vá para a etapa 8.
   5. **[Terminou?]** Se $j > 0$ e $z = 1$, então w não é primo; termine o algoritmo para esse w.
   6. **[Aumente j]** Defina $j = j + 1$. Se $j < a$, defina $z = z^2 \bmod w$ e vá para a etapa 4.
   7. **[Termine]** w não é primo; termine o algoritmo para esse w.
   8. **[Testar novamente?]** Se valores aleatórios suficientes de b tiverem sido testados, então aceite w como primo e termine o algoritmo; caso contrário, vá para a etapa 2.
   a. Explique como o algoritmo funciona.
   b. Mostre que ele é equivalente ao teste de Miller-Rabin descrito no Capítulo 8.

13.5 Com o DSA, como o valor de k é gerado para cada assinatura, mesmo que a mesma mensagem seja assinada duas vezes em diferentes ocasiões, as assinaturas diferirão. Isso não é verdade com assinaturas do RSA. Qual é a implicação prática dessa diferença?

13.6 Considere o problema de criar parâmetros de domínio para o DSA. Suponha que já tenhamos encontrado os primos p e q tais que $q|(p - 1)$. Agora, precisamos encontrar $g \in Z_p$ com g sendo da ordem de $q \bmod p$. Considere os dois algoritmos a seguir:

Algoritmo 1	Algoritmo 2
repeat	**repeat**
select $g \in Z_p$	select $h \in Z_p$
$h \leftarrow g^q \bmod p$	$g \leftarrow h^{(p-1)/p} \bmod p$
until ($h = 1$ e $g \neq 1$)	**until** ($g \neq 1$)
return g	**return** g

   a. Prove que o valor retornado pelo Algoritmo 1 possui ordem q.
   b. Prove que o valor retornado pelo Algoritmo 2 possui ordem q.
   c. Suponha que $p = 40193$ e $q = 157$. Quantas iterações de loop você espera que o Algoritmo 1 faça antes de encontrar um gerador?
   d. Se p é 1024 bits e q é 160 bits, você recomendaria o uso do Algoritmo 1 para encontrar g? Explique.
   e. Suponha que $p = 40193$ e $q = 157$. Qual é a probabilidade de que o Algoritmo 2 calcule um gerador em sua primeira iteração de loop? (Se for útil, você poderá usar o fato de que $\sum_{d|n} \varphi(d) = n$ ao responder esta pergunta.)

13.7 É tentadora a ideia de tentar desenvolver uma variação de Diffie-Hellman que pudesse ser usada como uma assinatura digital. Aqui está uma que é mais simples do que DSA e que não exige um número aleatório secreto além da chave privada.

Elementos públicos: q número primo

                              α $\alpha < q$ e α é uma raiz primitiva de q

Chave privada: X $X < q$

Chave pública: Y $Y = \alpha^X \bmod q$

Para assinar uma mensagem M, calcule $h = H(M)$, o código de hash da mensagem. Exigimos que $\mathrm{mdc}(h, q - 1) = 1$. Se não, anexe o hash à mensagem e calcule um novo hash. Continue esse processo até que seja produzido um código de hash relativamente primo de $(q - 1)$. Depois, calcule Z para satisfazer a $Z \times h \equiv X \pmod{q - 1}$. A assinatura da mensagem é α^Z. Para verificá-la, um usuário verifica se $Y = (\alpha^Z)^h = \alpha^X \bmod q$.

   a. Mostre que esse esquema funciona. Ou seja, mostre que o processo de verificação produz uma igualdade se a assinatura for válida.
   b. Mostre que o esquema é inaceitável descrevendo uma técnica simples para forjar a assinatura de um usuário em uma mensagem qualquer.

13.8 Uma proposta antiga para um esquema de assinatura digital usando encriptação simétrica é baseada no seguinte: para assinar uma mensagem de *n* bits, o emissor gera aleatoriamente com antecedência 2*n* chaves criptográficas de 56 bits:

$$k1, K1, k2, K2, ..., kn, Kn$$

que são mantidas secretas. O emissor prepara com antecedência dois conjuntos correspondentes de parâmetros de validação de 64 bits não secretos, que se tornam públicos:

$$u1, U1, u2, U2, ..., un, Un \text{ e } v1, V1, v2, V2, ..., vn, Vn$$

onde

$$vi = E(ki, ui), Vi = E(ki, Ui)$$

A mensagem *M* é assinada da seguinte forma. Para o *i*-ésimo bit da mensagem, ou *ki* ou *Ki* é conectado à mensagem, dependendo se o bit de mensagem é 0 ou 1. Por exemplo, se os três primeiros bits da mensagem forem 011, então as três primeiras chaves da assinatura são *k*1, *K*2, *K*3.
  a. Como o receptor valida a mensagem?
  b. A técnica é segura?
  c. Quantas vezes o mesmo conjunto de chaves secretas pode ser usado com segurança para diferentes mensagens?
  d. Que problemas práticos, se houver algum, esse esquema apresenta?

Gerenciamento e distribuição de chaves

14

TÓPICOS ABORDADOS

14.1 DISTRIBUIÇÃO DE CHAVES SIMÉTRICA USANDO ENCRIPTAÇÃO SIMÉTRICA

Um cenário de distribuição de chaves
Controle hierárquico de chaves
Tempo de vida da chave de sessão
Um esquema transparente de controle de chave
Controle descentralizado de chave
Controlando o uso da chave

14.2 DISTRIBUIÇÃO DE CHAVE SIMÉTRICA USANDO ENCRIPTAÇÃO ASSIMÉTRICA

Distribuição simples de chave secreta
Distribuição de chave secreta com confidencialidade e autenticação
Um esquema híbrido

14.3 DISTRIBUIÇÃO DE CHAVES PÚBLICAS

Anúncio público de chaves públicas
Diretório publicamente disponível
Autoridade de chave pública
Certificados de chave pública

14.4 CERTIFICADOS X.509

Certificados
X.509 versão 3

14.5 INFRAESTRUTURA DE CHAVE PÚBLICA

Funções de gerenciamento PKIX
Protocolos de gerenciamento PKIX

14.6 LEITURA RECOMENDADA

14.7 PRINCIPAIS TERMOS, PERGUNTAS PARA REVISÃO E PROBLEMAS

OBJETIVOS DE APRENDIZAGEM

APÓS ESTUDAR ESTE CAPÍTULO, VOCÊ SERÁ CAPAZ DE:

☑ Discutir o conceito de uma hierarquia de chaves.
☑ Entender as questões envolvidas no uso da encriptação assimétrica para distribuir chaves simétricas.
☑ Apresentar uma visão geral das técnicas de distribuição de chave pública e analisar os riscos envolvidos em diversas técnicas.
☑ Listar e explicar os elementos em um certificado X.509.
☑ Apresentar uma visão geral dos conceitos de infraestrutura de chave pública.

> *"Nenhum singalês, homem ou mulher, sairia de casa sem um punhado de chaves em suas mãos, pois sem tal talismã ele temeria que algum demônio pudesse tirar proveito do seu estado fraco para entrar em seu corpo."*
> — The Golden Bough, Sir James George Frazer
>
> *"Suponha que Cadogan West quisesse entrar no prédio depois do horário; ele precisaria de três chaves, não precisaria, antes que pudesse chegar aos papéis?"*
>
> *"Sim, precisaria. A chave da porta externa, a chave do escritório e a chave do cofre."*
> — The Adventure of the Bruce-Partington Plans, Sir Arthur Conan Doyle

Os tópicos de gerenciamento e distribuição de chave criptográfica são complexos, envolvendo considerações criptográficas, de protocolo e de gerenciamento. A finalidade deste capítulo é dar ao leitor uma ideia dos problemas envolvidos e um amplo estudo dos diversos aspectos do gerenciamento e distribuição de chaves. Para obter mais informações, o ponto de partida é o SP 800-57 do NIST com três volumes, seguido pelas leituras recomendadas ao final deste capítulo.

14.1 DISTRIBUIÇÃO DE CHAVE SIMÉTRICA USANDO ENCRIPTAÇÃO SIMÉTRICA

Para que a encriptação simétrica funcione, as duas partes precisam compartilhar a mesma chave, que precisa ser protegida contra o acesso por outras partes. Além disso, mudanças frequentes na chave normalmente são desejáveis para limitar a quantidade de dados comprometidos caso um atacante a recupere. Portanto, a força de qualquer sistema criptográfico está na *técnica de distribuição de chave*, um termo que se refere aos meios de entregar uma chave a duas partes que querem trocar dados, sem permitir que outros vejam a chave. Para duas partes A e B, a distribuição de chave pode ser feita de várias maneiras, como a seguir:

1. A pode selecionar uma chave e entregá-la fisicamente a B.
2. Um terceiro pode selecionar a chave e entregá-la fisicamente a A e B.
3. Se A e B tiverem usado uma chave previamente e recentemente, uma parte pode transmitir a nova chave à outra, encriptada usando a chave antiga.
4. Se A e B tiverem uma conexão encriptada com um terceiro C, este pode entregar uma chave a A e B pelos links encriptados.

As opções 1 e 2 exigem remessa manual de uma chave. Para a encriptação de link, esse é um requisito razoável, pois cada dispositivo de encriptação de link estará trocando dados somente com seu parceiro no outro extremo do link. Porém, para a **encriptação de ponta a ponta** em uma rede, a entrega manual é desajeitada. Em um sistema distribuído, qualquer host ou terminal pode ter que se comprometer a realizar trocas com muitos outros hosts e terminais com o passar do tempo. Assim, cada dispositivo precisa de uma série de chaves fornecidas de forma dinâmica. O problema é especialmente difícil em um sistema distribuído remoto.

A escala do problema depende do número de pares em comunicação que precisam ser suportados. Se a encriptação de ponta a ponta for feita em um nível de rede ou IP, então uma chave é necessária para cada par de hosts da rede que queiram se comunicar. Assim, se houver N hosts, o número de chaves exigidas é $[N(N-1)]/2$. Se a encriptação for feita no nível de aplicação, então uma chave é necessária para cada par de usuários ou processos que exijam comunicação. Assim, uma rede pode ter centenas de hosts, mas milhares de usuários e processos. A Figura 14.1 ilustra a magnitude da tarefa de distribuição de chave para a encriptação de ponta a ponta.[1] Uma rede usando a encriptação em nível de nó com 1.000 nós concebivelmente precisaria distribuir até meio milhão de chaves. Se essa mesma rede admitisse mil aplicações, então até 50 milhões de chaves poderiam ser necessárias para a encriptação em nível de aplicação.

Retornando à nossa lista, a opção 3 é uma possibilidade para encriptação de link ou encriptação de ponta a ponta, mas se um atacante conseguir acesso a uma chave, então todas as chaves subsequentes serão reveladas. Além disso, a distribuição inicial de potencialmente milhões de chaves ainda precisa ser feita.

---

[1] Observe que essa figura usa uma escala logarítmica, de modo que um gráfico linear indica crescimento exponencial. Uma revisão básica das escalas logarítmicas pode ser encontrada no documento de revisão matemática no Computer Science Student Resource Site, disponível em <WilliamStallings.com/StudentSupport.html>.

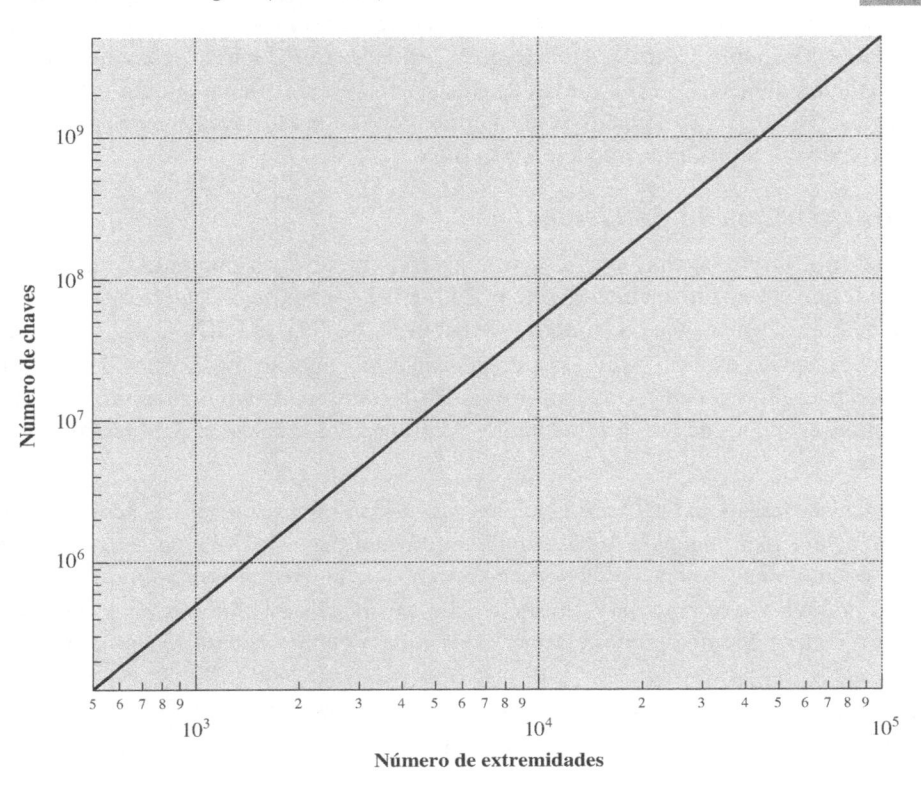

Figura 14.1 Número de chaves exigidas para dar suporte a conexões arbitrárias entre extremidades.

Para a encriptação de ponta a ponta, alguma variação da opção 4 tem sido bastante adotada. Nesse esquema, um centro de distribuição de chaves é responsável por distribuir chaves a pares de usuários (hosts, processos, aplicações) conforme a necessidade. Cada usuário precisa compartilhar uma chave exclusiva com o centro de distribuição de chaves, para fins de distribuição delas.

O uso de um centro de distribuição de chaves é baseado no uso de uma hierarquia de chaves. No mínimo, dois níveis de chaves são usados (Figura 14.2). A comunicação entre os sistemas finais é encriptada usando uma chave temporária, normalmente referenciada como uma **chave de sessão**. Normalmente, a chave de sessão é usada pela duração de uma conexão lógica, como uma conexão frame relay ou conexão de transporte, e depois descartada. Cada chave de sessão é obtida a partir do centro de distribuição de chaves pelas mesmas instalações de rede usadas para a comunicação do usuário final. Por conseguinte, as chaves de sessão são transmitidas em formato encriptado, usando uma **chave mestra** que é compartilhada pelo centro de distribuição de chave e um sistema ou usuário final.

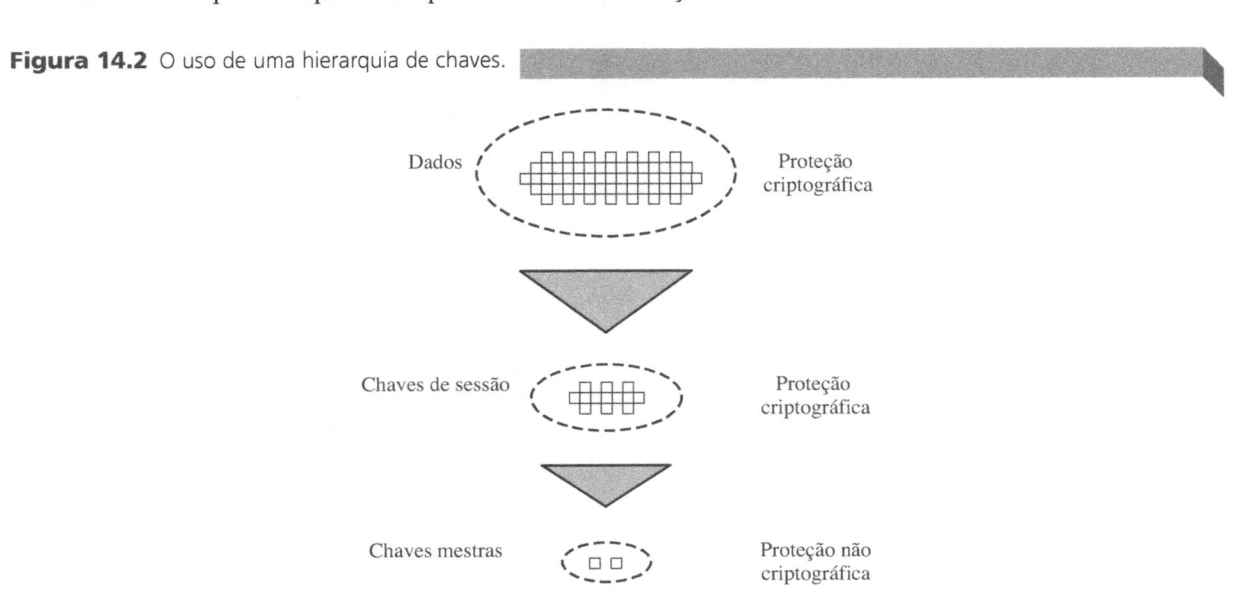

Figura 14.2 O uso de uma hierarquia de chaves.

Para cada sistema ou usuário final, existe uma chave mestra exclusiva, que ele compartilha com o centro de distribuição de chaves. Naturalmente, essas chaves mestras precisam ser distribuídas de alguma maneira. Porém, a escala do problema é bastante reduzida. Se houver N entidades que queiram se comunicar em pares, então, conforme mencionamos, até $[N(N-1)]/2$ chaves de sessão são necessárias a qualquer momento. Contudo, somente N chaves mestras são exigidas, uma para cada entidade. Assim, as chaves mestras podem ser distribuídas de alguma maneira não criptográfica, como a remessa física.

Um cenário de distribuição de chaves

O conceito de distribuição de chaves pode ser empregado de diversas maneiras. Um cenário típico é ilustrado na Figura 14.3, que é baseado em uma figura de [POPE79]. O cenário considera que cada usuário compartilha uma chave mestra exclusiva com o Centro de Distribuição de Chaves (CDC).

Vamos considerar que o usuário A queira estabelecer uma conexão lógica com B e exija uma chave de sessão de uso único para proteger os dados transmitidos pela conexão. A tem uma chave mestra, K_a, conhecida apenas de si mesmo e do CDC; de modo semelhante, B compartilha a chave mestra K_b com o CDC. Ocorrem as seguintes etapas:

1. A emite uma solicitação ao CDC por uma chave de sessão para proteger uma conexão lógica com B. A mensagem inclui a identidade de A e B, e um identificador exclusivo, N_1, para essa transação, que vamos nos referir como **nonce**. O nonce pode ser uma estampa de tempo, um contador ou um número aleatório; o requisito mínimo é que ele seja diferente a cada solicitação. Além disso, para evitar disfarce, deverá ser difícil que um oponente descubra o nonce. Assim, um número aleatório é uma boa escolha para um nonce.

2. O CDC responde com uma mensagem encriptada usando K_a. Assim, A é o único que pode ler a mensagem com sucesso e sabe que ela foi originada no CDC. A mensagem inclui dois itens intencionados para A:

- A chave de sessão de uso único, K_s, a ser usada para a sessão.
- A mensagem de solicitação original, incluindo o nonce, para permitir que A coincida essa resposta com a solicitação apropriada.

Assim, A pode verificar que sua solicitação original não foi alterada antes do recebimento pelo CDC e, em decorrência do nonce, que essa não é uma replicação de alguma solicitação anterior.

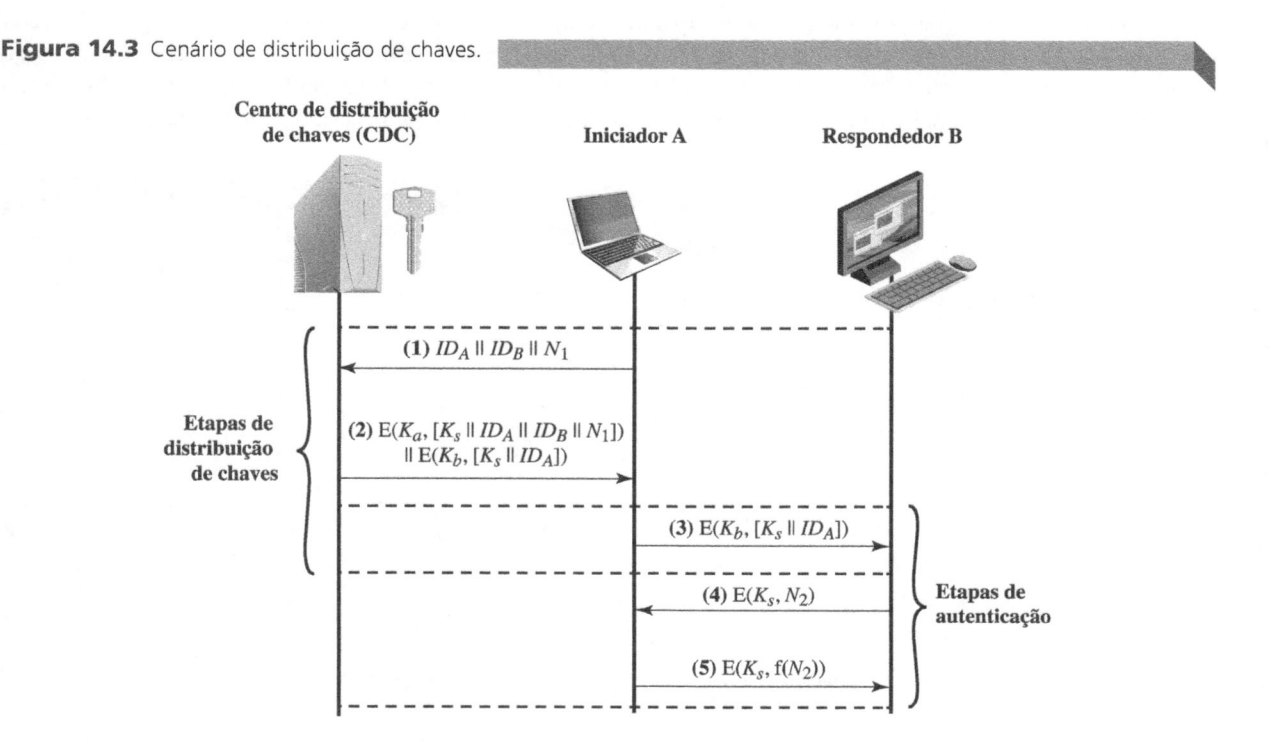

Figura 14.3 Cenário de distribuição de chaves.

Centro de distribuição de chaves (CDC)   Iniciador A   Respondedor B

Etapas de distribuição de chaves:
(1) $ID_A \parallel ID_B \parallel N_1$
(2) $E(K_a, [K_s \parallel ID_A \parallel ID_B \parallel N_1]) \parallel E(K_b, [K_s \parallel ID_A])$

Etapas de autenticação:
(3) $E(K_b, [K_s \parallel ID_A])$
(4) $E(K_s, N_2)$
(5) $E(K_s, f(N_2))$

Além disso, a mensagem inclui dois itens destinados a B:

- A chave de sessão de uso único, K_s, a ser usada para a sessão
- Um identificador de A (por exemplo, seu endereço de rede), ID_A

Esses dois últimos itens são encriptados com K_b (a chave mestra que o CDC compartilha com B). Eles devem ser enviados a B para estabelecer a conexão e provar a identidade de A.

3. A armazena a chave da sessão para uso na próxima sessão e encaminha a B a informação que originou no CDC para B, a saber, $E(K_b, [K_s \| ID_A])$. Como essa informação é encriptada com K_b, ela é protegida contra espreita. B agora conhece a chave da sessão (K_s), sabe que a outra parte é A (por ID_A) e que a informação foi originada no CDC (porque está encriptada usando K_b).

Nesse ponto, uma chave de sessão foi entregue com segurança a A e B, e as partes podem começar sua troca de mensagens protegida. Porém, duas etapas adicionais são desejáveis:

4. Usando a chave de sessão recém-criada para a encriptação, B envia um nonce, N_2, para A.
5. Também usando K_s, A responde com $f(N_2)$, onde f é uma função que realiza alguma transformação em N_2 (por exemplo, somando um).

Essas etapas garantem a B que a mensagem original que ele recebeu (etapa 3) não foi uma replicação.

Observe que a distribuição real da chave envolve apenas as etapas de 1 a 3, mas que as etapas 4 e 5, além da 3, realizam uma função de autenticação.

Controle hierárquico de chaves

Não é necessário limitar a função de distribuição de chave a um único CDC. Na realidade, para redes muito grandes, pode não ser prático fazer isso. Como uma alternativa, uma hierarquia de CDCs poderá ser estabelecida. Por exemplo, pode haver CDCs locais, cada um responsável por um pequeno domínio da inter-rede geral, como uma única LAN ou um único prédio. Para a comunicação entre entidades dentro do mesmo domínio local, o CDC local é responsável pela distribuição de chaves. Se duas entidades em domínios diferentes desejarem uma chave compartilhada, então os CDCs locais correspondentes podem se comunicar por um CDC global. Nesse caso, qualquer um dos três CDCs envolvidos pode realmente selecionar a chave. O conceito hierárquico pode ser estendido a três ou até mesmo mais camadas, dependendo do tamanho da população de usuários e do escopo geográfico da inter-rede.

Um esquema hierárquico minimiza o efeito envolvido na distribuição de chave mestra, pois a maioria das chaves mestras são aquelas compartilhadas por um CDC local com suas entidades locais. Além do mais, esse esquema limita o dano de um CDC defeituoso ou subvertido apenas à sua área local.

Tempo de vida da chave de sessão

Quanto mais frequentemente as chaves de sessão forem trocadas, mais seguras elas são, pois o oponente tem menos texto cifrado para trabalhar para qualquer chave de sessão. Por outro lado, a distribuição das chaves de sessão atrasa o início de qualquer troca e coloca um peso sobre a capacidade da rede. Um gerente de segurança precisa tentar equilibrar essas considerações concorrentes ao especificar o tempo de vida de determinada chave de sessão.

Para protocolos orientados a conexão, uma escolha óbvia é usar a mesma chave de sessão para a extensão de tempo em que a conexão está aberta, usando uma nova chave para cada nova sessão. Se uma conexão lógica tiver um tempo de vida muito longo, então seria prudente alterar a chave de sessão periodicamente, talvez toda vez que o número de sequência da unidade de dados do protocolo (PDU, do acrônimo em inglês Protocol Data Unit) alternar.

Para um protocolo sem conexão, como um orientado a transação, não existe início ou término de conexão explícito. Assim, não é óbvia a frequência com que se precisa alterar a chave da sessão. A técnica mais segura é usar uma nova chave de sessão para cada troca. Porém, isso anula um dos principais benefícios dos protocolos sem conexão, que é overhead e atraso mínimos para cada transação. Uma estratégia melhor é usar uma determinada chave de sessão para um certo período fixo apenas por um certo número de transações.

Um esquema transparente de controle de chave

A técnica sugerida na Figura 14.3 tem muitas variações, uma das quais é descrita nesta subseção. O esquema (Figura 14.4) é útil para oferecer encriptação de ponta a ponta em um nível de rede ou transporte, de uma maneira que seja transparente aos usuários finais. A técnica considera que a comunicação utiliza um protocolo de ponta a ponta orientado a conexão, como TCP. O elemento digno de nota dessa técnica é um módulo de segurança de sessão (SSM, do acrônimo em inglês para *session security module*), que pode consistir em funcionalidade em uma camada de protocolo, que realiza encriptação de ponta a ponta e obtém chaves de sessão em favor de seu host ou terminal.

As etapas envolvidas no estabelecimento de uma conexão aparecem na Figura 14.4. Quando um host deseja estabelecer uma conexão com outro, ele transmite um pacote de solicitação de conexão (etapa 1). O SSM salva esse pacote e pede ao CDC para obter permissão para estabelecer a conexão (etapa 2). A comunicação entre o SSM e o CDC é encriptada usando uma chave mestra compartilhada apenas por esse SSM e o CDC. Se o CDC aprovar a solicitação de conexão, ele gera a chave de sessão e a entrega aos dois SSMs apropriados, usando uma chave permanente exclusiva para cada SSM (etapa 3). O SSM solicitante agora pode liberar o pacote de solicitação de conexão, e uma conexão é estabelecida entre os dois sistemas finais (etapa 4). Todos os dados do usuário trocados entre os dois sistemas finais são encriptados por seus respectivos SSMs usando a chave de sessão de uso único.

A técnica de distribuição de chave automatizada oferece a flexibilidade e as características dinâmicas necessárias para permitir que uma série de outros usuários acesse diversos hosts e que os hosts troquem dados entre si.

Figura 14.4 Distribuição automática de chave para protocolo orientado a conexão.

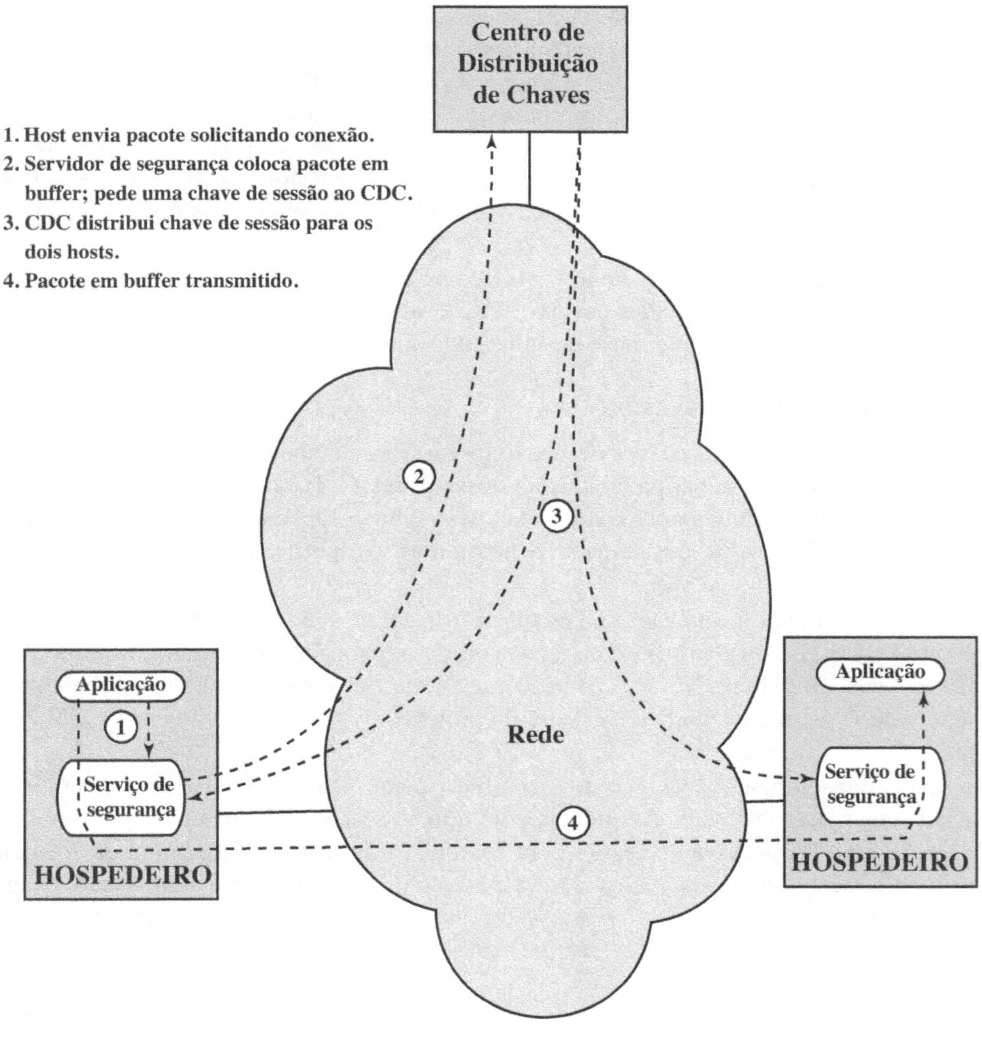

1. Host envia pacote solicitando conexão.
2. Servidor de segurança coloca pacote em buffer; pede uma chave de sessão ao CDC.
3. CDC distribui chave de sessão para os dois hosts.
4. Pacote em buffer transmitido.

Controle descentralizado de chave

O uso de um centro de distribuição de chaves impõe o requisito de que o CDC seja confiável e protegido contra subversão. Esse requisito pode ser evitado se a distribuição de chaves for totalmente descentralizada. Embora a descentralização total não seja prática para redes grandes usando apenas a encriptação simétrica, ela pode ser útil dentro de um contexto local.

Uma técnica descentralizada exige que cada sistema final seja capaz de se comunicar de uma maneira segura com todos os sistemas finais de parceiros em potencial, para fins de distribuição de chave de sessão. Assim, pode ser preciso que haja até $[n(n-1)]/2$ chaves mestras para uma configuração com n sistemas finais.

Uma chave de sessão pode ser estabelecida com a seguinte sequência de etapas (Figura 14.5):

1. A emite uma solicitação a B para uma chave de sessão e inclui um nonce, N_1.
2. B responde com uma mensagem que é encriptada usando a chave mestra compartilhada. A resposta inclui a chave de sessão selecionada por B, um identificador de B, o valor $f(N_1)$ e outro nonce, N_2.
3. Usando a nova chave de sessão, A retorna $f(N_2)$ a B.

Assim, embora cada nó deva manter no máximo $(n-1)$ chaves mestras, tantas chaves de sessão quantas forem necessárias podem ser geradas e usadas. Como as mensagens transferidas usando a chave mestra são curtas, a criptoanálise é difícil. Como antes, as chaves de sessão são usadas apenas por um tempo limitado para protegê-las.

Controlando o uso da chave

O conceito de uma hierarquia de chaves e o uso de técnicas automatizadas de distribuição reduz bastante o número de chaves que precisam ser gerenciadas e distribuídas de forma manual. Também pode ser desejável impor algum controle sobre o modo como são utilizadas as chaves distribuídas automaticamente. Por exemplo, além de separar chaves mestras de chaves de sessão, podemos querer definir diferentes tipos de chaves de sessão com base no uso, como

- Chave de encriptação de dados, para comunicação geral por uma rede.
- Chave de encriptação de PIN, para números de identificação pessoal (PINs, do acrônimo em inglês para Personal Identification Numbers) usados em aplicações de transferência eletrônica de fundos e aplicações de ponto de venda.
- Chave de encriptação de arquivo, para encriptar arquivos armazenados em locais publicamente acessíveis.

Para ilustrar o valor da separação de chaves por tipo, considere o risco de que uma chave mestra seja importada como uma chave de encriptação de dados para um dispositivo. Em geral, a chave mestra é protegida fisicamente dentro do hardware criptográfico do centro de distribuição de chaves e dos sistemas finais. As chaves de sessão encriptadas com essa chave mestra estão disponíveis aos programas de aplicação, assim como os dados encriptados com essas chaves de sessão. Porém, se uma chave mestra for tratada como uma chave de sessão, talvez seja possível que uma aplicação não autorizada obtenha o texto claro das chaves de sessão encriptadas com essa chave mestra.

Assim, pode ser desejável instituir controles nos sistemas para limitar as maneiras como as chaves são usadas, com base nas características associadas a essas chaves. Um plano simples é associar uma tag a cada chave

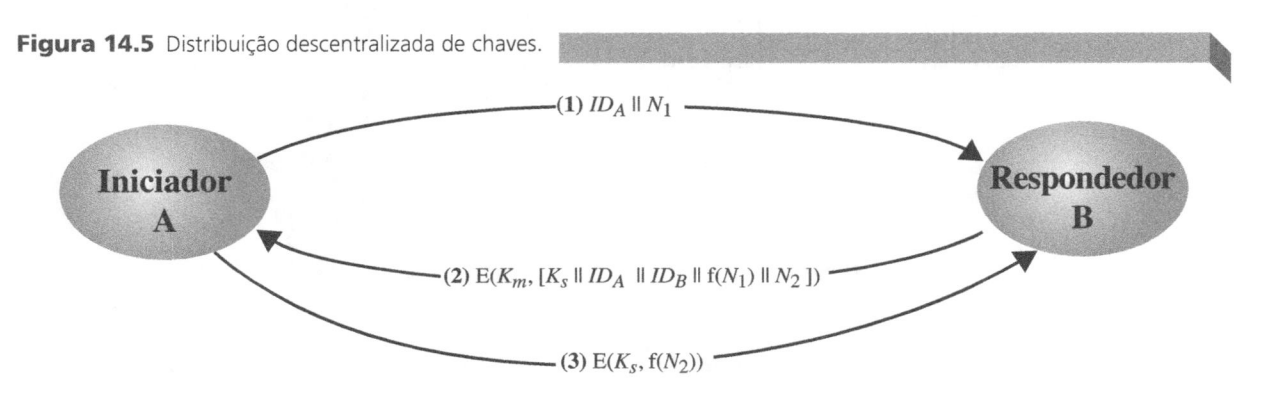

Figura 14.5 Distribuição descentralizada de chaves.

(1) $ID_A \parallel N_1$

(2) $E(K_m, [K_s \parallel ID_A \parallel ID_B \parallel f(N_1) \parallel N_2])$

(3) $E(K_s, f(N_2))$

Iniciador A

Respondedor B

([JONE82]; ver também [DAVI89]). A técnica proposta é para uso com DES e utiliza os 8 bits extras em cada chave DES de 64 bits. Ou seja, os 8 bits que não são da chave normalmente são reservados para verificação de paridade formam a tag de chave. Os bits têm a seguinte interpretação:

- Um bit indica se a chave é de sessão ou mestra.
- Um bit indica se a chave pode ser usada para encriptação.
- Um bit indica se a chave pode ser usada para decriptação.
- Os bits restantes são reservados para uso futuro.

Como a tag está embutida na chave, ela é encriptada junto com a chave quando esta é distribuída, oferecendo assim a proteção. As desvantagens desse esquema são:

1. O tamanho da tag é limitado a 8 bits, limitando sua flexibilidade e funcionalidade.
2. Como a tag não é transmitida de forma clara, ela só pode ser usada no ponto de decriptação, limitando as maneiras como o uso da chave pode ser controlado.

Um esquema mais flexível, chamado de vetor de controle, é descrito em [MATY91a e b]. Nesse esquema, cada chave de sessão tem um vetor de controle associado, consistindo em uma série de campos que especificam os usos e as restrições para essa chave de sessão. A extensão do vetor de controle pode variar.

O vetor de controle é acoplado criptograficamente à chave no momento da geração dela no CDC. Os processos de acoplamento e desacoplamento são ilustrados na Figura 14.6. Como um primeiro passo, o vetor de controle é passado por uma função de hash que produz um valor cujo tamanho é igual ao tamanho da chave de encriptação. As funções de hash são discutidas com detalhes no Capítulo 11. Basicamente, uma função de hash mapeia valores de um intervalo maior em valores de um intervalo menor, com um espalhamento razoavelmente uniforme. Assim, por exemplo, se os números no intervalo de 1 a 100 forem transformados em números no intervalo de 1 a 10, cerca de 10% dos valores de origem deverão ser mapeados a cada um dos valores de destino.

O valor de hash, então, passa por um XOR com a chave mestra, para produzir uma saída que é usada como entrada de chave para encriptar a chave de sessão. Assim,

$$\text{Valor de hash} = H = h(CV)$$
$$\text{Entrada da chave} = K_m \oplus H$$
$$\text{Texto cifrado} = E([K_m \oplus H], K_s)$$

Figura 14.6 Encriptação e decriptação do vetor de controle.

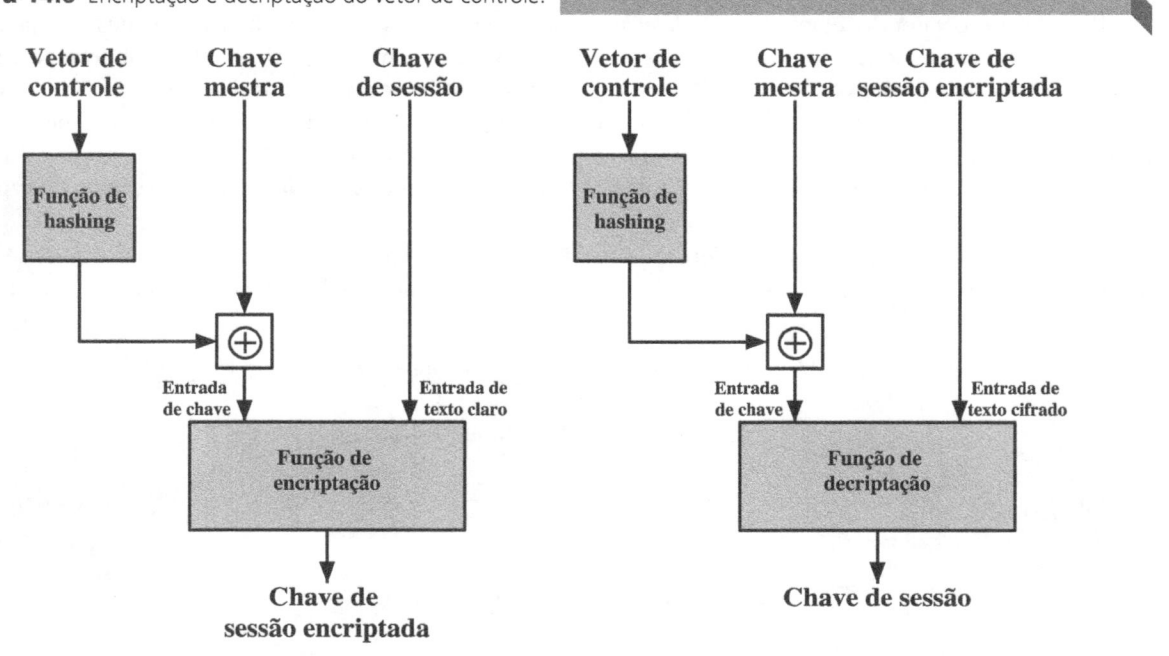

(a) **Encriptação de vetor de controle**

(b) **Decriptação de vetor de controle**

onde K_m é a chave mestra e K_s é a chave de sessão. Esta última é recuperada em texto claro pela operação inversa:

$$D([K_m \oplus H], E([K_m \oplus H], K_s))$$

Quando uma chave de sessão é entregue a um usuário a partir do CDC, ela é acompanhada pelo vetor de controle de forma clara. A chave da sessão só pode ser recuperada usando a chave mestra que o usuário compartilha com o CDC e o vetor de controle. Assim, a ligação entre a chave de sessão e seu vetor de controle é mantida.

O uso do vetor de controle tem duas vantagens em relação ao uso de uma tag de 8 bits. Primeiro, não existe restrição sobre o tamanho do vetor de controle, o que permite que controles com qualquer complexidade sejam impostos sobre o uso da chave. Segundo, o vetor de controle está disponível de forma clara em todos os estágios da operação. Assim, o controle do uso da chave pode ser exercido em múltiplos locais.

14.2 DISTRIBUIÇÃO DE CHAVE SIMÉTRICA USANDO ENCRIPTAÇÃO ASSIMÉTRICA

Devido à ineficácia dos criptossistemas de chave pública, eles quase nunca são usados para a encriptação direta do bloco de dados de tamanho razoável, mas são limitados a blocos relativamente pequenos. Um dos usos mais importantes de um criptossistema de chave pública é encriptar chaves simétricas para distribuição. Vemos muitos exemplos específicos disso na Parte Cinco. Aqui, discutimos os princípios gerais e os métodos típicos.

Distribuição simples de chave secreta

Um esquema extremamente simples foi apresentado por Merkle [MERK79], conforme ilustramos na Figura 14.7. Se A deseja se comunicar com B, o seguinte procedimento é empregado:

1. A gera um par de chaves pública/privada $\{PU_a, PR_a\}$ e transmite uma mensagem para B consistindo em PU_a e um identificador de A, ID_A.
2. B gera uma chave secreta, K_s, e a transmite para A, encriptada com a chave pública de A.
3. A calcula $D(PR_a, E(PU_a, K_s))$ para recuperar a chave secreta. Como somente A pode decriptar a mensagem, apenas A e B saberão a identidade de K_s.
4. A descarta PU_a e PR_a e B descarta PU_a.

A e B agora podem seguramente se comunicar usando a encriptação convencional e a chave da sessão K_s. Ao término da troca, tanto A quanto B descartam K_s. Apesar de sua simplicidade, esse é um protocolo atraente. Não existem chaves antes do início da comunicação e nem depois do término dela. Assim, o risco de comprometer as chaves é mínimo. Ao mesmo tempo, a comunicação é segura contra espionagem.

O protocolo representado na Figura 14.7 é inseguro contra um adversário que possa interceptar mensagens e depois replicar a mensagem interceptada ou substituí-la por outra (ver Figura 1.3c). Esse ataque é conhecido como **ataque man-in-the-middle** [RIVE84]. Vimos esse tipo de ataque no Capítulo 10 (Figura 10.2). Neste caso, se um adversário D tem controle sobre o canal de comunicação utilizado, então D pode comprometer a comunicação da seguinte forma, sem ser detectado (Figura 14.8):

1. A gera um par de chaves pública/privada $\{PU_a, PR_a\}$ e transmite uma mensagem intencionada para B consistindo em PU_a e um identificador de A, ID_A.
2. D intercepta a mensagem, cria seu próprio par de chaves pública/privada $\{PU_d, PR_d\}$ e transmite $PU_d \| ID_A$ para B.

Figura 14.7 Uso simples da encriptação de chave pública para estabelecer uma chave de sessão.

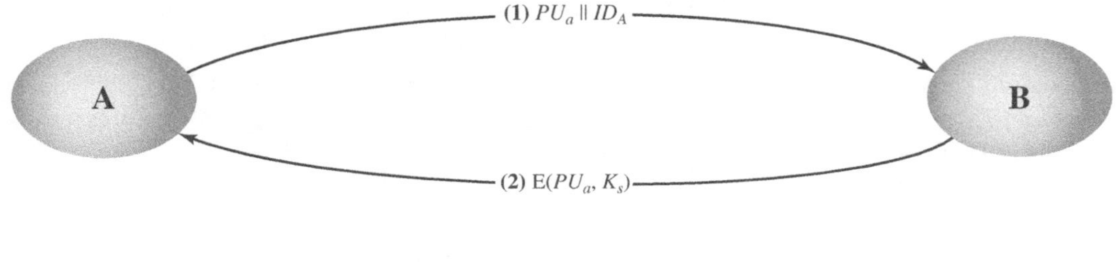

(1) $PU_a \| ID_A$

A → B

(2) $E(PU_a, K_s)$

Figura 14.8 Outro ataque *man-in-the-middle*.

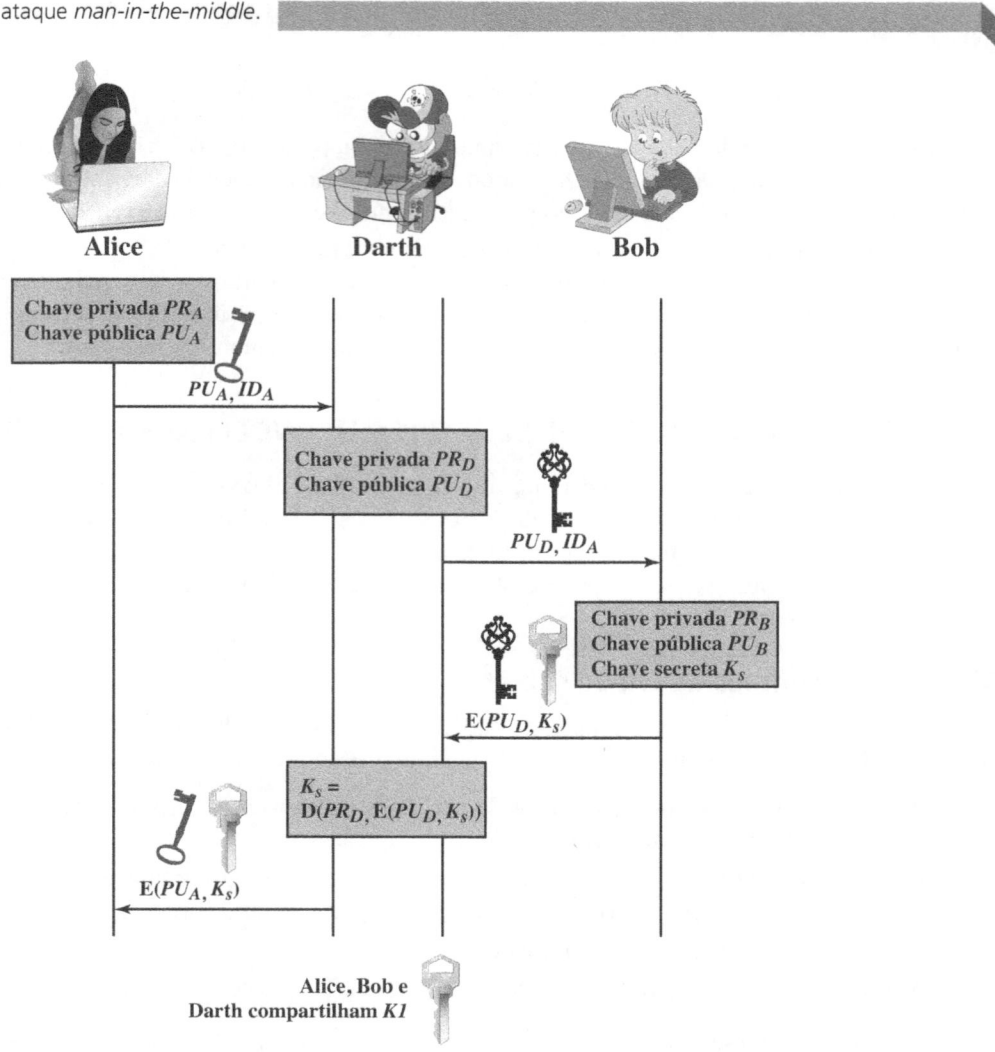

[Diagrama: Alice → Darth → Bob]

- Alice: Chave privada PR_A, Chave pública PU_A
- Alice envia PU_A, ID_A para Darth
- Darth: Chave privada PR_D, Chave pública PU_D
- Darth envia PU_D, ID_A para Bob
- Bob: Chave privada PR_B, Chave pública PU_B, Chave secreta K_s
- Bob envia $E(PU_D, K_s)$ para Darth
- Darth calcula $K_s = D(PR_D, E(PU_D, K_s))$
- Darth envia $E(PU_A, K_s)$ para Alice
- Alice, Bob e Darth compartilham $K1$

3. B gera uma chave secreta, K_s, e transmite $E(PU_d, K_s)$.
4. D intercepta a mensagem e descobre K_s calculando $D(PR_d, E(PU_d, K_s))$.
5. D transmite $E(PU_a, K_s)$ para A.

O resultado é que tanto A quanto B conhecem K_s e não sabem que ele também foi revelado a D. A e B agora podem trocar mensagens usando K_s. D não interfere mais ativamente com o canal de comunicações, mas simplesmente espiona. Conhecendo K_s, S pode decriptar todas as mensagens, e tanto A quanto B não estão cientes do problema. Assim, esse protocolo simples é útil apenas em um ambiente onde a única ameaça é a espionagem.

Distribuição de chave secreta com confidencialidade e autenticação

A Figura 14.9, baseada em uma técnica sugerida em [NEED78], oferece proteção contra ataques ativos e passivos. Começamos em um ponto em que se considera que A e B trocaram chaves públicas por um dos esquemas descritos anteriormente nesta seção. Depois, ocorrem as seguintes etapas:

1. A usa a chave pública de B para encriptar uma mensagem para B contendo um identificador de A (ID_A) e um nonce (N_1), que é usado para identificar essa transação de forma exclusiva.
2. B envia uma mensagem para A encriptada com PU_a e contendo o nonce (N_1) de A, além de um novo nonce, gerado por B (N_2). Como somente B poderia ter decriptado a mensagem (1), a presença de N_1 na mensagem (2) garante a A que o correspondente é B.

Figura 14.9 Distribuição de chaves secretas por chave pública.

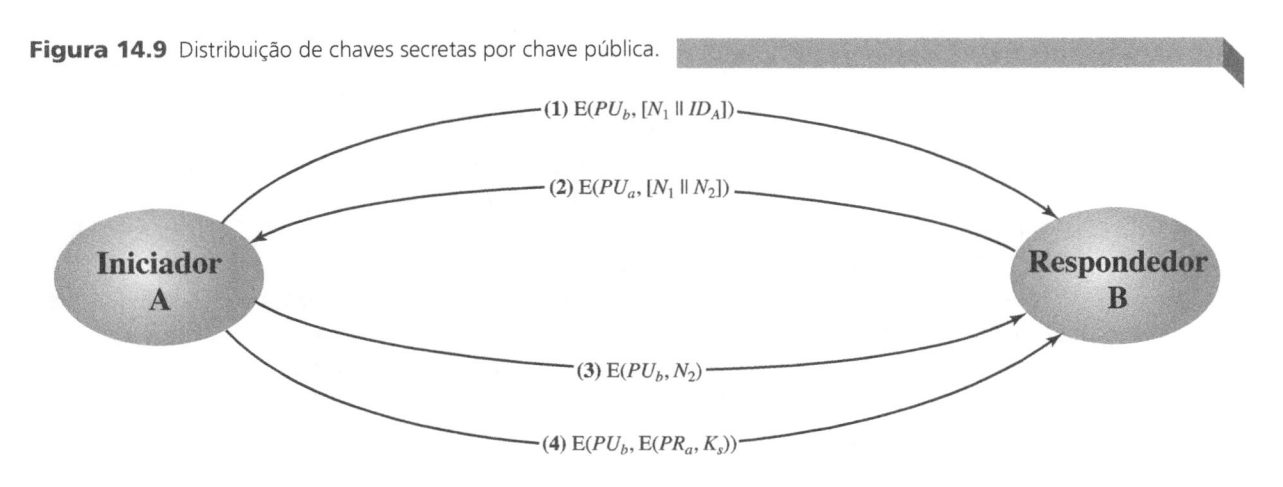

(1) $E(PU_b, [N_1 \| ID_A])$
(2) $E(PU_a, [N_1 \| N_2])$
(3) $E(PU_b, N_2)$
(4) $E(PU_b, E(PR_a, K_s))$

Iniciador A → Respondedor B

3. A retorna N_2, encriptado usando a chave pública de B, para garantir a B que seu correspondente é A.
4. A seleciona uma chave secreta K_s e envia $M = E(PU_b, E(PR_a, K_s))$ para B. A encriptação dessa mensagem com a chave pública de B garante que somente B poderá lê-la; a encriptação com a chave privada de A garante que somente A poderia tê-la enviado.
5. B calcula $D(PU_a, D(PR_b, M))$ para recuperar a chave secreta.

O resultado é que esse esquema garante tanto confidencialidade quanto autenticação na troca de uma chave secreta.

Um esquema híbrido

Outra forma de usar a encriptação de chave pública para distribuir chaves secretas é uma técnica híbrida, em uso nos mainframes IBM [LE93]. Esse esquema retém o uso de um centro de distribuição de chaves (CDC) que compartilha uma chave mestra secreta com cada usuário e distribui chaves de sessão secretas, encriptadas com a chave mestra. O esquema de chave pública é usado para distribuir as chaves mestras. O seguinte raciocínio é fornecido para usar essa técnica de três níveis:

- **Desempenho:** existem muitas aplicações, especialmente orientadas a transação, em que as chaves de sessão mudam com frequência. A distribuição das chaves de sessão por encriptação de chave pública poderia diminuir o desempenho geral do sistema, por causa da carga computacional relativamente alta da encriptação e decriptação de chave pública. Com uma hierarquia de três níveis, a encriptação de chave pública é usada apenas ocasionalmente para atualizar a chave mestra entre um usuário e o CDC.
- **Compatibilidade:** o esquema híbrido é facilmente coberto em um esquema de CDC existente, com o mínimo de interrupção ou mudanças de software.

O acréscimo de uma camada de chave pública oferece um meio seguro e eficiente de distribuir chaves mestras. Essa é uma vantagem em uma configuração em que um único CDC atende a um conjunto de usuários bastante distribuído.

14.3 DISTRIBUIÇÃO DE CHAVES PÚBLICAS

Várias técnicas têm sido propostas para a distribuição de chaves públicas. Praticamente todas essas propostas podem ser agrupadas nos seguintes esquemas gerais:

- Anúncio público.
- Diretório disponível publicamente.
- Autoridade de chave pública.
- Certificados de chave pública.

Anúncio público de chaves públicas

Claramente, o diferencial da encriptação de chave pública é que ela é pública. Assim, se houver algum algoritmo de chave pública amplamente aceito, como RSA, qualquer participante pode enviar sua chave pública a qualquer outro ou transmitir a chave por broadcast à comunidade em geral (Figura 14.10). Por exemplo, devido à crescente popularidade do PGP (Pretty Good Privacy, discutido no Capítulo 19), que utiliza o RSA, muitos usuários do PGP adotaram a prática de anexar sua chave pública às mensagens que enviam a fóruns públicos, como newgroups da USENET e listas de correspondência da Internet.

Embora essa técnica seja conveniente, ela possui um ponto fraco importante. Qualquer um pode falsificar esse anúncio público. Ou seja, algum usuário poderia fingir ser o usuário A e enviar uma chave pública para outro participante ou transmitir essa chave pública por broadcast. Até que o usuário A descubra a falsificação e alerte outros participantes, o falsificador é capaz de ler todas as mensagens encriptadas enviadas para A, e também usar as chaves falsificadas para autenticação (ver Figura 9.3).

Diretório disponível publicamente

Um maior grau de segurança pode ser alcançado mantendo-se um diretório dinâmico disponível publicamente com chaves públicas. A manutenção e a distribuição do diretório público teria que ser de responsabilidade de alguma entidade ou organização confiável (Figura 14.11). Esse esquema incluiria os seguintes elementos:

1. A autoridade mantém um diretório com uma entrada {nome, chave pública} para cada participante.
2. Cada participante registra uma chave pública com a autoridade de diretório. O registro teria que ser feito pessoalmente ou por alguma forma de comunicação autenticada segura.
3. Um participante pode substituir a chave existente por uma nova a qualquer momento, seja por um desejo de substituir uma chave pública que já foi usada para uma grande quantidade de dados, ou porque a chave privada correspondente foi comprometida de alguma forma.

Figura 14.10 Distribuição não controlada de chaves públicas.

Figura 14.11 Publicação de chave pública.

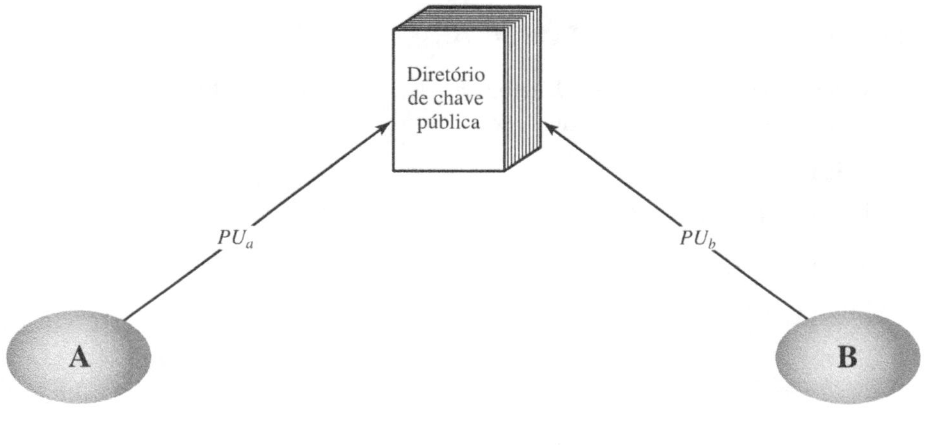

4. Os participantes também poderiam acessar o diretório eletronicamente. Para essa finalidade, é obrigatório que haja uma comunicação segura e autenticada da autoridade para o participante.

Esse esquema é claramente mais seguro do que os anúncios públicos individuais, mas ainda tem vulnerabilidades. Se um adversário conseguir obter ou calcular a chave privada da autoridade de diretório, este poderia autoritariamente passar chaves públicas forjadas e, mais tarde, personificar qualquer participante e espionar mensagens enviadas a qualquer outro participante. Outra forma de conseguir o mesmo fim é se o adversário mexer nos registros mantidos pela autoridade.

Autoridade de chave pública

A segurança mais forte para distribuição de chave pública pode ser obtida oferecendo-se um controle mais rigoroso sobre a distribuição de chaves públicas pelo diretório. Um cenário típico é ilustrado na Figura 14.12, que é baseada em uma figura de [POPE79]. Como antes, o cenário considera que uma autoridade central mantém um diretório dinâmico de chaves públicas de todos os participantes. Além disso, cada participante conhece com segurança uma chave pública para a autoridade, apenas com a autoridade conhecendo a chave privada correspondente. As seguintes etapas (combinadas por número com a Figura 14.12) ocorrem:

1. A envia uma mensagem com estampa de tempo à autoridade de chave pública, contendo uma solicitação para a chave pública atual de B.
2. A autoridade responde com uma mensagem que é encriptada usando a chave privada da autoridade, PR_{auth}. Assim, A é capaz de decriptar a mensagem usando a chave pública da autoridade. Portanto, A tem garantias de que a mensagem foi originada pela autoridade. A mensagem inclui o seguinte:
    - A chave pública de B, PU_b, que A pode usar para encriptar mensagens destinadas a B.
    - A solicitação original, para permitir que A compare essa resposta com a solicitação anterior correspondente e verifique se a solicitação original não foi alterada antes do recebimento pela autoridade.
    - A estampa de tempo original, para que A possa determinar que essa não é uma mensagem antiga da autoridade, contendo uma chave diferente da chave pública atual de B.
3. A armazena a chave pública de B e também a utiliza para encriptar uma mensagem para B, contendo um identificador de A (ID_A) e um nonce (N_1), que é usado para identificar essa transmissão exclusivamente.

4, 5. B obtém a chave pública de A na autoridade da mesma forma como A obteve a chave pública de B.

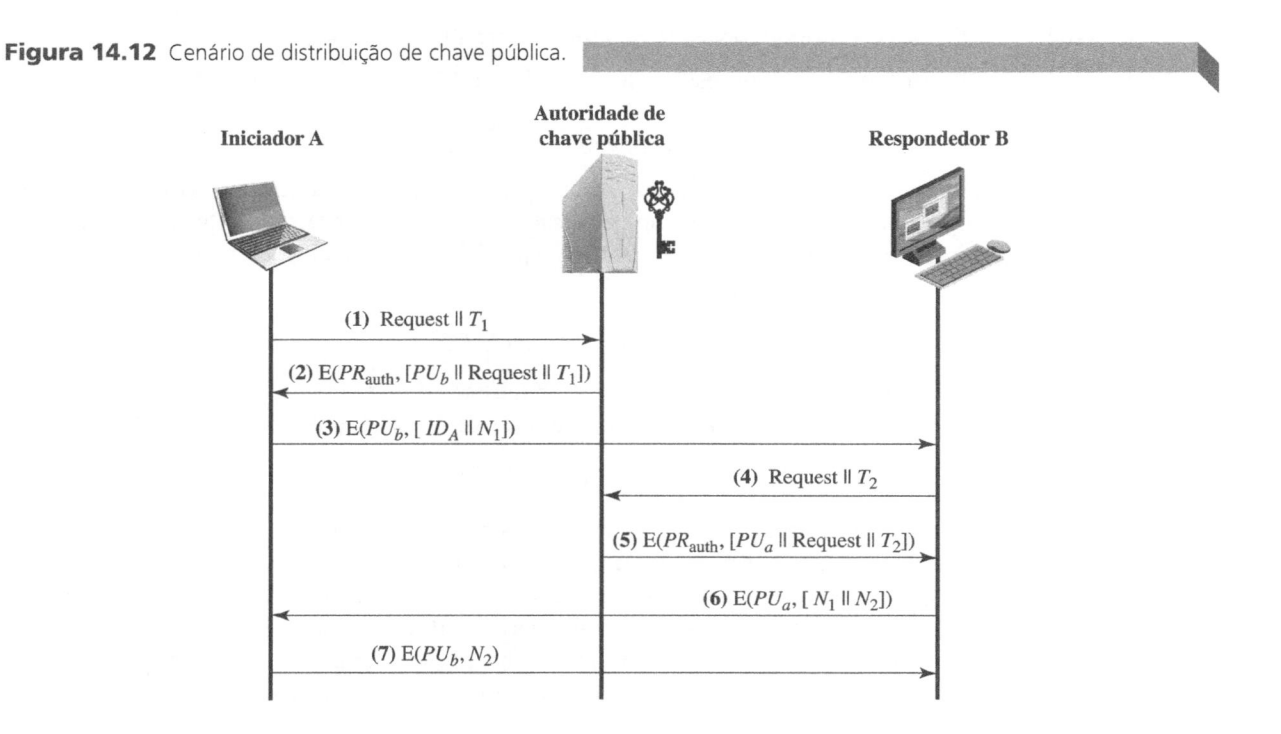

Figura 14.12 Cenário de distribuição de chave pública.

Iniciador A — Autoridade de chave pública — Respondedor B

(1) Request $\|$ T_1

(2) $E(PR_{auth}, [PU_b \| Request \| T_1])$

(3) $E(PU_b, [ID_A \| N_1])$

(4) Request $\|$ T_2

(5) $E(PR_{auth}, [PU_a \| Request \| T_2])$

(6) $E(PU_a, [N_1 \| N_2])$

(7) $E(PU_b, N_2)$

Nesse ponto, as chaves públicas foram entregues com segurança a A e B, e eles podem iniciar sua troca protegida. Porém, duas etapas adicionais são desejáveis:

6. B envia uma mensagem a A encriptada com PU_a e contendo o nonce (N_1) de A, além de um novo nonce gerado por B (N_2). Como somente B poderia ter decriptado a mensagem (3), a presença de N_1 na mensagem (6) garante a A que o correspondente é B.

7. A retorna N_2 encriptado, usando a chave pública de B, para garantir a B que seu correspondente é A.

Assim, é necessário um total de sete mensagens. Todavia, as quatro mensagens iniciais só precisam ser usadas com muito pouca frequência, pois tanto A quanto B podem salvar a chave pública um do outro para uso futuro, uma técnica conhecida como caching. Periodicamente, um usuário deverá solicitar cópias recentes das chaves públicas de seus correspondentes, para garantir a atualidade dos dados.

Certificados de chave pública

O cenário da Figura 14.12 é atraente, embora tenha algumas desvantagens. A autoridade de chave pública poderia ser um gargalo no sistema, pois um usuário precisa apelar para a autoridade para obter uma chave pública para cada outro usuário com quem queira se comunicar. Como antes, o diretório de nomes e chaves públicas, mantido pela autoridade, é vulnerável a violação.

Uma técnica alternativa, sugerida inicialmente por Kohnfelder [KOHN78], é usar **certificados** que possam ser utilizados pelos participantes para trocar chaves sem contatar uma autoridade de chave pública, de um modo que seja tão confiável quanto se as chaves fossem obtidas diretamente de uma autoridade de chave pública. Basicamente, um certificado consiste em uma chave pública mais um identificador do proprietário da chave, com o bloco inteiro assinado por um terceiro confiável. Normalmente, o terceiro é uma autoridade certificadora, como uma agência do governo ou uma instituição financeira, na qual a comunidade de usuários confia. Um usuário pode apresentar sua chave pública à autoridade de uma maneira segura, e obter um certificado. O usuário pode, então, publicar o certificado. Qualquer um que precise da chave pública desse usuário pode obter o certificado e verificar se ele é válido por meio de uma assinatura confiável anexada. Um participante também pode levar sua própria informação para outro transmitindo seu certificado. Outros participantes podem verificar se o certificado foi criado pela autoridade. Podemos colocar os seguintes requisitos nesse esquema:

1. Qualquer participante pode ler um certificado para determinar o nome e a chave pública do proprietário do certificado.

2. Qualquer participante pode verificar se o certificado foi originado pela autoridade certificadora, e não é uma falsificação.

3. Somente a autoridade certificadora pode criar e atualizar certificados.

Esses requisitos são satisfeitos pela proposta original em [KOHN78]. Denning [DENN83] acrescentou o seguinte requisito adicional:

4. Qualquer participante pode verificar se o certificado está atualizado.

Um esquema de certificado é ilustrado na Figura 14.13. Cada participante contacta à autoridade certificadora, fornecendo uma chave pública e solicitando um certificado. A demanda precisa ser feita pessoalmente ou por alguma forma de comunicação autenticada segura. Para o participante A, a autoridade oferece um certificado na forma

$$C_A = E(PR_{auth}, [T \| ID_A \| PU_a])$$

onde PR_{auth} é a chave privada usada pela autoridade e T é uma estampa de tempo. A pode, então, passar esse certificado adiante para qualquer outro participante, que lê e o verifica da seguinte forma:

$$D(PU_{auth}, C_A) = D(PU_{auth}, E(PR_{auth}, [T \| ID_A \| PU_a])) = (T \| ID_A \| PU_a)$$

O destinatário usa a chave pública da autoridade, PU_{auth}, para decriptar o certificado. Como ele só pode ser lido por meio da chave pública da autoridade, isso atesta que o certificado veio da autoridade certificadora. Os elementos ID_A e PU_a oferecem ao destinatário o nome e a chave pública do mantenedor do certificado. A estampa de tempo T verifica se o certificado está atualizado e age contra o seguinte cenário. A chave privada de A é descoberta por um adversário. A gera um novo par de chaves privada/pública e solicita da autoridade certificadora um novo certificado. Nesse meio tempo, o adversário replica o certificado antigo para B. Se B,

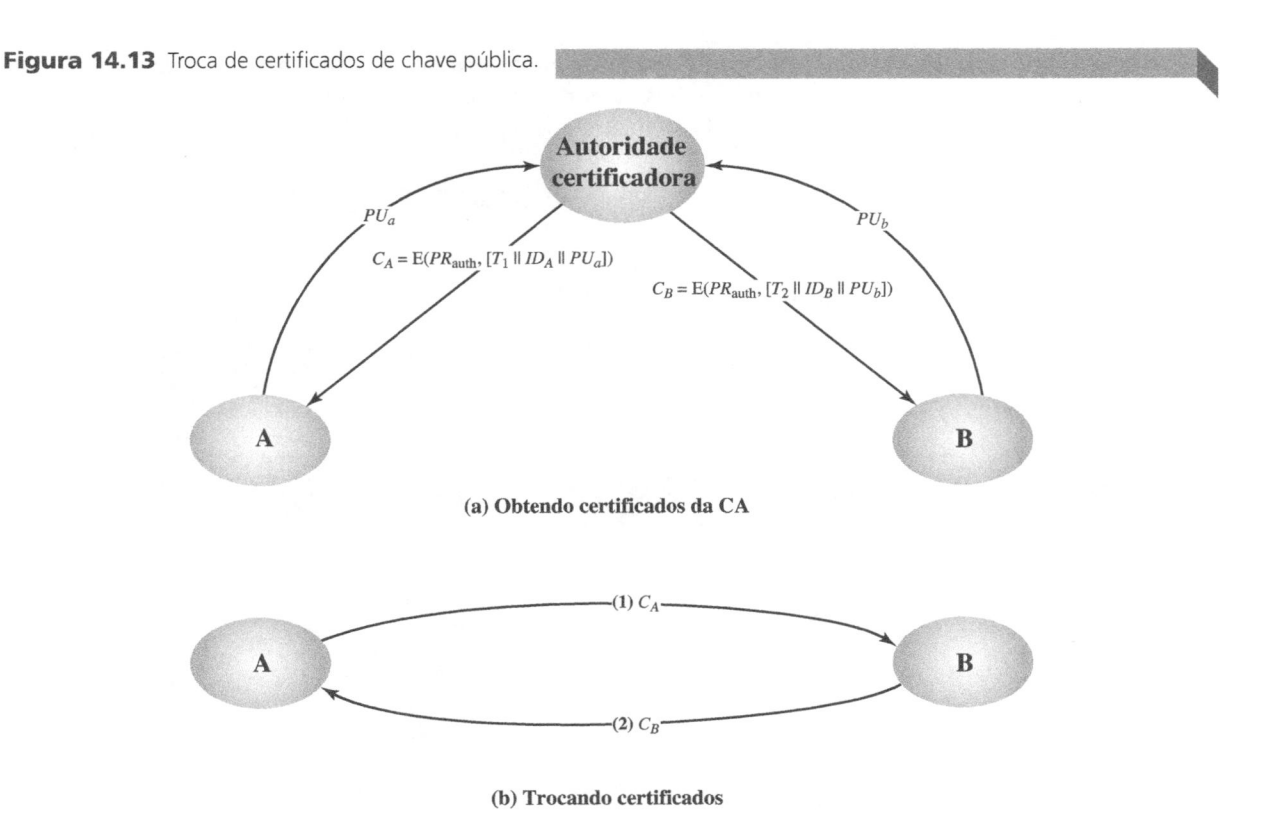

Figura 14.13 Troca de certificados de chave pública.

$C_A = E(PR_{auth}, [T_1 \| ID_A \| PU_a])$

$C_B = E(PR_{auth}, [T_2 \| ID_B \| PU_b])$

(a) Obtendo certificados da CA

(1) C_A

(2) C_B

(b) Trocando certificados

então, tentar encriptar mensagens usando a antiga chave pública comprometida, o adversário poderá ler essas mensagens.

Nesse contexto, o comprometimento de uma chave privada é comparável à perda de um cartão de crédito. O dono cancela o número do cartão de crédito, mas ele está em risco até que todos os comunicantes estejam cientes de que o cartão antigo é obsoleto. Assim, a estampa de tempo serve como algo semelhante a uma data de expiração. Se um certificado for suficientemente antigo, ele é considerado expirado.

Um esquema foi aceito universalmente para formatar certificados de chave pública: o padrão X.509. Certificados X.509 são usados na maioria das aplicações de segurança de rede, incluindo segurança IP, Transport Layer Security (TLS) e S/MIME, todos discutidos na Parte Cinco. X.509 é examinado com detalhes na próxima seção.

14.4 CERTIFICADOS X.509

A recomendação X.509 da ITU-T faz parte da série X.500 de recomendações que definem um serviço de diretório. O diretório, com efeito, é um servidor ou conjunto distribuído de servidores que mantém um banco de dados de informações sobre os usuários. As informações incluem um mapeamento entre nome de usuário e endereço de rede, além de outros atributos e informações sobre os usuários.

X.509 define uma estrutura para a provisão de serviços de autenticação pelo diretório X.500 aos seus usuários. O diretório pode servir como um repositório de certificados de chave pública do tipo discutido na Seção 14.3. Cada certificado contém a chave pública de um usuário e é assinado com a chave privada de uma autoridade certificadora confiável. Além disso, X.509 define protocolos de autenticação alternativos com base no uso de certificados de chave pública.

X.509 é um padrão importante porque a estrutura de certificado e os protocolos de autenticação definidos nele são usados em diversos contextos. Por exemplo, o formato de certificado X.509 é usado em S/MIME (Capítulo 19), IP Security (Capítulo 20) e SSL/TLS (Capítulo 17).

Ele foi proposto inicialmente em 1988. O padrão foi revisado posteriormente para resolver alguns dos problemas de segurança documentados em [IANS90] e [MITC90]; uma recomendação revisada foi emitida em 1993. Uma terceira versão foi emitida em 1995 e revisada em 2000.

X.509 é baseado no uso da criptografia de chave pública e assinaturas digitais. O padrão não dita o uso de um algoritmo específico, mas recomenda o RSA. Assume-se que o esquema de assinatura digital exija o uso de uma função de hash. Novamente, o padrão não dita um algoritmo de hash específico. A recomendação de 1988 incluía a descrição de um algoritmo de hash recomendado; esse algoritmo se mostrou inseguro e foi retirado da recomendação de 1993. A Figura 14.14 ilustra a geração de um certificado de chave pública.

Figura 14.14 Uso do certificado de chave pública.

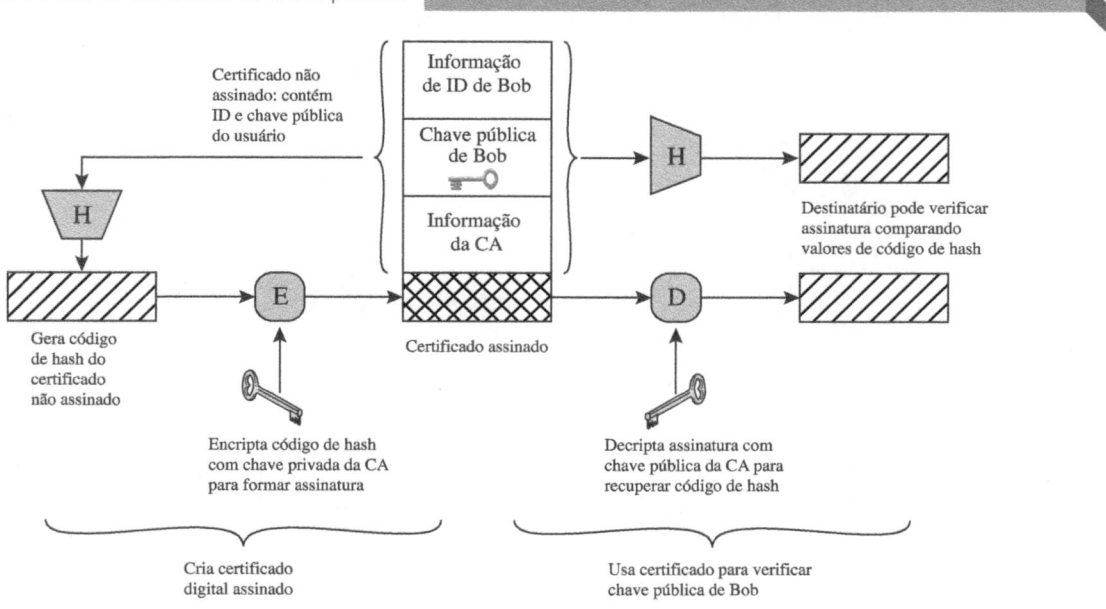

Certificados

O núcleo do esquema X.509 é o certificado de chave pública associado a cada usuário. Esses certificados do usuário são considerados como sendo criados por alguma autoridade certificadora (CA, do acrônimo em inglês para *certification authority*) confiável e colocados no diretório pela CA ou pelo usuário. O próprio servidor de diretório não é responsável pela criação das chaves públicas ou pela função de certificação; ele simplesmente oferece um local de fácil acesso para os usuários obterem certificados.

A Figura 14.15a mostra o formato geral de um certificado, que inclui os elementos a seguir.

Figura 14.15 Formatos X.509.

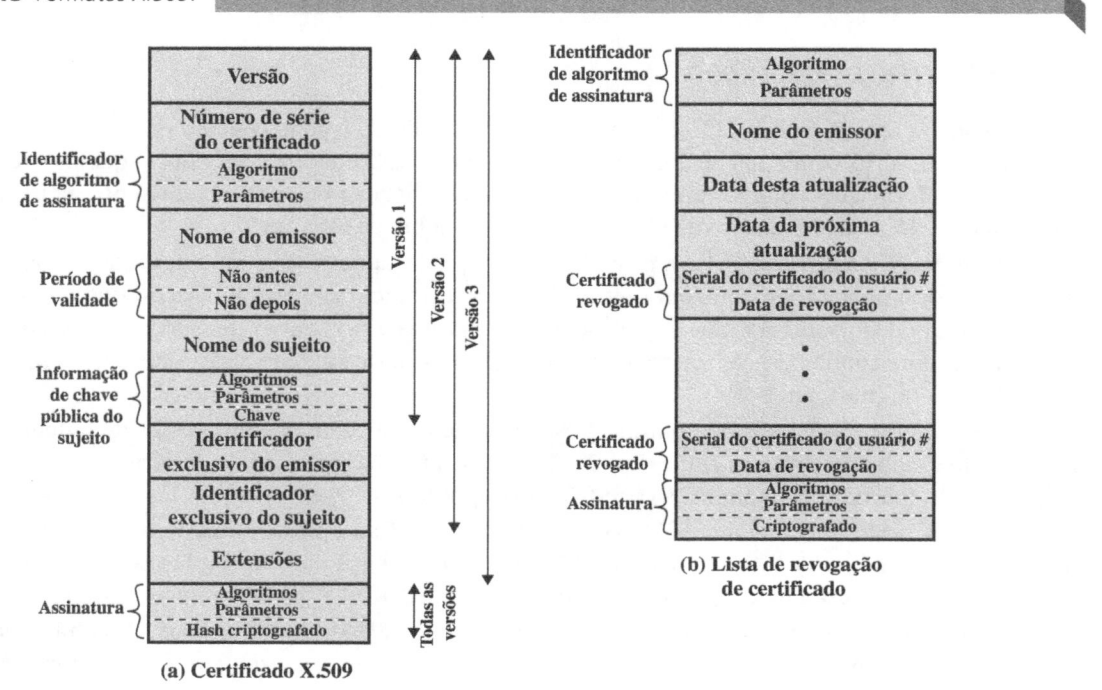

- **Versão:** diferencia entre versões sucessivas do formato do certificado; o default é a versão 1. Se o *identificador exclusivo do emissor* ou o *identificador exclusivo do sujeito* estiverem presentes, o valor precisa ser versão 2. Se uma ou mais extensões estiverem presentes, a versão precisa ser a 3.
- **Número de série:** um valor inteiro, exclusivo dentro da CA emitente, que é associado sem ambiguidades a esse certificado.
- **Identificador do algoritmo de assinatura:** o algoritmo usado para assinar o certificado, junto com quaisquer parâmetros associados. Como essa informação é repetida no campo Assinatura, ao final do certificado, o campo tem pouca ou nenhuma utilidade.
- **Nome do emissor:** o nome X.500 da CA que criou e assinou esse certificado.
- **Período de validade:** consiste em duas datas: a primeira e a última em que o certificado é válido.
- **Nome do sujeito:** o nome do usuário a quem esse certificado se refere. Ou seja, ele certifica a chave pública do sujeito que mantém a chave privada correspondente.
- **Informação de chave pública do sujeito:** a chave pública do sujeito, mais um identificador do algoritmo para o qual essa chave deve ser usada, junto com quaisquer parâmetros associados.
- **Identificador exclusivo do emissor:** um campo de string de bits opcional usado para identificar exclusivamente a CA emissora caso o nome X.500 tenha sido reutilizado para entidades diferentes.
- **Identificador exclusivo do sujeito:** um campo de string de bits opcional, usado para identificar exclusivamente o sujeito caso o nome X.500 tenha sido reutilizado para diferentes entidades.
- **Extensões:** um conjunto de um ou mais campos de extensão. As extensões foram acrescentadas na versão 3 e serão discutidas mais adiante nesta seção.
- **Assinatura:** abrange todos os outros campos do certificado; ela contém o código de hash dos outros campos encriptados com a chave privada da CA. Esse campo inclui o identificador do algoritmo de assinatura.

Os campos de identificador exclusivos foram acrescentados na versão 2 para lidar com a possível reutilização dos nomes de sujeito e/ou emissor com o passar do tempo. Esses campos raramente são utilizados.

O padrão usa a seguinte notação para definir um certificado:

$$CA <<A>> = CA\{V, SN, AI, CA, UCA, A, UA, Ap, T^A\}$$

onde

$Y <<X>>$ = o certificado do usuário X emitido pela autoridade certificadora Y
$Y\{I\}$ = a assinatura de I por Y. Consiste em I com um código de hash encriptado anexado
V = versão do certificado
SN = número de série do certificado
AI = identificador do algoritmo usado para assinar o certificado
CA = nome da autoridade de certificação
UCA = identificador exclusivo opcional do CA
A = nome do usuário A
UA = identificador exclusivo opcional do usuário A
Ap = chave pública do usuário A
T^A = período de validade do certificado

A CA assina o certificado com sua chave privada. Se a chave pública correspondente for conhecida a um usuário, então ele pode verificar se um certificado assinado pela CA é válido. Essa é a técnica de assinatura digital típica ilustrada na Figura 13.2.

Obtendo o certificado de um usuário

Certificados do usuário gerados por uma CA têm as seguintes características:

- Qualquer usuário com acesso à chave pública da CA pode verificar a chave pública do usuário, que foi certificada.
- Nenhuma parte além da autoridade certificadora pode modificar o certificado sem que isso seja detectado.

Como os certificados não podem ser forjados, eles podem ser colocados em um diretório sem a necessidade de que ele faça esforços especiais para protegê-los.

Se todos os usuários estiverem inscritos na mesma CA, então haverá uma confiança comum nessa CA. Todos os certificados de usuário podem ser colocados no diretório para que tenham acesso por todos os usuários. Além disso, um usuário pode transmitir seu certificado diretamente a outros. De qualquer forma, quando B está de posse do certificado de A, B pode confiar que as mensagens que ele encripta com a chave pública de A serão protegidas contra espionagem e que as mensagens assinadas com a chave privada de A não serão falsificadas.

Se houver uma grande comunidade de usuários, pode não ser prático que todos eles se inscrevam na mesma CA. Como é a CA que assina os certificados, cada usuário participante precisa ter uma cópia da própria chave pública da CA para verificar assinaturas. Essa chave pública precisa ser fornecida a cada usuário de uma maneira absolutamente segura (com relação à integridade e autenticidade), de modo que cada um tenha confiança nos certificados associados. Assim, com muitos usuários, pode ser mais prático que haja diversas CAs, cada qual oferecendo seguramente sua chave pública a alguma fração dos usuários.

Agora suponha que A tenha obtido um certificado da autoridade certificadora X_1 e B, um certificado da CA X_2. Se A não conhece com segurança a chave pública de X_2, então o certificado de B, emitido por X_2, é inútil para A. A pode ler o certificado de B, mas não pode verificar a assinatura. Porém, se as duas CAs tiverem trocado seguramente suas próprias chaves públicas, o procedimento a seguir permitirá que A obtenha a chave pública de B:

Etapa 1 A obtém, pelo diretório, o certificado de X_2 assinado por X_1. Como A conhece com segurança a chave pública de X_1, pode obter a chave pública de X_2 a partir de seu certificado e verificá-la por meio da assinatura de X_1 no certificado.

Etapa 2 A, então, volta para o diretório e obtém o certificado de B assinado por X_2. Como A agora tem uma cópia de confiança da chave pública de X_2, A pode verificar a assinatura e obter a chave pública de B com segurança.

A usou uma cadeia de certificados para obter a chave pública de B. Na notação do X.509, essa cadeia é expressa como

$$X_1 <<X_2>> X_2 <<B>>$$

Da mesma forma, B pode obter a chave pública de A com a cadeia inversa:

$$X_2 <<X_1>> X_1 <<A>>$$

Esse esquema não precisa ser limitado a uma cadeia de dois certificados. Um caminho de CAs arbitrariamente longo pode ser seguido para produzir uma cadeia. Uma cadeia com N elementos seria expressa como

$$X_1 <<X_2>> X_2 <<X_3>> \ldots X_N <<B>>$$

Nesse caso, cada par de CAs na cadeia (X_i, X_{i+1}) precisa ter criado certificados para cada uma das outras.

Todos esses certificados de CAs por CAs precisam aparecer no diretório, e o usuário precisa saber como eles estão ligados para seguir um caminho para o certificado de chave pública de outro usuário. X.509 sugere que as CAs sejam arrumadas em uma hierarquia de modo que a navegação seja direta.

A Figura 14.16, tirada do X.509, é um exemplo dessa hierarquia. Os círculos conectados indicam o relacionamento hierárquico entre as CAs; as caixas associadas indicam certificados mantidos no diretório para cada entrada de CA. A entrada de diretório para cada CA inclui dois tipos de certificados:

- **Certificados diretos:** certificados de X gerados por outras CAs.
- **Certificados reversos:** certificados gerados por X que são os certificados das outras CAs.

Nesse exemplo, o usuário A pode adquirir os seguintes certificados a partir do diretório para estabelecer um caminho de certificação para B:

Figura 14.16 Hierarquia X.509: um exemplo hipotético.

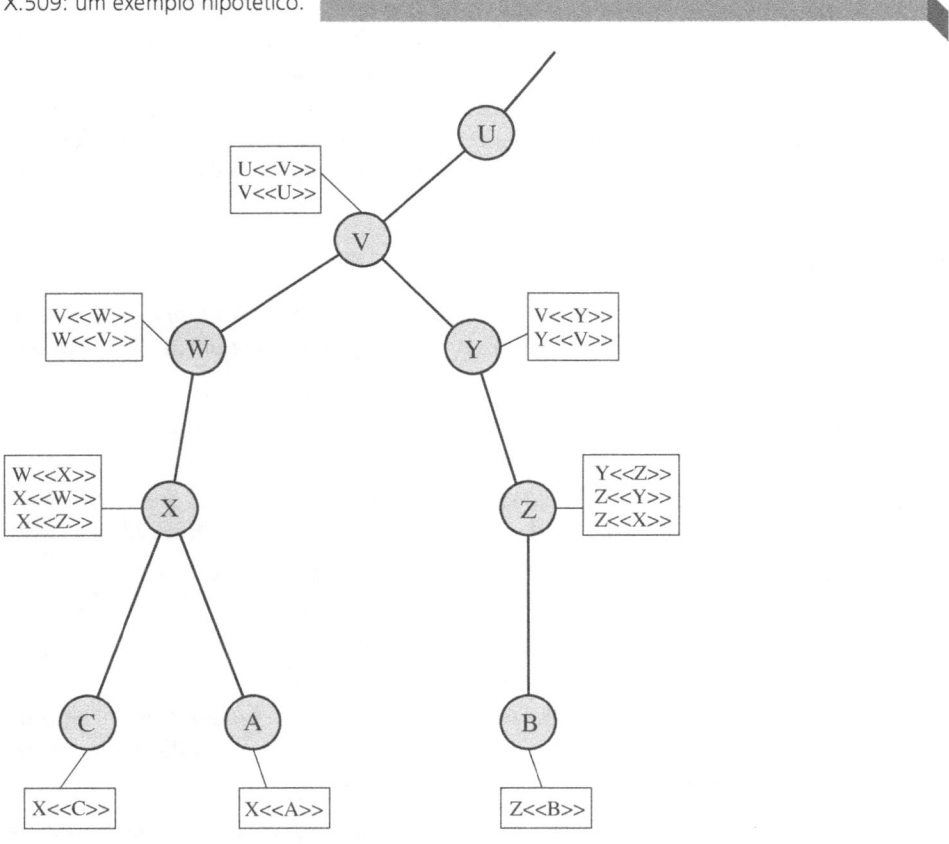

$$X <<W>> \; W <<V>> \; V <<Y>> \; Y <<Z>> \; Z <<B>>$$

Quando A tiver obtido esses certificados, ele poderá desembrulhar o caminho de certificação na sequência para recuperar uma cópia confiável da chave pública de B. Usando essa chave pública, A pode enviar mensagens encriptadas para B. Se A quiser receber de volta mensagens encriptadas de B, então B exigirá a chave pública de A, que pode ser obtida pelo seguinte caminho de certificação:

$$Z <<Y>> \; Y <<V>> \; V <<W>> \; W <<X>> \; X <<A>>$$

B pode obter esse conjunto de certificados a partir do diretório, ou A pode fornecê-los como parte de sua mensagem inicial para B.

Revogação de certificados

Lembre-se, pela Figura 14.15, que cada certificado inclui um período de validade, muito semelhante a um cartão de crédito. Em geral, um novo certificado é emitido imediatamente antes da expiração do antigo. Além disso, pode-se desejar, na ocasião, revogar um certificado antes que ele expire, por um dos seguintes motivos:

1. A chave privada do usuário é considerada comprometida.
2. O usuário não é mais certificado por essa CA. Os motivos para isso incluem que o nome do sujeito mudou, o certificado foi substituído ou não foi emitido em conformidade com as políticas da CA.
3. O certificado da CA é considerado comprometido.

Cada CA precisa manter uma lista consistindo em todos os certificados revogados, porém não expirados, emitidos por essa CA, incluindo aqueles emitidos aos usuários e a outras CAs. Essas listas também devem ser postadas no diretório.

Cada lista de revogação de certificado (CRL, do acrônimo em inglês para *certificate revocation list*) postada no diretório é assinada pelo emissor e inclui (Figura 14.15b) o nome do emissor, a data em que a lista foi criada, a data em que a próxima CRL está agendada para ser emitida e uma entrada para cada certificado revogado. Cada entrada consiste no número de série de um certificado e na data de revogação para esse certificado. Como os números de série são exclusivos dentro de uma CA, isso é suficiente para identificar o certificado.

Quando um usuário recebe um certificado em uma mensagem, ele precisa determinar se o certificado foi revogado. O usuário poderia verificar o diretório toda vez que um certificado for recebido. Para evitar os atrasos (e possíveis custos) associados às buscas de diretório, é provável que o usuário mantenha um cache local de certificados e listas dos revogados.

X.509 versão 3

O formato X.509 versão 2 não transporta todas as informações que a experiência recente em projeto e implementação tem mostrado ser necessárias. [FORD95] lista os seguintes requisitos não satisfeitos pela versão 2:

1. O campo Sujeito é inadequado para transmitir a identidade de um proprietário de chave a um usuário de chave pública. Nomes X.509 podem ser relativamente curtos e sem detalhes de identificação óbvios, que podem ser necessários pelo usuário.
2. O campo Sujeito também é inadequado para muitas aplicações, que normalmente reconhecem entidades por um endereço de e-mail da Internet, um URL ou alguma outra identificação relacionada à Internet.
3. Existe uma necessidade de indicar informações de política de segurança. Isso permite que uma aplicação ou função de segurança, como IPSec, relacione um certificado X.509 a determinada política.
4. Há uma necessidade de limitar o dano que pode resultar de uma CA defeituosa ou maliciosa, definindo restrições sobre a aplicabilidade de determinado certificado.
5. É importante ser capaz de identificar diversas chaves usadas pelo mesmo proprietário em diferentes ocasiões. Esse recurso admite gerenciamento de ciclo de vida da chave, em particular, a capacidade de atualizar pares de chave para usuários e CAs regularmente ou sob circunstâncias excepcionais.

Em vez de continuar a incluir campos a um formato fixo, os desenvolvedores de padrões sentiram que uma técnica mais flexível era necessária. Assim, a versão 3 inclui diversas extensões opcionais que podem ser acrescidas ao formato da versão 2. Cada uma consiste em um identificador de extensão, um indicador de criticalidade e um valor de extensão. O indicador de criticalidade mostra se uma extensão pode ser seguramente ignorada. Se esse indicador tiver um valor TRUE e uma implementação não reconhecer a extensão, ela deverá tratar o certificado como inválido.

As extensões de certificado podem ser de três categorias gerais: informação de chave e política, atributos de sujeito e emissor, e restrições de caminho de certificação.

Informações de chave e política

Essas extensões carregam informações adicionais sobre as chaves de sujeito e emissor, mais indicadores da política de certificado. Uma política de certificado é um conjunto nomeado de regras que indicam a aplicabilidade de um certificado a determinada comunidade e/ou classe de aplicação com requisitos de segurança comuns. Por exemplo, uma política poderia ser aplicável à autenticação de transações de intercâmbio eletrônico de dados (EDI, do acrônimo em inglês para *electronic data interchange*) para o comércio de bens dentro de determinada faixa de preço.

Essa área inclui o seguinte:

- **Identificador da chave da autoridade:** identifica a chave pública a ser usada para verificar a assinatura nesse certificado ou CRL. Permite que chaves distintas da mesma CA sejam diferenciadas. Um uso desse campo é tratar da atualização do par de chaves da CA.
- **Identificador da chave do sujeito:** identifica a chave pública sendo certificada. Útil para atualização do par de chaves do sujeito. Além disso, um sujeito pode ter vários pares de chaves e, por conseguinte, diferentes certificados para diversas finalidades (por exemplo, acordo de assinatura digital e chave de encriptação).
- **Uso de chave:** indica uma restrição imposta como a finalidade para a qual, e as políticas sob as quais, a chave pública certificada pode ser usada. Pode indicar um ou mais dos seguintes: assinatura digital, irretratabilidade, encriptação de chave, encriptação de dados, acordo de chave, verificação de assinatura da CA nos certificados e verificação de assinatura da CA nas CRLs.

- **Período de uso da chave privada:** indica o período de uso da chave privada correspondente à chave pública. Normalmente, a chave privada é usada por um período diferente da validade da chave pública. Por exemplo, com as chaves de assinatura digital, o período de uso para a chave privada assinando em geral é mais curto que para a chave pública verificando.

- **Políticas de certificado:** certificados podem ser usados em ambientes onde várias políticas se aplicam. Essa extensão lista políticas nas quais se reconhece que o certificado oferece suporte, junto com informações qualificadoras opcionais.

- **Mapeamentos de política:** usados apenas em certificados para CAs emitidos por outras CAs. Os mapeamentos de política permitem que uma CA emissora indique que uma ou mais das políticas desse emissor podem ser consideradas equivalentes a outra política usada no domínio da CA do sujeito.

Atributos do certificado do sujeito e do emissor

Essas extensões admitem nomes alternativos, em formatos alternativos, para um sujeito ou emissor do certificado, e podem carregar informações adicionais sobre o sujeito do certificado, a fim de aumentar a confiança do usuário de que o sujeito do certificado é uma pessoa ou entidade em particular. Por exemplo, informações como endereço postal, cargo dentro de uma empresa ou fotografia podem ser exigidas.

Os campos de extensão nessa área incluem:

- **Nome alternativo do sujeito:** contém um ou mais nomes alternativos, usando qualquer uma de diversas formas. Esse campo é importante para dar suporte a certas aplicações, como correio eletrônico, EDI e IPSec, que podem empregar suas próprias formas de nome.

- **Nome alternativo do emissor:** contém um ou mais nomes alternativos, usando qualquer uma de diversas formas.

- **Atributos de diretório do sujeito:** transporta quaisquer valores de atributo de diretório X.500 para o sujeito desse certificado.

Restrições do caminho de certificação

Essas extensões permitem especificações de restrição aos certificados emitidos por CAs para outras CAs. As restrições podem limitar os tipos de certificado que envolvem CA ou criar uma cadeia subsequente deles.

Os campos de certificação nessa área abrangem:

- **Restrição básica:** indica se o tópico atua como uma CA. Se sim, uma restrição com a extensão do caminho para a certificação precisa ser especificada.

- **Restrição de nome:** indica um espaço para nome no qual todos aqueles dos tópicos em certificados subsequentes em um caminho de certificação devem ser localizados.

- **Restrição de política:** especifica restrições que talvez requeiram identificação explícita de políticas de certificado ou inibe o mapeamento de políticas para o restante do caminho da certificação.

14.5 INFRAESTRUTURA DE CHAVE PÚBLICA

A RFC 4949 (*Internet Security Glossary*) define a infraestrutura de chave pública (PKI, do acrônimo em inglês para *Public-Key Infrastructure*) como o conjunto de hardware, software, pessoas, políticas e procedimentos necessários para criar, gerenciar, armazenar, distribuir e revogar certificados digitais com base na criptografia assimétrica. O objetivo principal para desenvolver uma PKI é permitir a aquisição segura, conveniente e eficiente de chaves públicas. O grupo de trabalho Public Key Infrastructure X.509 (PKIX) da Internet Engineering Task Force (IETF) tem sido a força motriz por trás da preparação de um modelo formal (e genérico) baseado no X.509 que seja adequado para a implantação de uma arquitetura baseada em certificado na Internet. Esta seção descreve o modelo PKIX.

A Figura 14.17 mostra o inter-relacionamento entre os principais elementos do modelo PKIX. Esses elementos são:

Figura 14.17 Modelo arquitetônico do PKIX.

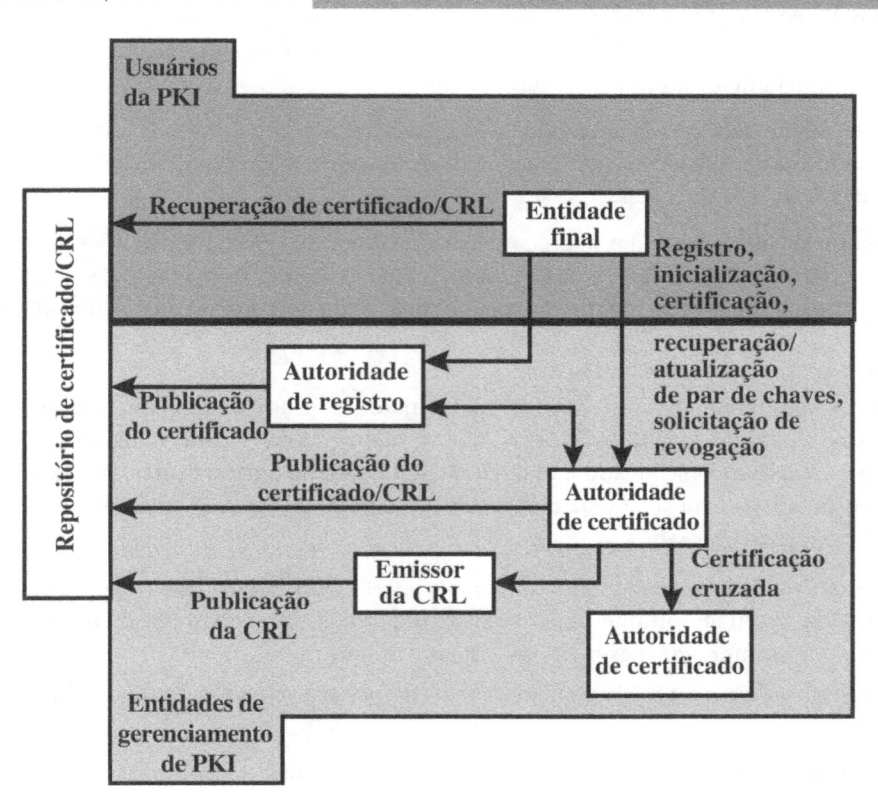

```
                    Usuários
                    da PKI

         ← Recuperação de certificado/CRL ──  Entidade
                                              final      Registro,
  Repositório                                            inicialização,
  de                                                     certificação,
  certificado/                     Autoridade            recuperação/
  CRL            ← Publicação      de registro           atualização
                   do certificado                        de par de chaves,
                                                         solicitação de
                                                         revogação
                 ← Publicação do              Autoridade
                   certificado/CRL            de certificado
                                    Emissor              Certificação
                 ← Publicação       da CRL               cruzada
                   da CRL                     Autoridade
                                              de certificado
         Entidades de
         gerenciamento
         de PKI
```

- **Entidade final:** um termo genérico usado para indicar os usuários finais, dispositivos (por exemplo, servidores, roteadores) ou qualquer outra entidade que possa ser identificada no campo de sujeito de um certificado de chave pública. As entidades finais normalmente consomem e/ou dão suporte a serviços relacionados à PKI.
- **Autoridade de certificação (CA):** o emissor dos certificados e (normalmente) listas de revogação de certificado (CRLs). Também pode dar suporte a diversas funções administrativas, embora estas geralmente sejam delegadas a uma ou mais Autoridades de Registro.
- **Autoridade de registro (RA):** um componente opcional que pode assumir diversas funções administrativas a partir da CA. A RA normalmente é associada ao processo de registro da Entidade Final, mas também pode auxiliar em várias outras áreas.
- **Emissor da CRL:** um componente opcional que uma CA pode delegar para publicar CRLs.
- **Repositório:** um termo genérico usado para indicar qualquer método que armazene certificados e CRLs de modo que possam ser recuperados por entidades finais.

Funções de gerenciamento do PKIX

PKIX identifica diversas funções de gerenciamento que potencialmente precisam ser admitidas pelos protocolos de gerenciamento. Estas são indicadas na Figura 14.17 e incluem o seguinte:

- **Registro:** esse é o processo pelo qual um usuário primeiro se torna conhecido a uma CA (diretamente, ou por meio de uma RA), antes que essa CA emita um certificado ou certificados para esse usuário. O registro inicia o processo de alistamento em uma PKI, e normalmente envolve algum procedimento off-line ou on-line para autenticação mútua. Em geral, a entidade final recebe uma ou mais chaves secretas compartilhadas para posterior autenticação.
- **Inicialização:** antes que um sistema cliente possa operar com segurança, é preciso instalar materiais da chave que possuem o relacionamento apropriado com as chaves armazenadas em outro lugar na infraestrutura. Por exemplo, o cliente precisa ser inicializado com segurança com a chave pública e outras informações garantidas da CA ou CAs confiáveis, para serem usadas na validação dos caminhos de certificação.

- **Certificação:** esse é o processo no qual uma CA emite um certificado para a chave pública de um usuário, e retorna esse certificado ao sistema cliente do usuário e/ou oposta em um repositório.

- **Recuperação do par de chaves:** os pares de chaves podem ser usados para dar suporte à criação e verificação de assinatura digital, encriptação e decriptação, ou ambos. Quando um par de chaves é usado para encriptação/decriptação, é importante oferecer um mecanismo para recuperar as chaves de decriptação necessárias quando o acesso normal ao material de chave não for mais possível, ou então não será possível recuperar os dados encriptados. A perda de acesso à chave de decriptação pode resultar de senhas/PINs esquecidos, unidades de disco adulteradas, danos a tokens de hardware, e assim por diante. A recuperação do par de chaves permite que as entidades finais restaurem seu par de chaves de encriptação/decriptação a partir de uma facilidade de backup de chave autorizada (normalmente, a CA que emitiu o certificado da Entidade Final).

- **Atualização do par de chaves:** todos os pares de chaves precisam ser atualizados regularmente (ou seja, substituídos por um novo) e novos certificados emitidos. A atualização é exigida quando o tempo de vida do certificado expira e como resultado da revogação do certificado.

- **Solicitação de revogação:** uma pessoa autorizada avisa a uma CA sobre uma situação anormal, exigindo revogação de certificado. Os motivos para revogação incluem comprometimento de chave privada, mudança na afiliação e troca de nome.

- **Certificação cruzada:** duas CAs trocam informações usadas no estabelecimento de um certificado cruzado. Um certificado cruzado é aquele emitido por uma CA para outra, que contém uma chave de assinatura da CA usada para emissão de certificados.

Protocolos de gerenciamento de PKIX

O grupo de trabalho PKIX define dois protocolos de gerenciamento alternativos entre entidades PKIX que admitem funções de gerenciamento listadas na subseção anterior. A RFC 2510 define os protocolos de gerenciamento de certificado (CMP, do acrônimo em inglês para *Certificate Management Protocol*). Dentro do CMP, cada uma das funções de gerenciamento é identificada explicitamente por trocas de protocolo específicas. CMP foi elaborado para ser um protocolo flexível, capaz de acomodar diversos modelos técnicos, operacionais e comerciais.

A RFC 2797 define mensagens de gerenciamento de certificado sobre CMS (CMC), onde CMS refere-se à RFC 2630, sintaxe de mensagem encriptada. CMC é baseado no trabalho anterior e tem como finalidade aproveitar as implementações existentes. Embora todas as funções PKIX sejam admitidas, nem todas elas possuem correspondência com trocas de protocolo específicas.

14.6 LEITURA RECOMENDADA

Um material profundo e essencial sobre os tópicos deste capítulo é o NIST SP800-57 em três volumes [BARK12, BARK05, BARK09]. [FUMY93] é um bom estudo dos princípios de gerenciamento de chave. Outro estudo interessante, que examina muitas técnicas de gerenciamento de chave, é [HEGL06].

[PERL99] analisa diversos modelos de confiança que podem ser usados em uma PKI. [GUTM02] destaca as dificuldades no uso de PKI e recomenda métodos para uma PKI eficaz.

BARK12 Barker, E., et al. Recommendation for Key Management—Part 1: General. NIST SP800-57, jun 2012.

BARK05 Barker, E., et al. Recommendation for Key Management—Part 2: Best Practices for Key Management Organization. NIST SP800-57, ago 2005.

BARK09 Barker, E., et al. Recommendation for Key Management—Part 3: Specific Key Management Guidance. NIST SP800-57, dez 2009.

FUMY93 Fumy, S. e Landrock, P. "Principles of Key Management". *IEEE Journal on Selected Areas in Communications*, jun 1993.

GUTM02 Gutmann, P. "PKI: It's Not Dead, Just Resting". *Computer*, ago 2002.

HEGL06 Hegland, A., et al. "A Survey of Key Management in Ad Hoc Networks". *IEEE Communications Surveys & Tutorials*. 3º trimestre de 2006.

PERL99 Perlman, R. "An Overview of PKI Trust Models". *IEEE Network*, nov/dez 1999.

14.7 PRINCIPAIS TERMOS, PERGUNTAS PARA REVISÃO E PROBLEMAS

Principais termos

ataque man-in-the-middle
centro de distribuição de chaves (CDC)
certificado de chave pública
certificado X.509
chave mestra
diretório de chave pública
distribuição de chave
encriptação de ponta a ponta
gerenciamento de chave
nonce

Perguntas para revisão

14.1 Liste maneiras como as chaves secretas podem ser distribuídas para duas partes em comunicação.
14.2 Qual é a diferença entre uma chave de sessão e uma mestra?
14.3 O que é um nonce?
14.4 O que é um centro de distribuição de chaves?
14.5 Quais são dois usos diferentes da criptografia de chave pública relacionados à distribuição de chave?
14.6 Liste quatro categorias gerais de esquemas para a distribuição de chaves públicas.
14.7 Quais são os ingredientes essenciais de um diretório de chave pública?
14.8 O que é um certificado de chave pública?
14.9 Quais são os requisitos para o uso de um esquema de certificado de chave pública?
14.10 Qual é a finalidade do padrão X.509?
14.11 O que é uma cadeia de certificados?
14.12 Como um certificado X.509 é revogado?

Problemas

14.1 Um vendedor de rede local oferece uma facilidade de distribuição de chave, conforme ilustrado na Figura 14.18.
   a. Descreva o esquema.
   b. Compare este esquema com o da Figura 14.3. Quais são os prós e os contras?

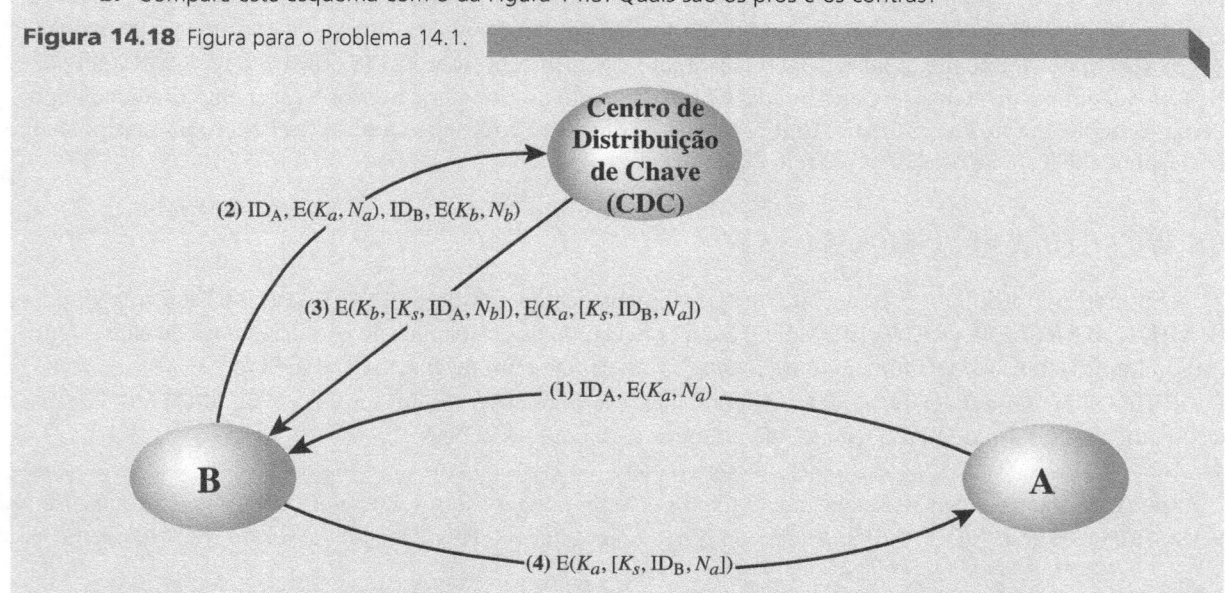

Figura 14.18 Figura para o Problema 14.1.

(2) $ID_A, E(K_a, N_a), ID_B, E(K_b, N_b)$

(3) $E(K_b, [K_s, ID_A, N_b]), E(K_a, [K_s, ID_B, N_a])$

(1) $ID_A, E(K_a, N_a)$

(4) $E(K_a, [K_s, ID_B, N_a])$

Centro de Distribuição de Chave (CDC)

B   A

14.2 "Estamos sob grande pressão, Holmes". O detetive Lestrade parecia estar nervoso. "Descobrimos que as cópias de documentos confidenciais do governo estão armazenadas em computadores de uma embaixada estrangeira aqui em Londres. Normalmente, esses documentos existem em formato eletrônico apenas em alguns computadores selecionados do governo, que satisfazem os requisitos de segurança mais rigorosos. Porém, às vezes elementos precisam ser enviados pela rede que conecta todos os computadores do governo. Mas todas as mensagens nessa rede são encriptadas usando um algoritmo de encriptação altamente secreto, certificado por nossos melhores especialistas em criptografia. Até mesmo a NSA e a KGB não conseguiram quebrá-lo. E agora esses documentos apareceram nas mãos de diplomatas de um país pequeno, insignificante em outros aspectos. E não temos ideia de como isso aconteceu".

"Mas você tem alguma suspeita de quem teria feito isso, não?" perguntou Holmes.

"Sim, fizemos alguma investigação de rotina. Há um homem que tem acesso legal a um dos computadores do governo e tem contatos frequentes com diplomatas da embaixada. Mas o computador ao qual ele tem acesso não é um dos computadores confiáveis onde esses documentos normalmente estão armazenados. Ele é o suspeito, mas não temos ideia de como ele poderia obter cópias dos documentos. Mesmo que ele pudesse obter uma cópia de um documento encriptado, não poderia decriptá-lo."

"Hmm, descreva-me o protocolo de comunicação usado na rede". Holmes abriu seus olhos, provando assim que havia acompanhado a conversa de Lestrade com uma atenção que contrastava com sua aparência sonolenta.

"Bem, o protocolo é o seguinte. Cada nó N da rede recebeu uma chave secreta exclusiva K_n. Essa chave é usada para proteger a comunicação entre o nó e um servidor de confiança. Ou seja, todas as chaves estão armazenadas também no servidor. O usuário A, querendo enviar uma mensagem secreta M para o usuário B, inicia o seguinte protocolo:

1. A gera um número aleatório R e envia ao servidor seu nome A, o destino B e $E(K_a, R)$.
2. O servidor responde enviando $E(K_b, R)$ a A.
3. A envia $E(R, M)$ junto com $E(K_b, R)$ a B.
4. B conhece K_b, e assim decripta $E(K_b, R)$, para obter R, e mais tarde usará R para decriptar $E(R, M)$ para obter M.

Você vê que uma chave aleatória é gerada toda vez que uma mensagem precisa ser enviada. Admito que o homem poderia interceptar mensagens enviadas entre os nós de confiança altamente secretos, mas não vejo como ele poderia decriptá-las".

"Bem, acho que você tem seu homem, Lestrade. O protocolo não é seguro porque o servidor não autentica os usuários que lhe enviam uma solicitação. Aparentemente, os projetistas do protocolo acreditaram que o envio de $E(K_x, R)$ autentica de forma implícita o usuário X como emissor, pois somente X (e o servidor) conhece K_x. Mas você sabe que $E(K_x, R)$ pode ser interceptado e reproduzido mais adiante. Quando você entende onde está a brecha, pode obter evidência suficiente monitorando o uso do computador ao qual o homem tem acesso. Provavelmente, ele trabalha assim. Depois de interceptar $E(K_a, R)$ e $E(R, M)$ (veja as etapas 1 e 3 do protocolo), o homem, que chamaremos de Z, continuará fingindo ser A e ...

Termine a frase para Holmes.

14.3 A versão do X.509 de 1988 lista propriedades que as chaves RSA precisam satisfazer para serem seguras, dado o conhecimento atual sobre a dificuldade de fatorar números grandes. A discussão conclui com uma restrição sobre o expoente público e o módulo n:

Deve-se garantir que $e > \log_2(n)$ para impedir o ataque tomando-se a raiz de ordem e mod n para revelar o texto claro.

Embora a restrição esteja correta, o motivo dado para exigi-la está incorreto. O que está errado com o motivo dado e qual é o correto?

14.4 Ache pelo menos um certificado de autoridade de certificação intermediária e um de autoridade de certificação raiz no seu computador (por exemplo, no navegador). Imprima telas capturadas das abas Geral e Detalhes para cada certificado.

14.5 O NIST define o termo criptoperíodo como o espaço de tempo durante o qual uma chave específica está autorizada para uso ou no qual determinado sistema ou aplicação pode permanecer em vigor. Um documento sobre gerenciamento de chave usa o seguinte diagrama de tempo para uma chave secreta compartilhada.

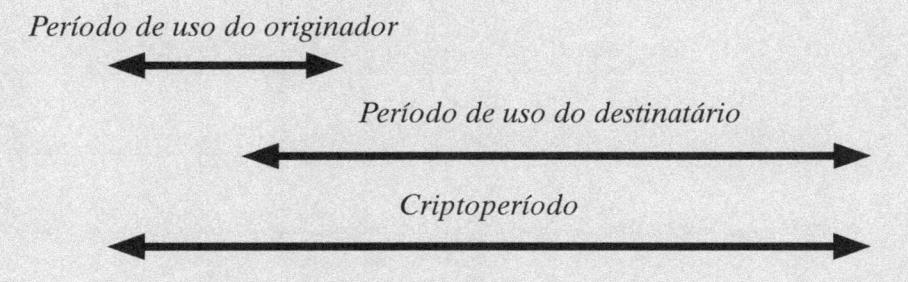

Período de uso do originador

Período de uso do destinatário

Criptoperíodo

Explique a sobreposição dando uma aplicação de exemplo na qual o período de uso do originador para a chave secreta compartilhada começa antes do período de uso do destinatário e também termina antes do período de uso dos destinatários.

14.6 Considere o protocolo a seguir, criado para permitir que A e B decidam sobre uma nova chave de sessão compartilhada K'_{AB}. Estamos supondo que eles já compartilham uma chave de longo prazo K_{AB}.
1. $A \rightarrow B:A, N_A$.
2. $B \rightarrow A:E(K_{AB}, [N_A, K'_{AB}])$
3. $A \rightarrow B:E(K'_{AB}, N_A)$

  a. Primeiro, tentamos entender o raciocínio do projetista do protocolo:
  — Por que A e B acreditariam, depois que o protocolo fosse executado, que eles compartilham K'_{AB} com a outra parte?
  — Por que eles acreditariam que essa chave compartilhada é nova?
  Nos dois casos, você deverá explicar os dois motivos de A e B, de modo que sua resposta deverá completar as sentenças
  A acredita que ela compartilha K'_{AB} com B porque...
  B acredita que ele compartilha K'_{AB} com A porque...
  A acredita que K'_{AB} é nova porque...
  B acredita que K'_{AB} é nova porque...
  b. Suponha agora que A começa a executar esse protocolo com B. Porém, a conexão é interceptada pelo adversário C. Mostre como C pode iniciar uma nova execução do protocolo usando reflexão, fazendo com que A acredite que combinou uma chave nova com B (apesar do fato de que ela só estava se comunicando com C). Assim, em particular, a crença em (a) é falsa.
  c. Proponha uma modificação do protocolo que impeça esse tipo de ataque.

14.7 Quais são os componentes principais de uma PKI? Descreva rapidamente cada um deles.

14.8 Explique os problemas com o gerenciamento de chave e como isso afeta a criptografia simétrica.

Nota: os problemas restantes lidam com o produto criptográfico desenvolvido pela IBM, que é descrito rapidamente em um documento no Website Premium Content deste livro (IBMCrypto.pdf). Tente resolver estes problemas depois de estudar o documento.

14.9 Qual é o efeito de acrescentar a instrução EMKi?

$$\text{EMK}_i: X \rightarrow E(KMH_i, X)\ i = 0, 1$$

14.10 Suponha que N sistemas diferentes usem o IBM Cryptographic Subsystem com chaves hospedeiras mestras KMH[i](i = 1, 2, ... N). Elabore um método para a comunicação entre os sistemas sem exigir que o sistema compartilhe uma chave mestra hospedeira comum ou divulgue suas chaves mestras hospedeiras individuais. *Dica:* cada sistema precisa de três variantes de sua chave mestra hospedeira.

14.11 O principal objetivo do IBM Cryptographic Subsystem é proteger a transmissão entre um terminal e o sistema de processamento. Elabore um procedimento, talvez incluindo instruções, que permitirá que o processador gere uma chave de sessão KS e a distribua ao Terminal i e ao Terminal j sem ter que armazenar uma variável equivalente a uma chave no hospedeiro.

Autenticação do usuário

15

TÓPICOS ABORDADOS

15.1 PRINCÍPIOS DE AUTENTICAÇÃO DE USUÁRIO REMOTO
Autenticação mútua
Autenticação de mão única

15.2 AUTENTICAÇÃO DE USUÁRIO REMOTO USANDO ENCRIPTAÇÃO SIMÉTRICA
Autenticação mútua
Autenticação de mão única

15.3 KERBEROS
Motivação
Kerberos versão 4
Kerberos versão 5

15.4 AUTENTICAÇÃO DE USUÁRIO REMOTO USANDO ENCRIPTAÇÃO ASSIMÉTRICA
Autenticação mútua
Autenticação de mão única

15.5 GERENCIAMENTO DE IDENTIDADES FEDERADAS
Gerenciamento de identidades
Federação de identidade

15.6 VERIFICAÇÃO DE IDENTIDADE PESSOAL
Modelo do sistema PIV
Documentação do sistema PIV
Credenciais e chaves do sistema PIV
Autenticação

15.7 LEITURA RECOMENDADA

15.8 PRINCIPAIS TERMOS, PERGUNTAS PARA REVISÃO E PROBLEMAS

OBJETIVOS DE APRENDIZAGEM

APÓS ESTUDAR ESTE CAPÍTULO, VOCÊ SERÁ CAPAZ DE:

☑ Entender a distinção entre identificação e verificação.
☑ Apresentar uma visão geral das técnicas para autenticação do usuário remoto usando encriptação simétrica.
☑ Fazer uma apresentação sobre Kerberos.
☑ Explicar as diferenças entre as versões 4 e 5 do Kerberos.
☑ Descrever o uso do Kerberos em múltiplos domínios.
☑ Apresentar uma visão geral das técnicas para autenticação de usuário remoto usando encriptação assimétrica.
☑ Compreender a necessidade de um sistema federado de gerenciamento de identidade.
☑ Explicar o uso de mecanismos de PIV como parte de um sistema de autenticação de usuário.

> *"Crachás? Não temos crachás! Não precisamos de crachás! Não tenho que lhe mostrar nenhum crachá nojento!"*
> — The Treasure of the Sierra Madre, 1948

Este capítulo examina algumas das funções de autenticação que foram desenvolvidas para dar suporte à autenticação de usuário baseada em rede. O capítulo começa com uma introdução a alguns dos conceitos e principais considerações para autenticação de usuário em uma rede ou pela Internet. A próxima seção examina os protocolos de autenticação do usuário que contam com a encriptação simétrica. Isso é seguido por uma seção sobre um dos serviços de autenticação mais antigos e ainda mais usados: Kerberos. Em seguida, o capítulo examina os protocolos de autenticação de usuário que contam com encriptação assimétrica. Isso é seguido por uma discussão do protocolo de autenticação de usuário X.509. Por fim, apresentamos o conceito de identidade federada.

15.1 PRINCÍPIOS DE AUTENTICAÇÃO DE USUÁRIO REMOTO

Na maior parte dos contextos de segurança de computadores, a autenticação do usuário é o bloco de montagem fundamental e a principal linha de defesa. A autenticação do usuário é a base para a maioria dos tipos de controle de acesso e para irretratabilidade do usuário. A RFC 4949 (*Internet Security Glossary*) define a autenticação do usuário conforme mostramos a seguir.

Por exemplo, o usuário Alice Toklas poderia ter o identificador de usuário ABTOKLAS. Essa informação precisa ser armazenada em qualquer servidor ou sistema de computador que Alice queira usar e poderia ser conhecido dos administradores do sistema e outros usuários. Um item típico de informação de autenticação com esse ID de usuário é uma senha, que é mantida secreta (conhecida apenas por Alice e pelo sistema). Se ninguém puder obter ou descobrir a senha de Alice, então a combinação do ID de usuário de Alice e a senha permite que os administradores montem as permissões de acesso de Alice e realizem a auditoria de sua atividade. Como o ID de Alice não é secreto, os usuários do sistema podem lhe enviar e-mail, mas como sua senha é secreta, ninguém pode fingir ser Alice.

> Autenticação é o processo de verificar uma identidade alegada por ou para uma entidade do sistema. Um processo de autenticação consiste em duas etapas:
>
> - **Etapa de identificação:** apresentar um identificador ao sistema de segurança. (Identificadores devem ser atribuídos com cuidado, pois as identidades autenticadas são a base para outros serviços de segurança, como o serviço do controle de acesso.)
> - **Etapa de verificação:** apresentar ou gerar informações de identificação que corroboram o vínculo entre a entidade e o identificador.

Basicamente, a identificação é o meio pelo qual um usuário oferece uma identidade alegada ao sistema; a autenticação do usuário é o meio de estabelecimento da validade da alegação. Observe que a autenticação do usuário é diferente da autenticação da mensagem. Conforme definimos no Capítulo 12, a autenticação da mensagem é um procedimento que permite que as partes que se comunicam verifiquem se o conteúdo de uma mensagem recebida não foi alterado e se a origem é autêntica. Este capítulo trata unicamente da autenticação do usuário.

Existem quatro meios gerais de autenticação da identidade de um usuário, que podem ser usados isoladamente ou em combinação:

- **Algo que o indivíduo sabe:** alguns exemplos são uma senha, um número de identificação pessoal (PIN, do acrônimo em inglês para *personal identification number*) ou respostas a um conjunto de perguntas pré-estipuladas.
- **Algo que o indivíduo possui:** alguns exemplos são chaves criptográficas, cartões de senha eletrônica, *smart cards* e chaves físicas. Esse tipo de autenticador é conhecido como um *token*.

- **Algo que o indivíduo é (biometria estática):** alguns exemplos são reconhecimento por impressão digital, retina e face.
- **Algo que o indivíduo faz (biometria dinâmica):** alguns exemplos são reconhecimento pelo padrão de voz, características de escrita manual e ritmo de digitação.

Todos esses métodos, devidamente implementados e usados, podem oferecer autenticação segura do usuário, porém, cada um tem seus problemas. Um adversário pode ser capaz de adivinhar ou roubar uma senha. De modo semelhante, ele pode ser capaz de forjar ou roubar um token. Um usuário pode se esquecer de uma senha ou perder um token. Além do mais, existe um grande overhead administrativo para gerenciar as informações de senha e token nos sistemas e proteger tais informações nos sistemas. Com relação aos autenticadores biométricos, existem vários problemas, incluindo o tratamento de falsos positivos e falsos negativos, aceitação do usuário, custo e conveniência. Para a autenticação do usuário baseada na rede, os métodos mais importantes envolvem chaves criptográficas e algo que o indivíduo sabe, como uma senha.

Autenticação mútua

Uma área de aplicação importante é a dos protocolos de autenticação mútua. Esses protocolos permitem que as partes se comunicando se satisfaçam mutuamente a respeito da identidade um do outro e troquem chaves de sessão. Esse assunto foi examinado no Capítulo 14. Lá, o foco era a distribuição de chaves. Retornamos a esse assunto aqui para considerar as implicações mais amplas da autenticação.

Existem duas questões centrais ao problema de troca de chave autenticada: confidencialidade e prontidão. Para evitar disfarce e impedir comprometimento das chaves de sessão, informações essenciais de identificação e chave de sessão precisam ser comunicadas de forma encriptada. Isso exige a existência anterior de chaves secretas e públicas que podem ser usadas para essa finalidade. A segunda questão, prontidão, é importante em decorrência da ameaça de replicações de mensagem. Essas replicações, no máximo, poderiam permitir que um oponente comprometesse uma chave de sessão ou personificasse outra parte com sucesso. No mínimo, uma replicação bem-sucedida pode interromper as operações apresentando às partes mensagens que parecem ser genuínas, mas não são.

[GONG93] lista os seguintes exemplos de **ataques de replicação**:

1. O ataque de replicação mais simples é aquele em que o oponente simplesmente copia uma mensagem e a replica mais tarde.
2. Um oponente pode replicar uma estampa de tempo dentro de uma janela de tempo válida. Se o original e a replicação chegarem dentro dessa janela de tempo, esse incidente pode ser registrado em log.
3. Como no exemplo (2), um oponente pode replicar uma mensagem com estampa de tempo dentro da janela de tempo válida mas, além disso, ele suprime a mensagem original. Assim, a repetição não pode ser detectada.
4. Outro ataque envolve uma replicação inversa sem modificação. Essa é uma replicação de volta ao emissor da mensagem. Esse ataque é possível se a encriptação simétrica for usada e o emissor não puder reconhecer facilmente a diferença entre mensagens enviadas e recebidas com base no conteúdo.

Uma técnica para lidar com ataques de replicação é conectar um número sequencial a cada mensagem usada em uma troca de autenticação. Uma nova mensagem é aceita somente se seu número de sequência estiver na ordem correta. A dificuldade com essa técnica é que ela exige que uma parte registre o último número de sequência para cada requerente com quem precisa lidar. Devido a esse overhead, os números de sequência geralmente não são usados para autenticação e troca de chave. Em vez disso, uma das duas técnicas gerais a seguir é utilizada:

- **Estampas de tempo:** a parte A aceita uma mensagem como nova somente se ela tiver uma **estampa de tempo** que, no julgamento de A, é próxima o suficiente do conhecimento de A da hora atual. Essa técnica exige que os relógios entre os diversos participantes estejam sincronizados.
- **Desafio/resposta:** a parte A, esperando uma mensagem nova de B, primeiro envia a B um **nonce** (desafio) e exige que a mensagem subsequente (resposta) recebida de B contenha o valor de nonce correto.

Pode-se argumentar (por exemplo, [LAM92a]) que a técnica de estampa de tempo não deve ser usada para aplicações orientadas a conexão, por causa das dificuldades inerentes a essa técnica. Primeiro, algum tipo de protocolo é necessário para manter sincronismo entre os diversos relógios de processador. Esse protocolo precisa ser tolerante a falhas, lidar com erros de rede e ser seguro, para enfrentar ataques hostis. Segundo, a oportunidade para um ataque bem-sucedido surgirá se houver uma perda temporária de sincronismo resultante de uma falha no mecanismo de relógio de uma das partes. Por fim, por conta da natureza variável e imprevisível dos atrasos da rede, os relógios distribuídos não podem manter sincronismo preciso. Portanto, qualquer procedimento baseado em estampa de tempo precisa permitir uma janela de tempo suficientemente grande para acomodar atrasos de rede ainda que suficientemente pequenos para minimizar a oportunidade de ataque.

Por outro lado, a técnica de desafio-resposta é inadequada para um tipo de aplicação sem conexão, pois requer o overhead de um *handshake* antes de qualquer transmissão sem conexão, efetivamente negando a principal característica de uma transação sem conexão. Para essas aplicações, contar com algum tipo de servidor de tempo seguro e uma tentativa coerente por cada parte, a fim de manter seus relógios em sincronismo, pode ser a melhor abordagem (por exemplo, [LAM92b]).

Autenticação de mão única

Uma aplicação para a qual a encriptação está crescendo em popularidade é o correio eletrônico (e-mail). A própria natureza do correio eletrônico, e seu principal benefício, é que não é preciso que emissor e receptor estejam on-line ao mesmo tempo. Em vez disso, a mensagem de e-mail é encaminhada à caixa de correio eletrônica do receptor, onde é mantida em buffer até que o receptor esteja disponível para lê-la.

O "envelope" ou cabeçalho da mensagem de e-mail precisa estar às claras, para que a mensagem possa ser entregue pelo protocolo de armazenamento e encaminhamento do e-mail, como o Simple Mail Transfer Protocol (SMTP) ou X.400. Porém, normalmente é desejável que o protocolo de tratamento de correio não exija acesso ao formato de texto claro da mensagem, pois isso exigiria confiar no mecanismo de tratamento de correio. Por conseguinte, a mensagem de e-mail deverá ser encriptada de modo que o sistema de tratamento de correio não esteja de posse da chave de decriptação.

Um segundo requisito é o de **autenticação**. Normalmente, o destinatário deseja alguma garantia de que a mensagem é do emissor alegado.

15.2 AUTENTICAÇÃO DE USUÁRIO REMOTO USANDO ENCRIPTAÇÃO SIMÉTRICA

Autenticação mútua

Conforme discutimos no Capítulo 14, uma hierarquia de dois níveis de chaves de encriptação simétricas pode ser usada para fornecer confidencialidade para a comunicação em um ambiente distribuído. Em geral, essa estratégia envolve o uso de um centro de distribuição de chave (CDC) confiável. Cada parte na rede compartilha uma chave secreta, conhecida como chave mestra, com o CDC. O CDC é responsável por gerar chaves a serem usadas por pouco tempo sobre uma conexão entre duas partes, conhecidas como chaves de sessão, e por distribuir essas chaves usando as chaves mestras para proteger a distribuição. Essa técnica é muito comum. Como um exemplo, examinamos o sistema Kerberos na Seção 15.3. A discussão nesta subseção é relevante para o entendimento dos mecanismos do Kerberos.

A Figura 14.3 ilustra uma proposta apresentada inicialmente por Needham e Schroeder [NEED78] para distribuição de chave secreta usando um CDC que, conforme mencionamos no Capítulo 14, inclui características de autenticação. O protocolo pode ser resumido da seguinte forma:[1]

1. A → CDC: $ID_A \| ID_B \| N_1$
2. CDC → A: $E(K_a, [K_s \| ID_B \| N_1 \| E(K_b, [K_s \| ID_A])])$
3. A → B: $E(K_b, [K_s \| ID_A])$
4. B → A: $E(K_s, N_2)$
5. A → B: $E(K_s, f(N_2))$

---

[1] A parte à esquerda do sinal de dois pontos indica o emissor e o receptor; a parte à direita indica o conteúdo da mensagem; o símbolo ‖ indica concatenação.

As chaves secretas K_a e K_b são compartilhadas entre A e o CDC, e B e o CDC, respectivamente. A finalidade do protocolo é distribuir uma chave de sessão K_s com segurança para A e B. A adquire com segurança uma nova chave de sessão na etapa 2. A mensagem na etapa 3 pode ser decriptada, e portanto entendida, apenas por B. A etapa 4 reflete o conhecimento de B quanto a K_s e a etapa 5 garante a B o conhecimento de K_s por A, garantindo a B que essa é uma mensagem nova, por causa do uso do nonce N_2. Lembre-se, pela nossa discussão no Capítulo 14, que a finalidade das etapas 4 e 5 é impedir um certo tipo de ataque de replicação. Em particular, se um oponente for capaz de capturar a mensagem na etapa 3 e replicá-la, isso poderia de alguma forma interromper as operações em B.

Apesar do *handshake* das etapas 4 e 5, o protocolo ainda é vulnerável a uma forma de ataque de replicação. Suponha que um oponente, X, seja capaz de comprometer uma chave de sessão antiga. Evidentemente, essa é uma ocorrência muito menos provável do que a de um oponente ter simplesmente observado e registrado a etapa 3. Apesar disso, esse é um risco de segurança em potencial. X pode personificar A e enganar B para usar a chave antiga simplesmente replicando a etapa 3. A menos que B se lembre indefinidamente de todas as chaves de sessão anteriores usadas com A, B não poderá determinar que essa é uma replicação. Se X puder interceptar a mensagem de *handshake* na etapa 4, então ele pode personificar a resposta de A na etapa 5. A partir desse ponto, X pode enviar mensagens falsas para B, que aparecem a ele como se viessem de A usando uma chave de sessão autenticada.

Denning [DENN81, DENN82] propõe contornar essa deficiência com uma modificação no protocolo de Needham/Schroeder, que inclui a adição de uma estampa de tempo às etapas 2 e 3. Sua proposta assume que as chaves mestras, K_a e K_b, são seguras, e consiste nas seguintes etapas:

1. A → CDC: $ID_A \| ID_B$
2. CDC → A: $E(K_a, [K_s \| ID_B \| T \| E(K_b, [K_s \| ID_A \| T])])$
3. A → B: $E(K_b, [K_s \| ID_A \| T])$
4. B → A: $E(K_s, N_1)$
5. A → B: $E(K_s, f(N_1))$

T é uma estampa de tempo que garante a A e B que a chave de sessão acabou de ser gerada. Assim, tanto A quanto B sabem que a distribuição de chave é uma troca nova. A e B podem analisar a atualidade dos dados verificando se

$$|\text{Clock} - T| < \Delta t_1 + \Delta t_2$$

onde Δt_1 é a discrepância normal estimada entre o relógio do CDC e o relógio local (em A ou B) e Δt_2 é o tempo do atraso de rede esperado. Cada nó pode definir seu relógio usando alguma fonte de referência padrão. Como a estampa de tempo T está encriptada usando as chaves mestras seguras, um oponente, mesmo com o conhecimento de uma chave de sessão antiga, não pode ter sucesso, pois uma replicação da etapa 3 será detectada por B como não atual.

Um último ponto: as etapas 4 e 5 não foram incluídas na apresentação original [DENN81], mas sim depois [DENN82]. Essas etapas confirmam o recebimento da chave de sessão em B.

O protocolo de Denning parece oferecer um maior grau de segurança em comparação com o protocolo de Needham/Schroeder. Porém, surge uma nova preocupação: a saber, que esse novo esquema depende de relógios sincronizados pela rede. [GONG92] aponta um risco envolvido. O risco é baseado no fato de que os relógios distribuídos podem perder o sincronismo como resultado de sabotagem ou falhas nos relógios ou no mecanismo de sincronismo.[2] O problema ocorre quando o relógio de um emissor estiver adiantado em relação ao relógio do destinatário desejado. Nesse caso, um oponente pode interceptar uma mensagem do emissor e replicá-la mais adiante, quando a estampa de tempo na mensagem se tornar atual no local do destinatário. Essa replicação poderia causar resultados inesperados. Gong refere-se a esses ataques como **ataques de supressão-replicação**.

Um modo de impedir ataques de supressão-replicação é impor o requisito de que as partes verifiquem regularmente seus relógios contra o do CDC. A outra alternativa, que evita a necessidade de sincronismo de relógio, é contar com os protocolos de *handshaking* usando nonces. Essa última alternativa não é vulnerável

---

[2] Essas coisas podem acontecer e acontecem. Nos últimos anos, chips com defeitos foram usados em diversos computadores e outros sistemas eletrônicos para acompanhar hora e data. Os chips tinham uma tendência a avançar um dia [NEUM90].

a um ataque de supressão-replicação, pois os nonces que o destinatário escolherá no futuro são imprevisíveis ao emissor. O protocolo de Needham/Schroeder conta apenas com nonces, mas, como vimos, possui outras vulnerabilidades.

Em [KEHN92], há uma tentativa de responder aos problemas sobre ataques de supressão-replicação e ao mesmo tempo consertar os problemas no protocolo de Needham/Schroeder. Posteriormente, foi observada uma inconsistência nesse último protocolo, e uma estratégia melhorada foi apresentada em [NEUM93a].[3] O protocolo é o seguinte:

1. A → B: $ID_A \| N_a$
2. B → CDC: $ID_B \| N_b \| E(K_b, [ID_A \| N_a \| T_b])$
3. CDC → A: $E(K_a, [ID_B \| N_a \| K_s \| T_b]) \| E(K_b, [ID_A \| K_s \| T_b]) \| N_b$
4. A → B: $E(K_b, [ID_A \| K_s \| T_b]) \| E(K_s, N_b)$

Vamos acompanhar essa troca passo a passo:

1. A inicia a troca de autenticação gerando um nonce, N_a, e enviando isso mais seu identificador para B em texto claro. Esse nonce será retornado a A em uma mensagem encriptada, que inclui a chave da sessão, garantindo a atualidade dos dados para A.

2. B alerta o CDC de que uma chave de sessão é necessária. Sua mensagem para o CDC inclui seu identificador e um nonce, N_b. Esse nonce será retornado a B em uma mensagem encriptada, que inclui a chave da sessão, garantindo a atualidade de dados para B. A mensagem de B para o CDC também inclui um bloco encriptado com a chave secreta compartilhada por B e o CDC. Esse bloco é usado para instruir o CDC a emitir credenciais a A; o bloco especifica o destinatário intencionado quanto às credenciais, um tempo de expiração sugerido para elas e o nonce recebido de A.

3. O CDC passa para A o nonce de B e um bloco encriptado com a chave secreta que B compartilha com o CDC. O bloco serve como um "ticket" que pode ser usado por A para autenticações subsequentes, conforme veremos. O CDC também envia para A um bloco encriptado com a chave secreta compartilhada por A e o CDC. Esse bloco verifica se B recebeu a mensagem inicial de A (ID_B) e se essa é uma mensagem atual e não uma replicação (N_a), e oferece a A uma chave de sessão (K_s) e o limite de tempo sobre seu uso (T_b).

4. A transmite o ticket para B, junto com o nonce de B, com este último encriptado com a chave da sessão. O ticket oferece a B a chave secreta que é usada para decriptar $E(K_s, N_b)$ para recuperar o nonce. O fato de o nonce de B estar encriptado com a chave de sessão autentica que a mensagem veio de A e não é uma replicação.

Esse protocolo oferece um meio eficaz e seguro para A e B estabelecerem uma sessão com uma chave de sessão segura. Além disso, o protocolo deixa A em posse de uma chave que pode ser usada para autenticação subsequente para B, evitando a necessidade de contatar o servidor de autenticação repetidamente. Suponha que A e B estabeleçam uma sessão usando o protocolo mencionado e depois terminem essa sessão. Posteriormente, mas dentro do limite de tempo estabelecido pelo protocolo, A deseja uma nova sessão com B. O resultado é o seguinte protocolo:

1. A → B: $E(K_b, [ID_A \| K_s \| T_b]) \| N'_a$
2. B → A: $N'_b \| E(K_s, N'_a)$
3. A → B: $E(K_s, N'_b)$

Quando B recebe a mensagem na etapa 1, ele verifica se o ticket não expirou. Os nonces recém-gerados N_a e N'_b garantem a cada parte que não existe um ataque de replicação.

Em todo o texto anterior, o tempo especificado em T_b é relativo ao relógio de B. Assim, essa estampa de tempo não exige relógios sincronizados, pois B só verifica estampas de tempo geradas por si mesmo.

---

[3] É realmente difícil acertar essas coisas.

Autenticação de mão única

Usando a encriptação simétrica, o cenário de distribuição descentralizada de chaves, ilustrado na Figura 14.5, é impraticável. Esse esquema exige que o emissor emita uma solicitação para o destinatário desejado, espere uma resposta que inclua uma chave de sessão e somente então envie a mensagem.

Com alguma melhoria, a estrutura do CDC, ilustrada na Figura 14.3, é candidata para correio eletrônico encriptado. Como queremos evitar exigir que o destinatário (B) esteja on-line ao mesmo tempo que o emissor (A), as etapas 4 e 5 precisam ser eliminadas. Para uma mensagem com conteúdo M, a sequência é a seguinte:

1. A → CDC: $ID_A \| ID_B \| N_1$
2. CDC → A: $E(K_a, [K_s \| ID_B \| N_1 \| E(K_b, [K_s \| ID_A])])$
3. A → B: $E(K_b, [K_s \| ID_A]) \| E(K_s, M)$

Essa técnica garante que somente o destinatário intencionado de uma mensagem poderá lê-la. Isso também oferece um nível de autenticação de que o emissor é A. Conforme especificado, o protocolo não protege contra replicações. Alguma medida de defesa poderia ser fornecida incluindo-se uma estampa de tempo com a mensagem. Porém, por conta dos atrasos em potencial no processo de e-mail, essas estampas de tempo podem ter utilidade limitada.

15.3 KERBEROS

Kerberos[4] é um serviço de autenticação desenvolvido como parte do Projeto Athena no MIT. O problema que o Kerberos resolve é o seguinte. Considere um ambiente distribuído aberto, em que os usuários nas estações de trabalho desejam acessar serviços nos servidores distribuídos pela rede. Gostaríamos que os servidores pudessem restringir o acesso a usuários autorizados e pudessem autenticar as solicitações de serviço. Nesse ambiente, uma estação de trabalho não pode ser confiável para identificar seus usuários corretamente com serviços da rede. Em particular, existem as três ameaças a seguir:

1. Um usuário pode ganhar acesso a determinada estação de trabalho e fingir ser outro usuário operando a partir dessa estação de trabalho.
2. Um usuário pode alterar o endereço de rede de uma estação de trabalho de modo que as solicitações enviadas a partir dela pareçam vir da estação de trabalho personificada.
3. Um usuário pode espionar as trocas e usar um ataque de replicação para entrar em um servidor ou interromper as operações.

Em qualquer um desses casos, um usuário não autorizado pode ser capaz de obter acesso a serviços e dados que ele não está autorizado a acessar. Em vez de se basear em protocolos de autenticação elaborados em cada servidor, Kerberos oferece um servidor de autenticação centralizado, cuja função é autenticar usuários aos servidores e os servidores aos usuários. Diferente da maioria dos outros esquemas de autenticação descritos neste livro, Kerberos conta exclusivamente com a encriptação simétrica, não utilizando encriptação de chave pública.

Duas versões do Kerberos são bastante utilizadas. Implementações da versão 4 [MILL88, STEI88] ainda existem. A versão 5 [KOHL94] corrige algumas das deficiências de segurança da versão 4 e foi emitida como um Internet Standard (RFC 4120 e RFC 4121).[5]

Começamos esta seção com uma rápida discussão da motivação para a técnica do Kerberos. Depois, por conta das complexidades do Kerberos, é melhor começar com uma descrição do protocolo de autenticação utilizado na versão 4. Isso nos permitirá ver a essência da estratégia do Kerberos sem considerar alguns dos detalhes exigidos para lidar com ameaças de segurança sutis. Finalmente, examinamos a versão 5.

---

[4] "Em mitologia grega, um cão de muitas cabeças, normalmente três, talvez com um rabo de serpente, o guardião da entrada do Hades". Em *Dictionary of Subjects and Symbols in Art*, de James Hall, Harper & Row, 1979. Assim como o Kerberos grego tem três cabeças, o Kerberos moderno foi idealizado com três componentes para proteger as portas de uma rede: autenticação, irretratabilidade e auditoria. As duas últimas cabeças nunca foram implementadas.

[5] As versões de 1 a 3 foram versões internas de desenvolvimento. A versão 4 é o Kerberos "original".

Motivação

Se um conjunto de usuários dispor de computadores pessoais dedicados que não possuem conexão em rede, então os recursos e arquivos de um usuário poderão ser protegidos pela segurança física de cada computador pessoal. Quando esses usuários, em vez disso, são atendidos por um sistema centralizado de tempo compartilhado, este precisa oferecer segurança. O sistema operacional pode impor políticas de controle de acesso com base na identidade do usuário e usar o procedimento de logon para identificar os usuários.

Hoje, nenhum desses cenários é típico. Mais comum é uma arquitetura distribuída consistindo em estações de trabalho de usuário dedicadas (clientes) e servidores distribuídos ou centralizados. Nesse ambiente, três técnicas de segurança podem ser identificadas:

1. Contar com cada estação de trabalho de cliente individual para garantir a identidade de seu usuário ou usuários e contar com cada servidor para impor uma política de segurança com base na identificação do usuário (ID).
2. Exigir que os sistemas clientes se autentiquem aos servidores, mas confiar no sistema cliente com relação à identidade de seu usuário.
3. Exigir que o usuário prove sua identidade para cada serviço invocado. Além disso, exigir que os servidores provem sua identidade aos clientes.

Em um ambiente pequeno e fechado, em que todos os sistemas pertencem e são operados por uma única organização, a primeira ou talvez a segunda estratégia podem ser suficientes.[6] Mas, em um ambiente mais aberto, em que as conexões de rede com outras máquinas são admitidas, a terceira técnica é necessária para proteger informações de usuário e os recursos abrigados no servidor. Kerberos admite essa terceira técnica. Kerberos assume uma arquitetura cliente/servidor distribuída e emprega um ou mais servidores Kerberos para oferecer um serviço de autenticação.

O primeiro relatório publicado sobre Kerberos [STEI88] listou os seguintes requisitos:

- **Seguro:** um espião da rede não poderá obter a informação necessária para personificar um usuário. Em geral, Kerberos deverá ser forte o suficiente para que um oponente em potencial não o considere o elo mais fraco.
- **Confiável:** para todos os serviços que contam com Kerberos para controle de acesso, a falta de disponibilidade do serviço Kerberos significa falta de disponibilidade dos serviços suportados. Logo, Kerberos deverá ser altamente confiável e, além de empregar uma arquitetura de servidor distribuída, com cada sistema sendo capaz de substituir outro.
- **Transparente:** o ideal é que o usuário não esteja ciente de que a autenticação está ocorrendo, além do requisito da entrada de uma senha.
- **Expansível:** o sistema deverá ser capaz de admitir grandes quantidades de clientes e servidores. Isso sugere uma arquitetura modular, distribuída.

Para dar suporte a esses requisitos, o esquema geral do Kerberos é o de um serviço de autenticação de terceiros confiável, que usa um protocolo baseado naquele proposto por Needham e Schroeder [NEED78], discutido na Seção 15.2. Ele é confiável no sentido de que os clientes e os servidores confiam no Kerberos para mediar mútua autenticação. Supondo que o protocolo Kerberos seja bem projetado, então o serviço de autenticação é seguro se o próprio servidor Kerberos for seguro.[7]

---

[6] Porém, até mesmo um ambiente fechado sofre a ameaça de ataque por um funcionário descontente.

[7] Lembre-se de que a segurança do servidor Kerberos não deve ser assumida automaticamente, mas deve ser protegida com cuidado (por exemplo, em uma sala trancada). É bom lembrar o destino do Kerberos grego, a quem Euristeu ordenou a Hércules que capturasse em seu décimo segundo trabalho: "Hércules encontrou o grande cão em sua corrente e o agarrou pela garganta. Imediatamente, as três cabeças tentaram atacar, e Kerberos chicoteou com seu poderoso rabo. Hércules o agarrou cruelmente, e Kerberos relaxou inconsciente. Euristeu pode ter ficado surpreso ao ver Hércules vivo – quando viu as três cabeças babando e o imenso cão a quem pertenciam, ele muito se assustou, e pulou para a segurança do seu grande jarro de bronze". Em *The Hamlyn Concise Dictionary of Greek and Roman Mythology*, de Michael Stapleton, Hamlyn, 1982.

Kerberos versão 4

A versão 4 do Kerberos utiliza o DES, em um protocolo um tanto complicado, para oferecer o serviço de autenticação. Vendo o protocolo como um todo, é difícil ver a necessidade dos muitos elementos lá contidos. Portanto, adotamos uma estratégia usada por Bill Bryant do Projeto Athena [BRYA88] e chegamos até o protocolo inteiro examinando primeiro os diversos diálogos hipotéticos. Cada diálogo sucessivo aumenta a complexidade para atacar as vulnerabilidades de segurança reveladas no diálogo anterior.

Depois de examinar o protocolo, vemos alguns outros aspectos da versão 4.

Um diálogo de autenticação simples

Em um ambiente de rede desprotegido, qualquer cliente pode solicitar serviço de qualquer servidor. O risco de segurança óbvio é o de personificação. Um oponente pode fingir ser outro cliente e obter privilégios não autorizados nas máquinas servidoras. Para frustrar essa ameaça, os servidores precisam ser capazes de confirmar as identidades dos clientes que solicitam o serviço. Cada servidor pode ter que passar por essa tarefa a cada interação entre cliente/servidor, mas, em um ambiente aberto, isso coloca um peso substancial sobre cada servidor.

Uma alternativa é usar um servidor de autenticação (AS – *Authentication Server*) que conheça as senhas de todos os usuários e as armazene em um banco de dados centralizado. Além disso, o AS compartilha uma chave secreta exclusiva com cada servidor. Essas chaves foram distribuídas fisicamente ou de alguma outra maneira segura. Considere o seguinte diálogo hipotético:

(1) C → AS: $ID_C \| P_C \| ID_V$

(2) AS → C: *Ticket*

(3) C → V: $ID_C \| Ticket$

$Ticket = E(K_v, [ID_C \| AD_C \| ID_V])$

onde

    C   = cliente

    AS = servidor de autenticação

    V   = servidor

    ID_C = identificador do usuário em C

    ID_V = identificador de V

    P_C = senha do usuário em C

    AD_C = endereço de rede de C

    K_v = chave de encriptação secreta compartilhada por AS e V

Nesse cenário, o usuário efetua o logon em uma estação de trabalho e solicita acesso ao servidor V. O módulo cliente C na estação de trabalho do usuário solicita a senha dele e depois envia uma mensagem ao AS, que inclui a ID do usuário, a ID do servidor e a senha do usuário. O AS verifica seu banco de dados para saber se o usuário forneceu a senha correta para essa ID de usuário e se ele tem permissão para acessar o servidor V. Se os dois testes passarem, o AS aceita o usuário como autêntico e agora precisa convencer o servidor de que ele é autêntico. Para fazer isso, o AS cria um **ticket** que contém a ID e o endereço de rede do usuário e a ID do servidor. Esse ticket é encriptado usando a chave secreta compartilhada pelo AS e por esse servidor. Esse ticket é então enviado de volta a C. Como o ticket é encriptado, ele não pode ser alterado por C ou por um oponente.

Com esse ticket, C pode agora solicitar o serviço de V. C envia a mensagem a V contendo a ID de C e o ticket. V decripta o ticket e verifica se a ID do usuário no ticket é a mesma que a ID do usuário não encriptado na mensagem. Se os dois conincidirem, o servidor considera o usuário autenticado e concede o serviço solicitado.

Cada um dos ingredientes da mensagem (3) é significativo. O ticket é encriptado para impedir alteração ou falsificação. A ID do servidor (ID_V) é incluído no ticket, para que o servidor possa verificar se decriptou o ticket corretamente. ID_C é incluído no ticket para indicar que ele foi emitido em favor de C. Por fim, AD_C serve para frustrar a seguinte ameaça. Um oponente poderia capturar o ticket transmitido na mensagem (2), depois usar o nome ID_C e transmitir uma mensagem na forma (3) a partir de outra estação de trabalho. O servidor receberia um ticket válido, que combina com a ID do usuário, e concederia acesso a ele nessa outra estação de trabalho. Para impedir esse ataque, o AS inclui no ticket o endereço de rede do qual veio a solicitação original. Agora, o ticket só é válido se for transmitido da mesma estação de trabalho que solicitou o ticket inicialmente.

Um diálogo de autenticação mais seguro

Embora o cenário anterior solucione alguns dos problemas de autenticação em um ambiente de rede aberto, alguns deles permanecem. Dois em particular se destacam. Primeiro, gostaríamos de minimizar o número de vezes que um usuário precisa entrar com uma senha. Suponha que cada ticket só possa ser usado uma vez. Se o usuário C efetuar o logon em uma estação de trabalho de manhã e quiser verificar seu e-mail em um servidor de e-mails, C precisa fornecer uma senha para obter um ticket para o servidor de e-mails. Se C quiser verificar seus e-mails várias vezes durante o dia, cada tentativa irá requerer a reentrada da senha. Podemos melhorar as coisas dizendo que os tickets são reutilizáveis. Para uma única sessão de logon, a estação de trabalho pode armazenar o ticket do servidor de e-mails depois de tê-lo recebido e usado em favor do usuário em múltiplos acessos ao servidor de e-mails.

Porém, sob esse esquema, um usuário continua precisando de um novo ticket para cada serviço diferente. Se um usuário quisesse acessar um servidor de impressão, um servidor de e-mails, um servidor de arquivos e assim por diante, a primeira instância de cada acesso exigiria um novo ticket e, portanto, exigiria que o usuário entrasse com a senha.

O segundo problema é que o cenário anterior envolveu uma transmissão de texto claro da senha [mensagem (1)]. Um espião poderia capturar a senha e usar qualquer serviço acessível à vítima.

Para resolver esses problemas adicionais, introduzimos um esquema para evitar senhas de texto claro e um novo servidor, conhecido como **servidor de concessão de ticket** (TGS, do acrônimo em inglês para *ticket-granting server*). O novo cenário, porém ainda hipotético, é o seguinte:

Uma vez por sessão de logon do usuário:

(1) C → AS: $ID_C \| ID_{tgs}$

(2) AS → C: $E(K_c, Ticket_{tgs})$

Uma vez por tipo de serviço:

(3) C → TGS: $ID_C \| ID_V \| Ticket_{tgs}$

(4) TGS → C: $Ticket_v$

Uma vez por sessão de serviço:

(5) C → V: $ID_C \| Ticket_v$

$Ticket_{tgs} = E(K_{tgs}, [ID_C \| AD_C \| ID_{tgs} \| TS_1 \| Lifetime_1])$

$Ticket_v = E(K_v, [ID_C \| AD_C \| ID_v \| TS_2 \| Lifetime_2])$

O novo serviço, TGS, emite tickets aos usuários que foram autenticados no AS. Assim, o usuário primeiro solicita um ticket de concessão de ticket ($Ticket_{tgs}$) a partir do AS. O módulo cliente na estação de trabalho do usuário salva esse ticket. Toda vez que o usuário requer acesso a um novo serviço, o cliente se submete ao TGS, usando o ticket para se autenticar. O TGS, então, concede um ticket para o serviço em particular. O cliente salva cada ticket de concessão de serviço e o utiliza para autenticar seu usuário a um servidor toda vez que um serviço em particular for solicitado. Vamos examinar os detalhes desse esquema:

1. O cliente solicita um ticket de concessão de ticket em favor do usuário enviando sua ID de usuário e senha para o AS, junto com a ID do TGS, indicando uma solicitação para usar o serviço do TGS.

2. O AS responde com um ticket que é encriptado com uma chave que é derivada da senha do usuário (K_c). Quando essa resposta chega no cliente, ele pede a senha do usuário, gera a chave e tenta decriptar a mensagem que chega. Se a senha correta for fornecida, o ticket será recuperado com sucesso.

Como apenas o cliente correto deverá conhecer a senha, apenas o usuário correto poderá recuperar o ticket. Assim, usamos a senha para obter credenciais do Kerberos sem ter que transmitir a senha em texto claro. O próprio ticket consiste na ID e endereço de rede do usuário, e a ID do TGS. Isso corresponde ao primeiro cenário. A ideia é que o cliente possa usar esse ticket para solicitar vários tickets de concessão de serviço. Assim, o ticket de concessão de ticket deve ser reutilizável. Porém, não queremos que um oponente seja capaz de capturar o ticket e usá-lo. Considere o cenário a seguir. Um oponente captura o ticket de login e espera até que o usuário efetue um logoff de sua estação de trabalho. Depois, o oponente ganha acesso a essa estação de trabalho ou configura a sua estação com o mesmo endereço de rede da vítima. O oponente poderia reutilizar o ticket para enganar o TGS. Para impedir isso, o ticket inclui uma estampa de tempo, indicando a data e a hora em que o ticket foi emitido, e um tempo de vida, indicando o tempo pelo qual o ticket é válido (por exemplo, oito horas). Assim, o cliente agora possui um ticket reutilizável e não precisa incomodar o usuário solicitando uma senha a cada nova solicitação de serviço. Finalmente, observe que o ticket de concessão de ticket é encriptado com uma chave secreta conhecida apenas do AS e do TGS. Isso impede a alteração do ticket. O ticket é re-encriptado com uma chave, com base na senha do usuário. Isso garante que o ticket possa ser recuperado apenas pelo usuário correto, oferecendo a autenticação.

Agora que o cliente tem um ticket de concessão de ticket, o acesso a qualquer servidor pode ser obtido com as etapas 3 e 4:

3. O cliente solicita um ticket de concessão de serviço em favor do usuário. Para essa finalidade, o cliente transmite uma mensagem ao TGS contendo a ID do usuário, a ID do serviço desejado e o ticket de concessão de ticket.

4. O TGS decripta o ticket que recebe usando uma chave compartilhada somente pela AS e TGS (K_{tgs}) e verifica o sucesso da decriptação pela presença de sua ID. Ele verifica para ter certeza de que o tempo de vida não expirou. Depois, compara a ID do usuário e o endereço de rede com a informação que chega, para autenticar o usuário. Se o usuário tiver acesso permitido ao servidor V, o TGS emite um ticket para conceder acesso ao serviço solicitado.

O ticket de concessão de serviço tem a mesma estrutura do ticket de concessão de ticket. Na realidade, como o TGS é um servidor, poderíamos esperar que os mesmos elementos sejam necessários para autenticar um cliente com o TGS e um cliente com um servidor de aplicação. Novamente, o ticket contém uma estampa de tempo e tempo de vida. Se o usuário quiser acessar o mesmo serviço mais tarde, o cliente pode simplesmente usar o ticket de concessão de serviço adquirido anteriormente e não precisa incomodar o usuário com um pedido de senha. Observe que o ticket é encriptado com uma chave secreta (K_v) conhecida apenas do TGS e do servidor, impedindo alteração.

Por fim, com um ticket de concessão de serviço em particular, o cliente pode ter acesso ao serviço correspondente à etapa 5:

5. O cliente solicita acesso ao serviço em favor do usuário. Para essa finalidade, o cliente transmite uma mensagem ao servidor, contendo a ID do usuário e o ticket de concessão de serviço. O servidor autentica usando o conteúdo do ticket.

Esse novo cenário satisfaz os dois requisitos apenas de uma consulta de senha por sessão do usuário e proteção da senha do usuário.

O DIÁLOGO DE AUTENTICAÇÃO DA VERSÃO 4

Embora o cenário anterior melhore a segurança em comparação com a primeira tentativa, permanecem dois problemas adicionais. O núcleo do primeiro é o tempo de vida associado ao ticket de concessão de ticket. Se esse tempo de vida for muito curto (por exemplo, minutos), então o usuário será repetidamente solicitado a informar uma senha. Se o tempo de vida for longo (por exemplo, horas), então um oponente terá maior oportunidade para realizar um ataque de replicação. Um oponente poderia espionar a rede e capturar uma cópia do ticket de concessão de ticket e depois esperar que o usuário legítimo saia do sistema. Depois, o oponente poderia forjar o endereço de rede do usuário legítimo e enviar a mensagem da etapa (3) ao TGS. Isso daria ao oponente acesso ilimitado aos recursos e arquivos disponíveis ao usuário legítimo.

De modo semelhante, se um oponente capturar um ticket de concessão de serviço e o usar antes que ele expire, ele terá acesso ao serviço correspondente.

Assim, chegamos a um requisito adicional. Um serviço de rede (o TGS ou um serviço de aplicação) precisa ser capaz de provar que a pessoa usando um ticket é a mesma para quem esse ticket foi emitido.

O segundo problema é que pode haver um requisito para os servidores se autenticarem com os usuários. Sem essa autenticação, um oponente poderia sabotar a configuração de modo que as mensagens para um servidor sejam direcionadas a outro local. O servidor falso, então, estaria em posição de atuar como um servidor real e capturar qualquer informação do usuário e negar o verdadeiro serviço a ele.

Examinamos esses problemas um por vez nos referindo à Tabela 15.1, que mostra o protocolo Kerberos real. A Figura 15.1 oferece uma visão geral simplificada.

Tabela 15.1 Resumo das trocas de mensagem do Kerberos versão 4.

> (1) $C \rightarrow AS$ $\quad ID_c \| ID_{tgs} \| TS_1$
> (2) $AS \rightarrow C$ $\quad E(K_c, [K_{c,tgs} \| ID_{tgs} \| TS_2 \| Lifetime_2 \| Ticket_{tgs}])$
> $\quad\quad Ticket_{tgs} = E(K_{tgs}, [K_{c,tgs} \| ID_C \| AD_C \| ID_{tgs} \| TS_2 \| Lifetime_2])$

(a) Troca de serviço de autenticação para obter ticket de concessão de ticket

> (3) $C \rightarrow TGS$ $\quad ID_v \| Ticket_{tgs} \| Authenticator_c$
> (4) $TGS \rightarrow C$ $\quad E(K_{c,tgs}, [K_{c,v} \| ID_v \| TS_4 \| Ticket_v])$
> $\quad\quad Ticket_{tgs} = E(K_{tgs}, [K_{c,tgs} \| ID_C \| AD_C \| ID_{tgs} \| TS_2 \| Lifetime_2])$
> $\quad\quad Ticket_v = E(K_v, [K_{c,v} \| ID_C \| AD_C \| ID_v \| TS_4 \| Lifetime_4])$
> $\quad\quad Authenticator_c = E(K_{c,tgs}, [ID_C \| AD_C \| TS_3])$

(b) Troca do serviço de concessão de ticket para obter ticket de concessão de serviço

> (5) $C \rightarrow V$ $\quad Ticket_v \| Authenticator_c$
> (6) $V \rightarrow C$ $\quad E(K_{c,v}, [TS_5 + 1])$ (para autenticação mútua)
> $\quad\quad Ticket_v = E(K_v, [K_{c,v} \| ID_C \| AD_C \| ID_v \| TS_4 \| Lifetime_4])$
> $\quad\quad Authenticator_c = E(K_{c,v}, [ID_C \| AD_C \| TS_5])$

(c) Troca de autenticação cliente/servidor para obter serviço

Figura 15.1 Visão geral do Kerberos.

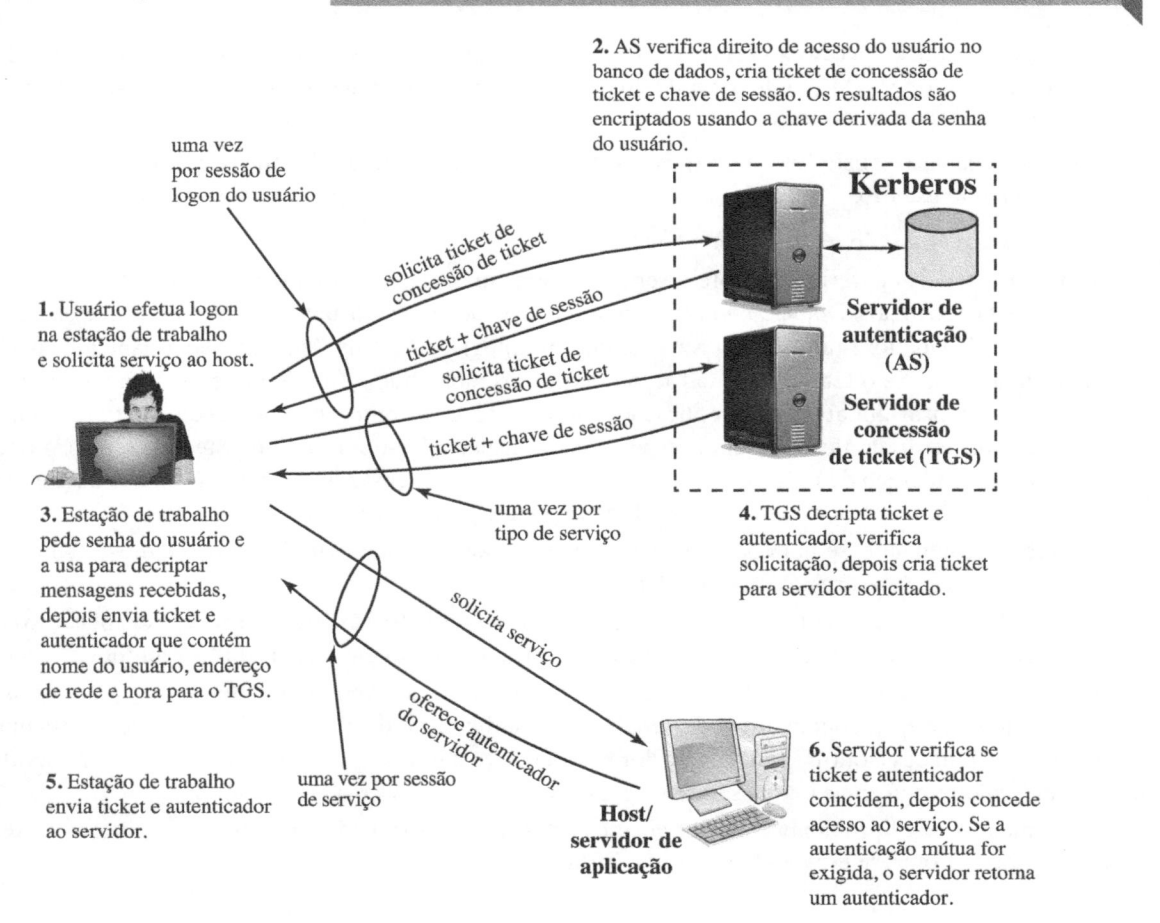

1. Usuário efetua logon na estação de trabalho e solicita serviço ao host.

uma vez por sessão de logon do usuário

solicita ticket de concessão de ticket

ticket + chave de sessão

2. AS verifica direito de acesso do usuário no banco de dados, cria ticket de concessão de ticket e chave de sessão. Os resultados são encriptados usando a chave derivada da senha do usuário.

Kerberos

Servidor de autenticação (AS)

solicita ticket de concessão de ticket

ticket + chave de sessão

uma vez por tipo de serviço

Servidor de concessão de ticket (TGS)

3. Estação de trabalho pede senha do usuário e a usa para decriptar mensagens recebidas, depois envia ticket e autenticador que contém nome do usuário, endereço de rede e hora para o TGS.

4. TGS decripta ticket e autenticador, verifica solicitação, depois cria ticket para servidor solicitado.

5. Estação de trabalho envia ticket e autenticador ao servidor.

uma vez por sessão de serviço

solicita serviço

oferece autenticador do servidor

Host/servidor de aplicação

6. Servidor verifica se ticket e autenticador coincidem, depois concede acesso ao serviço. Se a autenticação mútua for exigida, o servidor retorna um autenticador.

Primeiro, considere o problema de tickets de concessão de ticket capturados e a necessidade de determinar se o apresentador do ticket é o mesmo cliente para quem o ticket foi emitido. A ameaça é de que um oponente roubará o ticket e o usará antes que expire. Para contornar esse problema, vamos fazer com que o AS ofereça ao cliente e ao TGS uma informação secreta de uma maneira segura. Então, o cliente pode provar sua identidade ao TGS revelando a informação secreta, novamente de uma maneira segura. Um modo eficiente de realizar isso é usar uma chave de encriptação como informação segura; esta é conhecida como chave de sessão no Kerberos.

A Tabela 15.1a mostra a técnica para distribuir a chave de sessão. Como antes, o cliente envia uma mensagem ao AS solicitando acesso ao TGS. O AS responde com uma mensagem, encriptada com uma chave derivada da senha do usuário (K_c), que contém o ticket. A mensagem encriptada também contém uma cópia da chave da sessão, $K_{c \cdot tgs}$, onde os subscritos indicam que essa é uma chave de sessão para C e TGS. Como essa chave de sessão está dentro da mensagem encriptada com K_c, somente o cliente do usuário poderá lê-la. A mesma chave de sessão está incluída no ticket, que só pode ser lido pelo TGS. Assim, a chave de sessão foi entregue com segurança a C e ao TGS.

Observe que várias informações adicionais foram acrescentadas a essa primeira fase do diálogo. A mensagem (1) inclui uma estampa de tempo, de modo que o AS sabe que ela é recente. A mensagem (2) inclui vários elementos do ticket em uma forma acessível a C. Isso permite que C confirme que esse ticket é para o TGS e descubra sua hora de expiração.

Armado com o ticket e a chave de sessão, C está pronto para abordar o TGS. Como antes, C envia ao TGS uma mensagem que inclui o ticket mais a ID do serviço solicitado [mensagem (3) na Tabela 15.1b]. Além disso, C transmite um autenticador, que inclui a ID e o endereço do usuário de C e uma estampa de tempo. Diferente do ticket, que é reutilizável, o autenticador serve para ser usado apenas uma vez e possui um tempo de vida muito curto. O TGS pode decriptar o ticket com a chave que ele compartilha com o AS. Esse ticket indica que o usuário C recebeu a chave de sessão $K_{c \cdot tgs}$. Com efeito, o ticket diz: "Qualquer um que use $K_{c \cdot tgs}$ deverá ser C". O TGS usa a chave de sessão para decriptar o autenticador. O TGS pode, então, verificar o nome e o endereço do autenticador com o do ticket e com o endereço de rede da mensagem que chega. Se tudo coincidir, então o TGS tem garantias de que o emissor do ticket é realmente o proprietário real. Com efeito, o autenticador diz: "No instante TS_3, eu uso $K_{c \cdot tgs}$". Observe que o ticket não prova a identidade de ninguém, mas é um modo de distribuir chaves com segurança. É o autenticador que prova a identidade do cliente. Como o autenticador só pode ser usado uma vez e tem um tempo de vida curto, a ameaça de um oponente roubar o ticket e o autenticador para apresentação mais adiante é frustrada.

A resposta do TGS, na mensagem (4), segue a forma da mensagem (2). A mensagem é encriptada com a chave de sessão compartilhada pelo TGS e C, e inclui uma chave de sessão a ser compartilhada entre C e o servidor V, a ID de V e a estampa de tempo do ticket. O próprio ticket inclui a mesma chave de sessão.

C agora tem um ticket de concessão de serviço reutilizável para V. Quando C apresenta esse ticket, como vemos na mensagem (5), ele também envia um autenticador. O servidor pode decriptar o ticket, recuperar a chave de sessão e decriptar o autenticador.

Se a autenticação mútua for exigida, o servidor pode responder como mostra a mensagem (6) da Tabela 15.1. O servidor retorna o valor da estampa de tempo a partir do autenticador, incrementado por 1, e encriptado com a chave de sessão. C pode decriptar essa mensagem para recuperar a estampa de tempo incrementada. Como a mensagem foi encriptada pela chave da sessão, C tem garantias de que ela só poderia ter sido criada por V. O conteúdo da mensagem garante a C que essa não é uma replicação de uma resposta antiga.

Por fim, na conclusão desse processo, o cliente e o servidor compartilham uma chave secreta. Essa chave pode ser usada para encriptar mensagens futuras entre os dois ou para trocar uma nova chave de sessão aleatória para essa finalidade.

A Figura 15.2 ilustra as trocas do Kerberos entre as partes. A Tabela 15.2 resume a justificativa para cada um dos elementos no protocolo Kerberos.

Figura 15.2 Trocas do Kerberos.

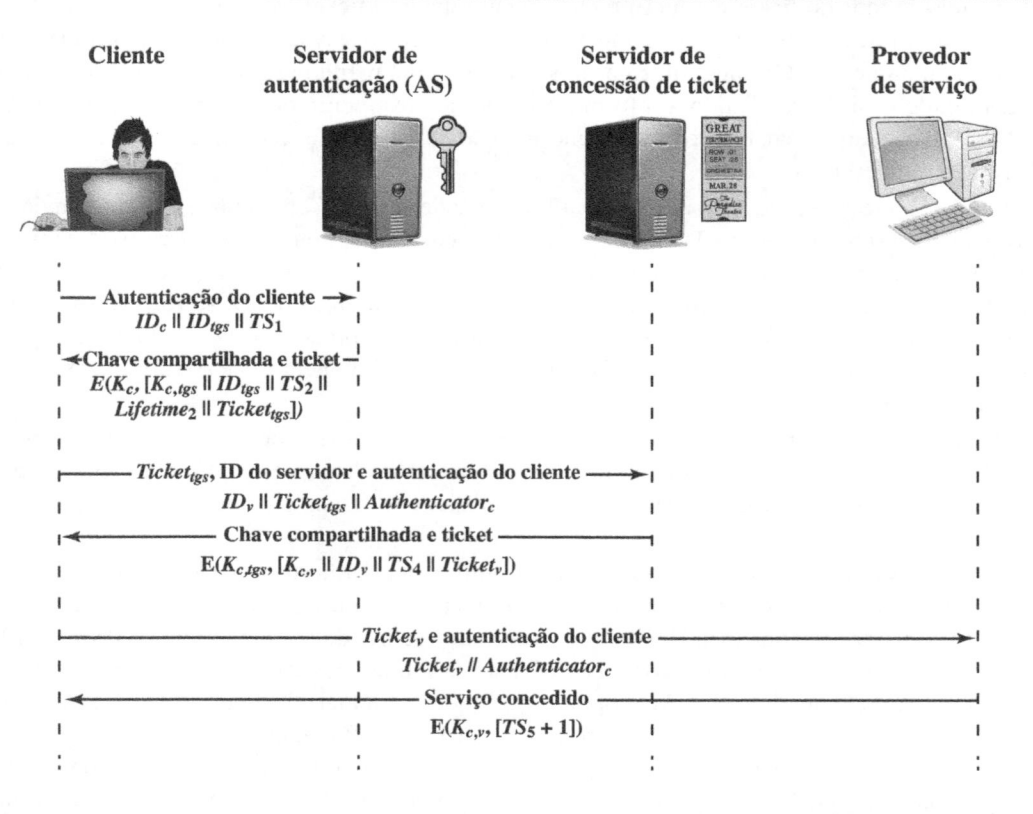

```
Cliente          Servidor de           Servidor de            Provedor
                 autenticação (AS)     concessão de ticket    de serviço
```

── Autenticação do cliente ──▶
$ID_c \parallel ID_{tgs} \parallel TS_1$

◀── Chave compartilhada e ticket ──
$E(K_c, [K_{c,tgs} \parallel ID_{tgs} \parallel TS_2 \parallel Lifetime_2 \parallel Ticket_{tgs}])$

── $Ticket_{tgs}$, ID do servidor e autenticação do cliente ──▶
$ID_v \parallel Ticket_{tgs} \parallel Authenticator_c$

◀── Chave compartilhada e ticket ──
$E(K_{c,tgs}, [K_{c,v} \parallel ID_v \parallel TS_4 \parallel Ticket_v])$

── $Ticket_v$ e autenticação do cliente ──▶
$Ticket_v \parallel Authenticator_c$

◀── Serviço concedido ──
$E(K_{c,v}, [TS_5 + 1])$

Tabela 15.2 Raciocínio para os elementos do protocolo Kerberos versão 4.

Mensagem (1)	Cliente solicita ticket de concessão de ticket
ID_C	Diz ao AS a identidade do usuário a partir desse cliente
ID_{tgs}	Diz ao AS que o usuário solicita acesso ao TGS
TS_1	Permite que o AS verifique se o relógio desse cliente está sincronizado com o do AS
Mensagem (2)	AS retorna ticket de concessão de ticket
K_c	A encriptação é baseada na senha do usuário, permitindo que o AS e o cliente verifiquem a senha, e protegendo o conteúdo da mensagem (2)
$K_{c,tgs}$	Cópia da chave de sessão acessível ao cliente, criada pelo AS para permitir a troca segura entre cliente e TGS sem exigir que compartilhem uma chave permanente
ID_{tgs}	Confirma que esse ticket é para o TGS
TS_2	Informa ao cliente sobre a hora em que esse ticket foi emitido
$Lifetime_2$	Informa ao cliente sobre o tempo de vida desse ticket
$Ticket_{tgs}$	Ticket a ser usado pelo cliente para acessar o TGS

(a) Trocas no serviço de autenticação

Mensagem (3)	Cliente solicita ticket de concessão de serviço
ID_V	Diz ao TGS que o usuário solicita acesso ao servidor V
$Ticket_{tgs}$	Garante ao TGS que esse usuário foi autenticado pelo AS
$Autenticador_c$	Gerado pelo cliente para validar o ticket
Mensagem (4)	TGS retorna ticket de concessão de serviço
$K_{c,tgs}$	Chave compartilhada apenas por C e TGS protege conteúdo da mensagem (4)
$K_{c,v}$	Cópia da chave de sessão acessível ao cliente, criada pelo TGS para permitir a troca segura entre cliente e servidor, sem exigir que compartilhem uma chave permanente
ID_V	Confirma que esse ticket é para o servidor V

(Continua)

(Continuação)

TS_4	Informa ao cliente sobre a hora em que esse ticket foi emitido
$Ticket_V$	Ticket a ser usado pelo cliente para acessar o servidor V
$Ticket_{tgs}$	Reutilizável de modo que o usuário não precise redigitar a senha
K_{tgs}	O ticket é encriptado com a chave conhecida apenas do AS e do TGS, para impedir modificação
$K_{c,tgs}$	Cópia da chave de sessão acessível ao TGS, usada para decriptar o autenticador, autenticando assim o ticket
ID_C	Indica o proprietário que tem direito a esse ticket
AD_C	Impede o uso de ticket a partir da estação de trabalho que não seja aquela que solicitou o ticket inicialmente
ID_{tgs}	Garante ao servidor que ele decriptou o ticket corretamente
TS_2	Informa ao TGS sobre a hora em que esse ticket foi emitido
$Lifetime_2$	Impede replicação depois que o ticket tiver expirado
$Autenticador_C$	Garante ao TGS que o apresentador do ticket é o mesmo cliente para quem o ticket foi emitido; tem muito pouco tempo de vida, para impedir replicação
$K_{c,tgs}$	Autenticador é encriptado com chave conhecida apenas pelo cliente e pelo TGS, para impedir modificação
ID_C	Precisa coincidir com ID no ticket para autenticá-lo
AD_C	Precisa coincidir com endereço no ticket para autenticá-lo
TS_3	Informa ao TGS sobre a hora em que esse autenticador foi gerado

(b) Trocas no serviço de concessão de ticket

Mensagem (5)	Cliente solicita serviço
$Ticket_V$	Garante ao servidor que esse usuário foi autenticado pelo AS
$Autenticador_C$	Gerado pelo cliente para validar o ticket
Mensagem (6)	Autenticação opcional do servidor ao cliente
$K_{c,v}$	Garante a C que essa mensagem é de V
$TS_5 + 1$	Garante a C que essa não é uma replicação de uma resposta antiga
$Ticket_V$	Reutilizável, de modo que o cliente não precisa solicitar um novo ticket do TGS para cada acesso ao mesmo servidor
K_V	Ticket é encriptado com chave conhecida apenas do TGS e do servidor, para impedir modificação
$K_{c,v}$	Cópia da chave de sessão, acessível ao cliente; usada para decriptar autenticador, autenticando assim o ticket
ID_C	Indica o proprietário que tem direito a esse ticket
AD_C	Impede o uso do ticket a partir de uma estação de trabalho que não seja aquela que solicitou o ticket inicialmente
ID_V	Garante ao servidor que ele decriptou o ticket corretamente
TS_4	Informa ao servidor quanto à hora em que esse ticket foi emitido
$Lifetime_4$	Impede a replicação depois que o ticket tiver expirado
$Autenticador_C$	Garante ao servidor que o apresentador do ticket é o mesmo que o cliente para quem o ticket foi emitido; tem muito pouco tempo de vida, para impedir replicação
$K_{c,v}$	Autenticador é encriptado com chave conhecida apenas do cliente e do servidor, para impedir modificação
ID_C	Precisa combinar com ID no ticket para autenticá-lo
AD_C	Precisa combinar com o endereço no ticket para autenticá-lo
TS_5	Informa ao servidor sobre a hora em que esse autenticador foi gerado

(c) Trocas na autenticação cliente/servidor

Domínios de Kerberos e Kerberi múltiplos

Um ambiente Kerberos de serviço completo, consistindo em um servidor Kerberos, diversos clientes e diversos servidores de aplicação, exige o seguinte:

1. O servidor Kerberos precisa ter as senhas em hash e a ID de todos os usuários participantes em seu banco de dados. Todos os usuários são registrados com o servidor Kerberos.

2. O servidor Kerberos precisa compartilhar uma chave secreta com cada servidor. Todos eles são registrados com o servidor Kerberos.

Esse ambiente é conhecido como **domínio Kerberos**. O conceito de **domínio** pode ser explicado da seguinte forma. Um domínio Kerberos é um conjunto de nós gerenciados que compartilham o mesmo banco de dados Kerberos. Este reside no sistema de computador mestre Kerberos, que deve ser mantido em uma sala fisicamente segura. Uma cópia somente de leitura do banco de dados Kerberos também poderia residir em outros sistemas de computador Kerberos. Porém, todas as mudanças no banco de dados precisam ser feitas no sistema de computador mestre. Para alterar ou acessar o conteúdo de uma base de dados Kerberos, é preciso a senha mestra do Kerberos. Um conceito relacionado é o de um **membro Kerberos**, que é um serviço ou usuário conhecido do sistema Kerberos. Cada membro Kerberos é identificado por seu nome de membro. Estes consistem em três partes: um nome de serviço ou usuário, um nome de instância e um nome de domínio.

Redes de clientes e servidores sob diferentes organizações administrativas normalmente constituem domínios diferentes. Ou seja, geralmente não é prático, ou não está de acordo com a política administrativa, fazer com que usuários e servidores em um domínio administrativo se registrem com um servidor Kerberos em outro lugar. Porém, os usuários em um domínio podem precisar de acesso aos servidores em outros domínios, e alguns servidores podem querer fornecer serviço aos usuários de outros domínios, desde que esses usuários sejam autenticados.

Kerberos oferece um mecanismo para dar suporte a essa autenticação entre domínios. Para dois domínios admitirem a autenticação entre domínios, um terceiro requisito é incluído:

3. O servidor Kerberos em cada domínio interoperante compartilha uma chave secreta com o servidor no outro domínio. Os dois servidores Kerberos são registrados um no outro.

O esquema exige que o servidor Kerberos em um domínio confie no do outro domínio, para autenticar seus usuários. Além disso, os servidores participando do segundo domínio também precisam querer confiar no servidor Kerberos no primeiro.

Com essas regras básicas estabelecidas, podemos descrever o mecanismo da seguinte forma (Figura 15.3): Um usuário desejando serviço em um servidor em outro domínio precisa de um ticket para esse servidor. O cliente do usuário segue os procedimentos normais para ganhar acesso ao TGS local e depois solicita um ticket de concessão de ticket para um TGS remoto (TGS em outro domínio). O cliente pode, então, solicitar do TGS remoto um ticket de concessão de serviço para o servidor desejado no domínio do TGS remoto.

Os detalhes das trocas ilustradas na Figura 15.3 são os seguintes (compare com a Tabela 15.1):

(1) C → AS: $ID_c \| ID_{tgs} \| TS_1$
(2) AS → C: $E(K_c, [K_{c \cdot tgs} \| ID_{tgs} \| TS_2 \| Lifetime_2 \| Ticket_{tgs}])$
(3) C → TGS: $ID_{tgsrem} \| Ticket_{tgs} \| Authenticator_c$
(4) TGS → C: $E(K_{c \cdot tgs}, [K_{c \cdot tgsrem} \| ID_{tgsrem} \| TS_4 \| Ticket_{tgsrem}])$
(5) C → TGSrem: $ID_{vrem} \| Ticket_{tgsrem} \| Authenticator_c$
(6) TGSrem → C: $E(K_{c \cdot tgsrem}, [K_{c \cdot vrem} \| ID_{vrem} \| TS_6 \| Ticket_{vrem}])$
(7) C → Vrem: $Ticket_{vrem} \| Authenticator_c$

O ticket apresentado ao servidor remoto (V_{rem}) indica o domínio em que o usuário foi autenticado originalmente. O servidor escolhe se deve honrar a solicitação remota.

Um problema apresentado pela técnica anterior é que ela não se expande muito bem para muitos domínios. Se houver N domínios, então deverá haver $N(N-1)/2$ trocas de chave seguras, de modo que cada domínio Kerberos possa interoperar com todos os outros.

Kerberos versão 5

Kerberos versão 5 é especificado na RFC 4120 e oferece diversas melhorias em relação à versão 4 [KOHL94]. Para começar, oferecemos uma visão geral das mudanças da versão 4 para a versão 5 e depois examinamos o protocolo da versão 5.

Diferenças entre as versões 4 e 5

A versão 5 tem como objetivo resolver as limitações da versão 4 em duas áreas: limitações ambientais e deficiências técnicas. Vamos resumir rapidamente as melhorias em cada área.[8]

Kerberos versão 4 foi desenvolvido para uso dentro do ambiente do Projeto Athena e, por conseguinte, não atendia totalmente a necessidade de ser de uso geral. Isso levou às seguintes **limitações ambientais:**

---

[8] A discussão a seguir segue a apresentação em [KOHL94].

Figura 15.3 Solicitação para serviço em outro domínio.

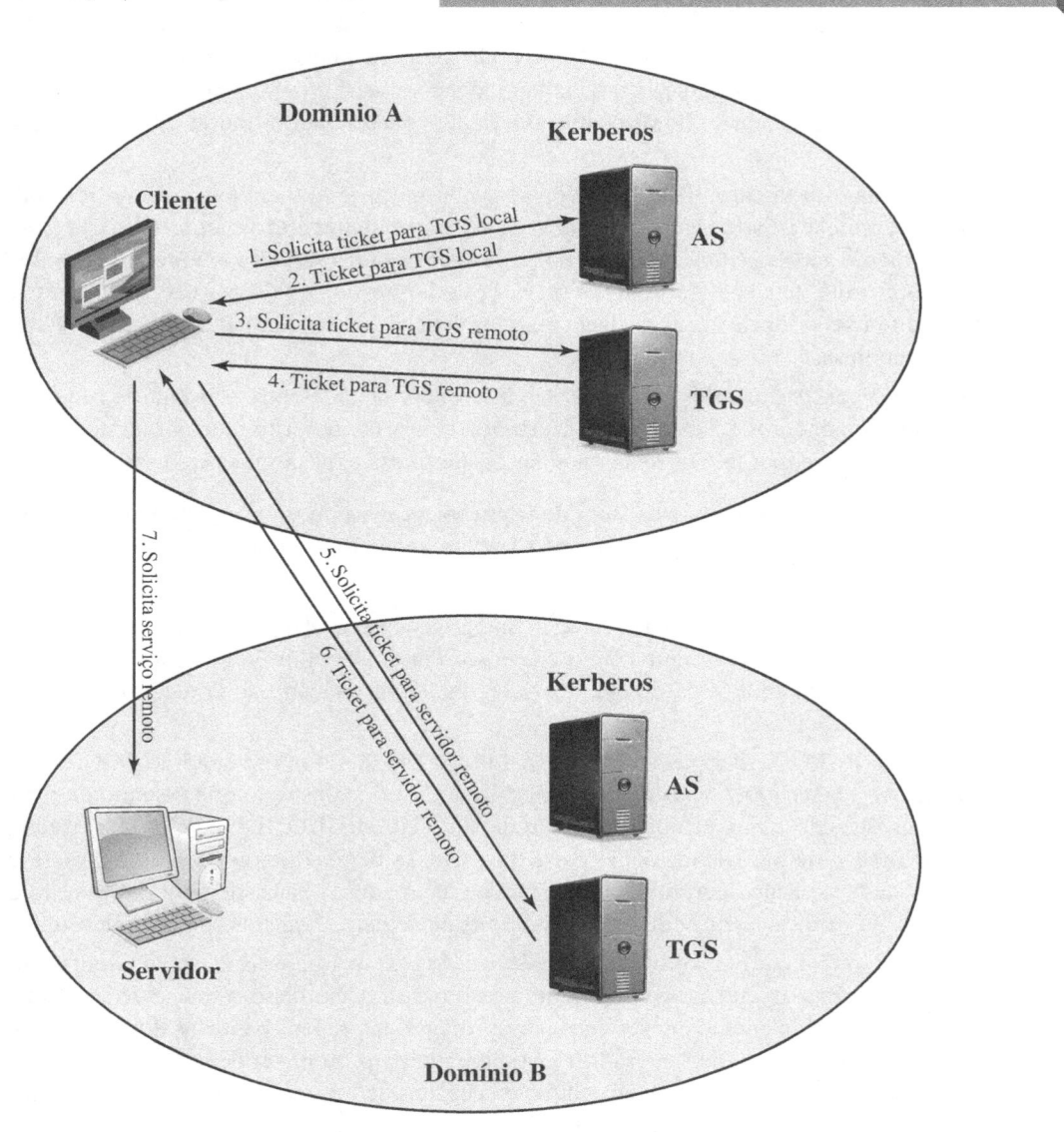

Domínio A
- Cliente
- Kerberos AS
- TGS

1. Solicita ticket para TGS local
2. Ticket para TGS local
3. Solicita ticket para TGS remoto
4. Ticket para TGS remoto
5. Solicita ticket para servidor remoto
6. Ticket para servidor remoto
7. Solicita serviço remoto

Domínio B
- Servidor
- Kerberos AS
- TGS

1. **Dependência do sistema de encriptação:** a versão 4 exige o uso do DES. Assim, a restrição de exportação no DES, além de dúvidas sobre a força do DES, eram uma preocupação. Na versão 5, o texto cifrado é marcado com um identificador de tipo de encriptação para que qualquer técnica de encriptação possa ser usada. As chaves de encriptação são marcadas com um tipo e um tamanho, permitindo que a mesma chave seja usada em diferentes algoritmos e a especificação de diferentes variações sobre determinado algoritmo.

2. **Dependência do protocolo da Internet:** a versão 4 requer o uso de endereços IP (Internet Protocol). Outros tipos de endereço, como o de rede ISO, não são comportados. Os endereços de rede da versão 5 são marcados com tipo e tamanho, permitindo que qualquer tipo de endereço de rede seja utilizado.

3. **Ordenação de byte da mensagem:** na versão 4, o emissor de uma mensagem emprega uma ordenação de byte de sua própria escolha e marca a mensagem para indicar o byte menos significativo no endereço mais baixo ou o byte mais significativo no endereço mais baixo. Essa técnica funciona, mas não segue convenções estabelecidas. Na versão 5, todas as estruturas de mensagem são definidas usando Abstract Syntax Notation One (ASN.1) e Basic Encoding Rules (BER), que oferecem uma ordenação de byte sem ambiguidade.

4. **Tempo de vida do ticket:** os valores de tempo de vida na versão 4 são encriptados em uma quantidade de 8 bits em unidades de cinco minutos. Assim, o tempo de vida máximo que pode ser expresso é $2^8 \times 5 = 1280$ minutos (pouco mais de 21 horas). Isso pode ser inadequado para algumas aplicações (por exemplo, uma simulação de longa duração, que exija credenciais Kerberos válidas durante toda a execução). Na versão 5, os tickets incluem horários inicial e final explícitos, permitindo tickets com quaisquer tempos de vida.
5. **Encaminhamento de autenticação:** a versão 4 não permite que credenciais emitidas para um cliente sejam encaminhadas para algum outro host e usadas por algum outro cliente. Essa capacidade permitiria que um cliente acessasse um servidor e o fizesse acessar outro servidor em favor do cliente. Por exemplo, um cliente emite uma solicitação a um servidor de impressão, que depois acessa o arquivo do cliente a partir de um servidor de arquivos, usando as credenciais do cliente para ter acesso. A versão 5 oferece essa dispendiosa.
6. **Autenticação entre domínios:** na versão 4, a interoperabilidade entre N domínios requer algo na ordem de N^2 relacionamentos Kerberos-para-Kerberos, conforme descrito anteriormente. A versão 5 admite um método que requer menos relacionamentos, conforme explicaremos em breve.

Fora essas limitações ambientais, existem **deficiências técnicas** no próprio protocolo da versão 4. A maioria dessas deficiências foi documentada em [BELL90], e a versão 5 tenta resolvê-las. As deficiências são as seguintes:

1. **Encriptação dupla:** observe na Tabela 15.1 [mensagens (2) e (4)] que os tickets fornecidos aos clientes são encriptados duas vezes, uma com a chave secreta do servidor de destino e depois novamente com uma chave secreta conhecida do cliente. A segunda encriptação não é necessária e é computacionalmente dispendiosa.
2. **Encriptação PCBC:** a encriptação na versão 4 utiliza um modo fora do padrão do DES conhecido como *propagating cipher block chaining* (PCBC).[9] Tem sido demonstrado que esse modo é vulnerável a um ataque envolvendo o intercâmbio de blocos de texto cifrado [KOHL89]. PCBC foi criado para oferecer uma verificação de integridade como parte da operação de encriptação. A versão 5 oferece mecanismos de integridade explícitos, permitindo que o modo CBC padrão seja usado para encriptação. Em particular, uma soma de verificação ou código de hash é anexado à mensagem antes da encriptação usando CBC.
3. **Chaves de sessão:** cada ticket inclui uma chave de sessão, que é usada pelo cliente para encriptar o autenticador enviado ao serviço associado a esse ticket. Além disso, a chave de sessão pode ser usada posteriormente pelo cliente e o servidor para proteger mensagens passadas durante essa sessão. Porém, como o mesmo ticket pode ser usado repetidamente para obter serviço de um servidor em particular, existe o risco de que um oponente replique mensagens de uma sessão antiga para o cliente ou servidor. Na versão 5, é possível que cliente e servidor negociem uma chave de subsessão, que só deve ser usada para essa única conexão. Um novo acesso pelo cliente resultaria no uso de uma nova chave de subsessão.
4. **Ataques de senha:** as duas versões são vulneráveis a um ataque de senha. A mensagem do AS para o cliente inclui material encriptado com uma chave baseada na senha do cliente.[10] Um oponente pode capturar essa mensagem e tentar decriptá-la experimentando diversas senhas. Se o resultado de uma decriptação de teste estiver no formato apropriado, então o oponente terá descoberto a senha do cliente e poderá mais tarde usá-la para obter credenciais de autenticação do Kerberos. Esse é o mesmo tipo de ataque de senha descrito no Capítulo 21, com os mesmos tipos de contramedidas sendo aplicáveis. A versão 5 oferece um mecanismo conhecido como pré-autenticação, que deverá tornar os ataques de senha mais difíceis, mas não os impede.

O DIÁLOGO DE AUTENTICAÇÃO DA VERSÃO 5

A Tabela 15.3 resume o diálogo básico da versão 5. Isso é melhor explicado com uma comparação com a versão 4 (Tabela 15.1).

---

[9] Isso será descrito no Apêndice T.

[10] O Apêndice T descreverá o mapeamento entre senhas e chaves de encriptação.

Tabela 15.3 Resumo das trocas de mensagem do Kerberos versão 5.

(1) $C \rightarrow AS$ $Options \parallel ID_c \parallel Realm_c \parallel ID_{tgs} \parallel Times \parallel Nonce_1$

(2) $AS \rightarrow C$ $Realm_C \parallel ID_C \parallel Ticket_{tgs} \parallel E(K_c, [K_{c,tgs} \parallel Times \parallel Nonce_1 \parallel Realm_{tgs} \parallel ID_{tgs}])$

$Ticket_{tgs} = E(K_{tgs}, [Flags \parallel K_{c,tgs} \parallel Realm_c \parallel ID_C \parallel AD_C \parallel Times])$

(a) Comunicação do serviço de autenticação para obter ticket de concessão de ticket

(3) $C \rightarrow TGS$ $Options \parallel ID_v \parallel Times \parallel Nonce_2 \parallel Ticket_{tgs} \parallel Authenticator_c$

(4) $TGS \rightarrow C$ $Realm_c \parallel ID_C \parallel Ticket_v \parallel E(K_{c,tgs}, [K_{c,v} \parallel Times \parallel Nonce_2 \parallel Realm_v \parallel ID_v])$

$Ticket_{tgs} = E(K_{tgs}, [Flags \parallel K_{c,tgs} \parallel Realm_c \parallel ID_C \parallel AD_C \parallel Times])$

$Ticket_v = E(K_v, [Flags \parallel K_{c,v} \parallel Realm_c \parallel ID_C \parallel AD_C \parallel Times])$

$Authenticator_c = E(K_{c,tgs}, [ID_C \parallel Realm_c \parallel TS_1])$

(b) Comunicação do serviço de concessão de ticket para obter ticket de concessão de serviço

(5) $C \rightarrow V$ $Options \parallel Ticket_v \parallel Authenticator_c$

(6) $V \rightarrow C$ $E_{K_{c,v}}[TS_2 \parallel Subkey \parallel Seq\#]$

$Ticket_v = E(K_v, [Flag \parallel K_{c,v} \parallel Realm_c \parallel ID_C \parallel AD_C \parallel Times])$

$Authenticator_c = E(K_{c,v}, [ID_C \parallel Realm_c \parallel TS_2 \parallel Subkey \parallel Seq\#])$

(c) Comunicação de autenticação cliente/servidor para obter serviço

Primeiro, considere a **comunicação do servidor de autenticação**. A mensagem (1) é uma solicitação do cliente para um ticket de concessão de ticket. Como antes, ela inclui o ID do usuário e o TGS. Os novos elementos a seguir são acrescentados:

- **Domínio:** indica o domínio do usuário
- **Opções:** usado para solicitar que certas flags sejam marcadas no ticket retornado
- **Horas:** usado pelo cliente para solicitar as seguintes definições de tempo no ticket:
  - **from:** a hora inicial desejada para o ticket solicitado
  - **till:** a hora de expiração solicitada para o ticket solicitado
  - **rtime:** tempo até a renovação do ticket solicitado
- **Nonce:** um valor aleatório a ser repetido na mensagem (2) para garantir que a resposta é recente e não foi replicada por um oponente.

A mensagem (2) retorna um ticket de concessão de ticket, identificando informação para o cliente, e um bloco encriptado usando a chave de encriptação baseada na senha do usuário. Esse bloco inclui a chave de sessão a ser usada entre o cliente e o TGS, horas especificadas na mensagem (1), o nonce da mensagem (1) e informação de identificação do TGS. O ticket em si inclui a chave de sessão, informação de identificação para o cliente, os valores de hora solicitados e flags que refletem o status desse ticket e das opções solicitadas. Essas flags introduzem nova funcionalidade significativa à versão 5. Por enquanto, adiamos uma discussão dessas flags e nos concentramos na estrutura geral do protocolo da versão 5.

Vamos agora comparar a **comunicação do servidor de concessão de ticket** para as versões 4 e 5. Vemos que a mensagem (3) para as duas versões inclui um autenticador, um ticket e o nome do serviço solicitado. Além disso, a versão 5 inclui os tempos solicitados e opções para o ticket e um nonce, tudo com funções semelhantes àquelas da mensagem (1). O próprio autenticador é basicamente o mesmo que o usado na versão 4.

A mensagem (4) tem a mesma estrutura da mensagem (2), retornando um ticket e informações necessárias pelo cliente, sendo a última encriptada com a chave de sessão agora compartilhada pelo cliente e o TGS.

Por fim, para a **comunicação de autenticação cliente/servidor**, vários recursos novos aparecem na versão 5. Na mensagem (5), o cliente pode solicitar como uma opção que a autenticação mútua seja exigida. O autenticador inclui vários campos novos:

- **Subchave:** a escolha do cliente para uma chave de encriptação a ser usada para proteger a sessão desta aplicação específica. Se esse campo for omitido, a chave de sessão do ticket ($K_{c,v}$) é usada.
- **Número de sequência:** um campo opcional que especifica o número de sequência inicial a ser usado pelo servidor para mensagens enviadas ao cliente durante esta sessão. As mensagens podem ser numeradas em sequência para detectar replicações.

Se for exigida a autenticação mútua, o servidor responde com a mensagem (6). Essa mensagem inclui a estampa de tempo do autenticador. Observe que, na versão 4, a estampa de tempo foi incrementada em um. Isso não é necessário na versão 5, pois a natureza do formato das mensagens é tal que não é possível que um oponente crie a mensagem (6) sem conhecimento das chaves de encriptação apropriadas. O campo de subchave, se estiver presente, substitui o campo de subchave, se estiver presente, na mensagem (5). O campo opcional de número de sequência especifica o número de sequência inicial a ser usado pelo cliente.

Flags do ticket

O campo de flags incluído nos tickets da versão 5 admite funcionalidade expandida em comparação com o que existe na versão 4. A Tabela 15.4 resume as flags que podem ser incluídas em um ticket.

A flag INITIAL indica que esse ticket foi emitido pelo AS, e não pelo TGS. Quando um cliente solicita um ticket de concessão de serviço do TGS, ele apresenta um ticket de concessão de ticket obtido do AS. Na versão 4, essa era a única maneira de obter um ticket de concessão de serviço. A versão 5 oferece a capacidade adicional de que o cliente pode obter um ticket de concessão de serviço diretamente do AS. A utilidade disso é a seguinte: um servidor, como um de mudança de senha, pode querer saber se a senha do cliente foi testada recentemente.

A flag PRE-AUTHENT, se marcada, indica que, quando o AS recebeu a solicitação inicial [mensagem (1)], ele autenticou o cliente antes de emitir um ticket. A forma exata dessa pré-autenticação não é especificada. Como um exemplo, a implementação do MIT para a versão 5 possui pré-autenticação de estampa de tempo encriptada, ativada como padrão. Quando um usuário deseja obter um ticket, ele precisa enviar ao AS um bloco de pré-autenticação contendo um fator de confusão aleatório, um número de versão e uma estampa de tempo, encriptados com a chave baseada em senha do cliente. O AS decripta o bloco e não enviará um ticket de concessão de ticket a menos que a estampa de tempo no bloco de pré-autenticação esteja dentro do período de tempo permissível

Tabela 15.4 Flags Kerberos versão 5.

INITIAL	Esse ticket foi emitido usando o protocolo AS, e não com base em um ticket de concessão de ticket.
PRE-AUTHENT	Durante a autenticação inicial, o cliente foi autenticado pelo CDC antes que um ticket fosse emitido.
HW-AUTHENT	O protocolo empregado para autenticação inicial exigia o uso de hardware que se esperava que fosse processado unicamente pelo cliente nomeado.
RENEWABLE	Diz ao TGS que esse ticket pode ser usado para obter um substituto que expira em uma data posterior.
MAY-POSTDATE	Diz ao TGS que um ticket pós-datado pode ser emitido com base nesse ticket de concessão de ticket.
POSTDATED	Indica que esse ticket foi pós-datado; o servidor final pode verificar o campo authtime para ver quando ocorreu a autenticação original.
INVALID	Esse ticket é inválido e precisa ser validado pelo CDC antes do uso.
PROXIABLE	Diz ao TGS que um novo ticket de concessão de serviço, com um endereço de rede diferente, pode ser emitido com base no ticket apresentado.
PROXY	Indica que esse ticket é um proxy.
FORWARDABLE	Diz ao TGS que um novo ticket de concessão de ticket, com um endereço de rede diferente, pode ser emitido com base no ticket de concessão de ticket.
FORWARDED	Indica que esse ticket ou foi encaminhado ou foi emitido com base na autenticação envolvendo um ticket de concessão de ticket.

(intervalo de tempo para considerar variação de relógio e atrasos da rede). Outra possibilidade é o uso de um cartão inteligente que gera senhas que mudam continuamente, que são incluídas nas mensagens pré-autenticadas. As senhas geradas pelo cartão podem ser baseadas na senha de um usuário, mas transformadas pelo cartão de modo que, com efeito, sejam utilizadas senhas arbitrárias. Isso impede um ataque baseado em senhas de fácil adivinhação. Se um cartão inteligente ou um dispositivo semelhante foi usado, isso é indicado pela flag HW-AUTHENT.

Quando um ticket tem um tempo de vida longo, existe o potencial de que ele seja roubado e usado por um oponente por um período considerável. Se um tempo de vida curto for usado para diminuir a ameaça, então o overhead é envolvido na aquisição de novos tickets. No caso de um ticket de concessão de ticket, o cliente ou teria que armazenar a chave secreta do usuário, o que certamente é arriscado, ou pedir repetidamente uma senha do usuário. Um esquema de meio termo é o uso de tickets renováveis. Um ticket com a flag RENEWABLE marcada inclui duas horas de expiração: uma para esse ticket específico e uma que é o máximo valor permissível para uma hora de expiração. Um cliente pode ter o ticket renovado apresentando-o ao TGS com uma nova hora de expiração solicitada. Se a nova hora estiver dentro do limite do maior valor permissível, o TGS pode emitir um novo ticket com uma nova hora de sessão e uma nova hora de expiração específica. A vantagem desse mecanismo é que o TGS pode se recusar a renovar um ticket informado como roubado.

Um cliente pode solicitar que o AS ofereça um ticket de concessão de ticket com a flag MAY-POSTDATE marcada. O cliente pode, então, usar esse ticket para solicitar um ticket que é marcado como POSTDATED e INVALID a partir do TGS. Posteriormente, o cliente pode submeter o ticket pós-datado para validação. Esse esquema pode ser útil para executar uma tarefa longa em batch em um servidor que exige um ticket periodicamente. O cliente pode obter diversos tickets para essa sessão de uma só vez, com valores de tempo espalhados. Todos além do primeiro ticket são inicialmente inválidos. Quando a execução chegar ao ponto em que um novo ticket for solicitado, o cliente poderá validar o ticket apropriado. Com essa técnica, o cliente não precisa usar repetidamente seu ticket de concessão de ticket para obter um de concessão de serviço.

Na versão 5, é possível que um servidor atue como um proxy em favor de um cliente, adotando assim as credenciais e os privilégios dele para solicitar um serviço de outro servidor. Se um cliente quiser usar esse mecanismo, ele solicita um ticket de concessão de ticket com a flag PROXIABLE marcada. Quando esse ticket é apresentado ao TGS, este tem permissão para emitir um ticket de concessão de serviço com um endereço de rede diferente; esse último ticket terá sua flag PROXY marcada. Uma aplicação recebendo esse ticket pode aceitá-lo ou exigir autenticação adicional para fornecer uma trilha de auditoria.[11]

O conceito de proxy é um caso limitado de um procedimento mais poderoso de encaminhamento. Se um ticket for definido com a flag FORWARDABLE, um TGS pode emitir ao solicitante um ticket de concessão de ticket com um endereço de rede diferente e a flag FORWARDED marcada. Esse ticket pode então ser apresentado ao TGS remoto. Essa capacidade permite que um cliente ganhe acesso a um servidor em outro domínio sem exigir que cada Kerberos mantenha uma chave secreta com servidores Kerberos em cada um dos outros domínios. Por exemplo, os domínios poderiam ser estruturados hierarquicamente. Então, um cliente poderia subir na árvore até um nó comum e depois recuar para chegar a um domínio de destino. Cada etapa da caminhada envolveria o encaminhamento de um ticket de concessão de ticket ao próximo TGS no caminho.

15.4 AUTENTICAÇÃO DE USUÁRIO REMOTO USANDO ENCRIPTAÇÃO ASSIMÉTRICA

Autenticação mútua

No Capítulo 14, apresentamos uma técnica para o uso da encriptação de chave pública para fins de distribuição de chave de sessão (Figura 14.9). Esse protocolo considera que cada uma das duas partes está de posse da chave pública atual da outra. Pode não ser prático exigir essa suposição.

Um protocolo usando estampas de tempo aparece em [DENN81]:

1. A → AS: $ID_A \| ID_B$
2. AS → A: $E(PR_{as}, [ID_A \| PU_a \| T]) \| E(PR_{as}, [ID_B \| PU_b \| T])$
3. A → B: $E(PR_{as}, [ID_A \| PU_a \| T]) \| E(PR_{as}, [ID_B \| PU_b \| T]) \|$
   $E(PU_b, E(PR_a, [K_s \| T]))$

---

[11] Para ver uma discussão de alguns dos usos possíveis da capacidade de proxy, consulte [NEUM93b].

Nesse caso, o sistema central é conhecido como um servidor de autenticação (AS), pois não é realmente responsável pela distribuição da chave secreta. Em vez disso, o AS oferece certificados de chave pública. A chave de sessão é escolhida e encriptada por A; logo, não existe risco de exposição pelo AS. As estampas de tempo protegem contra replicações de chaves comprometidas.

Esse protocolo é compacto mas, como antes, exige sincronismo dos relógios. Outra técnica, proposta por Woo e Lam [WOO92a], utiliza nonces. O protocolo consiste nas seguintes etapas:

1. A → CDC: $ID_A \| ID_B$
2. CDC → A: $E(PR_{auth}, [ID_B \| PU_b])$
3. A → B: $E(PU_b, [N_a \| ID_A])$
4. B → CDC: $ID_A \| ID_B \| E(PU_{auth}, N_a)$
5. CDC → B: $E(PR_{auth}, [ID_A \| PU_a]) \| E(PU_b, E(PR_{auth}, [N_a \| K_s \| ID_B]))$
6. B → A: $E(PU_a, [E(PR_{auth}, [(N_a \| K_s \| ID_B)]) \| N_b])$
7. A → B: $E(K_s, N_b)$

Na etapa 1, A informa ao CDC sobre sua intenção de estabelecer uma conexão segura com B. O CDC retorna a A uma cópia do certificado de chave pública de B (etapa 2). Usando a chave pública de B, A informa a B quanto ao seu desejo de comunicar e envia um nonce N_a (etapa 3). Na etapa 4, B pede ao CDC o certificado de chave pública de A e solicita uma chave de sessão; B inclui o nonce de A de modo que o CDC possa estampar a chave de sessão com esse nonce. O nonce é protegido usando a chave pública do CDC. Na etapa 5, o CDC retorna a B uma cópia do certificado de chave pública de A, mais a informação $\{N_a, K_s, ID_B\}$. Essa informação basicamente diz que K_s é uma chave secreta gerada pelo CDC em favor de B e ligada a N_a; o vínculo de K_s e N_a garantirá a A que K_s é recente. Essa tripla é encriptada, usando a chave privada do CDC, para permitir que B verifique se a tripla é de fato do CDC. Ela também é encriptada usando a chave pública de B, para que nenhuma outra entidade possa usar a tripla em uma tentativa de estabelecer uma conexão fraudulenta com A. Na etapa 6, a tripla $\{N_a, K_s, ID_B\}$, ainda encriptada com a chave privada do CDC, é repassada para A, junto com um nonce N_b gerado por B. Tudo isso é encriptado usando a chave pública de A. A recupera a chave de sessão K_s e a utiliza para encriptar N_b e retorná-la a B. Essa última mensagem garante a B sobre o conhecimento da chave da sessão por A.

Esse parece ser um protocolo seguro, que leva em conta os diversos ataques. Porém, os próprios autores localizaram uma falha e submeteram uma versão revisada do algoritmo em [WOO92b]:

1. A → CDC: $ID_A \| ID_B$
2. CDC → A: $E(PR_{auth}, [ID_B \| PU_b])$
3. A → B: $E(PU_b, [N_a \| ID_A])$
4. B → CDC: $ID_A \| ID_B \| E(PU_{auth}, N_a)$
5. CDC → B: $E(PR_{auth}, [ID_A \| PU_a]) \| E(PU_b, E(PR_{auth}, [N_a \| K_s \| ID_A \| ID_B]))$
6. B → A: $E(PU_a, [N_a \| E(PR_{auth}, [(N_a \| K_s \| ID_A \| ID_B)])])$
7. A → B: $E(K_s, N_b)$

O identificador de A, ID_A, é adicionado ao conjunto de itens encriptados com a chave privada do CDC nas etapas 5 e 6. Isso vincula a chave da sessão K_s às identidades das duas partes que estarão engajadas na sessão. Essa inclusão de ID_A considera o fato de que o valor de nonce N_a é considerado exclusivo somente entre todos os nonces gerados por A, e não entre todos os gerados por todas as partes. Assim, é o par $\{ID_A, N_a\}$ que identifica exclusivamente o pedido de conexão de A.

Neste exemplo e nos protocolos descritos anteriormente, os protocolos que pareciam seguros foram revisados após análise adicional. Esses exemplos realçam a dificuldade de acertar as coisas na área da autenticação.

Autenticação de mão única

Já apresentamos as técnicas de encriptação de chave pública que são adequadas para o correio eletrônico, incluindo a encriptação direta da mensagem inteira para confidencialidade (Figura 12.1b), autenticação (Figura 12.1c) ou ambas (Figura 12.1d). Essas técnicas exigem que o emissor saiba a chave pública do destinatário (confidencialidade) ou o destinatário saiba a chave pública do emissor (autenticação) ou ambos (confidencialidade mais autenticação). Além disso, o algoritmo de chave pública precisa ser aplicado uma ou duas vezes ao que pode ser uma mensagem longa.

Se a confidencialidade for a preocupação principal, então o seguinte poderá ser mais eficiente:

$$A \rightarrow B: \ E(PU_b, K_s) \| E(K_s, M)$$

Nesse caso, a mensagem é encriptada com uma chave secreta de uso único. A também encripta essa chave de uso único com a chave pública de B. Somente B poderá usar a chave privada correspondente para recuperar a chave de uso único e depois usar essa chave para decriptar a mensagem. Esse esquema é mais eficiente do que simplesmente encriptar a mensagem inteira com a chave pública de B.

Se a autenticação for a principal preocupação, então uma assinatura digital poderá ser suficiente, como foi ilustrado na Figura 13.2:

$$A \rightarrow B: \ M \| E(PR_a, H(M))$$

Esse método garante que A não poderá mais tarde negar que enviou a mensagem. Porém, essa técnica está aberta a outro tipo de fraude. Bob redige uma mensagem à sua chefe Alice, que contém uma ideia que economizará dinheiro da empresa. Ele anexa sua assinatura digital e a envia para o sistema de e-mail. Por fim, a mensagem será entregue na caixa de correio de Alice. Mas suponha que Max tenha ouvido falar da ideia de Bob e obtenha acesso à fila de correio antes da entrega. Ele encontra a mensagem de Bob, remove sua assinatura, anexa a dele e reenvia a mensagem para a fila, para ser entregue a Alice. Max recebe o crédito pela ideia de Bob.

Para enfrentar esse esquema, a mensagem e a assinatura podem ser encriptadas com a chave pública do destinatário:

$$A \rightarrow B: \ E(PU_b, [M \| E(PR_a, H(M))])$$

Os dois últimos esquemas exigem que B conheça a chave pública de A e esteja convencido de que ela é recente. Um modo eficiente de fornecer essa garantia é o certificado digital, descrito no Capítulo 14. Agora, temos

$$A \rightarrow B: \ M \| E(PR_a, H(M)) \| E(PR_{as}, [T \| ID_A \| PU_a])$$

Além da mensagem, A envia para B a assinatura encriptada com a chave privada de A, e o certificado de A, encriptado com a chave privada do servidor de autenticação. O destinatário da mensagem primeiro usa o certificado para obter a chave pública do emissor e verificar se ela é autêntica, e depois a usa para verificar a própria mensagem. Se a confidencialidade for exigida, então a mensagem inteira pode ser encriptada com a chave pública de B. Como alternativa, a mensagem inteira pode ser encriptada com uma chave secreta de uso único; a chave secreta também é transmitida, encriptada com a chave pública de B. Essa técnica será explorada no Capítulo 19.

15.5 GERENCIAMENTO DE IDENTIDADES FEDERADAS

O **gerenciamento de identidade federada** é um conceito relativamente novo para lidar com o uso de um esquema comum de gerenciamento de identidade entre diversas empresas e inúmeras aplicações e muitos milhares, até mesmo milhões de usuários. Começamos nossa análise com uma discussão do conceito de gerenciamento de identidades e depois examinamos o gerenciamento de identidades federadas.

Gerenciamento de identidades

O gerenciamento de identidade é um método centralizado, automatizado, para fornecer acesso em nível de empresa aos recursos pelos empregados e outros indivíduos autorizados. O foco do gerenciamento de identidade é definir uma identidade para cada usuário (humano ou processo), associando atributos à identidade, e impondo um meio pelo qual um usuário pode verificá-la. O conceito central de um sistema de gerenciamento de identidade é o uso de Single Sign-On (SSO), ou autenticação integrada. SSO permite que um usuário acesse todos os recursos da rede depois de uma única autenticação.

Os serviços típicos fornecidos por um sistema de gerenciamento de identidade federada incluem os seguintes:

- **Ponto de contato:** inclui autenticação em que um usuário corresponde ao nome de usuário fornecido, e o gerenciamento de sessões de usuário/servidor.
- **Serviços de protocolo SSO:** oferece um serviço de token de segurança independente do fornecedor, para dar suporte a uma autenticação integrada para os servidores federados.

- **Serviços de confiança:** os relacionamentos de federação exigem uma federação baseada em relacionamento de confiança entre os parceiros de negócios. Um relacionamento de confiança é representado pela combinação dos tokens de segurança usados para trocar informações sobre um usuário, a informação criptográfica usada para proteger esses tokens de segurança e, de forma ideal, as regras de mapeamento de identidade aplicadas à informação contida dentro desse token.

- **Serviços de chave:** gerenciamento de chaves e certificados.

- **Serviços de identidade:** serviços que oferecem a interface para armazenamento de dados locais, incluindo registros e bancos de dados de usuários, para o gerenciamento de informações relacionadas à identidade.

- **Autorização:** concessão de acesso a serviços e/ou recursos específicos, com base na autenticação.

- **Provisionamento:** inclui a criação de uma conta em cada sistema alvo para o usuário, inclusão ou registro do usuário nas contas, estabelecimento de direitos de acesso ou credenciais para garantir a privacidade e a integridade dos dados da conta.

- **Gerenciamento:** serviços relacionados à configuração e distribuição em tempo de execução.

Observe que o Kerberos contém diversos elementos de um sistema de gerenciamento de identidade.

A Figura 15.4 ilustra entidades e fluxos de dados em uma arquitetura genérica de gerenciamento de identidade. Um **membro** é um mantenedor de identidade. Normalmente, esse é um usuário humano que procura acesso a recursos e serviços na rede. Os dispositivos do usuário, processos de agente e sistemas servidores também podem funcionar como membros. Os membros se autenticam com um **provedor de identidade**. Este associa as informações de autenticação a um membro, assim como atributos e um ou mais identificadores.

Cada vez mais, as identidades digitais incorporam atributos além de simplesmente um identificador e informações de autenticação (como senhas e informações biométricas). Um **serviço de atributo** gerencia a criação e a manutenção desses atributos. Por exemplo, um usuário precisa oferecer um endereço de entrega toda vez que um pedido é feito em um novo site de comércio pela Web, e essa informação precisa ser revisada quando o usuário se muda. O gerenciamento de identidade permite que o usuário forneça essa informação uma vez, de modo que ela seja mantida em um único local e liberada aos consumidores de dados de acordo com políticas de autorização e privacidade. Os usuários podem criar alguns dos atributos a serem associados à sua identidade digital, como um endereço. Os **administradores** também podem designar atributos aos usuários, como papéis, permissões de acesso e informações do empregado.

Consumidores de dados são entidades que adquirem e empregam dados mantidos e fornecidos por provedores de identidade e atributo, que geralmente são usados para dar suporte às decisões de autorização e para coletar informações de auditoria. Por exemplo, um servidor de banco de dados ou servidor de arquivos é um consumidor de dados que precisa das credenciais de um cliente para saber que acesso fornecer a esse cliente.

Figura 15.4 Arquitetura genérica do gerenciamento de identidade.

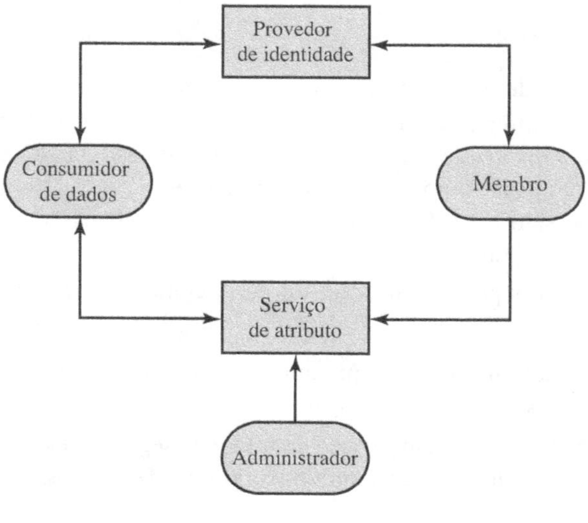

Federação de identidade

A federação de identidade é, basicamente, uma extensão do gerenciamento de identidade para vários domínios de segurança. Esses domínios incluem unidades de negócios internas autônomas, parceiros de negócios externos e outras aplicações e serviços de terceiros. O objetivo é fornecer o compartilhamento de identidades digitais de modo que um usuário possa ser autenticado uma única vez e depois acesse as aplicações e recursos de vários domínios. Como esses domínios são relativamente autônomos ou independentes, não é possível haver qualquer controle centralizado. Em vez disso, as organizações em cooperação precisam formar uma federação com base em padrões combinados e níveis de confiança mútuos para compartilhar identidades digitais com segurança.

O gerenciamento de identidade federada refere-se aos acordos, padrões e tecnologias que permitem a portabilidade de identidades, atributos de identidade e direitos através de várias empresas e diversas aplicações, com suporte para muitos milhares, ou mesmo milhões de usuários. Quando várias organizações implementam esquemas de identidade federada interoperável, um empregado de uma organização pode usar uma autenticação única para acessar serviços pela federação com relacionamentos de confiança associados à identidade. Por exemplo, um empregado pode efetuar o logon na intranet de sua empresa e ser autenticado para realizar funções autorizadas e acessar serviços autorizados nessa intranet. O empregado poderia então acessar seus benefícios de saúde a partir de um provedor de saúde externo sem ter que autenticar novamente.

Além do SSO, o gerenciamento de identidade oferece outras capacidades. Uma é um meio padronizado de representar atributos. Cada vez mais, identidades digitais incorporam atributos que não sejam simplesmente um identificador e informações de autenticação (como senhas e informações biométricas). Alguns exemplos de atributos incluem números de conta, papéis organizacionais, localização física e posse de arquivo. Um usuário pode ter vários identificadores; por exemplo, cada um pode estar associado a um papel exclusivo com suas próprias permissões de acesso.

Outra função chave do gerenciamento de identidade federada é o mapeamento de identidade. Diferentes domínios de segurança podem representar identidades e atributos de formas diferentes. Além disso, a quantidade de informação associada a um indivíduo em um domínio pode ser mais do que o necessário em outro domínio. Os protocolos de gerenciamento de identidade federada relacionam identidades e atributos de um usuário em um domínio aos requisitos de outro.

A Figura 15.5 ilustra entidades e fluxos de dados em uma arquitetura genérica de gerenciamento de identidade federada.

O provedor de identidade adquire informações de atributo através do diálogo e trocas de protocolo com usuários e administradores. Por exemplo, um usuário precisa fornecer um endereço de remessa toda vez que um pedido é feito para um comerciante na Web, e essa informação precisa ser revisada quando ele se muda. O gerenciamento de identidade permite que o usuário dê essa informação uma vez, de modo que ela seja mantida em um único local e liberada aos consumidores de dados de acordo com as políticas de autorização e privacidade.

Os provedores de serviço são entidades que obtêm e empregam os dados mantidos e fornecidos pelos provedores de identidade, normalmente para dar suporte a decisões de autorização e para coletar informações de auditoria. Por exemplo, um servidor de banco de dados ou servidor de arquivos é um consumidor de dados que precisa das credenciais de um cliente para saber qual acesso deverá fornecer a esse cliente. Um provedor de serviço pode estar no mesmo domínio do usuário e do provedor de identidade. O poder dessa técnica é para o gerenciamento de identidade federada, no qual o provedor de serviço está em um domínio diferente (por exemplo, uma rede do vendedor ou do fornecedor).

PADRÕES

O gerenciamento de identidade federada usa uma série de padrões como blocos de montagem para a troca de identidade segura por diferentes domínios ou sistemas heterogêneos. Basicamente, as organizações emitem alguma forma de tickets de segurança para seus usuários, que podem ser processados por parceiros em cooperação. Os padrões de federação de identidade, assim, são conectados com a definição desses tickets, em termos do conteúdo e formato, oferecendo protocolos para troca de tickets e realizando uma série de tarefas de gerenciamento. Entre essas tarefas estão a configuração de sistemas para realizar transferências de atributos e mapeamento de identidade, e realização de funções de logging e auditoria. Os principais padrões são os seguintes:

Figura 15.5 Operação de identidade federada.

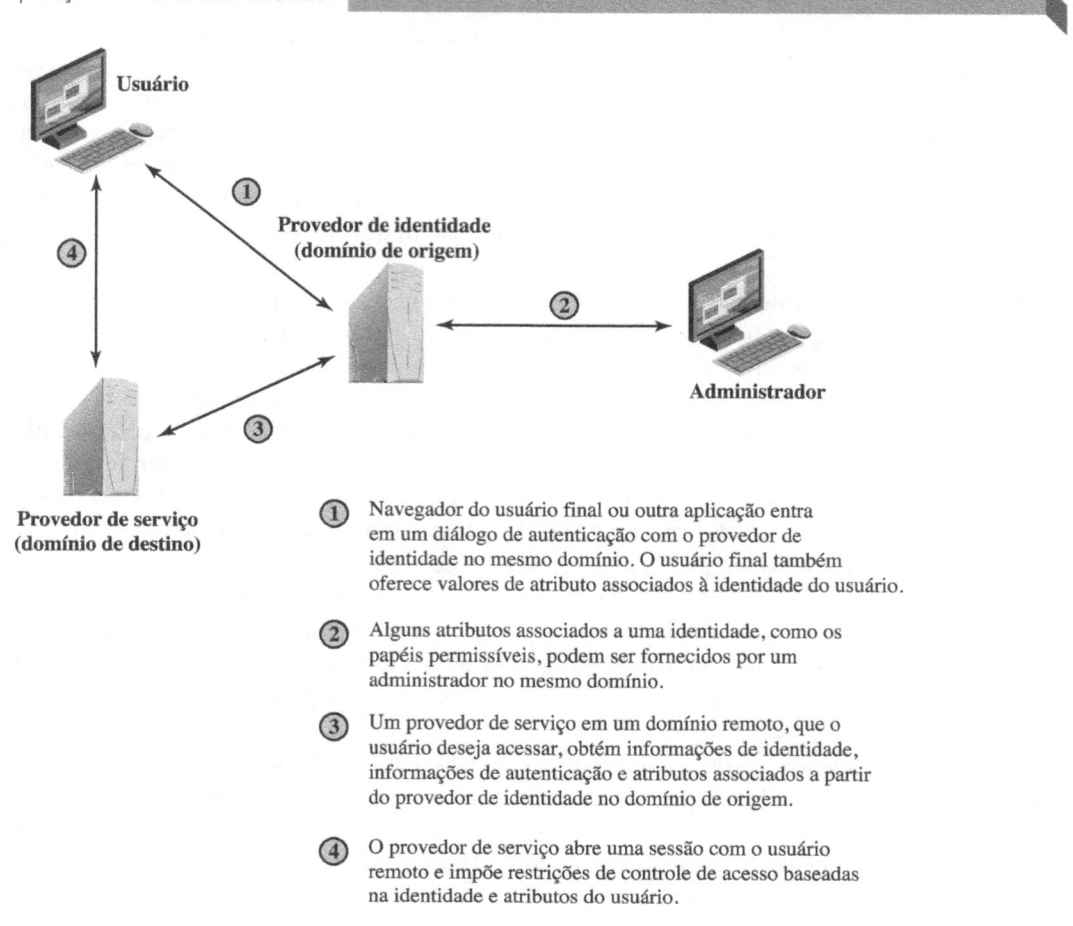

```
                    Usuário
                       │
                   ①   │
                       ▼
            Provedor de identidade
              (domínio de origem)  ──② ──▶  Administrador
                       │
                   ③   │
                       ▼
           Provedor de serviço
             (domínio de destino)
                       │
                   ④   │
                       ▼
                    Usuário
```

① Navegador do usuário final ou outra aplicação entra em um diálogo de autenticação com o provedor de identidade no mesmo domínio. O usuário final também oferece valores de atributo associados à identidade do usuário.

② Alguns atributos associados a uma identidade, como os papéis permissíveis, podem ser fornecidos por um administrador no mesmo domínio.

③ Um provedor de serviço em um domínio remoto, que o usuário deseja acessar, obtém informações de identidade, informações de autenticação e atributos associados a partir do provedor de identidade no domínio de origem.

④ O provedor de serviço abre uma sessão com o usuário remoto e impõe restrições de controle de acesso baseadas na identidade e atributos do usuário.

- **a Extensible Markup Language (XML):** uma linguagem de marcação que usa conjuntos de tags ou etiquetas embutidas para caracterizar os elementos de texto dentro de um documento, a fim de indicar sua aparência, função, significado ou contexto. Documentos XML aparecem de forma semelhante aos HTML (Hypertext Markup Language) que são visíveis como páginas Web, mas possuem maior funcionalidade. XML inclui definições estritas do tipo de dado de cada campo, dando suporte assim a formatos de banco de dados e semântica. XML oferece regras de codificação para comandos que são usados para transferir e atualizar objetos de dados.

- O **Simple Object Access Protocol (SOAP):** um conjunto mínimo de convenções para invocar código usando XML sobre HTTP. Ele permite que as aplicações solicitem serviços umas das outras com solicitações baseadas em XML e recebam respostas como dados formatados com XML. Assim, XML define objetos e estruturas de dados, e SOAP oferece um meio de trocar esses objetos de dados e realizar chamadas de procedimento remoto relacionadas a esses objetos. Veja uma discussão informativa em [ROS06].

- **WS-Security:** um conjunto de extensões SOAP para implementar integridade e confidencialidade de mensagem nos Web services. Para fornecer a troca segura de mensagens SOAP entre as aplicações, WS-Security atribui tokens de segurança a cada mensagem para uso na autenticação.

- **Security Assertion Markup Language (SAML):** uma linguagem baseada em XML para a troca de informações de segurança entre parceiros de negócios on-line. SAML transmite informações de autenticação na forma de asserções sobre sujeitos. Asserções são declarações sobre o sujeito, emitidas por uma entidade autorizada.

O desafio com o gerenciamento de identidade federada é integrar diversas tecnologias, padrões e serviços para fornecer um utilitário seguro e amigável. O segredo disso, como na maioria das áreas de segurança e rede, é contar com alguns padrões amadurecidos bastante aceitos pelo setor. O gerenciamento de identidade federada parece ter alcançado esse nível de maturidade.

Exemplos

Para ter uma ideia da funcionalidade da federação de identidade, examinamos três cenários, tomados de [COMP06].

No primeiro cenário (Figura 15.6a), Workplace.com contrata Health.com para fornecer benefícios de saúde aos empregados. Um empregado usa uma interface Web para se registrar em Workplace.com e passa por um procedimento de autenticação lá. Isso permite que o empregado acesse serviços e recursos autorizados em Workplace.com. Quando o empregado clica em um link para acessar benefícios de saúde, seu navegador é redirecionado para Health.com. Ao mesmo tempo, o software da Workplace.com passa o identificador do usuário a Health.com de uma maneira segura. As duas organizações fazem parte de uma federação que troca cooperativamente identificadores do usuário. Health.com mantém identidades do usuário para cada empregado em Workplace.com e associa a cada identidade informações de benefícios de saúde e direitos de acesso. Neste exemplo, a ligação entre as duas empresas é baseada na informação de conta e a participação do usuário é baseada no navegador.

A Figura 15.6b mostra um segundo tipo de esquema baseado em navegador. PartsSupplier.com é um fornecedor regular de peças para Workplace.com. Neste caso, um esquema de controle de acesso baseado em papel (RBAC, do acrônimo em inglês para *role-based access-control*) é usado para o acesso à informação. Um engenheiro da Workplace.com se autentica no portal do empregado da Workplace.com e clica em um link para acessar informações em PartsSupplier.com. Como o usuário é autenticado no papel de um engenheiro, ele é levado à parte de documentação técnica e resolução de problemas do Website da PartsSupplier.com sem ter que se autenticar novamente. De modo semelhante, um empregado em um papel de compra se autentica na Workplace.com e está autorizado, nesse papel, a fazer compras na PartsSupplier.com sem ter que se autenticar. Para esse cenário, a PartsSupplier.com não tem informação de identidade para empregados individuais na Workplace.com. Em vez disso, a ligação entre os dois parceiros federados é em termos de papéis.

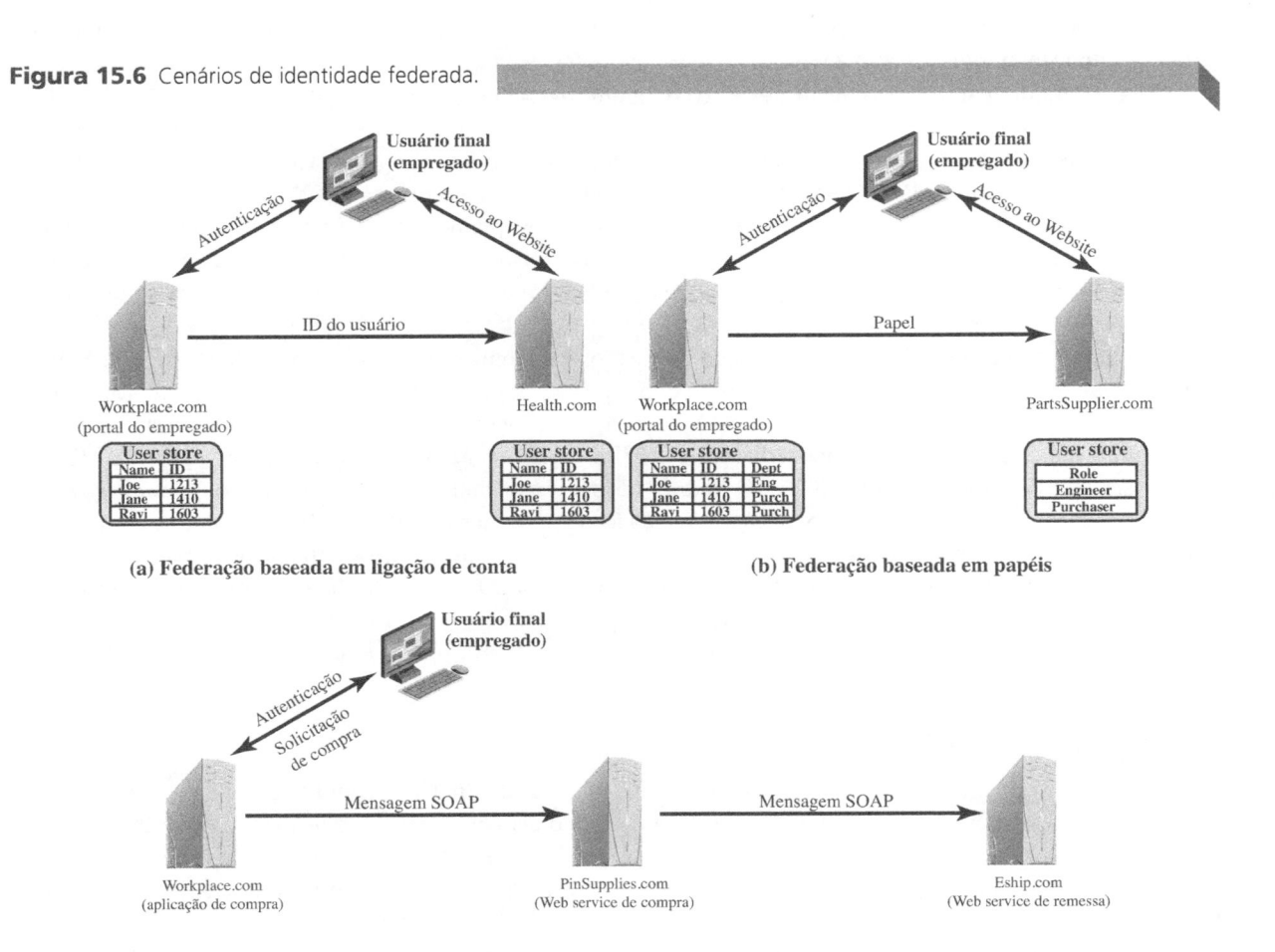

Figura 15.6 Cenários de identidade federada.

(a) Federação baseada em ligação de conta

(b) Federação baseada em papéis

(c) Chained Web Services

O cenário ilustrado na Figura 15.6c pode ser considerado baseado em documento, em vez de baseado em navegador. Neste terceiro exemplo, Workplace.com tem um acordo de compra com a PinSupplies.com, e esta tem uma relação de negócios com a E-Ship.com. Um empregado da WorkPlace.com entra e é autenticado para fazer compras. Ele vai para uma aplicação de compras que oferece uma lista de fornecedores da WorkPlace.com e as peças que podem ser pedidas. O usuário clica no botão da PinSupplies e recebe uma página Web de ordem de compra (página HTML). O empregado preenche o formulário e clica no botão para enviar. A aplicação de compras gera um documento XML/SOAP que ela insere no corpo do envelope de uma mensagem baseada em XML. A aplicação de compras, então, insere as credenciais do usuário no cabeçalho do envelope da mensagem, junto com a identidade organizacional da Workplace.com. A aplicação de compras posta a mensagem no Web service de compras da PinSupplies.com. Esse serviço autentica a mensagem que chega e processa a solicitação. O Web service de compra, então, envia uma mensagem SOAP ao seu parceiro de compras para atender o pedido. A mensagem inclui um token de segurança da PinSupplies.com no cabeçalho do envelope e a lista de itens a serem remetidos, bem como a informação de entrega do usuário final no corpo do envelope. O Web service de entrega autentica a requisição e processa o pedido de envio.

15.6 VERIFICAÇÃO DE IDENTIDADE PESSOAL

A autenticação do usuário baseada na posse de um cartão inteligente (*smart card*) está se tornando mais comum. Um cartão inteligente tem a aparência de um cartão de crédito, uma interface eletrônica e pode usar uma série de protocolos de autenticação.

Um cartão inteligente contém dentro dele um microprocessador inteiro, incluindo processador, memória e portas de E/S. Algumas versões incorporam um circuito de co-processamento especial para a operação criptográfica para agilizar a tarefa de codificar e decodificar mensagens ou gerar assinaturas digitais para validar a informação transferida. Em alguns cartões, as portas de E/S são diretamente acessíveis por uma leitora compatível, por meio de contatos elétricos expostos. Outros cartões, em vez disso, contam com uma antena embutida para a comunicação sem fios com a leitora.

Um cartão inteligente típico inclui três tipos de memória. A memória somente de leitura (ROM, do acrônimo em inglês para *read-only memory*) armazena dados que não mudam durante a vida do cartão, como o número e o nome do seu proprietário. A ROM programável eletricamente apagável (EEPROM, do acrônimo em inglês para *electrically erasable programmable ROM*) mantém dados e programas da aplicação, como os protocolos que o cartão pode executar. Ela também mantém dados que podem variar com o tempo. Por exemplo, em um cartão de telefone, a EEPROM mantém o tempo de conversa restante. A memória de acesso aleatório (RAM, do acrônimo em inglês para *random access memory*) mantém dados temporários gerados quando as aplicações são executadas.

Para uma aplicação prática de autenticação de cartão inteligente, uma grande quantidade de fornecedores precisa estar em conformidade com os padrões que cobrem os protocolos de cartão inteligente, formatos e protocolos de autenticação e controle de acesso, entradas de bancos de dados, formatos de mensagem e assim por diante. Uma etapa importante nessa direção é o FIPS 201-2 (*Personal Identity Verification [PIV] of Federal Employees and Contractors*, junho 2012). O padrão define um sistema de PIV confiável, de âmbito governamental, para uso em aplicações como acesso a instalações e sistemas de informação controlados de modo federado. O padrão especifica um sistema PIV dentro do qual as credenciais de identificação comuns podem ser criadas e mais tarde usadas para verificar uma identidade alegada. O padrão também identifica os requisitos federais em âmbito de governo para níveis de segurança que dependam dos riscos à instalação ou às informações sendo protegidas. O padrão também se aplica a contratantes do setor privado, e serve como uma orientação útil para qualquer organização.

Modelo do sistema PIV

A Figura 15.7 ilustra os principais componentes dos sistemas compatíveis com FIPS 201-2. O front-end PIV define a interface física com um usuário que está solicitando acesso a uma instalação, que poderia ser acesso físico à área física protegida ou acesso lógico a um sistema de informação. O **subsistema de front-end PIV** admite uma autenticação de até três fatores; o número de fatores usados depende do nível de segurança exigido. O front-end utiliza um cartão inteligente, conhecido como cartão PIV, que é um cartão com e sem contato com interface dupla. O cartão contém uma foto do proprietário, certificados X.509, chaves criptográficas, dados

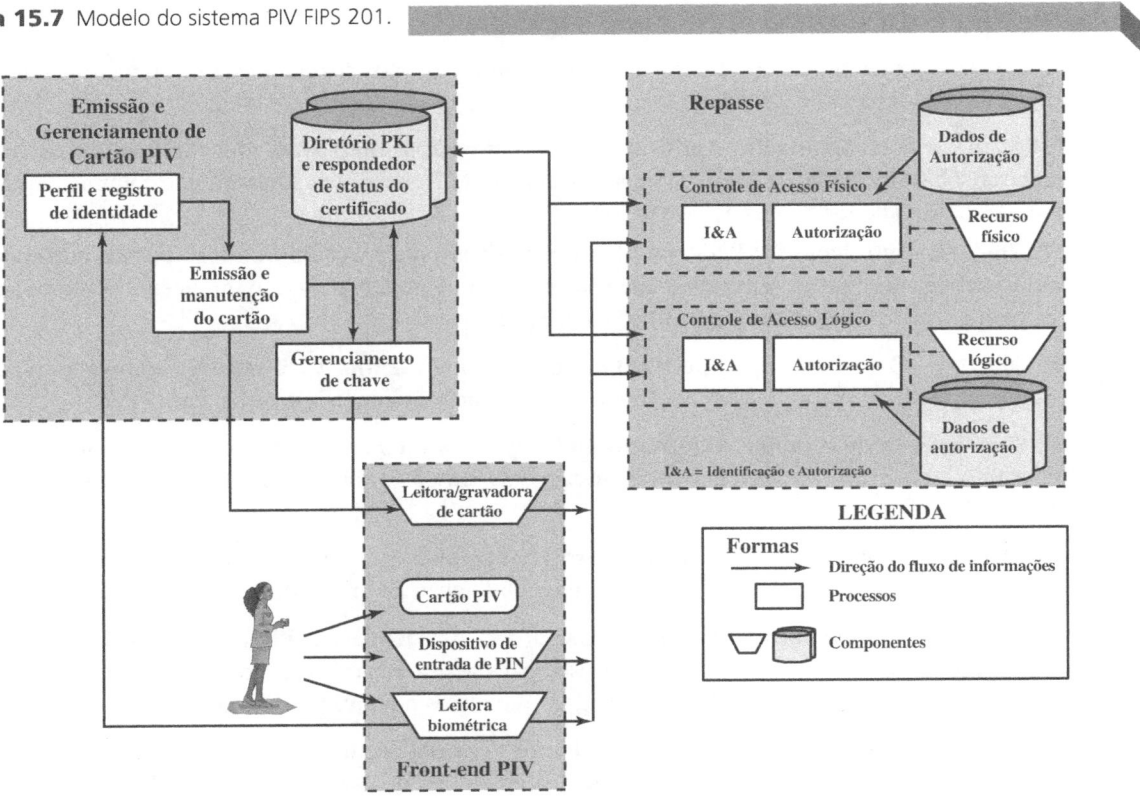

Figura 15.7 Modelo do sistema PIV FIPS 201.

biométricos e um identificador exclusivo do proprietário (CHUID, do acrônimo em inglês para *cardholder unique identifier*). Certas informações do proprietário podem ser protegidas contra leitura e exigem um número de identificação pessoal (PIN, do acrônimo em inglês para *personal identification number*) para o acesso de leitura por parte da leitora de cartões. A leitora biométrica, na versão atual do padrão, é uma leitora de impressão digital ou varredura de íris.

O padrão define três níveis de segurança para verificação do cartão e os dados encriptados armazenados nele, que por sua vez leva à verificação da autenticação da pessoa que mantém a credencial. Um nível de *alguma confiança* corresponde ao uso da leitora de cartão e PIN. Um nível de *alta confiança* adiciona uma comparação biométrica de uma impressão digital capturada e codificada no cartão durante o processo de emissão e uma impressão digital obtida no ponto de acesso físico. Um nível de *confiança muito alta* requer que o processo descrito seja completado em um ponto de controle atendido por um observador oficial.

O outro componente importante do sistema PIV é o **subsistema de emissão e gerenciamento de cartão PIV**. Esse subsistema inclui os componentes responsáveis pela prova e registro de identidade, emissão e gerenciamento de cartão e chave, e diversos repositórios e serviços (por exemplo, diretório de infraestrutura de chave pública [PKI], servidores de status de certificado) exigidos como parte da infraestrutura de verificação.

O sistema PIV interage com um **subsistema de repasse**, que inclui componentes responsáveis por determinar o acesso de determinado proprietário de PIV a um recurso físico ou lógico. FIPS 201-2 padroniza formatos de dados e protocolos para interação entre o sistema PIV e o sistema de repasse.

Diferente do código típico de número de cartão/instalação encriptado na maioria dos cartões de controle de acesso, o CHUID FIPS 201 leva a autenticação a um novo nível, através do uso de uma data de expiração (um campo de dados obrigatório do CHUID) e uma assinatura digital CHUID opcional. Uma assinatura digital pode ser verificada para garantir que o CHUID registrado no cartão foi assinado digitalmente por uma fonte confiável e que os dados CHUID não foram alterados desde que o cartão foi assinado. A data de expiração do CHUID pode ser verificada para garantir que o cartão não foi expirado. Isso depende da data de expiração associada aos privilégios do proprietário do cartão. A leitura e verificação apenas do CHUID oferece apenas alguma garantia de identidade, pois autentica os dados do cartão, e não o proprietário. O PIN e os fatores biométricos oferecem verificação de identidade do indivíduo.

Documentação do sistema PIV

A especificação PIV é bastante complexa, e o NIST emitiu diversos documentos que abrangem uma grande variedade de tópicos sobre PIV. São eles:

- **FIPS 201-2 — Personal Identity Verification (PIV) of Federal Employees and Contractors:** especifica as características físicas do cartão, meio de armazenamento e elementos de dados que compõem as credenciais de identidade residentes no cartão PIV.
- **SP 800-73-3 — Interfaces for Personal Identity Verification:** especifica as interfaces e a arquitetura de cartão para armazenar e recuperar credenciais de identidade de um cartão inteligente, e oferece diretrizes para o uso dos mecanismos e protocolos de autenticação.
- **SP 800-76-2 — Biometric Data Specification for Personal Identity Verification:** descreve as especificações técnicas de aquisição e formatação para as credenciais biométricas do sistema PIV.
- **SP 800-78-3 — Cryptographic Algorithms and Key Sizes for Personal Identity Verification:** identifica algoritmos aceitáveis de encriptação simétrica e assimétrica para identificar os algoritmos associados às chaves PIV ou assinaturas digitais.
- **SP 800-104 — A Scheme for PIV Visual Card Topography:** oferece recomendações adicionais sobre a codificação de cores de cartão PIV para designar a afiliação do empregado.
- **SP 800-116 — A Recommendation for the Use of PIV Credentials in Physical Access Control Systems (PACS):** descreve um método baseado em risco para selecionar mecanismos de autenticação PIV apropriados para gerenciar o acesso físico a instalações e ativos do governo federal.
- **SP 800-79-1 — Guidelines for the Accreditation of Personal Identity Verification Card Issuers:** oferece orientações para sancionar a confiabilidade dos emissores de cartões PIV que coletam, armazenam e disseminam credenciais de identidade pessoal e emitem cartões inteligentes.
- **SP 800-96 — PIV Card to Reader Interoperability Guidelines:** oferece requisitos que facilitam a interoperabilidade entre qualquer cartão e qualquer leitora.

Além disso, existem outros documentos que lidam com o teste de conformidade e códigos para identificadores.

Credenciais e chaves do sistema PIV

O cartão PIV contém diversos elementos de dados obrigatórios e opcionais que servem como credenciais de identidade com níveis de força e garantia variáveis. Essas credenciais são usadas isoladamente ou em conjuntos para autenticar o proprietário do cartão PIV a fim de conseguir o nível de garantia exigido para determinada atividade ou transação. Os elementos de dados obrigatórios são os seguintes:

- **Número de identificação pessoal (PIN):** exigido para ativar o cartão para operação privilegiada.
- **Identificador exclusivo do proprietário (CHUID):** inclui o Federal Agency Smart Credential Number (FASC-N) e o Global Unique Identification Number (GUID), que identificam exclusivamente o cartão e o proprietário.
- **Chave de identificação PIV:** par de chaves assimétricas e certificado correspondente para autenticação do usuário.
- **Dois modelos de impressão digital:** para autenticação biométrica.
- **Imagem facial eletrônica:** para autenticação biométrica.
- **Chave assimétrica de autenticação de cartão:** par de chaves assimétricas e certificado correspondente usado para autenticação do cartão.

Os elementos opcionais incluem o seguinte:

- **Chave de assinatura digital:** um par de chaves assimétricas e o certificado correspondente, que dá suporte à assinatura de documentos e assinatura de elementos de dados, como o CHUID.
- **Chave de gerenciamento de chave:** um par de chaves assimétricas e o certificado correspondente, dando suporte ao estabelecimento e transporte de chave.
- **Chave simétrica de autenticação de cartão:** para dar suporte a aplicações de acesso físico.
- **Chave de administração da aplicação de cartão PIV:** chave simétrica associada ao sistema de gerenciamento de cartão.
- **Uma ou duas imagens da íris:** para autenticação biométrica.

Tabela 15.5 Algoritmos e tamanhos de chave do sistema PIV.

Tipo de chave PIV	Algoritmos	Tamanhos de chave (bits)	Aplicação
Chave de autenticação PIV	RSA	2048	Suporte para autenticação de cartão e proprietário para um ambiente interoperável
	ECDSA	256	
Chave de autenticação de cartão	3TDEA	168	Suporte para autenticação de cartão para acesso físico
	AES	128, 192 ou 256	
	RSA	2048	Suporte para autenticação de cartão para um ambiente interoperável
	ECDSA	256	
Chave de assinatura digital	RSA	2048 ou 3072	Suporte para assinatura de documento e assinatura de nonce
	ECDSA	256 ou 384	
Chave de gerenciamento de chave	RSA	2048	Suporte para estabelecimento e transporte de chaves
	ECDH	256 ou 384	

A Tabela 15.5 lista o algoritmo e os requisitos de tamanho de chave para os tipos de chave PIV.

Autenticação

Usando as credenciais eletrônicas residentes em um cartão PIV, o cartão tem suporte para os seguintes mecanismos de autenticação:

- **CHUID:** o proprietário é autenticado usando o elemento de dados CHUID assinado no cartão. O PIN não é obrigatório. Esse mecanismo é útil em ambientes onde um baixo nível de segurança é aceitável e a autenticação rápida sem contato é necessária.
- **Chave de autenticação de cartão:** o cartão PIV é autenticado usando a chave de autenticação de cartão em um protocolo desafio-resposta. O PIN não é necessário. Esse mecanismo permite autenticação com contato (via leitora de cartão) ou sem contato (via ondas de rádio) do cartão PIV sem a participação ativa do proprietário, e oferece um baixo nível de segurança.
- **BIO:** o proprietário do cartão é autenticado combinando sua(s) amostra(s) de impressão digital com o elemento de dados biométricos assinado em um ambiente sem um atendente humano à vista. O PIN é necessário para ativar o cartão. Esse mecanismo consegue um alto nível de segurança e requer a participação ativa do proprietário do cartão no envio do PIN e também como amostra biométrica.
- **BIO-A:** o proprietário do cartão é autenticado combinando sua(s) amostra(s) de impressão digital com o elemento de dados biométricos assinado em um ambiente com um atendente humano à vista. O PIN é necessário para ativar o cartão. Esse mecanismo consegue um nível de segurança muito alto quando acoplado com uma validação de confiança completa do modelo biométrico recuperado

do cartão, e requer a participação ativa do proprietário no envio do PIN e também como amostra biométrica.

- **PKI:** o proprietário do cartão é autenticado demonstrando o controle da chave privada de autenticação do PIV em um protocolo de desafio-resposta que pode ser validado usando o certificado de autenticação PIV. O PIN é necessário para ativar o cartão. Esse mecanismo consegue um nível de segurança de identidade muito alto e requer o conhecimento do PIN pelo proprietário do cartão.

Em cada um dos casos de uso explicados, exceto o da chave de autenticação de cartão simétrica, a origem e a integridade da credencial PIV correspondente são validadas verificando a assinatura digital na credencial, com a assinatura sendo fornecida por uma entidade confiável.

Diversos protocolos podem ser construídos para cada um dos tipos de autenticação. SP-800-78-3 oferece exemplos para cada tipo. A Figura 15.8 ilustra um cenário de autenticação que inclui o uso da chave de autenticação PIV. Esse cenário oferece um alto nível de segurança, e seria apropriado para autenticação de um usuário que possui um cartão PIV e busca acesso a um recurso de computação. O computador, designado *sistema local* na figura, inclui um software de aplicação PIV e se comunica com o cartão por meio de uma interface de programa de aplicação que permite o uso de chamadas de procedimento de nível relativamente alto. Esses comandos de alto nível são convertidos em comandos PIV que são emitidos ao cartão por meio de uma interface física através de uma leitora de cartões ou uma interface sem fios. De qualquer forma, o SP-800-73 refere-se à interface de comando de cartão como a extremidade do cartão PIV.

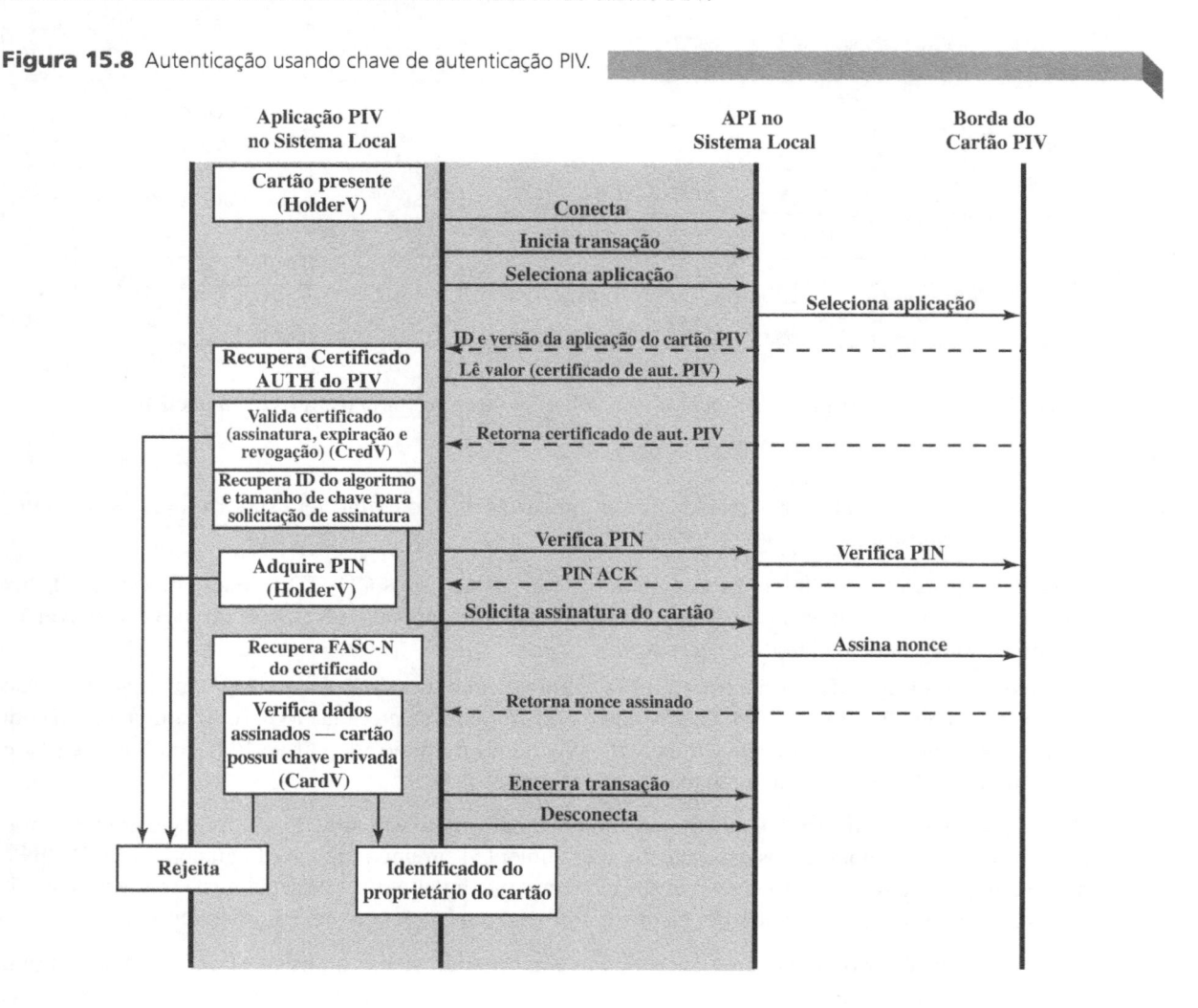

Figura 15.8 Autenticação usando chave de autenticação PIV.

CardV = Card validation
CredV = Credential validation
HolderV = Cardholder validation
FASC-N = Federal Agency Smart Credential Number

O processo começa quando o sistema local detecta o cartão ou por uma leitora de cartões anexada ou de modo sem fio. Depois, ele seleciona uma aplicação no cartão para autenticação. O sistema local então solicita o certificado de chave pública para a chave de autenticação PIV do cartão. Se o certificado for válido (ou seja, tiver uma assinatura válida, não tiver expirado nem tiver sido revogado), a autenticação continua. Caso contrário, o cartão é rejeitado. A próxima etapa é que o sistema local solicite que o proprietário entre com o PIN para o cartão. Se o PIN submetido coincidir com o PIN armazenado no cartão, este retorna uma confirmação positiva; caso contrário, o cartão retorna uma mensagem de falha. O sistema local ou continua ou rejeita o cartão de modo correspondente. A próxima fase é o protocolo de desafio-resposta. O sistema local envia um nonce a ser assinado pelo PIV, e o PIV retorna a assinatura. O sistema local usa a chave pública de autenticação PIV para verificar a assinatura. Se ela for válida, o proprietário do cartão é aceito como sendo identificado. Caso contrário, o sistema local rejeita o cartão.

O cenário da Figura 15.8 realiza três tipos de autenticação. A combinação de posse do cartão e confirmação do serviço PIN autentica o proprietário do cartão. O certificado de Chave de Autenticação PIV valida as credenciais do cartão. O protocolo de desafio-resposta autentica o cartão.

15.7 LEITURA RECOMENDADA

Uma forma indolor de entender os conceitos do Kerberos pode ser vista em [BRYA88]. Um dos melhores tratamentos do Kerberos é [KOHL94]. [TUNG99] descreve o Kerberos do ponto de vista de um usuário.

[SHIM05] contém uma breve visão geral do gerenciamento de identidade federada e examina uma técnica para padronização. [BHAT07] descreve um método integrado de gerenciamento de identidade federada acoplado com o gerenciamento de privilégios de controle de acesso.

BHAT07 Bhatti, R.; Bertino, E.; e Ghafoor, A. "An Integrated Approach to Federated Identity and Privilege Management in Open Systems". *Communications of the ACM*, fev 2007.

BRYA88 Bryant, W. Designing an Authentication System: A Dialogue in Four Scenes. Project Athena document, February 1988. Available at http://web.mit.edu/kerberos/ www/dialogue.html.

KOHL94 Kohl, J.; Neuman, B.; e Ts'o, T. "The Evolution of the Kerberos Authentication Service". in Brazier, F., and Johansen, D. *Distributed Open Systems*. Los Alamitos, CA: IEEE Computer Society Press, 1994. Disponível em http://web.mit.edu/kerberos/www/papers.html.

SHIM05 Shim, S.; Bhalla, G.; e Pendyala, V. "Federated Identity Management". *Computer*, dez 2005.

TUNG99 Tung, B. *Kerberos: A Network Authentication System.* Reading, MA: Addison-Wesley, 1999.

15.8 PRINCIPAIS TERMOS, PERGUNTAS PARA REVISÃO E PROBLEMAS

Principais termos

ataque de replicação
ataque de supressão-replicação
autenticação
autenticação de mão única
autenticação mútua
domínio

domínio Kerberos
estampa de tempo
gerenciamento de identidade
gerenciamento de identidade federada
Kerberos

nonce
servidor de autenticação
servidor de concessão de ticket (TGS)
ticket
verificação de identidade pessoal (PIV)

Perguntas para revisão

15.1 Dê exemplos de ataques de replicação.
15.2 Liste três técnicas gerais para lidar com ataques de replicação.
15.3 O que é um ataque de supressão-replicação?
15.4 Que problema o Kerberos foi criado para resolver?
15.5 Quais são três ameaças associadas à autenticação do usuário por uma rede ou pela Internet?
15.6 Liste três técnicas para proteger a autenticação do usuário em um ambiente distribuído.
15.7 Quais os quatro requisitos definidos para o Kerberos?
15.8 Que entidades constituem um ambiente Kerberos com serviço completo?

15.9 No contexto do Kerberos, o que é um domínio?

15.10 Quais são as principais diferenças entre a versão 4 e a versão 5 do Kerberos?

Problemas

15.1 Na Seção 15.4, esboçamos o esquema de chave pública proposto em [WOO92a] para a distribuição de chaves secretas. A versão revisada inclui ID_A nas etapas 5 e 6. Que ataque, especificamente, é evitado por essa revisão?

15.2 O protocolo referenciado no Problema 15.1 pode ser reduzido de sete etapas para cinco, tendo a seguinte sequência:
  a. A → B:
  b. A → CDC:
  c. CDC → B:
  d. B → A:
  e. A → B:
  Mostre a mensagem transmitida em cada etapa. *Dica:* a mensagem final nesse protocolo é a mesma que a mensagem final no protocolo original.

15.3 Referencie o ataque de supressão-replicação descrito na Seção 15.2 para responder o seguinte:
  a. Dê um exemplo de um ataque quando o relógio de uma parte está adiantado em relação ao do CDC.
  b. Dê um exemplo de um ataque quando o relógio de uma parte está adiantado em relação ao de outra.

15.4 Existem três formas típicas de usar nonces como desafios. Suponha que N_a é um nonce gerado por A, A e B compartilham a chave K e f() é uma função (como um incremento). Os três usos são

Uso 1	Uso 2	Uso 3
(1) A → B: N_a	(1) A → B: $E(K, N_a)$	(1) A → B: $E(K, N_a)$
(2) B → A: $E(K, N_a)$	(2) B → A: N_a	(2) B → A: $E(K, f(N_a))$

Descreva situações para as quais cada uso é apropriado.

15.5 Mostre que um erro aleatório em um bloco de texto cifrado é propagado para todos os blocos subsequentes de texto claro no modo PCBC (Figura T.2 no Apêndice T).

15.6 Suponha que, no modo PCBC, os blocos C_i e C_{i+1} sejam trocados durante a transmissão. Mostre que isso afeta apenas os blocos decriptados P_i e P_{i+1}, mas não os blocos subsequentes.

15.7 Além de prover um padrão para os formatos de certificado de chave pública, o X.509 especifica um protocolo de autenticação. A versão original do X.509 contém uma falha de segurança. A essência do protocolo é a seguinte:

A → B: A {t_A, r_A, ID_B}

B → A: B {t_B, r_B, ID_A, r_A}

A → B: A {r_B}

onde t_A e t_B são estampas de tempo, r_A e r_B são nonces e a notação X {Y} indica que a mensagem Y é transmitida, encriptada e assinada por X.

O texto do X.509 afirma que verificar as estampas de tempo t_A e t_B é opcional para a autenticação de três vias. Mas considere o exemplo a seguir: suponha que A e B tenham usado o protocolo anterior em alguma ocasião anterior, e que o oponente C tenha interceptado as três mensagens anteriores. Além disso, suponha que as estampas de tempo não sejam usadas e sejam todas definidas como 0. Por fim, suponha que C queira personificar A para B. C inicialmente envia a primeira mensagem capturada para B:

C → B: A{0, r_A, ID_B}

B responde pensando que está falando com A, mas na realidade está falando com C:

B → C: B{0, r'_B, ID_A, r_A}

Nesse meio tempo, C faz com que A inicie a autenticação com C por algum meio. Como resultado, A envia o seguinte para C:

A → C: A{0, r'_A, ID_C}

C responde a A usando o mesmo nonce fornecido a C por B.
   C → A: C{0, r'_B, ID_A, r'_A}

A responde com
   A → C: A{r'_B}

É exatamente isso que C precisa para convencer B de que está falando com A, de modo que C agora repete a mensagem que chega de volta para B.
   C → B: A{r'_B}

Assim, B acreditará que está falando com A enquanto na realidade está falando com C. Sugira uma solução simples para esse problema, que não envolva o uso de estampas de tempo.

15.8 Considere uma técnica de autenticação de mão única baseada em encriptação assimétrica:
   A → B: ID_A
   B → A: R_1
   A → B: $E(PR_a, R_1)$
   a. Explique o protocolo.
   b. A que tipo de ataque esse protocolo é suscetível?

15.9 Considere uma técnica de autenticação de mão única baseada em encriptação assimétrica:
   A → B: ID_A
   B → A: $E(PU_a, R_2)$
   A → B: R_2
   a. Explique o protocolo.
   b. A que tipo de ataque esse protocolo é suscetível?

15.10 No Kerberos, quando Bob recebe um Ticket de Alice, como ele sabe que ele é genuíno?

15.11 No Kerberos, quando Bob recebe um Ticket de Alice, como ele sabe que ele veio de Alice?

15.12 No Kerberos, quando Alice recebe uma resposta, como ela sabe que ela veio de Bob (que não é uma replicação de uma mensagem anterior de Bob)?

15.13 No Kerberos, o que o Ticket contém que permite que Alice e Bob conversem com segurança?

PARTE 5: Segurança na rede e na Internet

Controle de acesso à rede e segurança na nuvem

16

TÓPICOS ABORDADOS

16.1 CONTROLE DE ACESSO À REDE
Elementos de um sistema de controle de acesso à rede
Métodos de imposição de acesso à rede

16.2 EXTENSIBLE AUTHENTICATION PROTOCOL (EAP)
Métodos de autenticação
Trocas do EAP

16.3 CONTROLE DE ACESSO À REDE BASEADO EM PORTA IEEE 802.1X

16.4 COMPUTAÇÃO EM NUVEM
Elementos da computação em nuvem
Arquitetura de referência da computação em nuvem

16.5 RISCOS E CONTRAMEDIDAS DE SEGURANÇA NA NUVEM

16.6 PROTEÇÃO DE DADOS NA NUVEM

16.7 SEGURANÇA NA NUVEM COMO UM SERVIÇO

16.8 LEITURA RECOMENDADA

16.9 PRINCIPAIS TERMOS, PERGUNTAS PARA REVISÃO E PROBLEMAS

OBJETIVOS DE APRENDIZAGEM

APÓS ESTUDAR ESTE CAPÍTULO, VOCÊ SERÁ CAPAZ DE:

☑ Discutir os principais elementos de um sistema de controle de acesso à rede.
☑ Discutir os principais métodos de imposição de acesso à rede.
☑ Apresentar uma visão geral do Extensible Authentication Protocol.
☑ Compreender o funcionamento e o papel do mecanismo de controle de acesso à rede baseado em porta IEEE 802.1X.
☑ Apresentar uma visão geral dos conceitos de computação em nuvem.
☑ Compreender as questões de segurança exclusivas relacionadas à computação em nuvem.

"Sem bilhete! Caro Watson, isso é realmente muito singular. Segundo a minha experiência, não é possível chegar à plataforma de um metrô sem que alguém tenha um bilhete de passagem."
— *The Adventure of the Bruce-Partington Plans*, Sir Arthur Conan Doyle

---

Este capítulo começa nossa discussão a respeito de segurança de rede, com foco nos dois principais tópicos: controle de acesso em redes e segurança na nuvem. Começamos com uma introdução sobre sistemas de controle de acesso em redes, resumindo os elementos principais e as técnicas relacionadas com esses tipos de sistema. Em seguida, discutiremos o Extensible Authentication Protocol e o IEEE 802.1X, dois padrões amplamente implementados que são o fundamento de muitos sistemas de controle de acesso à rede.

O restante do capítulo trata da segurança na nuvem. Começamos com uma introdução à computação em nuvem, seguida de uma discussão sobre questões de segurança na nuvem.

16.1 CONTROLE DE ACESSO À REDE

O **Controle de Acesso à Rede (NAC — Network Access Control)** é um termo genérico para o gerenciamento do acesso a uma rede. O NAC autentica usuários que estejam se logando na rede e determina quais dados eles podem acessar e as ações que eles podem executar. Ele também examina a saúde do computador ou dispositivo móvel do usuário (os terminais).

Elementos de um sistema de controle de acesso à rede

Sistemas NAC lidam com três categorias de componentes:

- **Solicitante de acesso (AR — Access Requestor):** o AR é o nó que está tentando acessar a rede e pode ser qualquer dispositivo que é gerenciado pelo sistema NAC, incluindo estações de trabalho, servidores, impressoras, câmeras e outros dispositivos habilitados via IP. ARs são também conhecidos como **requerentes**, ou simplesmente clientes.

- **Servidor de políticas:** com base na postura do AR e na política definida pela empresa, o servidor de políticas determina qual o acesso deve ser concedido. O servidor de políticas depende frequentemente dos sistemas de back-end, incluindo antivírus, gerenciamento de patches, ou um diretório de usuário, para ajudar a determinar a condição do hospedeiro.

- **Servidor de acesso à rede (NAS — Network Access Server):** o NAS funciona como um ponto de controle de acesso para usuários na conexão de locais remotos a uma rede interna da empresa. Também chamada de um **gateway de mídia**, um **servidor de acesso remoto (RAS** — Remote Access Server) ou um **Servidor de Políticas**, um NAS pode incluir seus próprios serviços de autenticação ou depender de um serviço de autenticação separado do servidor de políticas.

A Figura 16.1 é um diagrama de acesso a rede genérico. Vários ARs diferentes buscam acessar um servidor de rede por meio de algum tipo de NAS. O primeiro passo normalmente é fazer a autenticação do AR. A autenticação normalmente envolve, de alguma forma, alguns protocolos de segurança e o uso de chaves criptográficas. A autenticação pode ser realizada pelo NAS, ou o NAS pode intermediar o processo de autenticação. Em último caso, ela acontece entre o requerente e o servidor de autenticação que é parte do servidor de políticas ou que é acessado pelo servidor de políticas.

O processo de autenticação serve para vários propósitos. Ele verifica a identidade com que o requerente se identifica, o que habilita o servidor de políticas a determinar quais privilégios de acesso, se houver, o AR pode ter. A mudança na autenticação pode resultar na determinação de chaves de sessão para permitir comunicações seguras no futuro entre o requerente e os recursos na rede corporativa.

Normalmente, o servidor de políticas ou um servidor de suporte realizará verificações no AR para determinar se deve ser permitida conectividade de acesso remoto interativo. Essas verificações — algumas vezes chamadas de verificações de saúde, adequação, triagem ou controle — exigem a existência de software no sistema do usuário para avaliar o cumprimento de certos requisitos da linha de base da configuração de segurança da organização. Por exemplo, o software *antimalware* do usuário e o sistema operacional têm que estar completamente atualizados, e o computador remoto tem que pertencer e ser controlado pela organização. Essas verificações devem ser feitas antes de ser dado acesso para o AR à rede corporativa. Com base nos resultados dessas verificações, a organização pode determinar quando o computador remoto pode ter acesso remoto interativo. Se o usuário possuir credenciais de autorização suficientes, mas o computador remoto não passar na verificação de saúde, o usuário e o computador remoto devem ser proibidos de acessar a rede, ou então ter apenas acesso limitado a uma rede isolada, de modo que pessoas autorizadas possam corrigir as deficiências de segurança. A Figura 16.1 indica que a parte da rede corporativa que está em isolamento consiste do servidor de políticas e dos respectivos servidores de adequação do AR. Pode também haver servidores de aplicação que não requerem o cumprimento do limite normal de segurança.

Uma vez que um AR seja autenticado e liberado para um certo nível de acesso à rede da empresa, o NAS pode habilitar o AR a interagir com os recursos na rede da empresa. O NAS pode mediar qualquer troca que seja para reforçar a diretriz de segurança para esse AR, ou usar outros métodos para limitar os privilégios do AR.

Figura 16.1 Contexto do controle de acesso da rede.

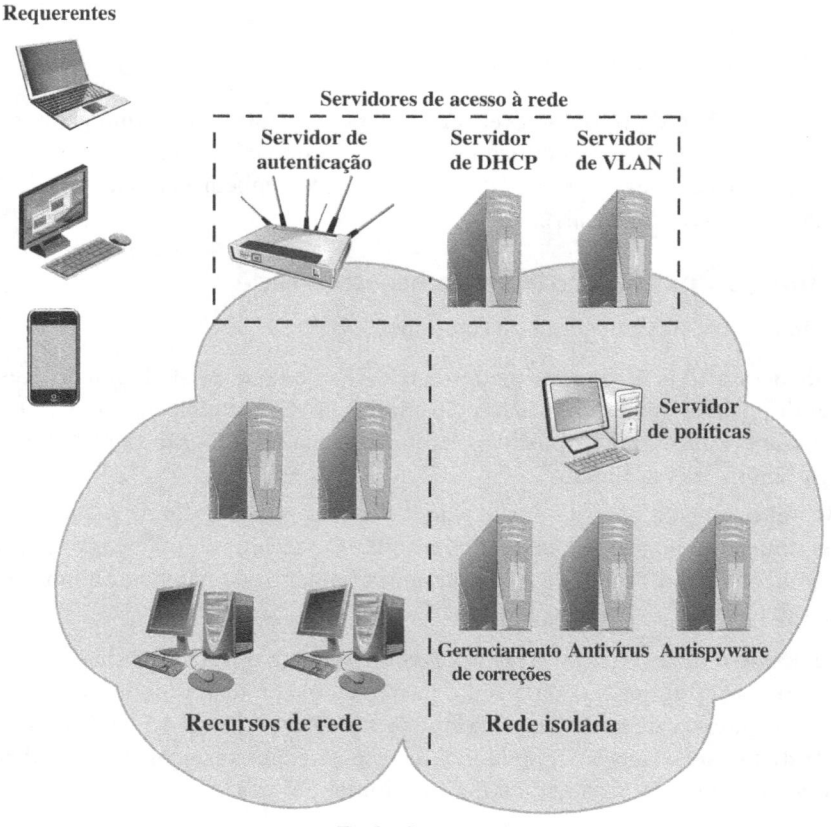

Métodos de imposição de acesso à rede

Métodos de imposição são as ações que são aplicadas aos ARs para regulamentar o acesso à rede da empresa. Muitos fornecedores oferecem suporte a vários métodos de imposição ao mesmo tempo, permitindo ao cliente personalizar a configuração utilizando um ou uma combinação de métodos. Seguem os métodos NAC de imposição mais comuns.

- **IEEE 802.1X:** esse é um protocolo de camada de enlace que impõe autorização antes de ser atribuído um endereço IP a uma porta. IEEE 802.1X faz uso do Extensible Authentication Protocol como processo de autenticação. As seções 16.2 e 16.3 cobrem o Extensible Authentication Protocol e o IEEE 802.1X, respectivamente.

- **Redes locais virtuais (VLANs — Virtual Local Area Networks):** nesta abordagem a rede da empresa, consistindo de um conjunto de LANs interconectadas, é segmentada logicamente em um número de LANs virtuais.[1] O sistema NAC decide para qual das VLANs da rede será direcionado um AR, baseado em se o dispositivo precisa de correções de segurança, apenas o acesso à Internet, ou algum nível de acesso aos recursos da empresa disponíveis na rede. As VLANs podem ser criadas dinamicamente e os membros da VLAN, tanto para servidores corporativos quanto ARs, podem se sobrepor. Isso significa que um servidor da empresa ou um AR podem pertencer a mais de uma VLAN.

- **Firewall:** um firewall fornece uma forma de NAC por permitir ou negar tráfego de rede entre um interlocutor da empresa e um usuário externo.

---

[1] Uma VLAN é um subgrupo lógico de uma LAN que é criada por software ao invés de manualmente, movendo cabos em um armário de fiação. Essa solução agrega estações do usuário e dispositivos da rede em uma única unidade, independentemente do segmento de LAN física em que estão ligados. Além disso, permite que o tráfego flua de forma mais eficiente dentro das populações de interesse mútuo. VLANs são implementadas em port-switching hubs e LAN switches.

- **Gerenciamento de DHCP:** o *Dynamic Host Configuration Protocol* (DHCP) é um protocolo de Internet que permite alocação dinâmica de endereços IP para interlocutores. Um servidor DHCP intercepta solicitações de DHCP e atribui endereços IP. Então a imposição do NAC ocorre na camada IP baseada na subrede e na atribuição do IP. Um servidor DHCP é fácil de ser instalado e configurado, mas é alvo de várias formas de falsificação de IP, oferecendo, dessa forma, uma segurança limitada.

Existem vários outros métodos de imposição disponíveis pelos fornecedores. Os métodos na lista mostrada são os mais comuns e o IEEE 802.1X é de longe a solução implementada mais comumente utilizada.

16.2 EXTENSIBLE AUTHENTICATION PROTOCOL (EAP)

O Extensible Authentication Protocol (EAP), definido no RFC 3748, age como um framework para protocolos de acesso à rede e de autenticação. O EAP fornece um conjunto de mensagens de protocolo que podem encapsular vários métodos de autenticação a serem usados entre um cliente e um servidor de autenticação. O EAP pode operar em uma grande variedade de instalações da camada de rede e de conexão, incluindo conexões ponto-a-ponto, LANs e outras redes, e pode acomodar as necessidades de autenticação de uma grande variedade de links e redes. A Figura 16.2 ilustra as camadas de protocolo que formam o contexto de EAP.

Métodos de autenticação

O EAP suporta muitos métodos de autenticação. Isso é o que significa se referir ao EAP como *extensível*. O EAP oferece um serviço de transporte para a troca de informação autenticada entre o sistema do cliente e o servidor de autenticação. O serviço de transporte básico do EAP pode ser expandido pelo uso de um protocolo específico de autenticação, que é instalado no EAP cliente e no servidor de autenticação.

Muitos métodos têm sido criados para trabalhar sobre o EAP. Seguem os métodos de EAP mais usados:

- **EAP-TLS (EAP Transport Layer Security):** EAP-TLS (RFC 5216) define como o protocolo TLS (descrito no Capítulo 17) pode ser encapsulado nas mensagens em EAP. EAP-TLS usa o protocolo de handshake na TLS, não o seu método de encriptação. O cliente e o servidor autenticam um ao outro usando certificados digitais. O cliente gera uma chave secreta pré-master ao encriptar um número aleatório com uma chave pública de servidor e a envia ao seu servidor. Tanto o cliente quanto o servidor usam o pre-master para gerar a mesma chave secreta.

- **EAP-TTLS (EAP Tunneled TLS):** EAP-TTLS funciona parecido com o EAP-TLS, exceto que somente o servidor tem um certificado que autentica a si mesmo para o cliente antes. Como no EAP-TLS, uma conexão segura (o "túnel") é estabelecida com chaves secretas, mas essa conexão é usada para continuar o processo de autenticação pela autenticação do cliente e possivelmente o servidor novamente, usando qualquer método EAP ou método antigo como o PAP (Password Authentication Protocol) e CHAP (Challenge-Handshake Authentication Protocol). EAP-TTLS é definido em RFC 5281.

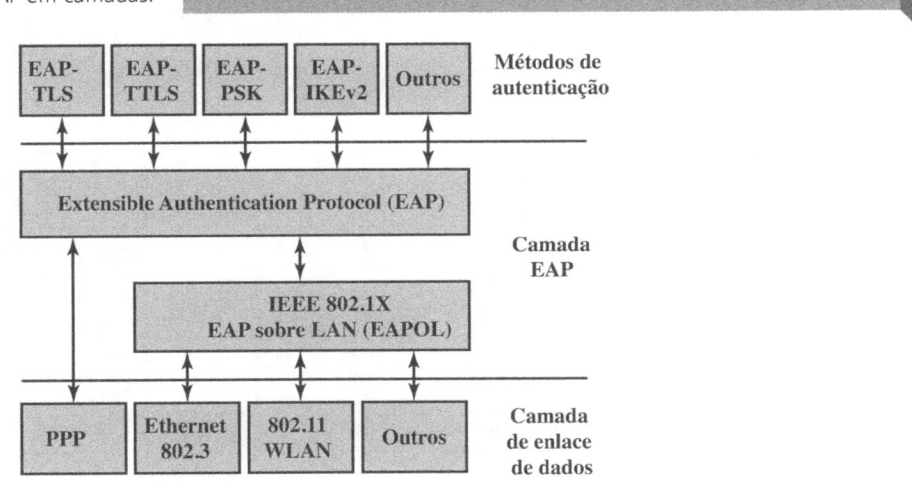

Figura 16.2 Contexto de EAP em camadas.

- **EAP-GPSK (EAP Generalized Pre-Shared Key):** EAP-GPSK, definida em RFC 5433, é um método EAP para autenticação mútua e derivação da chave de sessão, usando uma Chave Pré-compartilhada (PSK, Pre-Shared Key). EAP-GPSK especifica um método EAP baseado em chaves pré-divulgadas e emprega algoritmos criptográficos simétricos. Por isso, esse método é eficiente em termos de fluxo de mensagens e custos computacionais, mas requer a existência de chaves pré-compartilhadas entre cada par e o servidor EAP. A criação destas chaves secretas pareadas faz parte do registro de pares e, assim, devem preencher os pré-requisitos do sistema. Isso estabelece um canal de comunicação protegido quando a autenticação mútua é bem-sucedida pelas duas partes para comunicarem-se efetivamente e, além disso, é projetada para autenticação em redes inseguras, tal como IEEE 802.11. EAP-GPSK não requer qualquer criptografia de chave pública. O protocolo do método EAP de trocas é realizado no mínimo em quatro mensagens.

- **EAP-IKEv2:** é baseado no protocolo Internet Key Exchange versão 2 (IKEv2), que é descrito no Capítulo 20. Suporta autenticação mútua e a definição de chaves de sessão usando uma variedade de métodos. A EAP-TLS foi definida em RFC 5106.

Trocas do EAP

Para qualquer método que for usado para autenticação, a informação da autenticação e a do protocolo de autenticação são enviadas em mensagens EAP.

O RFC 3748 define o objetivo da troca de mensagens EAP para a autenticação ser bem-sucedida. No contexto da RFC 3748, a *autenticação bem-sucedida* é uma troca de mensagens EAP, como resultado de o autenticador decidir permitir o acesso aos pares, e estes decidirem usar esse acesso. A decisão do autenticador normalmente envolve tanto aspectos de autenticação quanto autorização. O par pode se autenticar com êxito junto ao autenticador, mas o acesso pode ser negado por ele, por causa de questões de políticas.

A Figura 16.3 indica um arranjo típico onde é usado EAP. Os seguintes componentes estão envolvidos:

- **Par EAP:** computador cliente que está tentando acessar a rede.
- **Autenticador EAP:** um ponto de acesso ou NAS que solicita uma autenticação EAP antes de conceder acesso a uma rede.
- **Servidor de autenticação:** um computador servidor que negocia o uso de um método EAP específico com um par EAP valida as credenciais dos pares EAP e autoriza o acesso à rede. Normalmente, o servidor de autenticação é um servidor de Serviço de Discagem do Usuário com Autenticação Remota (RADIUS — Remote Authentication Dial-In User Service).

O servidor de autenticação funciona como um servidor back-end que pode autenticar pares como um serviço para um certo número de autenticadores EAP. O autenticador EAP então toma a decisão se dá acesso ou não.

Figura 16.3 Trocas de protocolo EAP.

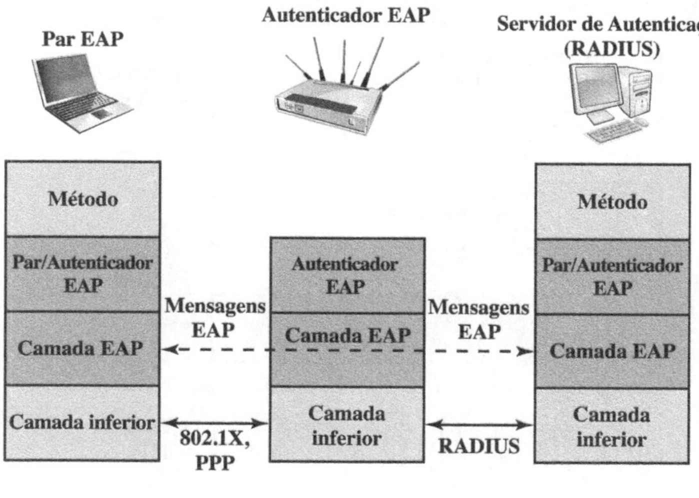

Isto é conhecido como o **modo de repasse EAP**. Não é muito comum, mas o autenticador pode assumir a função do servidor EAP, ou seja, apenas duas partes estariam envolvidas.

Inicialmente, um protocolo da camada inferior como um PPP (protocolo ponto-a-ponto) ou IEEE 802.1X é usado para conectar-se com o autenticador EAP. A parte do software do par EAP, que opera nesse nível, é chamada de **requerente**. Mensagens EAP contendo a informação apropriada para o método EAP escolhido são então trocadas entre o par EAP e o servidor de autenticação.

Mensagens EAP podem incluir os seguintes campos:

- **Código:** identifica o tipo da mensagem EAP. Os códigos são Requerimento (1), Resposta (2), Sucesso (3) e Falha (4).
- **Identificador:** usado para corresponder Requerimentos com Respostas.
- **Tamanho:** indica o tamanho, em octetos, da mensagem EAP, incluindo os campos de Código, Identificador, Tamanho e os Dados.
- **Dados:** contém informações relacionadas com a autenticação. Normalmente os campos de Dados consistem de um subcampo de Tipo, indicando o tipo de dados transportados e um campo de Tipo-Dados.

As mensagens de Sucesso e Falha não incluem o campo de Dados.

A troca de autenticação EAP procede da seguinte maneira. Após uma troca da camada inferior que estabelece a necessidade de uma troca de EAP, o autenticador envia um Requerimento para o par solicitar uma identificação e o par envia uma Resposta com a informação de identificação. Em seguida, ocorre uma sequência de Requerimentos feitos pelo autenticador e de Respostas do par, para que a troca com as informações de autenticação ocorra. A informação trocada e o número de trocas de mensagens Requerimento-Resposta necessárias dependem do método de autenticação. A conversação continua até: (1) o autenticador determinar que não pode autenticar o par e transmitir uma Falha EAP, ou (2) o autenticador determinar que a autenticação foi bem-sucedida e transmitir uma mensagem de Sucesso EAP.

A Figura 16.4 fornece um exemplo de uma troca EAP. Não é mostrada na figura uma mensagem ou sinal enviado a partir dos pares EAP para o autenticador, usando um protocolo diferente do EAP, solicitando uma troca EAP para conceder acesso à rede. Um protocolo usado para esta finalidade é o IEEE 802.1X, discutido na próxima seção. O primeiro par de mensagens de Requerimento e Resposta EAP é para identificação, em que o autenticador solicita a identidade do par e os pares retornam, na mensagem de Resposta, a sua identidade que

Figura 16.4 Fluxo de mensagens EAP no modo Direto.

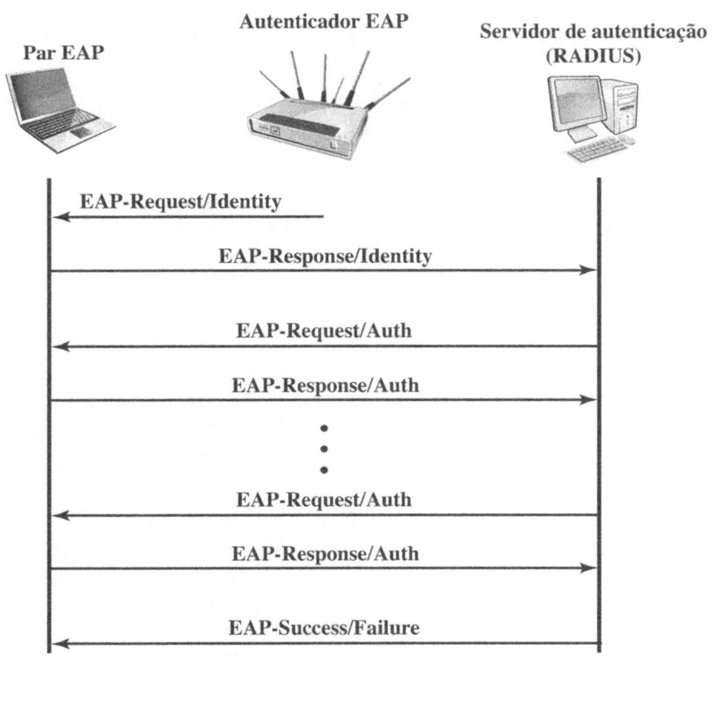

foi solicitada. Essa Resposta passa através do autenticador para o servidor de autenticação. Mensagens EAP, em seguida, são trocadas entre o par e o servidor de autenticação.

Ao receber a mensagem de Resposta de identidade do par, o servidor seleciona um método EAP e envia a primeira mensagem EAP com um campo Tipo relacionado a um método de autenticação. Se o par suporta e aceita o método EAP selecionado, ele responde com a mensagem de Resposta correspondente do mesmo tipo. Caso contrário, o par envia um NAK, e o servidor de EAP ou seleciona outro método EAP ou aborta a execução EAP com uma mensagem de falha. O método EAP selecionado determina o número de pares de mensagem Solicitação/Resposta. Durante essas trocas, informações de autenticação apropriadas, incluindo o material principal, são trocadas. A troca termina quando o servidor determina que a autenticação foi bem-sucedida, ou que não podem ser feitas mais tentativas e a autenticação falhou.

16.3 CONTROLE DE ACESSO À REDE BASEADO EM PORTA IEEE 802.1X

O controle de acesso à rede baseado em porta IEEE 802.1X foi projetado com a finalidade de oferecer funções para LANs. A Tabela 16.1 define em termos gerais os termos principais usados no padrão IEEE 802.11. Os termos *requerente*, *ponto de acesso à rede* e *servidor de autenticação* correspondem aos termos de EAP *par*, *autenticador* e *servidor de autenticação*, respectivamente.

Até que o AS autentique o requerente (usando um protocolo de autenticação), o autenticador somente passa mensagens de controle e autenticação entre o requerente e o AS. O canal de controle 802.1X é desbloqueado, mas o canal de dados 802.11 é bloqueado. Uma vez que um requerente é autenticado e chaves são fornecidas, o autenticador pode encaminhar dados do requerente, dependendo das limitações de controle de acesso à rede predefinidas para o requerente. Se atender a essas condições, o canal de dados é desbloqueado.

Como indica a Figura 16.5, o 802.1X usa os conceitos de portas controladas e não controladas. Portas são entidades lógicas definidas dentro de um autenticador e se referem a conexões físicas da rede. Cada porta lógica é mapeada para um desses dois tipos de portas físicas. Uma porta não controlada permite a troca de unidades

Tabela 16.1 Terminologia relacionada com o IEEE 802.1X.

Autenticador
Uma entidade em um dos lados de um segmento de LAN ponto-a-ponto que facilita a autenticação de uma entidade do outro lado da conexão.
Troca de autenticação
A conversação de duas partes entre sistemas utilizando um processo de autenticação.
Processo de autenticação
As operações criptográficas e os frames de dados de suporte que compõem, de fato, a autenticação.
Servidor de autenticação (AS)
Uma entidade que fornece um serviço de autenticação para um autenticador. Esse serviço determina, a partir das credenciais apresentadas pelo requerente, se ele está autorizado a acessar os serviços oferecidos pelo sistema no qual o autenticador reside.
Transporte de autenticação
A sessão do datagrama que transfere ativamente a troca de autenticação entre dois sistemas.
Porta Bridge
Uma porta de um bridge IEEE 802.1D ou 802.1Q.
Porta Edge
Uma porta bridge associada a uma LAN que não possui qualquer outro bridge associado a ela.
Porta de acesso à rede
Um ponto de acesso de um sistema a uma LAN. Pode ser uma porta física, como uma única LAN MAC associada a um segmento físico da LAN, ou uma porta lógica, por exemplo, uma IEEE 802.11 de uma associação entre uma estação e um ponto de acesso.
Entidade de acesso à porta (PAE)
A entidade do protocolo associado com uma porta. Pode suportar a funcionalidade do protocolo associada com o autenticador, ou requerente, ou ambos.
Requerente
Uma entidade de um lado de um segmento de uma LAN ponto-a-ponto que procura ser autenticada por um autenticador associado ao outro lado da conexão.

Figura 16.5 Controle de acesso 802.1X.

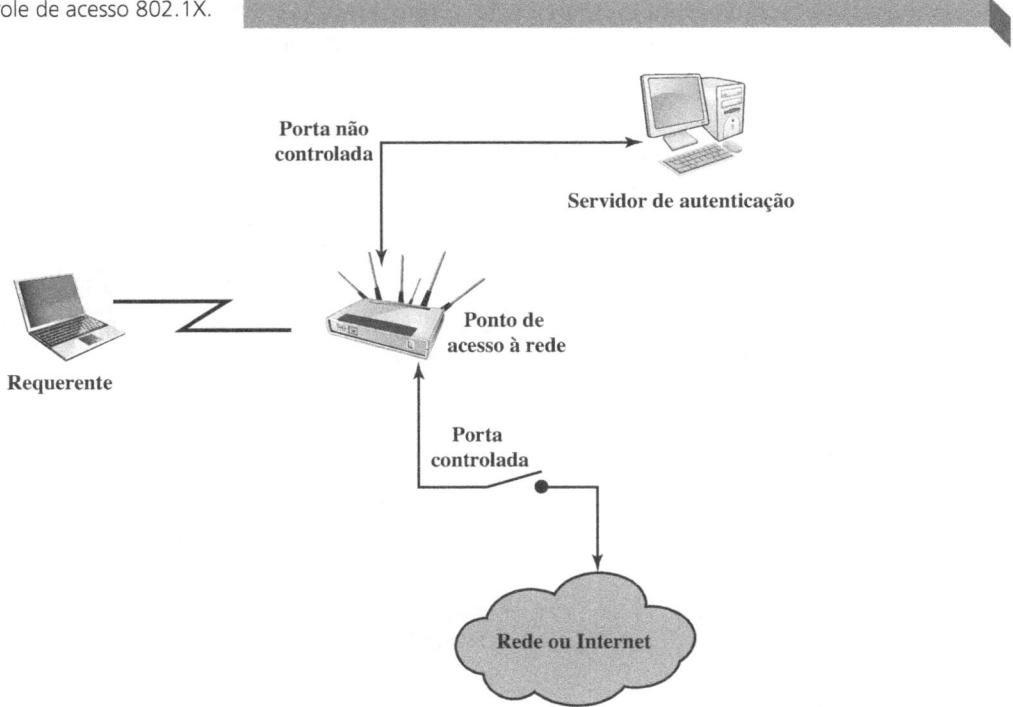

de dados de protocolo (PDUs) entre o requerente e o AS, independentemente do estado da autenticação do requerente. Uma porta controlada permite a troca de PDUs entre um requerente e outros sistemas na rede somente se o estado atual do requerente o autoriza a essa troca.

O elemento essencial definido no 802.1X é o protocolo conhecido como EAPOL (do acrônimo em inglês para EAP over Lan, que em português significa EAP sobre LAN). O EAPOL opera nas camadas de rede e faz uso de uma LAN IEEE 802, como uma Ethernet ou Wi-Fi, no nível de conexão. O EAPOL permite a um requerente se comunicar com um autenticador e suporta a troca de pacotes EAP para autenticação.

Os pacotes EAPOL mais comuns são listados na Tabela 16.2. Inicialmente, quando um requerente se conecta com a LAN, ele não conhece o endereço MAC do autenticador. Na verdade, não se sabe se existe de fato um autenticador. Através do envio de um pacote **EAPOL-Start** para um endereço reservado para mensagem de grupo multicast dos autenticadores IEEE 802.1X, um requerente pode determinar se um autenticador está presente, e deixá-lo saber que o requerente está pronto. Em muitos casos, o autenticador já será notificado que um novo dispositivo foi conectado através de alguma notificação de hardware. Por exemplo, um hub sabe que um cabo foi conectado antes do dispositivo enviar qualquer dado. Nesse caso, o autenticador pode se antecipar enviando sua própria mensagem de Início. Em ambos os casos, o autenticador envia uma mensagem de Solicitação de identidade EAP encapsulada em um pacote **EAPOL-EAP**. O EAPOL-EAP é o tipo de frame EAPOL usado para transportar pacotes EAP.

Tabela 16.2 Tipos de frame comuns do EAPOL.

Tipo de frame	Definição
EAPOL-EAP	Contém um pacote EAP encapsulado.
EAPOL-Start	Um requerente pode publicar esse pacote ao invés de esperar por um chamado do autenticador.
EAPOL-Logoff	Usado para retornar ao estado da porta a não autorizado quando o requerente terminar o seu uso da rede.
EAPOL-Key	Usado para trocar informações de chaves criptográficas.

O autenticador usa o pacote **EAP-Key** para enviar chaves criptográficas para o requerente, uma vez que este tenha decidido admiti-lo na rede. O tipo de pacote **EAP-Logoff** indica que o requerente deseja ser desconectado da rede.

O formato do pacote EAPOL inclui os seguintes campos:

- **Versão do protocolo:** versão do EAPOL.
- **Tipo de pacote:** indica se é Start, EAP, Key, Logoff etc.
- **Tamanho do corpo do pacote:** se o pacote inclui um corpo, esse campo indica o tamanho do corpo.
- **Corpo do pacote:** a carga útil para esse pacote EAPOL. Um exemplo é um pacote EAP.

A Figura 16.6 mostra um exemplo de troca usando EAPOL. No Capítulo 18 vamos examinar o uso do EAP e do EAPOL no contexto da segurança de redes locais sem fio do tipo IEEE 802.11.

Figura 16.6 Diagrama de exemplo de cronometragem para IEEE 802.1X.

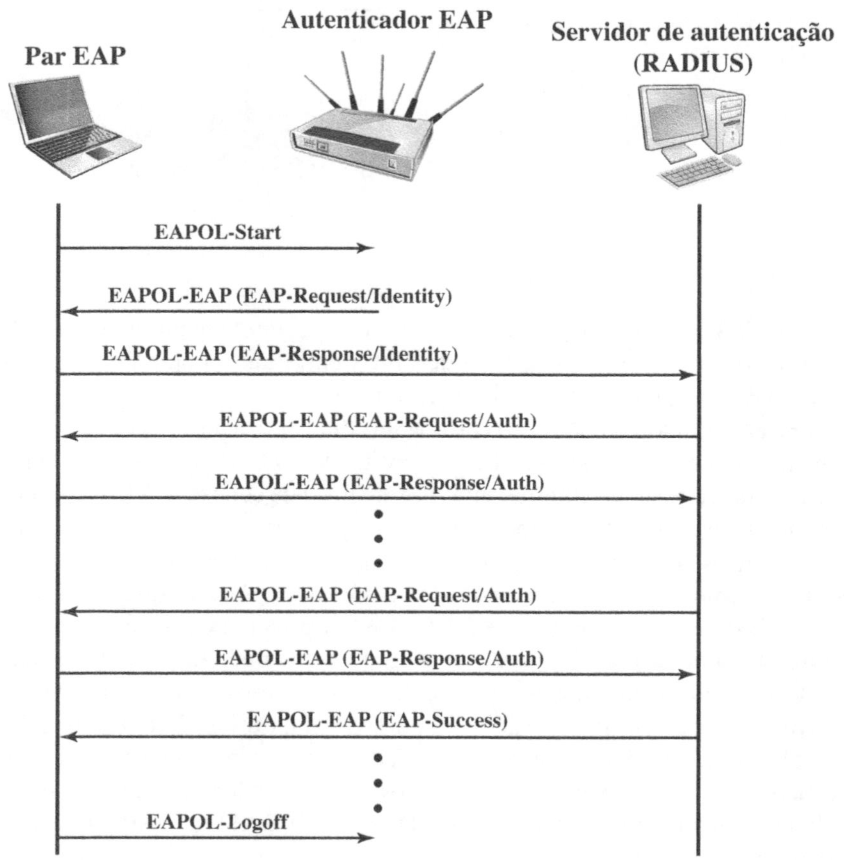

16.4 COMPUTAÇÃO EM NUVEM

Há uma tendência cada vez mais relevante em muitas organizações de se mover uma parte substancial ou até mesmo todas as operações de tecnologia da informação (TI) para uma infraestrutura com conexão à Internet conhecida como computação em nuvem corporativa. Essa seção fornece uma visão geral da computação em nuvem.

Elementos da computação em nuvem

O NIST define computação em nuvem, em NIST SP-800-145 (*A definição do NIST de computação em nuvem*), da seguinte maneira:

> **Computação em nuvem:** um modelo para permitir acesso via rede, a partir de qualquer lugar, de forma conveniente e sob demanda a um pool compartilhado de recursos computacionais configuráveis (por exemplo, redes, servidores, armazenamento, aplicações e serviços) que podem ser rapidamente provisionados e liberados com um esforço mínimo de gerenciamento ou interação com o fornecedor dos serviços. Esse modelo de nuvem proporciona disponibilidade e é composto de cinco características principais, três modelos de serviço e quatro de desenvolvimento.

A definição se refere a vários modelos e características, cujos relacionamentos estão ilustrados na Figura 16.7. As características essenciais da computação em nuvem incluem o seguinte:

- **Amplo acesso à rede:** recursos estão disponíveis através da rede e acessados por meio de mecanismos-padrão que promovam o uso por plataformas cliente heterogêneas fina ou robusta (por exemplo, telefones celulares, laptops e PDAs), bem como outros serviços de software tradicionais ou baseados em nuvem.
- **Elasticidade rápida:** a computação em nuvem oferece a capacidade de expandir e reduzir os recursos de acordo com sua necessidade de serviço específico. Por exemplo, você pode precisar de um grande número de recursos de servidor para a duração de uma tarefa específica, e pode então liberá-los após a conclusão da tarefa.
- **Serviço mensurável:** sistemas em nuvem automaticamente controlam e otimizam o uso dos recursos, aproveitando uma capacidade de medição em algum nível de abstração apropriado para o tipo de serviço (por exemplo, armazenamento, processamento, largura de banda e contas de usuários ativos). O uso de recursos pode ser monitorado, controlado e reportado, oferecendo transparência para o provedor e o consumidor do serviço utilizado.
- **Auto serviço sob demanda:** um consumidor pode unilateralmente provisionar recursos de computação, tais como tempo de servidor e armazenamento em rede, conforme for necessário, automaticamente, sem a necessidade de interação humana com cada prestador de serviço. Como o serviço é sob demanda, os recursos não são partes permanentes de sua infraestrutura de TI.

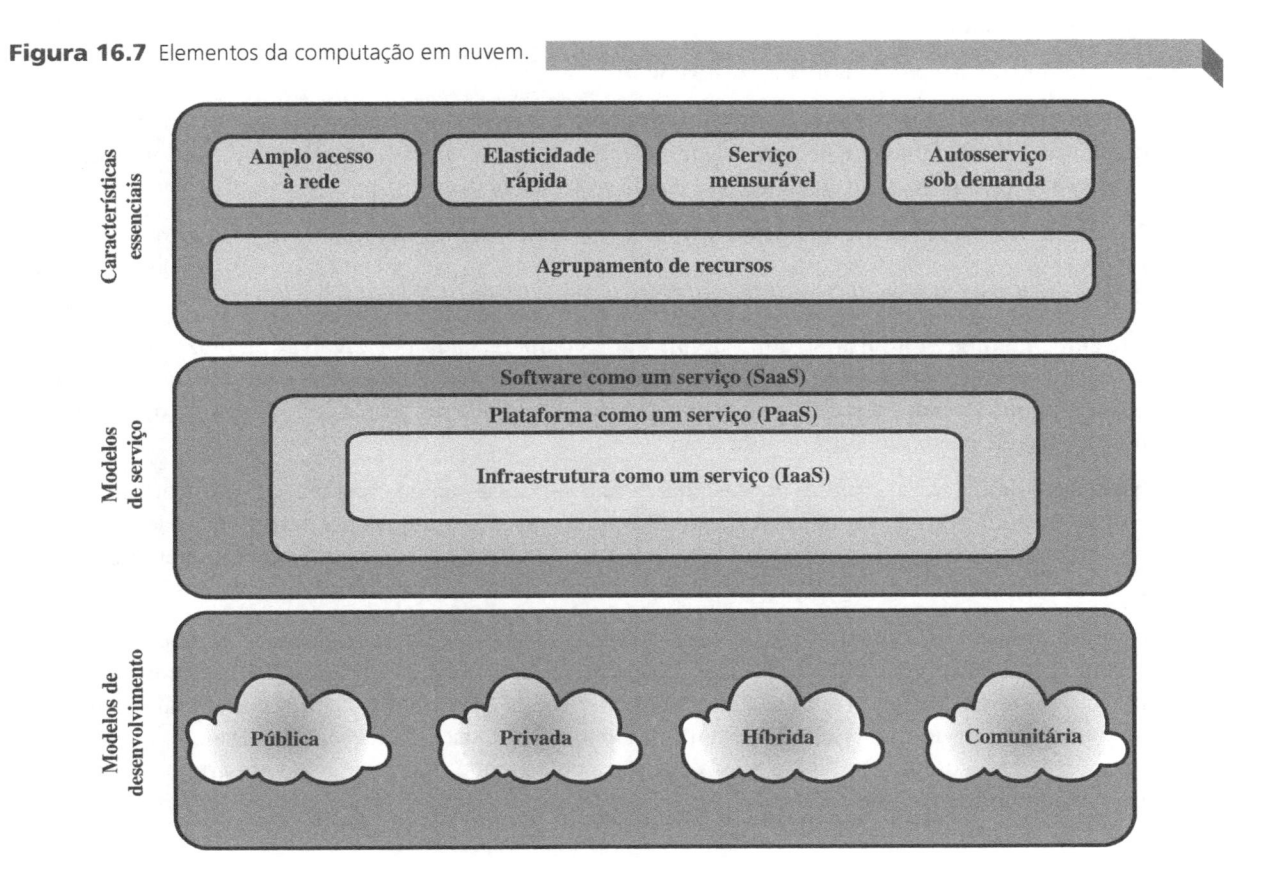

Figura 16.7 Elementos da computação em nuvem.

- **Agrupamento de recursos:** os recursos de computação do provedor são agrupados para atender vários consumidores através de um modelo multilocatário, com diferentes recursos físicos e virtuais atribuídos e realocados dinamicamente de acordo com a demanda do consumidor. Há um grau de independência de localização em que o cliente geralmente não tem controle ou conhecimento da localização exata dos recursos disponibilizados, mas pode ser capaz de especificar o local em um nível maior de abstração (por exemplo, país, estado, ou central de dados). Exemplos de recursos incluem armazenamento, processamento, memória, largura de banda de rede e máquinas virtuais. Mesmo nuvens privadas tendem a reunir recursos entre as diferentes partes de uma mesma organização.

O NIST define três **modelos de serviço**, que podem ser vistos como alternativas de serviços aninhados:

- **Software como um serviço (SaaS,** do acrônimo em inglês para *Software as a Service*)**:** o recurso fornecido ao consumidor é a utilização de aplicativos do provedor em execução em uma infraestrutura de nuvem. As aplicações são acessíveis a partir de vários dispositivos do cliente através de uma interface fina com o cliente, como um navegador da Web. Ao invés da obtenção de licenças de computador pessoal e de servidor, para os produtos de software que utiliza, uma empresa obtém as mesmas funcionalidades do serviço de nuvem. O SaaS economiza a complexidade da instalação de software, manutenção, atualizações e o correções. Exemplos de serviços a este nível são o Gmail, serviço de e-mail do Google, e Salesforce.com, que ajuda as empresas a manter o controle de seus clientes.

- **Plataforma como um serviço (PaaS,** do acrônimo em inglês para *Platform as a Service*)**:** o recurso fornecido ao consumidor é implantar na infraestrutura de nuvem aplicações criadas pelo consumidor ou adquiridas, que foram criadas usando linguagens de programação e ferramentas disponibilizadas pelo provedor. O PaaS frequentemente provê serviços de *middleware*, tais como serviços de banco de dados e componentes para uso por aplicativos. Com efeito, o PaaS é um sistema operacional na nuvem.

- **Infraestrutura como um serviço (IaaS,** do acrônimo em inglês para *Infrastructure as a Service*)**:** o recurso fornecido ao consumidor é o de processamento, armazenamento, redes e outros recursos de computação fundamentais onde o consumidor é capaz de implementar e executar softwares arbitrários, que podem incluir sistemas operacionais e aplicativos. A IaaS permite aos clientes combinar serviços básicos de computação, tais como cálculos numéricos e armazenamento de dados, para construir sistemas de computador altamente adaptáveis.

O NIST define quatro **modelos de desenvolvimento**:

- **Nuvem pública:** a infraestrutura de nuvem é disponibilizada para o público em geral ou um grande grupo da indústria e é propriedade de uma organização que vende serviços em nuvem. O provedor de nuvem é responsável pela infraestrutura de nuvem e pelo controle de dados e operações dentro da nuvem.

- **Nuvem privada:** a infraestrutura de nuvem funciona exclusivamente para uma organização. Pode ser gerenciada pela organização ou por um terceiro e pode existir no mesmo edifício ou fora dele. O provedor de nuvem (CP) é responsável apenas pela infraestrutura, e não pelo controle.

- **Nuvem comunitária:** a infraestrutura de nuvem é compartilhada por diversas organizações e suporta uma comunidade específica que tem preocupações (por exemplo, a missão, os requisitos de segurança, política e conformidade a padrões ou leis) compartilhado. Pode ser gerida pelas organizações ou por um terceiro e pode existir no local ou fora dele.

- **Nuvem híbrida:** a infraestrutura de nuvem é uma composição de duas ou mais nuvens (privada, comunitária ou pública) que permanecem entidades únicas, mas são unidas por tecnologia padronizada ou proprietária que permite portabilidade de dados e de aplicações (por exemplo, rompimento de nuvem para balanceamento de carga entre nuvens).

A Figura 16.8 ilustra o contexto típico do serviço na nuvem. Uma empresa mantém estações de trabalho dentro de uma LAN ou de um conjunto de LANs corporativas, que são conectados por um roteador através de uma rede ou da Internet para o prestador de serviços em nuvem. O prestador de serviços em nuvem mantém um enorme grupo de servidores, por meio de uma variedade de recursos de gerenciamento de rede, redundância e ferramentas de segurança. Na figura a infraestrutura de nuvem é mostrada como um grupo de servidores blade, que é uma arquitetura comum.

Figura 16.8 Contexto da computação em nuvem.

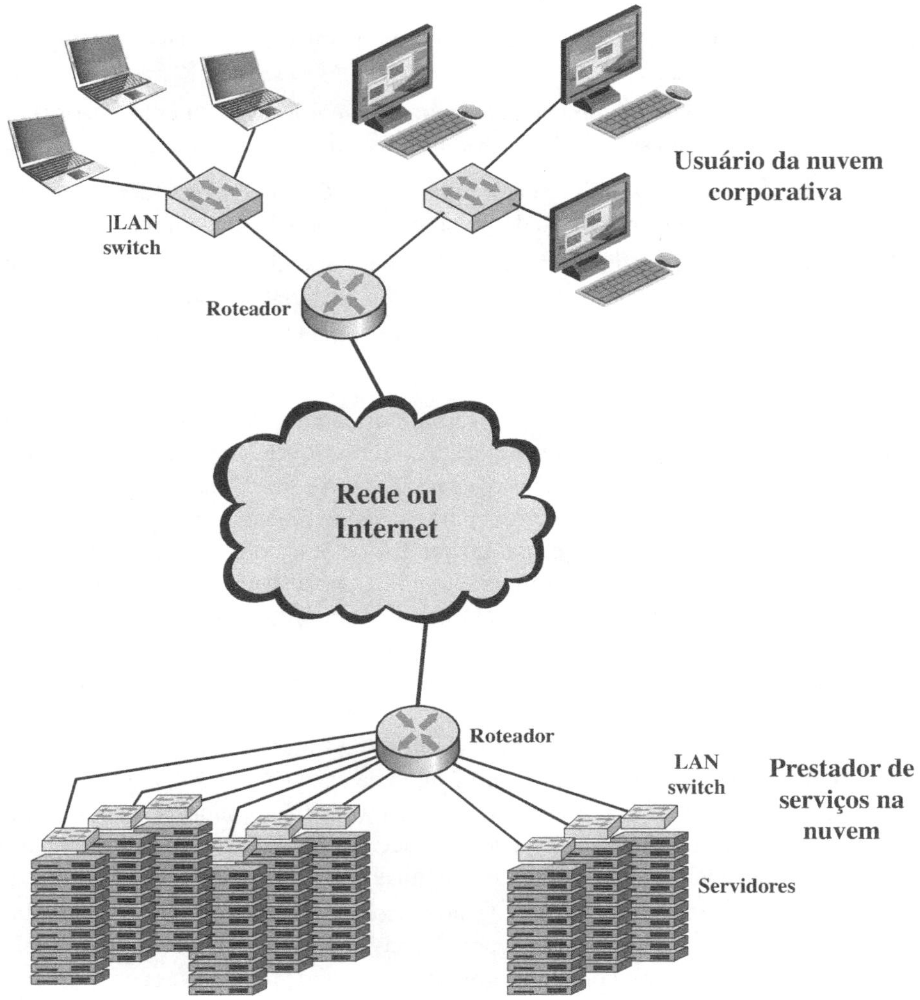

Arquitetura de referência da computação em nuvem

O NIST SP 500-292 (*Arquitetura de referência NIST de computação em nuvem*) estabelece uma arquitetura de referência, como descrito a seguir:

> A arquitetura de referência NIST de computação em nuvem se concentra nos requisitos de "o que" os serviços em nuvem oferecem, e não "como" projetar a solução e sua implementação. A arquitetura de referência destina-se a facilitar a compreensão das complexidades operacionais em computação em nuvem. Ela não representa a arquitetura de um sistema de computação em nuvem específica, mas ao invés disso, é uma ferramenta para descrever, discutir e desenvolver uma arquitetura específica do sistema usando um framework comum de referência.

O NIST desenvolveu a arquitetura de referência com os seguintes objetivos em mente:

- ilustrar e compreender os vários serviços da nuvem no contexto de um modelo conceitual de nuvem completo;
- fornecer uma referência técnica para que os consumidores possam compreender, discutir, categorizar e comparar serviços de nuvem;
- facilitar a análise de padrões candidatos nas áreas de segurança, interoperabilidade e implementações de portabilidade e referência.

A arquitetura de referência, apresentada na Figura 16.9, define os cinco principais atores em termos de papéis e responsabilidades:

- **Consumidor da nuvem:** uma pessoa ou organização que mantém uma relação de negócio e utiliza serviços dos provedores da nuvem.
- **Provedor da nuvem (CP, do acrônimo em inglês para *Cloud provider*):** uma pessoa, organização ou entidade responsável por fazer um serviço disponível para as partes interessadas.
- **Auditor da nuvem:** alguém que pode conduzir uma avaliação independente dos serviços na nuvem, das operações dos sistemas de informação, do desempenho e da segurança da implementação da nuvem.
- **Agente da nuvem:** uma entidade que gerencia o uso, o desempenho e a entrega dos serviços na nuvem e, além disso, negocia os relacionamentos entre CPs e consumidores da nuvem.
- **Operador da nuvem:** um intermediário que fornece conectividade e transporte dos serviços da nuvem dos CPs para os consumidores da nuvem.

Os papéis do consumidor e provedor da nuvem já foram discutidos. Para resumir, um **provedor da nuvem** pode fornecer um ou mais dos serviços em nuvem para atender aos requisitos de negócio e de TI dos **consumidores da nuvem**. Para cada um dos três modelos de serviço (SaaS, PaaS, IaaS), o CP oferece as instalações de armazenamento e de processamento necessários para suportar esse modelo de serviço, juntamente com uma interface para os consumidores de serviços da nuvem. Para o SaaS, o CP implementa, configura, mantém e atualiza o funcionamento dos aplicativos de software em uma infraestrutura de nuvem para que os serviços estejam operantes nos níveis de serviço esperados para os consumidores da nuvem. Os consumidores do SaaS podem ser: organizações que oferecem aos seus membros o acesso a aplicativos de software, usuários finais que utilizam diretamente os aplicativos de software, ou administradores de aplicativos de software que configuram aplicativos para usuários finais.

Para o PaaS, o CP gerencia a infraestrutura computacional para a plataforma e executa o software na nuvem que fornece os componentes da plataforma, tais como a pilha de execução de softwares que estão executando no momento, bancos de dados e outros componentes de middleware. Consumidores da nuvem no modelo PaaS podem empregar as ferramentas e recursos de execução fornecidos por CPs para desenvolver, testar, implantar e gerenciar os aplicativos hospedados em um ambiente de nuvem.

Para o IaaS, o CP obtém os recursos de computação físicos essenciais ao serviço, incluindo os servidores, redes, armazenamento e infraestrutura de hospedagem. O consumidor da nuvem no modelo IaaS, por sua vez, utiliza estes recursos de computação, tais como um computador virtual, para as suas necessidades fundamentais de computação.

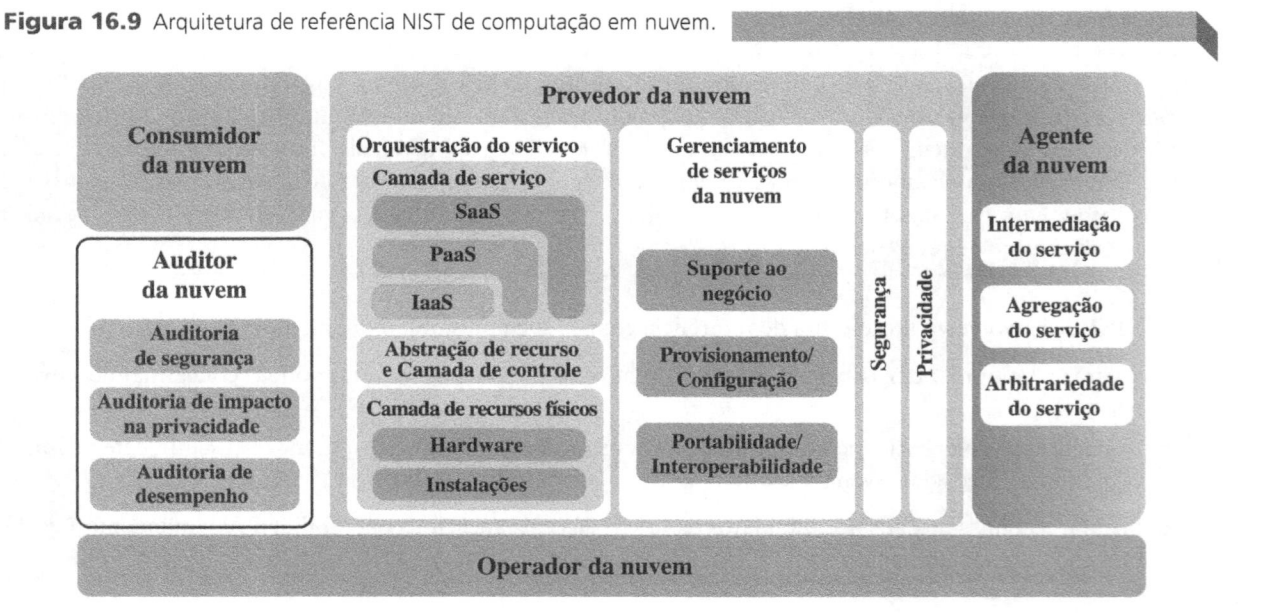

Figura 16.9 Arquitetura de referência NIST de computação em nuvem.

O **operador da nuvem** é aquele que fornece conectividade e transporte de serviços de nuvem entre os consumidores da nuvem e os CPs. Normalmente, um CP irá estabelecer acordos por nível de serviço (SLAs, do acrônimo em inglês para *service level agreements*) com um portador da nuvem, a fim de fornecer serviços consistentes com o nível de SLAs oferecidos aos consumidores da nuvem. Este pode exigir do operador da nuvem que forneça conexões dedicadas e seguras entre os consumidores e os CPs.

Um **agente da nuvem** é útil quando os serviços são complexos demais para um consumidor da nuvem gerenciar com facilidade. Três áreas de suporte podem ser oferecidas pelo agente da nuvem:

- **Intermediação de serviços:** estes são serviços de valor agregado, tais como gerenciamento de identidade, relatórios de desempenho e segurança reforçada.
- **Agregação de serviço:** o agente combina vários serviços na nuvem a fim de atender às necessidades dos consumidores que não sejam especificamente atendidas por um único CP, ou para otimizar o desempenho ou ainda para minimizar custos.
- **Arbitragem de serviço:** similar à agregação de serviço, exceto que os que estão sendo agregados não são fixos. Arbitragem de serviço significa que um agente tem a flexibilidade de escolher dentre serviços de várias agências. O agente da nuvem, por exemplo, pode usar um serviço de pontuação de crédito para medir e selecionar uma agência com a melhor pontuação.

Um **auditor da nuvem** pode avaliar os serviços fornecidos por um CP em termos de controles de segurança, impacto de privacidade, desempenho, dentre outros. O auditor é uma entidade independente que pode assegurar que o CP está operando conforme um conjunto de padrões.

16.5 RISCOS E CONTRAMEDIDAS DE SEGURANÇA NA NUVEM

Em termos gerais, controles de segurança na computação em nuvem são similares aos controles de segurança em qualquer ambiente de TI. No entanto, por causa dos modelos operacionais e das tecnologias usadas para habilitar serviços na nuvem, a computação na nuvem pode apresentar riscos que são específicos ao ambiente da nuvem. O conceito essencial a esse respeito é que a empresa perde consideravelmente o controle sobre recursos, serviços e aplicações, mas tem que manter a responsabilidade pela políticas de segurança e privacidade.

A Cloud Security Alliance [CSA10] lista o seguinte como as maiores ameaças à segurança em relação especificamente à computação na nuvem, junto com as contramedidas sugeridas:

- **Abuso e uso nefasto da computação em nuvem**: para muitos CPs, é relativamente fácil se registrar e começar a usar os serviços na nuvem, alguns até mesmo oferecendo períodos livres de teste limitado. Isso permite que os atacantes entrem na nuvem para realizar vários ataques, como spam, ataques de códigos maliciosos e negação de serviço. Provedores de PaaS tradicionalmente foram os que mais sofreram com este tipo de ataques. No entanto, evidências recentes mostram que os hackers começaram a ter como alvo fornecedores de IaaS também. Cabe ao CP se proteger contra esses ataques, mas clientes de serviços em nuvem devem monitorar as atividades relacionadas aos seus dados e recursos para detectar qualquer comportamento malicioso.

  Contramedidas incluem: (1) processos mais rigorosos iniciais de registro e validação; (2) monitoramento e coordenação reforçados quanto à fraude de cartão de crédito; (3) introspecção completa do tráfego de rede do cliente; e (4) monitoramento de listas negras públicas para os seus próprios blocos de rede.

- **Interfaces inseguras e APIs**: CPs revelam um conjunto de interfaces de software ou APIs que os clientes usam para gerenciar e interagir com os serviços em nuvem. A segurança e a disponibilidade de serviços gerais na nuvem dependem da segurança dessas APIs básicas. Desde autenticação e controle de acesso até encriptação e monitoramento de atividades, estas interfaces devem ser projetadas para se proteger contra tentativas acidentais e maliciosas de burlar as políticas.

  Contramedidas incluem: (1) analisar o modelo de interfaces de segurança do CP; (2) garantir que os fortes controles de autenticação e de acesso estejam implementados com as transmissões sendo encriptadas; e (3) compreender a cadeia de dependência associada à API.

- **Funcionários maliciosos**: sob o paradigma da computação em nuvem, uma organização abandona o controle direto sobre muitos aspectos da segurança e, ao fazê-lo, confere um nível sem precedentes de confiança para o CP. Uma grande preocupação é o risco de atividade interna maliciosa. Arquiteturas em nuvem exigem certos papéis que possuem risco extremamente alto. Os exemplos incluem os administradores de sistema CP e prestadores de serviços de segurança gerenciados.

As contramedidas incluem: (1) fazer cumprir rigorosa gestão da cadeia de suprimentos e realizar uma avaliação abrangente dos fornecedores; (2) especificar os requisitos de recursos humanos como parte de contrato legal; (3) exigir transparência nas práticas gerais de segurança e de gerenciamento de informações, bem como relatórios de conformidade; e (4) determinar processos de notificação de violação de segurança.

- **Questões tecnológicas partilhadas**: os fornecedores de IaaS entregam os seus serviços de forma escalável através da partilha de infraestrutura. Muitas vezes, os componentes essenciais que compõem esta infraestrutura (caches de CPU, GPU etc.) não foram projetados para oferecer o isolamento necessário e suficiente para uma arquitetura multilocatária. CPs devem tratar esse risco com o uso de máquinas virtuais isoladas para clientes individuais. Esta abordagem ainda é vulnerável a ataques, tanto pelo pessoal interno quanto externo, e por isso só pode ser uma parte de uma estratégia global de segurança.

Contramedidas incluem: (1) implementar as melhores práticas de segurança para a instalação/configuração; (2) monitorar o ambiente para mudanças/atividades não autorizadas; (3) promover forte autenticação para o controle de acesso para acesso administrativo e de operações; (4) fazer cumprir os SLAs para aplicação de correções e reparação de vulnerabilidades; e (5) conduzir varreduras de vulnerabilidades e auditorias de configuração.

- **Perda de dados ou vazamento**: para muitos clientes, o impacto mais devastador de uma quebra de segurança é a perda ou vazamento de dados. Abordamos essa questão na próxima subseção.

Contramedidas incluem: (1) implementar uma forte API de controle de acesso; (2) encriptar e proteger a integridade dos dados em trânsito; (3) analisar a proteção dos dados em tempo de projeto e de execução; e (4) implementar geração de chaves fortes e práticas de armazenamento, gerenciamento e destruição.

- **Sequestro de conta ou serviço**: o sequestro de conta ou serviço, normalmente com credenciais roubadas, ainda é a maior ameaça. Com credenciais roubadas, com frequência os invasores podem acessar áreas críticas dos serviços de computação na nuvem implantados, possibilitando-os assim comprometer a confidencialidade, integridade e disponibilidade dos serviços.

As contramedidas para essas ameaças incluem: (1) proibir o compartilhamento das credenciais da conta entre usuários e serviços; (2) implantar técnicas de autenticação fortes de dois fatores, sempre que possível; (3) empregar monitoração proativa para detectar atividades não autorizadas; e (4) compreender as políticas e SLAs de segurança dos CPs.

- **Perfil de risco desconhecido**: no uso de infraestruturas de nuvem, o cliente necessariamente cede o controle para o CP sobre uma série de questões que podem afetar a segurança. Dessa forma, ele deve prestar atenção e definir claramente os papéis e responsabilidades pela gestão dos riscos envolvidos. Por exemplo, os funcionários podem implantar aplicações e recursos de dados no CP sem observar as políticas e os procedimentos normais para a privacidade, segurança e supervisão.

As contramedidas incluem: (1) divulgação dos registros históricos e dos dados correlatos; (2) divulgação parcial/completa de detalhes da infraestrutura (por exemplo, níveis de correção e firewalls); e (3) monitoramento e envio de alertas sobre informações necessárias.

Listas similares têm sido desenvolvidas pela Agência Europeia para a Segurança das Redes e da Informação [ENIS09] e NIST [JANS11].

16.6 PROTEÇÃO DE DADOS NA NUVEM

Como vimos na seção anterior, existem vários aspectos de segurança na nuvem e várias abordagens diferentes para fornecer medidas de segurança em nuvem. Um outro exemplo é visto nas orientações do NIST para a segurança em nuvem, especificado na SP-800-14 e listados na Tabela 16.3. Assim, o tema da segurança na nuvem vai bem além do escopo deste capítulo. Nesta seção, vamos nos concentrar em um elemento específico de segurança na nuvem.

Tabela 16.3 Orientações do NIST a respeito de questões e recomendações sobre segurança e privacidade.

Governança
Estender práticas organizacionais referentes às políticas, procedimentos e padrões utilizados para o desenvolvimento de aplicativos e provisionamento de serviços na nuvem, bem como o design, implementação, teste, uso e monitoramento dos serviços implantados ou contratados.
Criar mecanismos de auditoria e ferramentas para garantir que práticas organizacionais são seguidas durante todo o ciclo de vida do sistema.

Conformidade
Compreender os vários tipos de leis e regulamentos que impõem obrigações de segurança e privacidade na organização e impactar potencialmente as iniciativas de computação em nuvem, especialmente as que envolvem localização de dados, privacidade e controles de segurança, gerenciamento de registros e requisitos de descoberta eletrônica.
Revisar e avaliar as ofertas do provedor da nuvem em relação aos requisitos organizacionais a serem cumpridos e garantir que os termos do contrato atendam adequadamente às exigências.
Certificar-se de que os recursos de detecção eletrônica do provedor de nuvem e processos não comprometam a privacidade ou segurança de dados e aplicativos.

Confiança
Garantir que os acordos de serviços dispõem de meios suficientes para permitir a visibilidade dos controles e processos de segurança e de privacidade empregadas pelo provedor de nuvem, e seu desempenho ao longo do tempo.
Estabelecer direitos de propriedade claros e exclusivos sobre os dados.
Instituir um programa de gerenciamento de riscos que seja flexível o suficiente para adaptar-se ao cenário de risco em constante evolução e mudança para o ciclo de vida do sistema.
Monitorar continuamente em termos da segurança o estado do sistema de informações para apoiar decisões de gestão de risco em andamento.

Arquitetura
Compreender as tecnologias essenciais que o provedor de nuvem usa para fornecer serviços, incluindo as implicações que os controles técnicos envolvidos têm sobre a segurança e a privacidade do sistema, ao longo do ciclo de vida do sistema inteiro e em todos os componentes do sistema.

Gerenciamento de identidade e de acesso
Certificar-se de que as salvaguardas adequadas estão em vigor para garantir a autenticação, autorização e outras funções de gerenciamento de identidade e acesso, e são adequadas para a organização.

Isolamento de software
Compreender a virtualização e outras técnicas de isolamento lógico que o provedor de nuvem emprega em sua arquitetura de software multilocatário, e avaliar os riscos envolvidos para a organização.

Proteção dos dados
Avaliar a adequação de soluções de gerenciamento de dados do provedor de nuvem para os dados organizacionais envolvidos e a capacidade de controlar o acesso aos dados, para protegê-los em repouso, em trânsito e em uso, assim como para corrigí-los.
Levar em consideração o risco de confronto de dados organizacionais com os de outras organizações cujos perfis de ameaça são altos ou cujos dados representam coletivamente valor concentrado significativo.
Plenamente compreender e avaliar os riscos envolvidos na gestão de chaves criptográficas com as instalações disponíveis no ambiente de nuvem e os processos estabelecidos pelo provedor de nuvem.

Disponibilidade
Compreender as disposições contratuais e procedimentos para a disponibilidade, backup e recuperação de dados e recuperação de desastres, e garantir que eles atendem aos requisitos de continuidade e de planejamento de contingência da organização.
Certificar-se de que, durante uma interrupção mediana ou prolongada, ou um desastre sério, operações críticas possam ser imediatamente retomadas, e que todas as operações podem ser, eventualmente, reinstituídas em tempo hábil e organizadamente.

Resposta a incidentes
Compreender as disposições e procedimentos contratuais para resposta a incidentes e garantir que cumpram os requisitos da organização.
Certificar-se de que o provedor de nuvem tem um processo de resposta transparente no lugar e mecanismos suficientes para compartilhar informações durante e após um incidente.
Certificar-se de que a organização possa responder a incidentes de forma coordenada com o provedor da nuvem, de acordo com seus respectivos papéis e responsabilidades para o ambiente de computação.

Há muitas maneiras de comprometer os dados. Exclusão ou alteração de registros sem um backup do conteúdo original é um exemplo óbvio. Desvincular um registro de um contexto mais amplo pode torná-lo irrecuperável, como pode acontecer com armazenamento em mídias não confiáveis. A perda de uma chave de codificação pode resultar em efetiva destruição. Finalmente, as partes não autorizadas devem ser impedidas de ter acesso a dados sensíveis.

A ameaça de comprometimento de dados na nuvem aumenta por conta do número de riscos e desafios — e as interações entre eles — o que torna singular o ambiente da nuvem e mais perigoso por causa das suas características arquiteturais e operacionais.

Os ambientes de base de dados usados na computação em nuvem podem variar significativamente. Alguns provedores suportam um **modelo multi-instância**, que fornece um SGBD (sistema de gerenciamento de base de dados) único que funciona em uma instância de máquina virtual para cada assinante na nuvem. Isto dá ao assinante o controle completo sobre a definição de papel, a autorização de usuário e outras tarefas administrativas relacionadas com a segurança. Outros provedores suportam um **modelo multilocatário**, o que proporciona um ambiente pré-definido para o assinante da nuvem, que é compartilhado com outros locatários, normalmente por meio de dados de marcação com um identificador de assinante. Essa marcação dá a aparência de uso exclusivo da instância, mas depende do CP para estabelecer e manter um ambiente de banco de dados realmente seguro.

Os dados devem ser protegidos, enquanto em repouso, em trânsito e em uso e o acesso aos dados deve ser controlado. O cliente pode utilizar a encriptação para proteger os dados em trânsito, embora isso implique em responsabilidades fundamentais de gestão para o CP. O cliente pode impor técnicas de controle de acesso, mas, novamente, o CP está envolvido de alguma forma dependendo do modelo do serviço utilizado.

Para os dados em repouso, a medida de segurança ideal é o cliente encriptar o banco de dados e somente armazenar na nuvem dados encriptados, sem o CP ter acesso à chave de encriptação. Enquanto a chave permanecer segura, o CP não terá capacidade de ler os dados, embora corromper os dados e outros ataques de negação de serviço continuem a ser riscos relevantes.

Uma solução simples para o problema de segurança neste contexto é encriptar todo o banco de dados e não fornecer as chaves de encriptação/decriptação ao prestador do serviço. Essa solução, por si só, é inflexível. O usuário tem uma pequena capacidade para acessar itens de dados específicos com base em pesquisas ou indexação sobre os parâmetros-chave, mas antes teria que baixar tabelas inteiras a partir do banco de dados, decriptá-las, e trabalhar com os resultados. Para proporcionar mais flexibilidade, tem de ser possível trabalhar com a base de dados na sua forma encriptada.

Um exemplo dessa abordagem, apresentada na Figura 16.10, é reportado em [DAMI05] e [DAMI03]. Uma visão similar está descrita em [HACI02]. Quatro entidades estão envolvidas:

- **Dono dos dados:** uma organização que produz dados a serem disponibilizados para liberação controlada, seja dentro da organização ou para usuários externos.

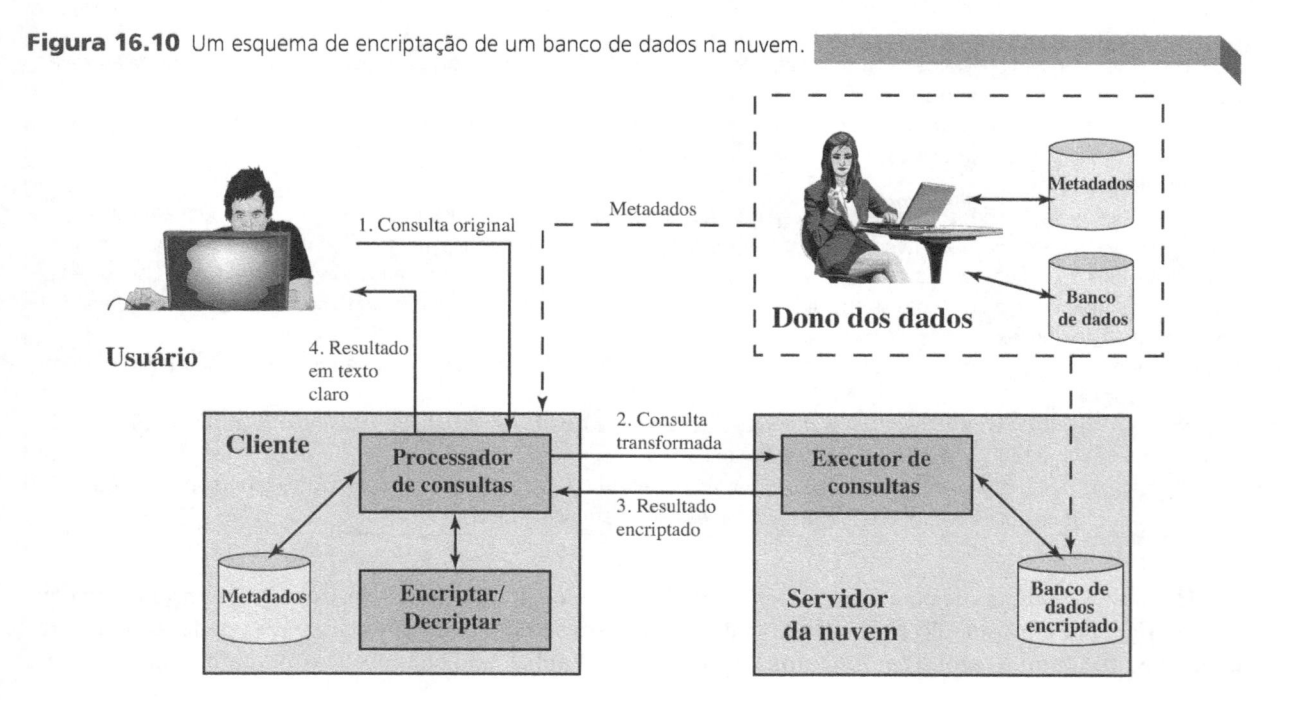

Figura 16.10 Um esquema de encriptação de um banco de dados na nuvem.

- **Usuário:** ser humano que apresenta pedidos (consultas) ao sistema. O usuário pode ser um funcionário da organização a quem é concedido acesso à base de dados através do servidor, ou um usuário externo à organização, que, após a autenticação, recebe acesso.

- **Cliente:** front-end que transforma as consultas do usuário em consultas sobre os dados encriptados armazenados no servidor.

- **Servidor:** uma organização que recebe os dados encriptados de um proprietário e os torna disponíveis para distribuição aos clientes. O servidor pode, de fato, pertencer ao proprietário dos dados, mas, mais tipicamente, é uma instalação possuída e mantida por um provedor externo. Para a nossa discussão, o servidor é um servidor na nuvem.

Antes de continuar essa discussão, precisamos definir alguns termos de banco de dados. Na linguagem de banco de dados relacional, o bloco básico de construção é uma **relação**, que é uma tabela simples. As linhas são referidas como **tuplas**, e as colunas, como **atributos**. Uma **chave primária** é definida como sendo uma parte de uma linha usada para identificar exclusivamente uma linha em uma tabela a chave primária consiste em um ou mais nomes de colunas[2]. Por exemplo, em uma tabela de funcionários, a identificação com é suficiente para identificar de forma exclusiva uma linha em uma tabela específica.

Vamos primeiro examinar a combinação mais simples baseado nesse cenário. Suponha que cada item individual no banco de dados é encriptado separadamente, todos usando a mesma chave de encriptação. O banco de dados encriptado é armazenado no servidor, mas o servidor não tem a chave de encriptação. Assim, os dados estão seguros no servidor. Mesmo se alguém fosse capaz de invadir o sistema do servidor, tudo o que ele ou ela teria acesso seriam dados encriptados. O sistema do cliente tem uma cópia da chave de encriptação. Um usuário no cliente pode recuperar um registro do banco de dados com a seguinte sequência:

1. O usuário realiza uma consulta dos campos de um ou mais registros com um valor específico para a chave primária.
2. O processador de consultas no cliente encripta a chave primária, modifica a consulta de acordo e transmite a consulta para o servidor.
3. O servidor processa a consulta usando o valor encriptado da chave primária e retorna o registro ou registros adequados.
4. O processador de consultas decripta os dados e retorna os resultados.

Este método é simples, mas, certamente, é bem limitado. Por exemplo, suponha que a tabela Funcionários contém um atributo salário e o usuário deseja recuperar todos os registros de salários inferiores a US$ 70K. Não há nenhuma maneira óbvia de fazer isso, porque o valor do atributo para o salário de cada registro é encriptado. O conjunto de valores encriptados não preserva a ordem de valores no atributo de origem.

Há algumas maneiras de se estender a funcionalidade desta abordagem. Por exemplo, um valor de índice não encriptado pode ser associado com um determinado atributo e a tabela pode ser particionada com base nestes valores de índice, permitindo que um usuário possa obter uma determinada parte da tabela. Os detalhes desses esquemas estão fora do nosso escopo. Veja [STAL12] para mais detalhes.

16.7 SEGURANÇA NA NUVEM COMO UM SERVIÇO

O termo **Segurança como um serviço (SecaaS)** geralmente significa um conjunto de serviços de segurança oferecidos pelo provedor que entrega grande parte da responsabilidade sobre a segurança da empresa para o provedor de serviços de segurança. Dentre os serviços normalmente oferecidos estão: autenticação, antivírus, antimalware/-spyware, detecção de intrusos e o gerenciamento de eventos de segurança. No contexto da computação em nuvem, a segurança na nuvem como um serviço, designada como SecaaS (do acrônimo em inglês para *security as a service*), é um segmento do SaaS oferecido por um CP.

A Aliança pela Segurança na Nuvem (Cloud Security Alliance) define SecaaS como a oferta de aplicações e serviços de segurança através da nuvem, seja para a infraestrutura e software baseados na nuvem, seja a partir

---

[2] Note que a chave primária não tem nada a ver com as chaves criptográficas. Uma chave primária em um banco de dados é um meio de indexação no banco de dados.

da nuvem para sistemas interativos dos clientes [CSA11b]. A Aliança pela Segurança na Nuvem identificou as seguintes categorias de serviço típicas de SecaaS:

- Gestão de identidade e acesso
- Prevenção contra perda de dados
- Segurança da Internet
- Segurança de e-mail
- Avaliações de segurança
- Gestão de invasões
- Gestão de informações e eventos de segurança
- Encriptação
- Continuidade dos negócios e recuperação de desastres
- Segurança da rede

Nesta seção, examinamos essas categorias com foco na segurança da infraestrutura e serviços da nuvem (Figura 16.11).

Gerenciamento de identidade e acesso (IAM, do acrônimo em inglês para *Identity and Access Management*) inclui pessoas, processos e sistemas que são utilizados para gerenciar o acesso aos recursos da empresa, assegurando que a identidade de uma entidade seja verificada e, em seguida, conceder o nível correto de acesso com base nessa identidade assegurada. Um aspecto do gerenciamento de identidade é o fornecimento de identidade, que tem a ver com dar acesso a usuários identificados e posteriormente retirar esse acesso, ou negá-lo aos usuários quando a empresa cliente os designa como não tendo mais acesso a recursos da empresa na nuvem. Outro

Figura 16.11 Elementos Segurança na nuvem como um Serviço.

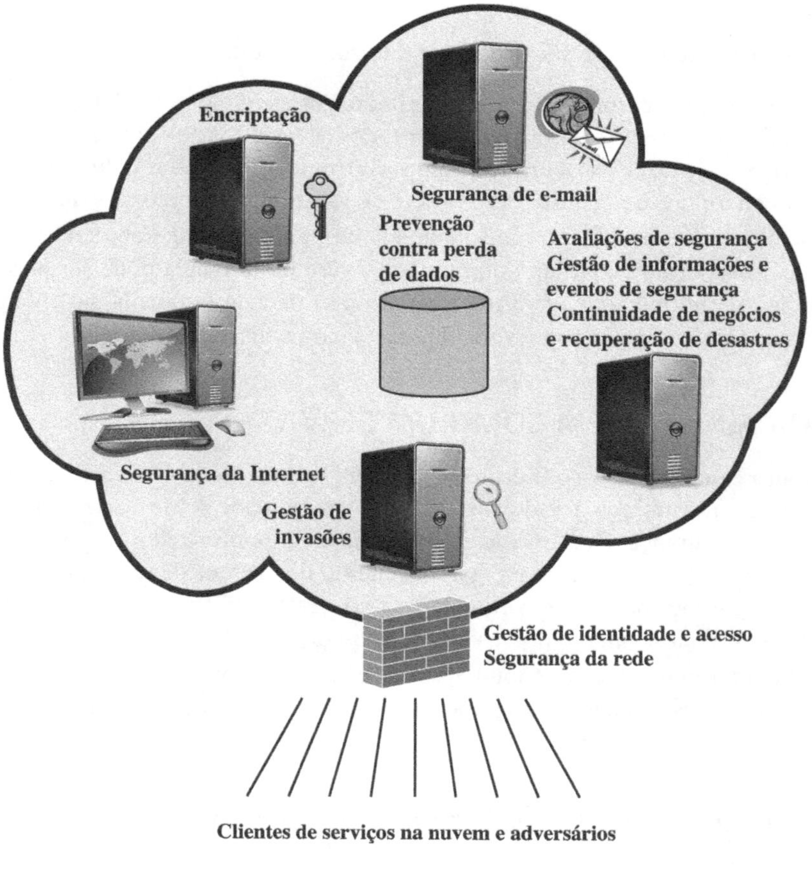

aspecto do gerenciamento de identidade é a nuvem participar do esquema de gerenciamento de identidade em nível nacional (ver Capítulo 15) no esquema utilizado pela empresa cliente. Entre outros requisitos, o provedor de serviços na nuvem (CSP, do acrônimo em inglês para *Cloud Service Provider*) deve ser capaz de trocar os atributos de identidade com o provedor de identidade escolhido da empresa.

A parte do IAM referente ao gerenciamento de acesso abrange serviços de autenticação e de controle de acesso. Por exemplo, o CSP deve ser capaz de autenticar usuários de forma confiável. Os requisitos de controle de acesso em ambientes SPI incluem definir o perfil e políticas confiáveis para o usuário, usando-os para controlar o acesso dentro do serviço em nuvem de forma auditável.

Prevenção de perda de dados (DLP, do acrônimo em inglês para *Data Loss Prevention*) é o monitoramento, proteção e verificação da segurança dos dados em repouso, em movimento e em uso. Grande parte da DLP pode ser implementada pelo cliente da nuvem, como discutido na Seção 16.6. O CSP também pode fornecer serviços de DLP, como a implementação de regras sobre o que as funções podem fazer com os dados em vários contextos.

Segurança na Web é a proteção em tempo real oferecida tanto no local, através da instalação de software/mecanismo ou via nuvem através de proxy ou redirecionamento do tráfego Web para o CP. Isso fornece uma camada adicional de proteção em cima de coisas como antivírus para impedir os softwares maliciosos (*malwares*) de entrarem na empresa através de atividades como navegação na Web. Além de proteger contra *malwares*, um serviço de segurança Web baseado em nuvem pode incluir a aplicação de políticas de uso, backup de dados, controle de tráfego e controle de acesso à Web.

O CSP pode fornecer um serviço de e-mail baseado na Web, para os quais são necessárias medidas de segurança. A **segurança de e-mail** fornece controle sobre a entrada e saída de e-mail, protegendo a organização de *phishing*, anexos maliciosos, aplicando políticas corporativas, como regras somente para os fins permitidos e prevenção de spam. O CSP também pode incorporar assinaturas digitais em todos os clientes de e-mail e fornecer encriptação de e-mail opcional.

As **avaliações de segurança** são auditorias feitas por empresas terceirizadas, prestadoras de serviços na nuvem. Embora este serviço seja feito fora do CSP, este pode fornecer ferramentas e pontos de acesso para facilitar diversas atividades de avaliação.

A **gestão de invasões** engloba a detecção, prevenção e resposta a invasões. A parte principal desse serviço é a implementação de sistemas de detecção de invasões (IDSs, do acrônimo em inglês para *Intrusion Detection Systems*) e sistemas de prevenção de invasões (IPSs, do acrônimo em inglês para *Intrusion Prevention Systems*) nos pontos de entrada e em servidores da nuvem. Um IDS constitui-se de um conjunto de ferramentas automatizadas, que foram projetadas para detectar o acesso não autorizado a um sistema hospedeiro. Um IPS incorpora as funcionalidades de um IDS, mas também inclui mecanismos capazes de bloquear o tráfego de intrusos.

Gestão de informações e eventos de segurança (SIEM, do acrônimo em inglês para *Security Information and Event Management*) agregam (através de mecanismos de extração ou exportação) registros históricos — dados e eventos — de redes virtuais e reais, aplicativos e sistemas. Essas informações são, então, correlacionadas e analisadas para fornecer relatórios em tempo real e alerta sobre informações/eventos que possam implicar em intervenção ou outro tipo de resposta. O CSP normalmente fornece um serviço integrado que pode unir informações de uma variedade de fontes, seja de dentro da nuvem, seja de dentro da rede corporativa do cliente.

A **encriptação** é um serviço difundido que pode ser fornecido para dados em repouso na nuvem, tráfego de e-mail, informações de gerenciamento de redes específicas do cliente e informações de identidade. Os serviços de encriptação fornecidos pelo CSP envolvem uma série de questões complexas, incluindo o gerenciamento de chaves, como implementar serviços de rede privada virtual (VPN, do acrônimo em inglês para *Virtual Private Network*) na nuvem, a encriptação de aplicativos e acesso a conteúdo de dados.

A **continuidade dos negócios e recuperação de desastres** incluem medidas e mecanismos para garantir a resiliência operacional em caso de eventuais interrupções de serviço. Esta é uma área onde o CSP, por conta das economias de escala, pode oferecer benefícios óbvios para um cliente de serviços de nuvem [WOOD10]. O CSP pode fornecer backup em vários locais, com facilidades de transferência e recuperação de desastres confiável. Este serviço deve incluir uma infraestrutura flexível, a redundância de funções e hardware, operações monitoradas, data centers geograficamente distribuídos e capacidade de sobrevivência da rede.

A **segurança da rede** é constituída por serviços de segurança de concessão de acesso, distribuição, monitoramento e proteção dos serviços de recursos essenciais. Os serviços incluem firewalls de perímetro e servidor, e proteção contra negação de serviço. Muitos dos outros serviços listados nesta seção, incluindo a gestão de intrusão, gerenciamento de identidade e acesso, proteção contra perda de dados e segurança da Web, também contribuem para o serviço de segurança da rede.

16.8 LEITURA RECOMENDADA

[NERC11] mostra uma visão geral bastante útil dos elementos de um sistema NAC. [GEER10] apresenta uma introdução concisa dos sistemas NAC.

[HOEP09] é uma excelente introdução ao EAP. [CHEN05b] oferece uma boa visão geral do EAP e 802.1X. [CHEN05a] fornece uma cobertura mais detalhada do 802.1X.

[JANS11] Vale a leitura, oferece um tratamento sistemático apresentado para as questões de segurança da nuvem. Outros tratamentos úteis, que oferecem perspectivas diferentes, são [HASS10], [BALA09], [ANTH10] e [CSA11a].

ANTH10 Anthes, G. "Security in the Cloud". *Communications of the ACM*, nov 2010.

BALA09 Balachandra, R.; Ramakrishna, P.; e Rakshit, A. "Cloud Security Issues". *Proceedings, 2009 IEEE International Conference on Services Computing*, 2009.

CHEN05a Chen, J.; Jiang, M.; e Liu, Y. "Wireless LAN Security and IEEE 802.i". *IEEE Wireless Communications*, fev 2005.

CHEN05b Chen, J. e Wang, Y. "Extensible Authentication Protocol (EAP) and IEEE 802.1x: Tutorial and Empirical Experience". *IEEE Radio Communications*, dez 2005.

CSA11a Cloud Security Alliance. Security Guidance for Critical Areas of Focus in Cloud Computing V2.1. CSA Report, 2011.

GEER10 Geer, D. "Whatever Happened to Network-Access-Control Technology?" *Computer*, set 2010.

HASS10 Hassan, T.; Joshi, J.; e Ahn, G. "Security and Privacy Challenges in Cloud Computing Environments". *IEEE Security & Privacy*, nov/dez 2010.

HOEP09 Hoeper, K. e Chen, L. *Recommendation for EAP Methods Used in Wireless Network Access Authentication.* NIST Special Publication 800-120, set 2009.

JANS11 Jansen, W. e Grance, T. *Guidelines on Security and Privacy in Public Cloud Computing.* NIST Special Publication 800-144, jan 2011.

NERC11 North American Electric Reliability Corp. *Guidance for Secure Interactive Remote Access.* jul 2011. www.nerc.com

---

16.9 PRINCIPAIS TERMOS, PERGUNTAS PARA REVISÃO E PROBLEMAS

Principais termos

agente da nuvem	Extensible Authentication Protocol (EAP)	operador da nuvem
auditor da nuvem	firewall	par EAP
autenticador EAP	gateway de mídia	plataforma como um serviço (PaaS)
computação em nuvem	IEEE 802.1X	provedor da nuvem
consumidor da nuvem	método EAP	Remote Access Server (RAS)
Dynamic Host Configuration Protocol (DHCP)	modo de repasse EAP	requerente
EAP sobre LAN (EAPOL)	Network Access Control (NAC)	segurança como um serviço (SecaaS)
EAP-GPSK	Network Access Server (NAS)	servidor de autenticação
EAP-IKEv2	nuvem	servidor de políticas
EAP-TLS	nuvem comunitária	software como um serviço (SaaS)
EAP-TTLS	nuvem privada	solicitante de acesso (AR)
	nuvem pública	Virtual Local Area Network (VLAN)

Perguntas para revisão

16.1 Apresente uma breve definição do controle de acesso da rede.
16.2 O que é um EAP?
16.3 Liste e defina brevemente quatro métodos de autenticação EAP.
16.4 O que é EAPOL?
16.5 Qual a função do IEEE 802.1X?
16.6 Defina computação em nuvem.
16.7 Liste e defina brevemente três modelos de serviço na nuvem.
16.8 O que é arquitetura de referência de computação em nuvem?
16.9 Descreva algumas das principais ameaças de segurança específicas na nuvem.

Problemas

16.1 Investigue o esquema de controle de acesso da rede usada na sua escola ou local de trabalho. Desenhe um diagrama e descreva os principais componentes.

16.2 A Figura 16.3 sugere que o EAP pode ser descrito no contexto de um modelo de quatro camadas. Indique as funções e formatos de cada uma das quatro camadas. É possível que você precise pesquisar na RFC 3748.

16.3 Encontre e veja vários vídeos no YouTube que discorram sobre segurança na nuvem. Identifique as URLs de três desses vídeos que você pensa ser um bom trabalho sobre as questões essenciais e abordagens para segurança na nuvem. Se você pudesse recomendar somente um para seus colegas estudantes, qual deles seria? Por quê? Resuma suas recomendações e justifique em um pequeno artigo (250 a 500 palavras) ou em uma apresentação PowerPoint de três a cinco slides.

17
Segurança na camada de transporte

TÓPICOS ABORDADOS

17.1 CONSIDERAÇÕES DE SEGURANÇA NA WEB
Ameaças à segurança na Web
Técnicas de segurança de tráfego Web

17.2 SECURE SOCKETS LAYER
Arquitetura SSL
Protocolo de registro SSL
Protocolo de especificação de mudança de cifra
Protocolo de alerta
Protocolo de handshake
Cálculos criptográficos

17.3 TRANSPORT LAYER SECURITY
Número de versão
Message Authentication Code
Função pseudoaleatória
Códigos de alerta
Conjuntos de cifras
Tipos de certificado do cliente
`Certificate_verify` e mensagens de concluído
Cálculos criptográficos
Preenchimento

17.4 HTTPS
Início de conexão
Fechamento de conexão

17.5 SECURE SHELL (SSH)
Protocolo da Camada de Transporte
Protocolo de Autenticação de Usuário
Protocolo de Conexão

17.6 LEITURA RECOMENDADA

17.7 PRINCIPAIS TERMOS, PERGUNTAS PARA REVISÃO E PROBLEMAS

OBJETIVOS DE APRENDIZAGEM

APÓS ESTUDAR ESTE CAPÍTULO, VOCÊ SERÁ CAPAZ DE:

☑ Resumir as ameaças à segurança da rede e os métodos de segurança do tráfego na Web.
☑ Apresentar uma visão geral da Secure Socket Layer (SSL).
☑ Compreender as diferenças entre Secure Socket Layer e Transport Layer Security.
☑ Comparar a função pseudoaleatória usada na Transport Layer Security com aquelas discutidas anteriormente no livro.
☑ Apresentar uma visão geral do HTTPS (HTTP sobre SSL).
☑ Apresentar uma visão geral do Secure Shell (SSH).

> *"Não podemos fazer aliança com príncipes vizinhos até que tenhamos informações sobre seus projetos."*
> — *A Arte da Guerra*, Sun Tzu

Praticamente todas as empresas, a maioria das agências do governo, e muitos indivíduos, agora possuem Websites. O número de indivíduos e empresas com acesso à Internet está expandindo rapidamente e todas elas têm navegadores Web gráficos. Como resultado, as empresas estão entusiasmadas com a construção de facilidades na Web para o comércio eletrônico. Mas a realidade é que a Internet e a Web são extremamente vulneráveis a comprometimentos de vários tipos. À medida que as empresas acordam para essa realidade, a demanda por serviços Web seguros aumenta.

O assunto de segurança na Web é muito amplo e pode facilmente encher um livro inteiro. Neste capítulo, começamos com uma discussão sobre os requisitos gerais para a segurança na Web e depois focalizamos três esquemas padronizados que estão se tornando cada vez mais importantes como parte do comércio na Web: SSL/TLS; HTTPS e SSH.

17.1 CONSIDERAÇÕES SOBRE SEGURANÇA NA WEB

A World Wide Web é fundamentalmente uma aplicação cliente/servidor trabalhando sobre a Internet e intranets TCP/IP. Dessa forma, as ferramentas de segurança e as técnicas discutidas até aqui neste livro são relevantes à questão da segurança na Web. Porém, as seguintes características do uso da Web sugerem a necessidade de ferramentas de segurança apropriadas:

- Embora os navegadores Web sejam muito fáceis de usar, os servidores Web sejam relativamente fáceis de se configurar e gerenciar, e o conteúdo Web cada vez mais fácil de desenvolver, o software por trás disso é extraordinariamente complexo. Esse software complexo pode ocultar muitas falhas de segurança em potencial. A curta história da Web é repleta de exemplos de sistemas novos e atualizados, devidamente instalados, que são vulneráveis a uma série de ataques à segurança.

- Um servidor Web pode ser explorado como uma plataforma de lançamento para o complexo inteiro de computadores da empresa ou da agência. Quando o servidor Web é comprometido, um atacante pode ser capaz de obter acesso a dados e sistemas que não fazem parte da própria Web, mas que estão conectados ao servidor no site local.

- Usuários casuais e não treinados (em questões de segurança) são clientes comuns para serviços baseados na Web. Esses usuários não estão necessariamente cientes dos riscos de segurança que existem e não possuem as ferramentas ou o conhecimento para tomar contramedidas eficazes.

Ameaças à segurança na Web

A Tabela 17.1 oferece um resumo dos tipos de ameaças à segurança enfrentadas no uso da Web. Uma forma de agrupar essas ameaças é em termos de ataques passivos e ativos. Ataques passivos incluem espionagem do tráfego da rede entre navegador e servidor, e obtenção de acesso a informações em um Website que deveria ser restrito. Ataques ativos incluem personificação de outro usuário, alteração de mensagens em trânsito entre cliente e servidor, e alteração de informações em um Website.

Outra forma de classificar as ameaças de segurança na Web é em termos do local da ameaça: servidor Web, navegador Web e tráfego de rede entre navegador e servidor. As questões de segurança de servidor e navegador entram na categoria de segurança do sistema de computador; a Parte Seis deste livro focaliza a questão de segurança do sistema em geral, mas também se aplica à segurança de sistemas Web. As questões de segurança de tráfego entram na categoria de segurança da rede e são focalizadas neste capítulo.

Tabela 17.1 Comparação de ameaças na Web.

	Ameaças	**Consequências**	**Contramedidas**
Integridade	■ Modificação de dados do usuário ■ Navegador cavalo de Tróia ■ Modificação de memória ■ Modificação de tráfego de mensagem em trânsito	■ Perda de informações ■ Comprometimento da máquina ■ Vulnerabilidade a todas as outras ameaças	Checksums criptográficos
Confidencialidade	■ Espionagem na rede ■ Roubo de informações do servidor ■ Roubo de dados do cliente ■ Informações sobre configuração de rede ■ Informações sobre qual cliente fala com o servidor	■ Perda de informações ■ Perda de privacidade	Criptografia, proxies Web
Negação de serviço	■ Encerramento de threads do usuário ■ Inundação da máquina com solicitações falsas ■ Preenchimento do disco ou da memória ■ Isolamento da máquina por ataques de DNS	■ Interrupção ■ Incômodo ■ Impede que usuário realize o trabalho	Difícil de impedir
Autenticação	■ Personificação de usuários legítimos ■ Falsificação de dados	■ Má representação do usuário ■ Crença de que informações falsas são válidas	Técnicas criptográficas

Técnicas de segurança de tráfego Web

Diversas técnicas para oferecer segurança na Web são possíveis. As várias técnicas que têm sido consideradas são semelhantes nos serviços que elas oferecem e, até certo ponto, nos mecanismos que elas utilizam, mas diferem com relação ao seu escopo de aplicabilidade e seu local relativo dentro da pilha de protocolos TCP/IP.

A Figura 17.1 ilustra essa diferença. Um modo de oferecer a segurança na Web é usar IP Security (IPSec) (Figura 17.1a). A vantagem de usar IPSec é que ele é transparente aos usuários finais e aplicações, e oferece uma solução de uso geral. Além disso, IPSec inclui uma capacidade de filtragem de modo que somente o tráfego selecionado precisa resultar em overhead do processamento do IPSec.

Outra solução relativamente de uso geral é implementar a segurança logo acima do TCP (Figura 17.1b).

Serviços de segurança específicos da aplicação são embutidos dentro da aplicação em particular. A Figura 17.1c mostra exemplos dessa arquitetura. A vantagem dessa técnica é que o serviço pode ser ajustado às necessidades específicas de determinada aplicação.

Figura 17.1 Local relativo das instalações de segurança na pilha de protocolos TCP/IP.

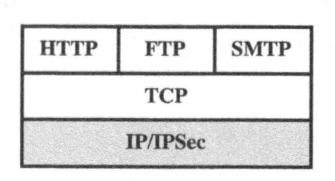

HTTP	FTP	SMTP
TCP			
IP/IPSec			

(a) Nível de rede

HTTP	FTP	SMTP
SSL ou TLS		
TCP		
IP		

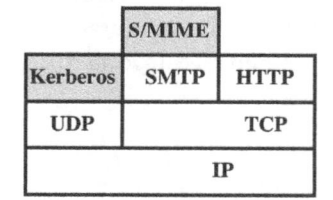

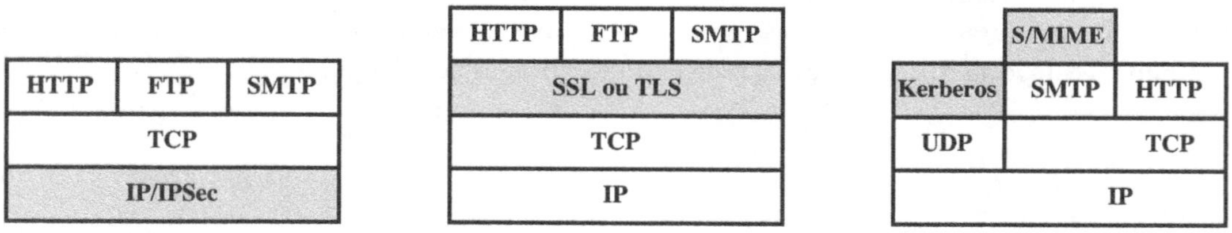

(b) Nível de transporte

	S/MIME	
Kerberos	SMTP	HTTP
UDP		TCP
IP		

(c) Nível de aplicação

17.2 SECURE SOCKETS LAYER

Um dos serviços de segurança mais usados é o Secure Sockets Layer (SSL) e o consequente padrão da Internet, conhecido como Transport Layer Security (TLS), sendo este último definido na RFC 5246. SSL é um serviço de uso geral implementado como um conjunto de protocolos que contam com o TCP. Nesse nível, existem duas escolhas de implementação. Para a generalidade total, SSL (ou TLS) poderia ser fornecido como parte do conjunto de protocolos básico e, portanto, ser transparente às aplicações. Como alternativa, SSL pode ser embutido em pacotes específicos. Por exemplo, a maioria dos navegadores vem equipada com SSL, e a maioria dos servidores Web tem implementado o protocolo.

Esta seção é dedicada a uma discussão do SSLv3, e a próxima descreve as principais diferenças entre SSLv3 e TLS.

Arquitetura SSL

SSL é projetado para utilizar TCP para oferecer um serviço seguro confiável de ponta a ponta. SSL não é um protocolo isolado, mas duas camadas de protocolo, conforme ilustra a Figura 17.2.

O protocolo de registro SSL oferece serviços básicos de segurança para vários protocolos de camada superior. Em particular, o Hypertext Transfer Protocol (HTTP), que oferece o serviço de transferência para interação cliente/servidor Web, pode operar em cima do SSL. Três protocolos de camada superior são definidos como parte do SSL: o protocolo de handshake (Handshake Protocol), o protocolo de especificação de mudança de cifra (Change Cipher Spec Protocol) e o protocolo de alerta (Alert Protocol). Esses protocolos específicos do SSL são usados no gerenciamento de trocas SSL e examinados mais adiante nesta seção.

Dois conceitos importantes do SSL são a sessão e a conexão SSL, que são definidas na especificação da seguinte forma:

- **Conexão:** uma conexão é um transporte (na definição do modelo de camadas OSI) que oferece um tipo adequado de serviço. Para SSL, essas conexões são relacionamentos par-a-par (peer-to-peer). As conexões são transientes. Cada conexão está associada a uma sessão.
- **Sessão:** uma sessão SSL é uma associação entre um cliente e um servidor. As sessões são criadas pelo protocolo de handshake. Elas definem um conjunto de parâmetros de segurança criptográficos, que podem ser compartilhados entre múltiplas conexões. As sessões são usadas para evitar a negociação dispendiosa de novos parâmetros de segurança para cada conexão.

Entre qualquer par de partes (aplicações como HTTP no cliente e servidor), pode haver múltiplas conexões seguras. Em teoria, também pode haver múltiplas sessões simultâneas entre as partes, mas esse recurso não é usado na prática.

Figura 17.2 Pilha de protocolos SSL.

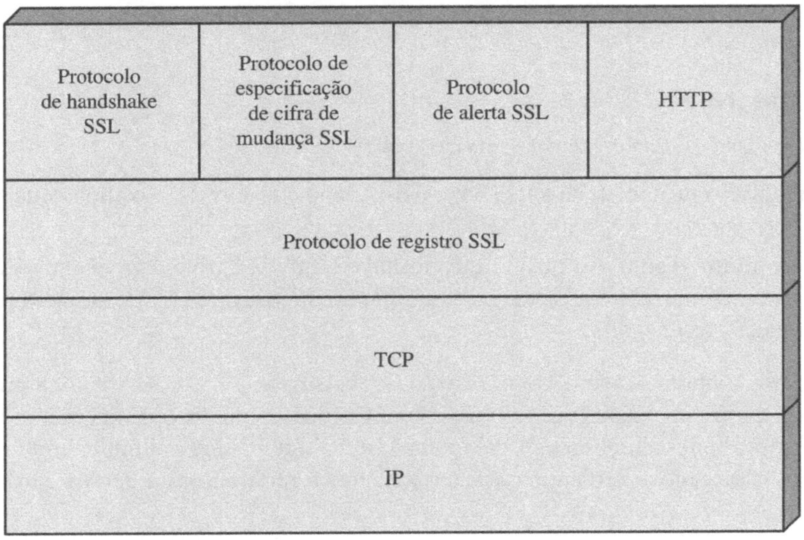

Protocolo de handshake SSL	Protocolo de especificação de cifra de mudança SSL	Protocolo de alerta SSL	HTTP
Protocolo de registro SSL			
TCP			
IP			

Existem diversos estados associados a cada sessão. Quando uma sessão é estabelecida, existe um estado operacional atual para leitura e escrita (ou seja, recepção e envio). Além disso, durante o protocolo de handshake, são criados estados de leitura e escrita pendentes. Na conclusão bem-sucedida do protocolo de handshake, os estados pendentes se tornam os atuais.

Um estado de sessão é definido pelos seguintes parâmetros:

- **Identificador de sessão:** uma sequência de byte arbitrária, escolhida pelo servidor para identificar o estado de uma sessão ativa ou retomável.
- **Certificado do par:** um certificado X509.v3 do par. Esse elemento do estado pode ser nulo.
- **Método de compactação:** o algoritmo usado para compactar dados antes da encriptação.
- **Especificação de cifra:** especifica o algoritmo de encriptação de dados em massa (como null, AES etc.) e um algoritmo de hash (como MD5 ou SHA-1) usado para o cálculo do MAC. Ela também define os atributos criptográficos, como hash_size.
- **Segredo mestre:** segredo de 48 bytes compartilhado entre o cliente e o servidor.
- **É retomável:** um flag indicando se a sessão pode ser usada para iniciar novas conexões.

Um estado de conexão é definido pelos parâmetros a seguir.

- **Aleatórios do servidor e cliente:** sequências de bytes que são escolhidas pelo servidor e cliente para cada conexão.
- **Segredo MAC de escrita do servidor:** a chave secreta usada nas operações MAC sobre dados enviados pelo servidor.
- **Segredo MAC de escrita do cliente:** a chave secreta usada em operações MAC sobre dados enviados pelo cliente.
- **Chave de escrita do servidor:** a chave de encriptação secreta para dados encriptados pelo servidor e decriptados pelo cliente.
- **Chave de escrita do cliente:** a chave de encriptação simétrica para dados encriptados pelo cliente e decriptados pelo servidor.
- **Vetores de inicialização:** quando uma cifra em bloco no modo CBC é usada, um vetor de inicialização (IV) é mantido para cada chave. Esse campo é primeiro inicializado pelo protocolo de handshake do SSL. Depois disso, o bloco de texto cifrado final de cada registro é preservado para uso como o IV com o registro seguinte.
- **Números de sequência:** cada parte mantém números de sequência separados para mensagens transmitidas e recebidas para cada conexão. Quando uma parte envia ou recebe uma mensagem de especificação de mudança de, cifra o número de sequência apropriado é definido como zero. Números de sequência não podem exceder $2^{64} - 1$.

Protocolo de registro SSL

O protocolo de registro SSL oferece dois serviços para conexões SSL:

- **Confidencialidade:** o protocolo de handshake define uma chave secreta compartilhada que é usada para encriptação convencional de payloads SSL.
- **Integridade de mensagem:** o protocolo de handshake também define uma chave secreta compartilhada que é usada para formar um código de autenticação de mensagem (MAC, do acrônimo em inglês para *Message Authentication Code*).

A Figura 17.3 indica a operação geral do protocolo de registro SSL. Este recebe uma mensagem da aplicação a ser transmitida, fragmenta os dados em blocos de tamanho adequado, opcionalmente compacta os dados, aplica um MAC, encripta, acrescenta um cabeçalho e transmite a unidade resultante em um segmento TCP. Os dados recebidos são decriptados, verificados, descompactados e remontados e depois entregues a usuários de nível mais alto.

Figura 17.3 Operação do protocolo de registro SSL.

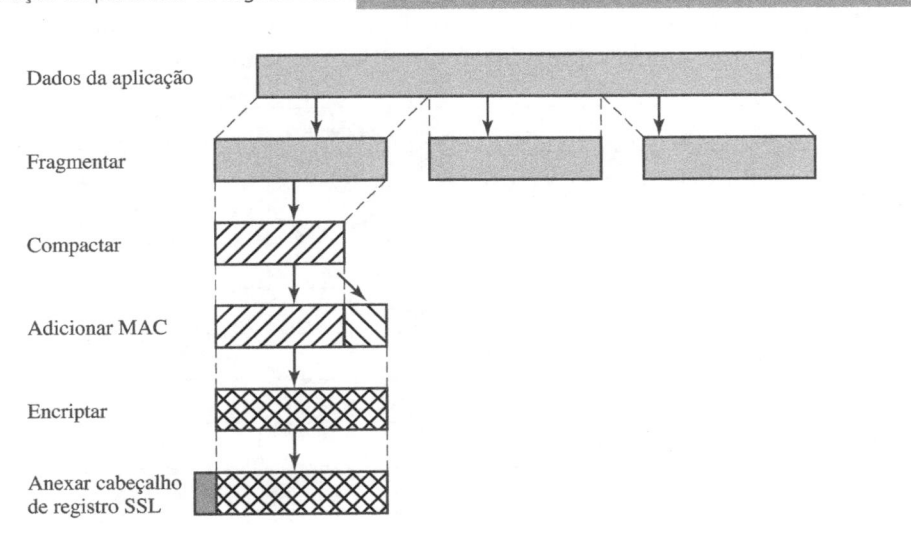

A primeira etapa é a **fragmentação**. Cada mensagem de camada superior é fragmentada em blocos de 2^{14} bytes (16384 bytes) ou menos. Em seguida, a **compactação** é aplicada opcionalmente. A compactação precisa ser sem perda e não pode aumentar o tamanho do conteúdo por mais do que 1024 bytes.[1] No SSLv3 (além da versão atual do TLS), nenhum algoritmo de compactação é especificado, de modo que o algoritmo de compactação default é nulo.

A etapa seguinte no processamento é calcular um **código de autenticação de mensagem** sobre os dados compactados. Para essa finalidade, é usada uma chave secreta compartilhada. O cálculo é definido como

```
hash(MAC_write_secret || pad_2 ||
     hash(MAC_write_secret || pad_1 || seq_num ||
     SSLCompressed.type || SSLCompressed.length ||
     SSLCompressed.fragment))
```

onde

`||`	= concatenação
`MAC_write_secret`	= chave secreta compartilhada
`hash`	= algoritmo de hash criptográfico; ou MD5 ou SHA-1
`pad_1`	= o byte 0x36 (0011 0110) repetido 48 vezes (384 bits) para MD5 e 40 vezes (320 bits) para SHA-1
`pad_2`	= o byte 0x5C (0101 1100) repetido 48 vezes para MD5 e 40 vezes para SHA-1
`seq_num`	= o número de sequência para essa mensagem
`SSLCompressed.type`	= o protocolo de nível mais alto usado para processar esse fragmento
`SSLCompressed.length`	= o tamanho do fragmento compactado
`SSLCompressed.fragment`	= o fragmento compactado (se a compactação não for usada, o fragmento de texto claro)

Observe que isso é muito semelhante ao algoritmo HMAC definido no Capítulo 12. A diferença é que os dois preenchimentos são concatenados no SSLv3 e passam por um XOR no HMAC. O algoritmo MAC do SSLv3 é baseado no Internet draft original para HMAC, que usava concatenação. A versão final do HMAC, definida na RFC 2104, utiliza o XOR.

---

[1] Naturalmente, espera-se que a compactação encurte ao invés de expandir os dados. Porém, para blocos muito curtos, é possível, por conta de convenções de formatação, que o algoritmo de compactação por fim ofereça uma saída maior que a entrada.

Em seguida, a mensagem compactada mais o MAC são **encriptados** usando a encriptação simétrica. A encriptação não pode aumentar o tamanho do conteúdo por mais de 1024 bytes, de modo que o tamanho total não pode exceder $2^{14} + 2048$. Os algoritmos de encriptação a seguir são permitidos:

Cifra de bloco		Cifra de fluxo	
Algoritmo	Tamanho da chave	Algoritmo	Tamanho da chave
AES	128, 256	RC4-40	40
IDEA	128	RC4-128	128
RC2-40	40		
DES-40	40		
DES	56		
3DES	168		
Fortezza	80		

Fortezza pode ser usado em um esquema de criptografia de cartão inteligente.

Para a encriptação de fluxo, a mensagem compactada mais o MAC são encriptados. Observe que o MAC é calculado antes que a encriptação ocorra e que o é então encriptado com o texto claro ou texto claro compactado.

Para a encriptação em bloco, o preenchimento pode ser acrescentado após o MAC antes da encriptação. O preenchimento está na forma de um número de bytes de preenchimento seguidos por uma indicação de um byte do tamanho do preenchimento. A quantidade total de preenchimento é a menor, de modo que o tamanho total dos dados a serem encriptados (texto claro mais MAC mais preenchimento) seja um múltiplo do tamanho de bloco da cifra. Um exemplo é um texto claro (ou compactado, se a compactação for usada) de 58 bytes, com um MAC de 20 bytes (usando SHA-1), que é encriptado usando um tamanho de bloco de 8 bytes (por exemplo, DES). Com o byte preenchimento-tamanho, isso gera um total de 79 bytes. Para tornar o total um múltiplo inteiro de 8, um byte de preenchimento é acrescentado.

A última etapa do processamento do protocolo de registro SSL é anexar um cabeçalho no início, consistindo nos seguintes campos:

- **Tipo de conteúdo (8 bits):** o protocolo da camada mais alta, usado para processar o fragmento delimitado.
- **Versão principal (8 bits):** indica a versão principal do SSL em uso. Para SSLv3, o valor é 3.
- **Versão secundária (8 bits):** indica a versão secundária em uso. Para SSLv3, o valor é 0.
- **Tamanho compactado (16 bits):** o tamanho em bytes do fragmento de texto claro (ou fragmento compactado, se a compactação for usada). O valor máximo é $2^{14} + 2048$.

Os tipos de conteúdo que foram definidos são `change_cipher_spec`, `alert`, `handshake` e `application_data`. Os três primeiros são os protocolos específicos do SSL, discutidos a seguir. Observe que nenhuma distinção é feita entre as diversas aplicações (por exemplo, HTTP) que poderiam usar SSL; o conteúdo dos dados criados por tais aplicações é opaco ao SSL. A Figura 17.4 ilustra o formato do registro SSL.

Protocolo de especificação de mudança de cifra

O protocolo de especificação de mudança de cifra é um dos três protocolos específicos do SSL que utilizam o protocolo de registro SSL, e é o mais simples. Ele consiste em uma única mensagem (Figura 17.5a), que consiste em um único byte com o valor 1. A única finalidade dessa mensagem é fazer com que o estado pendente seja copiado para o estado atual, que atualiza o conjunto de cifra a ser usado nessa conexão.

Figura 17.4 Formato do registro SSL.

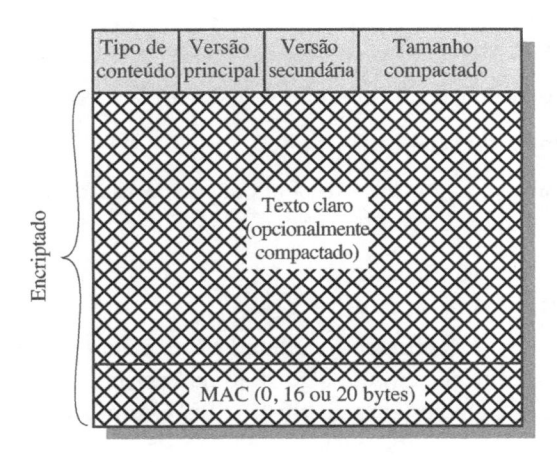

Figura 17.5 Payload do protocolo de registro SSL.

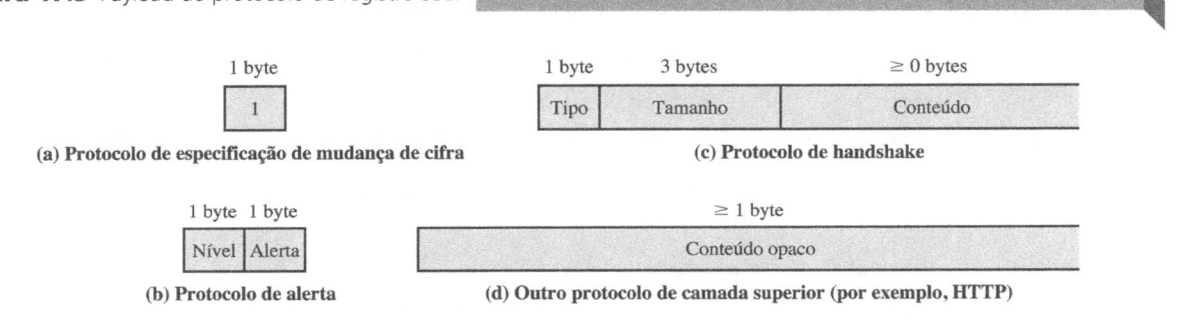

(a) Protocolo de especificação de mudança de cifra
(b) Protocolo de alerta
(c) Protocolo de handshake
(d) Outro protocolo de camada superior (por exemplo, HTTP)

Protocolo de alerta

O protocolo de alerta é usado para transmitir alertas relacionados ao SSL para o par. Assim como outras aplicações que usam SSL, as mensagens de alerta são compactadas e encriptadas, conforme especificado pelo estado atual.

Cada mensagem nesse protocolo consiste em dois bytes (Figura 17.5b). O primeiro pode significar advertência (1) ou fatal (2) para sinalizar a seriedade da mensagem. Se o nível for fatal, o SSL termina imediatamente a conexão. Outras conexões na mesma sessão podem continuar, mas nenhuma conexão nova nessa sessão pode ser estabelecida. O segundo byte contém um código que indica o alerta específico. Primeiro, listamos os alertas que são sempre fatais (definições da especificação SSL).

- **unexpected_message:** uma mensagem não apropriada foi recebida.
- **bad_record_mac:** um MAC incorreto foi recebido.
- **decompression_failure:** a função de descompactação recebeu entrada imprópria (por exemplo, incapaz de descompactar ou descompactar para mais do que o tamanho máximo permitido).
- **handshake_failure:** emissor foi incapaz de negociar um conjunto aceitável de parâmetros de segurança dadas as opções disponíveis.
- **illegal_parameter:** um campo em uma mensagem de handshake estava fora de intervalo ou inconsistente com outros campos.

O restante dos alertas é o seguinte:

- **close_notify:** notifica o destinatário de que o emissor não enviará mais mensagens nessa conexão. Cada parte precisa enviar um alerta **close_notify** antes de fechar o lado de escrita de uma conexão.
- **no_certificate:** pode ser enviado em resposta a uma solicitação de certificado se nenhum certificado apropriado estiver disponível.

- **bad_certificate:** um certificado recebido foi adulterado (por exemplo, continha uma assinatura inválida).

- **unsupported_certificate:** o tipo do certificado recebido não é admitido.

- **certificate_revoked:** um certificado foi revogado por seu assinante.

- **certificate_expired:** um certificado expirou.

- **certificate_unknown:** algum outro problema não especificado surgiu no processamento do certificado, tornando-o inaceitável.

Protocolo de handshake

A parte mais complexa do SSL é o protocolo de handshake. Esse protocolo permite que o servidor e o cliente autentiquem um ao outro e negociem um algoritmo de encriptação e MAC, e chaves criptográficas a serem usadas para proteger dados enviados em um registro SSL. O protocolo de handshake é usado antes que quaisquer dados de aplicação sejam transmitidos.

O protocolo de handshake consiste em uma série de mensagens trocadas por cliente e servidor. Todas estas têm o formato mostrado na Figura 17.5c. Cada mensagem tem três campos:

- **Tipo (1 byte):** indica uma de 10 mensagens. A Tabela 17.2 lista os tipos de mensagem definidos.
- **Tamanho (3 bytes):** o tamanho da mensagem em bytes.
- **Conteúdo (≥ 0 bytes):** os parâmetros associados a essa mensagem; estes são listados na Tabela 17.2.

A Figura 17.6 mostra a troca inicial necessária para estabelecer uma conexão lógica entre cliente e servidor. A troca pode ser vista como tendo quatro fases.

FASE 1. ESTABELECER CAPACIDADES DE SEGURANÇA

Essa fase é usada para iniciar uma conexão lógica e estabelecer as capacidades de segurança que serão associadas a ela. A troca é iniciada pelo cliente, que envia uma **mensagem client_hello** com os seguintes parâmetros:

- **Versão:** a versão SSL mais alta entendida pelo cliente.
- **Aleatório:** uma estrutura aleatória gerada pelo cliente, consistindo em uma estampa de tempo de 32 bits e 28 bytes gerados por um gerador de número aleatório seguro. Esses valores servem como nonces e são usados durante a troca de chave para impedir ataques de replicação.

Tabela 17.2 Tipos de mensagem do protocolo de handshake SSL.

Tipo de mensagem	Parâmetros
hello_request	nulo
client_hello	versão, aleatório, id de sessão, conjunto de cifras, método de compactação
server_hello	versão, aleatório, id de sessão, conjunto de cifras, método de compactação
certificate	cadeia de certificados X.509v3
server_key_exchange	parâmetros, assinatura
certificate_request	tipo, autoridades
server_done	nulo
certificate_verify	assinatura
client_key_exchange	parâmetros, assinatura
finished	valor de hash

Figura 17.6 Ação do protocolo de handshake.

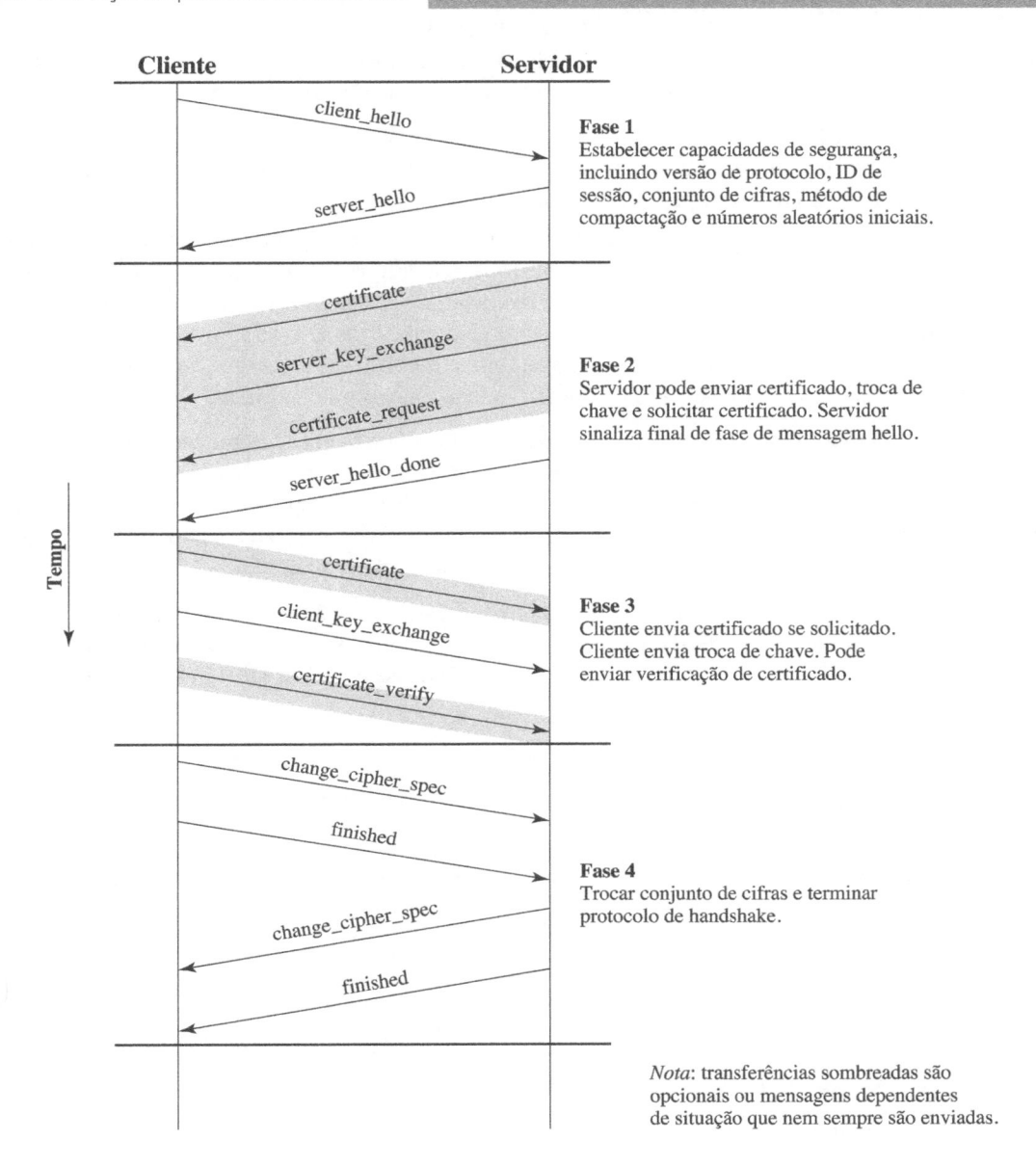

Fase 1
Estabelecer capacidades de segurança, incluindo versão de protocolo, ID de sessão, conjunto de cifras, método de compactação e números aleatórios iniciais.

Fase 2
Servidor pode enviar certificado, troca de chave e solicitar certificado. Servidor sinaliza final de fase de mensagem hello.

Fase 3
Cliente envia certificado se solicitado. Cliente envia troca de chave. Pode enviar verificação de certificado.

Fase 4
Trocar conjunto de cifras e terminar protocolo de handshake.

Nota: transferências sombreadas são opcionais ou mensagens dependentes de situação que nem sempre são enviadas.

- **ID de sessão:** um identificador de sessão de tamanho variável. Um valor diferente de zero indica que o cliente deseja atualizar os parâmetros de uma conexão existente ou criar uma nova conexão nesta sessão. Um valor zero indica que o cliente deseja estabelecer uma nova conexão em uma nova sessão.

- **Conjunto de cifras:** essa é uma lista que contém as combinações de algoritmos criptográficos admitidos pelo cliente, em ordem descrescente de preferência. Cada elemento da lista (cada conjunto de cifras) define um algoritmo de troca de chave e uma especificação de cifra; estas serão explicadas posteriormente.

- **Método de compactação:** essa é uma lista dos métodos de compactação que o cliente admite.

Depois de enviar a mensagem `client_hello`, o cliente espera pela mensagem `server_hello`, que contém os mesmos parâmetros da primeira. Para a mensagem `server_hello`, as convenções a seguir se aplicam. O campo Versão contém a menor das versões sugeridas pelo cliente e a maior admitida pelo servidor. O campo Aleatório é gerado pelo servidor e é independente do campo Aleatório do cliente. Se o campo ID de sessão do cliente foi diferente de zero, o mesmo valor é usado pelo servidor; caso contrário, o campo ID de sessão do servidor contém o valor para uma nova sessão. O campo Conjunto de cifras contém o único conjunto de cifras selecionado pelo servidor a partir daqueles propostos pelo cliente. O campo Compactação contém o método de compactação selecionado pelo servidor a partir daqueles propostos pelo cliente.

O primeiro elemento do parâmetro Conjunto de cifras é o método da troca de chave (ou seja, o meio pelo qual as chaves criptográficas para a encriptação convencional e MAC são trocadas). Os seguintes métodos de troca de chave são admitidos:

- **RSA:** a chave secreta é encriptada com a chave pública RSA do receptor. Um certificado de chave pública para a chave do receptor precisa se tornar disponível.
- **Diffie-Hellman fixo:** essa é uma troca de chave Diffie-Hellman em que o certificado do servidor contém os parâmetros públicos Diffie-Hellman assinados pela autoridade de certificação (CA). Ou seja, o certificado de chave pública contém os parâmetros de chave pública Diffie-Hellman. O cliente oferece esses parâmetros de chave pública Diffie-Hellman ou em um certificado, se a autenticação do cliente for exigida, ou em uma mensagem de troca de chave. Esse método resulta em uma chave secreta fixa entre dois pares, com base no cálculo Diffie-Hellman usando as chaves públicas fixas.
- **Diffie-Hellman efêmero:** essa técnica é usada para criar chaves secretas efêmeras (temporárias, de uso único). Nesse caso, as chaves públicas Diffie-Hellman são trocadas, assinadas usando a chave RSA ou DSS privada do emissor. O receptor pode usar a chave pública correspondente para verificar a assinatura. Os certificados são usados para autenticar as chaves públicas. Isso pareceria ser a mais segura das três opções Diffie-Hellman, pois resulta em uma chave temporária, autenticada.
- **Diffie-Hellman anônimo:** o algoritmo Diffie-Hellman básico é usado sem autenticação. Ou seja, cada lado envia seus parâmetros Diffie-Hellman públicos para o outro sem autenticação. Essa técnica é vulnerável a ataques do tipo *man-in-the-middle*, em que o atacante realiza Diffie-Hellman anônimo com ambas as partes.
- **Fortezza:** a técnica definida para o esquema Fortezza.

Após a definição de um método de troca de chave existe a especificação de cifra, que inclui os seguintes campos:

- **Algoritmo de cifra:** qualquer um dos algoritmos mencionados anteriormente: RC4, RC2, DES, 3DES, DES40, IDEA, ou Fortezza
- **Algoritmo MAC:** MD5 ou SHA-1
- **Tipo de cifra:** fluxo ou bloco
- **É exportável:** verdadeiro ou falso
- **Tamanho de hash:** 0, 16 (para MD5) ou 20 (para SHA-1) bytes
- **Material da chave:** uma sequência de bytes que contém dados usados na geração das chaves de escrita
- **Tamanho do IV:** o tamanho do vetor de inicialização para a encriptação CBC (*Cipher Block Chaining*)

FASE 2. AUTENTICAÇÃO DE SERVIDOR E TROCA DE CHAVE

O servidor inicia essa fase enviando seus certificados, se precisar ser autenticado; a mensagem contém uma ou uma cadeia de certificados X.509. A **mensagem de certificado** é exigida para qualquer método e troca de chave combinado, exceto Diffie-Hellman anônimo. Observe que, se o Diffie-Hellman fixo for usado, essa mensagem de certificado funciona como a mensagem de troca de chave do servidor, pois contém os parâmetros Diffie-Hellman públicos do servidor.

Em seguida, uma **mensagem server_key_exchange** pode ser enviada, se for necessário. Ela não é exigida em dois casos: (1) o servidor enviou um certificado com parâmetros Diffie-Hellman fixos, ou (2) a troca de chave RSA deve ser usada. A mensagem server_key_exchange é necessária para o seguinte:

- **Diffie-Hellman anônimo:** o conteúdo da mensagem consiste nos dois valores Diffie-Hellman globais (um número primo e uma raiz primitiva desse número) mais a chave Diffie-Hellman pública do servidor (ver Figura 10.1).

- **Diffie-Hellman efêmero:** o conteúdo da mensagem inclui os três parâmetros Diffie-Hellman fornecidos para Diffie-Hellman anônimo, mais uma assinatura desses parâmetros.

- **Troca de chave RSA (em que o servidor está usando RSA, mas tem uma chave RSA apenas de assinatura):** por conseguinte, o cliente não pode simplesmente enviar uma chave secreta encriptada com a chave pública do servidor. Em vez disso, o servidor precisa criar um par de chaves pública/privada RSA e usar a mensagem server_key_exchange para enviar a chave pública. O conteúdo da mensagem inclui os dois parâmetros da chave pública RSA temporária (expoente e módulo; ver Figura 9.5) mais uma assinatura desses parâmetros.

- **Fortezza**

Mais alguns detalhes sobre as assinaturas são garantidos. Como sempre, uma assinatura é criada apanhando-se o hash de uma mensagem e encriptando-o com a chave privada do emissor. Nesse caso, o hash é definido como

```
hash(ClientHello.random || ServerHello.random ||
ServerParams)
```

Assim, o hash abrange não apenas os parâmetros Diffie-Hellman ou RSA, mas também os dois nonces das mensagens hello iniciais. Isso previne ataques de replicação e erro de representação. No caso de uma assinatura DSS, o hash é realizado usando-se o algoritmo SHA-1. No caso de uma assinatura RSA, tanto MD5 quanto um hash SHA-1 são calculados, e a concatenação dos dois hashes (36 bytes) é encriptada com a chave privada do servidor.

Em seguida, um servidor não anônimo (servidor não usando Diffie-Hellman anônimo) pode solicitar um certificado do cliente. A **mensagem certificate_request** inclui dois parâmetros: certificate_type e certificate_authorities. O tipo de certificado indica o algoritmo de chave pública e seu uso:

- RSA, somente assinatura
- DSS, somente assinatura
- RSA para Diffie-Hellman fixo; nesse caso, a assinatura só é usada para autenticação, enviando um certificado assinado com RSA
- DSS para Diffie-Hellman fixo; novamente, usado apenas para autenticação
- RSA para Diffie-Hellman efêmero
- DSS para Diffie-Hellman efêmero
- Fortezza

O segundo parâmetro na mensagem certificate_request é uma lista dos nomes distintos de autoridades certificadoras aceitáveis.

A mensagem final na Fase 2, e que é sempre exigida, é a **mensagem server_done**, que é enviada pelo servidor para indicar o final do hello do servidor e mensagens associadas. Depois de enviar essa mensagem, o servidor esperará pela resposta de um cliente. Essa mensagem não possui parâmetros.

Fase 3. Autenticação de cliente e troca de chave

Ao receber a mensagem server_done, o cliente deve verificar se o servidor forneceu um certificado válido, se exigido, e se os parâmetros server_hello são aceitáveis. Se tudo estiver satisfatório, o cliente envia uma ou mais mensagens de volta ao servidor.

Se o servidor tiver solicitado um certificado, o cliente inicia essa fase enviando uma **mensagem de certificado**. Se nenhum certificado apropriado estiver disponível, o cliente envia um alerta no_certificate em vez disso.

Em seguida vem a **mensagem client_key_exchange**, que precisa ser enviada nessa fase. O conteúdo da mensagem depende do tipo de troca de chave, da seguinte forma:

- **RSA:** o cliente gera um *segredo pré-mestre* de 48 bytes e o encripta com a chave pública do certificado do servidor ou chave RSA temporária de uma mensagem `server_key_exchange`. Seu uso para calcular um *segredo mestre* é explicado mais adiante.
- **Diffie-Hellman efêmero ou anônimo:** os parâmetros Diffie-Hellman públicos do cliente são enviados.
- **Diffie-Hellman fixo:** os parâmetros Diffie-Hellman públicos do cliente foram enviados em uma mensagem de certificado, de modo que o conteúdo dessa mensagem é nulo.
- **Fortezza:** os parâmetros Fortezza do cliente são enviados.

Finalmente, nesta fase, o cliente pode enviar uma **mensagem `certificate_verify`** para oferecer verificação explícita de um certificado do cliente. Essa mensagem só é enviada caso o certificado do cliente tenha capacidade de assinatura (ou seja, todos os certificados exceto aqueles contendo parâmetros Diffie-Hellman fixos). Essa mensagem assina um código de hash com base nas mensagens anteriores, definido da seguinte forma:

```
CertificateVerify.signature.md5_hash =
    MD5(master_secret || pad_2 || MD5(handshake_messages ||
        master_secret || pad_1));
CertificateVerify.signature.sha_hash =
    SHA(master_secret || pad_2 || SHA(handshake_messages ||
        master_secret || pad_1));
```

onde `pad_1` e `pad_2` são os valores definidos anteriormente para o MAC, **`handshake_messages`** refere-se a todas as mensagens Handshake Protocol enviadas ou recebidas desde a mensagem `client_hello`, mas não incluindo essa mensagem, e `master_secret` é o segredo calculado cuja construção é explicada mais adiante nesta seção. Se a chave privada do usuário for DSS, então ela é usada para encriptar o hash SHA-1. Se a chave privada do usuário for RSA, ela é usada para encriptar a concatenação dos hashes MD5 e SHA-1. De qualquer forma, a finalidade é verificar se o cliente possui a chave privada para o certificado do cliente. Mesmo que alguém esteja usando o certificado do cliente sem autorização, ele não conseguiria enviar essa mensagem.

Fase 4. Término

Essa fase completa a configuração de uma conexão segura. O cliente envia uma **mensagem `change_cipher_spec`** e copia a especificação de cifra pendente para a especificação de cifra atual. Observe que essa mensagem não é considerada parte do protocolo de handshake, mas é enviada usando o protocolo de especificação de mudança. O cliente, então, envia imediatamente a **mensagem de concluído** sob os novos algoritmos, chaves e segredos. A mensagem de concluído verifica se os processos de troca de chave e autenticação foram bem-sucedidos. O conteúdo da mensagem de concluído é a concatenação de dois valores de hash:

```
MD5(master_secret || pad2 || MD5(handshake_messages ||
    Sender || master_secret || pad1))
SHA(master_secret || pad2 || SHA(handshake_messages ||
    Sender || master_secret || pad1))
```

onde `Sender` é um código que identifica que o emissor é o cliente e `handshake_messages` são todos os dados de todas as mensagens de handshake até então, mas não incluindo esta mensagem.

Em resposta a essas duas mensagens, o servidor envia sua própria mensagem `change_cipher_spec`, transfere a especificação de cifra pendente para a atual e envia sua mensagem de concluído. Nesse ponto, o handshake está completo e cliente e servidor podem começar a trocar dados da camada de aplicação.

Cálculos criptográficos

Dois outros itens são interessantes: (1) a criação de uma chave mestra compartilhada por meio da troca de chave e (2) a geração de parâmetros criptográficos do segredo mestre.

CRIAÇÃO DE SEGREDO MESTRE

O segredo mestre compartilhado é um valor de 48 bytes (384 bits) de uso único gerado para esta sessão por meio da troca de chave segura. A criação é feita em dois estágios. Primeiro, um `pre_master_secret` é trocado. Segundo, o `master_secret` é calculado pelas duas partes. Para a troca do `pre_master_secret`, existem duas possibilidades:

- **RSA:** um `pre_master_secret` de 48 bytes é gerado pelo cliente, encriptado com a chave RSA pública do servidor e enviado ao servidor. Ele decripta o texto cifrado usando sua chave privada para recuperar o `pre_master_secret`.
- **Diffie-Hellman:** cliente e servidor geram uma chave pública Diffie-Hellman. Depois que estes forem trocados, cada lado realiza o cálculo Diffie-Hellman para criar o `pre_master_secret` compartilhado.

Os dois lados agora calculam o `master_secret` da seguinte forma:

```
master_secret = MD5(pre_master_secret || SHA('A' ||
                    pre_master_secret || ClientHello.random ||
                    ServerHello.random)) ||
                MD5(pre_master_secret || SHA('BB' ||
                    pre_master_secret || ClientHello.random ||
                    ServerHello.random)) ||
                MD5(pre_master_secret || SHA('CCC' ||
                    pre_master_secret || ClientHello.random ||
                    ServerHello.random))
```

onde `ClientHello.random` e `ServerHello.random` são os dois valores de nonce trocados nas mensagens hello iniciais.

GERAÇÃO DE PARÂMETROS CRIPTOGRÁFICOS

CipherSpecs requer um segredo MAC de escrita do cliente, um segredo MAC de escrita do servidor, uma chave de escrita do cliente, uma chave de escrita do servidor, um IV de escrita do cliente e um IV de escrita do servidor, que são gerados a partir do segredo mestre nessa ordem. Esses parâmetros são gerados a partir do segredo mestre pelo hashing do segredo mestre para uma sequência de bytes seguros de tamanho suficiente para todos os parâmetros necessários.

A geração do material de chave a partir do `master_secret` usa o mesmo formato para a geração do segredo mestre a partir do `pre_master_secret`:

```
key_block = MD5(master_secret || SHA('A' || master_secret ||
                ServerHello.random || ClientHello.random)) ||
            MD5(master_secret || SHA('BB' || master_secret ||
                ServerHello.random || ClientHello.random)) ||
            MD5(master_secret || SHA('CCC' || master_secret ||
                ServerHello.random || ClientHello.random)) || ...
```

até que uma saída suficiente tenha sido gerada. O resultado dessa estrutura algorítmica é uma função pseudoaleatória. Podemos ver `master_secret` como o valor de semente pseudoaleatória para a função. Os números aleatórios de cliente e servidor podem ser vistos como valores de sal para complicar a criptoanálise.

17.3 TRANSPORT LAYER SECURITY

TLS é uma iniciativa de padronização do IETF cujo objetivo é produzir uma versão padrão do SSL para Internet. TLS é definido como um Proposed Internet Standard na RFC 5246. A RFC 5246 é muito semelhante à SSLv3. Nesta seção, destacamos as diferenças.

Número de versão

O formato de registro do TLS é o mesmo do SSL (Figura 17.4), e os campos no cabeçalho têm os mesmos significados. A única diferença está nos valores de versão. Para a versão atual do TLS, a principal é 3 e a secundária é 3.

Message Authentication Code

Existem duas diferenças entre os esquemas de MAC do SSLv3 e do TLS: o algoritmo real e o escopo do cálculo do MAC. O TLS utiliza o algoritmo HMAC definido na RFC 2104. Lembre-se, do Capítulo 12, que o HMAC é definido da seguinte forma:

$$\text{HMAC}_K(M) = H[(K^+ \oplus \text{opad}) \;||\; H[K^+ \oplus \text{ipad}) \;||\; M]]$$

onde

- H = função de hash embutida (para o TLS, pode ser MD5 ou SHA-1)
- M = entrada de mensagem para HMAC
- K^+ = chave secreta preenchida com zeros à esquerda, de modo que o resultado é igual ao tamanho do bloco do código de hash (para MD5 e SHA-1, tamanho de bloco = 512 bits)
- ipad = 00110110 (36 em hexadecimal) repetido 64 vezes (512 bits)
- opad = 01011100 (5C em hexadecimal) repetido 64 vezes (512 bits)

SSLv3 usa o mesmo algoritmo, exceto que os bytes de preenchimento são concatenados com a chave secreta em vez de passarem por um XOR com a chave secreta preenchida até o tamanho do bloco. O nível de segurança deverá ser praticamente o mesmo nos dois casos.

Para o TLS, o cálculo do MAC compreende os campos indicados na expressão a seguir:

```
MAC(MAC_write_secret, seq_num || TLSCompressed.type ||
    TLSCompressed.version || TLSCompressed.length ||
    TLSCompressed.fragment)
```

O cálculo do MAC abrange todos os campos cobertos pelo cálculo do SSLv3, mais o campo `TLSCompressed.version`, que é a versão do protocolo sendo empregada.

Função pseudoaleatória

O TLS utiliza uma função pseudoaleatória referenciada como PRF (acrônimo em inglês para *Pseudorandom Function*) para expandir segredos em blocos de dados para fins de geração ou validação de chave. O objetivo é utilizar um valor de segredo compartilhado relativamente pequeno, mas gerar blocos de dados maiores de um modo que seja seguro contra os tipos de ataques feitos sobre funções de hash e MACs. O PRF é baseado na seguinte função de expansão de dados (Figura 17.7):

```
P_hash(segredo, semente) = HMAC_hash(segredo, A(1) || semente) ||
                           HMAC_hash(segredo, A(2) || semente) ||
                           HMAC_hash(segredo, A(3) || semente) || ...
```

onde A() é definido como

- A(0) = semente
- A(i) = HMAC_hash(segredo, A(i − 1))

A função de expansão de dados utiliza o algoritmo HMAC, seja com MD5 ou SHA-1, como função de hash básica. Como podemos ver, P_hash pode ser repetido tantas vezes quantas forem necessárias para produzir a quantidade de dados exigida. Por exemplo, se P_SHA-1 fosse usado para gerar 64 bytes de dados, ele teria que ser repetido quatro vezes, produzindo 80 bytes de dados, dos quais os últimos 16 seriam descartados. Nesse caso, P_MD5 também teria que ser repetido quatro vezes, produzindo exatamente 64 bytes de dados. Observe

Figura 17.7 Função `P_hash(segredo,semente)` do TLS.

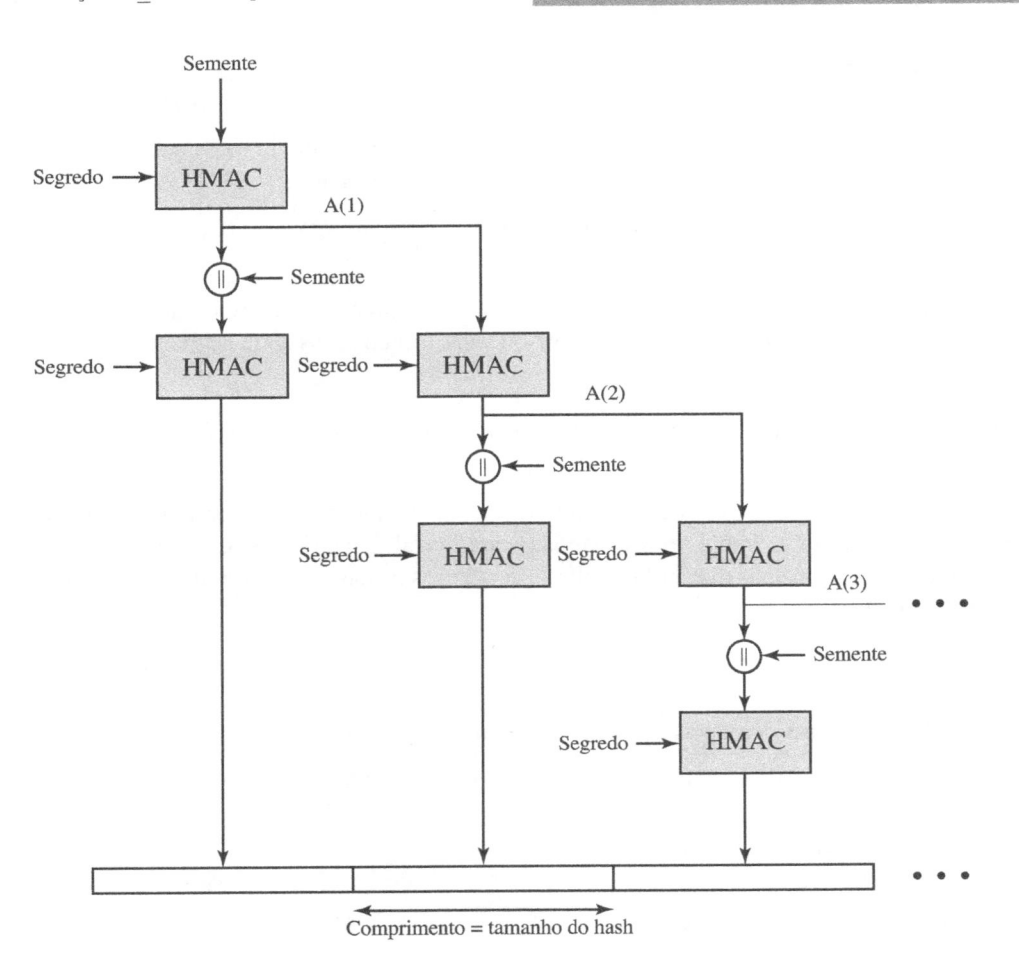

[Figura: diagrama da função P_hash mostrando cadeia de blocos HMAC produzindo A(1), A(2), A(3), ... com Segredo e Semente como entradas, e saída de comprimento = tamanho do hash]

que cada repetição envolve duas execuções do HMAC, cada uma por sua vez envolvendo duas execuções do algoritmo de hash básico.

Para tornar o PRF tão seguro quanto possível, ele usa dois algoritmos de hash de um modo que garanta sua segurança se um deles permanecer seguro. PRF é definido como

`PRF(segredo, rótulo, semente) = P_hash(S1, rótulo || semente)`

PRF recebe como entrada um valor secreto, um rótulo de identificação e um valor de semente e produz uma saída de tamanho arbitrário.

Códigos de alerta

TLS admite todos os códigos de alerta definidos na SSLv3, com a exceção de `no_certificate`. Diversos códigos adicionais são definidos no TLS; destes, os seguintes são sempre fatais:

- **`record_overflow`:** um registro do TLS foi recebido com um payload (texto cifrado) cujo tamanho ultrapassa $2^{14} + 2048$ bytes, ou o texto cifrado decriptado para um tamanho maior que $2^{14} + 1024$ bytes.
- **`unknown_ca`:** uma cadeia de certificado válida ou parcial foi recebida, mas o certificado não foi aceito porque o certificado da CA não pôde ser localizado ou não pôde ser combinado com uma CA conhecida e confiável.
- **`access_denied`:** um certificado válido foi recebido, mas quando a conectividade de acesso foi aplicada, o emissor decidiu não prosseguir com a negociação.
- **`decode_error`:** uma mensagem não pôde ser decodificada, pois um campo estava fora do seu intervalo especificado ou o tamanho da mensagem foi incorreto.

- **protocol_version**: a versão do protocolo que o cliente tentou negociar é reconhecida, mas não é aceita.
- **insufficient_security**: retornado em vez de handshake_failure quando uma negociação falhou especificamente porque o servidor exige cifras mais seguras do que aquelas admitidas pelo cliente.
- **unsupported_extension**: enviado pelos clientes que recebem um hello do servidor estendido contendo uma extensão não incluída no hello do cliente correspondente.
- **internal_error**: um erro interno não relacionado ao par ou à exatidão do protocolo torna impossível continuar.
- **decrypt_error**: uma operação criptográfica de handshake falhou, incluindo ser incapaz de verificar uma assinatura, decriptar uma troca de chave ou validar uma mensagem acabada.

O restante dos alertas inclui o seguinte:

- **user_canceled**: esse handshake está sendo cancelado por algum motivo não relacionado a uma falha de protocolo.
- **no_renegotiation**: enviado por um cliente em resposta a uma solicitação hello ou pelo servidor em resposta a um hello do cliente após o handshaking inicial. Uma dessas mensagens normalmente resultaria em renegociação, mas esse alerta indica que o emissor não é capaz de renegociar. Essa mensagem é sempre uma advertência.

Conjuntos de cifras

Existem várias diferenças pequenas entre os conjuntos de cifras disponíveis sob SSLv3 e sob TLS:

- **Troca de chave:** o TLS admite todas as técnicas de troca de chave do SSLv3, com a exceção do Fortezza.
- **Algoritmos de criptografia simétrica:** o TLS inclui todos os algoritmos de criptografia simétrica encontrados no SSLv3, com a exceção do Fortezza.

Tipos de certificado do cliente

O TLS define os seguintes tipos de certificado a serem solicitados em uma mensagem certificate_request: rsa_sign, dss_sign, rsa_fixed_dh e dss_fixed_dh. Todos esses são definidos no SSLv3. Além disso, SSLv3 inclui rsa_ephemeral_dh, dss_ephemeral_dh e fortezza_kea. O Diffie-Hellman efêmero envolve a assinatura dos parâmetros Diffie-Hellman com RSA ou DSS. Para o TLS, os tipos rsa_sign e dss_sign são usados para essa função; um tipo de assinatura separado não é necessário para assinar parâmetros Diffie-Hellman. O TLS não inclui o esquema Fortezza.

Certificate_verify e mensagens de concluído

Na mensagem certificate_verify, os hashes MD5 e SHA-1 são calculados apenas sobre handshake_messages. Lembre-se de que, para o SSLv3, o cálculo de hash também incluía o segredo mestre e preenchimentos. Esses campos extras não acrescentam segurança adicional.

Assim como a mensagem de concluído no SSLv3, a mensagem de concluído no TLS é um hash com base no master_secret compartilhado, as mensagens de handshake anteriores, e um rótulo que identifica cliente ou servidor. O cálculo é um pouco diferente. Para o TLS, temos

$$PRF(master\_secret, finished\_label, MD5(handshake\_messages) || SHA-1(handshake\_messages))$$

onde finished_label é a string "client finished" para o cliente e "server finished" para o servidor.

Cálculos criptográficos

O pre_master_secret para o TLS é calculado da mesma maneira que no SSLv3. Assim como no SSLv3, o master_secret no TLS é calculado como uma função de hash do pre_master_secret e os dois números aleatórios de hello. A forma do cálculo do TLS é diferente do que é usado no SSLv3, e é definida da seguinte forma:

```
master_secret = PRF(pre_master_secret, "master secret",
                ClientHello.random || ServerHello.random)
```

O algoritmo é executado até que 48 bytes de saída pseudoaleatória sejam produzidos. O cálculo do material do bloco de chave (chaves secretas MAC, chaves de encriptação de sessão e IVs) é definido da seguinte forma:

```
key_block = PRF(master_secret, "key expansion",
            SecurityParameters.server_random ||
            SecurityParameters.client_random)
```

até que uma saída suficiente tenha sido gerada. Assim como no SSLv3, `key_block` é uma função da `master_secret` e os números aleatórios de cliente e servidor, mas, para o TLS, o algoritmo real é diferente.

Preenchimento

No SSL, o preenchimento acrescentado antes da encriptação de dados do usuário é a quantidade mínima exigida para que o tamanho total dos dados a serem encriptados seja um múltiplo do tamanho de bloco da cifra. No TLS, o preenchimento pode ser qualquer quantidade que resulte em um total que seja um múltiplo do tamanho de bloco da cifra, até um máximo de 255 bytes. Por exemplo, se o texto claro (ou texto compactado, se a compactação for usada) mais MAC mais byte do tamanho do preenchimento tiver 79 bytes de extensão, então o tamanho do preenchimento, em bytes, pode ser 1, 9, 17 e assim por diante, até 249. Um tamanho de preenchimento variável pode ser usado para frustrar ataques com base em uma análise dos tamanhos das mensagens trocadas.

17.4 HTTPS

HTTPS (HTTP over SSL) refere-se à combinação de HTTP e SSL para implementar a comunicação segura entre um navegador Web e um servidor Web. A capacidade do HTTPS está embutida em todos os navegadores Web modernos. Seu uso depende do servidor Web que dá suporte à comunicação HTTPS. Por exemplo, alguns mecanismos de busca não admitem HTTPS. O Google oferece HTTPS como uma opção: https://google.com.

A diferença principal vista por um usuário de um navegador Web é que os endereços de URL (acrônimo em inglês para *Uniform Resource Locator*) começam com https:// em vez de http://. Uma conexão HTTP normal usa a porta 80. Se for especificado HTTPS, a porta 443 é usada, que invoca o SSL.

Quando o HTTPS é usado, os seguintes elementos da comunicação são encriptados:

- URL do documento solicitado
- Conteúdo do documento
- Conteúdo dos formulários do navegador (preenchidos pelo usuário do navegador)
- Cookies enviados do navegador ao servidor e do servidor ao navegador
- Conteúdo do cabeçalho HTTP

HTTPS é documentado na RFC 2818, *HTTP Over TLS*. Não existe mudança fundamental no uso de HTTP sobre SSL ou TLS, e as duas implementações são conhecidas como HTTPS.

Início de conexão

Para HTTPS, o agente atuando como cliente HTTP também atua como cliente TLS. O cliente inicia uma conexão com o servidor na porta apropriada e depois envia o ClientHello do TLS para iniciar o handshake TLS. Quando o handshake TLS tiver terminado, o cliente pode então iniciar a primeira solicitação HTTP. Todos os dados HTTP devem ser enviados como dados de aplicação TLS. O comportamento normal do HTTP, incluindo conexões retidas, deve ser seguido.

Há três níveis de percepção de uma conexão no HTTPS. No nível HTTP, um cliente HTTP solicita uma conexão com um servidor HTTP enviando uma solicitação de conexão à próxima camada de nível mais baixo. Normalmente, a próxima camada mais baixa é o TCP, mas também pode ser TLS/SSL. No nível do TLS, uma sessão é estabelecida entre um cliente TLS e um servidor TLS. Essa sessão pode admitir uma ou mais conexões em determinado momento. Como vimos, uma solicitação de TLS para estabelecer uma conexão começa com o estabelecimento de uma conexão TCP entre a entidade TCP no lado do cliente e a entidade TCP no lado do servidor.

Fechamento de conexão

Um cliente ou servidor HTTP pode indicar o fechamento de uma conexão incluindo a seguinte linha em um registro HTTP: `Connection: close`. Isso indica que a conexão será fechada após esse registro ser entregue.

O fechamento de uma conexão HTTPS requer que o TLS feche a conexão com a entidade TLS correspondente no lado remoto, o que envolverá o fechamento da conexão TCP subjacente. No nível do TLS, o modo correto de fechar uma conexão é que cada lado use o protocolo de alerta do TLS para enviar um alerta `close_notify`. As implementações do TLS deverão iniciar uma troca de alertas de fechamento antes que a conexão seja fechada. Uma implementação de TLS pode, depois de enviar um alerta de fechamento, gerar um "fechamento incompleto". Observe que uma implementação que faz isso pode decidir reutilizar a sessão. Isso só deverá ser feito quando as aplicações souberem (normalmente, através da detecção dos limites da mensagem HTTP) que receberam todos os dados de mensagem que lhes interessam.

Clientes HTTP também deverão ser capazes de lidar com uma situação em que a conexão TCP subjacente é terminada sem um alerta `close_notify` anterior e sem um indicador `Connection: close`. Essa situação poderia ser decorrente de um erro de programação no servidor ou um erro de comunicação que faz com que a conexão TCP caia. Porém, o fechamento não anunciado do TCP poderia ser evidência de algum tipo de ataque. Assim, o cliente HTTPS deverá emitir algum tipo de aviso de segurança quando isso ocorrer.

17.5 SECURE SHELL (SSH)

Secure Shell (SSH) é um protocolo para as comunicações de rede seguras, projetado para ser relativamente simples e pouco dispendioso de ser implementado. A versão inicial, SSH1, focalizou o fornecimento de uma facilidade de logon remoto seguro para substituir TELNET e outros esquemas de logon remoto, que não ofereciam segurança. SSH também oferece uma capacidade cliente/servidor mais genérica, e pode ser usado para funções de rede como transferência de arquivos e e-mail. Uma nova versão, SSH2, resolve uma série de falhas de segurança existentes no esquema original. SSH2 é documentado como um padrão proposto nas RFCs 4250 a 4256 do IETF.

Aplicações SSH cliente e servidor podem ser facilmente encontradas para a maioria dos sistemas operacionais. SSH tornou-se o método preferido para login remoto e tunelamento X, e está rapidamente se tornando uma das aplicações mais difundidas para a tecnologia de encriptação fora dos sistemas embutidos.

SSH é organizado como três protocolos, que normalmente são executados em cima do TCP (Figura 17.8):

Figura 17.8 Pilha de protocolos SSH.

SSH User Authentication Protocol	SSH Connection Protocol
Autentica o usuário no lado cliente com o servidor.	Multiplexa o túnel encriptado para diversos canais lógicos.

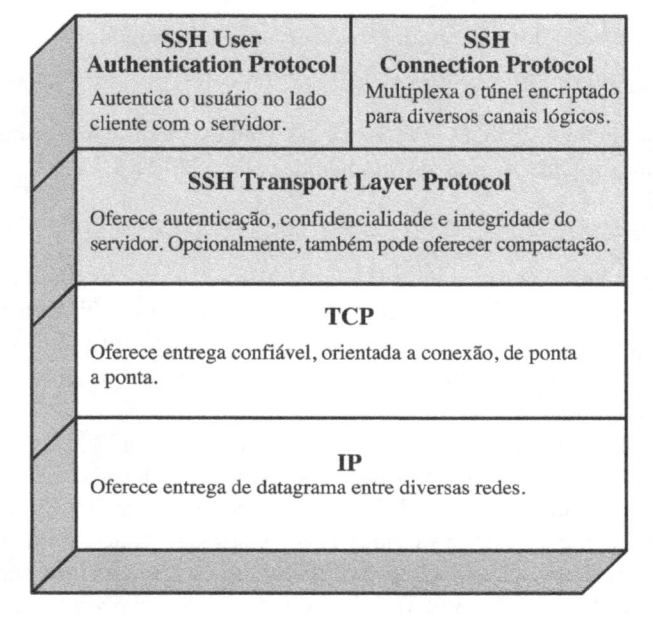

SSH Transport Layer Protocol
Oferece autenticação, confidencialidade e integridade do servidor. Opcionalmente, também pode oferecer compactação.

TCP
Oferece entrega confiável, orientada a conexão, de ponta a ponta.

IP
Oferece entrega de datagrama entre diversas redes.

- **Transport Layer Protocol:** oferece autenticação de servidor, confidencialidade de dados e integridade de dados com sigilo *forward secrecy* (ou seja se uma chave for comprometida durante uma sessão, o conhecimento não afeta a segurança das seções anteriores). Opcionalmente, a camada de transporte pode oferecer compactação.
- **User Authentication Protocol:** autentica o usuário com o servidor.
- **Connection Protocol:** multiplexa diversos canais de comunicação lógicos sobre uma única conexão SSH subjacente.

Protocolo da Camada de Transporte

Chaves de hospedeiro

A autenticação do servidor ocorre na camada de transporte, com base no servidor processando um par de chaves pública/privada. Um servidor pode ter diversas chaves de hospedeiro usando diversos algoritmos de encriptação assimétrica diferentes. Diversos hospedeiros podem compartilhar a mesma chave. De qualquer forma, a chave de hospedeiro do servidor é usada durante a troca de chaves para autenticar a identidade do hospedeiro. Para que isso seja possível, o cliente precisa ter um conhecimento prévio da chave de hospedeiro pública do servidor. A RFC 4251 indica dois modelos de confiança alternativos que podem ser usados:

1. O cliente tem um banco de dados local que associa cada nome de hospedeiro (conforme digitado pelo usuário) com a chave de hospedeiro pública correspondente. Esse método não requer uma infraestrutura administrada de forma central e nem a coordenação com terceiros. A desvantagem é que a manutenção dos bancos de dados de associações nome-chave pode se tornar trabalhosa.
2. A associação entre nome de hospedeiro e chave é certificada por uma autoridade de certificação (CA) confiável. O cliente só conhece a chave raiz da CA e pode verificar a validade de todas as chaves de hospedeiro certificadas pelas CAs aceitas. Essa alternativa resolve o problema da manutenção porque, de forma ideal, somente uma única chave da CA precisa ser armazenada com segurança no cliente. Por outro lado, cada chave de hospedeiro precisa ser certificada de modo apropriado por uma autoridade central antes que a autorização seja possível.

Troca de pacotes

A Figura 17.9 ilustra a sequência de eventos no Transport Layer Protocol do SSH. Primeiro, o cliente estabelece uma conexão TCP com o servidor. Isso é feito por meio do protocolo TCP e não faz parte do Transport Layer Protocol. Quando a conexão é estabelecida, cliente e servidor trocam dados, conhecidos como pacotes, no campo de dados de um segmento TCP. Cada pacote está no formato a seguir (Figura 17.10).

- **Tamanho do pacote:** comprimento do pacote em bytes, sem incluir os campos de tamanho do pacote e MAC.
- **Tamanho do preenchimento:** comprimento do campo de preenchimento aleatório.
- **Payload:** carga útil do pacote. Antes da negociação do algoritmo, este campo é descompactado. Se a compactação for negociada, então, nos pacotes subsequentes, este campo é compactado.
- **Preenchimento aleatório:** quando um algoritmo de encriptação tiver sido negociado, este campo é acrescentado. Ele contém bytes aleatórios de preenchimento, de modo que o tamanho total do pacote (excluindo o campo MAC) é um múltiplo do tamanho do bloco de cifra, ou 8 bytes para uma cifra de fluxo.
- **Message Authentication Code (MAC):** se a autenticação da mensagem tiver sido negociada, este campo contém um valor MAC. O valor MAC é calculado sobre o pacote inteiro mais um número de sequência, excluindo o campo MAC. O número de sequência é uma sequência de pacotes implícita de 32 bits, que é zerada para o primeiro pacote e incrementada para cada um. O número de sequência não está incluído no pacote enviado pela conexão TCP.

Quando um algoritmo de encriptação tiver sido negociado, o pacote inteiro (excluindo o campo MAC) é encriptado após o valor MAC ser calculado.

Figura 17.9 Trocas de Pacote no SSH Transport Layer Protocol.

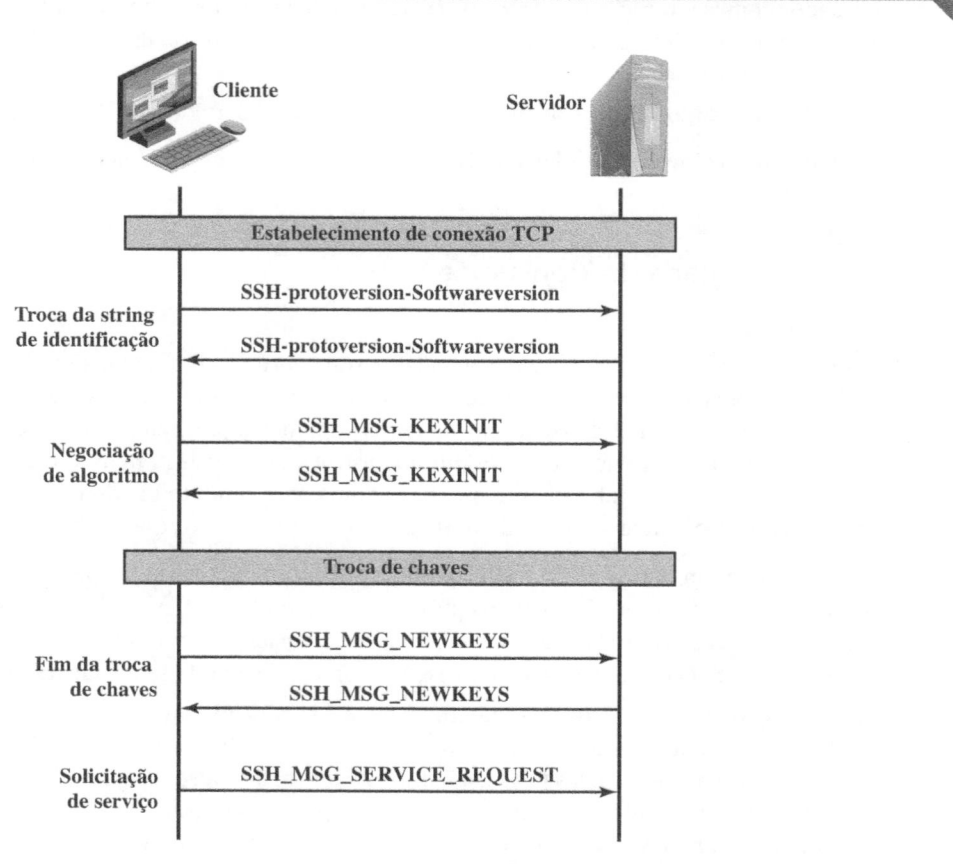

Figura 17.10 Formação do Pacote no SSH Transport Layer Protocol.

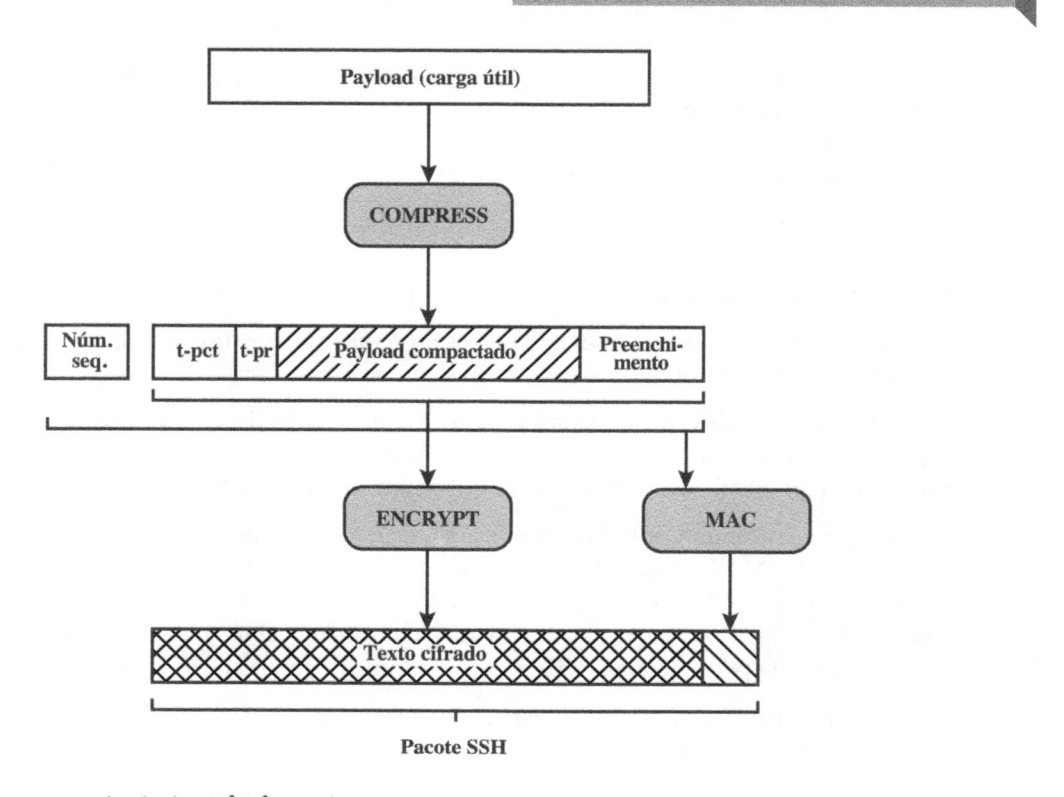

t-pct = tamanho do pacote
t-pr = tamanho do preenchimento

A troca de pacotes do SSH Transport Layer consiste em uma sequência de etapas (Figura 17.9). A primeira, a **troca da string de identificação**, começa com o cliente enviando um pacote com uma string de identificação na forma:

```
SSH-protoversion-softwareversion SP comments CR LF
```

onde `SP`, `CR` e `LF` são o caractere de espaço, carriage return e line feed, respectivamente. Um exemplo de uma string válida é `SSH-2.0-billsSSH_3.6.3q3<CR><LF>`. O servidor responde com sua própria string de identificação. Essas strings são usadas na troca de chaves Diffie-Hellman.

Em seguida vem a **negociação do algoritmo**. Cada lado envia uma `SSH_MSG_KEXINIT` contendo listas de algoritmos aceitos na ordem de preferência para o emissor. Há uma lista para cada tipo de algoritmo criptográfico. Os algoritmos incluem troca de chave, encriptação, algoritmo MAC e algoritmo de compactação. A Tabela 17.3 mostra as opções permissíveis para encriptação, MAC e compactação. Para cada categoria, o algoritmo escolhido é o primeiro na lista do cliente que também é aceito pelo servidor.

O próximo passo é a **troca de chaves**. A especificação permite o uso de métodos alternativos de troca de chave, mas, no momento, somente duas versões da troca de chaves Diffie-Hellman foram especificadas. As duas versões são definidas na RFC 2409 e exigem apenas um pacote em cada direção. As etapas a seguir estão envolvidas na troca. Nesta, C é o cliente; S é o servidor; p é um número primo grande e seguro; g é um gerador para um subgrupo de $GF(p)$; q é a ordem do subgrupo; V_S é a string de identificação de S; V_C é a string de identificação de C; K_S é a chave de hospedeiro pública de S; I_C é a mensagem `SSH_MSG_KEXINIT` de C e I_S é a mensagem `SSH_MSG_KEXINIT` de S que foi trocada antes do início desta parte. Os valores de p, g e q são conhecidos do cliente e do servidor como resultado da negociação de seleção de algoritmo. A função de hash `hash()` também é decidida durante a negociação do algoritmo.

1. C gera um número aleatório x $(1 < x < q)$ e calcula $e = g^x \bmod p$. C envia e para S.

Tabela 17.3 Algoritmos criptográficos do SSH Transport Layer.

Cifra	
`3des-cbc*`	3DES com três chaves no modo CBC
`blowfish-cbc`	Blowfish no modo CBC
`twofish256-cbc`	Twofish no modo CBC com chave de 256 bits
`twofish192-cbc`	Twofish com chave de 192 bits
`twofish128-cbc`	Twofish com chave de 128 bits
`aes256-cbc`	AES no modo CBC com chave de 256 bits
`aes192-cbc`	AES com chave de 192 bits
`aes128-cbc**`	AES com chave de 128 bits
`Serpent256-cbc`	Serpent no modo CBC com chave de 256 bits
`Serpent192-cbc`	Serpent com chave de 192 bits
`Serpent128-cbc`	Serpent com chave de 128 bits
`arcfour`	RC4 com chave de 128 bits
`cast128-cbc`	CAST-128 no modo CBC

Algoritmo MAC	
`hmac-sha1*`	HMAC-SHA1; tamanho do resumo = tamanho da chave = 20
`hmac-sha1-96**`	Primeiros 96 bits do HMAC-SHA1; tamanho do resumo = 12; tamanho da chave = 20
`hmac-md5`	HMAC-MD5; tamanho do resumo = tamanho da chave = 16
`hmac-md5-96`	Primeiros 96 bits do HMAC-MD5; tamanho do resumo = 12; tamanho da chave = 16

Algoritmo de compactação	
`none*`	Sem compactação
`zlib`	Definido na RFC 1950 e RFC 1951

* = Exigido
** = Recomendado

2. S gera um número aleatório y $(0 < y < q)$ e calcula $f = g^y \bmod p$. S recebe e. Ele calcula $K = e^y \bmod p$, $H =$ hash(V_C || V_S || I_C || I_S || K_S || e || f || K), e assinatura s em H com sua chave de hospedeiro privada. S envia (K_S || f || s) para C. A operação de assinatura pode envolver uma segunda operação de hashing.

3. C verifica se K_S realmente é a chave de hospedeiro para S (por exemplo, usando certificados ou um bancos de dados local). C também tem permissão para aceitar a chave sem verificação; porém, isso tornará o protocolo inseguro contra ataques ativos (mas pode ser desejável por motivos práticos a curto prazo em muitos ambientes). C, então, calcula $K = f^x \bmod p$, $H =$ hash(V_C || V_S || I_C || I_S || K_S || e || f || K), e verifica a assinatura s em H.

Como resultado dessas etapas, os dois lados agora compartilham uma chave secreta K. Além disso, o servidor foi autenticado com o cliente, pois o servidor usou sua chave privada para assinar sua metade da troca Diffie-Hellman. Por fim, o valor de hash H serve como um identificador de sessão para esta conexão. Uma vez calculado, o identificador de sessão não é alterado, mesmo que a troca de chave seja realizada novamente para esta conexão, a fim de obter novas chaves.

O **fim da troca de chaves** é sinalizado pela troca de pacotes SSH_MSG_NEWKEYS. Neste ponto, os dois lados podem começar a usar as chaves geradas a partir de K, conforme discutiremos mais adiante.

A etapa final é **solicitação de serviço**. O cliente envia um pacote SSH_MSG_SERVICE_REQUEST para solicitar ou o User Authentication Protocol ou o Connection Protocol. Depois disso, todos os dados são trocados como o payload de um pacote SSH Transport Layer, protegido por encriptação e MAC.

Geração de chave

As chaves usadas para encriptação e MAC (e quaisquer IVs necessários) são geradas a partir da chave secreta compartilhada K, do valor de hash da troca de chaves H e do identificador de sessão, que é igual a H, a menos que haja uma troca de chaves subsequente após a troca inicial. Os valores são calculados da seguinte forma:

- IV inicial cliente para servidor: HASH(K || H || "A" || session_id)
- IV inicial servidor para cliente: HASH(K || H || "B" || session_id)
- Chave de encriptação cliente para servidor: HASH(K || H || "C" || session_id)
- Chave de encriptação servidor para cliente: HASH(K || H || "D" || session_id)
- Chave de integridade cliente para servidor: HASH(K || H || "E" || session_id)
- Chave de integridade servidor para cliente: HASH(K || H || "F" || session_id)

onde HASH() é a função de hash determinada durante a negociação do algoritmo.

Protocolo de Autenticação de Usuário

O User Authentication Protocol oferece meios pelos quais o cliente é autenticado com o servidor.

Tipos e formatos de mensagem

Três tipos de mensagens sempre são usadas no User Authentication Protocol. Solicitações de autenticação do cliente têm o formato:

byte	SSH_MSG_USERAUTH_REQUEST (50)
string	nome do usuário
string	nome do serviço
string	nome do método
...	campos específicos do método

onde "nome do usuário" é a identidade de autorização que o cliente está alegando, "nome do serviço" é o serviço ao qual o cliente está solicitando acesso (normalmente, o SSH Connection Protocol) e "nome do método" é o método de autenticação sendo usado nesta solicitação. O primeiro byte tem valor decimal 50, que é interpretado como SSH_MSG_USERAUTH_REQUEST.

Se o servidor (1) rejeitar a solicitação de autenticação ou (2) aceitar a solicitação mas exigir um ou mais métodos de autenticação adicionais, o servidor enviará uma mensagem com o formato:

byte   `SSH_MSG_USERAUTH_FAILURE (51)`
name-list   autenticações que podem continuar
boolean   sucesso parcial

onde a "name-list" é uma lista de métodos que podem produtivamente continuar o diálogo. Se o servidor aceitar autenticação, ele enviará uma mensagem de único byte: `SSH_MSG_USERAUTH_SUCCESS (52)`.

Troca de mensagens

A troca de mensagens envolve as seguintes etapas:

1. O cliente envia um `SSH_MSG_USERAUTH_REQUEST` com um método solicitado none.
2. O servidor verifica e determina se o nome do usuário é válido. Se não, o servidor retorna `SSH_MSG_USERAUTH_FAILURE` com o valor `false` no campo de sucesso parcial. Se o nome do usuário for válido, o servidor prossegue para a etapa 3.
3. O servidor retorna `SSH_MSG_USERAUTH_FAILURE` com uma lista de um ou mais métodos de autenticação a serem usados.
4. O cliente seleciona um dos métodos de autenticação aceitáveis e envia um `SSH_MSG_USERAUTH_REQUEST` com esse nome de método e os campos obrigatórios específicos do método. Neste ponto, pode haver uma sequência de trocas para executar o método.
5. Se a autenticação tiver sucesso e mais métodos de autenticação forem exigidos, o servidor prossegue para a etapa 3, usando um valor de sucesso parcial igual a `true`. Se a autenticação falhar, o servidor prossegue para a etapa 3, usando um valor de sucesso parcial igual a `false`.
6. Quando todos os métodos de autenticação exigidos tiverem sucesso, o servidor envia uma mensagem `SSH_MSG_USERAUTH_SUCCESS`, e o Authentication Protocol termina.

Métodos de autenticação

O servidor pode exigir um ou mais dos seguintes métodos de autenticação:

- **`publickey`:** os detalhes deste método dependem do algoritmo de chave pública escolhido. Basicamente, o cliente envia uma mensagem ao servidor, contendo a chave pública do cliente, com a mensagem assinada pela chave privada do cliente. Quando o servidor recebe essa mensagem, ele verifica se a chave fornecida é aceitável para autenticação e, se for, verifica se a assinatura está correta.
- **`password`:** o cliente envia uma mensagem contendo uma senha em texto claro, que é protegida por encriptação pelo Transport Layer Protocol.
- **`hostbased`:** a autenticação é realizada no hospedeiro do cliente, e não no próprio cliente. Assim, um hospedeiro que aceita vários clientes ofereceria autenticação para todos eles. Esse método funciona fazendo com que o cliente envie uma assinatura criada com a chave privada do hospedeiro do cliente. Assim, em vez de verificar diretamente a identidade do usuário, o servidor SSH verifica a identidade do hospedeiro do cliente — e então acredita no hospedeiro quando ele diz que o usuário já foi autenticado no lado do cliente.

Protocolo de Conexão

O SSH Connection Protocol trabalha em cima do SSH Transport Layer Protocol e considera que uma conexão de autenticação segura está sendo usada.[2] Essa conexão de autenticação segura, conhecida como **túnel**, é usada pelo Connection Protocol para multiplexar uma série de canais lógicos.

---

[2] RFC 4254, *The Secure Shell (SSH) Connection Protocol*, indica que o Connection Protocol trabalha em cima do Transport Layer Protocol e do User Authentication Protocol. A RFC 4251, *SSH Protocol Architecture*, informa que o Connection Protocol trabalha em cima do User Authentication Protocol. Na verdade, o Connection Protocol trabalha em cima do Transport Layer Protocol, mas considera que o User Authentication Protocol foi previamente invocado.

Mecanismo do canal

Todos os tipos de comunicação usando SSH, como uma sessão de terminal, são aceitos usando canais separados. Qualquer um dos lados pode abrir um canal. Para cada canal, cada lado associa um número exclusivo, que não precisa ser o mesmo nas duas extremidades. Os canais têm fluxo controlado usando um mecanismo de janela. Nenhum dado pode ser enviado a um canal até que uma mensagem seja recebida para indicar que o espaço da janela está disponível.

A vida de um canal prossegue por três estágios: abrir um canal, transferir dados e fechar um canal.

Quando qualquer lado deseja **abrir um novo canal**, ele aloca um número local para o canal e depois envia uma mensagem com o formato:

byte	SSH_MSG_CHANNEL_OPEN
string	tipo de canal
uint32	canal do emissor
uint32	tamanho inicial da janela
uint32	tamanho máximo do pacote
....	em seguida, dados específicos do tipo de canal

onde uint32 significa inteiro sem sinal (unsigned integer) com 32 bits. O tipo de canal identifica a aplicação para esse canal, conforme descreveremos mais adiante. O canal do emissor é o número de canal local. O tamanho inicial da janela especifica quantos bytes de dados do canal podem ser enviados ao emissor desta mensagem sem ajustar a janela. O tamanho máximo do pacote especifica o tamanho máximo de um pacote de dados individual que pode ser enviado ao emissor. Por exemplo, pode-se querer usar pacotes menores para conexões interativas para conseguir uma melhor resposta interativa em enlaces lentos.

Se o lado remoto é capaz de abrir o canal, ele retorna uma mensagem SSH_MSG_CHANNEL_OPEN_CONFIRMATION, que inclui o número de canal do emissor, o número de canal do receptor e os valores de tamanho de janela e pacote para o tráfego recebido. Caso contrário, o lado remoto retorna uma mensagem SSH_MSG_CHANNEL_OPEN_FAILURE com um código de motivo, indicando a razão da falha.

Quando um canal é aberto, a **transferência de dados** é realizada usando uma mensagem SSH_MSG_CHANNEL_DATA, que inclui o número de canal do receptor e um bloco de dados. Essas mensagens, nas duas direções, podem continuar enquanto o canal estiver aberto.

Quando um dos lados quer **fechar um canal**, ele envia uma mensagem SSH_MSG_CHANNEL_CLOSE, que inclui o número de canal do receptor.

A Figura 17.11 oferece um exemplo de troca de mensagem do Connection Protocol.

Tipos de canal

Quatro tipos de canais são reconhecidos na especificação SSH Connection Protocol.

- **session:** a execução remota de um programa. O programa pode ser um shell, uma aplicação como a de transferência de arquivos ou de e-mail, um comando do sistema ou algum subsistema embutido. Quando um canal de sessão é aberto, solicitações subsequentes são usadas para iniciar o programa remoto.
- **x11:** isto se refere ao X Window System, um sistema de software de computador e protocolo de rede que oferece uma interface gráfica com o usuário (GUI, acrônimo em inglês para *Graphical User Interface*) para computadores em rede. X permite que as aplicações sejam executadas em um servidor da rede, mas que sejam exibidas em uma máquina de desktop.
- **forwarded-tcpip:** este é o encaminhamento de porta remoto, conforme explicado na próxima subseção.
- **direct-tcpip:** este é o encaminhamento de porta local, conforme explicado na próxima subseção.

Encaminhamento de porta

Um dos recursos mais úteis do SSH é o encaminhamento de porta. Basicamente, o encaminhamento de porta oferece a capacidade de converter qualquer conexão TCP insegura em uma conexão SSH segura. Isso também é conhecido como tunelamento SSH. Neste contexto, precisamos saber o que é uma porta. Uma **porta**

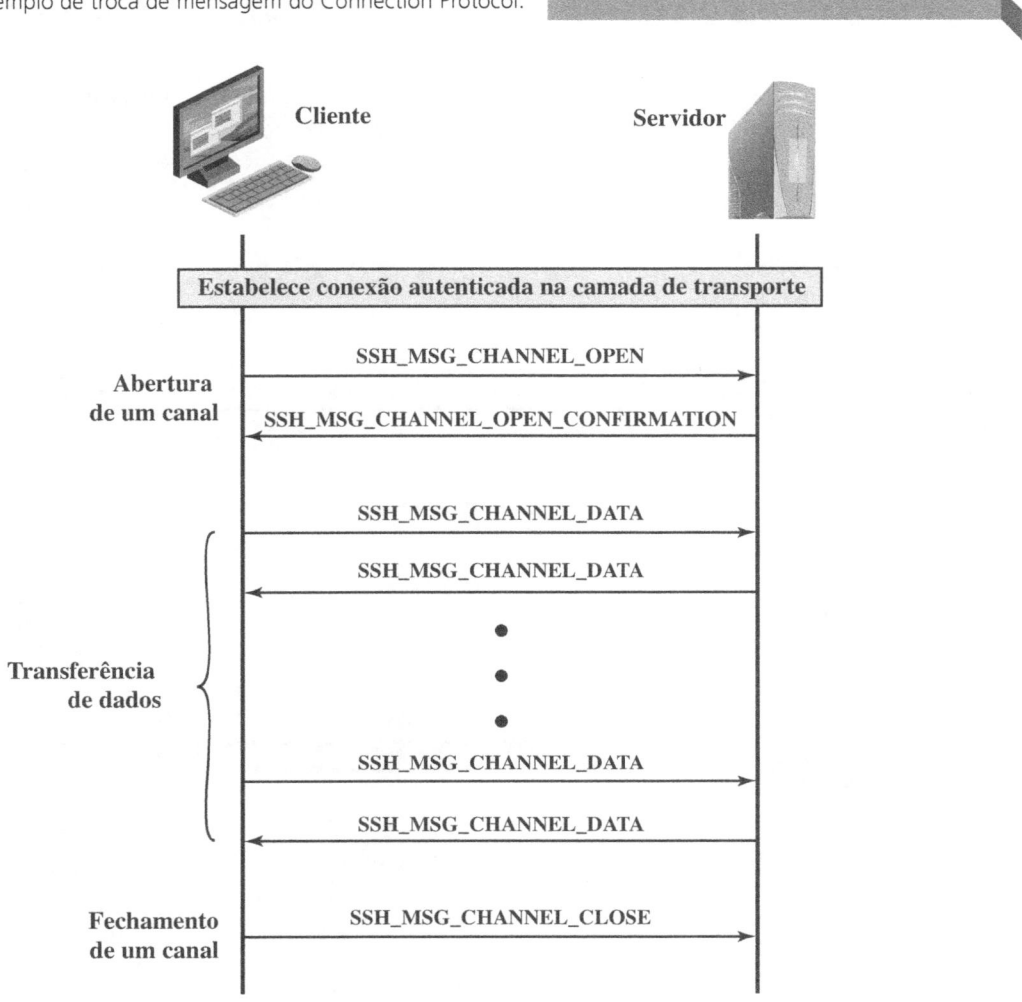

Figura 17.11 Exemplo de troca de mensagem do Connection Protocol.

```
                    Cliente                          Servidor

            ┌──── Estabelece conexão autenticada na camada de transporte ────┐

                      SSH_MSG_CHANNEL_OPEN
  Abertura        ─────────────────────────────────▶
  de um canal       SSH_MSG_CHANNEL_OPEN_CONFIRMATION
                 ◀─────────────────────────────────

                      SSH_MSG_CHANNEL_DATA
                 ─────────────────────────────────▶
                      SSH_MSG_CHANNEL_DATA
  Transferência  ◀─────────────────────────────────
  de dados                      •
                                •
                                •
                      SSH_MSG_CHANNEL_DATA
                 ─────────────────────────────────▶
                      SSH_MSG_CHANNEL_DATA
                 ◀─────────────────────────────────

  Fechamento          SSH_MSG_CHANNEL_CLOSE
  de um canal    ─────────────────────────────────▶
```

é um identificador de um usuário do TCP. Assim, qualquer aplicação que é executada em cima do TCP tem um número de porta. O tráfego TCP que chega é entregue à aplicação apropriada com base no número da porta. Uma aplicação pode empregar vários números de porta. Por exemplo, para o Simple Mail Transfer Protocol (SMTP), o lado do servidor geralmente escuta na porta 25, de modo que uma solicitação SMTP que chega utiliza TCP e endereça os dados para a porta de destino 25. O TCP reconhece que esse é um endereço de servidor SMTP e direciona os dados para a aplicação de servidor SMTP.

A Figura 17.12 ilustra o conceito básico por trás do encaminhamento de porta. Temos uma aplicação cliente que é identificada pelo número de porta x e uma aplicação servidora identificada pelo número de porta y. Em algum ponto, a aplicação cliente chama a entidade TCP local e solicita uma conexão com o servidor remoto na porta y. A entidade TCP local negocia uma conexão TCP com a entidade TCP remota, de modo que a conexão liga a porta local x à porta remota y.

Para proteger essa conexão, o SSH é configurado de modo que o SSH Transport Layer Protocol estabeleça uma conexão TCP entre as entidades cliente e servidor do SSH, com os números de porta TCP a e b, respectivamente. Um túnel SSH seguro é estabelecido em cima dessa conexão TCP. O tráfego do cliente na porta x é redirecionado para a entidade SSH local e trafega pelo túnel, onde a entidade SSH remota entrega os dados à aplicação servidora na porta y. O tráfego na outra direção é redirecionado de modo semelhante.

SSH admite dois tipos de encaminhamento de porta: local e remoto. O **encaminhamento local** permite que o cliente monte um processo "sequestrador". Este interceptará o tráfego selecionado em nível de aplicação e o redirecionará de uma conexão TCP desprotegida para um túnel SSH protegido. SSH é configurado para escutar nas portas selecionadas. SSH recebe todo o tráfego usando a porta selecionada e o envia por um túnel SSH. Na outra ponta, o servidor SSH envia o tráfego que chega à porta de destino indicada pela aplicação cliente.

Figura 17.12 Trocas de pacote da camada de transporte SSH.

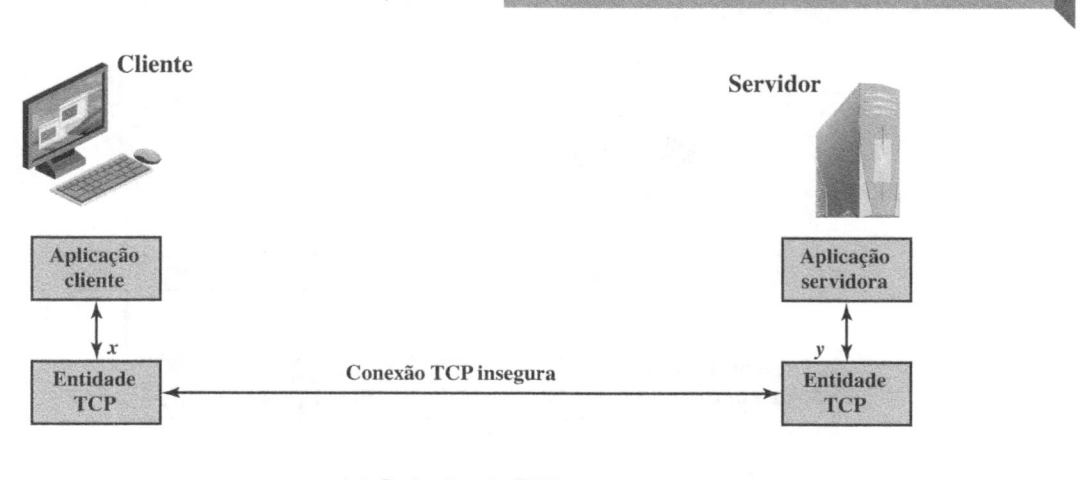

(a) Conexão via TCP

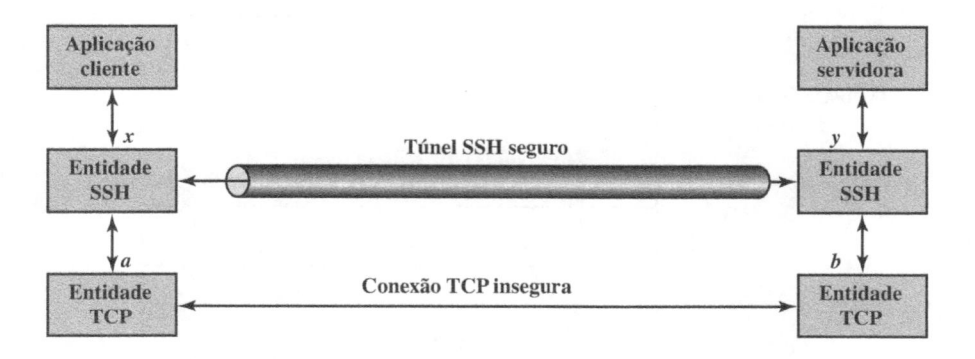

(b) Conexão via túnel SSH

O exemplo a seguir deverá ajudar a esclarecer o encaminhamento local. Suponha que você tenha um cliente de e-mail no seu desktop e o utilize para receber e-mail do seu servidor através do Post Office Protocol (POP). O número de porta atribuído para o POP3 é a porta 110. Podemos proteger esse tráfego da seguinte maneira:

1. O cliente SSH estabelece uma conexão com o servidor remoto.
2. Selecione um número de porta local não usado, digamos, 9999, e configure o SSH para aceitar o tráfego dessa porta destinado para a porta 110 no servidor.
3. O cliente SSH informa ao servidor SSH para criar uma conexão com o destino, neste caso, a porta 110 do servidor de e-mail.
4. O cliente recebe quaisquer bits enviados à porta local 9999 e os envia ao servidor dentro da sessão SSH encriptada. O servidor SSH decripta os bits que chegam e envia o texto claro à porta 110.
5. Na outra direção, o servidor SSH recebe quaisquer bits recebidos na porta 110 e os envia dentro da sessão SSH de volta ao cliente, que os decripta e os envia para o processo conectado à porta 9999.

Com o **encaminhamento remoto**, o cliente SSH do usuário atua em favor do servidor. O cliente recebe o tráfego de determinado número de porta de destino, coloca o tráfego na porta correta e o envia para o destino que o usuário escolher. Um exemplo típico de encaminhamento remoto é o seguinte. Você deseja acessar um servidor no trabalho a partir do seu computador em casa. Como o servidor no trabalho está atrás de um firewall, ele não aceitará uma solicitação SSH do seu computador em casa. Porém, do trabalho você pode estabelecer um túnel SSH usando o encaminhamento remoto. Isso envolve as seguintes etapas:

1. Do computador no trabalho, monte uma conexão SSH com o seu computador em casa. O firewall permitirá isso, pois essa é uma conexão de saída protegida.
2. Configure o servidor SSH para escutar em uma porta local, digamos, 22, e entregar os dados através da conexão SSH endereçada à porta remota, digamos, 2222.
3. Agora você pode ir para o seu computador em casa e configurar o SSH para aceitar o tráfego na porta 2222.
4. Então, você tem um túnel SSH que pode ser usado para o logon remoto com o servidor no trabalho.

17.6 LEITURA RECOMENDADA

[RESC01] é um bom tratamento detalhado sobre SSL e TLS. [BARR05] oferece um tratamento profundo do SSH. A versão original (SSH-1) do SSH foi apresentada em [YLON96].

BARR05 Barret, D.; Silverman, R.; e Byrnes, R. *SSH The Secure Shell: The Definitive Guide*. Sebastopol, CARACTERE: O'Reilly, 2005.

RESC01 Rescorla, E. *SSL and TLS: Designing and Building Secure Systems*. Reading, MA: Addison-Wesley, 2001.

YLON96 Ylonen, T. "SSH – Secure Login Connections over the Internet". *Proceedings, Sixth USENIX Security Symposium*, jul 1996.

17.7 PRINCIPAIS TERMOS, PERGUNTAS PARA REVISÃO E PROBLEMAS

Principais termos

HTTPS (HTTP over SSL)	protocolo de handshake	segredo mestre
protocolo de alerta	Secure Shell (SSH)	Transport Layer Security (TLS)
protocolo de especificação de mudança de cifra	Secure Socket Layer (SSL)	

Perguntas para revisão

17.1 Quais são as vantagens de cada uma das três técnicas mostradas na Figura 17.1?
17.2 Que protocolos compreendem o SSL?
17.3 Qual é a diferença entre uma conexão SSL e uma sessão SSL?
17.4 Liste e defina resumidamente os parâmetros que definem um estado de sessão SSL.
17.5 Liste e defina resumidamente os parâmetros que definem uma conexão de sessão SSL.
17.6 Que serviços são fornecidos pelo protocolo de registro SSL?
17.7 Que etapas estão envolvidas na transmissão do protocolo de registro SSL?
17.8 Qual é a finalidade do HTTPS?
17.9 Para que aplicações o SSH é útil?
17.10 Liste e defina resumidamente os protocolos SSH.

Problemas

17.1 No SSL e TLS, por que existe um protocolo de especificação de mudança de cifra separado, em vez de incluir uma mensagem `change_cipher_spec` no protocolo de handshake?

17.2 Qual o propósito do MAC durante a troca SSL da especificação de mudança de cifra?

17.3 Considere as seguintes ameaças à segurança Web e descreva como cada uma é impedida por um recurso específico do SSL.

a. Ataque criptoanalítico por força bruta: uma busca completa do espaço de chave para um algoritmo de encriptação convencional.
b. Ataque de dicionário com texto claro conhecido: muitas mensagens terão texto claro previsível, como o comando GET do HTTP. Um atacante constrói um dicionário contendo cada encriptação possível da mensagem de texto claro conhecido. Quando uma mensagem encriptada é interceptada, o atacante apanha a parte contendo o texto claro conhecido encriptado e pesquisa o texto cifrado no dicionário. O texto cifrado deverá combinar com uma entrada que foi encriptada com a mesma chave secreta. Se houver várias combinações, cada uma delas pode ser experimentada contra o texto cifrado completo para determinar a correta. Esse ataque é especialmente eficaz contra tamanhos de chave pequenos (por exemplo, 40 bits).
c. Ataque de replicação: mensagens de handshake SSL anteriores são replicadas.
d. Ataque do tipo *man-in-the-middle*: um atacante se interpõe durante a troca de chave, atuando como cliente ao servidor e como servidor ao cliente.
e. Sniffing de senha: as senhas em HTTP ou outro tráfego de aplicação são espionadas.
f. Falsificação do IP: usa endereços IP forjados para enganar um host para aceitar dados falsos.
g. Sequestro de IP: uma conexão ativa, autenticada, entre dois hosts é interrompida e o atacante toma o lugar de um dos hosts.
h. Inundação de SYN: um atacante envia mensagens SYN do TCP para solicitar uma conexão, mas não responde à mensagem final para estabelecer a conexão totalmente. O módulo TCP atacado normalmente deixa a "conexão meio aberta" por alguns minutos. As mensagens SYN repetidas podem obstruir os módulos TCP.

17.4 Com base no que você aprendeu neste capítulo, é possível no SSL que o receptor reordene blocos de registro SSL que chegam fora de ordem? Nesse caso, explique como isso pode ser feito. Se não, por que não?

17.5 Para pacotes SSH, qual é a vantagem (se houver) de não incluir o MAC no escopo da encriptação de pacotes?

Segurança em rede wireless

18

TÓPICOS ABORDADOS

- **18.1 SEGURANÇA EM REDE WIRELESS**
  Ameaças à rede wireless
  Medidas de segurança em redes wireless
- **18.2 SEGURANÇA DE DISPOSITIVO MÓVEL**
  Ameaças à segurança
  Estratégia de segurança em dispositivo móvel
- **18.3 VISÃO GERAL DA LAN WIRELESS IEEE 802.11**
  Wi-Fi Alliance
  Arquitetura de protocolos IEEE 802
  Componentes e modelo arquitetônico da rede IEEE 802.11
  Serviços IEEE 802.11
- **18.4 SEGURANÇA DA LAN WIRELESS IEEE 802.11i**
  Serviços IEEE 802.11i
  Fases de operação do IEEE 802.11i
  Fase de descoberta
  Fase de autenticação
  Fase de gerenciamento de chave
  Fase de transferência de dados protegidos
  Função pseudoaleatória do IEEE 802.11i
- **18.5 LEITURA RECOMENDADA**
- **18.6 PRINCIPAIS TERMOS, PERGUNTAS PARA REVISÃO E PROBLEMAS**

OBJETIVOS DE APRENDIZAGEM

APÓS ESTUDAR ESTE CAPÍTULO, VOCÊ SERÁ CAPAZ DE:

- ☑ Apresentar uma visão geral das ameaças à segurança e contramedidas para redes wireless.
- ☑ Compreender as ameaças à segurança impostas pelo uso de dispositivos móveis com redes corporativas.
- ☑ Descrever os principais elementos em uma estratégia de segurança de dispositivo móvel.
- ☑ Compreender os elementos essenciais do padrão de LAN wireless IEEE 802.11.
- ☑ Resumir os diversos componentes da arquitetura de segurança da LAN wireless IEEE 802.11i.

"Observadores publicaram diversos relatórios sobre pássaros "conversando" alternadamente: o pássaro que ouvia dava total atenção ao que "falava" e nunca emitia um som ao mesmo tempo, como se os dois estivessem mantendo uma conversa. Pesquisadores e estudiosos que estudaram os dados sobre comunicação entre aves escreveram que (a) o código de comunicação das aves, como os corvos, não falhava por meio algum; (b) provavelmente todos os pássaros têm vocabulários maiores do que qualquer um pode observar; e (c) cada vez mais complexidade e profundidade são reconhecidas na comunicação entre os pássaros à medida que a pesquisa continua."
— *The Human Nature of Birds*, Theodore Barber

Este capítulo começa com uma visão geral das questões de segurança wireless. Depois, focalizamos a área relativamente nova da segurança de dispositivo móvel, examinando ameaças e contramedidas para dispositivos móveis usados na empresa. Depois, examinamos o padrão IEEE 802.11i para a segurança da LAN wireless. Esse padrão faz parte do IEEE 802.11, também conhecido como Wi-Fi. Começamos a discussão com uma visão geral do IEEE 802.11, e depois examinamos o IEEE 802.11i com alguns detalhes.

18.1 SEGURANÇA EM REDE WIRELESS

As redes wireless (sem fios), e os dispositivos wireless que as utilizam, introduzem uma série de problemas de segurança acima daqueles encontrados nas redes com fios. Alguns dos principais fatores que contribuem para o risco maior à segurança das redes wireless, em comparação com as redes com fios, são os seguintes [MA10]:

- **Canal:** a rede wireless normalmente envolve comunicações por broadcast, o que é muito mais suscetível a espreita e interferência do que as redes com fios. As redes wireless também são mais vulneráveis a ataques ativos que exploram vulnerabilidades nos protocolos de comunicações.
- **Mobilidade:** os dispositivos wireless são, em princípio e normalmente na prática, muito mais portáveis e móveis do que os dispositivos com fios. Essa mobilidade resulta em uma série de riscos, descritos mais adiante.
- **Recursos:** alguns dispositivos wireless, como smartphones e tablets, possuem sistemas operacionais sofisticados, mas recursos limitados de memória e processamento para combater as ameaças, incluindo negação de serviço e malware.
- **Acessibilidade:** alguns dispositivos wireless, como sensores e robôs, podem ficar isolados em locais remotos e/ou hostis. Isso aumenta bastante sua vulnerabilidade a ataques físicos.

Em termos simples, o ambiente wireless consiste em três componentes que oferecem ponto de ataque (Figura 18.1). O cliente wireless pode ser um telefone celular, um notebook ou tablet equipado com Wi-Fi, um sensor wireless, um dispositivo Bluetooth e assim por diante. O ponto de acesso wireless oferece uma conexão com a rede ou serviço. Alguns exemplos de pontos de acesso são torres de celular, hostspots Wi-Fi e pontos de acesso wireless para redes locais ou remotas. O meio de transmissão, que transporta as ondas de rádio para transferência de dados, também é uma fonte de vulnerabilidade.

Figura 18.1 Componentes da rede wireless.

Ponto final — Meio wireless — Ponto de acesso

Ameaças à rede wireless

[CHOI08] lista as seguintes ameaças de segurança às redes wireless:

- **Associação acidental:** as LANs ou pontos de acesso wireless da empresa para LANs com fios nas proximidades (por exemplo, no mesmo prédio ou em prédios vizinhos) podem criar sobreposição de alcances de transmissão. Um usuário que deveria se conectar a uma LAN pode, inadvertidamente, se ligar a um ponto de acesso wireless de uma rede vizinha. Embora a falha de segurança seja acidental, ela expõe recursos de uma LAN a um usuário acidental.
- **Associação maliciosa:** nessa situação, um dispositivo wireless é configurado para parecer ser um ponto de acesso legítimo, permitindo que o operador roube senhas de usuários legítimos e depois penetre em uma rede com fios através de um ponto de acesso wireless legítimo.

- **Redes ocasionais:** estas são redes ponto-a-ponto entre computadores wireless, sem um ponto de acesso entre eles. Essas redes podem impor uma ameaça à segurança por causa da falta de um ponto de controle central.
- **Redes não tradicionais:** redes e enlaces não tradicionais, como dispositivos Bluetooth de rede pessoal, leitoras de código de barras e PDAs portáteis, impõem um risco à segurança em termos de espreita e falsificação.
- **Roubo de identidade (falsificação de MAC):** isso ocorre quando um invasor é capaz de estreitar o tráfego da rede e identificar o endereço MAC de um computador com privilégios na rede.
- **Ataques de *man-in-the-middle*:** esse tipo de ataque é descrito no Capítulo 10, no contexto do protocolo de troca de chave Diffie-Hellman. Em um sentido mais amplo, esse ataque envolve persuadir um usuário e um ponto de acesso a acreditarem que estão falando um com o outro, quando na verdade a comunicação está passando por um dispositivo de ataque intermediário. As redes wireless são particularmente vulneráveis a esses ataques.
- **Negação de serviço (DoS, do acrônimo em inglês para *Denial of Service*):** esse tipo de ataque é discutido com detalhes no Capítulo 1. No contexto de uma rede sem fios, um ataque de DoS ocorre quando um invasor bombardeia continuamente um ponto de acesso wireless ou alguma outra porta wireless acessível com diversas mensagens de protocolo criadas para consumir recursos do sistema. O ambiente wireless permite esse tipo de ataque, pois é muito fácil para um invasor direcionar inúmeras mensagens wireless para o alvo.
- **Injeção na rede:** um ataque de injeção visa os pontos de acesso wireless que estão expostos ao tráfego de rede não filtrado, como mensagens de protocolo de roteamento ou mensagens de gerenciamento de rede. Um exemplo desse tipo de ataque é aquele em que comandos de reconfiguração falsos são usados para afetar roteadores e switches para degradar o desempenho da rede.

Medidas de segurança em redes wireless

Seguindo [CHOI08], podemos agrupar as medidas de segurança wireless naquelas que lidam com transmissões, pontos de acesso e redes (consistindo em roteadores wireless e pontos finais).

Protegendo transmissões wireless

As principais ameaças à transmissão wireless são espreita, alteração ou inserção de mensagens e interrupção. Para lidar com a espreita, dois tipos de contramedidas são apropriadas:

- **Técnicas de ocultação de sinal:** as empresas podem tomar uma série de medidas para tornar mais difícil para um invasor localizar seus pontos de acesso wireless, incluindo desligar o broadcasting do identificador de dispositivo de serviço (SSID) pelos pontos de acesso wireless; atribuir nomes enigmáticos aos SSIDs; reduzir a intensidade do sinal para o nível mais baixo que ainda ofereça uma cobertura suficiente; e posicionar os pontos de acesso wireless no interior do prédio, longe de janelas e paredes externas. A maior segurança pode ser obtida pelo uso de antenas direcionais e de técnicas de blindagem de sinal.
- **Encriptação:** a encriptação de toda a transmissão wireless é eficaz contra espreita desde que as chaves de encriptação sejam protegidas.

O uso da encriptação e protocolos de autenticação é o método padrão de combater tentativas de alterar ou inserir transmissões.

Os métodos discutidos no Capítulo 1 para lidar com DoS se aplicam às transmissões wireless. As empresas também podem reduzir o risco de ataques de DoS não intencionais. Análises feitas no local podem detectar a existência de outros dispositivos usando a mesma faixa de frequência, para ajudar a determinar onde os pontos de acesso wireless deveriam ser posicionados. As intensidades de sinal podem ser ajustadas e a blindagem, ser usada em uma tentativa de isolar um ambiente wireless contra transmissões vizinhas concorrentes.

Protegendo pontos de acesso wireless

A principal ameaça envolvendo pontos de acesso wireless é o acesso não autorizado à rede. A técnica principal para impedir esse acesso é o padrão IEEE 802.1X para o controle de acesso à rede baseado em porta. O padrão oferece um mecanismo de autenticação para dispositivos que queiram se conectar a uma LAN ou rede wireless.

O uso do 802.1X pode impedir que pontos de acesso maliciosos e outros dispositivos não autorizados se tornem *backdoors* desprotegidos.

A Seção 16.3 oferece uma introdução ao 802.1X.

Protegendo redes wireless

[CHOI08] recomenda as seguintes técnicas para a segurança da rede wireless:

1. Use encriptação. Os roteadores wireless normalmente são equipados com mecanismos de encriptação embutidos para o tráfego de roteador a roteador.

2. Use software antivírus e antispyware, além de um firewall. Esses recursos deverão estar ativados em todos os pontos finais da rede wireless.

3. Desligue o broadcasting de identificador. Os roteadores wireless normalmente são configurados para transmitir um sinal de identificação de modo que qualquer dispositivo dentro do alcance possa descobrir a existência do roteador. Se uma rede for configurada de modo que dispositivos autorizados conheçam a identidade dos roteadores, essa capacidade pode ser desativada, a fim de afastar os intrusos.

4. Mude o identificador padrão do seu roteador. Novamente, essa medida afasta os intrusos que tentarão obter acesso a uma rede wireless usando identificadores padrão do roteador.

5. Mude a senha predefinida para administração do seu roteador. Essa é outra medida prudente.

6. Permita somente que computadores específicos acessem sua rede wireless. Um roteador pode ser configurado para se comunicar somente com endereços MAC aprovados. Naturalmente, os endereços MAC podem ser falsificados, de modo que esse é apenas um dos elementos de uma estratégia de segurança completa.

18.2 SEGURANÇA DE DISPOSITIVO MÓVEL

Antes do uso difundido dos smartphones, o principal paradigma para segurança de computador e rede nas organizações era o seguinte. A TI corporativa era rigidamente controlada. Os dispositivos do usuário em geral eram limitados a PCs com Windows. As aplicações de negócios eram controladas pela TI, sendo executadas localmente nos pontos finais ou em servidores físicos nos centros de dados. A segurança da rede era baseada em perímetros claramente definidos, que separavam redes internas confiáveis da Internet não confiável. Hoje, existem mudanças maciças em cada uma dessas suposições. As redes de uma organização devem acomodar o seguinte:

- **Uso cada vez maior de novos dispositivos:** as organizações estão experimentando um crescimento significativo no uso de dispositivos móveis por seus empregados. Em muitos casos, os empregados têm permissão para usar uma combinação de dispositivos finais como parte de suas atividades diárias.

- **Aplicações baseadas em nuvem:** as aplicações não são executadas mais unicamente em servidores físicos nos centros de dados corporativos. Muito pelo contrário, as aplicações podem rodar em qualquer lugar — em servidores físicos tradicionais, em servidores virtuais móveis ou na nuvem. Além disso, os usuários finais podem agora tirar proveito de uma grande variedade de aplicações baseadas em nuvem e serviços de TI para uso pessoal e profissional. O Facebook pode ser usado para os perfis pessoais de um empregado ou como um componente de uma campanha de marketing corporativa. Os empregados passam a depender do Skype para falar com amigos fora do país ou para videoconferência legítima nos negócios da empresa. Dropbox e Box podem ser usados para distribuir documentos entre dispositivos corporativos e pessoais, por mobilidade e produtividade do usuário.

- **Remoção do perímetro:** com a proliferação de novos dispositivos, mobilidade das aplicações e serviços baseados em nuvem para consumidor e empresa, a noção de um perímetro de rede estático está bem ultrapassada. Agora existem inúmeros perímetros de rede ao redor de dispositivos, aplicações, usuários e dados. Esses perímetros também se tornaram bastante dinâmicos, pois devem se adaptar a diversas condições de ambiente, como papel do usuário, tipo de dispositivo, mobilidade de virtualização do servidor, localização da rede e horário de serviço.

■ **Requisitos de negócios externos:** a empresa também deve oferecer a convidados, fornecedores e parceiros de negócios o acesso à rede usando diversos dispositivos e a partir de inúmeros locais.

O elemento central em todas essas mudanças é o dispositivo de computação móvel. Os dispositivos móveis se tornaram um elemento essencial para organizações, como parte de sua infraestrutura de rede geral. Dispositivos móveis como smartphones, tablets e pendrives oferecem maior conveniência para os indivíduos e também o potencial para aumentar a produtividade no local de trabalho. Por conta de seu uso generalizado e características exclusivas, a segurança para dispositivos móveis é uma questão urgente e complexa. Basicamente, uma organização precisa implementar uma política de segurança através de uma combinação de medidas embutidas nos dispositivos móveis e controles de segurança adicionais fornecidos pelos componentes da rede que regulam o uso dos dispositivos móveis.

Ameaças à segurança

Os dispositivos móveis precisam de medidas de proteção adicionais, especializadas, além daquelas implementadas para outros dispositivos cliente, como dispositivos de desktop e notebook, que são usados somente dentro das instalações da organização e nas redes da organização. SP 800-14 (*Guidelines for Managing and Securing Mobile Devices in the Enterprise*, julho 2012) lista sete aspectos de segurança importantes para dispositivos móveis. Vamos examinar cada um deles, um por vez.

Falta de controles de segurança físicos

Os dispositivos móveis normalmente estão sob controle completo do usuário, e são usados e mantidos em diversos locais fora do controle da organização, incluindo fora de suas instalações. Mesmo que um dispositivo permaneça nas instalações, o usuário pode movê-lo dentro da organização entre locais protegidos e desprotegidos. Assim, roubo e uso indevido são ameaças realísticas.

A política de segurança para dispositivos móveis precisa ser baseada na hipótese de que qualquer dispositivo móvel pode ser roubado ou, pelo menos, acessado por alguém com fins maliciosos. A ameaça é dupla: alguém com fins maliciosos pode tentar recuperar dados confidenciais do próprio dispositivo, ou usá-lo para obter acesso aos recursos da organização.

Uso de dispositivos móveis não confiáveis

Além de dispositivos móveis emitidos pela empresa e controlados por ela, praticamente todos os empregados terão smartphones e/ou tablets de uso pessoal. A organização precisa considerar que esses dispositivos não são confiáveis. Ou seja, podem não empregar encriptação e um usuário ou um terceiro poderão ter instalado algo para contornar as restrições embutidas para segurança, uso do sistema operacional e assim por diante.

Uso de redes não confiáveis

Se um dispositivo móvel for usado nas instalações, ele poderá se conectar aos recursos da organização através das redes wireless internas da própria organização. Porém, para o uso fora das instalações, o usuário normalmente acessará os recursos da organização por acesso (com Wi-Fi ou celular) à Internet e da Internet para a organização. Assim, o tráfego que inclui um segmento fora das instalações é potencialmente suscetível a ataques de espreita ou *man-in-the-middle*. Portanto, a política de segurança precisa ser baseada na suposição de que as redes entre o dispositivo móvel e a organização não são confiáveis.

Uso de aplicações criadas por partes desconhecidas

Por construção, é fácil encontrar e instalar aplicações de terceiros em dispositivos móveis. Isso impõe o risco óbvio de instalar software malicioso. Uma organização tem diversas opções para lidar com essa ameaça, conforme descrevemos mais adiante.

Interação com outros sistemas

Um recurso comum, encontrado em smartphones e tablets, é a capacidade de sincronizar automaticamente dados, aplicativos, contatos, fotos etc. com outros dispositivos de computação e com o armazenamento baseado na nuvem. A menos que uma organização tenha controle de todos os dispositivos envolvidos na sincronização, há o risco considerável de os dados da organização serem armazenados em um local inseguro, mais o risco da introdução de malware.

Uso de conteúdo não confiável

Os dispositivos móveis podem acessar e usar conteúdo que outros dispositivos de computação não encontram. Um exemplo é o código Quick Response (QR), que é um código de barras bidimensional. Códigos QR foram criados para ser capturados por uma câmera de dispositivo móvel e usados por ele. O código QR é traduzido para um URL, de modo que um código QR malicioso poderia direcionar o dispositivo móvel para Websites maliciosos.

Uso de serviços de localização

A capacidade de GPS em dispositivos móveis pode ser usada para manter um conhecimento do local físico do dispositivo. Embora esse recurso possa ser útil para uma organização como uma parte de um serviço de presença, ele cria riscos à segurança. Um atacante pode usar a informação de local para determinar onde o dispositivo e o usuário estão localizados, o que pode ser de proveito para o atacante.

Estratégia de segurança em dispositivo móvel

Lembrando das ameaças listadas na discussão anterior, esboçamos os principais elementos de uma estratégia de segurança para dispositivo móvel. Eles estão em três categorias: segurança do dispositivo, segurança do tráfego cliente/servidor e segurança da barreira (Figura 18.2).

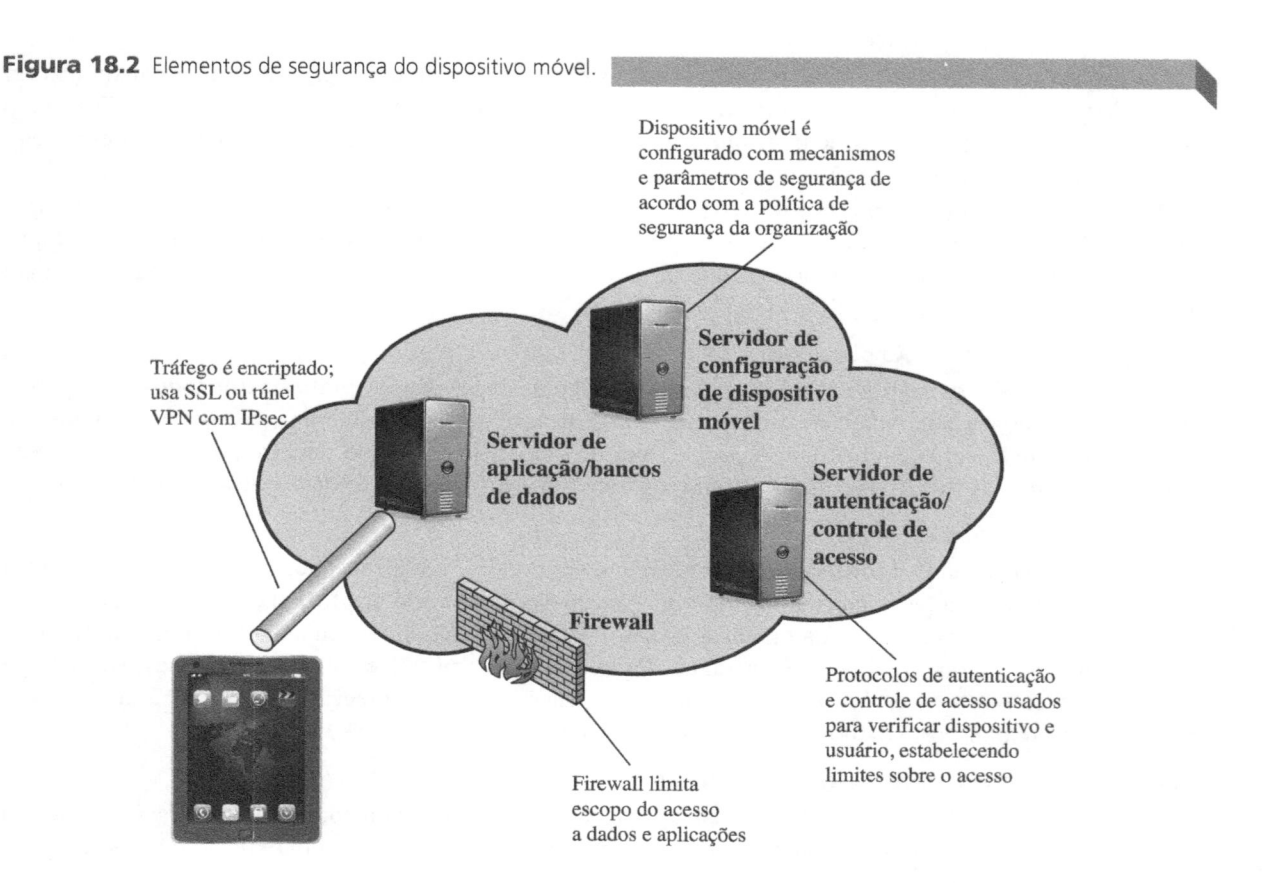

Figura 18.2 Elementos de segurança do dispositivo móvel.

- Dispositivo móvel é configurado com mecanismos e parâmetros de segurança de acordo com a política de segurança da organização
- Tráfego é encriptado; usa SSL ou túnel VPN com IPsec
- Servidor de configuração de dispositivo móvel
- Servidor de aplicação/bancos de dados
- Servidor de autenticação/controle de acesso
- Firewall
- Firewall limita escopo do acesso a dados e aplicações
- Protocolos de autenticação e controle de acesso usados para verificar dispositivo e usuário, estabelecendo limites sobre o acesso

Segurança do dispositivo

Diversas organizações fornecerão dispositivos móveis para uso dos empregados e pré-configurarão esses dispositivos de acordo com a política de segurança da empresa. Porém muitas organizações acharão conveniente ou mesmo necessário adotar uma política do tipo "traga seu próprio dispositivo", que permite que os dispositivos móveis pessoais dos empregados tenham acesso aos recursos corporativos. Os gerentes de TI deverão ser capazes de inspecionar cada dispositivo antes de permitir o acesso à rede. A TI desejará estabelecer diretrizes de configuração para sistemas operacionais e aplicações. Por exemplo, dispositivos "*rooted*" ou "*jail-broken*" não são permitidos na rede, e dispositivos móveis não podem armazenar contatos corporativos no armazenamento local. Seja um dispositivo pertencente ou não à organização, esta deverá configurá-lo com controles de segurança, incluindo os seguintes:

- Permitir bloqueio automático, fazendo o dispositivo ser bloqueado se não for usado durante determinado período, exigindo que o usuário informe uma senha de quatro dígitos ou reative o dispositivo.
- Habilitar a proteção por senha ou PIN. Isso será necessário para desbloquear o dispositivo. Além do mais, ele pode ser configurado de modo que o e-mail e outros dados no dispositivo sejam encriptados usando o PIN ou a senha, e só possam ser recuperados com essa informação.
- Evitar usar recursos de autocompletar que lembrem nomes de usuário ou senhas.
- Permitir apagamento remoto.
- Garantir que a proteção SSL esteja habilitada, se disponível.
- Cuidar para que o software, incluindo sistemas operacionais e aplicações, esteja atualizado.
- Instalar software antivírus assim que estiver disponível.
- Ou o armazenamento de dados confidenciais no dispositivo móvel deve ser proibido ou então eles devem ser encriptados.
- O pessoal de TI também deverá ter a capacidade de acessar dispositivos remotamente, apagar todos os dados do dispositivo e então desativá-lo no caso de perda ou roubo.
- A organização pode proibir toda a instalação de aplicativos de terceiros, implementar uma lista de aplicativos homologados, para proibir a instalação de todos os que não forem aprovados, ou implementar uma caixa de proteção, que isola os dados e sistemas da organização de todos os outros dados e aplicativos no dispositivo móvel. Um aplicativo que não esteja na lista de aprovados deverá ser acompanhado de uma assinatura digital e um certificado de chave pública de uma autoridade aprovada.
- A organização poderá implementar e impor restrições sobre quais dispositivos poderão se sincronizar e sobre o uso do armazenamento baseado na nuvem.
- Para lidar com a ameaça de conteúdo não confiável, as respostas de segurança podem incluir treinamento do pessoal sobre os riscos inerentes ao conteúdo não confiável, e desativar o uso da câmera nos dispositivos móveis corporativos.
- Para combater a ameaça de uso malicioso de serviços de localização, a política de segurança pode obrigar que esse serviço seja desativado em todos os dispositivos móveis.

Segurança do tráfego

A segurança do tráfego é baseada nos mecanismos normais para encriptação e autenticação. Todo o tráfego deverá ser encriptado e trafegar por meios seguros, como SSL ou IPv6. As redes privadas virtuais (VPNs) podem ser configuradas de modo que todo o tráfego entre o dispositivo móvel e a rede da organização seja feito por uma VPN.

Deverá ser usado um protocolo de autenticação forte, para limitar o acesso do dispositivo aos recursos da organização. Frequentemente, um dispositivo móvel tem um único autenticador específico do dispositivo, pois considera-se que o dispositivo tenha apenas um usuário. Uma estratégia preferível é ter um mecanismo de autenticação em duas camadas, o que envolve autenticar o dispositivo e depois autenticar o usuário dele.

Segurança da barreira

A organização deverá ter mecanismos de segurança para proteger a rede contra acesso não autorizado. A estratégia de segurança também pode incluir políticas de firewall específicas ao tráfego de dispositivo móvel. Políticas de firewall podem limitar o escopo dos dados e o acesso à aplicação para todos os dispositivos móveis. De modo semelhante, sistemas de detecção e prevenção de intrusão podem ser configurados para ter regras mais rígidas para o tráfego de dispositivo móvel.

18.3 VISÃO GERAL DA LAN WIRELESS IEEE 802.11

IEEE 802 é um comitê que desenvolveu padrões para uma grande variedade de redes locais (LANs). Em 1990, o Comitê IEEE 802 formou um novo grupo de trabalho, IEEE 802.11, com uma missão de desenvolver um protocolo e especificações de transmissão para LANs wireless (WLANs). Desde essa época, a demanda por WLANs em diferentes frequências e taxas de dados explodiu. Para acompanhar essa demanda, o grupo de trabalho IEEE 802.11 emitiu uma lista de padrões em constante expansão. A Tabela 18.1 define resumidamente os principais termos no padrão IEEE 802.11.

Tabela 18.1 Terminologia do IEEE 802.11.

Ponto de acesso (AP – Access Point)	Qualquer entidade que tenha funcionalidade de estação e forneça acesso ao sistema de distribuição por algum meio sem fio (wireless) para estações associadas.
Conjunto de serviços básicos (BSS — Basic Service Set)	Um conjunto de estações controladas por uma única função de coordenação.
Função de coordenação	A função lógica que determina quando uma estação operando dentro de um BSS tem permissão para transmitir e pode ser capaz de receber PDUs (do acrônimo em inglês para *Protocol Data Unit*).
Sistema de distribuição (DS — Distribution System)	Um sistema usado para interconectar um conjunto de BSSs e LANs integradas para criar um ESS.
Conjunto de serviços estendidos (ESS — Extended Service Set)	Um conjunto de um ou mais BSSs interconectados e LANs integradas que aparecem como um único BSS à camada LLC em qualquer estação associada a um desses BSSs.
Unidade de dados de protocolo MAC (MPDU — MAC Protocol Data Unit)	A unidade de dados trocada entre dois pontos MAC usando os serviços da camada física.
Unidade de dados de serviço MAC (MSDU — MAC Service Data Unit)	Informações que são entregues como uma unidade entre usuários MAC.
Estação	Qualquer dispositivo que contenha uma camada MAC e física em conformidade com IEEE 802.11.

Wi-Fi Alliance

O primeiro padrão 802.11 a ter grande aceitação no setor foi o 802.11b. Embora todos os produtos 802.11b sejam baseados no mesmo padrão, sempre há uma preocupação sobre se produtos de diferentes fornecedores terão sucesso na operação em conjunto. Para resolver esse problema, a Wireless Ethernet Compatibility Alliance (WECA), um consórcio da indústria, foi formado em 1999. Essa organização, que mais tarde passou a se chamar Wi-Fi (Wireless Fidelity) Alliance, criou um pacote de teste para certificar a interoperabilidade para produtos 802.11b. O termo usado para os produtos 802.11b certificados é *Wi-Fi*. A certificação Wi-Fi foi estendida para produtos 802.11g. A Wi-Fi Alliance também desenvolveu um processo de certificação para produtos 802.11a, chamado *Wi-Fi5*. A Wi-Fi Alliance trata de diversas áreas do mercado de WLANs, incluindo as empresariais, domésticas e hot spots.

Mais recentemente, a Wi-Fi Alliance desenvolveu procedimentos de certificação para padrões de segurança IEEE 802.11, conhecidos como Wi-Fi Protected Access (WPA). A versão mais recente do WPA, conhecida como WPA2, incorpora todos os recursos da especificação de segurança de WLAN IEEE 802.11i.

Arquitetura de protocolos IEEE 802

Antes de prosseguirmos, precisamos ver rapidamente a arquitetura do protocolo IEEE 802. Os padrões IEEE 802.11 são definidos dentro da estrutura de um conjunto de protocolos em camadas. Essa estrutura, usada para todos os padrões IEEE 802, é ilustrada na Figura 18.3.

Figura 18.3 Pilha de protocolos IEEE 802.11.

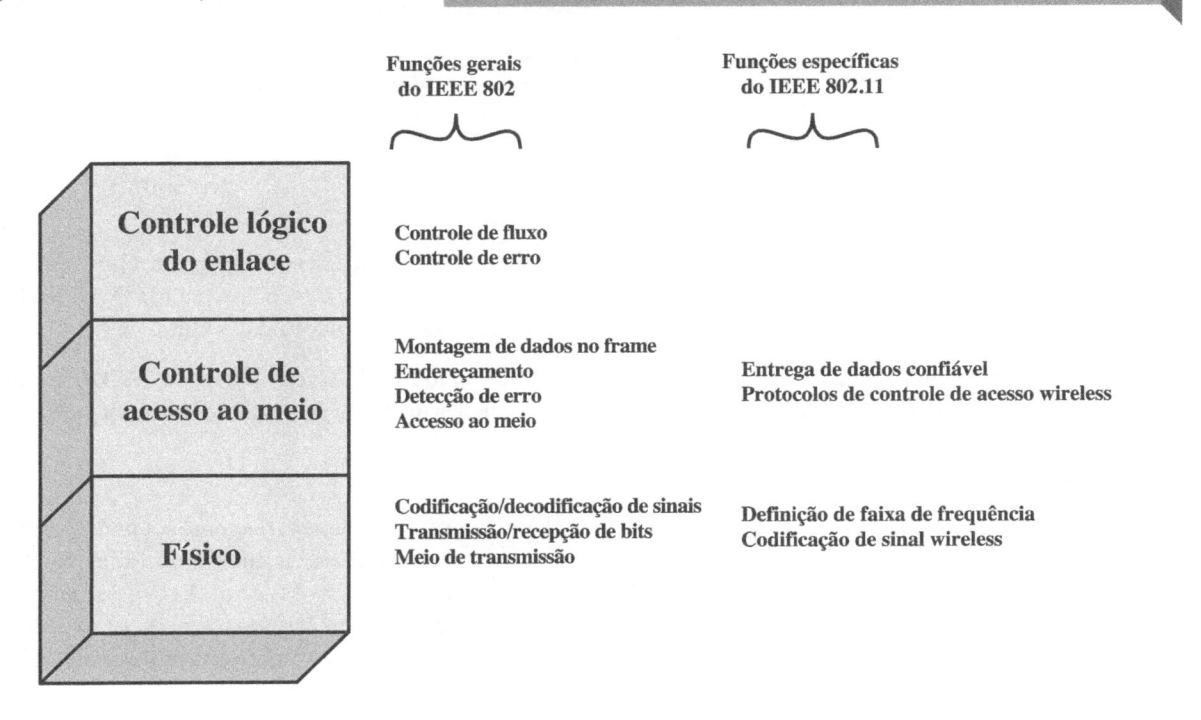

	Funções gerais do IEEE 802	Funções específicas do IEEE 802.11
Controle lógico do enlace	Controle de fluxo Controle de erro	
Controle de acesso ao meio	Montagem de dados no frame Endereçamento Detecção de erro Accesso ao meio	Entrega de dados confiável Protocolos de controle de acesso wireless
Físico	Codificação/decodificação de sinais Transmissão/recepção de bits Meio de transmissão	Definição de faixa de frequência Codificação de sinal wireless

CAMADA FÍSICA

A camada mais baixa do modelo de referência IEEE 802 é a **camada física**, que inclui funções como codificação/decodificação de sinais e transmissão/recepção de bits. Além disso, a camada física inclui uma especificação do meio de transmissão. No caso do IEEE 802.11, a camada física também define faixas de frequência e características da antena.

CONTROLE DE ACESSO AO MEIO

Todas as LANs consistem em coleções de dispositivos que compartilham a capacidade de transmissão da rede. É necessário que haja alguma forma de controlar o acesso ao meio de transmissão, para oferecer um uso ordenado e eficiente dessa capacidade. Isso é função de uma camada de **controle de acesso ao meio (MAC — Media Access Control)**. A camada MAC recebe dados de um protocolo de camada superior, normalmente a camada de controle lógico do enlace (LLC — Logical Link Control), na forma de um bloco de dados conhecido como **unidade de dados de serviço MAC (MSDU — MAC Service Data Unit)**. Em geral, a camada MAC realiza as seguintes funções:

- Na transmissão, monta dados em um frame, conhecidos como **unidade de dados de protocolo MAC (MPDU — MAC Protocol Data Unit)** com campos de endereço e detecção de erro.
- Na recepção, desmonta o frame e realiza reconhecimento de endereço e detecção de erro.
- Controla o acesso ao meio de transmissão da LAN.

O formato exato da MPDU difere um pouco para os diversos protocolos MAC em uso. Em geral, todas as MPDUs têm um formato semelhante ao da Figura 18.4. Os campos desse frame são os seguintes:

- **Controle MAC:** este campo contém qualquer informação de controle de protocolo necessária para a funcionamento do protocolo MAC. Por exemplo, um nível de prioridade poderia ser indicado aqui.
- **Endereço MAC de destino:** o endereço físico de destino na LAN para esta MPDU.
- **Endereço MAC de origem:** o endereço físico de origem na LAN para esta MPDU.
- **Unidade de dados de serviço MAC:** os dados da próxima camada mais alta.
- **CRC (do acrônimo em inglês para** *cyclic redundancy check***):** o campo de verificação de redundância cíclica; também conhecido como campo Frame Check Sequence (FCS). Esse é um código de detecção de erro, como aquele que é usado nos outros protocolos de controle de enlace de dados. O CRC é calculado

Figura 18.4 Formato geral da MPDU IEEE 802.

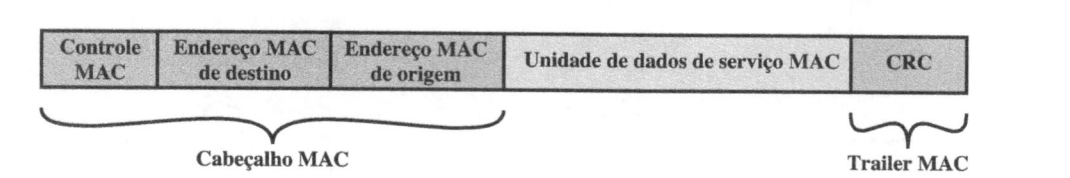

| Controle MAC | Endereço MAC de destino | Endereço MAC de origem | Unidade de dados de serviço MAC | CRC |

Cabeçalho MAC — Trailer MAC

com base nos bits da MPDU inteira. O emissor calcula o CRC e o acrescenta ao frame. O receptor realiza o mesmo cálculo sobre a MPDU que chega e o compara ao campo de CRC nessa MPDU que chega. Se os dois valores não forem iguais, então um ou mais bits foram alterados no caminho.

Os campos anteriores ao MSDU são conhecidos como **cabeçalho MAC**, e o campo após o MSDU é conhecido como **trailer MAC**. O cabeçalho e o trailer contêm informações de controle que acompanham o campo de dados e que são usadas pelo protocolo MAC.

Controle lógico do enlace (LLC)

Na maioria dos protocolos de controle de enlace de dados, a entidade desse é responsável não apenas por detectar erros durante o CRC, mas por recuperar-se desses erros retransmitindo frames danificados. Na arquitetura do protocolo de LAN, essas duas funções são divididas entre as camadas MAC e LLC. A camada MAC é responsável por detectar erros e descartar quaisquer frames que contenham erros. A camada LLC opcionalmente acompanha quais frames foram recebidos com sucesso e retransmite os frames com problemas.

Componentes e modelo arquitetônico da rede IEEE 802.11

A Figura 18.5 ilustra o modelo desenvolvido pelo grupo de trabalho 802.11. O menor bloco de montagem de uma LAN wireless é um **conjunto de serviços básicos (BSS — Basic Service Set)**, que consiste em estações wireless executando o mesmo protocolo MAC e competindo pelo acesso ao mesmo meio wireless compartilhado. Um BSS pode estar isolado, ou pode se conectar a um **sistema de distribuição (DS — Distribution System)** de backbone, através de um **ponto de acesso (AP — Access Point)**. O AP funciona como uma ponte e um ponto de repasse. Em um BSS, as estações cliente não se comunicam diretamente umas com as outras.

Figura 18.5 Conjunto de serviços estendidos IEEE 802.11.

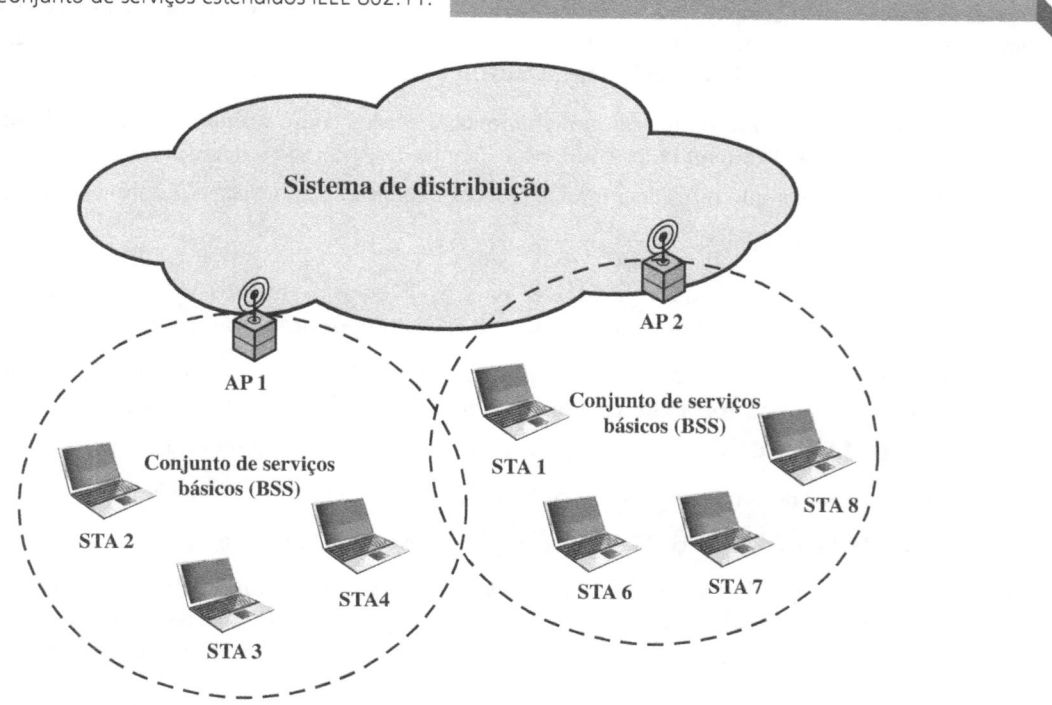

Em vez disso, se uma estação no BSS quiser se comunicar com outra estação no mesmo BSS, o frame MAC é primeiro enviado da estação de origem até o AP, e depois do AP para a estação de destino. De modo semelhante, um frame MAC de uma estação no BSS para uma estação remota é enviado da estação local para o AP e depois repassado pelo AP para o DS no seu caminho até a estação de destino. O BSS geralmente corresponde ao que é chamado de célula na literatura. O DS pode ser um switch, uma rede com fios ou uma rede wireless.

Quando todas as estações no BSS são estações móveis que se comunicam diretamente umas com as outras (não usando um AP), o BSS é chamado de **BSS independente (IBSS —** *Independent BSS***)**. Um IBSS em geral é uma rede ocasional. Em um IBSS, todas as estações se comunicam diretamente, e nenhum AP é envolvido.

Uma configuração simples aparece na Figura 18.5, em que cada estação pertence a um único BSS; ou seja, cada estação está dentro do alcance wireless somente de outras estações dentro do mesmo BSS. Também é possível que dois BSSs se sobreponham geograficamente, de modo que uma única estação poderia participar de mais de um BSS. Além do mais, a associação entre uma estação e um BSS é dinâmica. As estações podem estar desligadas, estar dentro do alcance e sair do alcance.

Um **conjunto de serviços estendidos (ESS — Extended Service Set)** consiste em dois ou mais conjuntos de serviços básicos interconectados por um sistema de distribuição. O conjunto de serviços estendidos parece ser uma única LAN lógica para o nível de controle lógico do enlace (LLC).

Serviços IEEE 802.11

O IEEE 802.11 define nove serviços que precisam ser fornecidos pela LAN wireless para conseguir o equivalente em funcionalidade àquilo que é inerente às LANs com fios. A Tabela 18.2 lista os serviços e indica duas maneiras de categorizá-los.

1. O provedor de serviço pode ser a estação ou o DS. Os serviços de estação são implementados em cada estação 802.11, incluindo estações de AP. Os serviços de distribuição são fornecidos entre BSSs; esses serviços podem ser implementados em um AP ou em outro dispositivo de uso especial, conectado ao sistema de distribuição.
2. Três dos serviços são usados para controlar o acesso à LAN IEEE 802.11 e a confidencialidade. Seis dos serviços são usados para dar suporte à entrega de MSDUs entre estações. Se a MSDU for muito grande para ser transmitida em uma única MPDU, ela pode ser fragmentada e transmitida em uma série de MPDUs.

Seguindo o documento IEEE 802.11, discutiremos a seguir os serviços em uma ordem designada para esclarecer a operação de uma rede ESS IEEE 802.11. A **entrega de MSDU**, que é o serviço básico, já foi mencionada. Os serviços relacionados à segurança são apresentados na Seção 18.4.

Tabela 18.2 Serviços IEEE 802.11.

Serviço	Provedor	Usado para dar suporte a
Associação	Sistema de distribuição	Entrega de MSDU
Autenticação	Estação	Acesso e segurança da LAN
Desautenticação	Estação	Acesso e segurança da LAN
Desassociação	Sistema de distribuição	Entrega de MSDU
Distribuição	Sistema de distribuição	Entrega de MSDU
Integração	Sistema de distribuição	Entrega de MSDU
Entrega de MSDU	Estação	Entrega de MSDU
Privacidade	Estação	Acesso e segurança da LAN
Reassociação	Sistema de distribuição	Entrega de MSDU

DISTRIBUIÇÃO DE MENSAGENS DENTRO DE UM DS

Os dois serviços envolvidos com a distribuição de mensagens dentro de um DS são distribuição e integração. **Distribuição** é o principal serviço usado pelas estações para trocar MPDUs quando elas precisam atravessar o DS para chegar de uma estação em um BSS para uma estação em outro BSS. Por exemplo, suponha que um frame deva ser enviado da estação 2 (STA 2) para a 7 (STA 7) na Figura 18.5. O frame é enviado da STA 2 para o AP 1, que é o AP para esse BSS. O AP dá o frame ao DS, que tem a função de direcioná-lo ao AP associado à STA 7 no BSS de destino. O AP 2 recebe o frame e o encaminha à STA 7. Como a mensagem é transportada através do DS é algo que está fora do escopo do padrão IEEE 802.11.

Se as duas estações que estão se comunicando estiverem dentro do mesmo BSS, então o serviço de distribuição logicamente passa pelo único AP desse BSS.

O serviço de **integração** permite a transferência de dados entre uma estação em uma LAN IEEE 802.11 e uma estação em uma LAN IEEE 802.x integrada. O termo *integrada* refere-se a uma LAN com fios que está fisicamente conectada ao DS e cujas estações podem estar logicamente conectadas a uma LAN IEEE 802.11 por meio do serviço de integração. O serviço de integração cuida da tradução de endereço e da lógica de conversão de mídia exigida para a troca de dados.

SERVIÇOS RELACIONADOS À ASSOCIAÇÃO

A finalidade principal da camada MAC é transferir MSDUs entre entidades MAC; essa finalidade é atendida pelo serviço de distribuição. Para que esse serviço funcione, ele requer informações sobre estações dentro do ESS, que são fornecidas pelos serviços relacionados à associação. Antes que o serviço de distribuição possa entregar dados ou aceitá-los de uma estação, esta precisa estar *associada*. Antes de examinarmos o conceito de associação, precisamos descrever o conceito de mobilidade. O padrão define três tipos de transição, com base na mobilidade:

- **Sem transição:** uma estação desse tipo está estacionária ou se move somente dentro do alcance de comunicação direto das estações em comunicação de um único BSS.

- **Transição BSS:** esta é definida como um movimento de um BSS para outro dentro do mesmo ESS. Neste caso, a entrega de dados para a estação requer que a capacidade de endereçamento seja capaz de reconhecer o novo local da estação.

- **Transição ESS:** esta é definida como um movimento da estação de um em um ESS para um BSS dentro de outro ESS. Este caso é aceito somente no sentido de que a estação pode se mover. A manutenção de conexões da camada superior com suporte do 802.11 não pode ser garantida. Na verdade, provavelmente haverá interrupção de serviço.

Para entregar uma mensagem dentro de um DS, o serviço de distribuição precisa saber onde a estação de destino está localizada. Especificamente, o DS precisa conhecer a identidade do AP ao qual a mensagem deverá ser entregue a fim de que ela alcance a estação de destino. Para atender a esse requisito, uma estação deve manter uma associação com o AP dentro do seu BSS atual. Três serviços estão relacionados a esse requisito:

- **Associação:** estabelece uma associação inicial entre uma estação e um AP. Antes que uma estação possa transmitir ou receber frames em uma LAN wireless, sua identidade e endereço devem ser conhecidos. Para essa finalidade, uma estação precisa estabelecer uma associação com um AP dentro de um BSS em particular. O AP pode então comunicar essa informação com outros APs dentro do ESS para facilitar o roteamento e a entrega de frames endereçados.

- **Reassociação:** permite que uma associação estabelecida seja transferida de um AP para outro, permitindo que uma estação móvel se mova de um BSS para outro.

- **Desassociação:** uma notificação ou de uma estação ou de um AP, informando que uma associação existente terminou. Uma estação deverá dar essa notificação antes de sair de um ESS ou encerrar. Porém, a facilidade de gerenciamento de MAC é protegida contra estações que desaparecem sem notificação.

18.4 SEGURANÇA DA LAN WIRELESS IEEE 802.11i

Existem duas características de uma LAN com fios que não são inerentes a uma LAN wireless.

1. Para transmitir por uma LAN com fios, uma estação precisa estar fisicamente conectada à LAN. Por outro lado, com uma LAN wireless, qualquer estação dentro do alcance de rádio dos outros dispositivos na LAN pode transmitir. Em certo sentido, existe uma forma de autenticação com uma LAN com fios em que ela requer alguma ação positiva e provavelmente observável para a conexão de uma estação com uma LAN com fios.

2. De modo semelhante, para receber uma transmissão de uma estação que faz parte de uma LAN com fios, a estação receptora também precisa estar conectada à LAN com fios. Por outro lado, com uma LAN sem fios, qualquer estação dentro do alcance do rádio pode receber. Assim, uma LAN com fios oferece um grau de privacidade, limitando a recepção de dados a estações conectadas à LAN.

Essas diferenças entre LANs com fios e wireless sugerem a maior necessidade de serviços e mecanismos de segurança robustos para LANs wireless. A especificação 802.11 original incluía um conjunto de medidas de segurança para privacidade e autenticação que eram muito fracas. Para a privacidade, o 802.11 definiu o algoritmo **Wired Equivalent Privacy (WEP)**. A parte de privacidade do padrão 802.11 continha pontos fracos importantes. Após o desenvolvimento do WEP, o grupo de tarefas 802.11i desenvolveu um conjunto de capacidades para tratar das questões de segurança da WLAN. Para acelerar a introdução da segurança forte nas WLANs, a Wi-Fi Alliance promulgou o **Wi-Fi Protected Access (WPA)** como um padrão Wi-Fi. WPA é um conjunto de mecanismos de segurança que elimina a maioria das questões de segurança do 802.11 e foi baseado no estado atual do padrão 802.11i. A forma final do padrão 802.11i é conhecida como **Robust Security Network (RSN)**. A Wi-Fi Alliance certifica fornecedores quanto à compatibilidade com a especificação 802.11i completa sob o programa WPA2.

A especificação RSN é bastante complexa, e ocupa 145 páginas do padrão IEEE 802.11 de 2012. Nesta seção, oferecemos apenas uma visão geral.

Serviços IEEE 802.11i

A especificação de segurança 802.11i RSN define os seguintes serviços:

- **Autenticação:** um protocolo é usado para definir uma troca entre um usuário e um AS que oferece autenticação mútua e gera chaves temporárias a serem usadas entre o cliente e o AP pelo enlace wireless.

- **Controle de acesso:**[1] esta função impõe o uso da função de autenticação, direciona as mensagens de modo apropriado e facilita a troca de chaves. Ela pode funcionar com uma série de protocolos de autenticação.

- **Privacidade com integridade da mensagem:** os dados no nível de MAC (por exemplo, uma PDU LLC) são encriptados com um código de integridade de mensagem que garante que não foram alterados.

A Figura 18.6a indica os protocolos de segurança usados para dar suporte a esses serviços, enquanto a Figura 18.6b lista os algoritmos criptográficos usados para esses serviços.

Fases de operação do IEEE 802.11i

A operação de uma RSN IEEE 802.11i pode ser dividida em cinco fases de operação distintas. A natureza exata das fases dependerá da configuração e dos pontos finais da comunicação. Algumas possibilidades são (ver Figura 18.5):

1. Duas estações wireless no mesmo BSS comunicando-se por meio do ponto de acesso (AP) para esse BSS.

2. Duas estações wireless (STAs) no mesmo IBSS ocasional comunicando-se diretamente uma com a outra.

3. Duas estações wireless em BSSs diferentes comunicando-se por meio de seus respectivos APs através de um sistema de distribuição.

---

[1] Neste contexto, estamos discutindo o controle de acesso como uma função de segurança. Esta é uma função diferente do controle de acesso ao meio (MAC) descrito na Seção 18.3. Infelizmente, a literatura e os padrões usam o termo *controle de acesso* nos dois contextos.

Figura 18.6 Elementos do IEEE 802.11i.

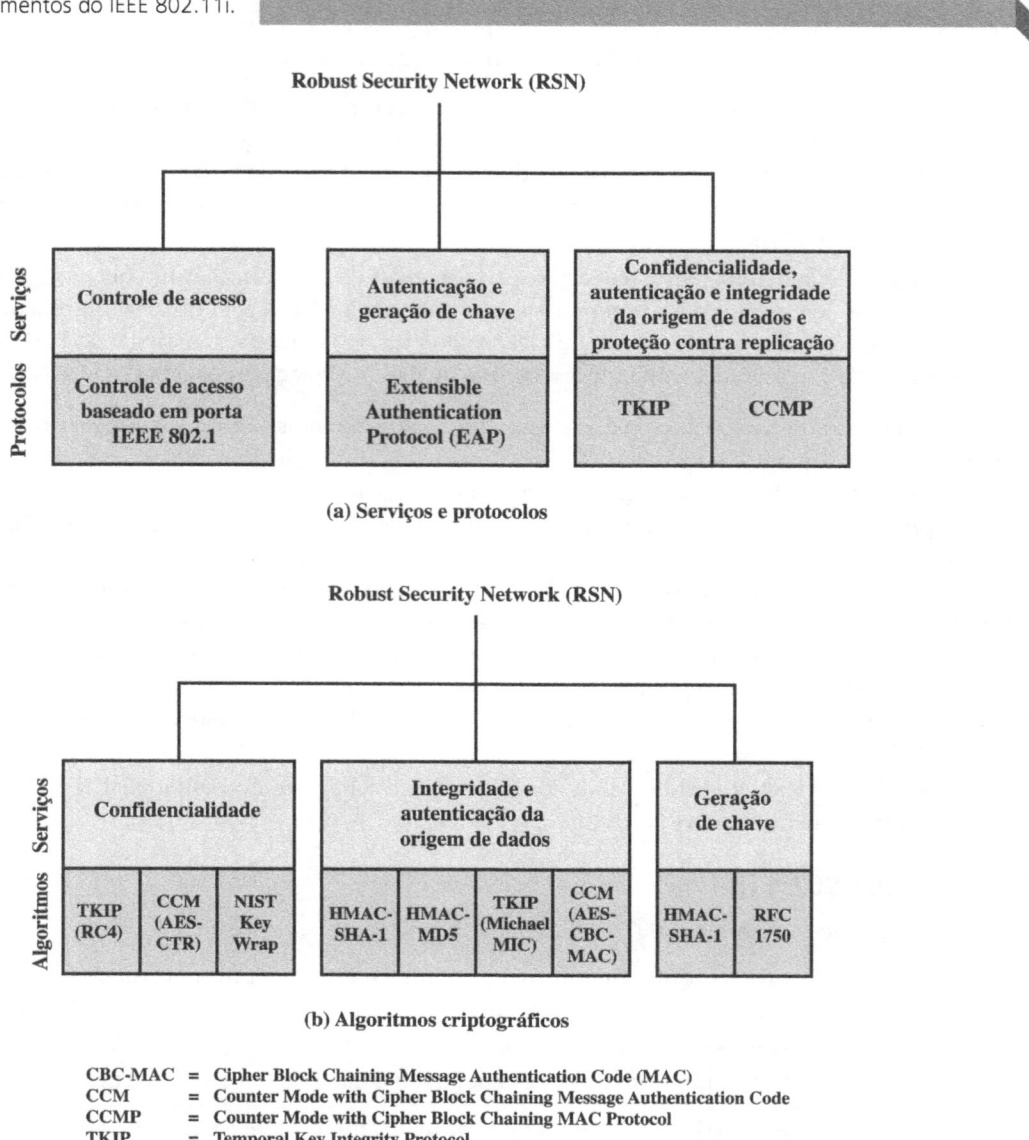

(a) Serviços e protocolos

(b) Algoritmos criptográficos

CBC-MAC = Cipher Block Chaining Message Authentication Code (MAC)
CCM = Counter Mode with Cipher Block Chaining Message Authentication Code
CCMP = Counter Mode with Cipher Block Chaining MAC Protocol
TKIP = Temporal Key Integrity Protocol

4. Uma estação wireless comunicando-se com uma estação final em uma rede com fios por meio do seu AP e o sistema de distribuição.

A segurança do IEEE 802.11i se preocupa apenas com a comunicação segura entre a STA e seu AP. No caso 1 da lista anterior, a comunicação segura é garantida se cada STA estabelece comunicações seguras com o AP. O caso 2 é semelhante, com a funcionalidade do AP residindo na STA. Para o caso 3, a segurança não é fornecida pelo sistema de distribuição no nível IEEE 802.11, mas somente dentro de cada BSS. A segurança de ponta a ponta (se necessária) deverá ser fornecida em uma camada mais alta. De modo semelhante, no caso 4, a segurança não é fornecida entre a STA e seu AP.

Com essas considerações em mente, a Figura 18.7 representa as cinco fases de operação para uma RSN e as relaciona aos componentes de rede envolvidos. Um componente novo é o servidor de autenticação (AS). Os retângulos indicam a troca de sequências de MPDUs. As cinco fases são definidas da seguinte forma:

- **Descoberta:** um AP usa mensagens chamadas Beacons (balizas) e Probe Responses (respostas de sonda) para anunciar sua política de segurança IEEE 802.11i. A STA as utiliza para identificar um AP para uma WLAN com a qual deseja se comunicar. A STA se associa ao AP, que ela utiliza para selecionar o conjunto de cifras e o mecanismo de autenticação quando Beacons e Probe Responses apresentam uma escolha.

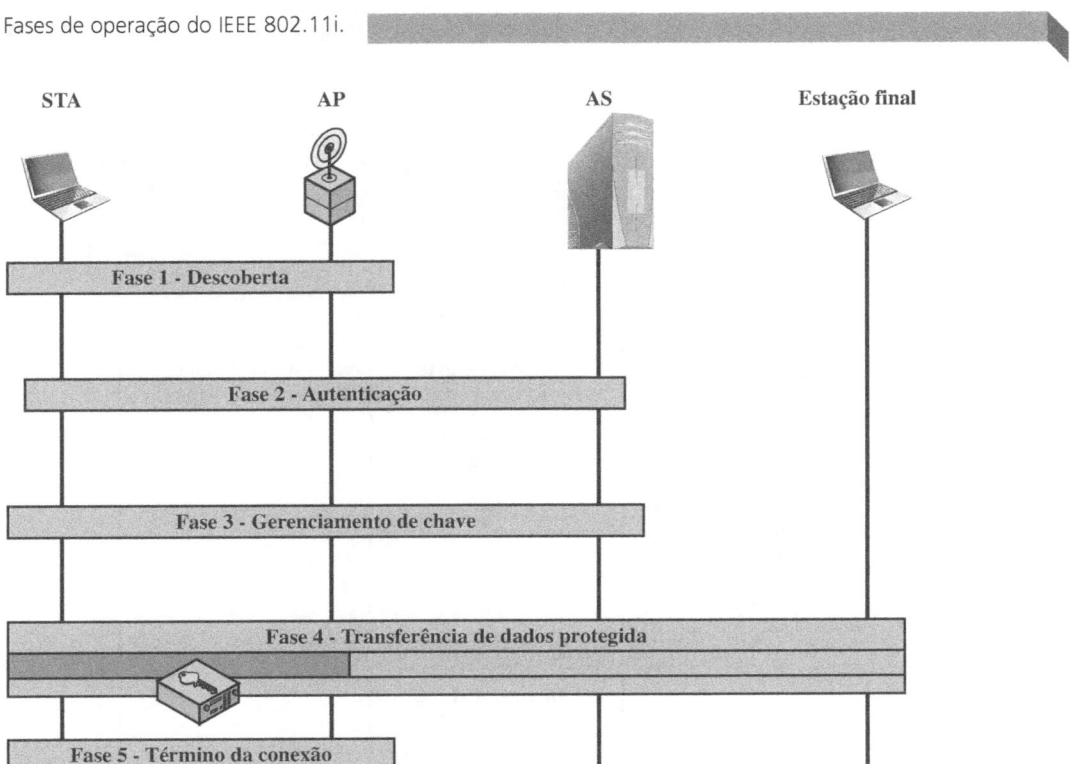

Figura 18.7 Fases de operação do IEEE 802.11i.

```
STA            AP              AS         Estação final
 |             |               |               |
 |--Fase 1 - Descoberta--------|               |
 |             |               |               |
 |--Fase 2 - Autenticação----------------------|
 |             |               |               |
 |--Fase 3 - Gerenciamento de chave------------|
 |             |               |               |
 |=====Fase 4 - Transferência de dados protegida========|
 |             |               |               |
 |--Fase 5 - Término da conexão----------------|
```

- **Autenticação:** durante esta fase, STA e AS provam suas identidades um ao outro. O AP bloqueia o tráfego não de autenticação entre a STA e o AS até que a transação de autenticação tenha sucesso. O AP não participa da transação de autenticação além de encaminhar o tráfego entre a STA e o AS.

- **Geração e distribuição de chave:** o AP e a STA realizam diversas operações que fazem com que as chaves criptográficas sejam geradas e colocadas no AP e na STA. Frames são trocados entre o AP e a STA somente.

- **Transferência de dados protegida:** frames são trocados entre a STA e a estação final através do AP. Conforme indicado pelo sombreamento e o ícone de módulo de criptografia, a transferência de dados segura ocorre entre a STA e o AP somente; a segurança não é fornecida de ponta a ponta.

- **Término de conexão:** o AP e a STA trocam frames. Durante essa fase, a conexão segura é desfeita e é restaurada ao estado original.

Fase de descoberta

Agora, vamos examinar com mais detalhes as fases de operação da RSN, começando com a fase de descoberta, que é ilustrada na parte superior da Figura 18.8. A finalidade dessa fase é que uma STA e um AP reconheçam um ao outro, combinem sobre um conjunto de capacidades de segurança e estabeleçam uma associação para comunicação futura usando essas capacidades de segurança.

CAPACIDADES DE SEGURANÇA

Durante esta fase, a STA e o AP decidem sobre técnicas específicas nas seguintes áreas:

- Confidencialidade e protocolos de integridade de MPDU para proteção do tráfego unicast (tráfego somente entre esta STA e o AP)
- Método de autenticação
- Técnica de gerenciamento de chave criptográfica

Figura 18.8 Fases de operação do IEEE 802.11i: descoberta de capacidade, autenticação e associação.

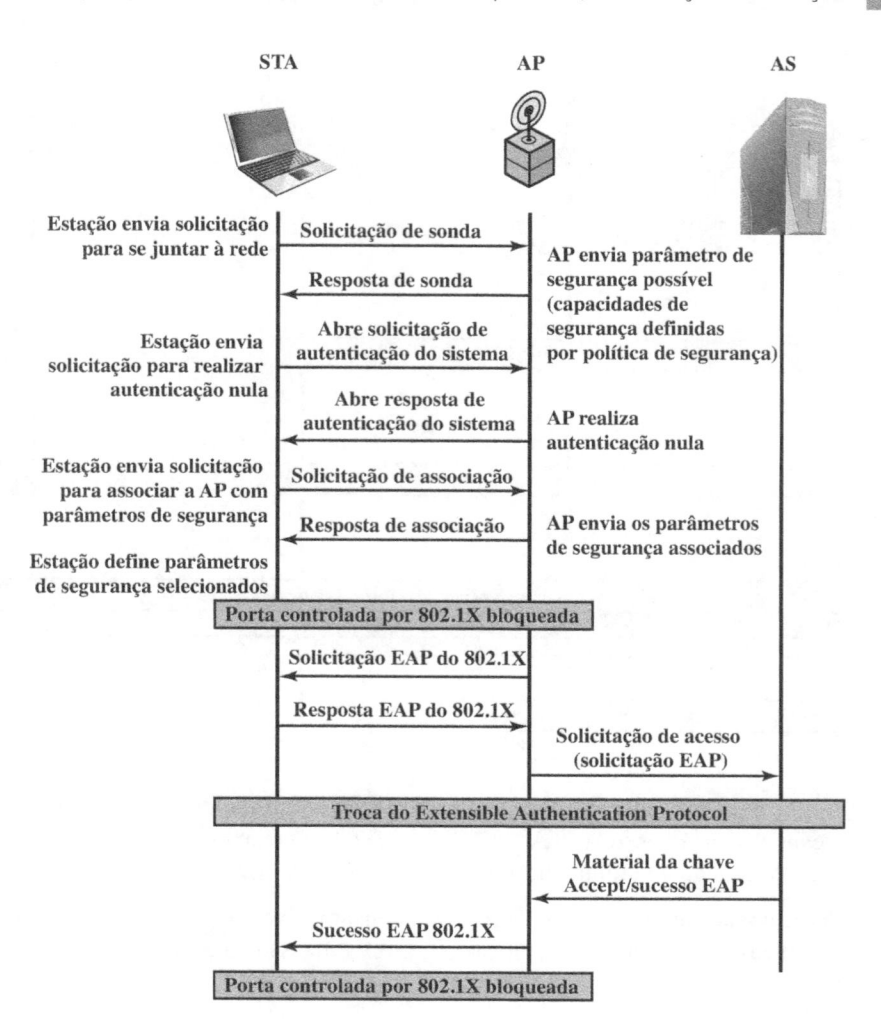

```
           STA                              AP                         AS

Estação envia solicitação   Solicitação de sonda
para se juntar à rede    ──────────────────────▶    AP envia parâmetro de
                            Resposta de sonda         segurança possível
                         ◀──────────────────────    (capacidades de
     Estação envia          Abre solicitação de       segurança definidas
 solicitação para realizar  autenticação do sistema   por política de segurança)
     autenticação nula   ──────────────────────▶
                             Abre resposta de
                          autenticação do sistema     AP realiza
                         ◀──────────────────────    autenticação nula
 Estação envia solicitação  Solicitação de associação
 para associar a AP com  ──────────────────────▶
 parâmetros de segurança    Resposta de associação   AP envia os parâmetros
                         ◀──────────────────────    de segurança associados
 Estação define parâmetros
 de segurança selecionados
         ┌──────────────────────────────────────┐
         │   Porta controlada por 802.1X bloqueada   │
         └──────────────────────────────────────┘
                         Solicitação EAP do 802.1X
                         ◀──────────────────────
                         Resposta EAP do 802.1X
                         ──────────────────────▶
                                                    Solicitação de acesso
                                                    (solicitação EAP)
                                                 ──────────────────────▶
         ┌──────────────────────────────────────┐
         │    Troca do Extensible Authentication Protocol    │
         └──────────────────────────────────────┘
                                                    Material da chave
                                                    Accept/sucesso EAP
                                                 ◀──────────────────────
                         Sucesso EAP 802.1X
                         ◀──────────────────────
         ┌──────────────────────────────────────┐
         │   Porta controlada por 802.1X bloqueada   │
         └──────────────────────────────────────┘
```

Protocolos de confidencialidade e integridade para a proteção do tráfego multicast/broadcast são ditados pelo AP, pois todas as STAs no grupo multicast devem usar os mesmos protocolos e cifras. A especificação de um protocolo, junto com o tamanho de chave escolhido (se for variável) é conhecida como um *conjunto de cifras*. As opções para o conjunto de cifras de confidencialidade e integridade são

- WEP, com uma chave de 40 ou 104 bits, que permite a compatibilidade com implementações IEEE 802.11 mais antigas
- TKIP
- CCMP
- Métodos específicos do fornecedor

O outro conjunto negociável é o de gerenciamento de autenticação e chave (AKM — Authentication and Key Management), que define (1) os meios pelos quais AP e STA realizam autenticação mútua e (2) os meios para derivar uma chave raiz da qual outras chaves podem ser geradas. Os pacotes AKM possíveis são

- IEEE 802.1X
- Chave pré-compartilhada (nenhuma autenticação explícita ocorre e a autenticação mútua é implícita se STA e AP compartilharem uma chave secreta exclusiva)
- Métodos específicos do fornecedor

Troca de MPDU

A fase de descoberta consiste em três trocas.

- **Descoberta de capacidade de rede e segurança:** durante essa troca, STAs descobrem a existência de uma rede com a qual se comunicarão. O AP ou envia periodicamente suas capacidades de segurança por bancos de dados (o que não aparece na figura), indicado por RSN IE (Robust Security Network Information Element), em um canal específico através do frame de Beacon; ou responde ao Probe Request de uma estação através de um frame Probe Response. Uma estação wireless pode descobrir os pontos de acesso disponíveis e as capacidades de segurança correspondentes ou monitorando passivamente os frames de Beacon ou sondando ativamente cada canal.

- **Abrir autenticação do sistema:** a finalidade desta sequência de frames, que não oferece segurança, é simplesmente manter a compatibilidade com a máquina de estado IEEE 802.11, conforme implementada no hardware IEEE 802.11 existente. Basicamente, os dois dispositivos (STA e AP) simplesmente trocam identificadores.

- **Associação:** a finalidade desse estágio é concordar sobre um conjunto de capacidades de segurança a serem utilizadas. A STA, então, envia um frame Association Request ao AP. Nesse frame, a STA especifica um conjunto de capacidades correspondentes (um conjunto de autenticação e gerenciamento de chave, um conjunto de cifras pareadas e um conjunto de cifras de chave de grupo) dentre aquelas anunciadas pelo AP. Se não houver combinação nas capacidades entre AP e STA, o AP recusa a solicitação de associação. A STA também a bloqueia, caso tenha se associado a um AP falso ou alguém esteja inserindo frames ilicitamente em seu canal. Como vemos na Figura 18.8, as portas controladas pelo IEEE 802.1X são bloqueadas, e nenhum tráfego do usuário segue além do AP. O conceito de portas bloqueadas é explicado mais adiante.

Fase de autenticação

Como foi dito, a fase de autenticação permite a autenticação mútua entre uma STA e um servidor de autenticação (AS) localizado no DS. A autenticação é projetada para permitir que somente estações autorizadas usem a rede e para fornecer à STA a garantia de que está se comunicando com uma rede legítima.

Técnica de controle de acesso do IEEE 802.1X

O IEEE 802.11i utiliza outro padrão que foi projetado para fornecer funções de controle de acesso para LANs. O padrão é IEEE 802.1X, Port-Based Network Access Control (controle de acesso à rede baseado em porta). O protocolo de autenticação que é usado, o Extensible Authentication Protocol (EAP), é definido no padrão IEEE 802.1X, que usa os termos *suplicante*, *autenticador* e *servidor de autenticação* (AS). No contexto de uma WLAN 802.11, os dois primeiros termos correspondem à estação wireless e ao AP. O AS normalmente é um dispositivo separado no lado da rede com fios (ou seja, acessível pelo DS), mas também poderia residir diretamente no autenticador.

Antes que um suplicante seja autenticado pelo AS usando um protocolo de autenticação, o autenticador só passa o controle ou mensagens de autenticação entre o suplicante e o AS; o canal de controle 802.1X é desbloqueado, mas o canal de dados 802.11 é bloqueado. Quando um suplicante é autenticado e são fornecidas chaves, o autenticador pode encaminhar dados do suplicante, sujeito a limitações de controle de acesso predefinidas para o suplicante à rede. Sob essas circunstâncias, o canal de dados é desbloqueado.

Conforme indicado na Figura 16.5, o 802.1X usa os conceitos de portas controladas e não controladas. As portas são entidades lógicas definidas dentro do autenticador e referem-se a conexões da rede física. Para uma WLAN, o autenticador (o AP) só pode ter duas portas físicas: uma conectando ao DS e uma para a comunicação wireless dentro do seu BSS. Cada porta lógica é mapeada para uma dessas duas portas físicas. Uma porta não controlada permite a troca de PDUs entre o suplicante e o outro AS, independente do estado de autenticação do primeiro. Uma porta controlada permite a troca de PDUs entre um suplicante e outros sistemas na LAN somente se o estado atual do suplicante autorizar tal troca. O IEEE 802.1X é explicado com mais detalhes no Capítulo 16.

A estrutura 802.1X, com um protocolo de autenticação da camada superior, se encaixa bem na arquitetura BSS, que inclui uma série de estações wireless e um AP. Contudo, para um IBSS, não existe AP. Para um IBSS, o 802.11i oferece uma solução mais complexa que, basicamente, envolve a autenticação por pares entre as estações no IBSS.

Troca MPDU

A parte inferior da Figura 18.8 mostra a troca MPDU ditada pelo IEEE 802.11 para a fase de autenticação. Podemos pensar na fase de autenticação como contendo as três fases a seguir:

- **Conexão com AS:** a STA envia uma solicitação ao seu AP (aquele com o qual ela tem uma associação) para a conexão com o AS. O AP confirma essa solicitação e envia uma solicitação de acesso ao AS.

- **Troca de EAP:** essa troca autentica a STA e AS um para o outro. Diversas trocas alternativas são possíveis, conforme explicado mais adiante.

- **Entrega de chave segura:** quando a autenticação é estabelecida, o AS gera uma chave mestra de sessão (MSK — Master Session Key), também conhecida como chave de Autenticação, Autorização e Responsabilização (AAA — Authentication, Authorization, and Accounting) e a envia à STA. Conforme explicaremos mais adiante, todas as chaves criptográficas necessárias pela STA para a comunicação segura com seu AP são geradas a partir dessa MSK. IEEE 802.11i não prescreve um método para a entrega segura da MSK, mas conta com o EAP para isso. Qualquer que seja o método usado, ele envolve a transmissão de uma MPDU contendo uma MSK encriptada a partir do AS, através do AP, até o AS.

Troca EAP

Como dissemos, há diversas trocas EAP possíveis que podem ser usadas durante a fase de autenticação. Normalmente, o fluxo de mensagens entre STA e AP emprega o protocolo EAP sobre LAN (EAPOL), e o fluxo de mensagens entre o AP e o AS utiliza o protocolo Remote Authentication Dial In User Service (RADIUS), embora outras opções estejam disponíveis para as trocas STA-para-AP e AP-para-AS. [FRAN07] oferece o seguinte resumo da troca de autenticação usando EAPOL e RADIUS.

1. A troca EAP começa com o AP emitindo um frame EAP-Request/Identity para a STA.

2. A STA responde com um frame EAP-Response/Identity, que o AP recebe pela porta não controlada. O pacote, então, é encapsulado no RADIUS sobre EAP e passado adiante para o servidor RADIUS como um pacote RADIUS-Access-Request.

3. O servidor AAA responde com um pacote RADIUS-Access-Challenge, que é passado adiante para a STA como uma EAP-Request. Essa solicitação é do tipo de autenticação apropriado e contém informações de desafio relevantes.

4. A STA formula uma mensagem EAP-Response e a envia ao AS. A resposta é traduzida pelo AP para uma Radius-Access-Request com a resposta ao desafio como um campo de dados. As etapas 3 e 4 podem ser repetidas várias vezes, dependendo do método EAP em uso. Para os métodos de tunelamento TLS, é comum que a autenticação exija de 10 a 20 idas e voltas.

5. O servidor AAA concede acesso com um pacote Radius-Access-Accept. O AP emite um frame EAP-Success. (Alguns protocolos exigem confirmação do sucesso do EAP dentro do túnel TLS para validação de autenticidade.) A porta controlada é autorizada e o usuário pode começar a acessar a rede.

Observe, da Figura 18.8, que a porta controlada por AP ainda é bloqueada ao tráfego geral do usuário. Embora a autenticação tenha sucesso, as portas permanecem bloqueadas até que as chaves temporais sejam instaladas no STA e AP, o que ocorre durante o Handshake de 4 vias.

Fase de gerenciamento de chave

Durante a fase de gerenciamento de chave, diversas chaves criptográficas são geradas e distribuídas às STAs. Existem dois tipos de chaves: chaves pareadas usadas para a comunicação entre uma STA e um AP e chaves de grupo usadas para a comunicação multicast. A Figura 18.9, baseada em [FRAN07], mostra as duas hierarquias de chaves, e a Tabela 18.3 define as chaves individuais.

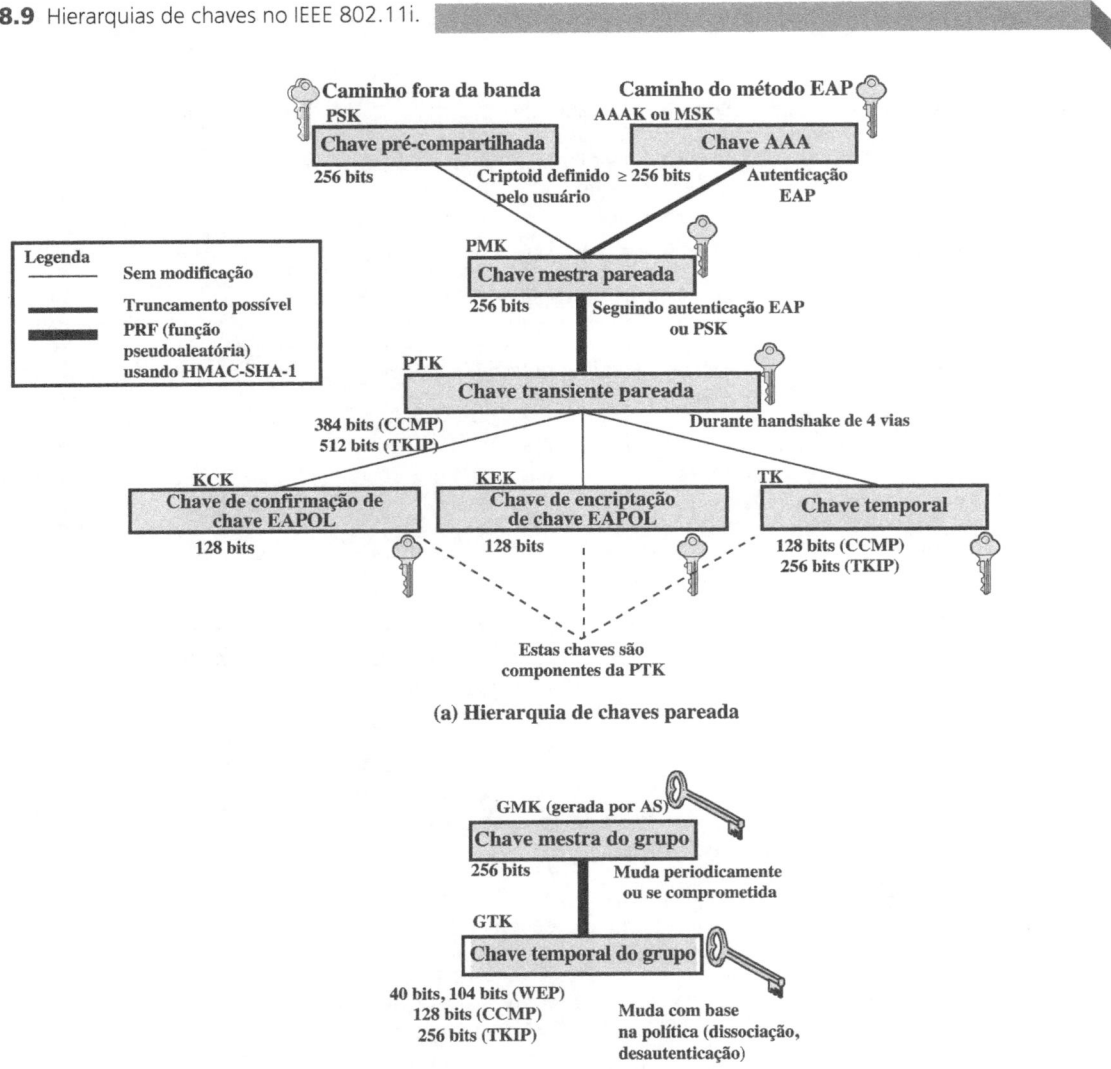

Figura 18.9 Hierarquias de chaves no IEEE 802.11i.

```
        Caminho fora da banda          Caminho do método EAP
              PSK                         AAAK ou MSK
        ┌─────────────────────┐       ┌─────────────────────┐
        │ Chave pré-compartilhada │       │     Chave AAA       │
        └─────────────────────┘       └─────────────────────┘
           256 bits    Criptoid definido  ≥ 256 bits   Autenticação
                       pelo usuário                     EAP

                            PMK
                    ┌─────────────────────┐
                    │ Chave mestra pareada │
                    └─────────────────────┘
                       256 bits   Seguindo autenticação EAP
                                          ou PSK
                            PTK
                    ┌─────────────────────┐
                    │ Chave transiente pareada │
                    └─────────────────────┘
              384 bits (CCMP)          Durante handshake de 4 vias
              512 bits (TKIP)

         KCK                    KEK                    TK
   ┌──────────────┐      ┌──────────────┐      ┌──────────────┐
   │ Chave de confirmação de │ │ Chave de encriptação │ │ Chave temporal │
   │   chave EAPOL    │      │  de chave EAPOL  │      │               │
   └──────────────┘      └──────────────┘      └──────────────┘
      128 bits               128 bits             128 bits (CCMP)
                                                   256 bits (TKIP)

                     Estas chaves são
                     componentes da PTK
```

Legenda
— Sem modificação
— Truncamento possível
≡ PRF (função pseudoaleatória) usando HMAC-SHA-1

(a) Hierarquia de chaves pareada

```
           GMK (gerada por AS)
        ┌─────────────────────┐
        │ Chave mestra do grupo │
        └─────────────────────┘
           256 bits    Muda periodicamente
                       ou se comprometida
              GTK
        ┌─────────────────────┐
        │ Chave temporal do grupo │
        └─────────────────────┘
        40 bits, 104 bits (WEP)
           128 bits (CCMP)    Muda com base
           256 bits (TKIP)    na política (dissociação,
                              desautenticação)
```

(b) Hierarquia de chaves do grupo

Chaves pareadas

As chaves pareadas são usadas para a comunicação entre um par de dispositivos, normalmente entre uma STA e um AP. Essas chaves formam uma hierarquia que começa com uma chave mestra, da qual outras chaves são derivadas dinamicamente, e usada por um período de tempo limitado.

No nível superior da hierarquia existem duas possibilidades. Uma **chave pré-compartilhada (PSK — Pre-Shared Key)** é uma chave secreta compartilhada pelo AP e por uma STA, instalada de alguma forma fora do escopo do IEEE 802.11i. A outra alternativa é a **chave mestra de sessão (MSK — Master Session Key)**, também conhecida como AAAK, que é gerada usando o protocolo IEEE 802.1X durante a fase de autenticação, conforme descrito anteriormente. O método real de geração de chave depende dos detalhes do protocolo de autenticação utilizado. Em qualquer um dos casos (PSK ou MSK), existe uma chave exclusiva compartilhada pelo AP com cada STA com a qual ele se comunica. Todas as outras chaves derivadas dessa chave mestra também são exclusivas entre um AP e uma STA. Assim, cada STA, a qualquer momento, tem um conjunto de chaves, representado na hierarquia da Figura 18.9a, enquanto o AP tem um conjunto dessas chaves para cada uma de suas STAs.

A **chave mestra pareada (PMK — Pairwise Master Key)** é derivada da chave mestra. Se uma PSK for usada, então a PSK é utilizada como a PMK; se uma MSK for usada, então a PMK é derivada da MSK por truncamento (se necessário). Ao final da fase de autenticação, marcada pela mensagem EAP Success do 802.1X (Figura 18.8), tanto o AP quanto a STA têm uma cópia de sua PMK compartilhada.

Tabela 18.3 Chaves IEEE 802.11i para protocolos de confidencialidade e integridade de dados.

Abreviação	Nome	Descrição/Finalidade	Tamanho (bits)	Tipo
AAA Key	Authentication, Accounting, and Authorization Key	Usada para derivar a PMK. Usada com o método de autenticação e gerenciamento de chave do IEEE 802.1X. O mesmo que MMSK.	≥ 256	Chave de geração de chave, chave raiz
PSK	Pre-shared Key	Torna-se a PMK em ambientes de chave pré-compartilhada.	256	Chave de geração de chave, chave raiz
PMK	Pairwise Master Key	Usada com outras entradas para derivar a PTK.	256	Chave de geração de chave
GMK	Group Master Key	Usada com outras entradas para derivar a GTK.	128	Chave de geração de chave
PTK	Pair-wise Transient Key	Derivada da PMK. Compreende a EAPOL-KCK, EAPOL-KEK e TK e (para TKIP) a chave MIC.	512 (TKIP) 384 (CCMP)	Chave composta
TK	Temporal Key	Usada com TKIP ou CCMP para oferecer confidencialidade e proteção de integridade para o tráfego de usuário unicast.	256 (TKIP) 128 (CCMP)	Chave de tráfego
GTK	Group Temporal Key	Derivada da GMK. Usada para oferecer confidencialidade e proteção de integridade para o tráfego de usuário multicast/broadcast.	256 (TKIP) 128 (CCMP) 40.104 (WEP)	Chave de tráfego
MIC Key	Message Integrity Code Key	Usada pelo MIC Michael do TKIP para oferecer proteção de integridade das mensagens.	64	Chave de integridade de mensagem
EAPOL-KCK	EAPOL-Key Confirmation Key	Usada para oferecer proteção de integridade para material de chave distribuído durante o handshake de 4 vias.	128	Chave de integridade de mensagem
EAPOL-KEK	EAPOL-Key Encryption Key	Usada para garantir a confidencialidade da GTK e outros materiais no handshake de 4 vias.	128	Chave de tráfego / chave de encriptação de chave
WEP Key	Wired Equivalent Privacy Key	Usada com WEP.	40.104	Chave de tráfego

A PMK é usada para gerar a **chave transiente pareada (PTK — Pairwise Transient Key)**, que na verdade consiste em três chaves a serem usadas para a comunicação entre uma STA e o AP depois que tiverem sido mutuamente autenticados. Para derivar a PTK, a função HMAC-SHA-1 é aplicada à PMK, os endereços MAC da STA e do AP, e nonces gerados, quando necessário. O uso dos endereços de STA e AP na geração da PTK oferece proteção contra sequestro de sessão e personificação; o uso de nonces oferece material adicional de chaveamento aleatório.

As três partes da PTK são as seguintes:

- **EAP Over LAN (EAPOL) Key Confirmation Key (EAPOL-KCK):** admite a integridade e autenticação da origem de dados dos frames de controle STA-para-AP durante a configuração operacional de uma RSN. Ela também realiza uma função de controle de acesso: prova-de-posse da PMK. Uma entidade que possui a PMK está autorizada a usar o enlace.
- **EAPOL Key Encryption Key (EAPOL-KEK):** protege a confidencialidade das chaves e outros dados durante alguns procedimentos de associação da RSN.
- **Temporal Key (TK):** oferece a proteção real para o tráfego do usuário.

Chaves de grupo

As chaves de grupo são usadas para a comunicação multicast em que uma STA envia MPDUs para diversas STAs. No nível superior da hierarquia de chave de grupo está a **chave mestra de grupo (GMK — Group Master Key)**. A GMK é uma chave de geração de chaves, usada com outras entradas para derivar a **chave temporal de grupo (GTK — Group Temporal Key)**. Diferente da PTK, que é gerada usando material do AP e da STA, a GTK é gerada pelo AP e transmitida às suas STAs associadas. O modo exato como essa GTK é gerada não é definido. O IEEE 802.11i, porém, requer que seu valor seja computacionalmente indistinguível de aleatório. A GTK é distribuída com segurança usando as chaves pareadas que já estão estabelecidas. A GTK é alterada toda vez que um dispositivo sai da rede.

Distribuição de chaves pareadas

A parte superior da Figura 18.10 mostra a troca MPDU para a distribuição de chaves pareadas. Essa troca é conhecida como **handshake de 4 vias**. A STA e o AP usam esse handshake para confirmar a existência da PMK, verificar a seleção do conjunto de cifras e derivar uma PTK nova para a sessão de dados seguinte. As quatro partes da troca são:

- **AP → STA:** a mensagem inclui o endereço MAC do AP e um nonce (Anonce)

Figura 18.10 Fases de operação do IEEE 802.11i: handshake de quatro vias e handshake de chave de grupo.

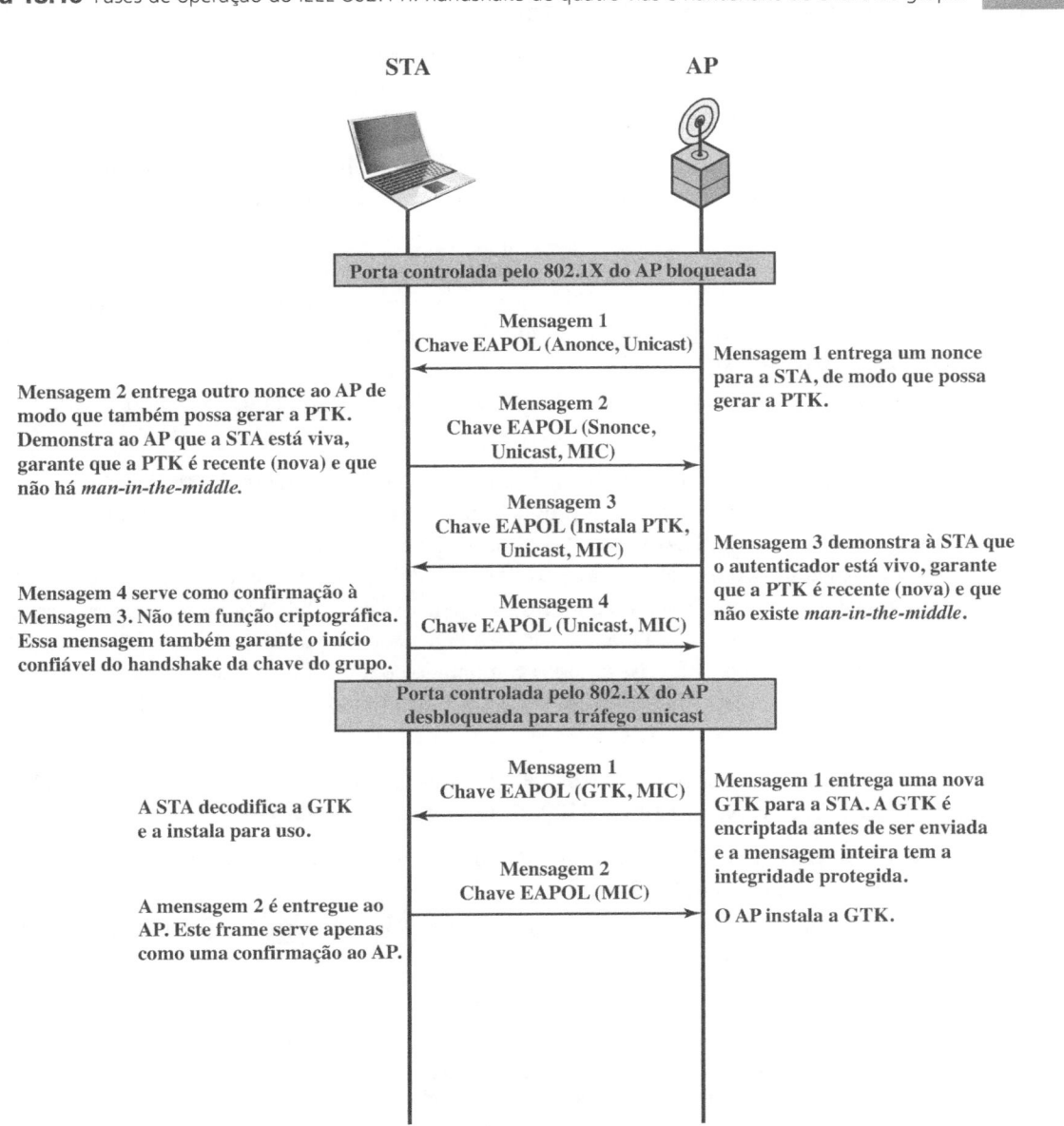

- **STA → AP:** a STA gera seu próprio nonce (Snonce) e usa os dois nonces e os dois endereços MAC, mais a PMK, para gerar uma PTK. A STA, então, envia uma mensagem contendo seu endereço MAC e Snonce, permitindo que o AP gere a mesma PTK. Essa mensagem inclui um código de integridade de mensagem (MIC)[2] usando HMAC-MD5 ou HMAC-SHA-1-128. A chave usada com o MIC é KCK.
- **AP → STA:** o AP agora é capaz de gerar a PTK. O AP, então, envia uma mensagem à STA, contendo a mesma informação da primeira mensagem, mas desta vez incluindo um MIC.
- **STA → AP:** esta é simplesmente uma mensagem de confirmação, novamente protegida por um MIC.

Distribuição de chave de grupo

Para a distribuição de chave de grupo, o AP gera uma GTK e a distribui a cada STA em um grupo multicast. A troca de duas mensagens com cada STA consiste no seguinte:

- **AP → STA:** esta mensagem inclui a GTK, encriptada ou com RC4 ou com AES. A chave usada para encriptação é KEK, usando um algoritmo de wrap de chave (conforme discutido no Capítulo 12). Um valor MIC é anexado.
- **STA → AP:** a STA confirma o recebimento da GTK. Esta mensagem inclui um valor de MIC.

Fase de transferência de dados protegidos

O IEEE 802.11i define dois esquemas para proteger dados transmitidos em MPDUs 802.11: o Temporal Key Integrity Protocol (TKIP) e o Counter Mode-CBC MAC Protocol (CCMP).

TKIP

TKIP foi projetado para exigir mudanças de software apenas em dispositivos que são implementados com o método de segurança de LAN wireless mais antigo, chamado Wired Equivalent Privacy (WEP). TKIP oferece dois serviços:

- **Integridade de mensagem:** TKIP acrescenta um código de integridade de mensagem (MIC) ao frame MAC 802.11 após o campo de dados. O MIC é gerado por um algoritmo, chamado Michael, que calcula um valor de 64 bits usando como entrada os valores de endereço MAC de origem e destino e o campo Data, mais o material da chave.
- **Confidencialidade de dados:** a confidencialidade de dados é oferecida encriptando a MPDU mais o valor do MIC usando RC4.

A TK de 256 bits (Figura 18.9) é empregada da seguinte forma. Duas chaves de 64 bits são usadas com o algoritmo de resumo de mensagem Michael para produzir um código de integridade de mensagem. Uma chave é usada para proteger mensagens de STA-para-AP, e a outra chave é usada para proteger as mensagens de AP-para-STA. Os 128 bits restantes são truncados para gerar a chave RC4 usada para encriptar os dados transmitidos.

Para obter uma proteção adicional, um contador de sequência TKIP (TSC) monotonicamente crescente é atribuído a cada frame. O TSC tem duas finalidades. Primeiro, é incluído com cada MPDU e é protegido pelo MIC para proteção contra ataques de replicação. Segundo, é combinado com a TK da sessão para produzir uma chave de encriptação dinâmica que muda a cada MPDU transmitida, dificultando assim a criptoanálise.

CCMP

CCMP é direcionado para os dispositivos IEEE 802.11 mais recentes, que são equipados com o hardware para dar suporte a esse esquema. Assim como TKIP, CCMP oferece dois serviços:

- **Integridade de mensagem:** CCMP usa código de autenticação de mensagem de cipher block chaining (CBC-MAC), descrito no Capítulo 12.
- **Confidencialidade de dados:** CCMP usa o modo de operação de cifra em bloco CTR com AES para encriptação. CTR é descrito no Capítulo 6.

---

[2] Embora o *MAC* normalmente seja usado na criptografia para se referir a um Código de Autenticação de Mensagem, o termo *MIC* é usado em vez disso na conexão com 802.11i, pois *MAC* tem outro significado padrão, Media Access Control (controle de acesso ao meio), no uso de redes.

A mesma chave AES de 128 bits é usada para integridade e confidencialidade. O esquema usa um número de pacote de 48 bits para construir um nonce e impedir ataques de replicação.

Função pseudoaleatória do IEEE 802.11i

Em diversos lugares no esquema IEEE 802.11i, uma função pseudoaleatória (PRF) é usada. Por exemplo, ela é usada para gerar nonces, expandir chaves pareadas e gerar a GTK. A melhor prática de segurança dita que diferentes fluxos de número pseudoaleatório sejam usados para essas diversas finalidades. Porém, por eficiência de implementação, gostaríamos de contar com uma única função geradora de número pseudoaleatório.

A PRF é embutida no uso do HMAC-SHA-1 para gerar um fluxo de bits pseudoaleatório. Lembre-se de que HMAC-SHA-1 recebe uma mensagem (bloco de dados) e uma chave com tamanho de pelo menos 160 bits e produz um valor de hash de 160 bits. SHA-1 tem a propriedade de que a mudança de um único bit da entrada produz um novo valor de hash sem qualquer conexão aparente com o valor de hash anterior. Essa propriedade é a base para a geração de números pseudoaleatórios.

A PRF do IEEE 802.11i usa quatro parâmetros como entrada e produz o número desejado de bits aleatórios. A função tem a forma PRF(K, A, B, Tam), onde

- K = uma chave secreta
- A = uma string de texto específica da aplicação (por exemplo, Nonce generation ou Pairwise key expansion)
- B = algum dado específico a cada caso
- Tam = número desejado de bits pseudoaleatórios

Por exemplo, para a chave transiente pareada para CCMP:

```
PTK = PRF(PMK,"Pairwise key expansion",min(AP-
      Addr,STA-Addr) || max(AP-Addr,STA-Addr) || min
      (Anonce,Snonce) || max(Anonce,Snonce),384)
```

Assim, neste caso, os parâmetros são

- K = PMK
- A = a string de texto "Pairwise key expansion"
- B = uma sequência de bytes formada concatenando os dois endereços MAC e os dois nonces
- Tam = 384 bits

De modo semelhante, um nonce é gerado por

```
Nonce = PRF(Random Number,"InitCounter",MAC || Time, 256)
```

onde `Time` é uma medida de tempo da rede conhecida do gerador de nonce. A chave temporal do grupo é gerada por

```
GTK = PRF(GMK,"Group key expansion", MAC || Gnonce, 256)
```

A Figura 18.11 ilustra a função PRF(K, A, B, Tam). O parâmetro K serve como a chave inserida no HMAC. A entrada da mensagem consiste em quatro itens concatenados: o parâmetro A, um byte com valor 0, o parâmetro B e um contador i. O contador é inicializado em 0. O algoritmo HMAC é executado uma vez, produzindo um valor de hash de 160 bits. Se mais bits forem necessários, HMAC é executado novamente com as mesmas entradas, exceto que i é incrementado a cada vez, até que o número necessário de bits seja gerado. Podemos expressar a lógica como

```
PRF(K, A, B, Tam)
    R ← string nula
    for i ← 0 to ((Tam + 159)/160 - 1) do
        R ← R || HMAC-SHA-1 (K, A || 0 || B || i)
    Return Trunca-para-Tam(R, Tam)
```

Figura 18.11 Função pseudoaleatória do IEEE 802.11i.

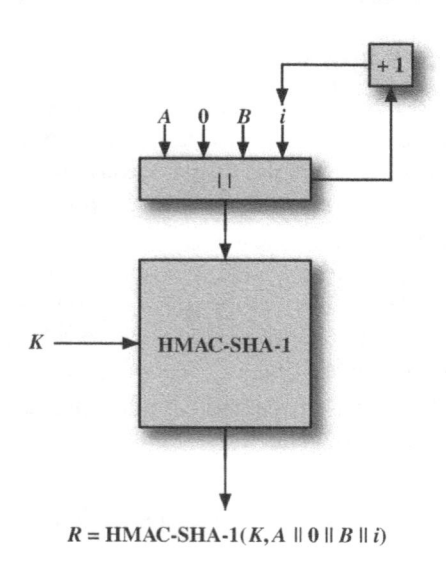

$$R = \text{HMAC-SHA-1}(K, A \| 0 \| B \| i)$$

18.5 LEITURA RECOMENDADA

[SOUP12] oferece uma boa visão geral das ameaças e contramedidas para dispositivo móvel. [BECH11] é uma análise útil das questões de segurança do smartphone.

As especificações IEEE 802.11 e Wi-Fi são cobertas com mais detalhes em [STAL11]. [FRAN07] é uma abordagem excelente, detalhada do IEEE 802.11i. [CHEN05a] oferece uma visão geral do IEEE 802.11i.

> **BECH11** Becher, M., et al. "Mobile Security Catching Up? Revealing the Nuts and Bolts of the Security of Mobile Devices". *IEEE Symposium on Security and Privacy*, maio 2011.
> **CHEN05a** Chen, J.; Jiang, M.; e Liu, Y. "Wireless LAN Security and IEEE 802.11i". IEEE Wireless Communications, fev 2005.
> **FRAN07** Frankel, S.; Eydt, B.; Owens, L.; e Scarfone, K. *Establishing Wireless Robust Security Networks: A Guide to IEEE 802.11i*. NIST Special Publication SP 800-97, fev 2007.
> **SOUP12** Souppaya, M.; e Scarfone, K. *Guidelines for Managing and Securing Mobile Devices in the Enterprise*. NIST Special Publication SP 800-124, jul 2012.
> **STAL11** Stallings, W. *Data and Computer Communications, Ninth Edition.* Upper Saddle River, NJ: Prentice Hall, 2011.

18.6 PRINCIPAIS TERMOS, PERGUNTAS PARA REVISÃO E PROBLEMAS

Principais termos

Alert Protocol	Counter Mode-CBC MAC Protocol (CCMP)	ponto de acesso (AP)
BSS independente (IBSS)	função pseudoaleatória	Robust Security Network (RSN)
chaves de grupo	handshake de 4 vias	sistema de distribuição (DS)
chaves pareadas	Handshake Protocol	Temporal Key Integrity Protocol (TKIP)
código de integridade de mensagem (MIC)	IEEE 802.11	Wi-Fi
conjunto de serviços básicos (BSS)	IEEE 802.11i	Wi-Fi Protected Access (WPA)
conjunto de serviços estendidos (ESS)	IEEE 802.1X	Wired Equivalent Privacy (WEP)
controle de acesso ao meio (MAC)	MAC Protocol Data Unit (MPDU)	Wireless LAN (WLAN)
controle lógico do enlace (LLC)	MAC Service Data Unit (MSDU)	
	Michael	

Perguntas para revisão

18.1 Qual é o bloco de construção básico de uma WLAN 802.11?
18.2 Defina um conjunto de serviços estendidos.
18.3 Liste e defina resumidamente os serviços IEEE 802.11.
18.4 Um sistema de distribuição é uma rede wireless?
18.5 Como o conceito de uma associação está relacionado ao de mobilidade?
18.6 Que áreas de segurança são tratadas pelo IEEE 802.11i?
18.7 Descreva resumidamente as quatro fases de operação do IEEE 802.11i.
18.8 Qual é a diferença entre TKIP e CCMP?

Problemas

18.1 No IEEE 802.11, a autenticação de sistema aberto simplesmente consiste em duas comunicações. Uma autenticação é exigida pelo cliente, que contém a ID da estação (em geral, o endereço MAC). Esta é seguida por uma resposta de autenticação do AP/roteador contendo uma mensagem de sucesso ou falha. Um exemplo de quando uma falha pode ocorrer é se o endereço MAC do cliente for explicitamente excluído da configuração do AP/roteador.
  a. Quais são os benefícios desse esquema de autenticação?
  b. Quais são as vulnerabilidades de segurança desse esquema de autenticação?

18.2 Antes da introdução do IEEE 802.11i, o esquema de segurança para o IEEE 802.11 era o Wired Equivalent Privacy (WEP). WEP assumia que todos os dispositivos na rede compartilham uma chave secreta. A finalidade do cenário de autenticação é que a STA prove que processa a chave secreta. A autenticação prossegue conforme mostra a Figura 18.12. A STA envia uma mensagem ao AP exigindo autenticação. O AP emite um desafio, que é uma sequência de 128 bytes aleatórios enviados como texto claro. A STA encripta o desafio com a chave compartilhada e o retorna ao AP. O AP decripta o valor recebido e o compara com o desafio que enviou. Se eles coincidirem, o AP confirma que a autenticação teve sucesso.
  a. Quais são os benefícios desse esquema de autenticação?
  b. Esse esquema de autenticação é incompleto. O que está faltando e por que isso é importante? *Dica:* a soma de uma ou duas mensagens resolveria o problema.
  c. Qual é um ponto fraco criptográfico nesse esquema?

Figura 18.12 Autenticação WEP.

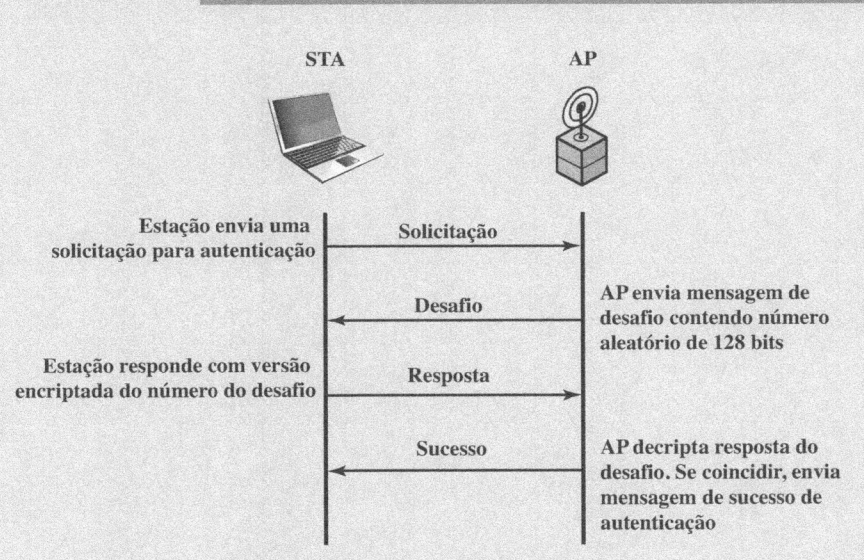

18.3 Para WEP, a integridade e a confidencialidade de dados são obtidas usando o algoritmo de encriptação de fluxo RC4. O transmissor de uma MPDU realiza as seguintes etapas, conhecidas como encapsulamento:
  1. O transmissor seleciona um valor de vetor inicial (IV).
  2. O valor de IV é concatenado com a chave WEP compartilhada pelo transmissor e receptor para formar a semente, ou chave de entrada, para o RC4.
  3. Uma verificação de redundância cíclica (CRC) de 32 bits é calculada sobre todos os bits do campo de dados MAC e anexada ao campo de dados. O CRC é um código comum de detecção de erro usado nos protocolos de controle de enlace de dados. Nesse caso, o CRC serve como um valor de verificação de integridade (ICV).

4. O resultado da etapa 3 é encriptado usando RC4 para formar o bloco de texto cifrado.
5. O IV do texto claro é inserido no início do bloco de texto cifrado para formar a MPDU encapsulada para transmissão.
   a. Desenhe um diagrama em blocos que ilustre o processo de encapsulamento.
   b. Descreva as etapas na ponta receptora para recuperar o texto claro e realizar a verificação de integridade.
   c. Desenhe um diagrama em blocos que ilustre o item b.

18.4 Um ponto fraco em potencial do CRC como uma verificação de integridade é que essa é uma função linear. Isso significa que você pode prever quais bits do CRC são mudados se um único bit da mensagem for alterado. Além do mais, é possível determinar qual combinação de bits poderia ser invertida na mensagem de modo que o resultado final seja nenhuma mudança no CRC. Assim, existem diversas combinações de inversões de bit da mensagem de texto claro que deixam o CRC inalterado, de modo que a integridade da mensagem é impedida. Porém, no WEP, se um invasor não souber a chave de encriptação, ele não terá acesso ao texto claro, somente ao bloco de texto cifrado. Isso significa que o ICV está protegido contra ataque de inversão de bit? Explique.

…

Segurança do correio eletrônico

19

TÓPICOS ABORDADOS

19.1 PRETTY GOOD PRIVACY
  Notação
  Descrição operacional

19.2 S/MIME
  RFC 5322
  Multipurpose Internet Mail Extensions
  Funcionalidade do S/MIME
  Mensagens S/MIME
  Processamento de certificado S/MIME
  Serviços de segurança melhorados

19.3 DOMAINKEYS IDENTIFIED MAIL
  Arquitetura de correio da Internet
  Ameaças ao e-mail
  Estratégia DKIM
  Fluxo funcional do DKIM

19.4 LEITURA RECOMENDADA

19.5 PRINCIPAIS TERMOS, PERGUNTAS PARA REVISÃO E PROBLEMAS

APÊNDICE 19A CONVERSÃO RADIX-64

OBJETIVOS DE APRENDIZAGEM

APÓS ESTUDAR ESTE CAPÍTULO, VOCÊ SERÁ CAPAZ DE:

☑ Apresentar uma visão geral da operação do PGP (Pretty Good Privacy).
☑ Apresentar uma visão geral do MIME (Multipurpose Internet Mail Extension).
☑ Compreender a funcionalidade do S/MIME (Secure/Multipurpose Internet Mail Extension) e das ameaças de segurança que ele trata.
☑ Resumir os principais componentes funcionais da arquitetura de correio da Internet.
☑ Compreender o papel do DKIM (DomainKeys Identified Mail).

"Apesar da recusa de Poindexter e North aparecerem, o acesso do Conselho a outras fontes de informação preencheu grande parte dessa lacuna. O FBI forneceu documentos tirados dos arquivos do National Security Advisor e membros relevantes do grupo NSC, incluindo mensagens do sistema PROF entre Poindexter e North. As mensagens do PROF eram conversas por computador, escritas na época em que os eventos ocorreram e presumidas pelos escritores como estando protegidas contra divulgação. Nesse sentido, elas oferecem um relato de primeira mão e contemporâneo dos eventos."

— O relatório da comissão Tower ao presidente Reagan sobre o caso Irã-Contra, 1987

Em praticamente todos os ambientes distribuídos, o correio eletrônico é a aplicação baseada em rede mais utilizada. Os usuários esperam poder enviar correio para os outros que estão conectados direta ou indiretamente à Internet, independente do software host ou do pacote de comunicações. Com a confiança cada vez maior no correio eletrônico para todo tipo de propósito imaginável, cresce uma demanda por serviços de autenticação e confidencialidade. Dois esquemas se destacam como técnicas que gozam de uso generalizado: Pretty Good Privacy (PGP) e S/MIME, ambos examinados neste capítulo. O capítulo termina com uma discussão do DomainKeys Identified Mail.

19.1 PRETTY GOOD PRIVACY

PGP é um fenômeno notável. Em grande parte pelo esforço de uma única pessoa, Phil Zimmermann, PGP oferece um serviço de confidencialidade e autenticação que pode ser usado para aplicações de correio eletrônico e armazenamento de arquivos. Basicamente, Zimmermann fez o seguinte:

1. Selecionou os melhores algoritmos criptográficos disponíveis como elementos básicos.
2. Integrou esses algoritmos em uma aplicação de uso geral, independente do sistema operacional e processador, e baseada em um pequeno conjunto de comandos fáceis de usar.
3. Tornou o pacote e sua documentação, incluindo o código fonte, livremente disponível por meio da Internet, BBSs e redes comerciais como AOL (America On Line).
4. Entrou em um acordo com uma empresa (Viacrypt, agora Network Associates) para oferecer uma versão totalmente compatível, de baixo custo, do PGP.

PGP cresceu explosivamente e agora é bastante utilizado. Diversos motivos podem ser citados para esse crescimento:

1. Ele está disponível gratuitamente no mundo inteiro em versões para diversas plataformas, incluindo Windows, UNIX, Macintosh e muito mais. Além disso, a versão comercial satisfaz os usuários que desejam um produto que vem com suporte do fornecedor.
2. Ele é baseado em algoritmos que sobreviveram a uma análise pública extensa e são considerados extremamente seguros. Especificamente, o pacote inclui RSA, DSS e Diffie-Hellman para encriptação de chave pública; CAST-128, IDEA e 3DES para encriptação simétrica; e SHA-1 para codificação de hash.
3. Ele possui uma grande gama de aplicabilidade, desde corporações que desejam selecionar e impor um esquema padronizado para encriptar arquivos e mensagens até indivíduos que desejam se comunicar com segurança com outros no mundo inteiro pela Internet e outras redes.
4. Ele não foi desenvolvido e nem é controlado por qualquer organização do governo ou de padrões. Para aqueles com uma desconfiança instintiva da "instituição", isso torna o PGP atraente.
5. PGP agora é um Internet standards track (RFC 3156; *MIME Security with OpenPGP*). Apesar disso, PGP ainda tem uma fama de um esforço anti-instituição.

Começamos com uma visão geral da operação do PGP. Em seguida, examinamos como as chaves criptográficas são criadas e armazenadas. Depois, resolvemos a questão vital do gerenciamento de chave pública.

Notação

A maior parte da notação usada neste capítulo já foi usada antes, mas alguns termos são novos. Talvez seja melhor resumi-los no início. Os seguintes símbolos são usados:

K_s = chave de sessão usada no esquema de encriptação simétrica

PR_a = chave privada do usuário A, usada no esquema de encriptação de chave pública

PU_a = chave pública do usuário A, usada no esquema de encriptação de chave pública

EP = encriptação de chave pública

DP = decriptação de chave pública

EC = encriptação simétrica

DC = decriptação simétrica

H = função de hash

|| = concatenação
Z = compactação usando algoritmo ZIP
R64 = conversão para formato ASCII radix 64[1]

A documentação do PGP normalmente usa o termo *chave secreta* para se referir a uma chave emparelhada com uma chave pública em um esquema de encriptação de chave pública. Como já dissemos, essa prática pode gerar confusão com uma chave secreta usada para a encriptação simétrica. Logo, usaremos o termo *chave privada* em seu lugar.

Descrição operacional

A operação real do PGP, ao contrário do gerenciamento de chaves, consiste em quatro serviços: autenticação, confidencialidade, compactação e compatibilidade de e-mail (Tabela 19.1). Examinamos cada um destes por sua vez.

Tabela 19.1 Resumo dos serviços do PGP.

Função	Algoritmos usados	Descrição
Assinatura digital	DSS/SHA ou RSA/SHA	Um código de hash de uma mensagem é criado usando SHA-1. Esse resumo de mensagem é encriptado usando DSS ou RSA com a chave privada do emissor e incluído com a mensagem.
Encriptação de mensagem	CAST ou IDEA ou Triple DES com três chaves, com Diffie-Hellman ou RSA	Uma mensagem é encriptada usando CAST-128 ou IDEA ou 3DES com uma chave de sessão de uso único gerada pelo emissor. A chave de sessão é encriptada usando Diffie-Hellman ou RSA com a chave pública do destinatário e incluída com a mensagem.
Compactação	ZIP	Uma mensagem pode ser compactada, para armazenamento ou transmissão, usando ZIP.
Compatibilidade de e-mail	Conversão radix-64	Para oferecer transparência para aplicações de e-mail, uma mensagem encriptada pode ser convertida para uma string ASCII usando a conversão radix-64.

AUTENTICAÇÃO

A Figura 19.1a ilustra o serviço de assinatura digital fornecido pelo PGP. Esse é o esquema de assinatura digital discutido no Capítulo 13 e ilustrado na Figura 13.2. A sequência é a seguinte:

1. O emissor cria uma mensagem.
2. SHA-1 é usado para gerar um código de hash de 160 bits da mensagem.
3. O código de hash é encriptado com RSA usando a chave privada do emissor, e o resultado é anexado ao início da mensagem.
4. O receptor usa RSA com a chave pública do emissor para decriptar e recuperar o código de hash.
5. O receptor gera um novo código de hash para a mensagem e o compara com o código de hash decriptado. Se os dois coincidirem, a mensagem é aceita como autêntica.

A combinação de SHA-1 e RSA oferece um esquema de assinatura digital eficaz. Por conta da força do RSA, o destinatário tem garantias de que somente o detentor da chave privada associada poderá gerar a assinatura. Devido à força do SHA-1, o destinatário tem garantias de que ninguém mais poderia gerar uma nova mensagem que coincide com o código de hash e, portanto, a assinatura da mensagem original.

Como uma alternativa, as assinaturas podem ser geradas usando DSS/SHA-1.

Embora as assinaturas normalmente sejam anexadas à mensagem ou arquivo que elas assinam, isso nem sempre acontece: assinaturas avulsas são aceitas. Uma assinatura avulsa pode ser armazenada e transmitida separadamente da mensagem que ela assina. Isso é útil em vários contextos. Um usuário pode querer manter

---

[1] O American Standard Code for Information Interchange (ASCII) é descrito no Apêndice Q (na Sala Virtual, <sv.pearson.com.br>, em inglês).

Figura 19.1 Funções criptográficas do PGP.

(a) Apenas autenticação

(b) Apenas confidencialidade

(c) Confidencialidade e autenticação

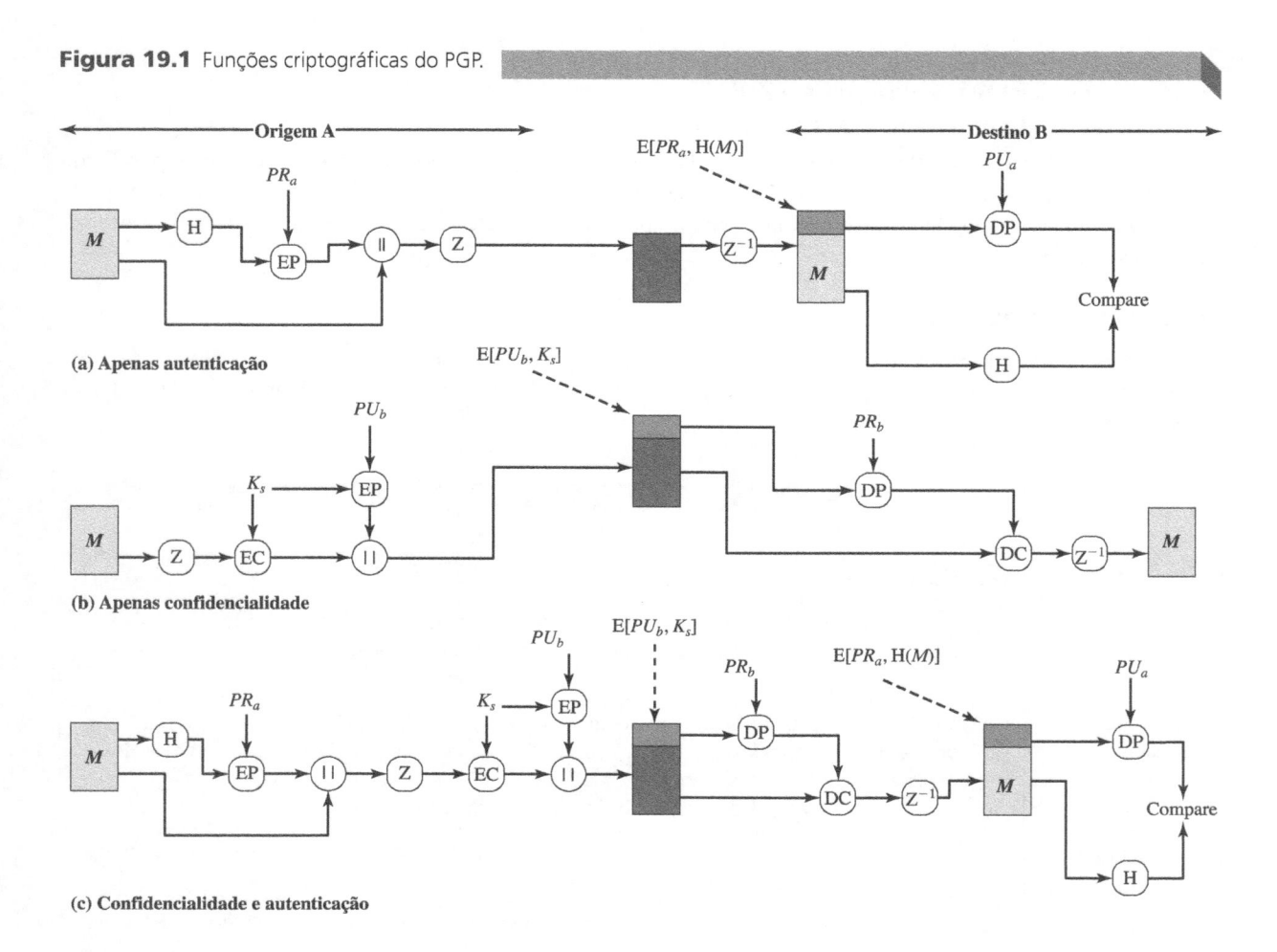

um log de assinatura separado de todas as mensagens enviadas ou recebidas. Uma assinatura avulsa de um programa executável pode detectar posterior infecção por vírus. Por fim, assinaturas avulsas podem ser usadas quando mais de uma parte tiver que assinar um documento, como um contrato legal. A assinatura de cada pessoa é independente e, portanto, é aplicada apenas ao documento. Caso contrário, as assinaturas teriam que ser aninhadas, com o segundo assinante assinando o documento e a primeira assinatura, e assim por diante.

CONFIDENCIALIDADE

Outro serviço básico fornecido pelo PGP é a confidencialidade, que é fornecida pela encriptação das mensagens a serem transmitidas ou armazenadas localmente como arquivos. Nos dois casos, o algoritmo de encriptação simétrica CAST-128 pode ser usado. Como alternativa, IDEA ou 3DES podem ser usados. O modo cipher feedback (CFB) de 64 bits é utilizado.

Como sempre, é preciso resolver o problema de distribuição de chaves. No PGP, cada chave simétrica é usada apenas uma vez. Ou seja, uma nova chave é gerada como um número aleatório de 128 bits para cada mensagem. Assim, embora isso seja conhecido na documentação como uma chave de sessão, na realidade é uma chave de uso único. Por ser usada apenas uma vez, a chave de sessão está vinculada à mensagem e é transmitida com ela. Para proteger a chave, ela é encriptada com a chave pública do receptor. A Figura 19.1b ilustra a sequência, que pode ser descrita desta forma:

1. O emissor gera uma mensagem e um número aleatório de 128 bits a ser usado como chave de sessão apenas para esta mensagem.
2. A mensagem é encriptada, usando CAST-128 (ou IDEA ou 3DES) com a chave de sessão.
3. A chave de sessão é encriptada com RSA, usando a chave pública do destinatário, e é anexada ao início da mensagem.
4. O receptor usa RSA com sua chave privada para decriptar e recuperar a chave de sessão.
5. A chave de sessão é usada para decriptar a mensagem.

Como uma alternativa ao uso do RSA para a encriptação da chave, o PGP oferece uma opção conhecida como *Diffie-Hellman*. Conforme explicamos no Capítulo 10, Diffie-Hellman é um algoritmo de troca de chave. Na verdade, o PGP usa uma variante do Diffie-Hellman que oferece encriptação/decriptação, conhecida como ElGamal (Capítulo 10).

Podemos fazer várias observações. Primeiro, para reduzir o tempo de encriptação, a combinação de encriptação simétrica e de chave pública é usada em preferência a simplesmente usar RSA ou ElGamal para encriptar a mensagem diretamente: CAST-128 e os outros algoritmos simétricos são substancialmente mais rápidos que RSA ou ElGamal. Segundo, o uso do algoritmo de chave pública soluciona o problema de distribuição de chave de sessão, pois somente o destinatário é capaz de recuperar a chave de sessão que está vinculada à mensagem. Observe que não precisamos de um protocolo de troca de chave de sessão do tipo discutido no Capítulo 14, pois não estamos iniciando uma sessão contínua. Em vez disso, cada mensagem é um evento independente único, com sua própria chave. Além disso, dada a natureza store-and-forward do correio eletrônico, o uso do handshaking para garantir que os dois lados tenham a mesma chave de sessão não é prático. Finalmente, o uso de chaves simétricas de uso único fortalece a que já é uma técnica de encriptação simétrica forte. Apenas uma pequena quantidade de texto claro é encriptada com cada chave, e não existe relacionamento entre as chaves. Assim, enquanto o algoritmo de chave pública for seguro, o esquema inteiro é seguro. Para esse fim, o PGP oferece ao usuário uma série de opções de tamanho de chave, de 768 a 3072 bits (a chave DSS para assinaturas é limitada a 1024 bits).

CONFIDENCIALIDADE E AUTENTICAÇÃO

Conforme ilustra a Figura 19.1c, os dois serviços podem ser usados para a mesma mensagem. Primeiro, uma assinatura é gerada para a mensagem de texto claro e anexada ao início da mensagem. Depois, a mensagem em texto claro mais assinatura é encriptada usando CAST-128 (ou IDEA ou 3DES), e a chave de sessão é encriptada usando RSA (ou ElGamal). Essa sequência é preferível ao oposto: encriptar a mensagem e depois gerar uma assinatura para a mensagem criptografada. Geralmente, é mais conveniente armazenar uma assinatura com uma versão de texto claro de uma mensagem. Além disso, para fins de verificação de terceiros, se a assinatura for realizada primeiro, um terceiro não precisa se preocupar com a chave simétrica ao verificar a assinatura.

Resumindo, quando os dois serviços são usados, o emissor primeiro assina a mensagem com sua própria chave privada, depois a encripta com uma chave de sessão e, em seguida, encripta a chave de sessão com a chave pública do destinatário.

COMPACTAÇÃO

Por padrão, o PGP compacta a mensagem depois de aplicar a assinatura, mas antes da encriptação. Isso tem o benefício de economizar espaço para transmissão de e-mail e para armazenamento de arquivo.

O posicionamento do algoritmo de compactação, indicado por Z para compactação e Z^{-1} para descompactação na Figura 19.1, é crítico:

1. A assinatura é gerada antes da compactação por dois motivos:

   a. É preferível assinar uma mensagem não compactada de modo que se possa armazenar apenas a mensagem descompactada junto com a assinatura, para verificação futura. Se alguém assinasse um documento compactado, então seria preciso ou armazenar uma versão compactada da mensagem para verificação posterior ou recompactar a mensagem quando a verificação for necessária.

   b. Mesmo que alguém quisesse gerar dinamicamente uma mensagem recompactada para verificação, o algoritmo de compactação do PGP apresenta uma dificuldade. O algoritmo não é determinístico; várias implementações do algoritmo conseguem diferentes balanceamentos entre velocidade de execução e taxa de compactação e, como resultado, produzem diferentes formas compactadas. Porém, esses diferentes algoritmos de compactação são interoperáveis, pois qualquer versão do algoritmo pode descompactar corretamente a saída de qualquer outra versão. A aplicação da função de hash e assinatura após a compactação restringiria todas as implementações do PGP à mesma versão do algoritmo de compactação.

2. A encriptação de mensagem é aplicada após a compactação para fortalecer a segurança criptográfica. Como a mensagem compactada tem menos redundância do que o texto claro original, a criptoanálise é mais difícil. O algoritmo de compactação utilizado é ZIP, que é descrito no Apêndice O (Disponível na Sala Virtual <sv.pearson.com.br>, em inglês)

COMPATIBILIDADE DE E-MAIL

Quando o PGP é utilizado, pelo menos parte do bloco a ser transmitido é encriptada. Se apenas o serviço de assinatura for utilizado, então o hash da mensagem é encriptado (com a chave privada do emissor). Se o serviço de confidencialidade for usado, mensagem mais assinatura (se presente) são encriptadas (com uma chave simétrica de uso único). Assim, parte ou todo o bloco resultante consiste em um fluxo de octetos arbitrários de 8 bits. Porém, muitos sistemas de correio eletrônico só permitem o uso de blocos consistindo em texto ASCII. Para acomodar essa restrição, o PGP oferece o serviço de conversão do fluxo binário bruto de 8 bits para um fluxo de caracteres ASCII imprimíveis.

O esquema usado para essa finalidade é a conversão radix-64. Cada grupo de três octetos de dados binários é mapeado para quatro caracteres ASCII. Esse formato também anexa um CRC para detectar erros de transmissão. Veja uma descrição no Apêndice 19A.

O uso de radix-64 expande uma mensagem em 33%. Felizmente, as partes de chave de sessão e assinatura da mensagem são relativamente compactas, e a mensagem de texto claro foi compactada. Na verdade, a compactação deverá ser mais do que suficiente para compensar a expansão radix-64. Por exemplo, [HELD96] informa uma razão de compactação média de cerca de 2,0 usando ZIP. Se ignorarmos os componentes relativamente pequenos de assinatura e chave, o efeito geral típico da compactação e expansão de um arquivo de tamanho X seria $1,33 \times 0,5 \times X = 0,665 \times X$. Assim, ainda existe uma compactação geral de cerca de um terço.

Um aspecto digno de nota do algoritmo radix-64 é que ele converte cegamente o fluxo de entrada para o formato radix-64, independente do conteúdo, mesmo que a entrada seja texto ASCII. Assim, se uma mensagem estiver assinada, mas não encriptada, e a conversão for aplicada ao bloco inteiro, a saída será ilegível ao observador casual, o que oferece certo nível de confidencialidade. Como uma opção, o PGP pode ser configurado para converter para o formato radix-64 somente a parte de assinatura das mensagens de texto claro assinadas. Isso permite que o destinatário humano leia a mensagem sem usar o PGP. O PGP ainda teria que ser usado para verificar a assinatura.

A Figura 19.2 mostra o relacionamento entre os quatro serviços discutidos até aqui. Na transmissão, se for preciso, uma assinatura será gerada usando um código de hash do texto claro descompactado. Depois, o texto claro mais a assinatura, se estiver presente, são compactados. Em seguida, se a confidencialidade for exigida, o bloco (texto claro compactado ou assinatura compactada mais texto claro) é encriptado e anexado no início com a chave de encriptação simétrica encriptada com a chave pública. Finalmente, o bloco inteiro é convertido para o formato radix-64.

Na recepção, o bloco que chega é primeiro convertido de volta do formato radix-64 para binário. Depois, se a mensagem estiver encriptada, o destinatário recupera a chave de sessão e decripta a mensagem. O bloco resultante é, então, descompactado. Se a mensagem estiver assinada, o destinatário recupera o código de hash transmitido e o compara com seu próprio cálculo do código de hash.

19.2 S/MIME

S/MIME (Secure/Multipurpose Internet Mail Extension) é um mecanismo de segurança para o padrão de formato de e-mail MIME da Internet, com base na tecnologia da RSA Data Security. Embora PGP e S/MIME estejam em uma IETF standards track, parece provável que S/MIME emergirá como o padrão do setor para uso comercial e organizacional, enquanto PGP continuará sendo a escolha para segurança de e-mail pessoal por muitos usuários. S/MIME é definido em diversos documentos, sendo os mais importantes as RFCs 3370, 3850, 3851 e 3852.

Para entender o S/MIME, primeiro precisamos ter um conhecimento geral do formato básico de e-mail que ele utiliza, a saber, MIME. Mas, para entender o significado do MIME, precisamos voltar ao padrão tradicional de formato de e-mail, RFC 822, que ainda é comumente utilizado. A versão mais recente dessa especificação de formato é a RFC 5322 (*Internet Message Format*). Por conseguinte, esta seção primeiro oferece uma introdução a esses dois padrões anteriores, e depois prossegue para uma discussão do S/MIME.

RFC 5322

A RFC 5322 define um formato para mensagens de texto que são enviadas por meio de correio eletrônico. Ela tem sido o padrão para mensagem de correio de texto baseada na Internet e continua sendo muito usada. No contexto da RFC 5322, as mensagens são vistas como tendo um envelope e conteúdo. O envelope contém qualquer informação que seja necessária para conseguir transmissão e remessa. O conteúdo compõe o objeto a

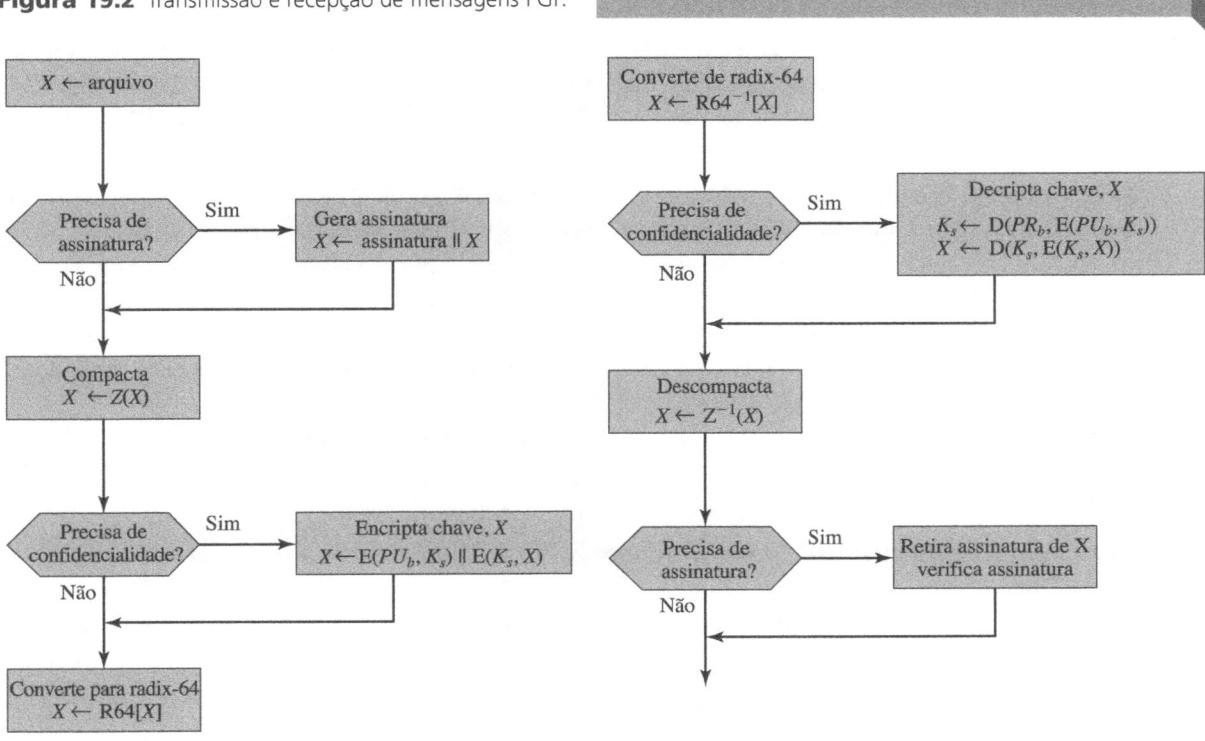

Figura 19.2 Transmissão e recepção de mensagens PGP.

(a) Diagrama de transmissão genérico (de A)

(b) Diagrama de recepção genérico (para B)

ser entregue ao destinatário. O padrão RFC 5322 só se aplica ao conteúdo. Porém, o padrão do conteúdo inclui um conjunto de campos de cabeçalho que podem ser usados pelo sistema de correio para criar o envelope, e visa facilitar a aquisição dessas informações pelos programas.

A estrutura geral de uma mensagem que esteja em conformidade com a RFC 5322 é muito simples. Uma mensagem consiste em algum número de linhas de cabeçalho (*o cabeçalho*) seguidas por texto irrestrito (*o corpo*). O cabeçalho é separado do corpo por uma linha em branco. Em outras palavras, uma mensagem é texto ASCII, e todas as linhas até a primeira linha em branco são consideradas linhas de cabeçalho usadas pela parte do agente do usuário do sistema de correio.

Uma linha de cabeçalho normalmente consiste em uma palavra-chave, seguida por um sinal de dois pontos, seguido pelos argumentos da palavra-chave; o formato permite que uma linha longa seja desmembrada em várias linhas. As palavras-chave mais utilizadas são *From*, *To*, *Subject* e *Date*. Aqui está uma mensagem de exemplo:

```
Date: October 8, 2009 2:15:49 PM EDT
From: "William Stallings" <ws@shore.net>
Subject: A sintaxe na RFC 5322
To: Smith@Other-host.com
Cc: Jones@Yet-Another-Host.com

Olá. Essa seção apresenta o conteúdo real da mensagem, a qual é delimitada a
partir do cabeçalho da mensagem por uma quebra de linha.
```

Outro campo que normalmente é encontrado nos cabeçalhos da RFC 5322 é *Message-ID*. Esse campo contém um identificador exclusivo associado a essa mensagem.

Multipurpose Internet Mail Extensions

Multipurpose Internet Mail Extension (MIME) é uma extensão à estrutura da RFC 5322, que pretende resolver alguns dos problemas e limitações do uso do SMTP (Simple Mail Transfer Protocol) definido na RFC 821, ou algum outro protocolo de transferência de correio, e a RFC 5322 para correio eletrônico. [PARZ06] lista as seguintes limitações do esquema SMTP/5322:

1. SMTP não pode transmitir arquivos executáveis ou outros objetos binários. Diversos esquemas são usados para converter arquivos binários em um formato de texto que possa ser usado pelos sistemas de correio SMTP, incluindo o popular esquema UUencode/UUdecode do UNIX. Porém, nenhum desses é um padrão ou mesmo um padrão *de fato*.
2. SMTP não pode transmitir dados de texto que incluam caracteres de idioma nacional, pois estes são representados por códigos de 8 bits com valores 128 (decimal) ou mais altos, e SMTP é limitado ao ASCII de 7 bits.
3. Servidores SMTP podem rejeitar a mensagem de correio acima de um certo tamanho.
4. Gateways SMTP que traduzem entre ASCII e o código de caracteres EBCDIC não utilizam um conjunto consistente de mapeamentos, resultando em problemas de tradução.
5. Gateways SMTP para redes de correio eletrônico X.400 não podem tratar de dados não textuais incluídos em mensagens X.400.
6. Algumas implementações SMTP não aderem completamente aos padrões SMTP definidos na RFC 821. Alguns problemas comuns incluem:
   - Exclusão, adição ou reordenação de quebras de linha
   - Truncamento ou quebra de linhas maiores do que 76 caracteres
   - Remoção de espaços em branco no final (caracteres de tabulação e espaço)
   - Preenchimento de linhas em uma mensagem para o mesmo tamanho
   - Conversão de caracteres de tabulação em múltiplos caracteres de espaço

MIME tem por finalidade resolver esses problemas de uma maneira que seja compatível com as implementações RFC 5322 existentes. A especificação é fornecida nas RFCs 2045 a 2049.

Visão geral

A especificação MIME inclui os seguintes elementos:

1. Cinco novos campos de cabeçalho de mensagem são definidos, que podem ser incluídos em um cabeçalho RFC 5322. Esses campos oferecem informações sobre o corpo da mensagem.
2. Diversos formatos de conteúdo são definidos, padronizando assim as representações que admitem correio eletrônico de multimídia.
3. Codificações de transferência são definidas para permitir a conversão de qualquer formato de conteúdo para uma forma que seja protegida contra alteração pelo sistema de correio.

Nesta subseção, introduzimos os cinco cabeçalhos de mensagem. As duas subseções seguintes tratam dos formatos de conteúdo e codificações de transferência.

Os cinco campos de cabeçalho definidos no MIME são os seguintes:

- **MIME-Version:** precisa ter o valor de parâmetro 1.0. Esse campo indica que a mensagem está em conformidade com as RFCs 2045 e 2046.
- **Content-Type:** descreve os dados contidos no corpo com detalhe suficiente para que o agente do usuário receptor possa escolher um agente ou mecanismo apropriado para representar os dados ao usuário ou lidar de alguma outra forma com os dados de maneira apropriada.
- **Content-Transfer-Encoding:** indica o tipo de transformação que foi usado para representar o corpo da mensagem de uma maneira que seja aceitável para transporte de correio.
- **Content-ID:** usado para identificar entidades MIME exclusivamente em contextos múltiplos.

- **Content-Description:** uma descrição textual do objeto com o corpo; isso é útil quando o objeto não é legível (por exemplo, dados de áudio).

Qualquer um ou todos esses campos podem aparecer em um cabeçalho RFC 5322 normal. Uma implementação compatível precisa ter suporte para os campos MIME-Version, Content-Type e Content-Transfer-Encoding; os campos Content-ID e Content-Description são opcionais e podem ser ignorados pela implementação do destinatário.

Tipos de conteúdo MIME

O núcleo da especificação MIME trata da definição de diversos tipos de conteúdo. Isso reflete a necessidade de fornecer maneiras padronizadas de lidar com uma grande variedade de representações de informação em um ambiente de multimídia.

A Tabela 19.2 lista os tipos de conteúdo especificados na RFC 2046. Existem sete tipos de conteúdo principais diferentes e um total de 15 subtipos. Em geral, um tipo de conteúdo declara o tipo geral dos dados, e o subtipo especifica um formato em particular para esse tipo de dados.

Para o **tipo de texto** do corpo, nenhum software especial é exigido para obter o significado completo do texto, fora o suporte do conjunto de caracteres indicado. O subtipo primário é *texto claro*, que é simplesmente uma string de caracteres ASCII ou caracteres ISO 8859. O subtipo *enriched* permite uma maior flexibilidade de formatação.

O **tipo multipart** indica que o corpo contém várias partes independentes. O campo de cabeçalho Content-Type inclui um parâmetro, chamado limite, que define o delimitador entre as partes do corpo. Esse limite não deverá aparecer em qualquer parte da mensagem. Cada limite começa em uma nova linha e consiste em dois hífens seguidos pelo valor do limite. O limite final, que indica o final da última parte, também possui um sufixo de dois hífens. Dentro de cada parte, pode haver um cabeçalho MIME comum opcional.

Tabela 19.2 Tipos de conteúdo MIME.

Tipo	Subtipo	Descrição
Text	Plain	Texto não formatado; pode ser ASCII ou ISO 8859.
	Enriched	Oferece maior flexibilidade de formato.
Multipart	Mixed	As diferentes partes são independentes, mas devem ser transmitidas juntas. Elas devem ser apresentadas ao receptor na ordem em que aparecem na mensagem de correio.
	Parallel	Difere de Mixed apenas porque nenhuma ordem é definida para a entrega das partes ao receptor.
	Alternative	As diferentes partes são versões alternativas da mesma informação. Elas são ordenadas em ordem crescente de fidelidade ao original, e o sistema de correio do destinatário deverá exibir a "melhor" versão ao usuário.
	Digest	Semelhante a Mixed, mas o tipo/subtipo padrão de cada parte é message/rfc822.
Message	rfc822	O corpo é uma mensagem encapsulada em conformidade com a RFC 822.
	Partial	Usado para permitir a fragmentação de grandes itens de correio, de uma maneira transparente ao destinatário.
	External-body	Contém um ponteiro para um objeto que existe em outro lugar.
Image	jpeg	A imagem está no formato JPEG, codificação JFIF.
	gif	A imagem está no formato GIF.
Video	mpeg	Formato MPEG.
Audio	Basic	Codificação ISDN mu-law em 8 bits e único canal, em uma taxa de amostragem de 8 kHz.
Application	PostScript	Formato Postscript da Adobe.
	octet-stream	Dados binários em geral consistindo em bytes de 8 bits.

Aqui está um exemplo simples de uma mensagem multipart, contendo duas partes, ambas consistindo em texto simples (retirado da RFC 2046):

```
From: Nathaniel Borenstein <nsb@bellcore.com>
To: Ned Freed <ned@innosoft.com>
Subject: Mensagem de exemplo
MIME-Version: 1.0
Content-type: multipart/mixed; boundary="simple boundary"
```
Esse é o preâmbulo. Deve ser ignorado, apesar de ser um local conveniente para o remetente da mensagem incluir uma nota explanatória para um leitor que não está de acordo com o MIME.
—simple boundary
Esse é um texto ASCII digitado implicitamente. Não termina com uma quebra de linha.
—simple boundary
Content-type: text/plain; charset=us-ascii
Esse é um texto ASCII digitado explicitamente. Termina com uma quebra de linha.
—simple boundary—
Esse é o epílogo. Também deve ser ignorado.

Existem quatro subtipos do tipo multipart, todos tendo a mesma sintaxe geral. O **subtipo multipart/mixed** é usado quando existem várias partes de corpo independentes, que precisam ser combinadas em determinada ordem. Para o **subtipo multipart/parallel**, a ordem das partes não é significativa. Se o sistema do destinatário for apropriado, as múltiplas partes podem ser apresentadas em paralelo. Por exemplo, uma parte de imagem ou texto poderia ser acompanhada por um comentário de voz que é tocado enquanto a figura ou texto é exibido.

Para o **subtipo multipart/alternative**, as diversas partes são diferentes representações da mesma informação. A seguir vemos um exemplo:

```
From: Nathaniel Borenstein <nsb@bellcore.com>
To: Ned Freed <ned@innosoft.com>
Subject: Mensagem de texto formatada
MIME-Version: 1.0
Content-Type: multipart/alternative;
boundary=boundary42
 —boundary42
Content-Type: text/plain; charset=us-ascii
  ... versão de texto claro da mensagem entra aqui ....
 —boundary42
Content-Type: text/enriched
  .... versão text/enriched da RFC 1896 da mesma mensagem
entra aqui ...
 —boundary42—
```

Nesse subtipo, as partes do corpo são ordenadas em termos de preferência crescente. Para este exemplo, se o sistema destinatário for capaz de exibir a mensagem no formato text/enriched, isso será feito; caso contrário, o formato de texto claro será usado.

O **subtipo multipart/digest** é usado quando cada uma das partes do corpo é interpretada como uma mensagem RFC 5322 com cabeçalhos. Esse subtipo permite a construção de uma mensagem cujas partes são mensagens individuais. Por exemplo, o moderador de um grupo poderia coletar mensagens de e-mail dos participantes, reunir essas mensagens e enviá-las em uma mensagem MIME encapsulada.

O **tipo de mensagem** oferece diversas capacidades importantes em MIME. O **subtipo message/rfc822** indica que o corpo é uma mensagem inteira, incluindo cabeçalho e corpo. Apesar do nome desse subtipo, a mensagem encapsulada pode não ser uma mensagem RFC 5322 simples, mas também qualquer mensagem MIME.

O **subtipo message/partial** permite a fragmentação de uma mensagem grande em diversas partes, que precisam ser remontadas no destino. Para esse subtipo, três parâmetros são especificados no campo Content-Type: Message/Partial: um *id* comum a todos os fragmentos da mesma mensagem, um *número de sequência* exclusivo de cada fragmento e o número *total* de fragmentos.

O **subtipo message/external-body** indica que os dados reais a serem transportados nessa mensagem não estão contidos no corpo. Ao invés disso, o corpo contém a informação necessária para acessar os dados. Assim como os outros tipos de mensagem, o subtipo message/external-body tem um cabeçalho externo e uma mensagem encapsulada com seu próprio cabeçalho. O único campo necessário no cabeçalho externo é o campo Content-Type, que identifica isso como um subtipo message/external-body. O cabeçalho interno é o cabeçalho da mensagem para a mensagem encapsulada. O campo Content-Type no cabeçalho externo precisa incluir um parâmetro de tipo de acesso, que indica o método de acesso, como FTP (File Transfer Protocol).

O **tipo application** refere-se a outros tipos de dados, normalmente dados binários não interpretados ou informações a serem processadas por uma aplicação baseada em e-mail.

CODIFICAÇÕES DE TRANSFERÊNCIA MIME

O outro componente importante da especificação MIME, além da especificação de tipo de conteúdo, é uma definição de codificações de transferência para corpos de mensagem. O objetivo é oferecer remessa confiável através da grande variedade de ambientes.

O padrão MIME define dois métodos de codificação de dados. O campo Content-Transfer-Encoding pode na verdade assumir seis valores, conforme listados na Tabela 19.3. Porém, três desses valores (7bit, 8bit e binary) indicam que nenhuma codificação foi feita, mas oferecem alguma informação sobre a natureza dos dados. Para transferência SMTP, é seguro usar o formato 7bit. Os formatos 8bit e binary podem ser utilizáveis em outros contextos de transporte de correio. Outro valor de Content-Transfer-Encoding é x-token, que indica que algum outro esquema de codificação é utilizado, para o qual um nome deve ser fornecido. Esse poderia ser um esquema específico do fornecedor ou específico da aplicação. Os dois esquemas de codificação reais são quoted-printable e base64. Dois esquemas são definidos para oferecer uma escolha entre uma técnica de transferência que é basicamente legível ao humano e outra que é segura para todos os tipos de dados de uma maneira razoavelmente compacta.

A codificação de transferência **quoted-printable** é útil quando os dados consistem quase totalmente em octetos que correspondem a caracteres ASCII imprimíveis. Basicamente, ela representa caracteres inseguros pela representação hexadecimal de seu código, e introduz quebras de linhas (flexíveis) para limitar as linhas da mensagem a 76 caracteres.

Tabela 19.3 Codificações de transferência MIME.

7bit	Os dados são representados por pequenas linhas de caracteres ASCII.
8bit	As linhas são curtas, mas não pode haver caracteres ASCII (octetos com o bit de alta ordem marcado).
binary	Não apenas os caracteres não-ASCII podem estar presentes, mas as linhas não são necessariamente curtas o suficiente para o transporte SMTP.
quoted-printable	Codifica os dados de modo que, se os dados sendo codificados forem principalmente texto ASCII, a forma codificada dos dados permanece em grande parte reconhecível pelos humanos.
base64	Codifica dados pelo mapeamento de blocos de 6 bits de entrada para blocos de 8 bits de saída, todos caracteres ASCII imprimíveis.
x-token	Uma codificação nomeada fora do padrão.

A **codificação de transferência base64**, também conhecida como codificação radix 64, é comum para a codificação de dados binários arbitrários de modo que sejam invulneráveis ao processamento por programas de transporte de correio. Ela também é usada no PGP e descrita no Apêndice 19A.

Um exemplo de multipart

A Figura 19.3, retirada da RFC 2045, é um esboço de uma mensagem multipart complexa. A mensagem tem cinco partes a serem exibidas serialmente: duas partes de texto claro introdutórias, uma mensagem multipart embutida, uma parte richtext e uma mensagem de texto encapsulada de fechamento, em um conjunto de caracteres não ASCII. A mensagem multipart embutida tem duas partes a serem exibidas em paralelo, uma imagem e um fragmento de áudio.

Figura 19.3 Exemplo de estrutura da mensagem MIME.

```
MIME-Version: 1.0
From: Nathaniel Borenstein <nsb@bellcore.com>
To: Ned Freed <ned@innosoft.com>
Subject: A multipart example
Content-Type: multipart/mixed;
    boundary=unique-boundary-1

This is the preamble area of a multipart message. Mail readers that understand multipart format should ignore
this preamble. If you are reading this text, you might want to consider changing to a mail reader that understands
how to properly display multipart messages.

--unique-boundary-1

    ...Some text appears here...
[Note that the preceding blank line means no header fields were given and this is text, with charset US ASCII.
It could have been done with explicit typing as in the next part.]

--unique-boundary-1
Content-type: text/plain; charset=US-ASCII

This could have been part of the previous part, but illustrates explicit versus implicit typing of body parts.

--unique-boundary-1
Content-Type: multipart/parallel;   boundary=unique-boundary-2

--unique-boundary-2
Content-Type: audio/basic
Content-Transfer-Encoding: base64

    ... base64-encoded 8000 Hz single-channel mu-law-format audio data goes here....

--unique-boundary-2
Content-Type: image/jpeg
Content-Transfer-Encoding: base64

    ... base64-encoded image data goes here....

--unique-boundary-2--

--unique-boundary-1
Content-type: text/enriched

This is <bold><italic>richtext.</italic></bold> <smaller>as defined in RFC 1896</smaller>

Isn't it <bigger><bigger>cool?</bigger></bigger>

--unique-boundary-1
Content-Type: message/rfc822

From: (mailbox in US-ASCII)
To: (address in US-ASCII)
Subject: (subject in US-ASCII)
Content-Type: Text/plain; charset=ISO-8859-1
Content-Transfer-Encoding: Quoted-printable

    ... Additional text in ISO-8859-1 goes here ...

--unique-boundary-1--
```

FORMA CANÔNICA

Um conceito importante em MIME e S/MIME é o da forma canônica. A forma canônica é um formato, apropriado ao tipo de conteúdo, que é padronizado para uso entre os sistemas. Isso é contrário à forma nativa, que é um formato que pode ser peculiar a determinado sistema. A Tabela 19.4, da RFC 2049, deverá ajudar a esclarecer essa questão.

Funcionalidade do S/MIME

Em termos de funcionalidade geral, S/MIME é muito semelhante ao PGP. Ambos oferecem a capacidade de assinar e/ou encriptar mensagens. Nesta subseção, resumimos rapidamente a capacidade do S/MIME. Depois, examinamos essa capacidade com mais detalhes, analisando os formatos e a preparação da mensagem.

FUNÇÕES

S/MIME oferece as seguintes funções:

- **Dados envelopados:** consiste em conteúdo encriptado de qualquer tipo e as chaves de encriptação de conteúdo encriptado para um ou mais destinatários.
- **Dados assinados:** uma assinatura digital é formada apanhando-se o resumo de mensagem do conteúdo a ser assinado, e depois encriptando-se isso com a chave privada do assinante. O conteúdo mais assinatura são então codificados usando a codificação base64. Uma mensagem de dados assinada só pode ser vista por um destinatário com capacidade S/MIME.
- **Dados assinados às claras:** assim como os dados assinados, uma assinatura digital do conteúdo é formada. Porém, nesse caso, somente a assinatura digital é codificada usando base64. Como resultado, os destinatários sem capacidade S/MIME podem ver o conteúdo da mensagem, embora não possam verificar a assinatura.
- **Dados assinados e envelopados:** entidades somente assinadas e somente encriptadas podem ser aninhadas, de modo que os dados encriptados podem ser assinados e os dados assinados ou assinados às claras podem ser encriptados.

ALGORITMOS CRIPTOGRÁFICOS

A Tabela 19.5 resume os algoritmos criptográficos usados em S/MIME. S/MIME usa a terminologia a seguir, retirada da RFC 2119 (*Key Words for use in RFCs to Indicate Requirement Levels*), para especificar o nível de requisito:

- **PRECISA:** a definição é um requisito absoluto da especificação. Uma implementação precisa incluir esse recurso ou função para estar em conformidade com a especificação.
- **DEVERIA:** pode haver motivos válidos em circunstâncias particulares para ignorar esse recurso ou função, mas recomenda-se que uma implementação inclua o recurso ou a função.

Tabela 19.4 Forma nativa e canônica.

Forma nativa	O corpo a ser transmitido é criado no formato nativo do sistema. O conjunto de caracteres nativo é usado e, onde apropriado, convenções de fim de linha locais também são usadas. O corpo pode ser um arquivo de texto em estilo UNIX, ou uma imagem de rastreio da Sun, ou um arquivo indexado VMS, ou dados de áudio em um formato dependente do sistema, armazenado apenas na memória, ou algo mais que corresponda ao modelo local para a representação de alguma forma de informação. Fundamentalmente, os dados são criados no formato "nativo" que corresponde ao tipo especificado pelo tipo de mídia.
Forma canônica	O corpo inteiro, incluindo informações "fora de faixa", como tamanhos de registro e possivelmente informações de atributo de arquivo, é convertido para uma forma canônica universal. O tipo de mídia específico do corpo, além de seus atributos associados, dita a natureza da forma canônica que é usada. A conversão para a forma canônica apropriada pode envolver conversão do conjunto de caracteres, transformação de dados de áudio, compactação ou várias outras operações específicas aos diversos tipos de mídia. Porém, se a conversão do conjunto de caracteres for envolvida, deve-se ter o cuidado de entender a semântica do tipo de mídia, que pode ter fortes implicações para qualquer conversão de conjunto de caracteres (por exemplo, com relação a caracteres sintaticamente significativos em um subtipo de texto diferente de "plain").

Tabela 19.5 Algoritmos criptográficos usados no S/MIME.

Função	Requisito
Criar uma mensagem a ser usada na formação de uma assinatura digital	PRECISA admitir SHA-1. Receptor DEVERIA admitir MD5 por questão de compatibilidade.
Encriptar resumo de mensagem para formar assinatura digital	Agentes enviando e recebendo PRECISAM admitir DSS. Agentes enviando DEVERIAM admitir encriptação RSA. Agentes recebendo DEVERIAM admitir a verificação de assinaturas RSA com tamanhos de chave de 512 bits a 1024 bits.
Encriptar chave de sessão para transmissão com mensagem	Agentes enviando e recebendo DEVERIAM admitir Diffie-Hellman. Agentes enviando e recebendo PRECISAM admitir encriptação RSA com tamanhos de chave de 512 bits a 1024 bits.
Encriptar mensagem para transmissão com chave de sessão de única vez	Agentes enviando e recebendo PRECISAM admitir encriptação com 3DES. Agentes enviando DEVERIAM admitir encriptação com AES. Agentes enviando DEVERIAM admitir encriptação com RC2/40.
Criar um código de autenticação de mensagem	Agentes recebendo PRECISAM admitir HMAC com SHA-1. Agentes DEVERIAM admitir HMAC com SHA-1.

S/MIME incorpora três algoritmos de chave pública. O Digital Signature Standard (DSS) descrito no Capítulo 13 é o algoritmo preferido para assinatura digital. S/MIME lista Diffie-Hellman como algoritmo preferido para encriptar chaves de sessão; de fato, S/MIME usa uma variante do Diffie-Hellman que oferece encriptação/decriptação, conhecida como ElGamal (Capítulo 10). Como uma alternativa, RSA, descrito no Capítulo 9, pode ser usado para assinaturas e encriptação de chave de sessão. Esses são os mesmos algoritmos usados no PGP, e oferecem um alto nível de segurança. Para a função de hash usada para criar a assinatura digital, a especificação exige o SHA-1 de 160 bits, mas recomenda suporte do receptor para o MD5 de 128 bits, por compatibilidade com versões mais antigas do S/MIME. Conforme discutimos no Capítulo 11, existe preocupação justificável sobre a segurança do MD5, de modo que o SHA-1 é claramente a alternativa preferida.

Para encriptação de mensagem, o 3DES (Triple DES) com três chaves é recomendado, mas implementações compatíveis precisam admitir RC2 com 40 bits. Esse último é um algoritmo de encriptação fraco, mas permite compatibilidade com os controles de exportação dos Estados Unidos.

A especificação S/MIME inclui uma discussão do procedimento para decidir qual algoritmo de encriptação de conteúdo deve ser usado. Basicamente, um agente enviando tem duas decisões a tomar. Primeiro, o agente enviando precisa determinar se o agente recebendo é capaz de decriptar usando determinado algoritmo de encriptação. Segundo, se o agente recebendo só for capaz de aceitar conteúdo fracamente encriptado, o agente enviando precisa decidir se é aceitável enviar usando encriptação fraca. Para dar suporte a esse processo de decisão, um agente enviando pode anunciar suas capacidades de decriptação, em ordem de preferência, em qualquer mensagem que ele envia. Um agente recebendo pode armazenar essa informação para uso futuro.

As regras a seguir, nessa ordem, deverão ser seguidas por um agente enviando:

1. Se o agente enviando tiver uma lista de capacidades de decriptação preferidas a partir de um destinatário intencionado, ele DEVERIA escolher a primeira capacidade (preferência mais alta) na lista que seja capaz de usar.

2. Se o agente enviando não tiver tal lista de capacidades de um destinatário intencionado, mas tiver recebido uma ou mais mensagens do destinatário, então a mensagem sendo enviada DEVERIA usar o mesmo algoritmo de encriptação que foi usado na última mensagem assinada e encriptada, recebida desse destinatário intencionado.

3. Se o agente enviando não tiver conhecimento sobre as capacidades de decriptação do destinatário intencionado e quiser arriscar que o destinatário pode não ser capaz de decriptar a mensagem, então ele DEVERIA usar 3DES.

4. Se o agente enviando não tiver conhecimento sobre as capacidades de decriptação do destinatário intencionado e não quiser arriscar que ele não seja capaz de decriptar a mensagem, então ele PRECISA usar RC2/40.

Se uma mensagem tiver que ser enviada a vários destinatários e um algoritmo de encriptação comum não puder ser selecionado para todos, então o agente enviando terá que enviar duas mensagens. Porém, nesse caso, é importante observar que a segurança da mensagem se torna vulnerável pela transmissão de uma cópia com menor segurança.

Mensagens S/MIME

S/MIME utiliza diversos tipos de conteúdo MIME novos, que são mostrados na Tabela 19.6. Todos os novos tipos de aplicação utilizam a designação PKCS. Isso se refere a um conjunto de especificações de encriptação de chave pública emitidas pela RSA Laboratories e disponíveis para o esforço S/MIME.

Examinamos cada um destes por sua vez depois de examinar primeiro os procedimentos gerais para preparação de mensagem S/MIME.

Protegendo uma entidade MIME

S/MIME protege uma entidade MIME com uma assinatura, encriptação ou ambos. Uma entidade MIME pode ser uma mensagem inteira (exceto para os cabeçalhos RFC 5322), ou se o tipo de conteúdo MIME for multipart, então a entidade MIME é uma ou mais das subpartes da mensagem. A entidade MIME é preparada de acordo com as regras normais para preparação de mensagem MIME. Depois, a entidade MIME mais alguns dados relacionados a segurança, como identificadores de algoritmo e certificados, são processados pelo S/MIME para produzir o que é conhecido como um objeto PKCS. Um objeto PKCS é então tratado como conteúdo de mensagem e embrulhado no MIME (fornecido com cabeçalhos MIME apropriados). Esse processo deverá se tornar claro quando examinarmos os objetos específicos e fornecermos exemplos.

Em todos os casos, a mensagem a ser enviada é convertida para a forma canônica. Em particular, para determinado tipo e subtipo, a forma canônica apropriada é usada para o conteúdo da mensagem. Para uma mensagem multipart, a forma canônica apropriada é usada para cada subparte.

O uso da codificação de transferência requer atenção especial. Para a maioria dos casos, o resultado de aplicar o algoritmo de segurança será produzir um objeto parcial ou totalmente representado em dados binários arbitrários. Este será então embrulhado em uma mensagem MIME externa e a codificação de transferência poderá ser aplicada nesse ponto, normalmente base64. Porém, no caso de uma mensagem assinada multipart, descrita com mais detalhes adiante, o conteúdo da mensagem em uma das subpartes é inalterado pelo processo de segurança. A menos que esse conteúdo seja 7bit, ele deverá ser codificado na transferência usando base64 ou quoted-printable, de modo que não haja perigo de alterar o conteúdo ao qual a assinatura foi aplicada.

Examinamos agora cada um dos tipos de conteúdo S/MIME.

Tabela 19.6 Tipos de conteúdo S/MIME.

Tipo	Subtipo	Parâmetro smime	Descrição
Multipart	Signed		Uma mensagem assinada às claras em duas partes: uma é a mensagem e a outra é a assinatura.
Application	`pkcs 7-mime`	`signedData`	Uma entidade S/MIME assinada.
	`pkcs 7-mime`	`envelopedData`	Uma entidade S/MIME encriptada.
	`pkcs 7-mime`	`signedData degenerado`	Uma entidade contendo apenas certificados de chave pública.
	`pkcs 7-mime`	`CompressedData`	Uma entidade S/MIME compactada.
	`pkcs 7-signature`	`signedData`	O tipo de conteúdo da subparte de assinatura de uma mensagem multipart/signed.

EnvelopedData

Um subtipo `application/pkcs7-mime` é usado para uma das quatro categorias de processamento S/MIME, cada uma com um parâmetro smime-type exclusivo. Em todos os casos, a entidade resultante (conhecida como um *objeto*) é representada em um formato conhecido como Basic Encoding Rules (BER), que é definido na ITU-T Recommendation X.209. O formato BER consiste em strings de octeto arbitrárias e, portanto, são dados binários. Esse objeto deve ser codificado por transferência com base64 na mensagem MIME externa. Primeiro, examinamos envelopedData.

As etapas para preparar uma entidade MIME envelopedData são as seguintes:

1. Gere uma chave de sessão pseudoaleatória para determinado algoritmo de encriptação simétrica (RC2/40 ou 3DES).
2. Para cada destinatário, encripte a chave de sessão com a chave RSA pública do destinatário.
3. Para cada destinatário, prepare um bloco conhecido como `RecipientInfo`, que contém um identificador do certificado de chave pública do destinatário,[2] um identificador do algoritmo usado para encriptar a chave de sessão, e a chave de sessão encriptada.
4. Encripte o conteúdo da mensagem com a chave de sessão.

Os blocos `RecipientInfo` seguidos pelo conteúdo encriptado constituem o `envelopedData`. Essa informação é então codificada para base64. Uma mensagem de exemplo (excluindo os cabeçalhos RFC 5322) é a seguinte:

```
Content-Type: application/pkcs7-mime; smime-type=enveloped-
    data; name=smime.p7m
Content-Transfer-Encoding: base64
Content-Disposition: attachment; filename=smime.p7m
rfvbnj75.6tbBghyHhHUujhJhjH77n8HHGT9HG4VQpfyF467GhIGfHfYT6
7n8HHGghyHhHUujhJh4VQpfyF467GhIGfHfYGTrfvbnjT6jH7756tbB9H
f8HHGTrfvhJhjH776tbB9HG4VQbnj7567GhIGfHfYT6ghyHhHUujpfyF4
0GhIGfHfQbnj756YT64V
```

Para recuperar a mensagem encriptada, o destinatário primeiro remove a codificação base64. Depois, a chave privada do destinatário é usada para recuperar a chave de sessão. Finalmente, o conteúdo da mensagem é decriptado com a chave de sessão.

SignedData

O smime-type `signedData` pode ser usado com um ou mais assinantes. Por clareza, confinamos nossa descrição ao caso de uma única assinatura digital. As etapas para preparar uma entidade MIME `signedData` são as seguintes:

1. Selecione um algoritmo de resumo de mensagem (SHA ou MD5).
2. Calcule o resumo da mensagem (ou função de hash) do conteúdo a ser assinado.
3. Encripte o resumo da mensagem com a chave privada do assinante.
4. Prepare um bloco, conhecido como `SignerInfo`, que contém o certificado de chave pública do assinante, um identificador do algoritmo de resumo da mensagem, um identificador do algoritmo usado para encriptar o resumo da mensagem e o resumo da mensagem encriptada.

A entidade `signedData` consiste em uma série de blocos, incluindo um identificador do algoritmo de resumo da mensagem, a mensagem sendo assinada e `SignerInfo`. A entidade `signedData` também pode incluir um conjunto de certificados de chave pública suficientes para constituir uma cadeia a partir de uma raiz reconhecida, ou autoridade de certificação de alto nível, até o assinante. Essa informação é então codificada para base64. Uma mensagem de exemplo (excluindo os cabeçalhos RFC 5322) é a seguinte:

---

[2] Este é um certificado X.509, discutido mais adiante nesta seção.

```
Content-Type: application/pkcs7-mime; smime-type=
    signed-data; name=smime.p7m
Content-Transfer-Encoding: base64
Content-Disposition: attachment; filename=smime.p7m
567GhIGfHfYT6ghyHhHUujpfyF4f8HHGTrfvhJhjH776tbB9HG4VQbnj7
77n8HHGT9HG4VQpfyF467GhIGfHfYT6rfvbnj756tbBghyHhHUujhJhjH
HUujhJh4VQpfyF467GhIGfHfYGTrfvbnjT6jH7756tbB9H7n8HHGghyHh
6YT64V0GhIGfHfQbnj75
```

Para recuperar a mensagem assinada e verificar a assinatura, o destinatário primeiro remove a codificação base64. Depois, a chave pública do assinante é usada para decriptar o resumo da mensagem. O destinatário calcula independentemente o resumo da mensagem e o compara com o resumo da mensagem decriptado, para verificar a assinatura.

Assinatura às claras

A assinatura às claras é obtida por meio do tipo de conteúdo multipart com um subtipo assinado. Como já dissemos, esse processo de assinatura não envolve a transformação da mensagem a ser assinada, de modo que a mensagem é enviada "às claras". Assim, os destinatários com capacidade MIME, mas não com capacidade S/MIME, são capazes de ler a mensagem que chega.

Uma mensagem multipart/signed possui duas partes. A primeira parte pode ser qualquer tipo MIME, mas precisa ser preparada de modo que não seja alterada durante a transferência da origem ao destino. Isso significa que, se a primeira parte não for 7bit, então ela precisa ser codificada usando base64 ou quoted-printable. Depois, essa parte é processada da mesma maneira que `signedData`, mas nesse caso um objeto com formato `signedData` é criado, com um campo de conteúdo de mensagem vazio. Esse objeto é uma assinatura destacada. Depois, ele é codificado por transferência usando base64, para se tornar a segunda parte da mensagem multipart/signed. Essa segunda parte tem um tipo de conteúdo MIME application e um subtipo pkcs7-signature. Aqui está uma mensagem de exemplo:

```
Content-Type: multipart/signed;
    protocol="application/pkcs7-signature";
    micalg=sha1; boundary=boundary42
—boundary42
Content-Type: text/plain
Essa é uma mensagem assinada às claras.
—boundary42
Content-Type: application/pkcs7-signature; name=smime.p7s
Content-Transfer-Encoding: base64
Content-Disposition: attachment; filename=smime.p7s
ghyHhHUujhJhjH77n8HHGTrfvbnj756tbB9HG4VQpfyF467GhIGfHfYT6
4VQpfyF467GhIGfHfYT6jH77n8HHGghyHhHUujhJh756tbB9HGTrfvbnj
n8HHGTrfvhJhjH776tbB9HG4VQbnj7567GhIGfHfYT6ghyHhHUujpfyF4
7GhIGfHfYT64VQbnj756
—boundary42—
```

O parâmetro `protocol` indica que essa é uma entidade assinada às claras em duas partes. O parâmetro `micalg` indica o tipo de resumo de mensagem utilizado. O receptor pode verificar a assinatura apanhando o resumo da mensagem da primeira parte e comparando-o com o resumo da mensagem recuperado da assinatura na segunda parte.

Solicitação de registro

Normalmente, uma aplicação ou usuário solicitará de uma autoridade de certificação um certificado de chave pública. A entidade S/MIME application/pkcs10 é usada para transferir uma solicitação de certificação. A solicitação de certificação inclui o bloco *certification RequestInfo*, seguido por um identificador do algoritmo de encriptação de chave pública, seguido pela assinatura do bloco `certificationRequestInfo`, feita por meio da chave privada do emissor. O bloco `certificationRequestInfo` inclui um nome do sujeito do certificado (a entidade cuja chave pública deve ser certificada) e uma representação de string de bits da chave pública do usuário.

Mensagem apenas com certificados

Uma mensagem contendo apenas certificados ou uma lista de revogação de certificado (CRL) pode ser enviada em resposta a uma solicitação de registro. A mensagem é um tipo/subtipo application/pkcs7-mime com um parâmetro smime-type degenerado. As etapas envolvidas são iguais àquelas para a criação de uma mensagem `signedData`, exceto que não existe conteúdo de mensagem e o campo `signerInfo` está vazio.

Processamento de certificado S/MIME

S/MIME usa certificados de chave pública que estão de acordo com a versão 3 do X.509 (ver Capítulo 14). O esquema de gerenciamento de chave usado pelo S/MIME é, de algumas maneiras, um híbrido entre uma hierarquia de certificação X.509 estrita e a rede de confiança do PGP. Assim como o modelo do PGP, gerenciadores e/ou usuários do S/MIME precisam configurar cada cliente com uma lista de chaves confiáveis e com listas de revogação de certificado. Ou seja, a responsabilidade é local por manter os certificados necessários para verificar as assinaturas que chegam e encriptar as mensagens que saem. Por outro lado, os certificados são assinados por autoridades de certificação.

Papel do agente do usuário

Um usuário S/MIME possui diversas funções de gerenciamento de chave a realizar:

- **Geração de chave:** o usuário de algum utilitário administrativo relacionado (por exemplo, um associado com gerenciamento de LAN) PRECISA ser capaz de gerar pares de chaves Diffie-Hellman e DSS separadas e DEVERIA ser capaz de gerar pares de chave RSA. Cada par de chaves PRECISA ser gerado a partir de uma boa fonte de entrada aleatória não determinística e ser protegido de uma forma segura. Um agente do usuário DEVERIA gerar pares de chaves RSA com um tamanho no intervalo de 768 a 1024 bits, e NÃO PODE gerar um tamanho menor que 512 bits.

- **Registro:** a chave pública de um usuário precisa ser registrada com uma autoridade de certificação a fim de receber um certificado de chave pública X.509.

- **Armazenamento e recuperação de certificado:** um usuário exige acesso a uma lista local de certificados a fim de verificar as assinaturas que chegam e encriptar as mensagens que saem. Essa lista poderia ser mantida pelo usuário ou por alguma entidade administrativa local em favor de diversos usuários.

Certificados VeriSign

Existem várias empresas que oferecem serviços de autoridade de certificação (CA). Por exemplo, a Nortel criou uma solução de CA empresarial e pode oferecer suporte para S/MIME dentro de uma organização. Existem diversas CAs baseadas na Internet, incluindo VeriSign, GTE e o U.S. Postal Service. Dessas, a mais utilizada é o serviço de CA VeriSign, do qual oferecemos agora uma rápida descrição.

VeriSign oferece um serviço de CA que busca ser compatível com S/MIME e diversas outras aplicações. VeriSign emite certificados X.509 com o nome de produto VeriSign Digital ID. No início de 1998, mais de 35 mil Websites comerciais estavam usando VeriSign Server Digital IDs, e mais de um milhão de Digital IDs de consumidor tinham sido emitidas aos usuários de navegadores Netscape e Microsoft.

A informação contida em uma Digital ID depende do tipo de Digital ID e de seu uso. No mínimo, cada Digital ID contém

- Chave pública do proprietário
- Nome ou alias do proprietário
- Data de expiração da Digital ID
- Número de série da Digital ID
- Nome da autoridade de certificação que emitiu a Digital ID
- Assinatura digital da autoridade de certificação que emitiu a Digital ID

Digital IDs também podem conter outras informações fornecidas ao usuário, incluindo

- Endereço
- Endereço de e-mail
- Informação básica de registrador (país, código postal, idade e sexo)

VeriSign oferece três níveis, ou classes de segurança, para certificados de chave pública, conforme resumidos na Tabela 19.7. Um usuário solicita um certificado on-line no Website da VeriSign ou outros Websites participantes. As solicitações Classe 1 e Classe 2 são processadas on-line, e na maioria dos casos leva apenas alguns segundos para aprovar. Resumidamente, os seguintes procedimentos são usados:

- Para Digital IDs de Classe 1, VeriSign confirma o endereço de e-mail do usuário enviando uma informação de escolha de PIN e Digital ID para o endereço de e-mail fornecido na aplicação.
- Para Digital IDs de Classe 2, a VeriSign verifica a informação na aplicação por meio de uma comparação automatizada com um banco de dados de consumidor, além de realizar toda a verificação associada a uma Digital ID de Classe 1. Por fim, a confirmação é enviada ao endereço postal especificado, alertando o usuário de que uma Digital ID foi emitida em seu nome.
- Para Digital IDs de Classe 3, a VeriSign requer um nível mais alto de garantia de identidade. Um indivíduo precisa provar sua identidade fornecendo credenciais validadas ou solicitando pessoalmente.

Tabela 19.7 Classes de certificado de chave pública VeriSign.

	Classe 1	Classe 2	Classe 3
Resumo de confirmação de identidade	Busca de nome e endereço de e-mail automatizada não ambígua	O mesmo que a Classe 1, mais verificação automatizada de informação de cadastro mais verificação de endereço automatizada	O mesmo que a Classe 1, mais presença pessoal e documentos de ID mais verificação de ID automatizada da Classe 2 para indivíduos; registros comerciais (ou arquivamentos) para organizações
Proteção de chave privada IA	PCA: hardware confiável; CA: software confiável ou hardware confiável	PCA e CA: hardware confiável	PCA e CA: hardware confiável
Pedido de certificado e proteção de chave privada do assinante	Software de encriptação (protegido por PIN) recomendado, mas não obrigatório	Software de encriptação (protegido por PIN) obrigatório	Software de encriptação (protegido por PIN) obrigatório; token de hardware recomendado, mas não obrigatório
Aplicações implementadas ou contempladas pelos usuários	Navegação na Web e certo uso de e-mail	E-mail individual e intra/entre empresas, inscrições on-line, substituição de senha e validação de software	E-banking, corp, acesso a banco de dados, personal banking, serviços on-line baseados em inscrição, serviços de integridade de conteúdo, servidor de e-commerce, validação de software; autenticação de LRAAs; e encriptação forte para certos servidores

IA = Issuing Authority
CA = Certification Authority
PCA = Primary Certification Authority pública da VeriSign
PIN = Personal Identification Number
LRAA = Local Registration Authority Administrator

Serviços de segurança melhorados

No momento em que este livro era escrito, três serviços de segurança melhorados tinham sido propostos em um Internet draft. Os detalhes poderão mudar, e outros serviços podem ser acrescentados. Os três serviços são os seguintes:

- **Recibos assinados:** um recibo assinado pode ser solicitado em um objeto `SignedData`. O retorno de um recibo assinado oferece prova de remessa ao originador de uma mensagem e permite que este demonstre a um terceiro que o destinatário recebeu a mensagem. Basicamente, o destinatário assina a mensagem original inteira mais a assinatura original (do emissor) e anexa a nova assinatura para formar uma nova mensagem S/MIME.

- **Rótulos de segurança:** um rótulo de segurança pode estar incluído nos atributos autenticados de um objeto `SignedData`. Um rótulo de segurança é um conjunto de informações de segurança considerando a sensitividade do conteúdo que é protegido pelo encapsulamento S/MIME. Os rótulos podem ser usados para controle de acesso, indicando quais usuários têm acesso permitido a um objeto. Outros usos incluem prioridade (secreta, confidencial, restrita etc.) ou baseado em papel, descrevendo que tipo de pessoas podem ver as informações (por exemplo, equipe de saúde do paciente. agentes de cobrança médica etc.).

- **Listas de correspondência seguras:** quando um usuário envia uma mensagem a vários destinatários, é preciso haver uma certa quantidade de processamento por destinatário, incluindo o uso da chave pública de cada destinatário. O usuário pode ser aliviado desse trabalho empregando os serviços de um S/MIME Mail List Agent (MLA). Um MLA pode apanhar uma única mensagem que chega, realizar a encriptação específica do destinatário para cada destinatário e encaminhar a mensagem. O originador de uma mensagem só precisa enviá-la MLA, com a encriptação realizada usando a chave pública do MLA.

19.3 DOMAINKEYS IDENTIFIED MAIL

DomainKeys Identified Mail (DKIM) é uma especificação para assinatura criptográfica de mensagens de e-mail, para alegar responsabilidade por uma mensagem no fluxo de correio. Os destinatários da mensagem (ou agentes atuando em seu favor) podem verificar a assinatura consultando o domínio do signatário diretamente para apanhar a chave pública apropriada e, com isso, podem confirmar se a mensagem foi atestada por uma parte de posse da chave privada para o domínio signatário. DKIM é um Internet Standard proposto (RFC 4871: *DomainKeys Identified Mail (DKIM) Signatures*). DKIM tem sido bastante adotado por diversos provedores de e-mail, incluindo empresas, agências do governo, gmail, yahoo e muitos provedores de serviços de Internet (ISPs).

Esta seção oferece uma visão geral do DKIM. Antes de iniciar nossa discussão de DKIM, apresentamos a arquitetura de correio padrão da Internet. Depois, examinamos a ameaça que o DKIM pretende enfrentar, e por fim oferecemos uma visão geral da operação do DKIM.

Arquitetura de correio da Internet

Para entender a operação do DKIM, é útil termos um conhecimento básico da arquitetura de correio da Internet, que atualmente é definida na RFC 5598. Esta subseção oferece uma visão geral dos conceitos básicos.

Em seu nível mais fundamental, a arquitetura de correio da Internet consiste em um mundo de usuários na forma de Message User Agents (MUA), e um mundo de transferências, na forma do Message Handling Service (MHS), que é composto de Message Transfer Agents (MTA). O MHS aceita uma mensagem de um usuário e a entrega a um ou mais outros usuários, criando um ambiente de troca virtual MUA-para-MUA. Essa arquitetura envolve três tipos de interoperabilidade. Uma é diretamente entre usuários: as mensagens devem ser formatadas por MUA em favor do autor da mensagem, de modo que possa ser exibida para o destinatário da mensagem pelo MUA de destino. Há também requisitos de interoperabilidade entre o MUA e o MHS — primeiro quando uma mensagem é postada a partir de um MUA para o MHS e depois quando ela é entregue do MHS para o MUA de destino. A interoperabilidade é necessária entre os componentes MTA ao longo do caminho de transferência até o MHS.

A Figura 19.4 ilustra os principais componentes da arquitetura de correio da Internet, que incluem o seguinte:

- **Message User Agent (MUA):** opera em favor dos atores e aplicações do usuário. É seu representante dentro do serviço de e-mail. Normalmente, esta função é acomodada no computador do usuário e conhecida como programa de e-mail do cliente ou servidor de e-mail de rede local. O MUA do autor formata uma mensagem e realiza a entrega inicial para o MHS através de um MSA. O MUA destinatário processa o correio recebido para armazenamento e/ou exibe ao usuário destinatário.

- **Mail Submission Agent (MSA):** aceita a mensagem submetida por um MUA e impõe as políticas do domínio de hospedagem e os requisitos dos padrões da Internet. Essa função pode estar localizada junto com o MUA ou como um modelo funcional separado. No segundo caso, o Simple Mail Transfer Protocol (SMTP) é usado entre o MUA e o MSA.

- **Message Transfer Agent (MTA):** repassa o correio para um salto em nível de aplicação. Isso é como uma troca de pacotes ou roteador IP no sentido de que sua função é fazer avaliações de roteamento e mover a mensagem para mais perto dos destinatários. O repasse é realizado por uma sequência de MTAs até que a mensagem atinja um MDA de destino. Um MTA também acrescenta informações de rastreamento ao cabeçalho da mensagem. SMTP é usado entre MTAs e entre um MTA e um MSA ou MDA.

- **Mail Delivery Agent (MDA):** responsável por transferir a mensagem do MHS ao MS.

- **Message Store (MS):** um MUA pode empregar um MS a longo prazo. Um MS pode estar localizado em um servidor remoto ou na mesma máquina do MUA. Normalmente, um MUA recupera mensagens de um servidor remoto usando POP (Post Office Protocol) ou IMAP (Internet Message Access Protocol).

Dois outros conceitos precisam ser definidos. Um **domínio de gerenciamento administrativo (ADMD, do acrônimo em inglês para *administrative management domain*)** é um provedor de e-mail da Internet. Alguns exemplos são um departamento que opera um repasse de correio local (MTA), um departamento de TI que opera um repasse de correio corporativo e um ISP que opera um serviço de e-mail público compartilhado. Cada ADMD pode ter diferentes políticas de operação e tomada de decisão baseada em confiança. Um exemplo óbvio é a distinção entre correio trocado dentro de uma organização e correio que é trocado entre organizações independentes. As regras para lidar com os dois tipos de tráfego costumam ser muito diferentes.

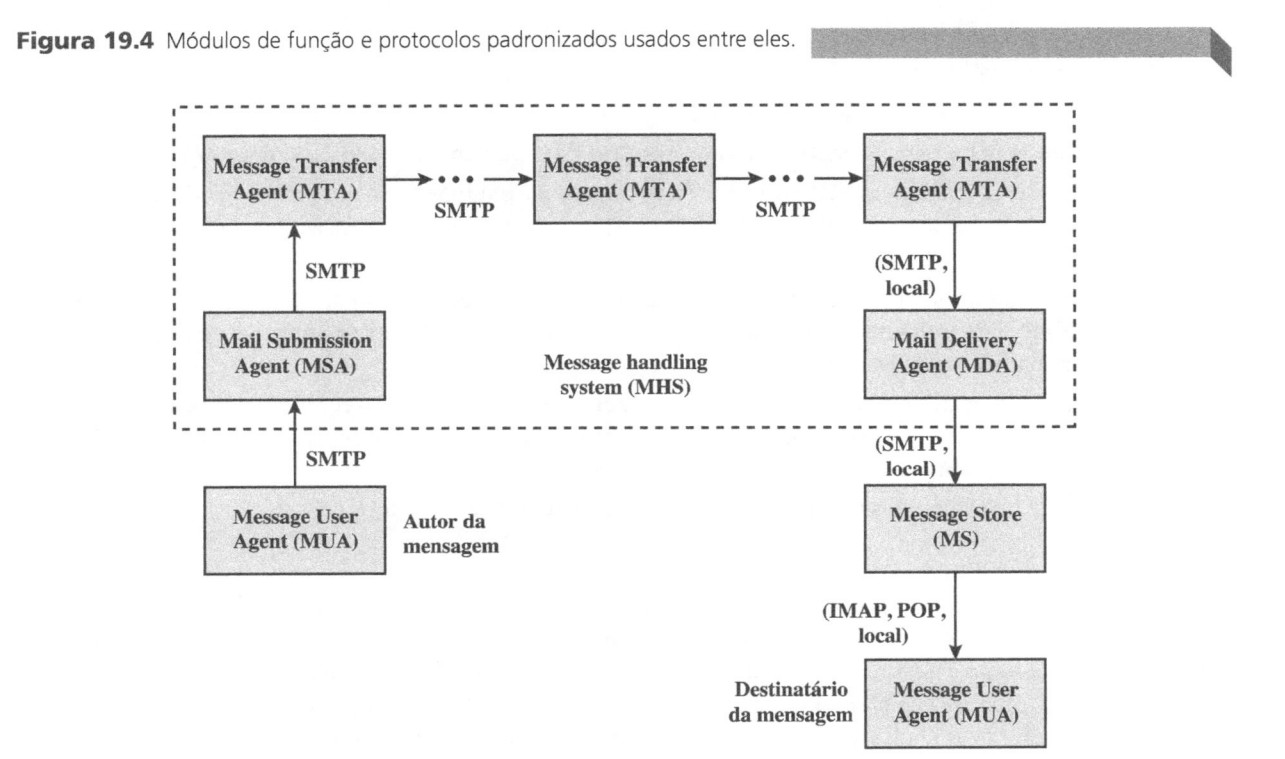

Figura 19.4 Módulos de função e protocolos padronizados usados entre eles.

O **Domain Name System (DNS)** é um serviço de pesquisa de diretório que oferece um mapeamento entre o nome de um hospedeiro na Internet e seu endereço numérico.

Ameaças ao e-mail

A RFC 4686 (*Analysis of Threats Motivating DomainKeys Identified Mail*) descreve as ameaças sendo tratadas pelo DKIM em termos das características, capacidades e local de invasores em potencial.

Características

A RFC 4686 caracteriza a gama de invasores em um espectro de três níveis de ameaça.

1. No nível mais baixo estão os invasores que simplesmente querem enviar e-mail que um destinatário não deseja receber. O invasor pode usar uma dentre diversas ferramentas disponíveis comercialmente, que permitem que o emissor falsifique o endereço de origem das mensagens. Isso torna difícil para o receptor filtrar o spam com base no endereço ou domínio de origem.
2. No próximo nível estão os emissores profissionais de correio em massa. Esses invasores geralmente operam como empresas comerciais e enviam mensagens em favor de terceiros. Eles empregam ferramentas de ataque mais abrangentes, incluindo Mail Transfer Agents (MTAs) e domínios e redes registradas de computadores comprometidos (zumbis) para enviar mensagens e (em alguns casos) colher endereços para enviar mensagens.
3. Os emissores de mensagens mais sofisticados e financeiramente motivados são aqueles que se colocam para receber benefício financeiro substancial, como de um esquema de fraude baseado em e-mail. Esses invasores poderão empregar todos os mecanismos acima e, além disso, podem atacar a própria infraestrutura da Internet, incluindo ataques de envenenamento de cache de DNS e ataques de roteamento de IP.

Capacidades

A RFC 4686 lista as seguintes capacidades que um invasor poderá ter.

1. Submeter mensagens a MTAs e Message Submission Agents (MSAs) em diversos locais na Internet.
2. Construir campos Message Header quaisquer, incluindo aqueles que alegam ser listas de correspondência, repassadores e outros agentes de correio.
3. Assinar mensagens em favor de domínios sob seu controle.
4. Gerar números substanciais de mensagens não assinadas ou aparentemente assinadas, que poderiam ser usadas para tentar um ataque de negação de serviço.
5. Reenviar mensagens que podem ter sido previamente assinadas pelo domínio.
6. Transmitir mensagens usando qualquer informação de envelope desejada.
7. Atuar como um emissor de mensagens autorizado a partir de um computador comprometido.
8. Manipulação de roteamento IP. Isso poderia ser usado para submeter mensagens de endereços IP específicos ou de endereços difíceis de rastrear, ou para causar desvio de mensagens para um domínio em particular.
9. Influência limitada sobre partes do DNS usando mecanismos como envenenamento de cache. Isso poderia ser usado para influenciar o roteamento de mensagens ou para falsificar anúncios de chaves ou práticas de assinatura baseadas em DNS.
10. Acesso a recursos de computação significativos, por exemplo, através do recrutamento de computadores "zumbis" infectados com vermes. Isso poderia permitir que o "falso ator" realizasse diversos tipos de ataques por força bruta.
11. Capacidade de espionar o tráfego existente, talvez a partir de uma rede wireless.

Localização

DKIM focaliza principalmente invasores localizados fora das unidades administrativas do remetente alegado e do destinatário. Essas unidades administrativas geralmente correspondem a partes protegidas da rede, adjacentes ao remetente e destinatário. É nessa área que as relações de confiança exigidas para a submissão de mensagem autenticada não existem e não se escalam adequadamente para que sejam práticas. De um modo contrário, dentro dessas unidades administrativas, existem outros mecanismos (como a submissão de mensagem autenticada) que são mais fáceis de implementar e mais prováveis de serem usados do que DKIM. Os "falsos atores" externos normalmente estão tentando explorar a natureza "qualquer um para qualquer um" do e-mail, que motiva a maioria dos MTAs destinatários a aceitar mensagens de qualquer lugar para entrega ao seu domínio local. Eles podem gerar mensagens sem assinaturas, com assinaturas incorretas ou com assinaturas corretas de domínios com pouca rastreabilidade. Eles também podem se colocar como listas de correspondência, cartões de saudação ou outros agentes que legitimamente enviam ou repassam mensagens em favor de outros.

Estratégia DKIM

DKIM foi projetado para fornecer uma técnica de autenticação de e-mail que é transparente ao usuário final. Basicamente, a mensagem de e-mail de um usuário é assinada por uma chave privada do domínio administrativo do qual o e-mail se origina. A assinatura cobre todo o conteúdo da mensagem e alguns dos cabeçalhos de mensagem da RFC 5322. No extremo receptor, o MDA pode acessar a chave pública correspondente por meio de um DNS e verificar a assinatura, autenticando assim que a mensagem vem do domínio administrativo alegado. Assim, o correio que é originado de algum outro lugar, mas que afirma vir de determinado domínio, não passará pelo teste de autenticação e pode ser rejeitado. Essa técnica difere daquela do S/MIME e PGP, que usa a chave privada do originador para assinar o conteúdo da mensagem. A motivação para o DKIM é baseada no seguinte raciocínio.[3]

1. S/MIME depende do envio e recebimento de usuários empregando S/MIME. Para quase todos os usuários, o núcleo do correio de chegada não usa S/MIME, e o núcleo do correio que o usuário deseja enviar é para destinatários não usando S/MIME.
2. S/MIME assina somente o conteúdo da mensagem. Assim, a informação de cabeçalho da RFC 5322 com relação à origem pode estar comprometida.
3. DKIM não é implementado nos programas cliente (MUAs) e, portanto, é transparente ao usuário; o usuário não precisa tomar ação alguma.
4. DKIM aplica-se a todo o correio de domínios em cooperação.
5. DKIM permite que bons emissores provem que enviaram determinada mensagem e impeçam falsificadores de serem mascarados como bons emissores.

A Figura 19.5 é um exemplo simples da operação do DKIM. Começamos com uma mensagem gerada por um usuário e transmitida no MHS para um MSA que está dentro do domínio administrativo do usuário. Uma mensagem de e-mail é gerada por um programa cliente de e-mail. O conteúdo da mensagem, mais os cabeçalhos RFC 5322 selecionados, são assinados pelo provedor de e-mail usando a chave privada do provedor. O signatário é associado a um domínio, que poderia ser uma rede local corporativa, um ISP ou uma facilidade de e-mail pública, como o gmail. A mensagem assinada, então, passa pela Internet através de uma sequência de MTAs. No destino, o MDA recebe a chave pública para a assinatura que chega e a verifica antes de passar a mensagem adiante para o cliente de e-mail de destino. O algoritmo de assinatura padrão é RSA com SHA-256. RSA com SHA-1 também pode ser usado.

Fluxo funcional do DKIM

A Figura 19.6 oferece uma visão mais detalhada dos elementos da operação do DKIM. O processamento básico da mensagem é dividido entre um Administrative Management Domain (ADMD) de assinatura e um ADMD de verificação. Em sua forma mais simples, isso é entre o ADMD de origem e o ADMD de entrega, mas pode envolver outros ADMDs no caminho de tratamento.

A assinatura é realizada por um módulo autorizado dentro do ADMD de assinatura e usa informações privadas de uma Key Store. Dentro do ADMD de origem, isso pode ser feito pelo MUA, MSA ou MTA. A verificação é realizada por um módulo autorizado dentro do ADMD de verificação. Dentro do ADMD de entrega, a verificação pode ser realizada por um MTA, MDA ou MUA. O módulo verifica a assinatura ou determina se uma assinatura em particular foi obrigatória. A verificação da assinatura usa informações públicas da Key Store. Se a assinatura passar, a informação de reputação é usada para avaliar o signatário e essa informação é passada ao sistema de filtragem de mensagem. Se a assinatura falhar ou se não houver assinatura usando o

---

[3] O raciocínio é expresso em termos do uso de S/MIME. O mesmo argumento se aplica ao PGP.

Figura 19.5 Exemplo simples de implementação do DKIM.

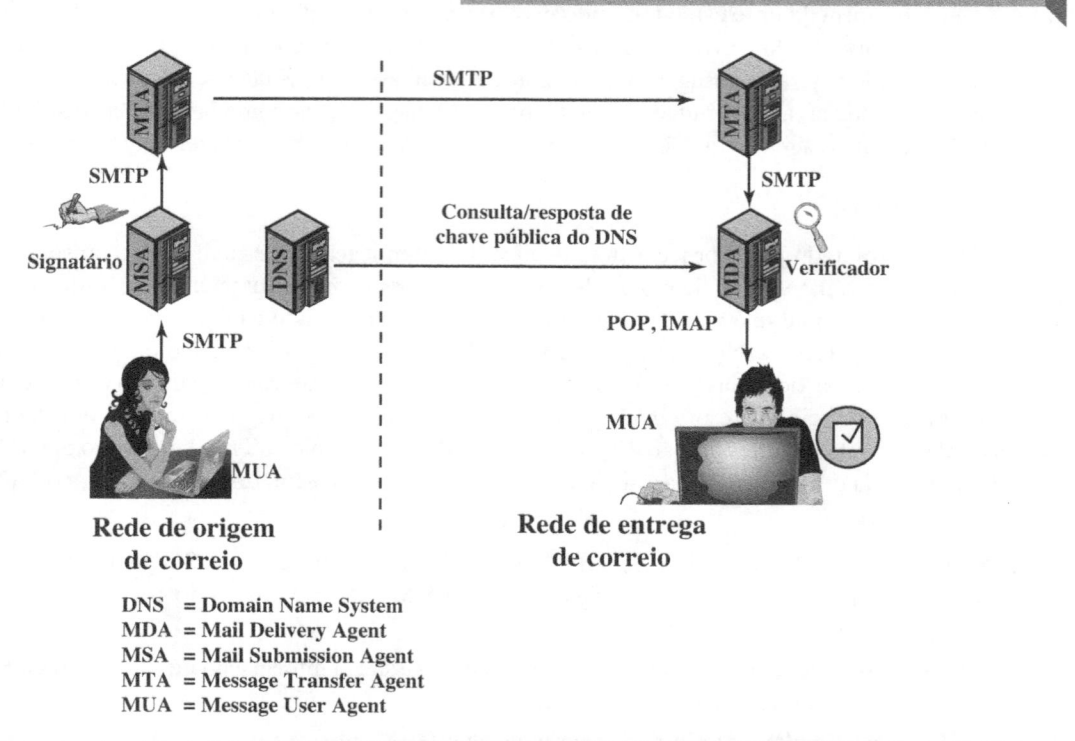

DNS = Domain Name System
MDA = Mail Delivery Agent
MSA = Mail Submission Agent
MTA = Message Transfer Agent
MUA = Message User Agent

Figura 19.6 Fluxo funcional do DKIM.

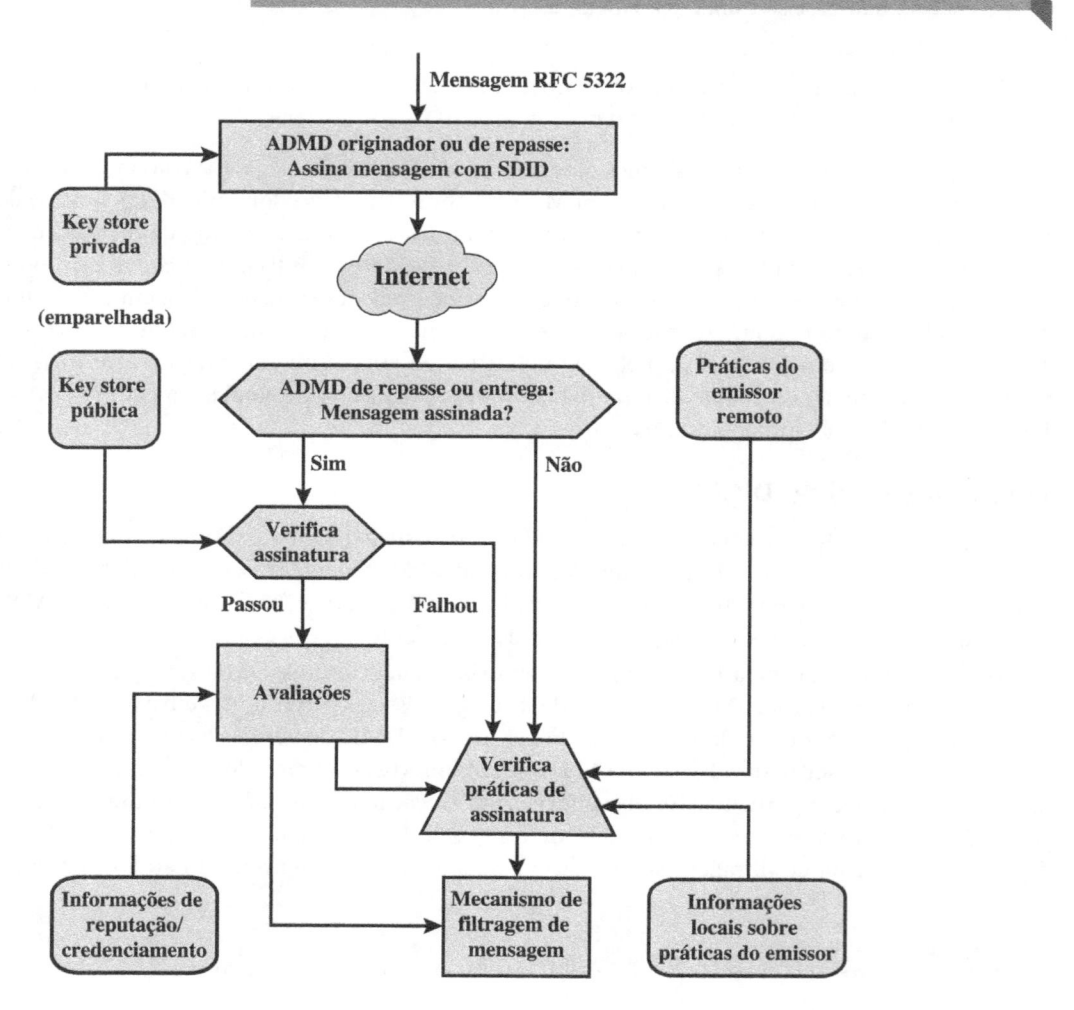

domínio do autor, a informação sobre práticas de assinatura relacionada ao autor pode ser apanhada remotamente e/ou localmente, e essa informação é passada ao sistema de filtragem de mensagem. Por exemplo, se o emissor (por exemplo, gmail) utiliza DKIM mas não há uma assinatura DKIM, então a mensagem pode ser considerada fraudulenta.

A assinatura é inserida na mensagem RFC 5322 como uma entrada de cabeçalho adicional, começando com a palavra-chave `Dkim-Signature`. Você pode ver exemplos no seu próprio e-mail de chegada usando a opção View Long Headers (ou outra semelhante) para uma mensagem que chega. Aqui está um exemplo:

```
Dkim-Signature: v=1; a=rsa-sha256; c=relaxed/relaxed;
                d=gmail.com; s=gamma; h=domainkey-signa-
                ture:mime-version:received:date:message-
                id:subject :from:to:content-type:con-
                tent-transfer-encoding;
                bh=5mZvQDyCRuyLb1Y28K4zgS2MPOemFToDBgvbJ
                7GO90s=;
                b=PcUvPSDygb4ya5Dyj1rbZGp/VyRiScuaz7TTG
                J5qW5slM+klzv6kcfYdGDHzEVJW+Z
                FetuPfF1ETOVhELtwH0zjSccOyPkEiblOf6gILO
                bm3DDRm3Ys1/FVrbhVOlA+/jH9Aei
                uIIw/5iFnRbSH6qPDVv/beDQqAWQfA/wF7O5k=
```

Antes que uma mensagem seja assinada, um processo conhecido como canonização é realizado no cabeçalho e no corpo da mensagem RFC 5322. A canonização é necessária para lidar com a possibilidade de pequenas mudanças na mensagem feitas no caminho, incluindo codificação de caracteres, tratamento de espaço em branco no final das linhas de mensagem e "dobramento" e "desdobramento" de linhas de cabeçalho. A intenção da canonização é fazer um mínimo de transformação da mensagem (para fins de assinatura; a mensagem em si não é alterada, de modo que a canonização deve ser realizada novamente pelo verificador) que lhe dará sua melhor chance de produzir o mesmo valor canônico na extremidade receptora. DKIM define dois algoritmos de canonização de cabeçalho ("simples" e "relaxado") e dois para o corpo (com os mesmos nomes). O algoritmo simples quase não tolera modificação, enquanto o relaxado tolera modificações comuns.

A assinatura inclui uma série de campos. Cada campo começa com uma tag consistindo em um código de tag seguido por um sinal de igual e termina com ponto e vírgula. Os campos incluem os seguintes:

- **v** = versão do DKIM.
- **a** = algoritmo usado para gerar a assinatura; deve ser rsa-sha1 ou rsa-sha256.
- **c** = método de canonização usado no cabeçalho e no corpo.
- **d** = um nome de domínio usado como identificador para se referir à identidade de uma pessoa ou organização responsável. No DKIM, esse identificador é chamado de Signing Domain IDentifier (SDID). Em nosso exemplo, esse campo indica que o emissor está usando um endereço do gmail.
- **s** = para que diferentes chaves possam ser usadas em diferentes circunstâncias para o mesmo domínio de assinatura (permitindo a expiração de chaves antigas, assinatura de departamento separada e coisas desse tipo), DKIM define um seletor (um nome associado a uma chave), que é usado pelo verificador para recuperar a chave apropriada durante a verificação de assinatura.
- **h** = campos de cabeçalho assinado. Uma lista separada por sinais de dois pontos com nomes de campo de cabeçalho que identificam os campos de cabeçalho apresentados ao algoritmo de assinatura. Observe que, em nosso exemplo anterior, a assinatura abrange o campo `domainkey-signature`. Isso se refere a um algoritmo mais antigo (desde então substituído pelo DKIM) que ainda está em uso.
- **bh** = o hash da parte de corpo canonizada da mensagem. Isso oferece informações adicionais para diagnóstico de falhas de verificação de assinatura.
- **b** = os dados de assinatura no formato base64; este é o código de hash encriptado.

19.4 LEITURA RECOMENDADA

[LEIB07] oferece uma visão geral do DKIM.

> **LEIB07** Leiba, B. e Fenton, J. "DomainKeys Identified Mail (DKIM): Using Digital Signatures for Domain Verification." *Proceedings of Fourth Conference on E-mail and Anti-Spam (CEAS 07)*, 2007.

19.5 PRINCIPAIS TERMOS, PERGUNTAS PARA REVISÃO E PROBLEMAS

Principais termos

assinatura destacada	Multipurpose Internet Mail Extensions (MIME)	S/MIME
chave de sessão		ZIP
confiança	Pretty Good Privacy (PGP)	
correio eletrônico	Radix-64	
DomainKeys Identified Mail (DKIM)		

Perguntas para revisão

19.1 Quais são os cinco principais serviços fornecidos pelo PGP?
19.2 Qual é a utilidade de uma assinatura avulsa?
19.3 Por que o PGP gera uma assinatura antes de aplicar a compactação?
19.4 O que é conversão R64?
19.5 Por que a conversão R64 é útil para uma aplicação de e-mail?
19.6 Como o PGP usa o conceito de confiança?
19.7 O que é a RFC 5322?
19.8 O que é MIME?
19.9 O que é S/MIME?
19.10 O que é DKIM?

Problemas

19.1 PGP utiliza o modo cipher feedback (CFB) do CAST-128, enquanto a maioria das aplicações de encriptação simétrica (fora a encriptação de chave) utiliza o modo de encadeamento de bloco cifrado (CBC). Temos

CBC: $C_i = E(K, [C_{i-1} \oplus P_i])$; $P_i = C_{i-1} \oplus D(K, C_i)$

CFB: $C_i = P_i \oplus E(K, C_{i-1})$; $P_i = C_i \oplus E(K, C_{i-1})$

Esses dois parecem oferecer a mesma segurança. Sugira um motivo pelo qual o PGP usa o modo CFB.

19.2 No esquema de PGP, qual é o número esperado de chaves de sessão geradas antes que uma chave criada anteriormente seja produzida?

19.3 Um usuário PGP pode ter várias chaves públicas (ver Apêndice P, na Sala Virtual, <sv.pearson.com.br>, em inglês). Para que um destinatário saiba qual chave pública está sendo usada por um emissor, uma ID de chave, consistindo nos 64 bits menos significativos da chave pública, é enviada com a mensagem. Qual é a probabilidade de que um usuário com N chaves públicas tenha pelo menos uma ID de chave duplicada?

19.4 Conforme discutido no Apêndice P, os primeiros 16 bits do resumo da mensagem em uma assinatura PGP são traduzidos às claras. Isso permite que o destinatário determine se a chave pública correta foi usada para decodificar o resumo da mensagem, comparando a cópia em texto claro dos dois primeiros octetos com os dois primeiros octetos do resumo decodificado.
   a. Até que ponto isso compromete a segurança do algoritmo de hash?
   b. Até que ponto isso realmente realiza sua função intencionada, ou seja, ajudar a determinar se a chave RSA correta foi usada para decriptar o resumo?

19.5 Phil Zimmermann escolheu IDEA, 3DES com três chaves e CAST-128 como algoritmos de encriptação simétrica para o PGP. Dê os motivos para cada um dos algoritmos de encriptação simétrica a seguir, descritos neste livro, ser adequado ou inadequado para o PGP: DES, 3DES com duas chaves e AES.

19.6 Considere a conversão radix 64 como uma forma de encriptação. Nesse caso, não existe chave. Mas suponha que um oponente soubesse apenas que alguma forma de algoritmo de substituição estivesse sendo usada para encriptar o texto em inglês e não soubesse que era R64, Que eficácia esse algoritmo teria contra criptoanálise?

19.7 Codifique o texto "plaintext" usando as técnicas a seguir. Considere que os caracteres estão armazenados em ASCII de 8 bits com paridade zero.
  a. Radix-64
  b. Quoted-printable

APÊNDICE 19A CONVERSÃO RADIX-64

Tanto PGP quanto S/MIME utilizam uma técnica de codificação conhecida como conversão radix-64. Essa técnica relaciona a entrada binária arbitrária à saída de caracteres imprimíveis. A forma de codificação tem as seguintes características relevantes:

1. O intervalo da função é um conjunto de caracteres que é representável universalmente em todos os sites, e não uma codificação binária específica desse conjunto de caracteres. Assim, os próprios caracteres podem ser codificados para qualquer forma necessária por um sistema específico. Por exemplo, o caractere "E" é representado em um sistema baseado em ASCII como o hexadecimal 45, e em um sistema baseado em EBCDIC como o hexadecimal C5.

2. O conjunto de caracteres consiste em 65 caracteres imprimíveis, um dos quais é usado para preenchimento. Com $2^6 = 64$ caracteres disponíveis, cada caractere pode ser usado para representar 6 bits de entrada.

3. Nenhum caractere de controle é incluído no conjunto. Assim, uma mensagem codificada em radix-64 pode atravessar sistemas de tratamento de correio que varrem o fluxo de dados em busca de caracteres de controle.

4. O caractere de hífen ("-") não é usado. Esse caractere tem significado especial no formato RFC 5322, e por isso deverá ser evitado.

A Tabela 19.8 mostra o relacionamento entre valores de entrada de 6 bits e caracteres. O conjunto de caracteres consiste em caracteres alfanuméricos mais "+" e "/". O caractere "=" é usado como caractere de preenchimento.

A Figura 19.7 ilustra o esquema de mapeamento simples. A entrada binária é processada em blocos de 3 octetos (24 bits). Cada conjunto de 6 bits no bloco de 24 bits é mapeado para um caractere. Na figura, os caracteres são mostrados codificados como quantidades de 8 bits. Nesse caso típico, cada entrada de 24 bits é expandida para 32 bits de saída.

Tabela 19.8 Codificação radix-64.

Valor de 6 bits	Codificação de caractere	Valor de 6 bits	Codificação de caractere	Valor de 6 bits	Codificação de caractere	Valor de 6 bits	Codificação de caractere
0	A	16	Q	32	g	48	w
1	B	17	R	33	h	49	x
2	C	18	S	34	i	50	y
3	D	19	T	35	j	51	z
4	E	20	U	36	k	52	0
5	F	21	V	37	l	53	1
6	G	22	W	38	m	54	2
7	H	23	X	39	n	55	3
8	I	24	Y	40	o	56	4

(Continua)

(Continuação)

9	J	25	Z	41	p	57	5
10	K	26	a	42	q	58	6
11	L	27	b	43	r	59	7
12	M	28	c	44	s	60	8
13	N	29	d	45	t	61	9
14	O	30	e	46	u	62	+
15	P	31	f	47	v	63	/
						(preenchimento)	=

Figura 19.7 Codificação imprimível de dados binários no formato radix-64.

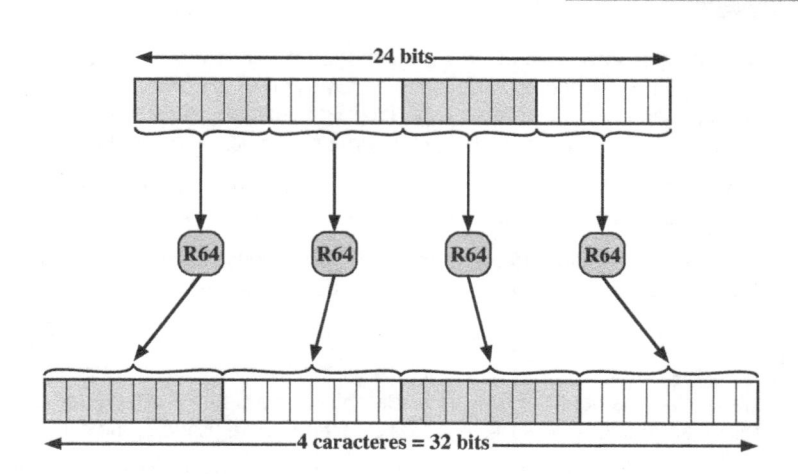

Por exemplo, considere a sequência de texto bruta de 24 bits 00100011 01011100 10010001, que pode ser expressa em hexadecimal como 235C91. Arrumamos essa entrada em blocos de 6 bits:

001000 110101 110010 010001

Os valores decimais de 6 bits extraídos são 8, 53, 50 e 17. Pesquisando-os na Tabela 19.8, geramos a codificação radix-64 como os seguintes caracteres: I1yR. Se esses caracteres forem armazenados no formato ASCII de 8 bits com o bit de paridade marcado como zero, temos

01001001 00110001 01111001 01010010

Em hexadecimal, isso é 49317952. Para resumir,

Dados de entrada	
Representação binária	00100011 01011100 10010001
Representação hexadecimal	235C91
Codificação radix-64 dos dados de entrada	
Representação de caractere	I1yR
Código ASCII (8 bits, paridade zero)	01001001 00110001 01111001 01010010
Representação hexadecimal	49317952

Segurança IP

20

TÓPICOS ABORDADOS

20.1 VISÃO GERAL DA SEGURANÇA IP
Aplicações do IPsec
Benefícios do IPsec
Aplicações de roteamento
Documentos IPsec
Serviços IPsec
Modos transporte e túnel

20.2 POLÍTICA DE SEGURANÇA IP
Associações de segurança
Bancos de dados de associação de segurança
Bancos de dados de política de segurança
Processamento de tráfego IP

20.3 ENCAPSULANDO O PAYLOAD DE SEGURANÇA
Formato ESP
Algoritmos de encriptação e autenticação
Preenchimento
Serviço antirreplicação
Modos túnel e transporte

20.4 COMBINANDO ASSOCIAÇÕES DE SEGURANÇA
Autenticação mais confidencialidade
Combinações básicas de associações de segurança

20.5 TROCA DE CHAVES NA INTERNET
Protocolo de determinação de chave
Formatos de cabeçalho e payload

20.6 PACOTES CRIPTOGRÁFICOS

20.7 LEITURA RECOMENDADA

20.8 PRINCIPAIS TERMOS, PERGUNTAS PARA REVISÃO E PROBLEMAS

OBJETIVOS DE APRENDIZAGEM

APÓS ESTUDAR ESTE CAPÍTULO, VOCÊ SERÁ CAPAZ DE:

☑ Apresentar uma visão geral da segurança IP (IPsec).
☑ Explicar a diferença entre o modo de transporte e o modo túnel.
☑ Compreender o conceito de associação de segurança.
☑ Explicar a diferença entre o banco de dados de associação de segurança e o banco de dados de política de segurança.
☑ Resumir as funções de processamento de tráfego realizadas pelo IPsec para os pacotes de saída e para os pacotes de entrada.
☑ Apresentar uma visão geral do Encapsulating Security Payload.
☑ Discutir as alternativas para combinar associações de segurança.
☑ Apresentar uma visão geral da Internet Key Exchange.
☑ Resumir os pacotes criptográficos alternativos aprovados para uso com IPsec.

> "Se uma notícia secreta é divulgada por um espião antes da hora certa, ele precisa ser morto, junto com o homem a quem o segredo foi dito."
>
> — *The Art of War*, Sun Tzu

Existem mecanismos de segurança específicos para aplicação para diversas áreas de aplicação, incluindo correio eletrônico (S/MIME, PGP), cliente/servidor (Kerberos), acesso à Web (Secure Sockets Layer) e outros. Porém, os usuários possuem questões de segurança que atravessam diferentes camadas de protocolos. Por exemplo, uma empresa pode possuir uma rede IP segura, privada, desativando os links para sites não confiáveis, encriptando pacotes que saem das instalações e autenticando pacotes que entram nas instalações. Implementando a segurança no nível do IP, uma organização pode garantir uma rede segura não apenas para aplicações que possuem mecanismos de segurança, mas também para as muitas aplicações que ignoram a segurança.

A segurança no nível IP compreende três áreas funcionais: autenticação, confidencialidade e gerenciamento de chaves. O mecanismo de autenticação garante que um pacote recebido foi, realmente, transmitido pela parte identificada como origem no cabeçalho do pacote. Além disso, esse mecanismo garante que o pacote não foi alterado em trânsito. A funcionalidade de confidencialidade permite que os nós se comunicando encriptem mensagens para impedir espreita por terceiros. A funcionalidade de gerenciamento de chaves trata da troca segura de chaves.

Começamos este capítulo com uma visão geral da segurança IP (IPsec) e com uma introdução à arquitetura IPsec. Depois, examinamos cada uma das três áreas funcionais com detalhes. O Apêndice L, na Sala Virtual (<sv.pearson.com.br>, em inglês), revisa os protocolos da Internet.

20.1 VISÃO GERAL DA SEGURANÇA IP

Em 1994, o Internet Architecture Board (IAB) emitiu um relatório intitulado "Security in the Internet Architecture" — Segurança na Arquitetura da Internet — (RFC 1636). O relatório identificava as principais áreas para mecanismos de segurança. Entre estas estavam a necessidade de proteger a infraestrutura de rede contra monitoração e controle de tráfego da rede sem autorização e a necessidade de proteger o tráfego de usuário final para usuário final usando mecanismos de autenticação e encriptação.

Para oferecer segurança, o IAB incluiu autenticação e encriptação como recursos de segurança necessários no IP da próxima geração, que tem sido chamado de IPv6. Felizmente, essas capacidades de segurança foram projetadas para que possam ser usadas com o IPv4 atual e com o IPv6 futuro. Isso significa que os fornecedores podem começar a oferecer esses recursos agora, e muitos deles já possuem capacidade IPsec em seus produtos. A especificação IPsec agora existe como um conjunto de padrões da Internet.

Aplicações do IPsec

O IPsec oferece a capacidade de proteger comunicações por uma LAN, por WANs privadas e públicas, e pela Internet. Alguns exemplos de seu uso incluem o seguinte:

- **Conectividade segura do escritório pela Internet:** uma empresa pode montar uma rede privada virtual segura pela Internet ou por uma WAN pública. Isso permite que uma empresa conte bastante com a Internet e reduz sua necessidade de redes privadas, economizando custos e overhead de gerenciamento de rede.

- **Acesso remoto seguro pela Internet:** um usuário final cujo sistema é equipado com protocolos de segurança IP pode fazer uma ligação local a um provedor de serviço de Internet (ISP) e obter acesso seguro à rede de uma empresa. Isso reduz o custo das tarifas de ligações para funcionários que trabalham viajando.

- **Estabelecimento de conectividade de extranet e intranet com parceiros:** IPsec pode ser usado para proteger a comunicação com outras organizações, garantindo a autenticação e a confidencialidade, e fornecendo um mecanismo de troca de chave.

- **Melhoria da segurança do comércio eletrônico:** embora algumas aplicações de comércio na Web e eletrônico tenham protocolos de segurança embutidos, o uso do IPsec aumenta essa segurança. IPsec garante que todo o tráfego designado pelo administrador da rede seja encriptado e autenticado, acrescentando uma camada de segurança adicional à que é fornecida na camada de aplicação.

O recurso principal do IPsec que lhe permite dar suporte a essas aplicações variadas é que ele pode encriptar e/ou autenticar *todo* o tráfego no nível IP. Assim, todas as aplicações distribuídas (incluindo logon remoto, cliente/servidor, e-mail, transferência de arquivos, acesso à Web e assim por diante) podem ser protegidas.

A Figura 20.1 é um cenário típico do uso do IPsec. Uma organização mantém LANs em locais dispersos. O tráfego IP não protegido é conduzido em cada LAN. Para o tráfego fora do site, através de algum tipo de WAN privada ou pública, são utilizados protocolos IPsec. Esses protocolos operam em dispositivos de rede, como um roteador ou firewall, que conectam cada LAN ao mundo exterior. O dispositivo de rede IPsec normalmente encriptará e compactará todo o tráfego que vai para a WAN, decriptando e descompactando o tráfego que vem da WAN; essas operações são transparentes às estações de trabalho e servidores na LAN. A transmissão segura também é possível com usuários individuais, que discam para a WAN. Essas estações de trabalho do usuário precisam implementar protocolos IPsec para fornecer segurança.

Benefícios do IPsec

Alguns dos benefícios do IPsec:

- Quando o IPsec é implementado em um firewall ou roteador, ele oferece segurança forte, que pode ser aplicada a todo o tráfego cruzando o perímetro. O tráfego dentro de uma empresa ou grupo de trabalho não gera o overhead do processamento relacionado à segurança.
- IPsec em um firewall é resistente ao *bypass* se todo o tráfego vindo de fora tiver que usar IP, e o firewall é o único meio de entrada da Internet para a organização.
- IPsec está abaixo da camada de transporte (TCP, UDP) e por isso é transparente às aplicações. Não há necessidade de mudar o software em um sistema do usuário ou servidor quando o IPsec é implementado no firewall ou roteador. Mesmo que o IPsec seja implementado nos sistemas finais, o software da camada superior, incluindo as aplicações, não é afetado.
- IPsec pode ser transparente aos usuários finais. Não há necessidade de treinar usuários sobre mecanismos de segurança, emitir material de chave para cada usuário, ou revogar material de chave quando os usuários saem da organização.
- IPsec pode oferecer segurança para usuários individuais, se for necessário. Isso é útil para trabalhadores externos e para configurar uma sub-rede virtual segura dentro de uma organização, para aplicações sensíveis.

Figura 20.1 Um cenário de segurança IP.

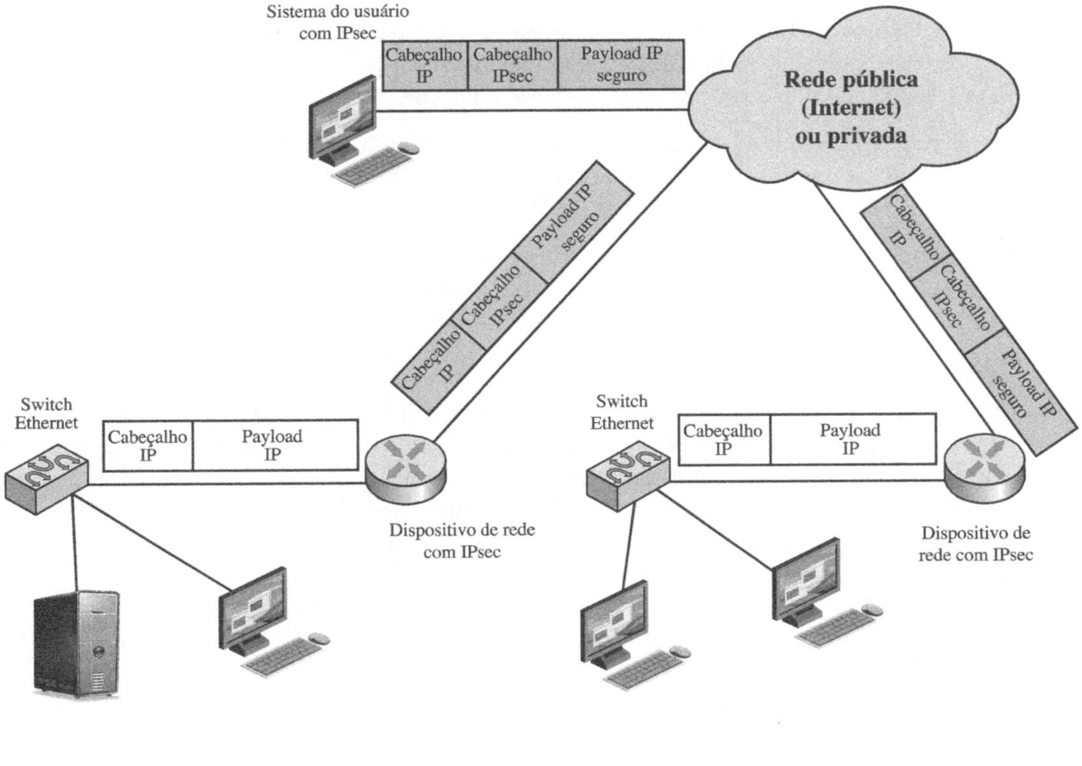

Aplicações de roteamento

Além de dar suporte a usuários finais e proteger sistemas e redes das instalações, IPsec pode desempenhar um papel vital na arquitetura de roteamento exigida para inter-redes. [HUIT98] lista os seguintes exemplos do uso do IPsec. IPsec pode garantir que

- Um anúncio de roteador (um novo roteador anuncia sua presença) vem de um roteador autorizado.
- Um anúncio de vizinho (um roteador procura estabelecer ou manter um relacionamento de vizinho com um roteador em outro domínio de roteamento) vem do roteador autorizado.
- Uma mensagem de redirecionamento vem do roteador ao qual o pacote inicial foi enviado.
- Uma atualização de roteamento não é forjada.

Sem essas medidas de segurança, um oponente pode interromper as comunicações ou desviar algum tráfego. Protocolos de roteamento como o Open Shortest Path First (OSPF) devem ser executados em cima das associações de segurança entre roteadores que são definidos pelo IPsec.

Documentos IPsec

IPsec compreende três áreas funcionais: autenticação, confidencialidade e gerenciamento de chaves. A totalidade da especificação IPsec está espalhada por dezenas de RFCs e documentos de rascunho do IETF, tornando esta a mais complexa e difícil de entender de todas as especificações do IETF. A melhor forma de entender o escopo do IPsec é consultar a versão mais recente do guia de documentos IPsec, que atualmente é a RFC 6071 [*IP Security (IPsec) and Internet Key Exchange (IKE) Document Roadmap*, February 2011]. Os documentos podem ser categorizados nos seguintes grupos:

- **Arquitetura:** abrange os conceitos gerais, requisitos de segurança, definições e mecanismos definindo a tecnologia IPsec. A especificação atual é a RFC 4301, *Security Architecture for the Internet Protocol*.
- **Authentication Header (AH):** AH é um cabeçalho de extensão para fornecer autenticação de mensagem. A especificação atual é a RFC 4302, *IP Authentication Header*. Como a autenticação de mensagem é fornecida pelo ESP, o uso de AH está desaconselhado. Ele está incluído no IPsecv3 por questão de compatibilidade, mas não deve ser usado em aplicações novas. Não discutiremos mais sobre o AH neste capítulo.
- **Encapsulating Security Payload (ESP):** ESP consiste em um cabeçalho e término de encapsulamento, usados para fornecer encriptação ou uma combinação de encriptação e autenticação. A especificação atual é a RFC 4303, *IP Encapsulating Security Payload (ESP)*.
- **Internet Key Exchange (IKE):** esta é uma coleção de documentos descrevendo os esquemas de gerenciamento de chaves para uso com IPsec. A principal especificação é a RFC 5996, *Internet Key Exchange (IKEv2) Protocol*, mas existem diversas RFCs relacionadas.
- **Algoritmos criptográficos:** esta categoria compreende um grande conjunto de documentos que definem e descrevem algoritmos criptográficos para encriptação, autenticação de mensagem, funções pseudoaleatórias (PRFs) e troca de chave criptográfica.
- **Outras:** existem várias outras RFCs relacionadas a IPsec, incluindo aquelas que lidam com política de segurança e conteúdo da base de informações de gerenciamento (MIB).

Serviços IPsec

O IPsec oferece serviços de segurança na camada IP permitindo que um sistema selecione protocolos de segurança exigidos, determine o(s) algoritmo(s) a usar para o(s) serviço(s) e disponha quaisquer chaves criptográficas exigidas para oferecer os serviços solicitados. Dois protocolos são usados para oferecer segurança: um de autenticação designado pelo cabeçalho do protocolo, Authentication Header (AH); e um combinado de encriptação/autenticação, designado pelo formato do pacote para esse protocolo, Encapsulating Security Payload (ESP). A RFC 4301 lista os seguintes serviços:

- Controle de acesso
- Integridade sem conexão

- Autenticação da origem de dados
- Rejeição de pacotes replicados (uma forma de integridade de sequência parcial)
- Confidencialidade (encriptação)
- Confidencialidade limitada de fluxo de tráfego

Modos transporte e túnel

Tanto AH quanto ESP admitem dois modos de uso: modo transporte e túnel. A operação desses dois modos é mais bem entendida no contexto de uma descrição do ESP, que é explicado na Seção 20.3. Aqui, oferecemos uma rápida visão geral.

MODO TRANSPORTE

O modo transporte oferece proteção principalmente para os protocolos da camada superior. Ou seja, a proteção no modo transporte se estende ao payload de um pacote IP.[1] Alguns exemplos incluem o segmento TCP ou UDP ou um pacote ICMP, todos operando diretamente acima do IP em uma pilha de protocolos do hospedeiro. Normalmente, o modo transporte é usado para a comunicação de ponta a ponta entre dois hospedeiros (por exemplo, um cliente e um servidor, ou duas estações de trabalho). Quando um hospedeiro executa AH ou ESP sobre IPv4, o payload são os dados que normalmente vêm após o cabeçalho IP. Para o IPv6, o payload são os dados que normalmente vêm após o cabeçalho IP e quaisquer cabeçalhos de extensão IPv6 que estejam presentes, com a possível exceção do cabeçalho das opções de destino, que pode estar incluído na proteção.

O ESP no modo transporte encripta e opcionalmente autentica o payload IP, mas não o cabeçalho IP. AH no modo transporte autentica o payload IP e partes selecionadas do cabeçalho IP.

MODO TÚNEL

O modo túnel oferece proteção ao pacote IP inteiro. Para conseguir isso, depois que os campos AH ou ESP forem acrescentados ao pacote IP, o pacote inteiro mais os campos de segurança são tratados como o payload do novo pacote IP externo, com um novo cabeçalho IP externo. Todo o pacote interno original viaja por um túnel de um ponto de uma rede IP para outro; nenhum roteador ao longo do caminho é capaz de examinar o cabeçalho IP interno. Como o pacote original é encapsulado, o novo pacote maior pode ter endereços de origem e destino totalmente diferentes, aumentando a segurança. O modo túnel é usado quando uma ou ambas as extremidades de uma associação de segurança (SA) são um gateway de segurança, como um firewall ou roteador que implemente IPsec. Com o modo túnel, diversos hospedeiros nas redes por trás de firewalls podem se engajar em comunicações seguras sem implementar IPsec. Os pacotes desprotegidos gerados por tais hospedeiros são tunelados para redes externas por SAs do modo túnel, preparadas por software IPsec no firewall ou roteador seguro no limite da rede local.

Aqui está um exemplo de como o IPsec no modo túnel opera. O hospedeiro A em uma rede gera um pacote IP com o endereço de destino do hospedeiro B em outra rede. Esse pacote é roteado do hospedeiro de origem para um firewall ou roteador seguro no limite da rede de A. O firewall filtra todos os pacotes que saem para determinar a necessidade de processamento IPsec. Se esse pacote de A para B exigir IPsec, o firewall realiza o processamento IPsec e encapsula o pacote com um cabeçalho IP externo. O endereço IP de origem desse pacote IP externo é esse firewall, e o endereço de destino pode ser um firewall que forma o limite para a rede local de B. Esse pacote agora é roteado para o firewall de B, com roteadores intermediários examinando apenas o cabeçalho IP externo. No firewall de B, o cabeçalho IP externo é removido, e o pacote interno é entregue a B.

O ESP no modo túnel encripta e opcionalmente autentica o pacote IP interno inteiro, incluindo o cabeçalho IP interno. AH no modo túnel autentica todo o pacote IP interno e partes selecionadas do cabeçalho IP externo.

A Tabela 20.1 resume a funcionalidade do modo transporte e túnel.

20.2 POLÍTICA DE SEGURANÇA IP

De modo fundamental à operação do IPsec está o conceito de uma política de segurança aplicada a cada pacote IP que transita de uma origem a um destino. A política IPsec é determinada principalmente pela

---

[1] Neste capítulo, o termo *pacote IP* refere-se a um datagrama no IPv4 ou a um pacote no IPv6.

Tabela 20.1 Funcionalidade do modo túnel e do modo transporte.

	SA do modo transporte	SA do modo túnel
AH	Autentica payload IP e partes selecionadas do cabeçalho IP e cabeçalhos de extensão IPv6.	Autentica todo pacote IP interno (cabeçalho interno mais payload IP) mais partes selecionadas do cabeçalho IP externo e cabeçalhos de extensão IPv6 externos.
ESP	Encripta payload IP e quaisquer cabeçalhos de extensão IPv6 após o cabeçalho ESP.	Encripta todo o pacote IP interno.
ESP com autenticação	Encripta payload IP e quaisquer cabeçalhos de extensão IPv6 após o cabeçalho ESP. Autentica o payload IP, mas não o cabeçalho IP.	Encripta todo o pacote IP interno. Autentica pacote IP interno.

interação de dois bancos de dados, o **Security Association Database (SAD)** e o **Security Policy Database (SPD)**. Esta seção oferece uma visão geral desses dois bancos de dados e depois resume seu uso durante a operação do IPsec. A Figura 20.2 ilustra os relacionamentos relevantes.

Associações de segurança

Um conceito chave que aparece nos mecanismos de autenticação e confidencialidade para IP é a associação de segurança (SA — Security Association). Uma associação é um relacionamento de única via entre o emissor e um receptor, que está de acordo com os serviços de segurança ao tráfego transportado nele. Se um relacionamento pareado for necessário para a troca segura em duas vias, então duas associações de segurança são exigidas.

Uma associação de segurança é identificada exclusivamente por três parâmetros:

- **Security Parameters Index (SPI):** uma string de 32 bits atribuída a essa SA e tendo significado apenas local. O SPI é transportado nos cabeçalhos AH e ESP para permitir que o sistema receptor selecione a SA sob a qual um pacote recebido será processado.
- **Endereço IP de destino:** atualmente, apenas endereços unicast são permitidos; esse é o endereço da extremidade de destino da SA, que pode ser um sistema de usuário final ou um sistema de rede, como um firewall ou roteador.
- **Security Protocol Identifier (SPI):** este campo do cabeçalho IP externo indica se a associação é uma associação de segurança AH ou ESP.

Logo, em qualquer pacote IP, a associação de segurança é identificada exclusivamente pelo endereço de destino no cabeçalho IPv4 ou IPv6 e o SPI no cabeçalho de extensão delimitado (AH ou ESP).

Figura 20.2 Arquitetura do IPsec.

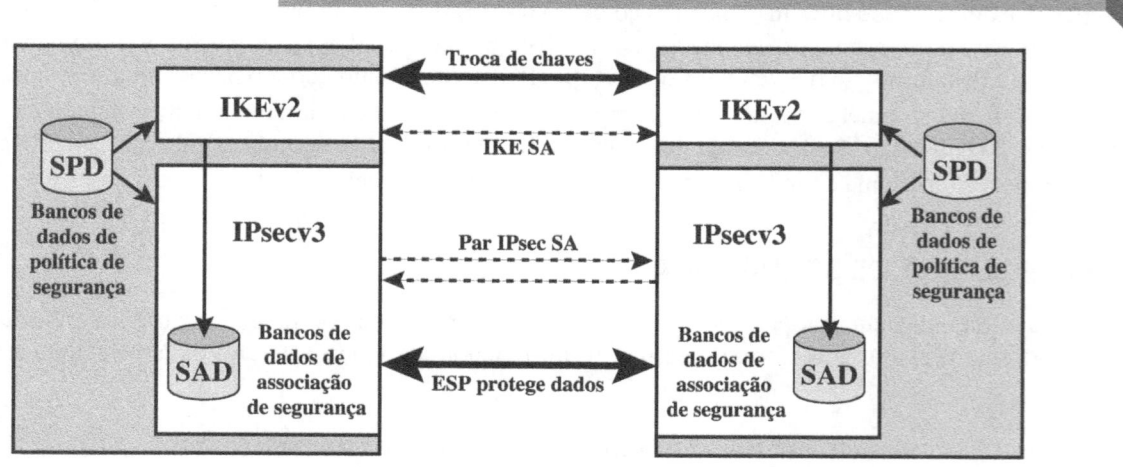

Bancos de dados de associação de segurança

Em cada implementação IPsec, existe um Security Association Database nominal[2], que define os parâmetros associados a cada SA. Uma associação de segurança normalmente é definida pelos seguintes parâmetros:

- **Índice do parâmetro de segurança (SPI):** um valor de 32 bits selecionado pelo extremo receptor de uma SA para identificar a SA com exclusividade. Em uma entrada SAD para uma SA de saída, o SPI é usado para construir o cabeçalho AH ou ESP do pacote. Em uma entrada SAD para uma SA de saída, o SPI é usado para mapear o tráfego à SA apropriada.
- **Contador do número de sequência:** um valor de 32 bits usado para gerar o campo Sequence Number nos cabeçalhos AH ou ESP, descritos na Seção 20.3 (exigido para todas as implementações).
- **Estouro do contador de sequência:** um flag indicando se o estouro do Sequence Number Counter deverá gerar um evento auditável e impedir outra transmissão de pacotes nessa SA (exigido para todas as implementações).
- **Janela antirreplicação:** usada para determinar se um pacote AH ou ESP que chega é uma replicação, descrita na Seção 20.3 (exigido para todas as implementações).
- **Informação de AH:** algoritmo de autenticação, chaves, tempos de vida de chave e parâmetros relacionados sendo usados com AH (exigido para implementações de AH).
- **Informação de ESP:** algoritmo de encriptação e autenticação, chaves, valores de inicialização, tempos de vida da chave e parâmetros relacionados sendo usados com ESP (exigido para implementações de ESP).
- **Tempo de vida desta associação de segurança:** um intervalo de tempo ou contagem de bytes após o qual uma SA precisa ser substituída por uma nova SA (e novo SPI) ou terminada, mais uma indicação de quais dessas ações deverão ocorrer (exigido para todas as implementações).
- **Modo do protocolo IPsec:** túnel, transporte ou curinga.
- **MTU do caminho:** qualquer unidade de transmissão máxima do caminho (tamanho máximo de um pacote que pode ser transmitido sem fragmentação) e variáveis de envelhecimento (exigidas para todas as implementações).

O principal mecanismo de gerenciamento que é usado para distribuir chaves está ligado aos mecanismos de autenticação e privacidade apenas por meio do Security Parameters Index (SPI). Logo, a autenticação e a privacidade foram especificados independente de qualquer mecanismo específico de gerenciamento de chave.

IPsec oferece ao usuário uma flexibilidade considerável no modo como os serviços IPsec são aplicados ao tráfego IP. Conforme veremos mais adiante, as SAs podem ser combinadas de diversas maneiras para gerar a configuração de usuário desejada. Além disso, IPsec oferece um alto grau de granularidade na discriminação entre o tráfego que recebe proteção IPsec e o tráfego que tem permissão para contornar o IPsec, no primeiro caso relacionando o tráfego IP a SAs específicas.

Bancos de dados de política de segurança

O meio pelo qual o tráfego IP está relacionado a SAs específicas (ou nenhuma SA, caso o tráfego tenha permissão para evitar o IPsec) é o Security Policy Database (SPD). Em sua forma mais simples, um SPD contém entradas, cada qual definindo um subconjunto do tráfego IP e apontando para uma SA para esse tráfego. Em ambientes mais complexos, pode haver várias entradas que potencialmente se relacionam a uma única SA ou a várias SAs associadas a uma única entrada do SPD. O leitor poderá consultar os documentos IPsec relevantes para obter uma discussão completa.

Cada entrada do SPD é definida por um conjunto de valores de campo de protocolo IP e de camadas superiores, chamados de *seletores*. Com efeito, esses seletores são usados para filtrar o tráfego que sai a fim de mapeá-lo para determinada SA. O processamento de saída obedece a seguinte sequência geral para cada pacote IP:

1. Compare os valores dos campos apropriados no pacote (os campos seletores) com o SPD para encontrar uma entrada de SPD que combine, a qual apontará para zero ou mais SAs.
2. Determine a SA, se houver, para este pacote e seu SPI associado.
3. Faça o processamento IPsec exigido (ou seja, processamento de AH ou ESP).

---

[2] Nominal no sentido de que a funcionalidade fornecida por um Security Association Database precisa estar presente em qualquer implementação IPsec, mas o modo como essa funcionalidade é fornecida fica a critério do implementador.

Os seletores a seguir determinam uma entrada do SPD:

- **Endereço IP remoto:** este pode ser um endereço IP isolado, uma lista enumerada ou intervalo de endereços, ou então um endereço de curinga (máscara). Os dois últimos são exigidos para dar suporte a mais de um sistema de destino compartilhando a mesma SA (por exemplo, por trás de um firewall).
- **Endereço IP local:** esse pode ser um único endereço IP, uma lista enumerada ou intervalo de endereços, ou um endereço de curinga (máscara). Os dois últimos são exigidos para dar suporte a mais de um sistema de origem compartilhando a mesma SA (por exemplo, por trás de um firewall).
- **Protocolo da camada seguinte:** o cabeçalho do protocolo IP (IPv4, IPv6 ou IPv6 Extension) inclui um campo (Protocol para IPv4, Next Header para IPv6 ou IPv6 Extension) que designa o protocolo operando sobre IP. Este é um número de protocolo individual, ANY ou, somente para o IPv6, OPAQUE. Se AH ou ESP for usado, então este cabeçalho de protocolo IP precede imediatamente o cabeçalho AH ou ESP no pacote.
- **Nome:** um identificador de usuário a partir do sistema operacional. Este não é um campo nos cabeçalhos IP ou da camada superior, mas está disponível se o IPsec estiver rodando no mesmo sistema operacional do usuário.
- **Portas locais e remotas:** estes podem ser valores de porta TCP ou UDP individuais, uma lista enumerada de portas ou uma porta curinga.

A Tabela 20.2 oferece um exemplo de um SPD em um sistema hospedeiro (ao contrário de um sistema de rede como um firewall ou roteador). Esta tabela reflete a seguinte configuração: uma configuração de rede local consiste em duas redes. A configuração da rede corporativa básica tem o número de rede IP 1.2.3.0/24. A configuração local também inclui uma LAN segura, normalmente conhecida como DMZ, que é identificada como 1.2.4.0/24. A DMZ é protegida contra o mundo exterior e contra o restante da LAN corporativa por firewalls. O hospedeiro neste exemplo tem o endereço IP 1.2.3.10 e está autorizado a se conectar com o servidor 1.2.4.10 na DMZ.

As entradas no SPD deverão ser autoexplicativas. Por exemplo, a porta UDP 500 é a porta designada para IKE. Qualquer tráfego do hospedeiro local para um hospedeiro remoto para fins de uma troca de IKE contorna o processamento IPsec.

Processamento de tráfego IP

IPsec é executado com base em cada pacote. Quando o IPsec é implementado, cada pacote IP de saída é processado pela lógica IPsec antes da transmissão, e cada pacote que chega é processado pela lógica IPsec após o recebimento e antes de passar o conteúdo do pacote para a próxima camada mais alta (por exemplo, TCP ou UDP). Examinamos a lógica dessas duas situações, uma por vez.

Tabela 20.2 Exemplo de SPD do hospedeiro.

Protocolo	IP local	Porta	IP remoto	Porta	Ação	Comentário
UDP	1.2.3.101	500	*	500	BYPASS	IKE
ICMP	1.2.3.101	*	*	*	BYPASS	Mensagens de erro
*	1.2.3.101	*	1.2.3.0/24	*	PROTECT: ESP intransport-mode	Encripta tráfego da intranet
TCP	1.2.3.101	*	1.2.4.10	80	PROTECT: ESP intransport-mode	Encripta para servidor
TCP	1.2.3.101	*	1.2.4.10	443	BYPASS	TLS: evita encriptação dupla
*	1.2.3.101	*	1.2.4.0/24	*	DISCARD	Outros na DMZ
*	1.2.3.101	*	*	*	BYPASS	Internet

Pacotes de saída

A Figura 20.3 destaca os principais elementos do processamento IPsec para o tráfego de saída. Um bloco de dados de uma camada superior, como TCP, é passado para a camada IP e um pacote IP é formado, consistindo em um cabeçalho IP e um corpo IP. Depois, ocorrem as seguintes etapas:

1. O IPsec pesquisa o SPD para encontrar uma combinação para este pacote.
2. Se não for encontrada, então o pacote é descartado e uma mensagem de erro é gerada.
3. Se for encontrada uma combinação, o processamento seguinte é determinado pela primeira entrada que combina no SPD. Se a política para este pacote for DISCARD, então o pacote é descartado. Se a política for BYPASS, então não haverá mais processamento IPsec; o pacote é encaminhado para a rede, para ser transmitido.
4. Se a política for PROTECT, então será feita uma busca no SAD por uma entrada combinando. Se não houver uma entrada correspondente, então o IKE é invocado para criar uma SA com chaves apropriadas e uma entrada é criada na SA.
5. A entrada correspondente no SAD determina o processamento para este pacote. Pode ser realizada encriptação, autenticação ou ambos, e o modo transporte ou túnel poderá ser usado. O pacote é então encaminhado para transmissão pela rede.

Pacotes de chegada

A Figura 20.4 destaca os principais elementos do processamento IPsec para o tráfego de chegada. Um pacote IP de chegada dispara o processamento IPsec. Então ocorrem as seguintes etapas:

1. O IPsec determina se este é um pacote IP não protegido ou um que tem cabeçalhos/términos ESP ou AH, examinando o campo IP Protocol (IPv4) ou o campo Next Header (IPv6).
2. Se o pacote não estiver protegido, o IPsec procura no SPD uma combinação para esse pacote. Se a primeira entrada que combina tiver uma política BYPASS, o cabeçalho IP é processado e removido, e o corpo do pacote é entregue à próxima camada mais alta, como TCP. Se a primeira entrada combinando tiver uma política PROTECT ou DISCARD, ou se não houver entrada combinando, o pacote é descartado.

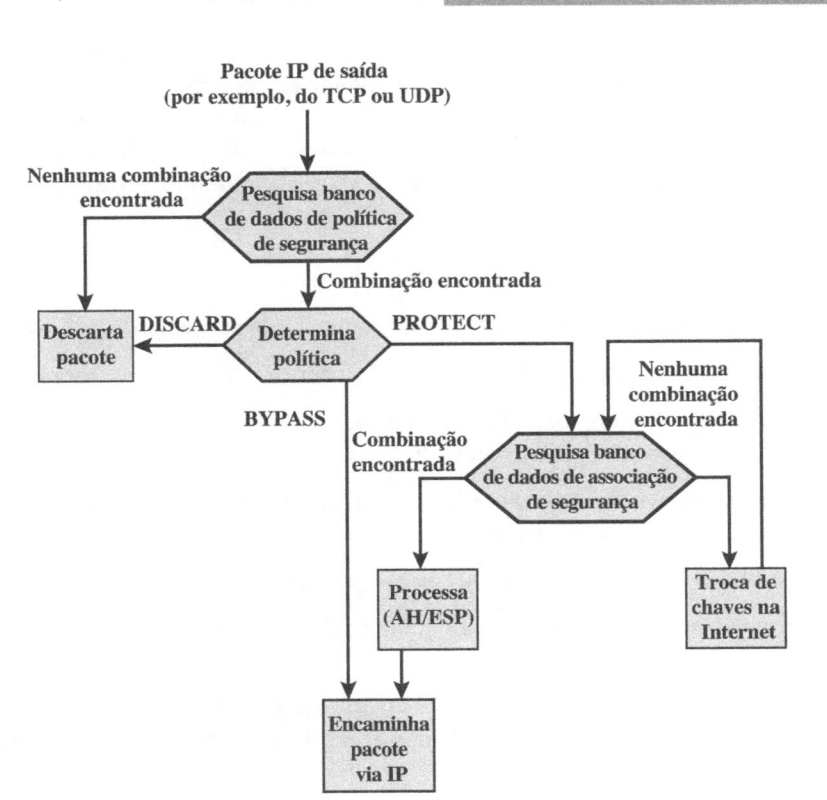

Figura 20.3 Modelo de processamento para pacotes de saída.

Figura 20.4 Modelo de processamento para pacotes de chegada.

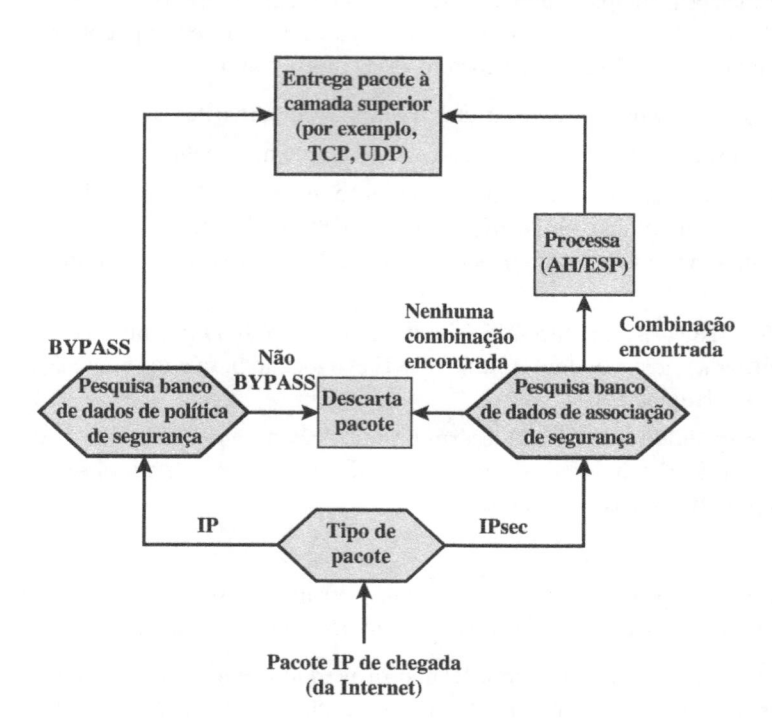

3. Para o pacote protegido, o IPsec pesquisa o SAD. Se não houver uma combinação, o pacote é descartado. Caso contrário, o IPsec aplica o processamento ESP ou AH apropriado. Depois, o cabeçalho IP é processado e removido e o corpo do pacote é entregue à próxima camada mais alta, como TCP.

20.3 ENCAPSULANDO O PAYLOAD DE SEGURANÇA

ESP pode ser usado para fornecer confidencialidade, autenticação da origem de dados, integridade sem conexão, um serviço antirreplicação (uma forma de integridade de sequência parcial) e confidencialidade (limitada) de fluxo de tráfego. O conjunto de serviços fornecidos depende das opções selecionadas no momento do estabelecimento da associação de segurança (SA) e no local da implementação em uma topologia de rede.

ESP pode funcionar com diversos algoritmos de encriptação e autenticação, incluindo algoritmos de encriptação autenticados, como GCM.

Formato ESP

A Figura 20.5a mostra o formato do pacote ESP de alto nível. Ele contém os seguintes campos:

- **Índice de parâmetros de segurança (32 bits):** identifica uma associação de segurança.
- **Número de sequência (32 bits):** um valor de contador crescendo monotonicamente; este oferece uma função antirreplicação, conforme discutido para o AH.
- **Dados de payload (variável):** esse é um segmento do nível de transporte (modo transporte) ou pacote IP (modo túnel) que é protegido por encriptação.
- **Preenchimento (0-255 bytes):** a finalidade desse campo é discutida mais adiante.
- **Tamanho do preenchimento (8 bits):** indica o número de bytes de preenchimento imediatamente antes desse campo.
- **Próximo cabeçalho (8 bits):** identifica o tipo de dados contido no campo de dados de payload, identificando o primeiro cabeçalho nesse payload (por exemplo, um cabeçalho de extensão no IPv6, ou um protocolo de camada superior, como TCP).

Figura 20.5 Formato ESP do IPsec.

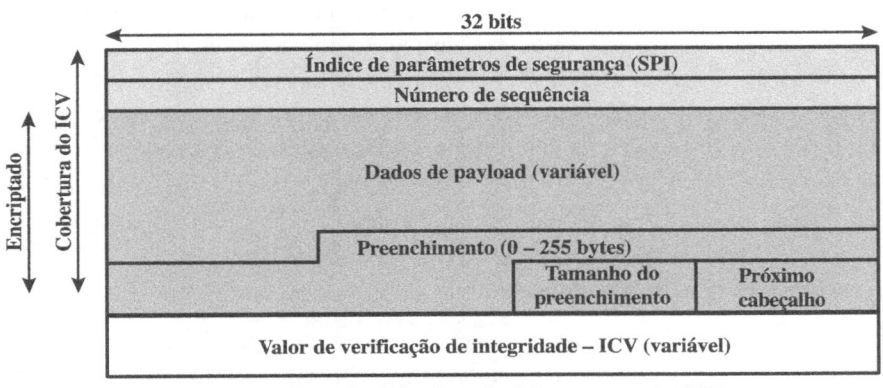

```
                              32 bits
         ┌──────────────────────────────────────────────┐
         │      Índice de parâmetros de segurança (SPI) │
         ├──────────────────────────────────────────────┤
         │              Número de sequência             │
         ├──────────────────────────────────────────────┤
         │          Dados de payload (variável)         │
         ├──────────────────────────────────────────────┤
         │     Preenchimento (0 – 255 bytes)            │
         │                    │ Tamanho do │ Próximo    │
         │                    │ preenchim. │ cabeçalho  │
         ├──────────────────────────────────────────────┤
         │ Valor de verificação de integridade – ICV    │
         └──────────────────────────────────────────────┘
```
(a) Formato de alto nível de um pacote ESP

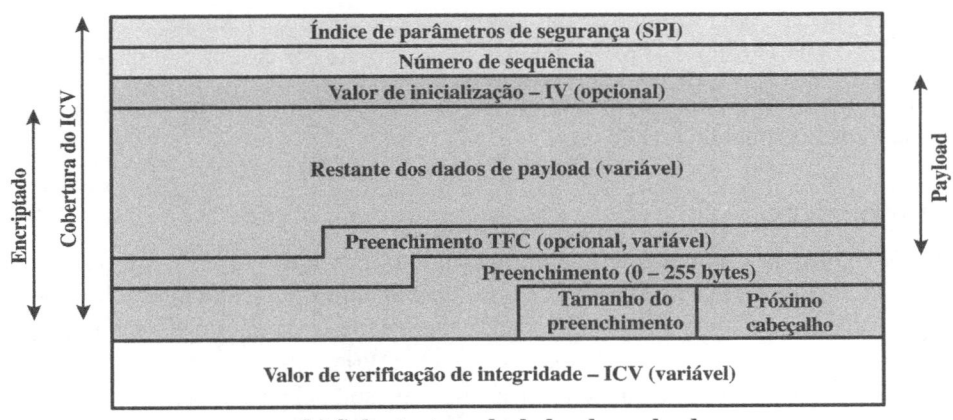

```
         ┌──────────────────────────────────────────────┐
         │      Índice de parâmetros de segurança (SPI) │
         ├──────────────────────────────────────────────┤
         │              Número de sequência             │
         ├──────────────────────────────────────────────┤
         │       Valor de inicialização – IV (opcional) │
         ├──────────────────────────────────────────────┤
         │      Restante dos dados de payload (variável)│
         ├──────────────────────────────────────────────┤
         │      Preenchimento TFC (opcional, variável)  │
         ├──────────────────────────────────────────────┤
         │     Preenchimento (0 – 255 bytes)            │
         │                    │ Tamanho do │ Próximo    │
         │                    │ preenchim. │ cabeçalho  │
         ├──────────────────────────────────────────────┤
         │ Valor de verificação de integridade – ICV    │
         └──────────────────────────────────────────────┘
```
(b) Subestrutura de dados de payload

- **Valor de verificação de integridade (variável):** um campo de tamanho variável (precisa ser um número inteiro de words de 32 bits) que contém o valor de verificação de integridade calculado sobre o pacote ESP menos o campo Authentication Data.

Quando qualquer algoritmo de modo combinado é empregado, o próprio algoritmo deve retornar o texto claro decriptado e um indicador de sucesso/falha para a verificação de integridade. Para algoritmos de modo combinado, o ICV que normalmente apareceria no final do pacote ESP (quando a integridade está selecionada) pode ser omitido. Quando o ICV é omitido e a integridade é selecionada, é responsabilidade do algoritmo de modo combinado codificar, dentro dos dados de payload, um meio equivalente ao ICV para verificar a integridade do pacote.

Dois outros campos podem estar presentes no payload (Figura 20.5b). Um **valor de inicialização (IV)**, ou nonce, está presente se isso for exigido pelo algoritmo de encriptação ou encriptação autenticada, usado para o ESP. Se o modo túnel estiver sendo usado, então a implementação IPsec pode acrescentar o preenchimento de **confidencialidade de fluxo de tráfego (TFC)** após os dados de payload e antes do campo de preenchimento, conforme explicaremos mais adiante.

Algoritmos de encriptação e autenticação

Os campos de dados de payload, preenchimento, tamanho do preenchimento e próximo cabeçalho são encriptados pelo serviço ESP. Se o algoritmo usado para encriptar o payload exigir dados criptográficos de sincronismo, como um vetor de inicialização (IV), então esses dados podem ser carregados explicitamente no início do campo de dados de payload. Se incluído, um IV normalmente não é encriptado, embora em geral seja referenciado como fazendo parte do texto cifrado.

O campo ICV é opcional. Ele só está presente se o serviço de integridade for selecionado e fornecido por um algoritmo de integridade separado ou um algoritmo de modo combinado, que usa um ICV. O ICV é calculado depois que a encriptação é realizada. Essa ordem de processamento facilita a rápida detecção e rejeição de pacotes replicados ou falsos pelo receptor antes da decriptação do pacote, daí reduzindo potencialmente o impacto de ataques de negação de serviço (DoS). Isso também permite a possibilidade de processamento paralelo de pacotes no receptor, ou seja, a decriptação pode ocorrer em paralelo com a verificação de integridade. Observe que, como o ICV não é protegido por encriptação, um algoritmo de integridade chaveado precisa ser empregado para calcular o ICV.

Preenchimento

O campo de preenchimento tem diversas finalidades:

- Se o algoritmo de encriptação exigir que o texto claro seja um múltiplo de algum número de bytes (por exemplo, o múltiplo de um único bloco para uma cifra de bloco), o campo de preenchimento é usado para expandir o texto claro (consistindo nos campos de dados de payload, preenchimento, tamanho do preenchimento e próximo cabeçalho) para o tamanho exigido.

- O formato ESP exige que os campos de tamanho de preenchimento e próximo cabeçalho sejam alinhados à direita dentro de uma word de 32 bits. De modo equivalente, o texto cifrado precisa ser um múltiplo inteiro de 32 bits. O campo de preenchimento é usado para garantir esse alinhamento.

- Um preenchimento adicional pode ser acrescentado para oferecer confidencialidade parcial do fluxo de tráfego, ocultando o tamanho real do payload.

Serviço antirreplicação

Um **ataque de replicação** é aquele em que um atacante obtém uma cópia de um pacote autenticado e mais tarde o transmite para o destino intencionado. O recebimento de pacotes IP duplicados, autenticados, pode interromper o serviço de alguma maneira ou pode ter alguma outra consequência indesejada. O campo de número de sequência é projetado para afastar esses ataques. Primeiro, discutimos a geração de número de sequência pelo emissor, e depois examinamos como ele é processado pelo destinatário.

Quando uma nova SA é estabelecida, o **emissor** inicializa um contador de número de sequência em 0. Toda vez que um pacote é enviado para essa SA, o emissor incrementa o contador e coloca o valor no campo de número de sequência. Assim, o primeiro valor a ser usado é 1. Se a antirreplicação estiver ativada (o padrão), o emissor não deverá permitir que o número de sequência passe de $2^{32} - 1$ de volta para zero. Caso contrário, haveria vários pacotes com o mesmo número de sequência. Se o limite de $2^{32} - 1$ for atingido, o emissor deverá terminar essa SA e negociar uma nova SA com uma nova chave.

Como o IP é um serviço sem conexão, não confiável, o protocolo não garante que os pacotes serão entregues na ordem, e não garante que todos os eles serão entregues. Portanto, o documento de autenticação IPsec dita que o **receptor** deverá implementar uma janela de tamanho W, com um default de $W = 64$. A borda direita da janela representa o número de sequência mais alto, N, até aqui recebido para um pacote válido. Para qualquer pacote com um número de sequência no intervalo de $N - W + 1$ até N que tenha sido recebido de forma correta (ou seja, devidamente autenticado), o slot correspondente na janela é marcado (Figura 20.6). O processamento de entrada prossegue da seguinte forma quando um pacote é recebido:

1. Se o pacote recebido estiver dentro da janela e for novo, o MAC é verificado. Se o pacote for autenticado, o slot correspondente na janela é marcado.

2. Se o pacote recebido estiver à direita da janela e for novo, o MAC é verificado. Se o pacote for autenticado, a janela é avançada de modo que esse número de sequência seja a borda direita da janela, e o slot correspondente na janela seja marcado.

3. Se o pacote recebido estiver à esquerda da janela, ou se a autenticação falhar, o pacote é descartado; esse é um evento auditável.

Figura 20.6 Mecanismo antirreplicação.

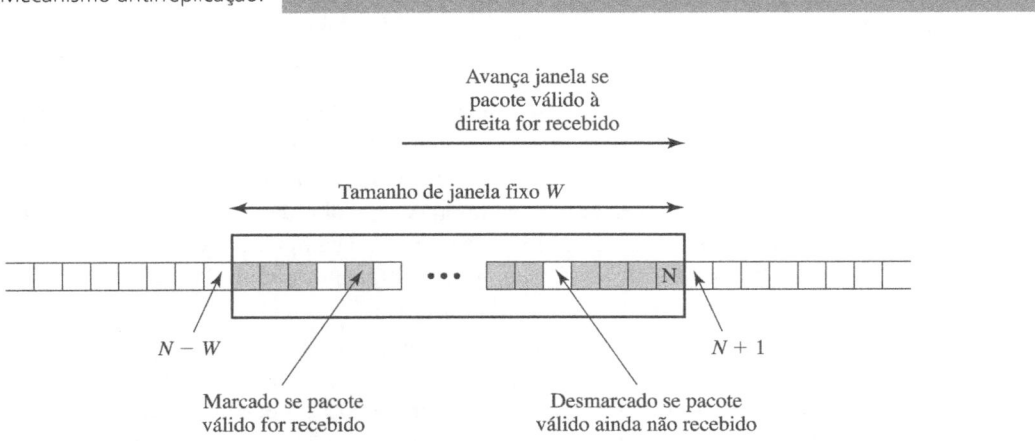

Modos túnel e transporte

A Figura 20.7 mostra duas maneiras como o serviço ESP do IPsec pode ser usado. Na parte superior da figura, a encriptação (e opcionalmente a autenticação) é fornecida diretamente entre dois hospedeiros. A Figura 20.7b mostra como a operação no modo túnel pode ser usada para configurar uma **rede privada virtual**. Neste exemplo, uma organização possui quatro redes privadas interconectadas pela Internet. Os hospedeiros nas redes internas utilizam a Internet para transporte de dados, mas não interagem com outros hospedeiros baseados na Internet. Terminando os túneis no gateway de segurança para cada rede interna, a configuração permite que os hospedeiros evitem implementar a capacidade de segurança. A primeira técnica tem o apoio de uma SA no modo transporte, enquanto a última utiliza uma SA no modo túnel.

Figura 20.7 Encriptação no modo transporte *versus* modo túnel.

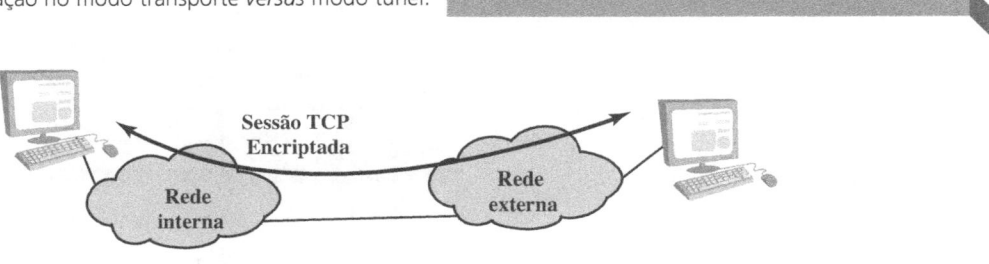

(a) Segurança em nível de transporte

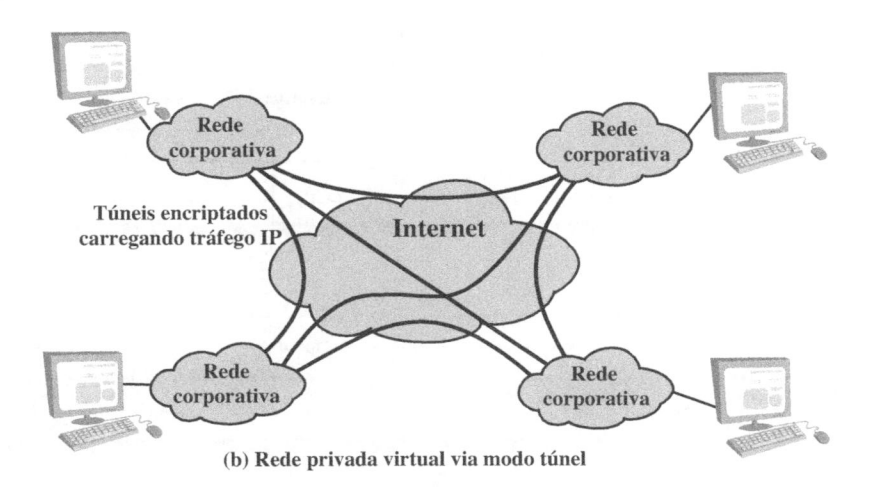

(b) Rede privada virtual via modo túnel

506 CRIPTOGRAFIA E SEGURANÇA DE REDES

Nesta seção, examinamos o escopo do ESP para os dois modos. As considerações são um pouco diferentes para IPv4 e IPv6. Usaremos os formatos de pacote da Figura 20.8a como um ponto de partida.

ESP NO MODO TRANSPORTE

O ESP no modo transporte é usado para encriptar e, opcionalmente, autenticar os dados carregados pelo IP (por exemplo, um segmento TCP), como mostra a Figura 20.8b. Para esse modo usando IPv4, o cabeçalho ESP é inserido no pacote IP imediatamente antes do cabeçalho da camada de transporte (por exemplo, TCP, UDP, ICMP) e um término ESP (campos de preenchimento, tamanho de preenchimento e próximo cabeçalho) é colocado após o pacote IP. Se a autenticação for selecionada, o campo Authentication Data do ESP é acrescentado após o término ESP. O segmento inteiro em nível de transporte mais o término ESP são encriptados. A autenticação abrange todo o texto cifrado mais o cabeçalho ESP.

No contexto do IPv6, ESP é visto como um payload de ponta a ponta; ou seja, ele não é examinado ou processado por roteadores intermediários. Portanto, o cabeçalho ESP aparece após o cabeçalho básico IPv6 e os cabeçalhos de extensão salto a salto, roteamento e fragmento. O cabeçalho de extensão das opções de destino aparece antes ou depois do cabeçalho ESP, dependendo da semântica desejada. Para o IPv6, a encriptação

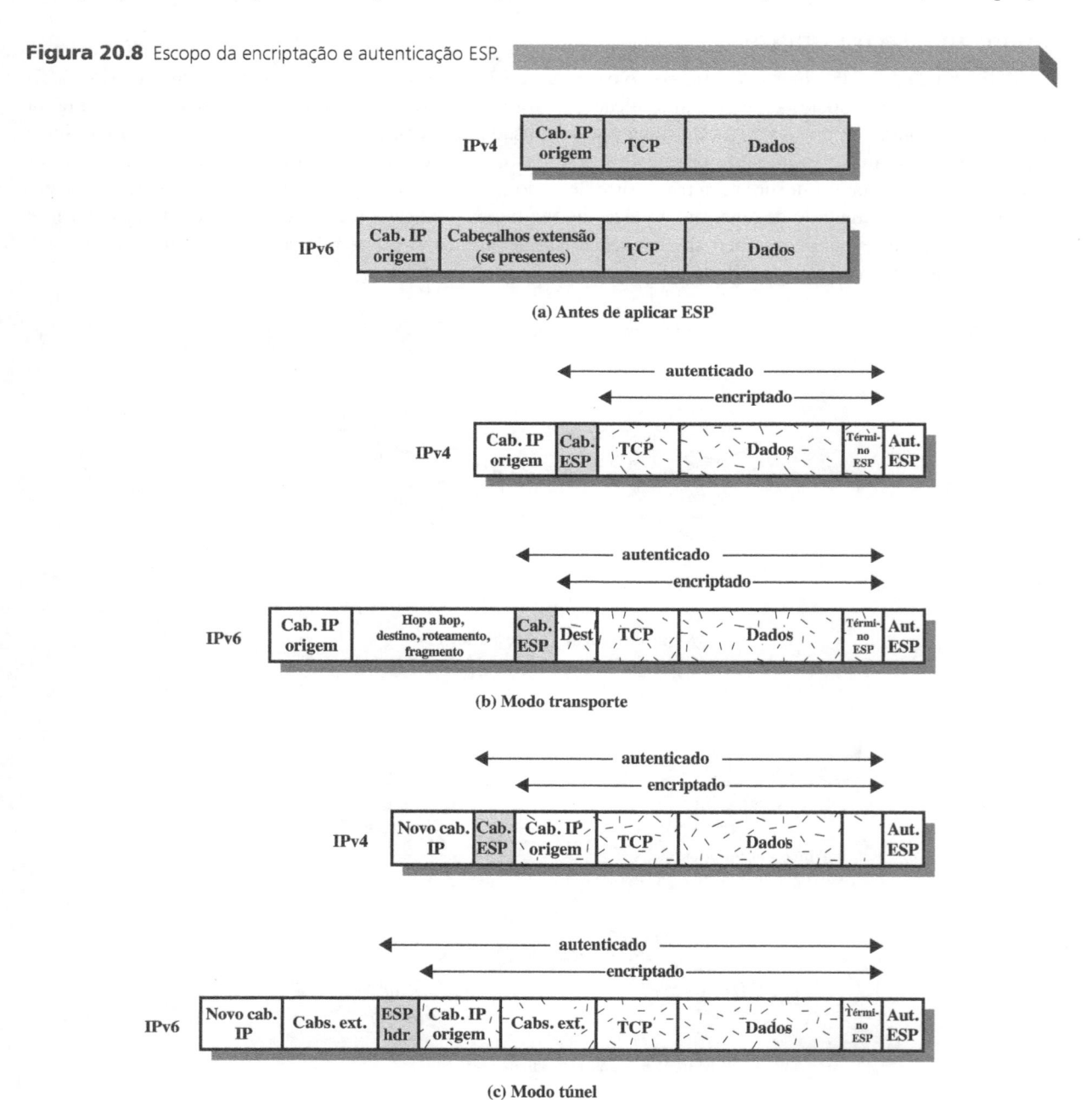

Figura 20.8 Escopo da encriptação e autenticação ESP.

aborda o segmento inteiro em nível de transporte mais o término ESP mais o cabeçalho de extensão das opções de destino, se ocorrer após o cabeçalho ESP. Novamente, a autenticação abrange o texto cifrado mais o cabeçalho ESP.

A operação no modo transporte pode ser resumida da seguinte forma:

1. Na origem, o bloco de dados consistindo no término ESP mais o segmento inteiro da camada de transporte é encriptado e o texto claro desse bloco é substituído por seu texto cifrado para formar o pacote IP para transmissão. A autenticação é acrescentada se essa opção for selecionada.

2. O pacote é então roteado para o destino. Cada roteador imediato precisa examinar e processar o cabeçalho IP mais quaisquer cabeçalhos de extensão IP em texto claro, mas não precisa examinar o texto cifrado.

3. O nó de destino examina e processa o cabeçalho IP mais quaisquer cabeçalhos de extensão IP de texto claro. Depois, com base no SPI do cabeçalho ESP, o nó de destino decripta o restante do pacote para recuperar o segmento da camada de transporte em texto claro.

A operação no modo de transporte oferece confidencialidade para qualquer aplicação que a utilize, evitando a necessidade de implementar a confidencialidade em cada aplicação individual. Uma desvantagem desse modo é que é possível realizar análise de tráfego nos pacotes transmitidos.

ESP MODO TÚNEL

O ESP modo túnel é usado para encriptar um pacote IP inteiro (Figura 20.8c). Para esse modo, o cabeçalho ESP é prefixado para o pacote e depois o pacote mais o término ESP é encriptado. Esse método pode ser usado para impedir análise de tráfego.

Como o cabeçalho IP contém o endereço de destino e possivelmente as diretivas do roteamento da origem e informações de opção salto a salto, não é possível simplesmente transmitir o pacote IP encriptado prefixado pelo cabeçalho ESP. Roteadores intermediários seriam incapazes de processar esse pacote. Portanto, é necessário encapsular o bloco inteiro (cabeçalho ESP mais texto cifrado mais Authentication Data, se estiver presente) com um novo cabeçalho IP que conterá informações suficientes para o roteamento, mas não para a análise de tráfego.

Enquanto o modo transporte é adequado para proteger conexões entre hospedeiros que admitem o recurso ESP, o modo túnel é útil em uma configuração que inclui um firewall ou outro tipo de gateway de segurança que protege uma rede confiável contra redes externas. Nesse último caso, a encriptação só ocorre entre um hospedeiro externo e o gateway de segurança, ou entre dois gateways de segurança. Isso alivia os hospedeiros na rede interna do peso de processamento da encriptação e simplifica a tarefa de distribuição de chave, reduzindo o número de chaves necessárias. Além disso, isso impede a análise de tráfego com base no destino final.

Considere um caso em que um hospedeiro externo deseja se comunicar com um hospedeiro em uma rede interna, protegida por um firewall, e em que o ESP é implementado no hospedeiro externo e nos firewalls. As etapas a seguir ocorrem para transferência de um segmento da camada de transporte a partir do hospedeiro externo para o hospedeiro interno:

1. A origem prepara um pacote IP interno com um endereço de destino do hospedeiro interno de destino. Esse pacote é prefixado por um cabeçalho ESP; depois, o pacote e o término ESP são encriptados e Authentication Data pode ser acrescentado. O bloco resultante é encapsulado com um novo cabeçalho IP (cabeçalho básico mais extensões opcionais, como opções de roteamento e salto a salto para IPv6), cujo endereço de destino é o firewall; isso forma o pacote IP externo.

2. O pacote externo é roteado para o firewall de destino. Cada roteador intermediário precisa examinar e processar o cabeçalho IP externo mais quaisquer cabeçalhos de extensão IP externos, mas não precisa examinar o texto cifrado.

3. O firewall de destino examina e processa o cabeçalho IP externo mais quaisquer cabeçalhos de extensão IP externos. Depois, com base no SPI do cabeçalho ESP, o nó de destino decripta o restante do pacote para recuperar o pacote IP interno do texto claro. Esse pacote é então transmitido na rede interna.

4. O pacote interno é roteado por zero ou mais roteadores na rede interna até o hospedeiro de destino. A Figura 20.9 mostra a arquitetura de protocolo para os dois modos.

Figura 20.9 Operação do protocolo para ESP.

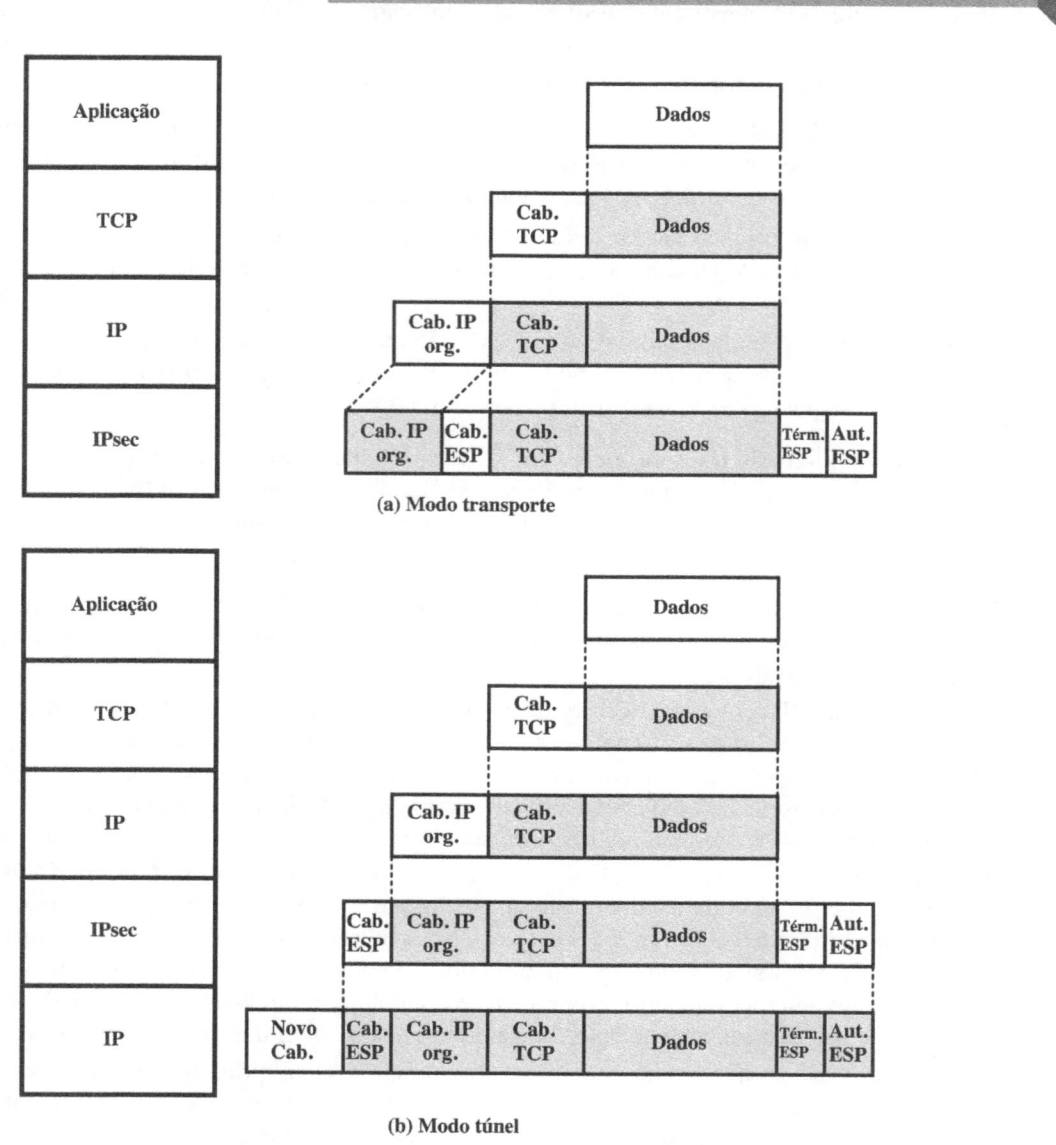

(a) Modo transporte

(b) Modo túnel

20.4 COMBINANDO ASSOCIAÇÕES DE SEGURANÇA

Uma SA individual pode implementar o AH ou o protocolo ESP, mas não ambos. Às vezes, determinado fluxo de tráfego exigirá os serviços fornecidos por AH e ESP. Além disso, determinado fluxo de tráfego pode exigir serviços IPsec entre hospedeiros e, para esse mesmo fluxo, serviços separados entre gateways de segurança, como firewalls. Em todos esses casos, várias SAs precisam ser empregadas para que o mesmo fluxo de tráfego alcance os serviços IPsec desejados. O termo *conjunto de associação de segurança* refere-se a uma sequência de SAs através das quais o tráfego precisa ser processado para fornecer o conjunto desejado de serviços IPsec. As SAs em um conjunto podem terminar em diferentes extremidades ou nas mesmas.

As associações de segurança podem ser combinadas em conjuntos de duas maneiras:

- **Adjacência de transporte:** refere-se à aplicação de mais de um protocolo de segurança ao mesmo pacote IP, sem invocar o tunelamento. Essa técnica para combinar AH e ESP permite apenas um nível de combinação; mais aninhamento não gera benefício adicional, pois o processamento é realizado em uma instância IPsec: o destino (final).

- **Tunelamento com iteração:** refere-se à aplicação de várias camadas de protocolos de segurança efetuadas por meio do tunelamento IP. Essa técnica permite vários níveis de aninhamento, pois cada túnel pode originar ou terminar em um site IPsec diferente ao longo do caminho.

As duas técnicas podem ser combinadas, por exemplo, fazendo-se com que uma SA de transporte entre os hospedeiros trafegue parte do caminho por uma SA de túnel entre gateways de segurança.

Uma questão interessante que surge quando se considera conjuntos de SA é a ordem em que autenticação e encriptação podem ser aplicadas entre determinado par de extremidades e as formas de fazer isso. Examinamos essa questão em seguida. Depois, examinamos combinações de SAs que envolvem pelo menos um túnel.

Autenticação mais confidencialidade

Encriptação e autenticação podem ser combinadas a fim de transmitir um pacote IP que possui confidencialidade e autenticação entre os hospedeiros. Examinamos várias técnicas.

ESP COM OPÇÃO DE AUTENTICAÇÃO

Esta técnica é ilustrada na Figura 20.8. Nela, o usuário primeiro aplica o ESP aos dados a serem protegidos e depois acrescenta o campo de dados de autenticação. Na realidade, existem duas subclasses:

- **ESP no modo transporte:** autenticação e encriptação se aplicam ao payload IP entregue ao hospedeiro, mas o cabeçalho IP não é protegido.
- **ESP no modo túnel:** a autenticação se aplica ao pacote IP inteiro entregue ao endereço de destino IP externo (por exemplo, um firewall), e ela é realizada nesse destino. O pacote IP interno inteiro é protegido pelo mecanismo de privacidade, para entrega ao destino IP interno.

Para os dois casos, a autenticação se aplica ao texto cifrado, ao invés do texto claro.

ADJACÊNCIA DE TRANSPORTE

Outra forma de aplicar a autenticação após a encriptação é usar duas SAs de transporte em conjunto, com a interna sendo uma SA ESP e a externa sendo uma SA AH. Nesse caso, ESP é usado sem sua opção de autenticação. Como a SA interna é uma SA de transporte, a encriptação é aplicada ao payload IP. O pacote resultante consiste em um cabeçalho IP (e, possivelmente, extensões de cabeçalho IPv6) seguido por um ESP. AH é então aplicado no modo transporte, de modo que a autenticação abrange o ESP mais o cabeçalho IP original (e extensões), exceto para campos mutáveis. A vantagem dessa técnica em relação a simplesmente usar uma única SA ESP com a opção de autenticação ESP é que a autenticação abrange mais campos, incluindo os endereços IP de origem e destino. A desvantagem é o overhead de duas SAs *versus* uma SA.

CONJUNTO TRANSPORTE-TÚNEL

O uso da autenticação antes da encriptação poderia ser preferível por vários motivos. Primeiro, como os dados de autenticação são protegidos pela encriptação, é impossível que alguém intercepte a mensagem e altere os dados de autenticação sem ser detectado. Segundo, pode ser desejável armazenar as informações de autenticação com a mensagem no destino, para referência posterior. É mais conveniente fazer isso se a informação de autenticação se aplicar à mensagem não encriptada; caso contrário, a mensagem teria que ser reencriptada para verificar a informação de autenticação.

Uma técnica para a aplicação da autenticação antes da encriptação entre dois hospedeiros é usar um conjunto consistindo em uma SA de transporte do AH interno e uma SA de túnel do ESP externo. Nesse caso, a autenticação é aplicada ao payload IP mais o cabeçalho IP (e extensões), exceto para os campos mutáveis. O pacote IP resultante é, então, processado no modo túnel pelo ESP; o resultado é que o pacote interno inteiro, autenticado, é encriptado e um novo cabeçalho IP externo (e extensões) é acrescentado.

Combinações básicas de associações de segurança

O documento IPsec Architecture lista quatro exemplos de combinações das SAs que precisam ser admitidos por hospedeiros IPsec compatíveis (por exemplo, estação de trabalho, servidor) ou gateways de segurança (por exemplo, firewall, roteador). Estes são ilustrados na Figura 20.10. A parte inferior de cada caso na figura representa a conectividade física dos elementos; a parte superior representa a conectividade lógica por meio de uma ou mais SAs aninhadas. Cada SA pode ser AH ou ESP. Para SAs hospedeiro a hospedeiro, o modo pode ser transporte ou túnel; caso contrário, o modo precisa ser túnel.

Figura 20.10 Combinações básicas das associações de segurança (SAs).

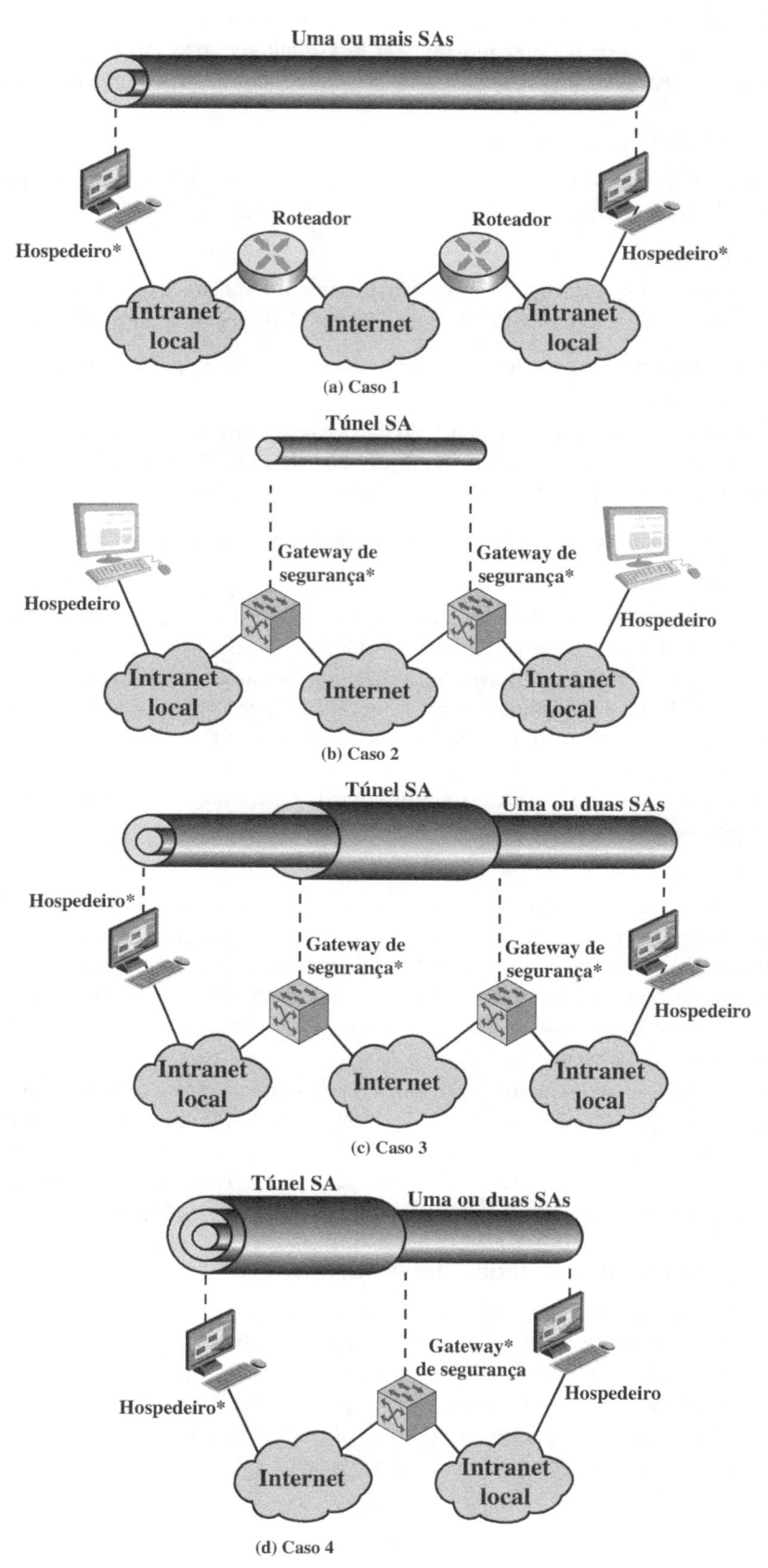

(a) Caso 1

(b) Caso 2

(c) Caso 3

(d) Caso 4

* = implementa IPsec

Caso 1. Toda a segurança é fornecida entre os sistemas finais que implementam IPsec. Para dois sistemas finais quaisquer se comunicarem via SA, eles precisam compartilhar as chaves secretas apropriadas. Entre as combinações possíveis:

a. AH no modo transporte

b. ESP no modo transporte

c. ESP seguido por AH no modo transporte (uma SA ESP dentro de uma SA AH)

d. Qualquer um de a, b ou c dentro de um AH ou ESP no modo túnel

Já discutimos como essas diversas combinações podem ser usadas para dar suporte à autenticação, encriptação, autenticação antes da encriptação e autenticação após a encriptação.

Caso 2. A segurança é fornecida apenas entre gateways (roteadores, firewalls etc.) e nenhum hospedeiro implementa IPsec. Esse caso ilustra o suporte simples para rede privada virtual. O documento de arquitetura de segurança especifica que somente um único túnel SA é necessário para esse caso. O túnel poderia admitir AH, ESP ou ESP com a opção de autenticação. Os túneis aninhados não são exigidos, pois os serviços IPsec se aplicam a todo o pacote interno.

Caso 3. Este é baseado no Caso 2, acrescentando a segurança de ponta a ponta. As mesmas combinações discutidas para os casos 1 e 2 são permitidas aqui. O túnel de gateway para gateway oferece autenticação ou confidencialidade ou ambos para todo o tráfego entre os sistemas finais. Quando o túnel de gateway para gateway é ESP, ele também oferece uma forma limitada de confidencialidade de tráfego. Os hospedeiros individuais podem implementar quaisquer serviços IPsec adicionais exigidos para determinadas aplicações ou determinados usuários por meio das SAs de ponta a ponta.

Caso 4. Oferece suporte para um hospedeiro remoto que usa a Internet para alcançar o firewall de uma organização e depois obter acesso a algum servidor ou estação de trabalho por trás do firewall. Somente o modo túnel é exigido entre o hospedeiro remoto e o firewall. Assim como no Caso 1, uma ou duas SAs podem ser usadas entre o hospedeiro remoto e o hospedeiro local.

20.5 TROCA DE CHAVES NA INTERNET

A parte de gerenciamento de chaves do IPsec envolve a determinação e a distribuição de chaves secretas. Um requisito típico é o uso de quatro chaves para a comunicação entre duas aplicações: pares de transmissão e recepção para integridade e confidencialidade. O documento IPsec Architecture exige suporte para dois tipos de gerenciamento de chaves:

- **Manual:** um administrador do sistema configura manualmente cada sistema com suas próprias chaves e com as chaves de outros sistemas em comunicação. Isso é prático para ambientes pequenos, relativamente estáticos.

- **Automatizado:** um sistema automatizado permite a criação por demanda de chaves para SAs e facilita o uso de chaves em um grande sistema distribuído, com uma configuração em evolução.

O protocolo de gerenciamento de chave automatizado padrão para IPsec é conhecido como ISAKMP/Oakley, e consiste nos seguintes elementos:

- **Protocolo de determinação de chave Oakley:** Oakley é um protocolo de troca de chave baseado no algoritmo Diffie-Hellman, mas oferecendo segurança adicional. Oakley é genérico no sentido de que não dita formatos específicos.

- **Internet Security Association and Key Management Protocol (ISAKMP):** ISAKMP oferece uma estrutura para o gerenciamento de chaves pela Internet, e oferece o suporte de protocolo específico, incluindo formatos, para a negociação de atributos de segurança.

ISAKMP por si só não dita um algoritmo específico para troca de chaves; em vez disso, ISAKMP consiste em um conjunto de tipos de mensagem que permite o uso de uma série de algoritmos de troca de chave. Oakley é o algoritmo de troca de chave específico exigido para uso com a versão final do ISAKMP.

No IKEv2, os termos Oakley e ISAKMP não são mais usados, e existem diferenças significativas do uso de Oakley e ISAKMP no IKEv1. Apesar disso, a funcionalidade básica é a mesma. Nesta seção, descrevemos a especificação IKEv2.

Protocolo de determinação de chave

A determinação de chave IKE é uma melhoria do algoritmo de troca de chave Diffie-Hellman. Lembre-se de que Diffie-Hellman envolve a seguinte interação entre os usuários A e B. Existe acordo prévio sobre dois parâmetros globais: q, um número primo grande; e α, uma raiz primitiva de q. A seleciona um inteiro aleatório X_A como sua chave privada, e transmite para B sua chave pública $Y_A = \alpha^{X_A} \mod q$. De modo semelhante, B seleciona um inteiro aleatório X_B como sua chave privada e transmite para A sua chave pública $Y_B = \alpha^{X_B} \mod q$. Cada lado pode agora calcular a chave de sessão secreta:

$$K = (Y_B)^{X_A} \mod q = (Y_A)^{X_B} \mod q = \alpha^{X_A X_B} \mod q$$

O algoritmo Diffie-Hellman possui dois recursos atraentes:

- Chaves secretas são criadas apenas quando necessárias. Não há necessidade de armazenar chaves secretas por um longo período de tempo, expondo-as a maior vulnerabilidade.
- A troca não exige infraestrutura pré-existente, além de um acordo sobre os parâmetros globais.

Porém, existem vários pontos fracos no Diffie-Hellman, conforme indicado em [HUIT98]:

- Ele não oferece qualquer informação sobre as identidades das partes.
- Ele está sujeito a um ataque de *man-in-the-middle*, em que um terceiro C personifica B enquanto se comunica com A e personifica A enquanto se comunica com B. Tanto A quanto B acabam negociando uma chave com C, que pode então escutar o tráfego e passá-lo adiante. O ataque *man-in-the-middle* prossegue da seguinte forma:

    1. B envia sua chave pública Y_B em uma mensagem endereçada a A (ver Figura 10.2).
    2. O inimigo (E) intercepta essa mensagem. E salva a chave pública de B e envia uma mensagem a A, que tem a User ID de B, mas a chave pública de E, Y_E. Essa mensagem é enviada de modo que apareça como se fosse enviada pelo sistema hospedeiro de B. A recebe a mensagem de E e armazena a chave pública de E com a User ID de B. De modo semelhante, E envia uma mensagem a B com a chave pública de E, fingindo ter vindo de A.
    3. B calcula uma chave secreta K_1 com base na chave privada de B e Y_E. A calcula uma chave secreta K_2 com base na chave secreta de A e Y_E. E calcula K_1 usando a chave secreta de E X_E e Y_B e calcula K_2 usando X_E e Y_A.
    4. Daqui por diante, E é capaz de repassar mensagens de A para B e de B para A, alterando apropriadamente sua cifra no caminho, de modo que nem A nem B saberão que compartilham sua comunicação com E.

- Ele é computacionalmente intenso. Como resultado, é vulnerável a um ataque de obstrução, em que um oponente solicita uma grande quantidade de chaves. A vítima gasta recursos de computação consideráveis realizando exponenciação modular inútil, em vez de trabalho real.

A determinação de chave IKE foi projetada para reter as vantagens do Diffie-Hellman enquanto impede seus pontos fracos.

Características da determinação de chave IKE

O algoritmo de determinação de chave IKE é caracterizado por cinco características importantes:

1. Ele emprega um mecanismo conhecido como cookies para impedir ataques de obstrução.
2. Ele permite que as duas partes negociem um *grupo*; isso, basicamente, especifica os parâmetros globais da troca de chave Diffie-Hellman.
3. Ele utiliza nonces para garantir contra os ataques de replicação.
4. Ele permite a troca de valores de chave pública Diffie-Hellman.
5. Ele autentica a troca Diffie-Hellman para impedir ataques de *man-in-the-middle*.

Já discutimos o Diffie-Hellman. Vejamos o restante desses elementos, um por vez. Primeiro, considere o problema dos ataques de obstrução. Nesse ataque, um oponente forja o endereço de origem de um usuário legítimo e envia uma chave Diffie-Hellman à vítima. Esta realiza uma exponenciação modular para calcular a chave secreta. Mensagens repetidas desse tipo podem *obstruir* o sistema da vítima com trabalho inútil. A **troca de cookie** requer que cada lado envie um número pseudoaleatório, o cookie, na mensagem inicial, que o outro lado confirma. Essa confirmação precisa ser repetida na primeira mensagem da troca de chave Diffie-Hellman. Se o endereço de origem foi forjado, o oponente não recebe resposta. Assim, um oponente só pode forçar um usuário a gerar confirmações, e não a realizar o cálculo Diffie-Hellman.

IKE exige que a geração de cookie satisfaça três requisitos básicos:

1. O cookie precisa depender das partes específicas. Isso impede que um atacante obtenha um cookie usando um endereço IP real e porta UDP, e depois o utilize para inundar a vítima com solicitações de endereços IP ou portas escolhidas aleatoriamente.
2. Não deverá ser possível que alguém diferente da entidade emissora gere cookies que serão aceitos por essa entidade. Isso implica que a entidade emissora usará informações secretas locais na geração e subsequente verificação de um cookie. Não deverá ser possível deduzir essa informação secreta a partir de qualquer cookie em particular. O objetivo desse requisito é que a entidade emissora não precise salvar cópias de seus cookies, que são então mais vulneráveis à descoberta, mas possa verificar uma confirmação de cookie que chega quando precisar.
3. Os métodos de geração e verificação de cookie precisam ser rápidos para impedir ataques que pretendam sabotar recursos do processador.

O método recomendado para criar o cookie é realizar um hash rápido (por exemplo, MD5) sobre os endereços IP de origem e destino, as portas UDP de origem e destino, e um valor secreto gerado no local.

A determinação de chave IKE admite o uso de diferentes **grupos** para a troca de chaves Diffie-Hellman. Cada grupo inclui a definição dos dois parâmetros globais e da identidade do algoritmo. A especificação atual inclui os seguintes grupos:

- Exponenciação modular com um módulo de 768 bits
$$q = 2^{768} - 2^{704} - 1 + 2^{64} \times (\lfloor 2^{638} \times \pi \rfloor + 149686)$$
$$\alpha = 2$$
- Exponenciação modular com um módulo de 1024 bits
$$q = 2^{1024} - 2^{960} - 1 + 2^{64} \times (\lfloor 2^{894} \times \pi \rfloor + 129093)$$
$$\alpha = 2$$
- Exponenciação modular com um módulo de 1536 bits
  - Parâmetros a serem determinados
- Grupo de curva elíptica sobre 2^{155}
  - Gerador (hexadecimal): X = 7B, Y = 1C8
  - Parâmetros da curva elíptica (hexadecimal): A = 0, Y = 7338F
- Grupo de curva elíptica sobre 2^{185}
  - Gerador (hexadecimal): X = 18, Y = D
  - Parâmetros da curva elíptica (hexadecimal): A = 0, Y = 1EE9

Os três primeiros grupos são o algoritmo Diffie-Hellman clássico usando exponenciação modular. Os dois últimos grupos utilizam a curva elíptica semelhante ao Diffie-Hellman, que foi descrito no Capítulo 10.

A determinação de chave IKE emprega **nonces** para garantir contra ataques de replicação. Cada nonce é um número pseudoaleatório gerado no local. Os nonces aparecem em respostas e são encriptados durante certas partes da troca para proteger seu uso.

Três diferentes métodos de **autenticação** podem ser usados com a determinação de chave IKE:

- **Assinaturas digitais:** a troca é autenticada assinando um hash que pode ser obtido mutuamente; cada parte encripta o hash com sua chave privada. O hash é gerado sobre parâmetros importantes, como IDs de usuário e nonces.
- **Encriptação de chave pública:** a troca é autenticada encriptando-se parâmetros como IDs e nonces com a chave privada do emissor.
- **Encriptação de chave simétrica:** uma chave derivada por algum mecanismo fora de faixa pode ser usada para autenticar a troca por encriptação simétrica dos parâmetros da troca.

Trocas IKEv2

O protocolo IKEv2 envolve a troca de mensagens em pares. Os dois primeiros pares de trocas são conhecidos como **trocas iniciais** (Figura 20.11a). Na primeira troca, os dois pares trocam informações relativas a algoritmos criptográficos e outros parâmetros de segurança que eles pretendem usar junto com nonces e valores Diffie-Hellman (DH). O resultado dessa troca é configurar uma SA especial chamada IKE SA (ver Figura 20.2). Essa SA define parâmetros para um canal seguro entre os pares sobre os quais ocorrem trocas de mensagem subsequentes. Assim, todas as trocas de mensagem IKE subsequentes são protegidas por encriptação e autenticação de mensagem. Na segunda troca, as duas partes se autenticam e montam uma primeira SA IPsec para ser colocada no SADB e usada para proteger as comunicações comuns (ou seja, não IKE) entre os pares. Assim, quatro mensagens são necessárias para estabelecer a primeira SA para uso geral.

A **troca CREATE_CHILD_SA** pode ser usada para estabelecer outras SAs para proteger o tráfego. A **troca informativa** é usada para trocar informações de gerenciamento, mensagens de erro IKEv2 e outras notificações.

Formatos de cabeçalho e payload

IKE define procedimentos e formatos de pacote para estabelecer, negociar, modificar e excluir associações de segurança. Como parte do estabelecimento da SA, IKE define payloads para a troca de geração de chave e dados de autenticação. Esses formatos de payload oferecem uma estrutura consistente independente do protocolo específico de troca de chave, algoritmo de encriptação e mecanismo de autenticação.

Formato de cabeçalho IKE

Uma mensagem IKE consiste em um cabeçalho IKE seguido por um ou mais payloads. Tudo isso é executado em um protocolo de transporte. A especificação dita que as implementações precisam ter suporte para o uso de UDP para o protocolo de transporte.

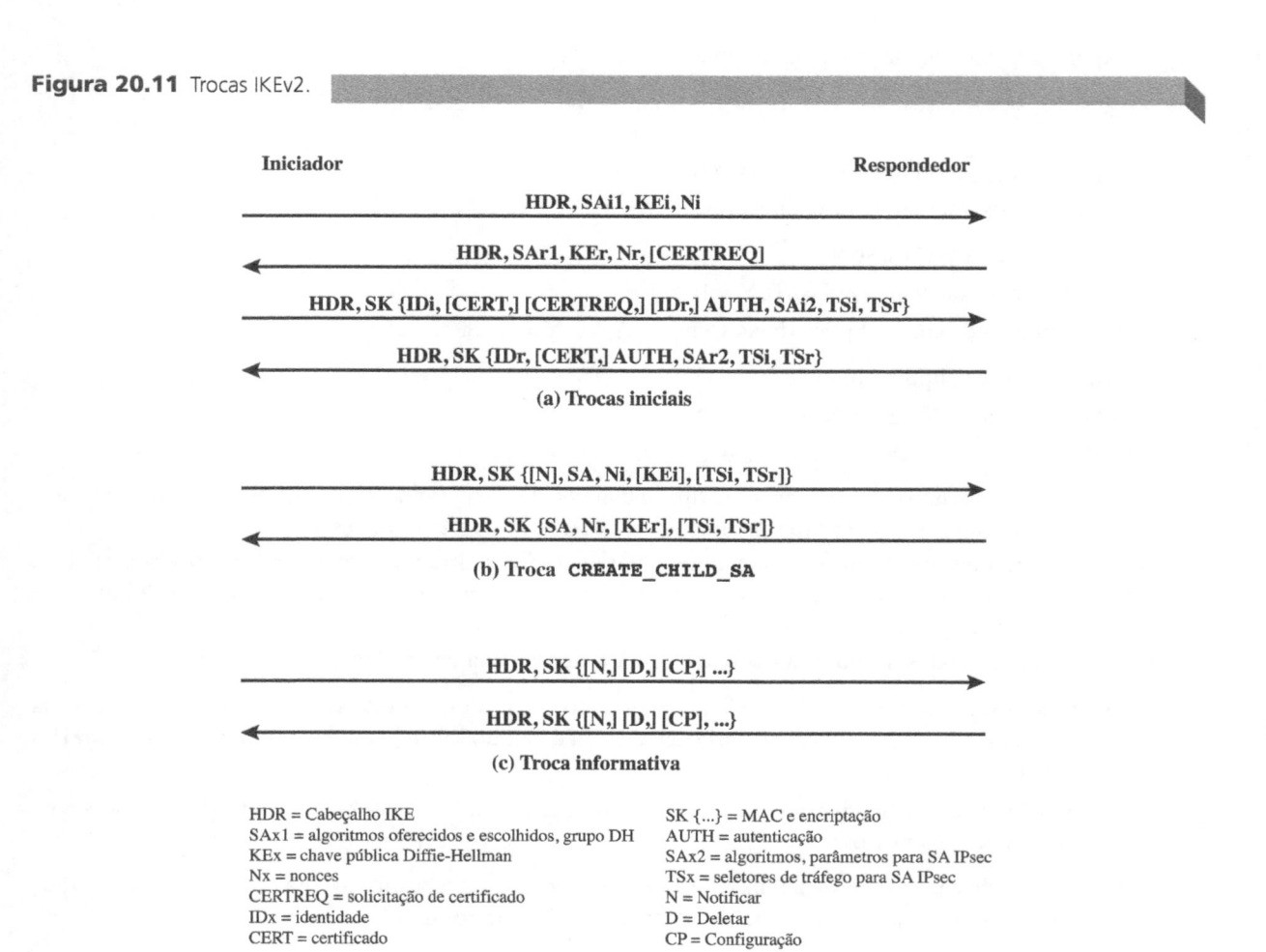

Figura 20.11 Trocas IKEv2.

Iniciador → Respondedor

HDR, SAi1, KEi, Ni →

← HDR, SAr1, KEr, Nr, [CERTREQ]

HDR, SK {IDi, [CERT,] [CERTREQ,] [IDr,] AUTH, SAi2, TSi, TSr} →

← HDR, SK {IDr, [CERT,] AUTH, SAr2, TSi, TSr}

(a) Trocas iniciais

HDR, SK {[N], SA, Ni, [KEi], [TSi, TSr]} →

← HDR, SK {SA, Nr, [KEr], [TSi, TSr]}

(b) Troca `CREATE_CHILD_SA`

HDR, SK {[N,] [D,] [CP,] ...} →

← HDR, SK {[N,] [D,] [CP], ...}

(c) Troca informativa

HDR = Cabeçalho IKE
SAx1 = algoritmos oferecidos e escolhidos, grupo DH
KEx = chave pública Diffie-Hellman
Nx = nonces
CERTREQ = solicitação de certificado
IDx = identidade
CERT = certificado

SK {...} = MAC e encriptação
AUTH = autenticação
SAx2 = algoritmos, parâmetros para SA IPsec
TSx = seletores de tráfego para SA IPsec
N = Notificar
D = Deletar
CP = Configuração

A Figura 20.12a mostra o formato de cabeçalho para uma mensagem IKE. Ele consiste nos seguintes campos:

- **Iniciador SPI (64 bits):** um valor escolhido pelo iniciador para identificar uma associação de segurança (SA) IKE exclusiva.
- **Respondedor SPI (64 bits):** um valor escolhido pelo respondedor para identificar uma SA IKE exclusiva.
- **Próximo payload (8 bits):** indica o tipo do primeiro payload na mensagem; os payloads são discutidos na próxima subseção.
- **Versão principal (4 bits):** indica a versão principal do IKE em uso.
- **Versão secundária (4 bits):** indica a versão secundária em uso.
- **Tipo de troca (8 bits):** indica o tipo da troca; estas são discutidas mais adiante nesta seção.
- **Flags (8 bits):** indica opções específicas definidas para esta troca IKE. Três bits são definidos até aqui. O bit iniciador indica se este pacote foi enviado pela SA iniciadora. O bit de versão indica se o transmissor é capaz de usar um número de versão principal mais alto do que o que está indicado atualmente. O bit de resposta indica se esta é uma resposta a uma mensagem contendo a mesma ID de mensagem.
- **ID de mensagem (32 bits):** usada para controlar a retransmissão de pacotes perdidos e combinação de solicitações e respostas.
- **Tamanho (32 bits):** tamanho da mensagem total (cabeçalho mais todos os payloads) em octetos.

Tipos de payload IKE

Todos os payloads IKE começam com o mesmo cabeçalho de payload genérico mostrado na Figura 20.12b. O campo de próximo payload tem um valor 0 se esse for o último payload na mensagem; caso contrário, seu valor é o tipo do próximo payload. O campo de tamanho do payload indica o tamanho em octetos desse payload, incluindo o cabeçalho de payload genérico.

O bit crítico é 0 se o emissor quiser que o destinatário salte esse payload se não entender o código de tipo de payload no campo de próximo payload do payload anterior. Ele é definido como 1 se o emissor quiser que o destinatário rejeite essa mensagem inteira se não entender o tipo de payload.

A Tabela 20.3 resume os tipos de payload definidos para IKE, e lista os campos, ou parâmetros, que fazem parte de cada payload. O **payload SA** é usado para iniciar o estabelecimento de uma SA. O payload tem uma estrutura complexa, hierárquica. Ele pode conter várias propostas. Cada uma pode conter várias transformações.

Figura 20.12 Formatos IKE.

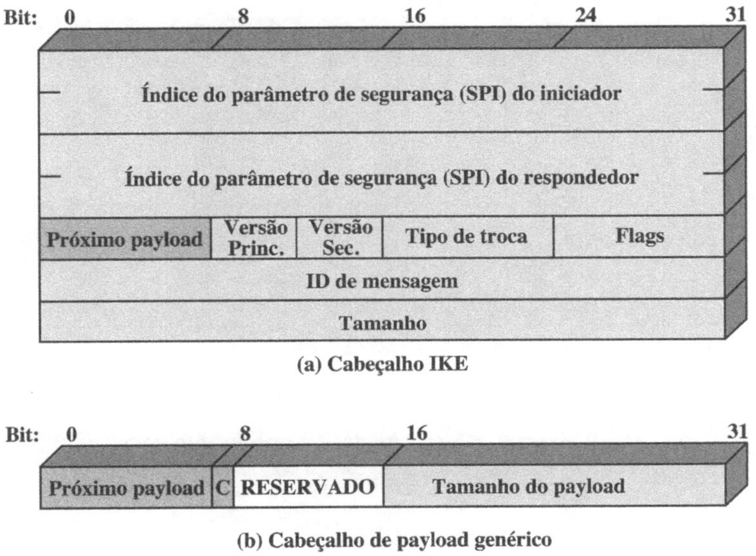

E cada transformação pode conter vários atributos. Esses elementos são formatados como subestruturas dentro do payload, da seguinte forma:

- **Proposta:** esta subestrutura inclui um número de proposta, uma ID de protocolo (AH, ESP ou IKE), um indicador do número de transformações e depois uma subestrutura de transformação. Se mais de um protocolo tiver que ser incluído em uma proposta, então haverá uma subestrutura de proposta subsequente com o mesmo número de proposta.
- **Transformação:** diferentes protocolos admitem diferentes tipos de transformação. As transformações são usadas principalmente para definir algoritmos criptográficos a serem usados com um protocolo em particular.
- **Atributo:** cada transformação pode incluir atributos que modificam ou completam a especificação da transformação. Um exemplo é o tamanho da chave.

O **payload de troca de chave** pode ser usado para diversas técnicas de troca de chave, incluindo Oakley, Diffie-Hellman e a troca de chave baseada em RSA, usada pelo PGP. O campo de dados de troca de chave contém os dados exigidos para gerar uma chave de sessão e depende do algoritmo de troca de chave utilizado.

O **payload de identificação** é usado para determinar a identidade dos pares em comunicação e pode ser utilizado para determinar a autenticidade da informação. Normalmente, o campo de dados de ID conterá um endereço IPv4 ou IPv6.

O **payload de certificado** transfere um certificado de chave pública. O campo de codificação de certificado indica o tipo de certificado ou informações relacionadas ao certificado, que podem incluir o seguinte:

- Certificado X.509 embrulhado com PKCS #7
- Certificado PGP
- Chave assinada do DNS
- Assinatura de certificado X.509
- Troca de chave de certificação X.509
- Tokens Kerberos

Tabela 20.3 Tipos de payload IKE.

Tipo	Parâmetros
Security Association	Propostas
Key Exchange	Núm. de grupo DH, dados de troca de chave
Identification	Tipo de ID, dados de ID
Certificate	Codificação de certificado, dados de certificado
Certificate Request	Codificação de certificado, autoridade de certificação
Authentication	Método de autenticação, dados de autenticação
Nonce	Dados de nonce
Notify	ID de protocolo, tamanho de SPI, tipo de mensagem de notificação, SPI, dados de notificação
Delete	ID de protocolo, tamanho de SPI, núm. de SPIs, SPI (um ou mais)
Vendor ID	ID do fornecedor
Traffic Selector	Número de TSs, seletores de tráfego
Encrypted	IV, Payloads IKE encriptados, preenchimento, tamanho do preenchimento, ICV
Configuration	Tipo de configuração, atributos de configuração
Extensible Authentication Protocol	Mensagem EAP

- Lista de revogação de certificado (CRL)
- Lista de revogação de autoridade (ARL)
- Certificado SPKI

A qualquer ponto em uma troca IKE, o emissor poderá incluir um payload de **solicitação de certificado** para solicitar o certificado da outra entidade da comunicação. O payload pode listar mais de um tipo de certificado aceitável e mais de uma autoridade de certificado aceitável.

O payload de **autenticação** contém dados gerados para fins de autenticação de mensagem. Os tipos de método de autenticação definidos até aqui são assinatura digital RSA, código de integridade de mensagem de chave compartilhada e assinatura digital DSS.

O payload de **nonce** contém dados aleatórios usados para garantir a existência durante uma troca e proteger contra ataques de replicação.

O payload de **notificação** contém informações de erro ou status associadas a essa SA ou a essa negociação de SA. A tabela a seguir lista as mensagens de notificação IKE.

Mensagem de erro	Mensagens de *status*
Unsupported Critical	Initial Contact
Payload	Set Window Size
Invalid IKE SPI	Additional TS Possible
Invalid Major Version	IPCOMP Supported
Invalid Syntax	NAT Detection Source IP
Invalid Payload Type	NAT Detection Destination IP
Invalid Message ID	Cookie
Invalid SPI	Use Transport Mode
No Proposal Chosen	HTTP Cert Lookup Supported
Invalid KE Payload	Rekey SA
Authentication Failed	ESP TFC Padding Not Supported
Single Pair Required	Non First Fragments Also
No Additional SAS	
Internal Address Failure	
Failed CP Required	
TS Unacceptable	
Invalid Selectors	

O payload de **exclusão** indica uma ou mais SAs que o emissor excluiu de seu banco de dados e que, portanto, não são mais válidas.

O payload de **ID de fornecedor** contém uma constante definida pelo fornecedor. A constante é usada pelos fornecedores para identificar e reconhecer instâncias remotas de suas implementações. Esse mecanismo permite que um fornecedor experimente novos recursos enquanto mantém a compatibilidade.

O payload de **seletor de tráfego** permite que os pares identifiquem fluxos de pacotes para processamento por serviços IPsec.

O payload **encriptado** contém outros payloads na forma encriptada. O formato do payload encriptado é semelhante ao do ESP. Ele pode incluir um IV se o algoritmo de encriptação exigir isso e um ICV se a autenticação for selecionada.

O payload de **configuração** é usado para trocar informações de configuração entre pares IKE.

O payload do **Extensible Authentication Protocol (EAP)** permite que SAs IKE sejam autenticadas usando EAP, que foi discutido no Capítulo 16.

20.6 PACOTES CRIPTOGRÁFICOS

Os protocolos IPsecv3 e IKEv3 contam com diversos tipos de algoritmos criptográficos. Como vimos neste livro, existem muitos algoritmos criptográficos de cada tipo, cada um com uma série de parâmetros, como tamanho de chave. Para promover a interoperabilidade, duas RFCs definem pacotes recomendados de algoritmos criptográficos e parâmetros para diversas aplicações.

A RFC 4308 define dois pacotes criptográficos para estabelecer redes privadas virtuais. O pacote VPN-A combina com a segurança de VPN corporativa normalmente usada nas implementações IKEv1 mais antigas no momento da emissão da IKEv2 em 2005. O pacote VPN-B oferece segurança mais forte e é recomendado para novas VPNs que implementam IPsecv3 e IKEv2.

A Tabela 20.4a lista os algoritmos e parâmetros para os dois pacotes. Existem vários pontos a observar sobre esses dois pacotes. Observe que, para a encriptação simétrica, VPN-A conta com 3DES e HMAC, enquanto VPN-B conta exclusivamente com AES. São usados três tipos de algoritmos de chave secreta:

- **Encriptação:** para encriptação, o modo cipher block chaining (CBC) é utilizado.
- **Autenticação de mensagem:** para autenticação de mensagem, VPN-A conta com HMAC com SHA-1, com a saída truncada para 96 bits. VPN-B conta com uma variante do CMAC com a saída truncada para 96 bits.
- **Função pseudoaleatória:** IKEv2 gera bits pseudoaleatórios pelo uso repetido do MAC usado para autenticação de mensagem.

A RFC 6379 define quatro pacotes criptográficos que são compatíveis com as especificações Suite B da National Security Agency dos Estados Unidos. Em 2005, a NSA emitiu o Suite B, que definiu os algoritmos e as forças necessárias para proteger informações sensíveis mas não confidenciais (SBU) e confidenciais para uso em seu programa Cryptographic Modernization [LATT09]. Os quatro pacotes definidos na RFC 4869 oferecem

Tabela 20.4 Pacotes criptográficos para IPsec.

	VPN-A	VPN-B
Encriptação ESP	3DES-CBC	AES-CBC (chave de 128 bits)
Integridade ESP	HMAC-SHA1-96	AES-XCBC-MAC-96
Encriptação IKE	3DES-CBC	AES-CBC (chave de 128 bits)
IKE PRF	HMAC-SHA1	AES-XCBC-PRF-128
Integridade IKE	HMAC-SHA1-96	AES-XCBC-MAC-96
Grupo IKE DH	MODP 1024 bits	MODP 2048 bits

(a) Redes privadas virtuais (RFC 4308)

	GCM-128	GCM-256	GMAC-128	GMAC-256
Encriptação/integridade ESP	AES-GCM (chave de 128 bits)	AES-GCM (chave de 256 bits)	Nulo	Nulo
Integridade ESP	Nulo	Nulo	AES-GMAC (chave de 128 bits)	AES-GMAC (chave de 256 bits)
Encriptação IKE	AES-CBC (chave de 128 bits)	AES-CBC (chave de 256 bits)	AES-CBC (chave de 128 bits)	AES-CBC (chave de 256 bits)
IKE PRF	HMAC-SHA-256	HMAC-SHA-384	HMAC-SHA-256	HMAC-SHA-384
Integridade IKE	HMAC-SHA-256-128	HMAC-SHA-384-192	HMAC-SHA-256-128	HMAC-SHA-384-192
Grupo IKE DH	ECP aleatório de 256 bits	ECP aleatório de 384 bits	ECP aleatório de 256 bits	ECP aleatório de 384 bits

(b) NSA Suite B (RFC 4869)

escolhas para ESP e IKE. Eles são diferenciados pela escolha das forças do algoritmo criptográfico e uma escolha de se o ESP deve oferecer confidencialidade e integridade ou apenas integridade. Todos os pacotes oferecem maior proteção do que os dois pacotes VPN definidos na RFC 4308.

A Tabela 20.4b lista os algoritmos e parâmetros para os dois pacotes. Assim como a RFC 4308, três categorias de algoritmos de chave secreta são listadas:

- **Encriptação:** para ESP, a encriptação autenticada é fornecida usando o modo GCM com chaves AES de 128 ou 256 bits. Para a encriptação IKE, CBC é usado, como foi para os pacotes VPN.
- **Autenticação de mensagem:** para ESP, se apenas a autenticação for exigida, então o GMAC é usado. Conforme discutimos no Capítulo 12, o GMAC é simplesmente a parte de autenticação do GMC. Para IKE, a autenticação de mensagem é fornecida usando HMAC com uma das funções de hash SHA-3.
- **Função pseudoaleatória:** assim como os pacotes de VPN, IKEv2 nesses pacotes gera bits pseudoaleatórios pelo uso repetido do MAC usado para autenticação de mensagem.

Para o algoritmo Diffie-Hellman, é especificado o uso dos grupos de curva elíptica módulo um primo. Para autenticação, são listadas assinaturas digitais de curva elíptica. Os documentos IKEv2 usavam assinaturas digitais baseadas em RSA. A força equivalente ou maior pode ser alcançada usando ECC com menos bits de chave.

20.7 LEITURA RECOMENDADA

IPv6 e IPv4 são explicados com mais detalhes em [STAL11]. [CHEN98] oferece uma boa discussão sobre o projeto do IPsec. [FRAN05] é um tratamento mais abrangente do IPsec. [PATE06] é uma visão geral útil do IPsecv3 e IKEv2, com ênfase nos aspectos criptográficos.

CHEN98 Cheng, P. et al. "A Security Architecture for the Internet Protocol". *IBM Systems Journal*, número 1, 1998.

FRAN05 Frankel, S., et al. *Guide to IPsec VPNs*. NIST SP 800-77, 2005.

PATE06 Paterson, K. "A Cryptographic Tour of the IPsec Standards". *Cryptology ePrint Archive: Report 2006/097*, abr 2006.

STAL11 Stallings, W. *Data and Computer Communications, Ninth Edition*. Upper Saddle River, NJ: Prentice Hall, 2011.

20.8 PRINCIPAIS TERMOS, PERGUNTAS PARA REVISÃO E PROBLEMAS

Principais termos

ataque de replicação	IP Security (IPSec)	modo túnel
Authentication Header (AH)	IPv4	protocolo de determinação de chave Oakley
Encapsulating Security Payload (ESP)	IPv6	Security Association (SA)
Internet Key Exchange (IKE)	modo transporte	serviço antirreplicação
Internet Security Association and Key Management Protocol (ISAKMP)		

Perguntas para revisão

20.1 Dê exemplos de aplicações do IPsec.
20.2 Que serviços são fornecidos pelo IPsec?
20.3 Que parâmetros identificam uma SA e que parâmetros caracterizam a natureza de uma SA em particular?
20.4 Qual é a diferença entre o modo transporte e o modo túnel?
20.5 O que é um ataque de replicação?
20.6 Por que o ESP inclui um campo de preenchimento?
20.7 Quais são as técnicas básicas para as SAs em conjunto?
20.8 Quais são os papéis do protocolo de determinação de chave Oakley e do ISAKMP no IPsec?

Problemas

20.1 Descreva e explique cada uma das entradas na Tabela 20.2.

20.2 Desenhe uma figura semelhante à Figura 20.8 para AH.

20.3 Liste os principais serviços de segurança fornecidos pelo AH e ESP, respectivamente.

20.4 Na discussão do processamento do AH, foi mencionado que nem todos os campos em um cabeçalho IP são incluídos no cálculo do MAC.
   a. Para cada um dos campos no cabeçalho IPv4, indique se o campo é imutável, mutável mas previsível, ou mutável (zerado antes do cálculo do ICV).
   b. Faça o mesmo para o cabeçalho IPv6.
   c. Faça o mesmo para os cabeçalhos de extensão do IPv6.

   Em cada caso, justifique sua decisão para cada campo.

20.5 Suponha que a janela de replicação atual se espalhe de 120 a 530.
   a. Se o próximo pacote de chegada autenticado tiver número de sequência 105, o que o receptor fará com o pacote, e quais serão os parâmetros da janela depois disso?
   b. Se, em vez disso, o próximo pacote de chegada autenticado tiver número de sequência 440, o que o receptor fará com ele, e quais serão os parâmetros da janela depois disso?
   c. Se, em vez disso, o próximo pacote de chegada autenticado tiver número de sequência 540, o que o receptor fará com ele, e quais serão os parâmetros da janela depois disso?

20.6 Quando o modo túnel é usado, um novo cabeçalho IP externo é construído. Para IPv4 e IPv6, indique o relacionamento de cada campo de cabeçalho IP externo e cada cabeçalho de extensão no pacote externo ao campo ou cabeçalho de extensão correspondente do pacote IP interno. Ou seja, indique que valores externos são derivados dos valores internos e quais são construídos independentemente dos valores internos.

20.7 A autenticação e a encriptação de ponta a ponta são desejadas entre dois hospedeiros. Desenhe figuras semelhantes à Figura 20.8 que mostrem cada um dos seguintes.
   a. Adjacência de transporte, com a encriptação aplicada antes da autenticação.
   b. Uma SA de transporte agrupada dentro de um túnel SA, com encriptação aplicada antes da autenticação.
   c. Uma SA de transporte agrupada dentro de um túnel SA, com a autenticação aplicada antes da encriptação.

20.8 O documento da arquitetura IPsec afirma que, quando duas SAs no modo transporte são agrupadas para permitir protocolos AH e ESP no mesmo fluxo de ponta a ponta, somente uma ordenação de protocolos de segurança parece apropriada: realizar o protocolo ESP antes de realizar o protocolo AH. Por que essa técnica é recomendada, ao invés de autenticação antes da encriptação?

20.9 Para a troca de chaves IKE, indique quais parâmetros em cada mensagem vão em quais tipos de payload ISAKMP.

20.10 Onde o IPsec reside em uma pilha de protocolos?

Apêndice A
Projetos para o ensino de criptografia e segurança de rede

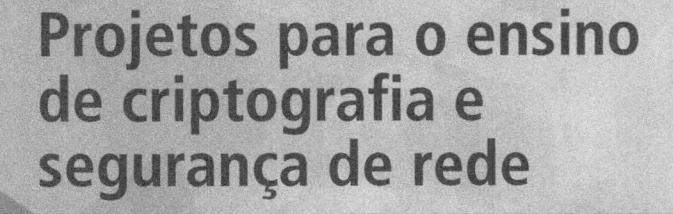

TÓPICOS ABORDADOS

- **A.1** PROJETOS EM SAGE COMPUTER ALGEBRA
- **A.2** PROJETOS DE HACKING
- **A.3** PROJETOS DE CIFRA DE BLOCO
- **A.4** EXERCÍCIOS DE LABORATÓRIO
- **A.5** PROJETOS DE PESQUISA
- **A.6** PROJETOS DE PROGRAMAÇÃO
- **A.7** AVALIAÇÕES PRÁTICAS DE SEGURANÇA
- **A.8** PROJETOS DE FIREWALL
- **A.9** ESTUDOS DE CASO
- **A.10** TRABALHOS ESCRITOS
- **A.11** TRABALHOS DE LEITURA/RELATÓRIO
- **A.12** TÓPICOS PARA DISCUSSÃO

"Análise e observação, teoria e experiência, nunca devem desprezar ou excluir uma à outra; ao contrário, elas dão suporte uma à outra."

— *On War,* Carl Von Clausewitz

Muitos instrutores acreditam que projetos de pesquisa ou implementação são fundamentais para o claro entendimento da criptografia e da segurança de redes. Sem os projetos, pode ser difícil para os alunos entenderem alguns dos conceitos básicos e interações entre os componentes. Os projetos reforçam os conceitos introduzidos no livro, dão ao aluno uma maior compreensão de como um algoritmo criptográfico ou protocolo funciona e podem motivar os alunos e dar-lhes confiança de que são capazes de não apenas entender, mas implementar os detalhes de uma capacidade de segurança.

Neste texto, tentei apresentar os conceitos da criptografia e segurança de rede da forma mais clara possível, fornecendo diversos trabalhos de casa para reforçar esses conceitos. Porém, muitos instrutores desejarão suplementar esse material com projetos. Este apêndice oferece alguma orientação com relação a isso e descreve o material de suporte disponível no **Instructor's Resource Center (IRC)** deste livro, acessível aos instrutores por meio da Prentice Hall. O material de suporte abrange 12 tipos de projetos e outros exercícios para alunos:

- Projetos em Sage Computer Algebra
- Projetos de hacking
- Projetos de cifra de bloco
- Exercícios de laboratório
- Projetos de pesquisa
- Projetos de programação
- Avaliações práticas de segurança
- Projetos de firewall
- Estudos de caso
- Trabalhos escritos
- Trabalhos de leitura/relatório
- Tópicos para discussão

A.1 PROJETOS EM SAGE COMPUTER ALGEBRA

Um dos novos recursos mais importantes para esta edição é o uso do Sage para exemplos criptográficos e trabalhos de casa. Sage é um pacote *open-source*, multiplataforma e freeware que implementa um sistema de matemática e álgebra de computador muito poderoso, flexível e facilmente aprendido. Um sistema de álgebra de computador (CAS — Computer Algebra System) é um software que pode realizar cálculos simbólicos e também numéricos. CASs têm sido usados para fins de ensino desde seu surgimento há algumas décadas, e agora existe uma literatura considerável sobre seu uso. Um CAS é uma ferramenta natural para estender a experiência de aprendizado em um curso sobre criptografia.

Diferente de sistemas concorrentes, como Mathematica, Maple e MATLAB, não existem requisitos de licenciamento ou taxas envolvidas com o Sage. Assim, o Sage pode ser usado em computadores e redes de escola, e os alunos podem baixar o software individualmente para seus próprios computadores pessoais, para uso em casa. Outra vantagem do uso do Sage é que os alunos aprendem uma ferramenta poderosa, flexível, que pode ser usada para praticamente qualquer aplicação matemática, não apenas criptografia. O Website do Sage (<www.sagemath.org>) oferece documentação considerável sobre como instalar, configurar e utilizar o Sage em diversos computadores e como usá-lo on-line, através da Web.

O uso do Sage pode fazer uma diferença significativa para o ensino da matemática dos algoritmos criptográficos. O Apêndice B, disponível na Sala Virtual, oferece uma grande quantidade de exemplos do uso do Sage, cobrindo muitos conceitos criptográficos. O Apêndice C, na Sala Virtual, lista exercícios (em inglês) em cada uma dessas áreas, para permitir que o aluno obtenha experiência prática com algoritmos criptográficos. As cópias desses dois apêndices estão disponíveis on-line, para que os alunos não tenham que digitar as linhas de código impressas nos apêndices.

O IRC contém soluções para todos os exercícios no Apêndice C (Disponível na Sala Virtual, em inglês).

Dan Shumow, da Microsoft e da University of Washington, desenvolveu todos os exemplos e trabalhos nos apêndices B e C.

A.2 PROJETOS DE HACKING

O objetivo deste projeto é invadir a rede de uma empresa através de uma série de etapas. A empresa é a Extreme In Security Corporation. Como o nome indica, a empresa tem algumas brechas de segurança nela, e um hacker inteligente é capaz de acessar informações críticas entrando na rede. O IRC inclui o que é necessário para montar o website. O objetivo do aluno é capturar informações secretas sobre o preço da cotação que a empresa estará disponibilizando na próxima semana para obter um contrato de um projeto do governo.

O aluno deverá começar no website e seguir seu caminho pela rede. A cada etapa, se o aluno tiver sucesso, haverá indicações de como prosseguir para a próxima etapa, além da nota até esse ponto.

O projeto pode ser tentado de três maneiras:

1. Sem buscar qualquer tipo de ajuda
2. Usando algumas dicas fornecidas
3. Usando instruções exatas

O IRC inclui os arquivos necessários para este projeto:

1. Projeto Web Security
2. Exercícios Web Hacking (ataques de XSS e Script) cobrindo explorações de vulnerabilidade no lado do cliente e do servidor, respectivamente
3. Documentação para instalação e uso desses itens
4. Um arquivo PowerPoint descrevendo o hacking na Web. Esse arquivo é fundamental para se entender como usar os exercícios, pois explica claramente a operação usando capturas de tela.

Este projeto foi criado e implementado pelo Professor Sreekanth Malladi, da Dakota State University.

A.3 PROJETOS DE CIFRA DE BLOCO

Este é um laboratório que explora a operação do algoritmo de criptografia AES acompanhando sua execução, calculando uma rodada à mão e depois explorando os diversos modos de uso da cifra de bloco. O laboratório também aborda DES. Nos dois casos, um applet Java on-line é utilizado (ou pode ser baixado) para executar AES ou DES.

Para AES e DES, o laboratório é dividido em três partes separadas:

- **Aspectos internos da cifra de bloco:** esta parte envolve a encriptação de texto claro e análise dos resultados intermediários em cada rodada. Há uma calculadora on-line para AES e DES, que oferece os resultados intermediários e o texto cifrado final.
- **Rodada de cifra de bloco:** esta parte envolve o cálculo de uma rodada manualmente e a comparação dos resultados com aqueles produzidos pela calculadora.
- **Modos de uso da cifra de bloco:** permite que o aluno compare a operação dos modos CBC e CFB.

O IRC contém os arquivos .html e .jar necessários para montar esses laboratórios no seu próprio Website. Como alternativa, o material está disponível na Sala Virtual do livro. Clique no globo girando.

Lawrie Brown, da Australian Defence Force Academy, desenvolveu estes projetos.

A.4 EXERCÍCIOS DE LABORATÓRIO

O professor Sanjay Rao e Ruben Torres, da Purdue University, prepararam um conjunto de exercícios de laboratório que fazem parte do suplemento do instrutor (IRC). Estes são projetos de implementação criados para serem programados no Linux, mas que poderiam ser adaptados para qualquer ambiente Unix. Esses exercícios de laboratório oferecem experiência realista na implementação de funções e aplicações de segurança.

A.5 PROJETOS DE PESQUISA

Um modo eficaz de reforçar os conceitos básicos do curso e ensinar aos alunos habilidades de pesquisa é atribuir um projeto de pesquisa. Esse projeto poderia envolver uma pesquisa na literatura e também uma busca na Internet pelos produtos de fornecedores, atividades de laboratório de pesquisa e esforços de padronização. Os projetos poderiam ser atribuídos a equipes ou, para projetos menores, a alunos individuais. De qualquer forma, é melhor exigir algum tipo de proposta de projeto desde cedo no semestre, dando ao professor tempo para avaliar a proposta para o tópico e nível de esforço apropriado. O material do aluno para os projetos de pesquisa deverá incluir

- Um formato para a proposta
- Um formato para o relatório final
- Um cronograma com prazos intermediário e final
- Uma lista de tópicos de projeto possíveis

Os alunos podem selecionar um dos tópicos listados ou criar seu próprio projeto. O suplemento do instrutor (IRC) inclui um formato sugerido para a proposta e o relatório final, além de uma lista de quinze tópicos de pesquisa possíveis.

A.6 PROJETOS DE PROGRAMAÇÃO

O projeto de programação é uma ferramenta pedagógica útil. Existem vários recursos atraentes dos projetos de programação *stand-alone* que não fazem parte da facilidade de segurança existente:

1. O professor pode escolher dentre uma grande variedade de conceitos de criptografia e segurança de rede para designar projetos.
2. Os projetos são independentes de plataforma e linguagem. Os alunos podem programá-los em qualquer computador disponível e na linguagem que for mais apropriada.
3. O professor não precisa baixar, instalar e configurar qualquer infraestrutura em particular para os projetos *stand-alone*.

Há também flexibilidade no tamanho dos projetos. Projetos maiores dão aos alunos um sentido de realização, mas os alunos com menos capacidade ou menos habilidades organizacionais podem ficar para trás. Projetos maiores normalmente geram mais esforço dos melhores alunos. Projetos menores podem ter uma relação conceito-código mais alta, e como pode haver maior quantidade, existe a oportunidade de resolver diversas áreas diferentes.

Novamente, assim como nos projetos de pesquisa, os alunos devem primeiro submeter uma proposta. O material do aluno deverá incluir os mesmos elementos listados na seção anterior. O IRC inclui um conjunto de doze projetos de programação possíveis.

As seguintes pessoas ofereceram os projetos de pesquisa e programação sugeridos no IRC: Henning Schulzrinne, da Columbia University; Cetin Kaya Koc, da Oregon State University; e David M. Balenson, da Trusted Information Systems e George Washington University.

A.7 AVALIAÇÕES PRÁTICAS DE SEGURANÇA

O exame da infraestrutura e das práticas atuais de uma organização existente é uma das melhores maneiras de desenvolver habilidades na avaliação de sua postura de segurança. O IRC contém uma lista dessas atividades. Os alunos, trabalhando individualmente ou em pequenos grupos, selecionam uma organização de tamanho adequado, pequena ou média. Depois eles entrevistam algumas pessoas-chave nessa organização, a fim de realizar uma seleção adequada de avaliação de risco de segurança e analisar tarefas relacionadas à infraestrutura e práticas de TI da organização. Como resultado, eles podem recomendar mudanças adequadas, o que pode melhorar a segurança de TI da organização. Essas atividades ajudam os alunos a desenvolverem uma apreciação das práticas de segurança atuais e as habilidades necessárias para revê-las e para recomendar mudanças.

Lawrie Brown, da Australian Defence Force Academy, desenvolveu estes projetos.

A.8 PROJETOS DE FIREWALL

A implementação de firewalls na rede pode ser um conceito difícil para os alunos entenderem inicialmente. O IRC inclui uma ferramenta Network Firewall Visualization para conduzir e ensinar segurança de redes e configuração de firewall. Essa ferramenta tem por finalidade ensinar e reforçar os principais conceitos, incluindo o uso e a finalidade de um firewall de perímetro, o uso de sub-redes separadas, os propósitos por trás da filtragem de pacotes e as deficiências de um firewall simples para filtragem de pacotes.

O IRC inclui um arquivo `.jar` totalmente portável, além de uma série de exercícios. A ferramenta e os exercícios foram desenvolvidos na U.S. Air Force Academy.

A.9 ESTUDOS DE CASO

O ensino com estudos de caso faz com que os alunos se dediquem ao aprendizado ativo. O IRC inclui estudos de caso nas seguintes áreas:

- Recuperação de desastres
- Firewalls
- Resposta a incidentes
- Segurança física
- Risco
- Política de segurança
- Virtualização

Cada estudo de caso inclui objetivos de aprendizagem, descrição de caso e uma série de questões de discussão de caso. Cada estudo de caso é baseado em situações do mundo real e inclui artigos ou relatórios descrevendo o caso.

Os estudos de caso foram desenvolvidos na North Carolina A&T State University.

A.10 TRABALHOS ESCRITOS

Trabalhos escritos podem ter um efeito multiplicador poderoso no processo de aprendizado em uma disciplina técnica, como criptografia e segurança de rede. Os que aderem ao movimento Writing Across the Curriculum (WAC) (<www.wac.colostate.edu/>) relatam benefícios substanciais dos trabalhos escritos para facilitar o aprendizado. Os trabalhos escritos levam a um pensamento mais detalhado e completo sobre determinado assunto. Além disso, eles ajudam a contornar a tendência dos alunos de buscar um assunto com o mínimo de envolvimento pessoal, apenas aprendendo fatos e técnicas para solução de problemas, sem obter um conhecimento profundo do assunto.

O IRC contém diversas sugestões de trabalhos escritos, organizadas por capítulo. Os professores, por fim, poderão achar que essa é a parte mais importante de sua técnica para ensinar o material. Gostaria muito de receber algum comentário sobre essa área e quaisquer sugestões para outros trabalhos escritos.

A.11 TRABALHOS DE LEITURA/RELATÓRIO

Outra forma excelente de reforçar os conceitos do curso e dar aos alunos experiência em pesquisa é designar artigos da literatura para serem lidos e analisados. O aluno deverá então escrever um rápido relatório sobre o trabalho designado. O IRC inclui uma lista sugerida de artigos, um ou dois por capítulo, para serem designados. O IRC também inclui uma sugestão de texto para esse tipo de trabalho.

A.12 TÓPICOS PARA DISCUSSÃO

Um modo de oferecer uma experiência colaborativa são tópicos para discussão, diversos deles incluídos no IRC. Cada tópico se relaciona ao material no livro. O professor pode configurá-lo de modo que os alunos possam discutir o tópico ou em ambiente de sala de aula, em uma sala de *chat* on-line ou em um quadro de mensagens. Novamente, gostaria muito de receber um *feedback* sobre essa área e quaisquer sugestões de outros tópicos de discussão.

Referências

Em questões desse tipo, todos acham que é justificável escrever e publicar a primeira coisa que venha em sua cabeça quando apanha uma caneta, e acham que sua própria idéia é axiomática, como o fato de que dois mais dois são quatro. Se os críticos tivessem o trabalho de pensar sobre o assunto por anos a fio e testar cada conclusão contra a história real da guerra, como eu fiz, eles sem dúvida teriam mais cuidado com o que escrevem.

— *On War*, Carl von Clausewitz

ABREVIAÇÕES

ACM   Association for Computing Machinery
IBM   International Business Machines Corporation
IEEE   Institute of Electrical and Electronics Engineers
NIST   National Institute of Standards and Technology

ADAM94   Adams, C. "Simple and Effective Key Scheduling for Symmetric Ciphers". *Proceedings, Workshop on Selected Areas of Cryptography, SAC '94*, 1994

AGRA04   Agrawal, M.; Kayal, N. e Saxena, N. "PRIMES Is in P". *IIT Kanpur, Annals of Mathematics*, set 2004.

AKL83   Akl, S. "Digital Signatures: A Tutorial Survey". *Computer*, fev 1983.

ANDR04   Andrews, M. e Whittaker, J. "Computer Security". *IEEE Security and Privacy*, set/out 2004.

ANTH10   Anthes, G. "Security in the Cloud". *Communications of the ACM*, nov 2010.

AROR12   Arora, M. "How Secure Is AES Against Brute-Force Attack?" *EE Times*, maio 7, 2012.

BALL12   Ball, M. et al. "The XTS-AES Disk Encryption Algorithm and the Security of Ciphertext Stealing". *Cryptologia*, jan 2012.

BALA09   Balachandra, R.; Ramakrishna, P. e Rakshit, A. "Cloud Security Issues". *Proceedings, 2009 IEEE International Conference on Services Computing*, 2009.

BARK91   Barker, W. *Introduction to the Analysis of the Data Encryption Standard (DES)*. Laguna Hills, CA: Aegean Park Press, 1991.

BARK05   Barker, E. et al. *Recommendation for Key Management – Part 2: Best Practices for Key Management Organization*. NIST SP800-57, ago 2005.

BARK09   Barker, E. et al. *Recommendation for Key Management – Part 3: Specific Key Management Guidance*. NIST SP800-57, dez 2009.

BARK12a   Barker, E. et al. *Recommendation for Key Management – Part 1: General*. NIST SP800-57, jun 2012.

BARK12b   Barker, E. e Kelsey, J. *Recommendation for Random Number Generation Using Deterministic Random Bit Generators*. NIST SP 800-90A, jan 2012.

BARR05   Barrett, D.; Silverman, R. e Byrnes, R. *SSH The Secure Shell: The Definitive Guide*. Sebastopol, CA: O'Reilly, 2005.

BASU12   Basu, A. *Intel AES-NI Performance Testing over Full Disk Encryption*. Intel Corp., maio 2012.

BECH11   Becher, M. et al. "Mobile Security Catching Up? Revealing the Nuts and Bolts of the Security of Mobile Devices". *IEEE Symposium on Security and Privacy*, 2011.

BELL90 Bellovin, S. e Merritt, M. "Limitations of the Kerberos Authentication System". *Computer Communications Review*, out 1990.

BELL94 Bellare, M. e Rogaway, P. "Optimal Asymmetric Encryption – How to Encrypt with RSA". *Proceedings, Eurocrypt '94*, 1994.

BELL96a Bellare, M.; Canetti, R. e Krawczyk, H. "Keying Hash Functions for Message Authentication". *Proceedings, CRYPTO '96*, ago 1996; publicado por Springer-Verlag. Uma versão expandida está disponível em http://www-cse.ucsd.edu/users/mihir.

BELL96b Bellare, M.; Canetti, R. e Krawczyk, H. "The HMAC Construction". *CryptoBytes*, Primavera de 1996.

BELL96c Bellare, M. e Rogaway, P. "The Exact Security of Digital Signatures – How to Sign with RSA and Rabin". *Advances in Cryptology – Eurocrypt '96*, 1996.

BELL97 Bellare, M. e Rogaway, P. "Collision-Resistant Hashing: Towards Making UOWHF's Practical". *Proceedings, CRYPTO '97*, 1997; publicado por Springer-Verlag.

BELL98 Bellare, M. e Rogaway, P. "PSS: Provably Secure Encoding Method for Digital Signatures". *Submission to IEEE P1363*, ago 1998. Disponível em http://grouper.ieee.org/groups/1363.

BELL00 Bellare, M.; Kilian, J. e Rogaway, P. "The Security of the Cipher Block Chaining Message Authentication Code". *Journal of Computer and System Sciences*, dez 2000.

BERL84 Berlekamp, E. *Algebraic Coding Theory.* Laguna Hills, CA: Aegean Park Press, 1984.

BERT07 Bertoni, G. et al. "Sponge Functions". *Ecrypt Hash Workshop 2007*, maio 2007.

BERT11 Bertoni, G. et al. "Cryptographic Sponge Functions". jan 2011. Disponível em http://sponge.noekeon.org/.

BETH91 Beth, T.; Frisch, M. e Simmons, G.; eds. *Public-Key Cryptography: State of the Art and Future Directions.* New York: Springer-Verlag, 1991.

BHAT07 Bhatti, R.; Bertino, E. e Ghafoor, A. "An Integrated Approach to Federated Identity and Privilege Management in Open Systems". *Communications of the ACM*, fev 2007.

BLAC00 Black, J. e Rogaway, P. e Shrimpton, T. "CBC MACs for Arbitrary-Length Messages: The Three-Key Constructions". *Advances in Cryptology – CRYPTO '00*, 2000.

BLAC05 Black, J. "Authenticated Encryption". *Encyclopedia of Cryptography and Security*, Springer, 2005.

BLUM86 Blum, L.; Blum, M. e Shub, M. "A Simple Unpredictable Pseudo-Random Number Generator". *SIAM Journal on Computing*, No. 2, 1986.

BONE99 Boneh, D. "Twenty Years of Attacks on the RSA Cryptosystem". *Notices of the American Mathematical Society*, fev 1999.

BONE02 Boneh, D. e Shacham, H. "Fast Variants of RSA". *CryptoBytes*, Inverno/primavera de 2002. Disponível em http://www.rsasecurity.com/rsalabs.

BRIG79 Bright, H. e Enison, R. "Quasi-Random Number Sequences from Long-Period TLP Generator with Remarks on Application to Cryptography". *Computing Surveys*, dez 1979.

BROW72 Browne, P. "Computer Security – A Survey". *ACM SIGMIS Database*, Fall 1972.

BROW07 Brown, D. e Gjosteen, K. "A Security Analysis of the NIST SP 800-90 Elliptic Curve Random Number Generator". *Proceedings, Crypto '07*, 2007.

BRYA88 Bryant, W. *Designing an Authentication System: A Dialogue in Four Scenes.* Documento do Projeto Athena, fev 1988. Disponível em http://web.mit.edu/kerberos/www/dialogue.html.

BURN97 Burn, R. *A Pathway to Number Theory.* Cambridge, England: Cambridge University Press, 1997.

BURR08 Burr, W. "A New Hash Competition". *IEEE Security & Privacy*, maio–jun, 2008.

CAMP92 Campbell, K. e Wiener, M. "Proof That DES Is Not a Group". *Proceedings, Crypto '92*, 1992; publicado por Springer-Verlag.

CHEN98 Cheng, P. et al. "A Security Architecture for the Internet Protocol". *IBM Systems Journal,* No1, 1998.

CHEN05a Chen, J.; Jiang, M. e Liu, Y. "Wireless LAN Security and IEEE 802.i". *IEEE Wireless Communications*, fev 2005.

CHEN05b Chen, J. e Wang, Y. "Extensible Authentication Protocol (EAP) and IEEE 802.1x: Tutorial and Empirical Experience". *IEEE Radio Communications*, dez 2005.

CHOI08 Choi, M. et al. "Wireless Network Security: Vulnerabilities, Threats and Countermeasures". *International Journal of Multimedia and Ubiquitous Engineering*, jul 2008.

COCK73	Cocks, C. *A Note on Non-Secret Encryption.* CESG Report, nov 1973.
COMP06	Computer Associates International. *The Business Value of Identity Federation.* White Paper, jan 2006.
COPP94	Coppersmith, D. "The Data Encryption Standard (DES) and Its Strength Against Attacks". *IBM Journal of Research and Development*, mai 1994.
CORM09	Cormen, T.; Leiserson, C.; Rivest, R. e Stein, C. *Introduction to Algorithms.* Cambridge, MA: MIT Press, 2009.
CRAN01	Crandall, R. e Pomerance, C. *Prime Numbers: A Computational Perspective.* New York: Springer-Verlag, 2001.
CRUZ11	Cruz, J. "Finding the New Encryption Standard, SHA-3". *Dr. Dobb's*, out 3, 2011. Disponível em http://www.drdobbs.com/security/finding-the-new-encryption-standard-sha-/231700137.
CSA10	Cloud Security Alliance. *Top Threats to Cloud Computing V1.0.* CSA Report, mar 2010.
CSA11a	Cloud Security Alliance. *Security Guidance for Critical Areas of Focus in Cloud Computing V3.0.* CSA Report, 2011.
CSA11b	Cloud Security Alliance. *Security as a Service (SecaaS).* CSA Report, 2011.
DAEM99	Daemen, J. e Rijmen, V. *AES Proposal: Rijndael, Version 2.* Submission to NIST, mar 1999. Disponível em http://csrc.nist.gov/archive/aes/index.html.
DAEM01	Daemen, J. e Rijmen, V. "Rijndael: The Advanced Encryption Standard". *Dr. Dobb's Journal*, mar 2001.
DAEM02	Daemen, J. e Rijmen, V. *The Design of Rijndael: The Wide Trail Strategy Explained.* New York: Springer-Verlag, 2002.
DAMG89	Damgard, I. "A Design Principle for Hash Functions". *Proceedings, CRYPTO '89*, 1989; publicado por Springer-Verlag.
DAMI03	Damiani, E. et al. "Balancing Confidentiality and Efficiency in Untrusted Relational Databases". *Proceedings, Tenth ACM Conference on Computer and Communications Security*, 2003.
DAMI05	Damiani, E. et al. "Key Management for Multi-User Encrypted Databases". *Proceedings, 2005 ACM Workshop on Storage Security and Survivability*, 2005.
DAVI89	Davies, D. e Price, W. *Security for Computer Networks.* New York: Wiley, 1989.
DAWS96	Dawson, E. e Nielsen, L. "Automated Cryptoanalysis of XOR Plaintext Strings". *Cryptologia*, abr 1996.
DENN81	Denning, D. e Sacco, G. "Timestamps in Key Distribution Protocols". *Communications of the ACM*, ago 1981.
DENN82	Denning, D. *Cryptography and Data Security.* Reading, MA: Addison-Wesley, 1982.
DENN83	Denning, D. "Protecting Public Keys and Signature Keys". *Computer*, fev 1983.
DESK92	Deskins, W. *Abstract Algebra.* New York: Dover, 1992.
DIFF76a	Diffie, W. e Hellman, M. "New Directions in Cryptography". *Proceedings of the AFIPS National Computer Conference*, jun 1976.
DIFF76b	Diffie, W. e Hellman, M. "Multiuser Cryptographic Techniques". *IEEE Transactions on Information Theory*, nov 1976.
DIFF77	Diffie, W. e Hellman, M. "Exhaustive Cryptanalysis of the NBS Data Encryption Standard". *Computer*, jun 1977.
DIFF79	Diffie, W. e Hellman, M. "Privacy and Authentication: An Introduction to Cryptography". *Proceedings of the IEEE*, mar 1979.
DIFF88	Diffie, W. "The First Ten Years of Public-Key Cryptography". *Proceedings of the IEEE*, mai 1988.
DOBB96	Dobbertin, H. "The Status of MD5 After a Recent Attack". *CryptoBytes*, Verão de 1996.
EAST05	Eastlake, D.; Schiller, J. e Crocker, S. *Randomness Requirements for Security.* RFC 4086, jun 2005.
EFF98	Electronic Frontier Foundation. *Cracking DES: Secrets of Encryption Research, Wiretap Politics, and Chip Design.* Sebastopol, CA: O'Reilly, 1998.
ELGA84	Elgamal, T. "A Public Key Cryptosystem and a Signature Scheme Based on Discrete Logarithms". *Proceedings, Crypto '84*, 1984.
ELGA85	Elgamal, T. "A Public Key Cryptosystem and a Signature Scheme Based on Discrete Logarithms". *IEEE Transactions on Information Theory*, jul 1985.

ELLI70	Ellis, J. *The Possibility of Secure Non-Secret Digital Encryption.* CESG Report, jan 1970.
ELLI99	Ellis, J. "The History of Non-Secret Encryption". *Cryptologia*, jul 1999.
ENIS09	European Network and Information Security Agency. *Cloud Computing: Benefits, Risks and Recommendations for Information Security.* ENISA Report, nov 2009.
FEIS73	Feistel, H. "Cryptography and Computer Privacy". *Scientific American*, mai 1973.
FEIS75	Feistel, H.; Notz, W. e Smith, J. "Some Cryptographic Techniques for Machine-to-Machine Data Communications". *Proceedings of the IEEE*, nov 1975.
FERN99	Fernandes, A. "Elliptic Curve Cryptography". *Dr. Dobb's Journal*, dez 1999.
FLUH00	Fluhrer, S. e McGrew, D. "Statistical Analysis of the Alleged RC4 Key Stream Generator". *Proceedings, Fast Software Encryption 2000*, 2000.
FLUH01	Fluhrer, S.; Mantin, I. e Shamir, A. "Weakness in the Key Scheduling Algorithm of RC4". *Proceedings, Workshop in Selected Areas of Cryptography*, 2001.
FORD95	Ford, W. "Advances in Public-Key Certificate Standards". *ACM SIGSAC Review*, jul 1995.
FRAN05	Frankel, S. et al. *Guide to IPsec VPNs.* NIST SP 800-77, 2005.
FRAN07	Frankel, S.; Eydt, B.; Owens, L. e Scarfone, K. *Establishing Wireless Robust Security Networks: A Guide to IEEE 802.11i.* NIST Special Publication SP 800-97, fev 2007.
FRAS97	Fraser, B. "Site Security Handbook". RFC 2196, set 1997.
FUMY93	Fumy, S. e Landrock, P. "Principles of Key Management". *IEEE Journal on Selected Areas in Communications*, jun 1993.
GARD72	Gardner, M. *Codes, Ciphers, and Secret Writing.* New York: Dover, 1972.
GARD77	Gardner, M. "A New Kind of Cipher That Would Take Millions of Years to Break". *Scientific American*, ago 1977.
GARR01	Garrett, P. *Making, Breaking Codes: An Introduction to Cryptology.* Upper Saddle River, NJ: Prentice Hall, 2001.
GEER10	Geer, D. "Whatever Happened to Network-Access-Control Technology?" *Computer*, set 2010.
GILB03	Gilbert, H. e Handschuh, H. "Security Analysis of SHA-256 and Sisters". *Proceedings, CRYPTO '03*, 2003; publicado por Springer-Verlag.
GOLD88	Goldwasser, S.; Micali, S. e Rivest, R. "A Digital Signature Scheme Secure Against Adaptive Chosen-Message Attacks". *SIAM Journal on Computing*, abr 1988.
GONG92	Gong, L. "A Security Risk of Depending on Synchronized Clocks". *Operating Systems Review*, jan 1992.
GONG93	Gong, L. "Variations on the Themes of Message Freshness and Replay". *Proceedings, IEEE Computer Security Foundations Workshop*, jun 1993.
GRAH94	Graham, R.; Knuth, D. e Patashnik, O. *Concrete Mathematics: A Foundation for Computer Science.* Reading, MA: Addison-Wesley, 1994.
GUTM02	Gutmann, P. "PKI: It's Not Dead, Just Resting". *Computer*, ago 2002.
GUTT06	Gutterman, Z.; Pinkas, B. e Reinman, T. "Analysis of the Linux Random Number Generator". *Proceedings, 2006 IEEE Symposium on Security and Privacy*, 2006.
HACI02	Hacigumus, H. et al. "Executing SQL over Encrypted Data in the Database-Service-Provider Model". *Proceedings, 2002 ACM SIGMOD International Conference on Management of Data*, 2002.
HAMM91	Hamming, R. *The Art of Probability for Scientists and Engineers.* Reading, MA: Addison-Wesley, 1991.
HANK04	Hankerson, D.; Menezes, A. e Vanstone, S. *Guide to Elliptic Curve Cryptography.* New York: Springer, 2004.
HASS10	Hassan, T.; Joshi, J. e Ahn, G. "Security and Privacy Challenges in Cloud Computing Environments". *IEEE Security & Privacy*, nov/dez 2010.
HEGL06	Hegland, A. et al. "A Survey of Key Management in Ad Hoc Networks". *IEEE Communications Surveys & Tutorials.* 3º trimestre 2006.
HELD96	Held, G. *Data and Image Compression: Tools and Techniques.* New York: Wiley, 1996.
HELL79	Hellman, M. "The Mathematics of Public-Key Cryptography". *Scientific American*, ago 1970.

HERS75	Herstein, I. *Topics in Algebra*. New York: Wiley, 1975.
HEVI99	Hevia, A. e Kiwi, M. "Strength of Two Data Encryption Standard Implementations Under Timing Attacks". *ACM Transactions on Information and System Security*, nov 1999.
HOEP09	Hoeper, K. e Chen, L. *Recommendation for EAP Methods Used in Wireless Network Access Authentication*. NIST Special Publication 800-120, set 2009.
HORO71	Horowitz, E. "Modular Arithmetic and Finite Field Theory: A Tutorial". *Proceedings of the Second ACM Symposium and Symbolic and Algebraic Manipulation*, mar 1971.
HUIT98	Huitema, C. *IPv6: The New Internet Protocol*. Upper Saddle River, NJ: Prentice Hall, 1998.
IANS90	I'Anson, C. e Mitchell, C. "Security Defects in CCITT Recommendation X.509 – The Directory Authentication Framework". *Computer Communications Review*, abr 1990.
INTE12	Intel Corp. *Intel® Digital Random Number Generator (DRNG) Software Implementation Guide*. ago 7, 2012.
IWAT03	Iwata, T. e Kurosawa, K. "OMAC: One-Key CBC MAC". *Proceedings, Fast Software Encryption, FSE '03*, 2003.
JAIN91	Jain, R. *The Art of Computer Systems Performance Analysis: Techniques for Experimental Design, Measurement, Simulation, and Modeling*. New York: Wiley, 1991.
JAKO98	Jakobsson, M.; Shriver, E.; Hillyer, B. e Juels, A. "A Practical Secure Physical Random Bit Generator". *Proceedings of The Fifth ACM Conference on Computer and Communications Security*, nov 1998.
JANS11	Jansen, W. e Grance, T. *Guidelines on Security and Privacy in Public Cloud Computing*. NIST Special Publication 800-144, jan 2011.
JOHN05	Johnson, D. "Hash Functions and Pseudorandomness". *Proceedings, First NIST Cryptographic Hash Workshop*, 2005.
JONE82	Jones, R. "Some Techniques for Handling Encipherment Keys". *ICL Technical Journal*, nov 1982.
JONS02	Jonsson, J. "On the Security of CTR + CBC-MAC". *Proceedings of Selected Areas in Cryptography – SAC 2002*, 2002.
JUEN85	Jueneman, R.; Matyas, S. e Meyer, C. "Message Authentication". *IEEE Communications Magazine*, set 1958.
JUEN87	Jueneman, R. "Electronic Document Authentication". *IEEE Network Magazine*, abr 1987.
JUN99	Jun, B. e Kocher, P. "The Intel Random Number Generator". *Intel White Paper*, 22 abr 1999.
JURI97	Jurisic, A. e Menezes, A. "Elliptic Curves and Cryptography". *Dr. Dobb's Journal*, abr 1997.
KAHN96	Kahn, D. *The Codebreakers: The Story of Secret Writing*. New York: Scribner, 1996.
KALI95	Kaliski, B. e Robshaw, M. "The Secure Use of RSA". *CryptoBytes*, Outono de 1995.
KALI96a	Kaliski, B. e Robshaw, M. "Multiple Encryption: Weighing Security and Performance". *Dr. Dobb's Journal*, jan 1996.
KALI96b	Kaliski, B. "Timing Attacks on Cryptosystems". *RSA Laboratories Bulletin*, jan 1996. Disponível em http://www.rsasecurity.com/rsalabs.
KALI01	Kaliski, B. "RSA Digital Signatures". *Dr. Dobb's Journal*, mai 2001.
KATZ00	Katzenbeisser, S., ed. *Information Hiding Techniques for Steganography and Digital Watermarking*. Boston: Artech House, 2000.
KEHN92	Kehne, A.; Schonwalder, J. e Langendorfer, H. "A Nonce-Based Protocol for Multiple Authentications". *Operating Systems Review*, out 1992.
KELS98	Kelsey, J.; Schneier, B. e Hall, C. "Cryptanalytic Attacks on Pseudorandom Num ber Generators". *Proceedings, Fast Software Encryption*, 1998. Disponível em http://www.schneier.com/paper-prngs.html.
KISS06	Kissel, R., ed. *Glossary of Key Information Security Terms*. NIST IR 7298, 25 abr 2006.
KLEI10	Kleinjung, T. et al. "Factorization of a 768-bit RSA Modulus". Listing 2010/006, *Cryptology ePrint Archive*, 18 fev 2010.
KNUD98	Knudsen, L. et al. "Analysis Method for Alleged RC4". *Proceedings, ASIACRYPT '98*, 1998.
KNUD00	Knudson, L. "Block Chaining Modes of Operation". *NIST First Modes of Operation Workshop*, out 2000. Disponível em http://csrc.nist.gov/groups/ST/toolkit/BCM/workshops.html.

KNUT97	Knuth, D. *The Art of Computer Programming, Volume 1: Fundamental Algorithms.* Reading, MA: Addison-Wesley, 1997.
KNUT98	Knuth, D. *The Art of Computer Programming, Volume 2: Seminumerical Algorithms.* Reading, MA: Addison-Wesley, 1998.
KOBL94	Koblitz, N. *A Course in Number Theory and Cryptography.* New York: Springer-Verlag, 1994.
KOCH96	Kocher, P. "Timing Attacks on Implementations of Diffie-Hellman, RSA, DSS, and Other Systems". *Proceedings, Crypto '96*, ago 1996.
KOHL89	Kohl, J. "The Use of Encryption in Kerberos for Network Authentication". *Proceedings, Crypto '89*, 1989; publicado por Springer-Verlag.
KOHL94	Kohl, J.; Neuman, B. e Ts'o, T. "The Evolution of the Kerberos Authentication Service". Em *Distributed Open Systems*, Brazier, F. e Johansen, ed. Los Alamitos, CA: IEEE Computer Society Press, 1994. Disponível em http://web.mit.edu/kerberos/www/papers.html.
KOHN78	Kohnfelder, L. *Towards a Practical Public Key Cryptosystem.* Bachelor's Thesis, M.I.T. 1978.
KORN96	Korner, T. *The Pleasures of Counting.* Cambridge, England: Cambridge University Press, 1996.
KUMA97	Kumar, I. *Cryptology.* Laguna Hills, CA: Aegean Park Press, 1997.
KUMA98	Kumanduri, R. e Romero, C. *Number Theory with Computer Applications.* Upper Saddle River, NJ: Prentice Hall, 1998.
LAM92a	Lam, K. e Gollmann, D. "Freshness Assurance of Authentication Protocols". *Proceedings, ESORICS '92*, 1992; publicado por Springer-Verlag.
LAM92b	Lam, K. e Beth, T. "Timely Authentication in Distributed Systems". *Proceedings, ESORICS '92*, 1992; publicado por Springer-Verlag.
LAMP04	Lampson, B. "Computer Security in the Real World". *Computer*, jun 2004.
LAND04	Landau, S. "Polynomials in the Nation's Service: Using Algebra to Design the Advanced Encryption Standard". *American Mathematical Monthly*, fev 2004.
LATT09	Lattin, B. "Upgrade to Suite B Security Algorithms". *Network World*, jun 1, 2009.
LE93	Le, A. et al. "A Public Key Extension to the Common Cryptographic Architecture". *IBM Systems Journal*, No. 3, 1993.
LEHM51	Lehmer, D. "Mathematical Methods in Large-Scale Computing". *Proceedings, 2nd Symposium on Large-Scale Digital Calculating Machinery.* Cambridge: Harvard University Press, 1951.
LEIB07	Leiba, B. e Fenton, J. "DomainKeys Identified Mail (DKIM): Using Digital Signatures for Domain Verification". *Proceedings of Fourth Conference on E-mail and Anti-Spam (CEAS 07)*, 2007.
LEUT94	Leutwyler, K. "Superhack". *Scientific American*, jul 1994.
LEVE90	Leveque, W. *Elementary Theory of Numbers.* New York: Dover, 1990.
LEWA00	Lewand, R. *Cryptological Mathematics.* Washington, DC: Mathematical Association of America, 2000.
LEWI69	Lewis, P.; Goodman, A. e Miller, J. "A Pseudo-Random Number Generator for the System/360". *IBM Systems Journal*, No. 2, 1969.
LIDL94	Lidl, R. e Niederreiter, H. *Introduction to Finite Fields and Their Applications.* Cambridge: Cambridge University Press, 1994.
LINN06	Linn, J. "Identity Management". Em *Handbook of Information* Security, Bidgoli, H., ed. New York: Wiley, 2006.
LIPM00	Lipmaa, H.; Rogaway, P. e Wagner, D. "CTR Mode Encryption". *NIST First Modes of Operation Workshop*, out 2000. Disponível em http://csrc.nist.gov/groups/ST/toolkit/BCM/workshops.html.
LISK02	Liskov, M.; Rivest, R. e Wagner, D. "Tweakable Block Ciphers". *Advances in Cryptology – CRYPTO '02. Lecture Notes in Computer Science*, Vol. 2442, pp. 31–46. Springer-Verlag, 2002.
MA10	Ma, D. e Tsudik, G. "Security and Privacy in Emerging Wireless Networks". *IEEE Wireless Communications*, out 2010.
MANT01	Mantin, I. e Shamir, A. "A Practical Attack on Broadcast RC4". *Proceedings, Fast Software Encryption*, 2001.
MATY91a	Matyas, S. "Key Handling with Control Vectors". *IBM Systems Journal*, No. 2, 1991.

MATY91b Matyas, S.; Le, A. e Abrahan, D. "A Key Management Scheme Based on Control Vectors". *IBM Systems Journal*, No. 2, 1991.

MCGR04 McGrew, D. e Viega, J. "The Security and Performance of the Galois/Counter Mode (GCM) of Operation". *Proceedings, Indocrypt 2004*.

MCGR05 McGrew, D. e Viega, J. "Flexible and Efficient Message Authentication in Hardware and Software". 2005. Disponível em http://www.cryptobarn.com/gcm/gcm-paper.pdf.

MENE97 Menezes, A.; Oorshcot, P. e Vanstone, S. *Handbook of Applied Cryptography*. Boca Raton, FL: CRC Press, 1997. Disponível em http://cacr.uwaterloo.ca/hac/index.html.

MERK78 Merkle, R. "Secure Communication Over an Insecure Channel". *Communications of the ACM*, mar 1978.

MERK79 Merkle, R. *Secrecy, Authentication, and Public Key Systems*. Ph.D. Thesis, Stanford University, jun 1979.

MERK81 Merkle, R. e Hellman, M. "On the Security of Multiple Encryption". *Communications of the ACM*, jul 1981.

MERK89 Merkle, R. "One Way Hash Functions and DES". *Proceedings, CRYPTO '89*, 1989; publicado por Springer-Verlag.

MEYE88 Meyer, C. e Schilling, M. "Secure Program Load with Modification Detection Code". *Proceedings, SECURICOM 88*, 1988.

MICA91 Micali, S. e Schnorr, C. "Efficient, Perfect Polynomial Random Number Generators". *Journal of Cryptology*, jan 1991.

MILL75 Miller, G. "Riemann's Hypothesis and Tests for Primality". *Proceedings of the Seventh Annual ACM Symposium on the Theory of Computing*, mai 1975.

MILL88 Miller, S.; Neuman, B.; Schiller, J. e Saltzer, J. "Kerberos Authentication and Authorization System". *Section E.2.1, Project Athena Technical Plan*, M.I.T. Projeto Athena, Cambridge, MA, out 27, 1988.

MITC90 Mitchell, C.; Walker, M. e Rush, D. "CCITT/ISO Standards for Secure Message Handling". *IEEE Journal on Selected Areas in Communications*, mai 1989.

MITC92 Mitchell, C.; Piper, F. e Wild, P. "Digital Signatures", in [SIMM92].

MIYA90 Miyaguchi, S.; Ohta, K. e Iwata, M. "Confirmation that Some Hash Functions Are Not Collision Free". *Proceedings, EUROCRYPT '90*, 1990; publicado por Springer-Verlag.

MURP00 Murphy, T. *Finite Fields*. University of Dublin, Trinity College, School of Mathematics. 2000. Documento disponível no Website deste livro.

MUSA03 Musa, M.; Schaefer, E. e Wedig, S. "A Simplified AES Algorithm and Its Linear and Differential Cryptanalyses". *Cryptologia*, abr 2003.

MYER91 Myers, L. *Spycomm: Covert Communication Techniques of the Underground*. Boulder, CO: Paladin Press, 1991.

NEED78 Needham, R. e Schroeder, M. "Using Encryption for Authentication in Large Networks of Computers". *Communications of the ACM*, dez 1978.

NERC11 North American Electric Reliability Corp. *Guidance for Secure Interactive Remote Access*. jul 2011. Disponível em www.nerc.com.

NEUM90 Neumann, P. "Flawed Computer Chip Sold for Years". *RISKS-FORUM Digest*, Vol.10, No. 54, 18 out 1990.

NEUM93a Neuman, B. e Stubblebine, S. "A Note on the Use of Timestamps as Nonces". *Operating Systems Review*, abr 1993.

NEUM93b Neuman, B. "Proxy-Based Authorization and Accounting for Distributed Systems". *Proceedings of the 13th International Conference on Distributed Computing Systems*, mai 1993.

NICH96 Nichols, R. *Classical Cryptography Course*. Laguna Hills, CA: Aegean Park Press, 1996.

NICH99 Nichols, R., ed. *ICSA Guide to Cryptography*. New York: McGraw-Hill, 1999.

NIST95 National Institute of Standards and Technology. *An Introduction to Computer Security: The NIST Handbook*. Special Publication 800-12. out 1995.

NRC91 National Research Council. *Computers at Risk: Safe Computing in the Information Age*. Washington, DC: National Academy Press, 1991.

ODLY95 Odlyzko, A. "The Future of Integer Factorization". *CryptoBytes*, Verão de 1995.

ORE67 Ore, O. *Invitation to Number Theory*. Washington, DC: The Mathematical Association of America, 1967.

ORE76 Ore, O. *Number Theory and Its History*. New York: Dover, 1976.

PARZ06 Parziale, L. et al. *TCP/IP Tutorial and Technical Overview*. ibm.com/redbooks, 2006.

PATE06 Paterson, K. "A Cryptographic Tour of the IPsec Standards". *Cryptology ePrint Archive: Report 2006/097*, abr 2006.

PELL10 Pellegrini, A.; Bertacco, V. e Austin, A. "Fault Based Attack of RSA Authentication". *DATE '10 Proceedings of the Conference on Design, Automation and Test in Europe*, mar 2010.

PELT07 Peltier, J. "Identity Management". *SC Magazine*, fev 2007.

PERL99 Perlman, R. "An Overview of PKI Trust Models". *IEEE Network*, nov/dez 1999.

POHL81 Pohl, I. e Shaw, A. *The Nature of Computation: An Introduction to Computer Science*. Rockville, MD: Computer Science Press, 1981.

POIN02 Pointcheval, D. "How to Encrypt Properly with RSA". *CryptoBytes*, Inverno/primavera de 2002. Disponível em http://www.rsasecurity.com/rsalabs.

POPE79 Popek, G. e Kline, C. "Encryption and Secure Computer Networks". *ACM Computing Surveys*, dez 1979.

PREN96 Preneel, B. e Oorschot, P. "On the Security of Two MAC Algorithms". *Lecture Notes in Computer Science 1561; Lectures on Data Security*, 1999; publicado por Springer-Verlag.

PREN99 Preneel, B. "The State of Cryptographic Hash Functions". *Proceedings, EUROCRYPT '96*, 1996; publicado por Springer-Verlag.

PREN10 Preneel, B. "The First 30 Years of Cryptographic Hash Functions and the NIST SHA-3 Competition". *CT-RSA'10 Proceedings of the 2010 international conference on Topics in Cryptology*, 2010.

RABI78 Rabin, M. "Digitalized Signatures". Em *Foundations of Secure Computation*, DeMillo, R.; Dobkin, D.; Jones, A. e Lipton, R., eds. New York: Academic Press, 1978.

RABI80 Rabin, M. "Probabilistic Algorithms for Primality Testing". *Journal of Number Theory*, dez 1980.

RESC01 Rescorla, E. *SSL and TLS: Designing and Building Secure Systems*. Reading, MA: Addison-Wesley, 2001.

RIBE96 Ribenboim, P. *The New Book of Prime Number Records*. New York: Springer-Verlag, 1996.

RITT91 Ritter, T. "The Efficient Generation of Cryptographic Confusion Sequences". *Cryptologia*, Vol. 15, No. 2, 1991. Disponível em www.ciphersbyritter.com/ARTS/CRNG2ART.HTM.

RIVE78 Rivest, R.; Shamir, A. e Adleman, L. "A Method for Obtaining Digital Signatures and Public Key Cryptosystems". *Communications of the ACM*, fev 1978.

RIVE84 Rivest, R. e Shamir, A. "How to Expose an Eavesdropper". *Communications of the ACM*, abr 1984.

ROBS95a Robshaw, M. *Stream Ciphers*. RSA Laboratories Technical Report TR-701, jul 1995.

ROBS95a Robshaw, M. *Stream Ciphers*. RSA Laboratories Technical Report TR-701, jul 1995. Disponível em http://www.rsasecurity.com/rsalabs.

ROBS95b Robshaw, M. *Block Ciphers*. RSA Laboratories Technical Report TR-601, ago 1995. Disponível em http://www.rsasecurity.com/rsalabs.

ROGA03 Rogaway, P. e Wagner, A. "A Critique of CCM". *Cryptology ePrint Archive: Report 2003/070*, abr 2003.

ROGA04 Rogaway, P. "Efficient Instantiations of Tweakable Blockciphers and Refinements to Modes OCB and PMAC". *Advances in Cryptology – Asiacrypt 2004. Lecture Notes in Computer Science*, Vol. 3329. Springer-Verlag, 2004.

ROGA06 Rogaway, P e Shrimpton, T. "A Provable-Security Treatment of the Key-Wrap Problem". *Advances in Cryptology – EUROCRYPT 2006, Lecture Notes in Computer Science*, Vol. 4004, Springer, 2006.

ROS06 Ros, S. "Boosting the SOA with XML Networking". *The Internet Protocol Journal*, dez 2006. Disponível em http://www.cisco.com/ipj.

ROSE10 Rosen, K. *Elementary Number Theory and Its Applications*. Reading, MA: Addison-Wesley, 2010.

ROSI99 Rosing, M. *Implementing Elliptic Curve Cryptography*. Greeenwich, CT: Manning Publications, 1999.

RUEP92	Rueppel, T. "Stream Ciphers". Em [SIMM92].
RUKH10	Rukhin, A. et al. *A Statistical Test Suite for Random and Pseudorandom Number Generators for Cryptographic Applications.* NIST SP 800-22, abr 2010.
SALT75	Saltzer, J. e Schroeder, M. "The Protection of Information in Computer Systems". *Proceedings of the IEEE*, set 1975.
SCHN89	Schnorr, C. "Efficient Identification and Signatures for Smart Cards". *CRYPTO*, 1988.
SCHN91	Schnorr, C. "Efficient Signature Generation by Smart Cards". *Journal of Cryptology*, No. 3, 1991.
SCHN96	Schneier, B. *Applied Cryptography.* New York: Wiley, 1996.
SCHN00	Schneier, B. *Secrets and Lies: Digital Security in a Networked World.* New York: Wiley 2000.
SCHO06	Schoenmakers, B. e Sidorenki, A. "Cryptanalysis of the Dual Elliptic Curve Pseudorandom Generator". *Cryptology ePrint Archive*, Report 2006/190, 2006. Disponível em http://eprint.iacr.org.
SEAG08	Seagate Technology. *128-Bit Versus 256-Bit AES Encryption.* Seagate Technology Paper, 2008.
SHAM03	Shamir, A. e Tromer, E. "On the Cost of Factoring RSA-1024". *CryptoBytes*, Verão de 2003. Disponível em http://www.rsasecurity.com/rsalabs.
SHAN49	Shannon, C. "Communication Theory of Secrecy Systems". *Bell Systems Technical Journal*, No. 4, 1949.
SHAN77	Shanker, K. "The Total Computer Security Problem: An Overview". *Computer*, jun 1977.
SHIM05	Shim, S.; Bhalla, G. e Pendyala, V. "Federated Identity Management". *Computer*, dez 2005.
SILV06	Silverman, J. *A Friendly Introduction to Number Theory.* Upper Saddle River, NJ: Prentice Hall, 2006.
SIMM92	Simmons, G., ed. *Contemporary Cryptology: The Science of Information Integrity.* Piscataway, NJ: IEEE Press, 1992.
SIMM93	Simmons, G. "Cryptology". *Encyclopaedia Britannica, Fifteenth Edition*, 1993.
SIMO95	Simovits, M. *The DES: An Extensive Documentation and Evaluation.* Laguna Hills, CA: Aegean Park Press, 1995.
SING99	Singh, S. *The Code Book: The Science of Secrecy from Ancient Egypt to Quantum Cryptography.* New York: Anchor Books, 1999.
SINK09	Sinkov, A. e Feil, T. *Elementary Cryptanalysis: A Mathematical Approach.* Washington, DC: The Mathematical Association of America, 2009.
SOUP12	Souppaya, M. e Scarfone, K. *Guidelines for Managing and Securing Mobile Devices in the Enterprise.* NIST Special Publication SP 800-124, jul 2012.
STAL11	Stallings, W. *Data and Computer Communications, Ninth Edition.* Upper Saddle River, NJ: Prentice Hall, 2011.
STAL12	Stallings, W. e Brown, L. *Computer Security.* Upper Saddle River, NJ: Prentice Hall, 2012.
STEI88	Steiner, J.; Neuman, C. e Schiller, J. "Kerberos: An Authentication Service for Open Networked Systems". *Proceedings of the Winter 1988 USENIX Conference*, fev 1988.
STIN06	Stinson, D. *Cryptography: Theory and Practice.* Boca Raton, FL: CRC Press, 2006.
SUMM84	Summers, R. "An Overview of Computer Security". *IBM Systems Journal*, Vol. 23, No. 4, 1984.
TAYL11	Taylor, G. e Cox, G. "Digital Randomness". *IEEE Spectrum*, set 2011.
TSUD92	Tsudik, G. "Message Authentication with One-Way Hash Functions". *Proceedings, INFOCOM '92*, mai 1992.
TUCH79	Tuchman, W. "Hellman Presents No Shortcut Solutions to DES". *IEEE Spectrum*, jul 1979.
TUNG99	Tung, B. *Kerberos: A Network Authentication System.* Reading, MA: Addison-Wesley, 1999.
VANO90	van Oorschot, P. e Wiener, M. "A Known-Plaintext Attack on Two-Key Triple Encryption". *Proceedings, EUROCRYPT '90*, 1990; publicado por Springer-Verlag.
VANO94	van Oorschot, P. e Wiener, M. "Parallel Collision Search with Application to Hash Functions and Discrete Logarithms". *Proceedings, Second ACM Conference on Computer and Communications Security*, 1994.
VOYD83	Voydock, V. e Kent., S. "Security Mechanisms in High-Level Network Protocols". *Computing Surveys*, jun 1983.

WANG05	Wang, X.; Yin, Y. e Yu, H. "Finding Collisions in the Full SHA-1". *Proceedings, Crypto '05*, 2005; publicado por Springer-Verlag.
WARE79	Ware, W., ed. *Security Controls for Computer Systems.* RAND Report 609-1, out 1979.
WAYN09	Wayner, P. *Disappearing Cryptography.* Boston: Burlington, MA: Morgan Kaufmann, 2009.
WEBS86	Webster, A. e Tavares, S. "On the Design of S-Boxes". *Proceedings, Crypto '85*, 1985; publicado por Springer-Verlag.
WIEN90	Wiener, M. "Cryptanalysis of Short RSA Secret Exponents". *IEEE Transactions on Information Theory,* Vol. 36, No. 3, 1990.
WILL76	Williamson, M. *Thoughts on Cheaper Non-Secret Encryption.* CESG Report, ago 1976.
WOO92a	Woo, T. e Lam, S. "Authentication for Distributed Systems". *Computer,* jan 1992.
WOO92b	Woo, T. e Lam, S. "'Authentication' Revisited". *Computer,* abr 1992.
WOOD10	Wood, T. et al. "Disaster Recovery as a Cloud Service Economic Benefits & Deployment Challenges". *Proceedings, USENIX HotCloud '10,* 2010.
XU10	Xu, L. *Securing the Enterprise with Intel AES-NI.* Intel White Paper, set 2010.
YLON96	Ylonen, T. "SSH – Secure Login Connections over the Internet". *Proceedings, Sixth USENIX Security Symposium,* jul 1996.
YUVA79	Yuval, G. "How to Swindle Rabin". *Cryptologia,* jul 1979.
ZENG91	Zeng. K.; Yang, C.; Wei, D. e Rao, T. "Pseudorandom Bit Generators in Stream-Cipher Cryptography". *Computer,* fev 1991.

Créditos

Página xi: Frazer, Sir James George, "The Golden Bough", The Project Gutenberg Literary Archive Foundation.

Página XIV: Churchill, W. *The World Crisis*, New York, Simon and Schuster 1938.

Página 1: "The Art of War", Sun Tzu, traduzido por Lionel Giles, The Project Gutenberg Literary Archive Foundation, maio 1994.

Página 5: von Clausewitz, C. "On War", Lake City, Utah. The Project Gutenberg Literary Archive Foundation, 2006.

Página 6: National Institute of Standards and Technology. An Introduction to Computer Security: The NIST Handbook. Special Publication 800-12, out 1995.

Página 9: "RFC 2828 Internet Security Glossary"; Internet Engineering Task Force, maio 2000.

Página 7: U.S. Department of Commerce.

Página 8: U.S. Department of Commerce.

Página 8: Adaptado de: Information Technology Social Security Number Policy (VII.B.7), publicado pela Information Technology Security and Privacy Office at Purdue University.

Página 10: Shirey, R., "RFC 2828 - Internet Security Glossary"; Copyright (C) The Internet Society (2000). Todos os Direitos Reservados.

Página 13: "SERIES X: DATA NETWORKS, OPEN SYSTEM COMMUNICATIONS AND SECURITY X.509 - INTERNATIONAL STANDARD ISO/IEC 9594-8 Nov 2008 – Com permissão da International Telecommunication Union".

Página 12: Recommendation X.800 - Data Communication Networks: Open Systems Interconnection (OSI); Security, Structure and Applications Permission provided by International Telecommunication Union.

Página 15-16: Recommendation X.800 - Data Communication Networks: Open Systems Interconnection (OSI); Security, Structure and Applications Permission provided by International Telecommunication Union.

Página 15: Recommendation X.800 - Data Communication Networks: Open Systems Interconnection (OSI); Security, Structure and Applications, Com permissão da International Telecommunication Union.

Página 20: Sir Arthur Conan Doyle, The Return of Sherlock Holmes; "The Adventure of the Dancing Men", The Project Gutenberg Literary Archive Foundation.

Página 27: Sinkov, A., Updated by Feil, T.; *Elementary Cryptanalysis: A Mathematical Approach*. Washington, D.C.: The Mathematical Association of America, 2009.

Página 28: Lewand, R. *Cryptological Mathematics*. Washington, DC: Mathematical Association of America, 2000.

Página 29: Sayers, Dorothy: "Have His Carcase": Kent, UK, Hodder & Stoughton Ltd.; 2004.

Página 29: Sayers, Dorothy: "The Nine Tailors", Boston, MA: Houghton Mifflin (MA)/College 1966.

Página 39: Kahn, D. *The Codebreakers*: The Story of Secret Writing. New York: Scribner, 1996. p. 413.

Página 42: Doyle, Sir Arthur Conan, "The Sign of Four": The Project Gutenberg Literary Archive Foundation, 2000.

Página 43: Kahn, D. *The Codebreakers*: The Story of Secret Writing. New York: Scribner, 1996.

Página 43: Doyle, Sir Arthur Conan, "The Adventure of the Bruce-Partington Plans": The Project Gutenberg Literary Archive Foundation, 2000.

Página 62: Rendell, R. "Talking to Strange Men", Hutchinson, 1987.

Página 43: Feistel, H. "Cryptography and Computer Privacy". Scientific American, Vol 228, No 5 p. 15-23 maio 1973.

Página 49: Feistel, H. "Cryptography and Computer Privacy". Scientific American, Vol 228, No 5 p. 15-23 maio 1973.

Página 50: Shannon, C. "Communication Theory of Secrecy Systems". Bell Systems Technical Journal, No. 4, 1949. Reimpresso com permissão da Alcatel-Lucent USA inc.

Página 58: Diffie, W. "The First Ten Years of Public-Key Cryptography". Proceedings of the IEEE, maio 1988.

Página 59: Hevia, A. e Kiwi, M. "Strength of Two Data Encryption Standard Implementations Under Timing Attacks". ACM Transactions on Information and System Security, nov 1999.

Página 60: Webster, A. e Tavares, S. "On the Design of S-Boxes". Proceedings, Crypto '85, 1985; publicado por Springer-Verlag.

Página 65: University of Chicago Press.

Página 74: Silverman, Joseph H., *A Friendly Introduction to Number Theory*, 3rd Ed., ©2006. Reimpresso e reproduzido eletronicamente com permissão da Pearson Education, Inc., Upper Saddle River, NJ.

Página 102: Rendell, R. "Talking to Strange Men, Hutchinson, 1987.

Página 103: Federal Information Processing Standards Publication 197.

Página 111: Daemen, J. e Rijmen, V. "Rijndael: The Advanced Encryption Standard". Dr. Dobb's Journal, mar 2001.

Página 115: AES Proposal: Rijndael, Version 2. Submission to NIST, mar 1999. http://csrc.nist.gov/archive/aes/index.html.

Página 117: AES Proposal: Rijndael, Version 2. Submission to NIST, mar 1999. http://csrc.nist.gov/archive/aes/index.html.

Página 129: Musa, M.; Schaefer, E. e Wedig, S. "A Simplified AES Algorithm and Its Linear and Differential Cryptanalyses". Cryptologia, Taylor & Francis abr 2003.

Página 136: Frazer, Sir James George, "The Golden Bough", The Project Gutenberg Literary Archive Foundation.

Página 139: van Oorschot, P. e Wiener, M. "A Known-Plaintext Attack on Two-Key Triple Encryption". Proceedings, EURO-CRYPT '90, 1990; publicado por Springer-Verlag.

Página 141: Dworkin, M: Recommendation for Block 2001 Edition Cipher Modes of Operation Methods and Techniques, NIST (SP 800-38A), 2001.

Página 144: Barker, E and Kelsey, J: "Recommendation for Random Number Generation Using Deterministic Random Bit Generators", NIST Special Publication 800-90A, 2012.

Página 150: Lipmaa, H.; Rogaway, P. e Wagner, D. "CTR Mode Encryption". NIST First Modes of Operation Workshop, out 2000.

Página 150: Taylor, G. e Cox, G. "Digital Randomness". IEEE Spectrum, set 2011.

Página 160: Reimpresso de "The Art of Probability", de Richard Hamming. Disponível na Westview Press, uma marca da Perseus Books Group, Copyright 1994.

Página 163: Revised by Bassham III, L. NIST SP 800-22 "A Statistical Test Suite for Random and Pseudorandom Number Generators for Cryptographic Applications", abr 2010.

Página 165: D.H. Lehmer, "Mathematical methods in large scale computing units", em: Proceedings of Second Symposium on Large-Scale Digital Calculating Machinery, 1949 (Cambridge, Massachussetts), Harvard University Press, 1951, p. 141-146.

Página 166: Large-Scale Digital Calculating Machinery, 1949 (Cambridge, Massachusetts), Harvard University Press, 1951, p. 141-146.

Página 166: Menezes, A.; Oorshcot, P. e Vanstone, S. *Handbook of Applied Cryptography*. Boca Raton, FL: CRC Press, 1997. Disponível on-line: http://cacr.uwaterloo.ca/hac/index.html.

Página 173: Kumar, I. *Cryptolog7: System Identification and Key-clustering*, Laguna Hills, CA: Aegean Park Press, 1997.

Página 179: Robshaw, M. Stream Ciphers. RSA Laboratories Technical Report TR-701, jul 1995. http://www.rsasecurity.com/rsalabs.

Página 182: Fadiman, C. *The Mathematical Magpie*, New York, Springer 1997.

Página 197: Provided by Ken Calvert of Georgia Institute of Technology.

Página 199: Frazer, Sir James George, "The Golden Bough", The Project Gutenberg Literary Archive Foundation.

Página 200: Kissel, R., ed. Glossary of Key Information Security Terms. NIST IR 7298, 25 abr 2006.

Página 200: Diffie, W. "The First Ten Years of Public-Key Cryptography". Proceedings of the IEEE, maio 1988.

Página 201: Diffie, W. "The First Ten Years of Public-Key Cryptography". Proceedings of the IEEE, maio 1988.

Página 208: Hellman, M. "The Mathematics of Public-Key Cryptography". Scientific American, ago 1970.

Página 225: Frazer, Sir James George, "The Golden Bough", The Project Gutenberg Literary Archive Foundation.

Página 225: Diffie, W. e Hellman, M. "Multiuser Cryptographic Techniques". IEEE Transactions on Information Theory, nov 1976.

Página 229: Elgamal, T. A "Public Key Cryptosystem and a Signature Scheme Based on Discrete Logarithms". Proceedings, Crypto 84, Springer-Verlag New York, Inc 1985.

Página 239: Provided by Ed Schaefer of Santa Clara University.

Página 241: Koblitz, N. *A Course in Number Theory and Cryptography*. New York: Springer-Verlag, 1994.

Página 241: Jurisic, A. e Menezes, A. "Elliptic Curves and Cryptography". Dr. Dobb's Journal, abril 1997.

Página 245: Rendell, R. "Talking to Strange Men", Hutchinson, 1987.

Página 245: Long, K. *Squirrels: A Wildlife Handbook*, Neenah, WI, Big Earth Publishing, 1995.

Página 249: Tsudik, G. "Message Authentication with One-Way Hash Functions". Proceedings IEEE INFOCOM '92, The Conference on Computer Communications, Eleventh Annual Joint Conference of the IEEE Computer and Communications Societies, One World through Communications, maio 4-8, 1992, Florence, Itália. IEEE, 1992, Volume 3.

Página 254: Johnson, D. "Hash Functions and Pseudorandomness". Proceedings, First NIST Cryptographic Hash Workshop, 2005.

Página 255: Yuval, G. "How to Swindle Rabin". Cryptologia, jul 1979.

Página 256: Davies, D. e Price, W. *Security for Computer Networks*. New York: Wiley, 1989.

Página 256: Davies, D. e Price, W. *Security for Computer Networks*. New York: Wiley, 1989.

Página 258: Meyer, C. e Schilling, M. "Secure Program Load with Modification Detection Code". Proceedings, SECURI-COM 88, 1988.

Página 258: FIPS PUB 180-3, Secure Hash Standard (SHS), NIST. Página : Rendell, R. "Talking to Strange Men", Hutchinson, 1987.

Página 267: Bertoni, G., et al. "Cryptographic Sponge Functions". jan 2011, http://sponge.noekeon.org/.

Página 286: Davies, D. e Price, W. *Security for Computer Networks*. New York: Wiley, 1989.

Página 269: Menezes, A.; Oorshcot, P. e Vanstone, S. *Handbook of Applied Cryptography*. Boca Raton, FL: CRC Press, 1997. Available online: http://cacr.uwaterloo.ca/hac/index.html.

Página 289: Krawczyk, H., Bellare, M., Canetti R, HMAC: Keyed-Hashing for Message Authentication, RFC 2104, Fremont, CA, Internet Engineering Task Force 1997.

Página 293: Bellare, M.; Canetti, R. e Krawczyk, H. "Keying Hash Functions for Message Authentication". Proceedings, CRYPTO'96, ago 1996; publicado por Springer-Verlag. Uma versão expandida está disponível em http://www-cse.ucsd.edu/users/mihir.

Página 294: Black, J. e Rogaway, P. e Shrimpton, T. "CBC MACs for Arbitrary-Length Messages: The Three-Key Constructions". Advances in Cryptology – CRYPTO '00, 2000.

Página 294: Iwata, T. e Kurosawa, K. "OMAC: One-Key CBC MAC". Proceedings, Fast Software Encryption, FSE '03, 2003.

Página 296: Bellare, M.; Kilian, J. e Rogaway, P. "The Security of the Cipher Block Chaining Message Authentication Code". Journal of Computer and System Sciences, dez 2000.

Página 296: Black, J. "Authenticated Encryption". Encyclopedia of Cryptography and Security, Springer, 2005.

Página 304: Barker, E., Kelsey, J, "Recommendation for Random Number Generation Using Deterministic Random Bit Generators SP 800-90", NIST 2012.

Página 309: Frazer, Sir James George, "The Golden Bough", The Project Gutenberg Literary Archive Foundation.

Página 311: Goldwasser, S.; Micali, S. e Rivest, R. "A Digital Signature Scheme Secure Against Adaptive Chosen-Message Attacks". SIAM Journal on Computing, Copyright 1988 Society for Industrial and Applied Mathematics. Printed with permission. Todos os direitos reservados.

Página 315: DIGITAL SIGNATURE STANDARD (DSS) Federal Information Processing Standard FIPS 186, NIST.

Página 328: Frazer, Sir James George, "The Golden Bough", The Project Gutenberg Literary Archive Foundation.

Página 328: Rendell, R. "Talking to Strange Men", Hutchinson, 1987.

Página 335: Merkle, R. Secrecy, Authentication, and Public Key Systems. Ph.D. Thesis, Stanford University, jun 1979.

Página 336: Needham, R. e Schroeder, M. "Using Encryption for Authentication in Large Networks of Computers". Communications of the ACM, dez 1978.

Página 337: Le, A., et al. "A Public Key Extension to the Common Cryptographic Architecture". IBM Systems Journal, No. 3, 1993 Reimpresso por cortesia da International Business Machines Corporation, © 1993, International Business Machines Corporation.

Página 340: Kohnfelder, L. "Towards a Practical Public Key Cryptosystem". Bachelor's Thesis, M.I.T. 1978.

Página 347: Shirley, R: Internet Security Glossary, Version 2 RFC 4949; Internet Engineering Task Force, 2007.

Página 355: "Variations on the Themes of Message Freshness and Replay". Proceedings, IEEE Computer Security Foundations Workshop VI, jun 1993.

Página 357: Denning, D. Cryptography and Data Security. Reading, MA: Addison-Wesley, 1982; Denning, D. "Protecting Public Keys and Signature Keys". Computer, fev 1983.

Página 358: "A Security Risk of Depending on Synchronized Clocks". Operating Systems Review, jan 1992.

Página 358: Kehne, A.; Schonwalder, J. e Langendorfer, H. "A Nonce-Based Protocol for Multiple Authentications". Operating Systems Review, out 1992.

Página 359: Hall, J. *Dictionary of Subjects and Symbols in Art*, New York, Harper & Row.

Página 360: Stapleton, M. *The Hamlyn Concise Dictionary of Greek and Roman Mythology*, Middlesex, GB Hamlyn, 1982.

Página 368: Kohl, J.; Neuman, B. e Ts'o, T. "The Evolution of the Kerberos Authentication Service". in Brazier, F. e Johansen, D. Distributed Open Systems. Los Alamitos, CA: IEEE Computer Society Press, 1994. Disponível em http://web.mit.edu/kerberos/www/papers.html.

Página 368: Kohl, J.; Neuman, B. e Ts'o, T. "The Evolution of the Kerberos Authentication Service". in Brazier, F. e Johansen, D. Distributed Open Systems. Los Alamitos, CA: IEEE Computer Society Press, 1994.

Página 370: Bellovin, S. e Merritt, M. "Limitations of the Kerberos Authentication System". Computer Communications Review, out 1990.

Página 374: Woo, T. e Lam, S. "Authentication for Distributed Systems". Computer, jan 1992.

Página 374: Woo, T. e Lam, S. "'Authentication' Revisited". Computer, abr 1992.

Página 385: Linn, J. "Identity Management". Em Bidgoli, H., editor. *Handbook of Information Security*. New York: Wiley, 2005.

Página 379: Computer Associates International. The Business Value of Identity Federation. White Paper, jan 2006.

Página 388: Doyle, Sir Arthur Conan, "The adventure of the Bruce-Partington Plans": The Project Gutenberg Literary Archive Foundation, 2000.

Página 391: Simon, D. Aboba, B. Hurst, R, RFC 5216 - The EAP-TLS Authentication Protocol, Fremont, Internet Engineering Task Force. 2008.

Página 392: Aboba, B, Blunk, L., Vollbrecht, J., & Carlson, J., Editor H. Levkowetz – "RFC 3748 - Extensible Authentication Protocol (EAP)", The Internet Society, Reston, VA, jun 2004.

Página 396: Mell, P., Grance, T: SP-800-145 (The NIST Definition of Cloud Computing), NIST.

Página 399: Liu, F., Tong, J., Mao, J., Bohn, R., Messina, J., Badger, L. e Leaf, D. SP-500-292 NIST Cloud Computing Reference Architecture, NIST.

Página 401: Cloud Security Alliance. Top Threats to Cloud Computing V1.0. CSA Report, mar 2010.

Página 402: Swanson, M. & Guttman, B. NIST 800-14 Generally Accepted Principles and Practices for Securing Information Technology Systems, NIST.

Página 405: Cloud Security Alliance. Security Guidance for Critical Areas of Focus in Cloud Computing V3.0. CSA Report, 2011.

Página 411: "The Art of War", Sun Tzu, traduzido por Lionel Giles, The Project Gutenberg Literary Archive Foundation, maio 1994.

Página 443: Ylonen, T., Lonvick, C. "The Secure Shell (SSH) Protocol Architecture", The Internet Society.

Página 433: Ylonen, T., Lonvick, C. "The Secure Shell (SSH) Protocol Architecture", The Internet Society.

Página 443: RFC 4254, "The Secure Shell (SSH) Connection Protocol", The Internet Society.

Página 439: Barber, Thoedore; *The Human Nature of Birds*, New York, St. Martin's Press 1993.

Página 440: Ma, D. e Tsudik, G. "Security and Privacy in Emerging Wireless Networks". IEEE Wireless Communications, out 2010.

Página 440: Choi, M., et al. "Wireless Network Security: Vulnerabilities, Threats and Countermeasures". International Journal of Multimedia and Ubiquitous Engineering, jul 2008.

Página 452: IEEE 802.11™ WIRELESS LOCAL AREA NETWORKS The Working Group for WLAN Standards, IEEE.

Página 452: Establishing Wireless Robust Security Networks: A Guide to IEEE 802.11i, NIST.

Página 453: IEEE 802.11™ WIRELESS LOCAL AREA NETWORKS The Working Group for WLAN Standards, IEEE.

Página 456: Frankel, S.; Eydt, B.; Owens, L. e Scarfone, K. "Establishing Wireless Robust Security Networks: A Guide to IEEE 802.11i". NIST Special Publication SP 800-97, fev 2007.

Página 457: Frankel, S.; Eydt, B.; Owens, L. e Scarfone, K. "Establishing Wireless Robust Security Networks: A Guide to IEEE 802.11i". NIST Special Publication SP 800-97, fev 2007.

Página 461: Frankel, S.; Eydt, B.; Owens, L. e Scarfone, K. "Establishing Wireless Robust Security Networks: A Guide to IEEE 802.11i". NIST Special Publication SP 800-97, fev 2007.

Página 461: Souppaya, M. and Scarfone, K. SP 800-124 (Guidelines for Managing and Securing Mobile Devices in the Enterprise) NIST.

Página 465: The Tower Commission Report to President Reagan on the Iran-Contra Affair, 1987.

Página 470: Held, G. *Data and Image Compression: Tools and Techniques*. New York: Wiley, 1996.

Página 471: Resnick, P Ed: RFC 5322 - Internet Message Format, Internet Engineering Task Force.

Página 472: O material foi reproduzido pela Pearson Education, Inc. com permissão da International Business Machines Corporation de IBM Redbooks®, publicação GG24-3376: TCP/IP Tutorial and Technical Overview (http://www.redbooks.ibm.com/abstracts/

gg243376.html?Open"). © 2006 International Business Machines Corporation. Todos os direitos Reservados.

Página 473: Freed, N. and Borenstein, N: RFC 2046: "Multipurpose Internet Mail Extensions - (MIME) Part Two: Media Types", The Internet Society.

Página 473: Freed, N. and Borenstein, N: RFC 2046: "Multipurpose Internet Mail Extensions - (MIME) Part Two: Media Types", The Internet Society.

Página 477: Bradner: RFC 2119 (Key Words for use in RFCs to Indicate Requirement Levels), The Internet Society.

Página 486: Fenton, J: RFC 4686: (Analysis of Threats Motivating DomainKeys Identified Mail), The internet Society, 2006.

Página 494: "The Art of War", Sun Tzu, traduzido por Lionel Giles, The Project Gutenberg Literary Archive Foundation, maio 1994.

Página 496: Huitema, C. IPv6: *The New Internet Protocol*. Upper Saddle River, NJ: Prentice Hall, 1998.

Página 496: Kent, S. and Seo, K: "RFC 4301: Security Architecture for the Internet Protocol", The Internet Society, 2005.

Página 497: Huitema, Christian, IPv6: *The New Internet Protocol*, 2nd Ed., ©1998. Reimpresso e reproduzido eletronicamente com permissão da Pearson Education, Inc., Upper Saddle River, NJ.

Página 521: von Clausewitz, C. "On War", Lake City, Utah. The Project Gutenberg Literary Archive Foundation, 2006.

Índice remissivo

A

AddRoundKey e InvMixColumns, 122
   efeito avalanche, 120-121
   operações em nível de byte, 107
   estruturas de dados, 105
   estrutura detalhada, 105-107
      AddRoundKey, 106
         MixColumns, 106
         ShiftRows, 106
         SubBytes, 106
   encriptação
      e decriptação, 105
      processo, 104
      rodada, 106
   cifra inversa equivalente, 122-123
   estrutura geral, 103-105
      Estado, 103
   implementação, 122-125
      processador de 8 bits, 123
      processador de 32 bits, 124
   InvShiftRows e InvSubBytes, 122
   expansão de chave, 116-121
   parâmetros, 104
   operações de linha e coluna, 112
   array Estado, 103
AddRoundKey, 103, 106
   transformação direta, 115
   entradas para rodada única do AES, 115
   transformação inversa, 115
Adição, 78, 92, 234
Advanced Encryption Standard (AES), 46, 54-55, 65, 102
Agente da nuvem, 401
   agregação de serviço, 401
   arbitragem de serviço, 401
   intermediação de serviços, 401
Aleatoriedade, 160
Álgebra linear e funcionalidade de matriz, 527
Algoritmo, 188-189, 226-227
   projeto, 164-165
      cifras assimétricas, 164
      algoritmos criptográficos, 164
      funções de hash, 164
      algoritmos de propósito especial, 164
      cifras de bloco simétricas, 164
      negociação, 431
Algoritmo de assinatura digital (DSA), 310, 315-317
   técnica, 315-316
   assinatura e verificação, 317
Algoritmo de assinatura digital de curva elíptica (ECDSA), 310, 317-319
   geração e autenticação, 318-319
      parâmetros de domínio global, 318
      geração de chave, 318
      assinatura e verificação, 319
Algoritmo de divisão, 66
Algoritmo de Euclides, 67-69
   exemplo, 69
   máximo divisor comum, 67-69
   relativamente primos, 67
Algoritmo de propósito especial, 165
Algoritmo determinístico para números primos, 189
Algoritmos e protocolos de criptografia, 6
   criptografia assimétrica, 6
   protocolos de autenticação, 6
   algoritmos de integridade de dados, 6
   criptografia simétrica, 6
Análise de tráfego, 11
Anéis, 77, 78
   grupo abeliano, 77
   associatividade da multiplicação, 77
   fechamento sob multiplicação, 77
   comutatividade da multiplicação, 77
   leis distributivas, 77
   domínio integral, 77
   identidade multiplicativa, 78
   sem divisores de zero, 78
ANSI X9.17 PRNG, 169-170
   entrada, 169
   chaves, 169
   saída, 169
Anti-propensão, 176
Aritmética de curva elíptica, 232-238
   grupos abelianos, 232-234

associativo, 232
fechamento, 232
comutativo, 232
curva elíptica, 234
elemento identidade, 232
elemento inverso, 232
sobre números reais
descrição algébrica da adição, 234
curvas elípticas sobre $GF(2^m)$, 237-238
curvas elípticas sobre Zp, 234-237
descrição geométrica da adição, 234
ponto no infinito ou ponto zero, 233
equação de Weierstrass, 233
Aritmética de polinômios comum, 81-82
Aritmética de polinômios modular, 88-90
Aritmética modular, 69-76
congruentes módulo, 69
algoritmo de Euclides
estendido, 74-76
revisitado, 73-74
módulo, 69
propriedades, 71-73
reduzir k módulo n, 72
conjunto de resíduos, ou classes de resíduos, 71
Arquivo de senha de mão única, 251
Array Estados, 103
Aspectos computacionais, 210-211
Assinatura (s) digital (is), 15, 204, 250, 310-313
ataques e falsificações
ataque de mensagem escolhida adaptativo, 312
ataque de mensagem escolhida direcionado, 312
falsificação existencial, 312
ataque de mensagem escolhida genérico, 312
ataque somente de chave, 312
ataque de mensagem conhecida, 312
falsificação seletiva, 312
quebra total, 312
falsificação universal, 312
direta, 312
elementos essenciais, 311
modelo genérico, 310
chave, 383
propriedades, 310-311
requisitos, 312
exemplos simplificados, 250
estampa de tempo, 313
Assinatura destacada, 481
Assinatura digital direta, 312
Associação de segurança (SA), 498
autenticação mais confidencialidade, 509
ESP com opção de autenticação, 509
adjacência de transporte, 509
conjunto transporte-túnel, 509
combinações básicas de, 509-511
endereço IP de destino, 498

payload
atributo, 516
proposta, 516
transformação, 516
Security Parameters Index (SPI), 498
Security Protocol Identifier, 498
Associatividade da multiplicação, 77
Ataque apenas de texto cifrado, 23, 24
Ataque baseado em falha de hardware, 213
Ataque baseado em falha, 217
Ataque de dia do aniversário, 258
Ataque de força bruta, 23, 25, 255
paradoxo do dia do aniversário, 255
ataques resistentes a colisão, 255
ataques de pré-imagem e segunda pré-imagem, 255
Ataque de texto claro escolhido, 24
Ataque *man-in-the-middle*, 228-229, 335-336
Ataques à segurança, 11-12
ataques ativos, 12
negação de serviço, 12
disfarce, 12
modificação de mensagens, 12
repasse, 12
ataques passivos, 11
vazamento de conteúdo de mensagem, 11
análise de tráfego, 11
Ataques ativos, 12
negação de serviço, 12
disfarce, 12
modificação de mensagens, 12
repasse, 12
Ataques de replicação, 355, 504
Ataques de supressão-replicação, 357
Ataques de temporização, 59, 213, 216-217
Ataques matemáticos, 213
Ataques passivos, 11
vazamento de conteúdo de mensagem, 11
análise de tráfego, 11
Ato sobre a Privacidade e os Direitos Educacionais da Família (FERPA), 8
Auditor da nuvem, 400, 401
Autenticação de mão única, 356, 359
Autenticação de mensagem, 247-250
ataque contra função de hash, 248
funções, 282-287
função de hash, 282
MAC, 282, 285
encriptação de mensagem, 282
função de hash chaveada, 250
resumo de mensagem, 248
requisitos, 281
modificação de conteúdo, 281
não reconhecimento no destino, 281
divulgação, 281
máscara, 281

modificação de sequência, 281
não reconhecimento na origem, 281
modificação de tempo, 281
análise de tráfego, 281
exemplos simplificados, 249
Autenticação do usuário, 353-387
   gerenciamento de identidades federadas, 375-380
   Kerberos, 359-373
   verificação de identidade pessoal (PIV), 380-385
   princípios, 354-356
   usando encriptação assimétrica, 373-375
   usando encriptação simétrica, 356-359
Autenticação mútua, 355-356, 373-374
Autenticação, 356
   troca, 15
   payload, 517
   protocolos, 6
   servidor, 392
   troca de serviço, 364
Autenticador EAP, 392, 396
Autenticador, 204, 282, 392, 394
Autenticidade, 7
Authentication Header (AH), 496

B

Base de informações de gerenciamento (MIB), conteúdo da, 496
Base64, codificação de transferência, 476
Big-endian, 260
Bijeção, 190
Bill Bryant do projeto Athena (BRYA88), 361
BIO, 383
BIO-A, 383
Biometria dinâmica, 355
Biometria estática, 355
BSS independente (IBSS), 449
Bytes substitutos, 107-111
   AES, operações em nível de byte, 107
   construção da S-Box e da IS-Box, 109
   transformação direta de substituição de byte (SubBytes), 107
   transformação inversa de substituição de byte (InvSubBytes), 110

C

IS-Box, 109
S-Box, 107, 108, 134
   substituição de nibble, 132
Capacidade, 267
Características de feedback dos modos de operação, 150
CBC-MAC ou CMAC, 177
Centro de distribuição de chave (KDC), 356
Cerca de trilho, cifra, 37
Certificado de chave pública, 200
Chave, 46, 169

protocolo de determinação, 512
algoritmo de expansão, 116
geração, 212-213
tamanho, 170
algoritmo de escalonamento, 60
tamanho, 52
key unwrapping, 303-304
Chave assimétrica de autenticação de cartão, 382
Chave de autenticação de cartão, 383
Chave de encriptação de chave (KEK), 300
Chave de gerenciamento de chave, 383
Chave de sessão, 329
Chave mestra de grupo (GMK), 459
Chave mestra de sessão (MSK), 456
Chave mestra pareada (PMK), 457
Chave mestra, 329, 335
Chave pré-compartilhada (PSK), 457
Chave pública, 201
   operação eficiente usando, 212
Chave simétrica de autenticação de cartão, 383
Chave temporal de grupo (GTK), 459
Chave transiente pareada (PTK), 458
Chaves assimétricas, 200
   certificado de chave pública, 200
   algoritmo criptográfico de chave pública, 200
   Infraestrutura de chave pública (PKI), 200
Chaves de 56 bits, 58
Chaves públicas, 201, 337-341
   algoritmo criptográfico (assimétrica), 200
   autoridade, 339-340
   certificados, 340-341
   criptoanálise, 207
   cenário de distribuição, 339
   anúncio público, 338
   publicação, 338
   diretório disponível publicamente, 338-339
   distribuição não controlada, 338
Cifra, 21
   bloco, 23, 46
      modos de operação, 141
      projetos, 523
      princípios de projeto, 59-60
         Critério de independência de bit (BIC), 60
         projeto da função F, 59
         algoritmo de escalonamento de chave, 60
         número de rodadas, 59
         critério de avalanche estrito (SAC), 60
Cifra de bloco ajustáveis, 151
Cifra de bloco ideal, 47
Cifra de César, 25-27, 33
Cifra de produto, 49
Cifra de substituição reversível, 49
Cifra de transposição, 37
Cifragem, 21
Cifras assimétricas, 164

Cifras de bloco simétricas, 164
Cifras de fluxo, 46
    fluxo de chaves, 172
Cifras monoalfabéticas, 27-29
    digramas, 28
    permutação, 27
    frequência relativa, 28
    substituição, 27
Cifras polialfabéticas, 33-36
    sistema de autochave, 35
    one-time pad, 36-37
    cifra por substituição polialfabética, 33
    cifra de Vernam, 35-36
    cifra de Vigenère, 33-35
Cipher-based Message Authentication Code (CMAC), 294-295
Código de autenticação de mensagem (MAC), 250, 281-282
    usos básicos, 286
    soma de verificação criptográfica, 285
    requisitos, 281-282
Código de hash, 257
Código de integridade de mensagem (MIC), 460
Colisão, 253
Complexidade da computação, 210
Composição, 130, 270
Computação em nuvem, 396-401
    características, 397
        acesso amplo à rede, 397
        serviço mensurável, 397
        autosserviço sob demanda, 397
        elasticidade rápida, 397
        agrupamento de recursos, 398
    contexto, 399
    modelos de desenvolvimento, 398
        nuvem comunitária, 398
            nuvem híbrida, 398
            nuvem privada, 398
            nuvem pública, 398
    elementos, 396-399
    arquitetura de referência, 399-401
        auditor da nuvem, 401
            agente da nuvem, 401
            operador da nuvem, 401
            consumidores de nuvem, 400
            provedor da nuvem, 400
    modelos de serviço, 398
      IaaS, 398
      PaaS, 398
      SaaS, 398
Comutativo, 77, 232
    anel, 79
Confiança mútua, 2
Confidencialidade de dados, 7, 14
Confidencialidade de fluxo de tráfego (TFC), 503

Confidencialidade, 7
Confusão, 50
Congruentes módulo, 69
Conjunto de coeficiente, 81
Conjunto de resíduos, 71
Conjunto de serviços básicos (BSS), 446, 448
Conjunto de serviços estendidos (ESS), 449
Connection Protocol, 433-437
    mecanismo do canal, 434
        fechar um canal, 434
        transferência de dados, 434
        abrir um novo canal, 434
    tipos de canal, 434
        direct-tcpip, 434
        forwarded-tcpip, 434
        session, 434
        x11, 434
    troca de mensagem, 435
    encaminhamento de porta, 434-437
Consistência, 163
Construção em esponja, 266-269
    fase de absorção, 267
    taxa de bits, 266
    capacidade, 267
    função de iteração, 266
    preenchimento em múltiplas taxas, 267
    preenchimento simples, 267
    entrada e saída da função de esponja, 267
    fase de compressão, 268
Consumidores de dados, 376
Consumidores de nuvem, 400
Contador com Cipher block Chaining-Message Authentication Code, 296-298
Contador do número de sequência, 499
Continuidade dos negócios e recuperação de desastres, 407
Controle de acesso à rede (NAC), 389-391
    contexto, 390
    elementos de um sistema de, 389-390
        Solicitante de acesso (AR), 389
        Servidor de acesso à rede (NAS), 389
        servidor de políticas, 389
    métodos de imposição, 390-391
        gerenciamento de DHCP, 390
        firewall, 390
        IEEE 802.1X, 390
        redes locais virtuais (VLANs), 390
Controle de acesso ao meio (MAC), 447
Controle de acesso, 12, 14, 15, 388-409, 447-448, 451, 455, 496
Controle de roteamento, 15
Controle lógico do enlace (LLC), 448
Corpo finito, 237
    aritmética, 102-103
    na forma $GF(p)$, 79-81

inverso multiplicativo, 80-81
ordem *p,* 79-80
irredutível, 103
Corpos finitos, 79
Corpos, 78
inverso multiplicativo, 78
Counter Mode-CBC MAC Protocol (CCMP), 460
CREATE_CHILD_SA, troca, 514
Criptoanálise, 21, 23, 256-258
e ataque por força bruta, 23, 25
esquema de encriptação computacionalmente seguro, 24
tipos de ataque sobre mensagens encriptadas, 24
esquema de encriptação incondicionalmente seguro, 24
função de compactação, 257
estrutura geral do código de hash seguro, 257
Criptografia, 21, 23
e segurança da rede
projetos de cifra de bloco, 523
estudos de caso, 525
projetos de firewall, 524-525
projetos de hacking, 522-523
exercícios de laboratório, 523
avaliações práticas de segurança, 524
projetos de programação, 524
trabalhos de leitura/relatório, 525
projetos de pesquisa, 523-524
projetos em Sage Computer Algebra, 522
trabalhos escritos, 525
número de chaves usadas, 23
encriptação convencional, 23
chave secreta, 23
chave única, 23
simétricas, 23
texto claro, 23
cifra em bloco, 23
cifra em fluxo, 23
transformar texto claro em texto cifrado, 23
sistemas de produto, 23
Criptografia de chave pública, 200, 201-207
aplicações, 205-206
assinatura digital, 205
encriptação/decriptação, 205
troca de chave, 205
autenticação, 204
e sigilo, 205
texto cifrado, 201
encriptação convencional e de chave pública, 203
assinatura digital, 204
algoritmo de encriptação, 201
chaves pública e privada, 201
erro de conceito, 200
texto claro, 201
princípios, 201

chaves pública e privada, 203
criptoanálise de chave pública, 207
requisitos, 206-207
aplicações, 206
função de mão única, 206
criptossistemas de chave pública, 205
função de mão única com alçapão, 207
sigilo, 203
chave secreta, 203
Criptografia de chave pública, 200, 203
Criptografia de chave secreta, 23, 203
Criptografia de chave única, 23
Criptografia de curva elíptica (ECC), 239-241
esforço computacional para a criptoanálise, 241
troca de chaves Diffie-Hellman, 239
ordem, 239
encriptação/decriptação, 239-241
segurança, 241
Cifração ou encriptação, 21, 205, 407
algoritmo, 21, 201
assimétrica, 6
e tabelas de decriptação para a cifra de substituição, 48
esquema
computacionalmente seguro, 24
incondicionalmente seguro, 24
simétrica, 6
Criptografia simétrica, 282-284
controle de erro externo, 284
controle de erro interno, 284
Criptologia, 21
Criptossistema simétrico, 22
Critério de avalanche estrito (SAC), 60
Critério de independência de bit (BIC), 60
CTR_DRBG, 168, 170-172
Curva binária, 235
Curva prima, 234
Curvas elípticas sobre $GF(2^m)$, 237-238
Curvas elípticas sobre Zp, 234-237

D

Data Authentication Algorithm (DAA), 293
Data Encryption Algorithm (DEA), 54
Data Encryption Standard (DES), 39, 46, 54-55, 199
efeito avalanche, 56-57
decriptação, 54
double, 137-138
ataque *meet-in-the-middle*, 138
encriptação múltipla, 137
redução a um único estágio, 137-138
encriptação, 54
entrada permutada, 54
pré-saída, 54
força, 58-59
natureza do algoritmo DES, 59
ataques de temporização, 59

uso de chaves de 56 bits, 58
	subchave, 54
Decifração, 21
Decriptação, 21. 205
	algoritmo, 21, 207
Detecção de evento, 15
Detecção de intrusão, 251
Diffie-Hellman (DH)
	troca de chaves, 226-229
		algoritmo, 226-227
		logaritmo discreto, 226
		protocolos de troca de chave, 228
		ataque *man-in-the-middle*, 228-229
		ordem, 239
	valores, 514
Difusão, 49
Digrama, 28
Diretório de chave pública, 338-339
Disfarce, 12
Disponibilidade, 7, 9
Distribuição de chaves, simétrica
	usando encriptação assimétrica, 335-337
		esquema híbrido, 337
		distribuição de chave secreta, 336-337
		distribuição simples de chave secreta, 335-336
	usando encriptação simétrica, 328-335
		controlando o uso da chave, 333-335
		controle descentralizado de chave, 333
		controle hierárquico de chaves, 331
		cenário de distribuição de chaves, 330-331
		tempo de vida da chave de sessão, 331
		esquema transparente de controle de chave, 332
Distribuição uniforme, 160
Divisibilidade, 65-66
Divisor, 84
Domain Name System (DNS), 486
DomainKeys Identified Mail (DKIM), 484-490
	implantação, 488
	ameaças ao e-mail, 486
		capacidades, 486
		características, 486
		localização, 487
	fluxo funcional, 487-490
	arquitetura de correio da Internet, 484-486
		Mail Delivery Agent (MDA), 485
		Mail Submission Agent (MSA), 485
		Message Store (MS), 485
		Message Transfer Agent (MTA), 485
		Message User Agent (MUA), 485
	estratégia, 487
Domínio de gerenciamento administrativo (ADMD), 485, 487
Domínio integral, 77, 78
Domínios, 367-368, 371
Dynamic Host Configuration Protocol (DHCP), 391

E

EAP sobre LAN (EAPOL), 395
	EAP, pacote, 395
	pacote, 395
		corpo, 396
		tamanho do corpo, 396
		tipo, 396
		versão de protocolo, 396
	Start, pacote, 395
EAP, método, 391-394
EAP, modo de repasse, 393
EAP, par, 392
EAP-GPSK (EAP Generalized Pre-Shared Key), 392
EAP-IKEv2, 392
EAP-TLS (EAP Transport Layer Security), 391
EAP-TTLS (EAP Tunneled TLS), 391
Efeito avalanche, 56-57, 120-121
Electronic Codebook (ECB), 141
	modos de operação de cifra de bloco, 141
	difusão, 143
	propagação de erro, 143
	recuperação de erro, 143
	modo, 142
	modos de operação, 141
	overhead, 142
	segurança, 143
Elemento identidade, 76, 232
Elemento inverso, 76, 232
Elgamal, esquema de assinatura digital, 313-314
Elgamal, sistema criptográfico, 229-231
Emissor, 504
Cipher-Block Chaining (CBC), 143
	modo, 143
	nonce, 144
Encaminhamento local, 436
Encaminhamento remoto, 436
Encapsulando o payload de segurança (ESP)
	serviço antirreplicação, 504-505
	algoritmo de encriptação e autenticação, 503-504
	formato, 502-503
	informação, 499
	preenchimento, 504
	operação do protocolo, 508
	modos túnel e transporte, 505-506
Encriptação autenticada, 295-300
	CCM, 296-298
	encriptação-e-MAC, 296
	GCM, 298-300
Encriptação de mensagem, 282
	usos básicos da encriptação de mensagem, 282
	controle de erro interno e externo, 284
	encriptação de chave pública, 285
	criptografia simétrica, 282-284
		controle de erro externo, 284
		controle de erro interno, 284

segmento TCP, 284
Encriptação de ponta a ponta, 328
Encriptação múltipla, 137-141
    double DES, 137-138
    triple DES com três chaves, 141
    triple DES com duas chaves, 139-140
Encriptação/decriptação rápidas em software, 52
Encriptação-e-MAC, 296
Encriptação convencional, 23, 203
Entrada de som/vídeo, 175
Entrada permutada, 54
Entrada, 169
    para rodada única do AES, 115
Equação cúbica, 234
Escalabilidade, 163
Esquema de encriptação computacionalmente seguro, 24
Estado, 103
Estampa de tempo, 313
Esteganografia, 39-40
    vantagem, 40
    marcação de caractere, 39
    desvantagens, 40
    tinta invisível, 39
    perfurações, 39
    fita corretiva de máquina de escrever, 39
Estouro do contador de sequência, 499
Estrutura tradicional de cifra de bloco, 46-53
    cifra de bloco, 46
    confusão, 50
    difusão, 50
    cifra de Feistel, 49-53
        tamanho de bloco, 51
        facilidade de análise, 52
        encriptação e decriptação, 51
        encriptação e decriptação rápida em software, 52
        tamanho de chave, 51
        número de rodadas, 51
        permutação, 49
        função F, 51, 52
        algoritmo de geração de subchave, 51
        substituição, 49
        rede de substituição-permutação (SPN), 51
    algoritmo de decriptação de Feistel, 52-53
    exemplo Feistel, 53
    motivação para a estrutura de cifra de Feistel, 47-49
        cifra de substituição reversível, 49
        tabelas de encriptação e decriptação para a cifra de substituição, 48
        cifra de bloco ideal, 48
        reversível, ou não singular, 47
    cifra de fluxo, 47
Euler, função totiente, 186
Euler, teoremas, 185-187
Extensible Authentication Protocol (EAP), 391-394, 517

métodos de autenticação, 391
    EAP-GPSK (EAP Generalized Pre-Shared Key), 392
    EAP-IKEv2, 392
    EAP-TLS (EAP Transport Layer Security), 391
    EAP-TTLS (EAP Tunneled TLS), 391
trocas, 392-394
    campos, 393
    no modo de repasse, 393
Key, pacote, 396
contexto, em camadas, 391
Logoff, pacote, 396
mensagens
    código, 393
    dados, 393
    identificador, 393
    tamanho, 393
Extensible Markup Language (XML), 378

F

Facilidade de análise, 52
Fase de absorção, 267, 268
Fase de compressão, 268
Fator, 84
Fechamento, 76, 232
    sob multiplicação, 77
Federação de identidade, 377-380
    exemplos, 379-380
    padrões, 377-387
        SAML, 378
        SOAP, 378
        WS-Security, 378
        XML, 378
Feistel, cifra, 49-53
    decriptação, 51
    encriptação, 51
    exemplo, 53
    estrutura, 50-52
Fermat, teorema de, 185-187
FIPS PUB 199, 8
Firewall, 390, 444
Fita corretiva de máquina de escrever, 39
Fluxo de chaves, 172
Fonte de entropia, 161, 170, 175
Força bruta, 213
Função da etapa θ, 271-272
Função da etapa ρ, 272-274
Função da etapa χ, 274-275
Função da etapa ι, 275
função da etapa, 272-274
Função de atualização, 172
Função de compactação, 357
Função de esponja, entrada e saída, 267
Função de geração de máscara (MGF), 320
Função de geração, 172

Função de hash chaveada, 250
Função de hash, 247, 282
    ataque contra, 248
    baseadas em cipher-block chaining, 258
        ataque de dia do aniversário, 258
        ataque *meet-in-the-middle*, 258
    e códigos de autenticação de mensagem, 164
    propriedades de resistência, 254
Função de iteração, 266
Função de mão única, 206
Função de mão única com alçapão, 206, 207
Função pseudoaleatória (PRF), 162, 251, 304
Funcionalidade confiada, 15
Funções de hash criptográficas, 247-251, 253, 304
    resistência à colisão, 253
    assinaturas digitais, 250
    detecção de intrusão, 251
    autenticação de mensagem, 247-250
    arquivo de senha de mão única, 251
    resistente à pré-imagem, 253
    PRF, 251
    PRNG, 251
    propriedades, resistência, 253
    pseudoaleatoriedade, 254
    requisitos e segurança, 253
        ataques de força bruta, 255
        colisão, 253
        criptoanálise, 256-258
        para funções de hash criptográficas, 253
        pré-imagem, 253
        para criptografia de chave pública, 206-207
        para o uso seguro da encriptação simétrica, 21
    propriedades de resistência, 254
    resistente à segunda pré-imagem, 253
    detecção de vírus, 251
Funções de transformação, AES, 107-115
    AddRoundKey, transformação, 115
        transformação direta de adição de chave da rodada (AddRoundKey), 115
        entradas para rodada única do AES, 115
        transformação inversa de adição de chave da rodada, 115
    MixColumns, transformação, 112-115
        transformação direta de embaralhamento de colunas (MixColumns), 112
        transformação inversa de embaralhamento de colunas (InvMixColumns), 113
    ShiftRows, transformação, 112
        AES, operações de linha e coluna, 112
        transformação direta de deslocamento de linhas(ShiftRows), 112
        transformação inversa de deslocamento de linhas (InvShiftRows), 112
    transformação de bytes substitutos, 107-111
        AES, operações em nível de byte, 107
        construção da S-Box e da IS-Box, 109
        transformação direta de substituição de byte (SubBytes), 107
        transformação inversa de substituição de byte (InvSubBytes), 110

G

Galois/Counter Mode (GCM), 298-300
    funções de autenticação e criptografia, 298
        código de autenticação, 300
Gateway de mídia, 389
Geração de fluxo, 174
Gerador, 77, 93-94
Gerador Blum Blum Shub, 166-167
Gerador de bits pseudoaleatórios criptograficamente seguro (CSPRBG), 167
Gerador de número aleatório digital (DRNG), 176
    arquitetura de hardware, 177
        CBC-MAC ou CMAC, 177
        estrutura lógica do DRNG da Intel, 178
        chip processador da Intel, 177
    estrutura lógica, 178
Gerador de número aleatório verdadeiro (TRNG), 161, 175-179
    comparação entre PRNGs e TRNGs, 176
    arquitetura de hardware do DRNG, 177-178
        CBC-MAC ou CMAC, 177
        DRNG da Intel, estrutura lógica, 178
        chip processador da Intel, 177
DRNG, estrutura lógica, 178
    fontes de entropia, 175
        unidades de disco, 175
        entrada de som/vídeo, 175
    gerador de números aleatórios digitais da Intel, 176-177
    propensão, 176
        algoritmos antipropensão, 176
Gerador de número pseudoaleatório (PRNG), 162, 165-167, 170, 251, 304
    ANSI X9.17 PRNG, 169-170
    Gerador Blum Blum Shub, 166-167
    CSPRBG, 167
    baseado em criptografia de curva elíptica, 242-243
    baseado em função de hash, 305
    geradores de congruência linear, 165-166
    baseado em função MAC, 305
    mecanismos, baseados nas cifras de bloco, 168
    teste do próximo bit, 167
    NIST CTR_DRBG, 170-172
    princípios, 160-165
        projeto de algoritmo, 164-165
        requisitos, 162-164
        TRNGs, PRNGs e PRFs, 161-162
        uso de números aleatórios, 160-161
    função pseudoaleatória (PRF), 304

aleatoriedade
consistência, 163
teste de frequência, 163
teste da estatística universal de Maurer, 163
teste de frequência, 163
escalabilidade, 163
uniformidade, 163
requisitos, 162-164
baseado em RSA, 241-242
PRNG Micali-Schnorr, 241
requisitos da semente, 163-164
imprevisibilidade
imprevisibilidade inversa, 163
imprevisibilidade direta, 163
com uma usando cifra de blocos, 167-172
Gerador de números aleatórios digitais da Intel, 176-177
estrutura lógica, 178
chip processador com, 177
Geradores congruência linear, 165-166
Geradores de números aleatórios, 162
Gerenciamento de identidade e acesso (IAM), 406-407
Gerenciamento de identidades federadas, 375-380
gerenciamento de identidade, 375-376, 377
federação de identidade, 377
Gerenciamento e distribuição de chave, 327-352
distribuição de chaves públicas, 337-341
hierarquia, 329
infraestrutura de chave pública, 347-349
distribuição de chave simétrica
usando encriptação assimétrica, 335-337
usando encriptação simétrica, 328-335
certificados X.509, 341-347
Gestão de informações e eventos de segurança (SIEM), 407
Grupos, 76
associativo, 76
fechamento, 76
comutativo, 77
cíclico, 77
distribuição, 459
grupo finito, 77
gerador, 77
elemento identidade, 76
grupo infinito, 77
elemento inverso, 76
chaves, 459
ordem de, 77
Grupo associativo, 76, 232
Grupo cíclico, 77
Grupo finito, 77
Grupo infinito, 77
Grupos abelianos, 225, 232

H

Hill, cifra de, 31-33
algoritmo, 32-33
conceitos da álgebra linear, 31-32
determinante, 31
HMAC. *Veja também* MACs baseado em funções de hash: HMAC
algoritmo, 290-292
objetivos de projeto, 269
estrutura, 291
HTTPS (HTTP sobre SSL), 427-428
fechamento de conexão, 428
início de conexão, 427

I

ID de fornecedor, payload, 517
Identidade multiplicativa, 78
Identificador exclusivo do proprietário (CHUID), 381, 382
IEEE 802.11, visão geral da LAN wireless, 446-450
serviços relacionados a associação, 450
associação, 450
transição BSS, 450
desassociação, 450
transição ESS, 450
sem transição, 450
reassociação, 450
distribuição de mensagens dentro de um DS, 450
formato geral da MPDU, 448
componentes e modelo arquitetônico da rede, 448-449
conjunto de serviços estendido, 448
arquitetura de protocolo, 446-447
controle lógico do enlace, 448
controle de acesso ao meio, 447-448
camada física, 447
serviços, 449
serviços relacionados a associação, 450
distribuição de mensagens dentro de um DS, 450
terminologia, 446
Wi-Fi, Alliance, 446
IEEE 802.11i, segurança da LAN wireless, 451-462
fase de autenticação, 455
técnica de controle de acesso, 455
troca EAP, 456
troca MPDU, 456
fase de descoberta, 453
troca de MPDU, 455
capacidades de segurança, 453
elementos do, 452
fase de gerenciamento de chave, 456-457
chaves de grupo, 459
distribuição de chave de grupo, 460

chaves pareadas, 457-458
  distribuição de chaves pareadas, 459-460
 fase de operação, 451-453
  autenticação, 453
  término de conexão, 453
  descoberta, 452
  geração e distribuição de chaves, 453
  transferência de dados protegida, 453
 fase de transferência de dados protegidos, 460
  CCMP, 460-461
  TKIP, 460
 função pseudoaleatória, 461-462
 serviços, 451
  controle de acesso, 451
  autenticação, 451
  privacidade com integridade da mensagem, 451
IEEE 802.1X, Controle de acesso à rede baseado na porta, 394-396
 controle de acesso, 395
 EAPOL (EAP sobre LAN), 395
 terminologia, 394
Imagem facial eletrônica, 382
Imprevisibilidade direta, 163
Imprevisibilidade inversa, 163
Imprevisibilidade, 161
Incondicionalmente seguro, 24
Indeterminada, 81
Índice do parâmetro de segurança (SPI), 499
Índice, 194
Infraestrutura como um serviço (IaaS), 398
Infraestrutura de chave pública (PKI), 200
Infraestrutura de chave pública X.509 (PKIX), 347-349
 elementos, 348-349
  Autoridade de certificação (CA), 348
   emissor da CRL, 348
   entidade final, 348
   Autoridade de registro (RA), 348
   repositório, 348
 funções de gerenciamento, 348-349
   certificação, 349
   certificação cruzada, 349
   inicialização, 348
   recuperação do par de chaves, 349
   atualização do par de chaves, 349
   registro, 348
   solicitação de revogação, 349
 protocolos de gerenciamento, 349
Integração, 450
Integridade de dados, 7, 14
Integridade, 7, 8
 dados, 7
 sistema, 7
Internet Architecture Board (IAB), 494
Internet Key Exchange (IKE)
 formatos de cabeçalho e payload, 514
 formato de cabeçalho, 514-515
 protocolo de determinação de chave, 512
 tipos de payload, 515-517
Internet Key Exchange (IKEv2) Protocol, 496
Internet Security Association and Key Management Protocol (ISAKMP), 511
Intervalo de recriação semente, 170, 172
Intruso, 2, 17
Inverso multiplicativo, 78
IPv4, 494
IPv6, 494

K

Keccak, 267
Kerberos, 359-373
 limitações ambientais
  encaminhamento de autenticação, 370
  dependência do sistema de encriptação, 369
  dependência do protocolo da Internet, 369
  autenticação entre domínios, 370
  ordenação de byte da mensagem, 369
  tempo de vida do ticket, 370
 trocas, 364
 motivação, 360
  confiável, 360
  expansível, 360
  seguro, 360
  transparente, 360
 membro, 368
 domínios do, e Kerberos múltiplos, 367-368
 deficiências técnicas
  encriptação dupla, 370
  ataques de senha, 370
  encriptação PCBC, 370
  chaves de sessão, 370
 versão 4, 361-367
  diálogo de autenticação, 363-367
  diálogo de autenticação mais seguro, 362-363
  diálogo de autenticação simples, 361-362
 versão 5, 368
  diálogo de autenticação, 370-372
  e 4, diferenças entre, 368-370
  flags do ticket, 372-373
Kerberos, domínio, 367-368
Key wrapping
 algoritmo, 303-304
 KEK, 300
 key unwrapping, 303-304

L

Leis distributivas, 77
Logaritmo discreto, 191-195, 226
   cálculo de, 195
   para aritmética modular, 193-195

as potências de um inteiro, 192-193
  raiz primitiva, 192

M

MACs baseado em funções de hash: HMAC, 290-293
  algoritmo, 290-292
  objetivos de projeto, 290
  implementação eficiente, 292
  segurança, 292
  estrutura, 291
Mail Delivery Agent (MDA), 485
Mail Submission Agent (MSA), 485
Mapeamento irreversível, 47
Mapeamento reversível, 47
Máquinas de rotor, 38-39
  DES, 39
  múltiplos cilindros, 39
  sistema de único cilindro, 39
  com fiação representada por contatos numerados, 38
Marcação de caractere, 39
Matriz de estado, 270
Maurer, teste da estatística universal de, 163
Máximo divisor comum, 67
MD4, 259
MD5, 266
Mecanismos de segurança
  para funções de hash criptográficas, 253
  da criptografia de curva elíptica, 241
  do HMAC, 292
  de MACs, 289-290
    ataques por força bruta, 289
    resistência da computação, 289
    criptoanálise, 289-290
  pervasivos
    troca de autenticação, 15
    detecção de evento, 15
    trilha de auditoria de segurança, 15
    rótulo de segurança, 15
    recuperação de segurança, 15
    funcionalidade confiada, 15
  recuperação, 15
  do RSA, 213-218
  serviços, 12-14
    controle de acesso, 14
    serviço de disponibilidade, 14
    confidencialidade de dados, 14
    integridade de dados, 14
    irretratabilidade, 14
  relacionamento entre serviços e, 15
  específicos
    controle de acesso, 15
    troca de autenticação, 15
    integridade de dados, 15
    assinatura digital, 15
    codificação, 15
    notarização, 15
    controle de roteamento, 15
    preenchimento de tráfego, 15
Meet-in-the-middle, ataque, 138, 258
Memória somente de leitura (ROM), 380
Mensagens encriptadas, tipos de ataques sobre, 24
  texto cifrado escolhido, 24
  texto claro escolhido, 24
  texto escolhido, 24
  apenas texto cifrado, 24
  texto claro conhecido, 24
Message Store (MS), 485
Message Transfer Agent (MTA), 485
Message User Agent (MUA), 485
Michael, 460
Miller-Rabin, algoritmo, 188-189
MIPS, 214
MixColumns, 103, 106
  transformação, 112
Modelo de cifra simétrica, 21-25
  texto cifrado, 21
  criptoanálise e ataque por força bruta, 23
    ataques sobre mensagens encriptadas, 24
    ataque por força bruta, 23
    esquema de encriptação computacionalmente seguro, 24
    criptoanálise, 23
    esquema de encriptação incondicionalmente seguro, 24
  criptografia, 23
    chaves usadas, 23
    texto claro processado, 23
    texto claro em texto cifrado, 23
  algoritmo de decriptação, 21
  algoritmo de encriptação, 21
  modelo de criptossistema simétrico, 22
  texto claro, 21
  chave secreta, 21
  uso seguro de encriptação simétrica, 21
  modelo simplificado da encriptação simétrica, 21
Modelo multi-instância, 404
Modelo multilocatário, 404
Modificação de mensagens, 12
Modo Cipher Feedback (CFB), 145-146
  modo counter (CTR), 145
  Output Feedback (OFB), modo, 146
  s-bits, 145
  segmentos, 145
Modo counter (CTR), 148
  eficiência do hardware, 149
  pré-processamento, 149
  segurança demonstrável. 150
  acesso aleatório, 150
  simplicidade, 150
  eficiência do software, 149

Modo de operação de cifra de bloco, 300
Modo Output Feedback (OFB), 146-148
Modos transporte, 497
Modos túnel, 433, 497, 505-506
Módulo de segurança de sessão (SSM), 332
Módulo, 69, 99
MSDU, entrega, 449
MTU do caminho, 499
Multiplicação, 77, 92
Multipurpose Internet Mail Extensions (MIME), 472-477
  forma canônica, 477
  tipos de conteúdo, 473-475
    tipo application, 475
    subtipo message/external-body, 475
    subtipo message/partial, 475
    subtipo message/rfc822, 475
    tipo de mensagem, 475
    subtipo multipart/alternative, 474
    tipo multipart/digest, 474
    tipo multipart/mixed, 474
    tipo multipart/parallel, 474
    tipo multipart, 473
    tipo de texto, 473
  elementos, 472
  exemplo, 476
  campos de cabeçalho, 472
  codificações de transferência, 475
    base 64, 476
    quoted-printable, 475

N
National Institute of Standards and Technology (NIST), 54, 102
National Security Agency dos Estados Unidos (NSA), 242
Negação de serviço, 12
Network Security. *Ver também* Criptografia
  modelo, 17
  tarefas básicas, 16
  modelo para, 16-18
  informação secreta, 16
  transformação relacionada à segurança, 16
  ameaças
    acesso à informação, 17
    serviço, 17
NIST CTR_DRBG, 170-172
  fonte de entropia, 171
  funções, 171
  gerar, 171
  inicializar, 171
  tamanho da chave, 170
  tamanho do bloco de saída, 170
  parâmetros, 171
  intervalo de recriação de semente, 170
  tamanho da semente, 170
  atualizar, 172
NIST DSA, 323
Nonce, 144, 330, 371, 513, 517
Notarização, 15
Número composto, 189
Número de identificação pessoal (PIN), 354
Número de rodadas, 52, 59
Números aleatórios, 160-161
  aleatoriedade, 160
    independência, 160
    distribuição uniforme, 160
  imprevisibilidade, 161
Números primos, 183-185
Nuvem comunitária, 398
Nuvem híbrida, 398
Nuvem privada, 398
Nuvem pública, 398
Nuvem, 397

O
One-time pad, 36-37
Open Shortest Path First (OSPF), 496
Operador da nuvem, 400, 401
Operador de grupo, 77
Optimal asymmetric encryption padding (OAEP), 217
Ordem de grupo, 77
Ordem, 190, 192
OSI, arquitetura de segurança
Recomendação X.800 da ITU-T3, 10
  ataque à segurança, 10
  mecanismo de segurança, 10
  serviço de segurança, 10
  ameaça e ataque, 10

P
Pacotes criptográficos, 518-519
Paradoxo do dia do aniversário, 255
Parâmetros, 269, 321
Payload de certificado, 516
Payload de configuração, 517
Payload de exclusão, 517
Payload de identificação, 516
Payload de notificação, 517
Payload de solicitação de certificado, 517
Payload encriptado, 517
Permutação, 49, 51
Pistas, 270
PKI, 384
Plataforma como um serviço (PaaS), 398
Playfair, cifra, 29-31
  monarchy, 29
  texto claro, 30
  frequências relativas das letras, 30
Polinômio constante, 81

Polinômio irredutível, 85, 103
Polinômio mônico, 81
Polinômio primo, 85
Polinômio, 81
   aritmética, 81-86
      adição, 92
      conjunto de coeficiente, 81
      com coeficientes em Z_p, 83-85
      divisor, 84
      fator, 84
      máximo divisor comum, 85-86
      indeterminada, 81
      irredutível, 85
      modular, 88-90
      multiplicação, 92
      inverso multiplicativo, 91-92
      usando um gerador, 93-94
   constante, 81
   mônico, 81
   primo, 85
   anel, 83
Ponto de acesso (AP), 446, 448, 451
Ponto no infinito ou ponto zero, 233
Ponto zero, 233
Porta, 434
Potências de um inteiro, módulo n, 192-193
Preenchimento de tráfego, 15
Preenchimento em múltiplas taxas, 267
Preenchimento simples, 267
Pré-imagem, 253
Pré-saída, 54
Pretty Good Privacy (PGP), 466-470
   funções criptográficas, 468
   notação, 466-467
   descrição operacional, 467-470
      autenticação, 467-468
      compactação, 469-470
      confidencialidade, 468-469
      confidencialidade e autenticação, 469
      compatibilidade de e-mail, 470
   serviços, 467
Prevenção de perda de dados (DLP), 407
Primeira asserção, 190
Privacidade, 7
PRNG Micali-Schnorr, 241
Problema da fatoração, 214-216
Processador de 32 bits, 124-125
Processador de 8 bits, 123-124
ROM programável eletricamente apagável (EEPROM), 380
Projetos de firewall, 524
Projetos de hacking, 522-523
Projetos de pesquisa, 523-524
Projetos de programação, 524
Propagating cipher block chaining (PCBC), 370

Propensão, 176
   algoritmos antipropensão, 176
Proteção de dados na nuvem, 402-405
   atributos, 405
   entidades
      cliente, 405
      dono dos dados, 404
      servidor, 405
      usuário, 405
   modelo de multi-instância, 404
   modelo multilocatário, 404
   chave primária, 405
   relação, 405
   tuplas, 405
Protocolo de alerta, 417-418
Protocolo de determinação de chave oakley, 511
Protocolo de especificação de cifra de mudança, 416-417
Protocolo de handshake, 418
   ação, 419
   CipherSpec
      algoritmo de cifra, 420
      tipo de cifra, 420
      tamanho de hash, 420
      é exportável, 420
      tamanho do IV, 420
      material da chave, 420
      algoritmo MAC, 420
   parâmetro conjunto de cifras
      Diffie-Hellman anônimo, 420
      Diffie-Hellman efêmero, 420
      Diffie-Hellman fixo, 420
      Fortezza, 420
      RSA, 420
   autenticação de cliente e troca de chave, 421-422
      mensagem de certificado, 420
      Diffie-Hellman anônimo, 420
Fortezza, 421
RSA, 421
   mensagem de concluído, 422
   capacidades de segurança, 418-420
      conjunto de cifras, 419
      método de compactação, 419
   aleatório, 418
      ID de sessão, 419
      versão, 418
   autenticação de servidor e troca de chave, 421-422
   Diffie-Hellman efêmero ou anônimo, 422
      Fortezza, 422
      RSA, 422
Provedor da nuvem, 400
Pseudoaleatoriedade, 254

Q

Quoted-printable, codificação de transferência, 475

R

Radix-64, codificação, *ver* Base64, codificação de transferência
Raiz primitiva, 192
RC4, 173-175
    inicialização de S, 174
    geração de fluxo, 174
    força, 174
    força do RC4, 174
Receptor, 504
Rede de substituição-permutação (SPN), 51
Rede privada virtual, 505
Redes locais virtuais (VLANs), 390
Relativamente primos, 67
Repasse, 12
Requisitos da semente, 163-164
Resíduo, 71, 99
Resistência à colisão, 253
Resistência à pré-imagem, 253
Resistência à segunda pré-imagem, 253
Responsabilização, 7, 8
Resumo de mensagem, 248
Rijndael, 111, 117, 123, 125
Rivest-Shamir-Adleman (RSA), algoritmo, 207-218
    aspectos computacionais, 210-211
        exponenciação na aritmética modular, 210-213
        geração de chave, 212-213
        chave privada, 212
        processamento de múltiplos blocos, 210
        chave pública, 212
    processamento de múltiplos blocos, 210
    RSA-PSS, algoritmo de assinatura digital, 320-323
        Função de geração de máscara (MGF), 320
        codificação de mensagem, 321-322
        RSA-PSS, verificação de EM, 323
        verificação de assinatura, 322-323
    segurança, 213-218
        força bruta, 213
        CCA, 217
        ataques de texto cifrado escolhido, 213
        ataque de texto cifrado e optimal asymmetric encryption padding, 217
        problema de fatoração, 214-216
        ataque baseado em falha, 217
        ataque baseado em falha de hardware, 213
        ataques matemáticos, 213
        MIPS-anos, necessários para a fatoração, 215
        OAEP, 217
        progresso na fatoração, 214
        ataques de temporização, 213, 216-217
Robust Security Network (RSN), 451
Rodada, 50, 56
    constantes de, no SHA-3, 275
    função, 51, 52
Rótulo de segurança, 15
Roubo de texto cifrado, 154

S

S/MIME, 470-484
    processamento de certificado, 482
    algoritmos criptográficos
        PRECISA, 478
        DEVERIA, 478
    serviços de segurança melhorados, 484
        listas de correspondência seguras, 484
        rótulos de segurança, 484
        recibos assinados, 484
    funcionalidade, 477
        dados assinados às claras, 477
        dados envelopados, 477
        dados assinados e envelopados, 477
        dados assinados, 477
    mensagens, 479
        mensagem apenas com certificados, 482
        envelopedData, 480
        solicitação de registro, 482
        protegendo uma entidade MIME, 479
        signedData, 480
    MIME, 472
    RFC 471
    papel de agente do usuário, 482
        armazenamento e recuperação de certificado, 482
        geração de chave, 482
        registro, 482
        VeriSign, certificados, 482
Sage, projeto em, computer algebra, 522
Saída, 169
Schnorr, esquema de assinatura digital, 313, 314
Secure Hash Algorithm (SHA), 258-266
Secure Shell (SSH), 428-437
    Connection Protocol, 433
    Transport Layer Protocol, 429
    User Authentication Protocol, 432
Secure Socket Layer (SSL), 413-423
    protocolo de alerta, 417-418
    arquitetura, 413-414
    protocolo de especificação de mudança de cifra, 416
    estado de sessão, 414
        cifra, especificação, 414
        método de compactação, 414
        é retomável, 414
        segredo mestre, 414
        certificado do par, 414
        identificador de sessão, 414
    cálculos criptográficos, 422-423
        geração de parâmetros criptográficos, 423
        criação de segredo mestre, 423
    Protocolo de handshake, 418
    Protocolo de registro, 414-416
        compactação, 415

confidencialidade, 414
fragmentação, 415
campos, 418
MAC, 414
integridade da mensagem, 414
estado da sessão, 414
  chave de escrita do cliente, 414
  segredo MAC de escrita do cliente, 414
  vetores de inicialização, 414
  números de sequência, 414
  aleatórios do servidor e cliente, 414
  chave de escrita do servidor, 414
  segredo MAC de escrita do servidor, 414
Security Assertion Markup Language (SAML), 378
Security Association Database (SAD), 498
  informação de AH, 499
  janela antirreplicação, 499
  informação de ESP, 499
  modo do protocolo IPsec, 499
  tempo de vida desta associação de segurança, 499
  MTU do caminho, 499
  índice do parâmetro de segurança (SPI), 499
  Contador do número de sequência, 499
  Estouro do contador de sequência, 499
Security Policy Database (SPD), 498, 499
  portas locais e remotas, 500
  endereço IP local, 500
  nome, 500
  protocolo da seguinte camada, 500
  endereço IP remoto, 500
Security Protocol Identifier, 498
Segredo mestre, 414, 422
  Diffie-Hellman, 422
  RSA, 422
Segredo perfeito, 37
Segunda asserção, 191
Segurança como um serviço (SecaaS), 405
Segurança de computadores
  disponibilidade, 7
  desafios, 9-10
  confidencialidade de dados, 7
    privacidade, 7
  definição, 6
  integridade, 7
Segurança de dispositivo móvel, 442-445
  estratégia, 444-445
    segurança da barreira, 445
    segurança de dispositivo, 444-445
    elementos, 444
    segurança do tráfego, 445
  ameaças, 443
    interação com outros sistemas, 443
    falta de controles de segurança físicos, 443
    serviços de localização, 444
    por partes desconhecidas, 443

conteúdo não confiável, 444
dispositivos móveis não confiáveis, 443
redes não confiáveis, 443
Segurança de e-mail, 407
Segurança do correio eletrônico, 465-492
  DKIM, 484-490
  PGP, 466-470
  S/MIME, 470-484
Segurança IP (IPsec), 493-520
  aplicações, 494-495
  arquitetura, 498
  bancos de dados de associação, 499
    informação de AH, 499
    janela antirreplicação, 499
    informação de ESP, 499
    modo do protocolo IPsec, 499
    tempo de vida desta associação de segurança, 499
    MTU do caminho, 499
    índice do parâmetro de segurança, 499
    estouro do contador de sequência, 499
    contador do número de sequência, 499
  autenticação mais confidencialidade, 509
  benefícios, 495
  combinando associações de segurança, 508-511
  pacotes criptográficos, 518-519
  endereço IP de destino, 498
  documentos, 496
    arquitetura, 496
    Authentication Header (AH), 496
    algoritmos criptográficos, 496
    Encapsulating Security Payload (ESP), 496
    Internet Key Exchange (IKE), 496
  ESP, 502-508
  IKE, 512-517
  bancos de dados de política, 499-500
  modo de protocolo, 499
  aplicações de roteamento, 496
  cenário, 495
  associações de segurança, 498
    endereço IP de destino, 498
    Security Parameters Index (SPI), 498
    Security Protocol Identifier, 498
  serviços, 496
  processamento de tráfego, 500
    pacotes de chegada, 501-502
    pacotes de saída, 501
  modos transporte e túnel, 497
Segurança na arquitetura da Internet (RFC 1636), 494
Segurança na nuvem
  riscos e contramedidas, 401-402
    abuso e uso nefasto, 401
    sequestro de conta ou serviço, 402
    perda de dados ou vazamento, 402
    interfaces inseguras e APIs, 401
    funcionários maliciosos, 401-402

questões tecnológicas partilhadas, 402
perfil de risco desconhecido, 402
como um serviço, 405-408
Seletores, 499
Sem divisores de zero, 78
Semente, 161
Serviço antirreplicação, 504-505
receptor, 504
ataque de replicação, 504
emissor, 504
Serviço de disponibilidade, 14
Servidor de acesso à rede (NAS), 389
Servidor de acesso remoto (RAS), 389
Servidor de políticas, 389
SHA-0, 259
SHA-1, 259
SHA-2, 259
SHA-224, 259
SHA-256, 259
SHA-3, 266-275
função de iteração f, 269-270
função da etapa χ, 274-275
composição, 270
função da etapa ι, 275
função da etapa π, 274
função da etapa ρ, 272-274
constantes de rodada no SHA-3, 275
matriz de estado, 270
funções de etapa do SHA-3, 271
função da etapa θ, 271-272
parâmetros, 269
construção em esponja, 266-269
fase de absorção, 267
taxa de bits, 267
capacidade, 267
função de iteração, 266
preenchimento em múltiplas taxas, 267
preenchimento simples, 267
entrada e saída da função de esponja, 267
fase de compressão, 268
SHA-384, 259
SHA-512, 259
lógica, 259
big-endian, 260
geração de resumo da mensagem usando SHA-512, 260
constantes, 261
processamento, de um único bloco de 1024 bits, 261
Etapa 1: Anexar bits de preenchimento, 259
Etapa 2: Anexar tamanho, 259
Etapa 3: Inicializar buffer de hash, 260
Etapa 4: Processar mensagem em blocos de 1024 bits (128 words), 260
Etapa 5: Saída, 260

função round, 262-264
ShiftRows, 103
AES, operações de linha e coluna, 112
transformação direta (ShiftRows), 112
transformação inversa (InvShiftRows), 112
Signing Domain IDentifier (SDID), 489
Simple Mail Transfer Protocol (SMTP), 356
Simple Object Access Protocol (SOAP), 378
Simplified AES (S-AES)
encriptação e decriptação, 131-134
estrutura, 134-135
Sistema autochave, 35
Sistema criptográfico, 21
Sistema de distribuição (DS), 448, 450
Sistema de gerenciamento de identidade
administradores, 376
serviço de atributo, 376
consumidores de dados, 376
autenticação, 376
autorização, 376
federação, 377
provedor de identidade, 376
membro, 376
Sistema de único cilindro, 39
Sistemas de produto, 23
Software como um serviço (SaaS), 398
Solicitante de acesso (AR), 389
Soma de verificação criptográfica, 285
SubBytes, 103, 107
Subchave, 52, 54
Subsistema de repasse, 381
Suplicante, 455

T

Tag, 287
Tamanho da semente, 170
Tamanho de bloco, 51
Tamanho do bloco de saída, 169
Taxa de bits, 266, 267
Técnicas clássicas de encriptação, 20-44
Técnicas de substituição, 25-37
cifra de César, 25-27
cifra de Hill, 31-33
cifras monoalfabéticas, 27-29
one-time pad, 36-37
cifra Playfair, 29-31
cifras polialfabéticas, 33-36
Técnicas de transposição, 37-38
técnica de cerca de trilho, 37
Temporal Key Integrity Protocol (TKIP), 460
Teorema chinês do resto
bijeção, 190
primeira asserção, 190
segunda asserção, 191
Teste de frequência, 163

Teste de primalidade, 188-190
    distribuição de números primos, 190
    Miller-Rabin, algoritmo, 188-189
        detalhes, 188-189
        uso repetido, 189
        duas propriedades dos números primos, 188
Teste de rodadas, 163
Teste do próximo bit, 167
Texto cifrado escolhido (CCA), 24, 217
Texto cifrado, 21, 201
Texto claro conhecido, 24
        ataque de, triple DES, 140
Texto claro, 21, 201
Ticket, 361, 372-373
Tinta invisível, 39
Transformação direta de adição de chave da rodada (AddRoundKey), 115
Transformação direta de deslocamento de linhas (ShiftRows), 112
Transformação direta de embaralhamento de colunas (MixColumns), 112
Transformação direta de substituição de byte (SubBytes), 107
Transformação inversa de adição de chave da rodada, 115
Transformação inversa de embaralhamento de colunas (InvMixColumns), 113
Transformação inversa de embaralhamento de linhas (InvShiftRows), 112
Transformação inversa de substituição de byte (InvSubBytes), 110
Transport Layer Protocol, 429-432
    algoritmos criptográficos, 431
    chaves de hospedeiro, 429
    geração de chave, 432
    troca de pacotes, 429-432
        negociação do algoritmo, 431
        fim de troca de chaves, 432
        troca da string de identificação, 431
        troca de chaves, 431
        MAC, 429
        tamanho do pacote, 429
        tamanho do preenchimento, 429
        payload, 429
        preenchimento aleatório, 429
        solicitação de serviço, 432
Transport Layer Security (TLS), 410-438
    códigos de alerta, 425
    conjuntos de cifras, 426
    tipos de certificado do cliente, 426
    cálculos criptográficos, 426-427
    HTTPS, 427-428
    message authentication code, 424
    preenchimento, 427
    função pseudoaleatória, 424-425

Secure Shell (SSH), 428-437
Secure Socket Layer (SSL), 413-423
    número de versão, 424
    considerações sobre segurança na Web, 411-413
Tríade CIA, 7
    responsabilização, 7
    autenticidade, 7
    disponibilidade, 7, 9
    confidencialidade, 7
    alto, 8
    integridade, 7, 8
    baixo, 8
    moderado, 8
Trilha de auditoria de segurança, 15
Triple DES (3DES)
    com três chaves, 141
    com duas chaves, 139-140
        ataque de texto claro conhecido sobre triple DES, 140
Troca da string de identificação, 431
Troca de autenticação cliente/servidor, 364
Troca de chave, 205, 431
    payload, 516
    protocolos, 228
Troca de cookie, 512
Troca de serviço de concessão de ticket, 364
Troca informativa, 514
Trocas IKEv2, 514

U

Unidade de dados de protocolo MAC (MPDU), 447
    CRC, 447
    endereço MAC de destino, 447
    troca, 455
        AS, 456
        associação, 455
        troca EAP, 456
        descoberta de capacidade de rede e segurança, 455
        abrir autenticação do sistema, 455
        entrega de chave segura, 456
    Controle MAC, 448
    cabeçalho MAC, 448
    unidade de dados de serviço MAC, 448
    trailer MAC, 448
    endereço MAC de origem, 448
Unidade de dados de serviço MAC (MSDU), 447
Unidades de disco, 175
Uniformidade, 163
User Authentication Protocol, 432
    métodos de autenticação, 433
    troca de mensagens, 433
    tipos e formatos de mensagem, 432

V

Valor de hash, 255

Valor de inicialização (IV), 503
Verificação de identidade pessoal (PIV), 380-385
   algoritmos e tamanhos de chave, 383
   autenticação, 383
   chave de administração da aplicação de cartão, 383
   subsistema de emissão e gerenciamento de cartão, 381
   credenciais e chaves, 382
   documentação, 382
   modelo de sistema PIV FIPS 201, 381
   subsistema de repasse, 381
   modelo do sistema, 380-381
Vernam, cifra, 35-36
Vigenère, cifra, 33-35
Vírus, detecção, 251

W

Web, segurança, 407
   considerações, 411-413
   ameaças, 411
   técnicas de segurança de tráfego, 412
Weierstrass, equação, 233
Wi-Fi Protected Access (WPA), 446, 451
Wi-Fi, 440
Wired Equivalent Privacy (WEP), 451, 460
Wireless LAN (WLAN)
   visão geral, *ver* IEEE 802.11, visão geral da LAN wireless
   segurança, *ver* IEEE 802.11i, segurança da LAN wireless
Wireless, segurança na rede, 440-442
   componentes, 440
   IEEE 802.11i, segurança da LAN wireless, 451-462
      IEEE 802.11, visão geral da LAN wireless, 446-450
   medidas, 441
      protegendo pontos de acesso wireless, 441-442
      protegendo redes wireless, 442
      protegendo transmissões wireless, 441
   segurança de dispositivo móvel, 442-445
   ameaças, 440-441
   segurança na rede wireless, 440-442

X

X.509, certificados, 341-347
   atributos do certificado do sujeito e do emissor, 347
   nome alternativo do emissor, 347
   nome alternativo do sujeito, 347
   atributos de diretório do sujeito, 347
   Certification Authority (CA)
      certificados diretos, 344
      certificados reversos, 344
   restrições de caminho do certificado, 347
      restrição básica, 347
      restrição de nome, 347
      restrição de política, 347
   formatos, 342-343
      extensões, 343
      nome do emissor, 343
      identificador exclusivo do emissor, 343
      período de validade, 343
      número de série, 343
      assinatura, 343
      identificador do algoritmo de assinatura, 343
      nome do sujeito, 343
      informação de chave pública do sujeito, 343
      identificador exclusivo do sujeito, 343
      versão, 343
   hierarquia, 345
   informação de chave e política, 346
      identificador da chave da autoridade, 346
      políticas de certificado, 347
      uso de chave, 346
      mapeamentos de política, 347
      período de uso da chave privada, 347
      identificador da chave do sujeito, 346
   revogação de, 345-346
   usuário, 343-345
   Versão 3, 346
XTS-AES, modo, 151-155
   característica de feedback dos modos de operação, 150
   operação sobre um setor, 154-155
      roubo de texto cifrado, 154
   operação sobre um único bloco, 152-154
   requisitos de encriptação para armazenamento, 152
   cifra em bloco ajustáveis, 151
   modo XTS-AES, 155

Z

ZIP, 27